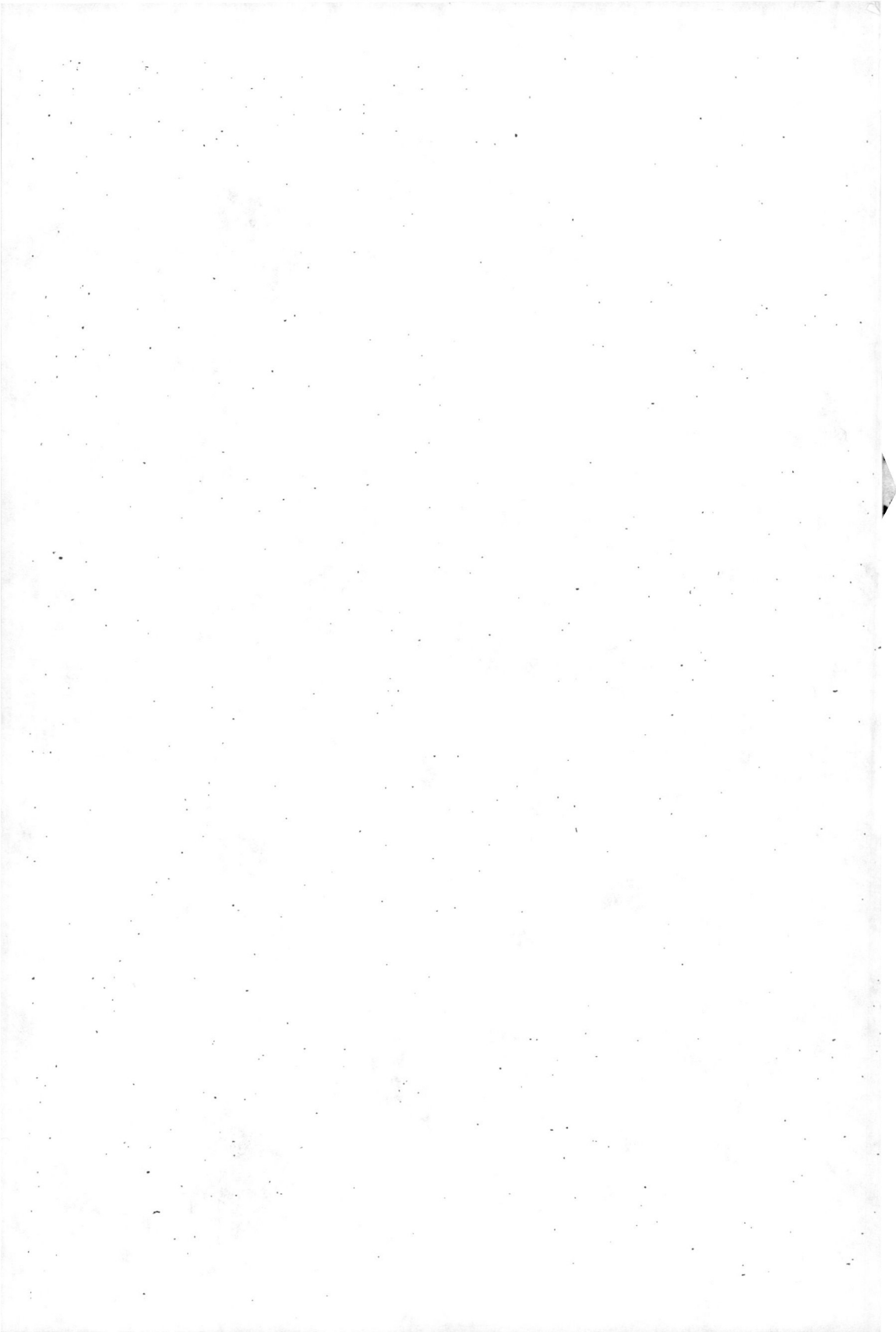

BIBLIOTHÈQUE NATIONALE

DÉPARTEMENT DES IMPRIMÉS

LISTE

DES OUVRAGES COMMUNIQUÉS

dans la

SALLE PUBLIQUE DE LECTURE.

LILLE

IMPRIMERIE L. DANEL

1887

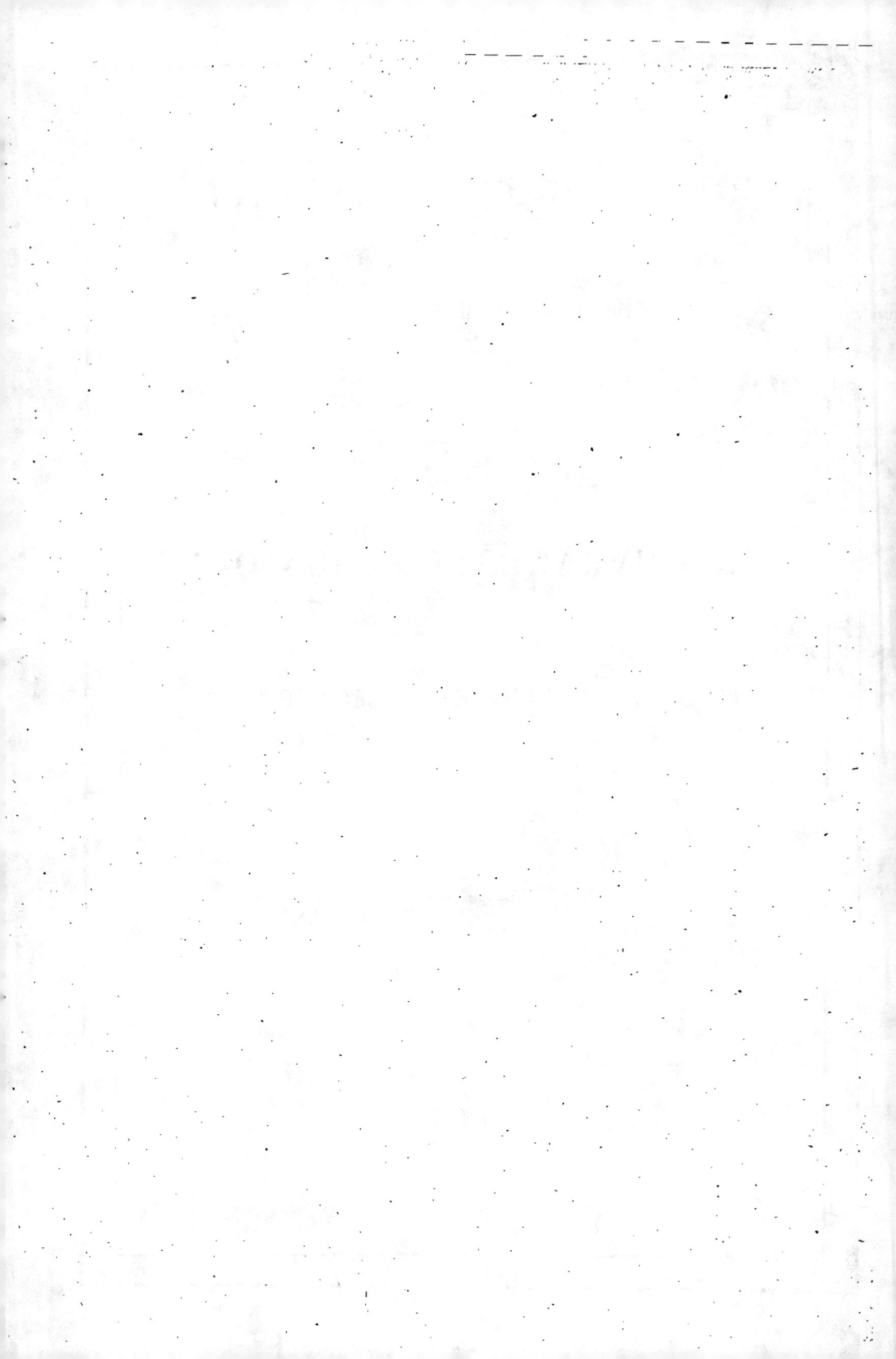

SALLE PUBLIQUE DE LECTURE

CATALOGUE.

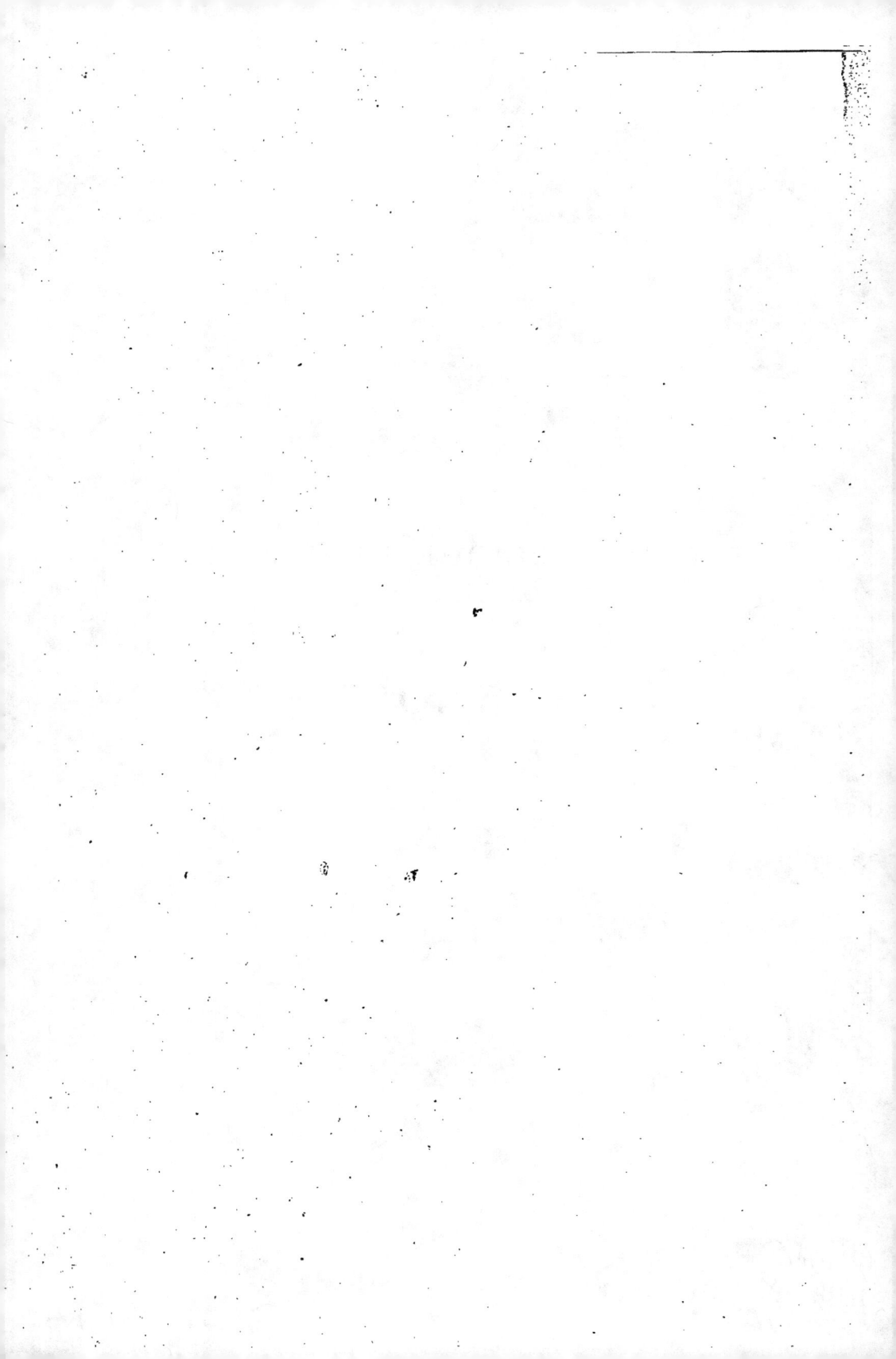

BIBLIOTHÈQUE NATIONALE

⟵ — ✳ — ⟶

DÉPARTEMENT DES IMPRIMÉS

LISTE

DES OUVRAGES COMMUNIQUÉS

dans la

SALLE PUBLIQUE DE LECTURE.

❦❧

LILLE
IMPRIMERIE L. DANEL.

—

1887.

BIBLIOTHÈQUE NATIONALE

SALLE PUBLIQUE DE LECTURE.

INVENTAIRE ALPHABÉTIQUE

des Ouvrages

COMMUNIQUÉS DANS CETTE SALLE.

Aarsens de Sommerdyck. — Voyage d'Espagne, contenant trois discours politiques, sur les affaires du Protecteur d'Angleterre, de la reine de Suède et du duc de Lorraine. — *Cologne*, 1666, in-12.   [8° U. 1113

Abadie (D^r Ch.). — Traité des maladies des yeux. — *P.*, 1876-1877, 2 vol. 8°.   [8° I. 1037-38

Abbadie (Jacques). — L'art de se connaître soi-même ou la recherche des sources de la morale. — *Rotterdam*, 1710, in-12.   [8° I. 1039

Abeille (J.). — La chirurgie ignée en général et ses avantages en particulier dans les maladies chroniques et rebelles de l'utérus. 2 pl. et 33 fig. — *P.*, 1886, 8°.   [8° I. 1039. A.

Abel (Frédéric-Auguste). — Les agents explosifs appliqués dans l'industrie. Mémoire lu, le 23 mars 1880, devant la Société des Ingénieurs civils de Londres ; trad. par M. Gustave Richard. — *P.*, 1881, in-18.   [8° I. 1040

Abélard (Pierre). — Lettres. Traduction littérale, par le bibliophile Jacob, précédée d'une notice, par M. Villenave. — *P.*, 1840, in-18.   [8° O. 406

Abelly (Louis). — Vie de saint Vincent de Paul. — *P.*, 1843, 8°.   [8° U. 1114

About (Edmond). — Alsace (1871-1872). 5e éd. — *P.*, 1882, in-18.   [8° U. 1115

About (Edmond). — De Pontoise à Stamboul. — *P.*, 1884, in-16.   [8° U. 1116

About (Edmond). — A B C du travailleur. 3e éd. — *P.*, 1879, in-18.   [8° I. 1041

About (Edmond). — Le Fellah, souvenirs d'Égypte. 3e éd. — *P.*, 1873, in-18.   [8° O. 407

About (Edmond). — La Grèce contemporaine. 5e éd. — *P.*, 1863, in-18.   [8° U. 1117

About (Edmond). — La question romaine. — *Lausanne*, 1859, in-12.   [8° U. 1118

About (Edmond). — Rome contemporaine. 4e éd. — *P.*, 1861, 8°.   [8° U. 1119

1

About (Edmond). — Théâtre impossible. 2ᵉ éd. — *P.*, 1864, in-18.
[8° **O. 408**

Abrantès (Dᵉˢˢᵉ d'). — Mémoires. 2ᵉ éd. — *P.*, 1835, 12 t. en 6 vol. 8°.   [8° **U. 1120-1125**

Abrégé du Dictionnaire de l'Académie française. — *P.*, 1786, 2 vol. 8°.
[8° **O. 409-10**

Abrégé du Dictionnaire de l'Académie française, d'après la dernière édition de 1878. Ancien Vocabulaire Nodier. — *P.*, 1883, 8°. [8° **O. 411**

Académie des inscriptions et belles - lettres. Comptes-rendus des séances des années 1857, 1858, précédés d'une notice historique sur cette compagnie, par Ernest Desjardins. — *P.*, 1858-1859, 2 vol. 8°.
[8° **O. 412-13**

Accarias (C.). — Précis de droit romain, contenant le texte, la traduction et l'explication des Institutes de Justinien. 2ᵉ éd. — *P.*, 1874-1880, 2 vol. 8°.   [8° **E. 251-52**

Acollas (Émile). — Cours élémentaire de droit. Manuel de droit civil, à l'usage des étudiants. — *P.*, 1869-1874, 2 vol. 8°.   [8° **E. 253-54**

Adam. — Le guide pratique de l'officier de l'état civil. — *P.*, 1834, in-18.   [8° **E. 255**

Adam (Alexandre). — Antiquités romaines ou tableau des mœurs, usages et institutions des Romains. 2ᵉ éd. — *P.*, 1826, 2 vol. in-16.
[8° **U. 1126-27**

Adam (Mᵐᵉ Edmond). — Poètes grecs contemporains, par Juliette Lamber. — *P.*, 1881, in-18. [8° **O. 414**

Adam (Rév. Thomas). — Pensées chrétiennes. — *P.*, 1833, in-12.
[8° **A. 194**

Adanson (Mᵐᵉ Aglaé). — La maison de campagne. 5ᵉ éd. — *P.*, 1845, 2 vol. in-12.   [8° **I. 1042-43**

Adeline (Jules). — Lexique des termes d'art. Nouv. éd. — *P.*, 1885, 8°.   [8° **I. 1043. A**

Adelung (Jean-Christophe). — Essai d'un dictionnaire complet, grammatical et critique de la langue allemande. (En allemand). — *Brunn*, 1788, 5 vol. 4°.   [4° **O. 115-19**

Adhémar (Joseph). — Cours de mathématiques à l'usage de l'ingénieur civil. Charpente. — *P.*, 1849, 8° et atlas f°.   [8° **I. 1044**
[Fol. **I. 1**

Adhémar (Joseph). — Traité de géométrie descriptive. 4ᵉ éd. — *P.*, 1859-1860, 8° et atlas f°.
[8° **I. 1045**
[Fol. **I. 2**

Adhémar (Joseph). — Traité de la coupe des pierres. 6ᵉ éd. — *P.*, 1858, 8° et atlas f°.   [8° **I. 1046**
[Fol. **I. 3.**

Adhémar (Joseph). — Traité de perspective à l'usage des artistes. 2ᵉ éd. — *P.*, 1846, 8° et atlas f°.
[8° **I. 1047**
[Fol. **I. 4**

Adhémar (Joseph). — Traité des ombres. 2ᵉ éd. — *P.*, 1852, 8° et atlas f°.   [8° **I. 1048**
[Fol. **I. 5**

Adler-Mesnard. — Nouveau dictionnaire allemand-français et français-allemand. — *P.*, (s. d.), 2 vol. in-18.   [8° **O. 415-16**

Advielle (Victor). — Histoire de la ville de Sceaux, depuis son origine jusqu'à nos jours, sous la direction de M. Michel Charaire. Grav., carte et vues. — *P.*, 1883, 8°.
[8° **U. 1128**

Affre (Denis-Auguste). — Traité de l'administration temporelle des paroisses. — *P.*, 1827, 8°. [8° E. 256

Agenda de poche à l'usage des percepteurs - receveurs municipaux, — *P.*, 1885, in-16. [8° E. 257.

Agenda Dunod, 1877. Arts et manufactures. Chimie à l'usage des ingénieurs.— *P.*, in-18. [8° I. 1049 1886. Construction. — *P.*, in-18. 1886. Télégraphes et Postes. — *P.*, in-18.

Agenda du chimiste, à l'usage des ingénieurs, physiciens, chimistes, etc.— *P.*, 1879, in-16. [8° I. 1050

Agenda du négociant. 3ᵉ année.— *P.*, 1883, in-12. [8° I. 1051

Agenda et annuaire des cours et tribunaux, du barreau, des notaires, des officiers ministériels et de l'enregistrement (France, colonies, étranger). 1886. — *P.*, 1886, gr. 8°. [4° E. 42

Agenda municipal ou memento administratif à l'usage des préfets, sous-préfets, maires et adjoints.— *P.*, 1886, f°. [Fol. U + 1

Agenda Oppermann, à l'usage des ingénieurs, architectes, agents-voyers, etc.— *P.*, 1880, in-18. [8° I. 1052

Agnel (Émile). — Code manuel des propriétaires et locataires de maisons. — *P.*, 1845, in-12. [8° E. 258

Agnel (Émile). — Manuel général des assurances ou guide pratique des assureurs et des assurés. 2ᵉ éd., mise au courant de la jurisprudence par Christian de Corny. — *P.*, 1885, in-18. [8° E. 259

Aguesseau (Henri-François d').— Œuvres.— *P.*, 1759-1789, 13 vol. 4°. [4° E. 43-55.

Ahrens (Henri).— Cours de droit naturel ou de philosophie du droit. 4ᵉ éd.— *Brux.*, 1853, 8°. [8° E. 260

Aide-mémoire à l'usage des officiers d'artillerie. 3ᵉ éd. — *P.*, 1856, 8°. [8° I. 1053

Aide-mémoire de l'officier d'état-major en campagne. 2° éd. — *P.*, 1884, in-16. [8° I. 1054

Aide-mémoire du service de la télégraphie militaire. — *P.*, 1885-86, in-18 et atlas 4°. [8° I. 1054. A [4° I. 213. A (Ministère de la Guerre.)

Aikin (John). — Annales du règne de Georges III. Traduit par J.-B.-B. Eyriès. — *P.*, 1817, 3 vol. 8°. [8° U. 1129-31

Aikin. — Vie d'Edmond Spenser, poète anglais. Traduit de l'anglais par A.-M.-H. Boulard.— *P.*, 1818, 8°. [8° U. 1132

Aikin (Lucy). — Mémoires sur la cour d'Élisabeth, traduits de l'anglais par Mᵐᵉ Alexandrine Aragon, avec des notes par Albert Montémont. — *P.*, 1827, 3 vol. 8°. [8° U. 1133-35

Alauzet (Isidore). — Commentaire du Code de commerce et de la législation commerciale. 3ᵉ éd. — *P.*, 1879, 8 vol. 8°. [8° E. 261-68

Alauzet (Isidore). — Essai sur les peines et le système pénitentiaire. — *P.*, 1842, 8°. [8° E. 269

Albert. — Le Cuisinier parisien. 5ᵉ éd. — *P.*, 1833, 8°. [8° I. 1055

Albert (Paul). — Collection d'histoires littéraires. Histoire de la littérature romaine. 3ᵉ éd. — *P.*, 1883, 2 vol. in-18. [8° O. 417-18

Albert (Paul). — La littérature française, des origines à la fin du XVIᵉ siècle. 2ᵉ éd. — *P.*, 1875, in-12. [8° O. 419

Albert (Paul). — La littérature française au XVIIᵉ siècle. 2ᵉ éd. — *P.*, 1875, in-12. [8° O. 420

Albert (Paul). — La littérature française au XVIIIᵉ siècle. — *P.*, 1874, in-12. [8° O. 421

Albert (Paul). — La littérature française au dix-neuvième siècle. — Les origines du romantisme. — *P.*, 1882-1885, 2 vol. in-16.
[8° O. 422-23

Albert (Paul). — La poésie, leçons faites à la Sorbonne pour l'enseignement secondaire des jeunes filles. — *P.*, 1868, in-12. [8° O. 424

Albert (Paul). — La prose, leçons faites à la Sorbonne pour l'enseignement secondaire des jeunes filles. — *P.*, 1869, in-12. [8° O. 425

Albert (Le prince). — Le Prince Albert. Son caractère, ses discours. Traduit de l'anglais, par Mme de Witt, et précédé d'une préface par M. Guizot. — *P.*, 1863, 8°. [8° U. 1136

Albert-Lévy. — Le pays des étoiles. 116 grav. — *P.*, 1885, 8°.
[8° I. 1056.

Alberti (F.). — Nouveau dictionnaire français-italien et italien-français. — *Genève*, 1810, 2 vol. 4°.
[4° O. 120-21

Alberti (F.). — Dictionnaire abrégé français-italien et italien-français. — *Venise*, 1874-75, 2 vol. 8°.
[8° O. 426-27

Albertis (L.-M. d'). — La Nouvelle-Guinée. Trad. de l'anglais par Frédéric Bernard. 64 grav. et 2 cartes. — *P.*, 1883, in-18. [8° U. 1137

Alboize, Élie (Charles). — Fastes des gardes nationales de France. — *P.*, 1849, 4°. [4° U. 310

Albret (J.-B. d'). — Cours théorique et pratique de la taille des arbres fruitiers. 7e éd. — *P.*, 1848, 8°.
[8° I. 1057

Album de statistique. — Ministère des travaux publics. Album de statistique graphique de 1882. — *P.*, 1882, f°. [Fol. I. 6

Alcan (Michel). — Études sur les arts textiles à l'Exposition universelle de 1867. — *P.*, 1868, 8° et atlas 4°.
[8° I. 1058
[4° I. 214

Alcan (Michel). — Traité complet de la filature du coton. — *P.*, 1865, 8° et atlas 4°. [8° I. 1059
[4° I. 215

Alcan (Michel). — Fabrication des étoffes. Traité du travail des laines. — *P.*, 1866, 2 vol. 8° et atlas 4°.
[8° I. 1060-61
[4° I. 216

Alcripe (Philippe d'). — La nouvelle fabrique des excellents traits de vérité. Nouv. éd., revue et augmentée des Nouvelles de la terre de Prestre Jehan. — *P.*, 1853, in-16. [8° O. 428
(Bibliothèque Elzévirienne.)

Aldrich (Th. Bailey). — Un écolier américain. Trad. de l'anglais par Th. Bentzon. — *P.*, (s. d.), in-18.
[8° O. 429

Alembert (D'). — Œuvres. — *P.*, 1821-1822, 5 vol. 8°.
[8° O. 430-34

Alexandre (C.). — Dictionnaire grec-français. 10e éd. — *P.*, 1846, 8°.
[8° O. 435

Alexandre (C.), Planche, Defauconpret. — Dictionnaire français-grec. — *P.*, 1856, 8°.
[8° O. 436

Alexandre (Charles). — Souvenirs sur Lamartine, par son secrétaire intime. — *P.*, 1884, in-18.
[8° U. 1138

Alexandre (Nicolas). — La médecine et la chirurgie des pauvres. — *Avignon*, 1835, in-12. [8° I. 1062

Alfieri (Vittorio). — Tragedie. — *P.*, 1803, 6 vol. in-18.
[8° O. 437-42

Algérie (L'). Guide de l'émigrant, par un colon. Avec une carte. — *P.*, 1881, 8°.   [8° U. 1139

Alglave (Ém.), Boulard (J.).— La lumière électrique, son histoire, sa production et son emploi. — *P.*, 1882, 8°.   [8° I. 1063

Alglave (Em.). — Le monopole facultatif de l'alcool comme moyen de suppression des impôts indirects et de l'impôt foncier. — *P.*, 1886; 8°.
                     [8° I. 1063. A

Alibert (Jean-Louis). — Précis théorique et pratique sur les maladies de la peau. — *P.*, 1810–1818, 2 vol. 8°.   [8° I. 1064-65

Alibert (Jean-Louis). — Monographie des dermatoses, ou précis théorique et pratique des maladies de la peau. — *P.*, 1832, 2 vol. 8°.
                     [8° I. 1066-67

Alla (Pierre). — Manuel pratique des tribunaux militaires. — *P.*, 1860, 8°.   [8° E. 270

Allain (Jacques-Étienne). — Manuel encyclopédique des juges de paix, de leurs suppléants. — *P.*, 1850, 3 vol. 8°.   [8° E. 271-73

4ᵉ éd., 1875, refondue par M. Carré. — *P.*, 3 vol. 8°.   [8° E. 274-76

Allard (Alph.). — La crise. La baisse des prix, la monnaie. — *P.*, 1885, 4°.   [4° I. 217

Allard (Émile). — Mémoire sur l'intensité et la portée des phares. — *P.*, 1876, 4°.   [4° I. 218

Allard (Émile). — Mémoire sur la portée des sons et sur les caractères à attribuer aux signaux sonores. — *P.*, 1882, 4°.   [4° I. 219

Allard (Émile). — Renseignements météorologiques sur le littoral de la France. — *P.*, 1882, 4°.
                     [4° I. 220

Allard (Eugène). — De la personnalité civile du département. — *P.*, 1885, 8°.   [8° E. 277

Allard (Guy). — Bibliothèque historique et littéraire du Dauphiné, pub. par H. Gariel. — Guy Allard. I. Œuvres diverses. — II. Dictionnaire historique du Dauphiné. — *Grenoble*, 864, 2 vol. 8°.   [8° U. 1140-41

Allart (Henri). — De la pharmacie au point de vue de la propriété industrielle. — *P.*, 1883, in-16.
                     [8° E. 278

Allart (Henri). — Traité des brevets d'invention. — I. Des inventions brevetables. — *P.*, 1885, 8°.
                     [8° E. 279

Allen (C.-F.). — Histoire de Danemark, depuis les temps les plus reculés jusqu'à nos jours. Traduit par E. Beauvois. — *Copenhague*, 1878, 2 vol. 8°.
                     [8° U. 1142-43

Allenet (Albert). — L'accusé Bazaine. Préface de Camille Pelletan. — — *P.*, 1872, in-12.   [8° U. 1144

Alletz (Édouard). — Essais sur l'homme ou accord de la philosophie et de la religion. 2ᵉ éd. — *P.*, 1833, 2 vol. 8°.   [8° I. 1068-69

Alletz (Édouard). — Maladies du siècle. — *P.*, 1835, 8°.   [8° I. 1070

Alletz (P.-Jullien). — Dictionnaire de police moderne. — *P.*, 1820, 4 vol. 8°.   [8° E. 280-83

Allier, Cerclet. — Manuel de l'émigré. — *P.*, 1825, 8°.
                     [8° E. 284

Allou. — Discours et plaidoyers, pub. par Roger Allou. — *P.*, 1884, 2 vol. 8°.   [8° E. 285-86

Allou. — En Chine, ill. par de Bar. — *P.*, 1884, 8°.
                     [8° U. 1144. A

Allouard (Jean-Baptiste). — Traité des droits d'entrée et d'octroi de Paris. —*P.*, 1834, 8°.   [8° E. 287

Almanach de Gotha. — Annuaire généalogique, diplomatique et statistique. — *Gotha*, 1880 et ann. suiv., in-16. [8° U. 1145

Almanach de l'Exposition universelle de 1867.— *P.*, (s. d.), in-16. [8° I. 1071

Almanach des spectacles, continuant l'ancien Almanach des spectacles publié de 1752 à 1815.— *P.*, 1874-80, 7 vol. in-18. [8° O. 443-49

Almanach général de médecine et de pharmacie pour Paris et le département de la Seine. 39ᵉ année. — *P.*, 1868, in-18. [8° I. 1072

Almanach national. — Annuaire officiel de la République française pour 1879 (181ᵉ année), 1880-1883, 1885. — *P.*, 8°. [8° U. 1146

Almanach royal. — *P.*, 1700-1846, 115 vol. 8°. [8° U. 1146

Almazan (Duc d'). — La Guerre d'Italie. Campagne de 1859. — *P.*, 1882, 8°. [8° U. 1147

Alq (Mᵐᵉ Louise d'). — Le nouveau savoir-vivre universel. — *P.*, 1881, 3 vol. 8°. [8° I. 1073-75

T. I. Le savoir-vivre dans toutes les circonstances de la vie.
T. II. La science du monde.
T. III. Usages et coutumes de toutes les professions.

Altmann. — État et délices de la Suisse, ou description historique et géographique des treize cantons Suisses et de leurs alliés. Nouv. éd. — *Neuchâtel*, 1778, 2 vol. 4°. [4° U. 311-312

Alzog (Jean). — Histoire universelle de l'Eglise. Traduit par Isidore Goschler et Charles Audley. — *P.*, 1845-1846, 3 vol. 8°. [8° U.1148-50

Ambert (Baron). — Histoire de la guerre de 1870-1871. — *P.*, 1873, 8° avec un atlas 4°. [8° U. 1151 [4° U. 313

Amé. — Étude sur les tarifs de douanes et sur les traités de commerce. — *P.*, 1876, 2 vol. 8°. [8° E. 288-89

Ameilhon. — Histoire du commerce et de la navigation des Égyptiens, sous le règne des Ptolémées. — *P.*, 1766, in-16. [8° U. 1152

Amelin (Alcide). — Le libre-échange absolu à l'intérieur et à la frontière.— *P.*, 1884, 8°. [8° I. 1076

Amélioration du sort des sourds-muets.— Extrait du compte-rendu sténographique du Congrès universel tenu à Paris, du 23 au 30 septembre 1878. — *P.*, 1879, 8°. [8° I. 1076. A

Amiaud (Albert). — Aperçu de l'état actuel des législations civiles de l'Europe, de l'Amérique, suivi de trois appendices. — *P.*, 1884, 8°. [8° E. 290

Amiel (Isidore). — Le livre des adultes. — *P.*, 1867, in-16. [8° I. 1077

Amiot (A.). — Éléments de géométrie. 4ᵉ éd. — *P.*, 1858, 8°. [8° I. 1078

Amiot (A.). — Leçons nouvelles de géométrie élémentaire. 2ᵉ éd. Première partie. Géométrie plane. — *P.*, 1865, 8°. [8° I. 1079

Amiot (A.). — Leçons nouvelles de géométrie descriptive. 2ᵉ éd., augmentée par A. Chevillard. 28 planches. — *P.*, 1866, 2 tom. en 1 vol. 8°. [8° I. 1080

Amiot (Benjamin). — Traité élémentaire de cosmographie. 2ᵉ éd. — *P.*, 1851, 8°. [8° I. 1081

Ammien Marcellin. — Ammiani Marcellini rerum gestarum libri qui supersunt, ex recensione Valesio-Gronoviana. Indicem dignitatum adjecit Augustus Ernesti. — *Lipsiæ*, 1773, in-12. [8° U. 1153

Ampère (André-Marie). — Journal et correspondance, publiés par Mme H. C. 6° éd. — *P.*, 1875, in-12. [8° O. 451

Ampère (J.-J.). — La Grèce, Rome et Dante. Études littéraires d'après nature. 3° éd. — *P.*, 1859, in-18. [8° O. 452

Ampère (J.-J.). — Histoire littéraire de la France avant le XII° siècle. — *P.*, 1839-40, 3 vol. 8°. [8° O. 453-55

Ampère (J.-J.). — Histoire de la littérature française au moyen âge, comparée aux littératures étrangères. — Histoire de la formation de la langue française. — *P.*, 1841, 8°. [8° O. 456

Ampère (J.-J.). — L'Histoire romaine à Rome. 2° éd. — *P.*, 1863-1880, 4 vol. 8°. [8° U. 1154-57

Ampère (J.-J.). — Voyage en Égypte et en Nubie. Nouv. éd. — *P.*, 1881, in-18. [8° U. 1158

Anacréon. — Odes, trad. en vers français par Veissier Des Combes. Nouv. éd. — *P.*, 1839, 8°. [8° O. 457

Anastasi (Aug.). — Nicolas Leblanc. Sa vie, ses travaux et l'histoire de la soude artificielle. — *P.*, 1884, 8°. [8° U. 1159

Ancien théâtre français. — Ancien théâtre français, ou collection des ouvrages dramatiques les plus remarquables, depuis les Mystères jusqu'à Corneille ; publié par M. Viollet-le-Duc.

— *P.*, 1854-57, 10 vol. in-16. [8° O. 458-67 (Bibliothèque Elzévirienne.)

Andlau (Général d'). — Metz, campagne et négociations, par un officier supérieur de l'armée du Rhin. 9° éd.— *P.*, 1872, 8°. [8° U. 1160

Andouard (A.). — Nouveaux éléments de pharmacie. 2° éd. — *P.*, 1882, 2 vol. 8°. [8° I. 1082-83

Andral (Gabriel). — Clinique médicale ou choix d'observations recueillies à l'hôpital de la Charité (clinique de M. Lerminier). 3° éd. — *P.*, 1834, 5 vol. 8°. [8° I. 1084-88

Andral (Gabriel). — Cours de pathologie interne professé à la Faculté de médecine de Paris, recueilli et rédigé par Amédée Latour. — *P.*, 1836, 3 vol. 8°. [8° I. 1089-91

André (Albert). — Des droits de mutation par décès. Manuel et formules pour déclarations de succession. — *P.*, 1884, 8°. [8° E. 291

André (Albert). — Nouveau formulaire général alphabétique du notariat. — *P.*, 1883-84, 2 vol. 8°. [8° E. 292-93

André (Albert). — Formulaire pour contrats de mariage. — *P.*, 1883, 8°. [8° E. 294

André (Albert). — Formulaire pour testaments notariés, olographes et mystiques. — *P.*, 1884, 8°. [8° E. 295

André (C.), **Rayet** (G.). — L'astronomie pratique et les observatoires en Europe et en Amérique, depuis le milieu du XVII° siècle jusqu'à nos jours. — *P.*, 1874, 6 vol. in-18. [8° I. 1092-97

I. — Angleterre.
II. — Écosse, Irlande et Colonies anglaises.
III. — États-Unis d'Amérique.

IV. — Amérique du Sud.
V. — Italie.

André (Ernest). — Les Fourmis. 74 fig. — *P.*, 1885, in-18.
[8° I. 1098

André (Abbé Michel). — Cours alphabétique et méthodique de droit canon. — *Petit-Montrouge*, 1844, 2 vol. 4°.
[4° E. 56-57

André (Abbé Michel). — Cours alphabétique, théorique et pratique de la législation civile ecclésiastique. — *P.*, 1847-1850, 3 vol. 8°.
[8° E. 296-98

André (le P. Yves-Marie). — Essai sur le beau. — *P.*, 1770, in-12.
[8° I. 1099

Andréoli (Émile). — 1870-1871. Le Gouvernement du 4 Septembre et la Commune de Paris. — *P.*, 1871, in-12.
[8° U. 1161

Andrews (Alexander). — The history of british journalism, from the foundation of the newspaper press in England, to the repeal of the Stamp Act in 1855, with sketches of Press celebrities. — *London*, 1859, 2 vol. 8°.
[8° U. 1162-63

Andrieux (François-Guillaume-Jean-Stanislas). — Œuvres. — *P.*, 1818-1823, 4 vol. 8°. [8° O. 468-71

Androuet Du Cerceau (Jacques). — Le premier volume des plus excellents bâtiments de France. — *P.*, 1676, f°.
[Fol. I. 7

Andryane (Alexandre). — Mémoires d'un prisonnier d'État. 2° éd. — *P.*, 1840, 2 vol. in-12.
[8° U. 1164-65

Anecdotes du Nord, comprenant la Suède, le Danemarck, la Pologne et la Russie, depuis l'origine de ces monarchies jusqu'à présent. — *P.*, 1770, 8°.
[8° U. 1166

Anecdotes du temps de la Terreur. — *P.*, 1859, 8°.
[8° U. 1167

Anecdotes historiques, littéraires et critiques sur la médecine, la chirurgie et la pharmacie. — *Amsterdam*, 1785, 2 vol. in-18. [8° I. 1100-01

Angeville (D'). — Essai sur la statistique de la population française considérée sous quelques-uns de ses rapports physiques et moraux. — *Bourg*, 1836, 4°.
[4° U. 314

Angleterre (L') en 1800. — *Cologne*, 1801, 2 vol. 8°.
[8° U. 1168-69

Annaes da Bibliotheca nacional do Rio de Janeiro. 1877-1878, vol. IV. — *Rio de Janeiro*, 1878, 4°.
[4° O. 122

Annales d'hygiène publique et de médecine légale. 2° série. — *P.*, 1868-1884 et ann. suiv., 8°.
[8° I. 1102-1125

Annales de chimie, 1789-1815. A partir de 1816 : *Annales de Chimie et de Physique*. — *P.*, 1789-1885 et années suiv., 8°.
[8° I. 1126-1428

Annales de la Science et du Droit commercial, par M. Le Hir. 2° série, t. 31-34 (1875-1879. Table chronol. de 1845 à 1879.) — *P.*, 1875-1878, 5 vol. 8°. [8° E. 299-303
(Continué, à partir de 1879, par la *Revue de droit commercial*, de V. Émion.)

Annales de Saint Bertin et de Saint Waast. — Société de l'histoire de France. Les Annales de Saint Bertin et de Saint Waast, publiées par l'abbé C. Dehaisnes. 830-882. — *P.*, 1871, 8°.
[8° U. 1170

Annales des Mines. — *P.*, 1868 et ann. suiv., 8°.
[8° I. 1429-67

Annales des Ponts et Chaussées. — *P.*, 1831 et ann. suiv., 8°.
[8° I. 1468-1638

Annales des sciences géologiques, publiées sous la direction de M. Hébert et de M. Alph. Milne-Edwards. T. 1. — *P.*, 1869, 8°. [8° I. 1639

Annales des sciences naturelles. 5ᵉ et 6ᵉ séries. — *P.*, 1868-1881, 46 vol. 8°. [8° I. 1640-85

Annales des voyages, dirigées par M. Malte-Brun. — *P.*, 1868-79, 12 vol. 8°. [8° U. 1171-1182

Annales du Conservatoire des arts et métiers. — *P.*, 1867-1879, 3 vol. 8° tom. 8-10) et 1ᵉʳ fascicule du tom. 11. [8° I. 1686-89

Annales du Génie civil et Recueil de mémoires. E. Lacroix, directeur. Tom. 7-19, 1868-1880. — *P.*, 1868-80, 13 vol. 8°. Atlas 1868-80, 13 vol. 8°. Ensemble 26 vol. 8°. [8° I. 1690-1713

Annales du moyen âge. — *P.*, 1825, 8 vol. 8°. [8° U. 1183-90

Année (L') archéologique, par Anthyme Saint-Paul. Année 1879. — *P.*, 1880, 8°. [8° U. 1191

Année artistique (L'). — Les Beaux-Arts en France et à l'étranger, par Victor Champier. — *P.*, 1ʳᵉ année 1878 et suiv., 8°. [8° I. 1714-17

Année littéraire (L'). — *Amsterdam (Paris)*, 1754-1789, 1800-1801, 180 vol. in-12. [8° O. 472-651

Année maritime (L'). 1ʳᵉ à 7ᵉ années, 1876 à 1882. — *P.*, 1877-1883, 4 vol. in-18. [8° U. 1192

Année médicale (L'). Résumé des progrès réalisés dans les sciences médicales, publié sous la direction du docteur Bourneville. — *P.*, 1879 et suiv., 8°. [8° I. 1718

Année militaire (L'). Revue annuelle des faits relatifs aux armées françaises et étrangères, publiée sous la direction de M. Amédée Le Faure. 1ʳᵉ ann. 1877 à 4ᵉ année 1880. — *P.*, 1877-1880, 4 vol. in-18. [8° U. 1193

Annuaire administratif de l'Algérie pour 1882. — *Alger*, 1882, in-16. [8° U. 1194

Annuaire-Almanach du commerce. — *P.*, 1880, 1881 et ann. suiv., 4°. [4° I. 221

Annuaire de l'administration préfectorale. Organisation. Personnel des fonctionnaires, notices individuelles. — *P.*, 1885, 8°. [8° U. 1194. A

Annuaire de l'archéologie française, publié sous les auspices de la Société française d'archéologie, par Anthyme Saint-Paul. — *P.*, 1877-1879, 3 vol. in-18. [8° U. 1195-97

Annuaire de l'armée française, pour 1880, 1881, 1884, 1886. — *P.*, 8°. [8° U. 1198

Annuaire de l'économie politique, par les rédacteurs du *Journal des Économistes*. — *P.*, 1844 et ann. suiv., in-18. [8° I. 1719

Annuaire de l'enseignement libre pour 1880, 5ᵉ année et suiv. — *P.*, in-32. [8° I. 1720-22

Annuaire de l'exportation. 43ᵉ année 1883-1884. — *P.*, (s. d), in-12. [8° I. 1723

Annuaire de l'Institut de droit international. — *Gand*, 1877 et ann. suiv., in-16. [8° E. 304

1ʳᵉ année	......	1877.
2ᵉ —	......	1878.
3ᵉ et 4ᵒ	......	1879-1880. 2 vol.
5ᵉ —	......	1882.
6ᵉ —	... ...	1882-83.
7ᵉ —	......	1883-85.

Annuaire de l'instruction publique et des beaux-arts.—*P.*, 1881-1884 et suiv., 8°.   [8° I. 1724

Annuaire de l'Observatoire de Montsouris. 1872 et années suiv. — *P.*, in-18.   [8° I. 1725

Annuaire de la Magistrature, France et Colonies, publié par Aug. Pedone. — *P.*, 1884, 8°.
[8° U. 1199

Annuaire de la librairie, de l'imprimerie et de la papeterie, année 1882. — *P.*, mai 1882, in-18.
[8° I. 1726

Annuaire de la Marine de commerce. Guide du commerce d'importation et d'exportation, 1884.— *Havre*, gr. 8°.   [4° I. 222

Annuaire de la Marine et des Colonies, 1865. — *P.*, 1865, 8°.
[8° U. 1200
1880-1882, 1884 et suiv. — *P.*, 8°.

Annuaire de la Principauté de Monaco, 1882. — *Monaco*, 1882, in-16.   [8° U. 1201

Annuaire de la Société d'encouragement pour l'industrie nationale, 1878. — *P.*, in-16.   [8° I. 1727

Annuaire de la Société philotechnique, 1882. — *P.*, 8°.   [8° O. 652

Annuaire de législation étrangère, publié par la Société de législation comparée, comprenant la traduction des principales lois votées dans les pays étrangers en 1873. — *P.*, 1874, 3ᵉ année et suiv., 8°.   [8° E. 305

Annuaire de la législation française, publié par la Société de législation comparée, contenant le texte des principales lois votées en France en 1883. — *P.*, 1884, 8°.   [8° E. 306

Annuaire des bibliothèques et des archives pour 1886. — *P.*, 1886, in-12.   [8° U. 1201. A

Annuaire des Deux Mondes. Histoire générale des divers Etats, 1850-67. — *P.*, 14 vol. 8°.   [8° U. 1202-15

Annuaire des eaux minérales de la France et de l'étranger, des bains de mer et de l'hydrothérapie. 28ᵉ Ann. 1886. Nouv. éd. — *P.*, in-18.
[8° I. 1727. A

Annuaire des postes de la France, ou manuel du service de la poste aux lettres. — *P.*, 1875, 1882.
[8° U. 1216

Annuaire diplomatique et consulaire de la République française pour 1884. — *P.*, 8°.   [8° U. 1217

Annuaire du Bureau des longitudes, 1864, 1871 et suiv. — *P.*, in-18.   [8° I. 1728

Annuaire historique pour l'année 1837 et suivantes, publié par la Société de l'Histoire de France. — *P.*, 1836-63, 27 vol. in-18.
[8° U. 1218-44

Annuaire historique universel pour 1818 et années suivantes jusques et y compris 1849, par C.-L. Lesur. — *P.*, 1825-1849, 32 vol. 8°.
[8° U. 1245-76

Annuaire illustré des Beaux-Arts. Revue artistique universelle, pub. sous la direct. de F.-G. Dumas. 1ʳᵉ année, 1882. — *P.*, 1882, 8°.   [8° I. 1729

Annuaire militaire de l'Empire français, pour l'année 1884 et suiv. — *P.*, 8°.   [8° U. 1277

Annuaire officiel des chemins de fer, publié par A. Chaix et Cⁱᵉ. 29ᵉ année. Exercice 1877. — *P.*, 1878-1880, 8°.   [8° I. 1730

Annuaire spécial des chemins de fer belges, publié par M. Félix Loisel. Années 1866 et 1867. — *Bruxelles*, 2 vol. 8°.   [8° I. 1731-32

Annuaire statistique de la ville de Paris, années 1880, 1881. — *P.*, 1881-1882, 2 vol. 4°.   [4° U. 315

Anquetil. — L'Esprit de la Ligue ou histoire des troubles de France pendant les XVIᵉ et XVIIᵉ siècles. 2ᵉ éd. — *P.*, 1771, 3 vol. in-12.
[8° U. 1278-80

Anquetil. — Histoire de France, continuée par M. Th. Burette jusqu'en 1830, et par M. Ch. Robin jusqu'à nos jours. — *P.*, 1846-1850, 8 vol. 8°.
[8° U. 1281-88

Anquetil. — Précis de l'histoire universelle. — *P.*, 1823, 12 vol. in-12.
[8° U. 1289-1300

Ansart (Félix), Rendu (Ambroise). — Cours d'histoire et de géographie. — *P.*, 1842-1845, 8 vol. in-12.
[8° U. 1301-1307

Anselme (le P.). — Histoire généalogique et chronologique de la Maison royale de France, des Pairs, Grands-Officiers de la Couronne, de la Maison du Roi et des anciens Barons du royaume, continuée par M. Du Fourny. 3ᵉ éd., revue par les soins du P. Ange et du P. Simplicien. — *P.*, 1726-1733, 9 vol. f°.
[Fol. U. 1-9

Anthoine de Saint-Joseph.— Concordance entre les codes civils étrangers et le Code Napoléon. — *P.*, 1840, 4°.   [4° E. 58

Antichan (P.-H.). — La Tunisie, son passé et son avenir. — *P.*, 1884, 8°.   [8° U. 1307. A

Antoine (C.-J.-A.). — Éléments d'arithmétique. 4ᵉ éd. — *Nancy*, 1821, 8°.   [8° I. 1733

Antoine (J.). — Manuel agricole élémentaire, spécial à l'Algérie, suivi de notions sur l'économie du bétail algérien et sur la médecine vétérinaire, par M. Prémond.— *Oran*, (s.d.), in-18.
[8° I. 1734

Antommarchi (F.).— Mémoires, ou les derniers moments de Napoléon. — *P.*, (s. d.), 2 vol. 8°.
[8° U. 1308-1309

Anville (D'). — Géographie ancienne abrégée. — *P.*, 1768, 3 vol. in-18.   [8° U. 1310-12

Aoust (Abbé Louis-Stanislas-Xavier-Barthélemy). — Analyse infinitésimale des courbes planes, comprenant la résolution d'un grand nombre de problèmes choisis, à l'usage des candidats à la licence ès sciences. — *P.*, 1873, 8°.   [8° I. 1735

Appareils pour l'essai des sucres et l'analyse agricole. — *P.*, (s. d.), 8°.
[8° I. 1735. A
(Extrait du Catalogue des instruments de chimie de G. Fontaine.)

Apulée (Lucius). — Opera. — *Alteburgi*, 1778, 2 tom. en 1 vol. in-12.
[8° O. 653

Apulée. — Les Métamorphoses ou l'Âne d'or, trad. en français. — *P.*, 1707, 2 vol. in-12.
[8° O. 654-55

Apulée. — Trad. par M. V. Bétolaud. — *P.*, 1835-1838, 4 vol. 8°.
[8° O. 656-59
(Collection Panckoucke.)

Arago (François). — Œuvres complètes, publiées sous la direction de J.-A. Barral. — *P.*, 1854, 17 vol. 8°.
[8° I. 1736-52

Arago (François). — Astronomie populaire, publiée par J.-A. Barral. — *P.*, 1854-1857, 4 vol. 8°.
[8° I. 1753-56

Arago (François). — Leçons d'astronomie. 5ᵉ éd. — *P.*, 1849, in-12.
[8° I. 1757

Arago (Jacques). — Deux océans. — *P.*, 1854, 2 vol. in-12.
[8° U. 1313-14

Arago (Jacques). — Souvenirs d'un aveugle. Voyage autour du monde. — P., 1843, 2 vol. 8°.
[8° U. 1315-16

Arbois de Jubainville (H. d'). — Introduction à l'étude de la littérature celtique. — P., 1883, vol. 8°.
[8° O. 660

Arbois de Jubainville (H. d'). — Les premiers habitants de l'Europe d'après les auteurs de l'antiquité et les recherches les plus récentes de la linguistique. — P., 1877, 8°.
[8° U. 1317

Arboux (Jules). — Les Prisons de Paris. — P., 1881, in-18.
[8° U. 1318

Arçay (Joseph d'). — Indiscrétions contemporaines, souvenirs intimes. — P., 1884, in-18.   [8° U. 1319

Archimède. — Œuvres, trad. par Peyrard. — P., 1807, 4°.
[4° I. 223

Architecte (L') et la construction pratique réunis. — P., 1re année 1873 et ann. suiv., f°.   [Fol. I. 8

Archives diplomatiques, 1871-1872-1873. Recueil de diplomatie et d'histoire. — P., 8 vol. 8°.
[8° U. 1320-27

Ardouin Du Mazet. — Études algériennes, avec une préface de M. Ludovic Drapeyron. — P., 1882, 8°.
[8° U. 1328

Arendt (Ch.). — Notice sur la comptabilité, à l'usage des ingénieurs. — Liège, 1884, 8°.   [8° I. 1758

Arène (Jules). — La Chine familière. 2e éd. — P., 1883, in-18.
[8° U. 1329

Argenson (Marquis d'). — Les loisirs d'un ministre, ou Essais dans le goût de ceux de Montaigne. — Liège, 1787, 2 tom. en 1 vol. 8°.
[8° O. 661

Argenson (Marquis d'). — Mémoires et Journal inédit, publiés et annotés par M. le marquis d'Argenson. — P., 1857-53, 5 vol. in-16.
[8° U. 1330-34

Argentan (R. P. Louis-François d'). — Les grandeurs de Dieu. Nouv. éd., revue et corrigée par l'abbé V... — Valence, 1838, 3 vol. in-18.
[8° A. 195-97

Argentré (Bertrand d'). — Histoire de Bretagne, des Rois, Ducs, Comtes d'icelle. — P., 1588, f°.
[Fol. U. 10

Argenville (A.-J.-Dezallier). — Abrégé de la vie des plus fameux peintres. — P., 1762, 4 vol. 8°.
[8° U. 1335-38

Argenville (D'). — Vie des fameux architectes depuis la renaissance des arts. — P., 1787, 2 vol. 8°.
[8° U. 1339-40

Argenville fils (D'). — Voyage pittoresque des environs de Paris. Nouv. éd. — P., 1762, in-18.
[8° U. 1341

Arioste. — Roland furieux. Poème héroïque, trad. par le comte de Tressan, suivi de « Roland amoureux » de Boïardo. — P., 1824, 7 vol. in-12.
[8° O. 662-68

Aristophane. — Œuvres, trad. par Constant Poyard. — P., 1860, in-12.   [8° O. 669

Aristote. — Météorologie, trad. par J. Barthélemy Saint-Hilaire. — P., 1863, 8°.   [8° O. 670

Aristote. — Morale, trad. par J. Barthélemy Saint-Hilaire. — P., 1856, 3 vol. 8°.   [8° O. 671-73

Aristote. — Physique, ou Leçons

sur les principes généraux de la nature,
trad. par J. Barthélemy Saint-Hilaire.
—P., 1862, 2 vol. 8°. [8° O. 674-75

Aristote.— La Poétique, trad. par
Dacier. — P., 1692, 4°. [4° O. 123

Aristote. — Poétique, trad. par
J. Barthélemy Saint-Hilaire. — P.,
1858, 8°. [8° O. 676

Aristote.— Politique, trad. par
J. Barthélemy Saint-Hilaire. 3° éd. —
P., 1874, 8°. [8° O. 677

Aristote. — Psychologie. Opuscules, trad. par J. Barthélemy Saint-
Hilaire. — P., 1847, 8°. [8° O. 678

Aristote. — Rhétorique, trad. par
J. Barthélemy Saint-Hilaire. — P.,
1870, 2 vol. 8°. [8° O. 679-80

Aristote. — Traité de la production et de la destruction des choses, trad.
par J. Barthélemy-Saint-Hilaire. —
P., 1866, 8°. [8° O. 681

Aristote. — Traités des parties
des animaux et de la marche des animaux, trad. et accompagnés de notes
perpétuelles, par J. Barthélemy Saint-
Hilaire. — P., 1885, 2 vol. 8°.
[8° O. 682-83

Aristote.— Traité du Ciel, trad.
par J. Barthélemy Saint-Hilaire. —P.,
1866, 8°. [8° O. 684

Aristoxène. — Éléments harmo-
niques, trad. en français pour la première fois par Ch.-Ém. Ruelle. — P.,
1871, 8°. [8° I. 1759

Armaillé (C^esse d'). — Catherine
de Bourbon, sœur de Henri IV. 2° éd.
P., 1872, in-12. [8° U. 1341 ++ A

Armaillé (C^esse d'). — Madame
Élisabeth, sœur de Louis XVI. — P.,
1886, in-16. [8° U. 1341 + A

Armaillé (C^esse d'). — La reine
Marie Leckzinska. 2° éd. — P., 1870,
in-16. [8° U. 1341. A

Armailhacq (Armand d'). —
La Culture des vignes dans le Médoc.
2° éd. — Bordeaux, 1858, 8°.
[8° I. 1760

Armand (Alfred). — Les médail-
leurs italiens des XV° et XVI° siècles.
2° éd. — P., 1883, 2 vol. 8°.
[8° I. 1761-62

Armand (C.). — Questions sociales. Études historiques et critiques du
communisme. Conférences faites au
Grand-Orient de France. — P., 1873,
8°. [8° I. 1763

Armanet (L.). — Manuel pratique et sommaire de la justice musulmane en Algérie, accompagné d'une
étude sur le régime législatif de l'Algérie et d'une esquisse de jurisprudence
sur les justices de paix à compétence
étendue. — P., 1885, in-16.
[8° E. 307

Armée (L') de l'avenir. Études
sur l'organisation militaire, par un
Officier supérieur de l'armée d'Afrique.
— P., 1872, 8°. [8° U. 1342-43
2° éd., contenant le projet de loi sur
le recrutement. — P., 1872, 8°.

Armengaud aîné. — Manuel
de l'éclairage électrique. — P., 1881,
in-16. [8° I. 1764

Armengaud aîné. — Manuel
Armengaud aîné. Métallurgie. Fonte,
fer, acier. — P., (s.d.), in-16.
[8° I. 1765

Armengaud jeune (Charles). —
Formulaire de l'ingénieur-construc-
teur. Carnet usuel des architectes. —
P., 1865, in-12. [8° I. 1766

Armengaud jeune (Charles). —
Formulaire de l'ingénieur.— P., 1872,
in-12. [8° I. 1767

Armengaud jeune (Charles). —
Guide-Manuel de l'inventeur et du fabricant. 3° éd. — P., 1853, 8°.
[8° I. 1768

Armengaud jeune (Charles). —
L'Ouvrier-mécanicien. Guide mécanique
pratique. 2° éd. — P., 1843, in-12.
[8° I. 1769
8° éd., 1865.— P., in-18. 4 planches.
[8° I. 1770

Armorial de Flandre, du Hainaut et du **Cambrésis**; recueil officiel dressé par les ordres de Louis XIV (1696-1710), publié d'après les manuscrits de la Bibliothèque impériale, par M. Borel d'Hauterive. — *P.*, 1856 - 1866, 2 vol. 4°.   [4° U. **316-17**

Armstrong (R.-A.). — A gaelic dictionary. — *London*, 1825, 4°.   [4° O. **124**

Arnaud (E.). — Histoire des protestants de Provence, du comtat Venaissin et de la principauté d'Orange, avec une carte de l'ancienne Provence. — *P.*, 1884, 2 vol. 8°.   [8° U. **1343. A**

Arnaud (Abbé François). — Œuvres complètes. — *P.*, 1808, 3 vol. 8°.   [8° O. **685-87**

Arnaud de l'Ariège (F.). — La Révolution et l'Eglise. — *P.*, 1869, 2 vol. in-12.   [8° U. **1444-45**

Arnauld (Ant.). — Des vraies et des fausses idées. contre ce qu'enseigne l'auteur de la «Recherche de la vérité.» — *Rouen*, 1824, 8°.   [8° I. **1771**

Arnauld, Lancelot. — Grammaire générale et raisonnée de Port-Royal. — *P.*, 1845, in-12.   [8° O. **688**

Arnault (Antoine-Vincent). — Œuvres complètes. Théâtre. — *P.*, (s. d.), 3 vol. 8°.   [8° O. **689-91**

Aron (Joseph). — Les deux républiques sœurs, France et États-Unis. Grant, Bancroft, Bismarck. — *P.*, 1885, 8°.   [8° U. **1345. A**

Art (L') de faire le beurre, d'après Anderson, Tramley. — *P.*, 1828, 8°.   [8° I. **1772**

Art (L') de faire les feux d'artifice, par L.-E. A. 2° éd. — *P.*, 1820, in-12.   [8° I. **1773**

Art (L') de vérifier les dates des faits historiques, des inscriptions, des chroniques et autres anciens monuments, avant l'ère chrétienne, par un religieux de la Congrégation de Saint-Maur. Mis en ordre par de Saint-Allais. 1re partie, *P.*, 1819, 5 vol. 8°. — 2e partie, *P.*, 1815-1830, 19 vol. 8°, dont un de tables. — 3e partie, publiée par de Courcelles, *P.*, 1821 - 1844, 20 vol. 8° dont 2 de tables. Ensemble 44 vol. 8°.   [8° U. **1346-89**

Art (L') pour tous. — *P.*, 1re année 1861 et ann. suiv., f°.   [Fol. I. **9**

Arts (Les) du bois, des tissus et du papier. 338 grav. — *P.*, 1883, 4°.   [4° I. **224**

Artaud de Montor (François). — Histoire des souverains Pontifes romains. — *P.*, 1846-1849, 6 vol. in-12.   [8° U. **1390-95**

Artaud de Montor (François). — Histoire du pape Pie VII. — *P.*, 1856, 2 vol. 8°.   [8° U. **1396-97**

Artaud (Nicolas-Louis). — Fragments pour servir à l'histoire de la comédie antique. — Épicharme, Ménandre, Plaute, avec une préface de M. Guigniaut. — *P.*, 1863, 8°.   [8° O. **692**

Artus (Urbain). — Éléments de géométrie descriptive. — *P.*, 1857, 8°.   [8° I. **1774**

Artus (Urbain). — Éléments de géométrie descriptive. 3e éd. — *P.*, 1866, 2 vol. 8° dont un atlas.   [8° I. **1775-76**

Asmodée. — La Marmite aux lois. Monographie de l'Assemblée de Versailles, 1871-1873. — *P.*, 1875, in-12.   [8° U. **1398**

Asseline (Louis). — Histoire de l'Autriche, depuis la mort de Marie-Thérèse jusqu'à nos jours. — *P.*, 1877, in-18.   [8° U. **1399**

Asser (T.-M.-C.). — Éléments de droit international privé ou du conflit des lois. Droit civil, procédure, droit commercial. Traduit, complété et annoté par Alphonse Rivière. — *P.*, 1884, 8°.   [8° E. 308

Association française pour l'avancement des sciences. Comptes-rendus.— *P.*, 1873 et ann. suiv., 8°. [8° I. 1777
1re Session. Bordeaux, 1872.
2e   —   Lyon, 1873.
3e   —   Lille, 1874.
4°   —   Nantes, 1875.
5e   —   Clermont-Ferrand,1876.
6e   —   Le Havre, 1877.
7e   —   Paris, 1878.
8°   —   Montpellier, 1879.
9e   —   Reims, 1880.
10e   —   Alger, 1881.
11e   —   La Rochelle, 1882.
12e   —   Rouen, 1883.
13e   —   Blois, 1884.
14e   —   Grenoble, 1885.
15e   —   Nancy, 1886.

Astrié (Théophile). — Les Drames de l'inondation à Toulouse. — *P.*, 1875, in-18.   [8° U. 1400

Atlas des mouvements généraux de l'atmosphère. 1864, juin–décembre. 1865, janvier–février-mars. Rédigé par l'Observatoire de Paris. — *P.*, 1868-1869; f°.   [Fol. I. 10

Atlas des ports étrangers, 1re livraison. — *P.*, 1884, f°.
        [Fol. U. 10. A

Atlas-Manuel de géographie moderne. 54 cartes coloriées.— *P.*, (s.d.), f°.   [Fol. U. 11

Aubais (D'). — Pièces fugitives pour servir à l'histoire de France. — *P.*, 1759, 3 vol. 4°.   [4° U. 318-320

Aube (Contre-amiral Th.).— Entre deux campagnes, notes d'un marin. — *P.*, 1881, in-16. [8° U. 1400 + A

Aube (Contre-amiral Th.). — A terre et à bord, notes d'un marin (2^e

série), avec une préface de M. Gabriel Charmes. — *P.*, 1884, in-16.
        [8° U. 1400. A

Aube (Contre-amiral Th.). — Italie et Levant. Notes d'un marin. — *P.*, 1884, in-16.   [8° U. 1401

Aube (Contre-amiral Th.). — La Martinique, son présent et son avenir. — *P.*, 1882, 8°.   [8° U. 1402

Aubert (A.). — Chronologie biographique des grands-maîtres de l'Université, depuis leur création jusqu'à nos jours.— *P.*, 1881, 8°. [8° U. 1403

Aubertin (Charles). —L'éloquence politique et parlementaire en France, avant 1789, d'après des doc. mss. — *P.*, 1882, 8°.   [8° U. 1404

Aubery. — Histoire du cardinal Mazarin. — *Rotterdam*, 1695, 2 vol. in-12.   [8° U. 1405-6

Aubigné (Théodore-Agrippa d'). — Les aventures du baron de Fœneste. Nouv. éd., revue et annotée, par M. Prosper Mérimée. — *P.*, 1855, in-16.
        [8° O. 693
(Bibliothèque Elzévirienne.)

Aubigné (Théodore-Agrippa d'). — Histoire universelle. — *P.*, 1616, f°.   [Fol. U. 12

Aubigné (Théodore-Agrippa d') — Les Tragiques. Nouv. éd., revue et annotée par Ludovic Lalanne. — *P.*, 1857, in-16.   [8° O. 694
(Bibliothèque Elzévirienne.)

Aubineau (dit Poitevin la Fidélité). — Traité complet et pratique de la construction des escaliers en charpente et en pierre. 2e éd. — *P.*; (s. d.), in-18 et Atlas fol. de 30 planches.
        [8° I. 1778
        [Fol. I. 11

Aubriet (A.). — Vie politique et militaire d'Eugène de Beauharnais. — 1824, in-12.   [8°. U. 1407

Aubry (C.), Rau (C.). — Cours de droit civil français, d'après la méthode de Zachariæ. 4ᵉ éd. — *P.*, 1869-1879, 8 vol. 8°. [8° **E. 309-16**

Aubuisson de Voisins (J.-F.). — Traité d'hydraulique à l'usage des ingénieurs. 2ᵉ éd. — *P.*, 1849, 8°. [8° **I. 1779**

Aucoc (Léon). — Conférences sur l'Administration et le droit administratif, faites à l'École des Ponts et Chaussées. 2ᵉ éd. — *P.*, 1878-1882, 3 vol. 8°. [8° **E. 317-20**

Aucoc (Léon). — Le Conseil d'État avant et depuis 1789. Ses transformations, ses travaux et son personnel. Étude historique et bibliographique.— *P.*, 1876, 8°. [8° **U. 1408**

Aucoc (Léon). — Des sections de communes et des biens communaux qui leur appartiennent. 2ᵉ éd. —*P.*, 1864, in-12. [8° **E. 321**

Aucoc (Léon). — Les tarifs des chemins de fer et l'autorité de l'État. — *P.*, 1880, 8°. [8° **I. 1780**

Audebrand (Philibert). — Petits mémoires d'une stalle d'orchestre. (Acteurs, actrices, auteurs, journalistes.) — *P.*, 1885, in-18. [8° **O. 694 .A**

Audhoui (Victor). — Traité des maladies de l'estomac. — *P.*, 1883, 8°. [8° **I. 1781**

Audibert (Joseph). — L'art de faire le vin avec les raisins secs. 8ᵉ éd. — *Marseille*, 1882, 8°. [8° **I. 1782**

Audibert (Joseph). — L'art de faire les vins d'imitation. — *Marseille*, 1882, 8°. [8° **I. 1783**

Audibert (Raoul). — De la liberté des funérailles et des sépultures, précédé d'une étude historique sur les funérailles païennes. — *P.*, 1885, 8°. [8° **E. 322**

Audiffret (Marquis d'). — Système financier de la France. 2ᶜ éd. — *P.*, 1854, 5 vol. 8°. [8° **U. 1409-13**

Audiganne (A.). — Les chemins de fer aujourd'hui et dans cent ans, chez tous les peuples. L'économie financière et politique des voies ferrées. — *P.*, 1858-1862, 2 vol. 8°. 8° **I. 1784-85**

Audiganne (A.). — Les Populations ouvrières. — *P.*, 1854, 2 vol in-12. [8° **U. 1414-15**

Audin. — Histoire de Henri VIII et du schisme d'Angleterre. 3ᵉ éd. — *P.*, 1850, 2 vol. in-12. [8° **U. 1416-1417**

Audin. — Histoire de la vie, des ouvrages et des doctrines de Calvin. 3ᵉ éd. — *P.*, 1845, in-12. [8° **U. 1418**

Audin. — Histoire de la vie, des ouvrages et des doctrines de Luther. 4ᵉ éd.— *P.*, 1845, in-12. [8° **U. 1419**
Nouv. éd., 1850. — *P.*, 3 vol. in-12. [8° **U. 1420-22**

Audin. — Histoire de Léon X et de son siècle. 3ᵉ éd. — *P.*, 1850, 2 vol. in-12. [8° **U. 1423-24**

Audin-Rouvière. — La Médecine sans le médecin. 12ᵉ éd. — *P.*, 1829, 8°. [8° **I. 1786**

Audouit (Edmond). — L'Herbier des demoiselles. 3ᵉ éd. — *P.*, 1848, 8°. [8° **I. 1787**

Audouit (Edmond). — L'Herbier des demoiselles ou Traité complet de la botanique. Nouvelle édition, revue et corrigée par le Dʳ Hoefer. — *P.*, 1865, in-12. [8° **I. 1788**

Augan (J.-B.). — Cours de notariat. — *P.*, 1825, 8°. [8° **E. 323**

Augé (Lucien). — Huit jours à Versailles. Versailles et ses environs. 4 plans coloriés. — *Versailles*, 1884, 8°. [8° U. 1425

Augé (Lucien). — Voyage aux sept merveilles du monde. — *P.*, 1878, in-12. [8° U. 1426 (Bibliothèque des Merveilles.)

Auger (Albert). — Des brevets d'invention, des marques de fabrique et de commerce et du nom commercial considérés au point de vue international. — *P.*, 1882, 8°. [8° E. 324

Augier (C.-M.). — Traité complet de comptabilité commerciale et industrielle, avec les principaux art. des lois des codes français et belge. — *P.*, 1886, 4°. [4° I. 224. A

Augier (Émile). — Théâtre complet. — *P.*, 1880-1882, 6 vol. in-18. [8° O. 695-700

Augustin (Saint). — La Cité de Dieu, traduite en français (par Paul Lombert). — *Bourges*, 1818, 3 vol. 8°. [8° A. 198-200

Augustin (Saint). — Les confessions. Trad. nouv. par Paul Janet. — *P.*, 1857, in-12. [8° A. 201

Augustin (Saint). — Opera. — *Coloniæ Agrippinæ*, 1616, 10 t. en 6 vol. f°. [Fol. A. 1-6

Aulagnier (A.-F.). — Dictionnaire des substances alimentaires. — *P.*, 1830, 2 t. en 1 vol. 8°. [8° I. 1789

Aulanier (A.). — Traité du domaine congéable. — *Saint-Brieuc*, 1824, 8°. [8° E. 325

Aulard (F.-A.). — L'éloquence parlementaire pendant la Révolution. Les orateurs de l'Assemblée constituante. — *P.*, 1882, 8°. [8° U. 1427

Aulnoy (Comtesse d'). — La Cour et la ville de Madrid vers la fin du XVII° siècle. Relation du voyage d'Espagne. Édition revue et annotée par Mme B. Carey. — *P.*, 1874, 2 vol. 8°. [8° U. 1427. A 1-2

Aulu-Gelle. — Les Nuits attiques, trad. Verger (Victor). — *P.*, 1820, 3 vol. 8°. [8° O. 701-703

Aulu-Gelle. — Les Nuits attiques, trad. par MM. E. de Chaumont, Félix Flambart, E. Buisson. — *P.*, 1845-1846, 3 vol. 8°. [8° O. 704-706 (Collection Panckoucke.)

Aumale (Duc d'). — Histoire des princes de Condé pendant les XVI° et XVII° siècles. — *P.*, 1863-1886, 4 vol. 8°. [8° U. 1428

Aumale (Duc d'). — Les institutions militaires de la France. Louvois, Carnot, Saint-Cyr. — *P.*, 1867, 8°. [8° U. 1429

Aumale (Henri d'Orléans, duc d'). — Lettre sur l'histoire de France. — *P.*, 1861, 8°. [8° U. 1430

Aumale (Henri d'Orléans, duc d'). — Les Zouaves et les chasseurs à pied. Esquisses historiques. Nouv. éd. — *P.*, 1855, in-12. [8° U. 1431

Aumoitte (A.). — Tong-King. De Hanoï à la frontière de Kouang-Si (Provinces de Bac-Ninh et Lang-Son). 1 carte. — *P.*, 1884, 8°. [8° U. 1432

Aure (Ant.-H.-Ph.-Léon, comte d') — Cours d'équitation. — *P.*, 1853, in-12. [8° I. 1790

Aure (Antoine-Henri-Philippe-Léon, vicomte d'). — De l'industrie chevaline en France. — *P.*, 1843, 8°. [8° I. 1791

Aurelius Victor (Sextus). — Trad. par M. N.-A. Dubois. — *P.*, 1846, 8°. [8° O. 707 (Collection Panckoucke.)

Aurelle de Paladines (Général d'). — Campagne de 1870-1871. La première armée de la Loire. 2° éd. — *P.*, 1872, 8°. [8° U. 1433

Ausone. — Œuvres complètes. Trad. par E.-F. Corpet. — *P.*, 1842-1843, 2 vol. 8°.   [8° O. 708-9 *(Collection Panckoucke.)*

Authelande (A. d'). — Le Régulateur du contentieux. 21e éd. — *P.*, 1866, in-12.   [8° E. 326

Autigeon (Ch.-Numa). — De Bordeaux à Panama, et de Panama à Cherbourg. — *P.*, 1883, in-16.   [8° U. 1434

Auzies (C.). — Les récidivistes et la loi du 28 mai 1885. — *P.*, 1885, 8°.   [8° E. 327

Avalle (E.). — Notices sur les colonies anglaises. 1 carte. — *P.*, 1883, 8°.   [8° U. 1435

Avedichian (Le Père Gabriel). — Origines et raison de la liturgie catholique. Traduit sur l'italien, par J.-B.-E. Pascal. — *P.*, 1844, 4°.   [4° A. 107

Avellaneda (Alonzo-Fernandez de). — Nouvelles aventures de l'admirable Don Quichotte de la Manche, traduites par Le Sage. — *P.*, 1716, 2 vol. in-18.   [8° O. 710-711

Avenel (Vicomte G. d'). — Richelieu et la monarchie absolue. — *P.*, 1884, 2 vol. 8°.   [8° U. 1436-37

Avienus (Rufus Festus). — Trad. par E. Despois et Ed. Saviot. — Rutilius (Cl.). Trad. Despois. — *P.*, 1843, 8°.   [8° O. 712 *(Collection Panckoucke.)*

Avrigny (Le Père d'). — Mémoires pour servir à l'histoire universelle de l'Europe depuis 1660 jusqu'en 1716, avec des réflexions et remarques critiques. — *P.*, 1757, 5 vol. in-12.   [8° U. 1438-42

Axenfeld (A.). — Traité des névroses. 2e éd., augmentée de 700 pages par Henri Huchard. — *P.*, 1883, 8°.   [8° I. 1792

Ayer (C.). — Grammaire comparée de la langue française. 4e éd. — *Bâle*, 1885, 8°.   [8° O. 713

Aylies (F.). — Les associations du capital et le travail. Employés et ouvriers des chemins de fer. Du contrat de louage dans les compagnies. — *P.*, 1885, 8°.   [8° I. 1792. A

Aymard (J.). — Souvenirs de l'armée d'Orient. 2e éd. — *Lille*, 1856, in-12.   [8° U. 1443

Azaïs (Hyacinthe). — Des compensations dans les destinées humaines. — *P.*, 1810, 3 vol. 8°.   [8° I. 1793-95

Azeglio (Massimo d'). — L'Italie de 1847 à 1865. Correspondance politique, accompagnée d'une introduction et de notes par Eugène Rendu. — *P.*, 1867, 8°.   [8° U. 1444

Azeglio (Massimo d'). — Scritti politici e letterari, preceduti da uno studio sull' autore, di Marco Tabarrini. — *Firenze*, 1872, 2 vol. in-12.   [8° O. 714-15

Azéma (Georges). — Histoire de l'Ile Bourbon. — *P.*, 1859, 8°.   [8° U. 1445

Azuni (Dominique-Albert). — Histoire géographique, politique et naturelle de la Sardaigne. — *P.*, 1802, 2 vol. 8°.   [8° U. 1446-47

Babeau (Albert). — Les artisans et les domestiques d'autrefois. — *P.*, 1886, 8°.   [8° U. 1447. A

Babeau (Albert). — L'école de village pendant la Révolution. 2e éd. — *P.*, 1885, in-16.   [8° U. 1447. B

Babeau (Albert). — La vie rurale dans l'ancienne France. — *P.*, 1883, 8°.   [8° U. 1448

Babeau (A.). — La ville sous l'ancien régime. — *P.*, 1880, 8°.   [8° U. 1449

Babeau (Albert). — Les Voyageurs en France, depuis la Renaissance jusqu'à la Révolution. — *P.*, 1885, in-18. [8° U. 1450

Babin. — Conférences ecclésiastiques du diocèse d'Angers, 1711-1749, rédigées par Babin. — *Angers*, 1755, 14 vol. in-12. [8° A. 202-15

Bacallar y Sanna (Vincent). — Mémoires pour servir à l'histoire d'Espagne sous le règne de Philippe V, traduits de l'espagnol. — *Amsterdam*, 1756, 4 vol. in-12. [8° U. 1451-54

Baccalauréat ès sciences. — Le Baccalauréat ès sciences, résumé des connaissances exigées par le programme officiel. — *P.*, 1864, 4 vol. in-12. [8° I. 1796-99

Bacharach (H.). — Grammaire allemande. — *P.*, 1850, 8°. [8° O. 716

Bachaumont (L. Petit de). — Mémoires secrets pour servir à l'histoire de la République des lettres en France, depuis 1762 jusqu'à nos jours. — *Londres*, 1780-1789, 36 t. en 18 vol. in-12. [8° O. 717-34

Bachelet (Th.), **Dézobry**. — Dictionnaire général des lettres, des beaux-arts et des sciences morales et politiques. — *P.*, 1862, 2 vol. gr. 8°. [4° O. 125-26

Bachelet (Th.). — Les Hommes illustres de la France. Nouv. éd. — *Rouen*, 1869, 4°. [4° U. 321

Backer (Louis de). — L'Extrême-Orient au moyen âge, d'après les manuscrits d'un Flamand de Belgique et d'un Prince d'Arménie. — *P.*, 1877, 8°. [8° U. 1455

Backer (Louis de). — Histoire de la ville de Bourbourg depuis son origine jusqu'en 1789. — *Dunkerque*, 1879, 8°. [8° U. 1456

Baclé (L.). — Bibliothèque de la Nature. La mécanique moderne. Les voies ferrées. 143 fig. dans le texte et 4 pl. hors texte. — *P.*, 1882, 8°. [8° I. 1800

Bacon. — The history of the reign of king Henry the Seventh. — *London*, 1641, f°. [Fol. U. 13

Bacourt (De). — Souvenirs d'un diplomate. Lettres intimes sur l'Amérique. — *P.*, 1882, in-18. [8° U. 1457

Bacqua de Labarthe (Napoléon) — Code annoté de la police administrative, judiciaire et communale. — *P.*, 1856, 8°. [8° E. 327 + A

Bacqua de Labarthe (Napoléon) — Codes de législation française. Éd. nouv. — *P.*, 1856, 8°. [8° E. 327. A

Bacquès (Henri). — Les Douanes françaises. 3e éd. — *P.*, 1882, in-18. [8° E. 328

Bader (Mlle Clarisse). — La femme dans l'Inde antique. — *P.*, 1867, 8°. [8° U. 1458

Bader (Mlle Clarisse). — La femme française dans les temps modernes. — *P.*, 1883, in-18. [8° U. 1459

Bader (Mlle Clarisse). — La femme grecque. Étude de la vie antique. — *P.*, 1872, 8°. [8° U. 1460

Bader (Mlle Clarisse). — La femme romaine. Étude de la vie antique. — *P.*, 1877, 8°. [8° U. 1461

Badin (Adolphe). — Grottes et Cavernes. 2e éd. — *P.*, 1870, in-12. [8° I. 1801

(Bibliothèque des Merveilles.)

Badin (Adolphe). — Saint-Pétersbourg et Moscou. — *P.*, 1884, in-18. [8° U. 1462

Badin (Adolphe). — Un Parisien chez les Russes. — *P.*, 1883, in-18.
[8° U. 1463

Badon-Pascal (Éd.). — Des marchés à terme. Étude pratique au point de vue légal et financier. 3e éd. — *P.*, 1877, 8°.   [8° E. 329

Badoux (J.). — La Rectitude. Système de comptabilité en partie double.—*Genève*, 1877, 8° et atlas f°.
[8° I. 1802
[Fol. I.12

Bædeker (K.). — L'Allemagne et l'Autriche. Manuel du voyageur. 7e éd., avec 31 cartes et 62 plans de villes. — *Leipzig*, 1881, in-18.
[8° U. 1464

Bædeker (K.). — Les bords du Rhin, de la frontière suisse à la frontière de Hollande. Manuel du voyageur. 11e éd., avec 24 cartes et 18 plans de villes. — *Leipzig*, 1880, in-18.
[8° U. 1465

Bædeker (K.). — Belgique et Hollande. Manuel du voyageur. 10e éd., avec 8 cartes et 17 plans de villes. — *Leipzig*, 1881, in-18.   [8° U. 1466

Bædeker (K.). — Le Nord de la France jusqu'à la Loire, excepté Paris. Manuel du voyageur. 5 cartes et 23 plans de villes. — *Leipzig*, 1884, in-16.
[8° U. 1466+A

Bædeker (K.). — Le Midi de la France, depuis la Loire et y compris la Corse. Manuel du voyageur. 11 cartes, 17 plans de villes et un panorama. — *Leipzig*, 1885, in-16.
[8° U. 1466. A

Bædeker (K.). — Paris et ses environs, suivis d'excursions diverses. Manuel du voyageur. 6e éd., avec 10 cartes et 30 plans.—*Leipzig*, 1881, in-18.   [8° U. 1467

Bædeker (K.). — Londres. Ses environs, l'Angleterre, le Pays de Galles et l'Écosse. Manuel du voya-geur. 5e éd., avec 5 cartes et 23 plans. — *Leipzig*, 1881, in-18.
[8° U. 1468

Bædeker (K.). — Italie. Manuel du voyageur. — *Leipzig*, 1880, 3 vol. in-18.   [8° U. 1469-71

I. — Italie septentrionale. 9e éd., avec 8 cartes et 28 plans.

II. — Italie centrale. 6e éd., avec 7 cartes, 28 plans et un panorama.

III. — Italie méridionale et Sicile. 6e éd., avec 25 cartes et 14 plans.

Bædeker (K.). — Palæstina und Syrien. La Palestine et la Syrie, guide de voyage. — *Leipzig*, 1875, in-18.
[8° U. 1472

Bædeker (K.). — Palestine et Syrie. Manuel du voyageur. Avec 18 cartes, 43 plans, un panorama de Jérusalem et 10 vues. — *Leipzig*, 1882, in-18.   [8° U. 1473

Bædeker (K.). — La Suisse et les parties limitrophes. Manuel du voyageur. 13e éd., avec 26 cartes, 10 plans et 9 panoramas.—*Leipzig*, 1881, in-18.
[8° U. 1474

Bagehot (W.): — La Constitution anglaise. Traduit par M. Gaulhiac. — *P.*, 1869, in-18.   [8° U. 1475

Bagehot (W.). — Lois scientifi-ques du développement des nations, dans leurs rapports avec les principes de la sélection naturelle et de l'hérédité. 2e éd. — *P.*, 1875, 8°.   [8° I. 1803

Bagehot (W.).—Lombard Street, ou le marché financier en Angleterre. — *P.*, 1874, in-18.   [8° U. 1476

Bagge (G.). — Tables statistiques des divers pays de l'Univers. — (*S. l.*), 1877-79, 2 vol. 4°.   [4° U. 322-323

Bailey (J. Rand). — Les sociétés anglaises *limited*. Manuel pratique.

Formation, administration et liquidation des compagnies à responsabilité limitée, enregistrées en Angleterre sous le régime des *Joint Stock Companies Acts*, 1862 à 1883. — *P.*, 1885, in-16. [8° I. 1803. A

Baille (J.). — L'Électricité. 2ᵉ éd. — *P.*, 1869, in-12. [8° I. 1804 (Bibliothèque des Merveilles.)

Baillet. — Les Vies des Saints. — *P.*, 1715, 4 vol. f°. [Fol. U.14-17

Baillet. — Les Vies des Saints avec l'histoire de leur culte. — *P.*, 1739, 10 vol. 4°. [4° U. 324-333

Baillière (J.-B.). — Librairie J.-B. Baillière et fils. Catalogue général. — *P.*, 1884, 8°. [8° I. 1805

Baillon (H.). — Traité de botanique médicale phanérogamique. — *P.*, 1883-1884, 2 vol. 8°. [8° I. 1806-7

Baillon (Comte de). — Henriette-Anne d'Angleterre, duchesse d'Orléans. Sa vie et sa correspondance avec son frère Charles II. — *P.*, 1886, 8°. [8° U. 1476. A

Baillot-Saint-Martin. — Histoire chronologique des peuples du monde. — *P.*, 1820, 4 vol. 8°. [8° U. 1477-80

Bailly (Louis). — Theologia dogmatica et moralis. Editio nova. — *Lyon*, 1804, 8 vol. 8°. [8° A. 216-23

Bailly (Sylvain). — Histoire de l'astronomie moderne. — *P.*, 1779; 2 vol. 4°. [4° I. 225-26

Bailly (Sylvain). — Lettres sur l'Atlantide de Platon et sur l'ancienne histoire de l'Asie. — *Londres*, 1779, 8°. [8° U. 1481

Bailly (Sylvain). — Lettres sur l'origine des sciences et sur celle des peuples de l'Asie. — *Londres*, 1777, 2 vol. 8°. [8° U. 1482-83

Bain (Alexandre). — Les émotions et la volonté. Trad. de l'anglais sur la 3ᵉ éd., par P.-L. Le Monnier. — *P.*, 1885, 8°. [8° I. 1807. A

Bain (Alexandre). — L'esprit et le corps considérés au point de vue de leurs relations, suivi d'études sur les erreurs généralement répandues au sujet de l'esprit. — *P.*, 1873, 8°. [8° I. 1808

Bain (Alexandre). — La Science et l'Éducation. — *P.*, 1879, 8°. [8° I. 1809 2ᵉ éd., 1880. — *P.*, 8°. [8° I. 1810

Baines (Thomas). — Explorations in South-West Africa. — *London*, 1864, 8°. [8° U. 1484

Bainier (P.-F.). — La géographie appliquée à la marine, au commerce, à l'agriculture, à l'industrie et à la statistique. Géographie générale. France. Afrique. — *P.*, 1877-1878, 2 vol. gr. 8°. [4° U. 333. A 1-2

Baissac (Jules). — Le Concordat de 1801 et les articles organiques. — *P.*, 1879, in-12. [8° E. 330

Baker (James). — La Turquie. Trad. de l'anglais par M. J. de Caters. — *P.*, (s. d.), in-8°. [8° U. 1485

Balbi (Adrien). — Abrégé de géographie. 3ᵉ éd. — *P.*, 1842, 8°. [8° U. 1486

Baldassari. — Histoire de l'enlèvement et de la captivité de Pie VI. Traduite par de Lacouture. — *P.*, 1839, 8°. [8° U. 1487

Baldwin (W.-C.). — Du Natal au Zambèse (1851-1866). Récits de chasses traduits par Mᵐᵉ Henriette Loreau, abrégés par J. Belin de Launay. — *P.*, 1879, in-16. [8° U. 1488

Ball (B.). — Leçons sur les maladies mentales. 2ᵉ éd. — *P.*, 1880-1883, 8°. [8° I. 1811

Ballet (Gilbert). — Le langage intérieur et les diverses formes de l'aphasie. — *P.*, 1886, in-18. [8° I. 1811. A

Balleydier (Alphonse). — Histoire de la Révolution de Rome. — *P.*, 1851, 2 vol. 8°. [8° U. 1489-90

Balleydier (Alphonse). — Histoire des révolutions de l'Empire d'Autriche. — *P.*, 1853, 2 vol. 8°.
[8° U. 1491-92

Balmès (Jacques). — Art d'arriver au vrai. Traduit de l'espagnol par Manec, avec une préface de A. de Blanche-Raffin. — *P.*, 1850, 8°.
[8° I. 1812

Balmès (Jacques). — Le protestantisme comparé au catholicisme dans ses rapports avec la civilisation européenne. — *P.*, 1844, 3 vol. 8°.
[8° A. 224-26

7° éd., avec une introduction par A. de Blanche-Raffin. — *P.*, 1867, 3 vol. in-12.
[8° A. 227-29

Baltard. — Paris et ses monuments, avec des descriptions historiques par Amaury-Duval. — *P.*, 1803, 2 vol. gr. f°.
[Fol. U. 18-19

Baltet (Charles). — L'art de greffer les arbres, arbrisseaux. — *P.*, 1869, in-16.
[8° I. 1813

Baltet (Charles). — Traité de la culture fruitière, commerciale et bourgeoise. — *P.*, 1884, in-18.
[8° I. 1813. A

Baluze. — Histoire généalogique de la Maison d'Auvergne. — *P.*, 1708, 2 vol. f°.
[Fol. U. 20-21

Balzac (H. de). — Scènes de la vie parisienne. César Birotteau. — *P.*, 1856, in-12.
[8° O. 735

Balzac (H. de). — Scènes de la vie parisienne. Histoire des Treize. — *P.*, 1856, in-12.
[8° O. 736

Balzac (H. de). — Recherche de l'absolu. — *P.*, 1866, in-12.
[8° O. 737

Bancroft (Georges). — Histoire des États-Unis. Traduite de l'anglais par Isabelle Gatti de Gamond. — *P.*, 1861-1864, 9 vol. 8°.
[8° U. 1493-1501

Banfield (T.-C.). — Organisation de l'industrie. Traduit sur la 2° édition anglaise et annoté par Émile Thomas. — *P.*, 1851, 8°.
[8° I. 1814

Banier (Abbé). — La Mythologie et les fables expliquées par l'histoire. — *P.*, 1738-1739, 5 vol. in-12.
[8° A. 230-34

Banniard (J.-B.). — Guerre de 1870-1871. Considérations militaires. — *P.*, 1872, in-12.
[8° U. 1502

Banville (Théodore de). — Esquisses parisiennes. — *P.*, 1876, in-18.
[8° O. 738

Banville (Th. de). — Petites études. Paris vécu. Feuilles volantes. Avec un dessin de Georges Rochegrosse. — *P.*, 1883, in-18.
[8° O. 739

Banville (Théodore de). — Petites études. La Lanterne magique. Camées parisiens. La Comédie-Française. — *P.*, 1883, in-18.
[8° O. 740

Banville (Théodore de). — Mes souvenirs. — *P.*, 1882, in-18.
[8° O. 741

Banville (Th. de). — Petit traité de poésie française. — *P.*, 1884, in-18.
[8° O. 741. A

Banville (Théodore de). — Poésies complètes. Les Cariatides. Éd. définitive. — *P.*, 1879, in-18.
[8° O. 742

Banville (Théodore de). — Poésies complètes. Les Exilés. Éd. définitive. — *P.*, 1878, in-18. [8° O. 743

Barafort (J.). — Traité théorique et pratique de la séparation des patrimoines. — *P.*, 1866, 8°. [8° E. 331

Barante (De). — Histoire des ducs de Bourgogne de la maison de Valois. 6° éd. — *P.*, 1842, 8 vol. 8°.
[8° U. 1503-10

Barante (De). — De la littérature française pendant le XVIII° siècle. 4° éd. — P., 1824, 8°. [8° O. 744

Barante (De). — La Vie politique de Royer-Collard. — P., 1861, 2 vol. 8°. [8° U. 1511-12

Barbier (Alexandre), Barbier (Mlle Victorine). — Le Maître d'aquarelle. Traité pratique de lavis et de peinture à l'aquarelle. — P., (s. d.), 8°, avec 5 facsimile. [8° I. 1815

Barbier (Ant.-Alex.). — Dictionnaire des ouvrages anonymes. 3° éd., revue et augmentée par MM. Olivier Barbier, René et Paul Billard. Suite de la 2° éd. des « Supercheries littéraires dévoilées, » par J.-M. Quérard. Avec une Table générale des noms réels des écrivains anonymes et pseudonymes cités dans les deux ouvrages. — P., 1872-1878, 8 tomes en 4 vol. 8°. [8° O. 745-48

Barbier (Ant.-Alex.). — Examen critique et complément des dictionnaires historiques les plus répandus. — P., 1820, 8°. [8° U. 1513

Barbier (Auguste). — Iambes et Poèmes. 6° éd. — P., 1849, in-18. [8° O. 749

Barbier (Auguste). — Rimes héroïques. — P., 1843, in-12. [8° O. 750

Barbier (Auguste). — Satires et chants. Nouv. éd.— P., 1869, in-12. [8° O. 751

Barbier (Auguste). — Silves, poésies diverses. — P., 1864, in-12. [8° O. 752

Barbier (C.). — Les Ducs de Bretagne. — Rouen, 1855, 4°. [4° U. 334

Barbier (Edmond-Jean-François). — Chronique de la Régence et du règne de Louis XV, ou Journal de Barbier. —P., 1857, 8 vol. in-18. [8° U. 1514-21

Barbier (Victor). — Manuel élémentaire d'agriculture et d'horticulture théorique et pratique. 2° éd. Avec fig. — P., 1882, in-18. [8° I. 1816

Barbot (Charles). — Guide pratique du joaillier. Nouv. éd., par M. Charles Baye. 8 pl. — P., (s. d.), in-18. [8° I. 1817

Barbou (Alfred). — Le Chien. Son histoire, ses exploits, ses aventures. — P., 1883, 8°. [8° I. 1818

Barbou (Alfred). — Les généraux de la République. 25 grav. — P., 1882, in-16. [8° U. 1521. A

Barbou (Alfred). — Victor Hugo et son temps. 120 dessins.—P., 1881, 4°. [4° O. 127

Barclay (Thomas), Dainville (Emmanuel).—Les effets de commerce dans le droit anglais: la lettre de change, le chèque et le billet à ordre comparés avec les principales législations étrangères. Suivi d'une traduction de la loi anglaise sur la capacité de la femme mariée en Angleterre. — P., 1884, in-18. [8° E. 332

Bard (Alphonse), Robiquet (Paul). — Droit constitutionnel comparé. La Constitution française de 1875 étudiée dans ses rapports avec les constitutions étrangères. 2° éd.—P., 1878, in-18. [8° E. 333

Bardes bretons, poèmes du VI° siècle, traduits par le vicomte Hersart de La Villemarqué. Nouv. éd. — P., 1860, 8°. [8° O. 753

Bardoux (A.). — Dix années de vie politique. — P., 1882, in-18. [8° U. 1522

Bardoux (A.). — Études sociales et politiques. Le comte de Montlosier

et le gallicanisme. — *P.*, 1881, 8°.
[8° U. 1523

Bardoux (A.). — Études sur la fin du XVIII° siècle. La Comtesse Pauline de Beaumont. — *P.*, 1884, 8°.
[8° U. 1524

Bareith (Frédérique -Sophie-Wilhelmine, Margrave de). — Mémoires de Frédérique - Sophie- Wilhelmine, Margrave de Bareith, sœur de Frédéric-le-Grand, depuis 1706 jusqu'à 1742, écrits de sa main. — *Brunswick*, 1845, 2 vol. 8°.
[8° U. 1525-26

Baret (Eugène). — Les Troubadours et leur influence sur la littérature du midi de l'Europe. 3° éd. — *P.*, 1867, in-12.
[8° O. 754

Bargès (Abbé J.-J.-L.). — Recherches archéologiques sur les colonies phéniciennes. — *P.*, 1878, 8°.
[8° U. 1527

Barillot (Henri). — Traité pratique et théorique de comptes courants et d'intérêts. — *P.*, 1884, 8°.
[8° I. 1819

Barker. — Lettres. Nouv. série. Une femme du monde au pays des Zoulous. Trad. de Mme E. B. — *P.*, 1885, in-18.
[8° U. 1528

Barni (Jules). — Histoire des idées morales et politiques en France au XVIII° siècle. — *P.*, 1865-1867, 2 vol in-18
[8° I. 1820-21

Barni (Jules). — Les Moralistes français au XVIII° siècle. — *P.*, 1873, in-18.
[8° I. 1822

Barni (Jules). — Napoléon 1er et son historien M. Thiers. — *P.*, 1869, in-12.
[8° U. 1529

Baron (A.). — Le Paupérisme, ses causes et ses remèdes. — *P.*, 1882, 8°.
[8° I. 1823

Baron (Michel). — Théâtre. — *P.*, 1742, 2 vol. in-12.
[8° O. 755-56

Barral (Comte de). — Étude sur l'histoire diplomatique de l'Europe. 1ère part., 1648-1792 ; 2° part., 1789-1815. 2° éd. — *P.*, 1885, 2 vol. 8°.
[8° U. 1529. A

Barral (J.-A.). — La lutte contre le phylloxera. 2° éd., avec 87 grav. — *P.*, 1883, in-18.
[8° I. 1824

Barran (Abbé). — Exposition raisonnée des dogmes et de la morale du Christianisme. — *P.*, 1843, 3 vol. 8°.
[8° A. 235-37

Barrau (Théodore-Henri). — Législation de l'Instruction publique. — *P.*, 1851, 8°.
[8° E. 334

Barrau (Théodore-Henri.) — Méthode de composition et de style. 2° éd. — *P.*, 1848, 8°.
[8° O. 757

Barrau (Théodore-Henri). — La Patrie. Description de la France. — *P.*, 1864, in-12.
[8° U. 1530

Barré (Joseph). — Cours complet de comptabilité, rédigé conformément au programme de l'École supérieure de commerce. — *P.*, 3 vol. 8°.
[8° I. 1825-27

1er Comptoir. — Cours pratique de tenue de livres. 3° éd., 1880.

2° Comptoir. — Comptabilité commerciale et financière. 2° éd., 1877.

3° Comptoir. — Comptabilité financière, Changes et arbitrages, Assurances, Bourse, etc. 1875.

Barreswil (Charles), Davanne. — Chimie photographique. 3° éd. — *P.*, 1861, 8°.
[8° I. 1828

Barreswil (Charles-Girard-Aimé). — Dictionnaire de chimie industrielle. — *P.*, 1861-1864, 4 vol. 8°.
[8° I. 1829-32

Barreswil (Charles). — Répertoire de chimie appliquée. — *P.*, (s. d.), 8".
[8" I. 1833

Barrier (F.). — Traité pratique des maladies de l'enfance. 2ᵉ éd. — *P.*, 1845, 2 vol. 8⁰. [8⁰ I. 1834-35

Barros (Joan de). — Decadas da Asia, dòs feitos que os Portugueses fezeraô no descobrimento et conquista dos mares e terras do Oriente, dirigida ao senado da camara, desta cidade de Lisboa. — *Lisboa*, 1628, 4 vol. f⁰. [Fol. U. 22-25

Barros-Arana (Diego). — Histoire de la guerre du Pacifique (1879-1880). — *P.*, 1881, 2 vol. 8⁰. [8⁰ U. 1531-32

Barry (Herbert). — La Russie contemporaine. Trad. de l'anglais par Mᵐᵉ Arvède Barine. — *P.*, 1873, in-18. [8⁰ U. 1533

Bartels (C.). — Les maladies des reins ; trad. de l'allem. par le docteur Edelmann, avec préface et additions par le docteur Lépine. Avec fig. — *P.*, 1884, 8⁰. [8⁰ I. 1836

Barth (J.-B. Philippe), **Roger** (Henri). — Traité pratique d'auscultation. 3ᵉ éd. — *P.*, 1850, in-12. [8⁰ I. 1837

6ᵉ éd., 1865. — *P.*, in-18. [8⁰ I. 1838

Barthélemy (Auguste), **Méry** (Joseph). — Napoléon en Egypte. Poème. — *P.*, 1828, 8⁰. [8⁰ O. 758

Barthélemy (Auguste), **Méry** (Joseph). — Napoléon en Égypte. Waterloo et le fils de l'homme. — *P.*, 1835, 8⁰. [8⁰ O. 759

Barthélemy (Auguste). — Némésis. 4ᵉ éd. — *P.*, 1835, 2 tom. en 1 vol. 8⁰. [8⁰ O. 760

Barthélemy (Ch.). — La bourgeoisie et le paysan sur le théâtre, au XVIIᵉ siècle. La comédie de Dancourt

(1685-1714), étude historique et anecdotique. — *P.*, 1882, in-18. [8⁰ O. 761

Barthélemy (Ch.) — Histoire de la Bretagne ancienne et moderne. Nouv. éd. — *Tours*, 1863, 8⁰. [8⁰ U. 1534

Barthélemy (J.-J.). — Voyage du jeune Anacharsis en Grèce. — *P.*, 1834, 5 vol. 8⁰ et atlas 4⁰. [8⁰ U. 1535-40

Barthélemy St-Hilaire (J.). — Le Boudha et sa religion. — *P.*, 1860, 8⁰. [8⁰ U. 1541

Barthélemy St-Hilaire (J.). — Lettres sur l'Égypte. — *P.*, 1856, 8⁰. [8⁰ U. 1542

Barthès (J.-P.-O.). — Enseignement gymnastique et militaire à l'usage des écoles, collèges et lycées et des sociétés de gymnastique. 2ᵉ éd. — *P.*, (s. d.), in-12. [8⁰ I. 1839

Barthez (F.). — Guide pratique des malades aux eaux de Vichy. 3ᵉ éd. — *P.*, 1851, in-12. [8⁰ I. 1840

Barthez (Paul-Joseph). — Traité des maladies goutteuses. — *P.*, 1802, 2 vol. 8⁰. [8⁰ I. 1841-42

Bary (E.). — Nouveaux problèmes de physique. 2ᵉ éd., revue par L. Brion. — *P.*, 1867, 8⁰. [8⁰ I. 1843

Barzas Breiz. — Chants populaires de la Bretagne. Avec une trad. par H. de La Villemarqué. — *P.*, 1839, 2 tom. en 1 vol. 8⁰. [8⁰ O. 762

Baschet (Armand). — Les Archives de Venise. — Histoire de la Chancellerie secrète. Le Sénat, le Cabinet des Ministres, le Conseil des Dix et les Inquisiteurs d'État, dans leurs rapports avec la France. — *P.*, 1870, 8⁰. [8⁰ U. 1543

Baschet (Armand). — Les comédiens italiens à la cour de France sous

Charles IX, Henri III, Henri IV et Louis XIII. — *P.*, 1882, 8°.
[8° O. 763

Baschet (Armand). — Le duc de Saint-Simon, son cabinet et l'historique de ses manuscrits, d'après des documents inédits. — *P.*, 1874, 8°.
[8° U. 1544

Bascle de Lagrèze (G.). — Le château de Pau. 2ᵉ éd. — *P.*, 1857, in-12.
[8° U. 1545

Bascle de Lagrèze (G.). — Histoire du droit dans les Pyrénées. — *P.*, 1867, 8°.
[8° E. 334. A

Basile (Saint). — Opera. — *Coloniæ Agrippinæ*, 1617, f°. [Fol. A. 7

Basnage. — Annales des Provinces-Unies, depuis les négociations pour la paix de Munster. — *La Haye*, 1719-1726, 2 vol. f°.
[Fol. U. 26-27

Basnage. — Sermons sur divers sujets de morale, de théologie et de l'histoire sainte. — *Rotterdam*, 1709, 2 vol. 8°.
[8° A. 238-39

Basset (Nicolas). — Traité pratique de la culture et de l'alcoolisation de la betterave. 2ᵉ éd. — *P.*, 1858, in-16.
[8° I. 1844

Bast (A. de). — Les Galeries du Palais de Justice de Paris, 1280-1780. — *P.*, 1851-1854, 4 vol. 8°.
[8° U. 1546-49

Bastard (Georges). — La défense de Bazeilles. Dessins de Neuville et Sergent. 2ᵉ éd. — *P.*, 1884, 8°.
[8° U. 1550

Bastard d'Estang (De). — Les Parlements de France. Essai historique. — *P.*, 1858, 2 vol. 8°.
[8° U. 1551-52

Bastian (H. Charlton). — Le cerveau, organe de la pensée chez l'homme et chez les animaux, avec 184 fig. — *P.*, 1882, 2 vol. 8°. [8° I. 1845-46

Bastiat (Frédéric). — Œuvres complètes. — *P.*, 1855-1864, 7 vol. in-12.
[8° I. 1847-53

Batbie (Anselme). — Traité théorique et pratique de droit public et administratif. — *P.*, 1861-68, 7 vol. 8°.
[8° E. 335-41

2ᵉ éd., 1885-86. — *P.*, 8 vol. 8°.
[8° E. 341. A

Batbie (Anselme). — Précis du cours de droit public et administratif professé à la Faculté de Droit de Paris. 3ᵉ éd. — *P.*, 1869, 8°. [8° E. 342

Bateman (Thomas). — Abrégé pratique des maladies de la peau, traduit par Guillaume Bertrand. — *P.*, 1820, 8°.
[8° I. 1854

Batilliat (P.). — Traité sur les vins de France. — *P.*, 1846, 8°.
[8° I. 1855

Bâtissier (Léon). — Histoire de l'art monumental dans l'antiquité et au moyen âge, suivi d'un traité de la peinture sur verre. — *P.*, 1845, 4°.
[4° I. 227

Batteux (Charles). — Principes de littérature. Nouv. éd., revue par E.-P. Allais. — *P.*, 1824, 6 vol. in-18.
[8°. O. 764-69

Battur (J.-B.). — Traité des privilèges et hypothèques. — *P.*, 1818, 2 vol. 8°.
[8° E. 343-44

Batz-Trenquelléon (Ch. de). — Henri IV en Gascogne (1553-1589). 1 portrait. — *P.*, 1885, 8°.
[8° U. 1552. A

Bauchart. — Rapport sur l'insurrection du 23 juin 1848 et les évènements du 15 mai. — (S. l. n. d.), 4°.
[4° U. 335

Baucher (F.). — Œuvres complètes. Méthode d'équitation basée sur de nouveaux principes. 11ᵉ éd. — *P.*, 1859, 8°.
[8° I. 1856

Baude de Maurceley (Charles).
— Le commandant Rivière et l'expédition du Tonkin, avec une préface de Al. Dumas fils. — *P.*, 1884, in-12.
[8° U. 1553

Baudelocque (Jean-Louis). — L'art des accouchements. 7e éd. — *P.*, 1833, 2 vol. 8°.
[8° I. 1857-58

Baudens (G.). — La Corée. Géographie, organisation sociale, mœurs et coutumes, ports ouverts au commerce japonais, les traités. — *P.*, 1884, 8°.
[8° U. 1554

Baudiau (J.-F.). — Le Morvan. — *Nevers*, 1854, 2 vol. 8°.
[8° U. 1555-56

Baudot (J.-F.). — Traité des formalités hypothécaires. 2e éd. — *P.*, 1835, 2 vol. 8°.
[8° E. 345-46

Baudouin (A.). — L'aventure de Port-Breton et la colonie libre dite Nouvelle-France. Souvenirs personnels et documents. Fig. et cartes. — *P.*, (s. d.), in-18.
[8° U. 1556. A.

Baudouin (J.). — Histoire des Chevaliers de l'Ordre de St-Jean de Jérusalem. — *P.*, 1629, f°.
[Fol. U. 28

Baudouin de Guémadeuc. — L'Espion dévalisé. — *Londres*, 1782, 8°.
[8° U. 1557

Baudrand (Michel-Antoine). — Geographia. — *P.*, 1681-1682, 2 vol. f°.
[Fol. U. 29-30

Baudrillart (Henri). — Éléments d'économie rurale, industrielle, commerciale. — *P.*, 1867, in-12.
[8° I. 1859

Baudrillart (Henri). — Études de philosophie morale et d'économie politique. — *P.*, 1858, 2 vol. in-18.
[8° I. 1860-61

Baudrillart (Henri). — Histoire du luxe privé et public, depuis l'antiquité jusqu'à nos jours. — *P.*, 1878-1880, 4 vol. 8°.
[8° U. 1558-61

Baudrillart (Henri). — Lectures choisies d'économie politique. — *P.*, 1884, in-18.
[8° I. 1862

Baudrillart (Henri). — La liberté du travail, l'association et la démocratie. — *P.*, (s. d.), in-18.
[8° I. 1863

Baudrillart (Henri). — Manuel d'économie politique. — *P.*, 1857, in-12.
[8° I. 1864

Baudrillart (Henri). — Les populations agricoles de la France. La Normandie. Passé et présent. Enquête. — *P.*, 1880, 8°.
[8° U. 1562

Baudrillart (Henri). — Les populations agricoles de la France. Normandie et Bretagne. Passé et présent. Mœurs, coutumes, instruction. — *P.*, 1885, 8°.
[8° U. 1562. A

Baudrillart (H.). — Publicistes modernes. — *P.*, 1862, 8°.
[8° U. 1563

Baudrillart (Henri). — Des rapports de la morale et de l'économie politique. Cours professé au Collège de France. — *P.*, 1860, 8°. [8° I. 1865

Baudrimont (E.). — Dictionnaire des altérations et falsifications des substances alimentaires, médicamenteuses et commerciales. 6 éd., avec 310 fig. et 4 pl. en chromolith. — *P.*, 1882, 8°.
[8° I. 1866

Baudson (Ém.).— Tracé des chemins de fer, routes, canaux, tramways, etc. 4 pl. et 95 fig. — *P.*, 1884, 8°.
[8° I. 1867

Baume (Dr) : — La loi sur les aliénés devant le Sénat. Analyse et appréciation.—*P.*, 1886, 8°. [8° E. 346. A

Baumgarten (J.). — La France contemporaine où les Français peints par eux-mêmes. Études de mœurs et de littérature. — *Cassel*, 1878, in-16.
[8° U. 1564.

Baumgarten (J.). — La France qui rit. — *Cassel*, 1880, 2 tom. en 1 vol. in-16.   [8° O. 770

Baumgarten (J.). — Le Parnasse allemand du XIXᵉ siècle. Avec un commentaire perpétuel en français. — *Cassel*, 1880, 8°.   [8° O. 771

Bausset (De). — Histoire de Bossuet. 5ᵉ éd. — *P.*, 1831, 4 vol. in-12.   [8° U. 1565-68

Bausset (De). — Histoire de Fénelon. 7ᵉ éd. — *P.*, 1844, 4 vol. in-12.   [8° U. 1569-72

Bautain (Louis). — Philosophie des lois au point de vue chrétien. Nouv. éd. — *P.*, 1860, 8°.   [8° I. 1868

Bautier (Alexandre). — Tableau analytique de la flore parisienne. 6ᵉ éd. — *P.*, 1849, in-12.   [8° I. 1869

Bavelier (Adrien). — Dictionnaire de droit électoral. 2ᵉ éd. — *P.*, 1882, 8°.   [8° E. 347

Bavelier (Adrien). — Des rentes sur l'Etat français. Législation qui les concerne. — *P.*, 1886, 8°.   [8° E. 347. A

Bayet (C.). — L'art byzantin. — *P.*, (s. d.), 8°.   [8° I. 1870

Bayle (A.-L.-J.), **Gibert** (C.-M.). — Dictionnaire de médecine. — *P.*, 1835 à 1836, 2 vol. 4°.   [4° I. 228-29

Bayle (Marc-Antoine). — Vie de saint Vincent Ferrier. — *P.*, 1855, 8°.   [8° U. 1573

Bayle (Pierre). — Dictionnaire historique et critique. — *Rotterdam*, 1697, 4 vol. f°.   [Fol. U. 31-34

Bayle (Pierre). — Dictionnaire historique et critique. Nouv. éd. — *P.*, 1820, 16 vol. 8°.   [8° U. 1574-89

Bayle (Pierre), **Chaufepié**. — Dictionnaire historique ou recherches sur la vie de plusieurs hommes célèbres, tirées des Dictionnaires de Bayle et Chaufepié, par de Bonnegarde. — *Lyon*, 1771, 4 vol. 8°.   [8° U. 1590-93

Bayle (Pierre). — Lettres choisies, avec des remarques. — *Rotterdam*, 1714, 3 vol. in-12.   [8° O. 772-74

Bayle (Pierre). — Pensées diverses écrites à un docteur de la Sorbonne, à l'occasion de la comète de 1680. 4ᵉ éd. — *Rotterdam*, 1704-1705, 4 vol. in-12.   [8° I. 1871-74

Bayle-Mouillard (Jean-Baptiste). — De l'emprisonnement pour dettes. — *P.*, 1836, 8°.   [8° E. 348

Bazaine. — Épisodes de la guerre de 1870 et le blocus de Metz. — *Madrid*, 1883, 8°.   [8° U. 1594

Bazancourt (Baron César de). — La campagne d'Italie de 1859. Chroniques de la guerre. — *P.*, 1859-1860, 2 vol. 8°.   [8° U. 1595-96
2ᵉ éd., 1860. — *P.*, 2 vol. 8°.   [8° U. 1597-98

Bazancourt (Baron César de). — La campagne d'Italie de 1859. Chroniques de la guerre. Éd. spéciale pour l'armée. — *P.*, 1860, 2 vol. in-16.   [8° U. 1599-1600

Bazancourt (Baron César de). — Cinq mois au camp devant Sébastopol. — *P.*, 1857, in-12.   [8° U. 1601

Bazancourt (Baron César de). — L'Expédition de Crimée. L'armée française à Gallipoli, Varna et Sébastopol. Chroniques militaires de la guerre d'Orient. — *P.*, (s. d.), 2 vol. 8°.   [8° U. 1602-3

Bazancourt (Baron César de). — L'Expédition de Crimée. La marine française dans la Mer Noire et la Baltique. Chroniques maritimes de la guerre d'Orient. — *P.*, (s. d.), 2 vol. 8°.   [8° U. 1604-5

Bazancourt (Baron César de). — L'Expédition de Crimée jusqu'à la prise de Sébastopol. Chroniques de la guerre d'Orient. 3ᵉ éd. — P., 1856, 2 vol. 8°.
[8° U. 1606-7

Bazin (Anaïs). — La cour de Marie de Médicis. Mémoires d'un cadet de Gascogne. — P., 1830, 8°.
[8° O. 775

Bazin (Anaïs). — Histoire de France sous Louis XIII. — P., 1838, 4 vol. 8°. [8° U. 1608-11

Bazin (H.). — De la condition des artistes dans l'antiquité grecque. Thèse. — Nice, 1866, 8°. [8° U. 1612

Beauchamp (Alph. de). — Biographie des jeunes gens ou vies des grands hommes. 2ᵉ éd. — P., 1818, 4 vol. in-12. [8° U. 1613-16

Beauchamp (Alphonse de). — Histoire de la guerre de la Vendée ou tableau des guerres civiles de l'Ouest depuis 1792 jusqu'en 1815. 4ᵉ éd. — P., 1820, 4 vol. 8°. [8° U. 1617-20

Beauchesne (A. de). — Louis XVII, sa vie, son agonie, sa mort. — P., 1853, 2 vol. in-18.
[8° U. 1621-22
3ᵉ éd., 1861. — P., 2 vol. 4°.
[4° U. 336-337

Beaugé (L.). — Manuel de législation, d'administration et de comptabilité militaires. 5ᵉ éd. — P., 1881, in-12. [8° E. 349

Beaugé (L.). — Manuel de recrutement. — P., 1886, in-16.
[8° E. 349. A

Beaulieu (C.-F.). — Essais historiques sur les causes et les effets de la révolution de France. — P., 1801-1803, 6 vol. 8°. [8° U. 1623-28

Beaumarchais. — Œuvres complètes. — P., 1821, 6 vol. 8°.
[8° O. 776-81

Beaume (G.). — Notions préliminaires de chimie. — P., 1868, 8°.
[8° I. 1875

Beaumont (Gust. de). — L'Irlande sociale, politique et religieuse. 5ᵉ éd. — P., 1842, 2 vol. in-12.
[8° U. 1629-30

Beaumont (G. de), Tocqueville (A. de). — Du système pénitentiaire aux États-Unis et de son application en France. — P., 1833, 8°.
[8° U. 1631

Beaumont de Brivazac (De).— L'Europe et ses colonies en décembre 1819. — P., 1820, 2 vol. 8°.
[8° U. 1632-33

Beaunier (Dom). — Recueil des archevêchés, évêchés, abbayes et prieurés de France. — P., 1726, 2 vol. 4°. [4° U. 338-339

Beaunis (H.), Bouchard (A.). — Nouveaux éléments d'anatomie descriptive et d'embryologie. 4ᵉ éd. 456 fig. — P., 1885, 8°. [8° I. 1876

Beaunis (H.). — Recherches expérimentales sur les conditions de l'activité cérébrale et sur la physiologie des nerfs. — P., 1884, 8°. [8° I. 1877

Beaunis (H.) — Le somnambulisme provoqué. — P., 1886, in-16.
[8° I. 1877. A

Beaussire (Émile). — La liberté d'enseignement et l'Université sous la troisième République. — P., 1884, 8°.
[8° U. 1634

Beautemps-Beaupré (C.-J.).— Coutumes et institutions de l'Anjou et du Maine, antérieures au XVIᵉ siècle. Textes et documents avec notes et dissertations. — P., 1877, 3 vol. 8°.
[8° E. 350-52

Beauvais-Nangis (Marquis de). —Mémoires, et Journal du procès du marquis de La Boulaye, publiés par MM. Monmerqué et A.-H. Taillandier (1580-1650). — P., 1862, 8°.
[8° U. 1635
(Société de l'Histoire de France.)

Beauvau (Marquis de). — Mémoires pour servir à l'histoire de Charles·IV, duc de Lorraine et de Bar. — *Cologne*, 1688, in-12.
[8° U. 1636

Beauvoir(Comte de). — Australie. Voyage autour du monde. 9ᵉ édition. — *P.*, 1874, in-12. [8° U. 1637

Beauvoir (Comte de). — Java, Siam, Canton. Voyage autour du monde. 9ᵉ édition. — *P.*, 1874, in-12.
[8° U. 1638

Beauvoir (Comte de). — Pékin, Yeddo, San–Francisco. Voyage autour du monde. 8ᵉ éd. — *P.*, 1874, in-12.
[8° U. 1639

Beauvoir (H. Roger de). — Nos généraux, 1871-1884. 136 dessins. 2ᵉ éd. — *P.*, 1885, 8°. [8° U. 1640

Beccaria (César Bonesana de). — Des délits et des peines. Traduction.— *P.*, 1822, 8°. [8° E. 353

Béchamp (A.). —Les Microzymas dans leurs rapports avec l'hétérogénie, l'histogénie, la physiologie et la pathologie. 5 pl. lithogr. — *P.*, 1883, 8°.
[8° I. 1878

Béchard (Ferdinand). — Droit municipal dans l'Antiquité.—*P.*, 1860, 8°. [8° E. 354

Béchard (Ferdinand). — Droit municipal au moyen âge. — *P.*, 1861, 2 vol. 8°. [8° E. 355-56

Beckerhinn (Ch.). — L'artillerie de montagne dans les armées européennes. Trad. du capitaine Bodenhorst. 11 pl. — *Bruxelles*, 1884, 8°.
[8° I. 1879

Béclard (Jules). — Traité élémentaire de physiologie humaine. 4ᵉ éd. — *P.*, 1862, 8°. [8° I. 1880

Béclard (J.). — Traité élémentaire de physiologie humaine. 6ᵉ éd. — *P.*, 1870, 8°. [8° I. 1881

Béclard (J.).—Traité élémentaire de physiologie. 7ᵉ éd. 378 fig. — *P.*, 1884, 2 vol. 8°. [8° I. 1882-83

Béclard (P.-A.). — Éléments d'anatomie générale. 3ᵉ éd., revue par J. Béclard. — *P.*, 1852, 8°.
[8° I. 1884

Becq de Fouquières (L.). — L'art de la mise en scène. Essai d'esthétique théâtrale. — *P.*, 1884, in-18.
[8° I. 1885

Becq de Fouquières (L.). — Les jeux des anciens, leur description, leur origine. Ouvrage accompagné de gravures. — *P.*, 1869, 8°.
[8° I. 1886

Becq de Fouquières (L.). — Traité de diction et de lecture à haute voix. Le rythme, l'intonation, l'expression. — *P.*, 1881, in-18.
[8° O. 782

Becq de Fouquières (L.). — Traité élémentaire de prosodie française. — *P.*, 1881, in-18. [8° O. 783

Becq de Fouquières (L.). — Traité général de versification française. — *P.*, 1879, 8°. [8° O. 784

Becquerel (Alfred). — Traité élémentaire d'hygiène privée et publique. 3ᵉ éd., avec additions, par E. Beaugrand.— *P.*, 1864, in-12.
[8° I. 1887

Becquerel (Alfred). — Traité élémentaire d'hygiène privée et publique. 6ᵉ éd., avec additions et bibliographie, par MM. les docteurs E. Beaugrand et F.-L. Hahn. — *P.*, 1877, in-12.
[8° I. 1888

Becquerel (Antoine).—Éléments d'électro-chimie appliquée aux sciences et aux arts. 2ᵉ éd. — *P.*, 1864, 8°.
[8° I. 1889

Becquerel (Antoine et Edmond).

— Résumé de l'histoire de l'électricité et du magnétisme. — *P.*, 1858, 8°.
[8° I. 1890

Becquerel (Antoine). — Traité expérimental de l'électricité et du magnétisme. — *P.*, 1834-1840, 6 vol. 8°.
[8° I. 1891-96

Becquerel (Antoine et Edmond). —Traité d'électricité et de magnétisme. — *P.*, 1855-1856, 3 vol. 8° et Atlas f° oblong. [8° I. 1897-99
[Fol. I. 13

Bédarride (I.). — Étude de la législation pénale. De la peine de mort. — *Montpellier*, 1865, 8°.
[8° E. 357

Bédarride (Jassuda). — Droit commercial. Commentaire du Code de Commerce. Titre I. Des Commerçants. Titre II. Des Livres de Commerce. — *P.*, 1854, 8°. [8° E. 358

Bédarride (Jassuda). — Droit commercial. Commentaire du Code de Commerce. Livre I, titre III. Des Sociétés. — *P.*, 1857, 2 vol. 8°.
[8° E. 359-60

Bédarride (Jassuda). — Droit commercial. Commentaire du Code de Commerce. Livre I, titre V. Des Bourses de Commerce. — *P.*, 1862, 8°.
[8° E. 361

Bédarride (Jassuda). — Droit commercial. Commentaire du Code de Commerce. Livre I, titre VI. Des Commissionnaires. —*P.*, 1863, 8°.
[8° E. 362

Bédarride (Jassuda). — Droit commercial. Commentaire du Code de Commerce. Livre I, titre VII. Des achats et ventes. — *P.*, 1862, 8°.
[8° E. 363

Bédarride (Jassuda). — Droit commercial. Commentaire du Code de Commerce. Livre Ier, titre VIII. De la lettre de change, des billets à ordre. — *Aix*, 1861, 2 vol. 8°.
[8° E. 364-65

Bédarride (Jassuda). — Droit commercial. Commentaire du Code de Commerce. Livre II. Du Commerce maritime. — *P.*, 1859, 5 vol. 8°.
[8° E. 366-70

Bédarride (Jassuda). — Droit commercial. Commentaire du Code de Commerce. Livre IV. De la Juridiction commerciale. — *P.*, 1864, 8°.
[8° E. 371

Bédarride (Jassuda). — Droit commercial. Commentaire des lois sur les brevets d'invention. — *P.*, 1869, 3 vol. 8°. [8° E. 372-74

Bédarride (Jassuda). —Questions de droit commercial et de droit civil, avec leurs solutions. — *P.*, 1883, 8°.
[8° E. 375

Bédarride (Jassuda). — Traité des faillites et banqueroutes ou Commentaire de la loi du 28 mai 1838. 4° éd. — *P.*, 1866, 3 vol. 8°.
[8° E. 376-78

Bede (E.). — De l'économie du combustible. Exposé des moyens de produire économiquement la vapeur d'eau servant de force motrice. 3° éd. — *Bruxelles*, 1878, 4°.
[4° I. 230

Bélanger (Jean-Baptiste). —Traité de cinématique. — *P.*, 1864, 8°.
[8° I. 1900

Belenet (A. de). — L'engrais minéral, sa formation, sa composition, ses effets; conséquences de son emploi. — *Besançon*, 1873, in-12.
[8° I. 1901

Belèze (Guillaume). —Dictionnaire universel de la vie pratique à la ville et à la campagne. 2° éd. — *P.*, 1862, 2 vol. 8°. [8° O. 785-86

Belèze (Guillaume). — Histoire naturelle. 29ᵉ éd. — *P.*, 1866, in-12.
[8° I. 1902

Belèze (J.). — Jeux des adolescents. 3ᵉ éd. — *P.*, 1866, in-12.
[8° I. 1903

Bélidor. — La Science des ingénieurs. — *P.*, 1813, 4°. [4° I. 231

Belime(William).—Philosophie du droit ou Cours d'introduction à la Science du droit. 2ᵉ éd.— *P.*, 1856, 2 vol. 8°.
[8° E. 379-80

Beljame (Alexandre). — Le public et les hommes de lettres en Angleterre au dix-huitième siècle (1660-1774).Dryden. Addison. Pope. — *P.*, 1881, 8°.
[8° U. 1641

Belkacem ben Sedira.—Cours pratique de langue arabe. — *Alger*, 1875, in-12.   [8° O. 787

Bellanger. — Nouveau manuel analytique à l'usage des officiers de police judiciaire, commissaires de police et autres fonctionnaires. 3ᵉ éd.— *P.*, 1884, 4°.   [4° E. 59

Bellarmin (Robert). — Disputationum de controversiis christianæ fidei adversus hæreticos editio novissima. — *Pragæ*, 1721, 4 vol. f°. [Fol. A. 8-11

Bellay (J.). — Science de l'administration commerciale.Tenue des livres. — *Lyon*, 1834, 8°.   [8° I. 1904

Belleau (Remy). — Œuvres complètes. Nouv. éd., publiée par M. A. Gouverneur. — *P.*, 1867, 3 vol. in-16.
[8° O. 788-90
(Bibliothèque Elzévirienne.)

Bellecroix (Ern.). — Les chasses françaises, plaine, bois et marais. 2ᵉ éd. — *P.*, 1883 , in-18.   [8° I. 1905

Bellemare (A.). — Grammaire arabe (idiomes d'Algérie), suivie de for-

mules de la civilité arabe, par Daumas. 5ᵉ éd.. — *Alger*, 1865, 8°.
[8° O. 791

Belleyme (Louis-Marie de). — Ordonnances sur requêtes et sur référés. 2ᵉ éd. — *P.*, 1844, 2 vol. 8°.
[8° E. 381-82

Bellier de Villiers (A.-C.-E.). —Le 5ᵉ Secteur ou Rempart des Ternes. — *P.*, 1871, 8°.   [8° U. 1642

Belloc (Alexis). — Les postes françaises.—*P.*,1886, 8°. [8° U. 1642. A

Bellot (J.-R.). — Journal d'un voyage aux mers polaires, exécuté à la recherche de sir John Franklin, en 1851 et 1852. Précédé d'une notice sur la vie et les travaux de l'auteur, par M. Julien Lemer. —*P.*, 1854, 8°.
[8° U. 1643

Bellot des Minières. — Régime dotal et Communautés d'acquêts, sous forme de commentaire. — *P.*, 1853, 4 vol. 8°.   [8° E. 383-86

Belot (Alfred). — Table alphabétique, analytique et raisonnée des circulaires de la direction générale de la comptabilité publique sur le service et la comptabilité des trésoriers - payeurs-généraux. — *P.*, (s. d.), 2 vol. 4°.
[4° E. 60-61

Belpaire (Alph.). — Traité des dépenses d'exploitation des chemins de fer. — *Bruxelles*, 1847, 8°.
[8° I. 1906

Belton (E.). — M. Thiers, président de la République française. — *P.*, 1873, in-12.   [8° U. 1644

Bénard (Charles). — Précis de philosophie. 3ᵉ éd. — *P.*, 1857, 8°.
[8° I. 1907

Bénard (Th.). — Dictionnaire classique universel, français, historique, etc. Nouv. éd. (17ᵉ). — *P.*, 1868, in-18.   [8° O. 792

Bénard (T.-N.). — De l'influence

des lois sur la répartition des richesses. — *P.*, 1874, 8°. [8° I. 1908

Benedetti (Cte). — Ma Mission en Prusse. — *P.*, 1871, 8°. [8° U. 1645

Beni-Barde (D^r). — Manuel médical d'hydrothérapie, avec fig. dans le texte. — *P.*, 1878, in-18. [8° I. 1909

Bénion (Ad.). — Traité de l'élevage et des maladies des animaux et oiseaux de basse-cour et des oiseaux d'agrément. — *P.*, 1884, in-12. [8° I. 1910

Benlœw (Louis). — Les lois de l'histoire. — *P.*, 1881, 8°. [8° U. 1646

Benoist, Chesnel. — Dictionnaire de géographie sacrée et ecclésiastique, contenant le Dictionnaire géographique de la Bible, par Barbié du Bocage. — *P.*, 1848-1854, 3 vol. 4°. [4° U. 339. A

Benoist (Élie). — Histoire de l'Édit de Nantes.— *Delft*, 1693 à 1695, 5 vol. 4°. [4° U. 340-344

Benoit-Lévy (Edm.), **Bocandé** (F.-B.). — Manuel pratique pour l'application de la loi sur l'instruction obligatoire, avec une préface de M. Jean Macé. — *P.*, 1882, in-16. [8° E. 387

Benoit-Lévy (E.). — De la prescription de l'action en responsabilité contre les architectes et entrepreneurs. — *P.*, 1880, 8°. [8° E. 388

Bentham (Jérémie). — Théorie des peines et des récompenses. Extrait des manuscrits de J. Bentham, par Ét. Dumont. 2e éd. — *P.*, 1818, 2 vol. 8°. [8° E. 389-90

Bentham (Jérémie). — Traité de législation civile et pénale, publié en français par Ét. Dumont.— *P.*, an X, 3 vol. 8°. [8° E. 391-93

Bentzon (Th.). — Littérature et mœurs étrangères. Études.— *P.*,1882, 2 vol. in-18. [8° O. 793-94

Béquet (Édouard). — Traité de l'état civil et des actes qui s'y rattachent, annoté et commenté. — *P.*, 1883, 8°. [8° E. 394

Béquet (Paul), **Dupré** (Paul). — Répertoire du droit administratif. — *P.*, 1882, 4°. [4° E. 62

Béranger (P.-J. de). — Ma biographie. Ouvrage posthume. 3e éd. — *P.*, 1859, in-12. [8° U. 1647

Béranger (P.-J. de). — Œuvres complètes. — *P.*, 1855, 2 vol. in-12. [8° O .795-96

Béranger (P.-J. de). — Chansons (1815-1834), contenant les dix chansons publiées en 1847. Éd. elzévirienne. — *P.*, 1868, in-64. [8° O. 797

Bérard (L.-H. de). — Bertrand Du Guesclin en Bretagne. — *Dinan*, 1862, 8°. [8° U. 1648

Bérard (Victor). — Indicateur général de l'Algérie. — *Alger*, 1858, in-12. [8° U. 1649

Béraud (Antony). — Veilles poétiques. 2e éd. — *P.*, 1831, 8°. [8° O. 798

Béraud (J.-B.). — Le commerce, la navigation, les arts des peuples anciens et modernes. — *P.*, 1861, in-18. [8° I. 1911

Béraud (J.-B.). — Manuel de physiologie de l'homme et des principaux vertébrés, revu par Ch. Robin. — *P.*, 1853, in-12. [8° I. 1912

Bérault-Bercastel, Henrion. — Histoire générale de l'Église. 3e éd. — *P.*, 1840, 12 vol. 8°. [8° U. 1650-61

Berbrugger (Adrien).— Nouveau dictionnaire français-espagnol et espagnol-français. 8° éd. — P., 1843, in-12. [8° O. 799

Berenger (P.-L.). — Le peuple instruit par ses propres vertus. — P., 1805, 3 vol. in-12. [8° I. 1913-15

Bérenguier (Adrien). — Traité des fièvres intermittentes et rémittentes des pays tempérés et non marécageux. — P., 1865, 8°. [8° I. 1916

Berger (Adolphe). — Histoire de l'éloquence latine, depuis l'origine de Rome jusqu'à Cicéron, d'après les notes de M. Adolphe Berger, réunies et publiées par M. Victor Cucheval. — P., 1872, 2 vol. in-12. [8° O. 800-801

Bergeret (Gaston). — Mécanisme du budget de l'État. — P., (s. d.), 8°. [8° E. 395

Bergeret (Gaston). — Les ressources fiscales de la France. — P., 1883, in-18. [8° E. 396

Bergeron (Dr A.). — Précis de petite chirurgie et de chirurgie d'urgence, avec 374 fig. dans le texte. — P., 1882, in-18. [8° I. 1917

Bergery (C.-L.). — Géométrie appliquée à l'industrie. 2e éd. — Metz, 1828, 8°. [8° I. 1918

Bergier (Nicolas). — Histoire des grands chemins de l'Empire romain.— Bruxelles, 1736, 2 vol. 4°. [4° U. 345-46

Bergier (Abbé Nicolas-Sylvestre). — Dictionnaire de théologie. Nouv. éd. — P., 1835, 8 vol. 8°. [8° A. 240-47

Bergier (Abbé Nicolas-Sylvestre). — Traité historique et dogmatique de la vraie religion, avec la réfutation des erreurs qui lui ont été opposées dans les différents siècles. — P., 1780, 12 vol. in-12. [8° A. 248-59

Bergier (Abbé Nicolas-Sylvestre). — Traité de la vraie religion, avec la réfutation des erreurs qui lui ont été opposées dans les différents siècles. — P., 1827-28, 8 vol. 8°. [8° A. 260-67

Berlioz (Hector). — Mémoires de Hector Berlioz, comprenant ses voyages (1803-1865). 2e éd. — P., 1881, 2 vol. in-18. [8° U. 1662-63

Bernard (Abbé). — Ni fanatiques ni lâches. Lettre à M. l'abbé Michaud. — P., 1872, in-12. [8° U. 1664

Bernard (Aug.). — Histoire de l'imprimerie royale du Louvre. — P., 1867, 8°. [8° I. 1919

Bernard (Aug.). — De l'origine et des débuts de l'imprimerie en Europe. — P., 1853, 2 vol. 8°. [8° I. 1920-21

Bernard (Charles de). — Un homme sérieux. Nouv. éd. — P., 1857, in-12. [8° O. 802

Bernard (Claude). — Introduction à l'étude de la médecine expérimentale. — P., 1865, 8°. [8° I. 1922

Bernard (Claude). — Leçons de physiologie expérimentale. — P., 1855, 2 vol. 8°. [8° I. 1923-24

Bernard (Claude). — Leçons sur la physiologie et la pathologie du système nerveux. — P., 1858, 2 vol. 8°. [8° I. 1925-26

Bernard (Claude). — Cours de médecine du Collège de France. Leçons sur les anesthésiques et sur l'asphyxie, avec fig. — P., 1875, 8°. [8° I. 1927

Bernard (Claude). — Cours de médecine du Collège de France. Leçons sur les effets des substances toxiques. — P., 1857, 8°. [8° I. 1928

Bernard (Claude). — Cours de

médecine du Collège de France. Leçons sur les effets des substances toxiques et médicamenteuses. — *P.*, 1883, 8°.
[8° I. 1929

Bernard (Claude). — Cours de physiologie générale du Muséum d'histoire naturelle. Leçons sur les phénomènes de la vie communs aux animaux et aux végétaux. 49 pl. et 5 fig. 2ᵉ éd. — *P.*, 1879-85, 2 vol. 8°.
[8° I. 1930-31

Bernard (Claude). — La science expérimentale, avec fig. 2ᵉ éd. — *P.*, 1878, 8°
[8° I. 1932

Bernard (Frédéric). — Les évasions célèbres. 2ᵉ éd. — *P.*, 1870, in-18.
[8° U. 1665
(Bibliothèque des Merveilles.)

4ᵉ éd., 1879, illustrée de 25 vignettes. — *P.*, in-18.
[8° U. 1666

Bernard (Frédéric). — Les fêtes célèbres de l'antiquité, du moyen âge et des temps modernes. — *P.*, 1878, in-12.
[8° U. 1667
(Bibliothèque des Merveilles.)

Bernard (F.). — Quatre mois dans le Sahara. Journal d'un voyage chez les Touaregs, suivi d'un aperçu sur la deuxième mission du Colonel Flatters. Ouvrage orné de 15 grav. d'après les dessins de l'auteur et d'une carte. — *P.*, 1881, in-16.
[8° U. 1668

Bernard (Joseph). — Le bon sens d'un homme de rien. — *P.*, 1829, 8°.
[8° O. 803

Bernard (Mlle Laure). — Les Mythologies de tous les peuples. 2ᵉ éd. — *P.*, 1842, in-18.
[8° A. 268

Bernard (Laure). — Les voyages modernes. — *P.*, 2 vol. in-12.
[8° U. 1669-70

Bernier. — Anti-Menagiana, où l'on cherche ces bons mots, cette morale, tout ce que l'affiche du Menagiana nous a promis. — *P.*, 1693, in-12.
[8° O. 804

Bernier (C.). — De l'occupation militaire en temps de guerre. Règles de conduite d'une armée sur le territoire ennemi. — *P.*, 1884, 8°.
[8° E. 397

Bernoville (R.). — Dix jours en Palmyrène. — *P.*, 1868, gr. 8°.
[4° U. 347

Bernstein (J.). — Les sens. 2ᵉ éd. — *P.*, 1877, 8°.
[8° I. 1933

Berquin. — L'ami des enfants.— *P.*, 1845, 2 vol. in-12.
[8° O. 805-6

Berriat-Saint-Prix (Charles).— Cours de droit criminel. 4ᵉ éd. — *P.*, 1836, 8°.
[8° E. 398

Berriat-Saint-Prix (Ch.).— Le Jury en matière criminelle. Manuel des Jurés à la Cour d'assises. 6ᵉ éd., revue par M. J. Berriat-Saint-Prix. — *P.*, 1884, in-18.
[8° E. 399

Berriat-Saint-Prix (Ch.). — Manuel de police judiciaire. 2ᵉ éd. — *P.*, 1841, in-12.
[8° E. 400

Berriat-Saint-Prix (Charles). — Manuel de police judiciaire et municipale. 3ᵉ éd. — *P.*, 1856, in-12.
[8° E. 401

Berruyer. — Histoire du peuple de Dieu, depuis son origine jusqu'à la naissance du Messie. 2ᵉ éd.— *Besançon*, 1842, 10 vol. 8°.
[8° U. 1671-80

Bersot (Ernest). — Conseils d'enseignement, de philosophie et de politique. — *P.*, 1879, in-16.
[8° I. 1934

Bersot (Ernest). — Mesmer, le magnétisme animal, les tables tournantes et les esprits. 4ᵉ éd. — *P.*, 1879, in-18.
[8° I. 1935

Bersot (Ernest). — Un moraliste. Études et pensées. Notice biographique par Edmond Scherer. Avec une photographie de M. Bersot. — *P.*, 1882, in-18. [8° I. 1936

Bert (Paul). — Le choléra. Lettre au « Tagblatt » de Vienne. 3ᵉ éd. — *P.*, 1884, in-16. [8° I. 1937

Bert (Paul). — Discours parlementaires. Assemblée nationale. Chambre des députés. 1872-1881. — *P.*, 1882, in-18. [8° U. 1681

Bert (Paul). — L'Instruction civique à l'école. Notions fondamentales. 6ᵉ éd. 76 gravures et cartes. — *P.*, 1882, in-18. [8° I. 1938

Bert (Paul). — La Morale des Jésuites. Avec une dédicace à M. Freppel, évêque d'Angers. 13ᵉ éd. — *P.*, 1880, in-18. [8° A. 269

Bertauld (Alfred). — Cours de Code pénal et leçons de législation criminelle. 2ᵉ éd. — *P.*, 1859, 8°. [8° E. 402

Berteuil (Arsène). — L'Algérie française. — *P.*, 1856, 2 vol. 8°. [8° U. 1682-83

Berthelot (P.-E.-M.). — Science et philosophie. — *P.*, 1886, 8°. [8° I. 1938. A

Berthelot (P.-E.-M.). — La Synthèse chimique. 3ᵉ éd. — *P.*, 1879, 8°. [8° I. 1939

Berthelot (P.-E.-M.), Jungfleisch (E.). — Traité élémentaire de chimie organique. 2ᵉ éd., avec de nombreuses figures. — *P.*, 1881, 2 vol. 8°. [8° I. 1940-41

Berthet (Élie). — Paris avant l'histoire. — *P.*, 1885, 8°. [8° I. 1942

Berthier (Le P. G.-F.). — Œuvres spirituelles. Réflexions. — *Lyon*, 1830-1837, 5 vol. 8°. [8° A. 270-74

Berthoud (Ferdinand). — Traité des horloges marines. — *P.*, 1773, 4°. [4° I. 232

Berthoud (Fritz). — Un hiver au soleil, croquis de voyage. — *Neuchâtel*, 1882, in-16. [8° U. 1684

Berthoud (Marc). — La charcuterie pratique. 2ᵉ éd. 74 fig. — *P.*, (s. d.), in-18. [8° I. 1943 + A

Berthoud (Samuel-Henry). — L'Esprit des Oiseaux. — *Tours*, 1867, 8°. [8° I. 1943. A

Bertillon (Alphonse). — Ethnographie moderne. Les races sauvages. — *P.*, 1883, 8°. [8° U. 1685

Bertin (Ernest). — Les mariages dans l'ancienne société française. — *P.*, 1879, 8°. [8° U. 1686

Bertrand (Alex.). — La Gaule avant les Gaulois, d'après les monuments et les textes. — *P.*, 1884, 8°. [8° U. 1687

Bertrand (Alexandre). — Lettres sur les révolutions du globe. — *P.*, 1845, in-12. [8° I. 1944

6ᵉ éd., 1863, précédée d'une préface par J. Bertrand. — *P.*, in-12. [8° I. 1945

Bertrand (Alphonse). — L'organisation française. Le gouvernement, l'administration. Guide du citoyen et manuel à l'usage des écoles. — *P.*, 1882, in-18. [8° E. 403

Bertrand (Charles). — Traité d'arithmétique. — *St-Brieuc*, 1846, 8°. [8° I. 1946

Bertrand (Abbé François-Marie). — Dictionnaire universel historique et comparatif de toutes les religions du monde. — *P.*, 1848, 4 vol. 4°. [4° A. 108-11

Bertrand (Joseph). — Traité

d'algèbre. 3e éd. — *P.*, 1863, 2 vol. 8°. [8° I. 1947-48

Bertrand (Joseph). — Traité de calcul différentiel et de calcul intégral. Calcul intégral. Intégrales définies et indéfinies.. — *P.*, 1870, 4°.
[4° I. 233

Bertulus (E.). — Le docteur Bally, médecin en chef de l'expédition de Saint-Domingue. — *Marseille*, 1866, in-18. [8° U. 1688

Berty (Adolphe).— Histoire générale de Paris. Topographie historique du vieux Paris. Région du Louvre et des Tuileries. — *P.*, 1866-1868, 2 vol. f°. [Fol. U. 35-36

Berville (St.-A.). — Œuvres diverses. — *P.*, 1868, in-12.
[8° O. 807

Berwick (Mal de). — Mémoires. — *P.*, 1872, in-12. [8° U. 1689

Berzelius. — De l'emploi du chalumeau dans les analyses chimiques. Trad. du suédois par Fresnel. — *P.*, 1837, 8°. [8° I. 1949

Bescherelle aîné (Louis-Nicolas). — Dictionnaire national ou grand dictionnaire classique de la langue française. — *P.*, 1845-46, 2 vol. gr. 4°.
[Fol. O. 1-2

Bescherelle aîné (Louis-Nicolas), **Pons** (J.-A.). — Nouveau dictionnaire classique de la langue française. — *P.*, 1864, 8°. [8° O. 808

Bescherelle aîné (Louis-Nicolas). — Dictionnaire usuel de tous les verbes français. — *P.*, 1843, 2 vol. 8°.
[8° O. 809-10

Bescherelle aîné, **Bescherelle** jeune, **Litais de Gaux.** — Grammaire nationale. 10e éd., précédée d'une introduction par M. Philarète Chasles. — *P.*, 1860, 4°. [4° O. 128

Bescherelle aîné (Louis-Nicolas), **Devars** (G.). — Grand dictionnaire de géographie universelle ancienne et moderne. — *P.*, 1856-1857, 4 vol. f°.
[Fol. U. 37-40

Bescherelle jeune. — L'art de la correspondance. Nouveau manuel du style épistolaire. 2e éd. — *P.*, 1865, 2 vol. in-18. [8° O. 811-12

Bescherelle jeune. — Manuel de correspondance administrative, commerciale et familière. — *P.*, 1861, in-18. [8° O. 813

Besmeray (Marie de). — Les grandes époques de la peinture. Le Poussin, Ruysdaël, Claude Lorrain. — *P.*, 1884, 8°. [8° U. 1689. A

Bessaignet (Octave). — Manuel de finances et de comptabilité financière. — *P.*, 1884, 8°.
[8° I. 1949. A

Bettenfeld (Michel). — L'art de l'escrime. — *P.*, 1885, in-12.
[8° I. 1950

Beudant (Sulpice). — Minéralogie, géologie. 9e éd. — *P.*, 1861, in-12. [8° I. 1951

Beuf (Lucien). — Les voies de communication à Rome. Les chemins de fer d'intérêt local. Thèse pour le doctorat.—*P.*, 1885, 8°. [8° E. 404

Bidault (E.). — Code électoral. Guide pratique pour les élections. 10e éd. — *P.*, 1881, in-18. [8° E. 405

Beugnot. — Dictionnaire usuel de chirurgie et de médecine vétérinaires. Nouv. éd. — *P.*, 1882, 2 vol. 8°.
[8° I. 1952-53

Beulé(E.).—L'Acropole d'Athènes. — *P.*, 1853-1854, 2 vol. 8°.
[8° U. 1690-91

Beulé (E.). — Études sur le Péloponèse.— *P.*, 1855, 8°. [8° U. 1692

Beurdeley (Paul). — L'école nouvelle. — *P.*, 1884, in-18.
[8° I. 1954

Beyle (Henri), dit **Stendhal**. — La Chartreuse de Parme. — *P.*, 1853, in-12. [8° O. 814

Beyle (Henri), dit **Stendhal**. — Mémoires d'un touriste, par l'auteur de « Rouge et Noir » (Henri Beyle). — *P.*, 1838, 2 t. en 1 vol. 8°.
[8° U. 1693

Beyle (Henri), dit **Stendhal**. — Promenades dans Rome. — *P.*, 1853, 2 vol. in-12. [8° U. 1694-95

Beyle (Henri), dit **Stendhal**. — Vie de Rossini. — *P.*, 1854, in-12.
[8° U. 1696

Bezaure (Gaston de). — Le fleuve Bleu. Voyage dans la Chine occidentale. Grav. et carte. — *P.*, 1879, in-18. [8° U. 1697

Bèze (Théodore de). — L'histoire de la vie et mort de Jean Calvin. — *Genève*, 1663, in-12.
[8° U. 1698

Bezodis (A.). — Notions élémentaires de trigonométrie rectiligne. — *P.*, 1867, in-12. [8° I. 1955

Bezodis (A.). — Notions élémentaires sur les courbes usuelles. — *P.*, 1867, in-12. [8° I. 1956

Bezout. — Traité d'arithmétique, à l'usage de la marine et de l'artillerie, avec des notes par Devèze. — *Dôle*, 1821, 8°. [8° I. 1957

Biagioli. — Grammaire italienne. 3ᵉ éd. — *P.*, 1824, in-12.
[8° O. 815

Bianchi, Kieffer. — Dictionnaire turc-français. 2ᵉ éd. — *P.*, 1850, 8°. [8° O. 816

Bianchi (Nicomède). — La politique du comte Camille de Cavour, de 1852 à 1861. Lettres inédites, avec notes. — *Turin*, 1885, 8°.
[8° U. 1698. A

Bibesco (Prince Georges). — Campagne de 1870. Belfort, Reims, Sedan. Le 7ᵉ corps de l'armée du Rhin. — *P.*, 1872, 8°. [8° U. 1699

Bibesco (Prince Georges). — Histoire d'une frontière. La Roumanie sur la rive droite du Danube. — *P.*, 1883, 8°. [8° U. 1701

Bible (La). — Traduction nouvelle avec l'hébreu en regard, des notes, etc., par S. Cahen. — *P.*, 1831-51, 18 vol. 8°. [8° A. 275-92

Bible grecque des Septante.- Η Παλαια Διαθηκη κατα τους εβδομηκοντα. Vetus testamentum secundum LXX, ex auctoritate Sexti V editum. — *Lutetiæ Parisiorum*, 1628, 6 vol. f°.
[Fol. A. 12-17

Bible (La sainte), en latin et en français, avec des notes littérales pour l'intelligence des endroits les plus difficiles et la concordance des quatre évangélistes, par M. Le Maistre de Sacy.— *P.*, 1717, 4 vol. f°. [Fol. A. 18-21

Bible (Sainte) de Vence, en latin et en français, enrichie d'un atlas et de cartes. 5ᵉ éd. — *P.*, 1827-1833, 27 vol. 8°. [8° A. 293-319

Bible (Sainte). — Contenant l'ancien et le nouveau Testament, avec une traduction française en forme de paraphrase par le R. P. de Carrières et les commentaires de Menochius. — *Besançon*, 1838-1839, 8 vol. 8°.
[8° A. 320-27

Bible (Sainte). — Trad. par Le Maistre de Saci. — *Liége*, 1702, f°.
[Fol. A. 22

Bible (La sainte). — Revue et corrigée par J. Osterwald. — *Neufchâtel*, 1744, 2 vol. f°. [Fol. A. 23-24

Bible allemande de Luther.—*Biblia* das ist die gantze heilige Scrifft deutsch Doct. Mart. Luther. — *Wittemberg*, 1589, 2 vol. 4°. [4° A. 112-13

Bible anglaise. — The holy Bible, by Thomas Wilson. — *Bath*, 1785, 3 vol. f°. [Fol. A. 25-27

Bible (The pictorial). — *London*, 1836, 3 vol. 4°. [4° A. 114-16

Bibbia (La), cioe i libri del vecchio e del nuovo Testamento, nuovamente traslatati in lingua italiana da Giovanni Diodati. — (*S. l.*), 1607, 4°. [4° A. 117

Bibliographie de la France. — Journal général de l'imprimerie et de la librairie. — *P.*, 1810 et ann. suiv., 8°. [8° O. 817-64

Biblioteca poetica italiana scelta e pubblicata di A. Buttura.—*P.*, 1820-22, 30 vol. in-32. [8° O. 865-94

Bibliotheca scriptorum græcorum. —*P.*, 1837-1873, 65 vol. 4°. [4° O. 129-191

Bibliotheca veterum patrum a Margarino de La Bigne composita.— *P.*, 1644, 17 tom. en 15 vol. f°. [Fol. A. 28-42

Bibliothèque académique, mise en ordre par Sérieys.—*P.*, 1810-1811, 12 vol. 8°. [8° O. 895-906

Bibliothèque bleue (La), entièrement refondue.—*P.*, 1776, 2 vol. 8°. [8° O. 907-8

Bibliothèque critique ou recueil de pièces critiques publiées par M. de Sainjore.—*Amsterdam*, 1708, 4 vol. 8°. [8° A. 328-31

Bibliothèque cynégétique d'un amateur. Armes, animaux, fauconnerie, etc. — *P.*, 1884, in-16. [8° I. 1957. A

Bibliothèque de Campagne ou amusements de l'esprit et du cœur. —*Lyon*, 1766, 24 vol. in-12. [8° O. 909-31

Bibliothèque de l'École des Chartes. — *P.*, 1875 et ann. suiv., 8°. [8° U. 1702

Bibliothèque des auteurs latins, avec la traduction en français, publiée sous la direction de M. Nisard. — *P.*, 1839-1869, 27 vol. 4°. [4° O. 192-218

Bibliothèque des romans grecs, traduits en français par Jean Fournier, Jacques Amyot, Pierre-Henri Larcher, etc. — *P.*, 1797, 12 tom. en 5 vol. in-18. [8° O. 932-36

Bibliothèque élzévirienne.— Catalogue raisonné. Nouv. éd. — *P.*, 1870, in-16. [8° O. 937

Bibliothèque historique et militaire, publiée par Ch. Liskenne et Sauvan. —*P.*, 1840-1842, 6 vol. 4°. [4° I. 234-39

Bibliothèque impériale. — Département des médailles, pierres gravées et antiques. Description sommaire des monuments exposés.—*P.*, 1867, in-12. [8° I. 1958

Bibliothèque nationale. — Catalogue des ouvrages donnés par M. V. Schœlcher, sénateur. 1884. — (*S. l. n. d.*), 8°. [8° O. 937 + A

Bibliothèque nationale. Département des imprimés. — Liste alphabétique des ouvrages mis à la libre disposition des lecteurs dans la Salle de travail, précédée d'un avertissement et accompagnée d'un plan de la salle.—*P.*, 1886, in-16. [8° O. 937. A

Bibliothèque nationale. — Imprimés. Manuscrits. Estampes. Notice des objets exposés. —*P.*, 1881, in-12. [8° I. 1959

Bibliothèque nationale. — Notice des objets exposés dans la salle du Parnasse français, à l'occasion du second centenaire de la mort de Pierre Corneille. Octobre 1884. — *P.*, 1884, in-16.
                          [8° I. 1960

Bibliothèque poétique ou nouveau choix des plus belles pièces de vers, en tout genre, depuis Marot jusqu'aux poètes de nos jours. — *P.*, 1745, 4 vol. 4°.   [4° O. 219-22

Biblische encyklopädie. — *Gotha*, 1793, 4 vol. 4°.   [4° A. 118-21

Bichat (François-Xavier). — Recherches physiologiques sur la vie et la mort. Nouv. éd. — *P.*, 1859, in-12.
                          [8° I. 1961

Bichat (François-Xavier). — Traité d'anatomie descriptive. Nouv. éd. — *P.*, 1823, 5 vol. 8°.   [8° I. 1962-66

Bicheyre (A.). — Traité d'agriculture théorique et pratique, à l'usage des fermes-écoles. — *P.*, 1884, in-18.
                          [8° I. 1967

Bie (Jacq. de). — La France métallique. — *P.*, 1636, f°.
                          [Fol. U. 41

Bignon. — Les Cabinets et les Peuples depuis 1815 jusqu'à la fin de 822. — *P.*, 1822, 8°.   [8° U. 1703

Bignon, Ernouf (A.). — Histoire de France, depuis le 18 brumaire (novembre 1799) jusqu'à la deuxième Restauration. — *P.*, 1829-1850, 14 vol. 8°. (Les deux derniers volumes portent : Rédigée et terminée par A. Ernouf.)
                          [8° U. 1704-17

Bigorie de Laschamps — Michel de Montaigne. — *P.*, 1855, 8°.
                          [8° U. 1718

Bigot (Charles). — Le Petit Français. — *P.*, 1884, in-12.   [8° I. 1968

Billard de Veaux (Alexandre). — Mémoires. — *P.*, 1832, 3 vol. 8°.
                          [8° U. 1719-21

Billaud (Victor). — Le Livre des Baisers. Avec une eau-forte par Henry Somm. 3ᵉ éd. — *Royan*, 1881, in-18.
                          [8° O. 938

Billaut (Maître Adam). — Le Vilebrequin. — *P.*, 1663, in-18.
                          [8° O. 939

Billot (J.). — Prônes réduits en pratique pour les dimanches. Nouv. éd. — *Lyon*, 1781, 5 vol. in-12.
                          [8° A. 332-36

Bimbenet (Eugène). — Relation fidèle de la fuite du roi Louis XVI à Varennes. — *P.*, 1844, 8°.
                          [8° U. 1722

Bioche (Charles-Jules-Armand). — Dictionnaire de procédure civile et commerciale. 3ᵉ éd. (4ᵉ tirage). — *P.*, 1856, 6 vol. 8°.   [8° E. 406-11

Biographie des prêtres du diocèse de Cambrai morts depuis 1800. — *Cambrai*, 1847, 8°.
                          [8° U. 1723

Biographie (Nouvelle) générale, dite Biographie Didot, publiée sous la direction de Hoefer. — *P.*, 1852-1856, 46 vol. 8°.
                          [8° U. 1724-69

Biographie portative universelle, publiée par Lud. Lalanne, L. Renier. — *P.*, 1844, 8°.   [8° U. 1770

Biographie universelle ancienne et moderne, dite Biographie Michaud. Nouv. éd. — *P.*, 1854-1865, 45 vol. 4°.   [4° U. 348-392

Biographie universelle et portative des contemporains, ouvrage publié sous la direction de Rabbe, Vieilh de Boisjolin et Sainte-Preuve. — *P.*, 1834, 5 vol. 8°.   [8° U. 1771-75

Biollay (Léon). — Études économiques sur le XVIIIᵉ siècle. Le Pacte de famine. L'administration du commerce. — *P.*, 1885, 8°.
                          [8° U. 1775. A

Biot (Jean-Baptiste). — Essai de géométrie analytique. 7° éd. — *P.*, 1826, 8°. [8° I. 1969

Biot (Jean-Baptiste). — Traité de physique expérimentale. — *P.*, 1824, 2 vol. 8°. [8° I. 1970-71

Biran (Élie de). — Les établissements d'utilité publique.—*P.*, 1882, 8°. [8° I. 1972

Birot (F.). — Guide pratique du Conducteur des Ponts et Chaussées et de l'Agent-voyer. 3° éd. — *P.*, 2 vol. in-12, dont un atlas. [8° I. 1973-74

Bismarck (De).—Correspondance diplomatique (1851-1859), publiée d'après l'édition allemande de M. de Poschinger, sous la direction et avec une préface de M. Th. Funck-Brentano. Trad. de M. L. Schmitt. — *P.*, 1883, 2 vol. 8°. [8° U. 1776-77

Bismarck (De). — Lettres politiques confidentielles (1851-1858), publiées par M. Henri de Poschinger, trad. française par E.-B. Lang. — *P.*, 1885, in-18. [8° U. 1777. A

Bitard (Ad.).— Le livre de la maîtresse de maison et de la mère de famille. Ouvrage contenant tous les renseignements indispensables à la vie pratique. Nouv. éd. — *P.*, 1881, in-16. [8° I. 1975

Bizot. — Histoire métallique de la République de Hollande. Nouv. éd. — *Amsterdam*, 1688-90, 3 vol. 8°. [8° U. 1778-80

Blache, Guersant. — Extraits de pathologie infantile, publiés par le Dr R. Blache. Avec une préface de M. le Dr Archambault. — *P.*, 1883, 8°. [8° I. 1976

Blacher (Philippe-Amédée).—Fables. La Ganelonide. Poésies diverses. — *Condé-sur-Noireau*, 1869, in-12. [8° O. 940

Blackstone (William). — Com-mentaries on the laws of England. 8° éd. — *Oxford*, 1778, 4 vol. 8°. [8° E. 412-15

Blair (Hugues). — Cours de Rhéthorique et de Belles-Lettres, trad. de l'anglais par Pierre Prévost. — *Genève*, 1808, 4 vol. 8° [8° O. 941-44

Blanc. — Types militaires d'antan. Généraux et soldats d'Afrique. — *P.*, 1885, in-18. [8° U. 1781

Blanc (Charles). — L'art dans la parure et dans le vêtement. — *P.*, 1875, 8°. [8° I. 1977

Blanc (Charles). — Les Beaux-Arts à l'Exposition universelle de 1878. — *P.*, 1878, in-18. [8° I. 1978

Blanc (Charles). — Grammaire des arts décoratifs. Décoration intérieure de la maison. — *P.*, 1882, gr. 8°. [4° I. 240

Blanc (Charles). — Grammaire des arts du dessin. — *P.*, 1867, 4°. [4° I. 241

Blanc (Charles). — Histoire des Peintres de toutes les écoles. — *P.*, 1862 et années suivantes, 19 vol. f°. [Fol. I. 14-27
École française, par Ch. Blanc.
— hollandaise, par Ch. Blanc.
— anglaise, par W. Bürger.
— flamande, par Ch. Blanc, Mantz, A. Michiels, Sylvestre et A. Wauters.
— allemande, par Ch. Blanc, P. Mantz et A. Demmin.
— espagnole, par Ch. Blanc, Bürger, P. Mantz, L. Viardot et P. Lefort.
— milanaise, lombarde, ferraraise, génoise et napolitaine, par Ch. Blanc, M. Chaumelin et G. Lafenestre.
— ombrienne et romaine, par Ch. Blanc.
— bolonaise, par Ch. Blanc et H. Delaborde.
— vénitienne, par Ch. Blanc.
— florentine, par P. Mantz et Ch. Blanc.

Blanc (Charles). — Voyage de la Haute-Égypte. Observations sur les arts-égyptiens et arabes. — *P.*, 1876, 8°.   [8° U. 1782

Blanc (Louis). — Discours politiques (1847-1881). — *P.*, 1882, 8°.   [8° U. 1783

Blanc (Louis). — Dix ans de l'histoire d'Angleterre. — *P.*, 1879-1881, 10 vol. in-18.   [8° U. 1784-93

Blanc (Louis). — Histoire de dix ans. 5ᵉ éd. — *P.*, 1846, 5 vol. 8°.   [8° U. 1794-98

Blanc (Louis). — Histoire de la Constitution du 25 février 1875. — *P.*, 1882, in-18.   [8° U. 1799

Blanc (Louis). — Histoire de la Révolution française. — *P.*, 1847–1862, 12 vol. 8°.   [8° U. 1800-11

Blanc (Louis). — Lettres sur l'Angleterre. — *P.*, 1865, 2 vol. 8°.   [8° U. 1812-13

Blanc (Louis). — Organisation du travail. 5ᵉ éd. — *P.*, 1847, in-18.   [8° I. 1979

Blanc (P.-S.). — Cours d'histoire ecclésiastique à l'usage des séminaires. 3ᵉ éd. — *P.*, 1860, 2 vol. 8°.   [8° U. 1814-15

Blanc dit **La Goutte**. — Poésies en patois du Dauphiné. Grenoblo Malhérou. Dessins de D. Rahoult, grav. de E. Dardelet; préface par Georges Sand. — *Grenoble*, 1864, f°.   [Fol. O. 3

Blanchard (Claude). — Guerre d'Amérique (1780-1783). Journal. — *P.*, 1881, 8°.   [8° U. 1816

Blanchard (Émile). — Le Conseiller des propriétaires et des locataires. Traité pratique, suivant la jurisprudence actuelle, de toutes les questions relatives à la propriété. — *P.*, 1879, 8°.   [8° E. 416

Blanchard (le Chanoine J.-B.). — L'École des mœurs. — *P.*, 1841, 2 vol. 8°.   [8° I. 1980-81

Blanchard (Pierre). — Aventures les plus curieuses des voyageurs. 2ᵉ éd. — *P.*, 1817, 4 vol. in-12.   [8° U. 1817-20

Blanchard (Pierre). — Cours élémentaire d'histoire naturelle. Le Buffon de la Jeunesse. Revu, corrigé par Chenu. — *P.*, 1849, 4°.   [4° I. 242

Blanchard (Pierre). — Le Plutarque de la jeunesse ou Abrégé des vies des plus grands hommes de toutes les nations. 7ᵉ éd. — *P.*, 1822, 4 vol. in-12.   [8° U. 1821-24

Blanchard (Raphaël). — Traité de Zoologie médicale. — *P.*, 1886, 8°.   [8° I. 1981. A

Blanchard (Dʳ Raphaël). — Les universités allemandes. — *P.*, 1883, 8°.   [8° I. 1982

Blanche (Armand). — Code formulaire des actes de l'état civil. Législation et jurisprudence. — *P.*, 1884, in-18.   [8° E. 416 ⊹ A

Blanche (Dʳ Tony). — L'Enfant. Causeries sur la manière d'élever les enfants. — *P.*, 1882, in-18.   [8° I. 1983

Blanchet (Paul). — Notes constitutionnelles élémentaires, suivies du texte des lois constitutionnelles. Éd. contenant la loi sur la réforme du Sénat et la loi sur le scrutin de liste. — *P.*, 1885, in-18.   [8° E. 416 + A

Blanchet (Z.). — Exploitation de la houille à Épinac (Saône-et-Loire). — *Autun*, 1867, 8° et atlas f°.   [8° I. 1984
                 [Fol. I. 28

Blanchot (A.). — De la valeur locative des maisons, magasins, ateliers, usines, etc. — *P.*, 1885, 8°.   [8° E. 416. A

Blanqui aîné (Adolphe). — His-

toire de l'économie politique en Europe depuis les anciens jusqu'à nos jours. 4ᵉ éd. — *P.*, 1860, in-12, 2 vol. 8°.
[8° I. 1985-86

Blanqui (Auguste). — Critique sociale. — *P.*, 1885, 2 vol. in-18.
[8° I. 1986. A 1-2

Blaserna (P.). — Le Son et la Musique, suivis des causes physiologiques de l'harmonie musicale, par H. Helmholtz. 2ᵉ éd. — *P.*, 1879, 8°.
[8° I. 1987

Blaze (Elzéar). — Le chasseur au chien d'arrêt. — *P.*, 1836, 8°.
[8° I. 1988

Blaze de Bury (H.). — Mes études et mes souvenirs. Alexandre Dumas, sa vie, son temps, son œuvre. — *P.*, 1885, in-18.
[8° U. 1824. A

Blerzy (H.). — Les Colonies anglaises. — *P.*, (s. d.), in-32.
[8° U. 1825

Bloch (Maurice). — Les mères des grands hommes. — *P.*, 1885, 8°.
[8° U. 1825. A

Block (Maurice). — Dictionnaire de l'Administration française. — *P.*, 1856, 8°.
[8° E. 417

2ᵉ éd., 1878. — *P.*, 8°.
[8° E. 418

Suppléments, 1878-1885. — *P.*, 4 vol. 8°.
[8° E. 419-22

Block (Maurice). — Dictionnaire général de la politique. 2ᵉ éd. — *P.*, 1884, 2 vol. 8°.
[8° I. 1989-90

Block (Maurice). — Entretiens familiers sur l'administration de notre pays. L'Agriculture. — *P.*, (s. d.), in-16.
[8° E. 423

Block (Maurice). — Entretiens familiers sur l'administration de notre pays. Le Budget. 3ᵉ éd. — *P.*, (s. d.), in-16.
[8° E. 424

Block (Maurice). — Entretiens familiers sur l'administration de notre pays. Le Commerce. — *P.*, (s. d.), 8°.
[8° E. 425

Block (Maurice). — Entretiens familiers sur l'administration de notre pays. La Commune. 3ᵉ éd. — *P.*, (s. d.), 8°.
[8° E. 426

Block (Maurice). — Entretiens familiers sur l'administration de notre pays. Le Département. — *P.*, (s. d.), 8°.
[8° E. 427

Block (Maurice). — Entretiens familiers sur l'administration de notre pays. La France. 2ᵉ éd. — *P.*, (s. d.), 8°.
[8° E. 428

Block (Maurice). — Entretiens familiers sur l'administration de notre pays. L'Impôt. 3ᵉ éd. — *P.*, (s. d.), in-16.
[8° E. 429

Block (Maurice). — Entretiens familiers sur l'administration de notre pays. L'Industrie. — *P.*, (s. d.), 8°.
[8° E. 430

Block (Maurice). — Paris. Institutions administratives. — *P.*, (s. d.), 8°.
[8° E. 431

Block (Maurice). — Paris. Organisation municipale. — *P.*, (s. d.), 8°.
[8° E. 432

Block (Maurice). — Premiers principes de législation pratique, appliquée au commerce, à l'industrie et à l'agriculture. — *P.*, (s. d.), in-18.
[8° E. 433

Block (Maurice). — Les facteurs de la production et la participation de l'ouvrier aux bénéfices de l'entrepreneur. — *P.*, (s. d.), 8°.
[8° I. 1990. A

Block (Maurice). — L'Octroi. Pourquoi il est conservé. — *P.*, 1878, 8°.
[8° U. 1826

Block (Maurice). — Petit manuel d'économie pratique. 8e éd. — P., (s. d.), 8°. [8° I. 1991

Block (Maurice). — Statistique de la France comparée avec les autres États de l'Europe. — P., 1860, 2 vol. 8°. [8° U. 1827-28
2e éd., 1875. — P.. 2 vol. 8°. [8° U. 1829-30

Blocquet (L.-A.). — Enseignement secondaire spécial. Cours abrégé de législation usuelle, civile, commerciale et industrielle. Nouvelle éd., revue par M. H. Herreng. — P., 1876, in-18. [8° E. 434

Blondel (Spire). — L'art intime et le goût en France, grammaire de la curiosité. Illustré. — P., 1884, 4°. [4° I. 243

Blondin (J.-N.). — Grammaire française démonstrative. 8e éd. — P., 1822, 8°. [8° O. 945

Blosseville (Ernest de). — Histoire des colonies pénales de l'Angleterre dans l'Australie. — P., 1831, 8°. [8° U. 1831

Bloudeau (Henri). — La culture selon la science. Échos du champ d'expériences de Vincennes. — P., 1884, in-18. [8° I. 1991. A

Blowitz (De). — Une course à Constantinople. 3e éd. — P., 1884, in-18. [8° U. 1832

Bluntschli. — Le droit international codifié. Trad. de l'allemand par M. C. Lardy, et précédé d'une Préface par M. Éd. Laboulaye. — P., 1870, 8°. [8° E. 436

Bluntschli. — Le droit public général. Traduit de l'allemand et précédé d'une Préface par Armand de Riedmatten. — P., 1881, 8°. [8° E. 437

Bluntschli. — La politique. Traduit de l'allemand et précédé d'une Préface, par M. Armand de Riedmatten. — P., 1879, 8°. [8° I. 1992

Bocquillon (Henri). — La vie des plantes. 2e éd. — P., 1871, in-12. [8° I. 1993
(Bibliothèque des Merveilles.)

Bocthor (Ellious). — Dictionnaire français-arabe. Revu et augmenté par A. Caussin de Perceval. — P., 1828, 4°. [4° O. 223

Bodin (J.-F.). — Recherches historiques sur l'Anjou et ses monuments. — Saumur, 1821, 2 vol. 8°. [8° U. 1833-34

Boëce (An.-Manl.-Sev.). — An. Manl. Sev. Boetii consolationis philosophiæ libri V. Ejusdem auctoris opuscula recensuit Renatus Vallinus. — Lugd. Batavorum, 1656, in-12. [8° I. 1994

Boëce (An.-Manl.-Sev.). — La Consolation de la philosophie, traduite du latin par de Cerisiers. — P., 1640, in-12. [8° I. 1995

Boeck (Charles de). — De la propriété privée ennemie sous pavillon ennemi. — P., 1882, 8°. [8° E. 438

Bœuf (F.). — Explication sommaire de la loi du 27 mai 1885 sur les récidivistes et du règlement du 26 novembre 1885 sur la relégation. Avec un tableau synoptique. — P., 1886, in-12. [8° E. 438 A

Bœuf (F.). — Résumé de répétitions écrites sur le droit administratif. 7e éd.— P.,1880, in-18. [8° E. 439
(2e examen de Licence.)

Bœuf (F.). — Résumé de répétitions écrites sur le droit commercial. 5e éd. — P., 1880, in-18. [8° E. 440

Bœuf (F.). — Résumé de répétitions écrites sur le droit pénal. 8e éd. — P., 1880, in-18. [8° E. 441

Boileau-Despréaux.—Œuvres complètes. — *P.*, 1825, 3 vol. 8°.
[8° O. 946-48

Boinvilliers. — Gradus ad Parnassum. 22ᵉ éd. — *P.*, 1826, 8°.
[8° O. 949

Boinvilliers. — Manuel latin ou compositions françaises suivies de fables et d'histoires latines. 20ᵉ éd. — *P.*, 1832, in-16.
[8° O. 950

Bois (Maurice). — La France à Tunis. Expédition française en Tunisie. (1881-82). — *P.*, 1886, in-18.
[8° U. 1834. A

Bois-Jourdain. — Mélanges historiques, satiriques et anecdotiques. — *P.*, 1807, 3 vol. 8°. [8° U. 1835-37

Boissier (Gaston). — Cicéron et ses amis, étude sur la Société romaine du temps de César. 2ᵉ éd. — *P.*, 1870, in-12.
[8° U. 1838

Boissier (Gaston). — L'opposition sous les Césars. — *P.*, 1875, 8°.
[8° U. 1839

Boissier (Gaston). — Promenades archéologiques. Rome et Pompéi. Ouvrage contenant 7 plans. — *P.*, 1880, in-18.
[8° U. 1840

2ᵉ éd., 1881. — *P.*, in-18.
[8° U. 1841

Boissier (Louis). — Histoire du conflit américain. Première partie. Étude sur les causes de la guerre civile aux États-Unis. — *P.*, 1870, 8°.
[8° U. 1842

Boissière (Gustave). — L'Algérie romaine. 2ᵉ éd. — *P.*, 1883, 2 vol. in-18.
[8° U. 1843-44

Boissière (P.). — Dictionnaire analogique de la langue française, répertoire complet des mots par les idées et des idées par les mots. 4ᵉ éd. Avec le supplément. — *P.*, (s. d.), 4°.
[4° O. 224

Boissieu (Antoine). — Le saint Évangile de Jésus-Christ expliqué. — *Lyon*, 1683-84, 4 vol. in-12.
[8° A. 337-40

Boissonade (G.). — Histoire de la réserve héréditaire et de son influence morale et économique. — *P.*, 1873, 8°.
[8° E. 442

Boissonnas (Mᵐᵉ B.). — Une famille pendant la guerre. 1870-1871. — *P.*, 1873, in-12.
[8° U. 1845

Boissonnet (Victor-Daniel). — Dictionnaire alphabético - méthodique des cérémonies et des rites sacrés d'après la liturgie romaine. — *P.*, 1847, 3 vol. 4°.
[4° A. 122-24

Boissy (Ch. Desprez de). — Lettres sur les spectacles, avec une histoire des ouvrages pour et contre les théâtres. 4ᵉ éd. — *P.*, 1771, 2 vol. in-12.
[8° O. 951-52

Boistel (A.). — Théorie juridique du compte courant. — *P.*, 1883, 8°.
[8° E. 443

Boitard (Joseph-Édouard). — Leçons de droit criminel, publiées par Gustave de Linage, revues par Faustin Hélie. 9ᵉ éd. — *P.*, 1867, 8°.
[8° E. 444

Boitard (Joseph-Édouard). — Leçons sur toutes les parties du Code de procédure civile, publiées par Gustave de Linage, continuées par G.-F. Colmet-Daage. 6ᵉ éd. — *P.*, 1854, 2 vol. 8°.
[8° E. 445-46

Boitard (Pierre). — L'art de composer et décorer les jardins. — *P.*, 1834, 8° oblong.
[8° I. 1996

Boitard (Pierre). — Guide manuel de la bonne compagnie, du bon ton et de la politesse. Nouv. éd. — *P.*, 1853, in-12.
[8° I. 1997

Boitard (Pierre). — Le Jardin des plantes, description et mœurs des mam-

mifères de la ménagerie du Muséum d'histoire naturelle, précédé d'une introduction historique, descriptive et pittoresque. — *P.*, 1842, 4°.
[4° I. 244

Boitard (Pierre). — Le Jardin des plantes. Introduction historique par J. Janin. — *P.*, (s. d.), 4°. [4° I. 245

Boiteau (Paul). — Fortune publique et finances de la France. — *P.*, 1866, 2 vol. 8°. [8° U. 1846-47

Boiteau (Paul). — Les traités de commerce, texte de tous les traités en vigueur. — *P.*, 1863; 8°.
[8° U. 1848

Bomboy (Eugène), **Gilbrin** (Henri). — Traité pratique de l'extradition. —*P.*, 1886, 8°.
[8° E. 446. A

Bon (Le) **jardinier**.—Almanach horticole. — *P.*, 1865, in-12.
[8° I. 1998

Bona (T.). — Manuel des constructions rurales. 3ᵉ éd. — *P.*, (s. d.), in-18. [8° I. 1999

Bonald (De). — Œuvres. — *P.*, 1847, 8°. [8° O. 953

Bonamy (Constantin), **Broca** (Paul), **Beau** (Émile). — Atlas d'anatomie, description du corps humain. — *P.*, 1844-1866, 4 parties in-4°.
[4° I. 246-49

Bonaparte (Louis). — Documents historiques et réflexions sur le gouvernement de la Hollande. — *P.*, 1820, 3 vol. 8°. [8° U. 1849-51

Bonaparte (Lucien), prince de Canino. — Charlemagne ou l'Église délivrée, poème. — *P.*, 1815, 2 vol. 8°. [8° O. 954-55

Boncenne (Pierre), **Bourbeau** (Olivier). — Théorie de la procédure civile, précédée d'une introduction.

Tomes 1, 2, 3, 4, 2ᵉ éd., 1837-1852 ; tomes 5, 6, continuation par M. Bourbeau, 1845-47 ; tome 7, De la justice de paix, par M. Bourbeau. — *P.*, 1837-1863, 7 vol. 8°. [8° E. 447-53

Bondois (Paul). — Histoire des institutions et des mœurs de la France. — *P.*, (s. d.), 2 vol. in-16.
[8° U. 1852-53

Bonie (Colonel T.). — Service d'exploration et de sûreté pour la cavalerie. — *P.*, 1879, in-18. [8° I. 2000

Boniface (A.). — Dictionnaire français - anglais et anglais - français. 5ᵉ éd. — *P.*, 1834, 2 vol. 8°.
[8° O. 956-57

Boniface (A.). — Grammaire française méthodique et raisonnée. 10ᵉ éd. — *P.*, 1844, in-16. [8° O. 958

Bonjean. — Révision et conservation du cadastre approprié aux besoins de la propriété. Enquête officieuse, continuée et rédigée par Georges Bonjean. — *P.*, 1874, 2 vol. 8°.
[8° I. 2001-2

Bonnaffé (Edmond). — Dictionnaire des amateurs français au XVIIᵉ siècle. — *P.*, 1884, 8°.
[8° U. 1853. A

Bonnaffé (Edmond).—Recherches sur les collections des Richelieu. — *P.*, 1883, 8°. [8° U. 1854

Bonnal (Edm.). — Chute d'une République. Venise, d'après les archives secrètes de la République.—*P.*, 1885, in-18. [8° U. 1854. A

Bonnal (Edm.). — Le royaume de Prusse. — *P.*, 1883, 8°.
[8° U. 1855

Bonnard (Camille). — Costumes historiques des XIIᵉ, XIIIᵉ, XIVᵉ et XVᵉ siècles, dessinés et gravés par Paul Mercuri, avec un texte. Nouv. éd. Introd. par Charles Blanc. — *P.*, 1860-61, 3 vol. f°. [Fol. U. 42-44

Bonne (L.-Ch.). —Leçons élémentaires de droit commercial, à l'usage des écoles primaires supérieures et des écoles professionnelles. 5ᵉ éd. — *P.*, 1881, in-18. [8° E. 454

Bonnechose (Ém. de). — Histoire de France. 10 éd. — *P.*, 1855, 2 vol. in-12. [8° U. 1856-57

Bonnefoux, Pâris. — Dictionnaire de marine à voiles et à vapeur. — *P.*, 1848, 2 vol. 4°. [4° I. 250-251

Bonnemère (Eugène). — Histoire des Paysans. 2ᵉ éd. — *P.*, (s. d.), 2 vol. in-18. [8° U. 1858-59

Bonnesœur (Louis-François). — Nouveau manuel de la taxe des frais en matière civile. — *P.*, 1857, 8°. [8° E. 455

Bonnet (A.). — Manuel de l'employé de l'octroi. — *P.*, 1850-51, 2 vol. 8°. [8° E. 456-57

Bonnet (Casimir). — Manuel du capitaliste. 10ᵉ éd., par Bottin. — *P.*, 1843, 8°. [8° I. 2003

Bonnet (Félix). — Guerre franco-allemande. Résumé et commentaires de l'ouvrage du grand État-major prussien. — *P.*, 1878-1883, 3 vol. 8°. [8° U. 1860-62

Bonnet (Henry). —L'Aliéné devant lui-même. L'appréciation légale, la législation, les systèmes, la société et la famille. Préface par Brierre de Boismont. — *P.*, 1866, 8°. [8° I. 2004

Bonnet (Jules). — Récits du seizième siècle. 2ᵉ éd. — *P.*, 1875, in-16. [8° U. 1863

Bonneuil (E. de). — Essai sur l'allotropie du soufre. — *Tours*, 1872, 8°. [8° I. 2005

Bonneville de Marsangy (Louis), **Perrin** (Charles), **Corny**

(Christian de). — Jurisprudence générale des assurances terrestres. — *P.*, 1882, 4°. [4° E. 63

Bonnier (Édouard). — Traité théorique et pratique des preuves en droit civil et criminel. — *P.*, 1843, 8°. [8° E. 458

Bonnière (A.-V.). — Traité complet iconographique et pratique des maladies contagieuses des organes génito-urinaires. 2ᵉ éd. — *P.*, 1865, 8°. [8° I. 2006

Bonnières (Robert de), (Janus du *Figaro*). — Mémoires d'aujourd'hui. — *P.*, 1883, in-18. [8° U. 1864

Bonnin (Hippolyte). — Nouveau manuel complet des aspirants au baccalauréat ès lettres. 3ᵉ éd. — *P.*, 1850, in-12. [8° I. 2007

Bonnin (R.). — Étude sur les ponts métalliques. — *Évreux*, 1875, f°. [Fol. I. 29

Bonsergent (Alfred).— Comment se fait la loi. — *P.*, 1881, in-16. [8° E. 459

Bonvalot (Édouard). — Le Tiers-État, d'après la charte de Beaumont et ses filiales. — *P.*, 1884, 8°. [8° U. 1865

Bonvalot (Gabriel). — En Asie centrale. De Moscou à la Bactriane. Une carte et gravures. — *P.*, 1884, in-18. [8° U. 1866

Bopp (François). — Glossarium sanscritum.— *Berlin*, 1830, 4°. [4° O. 225

Bopp (François). — Grammaire comparée des langues indo-européennes, comprenant le sanscrit, le zend, l'arménien, le grec, le latin, le lithuanien, l'ancien slave, le gothique et l'allemand. Trad. sur la 2ᵉ éd., et précédée d'introductions par M. Michel Bréal. 2ᵉ éd.—*P.*,1875-1884, 5 vol. 8°.

(Le t. 5 porte le titre de : *Registre détaillé*, rédigé par M. François Meunier.)   [8° O. 959-63

Boquet (Eugène). — Comédies. — *P.*, (s. d.), in-12.   [8° O. 964

Borda (Charles). — Tables trigonométriques décimales, revues par J.-J.-B. Delambre. — *P.*, an IX, 4°.   [4° I. 252

Bordenave (Nicolas de). — Histoire de Béarn et de Navarre, publiée par Paul Raymond. — *P.*, 1873, 8°.   [8° U. 1867

(Société de l'Histoire de France.)

Bordier (Henri), Charton (Édouard). — Histoire de France. — *P.*, 1859, 2 vol. 4°. [4° U. 393-394

Bordier (H.-L.). — Philippe de Remi, sire de Beaumanoir, jurisconsulte et poète national du Beauvaisis, 1246-1296. — *P.*, 1869, 8°. [8° U. 1868.

Bordone. — Garibaldi et l'armée des Vosges, récit officiel.—*P.*,1871,8°.   [8° U. 1869

Boreau (Alexandre). — Flore du centre de la France. — *P.*, 1840, 8°.   [8° I. 2008

Boreau (Victor), Lartigue. — Cours méthodique d'histoire naturelle. — *P.*, 1839, 8°.   [8° I. 2009

Boreau (Victor). — Cours complet et méthodique de géographie. — *P.*, 1838, in-12.   [8° U. 1870

Boreau (Victor). — Histoire ancienne. — *P.*, 1837, in-12.   [8° U. 1871

Boreau (Victor).— Histoire générale du moyen âge. 2ᵉ éd. — *P.*, 1842, 2 vol. in-12.   [8° U. 1872-73

Boreau (Victor), Duchiron (J.). — Histoire moderne. — *P.*, 1838, 2 vol. in-12.   [8° U. 1874-75

Borel. — Dictionnaire des termes du vieux français. Nouv. éd., avec addition de mots anciens omis par Borel, suivie des patois de la France, précédée d'une étude sur l'origine des patois, sur les langues d'Oil et d'Oc et sur leurs limites, par L. Favre. — *Niort*, 1882, 2 vol. 8°.   [8° O. 964. A

Borel (Louis). — Étude du télégraphe Hughes. — *P.*, 1873, texte et atlas, 2 vol. in-12. [8° I. 2010-11

Borel (P.). — Trésor de recherches et antiquités gauloises et françaises. — *P.*, 1655, 4°.   [4° O. 226

Borius (A.). — Les maladies du Sénégal, avec 5 pl. — *P.*, 1882, 8°.   [8° I. 2012

Bos (H.). — Éléments de Trigonométrie rectiligne. — *P.*, 1867, 8°.   [8° I. 2013

Bosc (Ernest). — Dictionnaire de l'Art, de la curiosité et du bibelot. — *P.*, 1883, 4°.   [4° I. 253

Bosc (Ernest). — Dictionnaire général de l'archéologie et des antiquités chez les divers peuples. — *P.*, 1881, in-18.   [8° U. 1876

Bosc (Ernest). — Dictionnaire raisonné d'architecture et des sciences et arts qui s'y rattachent. — *P.*, 1877-1886, 4 vol. 4°.   [4° I. 254-57

Bosq (Paul). — Voyage autour de la République. — *P.*, 1884, in-18.   [8° U. 1877

Bossert (A.). — Cours de littérature allemande fait à la Sorbonne. La Littérature allemande au moyen âge et les origines de l'Épopée germanique.— *P.*, 1870-1873, 3 vol. 8°.   [8° O. 965-67

Bossert (A.), Beck (Th.).—Cours élémentaire de la langue allemande. Les mots allemands groupés d'après le sens. — *P.*, 1886, in-16. [8° O. 967. A

Bossu (Antonin). — Anthropologie ou études des organes, fonctions, maladies. 3ᵉ éd. — *P.*, 1849, 3 vol. 8° dont un atlas. [8° I. 2014-16

Bossuet (Jacques-Bénigne).—Discours sur l'histoire universelle. — *P.*, 1823, 2 vol. 8°. [8° U. 1878-79

Bossuet (Jacques - Bénigne). — Œuvres complètes. — *P.*, 1828, 52 vol. 8°. [8° A. 341-90

Bossuet (Jacques - Bénigne). — Histoire des variations des églises protestantes. 2ᶜ éd. — *P.*, 1691, 4 vol. in-12. [8° A. 391-94

Bost (Alexandre-Arnaud). — Encyclopédie des justices de paix. 2ᶜ éd. — *P.*, 1854, 2 vol. 8°. [8° E. 460-61

Bost (Alexandre-Arnaud). — Traité de l'organisation et des attributions des corps municipaux. — *P.*, 1838, 2 vol. 8°. [8° E. 462-63

Bottey (Dʳ Fernand). — Le « Magnétisme animal », étude critique et expérimentale sur l'hypnotisme. — *P.*, 1884, in-18. [8° I. 2017

Botton (Max), **Lebon** (André). — Code annoté du divorce, avec une préface et un discours de M. Alfred Naquet. — *P.*, 1884, 8°. [8° E. 464

Bouant (Émile). — Les grands froids. 31 vignettes par Th. Weber. — *P.*, 1880, in-18. [8° I. 2018
(Bibliothèque des Merveilles.)

Bouant (Ém.).—Les merveilles du feu. — *P.*, 1883, in-18. [8° I. 2019
(Bibliothèque des Merveilles.)

Boubée (Nérée). — Géologie élémentaire, avec un dictionnaire des termes géologiques. 4ᵉ éd. — *P.*, 1842, in-12. [8° I. 2020

Bouchardat (Apollinaire et J.).— Annuaire de thérapeutique, de matière médicale, de pharmacie et d'hygiène.— *P.*, in-18. [8° I. 2021

41ᶜ année. — 1881.
42° » — 1882.
43° » — 1883.
44° » — 1884.
45° » — 1885.

Bouchardat (Apollinaire). — De la Glycosurie ou Diabète sucré. 2° éd. — *P.*; 1883, 8°. [8° I. 2022

Bouchardat (Apollinaire).— Formulaire vétérinaire. 2ᵉ éd. — *P.*, 1862, in-18. [8° I. 2023

Bouchardat (Apollinaire). — Manuel de matière médicale, de thérapeutique et de pharmacie. 3ᵉ éd. — *P.*, 1856, 2 vol. in-12. [8° I. 2024-25

Bouchardat (Apollinaire).—Nouveau formulaire magistral. 22ᵉ éd. — *P.*, 1879, in-32. [8° I. 2026
26ᵉ éd., 1886. — *P.*, in-18. [8° I. 2026. A

Bouchardat (Apoll.). — Traité d'hygiène publique et privée basée sur l'étiologie.—*P.*, 1881, 8°. [8° I. 2027

Boucharlat (Jean-Louis). — Éléments de calcul différentiel. 6ᵉ éd. — *P.*, 1852, 8°. [8° I. 2028

Boucharlat (Jean-Louis). — Éléments de mécanique. 2ᵉ éd.—*P.*, 1827, 8°. [8° I. 2029

Bouche (Abbé Pierre). — Sept ans en Afrique occidentale. La Côte des esclaves et le Dahomey. 1 carte. —*P.*, 1885, in-18. [8° U. 1880

Bouché-Leclercq (A.). — Manuel des institutions romaines. — *P.*, 1886, 8°. [8° U. 1880. A

Boucher (Dʳ Louis). — La Salpêtrière. Son histoire, de 1656 à 1790. 4 pl. hors texte. — *P.*, 1883, 4°. [4° U. 395

Bouchet (Jean). — Les Annales d'Aquitaine. — *Poitiers*, 1644, f°.
[Fol. **U. 45**

Bouchitté. — Le Poussin, sa vie et son œuvre. — *P.*, 1858, 8°.
[8° **U. 1881**

Bouchut (É,). — Clinique de l'hôpital des Enfants-Malades.— *P.*, 1884, 8°.
[8° **I. 2030**

Bouchut (É.).— Compendium-annuaire de thérapeutique française et étrangère pour 1884 (5ᵉ année). — *P.*, 1884, 8°.
[8° **I. 2031**

    6ᵉ année. — 1885.

Bouchut(É.), Desprès(Armand). — Dictionnaire de médecine et de thérapeutique médicale et chirurgicale. 3ᵉ éd. — *P.*, 1877, 4°.
[4° **I. 258**

Bouchut (É.). — Du Nervosisme aigu et chronique et des maladies nerveuses. 2ᵉ éd. — *P.*, 1877, 8°.
[8° **I. 2032**

Bouchut (É.). — Hygiène de la première enfance. — *P.*, 1862, in-18.
[8° **I. 2033**

Bouchut (É.). — Nouveaux éléments de pathologie générale. 4ᵉ éd. 245 fig. dans le texte. — *P.*, 1882, 8°.
[8° **I. 2034**

Bouchut (É.). — Traité de diagnostic et de sémiologie. 160 fig. dans le texte. — *P.*, 1883, 8°.
[8° **I. 2035**

Bouchut (É.).— Traité des signes de la mort et des moyens de prévenir les inhumations prématurées. 3ᵉ éd. 17 fig. — *P.*, 1883, in-18. [8° **I. 2036**

Bouchut (É.). — Traité pratique des maladies des nouveau-nés. 4ᵉ éd.— *P.*, 1862, 8°.
[8° **I. 2037**

Bouchut (É.). — Traité pratique des maladies des nouveau-nés, des enfants à la mamelle et de la seconde enfance. 5ᵉ éd. — *P.*, 1867, 8°.
8° **I. 2038**

Boudin (Amédée). — Histoire de Louis-Philippe, roi des Français.— *P.*, 1847, 2 vol. in-4°. [4° **U. 396-397**

Boudot (Jean). — Dictionarium latino-gallicum. 23ᵉ éd., revue par Boinvilliers. — *P.*, 1823, 8°.
[8° **O. 968**

Boué (Abbé). — Manuel sacré, ou lectures tirées de l'Écriture Sainte. — Précédé d'une lettre de Fénelon sur la lecture de l'Écriture Sainte. — *Toulouse*, 1839-1841, 11 vol. in-12.
[8° **A. 395-405**

Boufflers (Stanislas de). — Œuvres complètes. Nouv. éd. — *P.*, 1827, 2 vol. 8°. [8° **O. 969-70**

Bouffonidor. — Fastes de Louis XV. — *Ville-Franche*, 1782, 2 vol. in-12. [8° **U. 1882-83**

Bougaud (Ém.). — Histoire de sainte Chantal. 4ᵉ éd. — *P.*, 1866, 2 vol. 8°. [8° **U. 1884-85**

Bougeant (Guill.-Hyac.).—Amusement philosophique sur le langage des bêtes. — *Amsterdam*, 1747, in-12.
[8° **I. 2039**

Bougeant (Guill.-Hyac.). — Histoire des guerres et des négociations qui précédèrent le traité de Westphalie, composée sur les mémoires du Comte d'Avaux. — *P.*, 1751, 6 vol. in-12.
[8° **U. 1886-91**

Bougeault (Alfred). — Étude sur l'état mental de J.-J. Rousseau et sa mort à Ermenonville. — *P.*, 1883, in-18. [8 **U. 1892**

Bougueret (A.).— Cours de dessin et notions de géométrie à l'usage des écoles primaires et des classes élémentaires des lycées et des collèges, d'après les nouveaux programmes officiels. — *P.*; 1881, 3 vol. 4° obl.
[4° **I. 258. A**

Bouhours.— Vie de saint Ignace. — *Avignon*, 1821, 2 vol. in-12.
[8° U. 1893-94

Bouhy (Victor). — La fonte, le fer, l'acier à l'Exposition universelle de Paris en 1878. — *P.*, 1879, 8°.
[8° I. 2040

Bouillart. — Histoire de l'abbaye royale de Saint-Germain-des-Prés. — *P.*, 1724, f°.
[Fol. U. 46

Bouillaud (Jean). — Traité clinique des maladies du cœur.—*P.*, 1835, 2 vol. 8°.
[8° I. 2041-42

Bouillet (M.-N.). — Atlas universel d'histoire et de géographie. — *P.*, 1865, gr. 8°.
[4° U. 398

Bouillet (M.-N.). — Dictionnaire universel d'histoire et de géographie. 3e éd. — *P.*, 1845, gr. 8°.
[4° U. 399

11e éd., 1856. — *P.*, 2 vol. gr. 8°.
[4° U. 400-401

Bouillet (M.-N.). — Dictionnaire des sciences, des lettres et des arts. 5e éd. — *P.*, 1861, 2 vol. 8°.
[8° O. 971-72

6e éd., 1862. — *P.*, 2 vol. 8°.
[8° O. 973-74

Bouillet (J.). — Précis d'histoire de la médecine, avec une introd. par A. Laboulbène. — *P.*, 1883, 8°.
[8° I. 2043

Bouillevaux (C.-E.). — Voyage dans l'Indo-Chine, 1848-56. — *P.*, 1858, in-12.
[8° U. 1895

Bouillier (Francisque). — Études familières de psychologie et de morale. — *P.*, 1884, in-18.
[8° I. 2044

Bouillier (Francisque). — Histoire de la philosophie cartésienne. — *P.*, 1854, 2 vol. 8°.
[8° I. 2045-46

Bouilly (J.-N.). — Les adieux du vieux Conteur. — *P.*, (s. d.), in-12.
[8° O. 975

Bouilly (J.-N.).— Causeries d'un vieillard. 2e éd. — *P.*, (s. d.), in-12.
[8° O. 976

Bou (J.-N.). — Nouvelles causeries d'un vieillard. — *P.*, (s. d.), in-12.
[8° O. 977

Bouilly (J.-N.). — Contes à ma fille. — *P.*, (s. d.), 2 vol. in-12.
[8° O. 978-79

Bouilly (J.-N.). — Contes à mes petites amies, ou trois mois en Touraine. — *P.*, (s. d.), 2 vol. in-18.
[8° O. 980-81

Bouilly (J.-N.). — Les jeunes femmes. — *P.*, (s. d.), 2 vol. in-18.
[8° O. 982-83

Boüinais (A.), **Paulus** (A.). — La Cochinchine contemporaine. 1 carte générale de la Cochinchine.—*P.*, 1884, 8°.
[8° U. 1896

Boüinais (A.), **Paulus** (A.). — Le royaume du Cambodge.—*P.*, 1884, 8°.
[8° U. 1897

Boukharow (Dmitri de). — La Russie et la Turquie, depuis le commencement de leurs relations jusqu'à nos jours. — *P.*, 1877, 8°.
[8° U. 1898

Boulainvilliers (Comte de). — État de la France. Extrait des mémoires dressés par les intendants du royaume par ordre du roi Louis XIV, avec des mémoires historiques. Nouv. éd. — *Londres*, 1752, 8 vol. in-18.
[8° U. 1899-1906

Boulainvilliers (De). — Histoire de l'ancien gouvernement de la France. — *La Haye*, 1727, 3 vol. in-12.
[8° U. 1907-9

Boulay (Comte). — Le Directoire

et l'expédition d'Egypte. Étude sur les tentatives du Directoire pour communiquer avec Bonaparte, le secourir et le ramener. — *P.*, 1885, in-16.
[8° U. 1909. A

Boulay-Paty (P.-S.). — Des faillites et banqueroutes. — *P.*, 1825, 2 vol. 8°. [8° E. 465-66

Boulet (J.-E.). — Cours pratique de langue latine. — *P.*, 1842, in-16.
[8° O. 984

Bouley (H.). — Muséum d'histoire naturelle. Leçons de pathologie comparée. Le progrès en médecine par l'expérimentation. — *P.*, 1882, 8°.
[8° I. 2047

Bouquet de la Grye (A.).— La surveillance des forêts. 6ᵉ éd. — *P.*, 1872, in-18. [8° E. 467

Bouquet (Louis). — Le travail des enfants et des filles mineures dans l'industrie. Loi du 19 mai 1874. Règlements d'administration publique, circulaires, réunis et commentés. — *P.*, 1885, in-16. [8° E. 468

Bour (Ch.).— Les dépendances du Sénégal. Géographie, population, production, commerce, colonisation. — *P.*, 1885, 8°. [8° U. 1909. B

Bourassé (Abbé J.-J.).—Archéologie chrétienne, ou précis de l'histoire des monuments religieux du moyen âge. 4ᵉ éd. — *Tours*, 1847, 8°.
[8° U. 1910

7ᵉ éd., 1867. — *Tours*, 8°.
[8° U. 1911

Bourassé (Abbé J.-J.). — Dictionnaire d'archéologie sacrée. — *P.*, 1862, 2 vol. 4°. [4° I. 259-60

Bourassé (Abbé J.-J.)—Les plus belles églises du monde.— *Tours*,1857, 8°. [8° U. 1912

Bourassé (Abbé J.-J.). — La Terre-Sainte. Voyage dans l'Arabie-Pétrée, la Judée, la Samarie, la Galilée et la Syrie. — *Tours*, 1860, 8°.
[8° U. 1913

Bourdaloue (Louis). — Œuvres complètes. — *Besançon*, 1823, 16 vol. 8°. [8° A. 406-21

Bourdaloue (Louis). — Œuvres complètes. Nouv. éd. — *Besançon*, 1823, 16 vol. in-12. [8° A. 422-37

Bourde (Paul). — De Paris au Tonkin. — *P.*, 1885, in-18.
[8° U. 1914

Bourdeau (Louis). — Conquête du monde animal. — *P.*, 1885, 8°.
[8° I. 2048

Bourdeau (Louis). — Les forces de l'industrie. Progrès de la puissance humaine. — *P.*, 1884, 8°.
[8° I. 2049

Bourdillat. — Calculs de l'urèthre et des régions circonvoisines chez l'homme et chez la femme. — *P.*, 1869, 8°. [8° I. 2050

Bourdon (Pierre-Louis-Marie). — Éléments d'algèbre. 8ᵉ éd.— *Bruxelles*, 1837, 8°. [8° I. 2051

Bourdon (Pierre-Louis-Marie). — Éléments d'arithmétique. 22ᵉ éd.— *P.*, 1847, 8°. [8° I. 2052

Bourelly (Jules). — Le Maréchal de Fabert. Étude historique d'après ses lettres et des pièces inédites. 1ʳᵉ et 2ᵉ parties. 3ᵉ éd. — *P.*, 1885, 2 vol. in-16. [8° U. 1915-16

Bourgarel (Émile). — Conseils aux mères, concernant l'hygiène et les maladies les plus communes de l'enfance. —*Marseille*, 1863, in-18. [8° I. 2053

Bourgat. — Code des Douanes. — *P.*, (1842), 2 vol. 8°.
[8° E. 469-70

Bourgault - Ducoudray. — Conférence sur la modalité dans la musique grecque. — *P.*, 1879, 8°.
[8° I. 2054

Bourgault - Ducoudray. — Souvenirs d'une mission musicale en Grèce. 2° éd. —*P.*, 1878, 4°.
[4° I. 260. A

Bourgelat (Cl.). — Éléments de l'art vétérinaire. 7° éd. — *P.*, 1818, 8°.
[8° I. 2055

Bourgeois (J.-J.). — Nouveau manuel des poids et des mesures et de la vérification. — *P.*, 1879, 2 vol. in-18.
[8° I. 2056-57

Bourgogne. — Mémoires pour nuire à l'histoire de mon temps. Le prince Napoléon. — *P.*, 1870, in-12.
[8° U. 1917

Bourgoin (Auguste). — Un bourgeois de Paris lettré au XVII° siècle. Valentin Conrart, premier secrétaire perpétuel de l'Académie française, et son temps. — *P.*, 1883, 8°.
[8° U. 1918

Bourgoin (A.-Edm.). — Traité de pharmacie galénique. — *P.*, 1880, 8°.
[8° I. 2058

Bourgoin (J.). — Grammaire élémentaire de l'ornement, pour servir à l'histoire, à la théorie et à la pratique des arts et à l'enseignement.—*P.*, 1880, 8°.
[8° I. 2059

Bourgoing (François de). — Histoire diplomatique de l'Europe pendant la Révolution française. — *P.*, 1865-85, 4 vol. 8°.
[8° U. 1918. A

Bourgoing (J.-Fr.). — Nouveau voyage en Espagne.— *P.*, 1789, 3 vol. 8°.
[8° U. 1919-21

Bourgoing (J.-Fr.). — Tableau de l'Espagne moderne. 4° éd. — *P.*, 1806, 3 vol. 8°.
[8° U. 1922-24

Bourgon (J.-J.) — Abrégé de l'histoire de France.— *Besançon*, 1832, 2 vol. in-12.
[8° U. 1925-26

Bourmont (A. de). — Lecture et transcription des vieilles écritures. Manuel de paléographie des XVI°, XVII°, XVIII° siècles. — *Caen*, 1881, f° obl.
[Fol. O. 4

Bournand (François). — Catalogue illustré de l'Exposition internationale de blanc et noir. 1re ann., 1885. —*P.*, 1885, 8°.
[8° I. 2059 + A

Bournand (François). — Histoire des beaux-arts et des arts appliqués à l'industrie. Préface par M. de Ménorval. — *P.*, 1885, 8°.
[8° I. 2059. A

Bournand (François). — Précis de l'histoire de l'art, rédigé conformément aux programmes officiels. — *P.*, (s. d.), in-16.
[8° I. 2060

Bournet (A.). — Venise, notes prises dans la bibliothèque d'un vieux Vénitien. — *P.*, 1882, in-18.
[8° U. 1927

Bournet (Albert). — De la criminalité en France et en Italie. Étude médico-légale, avec pl. — *P.*, 1884, 8°.
[8° I. 2061

Bourneville, Bricon.— Manuel des injections sous-cutanées. — *P.*, 1883, in-12.
[8° I. 2062

Bourneville, Bonnaire (E.). **Wuillamié**. — Recherches cliniques et thérapeutiques sur l'épilepsie, l'hystérie et l'idiotie. Service des épileptiques de Bicêtre pendant l'année 1881. — *P.*, 1882, 8°.
[8° I. 2063

Bourquin (E.-J.). — La Pêche et la Chasse dans l'antiquité. Les Halieutiques, par Oppien de Cilicie. Les Cynégétiques, par Oppien de Syrie. Traduction entièrement nouvelle, avec une préface et des notes. — *Coulommiers*, 1877, 8°.
[8° I. 2064

Bourrier (Th.). — De l'hygiène et de l'inspection de la volaille, du gibier et du poisson, au point de vue de l'alimentation. — *P.*, 1883, in-18.
[8° I. 2065

Boursault (Edme). — Lettres de respect, d'obligation et d'amour. — *P.*, 1683, in-12.   [8° O. 985

Boursault (Edme). — Lettres nouvelles, accompagnées de fables, de contes. Nouv. éd. — *P.*, 1738, 3 vol. in-12.   [8° O. 986-88

Boursault (Edme). — Pièces de théâtre.—*P.*, 1701, in-12. [8° O. 989

Boursault (Edme). — Théâtre. Nouv. éd., revue, corrigée et augmentée de plusieurs pièces qui n'ont point paru dans les précédentes. — *P.*, 1725, 2 vol. in-12.   [8° O. 990-91

Bou-Saïd. — Scènes de la vie musulmane. Lalla-Mouïna. — *P.*, 1886, in-16.   [8° O. 991. A

Bou-Saïd (Capitaine). — Scènes de la vie musulmane. Le Marabout de Sidi-Fatallach. Épisode de l'insurrection tunisienne en 1881. — *P.*, 1884, in-18.   [8° O. 992

Bousquet (Georges). — Agents diplomatiques et consulaires. — *P.*, 1883, 8°.   [8° E. 471

Bousquet (Georges).—La Banque de France et les institutions de crédit. — *P.*, 1885, 8°.   [8° I. 2065. A

Bousquet (Georges). — Le Japon de nos jours et les Échelles de l'extrême Orient, ouvrage contenant 3 cartes. — *P.*, 1877, 2 vol. 8°. [8° U. 1929-30

Bousquet (J.). — Dictionnaire des prescriptions en matière civile, commerciale, criminelle. — *P.*, 1838, 8°.   [8° E. 472

Boussenard (Louis). — La chasse à tir à la portée de tous. — *P.*, (s. d.), in-18.   [8° I. 2065. B

Boussenot (Gust.). — Chiffres et monogrammes. Suite de compositions décoratives de styles et de fantaisies. — *P.*, (s. d.), f°.   [Fol. I. 29. A

Boussingault (Jean-Baptiste).— Économie rurale dans ses rapports avec la chimie, la physique. — *P.*, 1843-1844, 2 vol. 8°.   [8° I. 2066-67

Boutan (A.), **Almeida** (J.-Ch. d'). — Cours élémentaire de physique, suivi de problèmes. 5e éd. — *P.*, 1884, 2 vol. 8°.   [8° I. 2068-69

Boutaric (Edgard). — Institutions militaires de la France avant les armées permanentes, suivies d'un aperçu des principaux changements survenus dans la formation de l'armée. — *P.*, 1863, 8°.   [8° U. 1931

Bouteiller (Jean).— Somme rural, ou le grand coustumier général de pratique civil et canon, revu par Louis Charondas Le Caron. — *P.*, 1611, 4°.   [4° E. 64

Boutet de Monvel (Benjamin). — Cours de Chimie. 7e éd. — *P.*, 1868, in-12.   [8° I. 2070

Boutet de Monvel (Benjamin). — Cours de Physique. — *P.*, 1865, 8°.   [8° I. 2071

Boutigny (P.-H.). — Études sur les corps à l'état sphéroïdal. 4e éd. — *P.*, 1883, 8°.   [8° I. 2072

Boutmy (Émile). — Études de droit constitutionnel. France, Angleterre, États-Unis. — *P.*, 1885, in-18.   [8° E. 473

Boutmy (Eugène). — Dictionnaire de l'argot des typographes. — *P.*, 1883, in-12.   [8° I. 2073

Boutros. — L'Égypte et l'Europe, par un ancien juge mixte. — *Leide*, (s. d.), 8°.   [8° U. 1932

Bouttier (J.). — Grammaire synoptique des langues française, latine et grecque.—*P.*, 1843, 8°. [8° O. 993

Bouvet (Francisque). — Du catholicisme, du protestantisme et de la philosophie en France. — *P.*, 1840, 8°. [8° A. 438

Bouvier (Félix). — Les Vosges pendant la Révolution. 1789-1795-1800. Étude historique. — *P.*, 1885, 8°. [8° U. 1933

Bouvier (Jean-Baptiste). — Institutiones theologicæ ad usum seminariorum. 2ᵉ éd. — *P.*, 1836, 6 vol. in-12. [8° A. 439-44

Bouvier (P.-L.). — Manuel des jeunes artistes et amateurs en peinture. 2ᵉ éd. — *P.*, 1832, 8°. [8° I. 2074

Bouyer (Frédéric). — La Guyane française. Notes et souvenirs d'un voyage exécuté en 1862-1863. — *P.*, 1867, f⁰. [Fol. U. 47

Bovy (H.). — Traité complet des nouveaux poids et mesures. 2ᵉ éd. — *P.*, 1840, 8°. [8° I. 2075

Boyard (Nicolas-J.-B.). — Nouveau manuel complet des Maires. 2ᵉ éd. — *P.*, 1843, 2 vol. 8°. [8° E. 474-75

Boyer (A.). — Cours élémentaire de dessin linéaire et d'arpentage. 14ᵉ éd. — *P.*, 1876, in-12. [8° I. 2076

Boyer (Alexis). — Traité des maladies chirurgicales. 4ᵉ éd. — *P.*, 1831, 11 vol. 8°. [8° I. 2077-87

Boyer de Sainte-Suzanne (Raymond de). — La principauté de Monaco. — *P.*, 1884, in-18. (Les petits États de l'Europe.) [8° U. 1934

Boyer de Sainte-Suzanne (Raymond de). — La République de Saint-Marin. — *P.*, 1883, in-18. (Les petits États de l'Europe.) [8° U. 1935

Brachet (Auguste). — Dictionnaire étymologique de la langue française. 6ᵉ éd. — *P.*, (s. d.), in-12. [8° O. 994

Brachet (Auguste). — Grammaire historique de la langue française. 12ᵉ éd. — *P.*, (s. d.), in-12. [8° O. 995

Brachet (Auguste). — Nouvelle grammaire française, fondée sur l'histoire de la langue. — *P.*, 1874, in-12. [8° O. 996

2ᵉ éd., 1874. — *P.*, in-12. [8° O. 997

Brachet (Auguste). — Morceaux choisis des grands écrivains du XVIᵉ siècle, accompagnés d'une Grammaire et d'un Dictionnaire. 2ᵉ éd. — *P.*, 1875, in-12. [8° O. 998

Bracquemond. — Du dessin et de la couleur. — *P.*, 1885, in-12. [8° I. 2088

Braid (James). — Neurypnologie. Traité du sommeil nerveux ou hypnotisme. Trad. par le Dʳ Jules Simon. Avec préface de C.-F. Brown-Séquard. — *P.*, 1883, in-18. [8° I. 2089

Brambach (W.). — Manuel d'orthographe latine. Trad. par F. Antoine. — *P.*, 1881, in-16. [8° O. 999

Brame (H.-Charles). — Gloire et Patrie. Poésies. — *Tours*, 1870, in-12. (Le faux-titre porte : *Les Éleusiennes*, 1ʳᵉ part.). [8°. O. 1000

Brame (H.-Charles). — Pensées et Souvenirs. Poésies. — *Tours*, 1870, in-12. (*Les Éleusiennes*. 2ᵉ part.) [8° O. 1001

Brame (Édouard), **Aguillon** (Louis). — Étude sur les signaux des chemins de fer français. 2ᵉ éd. — *P.*, 1883, 8° et Atlas 4°. [8° I. 2090

[4° I. 261

Brandat (Paul). — Autour du monde. — *P.*, 1884, in-18. [8° U. 1936

Brandat (P.). — La République rurale. — *P.*, 1872, in-12.
[8° U. 1937

Brandt (Abbé Charles - Michel - Alexandre de). — Méditations pour tous les jours et fêtes de l'année, selon la méthode de saint Ignace, sur la vie et les mystères de N.-S. Jésus-Christ. — *P.*, 1848, 4 vol. in-12. [8° A. 445-48

Brantôme. — Œuvres complètes. Édit. revue par J.-A.-C. Buchon.. — *P.*, 1838, 2 vol. 4°. [4° U. 402-403

Brantôme. — Œuvres complètes, publiées par MM. Prosper Mérimée et Louis Lacour. — *P.*, 1858-59, 3 vol. in-16. [8° U. 1938-40
(Bibliothèque Elzévirienne.)

Brau de Saint-Pol Lias. — Ile de Sumatra. Chez les Atchés-Lohong. Cartes et illustr. — *P.*, 1884, in-18.
[8° U. 1940 + A

Brau de Saint-Pol Lias. — Pérak et les Orangs-Sakeys. Voyage dans l'intérieur de la presqu'île malaise. — *P.*, 1883, in-18. [8° U. 1940. A

Brault (L.). — Météorologie nautique. Étude sur la circulation atmosphérique dans l'Atlantique Nord. 2e éd. — *P.*, 1879, 8°. [8° I. 2091

Bravard-Veyrières (Pierre). — Manuel de droit commercial. 5e éd. — *P.*, 1855, 8°. [8° E. 476

Brayer (F.). — Dictionnaire général de police administrative et judiciaire. — *P.*, 1875-1878, 3 vol. 8° dont un de supplément. [8° E. 477-79

Bréal (Michel). — Excursions pédagogiques. — *P.*, 1882, in-18.
[8° I. 2092

Bréal (Michel). — Hercule et Cacus, étude de mythologie comparée. — *P.*, 1863, 8°. [8° A. 449

Bréal (Michel), **Bailly** (Anatole). — Leçons de mots. Les mots grecs groupés d'après la forme et le sens. — *P.*, 1882, in-16. [8° O. 1002

Bréal (Michel), **Bailly** (Anatole). — Leçons de mots. Les mots latins groupés d'après le sens et l'étymologie. — *P.*, 1880-81, 2 vol. in-16.
[8° O. 1003-4

Bréal (Michel). — Quelques mots sur l'instruction publique en France. — *P.*, 1872, in-16. [8° I. 2093

3e éd., 1881. — *P.*, in-16.
[8° I. 2094

Brébisson (Alphonse de). — Flore de la Normandie. 2e éd. — *Caen*, 1849, in-12. [8° I. 2095

Bréchemin (Louis). — Joyeuses chroniques parisiennes. — *P.*, (s. d.), in-16. [8° O. 1005

Bréguet (Louis). — Manuel de télégraphie électrique. 4e éd. — *P.*, 1862, in-12. [8° I. 2096

Brelay (Ernest). — Les Sociétés coopératives. Conférence. — *P.*, 1884, gr. 8°. [4° I. 261. A

Brémond d'Ars (Vte Guy de). — Le père de Madame de Rambouillet. Jean de Vivonne, d'après des documents inédits. — *P.*, 1884, 8°.
[8° U. 1941

Brenet (Michel). — Histoire de la symphonie à orchestre, depuis ses origines jusqu'à Beethoven inclusivement. — *P.*, 1882, in-16. [8° I. 2097

Brenier (J.). — La question de Madagascar. — *P.*, 1882, 8°.
[8° U. 1942

Bresse (Jacques-Antoine-Charles). — Cours de mécanique appliquée. — *P.*, 1859-1865, 3 vol. 8° et atlas f°.
[8° I. 2098-2100
[Fol. I. 30

3e éd., 1865-80. — *P.*, 3 vol. 8° et atlas f°. [8° I. 2101-3
[Fol. I. 30

Bressolles (Paul). — Théorie et pratique des dons manuels. — *P.*, 1885, 8°. [8° E. 480

Bresson (Gédéon). — La prévision du temps. — *P.*, 1866, in-12. [8° I. 2104

Bresson (Jacques). — Des fonds publics français et étrangers, des chemins de fer, et des opérations de la Bourse de Paris. 9° éd. — *P.*, 1849, in-12. [8° I. 2105

Bresson (Jacques). — Histoire financière de la France. 2° éd. — *P.*, 1840, 2 vol. 8°. - [8° U. 1943-44

Breton (Ern.). — Athènes décrite et dessinée. — *P.*, 1862, 4°. [4° U. 404

Breton (Ern.). — Pompeia décrite et dessinée. — *P.*, 1855, 4°. [4° U. 405

Brevans (A. de). — La migration des oiseaux. — *P.*, 1878, in-12. [8° I. 2106
(Bibliothèque des Merveilles.)

Brevets d'invention. — Description des machines et procédés spécifiés dans les brevets d'invention dont la durée est expirée. — *P.*, 1811-63. Table 1 vol. Ensemble 94 vol. 4°. [4° I. 262-351

Brevets d'invention. — Description des machines et procédés pour lesquels des brevets d'invention ont été pris sous le régime de la loi du 5 juillet 1844. — *P.*, 1850-1872, 82 vol. 4°. [4° I. 352-431

Breviarium Parisiense. (IV partes : hyemalis, verna, æstiva, autumnalis.) — *P.*, 1745, 4 vol. 8°. [8° A. 450-53

Brewer (E.-C.). — La clef de la science ou les phénomènes de la nature expliqués. — *P.*, 1854, in-12. [8° I. 2107

Brialmont (Gén^al A. de). — La Défense des états et les camps retranchés. — *P.*, 1876, 8°. [8° I. 2108

Briand (H.). — Tableaux synoptiques d'histoire contemporaine, de 1789 à 1875, rédigés d'après le programme du baccalauréat ès lettres. 5° éd. — *P.*, (s. d.), 4°. [4° U. 406

Briand (J.), Chaudé (Ernest). — Manuel complet de médecine légale, contenant un traité élémentaire de chimie légale, par Gaultier de Claubry. 6° éd. — *P.*, 1858, 8°. [8° I. 2109

Briand de Verzé. — Nouveau dictionnaire complet géographique, statistique, de la France et de ses colonies, refondu par Warin-Thierry. 5° éd. — *P.*, 1852, 2 vol. 8°. [8° U. 1945-46

Briart (Alphonse). — Principes élémentaires de paléontologie. 227 fig. — *Mons*, 1883, in-12. [8° I. 2110

Briccolani. — Nouveau dictionnaire italien-français et français-italien. — *P.*, 1830, in-18. [8° O. 1006
1860. — Éd. augmentée d'un grand nombre de mots par Joseph da Fonseca. — *P.*, in-18. [8° O. 1007

Brice (Germain). — Description de la ville de Paris. Nouv. éd. — *P.*, 1752, 4 vol. in-12. [8° U. 1947-50

Bridaine (Le P. Jacques). — Sermons. 2° éd. — *Avignon*, 1827, 7 vol. in-12. [8° A. 455-61

Brierre de Boismont (Alexandre). — Des Hallucinations. — *P.*, 1845, 8°. [8° I. 2111

Brierre de Boismont (Alexandre). — Des Hallucinations, ou Histoire raisonnée des apparitions, des visions, des songes, de l'extase, des rêves, du magnétisme et du somnambulisme. 3° éd. — *P.*, 1862, 8°. [8° I. 2112

Brierre de Boismont (Alexandre). — Du suicide et de la folie. — P., 1856, 8°.　　　[8° I. 2113

Briffault (Eugène). — Le Secret de Rome au XIX° siècle. — P., 1861, 4°.　　　[4° U. 407

Brillat-Savarin. — Physiologie du goût, par un professeur. 2° éd. — P., 1828, 2 vol. 8°.　[8° O. 1008-9

Brillon (Pierre-Jacques). — Dictionnaire des arrêts ou jurisprudence universelle des parlements de France. — P., 1727, 6 vol. f°.　[Fol. E. 1-6

Briot (Ch.), **Vacquant** (Ch.). — Arpentage, levé des plans et nivellement. 2° éd. — P., 1863, 8°.　　　[8° I. 2114

Briot (Charles). — Cours de cosmographie, ou éléments d'astronomie. 4° éd. — P., 1867, 8°.　[8° I. 2115

Briot (Ch.), **Vacquant** (Ch.). — Éléments de géométrie descriptive. 2° éd. — P., 1869, 8°.　[8° I. 2116

Briot (Ch.), **Martin.** — Géométrie élémentaire, théorique et pratique. 3° éd. — P., 1867, 8°.　[8° I. 2117

Briot (Charles). — Leçons d'algèbre. 3° éd. — P., 1857-1859, 2 vol. 8°.　　　[8° I. 2118-19

Briot (Ch.), **Bouquet** (Ch.). — Leçons de géométrie analytique. 3° éd. — P., 1860, 8°.　[8° I. 2120

Briot (Ch.), **Bouquet** (Ch.). — Leçons de trigonométrie conformes aux programmes de l'enseignement des lycées. 5° éd. — P., 1858, 8°.　　　[8° I. 2121

Briot (Charles). — Leçons nouvelles d'arithmétique. — P., 1849, 8°.　　　[8° I. 2122

Briot (Charles). — Leçons nouvelles d'arithmétique. 3° éd. — P., 1861, 8°.　　　[8° I. 2123

Briquet. — Rapport sur les épidémies de choléra-morbus qui ont régné de 1817 à 1850. — P., 1867, 4°.　　　[4° I. 432

Brispot. — La vie de N.-S. Jésus-Christ écrite par les quatre Évangélistes, rédigée par Brispot. — P., 1853, 2 vol. f°.　　　[Fol. U. 48-49

Brizeux (A.). — Les Bretons, poème. — P., 1845, 8°.　　　[8° O. 1010

Brizeux (A.). — Marie, poème. — P., 1836, 8°.　[8° O. 1011

Broberg (S.). — Manuel de la langue danoise (dano-norvégienne), à l'usage des étrangers. — P., 1882, 8°.　　　[8°. O. 1012

Broc (F.-A.), **Lavenas** (P.-C.).— Nouveau code des poids et mesures. — P., 1834, 8°.　　　[8° E. 481

Broca (P.). — Société d'anthropologie de Paris. Instructions générales pour les recherches anthropologiques à faire sur le vivant. 2° éd. — P., 1879, in-16.　　　[8° I. 2124

Brocchi (P.). — Traité d'ostréiculture. — P., 1883, in-18.　　　[8° I. 2125

Broch (D' O.-J.). — Le royaume de Norvège et le peuple norvégien. Rapport à l'Exposition universelle de 1878 à Paris. — Christiania, 1878, 8°.　　　[8° U. 1951

Brodeau (Julien). — Commentaire sur la coutume de la prévôté et vicomté de Paris.— P., 1658, 2 vol. f°.　　　[Fol. E. 7-8

Broglie (Emmanuel de).— Fénelon à Cambrai, d'après sa correspondance (1699-1715). — P., 1884, 8°.　　　[8° U. 1952

Broglie (Duc Albert de). — Frédéric II et Marie-Thérèse, d'après des documents nouveaux (1740-1742). — P., 1883, 2 vol. 8°.　[8° U. 1953-54

Broglie (Duc Albert de). — Frédéric II et Louis XV, d'après des documents nouveaux. 1742-1744. — *P.*, 1885, 2 vol. 8°. [8° U. 1955-56

Broglie (Duc A.-V. de). — Le libre-échange et l'impôt. Études d'économie politique, publiées par son fils. Nouv. éd. — *P.*, 1885, 8°. [8° I. 2126

Broglie (Duc A.-V. de). — Souvenirs, 1785-1870. — *P.*, 1886- , vol. 8°. [8° U. 1956. A

Brongniart (Alexandre). — Traité des arts céramiques. — *P.*, 1844, 2 vol. 8° et atlas 4° obl. [8° I. 2127-29

Brongniart (Alexandre). — Traité des arts céramiques ou des poteries considérées dans leur histoire, leur pratique et leur théorie. 2° éd., revue, corrigée et augmentée par Alph. Salvetat. — *P.*, 1854, 2 vol. 8° et atlas 4° obl. [8° I. 2130-32

Brosius, Koch. — Le mécanicien de chemins de fer. Éd. française, par Émile With. — *P.*, 1883, 8°. [8° I. 2133

Brosses (Charles de). — Le président de Brosses en Italie. Lettres familières écrites d'Italie en 1739 et 1740. 4° éd. authentique, précédée d'une étude biographique par L. Colomb. — *P.*, 1885, 2 vol. in-18. [8° U. 1957-58

Brouard (Eugène), Defodon (Charles). — Manuel du certificat d'aptitude pédagogique. — *P.*, 1885, in-16. [8° I. 2133. A

Brouc. — Hygiène philosophique. — *P.*, 1836, 2 vol. 8°. [8° I. 2134-35

Broutta (A.-F.-E.). — Cours de droit militaire. — *P.*, 1837, 8°. [8° E. 482

Bru d'Esquille (J.). — Les revanches, satires politiques. — *P.*, 1872, in-12. [8° O. 1013

Brücke (E.). — Principes scientifiques des Beaux-Arts, essais et fragments de théorie, suivis de L'optique et la peinture, par Helmholtz. — *P.*, 1878, 8°. [8° I. 2136

Brullée (Abbé). — Vie du R. P. Muard, Marie-Jean-Baptiste du Cœur de Jésus, ancien curé. 2° éd. — *Sens*, 1863, in-12. [8° U. 1959

Brulliot (François). — Dictionnaire des monogrammes, chiffres, sous lesquels les plus célèbres peintres ont désigné leurs noms. — *Munich*, 1817, 4°. [4° I. 433

Brumoy (Le P.). — Le théâtre des Grecs. 2° éd., revue par Raoul-Rochette. — *P.*, 1820-1825, 16 vol. 8°. [8° O. 1014-29

Brun. — Le nouveau manuel des Conseillers de préfecture. — *Bordeaux*, 1843, 2 vol. 8°. [8° E. 483-84

Brun (A.-F.). — Traité pratique des opérations sur le terrain. — *P.*, 1860, 8°. [8° I. 2137

Brun (Gustave). — De la libération des actions des sociétés et des recours qu'elle peut engendrer. — *P.*, 1884, 8°. [8° E. 485

Brunel (Adolphe). — Biographie d'Aimé Bonpland, compagnon de voyage et collaborateur d'Al. de Humboldt. 3° éd. — *P.*, 1861, 8°. [8° U. 1960

Brunel (Lucien). — Les philosophes de l'Académie française au XVIII° siècle. — *P.*, 1884, 8°. [8° U. 1961

Brunet (Jacques-Charles). — Manuel du libraire et de l'amateur de livres. 5° éd. — *P.*, 1860-1865, 6 vol. 8°. [8° O. 1030-35

Brunet (P.-Nic.). — Abrégé chronologique des grands fiefs de France, avec la chronologie des princes et seigneurs qui les ont possédés. — *P.*, 1759, in-12. [8° U. 1962

Brunetière (Ferdinand). — Études critiques sur l'histoire de la littérature française. — *P.*, 1880, in-18. [8° O. 1036

Brunetière (Ferdinand). — Nouvelles études critiques sur l'histoire de la littérature française. — *P.*, 1882, in-18. [8° O. 1037

Brunot (Charles). — Commentaire de la loi sur les syndicats professionnels. — *P.*, 1885, 8°. [8° E. 486

Brunswik (B.). — Le Traité de Berlin, annoté et commenté. — *P.*, 1878, 8°. [8° U. 1963

Brussel (Nic.). — Nouvel examen de l'usage général des fiefs en France, pendant le XIe, le XIIe, le XIIIe et le XIVe siècle. — *P.*, 1727, 2 vol. 4°. [4° U. 410-411

Bruston (Charles). — Histoire critique de la littérature prophétique des Hébreux, depuis les origines jusqu'à la mort d'Isaïe. Thèse pour le doctorat en théologie, publiquement soutenue devant la Faculté de Montauban en mars 1881. — *Montauban*, 1881, 8°. [8° A. 454

Bruys. — Histoire des Papes. — *La Haye*, 1732-1734, 5 vol. 4°. [4° U. 412-416

Bryant (William Cullen), **Gay** (S.-H.). — A popular history of the United States, from the first discovery to the end of the first Century of the Union. — *London*, 1876, gr. 8°. [4° U. 417

Buchan (Guillaume). — Médecine domestique. 2e éd. — *P.*, 1780, 5 vol. 8°. [8° I. 2138-42

Buchanan (George). — Rerum Scoticarum historia. — *Edimburgi*, 1643, in-12. [8° U. 1964

Buchère (Ambroise). — Traité théorique des valeurs mobilières et effets publics. Comprenant un Commentaire de la loi du 15 juin 1872. 2e éd., refondue et augmentée d'après les dernières solutions de la jurisprudence et la loi du 27 février 1880. — *P.*, 1881, 8°. [8° E. 487

Buchez (B.-J.-B.), **Roux** (P.-C.). — Histoire parlementaire de la Révolution française, ou journal des assemblées nationales, depuis 1789 jusqu'en 1815. — *P.*, 1834-1838, 40 tom. en 20 vol. 8°. [8° U. 1965-84

Büchner (Dr Louis). — La vie psychique des bêtes. Ouvrage traduit de l'allemand par le Dr Ch. Letourneau. Avec gravures sur bois. — *P.*, 1881, 8°. [8° I. 2143

Buchon. — Choix de chroniques et de mémoires sur l'histoire de France, avec notices biographiques. — *P.*, 1842-1884, 6 vol. 4°. [4° U. 418-423

Buchon (J.-A.). — Collection des chroniques nationales françaises, écrites en langue vulgaire du XIIIe et du XVIe siècle, avec notes et éclaircissements. — *P.*, 1826-1828, 47 vol. 8°. [8° U. 1985-2030

Buchoz. — Collection de planches pour servir à l'histoire générale des trois règnes de la nature. — *P.*, 1782, 2 vol. f°. [Fol. I. 31-32

Buckland (William). — La Géologie et la Minéralogie dans leurs rapports avec la théologie naturelle, traduit de l'anglais, par L. Doyère. — *P.*, 1838, 2 vol. 8°. [8° I. 2144-45

Buckle (Henry-Thomas). — Histoire de la civilisation en Angleterre. Nouv. éd., trad. par A. Baillot. — *P.*, 1881, 5 vol. in-18. [8° U. 2031-35

Bucquet (Paul).— Enquête sur les bureaux de bienfaisance. Documents et Rapports. — *P.*, 1874, 4°.
[4° I. 434

Buffeteau (Th.). — Exposé sommaire de la situation des chemins de fer, devant l'État, le Commerce et l'Industrie (septembre 1881). — *P.*, 1882, 8°. [8° I. 2146

Buffier (Claude). — Traité des premières vérités et de la source de nos jugements. — *P.*, 1724, in-12.
[8° I. 2147

Buffon (Georges-Louis Le Clerc de). — Histoire naturelle, générale et particulière. Nouv. éd. Ouvrage formant un cours complet d'histoire naturelle, rédigé par C.-S. Sonnini. — *P.*, 1808, 127 vol. 8° et 15 vol. de suites, ensemble 142 vol. 8°.
[8° I. 2148-2282

Bugeaud (Maréchal). — Œuvres militaires, réunies et mises en ordre par Weil. — *P.*, 1883, 8°. [8° I. 2283

Buies (Arthus). — Le Saguenay et la vallée du lac St-Jean. Étude historique, géographique, industrielle et agricole. — *Québec*, 1880, 8°.
[8° U. 2036

Bujault (Jacques).— Œuvres, précédées d'une introduction de Jules Rieffel. — *P.*, 1844, 8°. [8° I. 2284

Bullarium romanum a B. Leone Magno usque ad Clementem X. — *Lugduni*, 1673, 5 tom. en 4 vol. f°.
[Fol. E. 9-12

Bulletin administratif du Ministère de l'Instruction publique. — *P.*, 1882 et ann. suiv., 8°. [8° E. 488

Bulletin de l'Académie de médecine. — *P.*, 1882 et ann. suiv., 8°.
[8° I. 2285

Bulletin de l'Association philotechnique. — *P.*, 1880 et ann. suiv., 8°.
[8° I. 2286

Bulletin de l'Association scientifique de France. 2e série. — *P.*, 1880 et ann. suiv., 8°. [8° I. 2287

Bulletin de la Réunion des officiers. — *P.*, 1881 et ann. suiv., 4°.
[4° I. 435

Bulletin de la Société chimique de Paris. Nouv. série. T. II. — *P.*, 1864, 8°. [8° I. 2288

Bulletin de la Société d'encouragement pour l'industrie nationale. — *P.*, an X et ann. suiv., 4°. [4° I. 436-509

Bulletin de la Société de l'industrie minérale. Tomes 4-15, 1859-1870. 2e série, 1872 et ann. suiv. — *P.*, 8°. [8° I. 2289-2301

Atlas. Tom. 13, 1867 et années suiv., f°. [Fol. I. 33-35

Bulletin des lois. — *P.*, an II et ann. suiv., 8°. [8° E. 489-744

Bulletin Français. — Journal officiel du soir. — *P.*, 1875-1880, 11 vol. f°. [Fol. U. 50-60

Bulletin hebdomadaire de l'Agriculture, fondé et dirigé par J.-A. Barral. — *P.*, 1868-1870, 3 vol. 4°.
[4° I 510-12

Bulletin mensuel des publications étrangères reçues par la Bibliothèque nationale. — *P.*, 1881 et ann. suiv., 8°. [8° O. 1038

Bulletin mensuel des récentes publications françaises reçues par la Bibliothèque nationale. — *P.*, 1882 et ann. suiv., 8°. [8° O. 1039

Bulletin pédagogique d'enseignement secondaire. 3e et 4e ann., 1882-83. — *P.*, 1882-83, 4°. [4° I. 515-516

Bulwer (Edward Litton). — Aventures de Pisistrate Caxton, trad. par É. Scheffter. — P., 1864, 2 vol. 8°.
[8° O. 1040-41

Bulwer (Edward Litton). — La famille Caxton, trad. par A. Pichot. — P., 1864, 2 vol. 8°. [8° O. 1042-43

Bulwer (Edward Litton). — Les derniers jours de Pompéi. 15e éd. — Tours, 1865, 8°. [8° O. 1044

Bulwer (Edward Litton). — Eugène Aram, trad. par A.-J.-B. Defauconpret. — P., 1842, 8°.
[8° O. 1045

Bulwer (Edward Litton). — Mon roman, trad. par de l'Espine. — P., (1866), 2 vol. 8°. [8° O. 1046-47

Bulwer (Edward Litton). — Rienzi. — P., 1865, 2 vol. 8°.
[8° O. 1048-49

Burat (Amédée). — Cours d'exploitation des mines. — P., 1871, 8° et atlas 4°. [8° I. 2302
[4° I. 517

2e éd., 1876. — P., 8° et atlas 4°. [8° I. 2303
[4° I. 518

Burat (Amédée). — Géologie appliquée. 2e éd. — P., 1846, 8°.
[8° I. 2304

Burat (Amédée). — De la houille. Traité théorique et pratique des combustibles minéraux. — P., 1851, 8°.
[8° I. 2305

Burat (Amédée). — Les houillères de la France, en 1866, 1867, 1868, 1869, 1870. — P., 1867-70, 5 vol. 8° et atlas 4°. [8° I. 2306-10
[4° I. 519-23

Burat (Amédée). — Le Matériel des houillères en France et en Belgique. — P., 1861, 8° et atlas f°.
[8° I. 2311
[Fol. I. 36

Burat (Amédée). — Minéralogie appliquée. — P., 1864, 8°.
[8° I. 2312

Burat (E.). — Traité d'arithmétique. — P., 1867, 8°. [8° I. 2313

Burckhardt (Jacob). — La Civilisation en Italie au temps de la Renaissance, trad. de M. Schmidt, sur la seconde éd. annotée par L. Geiger. — P., 1885, 2 vol. 8°. [8° U. 2036. A

Burckhardt (Jacob). — Voyages en Arabie, trad. par J.-B.-B. Eyriès. — P., 1834, 3 vol. 8°. [8° U. 2037-39

Burdo (Adolphe). — Niger et Bénué, voyage dans l'Afrique centrale. — P., 1880, in-18. [8° U. 2040

Burette (Théodore). — Histoire de France. — P., 3 vol. 4°, dont un vol. de planches. [4° U. 424-26

Burger (W.). — Trésors d'art exposés à Manchester en 1857. — P., 1857, in-12. [8° I. 2314

Burggraeve. — Manuel pratique de médecine dosimétrique. — P. et Gand, 1873, in-12. [8° I. 2315

Burlamaqui (J.-J.). — Principes du droit de la nature et des gens, et du droit public général. Avec les additions du professeur Félice, revues par M. Cotelle fils. — P., 1821, 2 part. en 1 vol. 8°. [8° E. 745

Burnaby (Fréd.). — Une visite à Khiva. Aventures de voyage dans l'Asie centrale. Trad. de l'anglais par Hephell. 3 cartes. — P., 1877, in-18.
[8° U. 2041

Burnet (Gilbert). — Histoire de ce qui s'est passé de plus mémorable en Angleterre pendant la vie de Gilbert Burnet. Traduit de l'anglais, par La Pillonnière. — La Haye, 1735, 2 t. en 3 vol. 4°. [4° U. 427-29

Burnet (Gilbert). — Histoire de la réformation de l'Église d'Angleterre, traduite de l'anglais par de Rosemond. — *Genève*, 1687, 4 vol. in-12.
[8° U. 2042-45

Burnet (Gilbert). — Histoire des dernières révolutions d'Angleterre. Traduit de l'anglais. — *La Haye*, 1725, 4°.
[4° U. 430

Burnet (Gilbert). — Mémoires pour servir à l'histoire de la Grande-Bretagne. — *La Haye*, 1725, 3 vol. in-12.
[8° U. 2046-48

Burnouf (Eug.). — Introduction à l'histoire du Buddhisme indien. 2° éd., précédée d'une notice par M. Barthélemy Saint-Hilaire. — *P.*, 1876, 4°.
[4° A. 125

Burnouf (J.-L.). — Méthode pour étudier la langue grecque. — *P.*, 1862, 8°.
[8° O. 1050

Burnouf (J.-L.). — Méthode pour étudier la langue latine. 12° éd. — *P.*, 1846, 8°.
[8° O. 1051

Burton (Richard-F.). — The lake regions of central Africa. — *London*, 1860, 2 vol. 8°.
[8° U. 2049-50

Burton (Richard-F.). — Two Trips to Gorilla land and the cataracts of the Congo. — *London*, 1876, 2 vol. 8°.
[8° U. 2051-52

Bury (Auguste). — Traité de la législation des mines en Belgique et en France, ou commentaire théorique et pratique de la loi du 21 avril 1810. — *Liège*, 1859, 2 vol. 8°. [8° E. 746-47

Busoni (Ph.), Huberson (G.). — Textes organiques de droit public, administratif et civil, formant la matière de l'examen d'admissibilité au titre de commis-rédacteur dans les bureaux de la Préfecture de la Seine, de la Caisse municipale et des mairies de Paris, recueillis, collationnés et mis en ordre. — *P.*, 1881-85, 4 vol. 8°.
[8° E. 748-51

Bussy (Ch. de). — Dictionnaire de l'art vétérinaire à l'usage des cultivateurs et des gens du monde. — *P.*, 1865, in-12.
[8° I. 2316

Bussy-Rabutin (Comte Roger de). — Histoire amoureuse des Gaules. — *P.*, 1829, 3 vol. 8°.
[8° U. 2053-55

Bussy-Rabutin (Comte Roger de). — Histoire amoureuse des Gaules, revue et annotée par M. Paul Boiteau, suivie des romans historico-satiriques du XVII° siècle, recueillis et annotés par M. C.-L. Livet. — *P.*, 1856-58, 3 vol. in-16. [8° U. 2056-58
(Bibliothèque Elzévirienne.)

Bussy-Rabutin (Comte Roger de). — Lettres, avec les réponses. — *Amsterdam*, 1738, 6 vol. in-12.
[8° O. 1052-57

Bussy-Rabutin (Comte Roger de). — Mémoires. — *P.*, 1696, 2 vol. 4°.
[4° U. 431-432

Butenval (Comte His de). — Les lois de succession, appréciées dans leurs effets économiques par les Chambres de Commerce de France. 4° éd. — *P.*, 1884, in-18.
[8° E. 752

Butler (Alban). — Vies des Pères martyrs et des principaux Saints. Ouvrage traduit librement de l'anglais, par l'abbé Godescard. Nouv. éd. — *Lille*, 1834, 20 vol. 8°.
[8° U. 2059-78

Butler (W.-F.). — The great Lone Land : a narrative of travel and adventures in the North-West of America. With illustrations and route map. — *London*, 1872, 8°.
[8° U. 2079

Byron (Lord). — The complete works, including his suppressed poems and other never before published. — *P.*, 1832, 4 vol. 8°.
[8° O. 1058-61

Byron (Lord). — The complete works. — *P.*, 1835, 8°.
[8° O. 1062

Byron (Lord). — Œuvres, trad. de Amédée Pichot. — *P.*, 1835, 6 vol. 8°.
[8° O. 1063-68

Byron (Lord). — Œuvres complètes, trad. par Benjamin Laroche. Nouv. éd., précédée d'une notice par E. Souvestre. — *P.*, 1838, 4°.
[4° O. 227

Byron (Lord). — Essai. Sardanapale, tragédie, mise en vers français ; suivie de poésies diverses, par Marcel Mars. — *Châteauroux*, 1871, in-18.
[8° O. 1069

Cabanié (B.). — Charpente générale, théorique et pratique. — *P.*, 1853-1857, 2 vol. f°. [Fol. I. 37-38

Cabanis (Pierre-Jean-Georges). — Œuvres complètes. — *P.*, 1823-1825, 5 vol. 8°.
[8° I. 2317-20

Cabanis (Pierre-Jean-Georges). — Rapports du physique et du moral de l'homme. Nouvelle édition contenant l'Extrait raisonné de Destutt de Tracy, par le Dr Cerise. — *P.*, 1843, in-12.
[8° I. 2321

Cabantous (Louis). — Répétitions écrites sur le droit administratif. — *P.*, 1854, 8°.
[8° E. 753

Cabantous (L.), **Liégeois** (J.). — Répétitions écrites sur le droit administratif. 6e éd. — *P.*, 1882, 8°.
[8° E. 754

Cabet (Edmond). — Voyage en Icarie, roman philosophique et social. 2e éd. — *P.*, 1842, in-18.
[8° I. 2322

Cabet (Étienne). — Histoire populaire de la Révolution française. — *P.*, 1839-40, 4 vol. 8°.
[8° U. 2080-83

Cabet (Étienne). — Révolution de 1830 et situation présente (mai 1833), expliquées par les révolutions de 1789,

1792 et 1804. 2e éd. — *P.*, 1833, in-12.
[8° U. 2084

Cabinet (Le) des **Fées**. — *Amsterdam*, 1785, 40 vol. 8°.
[8° O. 1070-1107

Caboche (Charles). — Les mémoires et l'histoire en France. — *P.*, 1863, 2 vol. 8°.
[8° U. 2085-86

Caboche-Demerville. — Panthéon de la jeunesse. Vies des enfants célèbres. — *P.*, 1843, 4°. [4° U. 433

Cadet (Félix). — Pierre de Boisguilbert, précurseur des économistes, 1646-1714. — Sa vie, ses travaux, son influence. Ouvrage couronné par l'Institut. — *P.*, 1870, 8°. [8° U. 2087

Cadet (Félix). — Société industrielle de Reims. Conférences de 1867-1868. — Histoire de l'économie politique. Les Précurseurs. Boisguilbert, Vauban, Quesnay, Turgot. — *Reims*, 1869, 8°.
[8° I. 2323

Cagnat (R.). — Explorations épigraphiques et archéologiques en Tunisie. — *P.*, 1883-4, 2 vol. 8°.
[8° U. 2088-89

Cahours (A.), **Riche**. — Chimie des demoiselles. — *P.*, (s. d.), 8°.
[8° I. 2324

Cahours (Auguste). — Traité de chimie générale élémentaire. 2e éd. — *P.*, 1860, 3 vol. in-12.
[8° I. 2325-27

Cahun (Léon). — Excursions sur les bords de l'Euphrate. — *P.*, (s. d.), in-18.
[8° U. 2089. A

Caillaux (Alfred). — Tableau général et description des mines métalliques et des combustibles minéraux de la France. — *P.*, 1875, 8°.
[8° I. 2328

Caire (A.).— La science des pierres précieuses appliquée aux arts. — *P.*, 1826, 8°. [8° I. 2329

Caix de St-Aymour (Vicomte de). — Notice sur Hugues de Groot (Hugo Grotius), suivie de lettres inédites. — *P.*, 1883, 8°. [8° U. 2090

Caix de St-Aymour (Vicomte de). — Les pays sud-slaves de l'Austro-Hongrie. 58 grav. et 1 carte. — *P.*, 1883, in-18. [8° U. 2091

Calderon. — Chefs-d'œuvre du théâtre espagnol. Trad. nouv. par Damas-Hinard. — *P.*, 1841-1843, 3 vol. in-12. [8° O. 1108-10

Calemard de Lafayette (Ch.). — Le poëme des champs. — *P.*, 1861, in-12. [8° O. 1111

Calepin (Ambroise). — Dictionarium octolingue. Ed. novissima. — *Lugduni*, 1681, 2 vol. f°. [Fol. O. 5-6

Callaghan (E.).— Grammaire anglaise. — *Bruxelles*, 1872, in-18. [8° O. 1112

Callery (Alphonse). — Histoire du système général des droits de douane aux XVI° et XVII° siècles, et des réformes de Colbert en 1664. — *Nogent-le-Rotrou*, 1882, 8°. [8° U. 2092

Callet (Auguste). — Anne-Paule-Dominique de Noailles, marquise de Montagu. 2° éd. — *P.*, 1865, in-12. [8° U. 2093

Callet (François). — Tables portatives de logarithmes. — *P.*, 1795, 8°. [8° I. 2330

Callet (François). — Tables de logarithmes, suivies d'un recueil de tables nautiques, par E. Boitard et A. Ansart-Deusy. — *P.*, 1855, 8°. [8° I. 2331

Callon (J.). — Cours professés à l'École des Mines de Paris :

Première partie. Cours des machines. — *P.*, 1873-1875, 3 vol. 8° et 2 atlas 4°.

Deuxième partie. Cours d'exploitation des mines. — *P.*, 1874, 2 vol. 8° et 2 atlas en 1 vol. 4°.
[8° I. 2332-36
[4° I. 524-26

Calmet (Augustin). — Dictionnaire historique de la Bible. 4° éd., revue par M. l'abbé A.-F. James. — *Petit-Montrouge*, 1845-1846, 4 vol. 4°.
[4° U. 434-437
(Encyclopédie théologique Migne.)

Calmon (Robert).— Trois semaines à Moscou. Mai-Juin 1883. — *P.*, 1883, in-18. [8° U. 2094

Calvin (Jean). — Tractatus theologici omnes. — *Genève*, 1597, f°.
[Fol. A. 43

Calonne (De). — Observations et jugements sur les coutumes d'Amiens, d'Artois. — *P.*, 1784, 4°.
[4° E. 67

Calvo (Charles). — Dictionnaire de droit international public et privé. — *Berlin*, 1885, 2 vol. 8°.
[8° E. 755-56

Calvo (Charles).—Dictionnaire manuel de diplomatie et de droit international public et privé. — *Berlin*, 1885, 8°. [8° E. 757

Cambray (S.). — Organisation du suffrage universel. — *P.*, 1872, in-12.
[8° E. 758

Camden (Guil.). — Annales rerum anglicarum et hibernicarum, regnante Elisabetha.— *Lugd. Batavorum*, 1625, in-12. [8° U. 2095

Camden (Guil.). — Britannia, sive florentissimorum regnorum Angliæ descriptio. — *Francfort*, 1616, in-12.
[8° U. 2096

Camden (Guil.). — Histoire d'Élisabeth, reine d'Angleterre. Traduit du latin par Paul de Bellegent. — *P.*, 1627, 4°. [4° U. 438

Cameron (Verney Lovett). — Notre future route de l'Inde. Trad. de l'anglais. 29 grav. — *P.*, 1883, in-18. [8° U. 2097

Camoëns (Louis). — La Lusiade, poème héroïque en dix chants, nouvellement trad. du portugais, par de Laharpe et d'Hermilly. — *P.*, 1776, 2 vol. 8°. [8° O. 1113-14

Camoëns (Louis). — Les Lusiades ou les Portugais. Trad. de J.-B.-J. Millié, revue par Dubeux, précédée d'une notice sur la vie de Camoëns par Charles Magnin. — *P.*, 1844, in-18. [8° O. 1115

Campagne (E.-M.). — Dictionnaire universel d'éducation et d'enseignement. — *Bordeaux*, 1874, 8°. [8° I. 2337

Campagnes de la Grande Armée et de l'armée d'Italie (1805). — *P.*, 1806, 8°. [8° U. 2098

Campan (Mme Jeanne-Louise-Henriette-Genest). — De l'éducation. 2° éd. — *P.*, 1824, 3 vol. in-16. [8° I. 2338-40

Campan (Mme). — Mémoires sur la vie privée de Marie-Antoinette. 5° éd. — *P.*, 1823, 2 vol. in-12. [8° U. 2099-2100

Campe. — Découverte de l'Amérique. Traduit de l'allemand. 4° éd. — *P.*, 1817, 3 vol. in-12. [8° U. 2101-3

Campion (Henri de). — Mémoires. Nouv. éd., avec des notes, par M. C. Moreau. — *P.*, 1857, in-16. [8° U. 2104
(Bibliothèque Elzévirienne.)

Camus (Jean-Pierre). — De la primauté et de la principauté de Saint-Pierre et de ses successeurs. — *P.*, 1630, in-12. [8° U. 2105

Camuzet (Charles-Eugène). — Manuel des matières du Code de procédure civil exigées pour le 2° examen de droit. — *P.*, 1864, in-12. [8° E. 759

Canada (The) Directory, for 1857-1858. — *Montreal*, 1857, 4°. [4° U. 438 + A

Candolle (Alphonse de). — Histoire des sciences et des savants depuis deux siècles. 2° éd. — *Genève-Bâle*, 1885, 8°. [8° I. 2341

Candolle (Alphonse de). — Origine des plantes cultivées. — *P.*, 1883, 8°. [8° I. 2342

Candolle (Augustin-Pyramus de). — Organographie végétale. — *P.*, 1827, 2 vol. 8°. [8° I. 2343-44

Canivet (Charles). — Les Colonies perdues. 65 grav. — *P.*, 1884, in-16. [8° U. 2106

Canonge (Frédéric). — Histoire militaire contemporaine (1854-1871). — *P.*, 1882, 2 vol. in-18 et atlas f°. [8° U. 2107-8
[Fol. U. 60. A

Cantareuil (André). — Le Conseiller des familles ou le droit mis à la portée de tout le monde. — *Tarbes*, 1847, 8°. [8° E. 760

Canu (F.), **Larbalétrier** (Albert). — Manuel de météorologie agricole appliquée aux travaux des champs, à la physiologie végétale et à la prévision du temps. — *P.*, (s. d.), in-18. [8° I. 2345

Capefigue. — Histoire de Philippe-Auguste. — *P.*, 1829, 4 vol. 8°. [8° U. 2109-12

Capefigue. — Histoire de la Restauration, par un homme d'État.— P., 1831-1833, 10 vol. 8°.
[8° U. 2113-22

Capefigue. — Madame la Comtesse Du Barry. — P., 1858, in-12.
[8° U. 2123

Capefigue. —Mademoiselle de La Vallière. — P., 1859, in-12.
[8° U. 2124

Capitulation (La) de Metz devant l'histoire. (Extrait du Journal L'Indépendance belge.)3ᵉ éd.—Bruxelles, 1870, in-18. [8° U. 2125

Capron (E.). — Traité pratique des maladies des chiens. 2ᵉ éd.—P., (s. d.), in-18. [8° I. 2346

Capus (G.). — Guide du naturaliste préparateur et du voyageur scientifique. 2ᵉ éd., refondue par le Dʳ A.-T. de Rochebrune, avec une introd. par Edm. Perrier. 223 fig. — P., 1883, in-18. [8° I. 2347

Capus (Guillaume). — L'œuf chez les plantes et les animaux. 143 grav. — P., 1885, in-16. [8° I. 2347. A

Caquets (Les) de l'accouchée. Nouv. éd., revue sur les pièces originales et annotée par Édouard Fournier, avec une introduction par Le Roux de Lincy.—P.,1855, in-16. [8° O.1116
(Bibliothèque Elzévirienne.)

Caraccioli (L.-A.). — Lettres intéressantes du pape Clément XIV (Ganganelli).—P., 1776-1777, 4 vol. in-18.
[8° O. 1117-20
(Lettres en partie apocryphes publiées par L.-A. Caraccioli.)

Cardan (Jérôme). — Opera. (T. 2.) — Lugduni, 1663, f°. [Fol. I. 39

Cardonne (C. de). — L'empereur Alexandre II (1855-1881). — P.,1883, gr. 8°. [4° U. 438. A

Cardot (Théodore), Schwanhard (Émile). — La prévoyonce et l'État. — P., 1886, in-18.
[8° I. 2347. B

Carême (Antonin). — Le pâtissier pittoresque. — P., 1842, 8°.
[8° I. 2348

Carette, Devilleneuve. — Lois annotées, ou lois, décrets, ordonnances, avis du Conseil d'État, etc., avec notes. — P., 1854-1865, 5 vol. 4°. [4° E. 68-72

Carey (Henry-C.). — Principes de la science sociale, traduits en français par MM. St-Germain-Leduc et Aug. Planche. — P., 1861, 3 vol. 8°.
[8° I. 2349-51

Cariot. — Étude des fleurs. Botanique élémentaire. 3ᵉ éd.—Lyon, 1860, 3 vol. in-12. [8° I. 2352-54

Carlet (G.). — Précis de zoologie médicale, avec 207 fig. dans le texte. — P.,1881, in-18. [8° I. 2355

Carlisle (Comte de). — La relation des trois ambassades (en Russie, en Suède et en Danemarck. 1663-64). Nouv. éd., revue et annotée par le prince Augustin Galitzin. — P., 1857, in-16.
[8° U. 2126
(Bibliothèque Elzévirienne.)

Carlisle (Nicolas). — A topographical dictionary of England.—London, 1808, 2 vol. 4°. [4° U. 439-40

Carlisle (Nicolas). — A topographical dictionary of Ireland. — London, 1810, 4°. [4° U. 441

Carlisle (Nicolas). — A topographical dictionary of Scotland and of the Islands in the british seas. — London, 1813, 2 vol. 4°. [4° U. 442-43

Carlisle (Nic.). — A topographical dictionary of the dominion of Wales. — London, 1811, 4°. [4° U. 444

Carnet de l'officier de marine. — *P.*, in-18.   [8° I. 2356
3° année 1881.
7° — 1885.

Carnot (H.). — La Révolution française. Résumé historique. Nouv. éd. — *P.*, 1883, in-18.   [8° U. 2127

Carnot (Jos.-Fr.-Cl.). — De l'instruction criminelle.—*P.*, 1812, 3 vol. 4°.   [4° E. 73-75

Carnoy (Henry). — Les légendes de France. — *P.*, 1885, 8°.
[8° O. 1120. A

Caro (E.). — L'Idée de Dieu et ses nouveaux critiques. — *P.*, 1864, 8°.
[8° I. 2357

Caro (E.). — La fin du XVIIIᵉ siècle. Études et portraits. —*P.*,1880, 2 vol. in-18.   [8° U. 2128-29

Caro (E.). — M. Littré et le Positivisme. — *P.*, 1883, in-18.
[8° U. 2130

Caro (E.). — Le Pessimisme au XIXᵉ siècle. Léopardi, Schopenhauer, Hartmann. 2ᵉ éd. — *P.*, 1880, in-18.
[8° I. 2358

Caro (E.). — La philosophie de Gœthe. 2ᵉ éd. — *P.*, 1880, in-12.
[8° I. 2359

Carou (J.-M.). — De la juridiction civile des juges de paix. —*P.*, 1839, 2 vol. 8°.   [8° E. 761-62

Carou (J.-M.). — Principes ou traité théorique et pratique des actions possessoires. — *P.*, 1838, 8°.
[8° E. 763

Carpentier (Dom Pierre).— Glossarium novum ad scriptores medii ævi, seu supplementum auctiorem ad Glossarii Cangiani editionem. — *P.*, 1766, 4 vol. f°.   [Fol. O. 7-10

Carraud (Mᵐᵉ Z.). — Les Métamorphoses d'une goutte d'eau, suivies des Aventures d'une fourmi. 2ᵉ éd. — *P.*, 1865, in-18.   [8° I. 2360

Carré (A.). — Nos petits procès. Notes sur le droit familier. 3ᵉ éd. — *P.*, 1880, in-18.   [8° E. 764

Carré (Guillaume-Louis-Julien), **Chauveau** (Adolphe). — Lois de la procédure civile et administrative. 4ᵉ éd. — *P.*, 1861-1863, 9 t. en 11 vol. 8°.   [8° E. 765-75

Carron (Guy-Toussaint-Julien).— Pensées ecclésiastiques pour tous les jours de l'année. Nouv. éd.—*P.*, 1801, 4 vol. in-12.   [8° A. 462-65

Carron (G.-T.-J.). — Vies des dames françaises les plus célèbres dans le XVIIIᵉ siècle. 9ᵉ éd.— *Lyon*, 1844, in-12.   [8° U. 2131

Carron Du Villards (C.-J.-F.). — Recherches pratiques sur les causes qui font échouer l'opération de la cataracte. — *P.*, 1834, 8°.   [8° I. 2361

Carte de France de l'État-Major, dressée au Dépôt de la Guerre au $\frac{1}{320.000}$.— *P.*, 1864, gr. f°.
[Fol. U. 61

Carte de l'Algérie, dressée au Dépôt de la Guerre. — *P.*, 1876, f°.
[Fol. U. 62

Carte spéciale des chemins de fer de l'Europe, en quatre feuilles, publiée par MM. A. Chaix et Cᵉ.— *P.*, (s. d.), f° plano dans un étui 4°.
[4° U. 445

Casalis (Eugène). — Mes Souvenirs. 3ᵉ éd. — *P.*, 1884, in-16.
[8° U. 2132

Cassassoles (Ferdin.).— Le guide pratique du juge d'instruction.—*Auch*, 1834, 8°.   [8° E. 776

Castel. — Société de l'industrie minérale. M. Grüner (Emmanuel-Louis). — *St-Étienne*, 1883, 8°.
[8° U. 2133

Castel (Albert).— Les Tapisseries. — *P.*, 1876, in-12. [8° I. 2362 (Bibliothèque des Merveilles.)

Castellane (P. de).—Souvenirs de la vie militaire en Afrique. 3° éd. — *P.*, 1854, in-12. [8° U. 2134

Castelnau (L.). — Cours de mathématiques appliquées. — Leçons préparatoires ; 1ʳᵉ et 2ᵉ parties. — *P.*, 1866, 3 tom. en 1 vol. 8°. [8° I. 2363

Castillon (De), Marillac (de).— Correspondance politique (1547-1542), pub. par M. Jean Kaulek.— *P.*, 1885, 8°. [8° U. 2134. A

Catalogue descriptif et raisonné des émaux, curiosités diverses et livres de feu M. Ad. Dewismes. — *St-Omer*, 1875, gr. 8°. [4° I. 527

Catalogue d'une collection de thèses publiées dans les Pays-Bas. — *P.*, 1884-85, 2 vol. 8°. [8° O. 1121-22

Catalogue de la collection léguée à la Bibliothèque nationale par le Bᵒⁿ Ch. Davillier. — *Nogent-le-Rotrou*, 1806, 8°. [8° O. 1122. A

Catalogue des dissertations et écrits académiques provenant des échanges avec les Universités étrangères et reçus par la Bibliothèque Nationale en 1882, 1883, 1884. — *P.*, 1884-85, 3 vol. 8°. [8° O. 1123-25

Catalogue des médailles grecques, romaines, pierres gravées, et autres objets d'art de la collection du Dʳ Paul Fenely-Bey. — *Constantinople*, 1878, 4°. [4° U. 446

Catalogue des ouvrages relatifs à l'architecture, à la science des ingénieurs, etc., publiés en langues française, allemande et anglaise, 1877 à 1882. — *P.*, 1884, 8°. [8° I. 2364

Catalogue of the casts, busts, illustrations of the School of design and ceramic art, in the Museum of art, at the Melbourne public Library. — *Melbourne*, 1865, 4°. [4° I. 528

Catalogue supplémentaire de la bibliothèque de l'École des Ponts et Chaussées. — *P.*, 1881, 8°. [8° I. 2365

Catéchisme du Concile de Trente, trad. par l'abbé Doney. — *Besançon*, 1838, 2 vol. 8°. [8° A. 466-67

Catéchismes philosophiques, polémiques, historiques, de Feller, Aimé, Scheffmacher, Rohrbacher, Pey, Lefrançois, Alletz, Almeyda, Fleury, Pomey, Bellarmin, Meusy, Challoner, Gother, Surin, Olier, publiés par Migne. — *P.*, 1842, 2 vol. 4°. [4° A. 126-27

Catéchiste (Le) des peuples de la campagne et des villes.— *Lyon*, 1800, 4 vol. in-12. [8° A. 468-71

Catherine II. — Mémoires, avec préface d'A. Herzen. — *Londres*, 1859, 8°. [8° U. 2135

Cattreux (Louis). — Étude sur le droit de propriété des œuvres dramatiques et musicales.— *Bruxelles*, 1883, 8°. [8° E. 777

Catulle (C.-V.). — Poésies. Trad. par Ch. Heguin de Guerle.— *P.*, 1837, 8°. [8° O. 1126 (Collection Panckoucke.)

Cauchy (Eugène). — Le Droit maritime international considéré dans ses origines et dans ses rapports avec les progrès de la civilisation. — *P.*, 1862, 2 vol. 8°. [8° E. 778-79

Caudéran (Hippolyte). — Histoire de la sainte Église de Bordeaux. Sixième siècle. Saint-Léonce.— *Toulouse*, 1878, in-18. [8° U. 2136

Caumont (De). — Abécédaire ou

Rudiment d'archéologie. 3e éd. — P.,
1854, 8°.　　　　　　[8° I. 2366

Caumont (De). — Cours d'antiquités monumentales. — P., 1830-
1835, 5 vol. 8° et atlas en 4 vol. 8°.
　　　　　　　　　　[8° U. 2137-45

Causes célèbres (Choix de nouvelles) avec les jugements qui les ont
décidées, par Des Essarts. — P.,
1785, 15 vol. in-12.　[8° E. 780-94

Causes célèbres de tous les
peuples, par A. Fouquier. — P., 1858-
1864, 6 vol. 4°.　　　　[4° E. 76-81

Causes célèbres et intéressantes
avec les jugements qui les ont décidées, par Gayot de Pitaval. — P.,
1739-1752, 15 vol. in-12.
　　　　　　　　　　[8° E. 795-808

Caussin de Perceval. — Grammaire arabe vulgaire. — P., 1833, 8°.
　　　　　　　　　[8° O. 1127

Cauvain (Henri). — Le grand
vaincu. Dernière campagne du marquis de Montcalm au Canada. Grav.—
P., (s. d.), 8°.　　　[8° U. 2145. A

Cauvet (D.). — Cours élémentaire
de botanique. I. Anatomie et physiologie végétales, Paléontologie végétale,
Géographie botanique. 404 fig. — P.,
1885, in-18.　　　　　[8° I. 2367

Cauvet (D.). — Nouveaux éléments d'histoire naturelle médicale. 3e
éd. 822 fig. — P., 1885, 2 vol. in-12.
　　　　　　　　　[8° I. 2368-69

Cauwès (Paul). — Précis du cours
d'Economie politique professé à la Faculté de droit de Paris. — P., 1879,
2 vol. 8°.　　　　　[8° I. 2370-71

Cavaignac (G.). — L'État et les
tarifs de chemins de fer. — P., 1882,
8°.　　　　　　　　[8° I. 2372

Cavalli (Hercule). — Tableaux
comparatifs des mesures, poids et monnaies, modernes et anciens, cours des
changes, etc., de tous les états du
monde, comparés. 2e éd. — P., 1874,
8°.　　　　　　　　[8° I. 2373

Cavé (Marie-Élisabeth). — L'aquarelle sans maître. — P., 1851, 8°.
　　　　　　　　　[8° I. 2374

Cavé (Marie-Élisabeth). — Le
dessin sans maître. — P., 1850, 8°.
　　　　　　　　　[8° I. 2375

Cavelier de Cuverville (Jules-
Marie-Armand). — Cours de tir. Etudes
théoriques et pratiques sur les armes
portatives. — P., 1864, 8°.
　　　　　　　　　[8° I. 2376

Caylus (Comte de). — Œuvres
badines. — Amsterdam, 1787, 12 vol.
8°.　　　　　　　　[8° O. 1128-39

Cayx, Poirson. — Précis de
l'histoire de France. — P., 1834, 8°.
　　　　　　　　　[8° U. 2146

2e éd., 1840. — P., 8°.
　　　　　　　　　[8° U. 2147

Cazalas. — Examen de la question
relative à la contagion et à la non-con-
tagion du choléra. — P., 1866, 8°.
　　　　　　　　　[8° I. 2377

Cazeaux (Paulin). — Traité théorique et pratique de l'art des accouchements. 6e éd. — P., 1858, 8°.
　　　　　　　　　[8° I. 2378

Cazenave (Alphée), Schedel
(H.-E.). — Abrégé pratique des maladies de la peau. — P., 1828, 8°.
　　　　　　　　　[8° I. 2379

Cazin (Achille). — La chaleur.
2e éd. — P., 1868, in-12.
　　　　　　　　　[8° I. 2380
(Bibliothèque des Merveilles.)

Cazin (Achille). — L'étincelle électrique. — P., 1876, in-12.
　　　　　　　　　[8° I. 2381
(Bibliothèque des Merveilles.)

Cazin (Achille). — Les forces physiques. 2e éd. — *P.*, 1871, in-12.
[8° I. 2382
(Bibliothèque des Merveilles.)

Cazin (Achille). — Traité théorique et pratique des piles électriques, annoté et publié par M. Alfred Angot. — *P.*, 1881, 8°. [8° I. 2383

Cazin (F.-J.). — Traité pratique et raisonné de l'emploi des plantes médicinales indigènes. — *Boulogne*, 1850, 8° et atlas 4°. [8° I. 2384
[4° I. 528. A

Cellerier (J.-Isaac-Samuel). — Sermons et prières pour les solennités chrétiennes.— *Genève*, 1819, 3 vol. 8°.
[8° A. 472-74

Cellier (N.-H.). — Cours de rédaction notariale. — *P.*, 1840, 8°.
[8° E. 809

Cellier Du Fayel (N.-H.). — Origine et influence de la littérature. Principes et modèles de critique littéraire et dramatique. 2e éd.— *P.*, 1845, 8°. [8° O. 1140

Celliez. — Les reines de France. — *Tours*, 1846, 4°. [4° U. 447

Cellier (Henry), Le Senne (Charles). — Loi de 1881 sur la presse, accompagnée des travaux de rédaction, avec observations et table alphabétique. — *P.*, 1882, 8°. [8° E. 810

Cellini (Maria). — Toute une vie. Aube. Matin. Midi. La vie humaine. Chants patriotiques. Les Mausolées. — *P.*, 1872, in-12. [8° O. 1141

Censorinus. — Liber de die natali ad Q. Cerellium. — *P.*, 1842-43, 8°.
[8° O. 1142
(Suivi de : Obsequens (Julius). Prodigiorum libellus, et de : Ampelius (Victor). Liber memorialis. Du jour natal. Trad. par J. Mangeart.
(Collection Panckoucke.)

Cent(Les)nouvellesnouvelles, revues sur le texte original, par

Le Roux de Lincy. — *P.*, 1855, 2 vol. 8°. [8° O. 1143-44

Cent(Les)nouvelles nouvelles publiées d'après le seul manuscrit connu, avec introduction et notes, par M. Thomas Wright. — *P.*, 1858, 2 vol. in-16.
[8° O. 1145-46
(Bibliothèque Elzévirienne.)

Cère (Paul). — Code de la Mairie. Nouveau manuel du Maire, de l'Adjoint et du Conseiller municipal. — *P.*, 1852, in-12. [8° E. 811

Ceresole (Victor). — J.-J. Rousseau à Venise, 1743-1744. Notes et documents publiés par Théodore de Saussure. — *Genève*, 1885, 8°.
[8° U. 2147. A

Cervantes Saavedra (Michel de). — El Ingenioso hidalgo Don Quijote de la Mancha. — *P.*, 1864, 8°.
[8° O. 1147

Cervantes Saavedra (Michel de). — L'ingénieux hidalgo Don Quichotte de la Manche, trad. par Louis Viardot. — *P.*, 1838, 4 vol. in-12.
[8° O. 1148-51

Cervantes Saavedra (Michel de). — Histoire de l'admirable Don Quichotte de la Manche, illustrée par Bertall et Forest. — *P.*, 1863, in-12.
[8° O. 1152

Cervantes (Michel de). — Nouvelles. Trad. nouv. 2e éd. — *Amsterdam*, 1709, 2 vol. in-18. [8° O. 1153-54

César (Jules). — Commentaires. Trad. par M. Artaud. — *P.*, 1832, 3 vol. 8°. [8° O. 1155-57

(Collection Panckoucke.)

César (Jules). — Commentaires, avec les réflexions de Napoléon 1er. Trad. Artaud, revue par F. Lemaistre. — *P.*, (s. d.), in-18.
[8° O. 1158

Césena (Amédée de). — Nouveau guide général du voyageur en France, avec une grande carte des chemins de fer et des cartes spéciales pour les diverses sections. — *P.*, 1863, in-18.

[8° U. 2148

Cessart (De). — Description des travaux hydrauliques. — *P.*, 1806, 2 vol. 4°.

[4° I. 529-30

Chabaud-Arnault (C.). — Les torpilles à bord des navires et des embarcations de combat. — *P.*, 1884, 8°.

[8° I. 2385

Chabert (F.-M.). — Histoire de Metz de 1870-1871. 4ᵉ éd. — *Nancy*, 1878, 8°.

[8° U. 2149

Chabot, de l'Allier. — Commentaire sur la loi des successions. Nouv. éd. — *P.*, (1840), 8°.

[8° E. 812

Chabot (Jacques de). — Aide-mémoire de l'officier de cavalerie en campagne. — *P.*, 1883, in-32.

[8° I. 2386

Chabrol (Wilbrod). — Histoire et description du Palais-Royal et du Théâtre-Français. — *P.*, (s. d.), 4°.

[4° U. 448

Chabrol-Chaméane (E. de). — Dictionnaire de législation usuelle. — *P.*, 1835, 2 t. en 1 vol. 4°.

[4° E. 82

Chaignet (A.-Éd.). — La psychologie de Platon. — *P.*, 1862, 8°.

[8° I. 2387

Chaillé-Long (C.). — L'Afrique centrale. Expédition au lac Victoria-Nyanza et au Makraka Niam-Niam, à l'ouest du Nil Blanc. Trad. de l'anglais par Mme Foussé de Sacy. 1 carte et grav. 2ᵉ éd. — *P.*, 1882, in-18.

[8° U. 2150

Chailley (Joseph). — L'impôt sur le revenu ; législation comparée et économie politique. — *P.*, 1884, 8°.

[8° I. 2388

Chailly (Honoré). — Traité pratique de l'art des accouchements. 2ᵉ éd. — *P.*, 1845, 8°.

[8° I. 2389

Chalain (Louis). — De l'influence des monopoles en France sur l'intérêt des capitaux et le taux des salaires. — *P.*, 1885, in-18.

[8° I. 2390

Chalcondyle. — Histoire de la décadence de l'Empire grec et établissement de celui des Turcs. Traduction de B. de Vignere. — *P.*, 1650, 2 vol. f°.

[Fol. U. 63-64

Challamel (Augustin). — Histoire-musée de la République française. — *P.*, 1842, 4°.

[4° U. 449

Challamel (Augustin). — Récits d'autrefois. Les Grandes Compagnies. Les étudiants au moyen âge. — *P.*, 1884, 8°.

[8° O. 1159

Chalmers (George). — The life of Mary, queen of Scots, drawn from the State papers. 2ᵉ éd. — *London*, 1822, 3 vol. 8°.

[8° U. 2151-53

Chambrun (Comte Aldebert-Dominique-Joseph de Pineton de). — Fragments politiques. 2ᵉ éd. — *P.*, 1872, 8°.

[8° U. 2154

Chamfort. — Œuvres complètes. 3ᵉ éd. — *P.*, 1812, 2 vol. 8°.

[8° O. 1160-61

Chamillart (Michel), contrôleur général des finances et secrétaire d'État de la guerre (1699-1709). — Correspondance et papiers inédits, recueillis et publiés par l'abbé G. Esnault. — *P.*, 1885, 2 vol. 8°.

[8° U. 2154. A

Champagnac (J.-B.-J.). — Le gymnase moral des jeunes personnes. — *P.*, 1847, in-12

[8° U. 2155

Champagnac (J.-B.-J.). — Travail et industrie. — *P.*, (s. d.), in-12.
[8° U. 2156

Champagny (F. de). — Le P. Lacordaire. — *P.*, 1870, 8°.
[8° U. 2157

Champeaux (Alfred de). — Le meuble. — *P.*, 1885, 2 vol. 8°.
[8° I. 2390. A

Champeaux (A. de), Adam (F.-E.).—Paris pittoresque. Grav. dans le texte et 10 eaux-fortes originales par Lucien Gauthier. — *P.*, 1883, f°.
[Fol. U. 64. A

Championniére (Paul - Lucas), Rigaut, Pont (P.). — Traité des droits d'enregistrement, de timbre et d'hypothèques. 2ᵉ éd. — *P.*, 1839-1851, 6 vol. 8°. [8° E. 813-18

Champlain (De). — Voyages et découvertes faites en la Nouvelle-France, depuis l'année 1615 jusqu'à la fin de 1618. 2ᵉ éd. — *P.*, 1627, in-12.
[8° U. 2158

Champollion (A.). — Paléographie des classiques latins. — *P.*, 1839, f°.
[Fol. O. 11

Champollion jeune. — Lettres écrites d'Égypte et de Nubie en 1828 et 1829. Nouv. éd. — *P.*, 1868, 8°.
[8° U. 2159

Champoudry (A.).— Formulaire de questions à l'usage des tribunaux des armées de terre et de mer. — *P.*, 1879, 8°. [8° E. 819

Chancy (Emmanuel). — L'indépendance nationale d'Haïti. Étude historique. — *P.*, 1884, in-18.
[8° U. 2160
(Bibliothèque Haïtienne.)

Chandler (Richard). — Voyages dans l'Asie-Mineure et en Grèce, traduits par J.-P. Servois. — *P.*, 1806, 3 vol. 8°. [8° U. 2161-63

Changements orthographiques introduits dans le Dictionnaire de l'Académie (éd. de 1877). Publié par la Société des correcteurs des imprimeries de Paris. 5ᵉ éd. — *P.*, 1880, in-12.
[8° O. 1162

Channing (W.-E.). — Œuvres sociales. Traduction française, précédée d'un essai sur sa vie et sa doctrine, par M. Édouard Laboulaye. — *P.*, 1882, in-18. [8° I. 2391

Channing (W.-E.), Emerson (R.-W.). — Vie et caractère de Napoléon Bonaparte. Traduit de l'anglais par François Van Meenen. — *Bruxelles*, 1857, in-18. [8° U. 2164

Chanson (La) de la croisade contre les Albigeois. — Éditée et traduite pour la Société de l'histoire de France, par Paul Meyer. — *P.*, 1875, 8°.
[8° O. 1163

Chansons nationales et populaires de la France, pub. par Du Mersan. — *P.*, 1847, in-32. [8° O. 1164

Chansons patriotiques. — *P.*, (s. d.), in-12. [8° O. 1165

Chantagrel (Jean). — Droit administratif, théorique et pratique. — *P.*, 1856, 8°. [8° E. 820

Chantagrel (Jean). — Manuel de droit criminel. 2ᵉ éd. — *P.*, 1866, in-12. [8° E. 821

Chantreau (Pedro-Nicolas). — Arte de hablar bien frances, ó grammatica completa. Nueva ed., revista por G. Hamonière. — *P.*, 1849, 8°.
[8° O. 1166

Chanzy (Antoine). — Campagne de 1870-1871. La deuxième armée de la Loire. 4ᵉéd.—*P.*, 1872, 8°.
[8° U. 2165

Chapelle, Bachaumont. — Œuvres. Nouv. éd., par M. Tenant de Latour. — *P.*, 1854, in-16.
[8° O. 1167
(Bibliothèque Elzévirienne.)

Chapsal. — Modèles de littérature française. 2ᵉ éd. — *P.*, 1848, 2 vol. in-12. [8° O. 1168-69

Chaptal (J.-A.). — L'art de faire le vin. — *P.*, 1807, 8°. [8° I. 2392

Chaptal (O.). — Le parfait fermier, — *P.*, 1845, in-12. [8° I. 2393

Chapuis (A.). — Précis de toxicologie, avec 43 figures dans le texte.— *P.*, 1882, in-18. [8° I. 2394

Charbonnier. — L'art d'améliorer les mauvaises terres. — *Châlons*, 1815, 8°. [8° I. 2395

Charbonnières (A. de). — Éléments de l'histoire de la littérature française jusqu'au milieu du 17ᵉ siècle. — *P.*, 1818, 8°. [8° O. 1170

Charcot (J.-M.). — Leçons cliniques sur les maladies des vieillards et les maladies chroniques, recueillies et publiées par B. Ball. 2ᵉ éd. avec figures dans le texte et 3 planches en chromolith. — *P.*, 1874, 8°. [8° I. 2396

Charcot (J.-M.). — Leçons sur les maladies du foie, des voies biliaires et des reins, faites à la Faculté de médecine de Paris, recueillies et publiées par Bourneville, Sevestre et Brissaud. 2ᵉ éd. — *P.*, 1882, 8°. [8° I. 2397

Charcot (J.-M.). — Leçons sur les maladies du système nerveux, faites à la Salpêtrière, recueillies et publiées par Bourneville. Tome I, 4ᵉ éd. Tome II, 3ᵉ éd. — *P.*, 1880, 2 vol. 8°. [8° I. 2398-99

Chardin. — Voyages en Perse. — *Rouen*, 1723, 10 vol. in-12. [8° U. 2166-75

Chardon (Claude-Benoît). — Pathologie de l'estomac. — *P.*, 1832-1833, 2 vol. 8°. [8° I. 2400-401

Chareyre (Aug.). — Traité de la législation relative aux cadavres. — *P.*, 1884, 8°. [8° E. 822

Charlemaine (L.). — Traité théorique et pratique du jaugeage des navires à voiles et à vapeur. — *P.*, 1884, in-18. [8° I. 2402

Charles. — Législation des établissements publics d'instruction secondaire, présentée dans un ordre méthodique. Manuel pratique des fonctionnaires et des professeurs. — *P.*, 1872, in-12. [8° E. 823

Charles (A.). — Traité de perspective linéaire, comprenant les ombres et les réflexions. — *Limoges*, 1883, 2 vol. 8° dont 1 atlas. [8° I. 2403-4

Charlon (Hippolyte). — Théorie élémentaire des opérations financières. 2ᵉ éd. — *P.*, 1880, 8°. [8° I. 2405

Charlon (Hippolyte). — Théorie mathématique des opérations financières. 2ᵉ éd. — *P.*, 1878, 8°. [8° I. 2406

Charmes (Gabriel). — L'avenir de la Turquie. Le Panislamisme. — *P.*, 1883, in-18. [8° U. 2176

Charmes (Gabriel). — La réforme de la marine. — *P.*, 1886, 8°. [8° I. 2406. A

Charmes (Gabriel). — Politique extérieure et coloniale. — *P.*, 1885, in-18. [8° U. 2176.A

Charmes (Gabriel). — Les stations d'hiver de la Méditerranée. — *P.*, 1885, in-18. [8° U. 2177

Charmes (Gabriel). — Les torpilleurs autonomes et l'avenir de la marine. — *P.*, 1885, in-16. [8° I. 2407

Charmes (Gabriel). — Voyage en Palestine. — *P.*, 1884, in-18. [8° U. 2178

Charnay (Désiré).—Les anciennes villes du Nouveau-Monde. Voyages d'explorations au Mexique et dans l'Amérique centrale, 1857-1882. 214 grav. et 19 cartes. — P., 1885, f°.
[Fol. U. 65

Charnock (John). — Bibliographia navalis or impartial memoirs of the lives and caracters of officers of Great Britain. — London, 1794-1798, 6 vol. 8°. [8° U. 2179-84

Charras. — Histoire de la guerre de 1813 en Allemagne. — Leipzig, 1866, 8°. [8° U. 2185

Charron. — De la Sagesse. — P., 1783, 8°. [8° I. 2408

Chartier (Jean). — Chronique de Charles VII, roi de France. Nouv. éd., revue par Vallet de Viriville. —P., 1858, 3 vol. in-16. [8° U. 2186-88
(Bibliothèque Elzévirienne.)

Charton (Édouard).—Dictionnaire des professions ou Guide pour le choix d'un état, publié sous la direction de M. Éd. Charton. 3e éd., avec le concours de MM. Paul Laffitte et Jules Charton. — P., 1880, 4° [4° I. 531

Charton (Édouard). — Guide pour le choix d'un état. — P., 1842, 8°.
[8° I. 2409

Charvériat (E.). — Histoire de la guerre de Trente ans (1618-1648). — P., 1878, 2 vol. 8°.
[8° U. 2189-90

Chasles (Philarète). — Italie et Espagne. Voyages d'un critique à travers la vie et les livres. 2e éd. — P., 1869, in-18. [8° O. 1171

Chasles (Philarète). — Orient. Voyages d'un critique à travers la vie et les livres. 2e éd. — P., 1865, in-18.
[8° O. 1172

Chassan (Joseph-Pierre).— Traité des délits et contraventions de la parole,

de l'écriture et de la presse. — P., 1837-1839, 3 vol. 8°. [8° E. 824-26

Chassang (A.). — Nouvelle grammaire grecque.. Cours supérieur. 10e éd. — P., 1885, 8°.
[8° O. 1172. A

Chassériau. — Précis historique de la marine française. — P., 1845, 2 vol. 8°. [8° U. 2191-92

Chassin (Charles-Louis). — La Hongrie, son génie et sa mission. — P., 1856, 8°. [8° U. 2193

Chassinat (J.-A.). — École d'application de l'artillerie et du génie. Cours de constructions. Première partie. Notions pratiques sur les éléments, la forme, les dimensions et la construction des maçonneries. —Fontainebleau, 1874, gr. 8°. [4° I. 532

Châteauvillard (Comte de). — Essai sur le duel. — P., 1836, 8°.
[8° I. 2410

Château (Théodore). — Guide pratique de la connaissance et de l'exploitation des corps gras industriels. —P., (s. d.), in-18. [8° I. 2411

Château (Théodore). — Technologie du bâtiment. 2e éd. — P., 1880-82, 2 vol. 8°. [8° I. 2412-13

Château-Gontier et ses environs. 30 eaux-fortes par Tancrède Abraham. Texte par MM... — Château-Gontier, 1870, f°. [Fol. U. 66

Château (Le) de Marly-le-Roi. Plan d'ensemble et vue générale d'après Piganiol de La Force, l'abbé de Choisy, Eudore Soulié, Fortoul et Victorien Sardou. 2 pl. grav.—P., (s. d.), in-12.
[8° U. 2194

· Châteaubriand (Fr.-Aug. de).— Génie du Christianisme. 6e éd. — P., 1816, 5 vol. 8°. [8° A. 475-79

Châteaubriand (De). — Itinéraire de Paris à Jérusalem.—*P.*, 1849, 2 vol. 8°. [8° U. 2195-96

Châteaubriand(De).—Mémoires d'outre-tombe. — *P.*, 1849-1850, 12 vol. 8°. [8° U. 2197-2208

Châteaubriand (De). — Œuvres complètes. — *P.*, 1837-1839, 23 vol. 8°. [8° O. 1173-95

Châteaubriand (De).—Voyages en Amérique, en France et en Italie. — *P.*, 1834, 2 vol. in-18. [8° U. 2209-10

Chatignier (Louis). — Commentaire des clauses et conditions générales imposées aux entrepreneurs des travaux des Ponts et Chaussées. 5° éd. — *P.*, 1867, in-18. [8° E. 827
6° éd., 1869. — *P.*, in-12. [8° E. 828

Chaubard. — Éléments de géologie. —*P.*, 1832, 8°. [8° I. 2414

Chaucer (Geoffrey). — Contes de Cantorbéry, traduits en vers français par le chevalier de Chatelain, traducteur des Fables de Gay. — *Londres*, 1857-1861, 3 vol. in-12. [8° O. 1196-98

Chaudon. — Anti-Dictionnaire philosophique, pour servir de commentaire et de correctif au *Dictionnaire philosophique*. 4° éd. — *Avignon*, 1775, 2 vol. 8°. [8° A. 480-81

Chaudon, Delandine. — Nouveau dictionnaire historique. — *Lyon*, 1804, 12 vol. 8°. [8° U. 2211-21

Chaufepié (Georges de). — Nouveau dictionnaire historique et critique, pour servir de supplément au Dictionnaire de Pierre Bayle. — *Amsterdam*, 1750-1756, 4 vol. f°. [Fol. U. 67-70

Chaussier. — Le Plain-Chant enseigné d'après la méthode du méloplaste. 2° éd. — *Lyon*, 1840, in-12. [8° I. 2415

Chauveau (A.). — Traité d'anatomie comparée des animaux domestiques. 2° éd. — *P.*, 1871, 8°. [8° I. 2416

Chauveau (Adolphe). — Code d'instruction administrative ou lois de la procédure administrative. 3° éd. — *P.*, 1867, 2 vol. 8°. [8° E. 829-30

Chauveau (Adolphe). — Code de la saisie immobilière. — *P.*, 1842, 8°. [8° E. 831

Chauveau (Adolphe). — Code pénal progressif. — *P.*, 1832, 8°. [8° E. 832

Chauveau (Adolphe), **Hélie** (Faustin). — Théorie du code pénal. 3° éd. —*P.*, 1852, 6 vol. 8°. [8° E. 833-38

Chauveau (Adolphe). — Formulaire général et complet, ou traité pratique de procédure civile et commerciale, annoté et revu par Glandaz. — *P.*, 1852-53, 2 vol. 8°. [8° E. 839-40
2° éd., 1858. — *P.*, 2 vol. 8°. [8° E. 841-42
6° éd., 1877. — *P.*, 2 vol. 8°. [8° E. 843-44

Chauveau (Adolphe). — De la procédure de l'ordre. Commentaire de la loi du 21 mai 1858.—*P.*, 1859, 8°. [8° E. 845

Chauveau (Louis). — Traité des impôts et des réformes à introduire dans leur assiette et leur mode de perception. — *P.*, 1883, 8°. [8° I. 2417

Chauvierre (Patrice). — Dictionnaire pratique de l'antiquité, précédé d'une Introduction à l'étude des ouvrages anciens. — *P.*, 1875, in-18. [8° U. 2222

Chavannes de La Giraudière (H. de), **Huillard-Bréholles.** — L'Irlande, son origine, son histoire. — *Tours*, 1860, 8°. [8° U. 2223

Chavée-Leroy. — La Crise agricole et la Franc-maçonnerie. — *P.*, (s. d.), in-16. [8° I. 2418

Chavée-Leroy. — Résumé de la question phylloxérique de 1865 à 1884. La formation des végétaux et l'analyse de leurs cendres. 2ᵉ éd. — *P.*, (s. d.), in-16. [8° I. 2418. A

Chavin (François-Émile). — Histoire de saint François d'Assises (1182-1226). — *P.*, 1841, 8°. [8° U. 2224

Chazelles (Cᵗᵉ de). — Étude sur le système colonial. — *P.*, 1860, 8°. [8° U. 2225

Chefs-d'œuvre de l'éloquence française, ou choix de discours. — *Besançon*, 1827, 2 vol. in-12. [8° O. 1199-1200

Chefs-d'œuvre des théâtres étrangers. — *P.*, 1822-23, 25 vol. 8°. [8° O. 1200. A

Chemin-Dupontès. — Manuel des Théophilanthropes. — *P.*, 1798, in-12. [8° A. 482

Chemins de fer. Documents relatifs à la construction et à l'exploitation. — *P.*, 1872, 4°. [4° I. 533

Chemins de fer de l'Europe. Résultats généraux de l'exploitation. Années 1864, 1865 et 1866. — *P.*, 1871, fº. [Fol. I. 40

Chemnitius (Martin). — Harmonia quatuor Evangelistarum, quam P. Lyserus et J. Gerhardus, is quidem continuavit, hic perfecit. — *Hamburgi*, 1704, 3 vol. fº. [Fol. A. 44-46

Chêne-Varin (A. de). — Code des vices rédhibitoires chez les animaux domestiques. — *P.*, 1886, in-18. [8° E. 845. A

Chenevier (P.). — Memento graphique du constructeur. — *P.*, (s. d.), 8º. [8° I. 2419

Chénier (André). — Poésies. Notice par H. de Latouche. Nouv. éd. — *P.*, 1847, in-18. [8° O. 1201

Chénier (Louis-Joseph-Gabriel de). — Guide des tribunaux militaires. — *P.*, 1838, 2 vol. 8°. [8° E. 846-47

Chénier (Louis-Sauveur de). — Recherches historiques sur les Maures et histoire de l'Empire de Maroc. — *P.*, 1787, 3 vol. 8°. [8° U. 2226-28

Chénier (M.-J. de). — Œuvres, revues par D.-Ch. Robert. — *P.*, 1826, 3 vol. 8°. [8° O. 1202-4

Chénier (M.-Jos. de). — Tableau historique de l'état et des progrès de la littérature française, depuis 1789. Nouv. éd. — *P.*, 1835, 8°. [8° O. 1205

Chenil illustré (Le). Types des races canines, avec notices extraites des meilleurs ouvrages cynégétiques, publiées par L. Crémière. 2ᵉ éd. — *P.*, (s. d.), gr. 8°. [4° I. 533. A

Chenu (Jean-Charles). — Encyclopédie d'histoire naturelle. — *P.*, (s.d.), 16 vol. 4°. [4° I. 534-549

Cherbonneau (A.). — Dictionnaire arabe-français (langue écrite). — *P.*, 1876, 2 vol. in-12. [8° O. 1206-7

Cherbonneau (Aug.). — Dictionnaire français-arabe, pour la conversation en Algérie. — *P.*, 1884, in-16. [8° O. 1208

Cherbonneau (Auguste). — Légende territoriale de l'Algérie, en arabe, en berbère et en français. — *P.*, 1884, 8°. [8° U. 2229

Cherbuliez (Victor). — L'Allemagne politique, depuis la paix de Prague (1866-1870). — *P.*, 1870, 8°. [8° U. 2230

Cherbuliez (Victor). — L'Espagne politique (1868-1873). — *P.*, 1874, in-18. 　　　　　[8° U. 2231

Cherbuliez (Victor). — Études de littérature et d'art. — *P.*, 1873, in-18. 　　　　　[8° O. 1209

Cherbuliez (Victor). — Le prince Vitale. Essai et récit à propos de la folie du Tasse. — *P.*, 1864, in-18. 　　　　　[8° O. 1210

Chérest (Aimé). — La chute de l'ancien régime (1787-1789). — *P.*, 1884, 2 vol. 8°. 　[8° U. 2232-33

Cherrier (C. de). — Histoire de la lutte des papes et des empereurs de la maison de Souabe. — *P.*, 1841-1851, 4 vol. 8°. 　[8° U. 2234-37

Chéruel (A.). — De l'administration de Louis XIV (1661-1672), d'après les mémoires d'Olivier d'Ormesson. — *Rouen*, 1849, 8°. 　　[8° U. 2238

Chéruel (A.). — Dictionnaire historique des institutions, mœurs et coutumes de la France. — *P.*, 1855, 2 vol. in-12. 　　　　　[8° U. 2239-40

Chéruel (A.). — Histoire de France pendant la minorité de Louis XIV. — *P.*, 1879-1880, 4 vol. 8°. 　　　　　[8° U. 2241-44

Chéruel (A.). — Histoire de France sous le ministère de Mazarin (1651-1661). — *P.*, 1882, 3 vol. 8°. 　　　　　[8° U. 2245-47

Chéruel (A.). — Marie-Stuart et Catherine de Médicis. — *P.*, 1858, 8°. 　　　　　[8° U. 2248

Chéruel (A.). — Mémoires sur la vie publique et privée de Fouquet, surintendant des finances, d'après ses lettres et des pièces inédites conservées à la Bibliothèque impériale. — *P.*, 1862, 2 vol. in-12. 　　[8° U. 2249-50

Cherville (Mis G. de). — Les bêtes en robe de chambre. — *P.*, 1883, in-18. 　　　　　[8° I. 2420

Cherville. (Mis G. de). — Contes d'un coureur des bois. — *P.*, (s. d.), in-18. 　　　　[8° O. 1210. A

Cherville (Mis G. de). — L'histoire naturelle en action. 2e éd. — *P.*, 1879, in-18. 　　　[8° I. 2421

Cherville (Mis G. de). — La maison de chasse. Montcharmont le braconnier. L'héritage de Diomède. Éd. nouv. — *P.*, 1885, in-18. 　　[8° O. 1211

Cherville (Mis G. de). — La vie à la campagne. — *P.*, 1879, in-12. 　　　　　[8° I. 2422

Cherville (Mis G. de). — La vie à la campagne. 3e série. Fleurs, fruits et légumes. Suivi de : Calendrier du jardin. — *P.*, (s. d.), in-18. 　[8° I. 2423

Cherville (Mis G. de). — La vie à la campagne. Lettres de mon jardin. — *P.*, (s. d.), in-18. 　　[8° I. 2424

Chervin. — Prononciation française. Méthode-Chervin. Exercices de lecture à haute voix et de récitation. Divisions élémentaires. — *P.*, (s. d.), 8°. 　　　　　[8° O. 1212

Chesneau (Ernest). — Artistes anglais contemporains. — *P.*, 1883, f°. 　　　　　[Fol. I. 40. A

Chesneau (E.). — La peinture anglaise. — *P.*, (s. d.), 8°. 　[8° I. 2425

Chesneau (Ernest). — La peinture française au XIXe siècle. Les chefs d'école. 3e éd. — *P.*, 1883, in-18. 　　　　　[8° I. 2426

Chesnel (Adolphe de). — Dictionnaire de géologie et Dictionnaire de chronologie universelle, par M. Champagnac. — *Montrouge*, 1849, 4°. 　　　　　[4° I. 550
(Encyclopédie théologique Migne.)

Chevalier (Arthur). — L'Étudiant micrographe. — *P.*, 1864, in-12.
[8° I. 2427

Chevalier (E.). — Croquis des opérations militaires de la France, de 1789 à nos jours. 30 cartes, dessinées par M. A. Nicoulaux. — *P.*, 1883, f°.
[Fol. U. 71

Chevalier (J.-P.). — L'immense trésor des sciences et des arts. 10e éd. — *Saintes*, 1861, 8°.
[8° I. 2428

Chevalier (Michel). — Cours d'économie politique fait au Collège de France rédigé par A. Broët. — *P.*, 1842-1850, 3 vol. 8°.
[8° I. 2429-31

Chevalier (Michel). — Des intérêts matériels en France. Travaux publics, Routes, Canaux, Chemins de fer. — *P.*, 1838, 8°.
[8° I. 2432

Chevallier (A.-F), **Müntz.** (Ad.). — Problèmes de physique avec leurs solutions développées, à l'usage des candidats au baccalauréat ès sciences et aux écoles du Gouvernement. 2e éd., revue et augmentée par Ch. de Villedeuil. — *P.*, 1885, 8°. [8° I. 2433

Chevallier (Alphonse). — Dictionnaire des altérations et falsifications des substances alimentaires, médicamenteuses et commerciales. 2e éd. — *P.*, 1854-1855, 2 vol. 8°. [8° I. 2434-5
3e éd., 1857. — *P.*, 2 vol. 8°.
[8° I. 2436-7

Chevallier (Alphonse), **Grimaud** (Émile). — Les secrets de l'industrie et de l'économie domestique. Nouv. éd. — *Poitiers*, 1860, 8°.
[8° I. 2438

Chevallier (F.-F.). — Flore générale des environs de Paris. — *P.*, 1826-1827, 3 vol. 8°. [8° I. 2439-41

Chevallier (Henry). — Atlas de géographie historique. — *P.*, 1865, f°.
[Fol. U. 72

Chevallier (J.-Gabr.-Aug.). — De l'usage des lunettes. — *P.*, 1814, 8°.
[8° I. 2441. A

Chevassu (Joseph). — Méditations ecclésiastiques. — *Lyon*, 1824, 6 vol. in-12.
[8° A. 483-88

Chevillard (A.). — Études expérimentales sur certains phénomènes nerveux et solution rationnelle du problème spirite. 3e éd., précédée d'un aperçu sur le magnétisme animal. — *P.*, 1875, 8°.
[8° I. 2442

Chevillard (A.). — Leçons nouvelles de perspective. 2e éd. — *P.*, 1878, 8° avec atlas 8° oblong.
[8° I. 2443-44

Chevreau (Urbain). — Chevræana. — *P.*, 1697-1700, 2 vol. 8°.
[8° O. 1213-14

Chevreau (Urbain). — Œuvres mêlées. — *La Haye*, 1697, 8°.
[8° O. 1215

Chevreul (Eugène). — De la baguette divinatoire, du pendule explorateur et des tables tournantes, au point de vue de l'histoire, de la critique et de la méthode expérimentale. — *P.*, 1854, 8°.
[8° I. 2445

Chevreul (Eugène). — De la loi du contraste simultané des couleurs et de l'assortiment des objets colorés. — *P.*, 1869, 8° et atlas 4°. [8° I. 2446
[4° I. 551

Chevreul (Eugène). — Recherches chimiques sur les corps gras d'origine animale. — *P.*, 1823, 8°.
[8° I. 2447

Chevrey-Rameau (P.). — Répertoire diplomatique et consulaire. — *P.*, 1883, 8°.
[8° E. 848

Chevrier (Edmond). — Le général Joubert, d'après sa correspondance. Étude historique. 2e éd. — *P.*, 1884, 8°.
[8° U. 2250. A

Chevrières (De). — Abrégé chronologique de l'histoire d'Angleterre. — *Amsterdam*, 1730, 7 vol. in-12.
[8° U. 2251-57

Chez Victor Hugo, par Un passant. 12 eaux-fortes par Maxime Lalanne. — *P.*, 1864, 8°.   [8° U. 2257. A

Chicoisneau. — Nouveau dictionnaire des lois. — *P.*, 1846, 8°.
        [8° E. 849

Chi-King ou le Livre des vers. Trad. par G. Pauthier.— *P.*, 1872, 4°.
        [4° O. 228
(Bibliothèque orientale. Chéfs-d'œuvre littéraires de l'Inde et de la Chine. T. II.).

Childe (Mme Lee). — Un hiver au Caire, journal de voyage en Égypte.— *P.*, 1883, in-18.   [8° U. 2258

Chirac. — Lettres d'un Marseillais sur l'Exposition universelle de 1867, à Paris.— *P.*, 1868, in-16. [8° I. 2448

Chocarne. — Le R. P. H.-D. Lacordaire. Sa vie intime. 2e éd. — *P.*, 1866, 2 vol. 8°.   [8° U. 2259-60

Chodzko (A.). — Grammaire de la langue persane. 2e éd., augmentée de textes persans inédits et d'un glossaire. — *P.*, 1883, in-16.   [8° O. 1216

Chodzko (Léonard). — La Pologne illustrée. 3e éd. — *P.*, 1843, 4°.
        [4° U. 450

Choiecki (Charles-Edmond). — Voyage dans les mers du Nord à bord de la corvette la *Reine-Hortense*. — *P.*, 1857, 4°.   [4° U. 451

Choiseul (Comtesse de). — Jeanne-d'Arc. Poème. 2e éd. — *P.*, 1829, 8°.   [8° O. 1217

Choisy (Abbé de). — Recueil d'histoires sacrées et profanes. — *P.*, 1729, in-12.   [8° U. 2261

Choisy (Auguste). — Le Sahara. Souvenirs d'une mission à Goléah. — *P.*, 1881, in-18.   [8° U. 2262

Choix de petites pièces du théâtre anglais, traduites des originaux. — *Londres*, 1756, 2 vol. in-12.
        [8° O. 1217. A

Choix de pièces inédites relatives au règne de Charles VI, publiées par L. Douët-d'Arcq. — *P.*, 1863-1864, 2 vol. 8°.
        [8° U. 2263-64
(Société de l'Histoire de France.)

Choix de rapports, opinions et discours prononcés à la tribune nationale depuis 1789 jusqu'à ce jour (1819), recueillis dans un ordre chronologique et historique (par Guillaume Lallement, de Metz). — *P.*, 1815-1825, 23 vol. 8°.   [8° U. 2265-87

Chomel (Auguste-François).— Éléments de pathologie générale. 4e éd. — *P.*, 1866, 8°.   [8° I. 2449

Chompré (Pierre). — Dictionnaire abrégé de la Fable. Nouv. éd. — *Lyon*, 1782, in-12.   [8° O. 1218

Choppin (Noël-Charles). — De la taille du poirier et du pommier en fuseau. 2e éd. — *Bar-le-Duc*, 1846, 8°.
        [8° I. 2450

Choron (L.). — Étude sur le régime général des chemins de fer. — *P.*, 1881, 8°.   [8° I. 2451

Chouquet (Gustave). — Le Musée du Conservatoire national de musique. Catalogue descriptif et raisonné. Nouv. éd., avec fig. — *P.*, 1884, 8°.
        [8° I. 2452

Chronique des quatre premiers Valois (1327-1393), publiée par M. Siméon Luce. — *P.*, 1862, 8°.
        [8° U. 2288
(Société de l'Histoire de France.)

Chronique du bon duc Loys de

Bourbon, pub. par A.-M. Chazaud (1337-1410). — *P.*, 1876, 8°. [8° U. 2289 (Société de l'Histoire de France.)

Chronique du Mont Saint-Michel (1343-1468), publiée avec notes et pièces diverses relatives au Mont Saint-Michel et à la défense nationale, en Basse-Normandie, pendant l'occupation anglaise, par Siméon Luce. — *P.*, 1879-1883, 2 vol. 8°. [8° U. 2289. A

Chroniques de S. Martial de Limoges, publiées par H. Duplès-Agier. — *P.*, 1874, 8°. [8° U. 2290 (Société de l'Histoire de France.)

Chroniques des églises d'Anjou, recueillies et publiées par MM. Paul Marchegay et Émile Mabille. — *P.*, 1869, 8°. [8° U. 2291 (Société de l'Histoire de France.)

Chuquet (Arthur). — Le général Chanzy (1823-1883). 4° éd. — *P.*, (s. d.), in-16. [8° U. 2291. A

Cicéron (M.-T.). — Œuvres, traduites en français avec le texte en regard. Édition publiée par Joseph-Victor Le Clerc. — *P.*, 1821-1825, 30 vol. 8°. [8° O. 1219-48

1835-37. Édition Panckoucke. — *P.*, 36 vol. 8°. [8° O. 1249-84

Cieszkowski (Auguste). — Du crédit et de la circulation. — *P.*, 1839, 8°. [8° I. 2453

Cinquième centenaire de la mort de Pétrarque, célébré à Vaucluse et à Avignon, les 18, 19 et 20 juillet 1874. — *Avignon*, 1874, 8°. [8° O. 1285

Circulaires et instructions officielles relatives à l'instruction publique. T. VII. 25 Janvier 1870-28 Février 1878. — *P.*, 1878, 8°. [8° E. 850

Cirodde (P.-L.). — Leçons d'algèbre. 3° éd. — *P.*, 1860, 8°. [8° I. 2454

Cirodde (P.-L.). — Leçons d'arithmétique. 7° éd. — *P.*, 1847, 8°. [8° I. 2455

Cirodde (P.-L.). — Leçons d'arithmétique. 15° éd. — *P.*, 1861, 8°. [8° I. 2456

Cirodde (P.-L.). — Leçons de géométrie descriptive. 3° éd. 14 planches. — *P.*, 1858, 8°. [8° I. 2457

Civiale (Jean). — Traité pratique sur les maladies des organes génito-urinaires. 2° éd. — *P.*, 1842-1851, 3 vol. 8°. [8° I. 2458-60

Civil Engineer (The). January-May 1868. — *London*, 4°. [4° I. 552

Clamageran (J.-J.). — L'Algérie. Impressions de voyage (17 mars—4 juin 1873); suivies d'une étude sur les institutions kabyles et la colonisation.—*P.*, 1874, in-18. [8° U. 2292

Clamageran (J.-J.). — Histoire de l'impôt en France. — *P.*, 1867-1876, 3 vol. 8°. [8° U. 2293-95

Clarac (Cte Frédéric de). — Musée de sculpture antique et moderne, ou Description du Louvre et de toutes ses parties, accompagnée d'une iconographie égyptienne, grecque et romaine, et terminée par l'iconographie française. — *P.*, 1841-1853, 6 tomes en 5 vol. 8°, avec un atlas en 6 vol. 8° oblong. [8° I. 2461-71

Clarendon (Edward, Cte de). — Histoire de la rébellion et des guerres civiles d'Angleterre, depuis 1641 jusqu'au rétablissement du roi Charles II. — *La Haye*, 1704-1709, 6 vol. in-12. [8° U. 2296-2301

Clarendon (E., Earl of). — The history of the rebellion and civil wars in England begun in year 1641.—*Oxford*, 1707, 3 vol. 8°. [8° U. 2302-4

Claretie (Jules).— Cinq ans après. L'Alsace et la Lorraine depuis l'annexion.— *P.*, (s.d.), 8°. [8° **U. 2305**

Claretie (Jules). — Histoire de la Révolution de 1870-1871.— *P.*, (s.d.), 2 vol: 4°. [4° **U. 452-453**

Claudel (J.).—Formules, tables et renseignements pratiques. 3° éd. — *P.*, 1854, 8°. [8° **I. 2472**

5° éd., 1860.—*P.*, 8°. [8° **I. 2473**

Claudel (J.). — Introduction à la science de l'ingénieur. Aide-mémoire des ingénieurs, des architectes. 3° éd. — *P.*, 1863, 8°. [8° **I. 2474**

Claudel (J.), Laroque (L.). — Pratique de l'art de construire. Maçonnerie. — *P.*, 1850, 8°. [8° **I. 2475**

Claudien. — Œuvres complètes. Trad. par Héguin de Guerle et Alph. Trognon.— *P.*, 1830-1833, 2 vol. 8°. [8° **O. 1286-87**

(Collection Panckoucke.)

Claudin (Gustave). — Mes Souvenirs. Les Boulevards (1840-1870). 3° éd. — *P.*, 1884, in-18. [8° **U. 2306**

Clausewitz (Ch. de). — Théorie de la grande guerre. Trad. par de Vatry. — *P.*, 1886, 2 vol. 8°. [8° **I. 2475. A**

Clavel (J.-B.-T.). — Histoire pittoresque de la franc-maçonnerie. 2° éd. — *P.*, 1843, 4°. [4° **U. 454**

Claye (Jules). — Manuel de l'apprenti compositeur. 3° éd. —*P.*, 1883, in-16. [8° **I. 2476**

Clément d'Alexandrie (Saint). — Κλημεντος Αλεξανδρεως τα ευρισκομενα απαντα. Omnia opera, latinitate donata, Gentiano Herveto Aurelio interprete. — *Florentiæ*, 1551, f°. [Fol. **A. 47**

Clément (Charles). — Géricault. Étude biographique et critique, avec le catalogue raisonné de l'œuvre du maître. — *P.*, 1868, 8°. [8° **U. 2307**

Clément (Charles). — Léopold Robert, d'après sa correspondance inédite.— *P.*, 1875, 8°. [8° **U. 2308**

Clément (C.). — Michel-Ange, Léonard de Vinci, Raphaël, avec une étude sur l'art en Italie avant le XVI° siècle. 2° éd. — *P.*, 1867, in-12. [8° **I. 2477**

Clément (C.). —Prud'hon. Sa vie, ses œuvres et sa correspondance. 3° éd. — *P.*, 1880, in-18. [8° **U. 2309**

Clément (Félix), Larousse (Pierre). — Dictionnaire lyrique, ou Histoire des opéras. — *P.*, (s. d.), 3 vol. 8° dont 2 suppl. [8° **I. 2478-79**

Clément (Félix). — Histoire de la musique, depuis les temps anciens jusqu'à nos jours. 359 grav., 68 portraits, fac-simile.— *P.*, 1885, gr. 8°. [4° **I. 552. A**

Clément (Félix). — Histoire générale de la musique religieuse. — *P.*, 1860, 8°. [8° **I. 2480**

Clément (Jules).—Le Vétérinaire, ouvrage pratique, à l'usage des cultivateurs, etc., sous les auspices de Cavalier. — *P.*, 1864, in-12. [8° **I. 2481**

Clément (Pierre). — Histoire de Colbert et de son administration ; préface par M. A. Geffroy. 2° éd. — *P.*, 1874, 2 vol. in-16. [8° **U. 2309. A**

Clément (P.). — Histoire du système protecteur en France, depuis le ministère de Colbert jusqu'à la Révolution de 1848.—*P.*, 1854, 8°. [8° **U. 2310**

Clément (P.). — Jacques Cœur et Charles VII. L'Administration, les finances, l'industrie, le commerce, les lettres et les arts au XV° siècle. Nouv. éd. —*P.*, 1886, in-18. [8° **U. 2310. A**

Clément (P.). — La Police sous Louis XIV. — *P.*, 1866, 8°. [8° **U. 2311**

Clément (Pierre). — Portraits historiques. — P., 1855, in-12.
[8° U. 2312

Clément (Raoul). — Exposé pratique de la procédure suivie devant le Conseil d'État et devant le Tribunal des conflits. — P., 1882, 8°. [8° E. 851

Cler (Général). — Souvenirs d'un officier du 2° Zouaves. — P., 1859, in-12.
[8° U. 2313

Clerc (Édouard). — Manuel théorique et pratique et formulaire général et complet du notariat, suivi du Code des notaires expliqué, par Armand Dalloz, et d'un traité abrégé de la responsabilité des notaires, par Ch. Vergé. 4° éd. — P., 1858, 2 vol. 8°. [8° E. 852-53

Clercq (Alexandre de). — Formulaire des chancelleries diplomatiques et consulaires. 3° éd. — P., 1861, 2 vol. 8°.
[8° E. 854-55

Clercq (Alexandre de), Vallat (C. de). — Guide pratique des consulats. — P., 1851, 8°. [8° E. 856
4° éd., 1880. — P., 2 vol. 8°.
[8° E. 857-58

Clercq (De). — Recueil des traités de la France depuis 1713. — P., 1864 et ann. suiv., 8°. [8° U. 2314

Cléry. — Journal de ce qui s'est passé à la tour du Temple pendant la captivité de Louis XVI. — Londres, 1798, 8°. [8° U. 2315

Cloquet (Hippolyte). — Traité d'anatomie descriptive. 4° éd. — P., 1828, 2 vol. 8°. [8° I. 2482-83

Cobbett. — Lettres sur l'histoire de la Réforme en Angleterre. 4° éd. — P., 1829, 8°. [8° U. 2316

Cochelet (Mlle). — Mémoires sur la reine Hortense et la famille impériale. — Bruxelles, 1837, 2 vol. in-12.
[8° U. 2317-18

Cocheris (Hippolyte). — Origine et formation de la langue française. Notions d'étymologie française. Origine et formation des mots. Racines, préfixes et suffixes. Ouvrage rédigé conformément aux programmes du 2 août 1880. (Classes de troisième, seconde et rhétorique.) — P., 1881, in-18.
[8° O. 1288

Cocheris (Hippolyte). — Origine et formation de la langue française. Précis historique rédigé conformément aux programmes du 2 août 1880. (Classes de 4°, 3° et seconde.) — P., 1881, in-18. [8° O. 1289

Cocheris (Mme P.-W.). — Pédagogie des travaux à l'aiguille, à l'usage des écoles de filles. — P., 1882, in-18.
[8° I. 2484

Cochery (Louis). — Abrégé des premières leçons de lecture musicale.— P., 1863, 8°. [8° I. 2485

Cochery (Louis). — Premières leçons de lecture musicale et de transposition. 2° éd. — P., 1861, 8°.
[8° I. 2486

Cochet (Abbé). — Répertoire archéologique du département de la Seine-Inférieure. — P., 1871, 4°.
[4° U. 455

Cochet de Savigny (P.-C.-M.), Perrève. — Dictionnaire de la gendarmerie à l'usage des officiers, sous-officiers et gendarmes. 9° éd. — P., 1866, 8°. [8° E. 859

Cochin. — Œuvres, contenant le recueil de ses mémoires et consultations. Nouv. éd. — P., 1771, 6 vol. 4°.
[4° E. 83-88

Cochin (Denys). — Paris. Quatre années au Conseil municipal. — P., 1885, in-18. [8° U. 2318. A

Cochinchine française. Excursions et reconnaissances. N° 16. — Saïgon, 1883, 8°. [8° U. 2319

Cockerill (John). — Portefeuille de John Cockerill, ou Description des machines construites dans les établissements de Seraing. — *P.*, 1859-1876, 3 vol. gr. 4° et 3 atlas f°. Ensemble 6 vol. [Fol. I. **41-46**

Code d'organisation judiciaire allemand (27 janvier 1877). Introduction, traduction et notes par L. Dubarle. — *P.*, 1885, 2 vol. 8°. [8° **E. 859. A**

Code de commerce allemand et loi allemande sur le change, traduits et annotés par Paul Gide, J. Flach, Ch. Lyon-Caen, J. Dietz. — *P.*, 1881, 8°. [8° **E. 860**

Code de procédure pénale allemand (1er février 1877), traduit et annoté par Fernand Daguin. — *P.*, 1884, 8°. [8° **E. 860. A**

Code d'instruction criminelle autrichien, trad. et annoté par Ed. Bertrand et Ch. Lyon-Caen. — *P.*, 1875, 8°. [8° **E. 861**

Codes (Les) belges. — Édition annotée par J. Servais. I. Constitution. — II. Code civil. — *Bruxelles*, 1880, in-32. [8° **E. 862**

Code de justice militaire pour l'armée de mer. — *P.*, 1858, in-12. [8° **E. 863**

Code de justice militaire pour l'armée de terre. — *P.*, 1857, in-18. [8° **E. 864**

8e éd., 1881. — *P.*, in-18. [8° **E. 865**

Code de l'administration départementale et communale. Lois, décrets, jurisprudence. 3e éd. — *P.*, 1881, 4°. [4° **E. 89**

Code complet des lois, décrets, arrêtés, circulaires, promulgués par le Gouvernement de la Défense Nationale à Paris et à Tours, par A. Joly. — *Lyon*, 1871, in-32. [8° **E. 866**

Code (Nouveau) des Patentes. — *P.*, 1858, 8°. [8° **E. 867**

Code (Nouveau) du propriétaire et du commerçant. 4e éd. — *P.*, 1840, 8°. [8° **E. 868**

Code du Propriétaire et du commerçant. Le Droit expliqué. — *P.*, 1844, 8°. [8° **E. 869**

Codes (Les) français, par Bourguignon. Éd. refondue par P. Royer-Collard. — *P.*, 1842, 8°. [8° **E. 870**

Codes et lois usuelles, classées par ordre alphabétique, par Roger et Sorel. — *P.*, 1866, 4°. [4° **E. 90**

3e éd., 1868. — *P.*, 4°. [4° **E. 91**

Nouv. éd., 1882. — *P.*, 4°. [4° **E. 92**

Codes (Les) français annotés, par Teulet, d'Auvilliers et Sulpicy. Nouv. éd. — *P.*, 1847, 2 vol. 4°. [4° **E. 93-94**

Codes (Les) de l'Empire français, par A.-F. Teulet. 8e éd. — *P.*, 1860, 8°. [8° **E. 871**

9e éd., 1861. — *P.*, 8°. [8° **E. 872**

Codes (Les) de la République française, par A.-F. Teulet. Nouv. éd., mise au courant par Ruben de Couder. — *P.*, 1877, 8°. [8° **E. 873**

Codes (Les) français, par Louis Tripier. 13e éd. — *P.*, 1862, 8°. [8° **E. 874**

23e éd., 1873. — *P.*, 8°. [8° **E. 875**

35e éd., 1885. — *P.*, 8°. [8° **E. 876**

Code pénal hongrois des crimes et des délits (28 mai 1878), et code pénal hongrois des contraventions (14 juin 1879), traduits et annotés par C. Martinet, P. Dareste. — *P.*, 1885, 8°. [8° **E. 876. A**

Code de commerce du royaume d'Italie. Trad. par Henri Marcy. — *Nice*, 1883, 8°. [8° **E. 877**

Code de procédure pénale du royaume d'Italie; dern. éd., modifiée par la loi des 28-30 juin 1876 et précédée du rapport présenté à S. M. Victor-Emmanuel, par S. E. le Ministre Cortèse, le 26 nov. 1865. Trad. par Henri Marcy. — *P.*, 1881, 2 vol. 8°.

[8° **E. 878-79**

Code pénal des Pays-Bas (3 mars 1881), traduit et annoté par Willem-Jean Wintgens. — *P.*, 1883, 8°.

[8° **E. 879. A**

Code Rabbinique. — Eben Haezer, traduit par extraits, avec les explications, par E. Sautayra et M. Charleville. — *Alger*, 1868-1869, 2 vol. 8°.

[8° **E. 280-81**

Code international de signaux à l'usage des bâtiments de toutes nations. Éd. française. — *P.*, 1882, 8°.

[8° **I. 2487**

Codex legum antiquarum, in quo continentur Leges Wisigothorum, Edictum Theodorici Regis, Lex Burgundionum, Lex Salica, etc. — *Francofurti*, 1613, f°. [Fol. **E. 13**

Codex medicamentarius. Pharmacopée française rédigée par ordre du Gouvernement. — *P.*, 1866, 8°.

[8° **I. 2488**

Éd. de 1884. — *P.*, 8°.

[8° **I. 2489**

Codrington (Edward). — Memoir of the life of Admiral sir Edward Codrington, edited by his daughter Lady Bourchier. — *London*, 1873, 2 vol. 8°.

[8° **U. 2320-21**

Cognel (François). — La vie parisienne sous Louis XVI. — *P.*, 1882, in-12. [8° **U. 2322**

Cogordan (George). — Droit des gens. La nationalité au point de vue des rapports internationaux. — *P.*, 1879, 8°. [8° **E. 882**

Cohen (Henry). — Description historique des monnaies frappées sous l'Empire romain, communément appelées médailles impériales. — *P.*, 1860-1868, 4 vol. 8°.

[8° **U. 2323-26**

Coignet (Capitaine). — Les Cahiers du capitaine Coignet (1799-1815), publiés par Lorédan Larchey. Avec grav. et autographe. — *P.*, 1883, in-18.

[8° **U. 2327**

Coignet (Mme). — Rapport présenté au nom de la Commission des dames chargée d'examiner les questions relatives à la réforme de l'instruction primaire, suivi d'un Appendice par Mme Fanny Ch. Delon. — *P.*, 1871, 8°.

[8° **I. 2490**

Coindet (John). — Histoire de la peinture en Italie. Nouv. éd. — *P.*, 1856, in-12.

[8° **I. 2491**

Colbert. — Lettres, instructions et mémoires, publiés d'après les ordres de l'Empereur, par Pierre Clément. — *P.*, 1861, 7 vol. 4°.

[4° **U. 456-462**

Colin (G.). — Traité de physiologie comparée des animaux. 3e éd. Fig. — *P.*, 1886, 8°.

[8° **I. 2491. A**

Colin (Léon). — Traité des maladies épidémiques — *P.*, 1879, 8°.

[8° **I. 2492**

Colins. — Qu'est-ce que la Science sociale? — *P.*, 1853, 2 vol. 8°.

[8° **I. 2493-94**

Collection complète des lois, édits, traité de paix, ordonnances, déclarations et règlements d'intérêt général antérieurs à 1789 restés en vigueur, par Walker. — *P.*, 1836-1837, 5 vol. 8°

[8° **E. 883-87**

Collection de Mémoires relatifs à l'histoire de Belgique. — *Bruxelles*, 1858-73, 31 vol. 8°. [8° U. 2328-58

Collection de résumés historiques. — *P.*, 1825-1828, 66 vol. in-18.
[8° U. 2359-2424

Alsace, par V...
Auvergne.
Béarn, par Ader.
Bretagne, par B...
Champagne, par de Montrol.
Dauphiné, par Laurent (P.-M.).
Flandres, par Scheffer (Arn.).
France, par Bodin (F.).
Franche-Comté, par Lefébure.
Guienne, par Thierry (Am.).
Ile de France et Orléanais, par Lagarde (D.).
Languedoc, par Vital (Léon).
Lorraine, par Étienne (H.).
Lyonnais, par Fal (A.).
Normandie, par Thiessé (L.).
   id.   par Du Bois (Louis).
Paris, par Lucas.
Picardie, par Lami (E.).
Provence, par Rouchon.
Roussillon, par Léonard (Jos.).

Commerce et industrie, par A. Blanqui.
Croisades, par St-Maurice.
Croyances, par Viollet et Daniel.
Guerres de religion en France, par St-Maurice.
Guerres de Vendée, par Darmaing.
Histoire générale, par Voltaire.
Jésuites, par Laumier (Ch.).
Juifs modernes, par Halévy (L.).
Traditions morales, par de S...
Philosophie, par Laurent (P.-M.).
Révolution française, par Thiessé (L.).

Angleterre, par Bodin (Félix).
Bas-Empire, par Raffenel (C.-D.).
Bavière, par Scheffer (Arn.).
Danemark, par Lami (P.).
Écosse, par Carrel (Armand).
Empire germanique, par Scheffer.
Espagne, par Rabbe (Alph.).
Gênes et Piémont, par Chambolle.
Grèce ancienne, par Senty (A.).

Grèce moderne, par Carrel (A.).
Hollande, par Scheffer (Arn.).
Lombardie, par Trognon.
Naples et Sicile, par S. D.
Pologne, par Thiessé (L.).
Portugal et Brésil (Littérat.), par Denis (F.).
Portugal, par Rabbe (Alph.).
Rome, République, par de S...
   id.   Empire,   id.
Russie, par Rabbe (Alph.).
Suède, par Coquerel (Ch.).
Suisse, par Chasles (Ph.).
Venise, par Carrion Nisas (A.).

Brésil, par Denis (Ferd.).
Buénos-Ayres,   id.
Colonies espagnoles de l'Amérique du Sud, par Sétier.
Chine, par de S...
Égypte, par Rey-Dusseuil.
États-Unis, par Barbaroux.
Indes occidentales, par Mérault.
   id.   orientales,   id.
Mexique, par de Monglave (E.).
Perse, par Raffenel (C.-D.).
Révolutions de l'Amérique du Sud, par Dufey.

Collection des Mémoires sur l'art dramatique. — *P.*, 1822-1825, 14 vol. 8°.   [8° O. 1290-1303

(Bellamy. — Brandes. — Dazincourt. — Dumesnil. — Garrick. — Goldoni. — Iffland. — Le Kain. — Macklin. — Molé. — Molière. — Préville. — Talma.)

Collection des Mémoires relatifs à la Révolution française, publiés par MM. Berville et Barrière. — *P.*, 1825, 57 vol. 8°.   [8° U. 2425-79

Mémoires de d'Argenson, t. 1.
—   Bailly, 2,3,4.
—   Barbaroux, 5.
—   Besenval, 6,7.
—   Mme de Bonchamps, 8.
—   F. Bouillé, 9.
—   N. Bouillé, 10.
—   Mme Campan, 11-13.
—   Carnot, 14.

Mémoires de Cléry, t. 15.
— Condorcet, 16,17.
— Doppet, 18.
— Mme Du Hausset, 19.
— Dumouriez, 20-23.
— Ferrières, 24-26.
— Fréron, 27.
— Goguelat et de Choiseul, 28.
— Guillon, 29,30.
— Linguet et Dusaulx, 31.
— Louvet, 32.
— Maillane, 33.
— Meillan, 34.
— Morellet, 35, 36.
— Duc de Montpensier, 37.
— Sur les Prisons, 38, 39.
— Rivarol, 40.
— Mme Rolland, 41, 42.
— Sur les journées de Septembre, 43.
— Thibaudeau, 44, 45.
— Turreau, 46.
— Sur la Vendée, 47.
— Sur les guerres des Vendéens et des Chouans, 48-53.
— Weber, 54, 55.

Collection des principaux économistes. 2e éd. — P., 1840-1852, 15 vol. 8°.   [8° I. 2495-2509

Collection des romans de chevalerie, mis en prose française moderne par Alfred Delvau. — P., 1869, 4 vol. 4°.   [4° O. 229

Collection générale des lois de 1789 à 1814, par L. Rondonneau.— P., 1817-1819, 13 vol. 8°.   [8° E. 888-900

Collection intégrale et universelle des orateurs sacrés, publiée par M. l'abbé M***. — Petit-Montrouge, 1844, 7 vol. 4°.   [4° A. 128-31

Tome I. Camus.
— Godeau.
— Goton.
— Caussin.
— Molinier.

Tome II. De Lingendes.
— Biroat.
— Castillon.
Tome VI. Senault.
— De Bourzéis.
— Texier.
Tome VII. id.
— De La Colombière (Cl.).

Collerye (Roger de). — Œuvres. Nouv. éd., avec une préface et des notes, par M. Ch. d'Héricault. — P., 1855, in-16.   [8° O. 1304
(Bibliothèque Elzévirienne.)

Collet (P.). — Traité des dispenses en général et en particulier.— P., 1788, 2 vol. 8°.   [8° E. 901-902

Collet (P.). — Vie de saint Vincent de Paul. Nouv. éd. — Lyon, 1821. in-12.   [8° U. 2480

Colleville (Vte de). — Manière de discerner les médailles antiques de celles qui sont contrefaites, d'après Beauvais. Revu, corrigé, mis dans un nouvel ordre et augmenté. — P., 1885, in-12.   [8° I. 2509. A

Collignon (Édouard). — Les chemins de fer russes de 1857 à 1862. 2e éd. — P., 1868, 2 vol. 4° dont un atlas.   [4° I. 553-54

Collignon (Édouard). — Les machines. —P., 1876, in-12.   [8° I. 2510
(Bibliothèque des Merveilles.)

Collignon (Édouard). — Traité de mécanique. 2e éd. — P., 1874-1882, 4 vol. 8°.   [8° I. 2511-14

Collignon (Maxime). — Manuel d'archéologie grecque.— P., (s. d.), in-16.   [8° I. 2515

Collignon (Maxime). — Mythologie figurée de la Grèce. — P., (s. d.), 8°.   [8° I. 2516

Collin d'Harleville (J.-F.). — Théâtre et poésies fugitives. — P., 1805, 4 vol. 8°.   [8° O. 1305-8

Collin de Plancy (J.-A.-S.) — Anecdotes du dix-neuvième siècle. — *P.*, 1821, 2 vol. 8°. [8° **O. 1309-10**

Collineau (A.). — La gymnastique. Notions physiologiques, applications hygiéniques et médicales. 136 fig. — *P.*, 1884, 8°. [8° **I. 2517**

Colmet-Dâage (Gabriel). — Histoire d'une vieille maison de province. Souvenirs et traditions de famille (1783-1883). — *P.*, 1884, in-16. [8° **U. 2481**

Colnet (Charles). — L'Hermite de Belleville, ou choix d'opuscules. — *P.*, 1833, 2 vol. 8°. [8° **O. 1311-12**

Colomb (Casimir). — La Musique. — *P.*, 1878, in-12. [8° **I. 2518** (Bibliothèque des Merveilles.)

Colombat (M.). — Du bégaiement. 5° éd. — *P.*, 1831, 8°. [8° **I. 2519**

Colombey (Émile). — L'esprit au théâtre. — *Bruxelles*, (s. d.), in-18. [8° **O. 1313**

Colonie (La) libre de Port-Breton. Nouvelle-France en Océanie. — *Marseille*, 1879, 8°. [8° **U. 2482**

Colonies (Les) françaises en 1883. — *P.*, 1883, 8°. [8° **U. 2483**

Colonies (Les) nécessaires. Tunisie, Tonkin, Madagascar, par Un marin. — *P.*, 1885, in-16. [8° **U. 2483. A**

Colquhoun (Archibald). — Autour du Tonkin. La Chine méridionale, de Canton à Mandalay. Trad. de l'anglais par Charles Simond. — *P.*, 1884-85, 2 vol. in-18. [8° **U. 2484-85**

Colson (R.). — Traité élémentaire d'électricité, avec les principales applications. — *P.*, 1885, in-18. [8° **I. 2519. A**

Columelle. — De re rustica. Trad. par M. Louis Du Bois. — *P.*, 1844-45, 3 vol. 8°. [8° **O. 1314-16** (Collection Panckoucke.)

Combalot (Théodore). — La connaissance de Jésus-Christ. — *P.*, 1841, 8°. [8° **A. 489**

Comberousse (Charles de). — Cours de mathématiques à l'usage des candidats à l'École centrale des Arts et manufactures. — *P.*, 1860-1862, 3 vol. 8°. [8° **I. 2520-22**

Combes (E.). — De l'état actuel de la médecine et des médecins en France. — *P.*, 1869, in-12. [8° **I. 2523**

Combes (F.). — Madame de Sévigné historien. Le siècle et la cour de Louis XIV, d'après Mme de Sévigné. — *P.*, 1885, 8°. [8° **U. 2486**

Combes (Louis). — Épisodes et curiosités révolutionnaires. — *P.*, (s.d.), in-18. [8° **U. 2487**

Combier (Charles). — Tables des courbes de raccordement. — *P.*, 1875, in-18. [8° **I. 2524**

Comettant (Oscar). — Les compositeurs illustres de notre siècle. — *P.*, 1883, 8°. [8° **U. 2488**

Comettant (Oscar). — Trois ans aux États-Unis. — *P.*, 1857, in-12. [8° **U. 2489**

Commission géologique du Canada. Rapport de progrès depuis son commencement jusqu'à 1863; traduit de l'anglais par P.-J. Darey. — *Montréal*, 1864, gr. 8°. [4° **I. 555**

Comoy. — Mémoires sur les ouvrages de défense contre les inondations. 2° éd. — *P.*, 1868, 8°. [8° **I. 2525**

Compayré (Gabriel). — Éléments d'éducation civique et morale. 7° éd. — *P.*, 1881, in-18. [8° **I. 2526**

Compte général de l'administration de la justice maritime pendant les années 1877, 1878 et 1879. — *P.*, 1882, 4°. [4° **E. 95** (Ministère de la Marine.)

Compte rendu de l'Exposition

artistique et archéologique de Rennes. Septembre 1872. — *Rennes*, 1872, in-12. [8° I. 2527

Compte rendu des Procès de Versailles. Affaire de la Commune. 1er vol. — *P.*, 1871, in-12. [8° U. 2490

Compte rendu du Congrès international d'instituteurs et d'institutrices tenu au Havre du 6 au 10 septembre 1885. — *P.*, 1885, 8°. [8° I. 2527. A

Comptes de l'argenterie (Nouveau recueil de) des rois de France, publié par L. Douët-d'Arcq. — *P.*, 1874, 8°. [8° U. 2491

(Société de l'Histoire de France.)

Comptes de l'Hôtel des rois de France aux XIVe et XVe siècles, publiés par L. Douët-d'Arcq. — *P.*, 1865, 8°. [8° U. 2492

(Société de l'Histoire de France.)

Comptes-rendus de l'Académie des Sciences.— *P.*, 1868 et ann. suiv., 4°. [4° I. 556

Comptes-rendus mensuels des réunions de la Société de l'industrie minérale. 1881-82. — *St-Étienne*, 1881-82, 2 vol. 8°. [8° I. 2528

Comte (Achille). — Structure et physiologie de l'homme démontrées à l'aide de figures coloriées et superposées. 8e éd. — *P.*, 1861, in-12. [8° I. 2529

Comte (Auguste). — Appel aux conservateurs. — *P.*, 1855, 8°. [8° I. 2530

Comte (Auguste). — Catéchisme positiviste, ou sommaire exposition de la religion universelle. 2e éd. — *P.*, 1874, in-12. [8° I. 2531

Comte (Auguste). — Cours de philosophie positive. 2e éd., augmentée d'une préface par É. Littré.— *P.*, 1864, 6 vol. 8°. [8° I. 2532-37

Comte (Auguste). — Lettres à M. Valat, professeur de mathématiques. — *P.*, 1870, 8°. [8° U. 2493

Comte (Auguste). — Synthèse subjective, ou système universel des conceptions propres à l'état normal de l'humanité. — *P.*, 1856, 8°. [8° I. 2538

Comte (Auguste). — Système de politique positive, ou traité de sociologie, instituant la religion de l'humanité. — *P.*, 1851-1854, 4 vol. 8°. [8° I. 2539-42

Concilia generalia et provincialia. Item epistolæ Decretales et Romanorum Pontificum Vitæ, studio et industria R. D. Severini Binii. — *Coloniæ Agrippinæ*, 1606, 4 tomes en 5 vol. f°. [Fol. A. 48-52

Concours général des lycées et collèges de Paris, Vanves et Versailles. Distribution des prix. Années 1881, 1884. — *P.*, (s. d.), 2 vol. 4°. [4° I. 557

(Ministère de l'Instruction publique.)

Condillac. — Cours d'études pour l'instruction du prince de Parme. — *Genève*, 1789, 16 vol. in-12. [8° I. 2543-58

Condorcet, Turgot. — Correspondance inédite de Condorcet et de Turgot (1770-79), publiée avec des notes et une introd., d'après les autographes de la Collection Minoret et les Mss. de l'Institut, par Charles Henry. — *P.*, 1883, 8°. [8° O. 1317

Condorcet. — Vie de Voltaire. — *P.*, 1822, in-12. [8° U. 2494

Conférences de l'Académie royale de peinture et de sculpture, recueillies, annotées et précédées d'une étude sur les artistes écrivains, par M. Henry Jouin. — *P.*, 1883, 8°. [8° I. 2559

Conférences faites au Havre par MM. les Instituteurs-adjoints des écoles communales. — *P.*, 1884, in-18.
[8° I. 2560

Conférences pédagogiques faites à la Sorbonne aux instituteurs primaires venus à Paris pour l'Exposition universelle de 1867. 2ᵉ et 3ᵉ parties. — *P.*, 1868, 2 vol. in-16.
[8° I. 2561-62

Conférences (Les) pédagogiques faites aux instituteurs délégués à l'Exposition universelle de 1878. 3ᵉ éd. — *P.*, 1880, in-18.
[8° I. 2563

Conférences pédagogiques de Paris en 1880. Rapports et procès-verbaux. — *P.*, 1880, in-18.
[8° I. 2564

Confucius, Mencius. — Les quatre livres de philosophie morale et politique de la Chine, traduits par Pauthier. — *P.*, 1841, in-12.
[8° I. 2565

Congrès américain. — Report of the debates in the Convention of California on the formation of the State Constitution, sept. and oct. 1849. By J. Ross Browne. — *Washington*, 1850, 8°. [8° U. 2495

Congrès américain. — Journal of the House of Representatives of the United States. 2ᵈ Session of the 33ᵗʰ Congress (1854-1855). — *Washington*, 1854, 8°. — 1869-1872, 3 vol. 8°.
[8° U. 2496-99

Congrès américain. — Miscellaneous documents printed by order of the House of Representatives, during the 2ᵈ session of the 33ᵗʰ Congress (1854-1855). — *Washington*, 1855, 8°. — 2ᵈ Session, 41ˢᵗ Congress (1869-70), 4 vol. 8°. [8° U. 2500-4

Congrès américain. — House of Representatives. 36ᵗʰ Congress. 1ˢᵗ Session. Covode investigation. 1860. — (S.l.n.d.), 8°. [8° U. 2505

Congrès américain. — House of Representatives, 40ᵗʰ Congress, 2ᵈ Session. Annual report of the Commissioner of patents for 1867, 69, 70, 71. — *Washington*, 1868-1872, 10 vol. 8°.
[8° U. 2506-15

Congrès américain. — Index of reports of committees of the House of Representatives for the 2ᵈ session of the 41ˢᵗ Congress (1869-1870). — *Washington*, 1870, 3 vol. 8°.
[8° U. 2516-18

Congrès américain. — Executive documents printed by order of the House of Representatives, during the 2ᵈ session of the 41ˢᵗ Congress. (1869-1870.) — *Washington*, 1870, 8°.
[8° U. 2519

Congrès américain. — Senate. 35ᵗʰ Congress. Report of the secretary of the treasury on the state of the finances. — *Washington*, 8°.
— 1856-57. — 1 vol.
— 1870. — 1 vol.
[8° U. 2520-21

Congrès américain. — Journal of the Senate of the United States of America (1869-1870). — *Washington*, 8°.
41ˢᵗ Congress, 2ᵈ session.
— — 3ᵈ session.
[8° U. 2522-23

Congrès américain. — Annual report of the Board of Regents of the Smithsonian Institution, for 1879. — *Washington*, 1880, 8°. [8° U. 2524

Congrès pédagogique des instituteurs et institutrices de France, en 1881. — *P.*, 1881, in-18. [8° I. 2566

Conny (Félix de). — Histoire de la Révolution de France. — *P.*, 1834-1842, 8 vol. 8°. [8° U. 2525-32

Conscience (Henri). — Le Conscrit. Trad. de Léon Wocquier. — *P.*, 1862, 8°. [8° O. 1318

Conscience (Henri). — Le Gentilhomme pauvre. Trad. par Léon Wocquier. — *P.*, 1862, 8°. [8° O. 1319

Conscience (Henri). — Les veillées flamandes. Trad. de Léon Wocquier. — *P.*, 1855, 8°. [8° O. 1320

Conseil général de l'Aveyron, 2e session de 1884 (18-23 août). Rapports de M. le Préfet, de la Commission départementale et procès-verbaux des séances. — *Rodez*, 1884, 8°. [8° U. 2533

Conseil général de la Seine. 1re et 3e sessions. Mémoires de M. le Préfet de la Seine et de M. le Préfet de police et procès-verbaux des délibérations. — *P.*, 1884, 2 vol. 8°. [8° U. 2534-35

Considérations sur les défenses naturelles et artificielles de la France, en cas d'une invasion allemande, trad. de l'allemand par A. Bacharach. 2e éd. — *P.*, 1870, 8°. [8° U. 2536

Consolin (B.). — Manuel du voilier. — *P.*, 1859, 4°. [4° I. 558

Constancio (Solano). — Novo diccionario de la lingua portugueza. 2a ed. — *P.*, 1844, 4°. [4° O. 230

Constancio (F.-S.). — Nouvelle grammaire portugaise à l'usage des Français. — *P.*, 1849, in-12. [8° O. 1321

Constans (L.). — Chrestomathie de l'ancien français (IXe-XVe siècles); précédé d'un tableau sommaire de la littérature française au moyen âge et suivi d'un glossaire étymologique détaillé. — *P.*, 1884, 8°. [8° O. 1322

Constant (Benjamin). — Adolphe. — *P.*, 1839, in-12. [8° O. 1323

Constant (Benjamin). — Discours à la Chambre des députés. — *P.*, 1828, 2 vol. 8°. [8° U. 2537-38

Constant (Benjamin). — Lettres à Madame Récamier (1807-1830), publiées par l'auteur des « Souvenirs de Madame Récamier ». 2e éd. — *P.*, 1882, 8°. [8° O. 1324

Constant (Benjamin). — Mélanges de littérature et de politique. — *P.*, 1829, 8°. [8° O. 1325

Constant (Benjamin). — Mémoires sur les Cent Jours. — *P.*, 1820, 8°. [8° U. 2539

Constant (Charles). — Code départemental ou manuel des conseillers généraux et d'arrondissement. — *P.*, 1880, 2 vol. in-18. [8° E. 903-4

Constant (Charles). — Code des établissements industriels classés, ateliers dangereux, insalubres ou incommodes. — *P.*, 1881, in-12. [8° E. 905

Constant (Charles). — Code des théâtres, à l'usage des directeurs, des artistes, des auteurs. 2e éd. — *P.*, 1882, in-12. [8° E. 906

Constant (Charles). — De l'exécution des jugements étrangers dans les divers pays. Étude de droit international privé. — *P.*, 1883, 8°. [8° E. 907

Constitutions (Les) modernes. Recueil des constitutions actuellement en vigueur dans les divers États du monde civilisé, traduites sur les textes et accompagnées de notices historiques par F.-R. Dareste et P. Dareste. — *P.*, 1883, 2 vol. 8°. [8° E. 908-9

Contant d'Orville (André-Guillaume). — Anecdotes germaniques. — *P.*, 1769, in-12. [8° U. 2540

Contenson (Baron G. de). — Chine et Extrême-Orient. — *P.*, 1884, in-18.
[8° U. 2541

Contes arabes modernes, recueillis et traduits par Guillaume Spitta-Bey. — *P.*, 1883, 8°. [8° O. 1326

Contes français, recueillis par E.-Henri Carnoy. — *P.*, 1885, in-18.
[8° O. 1327

Conty (Henri-A. de). — Paris en poche. Guide pratique. — *P.*, 1863, in-12. [8° U. 2542
(Collection des Guides pratiques.)

Conty (Henri-A. de). — Paris populaire. A B C de tout le monde. — *P.*, (s. d.), in-32. [8° U. 2543
(Collection des Guides pratiques.)

Cook (Jacques). — Voyage dans l'hémisphère austral et autour du monde, traduit de l'anglais. — *P.*, 1778, 6 vol. 4° dont un atlas. [4° U. 463-68

Cook (Jacques). — Troisième voyage à l'Océan Pacifique, traduit de l'anglais, par D***. — *P.*, 1785, 5 vol. 4° dont un atlas. [4° U. 469-73

Cooke (C.). — Les Champignons, sous la direction de M. J. Berkeley. 2e éd. — *P.*, 1878, 8°. [8° I. 2567

Couley (Desborough). — Histoire générale des voyages de découvertes maritimes et continentales, trad. par Ad. Joanne et Ad. Nick. — *P.*, 1840, 3 vol. in-12. [8° U. 2544-46

Cooper (J.-F.). — Œuvres, trad. par Defauconpret. — *P.*, 1839-1852, 30 vol. 8°. [8° O. 1328-57

Coppée (François). — Les Humbles. — *P.*, 1872, in-12.
[8° O. 1358

Coppée (François). — Poëmes modernes. 3e éd. — *P.*, 1869, in-12.
[8° O. 1359

Coppée (François). — Théâtre (1869-1878). — *P.*, (s.d.), 2 t. en 1 vol. in-32. [8° O. 1360

Coq (Paul). — Cours d'économie industrielle à l'École municipale Turgot. Instructions graduées. — *P.*, 1876, in-18. [8° I. 2568

Coquelin (Ch.). — Du crédit et des banques. — *P.*, 1848, in-12.
[8° I. 2569

Coquerel (Athanase). — Sermons. 3e recueil. — *P.*, 1838, 8°.
[8° A. 490

Coquerel fils (Athanase). — Les Forçats pour la foi. Étude historique (1684-1775). — *P.*, 1866, in-12.
[8° U. 2547

Coquerel fils (Athanase). — Des premières transformations historiques du christianisme. — *P.*, 1866, in-12.
[8° U. 2548

Coquillart. — Œuvres. Nouv. éd., revue et annotée, par M. Charles d'Héricault. — *P.*, 1857, 2 vol. in-16.
[8° O. 1361-62
(Bibliothèque Elzévirienne.)

Coquille (Guy). — Histoire du pays et duché de Nivernois. — *P.*, 1612, 4°.
[4° U. 474

Coquille (Jean-Baptiste-Victor). — Politique chrétienne. — *P.*, 1868, 8°.
[8° I. 2570

Corbière (Philippe). — Histoire de l'Église réformée de Montpellier, depuis son origine jusqu'à nos jours. — *Montpellier*, 1861, 8°.
[8° U. 2549

Corbin (Jacques). — Plaidoyers. — *P.*, 1610, in-12. [8° E. 910

Cordier (Alphonse). — Madame Élisabeth de France, sœur de Louis XVI. 4e éd. — *P.*, 1866, 8°.
[8° U. 2550

Cordier (Henri). — Le Consulat de France à Hué, sous la Restauration; documents inédits tirés des archives des départements des Affaires étrangères, de la Marine et des Colonies. — P., 1884, 8°. [8° U. 2551

Coriveaud (Dr A.). — Hygiène de la jeune fille. — P., 1882, in-18. [8° I. 2571

Coriveaud (Dr A.). — Le lendemain du mariage. Étude d'hygiène. — P., 1884, in-18. [8° I. 2572

Corlieu (Dr A.). — Les médecins grecs depuis la mort de Galien jusqu'à la chute de l'Empire d'Orient (210-1453). — P., 1885, 8°. [8° I. 2573

Corlieu (Dr A.). — La Mort des rois de France depuis François 1er jusqu'à la Révolution. Études médicales et historiques. — P., 1873, in-18. [8° U. 2552

Cormenin (Louis-Marie de La Haye de). — Entretiens de village. 2e éd. — P., 1846, in-12. [8° I. 2574

Cormenin (L.-M. de La Hare de). — Livre des orateurs, par Timon. 12e éd. — P., 1842, 4°. [4° U. 475

Cormenin (Louis-Marie de La Haye de). — Questions de droit administratif. — P., 1837, 3 vol. 8°. [8° E. 911-13

Cormontaigne. — Mémorial pour l'attaque des places, ouvrage posthume. — P., 1806, 8°. [8° I. 2575

Corne (H.). — Le cardinal de Richelieu. — P., 1853, 8°. [8° U. 2553

Corneille (P.). — Œuvres. — P., 1821-22, 5 vol. in-18. [8° O. 1363-67
(Répertoire général du Théâtre français.)
1831. — P., 12 vol. 8°. [8° O. 1368-79

(Le 12e vol. comprend les chefs-d'œuvre de Th. Corneille.)

1857. — Nouv. éd., revue et annotée par J. Taschereau. — P., 2 vol. in-16. [8° O. 1380-81
(Bibliothèque Elzévirienne.)

1862. — Nouv. éd., revue et augmentée par Ch. Marty-Laveaux. — P., 12 vol. 8° et atlas gr. 8°. [8° O. 1382-94
(Les Grands Écrivains de la France.)

Corneille (Thomas). — Le Dictionnaire universel des arts et des sciences. — P., 1732, 2 vol. f°. [Fol. O. 12-13

Corneille (Thomas). — Dictionnaire universel géographique et historique. — P., 1708, 3 vol. f°. [Fol. U. 73-75

Cornelius Nepos. — Les vies des hommes illustres, trad. par P.-F. de Calonne et Amédée Pommier. — P., 1829, 8°. [8° O. 1395
(Collection Panckoucke.)

Cornély (Jules). — Le Czar et le Roi. Souvenirs et impressions de voyage. Illustr. de Bourgain. — P., 1884, in-18. [8° U. 2554

Cornil (A.-V.), **Babes** (V.). — Les bactéries et leur rôle dans l'anatomie et l'histologie pathologiques des maladies infectieuses. 156 fig. — P., 1885, 2 vol. 8° dont 1 atlas. [8° I. 2576-77

Cornil, Brault. — Études sur la pathologie du rein. 16 planches. — P., 1884, 8°. [8° I. 2578

Cornil, Ranvier. — Manuel d'histologie pathologique. 2e éd. — P., 1881-1882, 2 vol. 8°. [8° I. 2579-80

Cornille (Henri). — Souvenirs d'Orient. — P., 1833, 8°. [8° U. 2555

Cornish Drama. — Edited and translated by M. Edwin Norris. — *Oxford*, 1859, 2 vol. 8°.
[8° O. 1396-97

Corot (C.). — Album de fac-simile d'après les dessins de C. Corot. 1ʳᵉ série. — *Arras*, 1873, gr. f°.
[Fol. I. 47

Corpus juris canonici, adauctum appendice Pauli Lanceloti. — *P.*, 1618, f°. [Fol. E. 14

Corpus juris civilis academicum parisiense, opera et cura C.-M. Galisset. 4ᵉ éd. — *Lutetiæ*, 1848, 4°.
[4° E. 96

Correspondance administrative sous le règne de Louis XIV. Recueillie et mise en ordre par G.-B. Depping.— *P.*, 1850-1855, 4 vol. 4°.
[4° U. 476-479

Correspondance des Contrôleurs généraux des finances avec les Intendants des provinces, publiée par A.-M. de Boislisle. — *P.*, 1874, f°.
[Fol. U. 76

Correspondance secrète de Charette, Stofflet, Puissaye, Cormatin, etc. — *P.*, an VII, 2 vol. 8°.
[8° U. 2556-57

Corroyer (Édouard). — Description de l'abbaye du Mont Saint-Michel et de ses abords, précédée d'une notice historique. — *P.*, 1877, 8°.
[8° U. 2558

Cortambert (E.).— Atlas de géographie moderne. 66 cartes. Nouv. éd. — *P.*, 1885, 4°. [4° U. 479. A

Cortambert (E.).—Cours de géographie. 3ᵉ éd. — *P.*, 1859, in-12.
[8° U. 2559
14ᵉ éd., 1877.— *P.*, in-18.
[8° U. 2560

Cortambert (E.). — Tableau de la géographie universelle. 2ᵉ éd. — *P.*, 1832, in-12. [8° U. 2561

Cortes (Hernan), Lorenzana (don Fr.-Ant.). — Historia de Nueva-España. — *Mexico*, 1770, 4°.
[4° U. 480

Cosmos. — Revue encyclopédique des progrès des sciences, fondée et publiée par M. B.-R. de Montfort, rédigée par M. l'abbé Moigno. 1852-1864. — 2ᵉ série, 1865-1867. — 3ᵉ série, réd. en chef, M. Victor Meunier. — *P.*, 1852-67, 32 vol. 8°.
[8° I. 2581-2612

Cosmos-Les Mondes. Revue hebdomadaire des sciences et de leurs applications à l'industrie, par M. l'abbé Moigno. 1863 et ann. suiv. — *P.*, 8°.
[8° I. 2613-69

Cossé (Émile).—La dette publique et les droits de l'État.—*P.*, 1884, in-18.
[8° E. 914

Cosson (Ernest), Germain (E.). — Flore descriptive et analytique des environs de Paris. — *P.*, 1845, 3 vol. in-12 dont un atlas.
[8° I. 2670-72

Costa de Bastelica (Michel).— Les Torrents, leurs lois, leurs causes. — *P.*, 1874, 8°.
[8° I. 2673

Costa de Serda (E.)., Litschfousse. — Carnet aide-mémoire de manœuvres et de campagne à l'usage de toutes armes. — *P.*, 1883, in-12.
[8° I. 2673. A

Costaz (Cl.-Anthelme). — Histoire de l'administration en France, de l'agriculture, des arts utiles. — *P.*, 1832, 2 vol. 8°. [8° U. 2562-63

Costé (Adolphe).—Hygiène sociale contre le paupérisme. — *P.*, 1882, 8°.
[8° I. 2674

Coste(Adolphe), Burdeau(Aug.), Arréat (Lucien).— Les questions sociales contemporaines.—*P.*, 1886, 8°.
[8° I. 2674. A

Costèro (F.), Lefebvre (H.).— Dizionario francese-italiano e italiano-francese. 4ª éd. — *Firenze*, 1884, 8°. [8° O. 1398

Costes (H.). — Les institutions monétaires de la France avant et depuis 1789. — *P.*, 1885, 8°. [8° E. 915

Cotelle (Toussaint-Ange).—Cours de droit administratif. 2ᵉ éd. — *P.*, 1838-1839, 3 vol. 8°. [8° E. 916-18

Cotelle (Toussaint-Ange).—Législation française des chemins de fer et de la télégraphie électrique. 2ᵉ éd. — *P.*, 1867, 2 vol. 8°. [8° E. 919-20

Cotheret. — Documents statistiques sur l'emploi des bois dans la Meuse. — *Bar-le-Duc*, 1846, 8°. [8° I. 2675

Cotinet (J.-L.). — Almanach des honnêtes gens pour l'an VIII, dédié aux belles, par un Déporté. — *P.*, (s. d.), in-32. [8° O. 1399

Cotteau (Edmond). — De Paris au Japon, à travers la Sibérie ; voyage exécuté du 6 mai au 7 août 1881. 28 grav. et 3 cartes.—*P.*, 1883, in-18. [8° U. 2564

Cotteau (Edmond). — Un touriste dans l'Extrême-Orient. Japon, Chine, Indo-Chine et Tonkin (4 août 1881-24 janvier 1882). 38 grav. et 3 cartes. — *P.*, 1884, in-16. [8° U. 2565

Cottin (Mᵐᵉ). — Claire d'Albe. — *P.*, 1831, in-32. [8° O. 1400

Cottin (Mᵐᵉ). — Élisabeth ou les exilés de Sibérie. — *P.*, 1831, in-32. [8° O. 1401

Cottin (Mᵐᵉ). — Malvina. — *P.*, 1831, 2 vol. in-32. [8° O. 1402-3

Cottin (Mᵐᵉ).— Amélie Mansfeld. — *P.*, 1831, 2 vol. in-32. [8° O. 1404-5

Cottin (Mᵐᵉ). — Mathilde, ou mémoires pour servir à l'histoire des Croisades. — *P.*, 1831, 3 vol. in-32. [8° O. 1406-8

Couche (Ch.). — Voie, matériel roulant et exploitation technique des chemins de fer, suivi d'un appendice sur les travaux d'art. — *P.*, 1867-72, 2 vol. 8° et 2 Atlas 4°. [8° I. 2676-77
[4° I. 559-60

Coudrettre (Abbé). — Histoire générale de la naissance et des progrès de la Compagnie de Jésus. — (*S. l.*), 1761, 4 vol. in-18. [8° U. 2566-69

Coudurier (H.). — Manuel pratique des directeurs d'usines à gaz. — *P.*, 1884, in-18. [8° I. 2678

Coues (Elliott). — Birds of the North-West : a handbook of the Ornithology of the Region drained by the Missouri river and its tributaries. — *Washington*, 1874, 8°. [8° I. 2679

Coulier. — Description générale des phares, fanaux. 7ᵉ éd. — *P.*, 1847, in-12. [8° I. 2680

Coulier (Ph.-J.). — Dictionnaire d'astronomie. — *P.*, 1824, in-12. [8° I. 2681

Coulon (Henri). — Commentaire de la loi sur les marchés à terme, 8 avril 1885. 2ᵉ éd. — *P.*, 1885, in-16. [8° E. 921

Coulon (Henri), Faivre (Albert). — Jurisprudence du divorce. — *P.*, 1885, in-18. [8° E. 922

Coupé de Saint-Donat, Roquefort (B. de). — Mémoires pour servir à l'histoire de Charles XIV-Jean, roi de Suède et de Norwège. — *P.*, 1820, 2 vol. 8°. [8° U. 2570-71

Coups de pinceau sur Blidah, Bône, Tlemcen, Oran et Constantine, suivi

de : Éloge de Lamartine, par Eugène Del B. — *P.*, 1885, in-18.
[8° U. 2571. A

Courcelle-Seneuil.—Études sur la Science sociale. — *P.*, 1862, 8°.
[8° I. 2682

Courcelle-Seneuil (J.-G.). — Manuel des affaires, ou traité théorique et pratique des entreprises industrielles, commerciales et agricoles. 3e éd. — *P.*, 1872, 8°.
[8° I. 2683

Courcelle-Seneuil (J.-G.). — Traité élémentaire de comptabilité. 3e éd. — *P.*, 1883, in-16.
[8° I. 2684

Courcelle-Seneuil (Jean-Gustave). — Traité théorique et pratique d'économie politique. — *P.*, 1858, 2 vol. 8°.
[8° I. 2685-86

Courcelle-Seneuil (J.-G.). — Traité théorique et pratique des entreprises industrielles, commerciales, etc. — *P.*, 1865, 8°.
[8° I. 2687

Courcelle-Seneuil (J.-G.). — Traité théorique et pratique des opérations de banque. 3e éd. — *P.*, 1857, 8°.
[8° I. 2688

Courcelles (Mise de). — Mémoires et Correspondance, publiés par M. Paul Pougin. — *P.*, 1885, in-16.
[8° U. 2572
(Bibliothèque Elzévirienne.)

Courcy (Marquis de). — L'Empire du Milieu. Description géographique, précis historique, institutions sociales. — *P.*, 1867, 8°.
[8° U. 2573

Courcy (Alfred de). — L'Institution des caisses de prévoyance des fonctionnaires, employés et ouvriers. — *P.*, 1876, in-12.
[8° I. 2689

Courcy (Alfred de). — Questions de droit maritime. — *P.*, 1877-1885, 3 vol. 8°.
[8° E. 922. A

Courcy (Alfred de). — Les sociétés étrangères d'assurances sur la vie. Autorisation et surveillance. — *P.*, 1883, 8°.
[8° E. 923

Couret (Mlle). — Lectures pour les jeunes filles. Le château du bonheur. — *Toulon*, 1874, in-12.
[8° O. 1409

Courier (P.-L.). — Œuvres complètes. — *Bruxelles*, 1828, 4 vol. 8°.
[8° O. 1410-13

Cournot (Antoine-Augustin). — Traité élémentaire de la théorie des fonctions et du calcul infinitésimal. — *P.*, 1841, 2 vol. 8°.
[8° I. 2690-91

Courret (Charles). — A l'Est et à l'Ouest dans l'Océan Indien. Dessins et carte.— *P.*, 1884, in-18.
[8° U. 2574

Courrier (Le) du soir. 5e année, 1882 et ann. suiv. — *P.*, gr. f°.
[Fol. U. 77

Cours d'agriculture pratique, publié par une Société d'agronomes, sous la direction de A. Ysabeau. 5e éd. — *P.*, 1881, 4 vol. in-18.
[8° I. 2692-95
I. — Premières connaissances agricoles.
II. — Végétaux cultivés.
III. — Animaux domestiques.
IV. — Économie rurale.

Cours d'instructions familières pour les dimanches. — *Lyon*, 1807, 5 vol. in-12.
[8° A. 491-95

Court (Émile). — Nouveau manuel du cocher. — *P.*, 1886, in-18.
[8° I. 2695. A

Court de Gebelin. — Le monde primitif analysé et comparé avec le monde moderne. — *P.*, 1773-1782, 9 vol. 4°.
[4° O. 231-39

Courtaud-Divernaresse (J.-J.). — Grammaire grecque. 6e éd. — *P.*, 1840, 8°.
[8° O. 1414

Courtois (Alph.). — Des opérations de Bourse. Manuel des fonds publics et des sociétés par actions dont les titres se négocient dans les Bourses françaises. 4e éd. — *P.*, 1861, in-12.
[8° I. 2696

Courtois fils (Alph.). — L'Économie politique en une leçon (8 avril 1881). Éloge de J.-B. Say (1ᵉʳ mars 1867). Extraits du « Journal des économistes ». — P., 1881, 8°.

[8° I. 2697

Courtois fils (Alph.). — Manuel des fonds publics et des sociétés par actions. 8ᵉ éd. — P., 1883, 8°.

[8° I. 2698

Courtois fils (Alph.). — Publicistes et économistes contemporains. Histoire des banques en France. 2ᵉ éd., avec un portrait de Law. — P., 1881, 8°.

[8° U. 2575

Courtois fils (Alph.). — Tableaux des cours des principales valeurs négociées et cotées du 17 janvier 1797 à nos jours. 3ᵉ éd. — P., 1877, 8° oblong.

[8° I. 2699

Courtois (E.-B.). — Convention nationale. Rapport au nom des Comités de salut public et de sûreté générale, sur les événements du 9 Thermidor, an II. — P., an IV, 8°.

[8° U. 2576

Courtois (E.-B.). — Rapport fait au nom de la Commission chargée de l'examen des papiers trouvés chez Robespierre. — P., an III, 8°.

[8° U. 2577

Courtois-Gérard. — Manuel pratique de culture maraîchère. — P., 1844, in-12.

[8° I. 2700

Courtois-Gérard. — Manuel pratique de jardinage. 3ᵉ éd. — P., 1848, in-12.

[8° I. 2701

Courty (A.). — Traité pratique des maladies de l'utérus, des ovaires et des trompes. 2ᵉ éd. — P., 1872, 8°.

[8° I. 2702

Cousin (Jules). — Notice sommaire des monuments et objets divers relatifs à l'histoire de Paris et de la Révolution française exposés au Musée Carnavalet. 5ᵉ éd. — Orléans, juin 1883, in-18.

[8° U. 2578

Cousin (Jules). — De l'organisation et de l'administration des bibliothèques publiques et privées. Manuel théorique et pratique du bibliothécaire. Ouvrage suivi d'un appendice contenant les arrêtés, règlements relatifs aux bibliothèques et accompagné de fig. — P., 1882, 8°.

[8° I. 2703

Cousin (Victor). — Des Pensées de Pascal. — P., 1844, 8°. [8° I. 2704

Cousin (Victor). — Du vrai, du beau et du bien. 7ᵉ éd. — P., 1858, in-12.

[8° I. 2705

Cousin (Victor). — Histoire générale de la philosophie. 4ᵉ éd. — P., 1861, 8°.

[8° I. 2706

Cousin (Victor). — Madame de Chevreuse. Nouvelles études. 2ᵉ éd. — P., 1862, 8°.

[8° U. 2579

Cousin (Victor). — Madame de Hautefort. Études. 2ᵉ éd. — P., 1868, 8°.

[8° U. 2580

Cousin (Victor). — La Jeunesse de Madame de Longueville. 6ᵉ éd. — P., 1868, 8°.

[8° U. 2581

Cousin (Victor). — Madame de Longueville pendant la Fronde. 3ᵉ éd. — P., 1867, 8°.

[8° U. 2582

Cousin (Victor). — La Jeunesse de Mazarin. — P., 1865, 8°.

[8° U. 2583

Cousin (Victor). — Jacqueline Pascal. — Premières études sur les femmes illustres et la société du XVIIᵉ siècle. 4ᵉ éd. — P., 1861, 8°.

[8° U. 2584

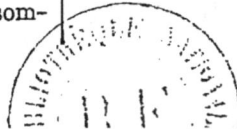

Cousin (Victor). — Madame de Sablé. Études. 2ᵉ éd. — *P.*, 1859, 8°.
[8° U. 2585

Cousin-Despréaux (Louis). — Le livre de la nature, refondu par Desdouits. 3ᵉ éd. — *P.*, 1844, 4 vol. in-12.
[8° I. 2707-10

Coussemaker (Charles-Edmond-Henri de). — L'art harmonique aux XIIᵉ et XIIIᵉ siècles. — *P.*, 1865, 4°.
[4° I. 561

Coutance (A.). — La Fontaine et la philosophie naturelle.—*P.*, 1882, 8°.
[8° O. 1415

Coutance (A.). — La lutte pour l'existence. — *P.*, 1882, 8°.
[8° I. 2711

Coutaret (Dr C.-L.). — Essai sur les dyspepsies. Digestions artificielles des substances féculentes. — *P.*, 1870, 8°.
[8° I. 2712

Coutume du duché d'Anjou, réduite en 12 parties, par Baltasard Durson. — *Châteaugontier*, 1733, in-12.
[8° E. 924

Coutumes générales d'Artois, avec des notes par Adrien Maillart. — *P.*, 1704, 4°.
[4° E. 97

Coutumes locales des villes et cité d'Arras, Lens, pays de l'Alloeu et Bapaume. —*P.*, 1746, 4°. [4° E. 98

Coutumes du haut et bas pays d'Auvergne, avec la paraphrase de Jean de Basmaison Pougnet. 4ᵉ éd., augmentée par Guillaume. —*Clermont*, 1667, 4°.
[4° E. 99

Coutumes générales du bailliage du Bassigny, rédigées par les trois États d'icelui, convoqués à cet effet par Ordonnance de Charles, duc de Calabre, Lorraine, etc. — *Pont-à-Mousson*, 1607, 4°.
[4° E. 100

Coutumes générales du pays et comté de Blois, avec notes de Charles Du Moulin. — *Orléans*, 1609, in-12.
[8° E. 925

Coutumes générales de Bordeaux. — *Bordeaux*, 1576, 4°.
[4° E. 101

Coutume (La) générale du pays de Bourbonnais. — *Moulins*, 1638, in-32.
[8° E. 926

Coutume du duché de Bourgogne, enrichie de commentaires, par Begat et Depringle. — *Lyon*, 1652, 4°.
[4° E. 102

Coutumes générales du pays de Bretagne, réformées en 1580, par B. d'Argentré. 3ᵉ éd.— *Nantes*, 1602, 4°.
[4° E. 103

Coutume de Bretagne, avec des explications sur chaque article, par René de La Bigotière. — *Rennes*, 1720, 2 tom. en 1 vol. in-12.
[8° E. 927

Coutumes générales du pays et duché de Bretagne, avec les notes de Pierre Hévin et de Charles Du Moulin. — *Rennes*, 1745-1748, 3 vol. 4°.
[4° E. 104-106

Coutumes de Chartres, annotées par M. I. Covart. — *P.*, 1630, 8°.
[8° E. 928

Coutumes générales et Lois municipales du bailliage de Chaulmont en Bassigny et ancien ressort, corrigées, interprétées et annotées par Jean Gousset. — *P.*, 1579, 4°. [4° E. 107

Coutumes (Les) de la Marche, expliquées par Barthélemy Jabely. — *P.*, 1744, in-12.
[8° E. 929

Coutumes du bailliage de Melun, avec des observations nouvelles, par L. Alph. Sevenet. — *Sens*, 1768, 4°.
[4° E. 108

Coutume de Normandie. — Texte avec des notes, par N... — *P.*, 1765, in-12. [8° **E. 930**

Coutumes des duché, bailliage et prévôté d'Orléans , avec les notes de H.Fournier, de Du Moulin. — *Orléans*, 1740, 2 vol. in-12. [8° **E. 931-32**

Coutumes du comté et pays de Poitou avec les annotations sommaires par Jacques Barrand. — *Poitiers*, 1625, 4°. [4° **E. 109**

Coutumes de la cité et ville de Reims, rédigées par feu messire Christophe de Thou, président, Barthélemy Faye et Jacques Viole. — *Reims*, 1627, in-32. [8° **E. 933**

Coutumes du bailliage de Senlis, avec des remarques particulières, par Jean-Marie Ricard. — *P.*, 1664, 4°. [4° **E. 110**

Coutumes du bailliage de Sens et anciens ressorts d'icelui. — *Sens*, 1556, 4°. [4° **E. 111**

Coutumes du duché et bailliage de Touraine, avec les annotations de maître Estienne Pallu.— *Tours*, 1661, 4°. [4° **E. 112**

Coutumes (Les) du bailliage de Troyes en Champagne, avec annotations, par Pierre Pithou. — *Troyes*, 1609, 4°. [4° **E. 113**

Coutumes générales du bailliage de Vermandois, avec commentaires, par Jean-Baptiste Buridan. — *Reims*, 1630, 4°. [4° **E. 114**

Couturier (Jean). — Catéchisme dogmatique et moral. 8ᵉ éd. — *Dijon*, 1839, 4 vol. in-12. [8° **A. 496-99**

Couvidou (H.). — Voyage à travers l'isthme. Itinéraire du canal de Suez. — *Port-Saïd*, 1875, in-16. [8° **U. 2586**

Coxe (William). — Histoire de la maison d'Autriche (1218-1792), trad. de l'anglais par P.-F. Henry. — *P.*, 1810, 5 vol. 8°. [8° **U. 2587-91**

Craon (Princesse de). — Thomas Morus. 3ᵉ éd. — *P.*, 1834, 2 vol. 8°. [8° **O. 1416-17**

Cratiunesco (Jean).— Le peuple roumain, d'après ses chants nationaux. — *P.*, 1874, 8°. [8° **U. 2592**

Craven (Mᵐᵉ Augustus). — Le mot de l'énigme. 11ᵉ éd. — *P.*, 1877, 2 vol. in-18. [8° **O.1418-19**

Craven (Mᵐᵉ Augustus). — Récit d'une sœur. Souvenirs. 14ᵉ éd. — *P.*, 1868, 2 vol. in-12. [8° **U. 2593-94**

Craven (Mᵐᵉ Augustus). — La Sœur Natalie Narischkin, fille de la Charité de Saint-Vincent-de-Paul. 4ᵉ éd.—*P.*, 1877, in-12. [8° **U. 2595**

Crayon (Geoffroy). — Historiettes d'un voyageur. — *P.*, 1825, 4 vol. in-12. [8° **O. 1420-23**

Crébillon. — Œuvres. — *P.*, 1822, 3 vol. in-12. [8° **O. 1424-26** (Répertoire général du théâtre français.)

1824. — Œuvres. Précédées de son éloge historique, par d'Alembert. — *P.*, 2 vol. 8°. [8° **O.1427-28**

Créhange (Gaston).— Histoire de la Russie, depuis la mort de Paul 1ᵉʳ jusqu'à nos jours. — *P.*, 1882, in-18. [8° **U. 2596**

Crémieux (Ad.). — En 1848. Discours et lettres. — *P.*, 1883, in-18. [8° **U. 2597**

Créquy (Marquise de). — Souvenirs. Nouv. éd. — *P.*, 10 t. en 5 vol. in-12. [8° **U. 2598-2602**

Cretin (C.). — Du contentieux administratif et de la jurisprudence du Conseil d'État en matières militaires. — *P.*, 1884, 8°. [8° **E. 933+A**

Crétineau-Joly (J.). — Histoire de la Vendée militaire. 2ᵉ éd. — P., 1843, 4 vol. in-18.   [8° U. 2603-6

Crétineau-Joly (J.). — Histoire religieuse, politique et littéraire de la Compagnie de Jésus.—P., 1844-1846, 6 vol. 8°.   [8° U. 2607-12

Creuzot. — Écoles. Exposition de 1878.—(S. l.), 1878, gr. f°. [Fol. I. 48

Crevier. — Histoire des empereurs romains. — Toulouse, 1828, 12 vol. in-12.   [8° U. 2613-24

Crî-Harcha-Deva. — Mâgânanda. La Joie des serpents, drame bouddhique attribué au roi Crî-Harcha-Deva, trad. du sanskrit et du prâkrit, par Albert Bergaigne. — P., 1879, in-18.   [8° O. 1429

Crisenoy (Jules de). — Scènes de la vie maritime. De Rochefort à Cayenne, journal du capitaine de l'Économe, illustré par Pierre de Crisenoy. — P., 1883, 8°.   [8° U. 2625

Croiset (Jean). — Exercices de piété pour tous les dimanches.—Lyon, 1721, 5 vol. in-12.   [8° A. 500-504

Croiset (Maurice). — Essai sur la vie et les œuvres de Lucien. — P., 1882, 8°.   [8° O. 1430

Croissy (T. de). — Dictionnaire municipal. Manuel des maires, contenant, par ordre alphabétique, les dispositions des lois, décrets, etc. Nouv. éd. — P., 1886, 2 vol. 8°.   [8° E. 933. A

Croisette-Desnoyers (Ph.). — Notice sur les travaux publics en Hollande. Texte et planches. — P., 1874, 2 vol. gr. 4°.   [Fol. I. 49-50

Croos (P. de). — Code rural. Régime du sol. Police rurale. Régime des eaux. — P., 1882, 2 vol. in-18.   [8° E. 934-35

Cros (Henry), Henry (Charles). — L'encaustique et les autres procédés de peinture chez les anciens. Histoire et technique. — P., 1884, 8°.   [8° I. 2712. A

Crouet (H.). — Traité du recouvrement des amendes, des frais de justice, etc. — P., 1874, 8°.   [8° E. 936

Crozals (J. de). — Histoire de la civilisation depuis les temps antiques jusqu'à Charlemagne. — P., 1885, in-18.   [8° U. 2625. A

Crozes (Hippolyte). — Monographie de la cathédrale de Sainte-Cécile d'Albi. 4ᵉ éd. — Toulouse, 1873, in-18.   [8° U. 2626

Crozes (Hippolyte). — Répertoire archéologique du département du Tarn. — P., 1865, 4°.   [4° U. 481

Cruveilhier (Jean). — Anatomie descriptive. — P., 1834, 4 vol. 8°.   [8° I. 2713-16

Cruzada Villaamil. — Rubens diplomático español.— Madrid, (s. d.), in-18.   [8° U. 2627

Cruzel (J.). — Traité pratique des maladies de l'espèce bovine. 2ᵉ éd., par F. Peuch, avec fig. — P., 1883, 8°.   [8° I. 2717

Cucheval-Clarigny. — Essai sur l'amortissement et sur les emprunts d'États.— P., 1886, 8°.   [8° I. 2717. A

Cucheval-Clarigny. — Les finances de l'Italie, 1866-1885. — P., 1886, 8°.   [8° U. 2627. A

Cucheval-Clarigny. — L'instruction publique en France. — P., 1883, 8°.   [8° I. 2718

Cui (César). — La musique en Russie.— P., 1880, 8°.   [8° I. 2719

Cuisinière (La) de la campagne et de la ville, par L. E. A. 34ᵉ éd. — *P.*, 1854, in-12. [8° I. 2720

Cuissart (E.). — Méthode Cuissart. Enseignement pratique et simultané de la lecture, de l'écriture et de l'orthographe. — *P.*, 1882, 2 vol. in-12. [8° O. 1431-32
I. — 1ᵉʳ livret. Études des lettres et de leurs combinaisons simples.
II. — 2ᵉ livret. Études des sons et des articulations composés.

Cujas (Jacques). — Opera omnia. — *Lugduni*, 1606, 4 vol. f°. [Fol. E. 15-17

Cujas (Jacques). — Operum postumorum quæ reliquit tomus (1-4). — *Lutetiæ*, 1617, 4 vol. f°. [Fol. E. 18-21

Cullerre (Dʳ A.). — Magnétisme et hypnotisme. Exposé des phénomènes observés pendant le sommeil nerveux provoqué, au point de vue clinique, psychologique, thérapeutique et médico-légal, avec un résumé historique du magnétisme animal. 23 fig. — *P.*, 1886, in-18. [8° I. 2720. A

Culley (R.-S.). — Manuel de télégraphie pratique, trad. de l'anglais sur la 7ᵉ éd. par Henri Berger et Paul Bardonnaut. — *P.*, 1882, 8°. [8° I. 2721

Cumberland (Richard). — The Carmelite, a tragedy. — *London*, 1791, in-18. [8° O. 1432 + A

Cumberland (Richard). — The West Indian, a comedy in five acts. — *Edinburgh*, 1814, in-18. [8° O. 1432. A

Cunningham (Allan). — The life of David Wilkie. — *London*, 1843, 3 vol. 8°. [8° U. 2628-30

Curasson (Jacques). — Traité de la compétence des juges de paix. 2° éd. — *Dijon*, 1841, 2 vol. 8°. [8° E. 937-38

Curé (Le) et le Pasteur, par Irma S. — *P.*, 1879, in-18. [8° A. 506

Curel (Léonce de). — Manuel du chasseur au chien d'arrêt, suivi de la loi sur la chasse. 2ᵉ éd. — *Metz*, 1858, 8°. [8° I. 2722

Curicque (Abbé J.-M.). — Voix prophétiques, ou signes, apparitions et prédictions modernes. 5ᵉ éd. — *P.*, 1872, 2 vol. in-18. [8° U. 2631-32

Curie (J.). — Nouvelle théorie de la poussée des terres et de la stabilité des murs de revêtement. — *P.*, 1870, 8°. [8° I. 2723

Curiosités anecdotiques, philologiques, géographiques et ethnologiques, par une société de gens de lettres et d'érudits. — *P.*, 1855, 2 vol. in-12. [8° O. 1433-34

Curiosités de l'archéologie et des beaux-arts. — *P.*, 1855, in-16. [8° I. 2724

Curiosités des inventions et découvertes. — *P.*, 1855, in-16. [8° I. 2725

Curiosités historiques, par une société de gens de lettres et d'érudits. — *P.*, 1855, in-16. [8° U. 2633

Curiosités judiciaires, historiques et anecdotiques, recueillies et mises en ordre par B. Warée. — *P.*, 1859, in-16. [8° E. 938. A

Curiosités militaires, par une société de gens de lettres et d'érudits. — *P.*, 1855, in-16. [8° U. 2634

Curiosités théologiques, par Un bibliophile. — *P.*, 1861, in-16. [8° A. 507

Currel-Bell. — Jane Eyre, trad. par Mme Lesbazeilles-Souvestre. — *P.*, 1860, 8°. [8° O. 1435

Currer-Bell. — Le Professeur, trad. par Henriette Loreau. — *P.*, 1864, 8°. [8° O. 1436

Curtius (George). — Grammaire grecque classique, trad. de l'allemand par P. Clairin. — *P.*, 1884, 8°. [8° O. 1437

Cust (Robert). — Les religions et les langues de l'Inde. — *P.*, 1880, in-18. [8° U. 2635

Custance (Georges). — Tableau de la constitution du royaume d'Angleterre. — *P.*, 1817, 8°. [8° U. 2636

Custine (De). — L'Espagne sous Ferdinand VII. — *Bruxelles*, 1838, 4 vol. in-12. [8° U. 2637-40

Custine (De). — La Russie en 1839. 2e éd.—*P.*, 1843, 4 vol. in-12. [8° U. 2641-44

Cuvier (Charles). — Cours d'études historiques au point de vue philosophique et chrétien. 6e et dernière série.—*P.*, 1880, in-18. [8° U. 2645

Cuvier (Georges), Brongniart (Alex.). — Description géologique des environs de Paris. Nouv. éd. — *P.*, 1822, 4°. [4° I. 562

Cuvier (Georges). — Discours sur les révolutions du globe, avec des notes et un appendice, par le D^r Hœfer. — *P.*, 1856, in-18. [8° I. 2726

Cuvier (Georges). — Éloges historiques, précédés de l'éloge de l'auteur, par M. Flourens. — *P.*, (s. d.), 8°. [8° U. 2646

Cuvier (Georges). — Histoire des sciences naturelles depuis leur origine jusqu'à nos jours, publiée par M. Magdeleine de Saint-Agy. — *P.*, 1841, 3 vol. 8°. [8° I. 2727-29

Cuvier (Georges), Valenciennes.—Histoire naturelle des poissons. — *P.*, 1828-1849, 22 vol. 8° et 5 vol. de planches. [8° I. 2730-56

Cuvier (G.). — Le règne animal distribué d'après son organisation. — *P.*, 1849, 22 vol. 4°. [4° I. 563-84

Cuvillier-Fleury.—La Réforme universitaire. Lettre. — *P.*, 1873, in-12. [8° U. 2647

Cyclopaedia (The) of education; a dictionary of information for the use of teachers, school officers, parents and others; edited by Henry Kiddle and Alexander J. Schem. — *New-York*, 1877, 4°. [4° I. 585

Cyrille (Saint). — Opera omnia, additis quibusdam opusculis per Gentianum Hervetum. — *P.*, 1572, f°. [Fol. A. 55

Dabry de Thiersant (P.).—De l'origine des Indiens du Nouveau-Monde et de leur civilisation. — *P.*, 1883, 4°. [4° U. 482

Dabry de Thiersant (P.). — La piété filiale en Chine. 25 vign. chinoises. — *P.*, 1877, in-18. [8° U. 2648

Daclon (F.). — Aide-mémoire du sous-officier d'infanterie en campagne et aux manœuvres. 2e éd. — *P.*, 1886, in-18. [8° I. 2756. A

Dabry de Thiersant (P.). — La solution de la question du Tonkin au point de vue des intérêts français. — *P.*, 1885, 8°. [8° U. 2648. A

Dændliker (Dr K.). — Histoire du peuple suisse, trad. de l'allem. par Mme Jules Favre, née Velten, et précédée d'une introduction de M. Jules Favre. — *P.*, 1879, 8°. [8° U. 2649

Daguin (Pierre-Adolphe). — Traité élémentaire de physique théorique et expérimentale. 3e éd. — *Toulouse*, 1867-1868, 4 vol. 8°. [8° I. 2757-60

Daireaux (Émile). — Buenos-Ayres, la Pampa et la Patagonie. — Études, races, mœurs et paysages, industrie, finances et politique. 2ᵉ éd. — *P.*, 1881, in-18.   [8° U. 2650

Dallaway. — Les beaux-arts en Angleterre. Augmenté et publié par A.-L. Millin.— *P.*, 1807, 2 vol. 8°.   [8° I. 2761-62

Dalloz. — Jurisprudence générale. Répertoire méthodique et alphabétique de législation, de doctrine et de jurisprudence. — *P.*, 1846-64, 47 vol. 4°.   [4° E. 115-161

Dalloz. — Jurisprudence générale du royaume. — Recueil périodique et critique de jurisprudence, de législation et de doctrine, en matière civile et commerciale. — *P.*, 1845 et années suiv., 4°.   [4° E. 162

Dally (A.). — Les armées étrangères en campagne. Leur formation, leur organisation, leurs effectifs et leurs uniformes. 80 grav. — *P.*, 1885, in-16.   [8° I. 2763

Dalmas (Raymond de). — Les Japonais, leur pays et leurs mœurs. Voyage autour du monde; préface de Henri Duveyrier, grav. et 1 carte. — *P.*, 1885, in-16.   [8° U. 2651

Dalrymple (Jean). — Mémoires de la Grande-Bretagne et de l'Irlande, depuis la dissolution du dernier Parlement de Charles II jusqu'à la bataille navale de La Hogue; trad. de l'anglais. — *Londres*, 1775, 2 vol. 8°.   [8° U. 2652-53

Dalsème (J.). — La Monnaie. Histoire de l'or, de l'argent et du papier. — *P.*, 1882, in-16.   [8° I. 2764

Dalsème (A.-J.). — Paris sous les obus. — *P.*, 1883, 8°.   [8° U. 2654

Damaschino (F.). — Maladies des voies digestives, leçons recueillies par M. Letulle. 2ᵉ tirage. — *P.*, 1886, 8°.   [8° I. 2764. A

Damaschino (P.). — Traité des magasins généraux (docks) et des ventes publiques de marchandises en gros, avec une introduction par Maurice Block.— *P.*, 1860, 8°.   [8° I. 2765

Damas-Hinard (Jean-Joseph-Stanislas-Albert). — Napoléon. Ses opinions et ses jugements.—*P.*, 1838, 2 vol. 8°.   [8° U. 2655-56

Dameth (Claude-Marie dit Henri). — Le Juste et l'Utile, ou Rapports de l'économie politique avec la morale. *P.*, 1859, 8°.   [8° I. 2766

Dampier (Guill.).—Nouveau voyage autour du monde.—*Amsterdam*, 1711-1712, 5 vol. in-12.   [8° U. 2657-61

Dampmartin (Vᵗᵉ Henri). — Mémoires sur la Révolution et l'émigration. —*P.*, 1825, 2 vol. 8°.   [8° U. 2662-63

Dana (J.-D.). — Manuel du géologue. Trad. et adapté de l'anglais par W. Houtlet. 363 fig. — *P.*, (s. d.), in-18.   [8° I. 2767

Dandolo (Cᵗᵉ Vincent). — L'art d'élever les vers à soie, traduit de l'italien par Philibert Fontaneilles. 5ᵉ éd. — *P.*, 1839, 8°.   [8° I. 2768

Dangeau (Marquis de). —Abrégé des Mémoires ou Journal du Mⁱˢ Dangeau, avec les notes historiques et critiques et un abrégé de l'histoire de la Régence, par Mᵐᵉ de Genlis. — *P.*, 1817, 4 vol. 8°.   [8° U. 2664-67

Danhauser (A.). — Abrégé de la théorie de la musique. 5ᵉ éd. — *P.*, 1883, in-12.   [8° I. 2769

Daniel (André). — L'année politique. — *P.*, 1874 et années suivantes, in-12.   [8° U. 2668

Daniel (G.). — Histoire de France depuis l'établissement de la monarchie française dans les Gaules.— *P.*, 1755-1757, 17 vol. 4°.   [4° U. 483-499

Daniel (G.). — Histoire de la milice française. — *P.*, 1721, 2 vol. 4°.   [4° U. 500-501

Dante Alighieri. — La Divina Commedia. — *Milano*, 1809, in-18.
[8° O. 1438

Dante Alighieri. — L'Enfer, le Purgatoire et le Paradis, trad. par A.-F. Artaud, texte en regard. 2ᵉ éd. — *P.*, 1828-1830, 6 t. en 3 vol. in-32.
[8° O. 1439-41

Dante Alighieri. — La Divine Comédie, traduction par Pier-Angelo Fiorentino. 6ᵉ éd. — *P.*, 1858, in-18.
[8° O. 1442

Dantès (Alfred). — Dictionnaire biográphique et bibliographique, alphabétique et méthodique des hommes les plus remarquables. — *P.*, 1875, gr. 8°.
[4° U. 502

Dantès (Alfred). — Tables biographiques et bibliographiques des sciences, des lettres et des arts. — *P.*, 1866, 8°.
[8° U. 2669

Dantès (Alfred). — Tablettes chronologiques et alphabétiques des principaux événements de l'histoire du monde. — *P.*, 1876, in-16.
[8° U. 2670

Darboy (Georges). — Jérusalem et la Terre-Sainte. — *P.*, (s. d.), 4°.
[4° U. 503

Darboy (Georges). — Les Saintes Femmes. — *P.*, 1852, 4°.
[4° U. 504

Darche (Jean). — Saint Georges martyr, patron des guerriers; vie, passion, protection et culte.—*P.*,1866, in-18.
[8° U. 2671

Darcy (Henry), Bazin (H.). — Recherches hydrauliques. —*P.*, 1865, 4° et un atlas f°.
[4° I. 586
[Fol. I. 51

Dareste (Rodolphe). — Code des pensions civiles. 2ᵉ éd.— *P.*, 1858, in-12.
[8° E. 939

Dareste de la Chavanne (C.). — Histoire de France, depuis les origi-

nes jusqu'à nos jours.—*P.*, 1867-1875, 8 vol. 8°.
[8° U. 2672-79

Dareste de la Chavanne (C.). — Histoire de l'administration en France et des progrès du pouvoir royal depuis le règne de Philippe-Auguste jusqu'à la mort de Louis XIV. — *P.*, 1848, 2 vol. 8°.
[8° U. 2680-81

Darmesteter, Hatzfeld. — Morceaux choisis des principaux écrivains en prose et en vers du XVIᵉ siècle. — *P.*, 1876, in-18.
[8° O. 1443

Darmesteter (A.), Hatzfeld. — Le XVIᵉ siècle en France. Tableau de la littérature et de la langue, suivi de morceaux en prose et en vers. 2ᵉ éd. — *P.*, 1883, in-18.
[8° O. 1444

Darquer (Charles). — Des contrats par correspondance. — *P.*, 1885, 8°.
[8° E. 940

Darras (J.-E.). — Histoire générale de l'Église. 3ᵉ éd. — *P.*, 1857, 4 vol. 8°.
[8° U. 2682-85

Daru (P.). — Histoire de la République de Venise. 2ᵉ éd. — *P.*, 1821, 8 vol. 8°.
[8° U. 2686-93

Darwin (Charles). — La descendance de l'homme et la sélection sexuelle. Traduit par Edmond Barbier, d'après la seconde édition anglaise. Préface par Carl Vogt. 3ᵉ éd. française.—*P.*,1881, 8°.
[8° I. 2770

Darwin (Charles). — Des différentes formes de fleurs dans les plantes de la même espèce. Ouvrage traduit de l'anglais et annoté par le Dʳ Édouard Heckel, précédé d'une préface analytique du profᵉ Coutance, avec 15 gr. — *P.*, 1878, 8°.
[8° I. 2771

Darwin (Charles). — Des effets de la fécondation croisée et de la fécondation directe dans le règne végétal. Ouvrage traduit de l'anglais par le Dʳ Édouard Heckel. — *P.*, 1877, 8°.
[8° I. 2772

Darwin (Charles). — L'expression des émotions chez l'homme et les animaux. Traduit de l'anglais par les docteurs Samuel Pozzi et René Benoît, avec 21 grav. sur bois et 7 planches photographiées. 2e éd. — *P.*, 1877, 8°.
[8° I. 2773

Darwin (Charles). — La faculté motrice dans les plantes, avec la collaboration de Fr. Darwin fils. Ouvrage traduit de l'anglais, annoté et augmenté d'une préface, par le Dr Édouard Heckel. — *P.*, 1882, 8°.
[8° I. 2774

Darwin (Charles). — De la fécondation des orchidées par les insectes et des bons résultats du croisement. Traduit de l'anglais, par L. Rérolle, avec 34 gravures. — *P.*, 1870, 8°.
[8° I. 2775

Darwin (Charles). — Les mouvements et les habitudes des plantes grimpantes. Ouvrage traduit de l'anglais sur la 2e éd., par le Dr Richard Gordon, avec 13 fig. — *P.*, 1877, 8°.
[8° I. 2776

Darwin (Charles). — De l'origine des espèces. Traduit de l'anglais sur la 3e éd. par Mlle Clémence - Auguste Royer. — *P.*, 1862, in-12.
[8° I. 2777

Darwin (Charles). — Les plantes insectivores. Ouvrage trad. de l'anglais, par Ed. Barbier, précédé d'une introduction biographique et augmenté de notes complémentaires par Charles Martins. 30 fig. — *P.*, 1877, 8°.
[8° I. 2778

Darwin (Charles). — Rôle des vers de terre dans la formation de la terre végétale. Traduit de l anglais, par M. Lévêque. Préface de M. Edmond Perrier, avec 15 gravures sur bois. — *P.*, 1882, 8°. [8° I. 2779

Darwin (Charles). — De la variation des animaux et des plantes à l'état domestique. Traduit sur la 2e édition anglaise, par Ed. Barbier, préface de Carl Vogt, avec 43 grav.— *P.*, 1879-1880, 2 vol. 8°. [8° I. 2780-81

Daryl (Philippe). — La vie partout. Le monde chinois. — *P.*, 1885, in-18.
[8° U. 2693. A

Daryl (Philippe). — La vie partout. La vie publique en Angleterre. — *P.*, (s. d.), in-18. [8° U. 2694

Dauban (C.-A.). — Histoire du règne de Louis-Philippe 1er et de la seconde République.—*P.*, 1872, in-12.
[8° U. 2695

Daubenton. — Instruction pour les bergers et les propriétaires de troupeaux. 5e éd. — *P.*, an X, 8°.
[8° I. 2782

Daubigny, Freeman. — Guide illustré du voyageur à Londres. — *P.*, 1851, in-12. [8° U. 2696

Daubry (J.) — De l'amélioration de la condition des classes laborieuses et des classes pauvres en Belgique. — *Bruxelles.*, 1885, in-18.
[8° I. 2782. A

Dauby (J.).—Des grèves ouvrières. Nouv. éd. — *Bruxelles*, 1884, in-18.
[8° I. 2783

Daudet (Ernest). — Les grands épisodes de la monarchie constitutionnelle. Le procès des ministres (1830). — *P.*, 1877, 8°. [8° U. 2697

Daudet (Ernest). — Histoire de la Restauration (1814-1830).— *P.*,1882, in-16. [8° U. 2698

Daudet (Ernest). — Le Ministère de M. de Martignac, sa vie politique et les dernières années de la Restauration. — *P.*, 1875, 8°. [8° U. 2699

Daudet (Ernest). — Mon frère et moi, souvenirs d'enfance et de jeunesse. 3e éd. — *P.*, 1882, in-16.
[8° U. 2700

Daudin (H.).—Le nouveau théâtre d'agriculture, ou description raisonnée des travaux nécessaires à la culture des terres, accompagnée d'une étude rai-

sonnée des auteurs latins qui ont écrit sur l'agriculture. — *P.*, 1864, 8°.
[8° I. 2784

Daumas. — Les chevaux du Sahara. 2° éd., augmentée de documents par Abd-el-Kader. — *P.*, 1853, 8°.
[8° I. 2785

Daumas. — Mœurs et coutumes de l'Algérie. — *P.*, 1853, 8°.
[8° U. 2701

Daumas. — Le Sahara algérien, études sur la région au sud des établissements français. — *P.*, 1845, 8°.
[8° U. 2702

Daunou. — Essai historique sur la puissance temporelle des Papes. Ouvrage traduit de l'espagnol. 2° éd. — *P.*, 1810, 8°.
[8° U. 2703

Dauphin (H.). — Vie du Dante. Analyse de la divine Comédie. — *P.*, 1869, 8°.
[8° U. 2704

Dauphin (Léopold). — Petite anthologie des maîtres de la musique, depuis 1633 ; 71 morceaux pour voix d'enfants. 50 grav. 2° éd. — *P.*, 1887, 4°.
[4° I. 586. A

Dausse. — Études relatives aux inondations et à l'endiguement des rivières. — *P.*, 1872, 4°.
[4° I. 587

Dautresme (David). — De la pratique des impôts. Conseils aux contribuables. — *P.*, 1885, 8°.
[8° E. 941

Dauvert (Paul). — Les Conseils de préfecture; procédure, travaux, législation. — *P.*, 1881, 8°.
[8° E. 942

Davanne (A.). — Association scientifique de France. La photographie appliquée aux sciences. Conférence faite à la Sorbonne, le 26 février 1881. — *P.*, 1881, 8°.
[8° I. 2786

Davenne (H.-J.-B.). — Législation et principe de la voirie urbaine. — *P.*, 1849, 8°.
[8° E. 943

Davenne (H.-J.-B.). — Régime administratif et financier des communes. Nouv. éd. — *P.*, 1844, 8°.
[8° E. 944

Davesiès de Pontès (Lucien). — Études sur l'Angleterre. 2° éd. — *P.*, 1867, in-12.
[8° U. 2705

David (Ernest). — La vie et les œuvres de Jean-Sébastien Bach. — *P.*, 1882, in-18.
[8° U. 2706

Davillier (Baron). — Les origines de la porcelaine en Europe. Les fabriques italiennes du XV° au XVII° siècle, avec une étude spéciale sur les porcelaines des Médicis, d'après des documents inédits. — *P.*, 1882, f°.
[Fol. I. 51 + A

Davout (Maréchal). — Correspondance. Ses commandements, son ministère (1801-1815), avec introduction et notes, par Ch. de Mazade. — *P.*, 1885, 4 vol. 8°.
[8° U. 2706. A

Day (R.-E.). — La lumière électrique, sous forme d'exemples pratiques. Traduit de l'anglais par G. Foussat et A. Paul. — *P.*, 1884, in-18.
[8° I. 2787

Débats publics sur la procédure instruite contre les prévenus de l'assassinat de M. Fualdès. — *Toulouse*, 1818, 8°.
[8° E. 945

Debauve. — Guide du conducteur des Ponts et Chaussées et du garde-mines. Ouvr. entièrement conforme au nouv. programme du 7 sept. 1880. — *P.*, 1881, 2 vol. 8°.
[8° I. 2788-89

Debeauvoys. — Guide de l'apiculteur. 3° éd. — *P.*, 1851, in-12.
[8° I. 2790

Deberle (Alfred). — Histoire de l'Amérique du Sud, depuis la conquête jusqu'à nos jours. — *P.*, 1876, in-12.
[8° U. 2707

Debray (Henri). — Cours élémentaire de chimie. 2° éd. — *P.*, 1865, 8°.
[8° I. 2791

Debreyne (Le P. J.-C.). — Essai sur la théologie morale, considérée dans ses rapports avec la physiologie et la médecine. 3ᵉ éd. — *P.*, 1843, 8⁰.
[8⁰ A. 508

Debreyne (Le P. J.-C.).—Pensées d'un croyant catholique ou considérations sur le matérialisme moderne, sur l'âme des bêtes, la phrénologie, le suicide, le duel et le magnétisme animal. — *P.*, 1839, 8⁰.
[8⁰ A. 509

Décade (La).—La Décade philosophique, littéraire et politique, par une société de gens de lettres.— *P.*, an II (1807), 54 vol. 8⁰. [8⁰ O. 1445-98

Décade (La). Correspondance, notes et chroniques des dix jours, publ. par la « Revue britannique ». (1ᵉʳ juill.-20 déc. 1885.) — *P.*, 1885, 8⁰.
[8⁰ O. 1499

Decaisne(Dʳ E.), **Gorecki** (Dʳ X.). —Dictionnaire élémentaire de médecine, avec fig. dans le texte. — *P.*, 1877, 8⁰.
[8⁰ I. 2792

Decaisne (J.), **Naudin** (Ch.).— Manuel de l'amateur des jardins. Traité général d'horticulture. — *P.*, (s. d.), 3 vol. 8⁰. [8⁰ I. 2793-95

Decaye (Paul). — Précis de thérapeutique chirurgicale.— *P.*,1882,in-18.
[8⁰ I. 2796

Dechy (Ed.). —Voyage en Irlande en 1846 et 1847. — *P.*, 1847, 8⁰.
[8⁰ U. 2708

Decroix (E.). — L'Ami de la maison. Entretiens sur l'hygiène. Les dangers du tabac. 2ᵉ éd. — *Bruxelles*, (s. d.), in-18. [8⁰ I. 2797

Decrue (Francis). — Anne de Montmorency, grand maître et connétable de France, à la cour, aux armées et au Conseil du roi François Iᵉʳ. — *P.*, 1885, 8⁰. [8⁰ U. 2708. A

Deffaux (Marc). — Encyclopédie des huissiers. — *P.*, 1838-1842, 4 vol. 8⁰. [8⁰ E. 946-49

Degland (C.-D.). — Ornithologie européenne. — *P.*, 1849, 2 vol. 8⁰.
[8⁰ I. 2798-99

Degousée (J.). — Guide du sondeur ou traité théorique et pratique des sondages. — *P.*, 1847, 2 vol. 8⁰ dont un atlas. [8⁰ I. 2800-801

Degouy (R.). — Étude sur les opérations combinées des armées de terre et de mer, attaque et défense. — *P.*, 1882, 8⁰. [8⁰ I. 2802

Degranges (Edmond). — Arithmétique commerciale et pratique. 6ᵉ éd. — *P.*, 1857, 8⁰. [8⁰ I. 2803

Degranges (Edmond).—La tenue des livres, ou nouveau traité de comptabilité générale. 26ᵉ éd. — *P.*, 1860, 8⁰. [8⁰ I. 2804

Degranges (Edmond). — Traité de correspondance commerciale. 6ᵉ éd. — *P.*, 1865, 8⁰. [8⁰ I. 2805

Deguin (Nicolas). — Cours élémentaire de physique. 10ᵉ éd. — *P.*, 1859, 2 vol. 8⁰. [8⁰ I. 2806-807

Deharme (E.). — Les merveilles de la locomotion. 2ᵉ éd., illustrée de 77 vignettes. — *P.*, 1881, in-18.
[8⁰ I. 2808
(Bibliothèque des Merveilles.)

Dehérain (P.-P.), **Tissandier** (G.). — Notions préliminaires de chimie. (1ʳᵉ année). — *P.*, 1867, 8⁰.
[8⁰ I. 2809

(1ʳᵉ année), 2ᵉ éd., 1868. — *P.*, 8⁰.
[8⁰ I. 2810

Dehérain (P.-P.), **Tissandier** (G.). — Éléments de chimie. (2ᵉ et 3ᵉ années.)— *P.*, 1867-1868, 2 vol. 8⁰.
[8⁰ I. 2811-12

Deherrypon (Martial). — Les merveilles de la chimie. — *P.*, 1872, in-12. [8⁰ I. 2813
(Bibliothèque des Merveilles.)

Dejean (Oscar). — Traité théorique et pratique des actions rédhibitoires dans le commerce des animaux domestiques. 4ᵉ éd., mise au courant de la jurisprudence. — P., 1885, in-18.
[8° E. 950

Dejernon (Romuald). — Les vignes et les vins de l'Algérie. — P., 1883, 8°.   [8° I. 2814

Delaborde (Vicomte Henri). — La gravure. — P., (s. d.), 8°.
[8° I. 2815

Delaborde (Vicomte Henri). — La gravure en Italie avant Marc-Antoine (1452-1505). — P., 1883, f°.
[Fol. I. 51. A

Delachenal (R.). — Histoire des avocats au Parlement de Paris (1300-1600). — P., 1885, 8°.
[8° U. 2708. B

Delacourtie (E.). — Éléments de législation commerciale et industrielle. 4ᵉ éd. — P., 1879, in-16.
[8° E. 951

Delacroix. — Le nouveau maréchal-expert. — P., 1836, in-12.
[8° I. 2816

Delafaye-Bréhier (Mᵐᵉ J.). — Les petits Béarnais. 13ᵉ éd. — P., 1865, 2 vol. 8°. [8° O. 1500-1501

Delafosse (G.). — Précis d'histoire naturelle. 6ᵉ éd. — P., 1853, in-12.
[8° I. 2817

Delagarde. — Agriculture. Les engrais perdus dans les campagnes (deux milliards par an). — Poitiers, 1866, in-12.   [8° I. 2818

Delaistre (J.-R.). — La science de l'ingénieur. 2ᵉ éd. — P., 1832, 3 vol. 4° dont un atlas.
[4° I. 588-90

Delamarche (F.). — Les usages de la sphère, des globes céleste et terrestre. 7ᵉ éd. — P., 1842, 8°.
[8° I. 2819

Delamare. — Traité de la police. 2ᵉ éd. — P., 1722-1738, 4 vol. f°.
[Fol. E. 22-25

Delamarre, **Le Poitvin**. — Traité théorique et pratique de droit commercial. Nouv. éd. — P., 1861, 6 vol. 8°.   [8° E. 952-57

Delambre (J.-B.-J.). — Histoire de l'astronomie ancienne. — P., 1817-1827, 2 vol. 4°. [4° I. 591-92

Delambre (J.-B.-J.). — Histoire de l'astronomie au moyen âge. — P., 1819, 4°.   [4° I. 593

Delambre (J.-B.-J.). — Histoire de l'astronomie moderne. — P., 1821, 2 vol. 4°.   [4° I. 594-95

Delambre. — Histoire de l'astronomie au XVIIIᵉ siècle, publiée par M. Mathieu. — P., 1827, 4°.
[4° I. 596

Delambre. — Réunion des officiers. De l'aérostation militaire. — P., 1872, in-12.   [8° I. 2820

Delambre. — Réunion des officiers. Emploi militaire des chemins de fer. — P., 1872, in-12.
[8° I. 2821

Delannoy (Émile). — L'avenir de nos enfants. — P., 1872, in-12.
[8° I. 2822

Delanox (Joseph). — Les femmes illustres de la France. 2ᵉ éd.—Limoges, (s.d.), 4°.   [4° U. 505

Delaperrière (Eugène). — Manuel de législation et d'administration militaires. Programmes développés des connaissances exigées des capitaines, lieutenants et sous-lieutenants proposés pour l'avancement. — P., 1882, 8°.
[8° E. 958

Delaporte (A.). — Les hommes noirs. — P., (s. d.), in-12.
[8° U. 2709

Delaporte (L.). — Voyage au Cambodge. L'architecture Khmer. 175 grav. et 1 carte. — *P.*, 1880, gr. 8°. [4° U. 505. A

Delarue (F.). — La nouvelle médecine domestique. — *P.*, 1832, in-12. [8° I. 2823

Delarue (F.). — Le vade-mecum. 2° éd. — *P.*, 1828, in-12. [8° I. 2824

Delatour (Albert). — Adam Smith. Sa vie, ses travaux, ses doctrines. — *P.*, 1886, 8°. [8° U. 2709. A

Delaunay (Ch.). — Cours élémentaire d'astronomie. 3° éd. — *P.*, 1860, in-12. [8° I. 2825

Delaunay (Ch.). — Cours élémentaire de mécanique théorique et appliquée. 3° éd. — *P.*, 1854, in-12. [8° I. 2826

Delaunay (Ch.). — Traité de mécanique rationnelle. 3° éd. — *P.*, 1862, 8°. [8° I. 2827

Delavigne (Casimir). — Poésies. Nouv. éd. — *P.*, 1856, in-12. [8° O. 1502

Delavigne (Casimir). — Théâtre. Nouv. éd. — *P.*, 1856, 3 vol. in-12. [8° O. 1503-05

Delboulle (A.). — Matériaux pour servir à l'historique du français. — *P.*, 1880, 8°. [8° O. 1506

Delécluse (E.-J.). — Louis David, son école, son temps. Souvenirs. — *P.*, 1855, 8°. [8° U. 2710

Delerot (E.). — Versailles pendant l'occupation, recueil de documents. — *Versailles*, 1872, 4°. [4° U. 506

Delestre (J.-B.). — Étude des passions appliquée aux beaux-arts. — *P.*, 1833, 8°. [8° I. 2828

Deleveau (P.). — La matière et ses transformations. 89 fig. — *P.*, 1882, in-18. [8° I. 2829

Delfaux (Charles). — Code-manuel des percepteurs et des receveurs-ordonnateurs des communes et des établissements de bienfaisance. — *P.*, 1882, 8°. [8° E. 959

Delforge (H.). — Traité des constructions rurales, contenant vues, plans, coupes, élévations, détails et devis des bâtiments de ferme. — *Liège*, 1867, f°. [Fol. I. 52

Delille (François). — Principes et problèmes d'arithmétique et de système métrique. 6° éd. — *P.*, 1856, in-12. [8° I. 2830

Delioux de Savignac (J.). — Traité de la dysentérie. — *P.*, 1863, 8°. [8° I. 2831

Delisle (A.), Gérono. — Éléments de trigonométrie. 2° éd. — *P.*, 1848, 8°. [8° I. 2832

Delisle (Léopold). — Bibliothèque Nationale. Rapport sur les collections du département des Imprimés. — *P.*, 1885, 8°. [8° U. 2710. A

Delisle (Léopold). — Catalogue des Actes de Philippe-Auguste, avec introduction sur les sources, les caractères et l'importance historique de ces documents. — *P.*, 1856, 8°. [8° U. 2711

Delisle (Léopold). — Instructions pour la rédaction d'un inventaire des incunables conservés dans les bibliothèques publiques de France. — *Lille*, 1886, 8°. [8° I. 2832. A

Delisle (Léopold). — Mélanges de paléographie et de bibliographie. — *P.*, 1880, 8°. [8° I. 2833

Delley de Blancmesnil (Cte de). — Notice sur quelques anciens titras, suivie de considérations sur les salles des Croisades au musée de Versailles. — *P.*, 1876, 4°.   [4° U. 507

Delmas (Émile). — De Frœschwiller à Paris, notes prises sur les champs de bataille. — *P.*, 1871, in-18.
[8° U. 2712

Deloison (Georges). — Traité des sociétés commerciales françaises et étrangères. — *P.*, 1882, 2 vol. 8°.
[8° E. 960-61

Delommeau (Pierre). — Les Maximes générales du droit français. — *Rouen*, 1624, in-18.   [8° E. 962

Delon (C.). — Histoire d'un livre. 3° éd. — *P.*, 1884, 8°.   [8° I. 2834

Delord (Taxile). — Histoire du second Empire (1848-1870). — *P.*, 1869-1876, 6 vol. 8°.
[8° U. 2713-18

Delorme (Dr E.). — Manuel technique du brancardier. — *P.*, 1880, in-32.   [8° I. 2835

Delort (J.). — Mes voyages aux environs de Paris. — *P.*, 1821, 2 t. en 1 vol. 8°.   [8° U. 2719

Delpit (Martial). — Le Dix-huit mars, récit des faits et recherche des causes de l'insurrection. Rapport fait à l'Assemblée nationale au nom de la Commission d'enquête sur le 18 mars 1871. — *P.*, 1872, 8°.
[8° U. 2720

Delsol (Jean-Joseph). — Le Code Napoléon expliqué. — *P.*, 1854-55, 3 vol. 8°.   [8° E. 963-65

Delteil (A.). — La canne à sucre. — *P.*, 1884, 8°.   [8° I. 2836

Delteil (A.). — La vanille, sa culture et sa préparation. — *P.*, 1884, 8°.
[8° I. 2837

Deltour (F.). — Histoire de la littérature grecque. — *P.*, 1884, in-18.
[8° O. 1507

Delvincourt. — Livre des entrepreneurs et concessionnaires de travaux publics. Contentieux administratif en matière de travaux publics. 3° éd. — *P.*, 1862, 8°.   [8° E. 966

Demanet (Armand). — Cours de construction. — *Bruxelles*, 1847-1850, 2 vol. 8°.   [8° I. 2838-39

Demanet (Armand). — Mémoire sur l'architecture des églises. 3° éd. — *P.*, 1862, 4°.   [4° I. 597

Demangeat (Ch.). — Cours élémentaire de droit romain. 2° éd. — *P.*, 1866, 2 vol. 8°.   [8° E. 967-68

Demante (A.-M.), Colmet de Santerre. — Cours analytique de code civil. — *P.*, 1855-1881, 9 vol. 8°.
[8° E. 969

Demante (A.-M.). — Programme du cours de droit civil français. 2° éd. — *P.*, 1835, 3 vol. 8°. [8° E. 970-72

Démidoff (Anatole de). — Voyage dans la Russie méridionale et la Crimée. — *P.*, 1840, 4°.   [4° U. 508

Démidoff (N.-Paul). — Études politiques. Nouv. éd. — *Strasbourg*, 1844, 8°.   [8° E. 973

Demmin (Auguste). — Guide de l'amateur de faïences et porcelaines. 4° éd. — *P.*, 1873, 3 vol. in-18.
[8° I. 2840-42

Demogeot (J.). — Histoire de la littérature française depuis ses origines jusqu'en 1830. — *P.*, 1852, in-18.
[8° O. 1508

Demogeot (J.). — Histoire des littératures étrangères, considérées dans leurs rapports avec le développement de la littérature française. — *P.*, 1880-1884, 2 vol. in-16. [8° O. 1509-10

I. — Littératures méridionales.

II. — Littératures septentrionales.

Demogeot (J.). — Textes classiques de la littérature française. — *P.*, 1882, 2 vol. in-18. [8° O. 1511-12

Demolombe (C.). — Cours de code civil. — *P.*, 1845-1882, 31 vol. 8°. [8° E. 974-1004

Demolombe (C.). — Cours de code civil. (Tom. 21, 22, 23.) 3° éd. — *P.*, 1868, 3 vol. 8°. [8° E. 1005-7

Demombynes (G.). — Constitutions européennes. Résumé de la législation concernant les parlements, les conseils provinciaux et communaux et l'organisation judiciaire dans les divers États de l'Europe, avec une notice sur le Congrès des États-Unis d'Amérique. — *P.*, 1881, 2 vol. 8°. [8° E. 1008-9

Démonstrations évangéliques, reproduites intégralement, annotées et publiées par M. l'abbé M***. — *Petit-Montrouge*, 1843-1849, 18 vol. 4°. [4° A. 132-149 (Encyclopédie théologique Migne.)

Démosthène, Eschine. — Œuvres complètes, en grec et en français. Trad. de l'abbé Auger. Nouv. éd., revue par J. Planche. — *P.*, 1819-1821, 10 vol. 8°. [8° O. 1513-22

Démosthène. — Les plaidoyers politiques, texte grec publié avec un commentaire critique et explicatif, une préface et des notices, par Henri Weil. 1re série. Leptine. Midias. Ambassade. Couronne. — *P.*, 1877, 8°. [8° O. 1523

Demoustier (C.-A.). — Lettres à Émilie sur la mythologie. — *P.*, 1824, 2 vol. 8°. [8° A. 510-11

Denecourt. — L'Indicateur de Fontainebleau. 11° éd. — *Fontainebleau*, 1855, 8°. [8° U. 2721

Denfer (J.), Muller (Émile). — Album de serrurerie. — *P.*, 1872, f°. [Fol. I. 53

Denis (Ferdinand), Pinçon (P.), Martonne (De). — Nouveau manuel de bibliographie universelle. — *P.*, 1857, 8°. [8° O. 1524

Denis (Henry). — Histoire de la Commune de Paris, 18 mars-28 mai 1871. — *P.*, 1871, 8°. [8° U. 2722

Denizot (H.). — De la décentralisation. Exposé de motifs et projet de loi. — *P.*, 1870, 8°. [8° E. 1010

Dennery (A.), Verne (Jules). — Les voyages au théâtre. — *P.*, (s. d.), 8°. [8° O. 1525

Dennery (J.). — Cours pratique de topographie, de lecture des cartes et de connaissance du terrain. — *P.*, 1883, 4°. [4° I. 598

Dentrecasteaux. — Voyage de Dentrecasteaux, envoyé à la recherche de La Pérouse. Rédigé par de Rossel. — *P.*, 1808, 2 vol. 4°. [4° U. 509-510

Deny (Ed.). — Chauffage et ventilation rationnelle des écoles, habitations, etc. — *P.*, 1883, 8°. [8° I. 2843

Denys l'Aréopagite. — Opera omnia, græce et latine, et S. Maximi scholia, et Georgii Pachymeri paraphrasis et Vita Dionysii et Areopagitæ defensio, per Joannem de Chaumont, studio Balth. Corderii et Petri Lansselii. — *Lutetiæ Parisiorum*, 1644, 2 vol. f°. [Fol. A. 56-57

Dépierre (Joseph). — Monographie des machines à laver employées dans le blanchiment, la teinture des fils, etc. 3° éd., 1 vol. de texte et atlas de 7 planches. — *P.*, 1884, 2 vol. 8°. [8° I. 2844-45

Deplanque. — La tenue des livres. 11° éd. — *P.*, 1862, 8°. [8° I. 2846

Depping (G.-B.). — Les jeunes voyageurs en France. — *P*.,1824, 6 t. en 3 vol. in-12.   [8° U. 2723-25

Depping (G.-B.). — Merveilles et beautés de la nature en France. 8ᵉ éd. — *P*.,1836, 2 vol. in-12.
                          [8° U. 2726-27

Depping (Guillaume).—Le Japon. 46 grav. et 1 carte du Japon. — *P*., 1884, in-16.   [8° U. 2727. A

Depping (Guillaume). — Merveilles de la force et de l'adresse. 2ᵉ éd. — *P*., 1871, in-12.   [8° I. 2847

Deraismes (Maria). — France et progrès. — *P*., (s. d.), in-12.
                          [8° U. 2728

Derblich (Dʳ W.). — Des maladies simulées dans l'armée, et des moyens de les reconnaître. Trad. de l'allemand par le Dʳ Adrien Schmid.— *P*., 1883, 8°.   [8° I. 2848

Dermoncourt. — La Vendée et Madame. — *P*., 1833, 8°.
                          [8° U. 2729

Derosne (Ch.).—La photographie pour tous, traité élémentaire des nouveaux procédés.— *P*., 1882, 8°.
                          [8° I. 2849

Déroulède (Paul). — Chants du soldat. 7ᵉ éd. — *P*., 1874, in-18.
                          [8° O. 1526

Derrécagaix (V.). — Exploration du Sahara. Les deux missions du Lᵗ-Colonel Flatters, avec carte. — *P*., 1882, 8°.   [8° U. 2730

Derrécagaix (V.). — La guerre moderne. Stratégie. Tactique. — *P*., 1885, 2 vol. 8°.   [8° I. 2849. A

Desains (P.). — Leçons de physique. — *P*., 1857-1865, 2 vol. in-12.
                          [8° I. 2850-51

Descamps (J.-B.). — La vie des peintres flamands, allemands et hollandais. — *P*., 1753-1764, 4 vol. 8°.
                          [8° U. 2731-34

Descartes (René). — Discours de la méthode. — *P*., 1668, 4°.
                          [4° I. 599

1668. — *P*., 4°.   [4° I. 600

Descartes (R.). — L'Homme, avec les remarques de Louis de La Forge. 2ᵉ éd. — *P*., 1677, 4°.
                          [4° I. 601

Descartes (René). — Lettres. — *P*., 1657, 4°.   [4° I. 602

Descartes (René). — Les méditations métaphysiques. 2ᵉ éd. — *P*., 1661, 4°.   [4° I. 603

Descartes (René). — Les principes de la philosophie, en latin, traduits par un de ses amis (Claude Picot). — *P*., 1658, 4°.   [4° I. 604

Deschamps (Émile). — Études françaises et étrangères. 3ᵉ éd. — *P*., 1829, 8°.   [8° O. 1527

Deschamps (Émile et Antony).— Poésies. — *P*., 1841, in-18.
                          [8° O. 1528

Deschamps (Émile). — Étude sur la propriété industrielle, littéraire et artistique, au point de vue de la cession des droits. — *P*., 1882, 8°.
                          [8° E. 1011

Deschamps (Eustache). — Œuvres inédites.—*Reims*, 1849, 2 vol. 8°.
                          [8° O. 1529-30

Deschamps (P.).— Dictionnaire de géographie ancienne et moderne à l'usage du libraire et de l'amateur de livres. — *P*., 1870, 8°.
                          [8° O. 1531

Deschamps (P.), **Brunet** (G.). — Manuel du libraire et de l'amateur de livres. Supplément à J.-Ch. Brunet. — *P*., 1878-80, 2 vol. 8°.
                          [8° O. 1532-33

Deschanel (Émile). — Études sur Aristophane. 2ᵉ éd.—*P*., 1876, in-18.
                          [8° O. 1534

Deschanel (Émile). — Le peuple et la bourgeoisie. — *P.*, 1881, 8°.
[8° U. 2735

Deschanel (Émile). — Le romantisme des classiques. — *P.*, 1883, in-18.
[8° O. 1535

Deschanel (Paul). — La politique française en Océanie, à propos du canal de Panama, avec une lettre de M. F. de Lesseps. 1ʳᵉ série. L'archipel de la Société. — *P.*, 1884, in-16.
[8° U. 2736

Deschanel (Paul). — La question du Tonkin. — *P.*, 1883, in-16.
[8° U. 2737

Des Cilleuls (Alfred). — Traité de la législation et de l'administration de la voirie urbaine. — *P.*, 1877, 8°.
[8° E. 1012

Des Cloizeaux (A.). — Manuel de minéralogie. Tome I et atlas. — *P.*, 1862, 2 vol. 8°.
[8° I. 2852-53

Description de l'Égypte, ou recueil des observations et des recherches qui ont été faites en Égypte, pendant l'expédition de l'armée française. — *P.*, 1809-1812, 21 part. en 10 vol. f°.
[Fol. U. 79-88

Description de l'Égypte, ou recueil des observations et des recherches qui ont été faites en Égypte pendant l'expédition de l'armée française. 2ᵉ éd., publiée par C.-L.-F. Panckoucke. — *P.*, 1821-1829, 26 vol. 8°.
[8° U. 2738-2763
Atlas, 12 vol. f°.   [Fol. U. 89-100

Descuret (J.-B.-F.). — La Médecine des passions. 2ᵉ éd. — *P.*, 1844, 8°.
[8° I. 2854

Deseine. — Notices historiques sur les anciennes académies royales de peinture, de sculpture et d'architecture. — *P.*, 1814, 8°.
[8° I. 2855

Desgodetz — Les édifices antiques de Rome. Nouv. éd. — *P.*, 1779, f°.
[Fol. I. 54

Desgodetz. — Les lois des bâtiments, suivant la Coutume de Paris, avec les notes de M. Goupi. Nouv. éd. — *P.*, 1787, 8°.
[8° E. 1013

Desjardins (Abel). — Charles IX. Deux années de règne (1570-1572). Cinq mémoires historiques d'après les documents originaux. — *Douai*, 1873, 8°.
[8° U. 2764

Desjardins (Abel). — Vie de Jeanne d'Arc. 3ᵉ éd. — *P.*, 1885, 4°.
[4° U. 511

Desjardins (Albert). — Les cahiers des États-Généraux en 1789 et la législation criminelle. — *P.*, 1883, 8°.
[8° E. 1014

Desjardins (Arthur). — Traité de droit commercial maritime. — *P.*, 1878-1886, 5 vol. 8°.
[8° E. 1015-21

Desjardins (Ernest). — Géographie historique et administrative de la Gaule romaine. — *P.*, 1876-1885, 3 vol. 4°.
[4° U. 512-515

Desjardins (Ernest). — Le grand Corneille historien. 2ᵉ éd. — *P.*, 1862, in-18.
[8° U. 2765

Desjardins (Gustave). — Le Petit Trianon. Histoire et description. — *Versailles*, 1885, 4°.   [4° U. 515.A

Desjardins (Gustave). — Tableau de la guerre des Allemands dans le département de Seine-et-Oise (1870-1871). — *P.*, 1882, 8°.
[8° U. 2766

Desmarest (E.). — Législation et organisation des sociétés de secours mutuels en Europe. 7ᵉ éd. — *P.*, 1882, in-18.
[8° E. 1022

Desmarres (L.-A.). — Traité théorique et pratique des maladies des yeux. — *P.*, 1847, 8°.   [8° I. 2856

Desmaze (Charles). — Le Parlement de Paris, avec une notice sur les autres parlements de France. (1334-1860.) 2ᵉ éd. — P., 1860, 8°.
[8° U. 2767

Desmoulins (Camille).—Œuvres, précédées d'une étude biographique et littéraire, par M. Jules Claretie. — P., 1874, 2 vol. in-18.
[8° U. 2768-69

Desnoiresterres (Gustave). — La comédie satirique au XVIIIᵉ siècle. Histoire de la société française par l'allusion, la personnalité et la satire au théâtre. Louis XV, Louis XVI, la Révolution. — P., 1885, 8°.
[8° U. 2770

Desnoiresterres (Gustave). — Grimod de La Reynière et son groupe. — P., 1877, in-18. [8° U. 2771

Desnoiresterres (Gustave). — La musique française au XVIIIᵉ siècle. Glück et Piccini (1774-1800). 2ᵉ éd. — P., 1875, in-18. [8° U. 2772

Desnoiresterres (Gustave). — Voltaire et la société au XVIIIᵉ siècle. 2ᵉ éd. — P., 1871-1876, 8 vol. in-18.
[8° U. 2773-80

1. — Jeunesse de Voltaire.
2. — Voltaire à Cirey.
3. — Voltaire à la Cour.
4. — Voltaire et Frédéric.
5. — Voltaire aux Délices.
6. — Voltaire et J.-J. Rousseau.
7. — Voltaire et Genève.
8. — Retour et mort de Voltaire.

Desnos (L.-C.).—Nouvel atlas de la généralité de Paris divisé en ses 22 élections. — P., 1762, 4°.
[4° U. 516

Desormaux (Joseph-Louis Ripault). — Histoire de la maison de Montmorenci. — P., 1764, 5 vol. in-12. [8° U. 2782-86

Desormeaux. — Histoire de Louis de Bourbon, prince de Condé.— P., 1766-1768, 4 vol. in-18.
[8° U. 2787-90

Desormeaux (Paulin). — L'art du tourneur, avec figures dessinées par l'auteur. Planches. — P., 1824, 4°.
[4° I. 605

Des Périers (Bonaventure). — Œuvres françaises, revues sur les éditions originales et annotées par M. Louis Lacour. — P., 1856, 2 vol. in-16.
[8° O. 1536-37

(Bibliothèque Elzévirienne.)

Desperthes. — Histoire des naufrages. Nouv. éd., refondue par J.-B. Eyriès. — P., 1825, 3 vol. in-12.
[8° U. 2791-93

Desplagnes (Albert). — Notes pratiques sur l'administration des parquets. — Montélimart, 1865, 8°.
[8° E. 1023

Desplats (Victor). — Dictionnaire encyclopédique des sciences, des lettres et des arts, par MM. Victor Desplats et Louis Grégoire. 1ʳᵉ partie (Sciences), par M. V. Desplats. — P., 1885, 4°.
[4° I. 606

Despois (Eugène). — Révolution d'Angleterre, 1603-1688. 4ᵉ éd.—P., (s. d.), in-32. [8° U. 2871

Despois (Eugène). — Le Théâtre français sous Louis XIV. 2ᵉ éd. — P., 1882, in-18. [8° O. 1538

Despois (Eugène). — Le Vandalisme révolutionnaire. Fondations littéraires, scientifiques et artistiques de la Convention. — P., 1868, in-12.
[8° U. 2794

Desportes (Philippe). — Œuvres, avec introduction et notes par Alfred Michiels. — P., 1858, in-12.
[8° O. 1539

Desprels (Ph.-E.). — Les leçons de la guerre. — P., 1880, 8°.
[8° I. 2857

Desprez (C.).—L'instituteur. Fonctions et devoirs. — *P.*, 1883, in-18. [8° I. 2857. A

Desroches (Paul), Barreau, (Hippolyte).—Ville de Paris. Chemin de fer métropolitain. Avant-projet d'un réseau d'ensemble se raccordant avec toutes les gares actuelles, rails à rails. — *P.*, 1886, 4°. [4° I. 606. A

Des Sablons. — Les grands hommes vengés, ou examen des jugements portés par M. de V. (*Voltaire*) sur plusieurs hommes célèbres. — *Amsterdam*, 1769, 2 vol. in-12. [8° U. 2795-96

Dessaix (Antony). — Légendes et traditions populaires de la Savoie. — *Annecy*, 1875, in-32. [8° U. 2796.A

Dessaix (Joseph), Folliet (André). — Étude historique sur la Révolution et l'Empire en Savoie. Le général Dessaix, sa vie politique et militaire. — *Annecy*, 1879, 8°. [8° U. 2797

Dessoliers (H.).—De l'habitation dans les pays chauds. Contribution à l'art de l'acclimatation. — *Alger*, 1882, 8°. [8° I. 2858

Destouches (N.). — Œuvres dramatiques. — *P.*, 1820, 6 vol. 8°. [8° O.1540-45

Destremx de Saint-Christol (L^{ce}). — Agriculture méridionale. Le Gard et l'Ardèche. — *P.*, (s. d.), 8°. [8° I. 2859

Destutt de Tracy. — Traité d'économie politique. — *P.*, 1823, in-18. [8° I. 2859+A

Desvignes (Auguste). — Nouveau traité sur l'art de faire et de soigner les vins, la futaille, le moyen de faire un second vin avec le marc de la vendange et de le conserver un an et plus, etc.— *Lons-le-Saulnier*, 1873, in-16. [8° I. 2859.A

Desvoyes. — Aide-mémoire pratique à l'usage des officiers et assimilés de réserve et de l'armée territoriale et des candidats à ces grades.— *P.*, 1885, in-18. [8° I. 2859. B

Desvoyes (Capitaine). — Code-manuel du logement et du cantonnement des troupes chez l'habitant en temps de paix et en temps de guerre. — *P.*, 1884, in-18. [8° E. 1023. A

Detourbet (Ed.). — La loi du 28 mars 1882, sur l'enseignement primaire obligatoire. Commentaires, exposé de doctrine, jurisprudence, formules. — *P.*, 1884, in-18. [8° E. 1024

Deuxième mission Flatters. Historique et rapport rédigés au service central des affaires indigènes, avec documents à l'appui et une carte. — *Alger*, 1882, 8°. [8° U. 2798

(Gouvernement général de l'Algérie.)

Devay (Francis). — Du danger des mariages consanguins, sous le rapport sanitaire. 2e éd. — *P.*, 1862, in-12. [8° I. 2860

Devay (Francis). — Hygiène des familles. — *Lyon*, 1846, 2 vol. 8°. [8° I. 2861-62

Devergie (Alph.). — Médecine légale, avec le texte et l'interprétation des lois relatives à la médecine légale, revus par J.-B.-F. Dehaussy de Robecourt. 2e éd. — *P.*, 1840, 3 vol. 8°. [8° I. 2863-65

Devergie (Alph.). — Traité pratique des maladies de la peau. 2e éd. — *P.*, 1857, 8°. [8° I. 2866

Devic (L.-Marcel). — Dictionnaire étymologique des mots français d'origine orientale. — *P.*, 1876, 8°. [8° O. 1546

Devic (L.-Marcel). — Le pays des Zendjs, ou la Côte orientale d'Afrique au moyen âge (géographie, mœurs, etc.), d'après les écrivains arabes. — *P.*, 1883, 8°. [8° U. 2799

Devillez (A.). — Traité élémentaire de la chaleur, au point de vue de

son emploi comme force motrice. — *Mons*, 1881-1882, 2 vol. 8°.
[8° I. 2867-68

Devisiano.—Nobiliaires des Pays-Bas et du Comté de Bourgogne. — *Louvain*, 1760, 2 vol. in-12.
[8° U. 2800-2801

Dewez. — Histoire générale de la Belgique. — *Bruxelles*, 1805-1807, 7 vol. 8°.
[8° U. 2802-8

Dézobry (Charles), **Bachelet** (Th.). — Dictionnaire général de biographie et d'histoire, de mythologie, de géographie ancienne et moderne, etc. 5ᵉ éd. — *P.*, 1869, 2 vol. 4°.
[4° U. 517-518

Dézobry (Charles). — Rome au siècle d'Auguste. Nouv. éd.— *P.*, 1846, 4 vol. 8°.
[8° U. 2809-12

Dhammapada (Le), avec introduction et notes, par Fernand Hû. Suivi du Sûtra en 42 articles, traduit du tibétain par Léon Feer. — *P.*, 1878, in-18.
[8° O. 1547

Diable (Le) à quatre. Numéros 1 à 70. — *P.*, 1868-1870, 6 vol. in-32.
[8° U. 2813-18

Dibdin (Théodore Frognall). — Voyage bibliographique, archéologique et pittoresque en France, traduit de l'anglais avec des notes, par Th. Licquet et Crapelet. — *P.*, 1825, 4 vol. 8°.
[8° U. 2819-22

Dickens (Ch.). — Aventures de M. Pickwick. Traduit par P. Grolier. — *P.*, 1865, 2 vol. 8°.
[8° O. 1548-49

Dickens (Ch.). — Bleak-House. — *P.*, 1865, 2 vol. 8°.
[8° O. 1550-51

Dickens (Ch.). — Les Contes de Noël Traduit de l'anglais. — *P.*, 1847, 2 tom. en 1 vol. in-18.
[8° O. 1552

Dickens (Ch.). — Le neveu de ma tante. Histoire de David Copperfield. Traduit par Amédée Pichot. — *P.*, 1866, 2 vol. 8°.
[8° O. 1553-54

Dickens (Ch.). — Olivier Twist. Traduit sous la direction de P. Lorain. — *P.*, 1858, 8°.
[8° O. 1555

Dickens (Ch.). — Les Temps difficiles. Traduit par W. Hugües. — *P.*, 1864, 8°.
[8° O. 1556

Dickens (Ch.). — Vie et aventures de Nicolas Nickleby. Traduit par P. Lorain. — *P.*, 1865, 2 vol. 8°.
[8° O. 1557-58

Dictionnaire (Nouveau) allemand-français et français-allemand. 3ᵉ éd. — *Strasbourg*, 1782, 2 vol. 8°.
[8° O. 1559-60

Dictionnaire de l'Académie des beaux-arts.— *P.*,1858-1878, 3 vol. 4°.
[4° I. 607-10

Dictionnaire de l'Académie française. 3ᵉ éd. — *P.*, 1740, 2 vol. f°.
[Fol. O. 14-15

Dictionnaire de l'Académie française. 5ᵉ éd. — *P.*, 1835, 2 vol. 4°. Supplément (1862), 4°.
[4° O. 240-42
6ᵉ éd., 1868. — *P.*, 2 vol. 4°.
[4° O. 243-44
7ᵉ éd., 1878. — *P.*, 2 vol. 4°.
[4° O. 245-46

Dictionnaire de l'art de vérifier les dates.— *P.*, 1854, 4°.
[4° U. 519
(Encyclopédie théologique Migne.)

Dictionnaire de l'économie politique, publié sous la direction de Ch. Coquelin et Guillaumin. — *P.*, 1852-53, 2 vol. 4°.
[4° I. 611-12

Dictionnaire de la conversation, par une société de savants, sous la direction de W. Duckett. 2ᵉ éd. — *P.*,

1852-1882, 21 vol. 4° dont 5 de supplément. [4° O. 247-67

Dictionnaire (Nouveau) de médecine et de chirurgie pratiques. (Jaccoud, directeur.) — *P.*, 1864-86, 40 vol. 8°. [8° I. 2889

Dictionnaire (Nouveau) de poche, des langues française et hollandaise. —*Leipzig*,1881,2 part. en 1 vol. in-32. [8° O. 1561

Dictionnaire des aliments, précédé d'une hygiène des tempéraments, par C. G. — *P.*, 1826, 8°. [8° I. 2890

Dictionnaire des Conciles, par l'abbé P. — *P.*, 1846, 2 vol. 4°. [4° A. 150-151
(Encyclopédie théologique Migne.)

Dictionnaire des postes aux lettres, publié par l'administration générale des postes. — *P.*, 1845, 4°. [4° U. 520

Dictionnaire des postes de la République française. 7e éd. — *Rennes*, 1882, 4°. [4° U. 521

Dictionnaire des sciences naturelles, par plusieurs professeurs du Jardin du Roi et des principales Écoles de Paris. — *P.*, 1816-1845, 61 vol. 8° et 12 vol. de planches. Ensemble 73 vol. 8°. [8° I. 2891-2963

Dictionnaire des sciences occultes. —*P.*, 1846, 2 vol. 4°. [4° I. 613-14
(Encyclopédie théologique Migne.)

Dictionnaire des sciences philosophiques, par une Société de professeurs et de savants, sous la direction de M. Ad. Franck. — *P.*, 1844-1852, 8°. [8° I. 2964-69

Dictionnaire universel du commerce et de la navigation. 2e éd. —*P.*, 1863, 2 vol. 4°. [4° I. 615-16

Dictionnaire du notariat. 4e éd. — *P.*, 1854-1863, 13 vol. 8°. [8° E. 1025-37

Dictionnaire encyclopédique des sciences médicales, publié sous la direction de MM. les docteurs Raige-Delorme et A. Dechambre. — *P.*, 1865 et années suivantes, 8°. [8° I. 2970

Dictionnaire encyclopédique usuel, publié sous la direction de Charles Saint-Laurent. — *P.*, 1842, 4°. [4° O. 268

Dictionnaire français et russe.— *Saint-Pétersbourg*, 1786, 2 vol. 4°. [4° O. 269-70

Dictionnaire (Nouveau) portatif français-suédois et suédois-français. Éd. stéréotype de Charles Tauchnitz. Nouv. impression. — *Leipzig*, 1880, in-32. [8° O. 1562

Dictionnaire historique de la langue française, publié par l'Académie française. — *P.*, 1865, 2 vol. 4°. [4° O. 271

Dictionnaire historique portatif des ordres religieux et militaires, par M. C. M. D. P. D. S. I. D. M. S. G. — *P.*, 1769, in-18. [8° U. 2823

Dictionnaire politique, avec une introduction par Garnier-Pagès. 5e éd. — *P.*, 1857, 4°. [4° I. 617

Dictionnaire universel d'histoire naturelle, dirigé par M. Ch. d'Orbigny. 2e éd. — *P.*, 1867-1869, 14 vol. 8°, plus 3 vol. de planches. Ensemble 17 vol. 8°. [8° I. 2971-87

Dictionnaire universel, français et latin, vulgairement appelé « Dictionnaire de Trévoux ». — *Trévoux*, 1704, 3 vol. f°.

Supplément (par Berthelin). — *P.*, 1752, f°. [Fol. O. 16-19

Dictionnaire topographique de la France par départements. — *P.*, 1661-72, 14 vol. 4°. [4° U. 522-535

Aisne, par Matton.

Dordogne, par Gourgues.
Eure-et-Loir, par Merlet.
Gard, par Germer-Durand.
Hérault, par Thomas.
Meurthe, par Lepage.
Meuse, par Liénard.
Morbihan, par Rosenzweig.
Nièvre, par Soultrait.
Pyrénées (Basses-), par Raymond.
Rhin (Haut-), par Stoffel.
Vienne, par Rédet.
Yonne, par Quantin.

Diderot (Denis). — Œuvres. —
P., 1818-1819, 7 vol. in-18.
[8° O. 1563-69

Didion (Is.). — Traité de balistique. — P., 1848, 8°.   [8° I. 2988

Didon (Le Père).— Les Allemands.
7e éd. — P., 1884, 8°.   [8° U. 2824

Didot (Ambroise-Firmin). — Histoire de la typographie. Extrait de
l' « Encyclopédie moderne ». — P.,
1882, 8°.   [8° I. 2989

Didron aîné (Adolphe-Napoléon).
— Manuel d'iconographie chrétienne.
Traduit du manuscrit byzantin, par Paul
Durand. — P., 1845, 8°.
[8° I. 2990

Dieudonné (Alfred). — Manuel
de droit administratif à l'usage des étudiants en droit. — P., 1883, in-18.
[8° E. 1038

Dieulafait. — Diamants et pierres
précieuses. — P., 1871, in-12.
[8° I. 2991

Dieulin. — Le bon curé au XIXe
siècle. — Lyon, 1845, 2 vol. 8°.
[8° A. 512-13

Dieulin. — Le guide des curés
dans l'administration temporelle des
paroisses. 2e éd. — Lyon, 1842, 8°.
[8° E. 1039

Diez (Frédéric). — Grammaire des
langues romanes. 3e éd. T. 1er trad. par
Auguste Brachet et Gaston Paris ; T. 2e

et 3e trad. par Alfred Morel-Fatio et Gaston Paris. — P., 1874-76, 3 vol. 8°.
[8° O. 1570-72

Diguet (Charles). — Le livre du
chasseur. — P., (s.-d.), 8°.
[8° I. 2992

Dillaye (Frédéric). — Les jeux de
la jeunesse. Leur origine , leur histoire
et l'indication des règles qui les régissent. 203 grav. — P., 1885, 4°.
[4° I. 617. A

Diodore de Sicile. —Bibliothèque
historique, traduite du grec par A.-F.
Miot. — P., 1834-1838, 7 vol. 8°.
[8° O. 1573-79

Discussion sur les rapports à établir entre la médecine et la pharmacie
dans l'armée. — P., 1873, 8°.
[8° I. 2993

(Académie de médecine.)

Dislère (P.). — La guerre d'escadre et la guerre de côtes (les nouveaux navires de combat). 2e éd., augmentée d'un appendice , par Guichard.
— P., 1883, 8°.   [8° I. 2994

Dislère (P.). — Les pensions militaires en France et à l'étranger. —
P., 1881, in-16.   [8° E. 1040

Dixon (William Hepworth). — La
Suisse contemporaine. Trad. de l'anglais, par M. E. Barbier. — P., 1872,
in-12.   [8° U. 2825

Dixon (William Hepworth). —
White conquest. — London , 1876 , 2
vol. 8°.   [8° U. 2826-27

Documents printed by order of
the House and of the Senate, of the Commonwealth of Massachusetts, during
the session of the general Court. (1845-1846.)— Boston, 1845-1846, 5 vol. 8°.
[8° U. 2828-32

Documents relatifs à la mission
dirigée au sud de l'Algérie par le Lt
Colonel Flatters. — P., 1884, f°.
[Fol. U. 101

Domenech (Abbé E.). — Journal d'un missionnaire au Texas et au Mexique, 1846-1852. 2ᵉ éd. — *P.*, 1872, in-18.   [8° U. 2833

Doncourt (A.-S. de). — Souvenirs des ambulances pendant la guerre de 1870-71. — *Lille*, 1872, 8°.   [8° U. 2834

Dormoy (Émile). — Théorie mathématique des assurances sur la vie. — *P.*, 1878, 2 vol. 8°.   [8° I. 2995-96

Dorvault (François - Laurent - Marie). — L'officine, ou répertoire général de pharmacie pratique. 6ᵉ éd. — *P.*, 1866, 8°.   [8° I. 2997

Dossier (Le) du canal de Panama. Passé, présent, avenir. Étude dédiée aux députés français. — *P.*, 1886, 8°.   [8° I. 2997. A

Dostoievsky (Th.). — Le crime et le châtiment. Trad. du russe, par Victor Derély. 3ᵉ éd. — *P.*, 1884, 2 vol. in-18.   [8° O. 1579.+A

Dostoievsky (Th.). — Humiliés et offensés. Traduit du russe, par Ed. Humbert. — *P.*, 1884, in-18.   [8° O. 1579. A

Double (Lucien). — Le roi Dagobert. — *P.*, 1879, in-18.   [8° U. 2835

Doublet (Jean). — Journal du corsaire Jean Doublet, de Honfleur, lieutenant de frégate sous Louis XIV, publié d'après le ms. autographe, avec introduction, notes, par Charles Bréard. — *P.*, 1883, 8°.   [8° U. 2836

Doublet (Pierre-Jean-Louis-Ovide). — Mémoires historiques sur l'invasion et l'occupation de Malte par une armée française, en 1798, publiés pour la première fois par le comte de Panisse-Passis, avec le portrait de l'auteur. — *P.*, 1883, in-18.   [8° U. 2837

Doucet (Camille). — Œuvres complètes. — *P.*, 1874, 2 vol. in-12.   [8° O. 1580-81

Douglass (Frédéric).— Mes années d'esclavage et de liberté. Traduit de l'anglais par le traducteur de « La grande armée des misérables ». — *P.*, 1883, in-18.   [8° U. 2838

Douhet (Comte de).— Dictionnaire des légendes du christianisme, ou collection d'histoires apocryphes. — *Petit-Montrouge*, 1855, 4°.   [4° U. 536
(Encyclopédie théologique Migne.)

Dover. — Vie de Frédéric II, traduite par A. Énot. — *P.*, 1832, 3 vol. 8°.   [8° U. 2839-41

Doyère (L.). — Conservation des grains par l'ensilage. — *P.*, 1862, 8°.   [8° I. 2998

Doyère (L.). — Leçons d'histoire naturelle. — *P.*, 1841-1842, 8°.   [8° I. 2999

Draper (J.-W.). — Les conflits de la science et de la religion. 2ᵉ éd.— *P.*, 1875, 8°.   [8° I. 3000

Drapeyron (Ludovic). — En France et en Italie. Le Congrès géographique international de Venise (sept. 1881). — *P.*, 1882, 8°.   [8° U. 2842

Dressage du cheval de guerre et du cheval de chasse, suivant la méthode de feu M. le commandant Dutilh, par un de ses élèves. — *P.*, 1886, 8°.   [8° I. 3000. A

Dreux du Radier (Jean-François). — Mémoires historiques, critiques et anecdotiques des reines et régentes de France. Nouv. éd.— *Amsterdam*, 1776, 6 vol. in-12.   [8° U. 2343-48

Dreux du Radier (Jean-François). — Récréations historiques, critiques, morales et d'érudition, avec l'his-

toire des fous en titre d'office. — *P.*,
1767, 2 vol. in-18.   [8° U. 2849-50

Dreyfus (Ferdinand). — Manuel
populaire du conseiller municipal. Texte
et commentaire pratique de la loi du
5 avril 1884. Nouv. éd. — *P.*, 1884,
in-12.   [8° E. 1041

Dreyss (Ch.). — Chronologie universelle. 2° éd. — *P.*, 1858, in-12.
                          [8° U. 2851

Drion (Ch.), **Fernet** (E.). —
Traité de physique élémentaire. 3° éd.
— *P.*, 1869, 8°.   [8° I. 3001

Drioux. — Précis de l'histoire ancienne. 3° éd. — *P.*, 1849, in-12.
                          [8° U. 2852

Drioux. — Précis de l'histoire du
moyen âge. 3° éd. — *P.*, 1848, in-12.
                          [8° U. 2853

Drioux. — Précis de l'histoire moderne. — *P.*, 1845, in-12.
                          [8° U. 2854

Drioux. — Enseignement de l'histoire et de la géographie. Cours de
sixième. Notions générales d'histoire et
de géographie anciennes. — *P.*, 1854,
in-12.   [8° U. 2855

Drioux. — Enseignement de l'histoire et de la géographie. Classe de rhétorique   Histoire et géographie historiques des temps modernes. — *P.*,
1854, in-12.   [8° U. 2856

Drieux (Joseph). — Étude économique et juridique sur les associations.
Les coalitions d'ouvriers et de patrons,
de 1789 à nos jours, précédées d'une
étude historique sur les collèges d'artisans et la Gilde germanique. — *P.*,
1884, 8°.   [8° E. 1042

Drohojowska(A.).—Les grandes
industries de la France. La Soie. Production et mise en œuvre.— *P.*, (s. d.),
in-12.   [8° I. 3002

Drohojowska(A.).—Les grandes
n dustries de la France. Le Sucre. —
P., (s. d.), 8°.   [8° I. 3002. A

Drouet de Maupertuy. — Méditations sur les mystères de la foi.— *P.*,
1718, 4 vol. in-12.   [8° A. 514-17

Droz (Joseph). — Essai sur l'art
d'être heureux. 7° éd., précédée d'une
notice par Mignet. — *P.*, 1853, in-12.
                          [8° I. 3003

Droz (Joseph).— Histoire du règne
de Louis XVI. — *P.*, 1839-1842, 3
vol. 8°.   [8° U. 2857-59

Drujon (Fernand). — Catalogue
des ouvrages, écrits et dessins poursuivis, supprimés ou condamnés, depuis
le 21 oct. 1814 jusqu'au 31 juillet 1877.
— *P.*, 1879, 4°.   [4° O. 271. A

Drumont (Édouard).— La France
juive, essai d'histoire contemporaine.
58° éd. — *P.*, (s. d.), 2 vol. in-18.
                          [8° U. 2859. A

Dubail (E.). — Atlas de l'Europe
militaire.— *P.*, 1880, f°. [Fol. U. 102

Dubail (E.). — Précis d'histoire
militaire. — *P.*, 1879-1880, 2 vol.
in-18 et 2 atlas, dont 1 8° et 1 f°
oblong.   [8° U. 2860-62
                         [Fol. U. 103

Dubarry (Armand).—Le boire et
le manger, histoire anecdotique des aliments. 125 grav. — *P.*, 1884, in-16.
                          [8° I. 3004

Dubarry (Armand). — La Mer.
90 grav. — *P.*, 1886, in-16.
                          [8° I. 3004. A

Dubarry (J.). — Formulaire des
maires et des conseils municipaux. —
P., 1880, 8°.   [8° E. 1043

Dubarry (J.). — Le secrétaire de
mairie. 8° éd. — *P.*, 1863, 8°.
                          [8° E. 1044

10ᵉ éd., 1876. — *P.*, 8⁰.
[8⁰ **E. 1045**

Dubief (L.-F.). — Traité de la fabrication des liqueurs françaises et étrangères, sans distillation. 5ᵉ éd. — *P.*, (s. d.), in-18. [8⁰ **I. 3005**

Dubief (L.-P.). — Traité théorique et pratique de vinification. 2ᵉ éd. — *P.*, 1845, 8⁰. [8⁰ **I. 3006**

Dubois (E.-Fréd.). — Éloges lus dans les séances publiques de l'Académie de médecine (1845-1863). Tableau du mouvement de la science et des progrès de l'art ; examen et appréciation des doctrines, études de mœurs, portraits. — *P.*, 1864, 2 vol. 8⁰.
[8⁰ **U. 2863-64**

Du Bois (Louis). — Cours complet d'agriculture. 2ᵉ éd. — *P.*, 1835-1843, 9 vol. in-12. [8⁰ **I. 3007-15**

Du Bois (Louis). — Méthode éprouvée, avec laquelle on parvient à connaître les plantes de la France. 3ᵉ éd., refondue par Boitard. — *P.*, 1840, 8⁰.
[8⁰ **I. 3016**

Dubois (Paul), **Aubeau** (A.), **Thomas** (L.). — Aide-mémoire du chirurgien-dentiste. Annuaire pour 1885. — *P.*, 1885, in-18.
[8⁰ **I. 3017**

Dubois-Crancé. — Analyse de la Révolution française, depuis l'ouverture des États-Généraux jusqu'au 6 brumaire, an IV. Ouvrage posthume, publié par Th. Jung. 1 portrait. — *P.*, 1885, in-18. [8⁰ **U. 2865**

Dubos. — Histoire critique de l'établissement de la monarchie française dans les Gaules. Nouv. éd. — *P.*, 1742, 2 vol. 4⁰.
[4⁰ **U. 537-538**

Dubosc de Pesquidoux. — L'art au XIXᵉ siècle. L'art dans les deux mondes. Peinture et sculpture, 1878. — *P.*, 1881, 2 vol. in-18.
[8⁰ **I. 3018-19**

Duboué (Dʳ). — Des effets comparés de divers traitements de la fièvre typhoïde et de ceux produits en particulier par l'ergot de seigle de bonne qualité. — *P.*, 1883, 8⁰.
[8⁰ **I. 3020**

Dubrac (F.). — Traité de jurisprudence médicale et pharmaceutique. — *P.*, 1882, 8⁰. [8⁰ **E. 1046**

Du Breuil (Alphonse). — Cours élémentaire d'arboriculture. 3ᵉ éd. — *P.*, 1853-1854, 2 vol. in-12.
[8⁰ **I. 3021-22**

Du Breuil (Alphonse). — Instruction élémentaire sur la conduite des arbres fruitiers. 2ᵉ éd. — *P.*, 1857, in-12. [8⁰ **I. 3023**

Du Breuil (F.-Jacques). — Le Théâtre des antiquités de Paris. — *P.*, 1639, 4⁰. [4⁰ **U. 539**

Dubroca (L.). — L'art de lire à haute voix. 2ᵉ éd. — *P.*, 1825, 8⁰.
[8⁰ **O. 1582**

Dubrueil (A.). — Éléments d'orthopédie. 84 fig. — *P.*, 1882, in-18.
[8⁰ **I. 3024**

Dubrueil (A.). — Leçons de clinique chirurgicale. Orthopédie. — *P.*, 1880-1882, 8⁰. [8⁰ **I. 3025**

Dubusc. — Nouveau traité de cuisine pratique et élémentaire. — *P.*, 1884, 8⁰. [8⁰ **I. 3026**

Du Camp (Maxime). — Les convulsions de Paris. 5ᵉ éd. — *P.*, 1881, 4 vol. in-18.

I. — Les prisons pendant la Commune.

II. — Épisodes de la Commune.

III. — Les sauvetages pendant la Commune.

IV. — La Commune à l'Hôtel-de-Ville. [8⁰ **U. 2866-69**

Du Camp (Maxime). — En Hollande. Lettres à un ami, suivies des catalogues des musées de Rotterdam, La Haye et Amsterdam. Nouv. éd. — P., 1868, in-18. [8° U. 2870

Du Camp (Maxime). — Histoire et critique. Études sur la Révolution française, souvenirs de voyages, lettres à M. le Ministre de l'Instruction publique. — P., 1877, in-18.
[8° U. 2871

Du Camp (Maxime). — Le Nil, Égypte et Nubie. 4ᵉ éd. — P., 1877, in-12. [8° U. 2872

Du Camp (Maxime). — Paris, ses organes, ses fonctions et sa vie dans la seconde moitié du XIXᵉ siècle. — P., 1875, 6 vol. 8°. [8° U. 2873-78

Du Camp (Maxime). — Souvenirs de l'année 1848. — P., 1876, in-18.
[8° U. 2879

Du Camp (Maxime). — Souvenirs et paysages d'Orient. — P., 1848, 8°.
[8° U. 2880

Du Camp (Maxime). — Souvenirs littéraires. — P., 1882-83, 2 vol. 8°.
[8° O. 1583-84

Du Cange (Charles Du Fresne).— Glossarium ad scriptores mediæ et infimæ græcitatis. — Lugduni, 1688, 2 vol. f°. [Fol. O. 20-21

Du Cange (Charles Du Fresne). — Glossarium ad scriptores mediæ et infimæ latinitatis. Editio nova. — P., 1733-1736, 6 vol. f°. [Fol. O. 22-27

Du Cange (Charles Du Fresne).— Glossarium mediæ et infimæ latinitatis, cum supplementis Dom. Petri Carpenterii, digessit G.-A.-L. Henschel. — P., 1840-1850, 7 vol. 4°.
[4° O. 272-78

Ducasse. — La pratique de la juridiction ecclésiastique. 4ᵉ éd. — Toulouse, 1718, 4°. [4° E. 163

Du Casse (Bᵒⁿ).— Les Rois, frères de Napoléon Iᵉʳ. — P., 1883, 8°.
[8° U. 2881

Du Caurroy. — Institutes de Justinien, expliquées. 5ᵉ éd. — P., 1836, 3 vol. 8°. [8° E. 1047-49

Du Cazal (Dʳ). — Petit guide administratif du médecin militaire. — P., 1882, 8°. [8° I. 3027

Du Chaillu (Paul). — Le Pays du soleil de minuit. Voyages d'été en Suède, en Norvège. Ouvrage illustré d'un grand nombre de vignettes, dont 31 hors texte. — P., 1882, 4°.
[4° U. 540

Du Chaillu (Paul). — Un hiver en Laponie. Ouvrage illustré. — P., 1884, 4°. [4° U. 541

Du Chaillu (Paul). — Voyages et aventures dans l'Afrique équatoriale. — P., 1863, gr. 8°. [4° U. 542

Duchartre. — Éléments de botanique. — P., 1867, 8°. [8° I. 3028

Duchâtel (T.). — De la charité dans ses rapports avec l'état moral et le bien-être des classes inférieures de la société. — P., 1829, 8°. [8° I. 3029

Du Chesne (André). — Historiæ Francorum scriptores coetani, ab gentis origine usque ad Philippi IV tempora. — P., 1636-1649, 5 vol. f°.
[Fol. U. 104-108

Du Chesne (André). — Histoire générale d'Angleterre, d'Écosse et d'Irlande.— P., 1614, f°. [Fol. U. 109

Ducis (J.-F.). — Œuvres. — P., 1829, 3 vol. 8°. [8° O. 1585-87

Du Claux (V.). — La chronique de l'hygiène en 1883. Préface de F. Sarcey. — P., 1884, in-16.
[8° I. 3030

Duclos. — Dictionnaire général des villes, bourgs, villages et hameaux de la France. — *P.*, 1836, 4°.

[4° U. 543

Duclos, Florian, Mme Suard, Corancez. — Mémoires biographiques et littéraires, avec introduction, notices et notes par M. de Lescure. — *P.*, 1881, in-18.

[8° U. 2882

Duclos (Charles). — Œuvres. — *P.*, 1821, 3 vol. 8°.

[8° O. 1588-90

Du Clot (J.-Fr.). — Explication historique, dogmatique et morale de toute la doctrine chrétienne. — *Venise*, 1796-1802, 7 vol. 8°.

[8° A. 518-24

Du Clot (J.-Fr.). — La sainte Bible vengée des attaques de l'incrédulité. Nouv. éd. — *Lyon*, 1841, 3 vol. 8°.

[8° A. 525-27

Ducoin - Girardin (Jean - Sylvestre). — Entretiens sur la chimie. 2e éd. — *Tours*, 1843, 8°.   [8° I. 3031

Ducom (P.). — Cours complet d'observations nautiques. — *Bordeaux*, 1835, 8°.   [8° I. 3032

Ducompex (E.-A.). — Traité de la peinture en bâtiment et du décor. 2e éd. — *P.*, 1883, 8°.   [8° I. 3033

Ducoudray (Gustave). — Histoire contemporaine (de 1789 à 1864). 2e éd. — *P.*, 1865, in-12.   [8° U. 2883

Ducoudray (Gust.). — Histoire et géographie contemporaines, rédigées conformément aux programmes officiels de 1874, pour la classe de philosophie (1789-1874). Nouv. éd. — *P.*, 1875, in-18.   [8° U. 2884

Ducoudray (Gustave). — Histoire de France et histoire contemporaine, de 1789 à la Constitution de 1875, rédigée

conformément aux programmes de 1880 pour la classe de philosophie. Nouv. éd. — *P.*, 1881, in-16.

[8° U. 2885

Ducournau (J.). — Analyse et perfectionnements nouveaux pour l'emploi des ciments dans les ouvrages à l'air. — *P.*, 1877, 8°.   [8° I. 3034

Ducrocq (Th.). — Cours de droit administratif. 6e éd. — *P.*, 1881, 2 vol. 8°.   [8° E. 1050-51

Ducroquet (P.), Astrié (E.). — Dictionnaire du timbre des quittances, reçus et décharges. Législation. Jurisprudence. — *P.*, 1873, 8°.

[8° E. 1052

Ducroquet (P.), Astrié(E.). — Examens des surnuméraires de l'enregistrement, du domaine et du timbre. — *P.*, 1882, 2 vol. 8°.

[8° E. 1053-4

Ducros (Francisque). — Choix de mots célèbres de l'histoire, accompagnés de notes. — *P.*, 1869, in-18.

[8° O. 1591

Ducros (Louis). — Henri Heine et son temps (1799-1827). 2e éd. — *P.*, 1886, in-18.   [8° U. 2885. A

Ducrot (Général Auguste-Alexandre). — La journée de Sedan. Nouv. éd. — *P.*, 1872, 8°.   [8° U. 2886

Du Deffand (M^ise). — Lettres à Horace Walpole. — *P.*, 1812, 4 vol. 8°.   [8° O. 1592-95

Dufay (Henri). — Études sur la destinée. — *P.*, 1876, in-12.

[8° I. 3035

Duffaillit. — Le nouveau vétérinaire pratique, à l'usage des cultivateurs. — *Bruxelles et Pouilly-en-Montagne*, 1869, 8°.   [8° I. 3036

Duffau. — Guide du constructeur, ou analyse de prix des travaux de bâtiments. 3ᵉ éd. — P., (s. d.), 8°.
[8° I. 3037

Dufort de Cheverny (Cᵗᵉ J.-N.). — Mémoires sur les règnes de Louis XV et Louis XVI et sur la Révolution (1731-1802), publiés avec une introduction et des notes, par Robert de Crèvecœur. 2 portraits. — P., 1886, 2 vol. 8°.
[8° U. 2886. A

Dufour (A.-H.).—Atlas universel, physique, historique et politique de géographie ancienne et moderne, gravé par Ch. Dyonnet. Cahier des notices des 40 cartes contenues dans l'atlas. — P., (s. d.), f° avec un atlas gr. f°.
[Fol. U. 110-111

Dufour (Gabriel). — De l'expropriation et des dommages causés à la propriété. — P., 1858, 8°.
[8° E. 1055

Dufour (Gabriel). — Traité général de droit administratif. — P., 1843-1845, 4 vol. 8°.
[8° E. 1056-59

Dufour (Georges). — L'administration française en 1883. — P., 1883, in-18.
[8° U. 2887

Dufour (Ph.). — Essai sur l'étude de l'homme. — P., 1833, 2 vol. 8°.
[8° I. 3038-39

Dufrémentel (Jacques). — Conférence de la rédaction de la coutume de Touraine, en 1460, et de ses deux réformations en 1507 et 1559, et nouveau commentaire sur la même coutume. — Tours, 1786, 4°.
[4° E. 164

Dufrémentel (Jacques). — Nouveau commentaire sur la coutume de Touraine. — Tours, 1787-88, 2 vol. 4°.
[4° E. 165-66

Dufrénoy (Armand). — Traité de minéralogie. — P., 1844-1847, 4 vol. 8° dont 1 atlas.
[8° I. 3040-43

Du Fresne de Beaucourt. — Histoire de Charles VII, son caractère. — P., 1881-85, 3 vol. 8°.
[8° U. 2887. A

Dufresse (J.). — Du traitement eᵗ de la guérison de l'anévrisme du cœur. — P., 1877, 8°.
[8° I. 3044

Dugast de Bois Saint-Just. — Paris, Versailles et les provinces au XVIIIᵉ siècle. 4ᵉ éd. —P., 1817, 3 vol. 8°.
[8° U. 2888-90

Dugat (Gustave). — Histoire des philosophes et des théologiens musulmans (de 632 à 1258 de J.-C.). Scènes de la vie religieuse en Orient. — P., 1878, 8°.
[8° U. 2891

Du Graty (Alfred). — La république du Paraguay. 2ᵉ éd. — Bruxelles, 1865, 8°.
[8° U. 2892

Duhamel (Jean-Marie-Constant). — Cours d'analyse de l'École polytechnique. — P., 1840-1841, 2 parties en 1 vol. 8°.
[8° I. 3045

Duhamel (J.-M.-C.). — Cours de mécanique. 2ᵉ éd. —P., 1853-1854, 2 vol. 8°.
[8° I. 3046-47

Duhamel (J.-M.-C.). —Éléments de calcul infinitésimal. — P., 1856, 2 vol. 8°.
[8° I. 3048-49

Duhamel Du Monceau. — De l'exploitation des bois. — P., 1764, 2 vol. 4°.
[4° I. 618-19

Duhamel Du Monceau. —La physique des arbres. — P., 1758, 2 vol. 4°.
[4° I. 620-21

Duhamel Du Monceau. —Des semis et plantations des arbres, et de leur culture. — P., 1760, 4°.
[4° I. 622

Duhamel Du Monceau. — Traité des arbres et des arbustes. —P., 1755, 2 vol. 4°.
[4° I. 623-24

Dujarday.— Résumé des voyages, découvertes des Portugais.— *P.*, 1839, 2 vol. 8°. [8° **U. 2893-94**

Dujardin, Sellius. — Histoire générale des Provinces-Unies. — *P.*, 1757-1770, 8 vol. 4°. [4° **U. 544-551**

Dulague (Vincent-François-Jean-Noël). — Leçons de navigation. 10ᵉ éd., revue par V. Bagay.— *P.*, 1832, 8°. [8° **I. 3050**

Dulaure (J.-A.). — Histoire physique, civile et morale de Paris. 4ᵉ éd. — *P.*, 1829, 10 vol. 8°. [8° **U. 2895-2904**

Dulaure (J.-A.). — Histoire physique, civile et morale des environs de Paris. — *P.*, 1825-1827, 6 vol. 8°. [8° **U. 2905-10**

Dulos (Pascal). — Cours de mécanique à l'usage des écoles d'arts et métiers, et de l'enseignement spécial des lycées. — *P.*, 1875-1879, 4 parties 8°. [8° **I. 3051-54**

Du Marsais. — Logique et principes de grammaire. — *P.*, 1769, 8°. [8° **I. 3055**

Du Marsais. — Des Tropes. — *P.*, 1816, in-12. [8° **O. 1596**

Dumas. — De la photographie et de ses applications aux besoins de l'armée. — *P.*, 1872, in-12. [8° **I. 3056**

Dumas (A.). — La culture maraîchère pour le midi de la France. 2ᵉ éd. — *P.*, 1867, in-12. [8° **I. 3057**

Dumas (Alexandre). — Louis XIV et son siècle. — *P.*, 1852, 4°. [4° **U. 552**

Dumas (Alexandre). — Mes mémoires. — *P.*, 1863, 10 tom. en 5 vol. in-12. [8° **U. 2911-15**

Dumas fils (Alexandre). — Nouvelle lettre sur les choses du jour. — *P.*, 1872, in-12. [8° **U. 2916**

Dumas (J.-B.). — Enquête sur les engrais. Rapport à l'Empereur, projet de loi. Rapport adressé à S. E. M. le Ministre de l'Agriculture. — *P.*, 1866, in-18. [8° **I. 3058**

Dumesnil (Georges). — Cours d'instruction morale et civique, répondant au programme officiel. — *P.*, 1882, in-12. [8° **I. 3059**

Dumesnil (Georges). — La pédagogie révolutionnaire. — *P.*, 1883, in-12. [8° **I. 3060**

Du Mesnil (Marie). — Mémoires sur le prince Lebrun. — *P.*, 1828, 8°. [8° **U. 2917**

Du Mesnil-Marigny (Jules).— Les céréales et la douane. — *P.*, 1866, in-12. [8° **I. 3061**

Du Mesnil-Marigny (Jules). — Le rôle de l'industrie française et les interpellations qu'il a provoquées. 2ᵉ éd. — *P.*, 1868, in-18. [8° **I. 3062**

Du Moncel (Cᵗᵉ Th.). — Éclairage électrique. — *P.*, 1879, in-12. [8° **I. 3063**

Du Moncel (Cᵗᵉ Théodore). — Exposé des applications de l'électricité. 2ᵉ éd. — *P.*, 1856-1862, 5 vol. 8°. [8° **I. 3064-68**
3ᵉ éd., 1872-78. — *P.*, 5 vol. 8°. [8° **I. 3069-73**

Du Moncel (Cᵗᵉ Th.). — Le microphone, le radiophone et le phonographe. 119 fig. — *P.*, 1882, in-18. [8° **I. 3074**

Du Moncel (Cᵗᵉ Th.). — Le téléphone, le microphone et le phonographe. 2ᵉ éd. — *P.*, 1878, in-12. [8° **I. 3075**

Dumont (A.). — Guide pratique pour la guerre en Afrique, à l'usage des officiers et des sous-officiers. 2ᵉ éd. — *Aurillac*, 1885, in-16.   [8° I. 3076

Dumont (Léon). — Théorie scientifique de la sensibilité. Le plaisir et la peine. 2ᵉ éd. — *P.*, 1877, 8°.
[8° I. 3077

Du Mont (Prosper). — Le simple bons sens d'un démocrate, ou observations générales sur la guerre d'Orient. — *Perpignan*, 1860, 8°.
[8° U. 2918

Dumont d'Urville (J.-S.-C.). —Voyage de la corvette « l'*Astrolabe* », exécuté par ordre du Roi, pendant les années 1826-27-28-29, sous le commandement de M. J. Dumont d'Urville.
Histoire du voyage, 3 vol., 1830-31.
Botanique, par Lesson et Richard, 1 vol., 1832.
Zoologie, par Quoy et Gaimard, 1ᵉʳ vol., 1830.
Philologie, par d'Urville, 1 vol., 1833.
Observations nautiques, météorologiques, hydrographiques et de physique, par d'Urville, 1 vol., 1833. — *P.*, 1830-33, 7 vol. 4°.   [4° U. 553-59

Dumortier (Eug.). — Études paléontologiques sur les dépôts jurassiques du bassin du Rhône. 1ʳᵉ partie : infralias ; 2ᵉ partie : lias inférieur. — *P.*, 1864-1867, 2 vol. 8°.
[8° I. 3078-79

Dumouchel (Jean-François-Adolphe).— Arithmétique élémentaire, théorique et pratique. Nouv. éd. — *P.*, 1867, in-12.   [8° I. 3080

Dumouchel (J.-F.-A.). — Problèmes et exercices de calcul. 9ᵉ éd. — *P.*, 1868, in-12.   [8° I. 3081

Du Moulin (Charles). — Les coutumes générales et particulières de France et des Gaules, revues par Gabriel Michel. — *P.*, 1615, 2 vol. f°.
[Fol. E. 26-27

Du Moulin (Gabriel). —Histoire générale de Normandie. — *Rouen*, 1631, f°.   [Fol. U. 112

Dunker (Max). — Les nations sémitiques. Les Égyptiens. Traduction Mossman. Histoire de l'antiquité. — *P.*, (s. d.), 8°.
[8°. U. 2919

Dunod de Charnage (François-Ignace). — Nobiliaire du Comté de Bourgogne. — (S. l. n. d.), 4°.
[4° U. 560

Dunod (François-Joseph). — Histoire des Séquanois et de la province séquanoise. — *Dijon*, 1735, 4°.
[4° U. 561

Dunois (Armand). — Le secrétaire universel. — *P.*, (1869), in-18.
[8° O. 1597

Dunoyer (Charles). — Le second Empire et une nouvelle Restauration. — *Londres*, 1864, 2 vol. 8°.
[8° U. 2920-21

Dupanloup. — La Convention du 15 septembre et l'Encyclique du 8 décembre.—*P.*, 1865, 8°. [8° U. 2922

Dupanloup. — De l'éducation. 5ᵉ éd. — *P.*, 1861, 3 vol. 8°.
[8° I. 3082-84

Dupanloup. — L'élection de M. Littré à l'Académie française, suivi d'une réponse au *Journal des Débats*. — *P.*, 1872, 8°.   [8° U. 2923

Dupanloup. — Méthode générale de catéchisme. 2ᵉ éd. — *P.*, 1862, 3 vol. 8°.   [8° A. 528-30

Dupanloup. — La souveraineté pontificale, selon le droit catholique. 2ᵉ éd. — *P.*, 1860, 8°. [8° U. 2924

Dupin.—Libertés de l'Église gallicane. Manuel du droit public ecclésiastique français. — *P.*, 1860, in-18.
[8° E. 1060

Dupin aîné (A.-M.-J.-J.).—Révolution de juillet 1830. Caractère légal et politique du nouvel établissement fondé par la Charte constitutionnelle acceptée par Louis-Philippe 1er, le 9 août 1830. — *P.*, 1833, 8°. [8° U. 2925

Dupin (L.-Ellies), sous le pseudonyme de **Clairval**. — L'histoire d'Apollone de Tyane convaincue de fausseté et d'imposture. — *P.*, 1705, in-12. [8° U. 2926

Dupin de Saint-André (A.). — Le Mexique aujourd'hui — *P.*, 1884, in-18. [8° U. 2927

Dupiney de Vorepierre (B.). — Dictionnaire français illustré et encyclopédie universelle. — *P.*, 1860, 2 vol. 4°. [4° O. 279-80

Duplais (P.).— Traité des liqueurs. 2e éd. — *Versailles*, 1858, 2 vol. 8°. [8° I. 3085-86

Duplessis (Georges). — Les merveilles de la gravure. 2e éd. — *P.*, 1871, in-12. [8° I. 3087
(Bibliothèque des Merveilles.)

Duplessis (Philippe). — Œuvres posthumes. — *P.*, 1853, 5 vol. 8°. [8° O. 1598-1602

Duployé. — Sténographie. 9e éd. — *P.*, (s. d.), 8°. [8° I. 3088

Du Ponceau (P.-Ét.). — Mémoire sur le système grammatical des langues de quelques nations indiennes de l'Amérique du Nord. — *P.*, 1838, 8°. [8° O. 1603

Dupont (Étienne). — Traité pratique de la jurisprudence des mines, minières, forges et carrières. — *P.*, 1853, 2 vol. 8°. [8° E. 1061-62

Dupont (Paul). — Aide-mémoire pratique de la filature du coton. — *P.*, (s. d.), in-12. [8° I. 3089

Dupont (Paul). — Dictionnaire des formules. 10e éd. — *P.*, 1856, 8°. [8° E. 1063

Dupont (Paul). — Histoire de l'imprimerie. — *P.*, (s. d.), in-18. [8° I. 3090

Dupont (Pierre). — Muse populaire. Chants et poésies. 8e éd. — *P.*, 1871, in-12. [8° O. 1604

Dupont-Vernon (H.). — Principes de diction. — *P.*, 1882, in-18. [8° O. 1605

Dupouy (Dr Edmond). — Médecine et mœurs de l'ancienne Rome, d'après les poètes latins. — *P.*, 1885, in-18. [8° I. 3091

Duprat (François-Antoine). — Histoire de l'Imprimerie impériale de France. — *P.*, 1861, 8°. [8° I. 3092

Dupré (Athanase). — Théorie mécanique de la chaleur. (Partie expérimentale, en commun avec M. Paul Dupré.) — *P.*, 1869, 8°. [8° I. 3093

Dupré (Gustave), **Ollendorff** (Gustave). — Traité de l'administration des Beaux-Arts. Historique, législation, jurisprudence. — *P.*, 1885, 2 vol. 8°. [8° E. 1063. A

Dupré (Pierre). — Dictionnaire des marines étrangères. (Cuirassés, croiseurs, avisos rapides.) — *P.*, 1882, 8°. [8° I. 3094

Dupuis (Ch.-Fr.). — Origine de tous les cultes ou religion universelle. — *P.*, an III, 12 vol. 8° et un atlas 4°. [8° U. 2928-39

Dupuis (Ch.-Fr.). — Abrégé de l'origine de tous les cultes. Nouv. éd. — *P.*, 1834, in-18. [8° U. 2940

Dupuis (J.). — Tables de logarithmes à cinq décimales, d'après J. de
Lalande. — *P.*, 1868, in-12.
[8° **I. 3095**

Dupuis (J.). — Tables de loga-
rithmes à cinq décimales, d'après J. de
Lalande, disposées à double entrée. —
P., 1874, in-18.   [8° **I. 3096**

Dupuis (J.). — Tables de logarithmes à sept décimales, d'après Bre-
miker, Callet, Véga. — *P.*, 1865, 8°.
[8° **I. 3097**

Dupuis (Jean). — La conquête du
Tong-King par 27 Français, avec por-
trait, autographe et carte. Extrait du
Journal de Jean Dupuis, par Jules
Gros. — *P.*, 1880, in-18.
[8° **U. 2941**

Dupuis (Jean). — Mémoires de la
Société académique indo-chinoise de
Páris. L'ouverture du fleuve Rouge au
commerce et les évènements du Tong-
King (1872-1873). Journal de voyage
et d'expédition. 1 carte et une préface,
par M. le marquis de Croizier. — *P.*,
1879, 4°.   [4° **U. 562**

Dupuit (Jules). — Traité théorique
et pratique de la conduite et de la distribution des eaux. — *P.*, 1854, 4° et
atlas f°.   [4° **I. 625**
[Fol. **I. 54. A**

Dupuy (E.), **Ricard** (E.). —
Manuel pratique de l'inspecteur des
pharmacies. — *P.*, 1880, in-12.
[8° **I. 3098**

Dupuy (Ernest). — Les grands
maîtres de la littérature russe au XIXe
siècle. — *P.*, 1885, in-18.
[8° **O. 1606**

Dupuy-Desportes. — Histoire
du ministère du chevalier Robert Wal-
pool.— *Amsterdam*, 1764, 3 vol. in-12.
[8° **U. 2942-44**

Du Puynode (Gustave **Pastou-
reau**). — De la monnaie, du crédit et
de l'impôt. — *P.*, 1853, 2 vol. 8°.
[8° **I. 3099-3100**

Duquénel. — Lois municipales,
rurales, administratives et de police.
2e éd. — *P.*, 1834, 2 vol. 8°.
[8° **E. 1064-65**

Duquesnoy. — Manuel de l'orateur et du lecteur. 3e éd. — *P.*, 1844,
8°.   [8° **O. 1607**

Durand (La générale). — Mémoires
sur Napoléon et Marie-Louise. — *P.*,
1828, 8°.   [8° **U. 2945**

Durand (La générale). — Mémoires sur Napoléon et Marie-Louise,
1810-1814. 3e éd. — *P.*, 1886, in-18.
[8° **U. 2945. A**

Durand (Charles-Félix). — Les
guérisseurs. — *P.*, 1884, in-16.
[8° **I. 3101**

Durand (David). — La vie et les
sentiments de Lucilio Vanini. — *Rotterdam*, 1717, in-12.   [8° **U. 2946**

Durand (Émile), **Paultre** (Émile).
— Code général des lois françaises. —
P., 1862, 2 vol. 4°.
[4° **E. 167-68**

Durand (Émile). — Tablettes du
directeur d'usine à gaz. — *P.*, (s. d.),
in-12.   [8° **E. 1066**

Durand (Ferdinand). — Des tendances pacifiques de la société européenne et du rôle des armées dans l'a-
venir. 2e éd. — *P.*, 1844, 8°.
[8° **I. 3102**

Durand (F.-Aug.). — Une synthèse physique, ses inductions et ses
déductions. — *P.*, 1873, in-12.
[8° **I. 3103**

Durand de Maillane (Pierre-
Toussaint).— Dictionnaire de droit canonique. — *P.*, 1761, 2 vol. 4°.
[4° **E. 169-70**

Durand de Nancy. — Le droit usuel ou l'avocat de soi-même. Nouveau guide en affaires. 15° éd. — P., 1884, in-18.   [8° E. 1067

Durand de Nancy. — Nouveau guide pratique des maires, des adjoints, des secrétaires de mairie et des conseillers municipaux. 2° éd. — P., 1866, in-12.   [8° E. 1068

9° éd., 1882, refondue et annotée, contenant la législation jusqu'en 1882, avec la collaboration de M. Ruben de Couder. — P., 1882, in-18.
                [8° E. 1069

Durand-Fardel (Max). — Traité thérapeutique des eaux minérales. — P., 1857, 8°.   [8° I. 3104

3° éd., 1883. — P., 8°.
                [8° I. 3105

Duranton. — Cours de droit français suivant le Code civil. 3° éd. — — P., 1834, 19 vol. 8°.
                [8° E. 1070-88

Duras (Duchesse de). — Édouard. — P., 1825, in-18.   [8° O. 1608

Durat-Lasalle (Louis). — Le code de l'officier. — P., 1839, 8°.
                [8° E. 1089

Dureau (Georges). — Étude sur l'extraction du sucre des mélasses. — P., 1883, 8°.   [8° I. 3106

Dureau (Georges). — Traité de la culture de la betterave à sucre. 2° éd. — P., 1886, 8°.   [8° I. 3106. A

Durier (Charles). — Le Mont Blanc. 3° éd. 1 carte. — P., (s. d.), in-18.   [8° U. 2946. A

Duringe. — Monographie de la goutte et découverte du moyen de la guérir. 2° éd. — P., 1829, 8°.
                [8° I. 3107

Durival aîné. — Description de la Lorraine et du Barrois. — Nancy, 1778-1783, 4 vol. 4°.   [4° U. 563-66

Du Rozoir (Ch.). — Précis de l'histoire romaine. 5° éd. — P., 1837, 8°.   [8° U. 2947

Durrieux (Alcée). — Monographie du paysan du département du Gers. — P., (s. d.), in-12.   [8° U. 2948

Duruy (Albert). — L'instruction publique et la Révolution. —P., 1882, 8°.   [8° U. 2949

Duruy (Victor). — Histoire sainte, d'après la Bible. 8° éd. — P., 1879, in-18.   [8° U. 2950

Duruy (Victor). — Abrégé d'histoire ancienne. — P.,1860, in-12.
                [8° U. 2951

Duruy (Victor). — Histoire de la Grèce ancienne. Nouv. éd. —P., 1867, 2 vol. 8°.   [8° U. 2952-53

Duruy (Victor). — Histoire grecque. — P., 1851, in-12.
                [8° U. 2954

Duruy (Victor). — Histoire romaine. — P., 1848, in-12.
                [8° U. 2955

Duruy (Victor). — Histoire des Romains, depuis les temps les plus reculés jusqu'à la fin du règne des Antonins. Nouv. éd. — P., 1870-85, 7 vol. 8°.   [8° U. 2956-61

Duruy (Victor). — Histoire des Romains, depuis les temps les plus reculés, jusqu'à l'invasion des Barbares. Nouv. éd. — P.,1879-1885, 7 vol. 4°.
                [4° U. 567-73

Duruy (Victor). — Histoire du moyen âge. — P., 1861, in-12.
                [8° U. 2962

2° éd., 1864. — P., in-12.
                [8° U. 2963

Duruy (Victor). — Histoire des temps modernes. — P., 1863, in-12.
                [8° U. 2964

Duruy (Victor). — Introduction générale à l'histoire de France. 2ᵉ éd. — *P.*,1867, in-12. [8° **U. 2965**

Duruy (Victor). — Abrégé de l'histoire de France. Nouv. éd. — *P.*, 1855-1856, 3 vol. in-12. [8° **U. 2966-68**

Duruy (Victor). — Histoire de France. Nouv. éd., illustrée de grav. et de cartes. — *P.*, 1881, 2 vol. in-16. [8° **U. 2969-70**

Duruy (Victor). — Histoire populaire de la France, illustrée. — *P.*, (s. d.), 4 vol. gr. 8°. [4° **U. 574-77**

Duruy (Victor). — Histoire populaire contemporaine de la France. — *P.*, 1864-1865, 4 vol. gr. 8°. [4° **U. 578-81**

Du Seigneur (Maurice). — L'art et les artistes au Salon de 1881, avec une introduction sur les critiques des Salons depuis leur origine.—*P.*, 1881, in-18. [8° **I. 3108**

Dussieux (L.). — L'armée en France. Histoire et organisation depuis les temps anciens jusqu'à nos jours. — *Versailles*, 1884, 3 vol. in-18. [8° **U. 2971-73**

Dussieux (L.). — Les artistes français à l'étranger. 3ᵉ éd. — *P.*, 1876, 8°. [8° **U. 2974**

Dussieux (L.). — Atlas général de géographie physique. — *P.*, 1855, f°. [Fol. **U. 113**

Dussieux (L.). — Le château de Versailles. — *Versailles*, 1881, 2 vol. 8°. [8° **U. 2975-76**

Dussieux (L.). — Géographie générale. Édition augmentée d'un supplément. — *P.*, 1873, 8°. [8° **U. 2977**

Dussieux (L.). — Cours classique de géographie. Classes de 6ᵉ, 5ᵉ, 3ᵉ et seconde. — *P.*, 1858, 3 vol. 8°. [8° **U. 2978-80**

Dussieux (L.). — Cours de géographie physique et politique. 2ᵉ éd. — *P.*, 1853, 8°. [8° **U. 2981**

Dussieux (L.). — Généalogie de la maison de Bourbon, de 1256 à 1869. — *P.*, 1869, 8°. [8° **U. 2982**

Dussieux (L.). — Histoire générale de la guerre de 1870-1871. — *P.*, 1872, in-12. [8° **U. 2983**

Dutard, Sassere. — Dictionnaire de jurisprudence usuelle. 3ᵉ éd.— *P.*, 1846, 8°. [8° **E. 1090**

Dutemple (Edmond). — En Turquie d'Asie. Notes de voyage en Anatolie. Avec 6 dessins par A. Brun. — *P.*, 1883, in-18. [8° **U. 2984**

Du Temple (Louis). — Transmissions de la pensée et de la voix. 62 fig. — *P.*, (s. d.), in-18. [8° **I. 3109**

Dutens (Louis). — Mémoires d'un voyageur qui se repose. — *P.*, 1806, 3 vol. 8°. [8° **O. 1609-11**

Dutens (Louis).— Œuvres mêlées. — *Genève*, 1784, 8°. [8° **I. 3110**

Dutens (Louis). — Recherches sur l'origine des découvertes attribuées aux modernes. — *P.*, 1766, 2 vol. 8°. [8° **U. 2985-86**

Duthoit (Aimé et Louis). — Le vieil Amiens, dessiné d'après nature. 200 dessins. — (S. l. n. d.), f°. [Fol. **U. 114**

Du Thon (Mᵐᵉ Adèle). — Histoire de la Secte des Amis.— *Londres*, 1821, 8°. [8° **U. 2987**

Dutruc (Gustave). — Dictionnaire du contentieux commercial et industriel. 6ᵉ éd., dans laquelle a été refondu le Dictionnaire de MM. Devilleneuve et Massé. — *P.*, 1875, 2 vol. 8°. [8° **E. 1091-92**

Dutruc (Gustave). — Manuel de la responsabilité et de la discipline des officiers ministériels auxiliaires de la justice. — *Versailles*, 1885, 8°.
[8° E. 1093

Dutruc (Gustave). — Traité du partage de succession et des opérations qui s'y rattachent. — *P.*, 1855, 8°.
[8° E. 1094

Duval (Alexandre). — Œuvres complètes. — *P.*, 1822-1823, 9 vol. 8°.
[8° O. 1612-20

Duval (Amaury). — Souvenirs (1829-1830). — *P.*, 1885, in-18.
[8° U. 2987. A

Duval (Jules). — L'Algérie et les Colonies françaises, avec une notice sur l'auteur par M. Levasseur et une préface de M. Laboulaye. — *P.*, 1877, 8°.
[8° U. 2988

Duval (Mathias). — Précis d'anatomie à l'usage des artistes. — *P.*, (s. d.), in-16.
[8° I. 3111

Duval (Valentin-Jamerai). — Œuvres. — *Strasbourg*, 1784, 2 vol. 8°.
[8° O. 1621-22

Duval (Vincent). — Traité pratique du pied-bot. 2ᵉ éd. — *P.*, 1843, 8°.
[8° I. 3112

Duverger (A.-J.). — Dictionnaire national de droit français. — *P.*, 1850, 8°.
[8° E. 1095

Duverger (F.). — Manuel criminel des juges de paix. 2ᵉ éd. — *P.*, 1841, 8°.
[8° E. 1095. A

Duverger (F.). — Manuel des juges d'instruction. 2ᵉ éd. — *Niort*, 1844, 3 vol. 8°.
[8° E. 1096-98

Duvergier (Jean-Baptiste). — Collection complète des lois, décrets, ordonnances, règlements, avis du Conseil d'État, publiée de 1788 à 1830 inclusivement, par ordre chronologique, continuée depuis 1830 par J.-B. Duvergier. — *P.*, 1834 et ann. suiv., 8°.
[8° E. 1099

Duvergier de Hauranne. — Histoire du gouvernement parlementaire en France, 1814-1848 ; précédée d'une introduction. — *P.*, 1870-1871, 10 vol. 8°.
[8° U. 2989-98

Duveyrier (H.). — La Tunisie. — *P.*, 1881, 8°.
[8° U. 2999

Du Vivier (J.-H.). — Portraits comparés des hommes d'État contemporains. I. M. Gladstone et lord Beaconsfield. — *Bruxelles*, 1879, 8°.
[8° U. 3000

Dynamite (La). — Société générale pour la fabrication de la dynamite. Procédés de A. Nobel. La dynamite, ses caractères et ses effets. Notice sur la gomme explosible. (Signé : *L. R.*). — *P.*, 1878, in-18.
[8° I. 3113

Ebel (J.-E.). — Manuel du voyageur en Suisse. — *P.*, 1805, 4 vol. 8°.
[8° U. 3001-4

Ebert (A.). — Histoire générale de la littérature du moyen âge en Occident. Trad. de l'allemand par le Dʳ J. Aymeric et le Dʳ James Condamin. — *P.*, 1883-1884, 2 vol. 8°.

T. I et II. — Histoire de la littérature latine chrétienne depuis les origines jusqu'à la mort de Charles-le-Chauve.
[8° O. 1623-24

Ebrard (Dʳ E.). — Misère et charité dans une petite ville de France, de 1560 à 1862. Essai sur les établissements et institutions de bienfaisance de la ville de Bourg. — *Bourg*, 1866, 8°.
[8° I. 3114

Ecclésiaste (L'). — Traduit de l'hébreu, avec une étude sur l'âge et le caractère du livre, par Ernest Renan. — *P.*, 1882, 8°.
[8° A. 531

École (L') normale (1810-1883). — P., 1884, 8°.   [8° U. 3005

Écoles régimentaires du génie. Instruction pratique. École de fortification de campagne. — P., 1880, in-16.   [8° I. 3115

Écoles régimentaires du génie. Instruction pratique. École de mines. — P., 1879, in-16.   [8° I. 3116

Écoles régimentaires du génie. Instruction pratique. École de sape. — P., 1880, in-16.   [8° I. 3117

Écoles régimentaires du génie. Instruction pratique. Manuel de l'artificier. — P., 1882, in-16.
                           [8° I. 3118

Edgeworth (Miss). — Contes de l'adolescence. Trad. par Armand Le François. — P., 1854, in-18.
                           [8° O. 1625

Edgeworth (Miss Maria). — Éducation familière. Traduit de l'anglais par Mme Louise Sw.-Belloc. — P., 1830-1832, 6 vol. in-12.
                           [8° I. 3119-24

Edgeworth (Miss). — Nouveaux contes populaires. Trad. par Élise Voïard. — P., 1835, 4 vol. in-12.
                           [8° O. 1626-29

Edwards (W.-F.). — Recherches sur les langues celtiques. — P., 1844, 8°.   [8° O. 1630

Egger (É.). — Notions élémentaires de grammaire comparée, pour servir à l'étude des trois langues classiques. 8e éd. — P., 1880, in-12.
                           [8° O. 1631

Eichhoff (F.-G.). — Poésie héroïque des Indiens, comparée à l'Épopée grecque et romaine, avec analyse des poèmes nationaux de l'Inde ; citations en français et imitations en vers latins. — P., 1860, 8°.
                           [8° O. 1632

Eichthal (Louis D'). — Le général Bourbaki. 1 portrait, 3 cartes et facsimile. — P., 1885, 8°.
                           [8° U. 3005. A

Emeric (Louis-Damien). — De la politesse, ouvrage critique, moral et philosophique. — P., 1819, 8°.
                           [8° I. 3125

Émion (Victor). — Législation et jurisprudence commerciales. Articles publiés dans le journal : « Le Bulletin des Halles ». 1re série. — P., 1883, 8°.   [8° E. 1100

Emmanuel-Philibert. — Bref recueil des Édits du Prince Emmanuel-Philibert, duc de Savoye. — Chambéry, 1584, 4°.   [4° E. 171

Empire du Brésil (L') à l'Exposition universelle de 1876 à Philadelphie. — Rio de Janeiro, 1876, 8°.
                           [8° I. 3126

Empire du Brésil (L') à l'Exposition universelle de Vienne en 1873. — Rio de Janeiro, 1873, 8°.
                           [8° I. 3127

Émy (A.-R.). — Traité de l'art de la charpenterie. — P., 1837-1841, 2 vol. 4° et atlas f°.   [4° I. 626-27
                           [Fol. I. 55

Émy (A.-R.), Barre (L.-A.). — Traité de l'art de la charpenterie. Éléments de charpenterie métallique. — P., 1870, 1 vol. 4° et 1 atlas f°.
                           [4° I. 628
                           [Fol. I. 55. A

Énault (Louis), Vanderheym (Émile). — Les diamants de la couronne. Publié avec le concours, pour la partie technique, de M. Émile Vanderheym. 8 phototypies. — P., 1884, 8°.
                           [8° I. 3127 + A

Énault (Louis). — Paris-Salon, 1885. 80 grav. — P., 1885, 2 vol. 8°.
                           [8° I. 3127. A

Encyclopédie d'Architecture. — Journal mensuel, publié sous la direction de Victor Calliat. 1re, 2e, 3e séries. — *P.*, 1851-1883 et ann. suiv., f^{o}. [Fol. I. 56-78

Encyclopédie de famille, répertoire général des connaissances usuelles, publié par MM. Firmin Didot frères. — *P.*, 1868-69, 12 vol. in-12. [8° O. 1633-44

Encyclopédie du XIXe siècle. — *P.*, 1836-1839, 27 vol. 4°. [4° O. 281-307

Encyclopédie méthodique. — Économie politique et Diplomatique. — *P.*, 1784-1788, 4 vol. 4°. [4° O. 308-11

Encyclopédie moderne. Nouv. éd., publiée sous la direction de Léon Renier. — *P.*, 1846-52, 27 vol. 8°. Atlas, 3 vol. 8°. Complément : 1863, 12 vol. Atlas, 2 vol. Ensemble 44 vol. 8°. [8° O. 1645-1688

Encyclopédie ou Dictionnaire aisonné des sciences, des arts et des métiers, publié par Diderot et d'Alembert. — *P.*, 1751-1765, 17 vol. f^{o}. Atlas, 11 vol. f^{o}. Ensemble 28 vol. f^{o}. [Fol. O. 28-54

Encyclopédie ou Nouveau dictionnaire pour servir de supplément au Dictionnaire des sciences, des arts et des métiers. — *P.*, 1776-1777, 4 vol. f^{o} et atlas f^{o}. Ensemble 5 vol. f^{o}. [Fol. O. 55-59

Encyclopédie populaire. — *Bruxelles*, 1854, 10 séries en 47 vol. in-18. [8° O. 1689-1735

Encyclopédie pratique de l'agriculture, publiée par Didot, sous la direction de L. Moll. — *P.*, 1859-1867, 12 vol. 8°. [8° I. 3128-39

Encyclopédie théorique et pratique des connaissances utiles, par MM. Alcan, Albert Aubert, illustrée d'environ 1,500 gravures intercalées dans le texte. — *P.*, 1857, 2 vol. 8°. [8° O. 1736-37

Endrès (Ernest). — Manuel du Conducteur des Ponts et chaussées. 3e éd. — *P.*, 1860, 2 vol. 8°. [8° I. 3140-41

Engelhard (Maurice). — Souvenirs d'Alsace. — *P.*, 1882, in-16. [8° U. 3006

Enquête agricole. — 1re série. Documents généraux. — 2e série. Enquêtes parlementaires. — 3e série. Dépositions orales. — 4e série. Documents recueillis à l'étranger. Table. — *P.*, 1869-1872, 32 vol. 4°. [4° U. 582-614

Enquête parlementaire sur l'insurrection du 18 mars. Éd. du *Moniteur universel*. — *P.*, 1872, 4°. [4° U. 615

Enquête parlementaire sur l'insurrection du 18 mars. Tome 1. Rapports. Tome II. Dépositions des témoins. — *Versailles*, 1872, 2 vol. 4°. [4° U. 616-17

Enquête parlementaire sur les actes du Gouvernement de la défense nationale. Dépositions des témoins. — *Versailles*, 1872-1873, 2 vol. 4°. [4° U. 618-19

Enquête sur la question monétaire. — *P.*, 1872, 2 vol. f^{o}. [Fol. U. 115-116

Enquête sur les incendies de forêts dans la région des landes de Gascogne. Rapport à M. le Ministre des finances. — *P.*, 1873, 4°. [4° I. 629

Enseignement (L') supérieur devant le Sénat. — *P.*, 1868, in-16. [8° I. 3142

Environs (Les) de Paris. Histoire, monuments, paysages. — *P.*, 1855, 4°. [4° U. 620

Éphémérides commerciales, agricoles et financières, 1883. Nouveau calendrier à effeuiller, pour les négociants, agriculteurs, industriels, courtiers, banquiers, agents de change, etc. — *P.*, 1883, in-12. [8° I. 3143

Épictète. — Discours philosophiques, recueillis par Arrien, et traduits du grec par A.-P. Thurot. — *P.*, 1838, 8°. [8° I. 3144

Épictète. — Manuel d'Épictète et tableau de Cébès, traduits du grec. — *P.*, an IV, 2 vol. in-12. [8° I. 3145-46

Épictète. — Manuel. Nouv. éd., avec une étude sur Épictète, une analyse du manuel, des notes historiques et philosophiques par L. Montargis. — *P.*, 1886, in-18. [8° I. 3146.A

Épinay (Mme d'). — Mémoires et correspondance. 2° éd. — *P.*, 1818, 3 vol. 8°. [8° U. 3007-9

Érasme. — Éloge de la Folie, traduit par Victor Develay, et accompagné des dessins de Hans Holbein. — *P.*, 1872, 8°. [8° O. 1738

Erckmann-Chatrian. — L'art et les grands idéalistes. — *P.*, 1885, in-18. [8° I. 3147

Erckmann-Chatrian. — Contes de la montagne. — *P.*, 1860, 8°. [8° O. 1739

Ernouf (Baron). — L'art des jardins. 2° éd. — *P.*, 1868, 2 vol. in-18. [8° I. 3148-49

Ernouf (Baron). — Maret, duc de Bassano. 2° éd. — *P.*, 1884, 8°. [8° U. 3010

Ernouf (Baron). — Paulin Talabot. Sa vie et son œuvre (1799-1885). — *P.*, 1886, in-18. [8° U. 3010.A

Ernoul, Bernard le Trésorier. — Chronique, publiée par M. L. de Mas-Latrie. — *P.*, 1871, 8°. [8° U. 3011

(Société de l'Histoire de France.)

Escalle (L'abbé). — Polémique contemporaine. Démocrates et ignorantins. — *P.*, 1872, in-12. [8° U. 3012

Escamps (Henry d'). — Histoire et géographie de Madagascar. Nouv. éd. Carte. — *P.*, 1884, 8°. [8° U. 3013

Eschenauer (A.). — L'Espagne, impressions et souvenirs (1880-1881). — *P.*, 1882, in-18. [8° U. 3014

Eschyle. — Théâtre. Traduction par Alexis Pierron. 4° éd. — *P.*, 1851, in-12. [8° O. 1740

Escott (T.-H.-S.). — L'Angleterre. Le pays, les institutions, les mœurs. Ouvrage traduit de l'anglais par René de Lubersac. Avec un index alphabétique et analytique. — *P.*, (s. d.), 2 vol. 8°. [8° U. 3015-16

Part. I. La vie privée.

Part II. La vie publique.

Escouchy (Mathieu d'). — Chronique. Nouv. éd., publiée par G. Du Fresne de Beaucourt. — *P.*, 1863-1864, 3 vol. 8°. [8° U. 3017-19

(Société de l'Histoire de France.)

Esmarch (Frédéric). — Chirurgie de guerre. Manuel de pansements et d'opérations. Trad. par le Dr Rouge. 536 dessins et 30 pl. en chromolith. — *Hanovre*, 1879, 8°. [8° I. 3150

Esmein (A.). — Histoire de la procédure criminelle en France, et spécialement de la procédure inquisitoire, depuis le XIII° siècle jusqu'à nos jours. — *P.*, 1882, 8°.

[8° E. 1101

Esnault (J^mè). — Traité des faillites et banqueroutes. Nouv. éd., refondue par M. Louis Planquette. — *Versailles*, 1882, 8°. [8° E. 1102

Ésope. — Fables, en grec, avec un Dictionnaire. — *P.*, 1834, in-12.

[8° O. 1741

Ésope. — Fables, mises en français. — *Lille*, (s. d.), in-18.

[8° O. 1742

Espine (Marc d'). — Essai analytique et critique de statistique mortuaire comparée. — *Genève*, 1858, 8°.

[8° I. 3151

Esprit (L') des journaux, ouvrage périodique et littéraire. — *Liège*, 1772-1817, 423 vol. in-12.

[8° O. 1743-2159

Esprit (L') des Latins, pensées et proverbes recueillis par A. Morel; — des Orientaux, par A. Morel; — des Allemands, par Morel et Ed. Gérimont; — des Anglais, par A. Esquiros; — des Italiens, par P.-J. Martin; — des Espagnols, par P.-J. Martin. — *P.*, (s. d.), 6 vol. in-18.

[8° I. 3152-57

Essai sur une nouvelle organisation de l'armée. — *P.*, 1867, in-18.

[8° U. 3020

Estienne (Henri). — Apologie pour Hérodote ou traité de la conformité des merveilles anciennes avec les modernes. Nouv. éd., augmentée de remarques par M. Le Duchat. — *La Haye*, 1735, 3 vol. in-12.

[8° O. 2160-62

Estienne (Henri). — Θησαυρος της ελληνικης γλωσσης. Thesaurus græcæ linguæ. — *P.*, 1572, 3 t. en 2 vol. f°.

[Fol. O. 60-61

Estienne (Robert). — Dictionarium, seu latinæ linguæ thesaurus. — *P.*, 1636, 2 vol. f°. [Fol. O. 62-63

Estradère (J.). — Du massage. Son historique, ses manipulations, ses effets physiologiques et thérapeutiques. 2° éd. — *P.*, 1884, 8°. [8° I. 3158

Établissements (Les) généraux de bienfaisance placés sous le patronage de l'Impératrice. Monographies présentées à S. M. par le Marquis de La Valette. — *P.*, 1866, f°. [Fol. I. 79

État de la Cochinchine française en 1881. — *Saïgon*, 1882, 4°.

[4° U. 621

État militaire du corps de l'artillerie. — *P.*, 1er janvier 1886, in-16.

[8° U. 3020. A

États généraux (Des) et autres assemblées nationales, publié par de Mayer. — *P.*, 1788-1789, 18 vol. 8°.

[8° U. 3021-38

Étenaud (Alfred). — La Télégraphie électrique en France et en Algérie. — *Montpellier*, 1872, 2 vol. 8°.

[8° I. 3159-60

Étex (Antoine). — Cours élémentaire de dessin appliqué à l'architecture, à la sculpture, à la peinture, ainsi qu'à tous les arts industriels. 4° éd. — *P.*, 1877, gr. 8°. [4° I. 630

Études sur l'armement réglementaire de l'infanterie. Modifications apportées depuis 1874 au fusil et à la cartouche. — *P.*, 1884, in-16.

[8° I. 3160. A

Études sur l'Exposition de 1867, ou Les Archives de l'Industrie au XIX° siècle. Description générale de l'état actuel des Arts, des Sciences, de l'Industrie et de l'Agriculture chez toutes les nations. 2° éd. — *P.*, 8 vol. 8° et atlas en 2 vol. gr. 8°.

[8° I. 3161-68

[4° I. 631-32

Études sur l'Exposition de 1878. Annales et archives de l'industrie au XIX° siècle (2° partie), publiées par

MM. les Rédacteurs des Annales du génie civil. E. Lacroix, directeur. — *P.*, 1879-1880, 9 vol. 8° et atlas 4° oblong. [8° I. 3169-77

[4° I. 633

Eudel (Paul). — Collections et collectionneurs. — *P.*, 1885, in-12. [8° I. 3178

Eudel (Paul). — L'Hôtel Drouot en 1881, avec une préface par M. Jules Claretie. — *P.*, 1882, in-18. [8° U. 3039

Euler (Léonard). — Lettres à une princesse d'Allemagne précédées de l'Éloge d'Euler par Condorcet, et annotées par Cournot. — *P.*, 1842, 2 vol. 8°. [8° I. 3179-80

Euripide. — Tragédies, traduites du grec par Artaud. — *P.*, 1842, 2 vol. 8°. [8° O. 2163-64

Eusèbe de Pamphilie. — Ευσεβίου του Παμφίλου αποδείξεως βιβλία δεκα. — De demonstratione evangelica libri decem. — *P.*, 1628, f°. [Fol. A. 58

Eutrope, Messala (Corvinus), Rufus (Sextus). — Trad. par N.-A. Dubois.—*P.*, 1843, 8°. [8° O. 2165

(Collection Panckoucke.)

Évangiles (Les). — Traduction nouvelle, avec des notes et des réflexions à la fin de chaque chapitre, par F. Lamennais. — *P.*, 1846, in-12. [8° A. 532

Évangiles(Les) des quenouilles.— Nouv. éd. — *P.*, 1855, in-16. [8° O. 2166

Evans (Arthur J.). — Through Bosnia and Herzegovina on foot during the Insurrection, august and september 1875. — *London*, 1876, 8°. [8° U. 3040

Evans (John).—L'âge du bronze. Instruments, armes et ornements de la Grande-Bretagne et de l'Irlande. Traduit de l'anglais par W. Battier. Avec 500 fig. — *P.*, 1882, 8°. [8° I. 3181

Evans (John). — Les âges de la pierre. Instruments, armes et ornements de la Grande-Bretagne. Traduit de l'anglais par E. Barbier, avec 476 fig. intercalées dans le texte, et une pl. hors texte. — *P.*, 1878, 8°. [8° I. 3182

Événements de Paris des 26, 27, 28 et 29 juillet 1830. 7e éd.—*P.*, 1830, in-12. [8° U. 3041

Évrard (Alfred). — Les moyens de transport appliqués dans les mines, les usines. — *P.*, (s. d.), 2 vol. 8° et atlas f°. [8° I. 3183-84

[Fol. I. 80

Evrard (W.). — Lucas de Leyde et Albert Dürer. 1470-1530.—*Bruxelles*, 1884, 8°. [8° I. 3185

Exauvillez (D'). — Histoire de Godefroi de Bouillon. Nouv. éd. — *Tours*, 1859, in-12. [8° U. 3042

Expédition (L') de la *Jeannette* au pôle Nord, racontée par tous les membres de l'expédition. Ouvrage composé de documents reçus par le *New-York Herald*, de 1878 à 1882, traduits par Jules Geslin.—*P.*, (s. d.), 2 vol. in-18. [8° U. 3043-44

Expilly (Jean-Joseph). — Dictionnaire géographique, historique et politique des Gaules et de la France. — *P.*, 1762-1770, 5 vol. f°. [Fol. U. 117-121

Exposition internationale d'électricité. Paris, 1881. Catalogue général officiel. — *P.*, (s. d.), 8°. [8° I. 3186

Exposition internationale d'électricité. L'électricité et ses applications.

Exposé sommaire et notices sur les différentes classes de l'exposition, rédigés par MM. Armengaud, Ed. Becquerel, H. Becquerel, Paul Bert, Blavier, Ant. Bréguet, Clérac, M. Deprez, Hip. Fontaine, Mascart, Raynaud, Sebert. — *P.*, 1881, 8°. [8° **I. 3187**

Expositions internationales. Londres, 1871, 1872, 1874. France. Commission supérieure. Rapports. — *P.*, 1872-73-74, 3 vol. 4°. [4° **I. 634-36**

Expositions internationales. Londres, 1871, 1872, 1874. France. Œuvres d'art et produits industriels. — Commissariat général. — *P.*, (s. d.), 3 vol. 8°. [8° **I. 3188-90**

Exposition des produits de l'Industrie de toutes les nations. 1855. Catalogue officiel. 2ᵉ éd. — *P.*, 1855, 8°. [8° **I. 3191**

Exposition universelle de 1855. Rapports du jury mixte international.— *P.*, 1856, 4°. [4° **I. 637**

Exposition universelle de 1867. Catalogue général publié par la Commission impériale. — *P.*, 1867, 2 vol. in-12. [8° **I. 3192-93**

1ʳᵉ Partie. — Œuvres d'art.

2ᵉ Partie. — Instruments et procédés des arts usuels.

Exposition universelle de 1867 à Paris. Catalogue officiel des exposants récompensés. — *P.*, (s. d.), 8°. [8° **I. 3194**

Exposition universelle de 1867 à Paris. Catalogue officiel des exposants récompensés par le jury international. — *P.*, 1867, 8°. [8° **I. 3195**

2ᵉ éd., 1867.—*P.*, 8°. [8° **I. 3196**

Exposition universelle de 1867 à Paris. Documents officiels publiés par ordre de la Commission impériale. — *P.*, 1867, 4°. [4° **I. 638**

Exposition universelle de 1867 à Paris. Rapports du jury international publiés sous la direction de Michel Chevalier. — *P.*, 1868, 13 vol. 8°. [8° **I. 3197-3209**

Exposition universelle de 1878. Catalogue de la section anglaise. 1ʳᵉ et 2ᵉ parties. 2ᵉ édition. — Manuel de la section des Indes Britanniques. — Catalogue de la section des Beaux-Arts.— *Londres*, 1878, 4 vol. 8°. [8° **I. 3210-13**

Exposition universelle de 1878. Catalogue de l'exposition des archives de la Commission des monuments historiques. — *P.*, 1878, 8°. [8° **I. 3214**

Exposition universelle de 1878. Catalogue du ministère de l'instruction publique et des beaux-arts.—*P.*, 1878, 3 t. en 5 vol. 8°. [8° **I. 3215-17**

Exposition universelle de 1878. Catalogue officiel publié par le commissariat général. — *P.*, 1878, 5 vol. 8°. [8° **I. 3218-22**

Exposition universelle de 1878. Catalogue officiel. T. V, 2ᵉ fascicule. Exposition égyptienne.—*P.*, 1878, 8°. [8° **I. 3223**

Exposition universelle de 1878. Catalogue officiel. T. VII. Concours d'animaux vivants. — *P.*, 1878, 8°. [8° **I. 3224**

Exposition universelle de 1878. Catalogue officiel. T. VII. Concours d'animaux vivants. Espèce canine. — *P.*, 1878, 8°. [8° **I. 3225**

Exposition universelle de 1878. Catalogue officiel. T. VII. Concours d'animaux vivants. Espèces chevaline et asine. — *P.*, 1878, 8°. [8° **I. 3226**

Exposition universelle de 1878. Catalogue officiel. T. VII. Concours temporaires. Beurres et fromages. Horticulture. — *P.*, 1878, 8°. [8° I. 3227

Exposition universelle de 1878. Catalogue officiel. T. VII. Essais des machines agricoles sur le terrain. — *P.*, 1878, 8°. [8° I. 3228

Exposition universelle de 1878. Catalogue officiel des produits exposés par les manufactures nationales de France. Sèvres, les Gobelins, Beauvais. — *P.*, 1878, 8°. [8° I. 3229

Exposition universelle de 1878. Catalogue officiel. Liste des récompenses. — *P.*, 1878, 8°. [8° I. 3230

Exposition universelle de 1878. Catalogue officiel. Notice sur la situation de l'ostréiculture en 1875, par M. de Bon. — *P.*, 1878, 8°. [8° I. 3231

Exposition universelle de 1878. Catalogue spécial de l'exposition des sciences anthropologiques.—*P.*, 1878, 8°. [8° I. 3232

Exposition universelle de 1878. Concours d'animaux vivants. Espèces chevaline et asine (classe 77). Liste des récompenses. — *P.*, 1878, 8°. [8° I. 3233

Exposition universelle de 1878. Concours d'animaux vivants. Classes 78-81. Liste des récompenses. — *P.*, 1878, 8°. [8° I. 3234

Exposition universelle de 1878. Concours d'animaux vivants (classe 82). Liste des récompenses. —*P.*, 1878,8°. [8° I. 3235

Exposition universelle de 1878. Concours temporaires des beurres et fromages (classe 76). Liste des récompenses. —*P.*, 1878, 8°. [8° I. 3236

Exposition universelle de 1878. Section française. Classe XVI. Géographie. Cosmographie. Statistique. Notice publiée par le Comité d'installation. — *P.*, 1878, 8°. [8° I. 3237

Exposition universelle de 1878. Liste du Jury. — *P.*, 1878, 8°. [8° I. 3238

Exposition universelle de 1878. Le palais du Trocadéro. 38 gravures et 4 plans. — *P.*, 1878, in-18. [8° I. 3239

Exposition universelle de 1878. Catalogue spécial du grand-duché de Finlande. — *P.*, 1878, 8°. [8° I. 3240

Exposition internationale de Philadelphie. — Philadelphia international exhibition, 1876. Official catalogue of the British section. Part I and II. — *London*, 1876, gr. 8°. [4° I. 639

Exposition internationale de Philadelphie. — Philadelphia international exhibition, 1876. Descriptive catalogue of a collection of the economic minerals of Canada. — *Montreal*, 1876, 8°. [8° I. 3241

Expositions internationales. — Philadelphie, 1876. France. Œuvres d'art et produits industriels.—*P.*, 1876, 8°. [8° I. 3242

Exposition universelle de Vienne, 1873. — Catalogue de la République orientale de l'Uruguay, avec quelques notions statistiques.—*Vienne*, (s. d.), 8°. [8° I. 3243

Exposition universelle de Vienne, 1873.—Catalogue de la section suisse. — *Winterthur*, 1873, 8°. [8° I. 3244

Exposition universelle de 1873, à Vienne. — Catalogue raisonné de l'exposition égyptienne, par la Commission d'Égypte. — *Vienne*, 1873, 8°. [8° I. 3245

Exposition universelle de Vienne, 1873. — China. Trade statistics of the treaty ports : Amoy, Canton, Chefoo, Chinkiang, Foochow, Hankow, Kiukiang, Newchwang, Ningpo, Shanghai, Swatow, Takow (Formosa), Tamsui (Formosa), Tientsin, for the period 1863-1872. Compiled for the universal exhibition, Vienna, 1873. — *Shanghaï*, 1873, 4°. [4° I. 639. A

Exposition universelle de Vienne, 1873. Commissariat général de France. —Liste des récompenses décernées aux exposants français par le jury international. 2ᵉ éd. — (*S. l. n. d.*), f°. [Fol. I. 81

Exposition universelle de Vienne en 1873. Section française. — Les monuments historiques de France, par M. E. Du Sommerard.—*P.*, 1876, 4°. [4° I. 640

Exposition universelle de Vienne, 1873. — Département de la Régence de Tunis. — *Vienne*, 1873, 8°. [8° I. 3246

Exposition universelle de Vienne, 1873. — France. Œuvres d'art et manufactures nationales. — *P.*, (s. d.), 8°. [8° I. 3247

Exposition universelle de Vienne, 1873. — France. Produits industriels. 2ᵉ éd., comprenant l'Algérie et les Colonies françaises. — *P.*, août 1873, 8°. [8° I. 3248

Exposition universelle de Vienne en 1873. — France. Commission supérieure. Rapports. — *P.*, 1875, 5 vol. 4°. [4° I. 641-45

Extrait abrégé des vieux mémoriaux de l'abbaye de Saint-Aubin-des-Bois, en Bretagne. — *P.*, 1853, in-16. [8° O. 2167

Extraits des Enquêtes et des pièces officielles publiées en Angleterre par le Parlement. — *Vienne*, 1840-1843, 6 vol. 8°. [8° U. 3045-50

Eÿma (Xavier). — Les femmes du Nouveau-Monde. — *P.*, 1853, in-12. [8° U. 3051

Eyraud (Achille). — République ou Monarchie. — *P.*, (s. d.), in-12. [8° U. 3052

Eyriès (J.-B.), **Jacobs** (Alfred). — Voyage en Asie et en Afrique. — *P.*, 1855, 4°. [4° U. 622

Eyriès (J.-B.). — Voyage pittoresque en Asie et en Afrique. — *P.*, (s. d.), 4°. [4° U. 623

Eysséric (Antoine - Dominique), **Pascal**. — Éléments d'algèbre théorique et pratique. 10ᵉ éd. — *P.*, 1876, 8°. [8° I. 3250

Fabert (Abraham). — Remarques sur les coutumes générales de Lorraine. — *Metz*, 1657, f°. [Fol. E. 28

Fabre (Adolphe). — Les Clercs du Palais, recherches historiques sur les Basoches des Parlements et les Sociétés dramatiques des Basochiens et des Enfants sans-souci. 2ᵉ éd. — *Lyon*, 1875, 8°. [8° U. 3053

Fabre (Mᵐᵉ Anna). — Cours complet d'enseignement musical, à l'usage des maisons d'éducation, des mères de famille. Enseignement primaire. 2ᵉ éd. — *P.*, 1878, 8°. [8° I. 3251

Fabre (Augustin). — Traitement du choléra. Leçons faites à l'Hôtel-Dieu de Marseille, les 20 et 21 juillet 1883, recueillies par le Dʳ Audibert. — *Marseille*, 1884, 8°. [8° I. 3252

Fabre (Eugène). — Biographies et récits maritimes. Voyages et combats. — *P.*, 1885-86, 2 vol. 8°. [8° U. 3053. A

Fabre (Henri).—Précis de la guerre franco-allemande. — *P.*, 1875, in-16. [8° U. 3054

Fabre (Joseph). — Jeanne d'Arc, libératrice de la France. — *P.*, 1883, in-18.   [8° U. 3055

Fabre (J.-H.). — Les inventeurs et leurs inventions. 2ᵉ éd. — *P.*, 1883, 8°.   [8° I. 3253

Fabre (J.-H.). — Nouveaux souvenirs entomologiques. Études sur l'instinct et les mœurs des insectes. — *P.*, 1882, in-18.   [8° I. 3254

Fabre d'Envieu (J.). — Le dictionnaire allemand enseigné par l'analyse étymologique des noms propres individuels. Onomatologie de l'histoire des contrées occupées par les Allemands. — *P.*, 1881-82, 2 vol. in-18.
[8° O. 2168-69

Fabre de Navacelle. — Précis de la guerre franco-allemande. 13 cart. 6ᵉ éd. — *P.*, 1885, in-18.
[8° U. 3056

Fabreguettes (P.). — Traité des infractions de la parole, de l'écriture et de la presse. — *P.*, 1884, 2 vol. 8°.
[8° E. 1103-4

Fagniez (Gustave). — Études sur l'industrie et la classe industrielle à Paris au XIIIᵉ et au XIVᵉ siècle. — *P.*, 1877, 8°.   [8° U. 3057

Faguet (Émile). — La tragédie française au XVIᵉ siècle (1550-1600). — *P.*, 1883, 8°.   [8° O. 2170

Faidherbe (L.). — Campagne de l'armée du Nord en 1870-1871, avec une carte, des notes et des pièces justificatives. — *P.*, 1871, 8°.
[8° U. 3058

Failly (Général de). — Campagne de 1870. Opérations et marches du 5ᵉ corps jusqu'au 31 août. — *Bruxelles*, (s. d.), 8°.   [8° U. 3059

Faivre (Albert), **Benoît-Lévy** (Edmond).—Code-manuel de la presse, contenant le texte de la nouvelle loi,

une table alphabétique et analytique. Précédé d'une lettre-préface par M. Charles Floquet. 2ᵉ éd. — *P.*, 1881, in-18.   [8° E. 1104. A

Faivre (Ernest). — Notice sur les contributions directes et le cadastre, contenant le résumé des lois, règlements et instructions qui régissent la matière. 2ᵉ éd. — *P.*, 1884, 8°.
[8° E. 1105

Faligan (Ernest). — Les ballons pendant le siége de Metz. — *P.*, 1872, 8°.   [8° U. 3060

Fallot (Ernest). — Histoire de la colonie française du Sénégal, avec une carte. — *P.*, 1884, 8°. [8° U. 3061

Falloux (Comte de). — Discours et mélanges politiques. 2ᵉ éd. — *P.*, 1882, 2 vol. in-18. [8° U. 3062-63

Falloux (Comte de). — Histoire de saint Pie V. — *P.*, 1844, 2 vol. 8°.
[8° U. 3864-65

Farin (F.). — Histoire de la ville de Rouen. Nouv. éd. — *Rouen*, 1710, 3 vol. in-12. [8° U. 3066-68

Fastes de la République française. — *P.*, 1793, in-12.   [8° U. 3069

Fau (Julien). — Anatomie des formes extérieures du corps humain, à l'usage des peintres. — *P.*, 1845, 8°. Atlas f°.   [8° I. 3255
[Fol. I. 82

Faucher (Léon). — Études sur l'Angleterre. — *P.*, 1845, 2 vol. 8°.
[8° U. 3070-71

Faucher (Léon). — Du système de Louis Blanc, ou le travail, l'association et l'impôt. — *P.*, 1848, in-12.
[8° I. 3256

Faucher (Léon). — Mélanges d'économie politique et de finances. — *P.*, 1855, 2 vol. 8°. [8° I. 3257-58

Faucher de Saint-Maurice. — De Québec à Mexico, souvenirs de voyage, de garnison, de combat et de bivouac. — *Montréal*, 1874, 2 vol. in-12.
[8° U. 3072-73

Fauchille (Paul). — Du blocus maritime. Étude de droit international et de droit comparé. — *P.*, 1882, 8°.
[8° E. 1106

Fauriel (Claude). — Les derniers jours du Consulat, manuscrit inédit, publié et annoté par Ludovic Lalanne. — *P.*, 1886, 8°. [8° U. 3073.A

Fauvin (Abbé L.). — Histoire de l'Église, en 12 tableaux. — *P.*, 1882, 4°. [4° U. 624

Favart (C.-S.). — Mémoires et correspondance littéraires, publiés par A.-P.-C. Favart, et précédés d'une notice historique, par H.-F. Dumolard. — *P.*, 1808, 3 vol. 8°.
[8° O. 2171-73

Favre (Jules). — Discours parlementaires, publiés par Mme veuve Jules Favre, née Velten.—*P.*, 1881, 4 vol. 8°. [8° U. 3074-77

Favre (Jules).—Gouvernement de la défense nationale, du 30 juin au 31 octobre 1870 , — du 31 octobre 1870 au 29 janvier 1871 , — du 29 janvier au 22 juillet 1871. — *P.*, 1871-1875, 3 vol. 8°. [8° U. 3078-80

Favre (Jules). — Plaidoyers politiques et judiciaires, publiés par Mme Vve Jules Favre, née Velten. — *P.*, 1882, 2 vol. 8°. [8° U. 3081-82

Favre (Jules). — Quatre conférences faites en Belgique au mois d'avril 1874. — *P.*, 1874, in-12.
[8° O. 2174

Favre (Louis). — Le Luxembourg (1300-1882). Récits et confidences sur un vieux palais. — *P.*, 1882, 8°.
[8° U. 3083

Favre (Mar.-Jos.). — Théorie et pratique de la communion. — *Lyon*, 1840, 2 vol. 8°. [8° A. 533-34

Favre (Pierre-Antoine). — Aide-mémoire de chimie. — *P.*, 1864, texte et atlas, 1 vol. 8°. [8° I. 3259

Favret (Just). — Guide des maires et des receveurs municipaux. 2e éd. — *P.*, 1859, 8°. [8° E. 1107

Fawcett (H.).—Travail et salaires. Trad. par Arthur Raffalovich. — *P.*, 1885, in-18. [8° I. 3260

Fay (Ch.). — Journal d'un officier de l'armée du Rhin. 4e éd. — *Bruxelles*, 1871, 8°. [8° U. 3084

Faye (Hervé). — Leçons de cosmographie. — *P.*, 1852, 8°.
[8° I. 3261

2e éd., 1854. — *P.*, 8°.
[8° I. 3262

Faye (Hervé). — Sur l'origine du monde. Théories cosmogoniques des anciens et des modernes.—*P.*, 1884, 8°.
[8° I. 3263

Feillet (Alphonse). — La misère au temps de la Fronde et saint Vincent de Paul. 5e éd. — *P.*, 1886, in-18.
[8° U. 3084. A

Félibien (Michel). — Histoire de l'abbaye royale de Saint-Denis en France. — *P.*, 1706, f°.
[Fol. U. 122

Félice (G. de). — Histoire des protestants de France. 3e éd. — *P.*, 1856, in-12. [8° U. 3085

Feller (F.-X. de). — Biographie universelle. Éd. revue par Ch. Weiss et Busson.—*P.*, 1847-1850, 8 vol. 4°.
[4° U. 625-32

Feller (X. de). — Catéchisme philosophique. 4e éd., corrigée par l'abbé Paul Du Mont. — *Liège*, 1805. 3 vol. in-12. [8° A. 535-37

Feller (X. de). — Dictionnaire historique. — *P.*, 1818-1820, 12 vol. 8°.
[8° U. 3086-97

Fénelon. — Œuvres complètes. — *P.*, 1830, 27 vol. 8°.
[8° O. 2175-2201

Fénelon. — Aventures de Télémaque. — *P.*, 1828, 2 vol. 8°.
[8° O. 2202-3

Fenet (P.-A.). — Recueil complet des travaux préparatoires du Code civil. — *P.*, 1836, 15 vol. 8°.
[8° E. 1108-22

Fenin (Pierre de). — Mémoires. Nouv. éd., publiée par Mlle Dupont.— *P.*, 1837, 8°. [8° U. 3098
(Société de l'Histoire de France.)

Fenwick (S.). — Manuel de diagnostic médical. Guide de l'étudiant en médecine et du praticien. Ouvrage traduit sur la 3ᵉ éd. anglaise et annoté avec l'autorisation de l'auteur, par Ossian G. Edwards, Edgard Lacroix et Jules Germain, avec 101 fig. dans le texte. — *P.*, 1875, in-18.
[8° I. 3264

Féraud-Giraud (L.-J.-D.). — Code des transports de marchandises et de voyageurs par chemins de fer, ou Manuel pratique de législation concernant les transports par les voies ferrées. — *P.*, 1883, 3 vol. in-18.
[8° E. 1123-25

Féraud-Giraud (L.-J.-D.) — La juridiction française dans les Échelles du Levant et de Barbarie. — *P.*, 1859, 8°. [8° E. 1126

Ferland (J.-B.-A.). — Cours d'histoire du Canada.— *Québec*, 1861-1865, 2 vol. 8°. [8° U. 3099-3100

Ferment (Alexandre), l'un des naufragés de la *Méduse* en 1816. Mes ébauches, poésies posthumes, recueillies et publiées par sa sœur. — *P.*, 1873, in-18. [8° O. 2204

Féron (F.). — Introduction à la théorie générale du droit. — *Laval*, 1868, 8°. [8° E. 1127

Ferrand. — Histoire des trois démembrements de la Pologne. — *P.*, 1820, 3 vol. 8°. [8° U. 3101-3

Ferrand (Dr A.). — Formulaire des médicaments nouveaux. — *P.*, 1886, in-18.
[8° I. 3264.A

Ferrand (Eusèbe). — Aide-mémoire de pharmacie, vade-mecum du pharmacien. 3ᵉ éd. — *P.*, 1883, 2 vol. in-16. [8° I. 3265-66

Ferrand (Joseph). — Les pays libres. Leur organisation et leur éducation d'après la législation comparée. — *P.*, 1884, in-18. [8° E. 1128

Ferrari (Joseph). — La Chine et l'Europe, leur histoire et leurs traditions comparées. 2ᵉ éd. — *P.*, 1869, in-18. [8° U. 3104

Ferraz. — Étude sur la philosophie en France au XIXᵉ siècle. Le Socialisme, le Naturalisme et le Positivisme. 2ᵉ éd. — *P.*, 1877, in-12.
[8° I. 3267

Ferraz. — Histoire de la philosophie en France au XIXᵉ siècle. Socialisme, Naturalisme et Positivisme. 3ᵉ éd. — *P.*, 1882, in-18.
[8° I. 3268

Ferraz. — Histoire de la philosophie en France au XIXᵉ siècle. Traditionalisme et Ultramontanisme. 2ᵉ éd. — *P.*, 1880, in-12. [8° I. 3269

Ferreras (Jean de). — Histoire générale d'Espagne, traduite de l'espagnol par d'Hermilly. — *P.*, 1742-1751, 10 vol. 4°. [4° U. 633-42

Ferrier (David). — Les fonctions du cerveau. Traduit de l'anglais par Henri-C. de Varigny, avec 68 fig. dans le texte. — *P.*, 1878, 8°. [8° I. 3270

Ferrier (David). — De la localisation des maladies cérébrales. Traduit de l'anglais par Henri-C. de Varigny, suivi d'un Mémoire sur les localisations motrices dans l'écorce des hémisphères du cerveau, par MM. J.-M. Charcot et A. Pitres. Avec 67 fig. dans le texte. — *P.*, 1879, 8°. [8° I. 3271

Ferrier (J.-L.-A.). — Du gouvernement considéré dans ses rapports avec le commerce. 2ᵉ éd. — *P.*, 1824, 8°. [8° I. 3272

Ferrière (Claude-Joseph). — Dictionnaire de droit et de pratique. — *P.*, 1740, 2 vol. 4°. [4° E. 172-73

Ferrière (Cl. de). — Nouveau commentaire sur la coutume de la prévôté et vicomté de Paris. Nouv. éd., revue par Sauvan d'Aramon. — *Lyon*, 1779, 2 vol. in-12. [8° E. 1129-30

Ferron (H. de). — Institutions municipales et provinciales comparées. Organisation locale en France et dans les autres pays de l'Europe. — *P.*, 1884, 8°. [8° E. 1131

Ferry (Gabriel). — Le Coureur des bois ou les Chercheurs d'or. 8ᵉ éd. — *P.*, 1878, 2 vol. in-18. [8° O. 2205-6

Ferry (Gabriel). — Les dernières années d'Alexandre Dumas (1864-1870). — *P.*, 1883, in-18. [8° U. 3105

Ferry (Gabriel). — Souvenirs du Mexique et de la Californie. Voyages et voyageurs. — *P.*, (s. d.), in-18. [8° U. 3105. A

Ferry (G.). — Voyages et aventures au Mexique. — *P.*, 1847, in-12. [8° U. 3106

Festus (Sextus Pompeius). — De la signification des mots. Trad. par A. Savagner. — *P.*, 1846, 2 vol. 8°. [8° O. 2207-8
(Collection Panckoucke.)

Fétis (F.-J.). — Biographie des musiciens. — *P.*, 1835-1844, 8 vol. 8°. [8° U. 3107-14

Feuillet (Octave). — Scènes et Comédies. Nouv. éd. — *P.*, 1859, in-18. [8° O. 2209

Feuillet (Octave). — Scènes et Proverbes. — *P.*, 1851, in-18. [8° O. 2210

Feuillet de Conches. — Les salons de conversation au XVIIIᵉ siècle. — *P.*, 1882, in-16. [8° U. 3115

Feuilloley. — Épître à M. Alfred Potiquet, lauréat de l'Institut. — *Magny-en-Vexin*, 1877, 8°. [8° O. 2211

Févret (Charles). — Traité de l'abus et du vrai sujet des appellations. 3ᵉ éd. — *Lyon*, 1677, 2 tom. en 1 vol. f°. [Fol. E. 29

Fey (Édouard). — Code des assurances sur la vie. — *P.*, 1885, in-18. [8° E. 1131. A

Fialho (A.). — Don Pedro II, empereur du Brésil. Notice biographique. — *Bruxelles*, 1876, 8°. [8° U. 3116

Fiévée (J.). — La dot de Suzette ou histoire de Mᵐᵉ de Senneterre. — *P.*, 1826, in-18. [8° O. 2212

Figuier (Louis). — Les Aérostats. 53 grav. — *P.*, 1882, in-16. [8° I. 3273

Figuier (Louis). — L'Année scientifique et industrielle. — *P.*, 1856 et années suiv., 8°. [8° I. 3274

Figuier (Louis). — Les applications nouvelles de la science à l'industrie et aux arts en 1855. — *P.*, 1856, in-12. [8° I. 3275

Figuier (Louis). — L'art de l'éclairage. 14 grav. — *P.*, 1882, in-16. [8° I. 3276

Figuier (L.). — Les grandes inventions. — *P.*, 1861, 8°. [8° I. 3277

Figuier (Louis). — Histoire des plantes. — *P.*, 1865, 8°.
[8° I. 3278

Figuier (Louis). — Histoire du merveilleux dans les temps modernes. 2ᵉ éd. — *P.*, 1860-1861, 4 vol. in-18.
[8° I. 3279-82

Figuier (Louis). — L'Homme primitif. 2ᵉ éd. — *P.*, 1870, 8°.
[8° I. 3283

Figuier (Louis). — Les Insectes. 2ᵉ éd. — *P.*, 1869, 8°. [8° I. 3284

Figuier (Louis). — Le lendemain de la mort, ou la vie future selon la science. 8ᵉ éd. 10 fig. — *P.*, 1881, in-18.
[8° I. 3285

Figuier (Louis). — Les Merveilles de l'industrie ou Description des principales industries modernes. — *P.*, (s. d.), 4 vol. 4°.   [4° I. 646-49

Figuier (Louis). — Les Merveilles de la science ou Description populaire des inventions modernes. — *P.*, (s. d.), 4 vol. 4°.   [4° I. 650-53

Figuier (Louis). — Les nouvelles conquêtes de la science. — *P.*, (s. d.), 4 vol. 4°.   [4° I. 654

Tome I. L'électricité. 222 grav.

—   II. Grands tunnels et railways métropolitains. 215 grav.

— III. Les voies ferrées dans les deux mondes. 263 grav.

— IV. Isthmes et Canaux. 189 grav.

Figuier (Louis). — Les Poissons, les Reptiles et les Oiseaux. — *P.*, 1868, 8°.   [8° I. 3286

2ᵉ éd., 1869. — *P.*, 8°.
[8° I. 3287

Figuier (Louis). — Les races humaines.— *P.*, 1872, 8°. [8° I. 3288

Figuier (Louis). — Le Savant du foyer. — *P.*, 1862, 8°. [8° I. 3289

Figuier (Louis). — Le Téléphone, son histoire, sa description, ses usages. 76 grav. — *P.*, 1884, in-16.
[8° I. 3289. A

Figuier (Louis). — La Terre avant le déluge. 3ᵉ éd. — *P.*, 1864, 8°.
[8° I. 3290

Figuier (Louis). — La Terre et les mers. 2ᵉ éd. — *P.*, 1864, 8°.
[8° I. 3291

Figuier (Louis). — Vies des Savants illustres. Savants de l'Antiquité, du Moyen Age et de la Renaissance, du XVIIᵉ siècle. — *P.*, 1870-76, 5 vol. 8°.   [8° U. 3117-21

Filangieri (Gaetano).—La Science de la Législation, trad. de l'italien, d'après l'édition de Naples de 1784. — *P.*, 1786-1788, 5 vol. 8°.
[8° E. 1132-36

Filippini (A.-M.). — Traité pratique du budget départemental. — *P.*, 1885, 8°.   [8° I. 3292

Fillioux (A.). — Nouvel essai d'interprétation et de classification des monnaies de la Gaule. 2ᵉ éd. — *P.*, 1867, 8°.   [8° U. 3122

Fillon (Benjamin). — Considérations historiques sur les monnaies de France. — *Fontenay-Vendée*, 1850, 8°.
[8° U. 3123

Filon (Augustin). — Histoire de la littérature anglaise depuis ses origines jusqu'à nos jours. — *P.*, 1883, in-18.
[8° O. 2213

Filon (Charles-Auguste-Désiré). — Éléments de rhétorique française. 4ᵉ éd. — *P.*, 1845, in-12. [8° O. 2214

Finanz-Archiv.—Zeitschrift für das gesamte Finanzwesen, herausgegeben von Dʳ Georg Schanz. — *Stuttgart*, 1884, 8°.   [8° I. 3293

(1ʳᵉ ann., fasc. 1.)

Firth (Joseph L.-B.). — Municipal London ; or, London government as it is, and London under a municipal council. — *London*, 1876, 8°.
[8° U. 3124

Fischbach (Gustave). — De Strasbourg à Bayreuth. Notes de voyage et notes de musique. — *Strasbourg*, 1882, 8°. [8° U. 3125

Fix (Théodore). — Observations sur l'état des classes ouvrières. — *P.*, 1846, 8°. [8° I. 3294

Flachat (Eugène). — Navigation à vapeur transocéanienne. — *P.*, 1866, 3 vol. 8°, dont un atlas.
[8° I. 3295-97

Flammarion (Camille). — Astronomie populaire. 360 fig. — *P.*, 1881, gr. 8°. [4° I. 655

Flammarion (Camille). — L'atmosphère, description des grands phénomènes de la nature. — *P.*, 1872, gr. 8°. [4° I. 656

Flammarion (Camille). — Dans le ciel et sur la terre. Tableaux et harmonies. 4 eaux-fortes. — *P.*, 1886, in-16. [8° I. 3297. A

Flammarion (Camille). — Les étoiles et les curiosités du Ciel. Supplément de « l'Astronomie populaire. » Illustré de 400 fig., cartes célestes. — *P.*, 1882, gr. 8°. [4° I. 657

Flammarion (Camille). — Études et lectures sur l'Astronomie. — *P.*, 1867, in-18. [8° I. 3298

Flammarion (Camille). — Les Merveilles célestes, lectures du soir. 3ᵉ éd. — *P.*, 1869, in-12.
[8° I. 3299
(Bibliothèque des Merveilles.)

Flammarion (Camille). — Mes voyages aériens, impressions et études. Journal de bord de 12 voyages scientifiques en ballon, avec plans topographiques. 3ᵉ éd. — *P.*, 1883, in-18.
[8 I. 3300

Flammarion (Camille). — Le monde avant la création de l'homme. Origines de la terre, ori ines de la vie, origines de l'humanité. 400 grav., 8 cartes et 5 aquarellés. — *P.*, 1886, 4°.
[4° I. 657. A

Flammarion (Camille). — Les mondes imaginaires et les mondes réels. 2ᵉ éd. — *P.*, 1865, in-12.
[8° I. 3301

Flammarion (Camille). — La Pluralité des mondes habités. Nouv. éd. — *P.*, 1864, in-12. [8° I. 3302

Flammarion (Camille). — Les Terres du ciel, description astronomique, physique, climatologique, géographique, des planètes qui gravitent avec la Terre autour du soleil et de l'état probable de la vie à leur surface. — *P.*, 1877, 8°. [8° I. 3303

Flammermont (Jules). — Le chancelier Maupeou et les Parlements. — *P.*, 1883, 8°. [8° U. 3126

Flaubert (Gustave). — Par les champs et par les grèves; voyage en Bretagne, accompagné de mélanges et fragments inédits. — *P.*, 1886, in-12.
[8° O. 2214. A

Flayelle (E.). — Conseils généraux de département. Du budget départemental. — *P.*, 1884, 8°. [8° E. 1137

Fléchier — Œuvres complètes, avec une Notice par A.-V. Fabre, de Narbonne. — *P.*, 1828, 10 vol. 8°.
[8° A. 538-46

Fleischmann (Wilhelm). — L'industrie laitière. Trad. par G. Brélaz et J. Oettli. 278 fig. — *P.*, 1884, 8°.
[8° I. 3303. A

Fleming, **Tibbins**. — Royal dictionary English and French and French and English. — *P.*, 1867, 2 vol. f°. [Fol. O. 64-65

Fleurville (De). — Étude sur le magnétisme animal. — *P.*, 1876, in-18.
[8° **I. 3304**

Fleury (Claude). — Catéchisme historique contenant, en abrégé, l'histoire sainte et la doctrine chrétienne. — *P.*, 1812, in-12. [8° **A. 547**

Fleury (Claude), **Fabre** (J.-Claude). — Histoire ecclésiastique (à partir du 21ᵉ vol. par J.-Claude Fabre). — *P.*, 1691, 1738, 36 vol. 4°.
[4° **U. 643-78**

Fleury (Claude). — Institution au droit ecclésiastique. — *P.*, 1721, 2 vol. in-12. [8° **E. 1138-39**

1767. — Nouv. éd., revue par Boucher d'Argis. — *P.*, 2 vol. in-12.
[8° **E. 1140-41**

Fleury (Claude). — Mœurs des chrétiens. — *P.*, 1754, in-12.
[8° **U. 3127**

Fleury (Comte de). — Feuilles des bois, poésies. — *P.*, 1869, in-12.
[8° **O. 2215**

Fleury (Éd.). — Biographie de Camille Desmoulins. — *Laon*, 1850, 8°.
[8° **U. 3128**

Fleury (J.-A.). — Histoire d'Angleterre. — *P.*, 1852, 2 vol. in-12.
[8° **U. 3129-30**

Fleury (Jean). — Les littératures populaires de toutes les nations. Littérature orale de la Basse-Normandie. (Hague et Val-de-Saire). — *P.*, 1883, 8°. [8° **O. 2216**

Fliniaux (Ch.). — La propriété industrielle et la propriété littéraire et artistique en France et à l'étranger. Législation et jurisprudence françaises, législations étrangères et conventions internationales. — *P.*, 1879, in-18.
[8° **E. 1142**

Floire et Blancheflor. — Poëmes du XIIIᵉ siècle, publiés par M. Édelestand Du Méril. — *P.*, 1852, in-16. [8° **O. 2217**

Florian. — Œuvres complètes. Nouv. éd. — *P.*, 1823-24, 13 vol. 8°.
[8° **O. 2218-30**

Florus (L. Annœus). — Abrégé de l'histoire romaine. Trad. par F. Ragon, avec une notice par Villemain. — *P.*, 1833, 8°. [8° **O. 2231**
(Collection Panckoucke.)

Flour de St-Genis. — Manuel du surnuméraire de l'enregistrement, des domaines et du timbre. 8ᵉ éd. — *P.*, 1864, 8°. [8° **E. 1143**

Flourens (P.). — Buffon. Histoire de ses travaux et de ses idées. — *P.*, 1844, in-12. [8° **U. 3133**

Flourens (P.). — Cuvier. Histoire de ses travaux. 2ᵉ éd. — *P.*, 1845, in-18. [8° **U. 3134**

Flourens (P.). — De l'instinct et de l'intelligence des animaux. 2ᵉ éd. — *P.*, 1845, in-18. [8° **I. 3305**

Flourens (Pierre). — De la longévité humaine. 3ᵉ éd. — *P.*, 1856, in-18. [8° **I. 3306**

Flourens (Pierre). — De la vie et de l'intelligence. — *P.*, 1858, in-18.
[8° **I. 3307**

Flückiger (A.), **Hamburg** (Daniel). — Histoire des drogues d'origine végétale, traduction de l'ouvrage anglais « Pharmacographia », augmentée de très nombreuses notes par le Dʳ J.-L. de Lanessan, avec une préface de H. Baillon, et 320 fig. — *P.*, 1878, 2 vol. 8°.
[8° **I. 3308-309**

Foa (Eugénie). — Contes historiques de la jeunesse. — *P.*, (s.d.), 2 vol. in-12. [8° **O. 2232-33**

Focillon (Ad.). — Cours élémentaire d'histoire naturelle. — *P.*, 1863, in-12.   [8° I. 3310

Foë (Daniel de). — Aventures de Robinson Crusoé. — *P.*, 1834, 4 vol. in-18.   [8° O. 2234-37

Fœlix. — Traité de droit international privé. 2ᵉ éd. — *P.*, 1847, 8°.
[8° E. 1144

Foissac (Dʳ P.). — Hygiène des saisons. — *P.*, 1884, 8°.
[8° I. 3311

Foissac (Pierre). — De l'influence des climats sur l'homme. — *P.*, 1837, 8°.   [8° I. 3312

Folleville (Daniel de). — Traité du contrat pécuniaire de mariage et des droits respectifs des époux quant aux biens. — *P.*, 1883, 8°.
[8° E. 1145

Fonblanque (A. de). — L'Angleterre, son gouvernement, ses institutions. Traduit de l'anglais sur la 14ᵉ éd., par Ferdinand-Camille Dreyfus, avec une préface de M. Henri Brisson. — *P.*, 1881, 8°.   [8° U. 3135

Foncin (P.). — Essai sur le ministère de Turgot. — *P.*, 1877, 8°.
[8° U. 3136

Fonseca (Joseph de). — Dictionnaire français-espagnol et espagnol-français. 6ᵉ éd. — *P.*, 1870, 8°.
[8° O. 2238

Fonseca (Joseph de). — Nouveau dictionnaire français-portugais et portugais-français. 2ᵉ éd. — *P.*, 1839, 2 vol. in-12.   [8° O. 2239-40

Fonseca (Josè da). — Novo diccionario da lingua portugueza, seguido de um diccionario completo dos synonymos portuguezes. — *P.*, 1843, in-18.   [8° O. 2241

Fonssagrives (Jean-Baptiste). —

Entretiens familiers sur l'hygiène. — *P.*, 1867, 8°.   [8° I. 3313

2ᵉ éd., 1869. — *P.*, in-12.
[8° I. 3314

Fonssagrives (J.-B.). — Formulaire thérapeutique à l'usage des praticiens. — *P.*, 1882, in-18.
[8° I. 3315

Fonssagrives (J.-B.). — Leçons d'hygiène infantile. — *P.*, 1882, 8°
[8° I. 3316

Fonssagrives (J.-B.). — Le rôle des mères dans les maladies des enfants. — *P.*, 1868, in-16.
[8° I. 3317

5ᵉ éd., 1883. — *P.*, in-18.
[8° I. 3318

Fontaines (Mᵐᵉ de), Tencin (Mᵐᵉ de). — Œuvres. — *P.*, (s. d.), 8°.
[8° O. 2242

Fontane (Marius). — Histoire universelle. Inde Védique, les Iraniens, les Égyptiens, les Asiatiques. — *P.*, 1881-1885, 5 vol. 8°.
[8° U. 3137

Fontenelle (De). — Entretiens sur la pluralité des mondes. Nouv. éd. — *P.*, 1724, in-12.   [8° I. 3319

Fontenelle. — Œuvres. — *P.*, 1818, 3 vol. 8°.
[8° O. 2243-45

Fonvielle (Wilfrid de). — Aventures aériennes et expériences mémorables des grands aéronautes. 40 grav. — *P.*, 1876, in-18.   [8° I. 3320

Fonvielle (Wilfrid de). — Les Drames de la science. La pose du premier câble. — *P.*, 1882, in-16.
[8° I. 3321

Fonvielle (W. de). — Éclairs et Tonnerres. 2ᵉ éd. — *P.*, 1869, 8°.
[8° I. 3322
(Bibliothèque des Merveilles).

Fonvielle (Wilfrid de). — Les merveilles du monde invisible. — *P.*, 1866, in-12. [8° I. 3323

Fonvielle (Wilfrid de). — Le monde des atomes. 9 grav. — *P.*, 1885, in-16. [8° I. 3323. A

Fonvielle (Wilfrid de). — Les saltimbanques de la science. Comment ils font des miracles. — *P.*, (s. d.), in-12. [8° I. 3324

Forbin (Comte de). — Charles Barimore, suivi des œuvres inédites de l'auteur. — *P.*, 1843, 8°. [8° O. 2246

Forbonnais. — Recherches et considérations sur les finances de France depuis 1595 jusqu'à 1721. — *Basle*, 1758, 2 vol. 4°. [4° U. 679-80

Forcellini (Ægidius). — Totius latinitatis lexicon. — *Patavii*, 1771, 4 vol. f°. [Fol. O. 66-69

Formeville (A. de). — Histoire de l'ancien évêché-comté de Lisieux. — *Lisieux*, 1873, 2 vol. 4°. [4° U. 681-82

Formstecher (Émile). — Les mécaniciens de chemins de fer. — (*S. l.*), 1885, in-16. [8° I. 3324. A

Formulaire des actes des notaires, avec annotations. 10e tirage. — *P.*, 1866, in-12. [8° E. 1146

Formulaire (Nouveau) du Notariat. — *P.*, 1833, in-18. [8° E. 1147

Formulaire pharmaceutique des hôpitaux militaires. — *P.*, 1884, 8°. [8° I. 3325

Forneron (H.). — Les Ducs de Guise et leur époque, étude historique sur le XVIe siècle. — *P.*, 1877, 2 vol. 8°. [8° U. 3138-39

Forneron (H.). — Histoire de Philippe II. Tome I : L'Espagne et l'Europe durant les premières années du règne ; Tome II : L'Espagne et l'Europe jusqu'au départ de Don Juan d'Autriche pour les Pays-Bas. — *P.*, 1881, 2 vol. 8°. [8° U. 3140-41

Forneron (H.). — Histoire générale des émigrés pendant la Révolution française. 2e éd. — *P.*, 1884, 2 vol. 8°. [8° U. 3142-43

Fortoul (Hippolyte). — Les Fastes de Versailles. — *P.*, 1839, 4°. [4° U. 683

Foscolo (Ugo). — Opere edite e postume. Prose letterarie. — *Firenze*, 1850, 3 vol. in-18. [8° O. 2247-49

Foudras. — Campagne de Bonaparte en Italie. — (*S. l.*), an VIII, 8°. [8° U. 3144

Fouillée (Alfred). — La philosophie de Platon. Exposition, histoire et critique de la théorie des idées. — *P.*, 1869, 2 vol. 8°. [8° I. 3326-27

Fouillée (E.). — La science sociale contemporaine. — *P.*, 1880, in-12. [8° I. 3328

Fouque (Octave). — Les révolutionnaires de la musique. — *P.*, 1882, in-18. [8° I. 3329

Fourcy (Eug. de). — Vade-mecum des herborisations parisiennes. — *P.*, (1859), in-12. [8° I. 3330

Fourmestraux (E.). — La reine Hortense. — *P.*, 1864, in-12. [8° U. 3145

Fournel. — Traité du voisinage. 4e éd., revue par Tardif. — *P.*, 1834, 2 vol. 8°. [8° E. 1148-49

Fournel (V.). — Curiosités théâtrales anciennes et modernes. — *P.*, 1859, in-16. [8° O. 2250

Fournel (Victor). — De Malherbe à Bossuet. Études littéraires et morales sur le XVIIe siècle.— P., 1885, in-18.
[8° O. 2251

Fournel (Victor). — Figures d'hier et d'aujourd'hui. — P., 1883, in-18.
[8° U. 3146

Fournel (Victor). — Les rues du vieux Paris. Galerie populaire et pittoresque. 2e éd., 167 grav. — P., 1881, 8°.
[8° U. 3147

Fournier (Casimir). — Traité des contributions directes. 2e éd., mise au courant de la législation et de la jurisprudence par Charles Daveluy. — P., 1885, in-16.
[8° E. 1150

Fournier (C.-F.). — Manuel du caboteur. Nouv. éd. — P., 1853, 8°.
[8° I. 3331

Fournier (Édouard). — L'esprit dans l'histoire. — P., 1857, in-18.
[8° O. 2252

Fournier (Édouard). — L'esprit des autres. 3e éd. — P., 1857, in-18.
[8° O. 2253

Fournier (Édouard). — Paris démoli, mosaïque de ruines. — P., 1853, in-12.
[8° U. 3148

Fournier (Édouard). — Le Vieux-Neuf, histoire ancienne des inventions et découvertes modernes. — P., 1859, 2 vol. in-16.
[8° I. 3332-33

Fournier (F.-J.). — Dictionnaire portatif de bibliographie. — P., 1805, 8°.
[8° O. 2254

Fournier (Georges). — Exposition internationale d'électricité. Paris. 1881. Recueil général de tous les brevets d'invention ayant trait à l'électricité, pris en France depuis le 7 janvier 1791 jusqu'à ce jour. — P., 1881, 8°.
[8° I. 3334

Fournier (Georges). — Hydrographie, contenant la théorie et la pratique de toutes les parties de la navigation. — P., 1543, f°.
[Fol. I. 83

Fournier (Ortaire).— Les animaux historiques. Illustrations de Victor Adam. — P., 1845, 8°.
[8° I. 3335

Fournier (Paul). — La question agraire en Irlande. — P., 1882, in-18.
[8° U. 3149

Fournier (Pierre), **Neveu**, **Enrici-Bajon**. — Cours d'administration des élèves-commissaires de la marine. — P., 1878-80, 2 vol. 8°.
[8° E.1151-52

Fournier de Flaix (E.). — Études économiques et financières. 1re série. — P., 1883, 2 vol. in-18.
[8° I. 3336-37

Fournier de Flaix (E.).— L'impôt sur le pain, la réaction protectionniste et les résultats des traités de commerce. — P., 1885, 8°.
[8° I. 3338

Fournier de Flaix (E.). — La réforme de l'impôt en France. — P., 1885, 2 vol. 8°.
[8° U. 3150

Foville (Dr A.). — La législation relative aux aliénés en Angleterre et en Écosse. Rapport de missions remplies en 1881 et 1883. — P., 1885, gr. 8°.
[4° E. 174

Foville (Alfred de). — Études économiques et statistiques sur la propriété foncière. Le morcellement. — P., 1885, 8°.
[8° I. 3338. A

Foville (Alfred de). — La transformation des moyens de transport et ses conséquences économiques et sociales. — P. 1880, 8°.
[8° I. 3339

Fox (Ch.-J.). — Histoire des deux derniers rois de la maison de Stuart.— P., 1809, 2 vol. 8º.
[8º U. 3151-52

Fox (J.-C.), Pitt (W.). — Recueil de discours prononcés au parlement d'Angleterre, traduits par L. de Jussieu. — P., 1819-1820, 12 vol. 8º.
[8º U. 3153-64

Foy (Julien). — La céramique des constructions.— P., 1883, gr. 8º..
[4º I. 658

Fraîche (Félix). — Guide pratique de l'ostréiculteur. — P., (s. d.), in-16.
[8º I. 3340

Fraissinet (Ch.). — Le guide du magnanier. 3e éd. — Valence, 1837, 8º.
[8º I. 3341

Français (Les) peints par eux-mêmes. — P., 1853, 2 vol. 4º.
[4º U. 684-85

France (Hector). — Sous le burnous. — P., 1886, in-18.
[8º U. 3164. A

France (La) coloniale. Pub. sous la direction de M. Alfred Rambaud. 12 cartes.—P., 1886, 8º. [8º U. 3164. B

France (La) ecclésiastique. Almanach du clergé pour l'an de grâce 1880. 30e année. 1881, 31e année. 1882, 32e année. 1884, 1886. — P., in-18.
[8º U. 3165

France (La) et la Révolution, par un homme d'Etat. — P., 1872, 8º.
[8º U. 3166

France (La), la Pologne et le prince Napoléon Bonaparte.—Bruxelles, 1868, in-18.
[8º U. 3167

France (La) maritime, fondée par Amédée Gréhan. — P., 1837-1842, 4 vol. 4º.
[4º U. 686-89

France (La) par rapport à l'Alle-

magne. — Étude de géographie militaire. — Bruxelles, 1884, 8º.
[8º U. 3167. A

Franck (Ad.). — Philosophie du droit ecclésiastique. Des rapports de la religion et de l'État.—P., 1864, in-18.
[8º E. 1153

Franck (Ad.). — Philosophie du droit pénal. 2e éd. — P., 1880, in-18.
[8º E. 1154

Franck (Ad.). — La philosophie mystique en France à la fin du XVIIIe siècle. Saint-Martin et son maître Martiney Pasqualis. — P., 1866, in-18.
[8º I. 3342

Francœur (Louis-Benjamin). — Astronomie pratique. — P., 1830, 8º.
[8º I. 3343

Francœur (L.-B.). — Cours complet de mathématiques pures. 3e éd. — P., 1828, 2 vol. 8º. [8º I. 3344-45

Francœur (L.-B.). — Éléments de technologie. — P., 1833, 8º.
[8º I. 3346

Francœur (L.-B.). — Géodésie. 3e éd. — P., 1855, 8º. [8º I. 3347

Francœur (L.-B.). — Uranographie ou traité élémentaire d'astronomie. 5e éd. — P., 1837, 8º. [8º I. 3348

François (François). — Observations des coutumes de Tholose conférées au droit romain.—Lyon, 1615, 4º.
[4º E. 175

François de Sales (Saint). — Œuvres complètes. — P., 1832-1833, 16 vol. 8º.
[8º A. 548-63

Franklin (Benjamin).—Mémoires. Trad. de l'angl. par Édouard Laboulaye. 4e éd. — P., 1879, 8º.
[8º U. 3168

Franklin (Benjamin).—La science du Bonhomme Richard. — P., an II, in-12.
[8º I. 3349

Franqueville (Ch. de). — La Commission des chemins de fer en Angleterre. Réponse aux « Annales des Ponts et Chaussées ». — *P.*, 1881, 8°. [8° I. 3350

Franqueville (Charles de). — Les Institutions de l'Angleterre. — *P.*, 1863, 8°. [8° U. 3169

Frarière (Auguste de). — Traité de l'éducation des abeilles. — *P.*, 1843, in-12. [8° I. 3351

Frayssinous (Denis). — Conférences et discours inédits. — *P.*, 1843, 2 vol. in-12. [8° A. 564-65

Frayssinous (Denis). — Défense du Christianisme ou conférences sur la religion. — *P.*, 1836, 3 vol. 8°. [8° A. 566-68

Frayssinous (Denis). — Les vrais principes de l'Église gallicane. 2ᵉ éd. — *P.*, 1818, 8". [8° U. 3170

Frédé (Pierre). — Aventures lointaines. Voyages, chasses. — *P.*, 1882, in-18. [8° U. 3171

Frédéric II. — Œuvres posthumes. — *Berlin*, 1788, 15 vol. 8°. [8° O. 2255-69

Frédol (Alfred). — Le Monde de la mer. 2ᵉ éd. — *P.*, 1866, 4°. [4° I. 659

Freeman (Edward A.). — Histoire générale de l'Europe par la géographie politique. Trad. par Gust. Lefebvre. — *P.*, 1886, 8° et atlas 4°. [8° U. 3171. A [4° U. 689. A

Fremont (Robert). — Traité pratique du divorce et de la séparation de corps. 2ᵉ éd. — *P.*, 1884, 8°. [8° E. 1155

Frémonteil (Henri). — Des délits commis sur le territoire national ou en pays étranger. — *P.*, 1885, 8°. [8° E. 1156

Frémy (E.). — Histoire de la Chimie. — *P.*, 1882, 8°. [8° I. 3352

Frémy (E.). — Les laboratoires de chimie. — *P.*, 1881, texte et atlas, 2 vol. 8°. [8° I. 3353-54

Frenet (F.). — Recueil d'exercices sur le calcul infinitésimal. 2ᵉ éd. — *P.*, 1866, 8°. [8° I. 3355

Frère (H.). — La Normandie. — *Rouen*, 1870, 4°. [4° U. 690

Frerichs (Fr.-Th.). — Traité du diabète. Trad. et préface par le Dʳ Lubanski. 5 pl., 6 fig. — *P.*, 1885, 8°. [8° I. 3355. A

Fréron, Marsy (De). — Histoire de Marie Stuart. — *Londres*, 1742, 2 vol. in-12. [8° U. 3172-73

Fréron (Élie-Catherine). — Opuscules. — *Amsterdam*, 1753, 2 vol. in-12. [8° O. 2270-71

Fresenius (Remigius). — Traité d'analyse chimique qualitative ; trad. de l'allemand sur la 13ᵉ édition par C. Forthomme. 4ᵉ éd. française. — *P.*, 1871, in-18. [8° I. 3356

Freshield (Douglas-W.). — Travels in the central Caucasus and Bashan. — *London*, 1869, 8°. [8° U. 3174

Fresnel (Augustin). — Œuvres complètes, publiées par MM. Henri de Sénarmont, Émile Verdet et Léonor Fresnel. — *P.*, 1866-1870, 3 vol. 4°. [4° I. 660-62

Fresquet (R. de). — Précis d'histoire des sources du droit français depuis les Gaulois jusqu'à nos jours. 3ᵉ éd. — *P.*, 1881, in-18. [8° E. 1157

Fresse-Montval (Alph.). — Nouveau manuel complet et gradué de l'art épistolaire. 2ᵉ éd. — *P.*, 1842-1844, 2 vol. in-12. [8° O. 2272-73

Fréville (A.-F.-J.). — Beaux traits du jeune âge. 2ᵉ éd. — *P.*, 1818, in-12. [8° U. 3175

Fréville (F.-J.) — Vies des enfants célèbres.—*P.*, 1820, 2 vol. in-12. [8° U. 3176-77

Frey (H.). — Traité d'histologie et d'histochimie, trad. de l'allemand sur la 3ᵉ édition par le Dʳ P. Spillmann, avec des notes et un appendice par le Dʳ Ranvier. — *P.*, 1871, 8°. [8° I. 3357

Freycinet (Charles de). — La Guerre en province pendant le siège de Paris. 1870-1871. Précis historique. 5ᵉ éd. — *P.*, 1871, 8°. [8° U. 3178

Freycinet (Charles de). — Principes de l'assainissement des villes. — *P.*, 1870, texte et atlas, 2 vol. 8°. [8° I. 3358-59

Freycinet (Ch. de). — Traité d'assainissement industriel.—*P.*, 1870, texte et atlas, 2 vol. 8°. [8° I. 3360-61

Freytag (Georg-Wilhelm). — Lexicon arabico-latinum.—*Halis Saxonum*, 1837, 4°. [4° O. 312

Friedel (Adrien-Chrétien). — Nouveau théâtre allemand.—*P.*, 1782-84, 10 vol. 8°. [8° O. 2274-83

Friedlænder (L.). — Mœurs romaines du règne d'Auguste à la fin des Antonins, traduction libre, avec des considérations générales et des remarques, par Ch. Vogel.—*P.*, 1865-1874, 4 vol. 8°. [8° U. 3179-82

Frilley (G.), **Wlahovitj** (Joran). —Le Monténégro contemporain. 1 carte et 10 grav. — *P.*, 1876, in-18. [8° U. 3182. A

Friscaul Dorsay. — Méthode facile pour retenir les dates. Histoire sainte et histoire romaine réunies, hisoire de France. — *P.*, 1868, 2 vol. 8°. [8° U. 3183-84

Froissart (Jehan). —Chroniques, publiées par Siméon Luce. — *P.*, 1869-1876, 7 vol. 8°. [8° U. 3185-91 (Société de l'Histoire de France.)

Fromageot. — Annales du règne de Marie-Thérèse. — *P.*, 1775, 8°. [8° U. 3192

Fromentin (Eugène). — Les maîtres d'autrefois. Belgique, Hollande. 4ᵉ éd.—*P.* 1882, in-18. [8° I. 3362

Fromentin (Eugène). — Un été dans le Sahara. 7ᵉ éd. — *P.*, 1882, in-18. [8° U. 3193

Fromentin (Eugène).—Une année dans le Sahel. 6ᵉ éd.—*P.*, 1884, in-18. [8° U. 3194

Frontin (Sextus Julius). — Les Stratagèmes. Aqueducs de la ville de Rome. Trad. par Ch. Bailly.—*P.*, 1848, 8°. [8° O. 2284 (Collection Panckoucke.)

Frossard (Gᵃˡ). — Rapport sur les opérations du 2ᵉ corps de l'armée du Rhin, dans la campagne de 1870. 1ʳᵉ partie. — *P.*, 1871, 8°. [8° U. 3195

Frout de Fontpertuis (Adalbert). — Les États-Unis de l'Amérique septentrionale, leurs origines, leur émancipation et leurs progrès. — *P.*, (s. d.), 8°. [8° U. 3196

Fuchs (K.). — Les volcans et les tremblements de terre.—*P.*, 1878, 8°. [8° I. 3363

Fuchs (Paul). — Nouvelle grammaire russe, contenant des thèmes, des lectures et des conversations. — *Heidelberg*, 1872, 8°. [8° O. 2285

Fuchs (Paul). — Corrigé des thèmes de la grammaire russe pour les Français. — *Heidelberg*, 1872, 8°. [8° O. 2286

Furby (Charles). — Essai sur le droit d'aînesse en Angleterre. — *P.*, 1885, 8°. [8° E. 1157. A

Furetière (Antoine). — Dictionnaire universel. 2ᵉ éd. revue par Basnage de Bauval. — *La Haye*, 1701, 3 vol. f°. [Fol. O. 70-72

Furetière (Antoine).— Le Roman bourgeois, ouvrage comique. Nouv. éd., avec des notes historiques et littéraires par Édouard Fournier, précédée d'une notice par M. Charles Asselineau. — *P.*, 1854, in-16. [8° O. 2287 (Bibliothèque Elzévirienne.)

Furth (Camille de). —Un Parisien en Asie. Voyage en Chine, au Japon, dans la Mantchourie russe et sur les bords de l'Amoor. — *P.*, 1866, 8°. [8° U. 3197

Fustel de Coulanges. — La Cité antique. — *P.*, 1864, 8°. [8° U. 3198

Fustel de Coulanges. — Histoire des institutions politiques de l'ancienne France. 1re partie. L'Empire romain. Les Germains. La Royauté mérovingienne. 2e éd. — *P.*, 1877, 8°. [8° U. 3199

Fustel de Coulanges. — Recherches sur quelques problèmes d'histoire. — *P.*, 1885, 8°. [8° U. 3199. A

Gabourd (Amédée). —Histoire de France, depuis les origines gauloises jusqu'à nos jours. 3e éd. — *P.*, 1846, 3 vol. in-16. [8° U. 3200-2

Gabourd (Amédée).— Histoire de Napoléon Bonaparte. 3e éd. — *Tours*, (s. d.), 8°. [8° U. 3203

Gabriel.— Observations détachées sur les coutumes et les usages du ressort du Parlement de Metz.— *Bouillon*, 1787, 2 vol. 4°. [4° E. 176-77

Gabriel (Abbé). — Journal du blocus et du bombardement de Verdun, pendant la guerre de 1870. — *Verdun*, 1872, 8°. [8° U. 3204

Gadriot (P.-F.). — L'ouvrier menuisier. Traité complet de dessins appliqués à la menuiserie. — *P.*, 1870, 1 vol. de texte 8° et un atlas gr. f°. [8° I. 3364
[Fol. I. 84

Gaffarel (Paul). — L'Algérie, histoire, conquête et colonisation. Illustré de 4 chromolith., de 3 cartes et de 200 grav. — *P.*, 1883, 4°. [4° U. 691

Gaffarel (Paul). — Les Campagnes de la première République.—*P.*, 1883, 8°. [8° U. 3205

Gaffarel (Paul). — Les Colonies françaises. — *P.*, 1880, 8°. [8° U. 3206

Gaidoz (H.), **Sébillot** (Paul).— Blason populaire de la France. — *P.*, 1884, in-18. [8° O. 2288

Gailhabaud (Jules). — L'architecture du Ve au XVIIe siècle et les arts qui en dépendent : sculpture, peinture murale, peinture sur verre, mosaïque, ferronnerie, etc. — *P.*, 1858, 4 vol. gr. 4° et un atlas f°. [Fol. I. 85-89

Gailhabaud (Jules). — Monuments anciens et modernes. Collection formant une histoire de l'architecture des différents peuples à toutes les époques. — *P.*, 1865, 4 vol. gr. 4°. [Fol. I. 90-93

Gaillard (Gabriel-Henri). — Histoire de Charlemagne. — *P.*, 1782, 4 vol. in-12. [8° U. 3207-10

Gaillard (Gabriel-Henri). — Histoire de François Ier. — *P.*, 1766 à 1769, 7 vol. in-12. [8° U. 3211-17

Gaillard (Gabriel-Henri). — Histoire de Marie de Bourgogne, fille de Charles le Téméraire. — *P.*, 1757, in-12. [8° U. 3218

Gaillard (Gabriel-Henri). — Mélanges académiques, poétiques, littéraires, philologiques, critiques et historiques. — *P.*, 1806, 4 vol. 8°. [8° O. 2289-92

Gaillard (Romuald). — Hygiène

des lycées, collèges et des institutions de jeunes gens, composée d'après les documents les plus autorisés, conformément à l'arrêté ministériel du 15 février 1864, sur les Commissions d'hygiène. —*Vesoul*, 1866-1868, 3 part. en 1 vol. 8°. [8° I. 3365

Galerie de l'ancienne cour ou mémoires et anecdotes pour servir à l'histoire des règnes de Louis XIV et de Louis XV. — (*S. l.*), 1786, 2 vol. in-12. [8° U. 3219-20

Galeries historiques de Versailles, pub. par Ch. Gavard. — *P.*, 1838, 10 vol. f°, dont 1 de texte. [Fol. U. 122. A

Galezowski(Dr X.), **Daguenet** (V.). — Diagnostic et traitement des affections oculaires, avec fig. — *P.*, 1883, 8°. [8° I. 3366

Galiani (Abbé Ferdinand). — Correspondance inédite avec Mme d'Epinay, le baron d'Holbach. Ed. revue par Barbier. — *P.*, 1818, 2 vol. 8°. [8° O. 2293-94

Galiani (Ferdinand). — Écrivains du XVIIIe siècle. Correspondance avec Mme d'Espinay, Mme Necker, etc., avec une étude sur Galiani par Lucien Perey et Gaston Maugras. 2e éd.—*P.*, 1881-1882, 2 vol. 8°. [8° O. 2295-96

Galiani (Abbé Ferdinand).— Dialogues sur le commerce des blés. — *Londres*, 1770, 2 vol. 8°.
(Le tome 2 contient la Réfutation par l'abbé Morellet.) [8° I. 3367-68

Galisset, Mignon (J.). — Nouveau traité des vices rédhibitoires et de la garantie dans les ventes et échanges d'animaux domestiques. — *P.*, 1842, 8°. [8° E. 1158

Gallais (Jean-Pierre). — Histoire du dix-huit brumaire et de Bonaparte. 3e éd. — *P.*, 1814, 4 vol. 8°. [8° U. 3221-24

Gallais (Jean-Pierre). — Histoire de la Révolution du 20 mars 1815 ou

cinquième et dernière partie de l'Histoire du 18 brumaire et de Bonaparte. — *P.*, 1815, 8°. [8° U. 3225

Gallia Christiana. — *Lutetiæ Parisiorum*, 1715-1854, 16 vol. f°. [Fol. U. 123-138

. **Gallois** (Ernest). — Manuel de la sage-femme et de l'élève sage-femme. — *P.*, 1886, in-18. [8° I. 3368. A

Gallois (Léonard). — Histoire de la Révolution de 1848. — *P.*, 1849-1851, 4 vol. 4°. [4° U. 692-95

Gallois (N.). — Formulaire de l'« Union médicale ». Douze cents formules favorites des médecins français et étrangers. 3e éd. — *P.*, 1882, in-18. [8° I. 3369

Galtier (V.). — Traité de jurisprudence commerciale et de médecine légale vétérinaire. —*P.*, 1883, 8°. [8° E. 1159

Gama (J.-P.). — Traité des plaies de tête et de l'encéphalite, principalement de celle qui leur est consécutive. — *P.*, 1830, 8°. [8° I. 3370

Gambetta. — Discours et plaidoyers politiques, publiés par M. Joseph Reinach.— *P.*, 1881-1885, 11 vol. 8°. [8° U. 3226-36

Gambetta (Léon). — Dépêches, circulaires, décrets, proclamations et discours, publiés par M. Joseph Reinach. Ed. défin. — *P.*, 1886, 8°. [8° U. 3236. A

Gams (P. Pius Bonifacius).— Hierarchia Catholica, Pio IX pontifice romano. Supplementum I ad opus : « Series episcoporum». — *Monachii*, 1879, 4°. [4° U. 696

Gands (P.).— The student's assistant or a key to the exercises in Ollendorff's new method of learning the German language.— *Frankfort*, 1853, in-16. [8° O. 2297

Ganeval (Louis). — L'Égypte. Notes d'un résident français. — P., (s. d.), 8°. [8° U. 3237

Ganilh (Charles). — Essai politique sur le revenu public. — P., 1806, 2 vol. 8°. [8° I. 3371-72

Ganilh (Charles). — La théorie de l'économie politique. — P., 1815, 2 vol. 8°. [8° I. 3373-74

Ganneron (Émile). — L'amiral Courbet. 3° éd. — P., 1886, in-16. [8° U. 3237. A

Ganot (Adolphe). — Traité élémentaire de physique. 13° éd. — P., 1868, in-12. [8° I. 3375

Ganthier (L.). — Formulaire commenté des liquidations et partages judiciaires. 2° éd. — P., 1881, 8°. [8° E. 1160

Garcet (H.). — Éléments de mécanique. 2° éd. — P., 1861, 8°. [8° I. 3376

Garcet (H.). — Leçons nouvelles de cosmographie. 2° éd. — P., 1856, 8°. [8° I. 3377

Garcilasso de la Vega. — Histoire des Yncas, rois du Pérou, traduite de l'espagnol. — Amsterdam, 1737, 2 vol. 4°. [4° U. 697-98

Garcilasso de la Vega. — Historia general del Perú. 2ª ed. — Madrid, 1722, 4°. [4° U. 699

Garcin de Tassy (Joseph). — Allégories, récits poétiques et chants populaires, traduits de l'arabe, du persan, de l'hindoustani et du turc. 2° éd. — P., 1876, 8°. [8° O. 2298

Garcin de Tassy (Joseph). — Histoire de la littérature hindouie et hindoustanie. 2° éd. — P., 1870-71, 3 vol. 8°. [8° O. 2299-2301

Garcin de Tassy (Joseph). — Rudiments de la langue hindoustani. — P., 1829, 4°. [4° O. 313

Gardien (C.-M.). — Traité d'accouchements. — P., 1807, 4 vol. 8°. [8° I. 3378-81

Gardin-Dumesnil (Jean-Baptiste). — Synonymes latins. Nouv. éd., par J.-A. Auvray. — P., 1844, 8°. [8° O. 2302

Gardiner (Samuel Rawson). — A History of England under the Duke of Buckingham and Charles I. 1624-1628. — London, 1875, 2 vol. 8°. [8° U. 3238-39

Garet (Émile). — Les bienfaits de la Révolution française. 3° éd. — P., 1883, in-18. [8° U. 3240

Garibaldi (Joseph). — Mémoires, publiés par Alexandre Dumas, suivis de « La Vallée de Chamonix », par X. Marmier. — P., 1860-61, 5 vol. in-18. [8° U. 3241-45

Garibay (Estevan de). — Compendio historial de las chronicas de todos los reynos de España. — Barcelona, 1628, 4 vol. f°. [Fol. U. 139-142

Garneau (F.-X.). — Histoire du Canada. — Québec, 1852, 3 vol. 8°. [8° U. 3246-48

Garnier (Adolphe). — Traité des facultés de l'âme, comprenant l'histoire des principales théories psychologiques. — P., 1852, 3 vol. 8°. [8° I. 3382-84

Garnier (Charles). — Le Théâtre. — P., 1871, 8°. [8° I. 3385

Garnier (Éd.). — Louis de Bourbon, évêque-prince de Liège (1455-1482). — P., 1860, 8°. [8° U. 3249

Garnier (Édouard). — Les Nains et les Géants. 42 vign. — P., 1884, in-18. [8° U. 3250

(Bibliothèque des Merveilles.)

Garnier (Éd.). — Tableaux généalogiques des souverains de la France et des grands feudataires. — *P.*, 1863, 4°.   [4° **U. 700**

Garnier (Francis). — De Paris au Tibet. 40 grav. et 1 carte. — *P.*, 1882, in-16.   [8° **U. 3251**

Garnier (Francis). — Voyage d'exploration en Indo-Chine, effectué par une commission française. Relation annotée par Léon Garnier. 211 grav. et 2 cartes. — *P.*, 1885, 4°.   [4° **U. 701**

Garnier (F.-X.-P.). — Traité des chemins de toutes espèces. 2° éd. — *P.*, 1824, 8°.   [8° **E. 1161**

Garnier (Joseph). — Du principe de population. 2° éd., précédée d'une introduction et d'une notice par M. G. de Molinari. — *P.*, 1885, 8°.   [8° **I. 3386**

Garnier (Joseph). — Éléments de l'économie politique. 3° éd.— *P.*, 1856, in-12.   [8° **I. 3387**

Garnier (Joseph). — Notes et Petits Traités, contenant : Éléments de statistique et opuscules divers, faisant suite aux Traités d'économie politique et de finances. 2° éd. — *P.*, 1865, in-12.   [8° **I. 3388**

Garnier (Joseph). — Premières notions d'économie politique, sociale ou industrielle. 3° éd. — *P.*, 1867, 8°.   [8° **I. 3389**

Garnier (Joseph). — Traité complet d'arithmétique théorique et appliquée au commerce, à la banque, aux finances et à l'industrie. 3° éd. — *P.*, 1880, 8°.   [8° **I. 3390**

Garnier (Joseph). — Traité d'économie politique. 4° éd. — *P.*, 1860, in-12.   [8° **I. 3391**
8° éd., 1880. — *P.*, in-12.   [8° **I. 3392**

Garnier (Joseph). — Traité de finances. 4° éd. — *P.*, 1883, 8°.   [8° **I. 3393**

Garnier (Jules). — Le fer. 2° éd. — *P.*, 1878, in-12.   [8° **I. 3394**

Garnier (Jules). — La Nouvelle-Calédonie (Côte orientale). — *P.*, 1871, in-18.   [8° **U. 3252**
(Bibliothèque des Merveilles.)

Garnier (M.-D.). — Répertoire général. Nouveau dictionnaire des droits d'enregistrement, de transcription, etc. 4° éd. — *P.*, 1861, 3 vol. 4°.   [4° **E. 178-80**

6° éd., 1878. 3° tirage, 1883. — *P.*, 5 vol. 4°.   [4° **E. 181-85**

Garnier (M.-D.). — Répertoire périodique de l'enregistrement, faisant suite au « Répertoire général. » — *P.*, 1878 et ann. suiv., 8°.   [8° **E. 1162**

Garnier (P.). — Dictionnaire annuel des progrès des sciences et institutions médicales. 15° année, 1879 et suiv. — *P.*, in-12.   [8° **I. 3395**

Garnier-Gentilhomme (Mme). — Cours complet d'enseignement à l'usage des maisons d'éducation, des mères de famille et des institutrices. Enseignement primaire, 1re à 3° années, 2° éd. — *P.*, 1878, 3 vol. 8°.   [8° **I. 3396-98**

Garnier-Pagès. — Histoire de la Révolution de 1848. — *P.*, 1861-1869, 9 vol. 8°.   [8° **U. 3253-61**

Garnot (X.). — Condition de l'étranger dans le droit public français. — *P.*, 1885, 8°.   [8° **E. 1163**

Garraud (R.). — Précis de droit criminel. — *P.*, 1881, 8°.   [8° **E. 1164**

Garrel (Al.). — Ordonnance portant règlement sur le service de la solde et sur les revues. 3ᵉ éd. — *P.*, 1855, 8°. [8° E. 1165

Garrisson (Gaston). — Le suicide dans l'antiquité et dans les temps modernes. — *P.*, 1885, 8°. [8° I. 3398. A

Garsonnet (E.). — Histoire des locations perpétuelles et des baux à longue durée. — *P.*, 1879, 8°. [8° E. 1166

Garsonnet (E.). — Traité théorique et pratique de procédure. Organisation judiciaire, compétence et procédure en matière civile et commerciale. — *P.*, 1882-1885, 2 vol. 8°. [8° E. 1167-68

Gaskell (Mᵐᵉ). — Marie Barton. Traduit par Mˡˡᵉ Morel. — *P.*, 1866, 8°. [8° O. 2303

Gaskell (Mᵐᵉ). — Ruth. — *P.*, 1866, 8°. [8° O. 2304

Gasparin (Adrien-Étienne-Pierre, comte de). — Cours d'agriculture. — *P.*, 1843-1851, 5 vol. 8°. [8° I. 3399-3403

Gasparin (A.-E.-P., comte de). — Guide des propriétaires de biens ruraux affermés. 2ᵉ éd. — *P.*, 1853, in-12. [8° I. 3404

(Bibliothèque des cultivateurs.)

Gasparin (Comtesse Agénor de). — Andalousie et Portugal. 2ᵉ éd. — *P.*, 1886, in-18. [8° U. 3261. A

Gasparin (Comte Agénor de). — Les écoles du doute et l'école de la foi. Essai sur l'autorité en matière de religion. 2ᵉ éd. — *P.*, 1875, in-12. [8° A. 569

Gasparin (Comte Agénor de). — Innocent III. Le siècle apostolique. Constantin. 3ᵉ éd. — *P.*, 1874, in-12. [8° U. 3262

Gasparin (Comte Agénor de). — La liberté morale. 2ᵉ éd. — *P.*, 1868, 2 vol. in-12. [8° I. 3405-6

Gasquet (Amédée). — Cours de géographie générale, à l'usage des élèves des classes supérieures et des candidats aux écoles spéciales. 2ᵉ éd.— *P.*, (s. d.), in-12. [8° U. 3263

Gasse. — Manuel des juges de commerce. 5ᵉ éd. — *P.*, 1848, 8°. [8° E. 1169

Gatellier (E.). — La production économique du blé en France. Moyens à employer pour lutter contre la concurrence américaine. — *P.*, 1883, 8°. [8° I. 3407

Gatien-Arnoult. — Programme d'un cours de philosophie, à l'usage des collèges. 2ᵉ éd. — *Toulouse*, 1833, 8°. [8° I. 3408

Gattel (Claude-Marie). — Dictionnaire universel de la langue française. 5ᵉ éd. — *Lyon*, 1837, 2 vol. 4°. [4° O. 314-15

Gatteyras (J.-A.). — L'Arménie et les Arméniens. — *P.*, 1882, in-16. [8° U. 3264

Gaucher (Charles). — Nouveau tarif des prix de tous les matériaux. 3ᵉ éd. — *Tours*, (s. d.), 8°. [8° I. 3409

Gauchet (Claude). — Le plaisir des champs, avec la Vénerie, volerie et pêcherie, poëme en quatre parties. Éd. revue et annotée par Prosper Blanchemain. — *P.*, 1869, in-16. [8° O. 2305

(Bibliothèque Elzévirienne.)

Gauckler (Ph.). — Les poissons d'eau douce et la pisciculture. — *P.*, 1881, 8°. [8° I. 3410

Gaudet (A.-M.). — Nouvelles recherches sur l'usage des bains de mer. 2ᵉ éd. — *P.*, 1836, 8°. [8° I. 3411

Gaudin (Augustin). — Traité pratique de photographie. —*P.*, 1844, 8°.
[8° I. **3412**

Gaudry. — Histoire du barreau de Paris, depuis son origine jusqu'à 1830. — *P.*, 1864, 2 vol. 8°.
[8° U. **3265-66**

Gaudry (Jules). — Guide pratique pour l'essai des matières industrielles d'un emploi courant dans les usines, les chemins de fer. — *P.*, (s. d.), in-18.   [8° I. **3413**

Gaudry (Jules). — Traité élémentaire et pratique de la direction, de l'entretien et de l'installation des machines à vapeur.. — *P.*, 1856 à 1857, 2 vol. 8°.   [8 I. **3414-15**

Gauldrée-Boilleau (Adolphe). — L'administration militaire dans les temps modernes. — *P.*, 1879, 8°.
[8° U. **3267**

Gaulle (J. de). — Nouvelle histoire de Paris et de ses environs, avec des notes et une introduction par Ch. Nodier. — *P.*, 1839, 4 vol. 4°.
[4° U. **702-705**

Gaultier-Garguille. — Chansons. Nouv. éd., suivie de pièces relatives à ce farceur, avec une Introduction et Notes, par Édouard Fournier. — *P.*, 1858, in-16.   [8° O. **2306**
(Bibliothèque Elzévirienne.)

Gaultier (Abbé Louis). — Géographie, refondue par de Blignières, Demoyencourt, etc. 20° éd.—*P.*,1856, in-12.   [8° U. **3268**

Gaultier (Pierre). —Trente années d'agriculture pratique. — *P.*, 1866, in-18.   [8° I. **3416**

Gaume (J.). — Catéchisme de persévérance ou exposé historique, dogmatique, moral et liturgique de la religion. 2° éd. — *P.*, 1841, 8 vol. 8°.   [8° A. **570-77**

Gaume. — Les trois Rome. Journal d'un voyage en Italie. 2° éd. — *P.*, 1856-57, 4 vol. in-12.
[8° U. **3269-72**

Gauthey. — Œuvres, publiées par Navier. — *P.*, 1809-1816, 3 vol. 4°.
[4° I. **663-65**

Gauthier (J.-G.). — Le travail ancien et le travail moderne. — *P.*, 1885, 8°.   [8° I. **3416. A**

Gautier (Alphonse). — Études sur la liste civile en France. — *P.*, 1882, 8°.   [8° U. **3273**

Gautier (E.-J.-Armand). — Le cuivre et le plomb dans l'alimentation et l'industrie, au point de vue de l'hygiène. — *P.*, 1883, in-18.
[8° I. **3417**

Gautier (E.-J.-Armand). — La sophistication des vins. Méthodes analytiques et procédés pour reconnaître les fraudes. 3° éd. — *P.*, 1884, in-18.
[8° I. **3418**

Gautier (Théophile). — Constantinople. 2° éd. — *P.*, 1854, in-12.
[8° U. **3274**

Gautier (Théophile). — Les grotesques. — *P.*, 1844, 2 t. en 1 vol. in-18.   [8° O. **2307**

Gautier (Théophile). — Guide de l'amateur au musée du Louvre, suivi de : La vie et les œuvres de quelques peintres. — *P.*, 1882, in-12.
[8° I. **3419**

Gautier (Théophile). — Poésies nouvelles. — *P.*, 1863, in-12.
[8° O. **2308**

Gautier (Théophile). — Le roman de la momie. — *P.*, 1858, 8°.
[8° O. **2309**

Gautier (Théophile). — Romans et contes. — *P.*, 1882, in-18.
[8° O. **2310**

Gautier (Théophile). — Voyage en Espagne. — *P.*, 1856, in-12.
[8° U. 3275

Gautier fils (Théophile). — Entre Biarritz et St-Sébastien. Toros et Espadas. Notes de touriste. — *P.*, 1884, in-16. [8° U. 3275.A

Gavard (Ch.). — Versailles. Galeries historiques. — *P.*, 1838, 10 vol. f°. [Fol. U. 122. A

Gavarret (J.). — Physique médicale. De la chaleur produite par les êtres vivants. 41 fig. — *P.*, 1855, in-12.
[8° I. 3420

Gavarret (J.). — Traité d'électricité. — *P.*, 1857-1858, 2 vol. in-12.
[8° I. 3421-22

Gayot (Eug.). — Le chien. Avec un atlas de 67 planches et 127 figures. — *P.*, 1867, 2 vol. 8°.
[8° I. 3423-24

Gazeau (A.). — Les Bouffons. 63 grav. — *P.*, 1883, in-18.
[8° U. 3276
(Bibliothèque des Merveilles.)

Gazette des Architectes et du Bâtiment.—Revue bi-mensuelle, publiée sous la direction de Viollet-Le-Duc fils et de E. Corroyer. — *P.*, 1re année, 1863 et ann. suiv., f°.
[Fol. I. 94-101

Gazette hebdomadaire de **médecine et de chirurgie.** 2e série. Tomes 5 et 6, 1868-1869 et années suivantes. — *P.*, 4°.
[4° I. 666

Gebelin (Jacques). — Histoire des milices provinciales (1688-1791). Le tirage au sort sous l'ancien régime. — *P.*, 1882, 8°.
[8° U. 3277

Gebhart (Émile). — Les origines de la Renaissance en Italie. — *P.*, 1879, in-18. [8° U. 3278

Gegenbaur (Carl). — Manuel d'anatomie comparée, trad. en françai s sous la direction de Carl Vogt. — *P.*, 1874, 8°. [8° I. 3425

Gellé (M.-E.). — Précis des maladies de l'oreille. 157 fig. — *P.*, 1885, in-18. [8° I. 3426

Gellion-Danglar (Eug.). — Les Sémites et le sémitisme, aux points de vue ethnographique, religieux et politique. — *P.*, 1882, in-18.
[8° U. 3279

Génie civil (Le). — *P.*, 1880 et ann. suiv., f°. [Fol. I.102

Génin. — Lexique comparé de la langue de Molière. — *P.*, 1846, 8°.
[8° O. 2311

Genlis (Mme de). — Adèle et Théodore. 6e éd. — *P.*, 1822, 4 vol. in-12. [8° O. 2312-15

Genlis (Mme de). — Annales de la vertu. Nouv. éd. — *P.*, 1825, 5 vol. in-12. [8° O. 2316-20

Genlis (Mme de). — Contes moraux.—*P.*, 1853, in-12.
[8°. O. 2321

Genlis (Mme de). — Précis de la conduite de Mme de Genlis, depuis la Révolution.— *Hambourg*, (s. d.), in-12.
[8° U. 3280

Genlis (Mme de).—Mademoiselle de Clermont. — *P.*, 1827, in-18.
[8° O. 2322

Genlis (Mme de).— Le siège de La Rochelle. — *P.*, 1853, 8°.
[8° O.2323

Genlis (Mme de). — Les souvenirs de Félicie L***. — *P.*, 1821, in-18.
[8° O. 2324

Genlis (Mme de). — Les veillées du château ou cours de morale. — *P.*, 1803, 3 vol. in-12. [8° O. 2325-26

Genoude (Eugène de). — La Raison du Christianisme. — *P.*, 1834-1835, 12 vol. 8°.   [8° A.578-89

Genouille (J.). — Histoire ancienne. 3ᵉ éd. — *P.*, 1844, in-12.   [8° U. 3281

Genouille (J.).—Abrégé de l'Histoire du Moyen Age. 3ᵉ éd. — *P.*, 1838, in-12.   [8° U.3282

Genouille (J.). — Histoire moderne. 3ᵉ éd. — *P.*, 1844, in-12.   [8° U.3283

Geoffroy (Julien-Louis). — Cours de littérature dramatique ou Recueil de feuilletons. — *P.*, 1819, 5 vol. 8°.   [8° O. 2327-31

Geographiæ veteris scriptores græci minores, cum interpretatione latina, dissertationibus et annotationibus. Éd. John Hudson. — *Oxoniæ*, 1698, 4 vol. in-12.   [8° U. 3284-87

Geological Survey of Victoria. Report of progress, by R. Brough Smyth.— Report on the mineral resources of Ballarat, by R. A. F. Murray.— Reports on the coalfields of Loutit Bay, Apollo Bay, and the Wannon. — *Melbourne*, 1874, 4°.   [4° I.667

George (Dʳ). — La médecine des campagnes à l'aide des substances usuelles. — *P.*, 1869, in-18.   [8° I.3427

George (Hector). — Traité d'hygiène rurale, suivi des premiers secours en cas d'accidents. — *P.*, 1883, in-18.   [8° I.3428

Georgel (Jean-François). — Mémoires pour servir à l'histoire des évènements de la fin du XVIIIᵉ siècle. 2ᵉ éd. — *P.*, 1820, 6 vol. 8°.   [8° U. 3288-93

Géramb (Marie-Jos. de). — Pèlerinage à Jérusalem et au mont Sinaï. 4ᵉ éd. — *P.*, 1839, 3 vol. in-12.   [8° U. 3294-96

Gérando (Joseph-Marie de). — De la Bienfaisance publique. Nouv. éd. — *Bruxelles*, 1839, 2 vol. 8°.   [8° I. 3429-30

Gérando (De). — Du perfectionnement moral. 2ᵉ éd. — *P.*, 1826, 2 vol. 8°.   [8° I.3431-32

Gérard (Colonel).—Les Invalides. Grandes éphémérides de l'Hôtel des Invalides. — *P.*, 1862, 8°.   [8°U. 3297

Gérard (Charles). — L'Ancienne Alsace à table. 2ᵉ éd. — *P.*, 1877, 8°.   [8° U.3298

Gérard (Jules). — La chasse au lion et les autres chasses de l'Algérie, précédée d'une introduction par M. Léon Bertrand. — *P.*, 1854, 8°.   [8° I.3433

Gérard (Jules). — Le Tueur de lions. 2ᵉ éd. — *P.*, 1856, in-12.   [8° U. 3299

Gérard de Lairesse. — Le Grand-Livre des Peintres ou l'Art de la Peinture. Traduit du hollandais. — *P.*, 1787, 2 vol. 4°.   [4° I.668-69

Gérard de Nerval.—Les Filles du feu. — *P.*, 1859, 8°.   [8° O.2332

Gérard de Nerval.— Souvenirs d'Allemagne. Loreley. — *P.*, 1860, 8°.   [8° U.3300

Gérard de Nerval. — Voyage en Orient. 3ᵉ éd. — *P.*, 1851, 2 vol. in-12.   [8° U.3301-2

Gérard de Rossillon. — Chanson de geste ancienne, publiée en provençal et en français, par Francisque Michel. — *P.*, 1856, in-16.   [8° O.2333
(Bibliothèque Elzévirienne.)

Gérardin (Sébastien). — Dictionnaire raisonné de botanique, publié par M. N.-A. Desvaux. — *P.*, 1817, 8°.
[8° I. 3434

Gerbet (Ph.).—Considérations sur le dogme générateur de la piété catholique. 7ᵉ éd. — *P.*, 1867, in-18.
[8° A.590

Gerbet (Ph.).—Esquisse de Rome chrétienne.—*P.*, 1844-1850, 2 vol. 8°.
[8° U: 3303-4

Gerbié (Frédéric). — Le Canada et l'émigration française. 12ᵉ éd. — *P.*, 1885, 8°.
[8° U. 3304. A

Gerhardt (Charles), Chancel (G.). — Précis d'analyse chimique qualitative. 2ᵉ éd. — *P.*, 1864, in-12.
[8° I.3435

2ᵉ éd., 2ᵉ tirage, 1867. — *P.*, in-12.
[8° I.3436

Germain (Félix). — Dictionnaire du budget. Exercices 1877, 1878, 1884. — *P.*, 1877-1884, 3 vol. 8°.
[8° U. 3305-7

Germain (Henri).— Discours parlementaires sur les finances, 1870-1885. — *P.*, 1886, 2 vol. 8°.
[8° U. 3307. A

Germanes (De). — Histoire de la Révolution de Corse.—*P.*, 1771-1776, 3 vol. in-18. [8° U.3308-10

Germiny (Cᵗᵉ E. de). — L'Instruction laïque. Mémoire sur les progrès de l'esprit anti-religieux dans l'instruction publique. — *P.*, 1872, 8°.
[8° U. 3311

Gérono (C.-C.), Cassanac. — Éléments de géométrie descriptive. — *P.*, 1850, 8°. [8° I. 3437

1866.—*P.*, texte et planches, 2 vol. 8°. [8° I.3438-39

Gerson (Jean-Chartier).—Opera.— *P.*, 1606, 4 t. en 2 vol. f°.
[Fol. A. 59-60

Gerspach. — L'art de la verrerie — *P.*, 1885, 8°. [8° I. 3439. A

Gerspach.— La Mosaïque.—*P.*, (s. d.), in-16. [8° I. 3440

Geruin. — L'Opinion du père Mathieu, dialogue sur l'éducation. — *P.*, 1873, in-12. [8° I. 3441

Géruzez (Eugène). — Cours de littérature. 8ᵉ éd. — *P.*, 1850, 8°.
[8° O. 2334

Géruzez (Eugène).— Essais d'histoire littéraire. 2ᵉ éd.—*P.*, 1853, 2 vol. in-12. [8° O. 2335-36

Géruzez (Eugène). — Histoire de la littérature française, depuis ses origines jusqu'à la Révolution.—*P.*, 1861, 2 vol. 8°. [8° O. 2337-38

Géruzez (Eugène). — Histoire de la littérature française pendant la Révolution, 1789-1800.—*P.*, 1859, in-12.
[8° O. 2339

Géruzez (Eugène). — Nouveau cours de philosophie. 2ᵉ éd. — *P.*, 1834, 8°. [8° I. 3342

Gervais (Paul). — Éléments de zoologie, comprenant l'anatomie, la physiologie, la classification et l'histoire naturelle de l'homme et des animaux.4ᵉ éd., avec 713 fig. et 3 planch.en coul., et mise en rapport avec les programmes officiels de 1885, par le Dʳ Henri-Paul Gervais —.*P.*, 1885, 8°.
[8° I. 3443

Geslin (Jules). — Conquêtes et découvertes de la République des Pays-Bas, d'après des documents hollandais de l'époque. — *P.*, (s. d.), 2 vol. in-18. [8° U. 3311. A

Gessner (D., et Salomon). — Contes moraux et Idylles. — *Zurich*, 1773, 4°. [4° O. 316

Geymet. — Traité pratique de photographie. Éléments complets, perfectionnements et méthodes nouvelles, procédé au gélatinobromure. 3ᵉ éd. — *P.*, 1885, in-18. [8° I. 3443. A

Gibbon (Édouard). — Histoire de la décadence et de la chute de l'Empire romain, traduite de l'anglais, par F. Guizot. — *P.*, 1828, 13 vol. 8°. [8° U. 3312-24

Gibbs (George). — Memoirs of the administrations of Washington and John Adams, edited from the papers of Oliver Wolcott. — *New-York*, 1846, 2 vol. 8°. [8° U. 3325-26

Gibert (Camille-Melchior). — Traité pratique des maladies spéciales de la peau. 2ᵉ éd. — *P.*, 1839, 8°. [8° I. 3444

Gibier (Paul). — Recherches expérimentales sur la rage et sur son traitement. Préface de M. H. Bouley. — *P.*, 1884, 8°. [8° I. 3445

Gibon (A.). — Le patrimoine de l'ouvrier. — *P.*, (s. d.), 8°. [8° I. 3445. A

Gibson (O.). — The Chinese in America. — *Cincinnati*, 1877, in-12. [8° U. 3327

Giffard (Pierre). — Le Phonographe expliqué à tout le monde. Edison et ses inventions. 14ᵉ éd. — *P.*, (s. d.), in-18. [8° I. 3446

Giffard (Pierre). — Le sieur de Va-Partout. Souvenirs d'un reporter. — *P.*, (s. d.), in-18. [8° O. 2340

Gigoux (Jean). — Causeries sur les artistes de mon temps. 2ᵉ éd. — *P.*, 1885, in-18. [8° U. 3328

Gilbert. — Œuvres, précédées d'une notice historique, par Charles Nodier. — Nouv. éd. — *P.*, 1859, in-18. [8° O. 2341

Gilbrin (Henri). — Essai sur la condition juridique des Alsaciens-Lorrains. — *P.*, 1884, 8°. [8° E. 1170

Gilder (William-H.). — Expédition du « Rodgers » à la recherche de la « Jeannette » et retour de l'auteur par la Sibérie. Trad. de l'anglais par J. West. 1 cart. et grav. — *P.*, 1885, in-12. [8° U. 3329

Gildo (Domingo). — Grammaire théorique et pratique de la langue espagnole. 3ᵉ éd. — *P.*, 1861, 8°. [8° O. 2342

Gille (F.). — Le traitement des maladies à domicile, son histoire et ses rapports avec les bureaux de bienfaisance de la ville de Paris. — *P.*, 1879, 8°. [8° I. 3447

Gillet (L.), **Magne** (J.). — Nouvelle flore française. — *P.*, 1862, in-12. [8° I. 3448

Gillet-Damiette (Jean-Jacques-Julien). — Gymnastique. — *P.*, (s. d.), in-16. [8° I. 3449

Gilliot (Alphonse). — Études historiques et critiques sur les religions et institutions comparées. — *P.*, 1881-1883, 2 vol. in-18. [8° U. 3330

Gillon (Aug.). — Cours de métallurgie générale. — *Liége*, 1869, 8°. [8° I. 3450

Gindre de Mancy. — Dictionnaire portatif des communes de la France, de l'Algérie, etc. 3ᵉ éd. — *P.*, 1866, in-18. [8° U. 3331

Ginguené (P.-L.), **Salfi** (F.). — Histoire littéraire d'Italie. — *P.*, 1811-1835, 14 vol. 8°. [8° O. 2343-56

Ginisty (Paul). — L'année littéraire, 1885, avec une préface de Louis Ulbach et une introduction sur « Le livre à Paris », par Octave Uzanne. *P.*, 1886, in-18. [8° O. 2356. A

Ginoulhiac (C.). — Cours élémentaire d'histoire générale du droit français public et privé, depuis les premiers temps jusqu'à la publication du

Code civil. Matières de l'examen de première année. — *P.*, 1884, 8°.
[8° E. 1171

Giquel (Prosper). — La Politique française en Chine depuis les traités de 1858 et de 1860. — *P.*, 1872, 8°.
[8° U. 3332

Girard. — Les Petits prônes ou instructions familières principalement pour le peuple de la campagne. — *Lyon*, 1760, 4 vol. in-12.
[8° A. 592-95

Girard (Charles), **Laire** (G. de). — Traités des dérivés de la houille applicables à la production des matières colorantes. Avec douze planches. — *P.*, 1873, 8°. [8° I. 3451

Girard (D.). — Manuel des contributions indirectes et des octrois. — *P.*, 1821, 8°. [8° E. 1172

Girard (D.), **Fromage** (J.-B.). — Tableaux des contraventions et des peines en matière de contributions indirectes, de tabacs et d'octrois. 6ᵉ éd., revue par J.-B. Fromage. — *P.*, 1841, in-18. [8° E. 1173

11ᵉ éd., 1883, publiée par M. J. Martel. — *P.*, in-18. [8° E. 1174

Girard (Fulgence). — Histoire du second Empire. — *P.*, 1861, 2 vol. 8°.
[8° U. 3333

Girard (Gabriel). — Dictionnaire universel des Synonymes de la langue française. — *P.*, 1818, 2 vol. in-12.
[8° O. 2357-58

Girard (Jean). — Traité d'anatomie vétérinaire. 3ᵉ éd. — *P.*, 1830, 2 vol. 8°. [8° I. 3452-53

Girard (Jules). — Essai sur Thucydide. — *P.*, 1884, in-18.
[8° O. 2359

Girard (Jules). — Études su l'éloquence attique. Lysias. Hypéride. Démosthène. 2ᵉ éd. — *P.*, 1884, in-18.
[8° O. 2360

Girard (Jules). — Études sur la Poésie grecque. — *P.*, 1884, in-18.
[8° O. 2361

Girard (Jules). — Les Plantes étudiées au microscope. 2ᵉ éd. — *P.*, 1877, in-12. [8° I. 3454
(Bibliothèque des Merveilles.)

Girard (Maurice). — Les métamorphoses des Insectes. — *P.*, 1866, in-12. [8° I. 3455
(Bibliothèque des Merveilles.)

Girard de Rialle (J.). — Les peuples de l'Afrique et de l'Amérique. Notions d'ethnologie. — *P.*, (s. d.), in-32. [8° I. 3456

Girardin (Jean-Pierre-Louis). — Chimie générale et appliquée. — *P.*, 1868-69, 3 vol. 8°. [8° I. 3457-59

Girardin (J.). — Leçons de chimie élémentaire. — *P.*, 1836-37, 2 vol. 8°. [8° I. 3460-61

Girardin (J.), **Du Breuil** (A.). — Traité élémentaire d'agriculture. 3ᵉ éd. — *P.*, 1875, 2 vol. in-18.
[8° I. 3462-63

Girardin (Mᵐᵉ Émile de). — Le Vicomte de Launay. Correspondance parisienne. — *P.*, 1853, 8°.
[8° U. 3334

Giraudeau (A.), **Lelièvre** (J.-M.), **Sondée** (G.). — Lois usuelles annotées. La chasse. 2ᵉ éd. — *P.*, 1882, in-16. [8° E. 1175

Giraudeau (Le P. Bonaventure). — Évangile médité et distribué pour tous les jours de l'année, suivant la concordance des quatre évangélistes. 4ᵉ éd., publiée par l'abbé Arn.-Bern. d'Icard. Duquesne. — *P.*, 1789, 8 vol. in-12. [8° A. 596-603

Girault de Saint-Fargeau (Eusèbe). — Dictionnaire géographique, historique, industriel et commercial de toutes les communes de la France. — *P.*, 1851, 3 vol. 4°.
[4° U. 706-8

Girault-Duvivier (Ch.-P.). — Grammaire des grammaires. Nouv. éd., revue par P.-Auguste Lemaire. — *P.*, 1844, 2 vol. 8°.   [8° O. 2362-63

Giron (A.). — Le droit administratif de la Belgique. 2ᵉ éd. — *Bruxelles*, 1885, 3 vol. 8°.
[8° E. 1176-78

Gisclard (Auguste). — Petite encyclopédie juridique. Code des chemins vicinaux et des routes départementales. — *P.*, 1882, 2 vol. in-12.
[8° E. 1179-80

Gisquet. — Mémoires. — *Bruxelles*, 1841, 6 tom. en 3 vol. in-12.
[8° U. 3335-37

Glade (V.). — Du Progrès religieux. — *P.*, 1838, 3 vol. 8°.
[8° I. 3464-66

Gladwin (Francis). — The Persian Moonshee. 3ᵉ éd. — *Calcutta*, 1800, 2 vol. 4°.   [4° O. 317-18

Glaire (l'abbé J.-B.). — Dictionnaire universel des sciences ecclésiastiques. — *P.*, 1868, 2 vol. 8°.
[8° A. 604-5

Glaire (J.-B.). — Introduction historique et critique aux livres de l'Ancien et du Nouveau Testament. — *P.*, 1839-1841, 6 vol. 8°.   [8° A. 606-11

Glasson (Ernest). — Histoire du droit et des institutions politiques, civiles et judiciaires de l'Angleterre, comparés au droit de la France, depuis leur origine jusqu'à nos jours. — *P.*, 1882, 6 vol. 8°. [8° E. 1181-86

Glasson (Ernest). — Le mariage civil et le divorce dans les principaux pays de l'Europe. Étude de législation comparée, précédée d'un aperçu sur les origines du droit civil moderne. — *P.*, 1879, in-18.   [8° E. 1187

Glasson (Ernest). — Les sources de la procédure civile française. — *P.*, 1882, 8°.   [8° E. 1188

Gluge. — Encyclopédie populaire. Physiologie. 2ᵉ éd. — *Bruxelles*, (s. d.), 2 parties en 1 vol. in-12.
[8° I. 3467

Gobin (A.). — Traité des oiseaux de basse-cour, d'agrément et de produit. — *P.*, 1874, in-12.
[8° I. 3468

Gobin (H.). — Guide pratique d'entomologie agricole, et petit traité de la destruction des insectes nuisibles. 2ᵉ éd. — *P.*, (s. d.), in-18.
[8° I. 3469

Gobineau (Cᵗᵉ de). — Essai sur l'inégalité des races humaines. 2ᵉ éd. — *P.*, 1884, 2 vol. in-18.
[8° I. 3470-71

Goblet d'Alviella (Cᵗᵉ E.). — Désarmer ou déchoir. Essai sur les relations internationales, avec un avant-propos de M. Frédéric Passy. — *P.*, 1872, 8°.   [8° I. 3472

Godard (E.). — Traité pratique de peinture et dorure sur verre. Emploi de la lumière, application de la photographie. — *P.*, 1885, in-18.
[8° I. 3472. A

Godard (Léon). — L'Espagne, mœurs et paysages, histoire et monuments. 4 grav. — *Tours*, 1862, 4°.
[4° U. 709

Godard (Léon). — Soirées algériennes. Nouv. éd. — *Tours*, 1861, 8°.   [8° U. 3338

Godefroy (Frédéric). — Dictionnaire de l'ancienne langue française et de tous ses dialectes du IXᵉ au XVᵉ siècle. — *P.*, 1881, 4°.   [4° O. 319

Godefroy (Frédéric). — Histoire de la littérature française, depuis le XVIe siècle jusqu'à nos jours. 2e éd.— P., 1878-1881, 10 vol. 8°.
[8° O. 2364-73

Godin (Eugène). — Chants de belluaire. Le défaut de la cuirasse. — *Royan*, 1882, in-18. [8° O. 2374

Godin (Eugène). — La Cité noire, poésies. — P., 1880, in-18.
[8° O. 2375

Godin (Eugène). — Gulliver, journal littéraire. — P., 1881, 8°.
[8° O. 2376

Goethe. — Mémoires. Trad. nouv. par la baronne A. de Carlowitz. — P., 1855, 2 vol. in-12. [8° U. 3339-40

Goethe. — Schriften. (Œuvres.) — *Vienne*, 1790, 7 vol. in-12.
[8° O. 2377-83

Goethe. — Œuvres. Trad. nouv. par Jacques Porchat. — P., 1862-1871, 10 vol. 8°. [8° O. 2384-93

Goethe. — Les affinités électives. Trad. par A. de Carlowitz. — P., 1844, in-12. [8° O. 2394

Goethe, Arnim (Mme Bettina d'). — Goethe et Bettina. Correspondance inédite. Trad. de l'allemand, par Séb. Albin (Mme Cornu). — P., 1843, 2 vol. 8°. [8° O. 2395-96

Goethe, Schiller. — Correspondance entre Goethe et Schiller. Trad. par Mme la baronne de Carlowitz, annotée par M. Saint-René Taillandier. — P., 1863-1883, 2 vol. in-18.
[8° O. 2397-98

Goethe. — Le Faust. Trad. par Henri Blaze. 8e éd. — P., 1859, in-12. [8° O. 2399

Goethe. — Théâtre. Trad. par X. Marmier. — P., 1839, in-12.
[8° O. 2400

Goethe. — Werther. Trad. par P. Leroux, suivi de Hermann et Dorothée, trad. par X. Marmier. — P., 1850, 8°. [8° O. 2401

Goethe.— Wilhelm Meister. Trad. par Théophile Gautier fils. — P., 1861, 2 vol. in-18. [8° O. 2402-3

Goguet (Antoine-Yves). — De l'origine des lois, des arts et des sciences chez les anciens peuples. — P., 1759, 6 vol. in-18.
[8° U. 3341-46

Goldoni. — Mémoires. — P., 1787, 3 vol. 8°. [8° U. 3347-49

Goldschmidt (Julius). — Madère étudiée comme station d'hiver et d'été. 2e éd. — P., 1884, 8°.
[8° U. 3350

Goldsmith (Lewis). — Histoire secrète du cabinet de Napoléon Buonaparte, et de la cour de Saint-Cloud. 3e éd. (1er juillet 1814). — *Londres*, 1814, 8°. [8° U. 3351

Goldsmith.—History of England, with a continuation by Pinnoch.36thed., revised by C. Taylor. — P., 1844, in-12. [8° U. 3352

Goldsmith, Sterne. — Œuvres choisies. Le vicaire de Wakefield. Le voyage sentimental. — P., 1841, in-18. [8° O. 2404

Golius (Jacobus). — Lexicon arabico-latinum. — *Lyon*, 1653, f°.
[Fol. O. 73

Gollut (Louis). — Les mémoires historiques de la République séquanaise et des princes de la Franche-Comté de Bourgogne. — *Dôle*, 1592, f°. [Fol. U. 153
1647. — *Dijon*, f°. [Fol. U. 154

Gomart (Ch.). — Ham, son château et ses prisonniers. — *Ham*, 1864, 8°. [8° U. 3353

Goncourt (Edmond et Jules de). — L'art au dix-huitième siècle. 2ᵉ éd., revue et augmentée.— *P.*, 1873-1874, 2 vol. 8°.　　　　[8° I. 3473-74

Goncourt (Edmond et Jules de). — Histoire de la société française pendant la Révolution. Nouv. éd. — *P.*, 1880, in-18.　　　[8° U. 3353 + A

Goncourt (Edmond et Jules de). — Histoire de la société française pendant le Directoire. Nouv. éd. — *P.*, 1880, in-18.　　　[8° U. 3353. A

Goncourt (Edmond et Jules de). — Histoire de Marie-Antoinette.— *P.*, 1858, 8°.　　　　　[8° U. 3354

Goncourt (Jules de). — Lettres. Fac-simile de lettre. Portrait. — *P.*, 1885, in-12.　　　[8° O. 2405

Gonin (E.). — Manuel pratique de construction, traitant des tracés de routes et de chemins de fer, des terrassements, des ouvrages d'art. — *P.*, 1877, gr. 8°, avec atlas 4° obl.　　　　　[4° I. 670-71

Gordon. — Lettres de Gordon à sa sœur, écrites du Soudan, précédées d'une étude historique et biographique, par Philippe Daryl. 4ᵉ éd. — *P.*, 1885, in-18.　　　[8° U. 3354. A

Gordon (J.). — Histoire d'Irlande jusqu'à 1801, traduite de l'anglais par Pierre Lamontagne. — *P.*, 1808, 3 vol. 8°.　　　[8° U. 3355-57

Gordon (J.-E.-H.). — Traité expérimental d'électricité et de magnétisme. Trad. de l'angl. par M. J. Raynaud, avec le concours de M. Seligmann-Lui, précédé d'une introduction par M. A. Cornu. Avec planches. — *P.*, 1884, 2 vol. 8°.　[8° I. 3475-76

Gorges (J.-M.). — La dette publique. Histoire de la rente française.— *P.*, 1884, in-16.　　　[8° U. 3358

Gorguos (A.). — Cours d'arabe vulgaire. 2ᵉ éd. — *P.*, 1857, 8°.　　　　　[8° O. 2406

Goschler (Ch.). — Traité pratique de l'entretien et de l'exploitation des chemins de fer. Tomes 1 et 2 : Service de la voie. 2ᵉ éd. Tome 3 : Service de la locomotion. Tome 4: Service de l'exploitation. Administration.— *P.*, 1868-72, 5 vol. 8° dont un atlas.　　　　　[8° I. 3477-81

Gosselet (J.). — Cours élémentaire de géologie. 7ᵉ éd. 166 fig. et cartes. — *P.*, 1884, in-12.　　　　　[8° I. 3482

Gosselin. — Géographie des Grecs. — *P.*, 1790, 4°.　[4° U. 710

Gosselin. — Histoire littéraire de Fénélon, ou revue historique de ses œuvres. — *Lyon*, 1843, 4°.　　　　　[4° O. 320

Gossi (Max). — Le catholicisme et les cimetières. 2ᵉ éd. — *P.*, 1874, in-12.　　　　　[8° U. 3359

Gossot (Émile). — Les salles d'asile en France et leur fondateur Denys Cochin. — *P.*, 1884, in-18.　　　　　[8° I. 3483

Goubaux (Armand), Barrier (Gustave). — De l'extérieur du cheval. — *P.*, 1882-1884, 8°.　　　　　[8° I. 3484

Gouge (Mistress). — L'héritier de Redclyffe, trad. de l'anglais. 3ᵉ éd. — *P.*, 1864, 2 vol. 8°. [8° O. 2407-8

Gougeard.— Les arsenaux de la marine. — *P.*, 1882, 2 vol. 8°.　　　　　[8° I. 3485-86

I. — Organisation administrative.
II. — Organisation économique, industrielle et militaire.

Gougeard. — La caisse des Invalides de la marine. Sa suppression. — *P.*, 1882, 8°.　　[8° E. 1188. A

Gougeard. — La marine de guerre. Ses institutions militaires depuis son origine jusqu'à nos jours. Richelieu et Colbert d'après les documents inédits. — *P.*, 1877, 8°.   [8° U. 3360

Goujet. — Bibliothèque française ou histoire de la littérature française. — *P.*, 1740-1756, 18 vol. in-12.   [8° O. 2409-26

Gouraincourt (P.-A.-M.). — Le code du propriétaire et du fermier. Traité des baux à ferme, précédé d'un historique de la propriété rurale en France. — *P.*, 1885, 8°.   [8° E. 1189

Gouraud (Julie). — Mémoires d'un petit garçon. 2° éd. — *P.*, 1865, 8°.   [8° O. 2427

Gouraud (Julie). — Mémoires d'une poupée. 4° éd. — *P.*, 1854, 8°.   [8° O. 2428

Gouraud (Julie). — Les œuvres de charité à Paris. — *P.*, 1862, in-12.   [8° U. 3361

Gourdault (Jules). — A travers Venise. Grav. dans le texte et 13 eaux-fortes. — *P.*, 1883, f°.   [Fol. U. 154 + A

Gourdault (Jules). — Du Nord au Midi. Zigzags et impressions d'un touriste. Grav. dans le texte et 8 eaux-fortes. — *P.*, 1884, f°.   [Fol. U. 154. A

Gourdault (Jules). — Rome et la campagne romaine. — *P.*, 1885, 8°.   [8° U. 3361. A

Gourdault (Jules). — La Suisse pittoresque. 2° éd. — *P.*, 1882, 8°.   [8° U. 3362

Gourdon (Maurice). — A travers l'Aran. — *P.*, 1884, in-16.   [8° U. 3363

Goureau (Ch.). — Les insectes nuisibles à l'homme, aux animaux et à

l'économie domestique. — *P.*, 1866, 8°.   [8° I. 3487

Gourgeot (F.). — Situation politique de l'Algérie. — *P.*, 1881, 8°.   [8° U. 3364

Gousset (Jacques). — Lexicon hebraïcum. — *Lipsiæ*, 1743, 4°.   [4° O. 321

Gousset (Thomas-M.-J.). — Le Code civil commenté dans ses rapports avec la théologie morale. 4° éd. — *P.*, 1842, in-12.   [8° E. 1190

Gousset (Thomas-M.-J.). — Théologie morale à l'usage des curés et des confesseurs. 5° éd. — *P.*, 1848, 2 vol. 8°.   [8° A. 612-13

Goutte (Victor). — Guide du trésorier général et du receveur des finances, pour la vérification du service et de la comptabilité des percepteurs et des receveurs des communes et des établissements de bienfaisance. — *P.*, 1881, in-16.   [8° E. 1191

Gouvernement général civil de l'Algérie. État actuel de l'Algérie, publié d'après les documents officiels, par ordre de M. le général Chanzy, sous la direction de M. Le Myre de Vilers. — *Alger*, 1878, 8°.   [8° U. 3365

Govare (Paul). — Traité des avaries communes et de leur règlement. — *P.*, 1882, 8°.   [8° E. 1192

Graëff (A.). — Traité d'hydraulique, précédé d'une introduction sur les principes généraux de la mécanique. — *P.*, 1882-83, 3 vol. 4°.   [4° I. 672-74

Graffigny (H. de). — L'électricité dans la vie domestique. 2° éd. 17 vign. — *P.*, 1885, 8°.   [8° I. 3487. A

Graffigny (H. de). — Les moteurs anciens et modernes. 106 grav. — *P.*, 1881, in-18.   [8° I. 3488 (Bibliothèque des Merveilles.)

Graffigny (H. de). — Récits d'un aéronaute. Histoire de l'aérostation, fantaisies aérostatiques. — *P.*, 1885, 8°.   [8° I. 3489

Graffigny (Mme de). — Lettres d'une Péruvienne. — *P.*, 1831, in-18.
[8° O. 2429

Graham (Catherine Macaulay). — Histoire d'Angleterre depuis l'avènement de Jacques Ier jusqu'à la Révolution. Trad. en français par Mirabeau.— *P.*, 1791-1792, 5 vol. 8°.
[8° U. 3366-70

Grandclément (L^t-colonel). — Questions militaires à l'ordre du jour. Le service obligatoire, les lois de recrutement, l'armée coloniale. — *P.*, 1883, in-18.   [8° I. 3489. A

Grande armée (La) des misérables. D'après l'anglais : « The great army. » 3e éd. — *P.*, 1883, in-18.
[8° O. 2430

Grandeau (L.), **Leclerc**(A.).— Compagnie générale des voitures.Études expérimentales sur l'alimentation du cheval de trait. Rapport adressé au Conseil d'administration. — *P.*, 1882, 4°, 18 pl. f° hors texte.
[4° I. 675
(Deux « Mémoires » formant 2 tomes avec pagination distincte et tables, le tout en 1 seul volume.)

Grandeau (L.). — Cours d'agriculture de l'École forestière. Chimie et physiologie appliquées à l'agriculture et à la sylviculture. La nutrition de la plante. — *P.*, 1879, 8°.
[8° I. 3490

Grandeau (Louis). — La production agricole en France. Son présent et son avenir. 2 cart. et 2 diagr. hors texte.—*P.*, 1885, in-18. [8° I. 3491

Grandeau (L.). — Traité d'analyse des matières agricoles. 2e éd. — *P.*, 1883, 8°.   [8° I. 3492

Grandmaison (Charles de). — Tours archéologique. — *P.*, 1879, 8°.
[8° U. 3371

Grands (Les) exemples. — *P.*, 1885, in-18.   [8° I. 3492. A

Granier de Cassagnac (Adolphe). — Histoire des classes ouvrières et des classes bourgeoises. — *P.*, 1838, 8°.   [8° U. 3372

Granier de Cassagnac (Adolphe). — Histoire des Girondins et des massacres de septembre. 2e éd. — *P.*, 1860, 2 vol. 8°. [8° U. 3373-74

Grasset (J.). — L'art de prescrire. Études de thérapeutique générale. 3e éd. — *Montpellier*, 1885, in-18.
[8° I. 3493

Gratiolet (Pierre). — De la physionomie et des mouvements d'expression, suivi d'une notice sur la vie et les travaux de l'auteur, et de la nomenclature de ses ouvrages, par Louis Grandeau. 3e éd. — *P.*, (s. d.), in-18.
[8° I. 3494

Gratry (A.). — Philosophie. De la connaissance de Dieu. 2e éd. — *P.*, 1854, 2 vol. 8°.   [8° I. 3495-96

Gratry (A.). — Philosophie. De la connaissance de l'âme. 3e éd. — *P.*, 1861, 2 vol. in-12.   [8° I. 3497-98

Gratry (A.). — La philosophie du Credo. — *P.*, 1861, 8°. [8° I. 3499

Gratry (A.). — Philosophie. Logique. 2e éd. — *P.*, 1858, 2 vol. in-12.   [8° I. 3500-501

Gréard (Oct.). — L'enseignement secondaire des filles. 3e éd. — *P.*, 1883, 8°.   [8° I. 3502

Green (John Richard). — Histoire moderne du peuple anglais depuis la Révolution jusqu'à nos jours. Trad. de Mlle Marie Hunt, précédée d'une introduction par M. Yves Guyot. — *P.*, 1885, in-12.   [8° U. 3374. A

Greener (W.-W.). — Le fusil et ses perfectionnements ; avec notes de chasse. Trad. par Georges Bonjour. 500 illustr. — *P.*, (s. d.), 8°.
[8° I. 3503

Greffier (E.). — Code électoral. De la formation et de la révision des listes électorales. 2ᵉ éd. — *P.*, 1882, in-12. [8° E. 1193

Grégoire (Cᵗᵉ Henri). — Les ruines de Port-Royal des Champs, en 1809. Nouv. éd. — *P.*, 1809, 8°.
[8° U. 3375

Grégoire (Louis). — Dictionnaire encyclopédique d'histoire, de biographie, de mythologie et de géographie. Nouv. éd. — *P.*, 1876, 4°.
[4° U. 711

Grégoire (Louis). — Histoire de France. Période contemporaine, du règne de Louis-Philippe à la Constitution de 1875. Vignettes sur acier. — *P.*, 1879-1883, 4 vol. 8°.
[8° U. 3376-79

Grégoire (Marcel). — Guide pratique des gardes-champêtres des communes et des gardes des particuliers. — *P.*, 1882, in-18. [8° E. 1194

Grégoire de Nazianze. — Carmina selecta. Accedit Nicetæ Davidis paraphrasis nunc primum e codice Cusano edita. Cura Ernesti Dronke. — *Gottingæ*, 1840, 8°. [8° O. 2431

Grégoire de Nazianze. — Opera omnia, nova translatione donata Jacobi Billii labore. — *P.*, 1569, f°.
[Fol. A. 65

Grégoire (F.), de Rostrenen. — Grammaire française celtique ou française-bretonne. 1ʳᵉ éd. — *Rennes*, 1738, in-16. [8° O. 2432

Grégoire le Grand. — Opera. — *Romæ*, 1688-93, 4 vol. f°.
[Fol. A. 61-64

Gréhant (Louis-François-Nestor). — Manuel de physique médicale. — *P.*, 1869, in-12. [8° I. 3504

Grenier (Baron). — Traité des hypothèques. — *Clermont-Ferrand*, 1822, 2 vol. 4°. [4° E. 186-87

Gresland (J.). — Au feu ! Lettres aux Français. — *P.*, 1873, in-12.
[8° U. 3380

Gressent (Alfred). — Arboriculture fruitière. 3ᵉ éd. — *P.*, 1865, 8°.
[8° I. 3505

Gressent (Alfred). — Le Potager moderne. 1ʳᵉ éd. — *P.*, 1863, in-12.
[8° I. 3506

Gresset. — Œuvres. Nouv. éd. — *Londres*, 1765, 2 vol. in-12.
[8° O. 2433-34

Griesinger (W.). — Traité des maladies infectieuses. Maladie des marais, maladies typhoïdes, choléra. Trad. par le Dʳ G. Lemattre. 2ᵉ éd., revue par le docteur E. Vallin. — *P.*, 1877, 8°
[8° I. 3507

Griffet. — L'année du Chrétien. Nouv. éd. — *Lyon*, 1811, 18 vol. in-12. [8° A. 614-31

Grille (Fr.). — Le Bric-à-Brac, avec son Catalogue raisonné. — *P.*, 1853, 2 vol. in-18. [8° O. 2435-36

Grimarest (Jean-Léonor Le Gallois de). — La vie de M. de Molière. — *P.*, 1705, in-12. [8° U. 3381
(Suivie de : Addition à la vie de Molière. — *P.*, 1706. — Lettre critique à M. de X*** sur la vie de Molière. — *P.*, 1706.)

Grimaud (J.-C.-M.-G. de). — Cours complet de physiologie. — *P.*, 1818, 2 vol. 8°. [8° I. 3508-9

Grimaux (Édouard). — Chimie organique élémentaire. Leçons professées à la Faculté de médecine. 4ᵉ éd. — P., 1886, in-18. [8° I. 3509. A

Grimaux (Édouard). — Introduction à l'étude de la chimie. Théories et notations chimiques. Premières leçons du cours professé à l'École polytechnique. — P., 1883, in-18. [8° I. 3510

Grimm (Frédéric-Melchior, baron de), **Diderot**. — Correspondance littéraire, philosophique et critique, depuis 1753 jusqu'en 1790. Nouv. éd. — P., 1829-31, 15 vol., 8°. [8° O. 2437-51

Grimm (Frédéric-Melchior, baron de), **Diderot**. — Correspondance inédite et recueil de lettres, poésies, morceaux et fragments retranchés par la censure impériale en 1812 et 1813. — P., 1829, 8°.   [8° O. 2452

Grimm (Jacques-Louis et Guillaume). — Contes choisis. Trad. par Frédéric Baudry. — P., 1859, in-18. [8° O. 2453

Grimoard (Cᵗᵉ Philippe - Henri de), **Servan** (général). — Tableau historique de la guerre et de la Révolution de France depuis 1792 jusqu'à 1794. — P., 1808, 3 vol. 4°. [4° U. 712-714

Gringore (Pierre). — Œuvres complètes, réunies pour la première fois par MM. d'Héricault et A. de Montaiglon. — P., 1858, in-16. [8° O. 2454

(Bibliothèque Elzévirienne.)

Gripon (E.). — Notions préliminaires de physique. Première année. — P., 1868, in-12.   [8° I. 3511

Gripouilleau. — Le bras artificiel du travailleur, ou nouveau moyen de remédier à l'ablation du membre supérieur. — P., 1873, in-12. [8° I. 3512

Grisebach (A.). — La végétation du globe, d'après sa disposition suivant les climats. Esquisse d'une géographie comparée des plantes. Trad. par P. de Tchihatchef. 1 cart.— P., 1877-1878, 2 vol. 4°.   [4° I. 675. A

Grisolle (Auguste). — Traité élémentaire et pratique de pathologie interne. 8ᵉ éd. — P., 1861, 2 vol. 8°. [8° I. 3515-16

Grisolle (Auguste). — Traité pratique de la pneumonie. — P., 1841, 8°. [8° I. 3517

Grison (Th.). — Le teinturier au XIXᵉ siècle. — Rouen, 1860, 4°. [4° I. 676

Grivel (G.). — Nouvelle bibliothèque de littérature, d'histoire, ou choix des meilleurs morceaux tirés des Ana. — Lille, 1765, 2 vol. in-12. [8° O. 2455-56

Groddeck (Alb. von). — Traité des gîtes métallifères. Trad. par H. Kuss, 109 grav. — P., 1884, 8°. [8° I. 3517. A

Grognier (L.-F.). — Précis d'un cours de multiplication des animaux domestiques. 2ᵉ éd. — P., 1838, 8°. [8° I. 3518

Groiseilliez (François de). — Histoire de la chute de Louis-Philippe. — P., 1851, 8°.   [8° U. 3382

Gros (Jules). — Un volcan dans les glaces. Aventures d'une expédition scientifique au pôle Nord. — P., 1880, in-18.   [8° U. 3383

Gros (Jules). — Voyages, aventures et captivité de J.-B. Bonnat chez les Achantis. — P., 1884, in-18. [8° U. 3384

Grosier (Jean-Baptiste-Gabriel-Alexandre). — Description de la Chine. — P., 1785, 4°.   [4° U. 715

Gross (Dʳ F.). — Manuel du brancardier. — Nancy, 1884, in-16. [8° I. 3519

Grosse. — Commentaire ou explication au point de vue pratique de la loi du 23 mars 1855 sur la transcription en matière hypothécaire. — *P.*, 1857, 8°.   [8° E. 1195

Grote (G.). — Histoire de la Grèce. Traduit de l'anglais, par A.-L. de Sadous. — *P.*, 1864-1867, 19 tom. en 10 vol. 8°.   [8° U. 3385-94

Grotius (Hugo). — Le droit de la Guerre et de la Paix. Nouv. trad. par Pradier-Fodéré. — *P.*, 1867, 3 vol. in-12.   [8° E. 1196-98

Grouvelle (Philippe), Jaunez. — Guide du chauffeur et du propriétaire de machines à vapeur. 3e éd. — *P.*, 1845, 8° et atlas 4°.
            [8° I. 3520
            [4° I. 676. A

Grücker (Émile). — Histoire des doctrines littéraires et esthétiques en Allemagne. — *P.*, 1883, 8°.
                    [8° O. 2457

Grün (A.). — Guide et formulaire pour la rédaction des actes de l'état-civil. 4e éd. — *P.*, 1866, in-12.
                    [8° E. 1199

Grüner (Louis). — Mémoire sur le dédoublement de l'oxyde de carbone. — *P.*, 1872, 4°.   [4° I. 677

Gruyer (F.-A.). — Essai sur les fresques de Raphaël au Vatican. Chambres. Loges. — *P.*, 1859, 2 vol. 8°.   [I. 3521-22

Gruyer (F.-A.). — Raphaël et l'antiquité. — *P.*, 1864, 2 vol. 8°.
                [8° I. 3523-24

Gsell (G.), Renier (P.). — Manuel de médecine dosimétrique vétérinaire. Suivi d'un mémorial de pharmacodynamie dosimétrique. — *P.*, 1882, in-16.   [8° I. 3525

Guadet (J.). — Henri IV. Sa vie, son œuvre, ses écrits. 2e éd., précédée d'une notice biographique sur l'auteur. — *P.*, 1884, 8°.   [8° U. 3394. A

Gübler (Adolphe). — Commentaires thérapeutiques du Codex medicamentarius, ou histoire de l'action physiologique des effets thérapeutiques des médicaments inscrits dans la pharmacopée française. 3e éd., en concordance avec l'éd. du Codex de 1884, par Ernest Labbée. — *P.*, 1884, 8°.
                    [8° I. 3526

Guelle (Jules). — Droit international. La guerre continentale et les personnes. — *P.*, 1881, 8°.
                    [8° E. 1200

Guell y Renté (D. José). — Philippe II et Don Carlos devant l'histoire. 11 portraits à l'eau-forte. — *P.*, 1878, 8°.   [8° U. 3395

Guénée (Antoine). — Lettres de quelques juifs portugais, allemands et polonais à M. de Voltaire. 4e éd. — *P.*, 1776, 3 vol. in-12.
                [8° O. 2458-60

Guénin (L.-P.). — Cours de sténographie française. — *P.*, 1884, in-18.
                    [8° I. 3527

Guenon (François). — Traité des vaches laitières et de l'espèce bovine en général. 3e éd. — *P.*, 1851, 8°.
                    [8° I. 3528

Guenot (C.). — Le comte de Tyrone, ou l'Irlande et le protestantisme au XVIe siècle. — *Tours*, 1863, 4°.
                    [4° U. 716

Guéranger (Dom Prosper). — L'Année liturgique. 3e section. Le temps de la Septuagésime. — *P.*, 1851, in-12.   [8° A. 632

Guéranger (Dom Prosper). — L'Année liturgique. 6e section. Le temps pascal. 2e éd. — *P.*, 1863, 3 vol. in-12.   [8° A. 633-34

Guéranger (Dom Prosper). — L'Année liturgique. L'Avent. 3e éd. — *Poitiers*, 1866, in-12.
                    [8° A. 635

Guérard (Maurice). — Cours complet de langue française. 1re partie : Exercices sur la grammaire élémentaire. Nouv. éd. — P., 1865, in-16.
[8° O. 2461

Guérard (Maurice). — Cours complet de langue française. 2e partie : Grammaire et compléments. 12e éd. — P., 1864, in-16.   [8° O. 2462

Guérard (Maurice). — Cours complet de langue française. 3e partie : Cours de composition française. — P., 1855, in-16.   [8° O. 2463

Guérin (Alphonse). — Éléments de chirurgie opératoire ou traité pratique des opérations. 2e éd. — P., 1858, in-12.   [8° I. 3529

Guérin (Léon). — Histoire maritime de France. 2e éd. — P., 1844, 2 vol. in-18.   [8° U. 3396-97

Guérin (Maurice de) — Journal, lettres et poèmes, publiés par G.-S. Trébutien, et précédés d'une étude par M. Sainte-Beuve. Nouv. éd. — P., 1863, in-18.   [8° O. 2464

Guérin (P.). — Le phylloxera et les vignes de l'avenir. — P., 1875, 8°.
[8° I. 3530

Guérin (V.). — Description géographique, historique et archéologique de la Palestine. — P., 1868-1869, 3 vol. 4°.   [4° U. 717-19

Guérin du Rocher (Pierre). — Histoire véritable des temps fabuleux. — P., 1824, 5 vol. 8°.
[8° U. 3398-3402

Guerlin de Guer (E.). — Manuel électoral. Guide pratique de l'électeur et du maire. 2e éd. — P., 1881, in-16.   [8° E. 1201

Guerre (La) d'Orient (1875-1878), par un officier supérieur. — P., 1878, 8°.   [8° U. 3403

Guerre (La) franco-allemande de 1870-1871, rédigée par la section historique du grand état-major prussien. Traduction par le chef d'escadron E. Costa de Serda. — P., 1872-1883, 5 vol. 8°.   [8° U. 3404-8
Atlas gr. f°.   [Fol. U. 155

Guerre (De la) navale. Opinion d'un marin. — P., 1885, in-18.
[8° I. 3530. A

Guétat (J.-Édouard). — Histoire élémentaire du droit français, depuis ses origines gauloises jusqu'à la rédaction de nos codes modernes. — P., 1884, 8°.
[8° E. 1202

Guettier (André). — De l'emploi pratique et raisonné de la fonte de fer dans les constructions. — P., 1861, 2 vol. gr. 8° dont un atlas.
[4° I. 678-79

Guettier (André). — De la fonderie telle qu'elle existe en France. — P., 1847, 4°.   [4° I. 680

Guettier (André). — De l'organisation de l'enseignement industriel. — P., 1864, 8°.   [8° I. 3531

Guêtré (Jean). — Chansons. — Toulouse, 1870-71, 8°.   [8° O. 2465

Guibert (Adrien). — Dictionnaire géographique et statistique. — P., 1855, 4°.   [4° U. 720

Guibourt (Nicolas-J.-B.-Gaston). — Histoire abrégée des drogues simples. 3e éd. — P., 1836, 2 vol. 8°.
[8° I. 3532-33

Guichardin (François). — Histoire des guerres d'Italie, traduite de l'italien (par Favre). — London, 1738, 3 vol. 4°.   [4° U. 721-723

Guichenon (Samuel). — Histoire généalogique de la maison de Savoye. — Lyon, 1660, 3 vol. f°.
[Fol. U. 156-158

Guide du militaire au Palais de l'Industrie. L'armée à l'Exposition d'électricité. — *P.*, 1881, 8°.
[8° I. 3534

Guide du voyageur en Suède, publié par ordre du roi. 2ᵉ éd. — *Stockholm*, (s. d.), in-18. [8° U. 3409

Guide général en affaires ou recueil des modèles de tous les actes sous seing privé. — *Dijon*, 1825, in-12. [8° E. 1203

Guiffrey (Jules), Delerot. — Histoire et description de la Bibliothèque de la ville de Versailles. — *P.*, (s. d.), 4°. [4° U. 724

Guiffrey (Jules), Louvrier de Lajolais. — Histoire et description du Palais de l'Institut. — *P.*, (s. d.), 4°.
[4° U. 725

Guiffrey (J.-J.). — Histoire et description du Palais des Archives nationales. — *P.*, (s. d.), 4°.
[4° U. 726

Guignes (Joseph de). — Histoire générale des Huns. — *P.*, 1756-1758, 4 vol. 4°. [4° U. 727-30

Guignot. — Instructions pratiques sur le divorce, en forme de questionnaire. (Loi du 29 juillet 1884.) — *P.*, 1884, 8°. [8° E. 1204

Guilbault (C.-Adolphe). — Traité de comptabilité et d'administration industrielles. 2ᵉ éd. — *P.*, 1880, 2 vol. 8° dont un atlas. [8° I. 3535-36

Guilbert (Aristide). — Description historique des château, bourg et forêt de Fontainebleau. — *P.*, 1731, 2 vol. in-12. [8° U. 3410-11

Guilbert (Aristide). — Histoire des villes de France. — *P.*, 1844-1848, 6 vol. 4°. [4° U. 731-36

Guilhermy (F. de). — Description tion de la Sainte-Chapelle. 3ᵉ éd. — *P.*, 1878, in-18. [8° U. 3412

Guilhermy (Roch-François-Marie-Nolasque, baron de). — Itinéraire archéologique de Paris. — *P.*, 1855, in-12. [8° U. 3413

Guillard (Achille). — Éléments de statistique humaine ou Démographie comparée. — *P.*, 1855, 8°.
[8° I. 3537

Guillaume (Eug.). — Traité pratique de la voirie vicinale ou Exposé de la législation et de la jurisprudence sur les chemins vicinaux. — *P.*, 1874, in-18. [8° E. 1205

Guillaume (Eug.). — Les tramways. Législation. — *P.*, 1884, 8°.
[8° E. 1206

Guillemard (Robert). — Mémoires. 2ᵉ éd. — *P.*, 1827, 2 vol. 8°.
[8° U. 3414-15

Guillemin (Amédée). — Les chemins de fer. 3ᵉ éd. — *P.*, 1869, in-16.
[8° I. 3538
7ᵉ éd., 1884. — *P.*, 2 vol. in-16.
[8° I. 3539-40
(Bibliothèque des Merveilles.)

Guillemin (Amédée). — Le Ciel, notions d'astronomie. 2ᵉ éd. — *P.*, 1865, 4°. [4° I. 681

Guillemin (Amédée). — Éléments de cosmographie. 3ᵉ année. 2ᵉ éd. — *P.*, 1868, 8°. [8° I. 3541

Guillemin (Amédée). — La lumière et les couleurs. — *P.*, 1874, in-12. [8° I. 3542

Guillemin (Amédée). — Le monde physique. — *P.*, 1881-85, 5 vol. 4°.
[4° I. 681.A

Guillemin (Amédée). — Les phénomènes de la physique. 2ᵉ éd. — *P.*, 1869, gr. 8°. [4° I. 682

Guillemin (Amédée). — La vapeur. 2ᵉ éd. — *P.*, 1876, in-18.
[8° I. 3543
(Bibliothèque des Merveilles.)

Guillon père (Dr F.-G.). — Contributions à la chirurgie des voies urinaires, suivies de mémoires sur divers sujets de médecine et de chirurgie. — P., 1879, 8°.   [8° I. 3544

Guillon (Marie-Nicol.-Silvestre). — Bibliothèque choisie des Pères de l'Église grecque et latine, ou cours d'éloquence sacrée. — P., 1828-1829, 36 vol. in-12.   [8° A. 636-671

Guillot (Adolphe). — Des principes du nouveau Code d'instruction criminelle. — P., 1884, 8°.   [8° E. 1207

Guilmin (A.). — Cours de géométrie élémentaire. 4e éd. — P., 1857-1858, 8°.   [8° I. 3545

Guilmin (A.). — Cours élémentaire de trigonométrie rectiligne. 4e éd. — P., 1866, 8°.   [8° I. 3546

Guilmin (A.). — Recueil d'exercices de géométrie élémentaire. Énoncés et solutions développées des questions. — P., (s. d.), 8°.   [8° I. 3547

Guimet (Émile). — Esquisses scandinaves. Relation du Congrès d'anthropologie et d'archéologie préhistorique. — P., (s. d.), in-18.   [8° I. 3548

Guiraudet. — Enseignement spécial et professionnel. Principes de mécanique expérimentale et appliquée. 1ère et 2e parties. — P., 1868, 2 vol. 8°.   [8° I. 3549-50

Guise (Mlle de). — Les amours du grand Alcandre, suivis de pièces intéressantes pour servir à l'histoire de Henri IV. — P., 1786, 2 vol. in-12.   [8° U. 3415. A

Guizot (M. et Mme). — Abailard et Héloïse. Essai historique, suivi des lettres d'Abailard et d'Héloïse, traduites par Oddoul. — P., 1853, in-12.   [8° U. 3416

Guizot. — Collection des mémoires relatifs à l'histoire de France, depuis la fondation de la Monarchie française jusqu'au XIIIe siècle, avec une introduction. — P., 1823-1835, 31 vol. 8°.   [8° U. 3417-47

Guizot. — Collection de mémoires relatifs à la Révolution d'Angleterre. — P., 1823-1825, 25 vol. 8°.   [8° U. 3448-72

Guizot. — Révolution d'Angleterre. Études historiques. 2e éd. — P., 1852, in-12.   [8° U. 3473

Guizot. — Histoire de la Révolution d'Angleterre. — P., 1854-1856, 6 vol. in-12.   [8° U. 3474-79

Guizot. — Corneille et son temps. — P., 1852, in-12.   [8° U. 3480

Guizot. — L'Église et la Société chrétienne. 2e éd. — P., 1861, 8°.   [8° U. 3481

Guizot. — Études sur les beaux-arts en général. — P., 1852, 8°.   [8° I. 3551

Guizot. — Histoire de la civilisation en Europe, depuis la chute de l'Empire romain jusqu'à la Révolution française. 17e éd. — P., 1880, in-16.   [8° U. 3482

Guizot. — Histoire de la civilisation en France, depuis la chute de l'Empire romain. Nouv. éd. — P., 1846, 4 vol. in-12.   [8° U. 3483-6

Guizot. — Lettres à sa famille et à ses amis, recueillies par Mme de Witt, née Guizot. — P., 1884, in-18.   [8° O. 2466

Guizot. — Méditations et études morales. Conseils d'un père sur l'éducation, suivis des idées de Rabelais, de Montaigne et du Tasse en fait d'éducation. — P., 1883, in-18.   [8° I. 3552

Guizot. — Mémoires pour servir à l'histoire de mon temps. Nouv. éd. — P., 1867-1875, 8 vol. 8°.
[8° U. 3487-94

Guizot. — Monck. Chute de la République et rétablissement de la Monarchie. 2ᵉ éd. — P., 1851, 8°.
[8° U. 3495

Guizot. — Sir Robert Peel. Nouv. éd. — P., 1858, in-12.
[8° U. 3496

Guizot (F.). — Nouveau dictionnaire universel des synonymes de la langue française. — P., 1822, 2 vol. 8°.
[8° O. 2467-68

Guizot (Mᵐᵉ). — Conseils de morale ou essais sur l'homme. — P., 1828, 2 vol. 8°.
[8° I. 3553-54

Guizot (Mᵐᵉ). — Lettres de famille sur l'éducation. 4ᵉ éd. — P., 1852, 2 vol. in-12.
[8° I. 3555-56

Guizot (Mᵐᵉ). — Récréations morales. Contes à l'usage de la jeunesse. 7ᵉ éd. — P., 1845, in-12.
[8° O. 2469

Guy (P.-G.). — L'art du géomètre arpenteur ou traité de géométrie pratique. — P., 1827, in-12.
[8° I. 3557

Guyard de Berville. — Histoire de Pierre Terrail, dit Bayart. Nouv. éd. — P., 1816, in-12.
[8° U. 3497

Guyard de Berville. — Histoire de Duguesclin. — Lyon, 1829, 2 vol. in-12.
[8° U. 3498-99

Guyau. — La morale anglaise contemporaine. Morale de l'utilité et de l'évolution. 2ᵉ éd. — P., 1885, 8°.
[8° I. 3558

Guyétant (Sébastien). — Le Guide médical des curés, des dames de charité. — P., 1838, 8°.
[8° I. 3559

Guyot (Jules). — Culture de la vigne et vinification. 2ᵉ éd. — P., 1861, in-18.
[8° I. 3560

Guyot (Jules). — Étude des vignobles de France. — P., 1868, 3 vol. 8°.
[8° I. 3561-63

Guyot (M.-C.). — Dictionnaire universel des hérésies, des erreurs et des schismes. — P., 1847, 8°.
[8° A. 672

Guyot (Yves). — Études de physiologie sociale. La police. — P., 1884, in-18.
[8° U. 3500

Guyot (Yves). — Études sur les doctrines sociales du christianisme. 2ᵉ éd. — P., 1881, in-18.
[8° I. 3564

Guyot (Yves). — La Morale. — P., 1883, in-18.
[8° I. 3565

Guyot (Yves). — La Science économique. — P., 1881, in-18.
[8° I. 3566

Guyot (Yves). — La suppression des octrois et la politique expérimentale. Conférence avec graphiques, faite à la mairie de la rue Drouot, le 9 déc. 1885. — P., 1886, in-18.
[8° I. 3566.A

Guyot (Yves). — Un Fou. — P., (s. d.), 8°.
[8° O. 2470

Haberl (Joseph). — Lehrbuch der politischen Arithmetik. — Wien, 1875, 8°.
[8° I. 3567

Habert (J.). — Précis scolaire d'économie politique, avec deux appendices contenant : 1° Les rapports de l'économie politique avec les autres sciences ; 2° L'histoire sommaire des principaux économistes. — P., 1882, in-16.
[8° I. 3568

Habets (Alfred). — Cours de topographie. Lever des plans de surface et des plans de mines. — Liège, 1883, 8°.
[8° I. 3569

Hachette. — École impériale polytechnique. Programme du cours des machines, pour l'an 1808. Essai sur

la composition des machines par Lanz et Bétancourt. — *P.*, 1808, 4°.
[4° I. 683

Hachette. — Traité élémentaire des machines. 2ᵉ éd. — *P.*, 1819, 4°.
[4° I. 684

Hacklander (F.-W.). — La vie militaire en Prusse. Trad. par Léon Le Maître. — *P.*, 1868, 4 vol. 8°.
[8° O. 2471-74

Hager (J.). — Description des médailles chinoises du Cabinet impérial de France. Précédé d'un essai de numismatique chinoise. — *P.*, an XIII-1805, 4°.
[4° U. 737

Hahnemann (Samuel). — Exposition de la doctrine médicale homœopathique ou organon de l'art de guérir. Traduit de l'allemand, par A.-J.-L. Jourdan. 2ᵉ éd. — *P.*, 1834, 8°.
[8° I. 3570

Halévy (F.). — Leçons de lecture musicale.— *P.*, 1857, 4°.　[4° I. 685

Halévy (Ludovic). — L'Invasion, souvenirs et récits. — *P.*, 1872, in-12.
[8° U. 3501

Hallam (Henry). — Histoire de la littérature de l'Europe, pendant les XVᵉ, XVIᵉ et XVIIᵉ siècles ; trad. de l'anglais par Alphonse Borghers. — *P.*, 1839-40, 4 vol. 8°.　[8° O. 2475-78

Hallam (Henry). — The constitutional history of England. 5ᵉ éd. — *P.*, 1841, 3 vol. 8°.　[8° U. 3502-4

Hallez (C.). — Traité élémentaire d'électricité. 178 fig. — *P.*, 1882, in-16.　[8° I. 3571

Hallopeau (H.). — Traité élémentaire de pathologie générale, comprenant la pathogénie et la physiologie pathologique. 126 fig. — *P.*, 1884, 8°.
[8° I. 3572

Hamal (Léon). — Aide-mémoire théorique et pratique de l'ingénieur-constructeur. 26 planches. — *Liège*, 1882, 8°.　[8° I. 3573

Hamel (Ernest). — Histoire de France depuis la Révolution jusqu'à la chute du second Empire. 1ʳᵉ série, Précis de l'histoire de la Révolution (mai 1789-octobre 1795). 2ᵉ série, Histoire de la République française sous le Directoire et sous le Consulat (nov. 1795-mai 1804). 2ᵉ éd. — *P.*, 1883-1885, 2 vol. 8°.　[8° U. 3504. A 1-2

Hamel (Ernest). — Histoire de Robespierre et du coup d'Etat du 9 thermidor. — *P.*, (s. d.), 3 vol. 4°.
[4° U. 738-40

Hamet (Henri). — Cours pratique d'apiculture. 2ᵉ éd. — *P.*, 1861, in-12.
[8° I. 3574

Hamilton. — Mémoires du chevalier de Grammont, précédés d'une notice sur la vie et les ouvrages d'Hamilton, par Auger.— *P.*, 1851, in-12.
[8° U. 3505

Hamilton (Fr.-H.). — Traité pratique des fractures et des luxations. Trad. sur la 6ᵉ éd., par G. Poinson. 514 fig. — *P.*, 1884, 8°.　[8° I. 3575

Hammer (Joseph). — Histoire de l'empire ottoman depuis son origine jusqu'à nos jours. Trad. de l'allemand, par J.-J. Hellert. — *P.*, 1825-1827, 18 vol. 8° et atlas f°.　[8° U. 3506-23
[Fol. U. 159

Hamon. — Vie de saint François de Sales.—*P.*,1859, in-12.[8° U.3524

Hamonière (G.). — Nouveau dictionnaire français-anglais et anglais-français.—*P.*,1830, 8°.　[8° O. 2479

Hampe(W.).— Tableaux d'analyse chimique qualitative, trad. par Ch. Baye. — *P.*, 1870, 8°.　[8° I. 3576

Hanotaux (Gabr.). — Henri-Martin, (1810-1883). — *P.*, 1885, in-16.　[8° U. 3524. A

Hanno (Georges). — Les villes retrouvées, ouvrage illustré de 75 grav. d'après les dessins de P. Sellier, E. Thérond, etc. — *P.*, 1881, in-18.
[8° U. 3525
(Bibliothèque des Merveilles.)

Hannot (S.), Van Hoogstraten (D.). — Nederduitsch en Latynsch Woordenboeck.(Dictionnaire hollandais et latin.) — *Amsterdam*, 1771, 4°.
[4° O. 322

Hanoteau (A.), Letourneux (A.). — La Kabylie et les coutumes kabyles. — *P.*, 1872-1873, 3 vol. 8°.
[8° U. 3526-28

Hanriot. — Guide industriel du propriétaire et de l'artisan. — *Nancy*, 1840, 8°.
[8° I. 3577

Hansen (J.). — A travers la diplomatie, 1864-1867, avec une préface par J. Valfrey. — *P.*, 1875, in-12.
[8° U. 3529

Hanstein. — Le Protoplasma considéré comme base de la vie des animaux et des végétaux. Traduit de l'allemand. — *P.*, 1882, in-18.
[8° I. 3578

Harcourt (Bernard d'). — Diplomatie et diplomates. Les quatre ministères de M. Drouyn de Lhuys. — *P.*, 1882, 8°.
[8° U. 3530

Harcourt (Dᵉ d'). — Madame la duchesse d'Orléans, Hélène de Mecklembourg-Schwerin. 4ᵉ éd. — *P.*, 1859, in-12.
[8° U. 3531

Harcus (William). — South Australia.—*London*, 1876, 8°. [8° U. 3532

Hardouin (Félix). — L'art de moudre. 2ᵉ éd. — *P.*, 1882, 8°.
[8° I. 3579

Hardy (Alfr.), Béhier (J.). — Traité élémentaire de pathologie interne. — *P.*, 1844-1853, 3 vol. 8°.
[8° I. 3580-82

Hardy (Édouard). — Guide des reconnaissances militaires. 3ᵉ éd. — *Blois*, 1869, 8°. [8° I. 3583

Hardy (É.). — Cours spéciaux de la Réunion des officiers. Origines de la tactique française. — *P.*, 1879, 8°.
[8° I. 3584

Hardy(Julien-Alexandre).—Traité de la taille des arbres fruitiers. 5ᵉ éd. — *P.*, 1861, 8°. [8° I. 3585

Hare (J.-C.). — The Life and Letters of Frances, baroness Bunsen. — *London*, 1879, 2 vol. in-12.
[8° U. 3533-34

Harmand (J.-B.). — Anecdotes relatives à quelques personnes de la Révolution. — *P.*, 1814, 8°.
[8° U. 3535

Harris (Chapin A.), Austen (Ph.-H.), Andrieu (E.). — Traité théorique et pratique de l'art du dentiste. 2ᵉ éd. 572 fig. — *P.*, 1884, 8°.
[8° I. 3586

Hartmann (Ed. de). — Le Darwinisme, ce qu'il y a de vrai et de faux dans cette théorie. Traduit de l'allemand, par Georges Guéroult. 3ᵉ éd. — *P.*, 1880, in-18. [8° I. 3587

Hartmann (R.). — Les peuples de l'Afrique. — *P.*, 1880, 8°.
[8° U. 3536

Hartmann (R.). — Les singes anthropoïdes et leur organisation comparée à celle de l'homme. 63 fig.—*P.*, 1886, 8°. [8° I. 3587. A

Harven (Émile de). — La Nouvelle-Zélande. 4 cartes.—*Anvers*, 1883, 8°. [8° U. 3537

Hatin (Eugène). — Histoire politique et littéraire de la Presse en France. — *P.*, 1859-1861, 8 vol. 8°.
[8° U. 3538-45

Haton de La Goupillière. — Cours de machines. — *P.*, 1886, 4°.
[4° I. 685. A

Hattin (L.-E.). — Histoire pittoresque des voyages. — *P.*, 1843, 5 vol. 4°. [4° U. 741-45

Hauréau (B.). — Histoire de la philosophie scolastique. — *P.*, 1872-80, 3 vol. 8°. [8° I. 3588-90

Haussonville (Cᵗᵉ d').—L'Église romaine et le premier Empire, 1800-

1814. 3ᵉ éd. — P., 1870, 5 vol. in-18.
[8° U. 3546-50

Haussonville (O. d'). — Histoire de la politique extérieure du gouvernement français, 1830-1848, avec notes, pièces justificatives et documents diplomatiques entièrement inédits. Nouv. éd. — P., 1850, 2 vol. in-18.
[8° U. 3550 + A

Haussonville (Cᵗᵉ d'). — Ma jeunesse, 1814-1830. Souvenirs.— P., 1885, 8°. [8° U. 3550. A

Haussonville (Vᵗᵉ d'). — A travers les États-Unis. Notes et impressions.—P., 1883, in-18. [8° U. 3551

Hautefeuille (L.-B.). — Des droits et des devoirs des nations neutres en temps de guerre maritime. — P., 1848-1849, 4 vol. 8°. [8° E. 1208-11
2ᵉ éd., 1858. — P., 3 vol. 8°.
[8° E. 1212-14

Haüy (Abbé). — Traité de cristallographie. — P., 1822, 2 vol. 8°.
[8° I. 3591-92

Havard (Henry). — L'art dans la maison. Grammaire de l'ameublement. Ouvrage illustré. Nouv. éd. — P., 1884, gr. 8°. [4° I. 686

Havard (Henry). — Histoire de la peinture hollandaise. — P., 1882, in-16. [8° I. 3593

Havard (Henry). — La Hollande pittoresque. — P., 1877-1883, 3 vol. in-18. [8° U. 3552-54
— Le Cœur du pays. 3ᵉ éd.
— Les villes mortes du Zuiderzée. 4ᵉ éd.
— Les frontières menacées. 3ᵉ éd., avec une préface de M. É. Levasseur. 10 grav. et 1 carte.

Havet (Ernest).— Le christianisme et ses origines. 3ᵉ éd.— P., 1880-1884, 4 vol. 8°. [8° U. 3555-58

Havet (Ernest).— De homericorum poematum origine et unitate. — P., 1843, 8°. [8° O. 2480

Havet (Ernest). — De la rhétorique d'Aristote. Thèse. — P., 1843, 8°. [8° O. 2481

Havet (Julien). — Les Cours royales des îles normandes. — P., 1878, 8° [8° U. 3559

Hawkesworth (J.). — Relation des voyages entrepris pour faire des découvertes dans l'hémisphère méridional. Traduite de l'anglais. — P., 1774, 4 vol. 4°. [4° U. 746-49

Hawthorne (Nathaniel). — Le livre des merveilles, trad. par Léonce Rabillon. — P., 1858, in-18.
[8° O. 2482

Hayden (F.-V.). — Ninth annual report of the United States geological and geographical Survey of the territories, embracing Colorado and parts of adjacent territories : being a report of progress of the exploration for the year 1875. — *Washington*, 1877, 8°.
[8° I. 3594

Hayem (Julien). — Quelques réformes dans les écoles primaires.— P., 1882, in-16. [8° I. 3595

Hayes (J.). — La mer libre du Pôle, abrégée par J. Belin de Launay, sur la traduction de M. F. de Lanoye. — P., 1872, in-12. [8° U. 3560

Heeren (Arn.-Herm.-L.). — Manuel de l'histoire ancienne. Traduit de l'allemand, par Al. Thurot. 3ᵉ éd. — P., 1836, 8°. [8° U. 3561

Heeren (Arn.-Herm.-L.). — Manuel historique du système politique des États de l'Europe et de leurs colonies, depuis la découverte des deux Indes, traduit de l'allemand par J.-J. Guizot et Vincent Saint-Laurent. — P., 1821, 2 t. en 1 vol. 8°.
[8° U. 3562

Heeren (A.-H.-L.). — De la politique et du commerce des peuples de

l'antiquité. Trad. de l'allemand, par W. Suckau. — *P.*, 1830-1844, 7 vol. 8°.
[8° U. 3563-69

Hegel (W.-Fr.).— Cours d'esthétique, analysé et traduit en partie par M. Ch. Bénard. — *P.*, 1840-1851, 4 tom. en 3 vol. 8°. [8° I. 3596-98

Hegel (W.-Fr.). — Logique. Traduite pour la première fois, et accompagnée d'une introduction et d'un commentaire perpétuel par A. Véra. — *P.*, 1859, 2 vol. 8°. [8° I. 3599-600

Heine (Henri). — De l'Allemagne. Nouv. éd. — *P.*, 1855, 2 vol. in-16.
[8° U. 3570-71

Heine (Henri). — De la France.— *P.*, 1857, in-12. [8° U. 3572

Heine (Henri). — Lutèce. 5° éd. — *P.*, 1859, in-12. [8° U. 3573

Heine (Henri). — Poëmes et légendes. Nouv. éd. — *P.*, 1859, in-12.
[8° O. 2483

Heine (Henri). — Poésies inédites. — *P.*, 1885, in-18. [8° O. 2484

Heiss. — Histoire de l'Empire (d'Allemagne). — *Amsterdam*, 1733, 8 vol. 8°. [8° U. 3574-81

Hélène (Maxime). — Les galeries souterraines. — *P.*, 1876, in-12.
[8° I. 3601

(Bibliothèque des Merveilles.)

Hélène (Maxime). — La poudre à canon et les nouveaux corps explosifs. — *P.*, 1878, in-12. [8° I. 3602

(Bibliothèque des Merveilles.)

Hélène (Maxime). — Les travaux publics au XIX° siècle. Les nouvelles routes du globe, avec une lettre de Ferdinand de Lesseps. — *P.*, 1883, 8°.
[8° I. 3603

Hélie. — Traité de balistique expérimentale. 2° éd., augmentée avec la collaboration de M. Hugoniot. — *P.*, 1884, 2 vol. 8°. [8° I. 3604-5

Hélie (Faustin-Adolphe). — Traité de l'instruction criminelle. — *P.*, 1845-1863, 9 vol. 8°. [8° E. 1215-23

Hélie (Faustin-Adolphe). — Les constitutions de la France, avec un commentaire. — *P.*, 1879, 8°.
[8° E. 1224

Hello (C.-G.). — Du régime constitutionnel. 2° éd. — *P.*, 1830, in-12.
[8° E. 1225

Helvétius (Claude-Adrien). — De l'Esprit. — *P.*, 1758, 4°.
[4° I. 687

Hélyot, Bullot. — Histoire des ordres monastiques religieux et militaires. — *P.*, 1721, 8 vol. 4°.
[4° U. 750-57

Hément (Edgar). — Histoire d'un morceau de charbon. — *P.*, 1868, in-16. [8° I. 3606

Hément (Félix). — Premières notions d'histoire naturelle. 5° éd. — *P.*, 1866, in-12. [8° I. 3607

Hénault, Michaud. — Abrégé chronologique de l'histoire de France. 3° éd. — *P.*, 1842, 4°. [4° U. 758

Hénault (Le président).—Œuvres inédites. — *P.*, 1806, 8°.
[8° O. 2485

Hennebert. — Les Anglais en Égypte. L'Angleterre et le Mahdi. Arabi et le canal de Suez. — *P*, 1884, 8°. [8° U. 3582

Hennebert (Lt-colonel).—Comtes de Paris. 25 grav. — *P.*, 1885, in-16.
[8° U. 3582. A

Hennebert. — L'Europe sous les armes. 64 cartes et plans. — *P.*; 1884, in-16. [8° U. 3583

Hennebert. — Les Torpilles. 82 vign. — *P.*, 1884, in-18.
[8° I. 3608

Hennequin (Ant. - Louis - Marie).
— Traité de législation et de jurisprudence. — *P.*, 1838-1841, 2 vol. 8°.
[8° E. **1226-27**

Hennequin (Jos.-Fr.-Gabr.). —
Essai historique sur la vie et les campagnes du bailli de Suffren. — *P.*,
1824, 8°.   [8° U. **3584**

Hennin. — Monuments de l'Histoire de France. — *P.*, 1856-1863, 10
vol. 8°.   [8° U. **3585-94**

Henrard (Paul). — Henri IV et
la Princesse de Condé, 1609-1610,
d'après des documents inédits. —
Bruxelles, 1885, 8°.
[8° U. **3594. A**

Henri IV, Maurice le Savant. —
— Correspondance inédite de Henri IV
avec Maurice le Savant. Accompagnée
de notes et éclaircissements historiques,
par M. de Rommel. — *P.*, 1840, 8°.
[8° U. **3595**

Henri IV. — Lettres intimes,
avec introduction et notes, par L. Dussieux. — *P.*, (s. d.), 8°.
[8° O. **2486**

Henrion de Pansey. — De la
compétence des juges de paix. 8° éd.
— *P.*, 1827, 8°.   [8° E. **1228**

Henrivaux (J.). — Le Verre et
le Cristal. — *P.*, 1883; texte et atlas,
2 vol. 8°.   [8° I. **3609-10**

Henry, Apffel. — Histoire de la
littérature allemande, d'après la 5e éd.
de Heinsius, avec une préface de M.
Malter. — *P.*, 1839, 8°.
[8° O. **2487**

Henschel. — Dictionnaire des langues française et allemande. — *P.*,
1844, 2 vol. 8°.   [8° O. **2488-89**

Hepp (Eugène). — Du droit d'option
des Alsaciens-Lorrains pour la nationalité française. Textes Questions.
Solutions. — *P.*, 1872, in-12.
[8° U. **3596**

Héraud (Dr A.). — Jeux et récréations scientifiques. Applications faciles
des mathématiques, de la physique,
de la chimie et de l'histoire naturelle.
297 fig. — *P.*, 1884, in-18.
[8° I. **3611**

Héraud (A.). — Nouveau dictionnaire des plantes médicinales. 2e éd.
273 fig.—*P.*, 1884, in-18.[8° I.**3612**

Herbault (Paul).—Traité des assurances sur la vie, revu et publié après
le décès de l'auteur, par Daniel de
Folleville. — *P.*, 1877, 8°.
[8° E. **1229**

Herbelot (D'). — Bibliothèque
orientale ou Dictionnaire universel. —
La Haye, 1777-1779, 4 vol. 4°.
[4° U. **759-62**

Herbers. — Li romans de Dolopa-
thos, publié pour la première fois en entier, par MM. Charles Brunet et A. de
Montaiglon. — *P.*, 1856, in-16.
[8° O. **2490**

(Bibliothèque Elzévirienne.)

Herbert of Cherbury (Edward).
— The Life and reign of King Henry
the Eight. — *London*, 1649, 4°.
[4° U. **763**

Herczeghy (Maurice). — Étude
médico-pratique sur les épidémies et sur
les moyens curatifs les plus efficaces
pour combattre ces fléaux.— *Budapest*,
1874, 8°.   [8° I. **3613**

Héricault (Ch. d'). — Histoire
nationale des naufrages et aventures de
mer. 3e éd. — *P.*, 1876-1879, 2 vol.
in-18.   [8° U. **3597-98**

Héricault (Ch. d').—La Révolution
de thermidor. Robespierre et le Comité
de Salut public en l'an II. — *P.*, 1876,
8°.   [8° U. **3599**

Héricourt (Louis d'). — Les lois
ecclésiastiques de France.— *P.*, 1730,
f°.   [Fol. E. **30**

Hering (Constantin). — Médecine homœopathique domestique. Traduit de l'allemand par Léon Marchant. 2ᵉ éd. — P., 1850, 8°. [I. 3614

Hérisson (Cᵗᵉ d'). — Journal d'un interprète en Chine. 21ᵉ éd. — P., 1886, in-18. [8° U. 3599. A

Hérisson (Cᵗᵉ d'). — Journal d'un officier d'ordonnance. Juillet 1870-février 1871. 45ᵉ éd. — P., 1885, in-18. [8° U. 3600

Herluison (H.). — Actes d'état civil d'artistes français, peintres, graveurs, architectes, etc. Extraits des registres de l'Hôtel-de-Ville de Paris, détruits dans l'incendie du 24 mai 1871. — Orléans, 1873, 8°. [8° U. 3601

Hermann (J.-C.). — Grammaire française-allemande. 8ᵉ éd. — Stuttgart, 1846, 8°. [8° O. 2491

Hermite (Ch.). — Cours d'analyse de l'École polytechnique. 1ʳᵉ partie. — P., 1873, 8°. [8° I. 3615

Hermitte (A.). — Manuel alphabétique des contributions indirectes et des octrois. — P., 1886, in-18. [8° E. 1230

Hérodote. — Histoire, trad. du grec par Larcher. — P., 1850, 2 vol. in-12. [8° O. 2492-93

Herpin (A.). — Dictionnaire astronomique, ou Exposé par ordre alphabétique des principes fondamentaux et des lois générales de la mécanique universelle. — P., 1875, 8°. [8° I. 3616

Herrera (Ant. de). — Historia general del mundo. — Madrid, 1601-1612, 3 vol. f°. [Fol. U. 160-162

Hervé (François d'). — Le Panthéon et Temple des Oracles, où préside For-

tune, dédié au Roi. Nouv. éd. — P., 1858, in-16. [8° O. 2494
(Bibliothèque Elzévirienne.)

Hervé (Jacques). — L'Égypte. 87 grav. et une carte de la Haute et de la Basse-Égypte. — P., 1883, in-16. [8° U. 3601. A

Hervé Mangon. — Traité du génie rural. III. Travaux, instruments et machines agricoles. — P., 1875, 4° et atlas f°. [4° I. 688
[Fol. I. 103

Hervieux (Léopold). — Les fabulistes latins, depuis le siècle d'Auguste jusqu'à la fin du moyen âge. Phèdre et ses anciens imitateurs. — P., 1884, 2 vol. 8°. [8° O. 2495-96

Hésiode. — Œuvres complètes, trad. en vers français, avec le texte en regard, par A. Fresse-Montval. — P., 1843, in-12. [8° O. 2497

Hess (David). — Joh. Caspar Schweizer. Ein Charakterbild aus dem Zeitalter der französischen Revolution. Eingeleitet und herausgegeben von Jakob Bæctold. — Berlin, 1884, 8°. [8° U. 3602

Hesse (G.). — Dictionarium latino-gallicum ad usum tyronum, ou Dictionnaire latin-français à l'usage des commençants. — Toul, 1828, 8°. [8° O. 2498

Hétet (F.). — Cours de chimie générale élémentaire. — P., 1875, in-12. [8° I. 3617

Hetzel (Jules), sous le pseud. de Stahl. — Entre Bourgeois. — P., 1872, in-12. [8° U. 3603

Hétrel (Albert). — Code orthographique, monographique, grammatical. Nouvelle méthode donnant immédiatement la solution de toutes les difficultés de la langue française. Précédé d'une Lettre de M. Émile de Girardin. 3ᵉ éd. — P., (s. d.), in-12. [8° O. 2499

Heuschling (Xavier). — La Noblesse artiste et lettrée. Tableau historique. — *P.*, 1863, in-12.
[8° U. 3604

Heuzé (Gustave). — Cours d'agriculture pratique. Matières fertilisantes. 3ᵉ éd. — *Versailles*, 1857, 8°.
[8° I. 3618

Heuzé (Gustave). — Cours d'agriculture pratique. Les Pâturages, les prairies naturelles et les herbages. 47 fig. — *P.*, 1883, in-18.
[8° I. 3619

Heuzé (Gustave). — Cours d'agriculture pratique. Plantes fourragères. — *P.*, 1856, 8°.
[8° I. 3620

Heuzet (Jean). — Histoires choisies des auteurs profanes. Traduites en français, avec des notes, par Charles Simon. — *P.*, 1778, 2 vol. in-12.
[8° U. 3605-6

Heuzet (Jean).—Histoires choisies des auteurs profanes. Texte et traduction par J.-J. Ract-Madoux. — *Avignon*, 1826, 2 vol. in-12. [8° U. 3607-8

Heydebrand, Laza. — Instruction pour le soldat chargé de soigner les chevaux des officiers ou Manuel du palefrenier civil et militaire. Traduit de l'allemand par E. Schergen. 2ᵉ éd. 31 fig. — *Bruxelles*, 1883, 8°.
[8° I. 3621

Hickey (W.). — The constitution of the United Sates of America, with an alphabetical analysis ; the Declaration of independence. 2ᵉ éd.— *Philadelphia*, 1847, in-18.
[8° U. 3609

Hiller (Ferdinand). — Félix Mendelssohn-Bartholdy. Lettres et souvenirs. Traduit et précédé d'un aperçu de divers travaux critiques concernant ce maître, par Félix Grenier. — *P.*, 1867, in-16. [8° U. 3609. A

Hippeau (C.).—Le gouvernement de Normandie au XVIIᵉ et au XVIIIᵉ siècle, d'après la correspondance des marquis de Beuvron et des ducs d'Harcourt, lieutenants-généraux et gouverneurs de la province.—*Caen*, 1873-79, 9 vol. 8°. [8° U. 3612-20

1ʳᵉ part. — Guerre et Marine. 1873-74, 3 vol. 8°.

2ᵉ part. — Évènements politiques. 1874-78, 5 vol. 8°.

3ᵉ part. — Industrie, commerce, travaux publics. 1879, 1 vol. 8°.

Hippeau (C.).— L'Instruction publique aux Etats-Unis. Rapport adressé au Ministre de l'Instruction publique.— *P.*, 1870, 8°. [8° I. 3622
3ᵉ éd., 1878. — *P.*, in-12.
[8° I. 3623

Hippeau (C.). — L'Instruction publique dans l'Amérique du Sud (République Argentine). — *P.*, (s. d.), in-12. [8° I. 3624

Hippeau (C.).—L'Instruction publique dans les États du Nord. Suède, Norwège, Danemarck. — *P.*, 1876, in-12. [8° I. 3625

Hippeau (C.).— L'Instruction publique en Allemagne. — *P.*, 1873, in-18. [8° I. 3626

Hippeau (C.).—L'Instruction publique en Angleterre. — *P.*, 1872, in-12. [8° I. 3627

Hippeau (C.).—L'Instruction publique en France pendant la Révolution. — *P.*, 1881-1883, 2 vol. in-18.

I. — Discours et rapports.

II. — Débats législatifs.
[8° I. 3628-29

Hippeau (C.). — L'Instruction publique en Italie. — *P.*, 1875, in-18.
[8° I. 3630

Hippeau (C.). — L'Instruction publique en Russie. — *P.*, 1878, in-18. [8° I. 3631

Hippeau (C.). — La Révolution française et l'éducation nationale. — *P.*, 1883, 8°. [8° U. 3621

Hippeau (C.). — Le Théâtre à Rome. — *P.*, (s. d.), 8°. [8° O. 2500

Hippeau (Edmond). — Berlioz intime, d'après des documents nouveaux. Avec un portrait à l'eau-forte. — *P.*, 1883, 8°. [8° U. 3622

Hippeau (Mᵐᵉ Eugénie). — Cours d'économie domestique. 5ᵉ éd. — *P.*, (s. d.), in-18. [8° I. 3632

Hippocrate. — Chirurgie. Trad. par J.-E. Pétrequin. — *P.*, 1878, 2 vol. 4°. [4° I. 689-90

Hippocrate. — Traduction des œuvres médicales d'Hippocrate (publiée par Gardeil et Tournon). — *Toulouse*, 1801, 4 vol. 8°.

[8° I. 3633-36

Hirschfeld (Ludovic). — Névrologie et Esthésiologie. Traité et iconographie du système nerveux et des organes des sens de l'homme. Avec un atlas de 92 planches dessinées par J.-B. Léveillé. 2ᵉ éd. — *P.*, 1866, 8° et atlas 4°. [8° I. 3637

[4° I. 691

Hirtz (Élisa). — Travaux à aiguille usuels. Méthode de coupe et de confection pour vêtements de femmes et d'enfants. 4ᵉ éd., illustrée de 154 fig. — *P.*, (s. d.), in-18. [8° I. 3638

Hispania illustrata seu rerum urbiumque Hispaniæ scriptores varii. — *Francofurti*, 1603-1606, 3 vol. f°. [Fol. U. 163-165

Historiæ Augustæ Scriptores VI Claudius Salmasius ex veteribus libris recensuit, et librum adjecit notarum ac emendationum, quibus adjunctæ sunt notæ ac emendationes Isaaci Casauboni. — *P.*, 1620, f°. [Fol. U. 166

Histoire Auguste (Écrivains de l'). Spartianus, Vulcatius Gallicanus, Trebellius Pollion, trad. par Fl. Legay. — Aelius Lampridius, trad. par Laass d'Aguen. — Flavius Vopiscus, trad. par Taillefert et Chenu. — Julius Capitolinus, trad. par Valton. — *P.*, 1844-46, 3 vol. 8°. [8° O. 2501-3

(Collection Panckoucke.)

Histoire complète du procès instruit devant la Cour d'assises de l'Aveyron, relatif à l'assassinat du sieur Fualdès. 3ᵉ éd. — *P.*, 1817, 8°. [8° E. 1231

Histoire complète du procès de l'assassinat de M. Fualdès, instruit à Albi, devant la Cour du département du Tarn, pour faire suite à la première procédure. — *P.*, 1818, 8°. [8° E. 1232

Histoire critique de la découverte du Mississipi (1669-1673). — *P.*, 1872, 8°. [8° U. 3623

Histoire de Guillaume III. — *Amsterdam*, 1692, 2 t. en 1 vol. in-12. [8° U. 3624

Histoire de Thomas Becket. 4ᵉ éd. — *Tours*, 1858, in-12. [8° U. 3625

Histoire de la capitulation de Metz. Enquête sur la trahison de Bazaine et de Coffinières. — *France et Belgique*, 1871, 8°. [8° U. 3626

Histoire des campagnes du comte Suworow Rymnikski. — *P.*, (s. d.), 2 vol. in-12. [8° U. 3627-28

Histoire des Conseils de guerre de 1852, ou précis des évènements survenus dans les départements à la suite du coup d'État de décembre 1851. — *P.*, 1869, in-16.   [8° U. 3629

Histoire du cardinal de Bérulle. 3ᵉ éd. — *Lille*, 1860, in-12.
[8° U. 3630

Histoire du Clergé de France. — *P.*, 1803, 3 vol. in-12.
[8° U. 3631-33

Histoire et mémoires de l'Académie des sciences depuis son établissement en 1666 jusqu'en 1784. — *P.*, 1738-1787, 112 vol. 4°.
[4° I. 692-803

Histoire littéraire de la France, où l'on traite de l'origine et du progrès, de la décadence et du rétablissement des sciences parmi les Gaulois et parmi les Français, par des religieux Bénédictins de la Congrégation de Saint-Maur. Nouv. éd., entièrement conforme à la précédente, par M. Paulin Pâris. — *P.*, 1865-1875, 17 vol. 4°.
[4° O. 323-39

Historique succinct du 35ᵉ régiment de ligne, depuis son origine. — *Montbéliard*, 1874, 8°.   [8° U. 3634

History (An) of England, in a series of letters from a nobleman to his son. 5ᵉ éd. — *London*, 1776, 2 vol. in-12.
[8° U. 3635-36

Hitopadésa ou l'Instruction utile, recueil d'apologues et de contes, trad. du sanscrit par M. Édouard Lancereau. — *P.*, 1855, in-16.   [8° O. 2504

(Bibliothèque Elzévirienne.)

Hoefer (Dʳ). — Dictionnaire théorique et pratique d'agriculture. — *P.*, 1855, in-12.   [8° I. 3639

Hoefer (Ferdinand). — Histoire de l'astronomie, depuis ses origines jusqu'à nos jours. — *P.*, 1873, in-12.
[8° I. 3640

Hoefer (Ferdinand). — Histoire

de la botanique, de la minéralogie et de la géologie, depuis les temps les plus reculés jusqu'à nos jours. — *P.*, 1872, in-12.   [8° I. 3641

Hoefer (Ferdinand). — Histoire de la physique et de la chimie, depuis les temps les plus reculés jusqu'à nos jours. — *P.*, 1872, in-12.
[8° I. 3642

Hoefer (Ferdinand). — Histoire de la zoologie, depuis les temps les plus reculés jusqu'à nos jours. — *P.*, 1873, in-12.   [8° I. 3643

Hoefer (Ferdinand). — Histoire des mathématiques, depuis leur origine jusqu'au commencement du dix-neuvième siècle. — *P.*, 1874, in-12.
[8° I. 3644

Hoeï-Lan-Ki, ou l'Histoire du cercle de craie, drame en prose et en vers, trad. du chinois et accompagné de notes, par Stanislas Julien. — *London*, 1832, 8°.   [8° O. 2505

Hoffman (F.-B.). — Œuvres. — *P.*, 1829, 10 vol. 8°. [8° O. 2506-15

Hoffmann. — Contes fantastiques. Trad. nouv., par X. Marmier, précédée d'une notice par le traducteur. — *P.*, 1869, in-12.   [8° O. 2516

Hollande (La) et la liberté de penser au XVIIᵉ et au XVIIIᵉ siècle, avec une introduction par Louis Ulbach. — *P.*, 1884, in-18. [8° U. 3636. A

Hollard (Henri). — Étude de la nature. — *P.*, 1842, 2 vol. in-12.
[8° I. 3645-46

Hollard (Roger). — Méditations évangéliques. — *P.*, 1874, in-12.
[8° A. 673

Home (John). — Douglas, a tragedy in five acts. — *Edinburgh*, (s.d.), in-18.   [8° O. 2516. A

Homère. L'Iliade, trad. par Mme Dacier. — *Amsterdam*, 1731, 3 vol. in-12. [8° O. 2517-19

Homère. — L'Odyssée, trad. par Mme Dacier.—*Amsterdam*, 1731, 3 vol. in-12. [8° O. 2520-22

Homère. — L'Iliade et l'Odyssée, trad. par P. Giguet. 2e éd.—*P.*, 1852, in-12. [8° O. 2523

Homère. — L'Iliade et l'Odyssée, trad. par Giguet, abrégées et annotées par Alphonse Feillet. — *P.*, 1866, in-12. [8° O. 2524

Homère. — L'Iliade et l'Odyssée, trad. du grec par le prince Le Brun. — *P.*, 1836, 8°. [8° O. 2525

Homère. — Iliade, trad. par Émile Pessonneaux.—*P.*, 1861, in-12. [8° O. 2526

Homère. — Odyssée, trad. par Émile Pessonneaux.—*P.*, 1862, in-12. [8° O. 2527

Hommaire de Hell (Xavier).— Voyage en Turquie et en Perse. — *P.*, 1857-1860, 2 vol. 8°. [8° U. 3637-38

Horace. — Œuvres complètes, trad. en prose. — *P.*, 1837-38. 2 vol. 8°. [8° O. 2528-29 (Collection Panckoucke.)

Horace. — L'Art poétique et les satires de Perse, trad. en vers français par B. Alciator. 4e éd. — *P.*, 1866, in-12. [8° O. 2530

Horsin-Déon (Paul). — Traité théorique et pratique de la fabrication du sucre. — *P.*, 1882, 8°. [8° I. 3647

Hospitalier (E.). — La physique moderne. Les principales applications de l'électricité. 2e éd., avec 130 fig. dans le texte et 4 pl. hors texte. — *P.*, 1882, 8°. [8° I. 3648

Houard.—Dictionnaire analytique historique de la coutume de Normandie. — *Rouen*, 1780-1782, 4 vol. 4°. [4° E. 188-91

Houdetot (Adolphe d'). — Chasses exceptionnelles. Mélanges. Avec trois portraits gravés. — *P.*, 1850, 8°. [8° I. 3649

Houdetot (Adolphe d').—Le Chasseur rustique, suivi d'un traité complet sur les maladies des chiens, par J. Prudhomme. Dessins d'Horace Vernet.— *P.*, 1847, 8°. [8° I. 3650 7e éd., 1863. — *P.*, in-16. [8° I. 3651

Houdetot (Adolphe d'). — La petite vénerie. — *P.*, 1855, in-12. [8° I. 3652

Houdetot (Adolphe d'). — Le Tir au pistolet. 4e éd. — *P.*, 1850, in-18. [8° I. 3653

Houdin (Robert). — Confidences d'un prestidigitateur (une vie d'artiste). Nouv. éd. — *P.*, 1881, 2 vol. in-18. [8° U. 3639-40

Houel (J.). — Cours de calcul infinitésimal. — *P.*, 1878-81, 4 vol. 8°. [8° I. 3653 + A

Houel (J.). — Recueil de formules et de tables numériques. 3e éd. — *P.*, 1885, 8°. [8° I. 3653. A

Houel. — Catalogue des pièces du musée Dupuytren. — *P.*, 1877-1879, texte 4 vol., atlas 4 vol., ensemble 8 vol. 8°. [8° I. 3654-61

Houette (Alfred). — Guide pratique de l'officier de marine.—*P.*, 1884, in-16. [8° I. 3662

Houry (F.). — L'Éducation selon l'esprit du Christianisme, par l'auteur des « Méditations d'outre-tombe ». (La dédicace est signée : F. Houry.)— *P.*, 1872, in-12. [8° I. 3663

Houssaye (Abbé M.). — M. de

Bérulle et les Carmélites de France, 1575-1611. — *P.*, 1872, 8°.
[8° U. 3641

Houssaye (Abbé M.). — Le Père de Bérulle et l'oratoire de Jésus, 1611-1625. — *P.*, 1874, 8°.
[8° U. 3642

Houssaye (Abbé M.). — Le Cardinal de Bérulle et le Cardinal de Richelieu, 1625-1629. — *P.*, 1875, 8°.
[8° U. 3643

Houssaye (Abbé M.). — Les Carmélites de France et le Cardinal de Bérulle. Courte réponse. — *P.*, 1873, 8°.
[8° U. 3644

Houssaye (Arsène). — Histoire du 41ᵉ fauteuil de l'Académie française. — *P.*, 1884, in-18.
[8°U. 3645

Houssaye (Arsène). — Philosophes et Comédiennes. — *P.*, 1851, 2 vol. in-18.
[8° O. 2531-32

Houssaye (Henri). — L'Art français depuis dix ans. 2ᵉ éd. — *P.*, 1883, in-18.
[8° I. 3664

Houzé (J.-P.). — Le livre des métiers manuels, répertoire des procédés industriels. 5 planches hors texte. — *P.*, 1882, in-18.
[8° I. 3665

Houzeau(J.-C.), Lancaster (A). — Traité élémentaire de météorologie. — *Mons*, 1880, in-12.
[8° I. 3666

Houzeau (Louis). — Télégraphie électrique. Guide pratique pour l'emploi de l'appareil Morse, suivi du service de l'appareil à cadran et des indications relatives à l'entretien des piles. 7ᵉ éd. — *P.*, 1884, 8°.
[8° I. 3667

Hovelacque (Abel). — Les débuts de l'humanité. L'Homme primitif contemporain. 40 fig. — *P.*, 1881, in-18.
[8° I. 3668

Hovelacque (Abel). — La Linguistique. 2ᵉ éd. — *P.*, 1877, in-12.
[8° I. 3669

Hozier (D'). — Armorial général de France. — *P.*, 1738-1768, 6 registres en 10 vol. f°.
[Fol. U. 167-175

Huard (Adolphe). — Victoires et conquêtes de la France de 1792 à 1862. — *P.*, 1863, in-12.
[8° U. 3646

Huard (Adrien), Pelletier (Michel). — Répertoire de législation et de jurisprudence en matière de brevets d'invention. Nouv. éd. — *P.*, 1885, in-18.
[8° E. 1233

Hubault, Marguerin. — Histoire de France. 3ᵉ éd. — *P.*, 1865, in-18.
[8° U. 3647

Hubbard (Gustave). — Histoire contemporaine de l'Espagne. — *P.*, 1869-1883, 5 vol. 8°. [8° U. 3648-52

1ʳᵉ série. Règne de Ferdinand VII (1814-1833). 2 vol.

2ᵉ série. Régence de Christine et d'Espartero (1833-1843). 2 vol.

3ᵉ série. Règne d'Isabelle II (1843-1868). 1 vol.

Huberson (G.). — Code manuel des médecins d'état civil. Constatation à domicile des naissances et des décès. — *P.*, (s. d.), in-18.
[8° E. 1234

Hubert-Valleroux (P.). — Les corporations d'arts et métiers et les syndicats professionnels en France et à l'étranger. — *P.*, 1885, 8°.
[8° I. 3669. A

Hubert-Valleroux (P.). — Les associations coopératives en France et à l'étranger. — *P.*, 1884, 8°.
[8° I. 3670

Hübner (Baron de). — A travers l'Empire britannique (1883-1884). — *P.*, 1886, 2 vol. 8°. [8° U. 3652. A

Hübner (Baron de). — Promenade autour du monde, 1871. 3ᵉ éd. — *P.*, 1874, 2 vol. in-12. [8° U. 3653-54

Hübner (Baron de). — Sixte-Quint, d'après des correspondances diplomatiques inédites. Nouv. éd. — *P.*, 1882, 2 vol. in-18.
[8° U. 3655-56

Huc (Évariste-Régis). — L'Empire chinois. — *P.*, 1854, 2 vol. 8°.
[8° U. 3657-58

Huc (Évariste-Régis). — Souvenirs d'un voyage dans la Tartarie, le Thibet et la Chine. 2ᵉ éd. — *P.*, 1853, 2 vol. 8°. [8° U. 3659-60

Huc (Th.). — Le Code civil italien et le Code Napoléon. Études de législation comparée. 2ᵉ éd., suivie d'une traduction complète du Code civil italien, par M. Joseph Orsier.—*P.*, 1868, 2 vol. 8°. [8° E. 1235-36

Hue (Capitaine). — Analyse des principales campagnes conduites en Europe, depuis Louis XIV jusqu'à nos jours. — *P.*, 1880, in-16.
[8° U. 3660 + A

Hue (Fernand). — La France et l'Angleterre à Madagascar. —*P.*, 1885, in-12. [8° U. 3660. A

Hue (Fernand), Haurigot (Georges). — Nos petites colonies. — *P.*, 1884, in-18. [8° U. 3661

Hue (Fernand). — Le Pétrole. Son histoire, ses origines, son exploitation dans tous les pays du monde. Grav. et carte. — *P.*, 1885, in-18.
[8° I. 3670 + A

Hue (Gustave). — Atlas de géographie militaire. — *P.*, 1880, f°.
[Fol. U. 176

Huet. — Huetiana ou pensées diverses. — *P.*, 1822, in-18.
[8° O. 2533

Huet (O.). — Des moyens d'éviter les accidents de chemins de fer. — *Spa*, 1885, 2 vol. 8° et atlas 4°.
[8° I. 3670. A
[4° I. 803. A

Huet (Pierre-Daniel). — Demonstratio evangelica ad Delphinum. — *P.*, 1679, f°. [Fol. A. 66

Huet (Pierre-Daniel). — Les Origines de la ville de Caen et des lieux circonvoisins. — *Rouen*, 1702, in-12.
[8° U. 3662

Hughes (Williams). — Ma Maison, histoire familière de mon corps imité de l'anglais. — *P.*, 1868, in-16.
[8° I. 3671

Hugo (Victor). — Œuvres complètes. Nouv. éd. — *P.*, 1857-1864, 18 vol. 8°. [8° O. 2534-51

Hugo (Victor). — Œuvres oratoires. —*Bruxelles*, 1853, 2 vol. in-18.
[8° O. 2552-53

Hugo (Victor). — L'année terrible. 15ᵉ éd. — *P.*, 1872, in-12.
[8° O. 2554

Hugo (Victor). — L'archipel de la Manche. — *P.*, 1883, 8°.
[8° U. 3663

Hugo (Victor). — Les Châtiments. 46ᵉ éd. — *P.*, (s. d.), in-12.
[8° O. 2555

Hugo (Victor). — Histoire d'un crime. Déposition d'un témoin. — *P.*, 1883, 8°. [8° U. 3664

Hugo (Victor). — La légende des siècles. 1ʳᵉ et 2ᵉ séries. — *P.*, 1862-79, 3 vol. in-18. [8° O. 2556-58

Hugo (Victor). — Napoléon le Petit. 9ᵉ éd. — *P.*, (s. d.), in-12.
[8° U. 3665

Hugo (Victor). — Notre-Dame de

Paris. Nouv. éd. — *P.*, 1862, 2 vol.
in-18.   [8° O. 2559-60

Hugo (Victor). — L'Œuvre complète. Extraits. — *P.*, 1885, in-16.
                         [8° O. 2561

Hugo (Victor). — Les Quatre vents de l'esprit. — *P.*, 1882, 2 vol.
in-18.   [8° O. 2562-63

Hugo (Victor). — Théâtre en liberté. 3° éd. — *P.*, 1886, 8°.
                         [8° O. 2563. A

Hugo (Victor). — Le Rhin. Lettres à un ami. — *P.*, 1864, 3 vol. 8°.
                         [8° U. 3666-68

Hugo (Mme Adèle). — 1819-1841. Victor Hugo raconté par un témoin de sa vie. 5° éd. — *P.*, (1863), 2 vol. 8°.
                         [8° U. 3669-70

Hugonnet (Ferd.). — Français et Arabes en Algérie. — *P.*, 1860, in-12.
                         [8° U. 3671

Hugonnet (Léon). — En Égypte. — *P.*, 1883, in-18.   [8° U. 3672

Hugot (C.). — Guide pratique des receveurs et des commis principaux des contributions indirectes. — *P.*, 1885,
in-16.   [8° E. 1237

Huguenard (D^r). — Guide théorique et pratique de l'infirmier, du brancardier et de l'ambulancier sur le champ de bataille. — *P.*, 1881, in-18.
                         [8° I. 3672

Huguet (D^r). — Les fièvres graves et l'empoisonnement alimentaire. — *P.*,
1881, 8°.   [8° I. 3673

Humbert (Aimé). — Le Japon illustré. — *P.*, 1870, 2 vol. f°.
                         [Fol. U. 177-178

Humbert (Jean). — Anthologie arabe, ou choix de poésies arabes inédites. — *P.*, 1819, 8°.   [8° O. 2564

Humboldt (Alexandre de). — Cosmos. Traduit par M. Faye (et Ch. Galusky). — *P.*, 1855-1859, 4 vol. 8°.
                         [8° I. 3674-77

Humboldt (Alexandre de). — Tableaux de la nature. Traduits de l'allemand par J.-B.-B. Eyriès. — *P.*, 1828, 2 t. en 1 vol. 8°.   [8° I. 3678

Humboldt (Guillaume de). — Essai sur les limites de l'action de l'État. Traduction annotée et précédée d'une étude sur l'auteur, par H. Chrétien. —
P., 1867, in-18.   [8° I. 3679

Hume (David), Smollett. — Histoire d'Angleterre. — *P.*, 1819-1822, 22 vol. 8°.   [8° U. 3673-93

Hunter (John). — Traité de la syphilis. Traduit de l'anglais, par G. Richelot, annoté par Ricord. — *P.*, 1845,
8°.   [8° I. 3680

Huré. — Dictionnaire universel de philologie sacrée. — *P.*, 1846, 4 vol.
4°.   [4° O. 340-43

Hurter (Frédéric). — Histoire du pape Innocent III et de ses contemporains. Traduite par A. de Saint-Chéron et J.-B. Haiber. — *P.*, 1838, 3 vol. 8°.
                         [8° U. 3694-96

Husson (Armand). — Les consommations de Paris. — *P.*, 1856, 8°.
                         [8° U. 3697
2° éd., 1875. — *P.*, 8°.
                         [8° U. 3698

Husson (C.). — Études sur les épices, aromates, condiments, sauces et assaisonnements. Leur histoire, leur utilité, leur danger. — *P.*, 1883, 8°.
                         [8° I. 3681

Huxley (Th.-H.). — L'écrevisse, introduction à l'étude de la zoologie.—
P., 1880, 8°.   [8° I. 3682

Huxley (Th.-H.). — Physiographie. Introduction à l'étude de la nature. Traduction de l'anglais et adaptation par G. Lamy. Avec 128 fig. dans le texte et 2 planches hors texte. — *P.*, 1882, 8°. [8° I. 3683

Huysmans (J.-K.). — L'art moderne.—*P.*, 1883, in-18. [8° I. 3684

Huzard (J.-B.). — De la garantie et des vices rédhibitoires dans le commerce des animaux domestiques, d'après la loi du 20 mai 1838. — *P.*, 1839, in-12. [8° E. 1238

Ibn Batoutah.— Voyages. Texte arabe. Traduction par Defrémery et Sanguinetti. — *P.*, 1853-1858, 4 vol. 8°. [8° U. 3699-3702 (Société asiatique.)

Ideville (Cte H. d'). — Le maréchal Bugeaud, d'après sa correspondance intime et des documents inédits (1784-1849). — *P.*, 1881-1882, 3 vol. 8°. [8° U. 3703-5

Ideville (Henry d'). — Les petits côtés de l'histoire. Notes intimes et documents inédits, 1870-1884. — *P.*, 1884, in-18. [8° U. 3706

Ille-et-Villaine. Conseil général. Session d'août 1884. — *Rennes*, 1884, 2 vol. 8°. [8° U. 3707-8

Ilyenkow (P.-A.). — Ministère des domaines. Notice sur la composition chimique du tchernozème. — *St-Pétersbourg*, 1873, 4°. [4° I. 804

Imbert (P.-L.). — A travers Paris inconnu. — *P.*, (s. d.), in-18. [8° U. 3709

Imitation de J.-C., par M. Beauzée. Avec une notice historique et des notes, par l'abbé Labouderie. — *P.*, 1824, 8°. [8° A. 674

Imitation (De l') de Jésus-Christ. Traduction nouvelle par le sieur de Beüil. Nouv. éd. — *P.*, 1679, 8°. [8° A. 675

Imitatione (De) Christi Thomæ à Kempis libri IV. Ex recensione Philippi Chiffletii. — *Antverpiæ*, 1871, in-12. [8° A. 676

Imitation (L') de Jésus-Christ, traduite par G. Darboy. 2° éd. — *P.*, (1855), in-12. [8° A. 677

Imitation (L') de Jésus-Christ. Nouv. éd., revue par Dassance. — *P.*, 1844, in-12. [8° A. 678

Imitation (L') de Jésus-Christ. Traduite par Eugène de Genoude. — *P.*, 1824, 8°. [8° A. 679

Imitation (L') de Jésus-Christ; Traduction du R. P. de Gonnelieu. — *P.*, 1818, 8°. [8° A. 680

Imitation (L') de Jésus-Christ, méditée par Herbet. 11° éd. — *P.*, 1859, 2 vol. in-12. [8° A. 681-82

Imitation (L') de Jésus-Christ, traduction nouvelle avec des réflexions à la fin de chaque chapitre, par l'abbé F. de Lamennaïs. 54° éd. — *P.*, 1864, in-12. [8° A. 683

Imitation (L') de Jésus-Christ, traduite par Ros Weyde (Héribert). — *P.*, 1662, 8°. [8° A. 684

Indian Alps (The) and How we crossed them, by a Lady pioneer. — *London*, 1876, 4°. [4° U. 764

Instruction pratique sur le service de la cavalerie en campagne (10 juillet 1884). — *P.*, 1885, in-18. [8° I. 3684 + A (Ministère de la Guerre.)

Instructions nautiques sur les mers de Chine, collationnées sur les documents les plus récents par M. Dartige Du Fournet. — *P.*, 1883-1884, 3 vol. 8°. [8° U. 3710-11

Intelligence des animaux. Anecdotes et faits. — *P.*, 1886, in-18. [8° I. 3684. A

Internelle (Le livre de l') consolation, première version française de l'Imitation de Jésus-Christ. Publié par MM. L. Moland et Ch. d'Héricault. — *P.*, 1856, in-16. [8° A. 685 (Bibliothèque Elzévirienne.)

Inventaire général des œuvres d'art appartenant à la Ville de Paris, dressé par le service des beaux-arts. Édifices religieux, tome I. — Édifices civils, tome I. — *P.*, 1878, 2 vol. 4°.
[4° I. 805-806

Inventaire général des œuvres d'art décorant les édifices du département de la Seine, dressé par le service des beaux-arts. Édifices civils et religieux. T. I. Arrondissement de Saint-Denis. — *P.*, 1879, 4°.
[4° I. 807

Inventaire sommaire des archives du département des Affaires étrangères. Mémoires et documents. France. — *P.*, 1883, 8°.   [8° U. 3712

Irénée (Saint). — Sancti Irenæi libri quinque. — *Lutetiæ*, 1639, f°.
[Fol. A. 67

Irving (Washington). — L'Alhambra. Contes grenadins recueillis par Washington Irving, trad. par P. Christian. — *P.*, 1843, 8°.   [8° O. 2565

Irving (Washington). — Voyages dans les contrées désertes de l'Amérique du Nord. — *P.*, 1839, 8°.
[8° U. 3713

Isambert (François-André). — Recueil général des anciennes lois françaises, depuis l'an 420 jusqu'à la Révolution de 1789, par Jourdan, Decrusy, Isambert et Taillandier. — *P.*, 1822-1833, 29 vol. 8°.   [8° E. 1239-67

Isambert (G.), **Coffinhal-Laprade** (P.). — La loi militaire de 1868, expliquée par demandes et par réponses. Catéchisme des familles. 3e éd. — *P.*, 1868, in-16.
[8° E. 1268

Isidore de Séville (Saint). — Opera omnia quæ exstant, emendata per J. Du Breul. — *Coloniæ Agrippinæ*, 1617, f°.   [Fol. A. 68

Isocrate. — Le discours d'Isocrate sur lui-même, intitulé « l'Antidosis », trad. en français pour la première fois par Auguste Cartelier, revu et publié avec le texte, une introduction et des notes, par Ernest Havet. — *P.*, 1862, 8°.   [8° O. 2566

Italie pittoresque. — *P.*, 1834, 4°.   [4° U. 765

Itard (J.-M.-G.). — Traité des maladies de l'oreille et de l'audition. — *P.*, 1821, 2 vol. 8°.
[8° I. 3685-86

Itinéraires en Tunisie, 1881-1882. — (*S. l. n. d.*), 4°.   [4° U. 766

Iung (Th.). — Bonaparte et son temps (1769-1799), d'après les documents inédits. — *P.*, 1880-81, 3 vol. in-12.   [8° U. 3714-16

Iung (Th.). — Lucien Bonaparte et ses mémoires (1775-1840). — *P.*, 1882-83, 3 vol. 8°.   [8° U. 3717-19

Iung (Th.). — La vérité sur le Masque de fer, les empoisonneurs, d'après des documents inédits (1664-1703). — *P.*, 1873, 8°.
[8° U. 3720

Jaccoud (S.). — Traité de pathologie interne. 7e éd. — *P.*, 1883, 3 vol. 8°.   [8° I. 3687-89

Jacob (F.). — Lexique étymologique latin-français, précédé d'un tableau des suffixes et suivi d'un vocabulaire des noms propres. — *P.*, (s. d.), 8°.   [8° O. 2567

Jacobi (Dr E.). — Dictionnaire mythologique universel ou biographie mythique, trad. et complété par T. Bernard. — *P.*, 1863, in-12.
[8° A. 686

Jacobi (J.-M.). — Histoire générale de la Corse. — *P.*, 1835, 2 vol. 8°.
[8° U. 3721-22

Jacoby (Dʳ Paul). — Étude sur la sélection dans ses rapports avec l'hérédité chez l'homme, avec un tableau et des tracés graphiques.—*P.*, 1881, 8°.
[8° I. 3690

Jacolliot (Louis). — La Bible dans l'Inde. Vie de Jezeus Christna. 8ᵉ éd. — *P.*, 1876, 8°.   [8° A. 687

Jacolliot (Louis). — Fétichisme. — Polythéisme. — Monothéisme. — La Genèse de l'humanité. — *P.*, 1879, 8°.   [8°A. 688

Jacolliot (Louis). — Genèse de l'humanité. Fétichisme. Monothéisme. — *P.*, 1876, 8°.   [8° A. 689

Jacolliot (Louis). — Les législateurs religieux. — Manou. — Moïse. — Mahomet. — *P.*, 1876, 8°.
[8° A. 690

Jacolliot (Louis). — Voyage au pays des singes. — *P.*, 1883, in-18.
[8° U. 3723

Jacolliot (Louis). — Voyage dans le Buisson australien. — *P.*, (s d.), in-18.   [8° O. 2567 + A

Jacolliot (Louis). — Voyage humoristique au pays des Kangourous. — *P.*, (s. d.), in-18. [8° O. 2567. A

Jacqmin (F.). — Les chemins de fer pendant la guerre de 1870-1871. Leçons faites en 1872 à l'École des Ponts et Chaussées. 2ᵉ éd. — *P.*, 1874, in-12.   [8° U. 3724

Jacque (Ch.). — Le Poulailler. 2ᵉ éd. — *P.*, 1861, in-12.
[8° I. 3691

Jacquemart (Albert). — Les merveilles de la céramique. T. I. Orient. 2ᵉ éd. T. II. Occident : Antiquité, moyen âge et renaissance. 2ᵉ éd. T. III. Occident : Temps modernes. — *P.*, 1868, 1869, 1870, 3 vol. in-12.
[8° I. 3692-94

(Bibliothèque des Merveilles.)

Jacquemart (Albert). — Histoire du Mobilier, avec une notice sur l'auteur par M. H. Barbet de Jouy. — *P.*, 1876, 4°.   [4° I. 808

Jacquemin (Émile). — La nature et ses productions. — *P.*, 1846, in-12.
[8° I. 3695

Jacquemont (S.). — La Campagne des Zouaves pontificaux en France, sous les ordres du général Charette (1870-1871). 2ᵉ éd.— *P.*, 1872, in-12.
[8° U. 3725

Jacquemont (Victor). — Correspondance de V. Jacquemont, pendant son voyage dans l'Inde.— *P.*, 1841, 2 vol. in-12.   [8° U. 3726-27

Jacques (Amédée), Simon (Jules), Saisset (Émile). — Manuel de philosophie. 3ᵉ éd. — *P.*, 1857, 8°.
[8° I. 3696

Jacques (Dʳ Victor). — Éléments d'embryologie. — *P.*, 1883, 8°.
[8° I. 3697

Jacquet. — Abrégé du Commentaire de la Coutume de Touraine. — *Auxerre*,1761,2 vol.4°. [4° E. 192-93

Jacquet (A.). — Barême du poids des métaux. 2ᵉ éd. — *P.*, 1879, 8°.
[8° I. 3698

Jacquez (Ernest). — Dictionnaire d'électricité et de magnétisme, étymologique, historique, théorique, technique, avec la synonymie française, allemande et anglaise. — *P.*, 1883, 8°.
[8° I. 3699

Jahr (Georges-Henri-Gottlieb). — Nouveau manuel de médecine homœopathique. 5ᵉ éd. — *P.*, 1850, 4 vol. in-12.   [8° I. 3700-703

Jal (Auguste). — Dictionnaire critique de biographie et d'histoire, errata et supplément pour tous les dictionnaires historiques. 2ᵉ éd. — *P.*, 1872, 4°.
[4° U. 767

Jalliffier (R.). — Histoire des États-Généraux (1302-1614). — *P.*, 1885, in-16.   [8° U. 3727. A

Jamain (A.), **Terrier** (F.). — Manuel de pathologie chirurgicale. 3e éd. — P., 1877-1882, 2 vol. in-18.
[8° I. 3704-705

Jamain (Alexandre). — Manuel de petite chirurgie. 3e éd. — P., 1860, in-12. [8° I. 3706

6e éd., 1880, illustrée par Félix Terrier. — P., 8°. [8° I. 3707

Jamain (Alexandre). — Nouveau traité élémentaire d'anatomie descriptive et de préparations anatomiques. Suivi d'un précis d'embryologie, par A. Verneuil. — P., 1853, in-12.
[8° I. 3708

Jambois (C.-G.). — Code pratique de la relégation. — P., 1886, in-12. [8° E. 1268. A

James (Constantin). — Guide pratique du médecin et du malade aux eaux minérales de France et de l'étranger. 4e éd. — P., 1857, in-12.
[8° I. 3709

James (Dr Constantin). — Souvenirs de voyage. Les Hébreux dans l'Isthme de Suez. — P., 1872, in-12.
[8° U. 3728

Jamet (Émile). — Cours d'agriculture théorique et pratique. — Château-Gontier, 1846, in-12.
[8° I. 3710

Jamin (J.). — Cours de physique de l'École polytechnique. Tom. I, 3e éd. Tomes II et III, 2e éd.—P.,1868-1871, 3 vol. 8°. [8° I. 3711-13

3e éd., 1878-1883, augmentée et entièrement refondue par MM. Jamin et Bouty. — P., 4 vol. 8°.
[8° I. 3714-17

Jamison (P.-F.). — Bertrand Du Guesclin et son époque; Traduit de l'anglais, par J. Baissac. — P., 1866, 8°. [8° U. 3729

Jammes (Dr Ludovic). — Manuel des étudiants en pharmacie. Fig.— P., 1886, 2 vol. 8°. [8° I. 3717. A

Janet (Paul). — Les causes finales. — P., 1882, 8°. [8° I. 3718

Janet (Paul). — La Famille. Leçons de philosophie morale. 4e éd. — P., 1861, in-12. [8° I. 3719

6e éd., 1866. — P., in-12.
[8° I. 3719. A

Janet (Paul). — Les maîtres de la pensée moderne. — P., 1883, in-18.
[8° I. 3720

Janet (Paul). — La morale. — P., 1880, in-18. [8° I. 3721

Janet (Paul). — Saint-Simon et le Saint-Simonisme. Cours professé à l'École des Sciences politiques. — P., 1878, in-18. [8° I. 3722

Janet (Paul). — Traité élémentaire de philosophie à l'usage des classes. — P., (s. d.), 8°.
[8° I. 3723

Janin (Jules). — La Bretagne. 2e éd. —P., 1862, 4°. [4° U. 768

Janin (Jules). — La Normandie. 3e éd. — P., 1862, 4°.
[4° U. 769

Jannet (Pierre). — Bibliothèque elzévirienne. Note pour P. Jannet, libraire-éditeur, contre M. Édélestand Du Méril, homme de lettres. — P., 1856, in-18. [8° O. 2568

Jannettaz,Vanderheym,Fontenay, Coutance. — Diamant et pierres précieuses. Cristallographie, descriptions, emplois, évaluation, commerce. — Bijoux, joyaux, orfèvreries. — P., 1881, 8°. [8° I. 3724

Jansen (Albert). — Jean-Jacques Rousseau. Fragments inédits. Recherches biographiques et littéraires.— P., 1882, 8°. [8° O. 2569

Janvier (Louis-Joseph). — Un peuple noir devant les peuples blancs. Étude de politique et de sociologie comparées. La République d'Haïti et ses visiteurs (1840-1882). Réponse à M. Victor Cochinat et à quelques autres écrivains. — *P.*, 1883, 8°.
[8° U. 3730

Jardin des Plantes (Le), par MM. P. Bernard, L. Couailhac, Gervais, Emm. Le Maout, et une société de savants attachés au Muséum d'histoire naturelle. — *P.*, 1842-43, 2 vol. 4°.
[4° I. 809-10

Jarjavay (Étienne). — Des droits et des obligations des actionnaires. — *P.*, 1883, 8°.
[8° E. 1269

Jasmin (Jaquou). — Las papillotos. T. I. — *Agen*, 1843, 8°.
[8° O. 2570

Jauffret (E.). — Le théâtre révolutionnaire (1788-1799). — *P.*, 1869, in-16.
[8° O. 2570. A

Jauffret (L.-F.). — Histoire impartiale du procès de Louis XVI.— *P.*, 1792-1793, 8 vol. 8°.
[8° U. 3731-38

Jay (J.-L.). — Traité des conseils de famille et des conseils judiciaires. 2e éd. — *P.*, 1846, 8°.
[8° E. 1270

Jean-Chrysostome (Saint). — Ad populum Antiochinum, adversus Judæos, de incomprehensibili Dei natura, de sanctis, deque diversis ejusmodi argumentis, homiliæ LXXVII nunc primum græce et latine conjunctim editæ. Fronto Ducæus edidit. — *Lutetiæ Parisiorum*, 1609-1624, 6 vol. f°.
[Fol. A. 69-74

Jean VI, dit Catholicos. — Histoire d'Arménie. Traduite de l'arménien en français, par M. J. Saint-Martin. — *P.*, 1841, 8°.
[8° U. 3739

Jeannel (Charles). — Petit-Jean. Nouv. éd. — *P.*, 1874, in-12.
[8° O. 2571

Jeannel (J.). — Formulaire official et magistral international. — *P.*, 1870, in-12.
[8° I. 3725
3e éd., 1885. — *P.*; in-12.
[8° I. 3726

Jeannest (Charles). — Quatre années au Congo, avec une carte inédite et 9 dessins, par Desmoulin. — *P.*, 1883, in-18.
[8° U. 3740

Jeannin.— Négociations (publiées par de Castille). — *Amsterdam*, 1695, 2 tom. en 1 vol. in-12.
[8° U. 3741

Jeannin (F.). — Formulaire usuel et complet de procédure civile et commerciale, suivi d'un tarif des frais.—*P.*, 1854, 8°.
[8° E. 1271

Jeanvrot (Victor). — Memento d'audience du président d'assises. — *P.*, 1884, f°.
[Fol. E. 31

Jeanvrot (Victor). — Les juges de paix élus sous la Révolution. —*P.*, 1883, 8°.
[8° U. 3742

Jéhan (Louis-François). — Botanique et physiologie végétale. —*Tours*, 1847, 8°.
[8° I. 3727

Jéhan (L.-F.). — Dictionnaire d'astronomie, de physique et de météorologie. — *Petit-Montrouge*, 1850, 4°.
[4° I. 811
(Encyclopédie théologique Migne.)

Jéhan (L.-F.). — Dictionnaire de chimie et de minéralogie. — *Petit-Montrouge*, 1851, 4°.
[4° I. 812
(Encyclopédie théologique Migne.)

Jéhan (Louis-François).—Tableau de la création. — *Tours*, 1846, 2 vol. 8°.
[8° I. 3728-29

Jehan d'Arras. — Mélusine.
Nouv. éd., avec une préface par M.
Ch. Brunet. — *P.*, 1854, in-16.
[8° **O. 2572**
(Bibliothèque Elzévirienne.)

Jehan de Paris. — Le roman
de Jehan de Paris, publié d'après les
premières éditions et précédé d'une notice, par Émile Mabille. — *P.*, 1855,
in-16. [8° **O. 2573**
(Bibliothèque Elzévirienne.)

Jenkin (Fleeming). — Électricité
et magnétisme. Trad. sur la 7ᵉ éd., par
MM. H. Berger et Croullebois. — *P.*,
1885, 8°. [8° **I. 3730**

Jérôme (Le roi), **Catherine** (La
reine). — Mémoires et correspondance.
— *P.*, 1861-1866, 7 vol. 8°.
[8° **U. 3743-49**

Jérôme (Saint). — Œuvres, publiées par Benoit Matougues. — *P.*,
1867, 4°. [4° **A. 152**

Jeune (La) **France.** — (Rédacteur
en chef : Allenet.) — *P.*, 1879-81, 3
vol. 8°. [8° **O. 2574-76**

Jeunes (Les) **Marins**, ou voyages
sur les côtes de France, par V....... —
P., 1826, 4 vol. in-12.
[8° **U. 3750-53**

Jevons (W. Stanley). — La monnaie et le mécanisme de l'échange. —
P., 1876, 8°. [8° **I. 3731**

Joanne (Adolphe). — Atlas de la
France. 95 cartes et 94 notices. 2ᵉ éd.
— *P.*, 1872, f°. [Fol. **U. 179**

Joanne (Adolphe). — Dictionnaire
des communes de France. —*P.*, 1864,
2 vol. 8°. [8° **U. 3754-55**

Joanne (Ad.). — Nouvelle collec-
tion des géographies départementales.
— *P.*, in-12. [8° **U. 3756-3842**
Ain.
Aisne.
Allier.
Alpes (Basses-).

Alpes (Hautes-).
Alpes-Maritimes.
Ardèche.
Ardennes.
Ariège.
Aube.
Aude.
Aveyron.
Belfort (Territoire de).
Bouches-du-Rhône.
Calvados.
Cantal.
Charente.
Charente-Inférieure.
Cher.
Corrèze.
Corse.
Côte-d'Or.
Côtes-du-Nord.
Creuse.
Deux-Sèvres.
Dordogne.
Doubs.
Drôme.
Eure.
Eure-et-Loire.
Finistère.
Gard.
Garonne (Haute-).
Gers.
Gironde.
Hérault.
Ille-et-Vilaine.
Indre.
Indre-et-Loire.
Isère.
Jura.
Landes.
Loir-et-Cher.
Loire.
Loire (Haute-).
Loiret.
Lot.
Lot-et-Garonne.
Lozère.
Maine-et-Loire.
Manche.
Marne.
Marne (Haute-).
Mayenne.
Meurthe-et-Moselle.
Meuse.
Morbihan.

Nièvre.
Nord.
Oise.
Orne.
Pas-de-Calais.
Puy-de-Dôme.
Pyrénées (Basses-).
Pyrénées (Hautes-).
Pyrénées-Orientales.
Rhône.
Saône (Haute-).
Saône-et-Loire.
Sarthe.
Savoie.
Savoie (Haute-).
Seine.
Seine-et-Marne.
Seine-Inférieure.
Seine-et-Oise.
Somme.
Tarn.
Tarn-et-Garonne.
Var.
Vaucluse.
Vendée.
Vienne.
Vienne (Haute-).
Vosges.
Yonne.
Algérie.

Joanne. — Collection des Guides-Joanne. Algérie (le Tell et le Sahara), par Louis Piesse. — P., 1862, in-12.
[8° U. 3843
1885. — P., in-16. [8° U. 3844

Joanne (Adolphe). — Collection des Guides-Joanne. Allemagne du Nord. — Allemagne du Sud. — Bords du Rhin, avec une carte routière. — P., (1862-1863), 3 vol. in-16.
[8° U. 3845-47

Joanne (Ad.), Le Pileur (A.). — Collection des Guides-Joanne. — Bains d'Europe. — P., (s. d.), in-18.
[8° U. 3848
2e éd., 1880. — P., in-16.
[8° U. 3849

Joanne. — Collection des Guides-Joanne. Belgique, par A.-J. Du Pays. — P., in-12. [8° U. 3850

Joanne. — Collection des Guides-Joanne. Espagne et Portugal, par A. Germond de Lavigne. — P., 1866, in-12. [8° U. 3851
1883. — P., in-16.
[8° U. 3852

Joanne (Ad.). — Collection des Guides-Joanne. Itinéraire général de la France. De Paris à la Méditerranée. 1re partie : Bourgogne, Franche-Comté, Savoie ; 2e partie : Auvergne, Dauphiné, Provence. — P., 1865, 2 vol. in-12. [8° U. 3853-54

Joanne (Paul). — Collection des Guides-Joanne. Itinéraire général de la France. Auvergne. Morvan. Velay. Cévennes. 17 cartes. 4 plans. — P., 1883, in-16. [8° U. 3855
1883. — P., in-16. [8° U. 3856

Joanne (Ad.). — Itinéraire général de la France. Bretagne. 10 cartes et 7 plans. — P., 1867, in-16.
[8° U. 3857
1883. 11 cartes et 7 plans. — P., in-16. [8° U. 3858

Joanne (Ad.). — Collection des Guides-Joanne. Les environs de Paris illustrés. 2e éd. — P., 1868, in-16.
[8° U. 3859
1881. — P., in-16. [8° U. 3860

Joanne (Paul). — Collection des Guides-Joanne. Itinéraire général de la France. Gascogne et Languedoc. 1 carte et 2 plans. — P., 1883, in-16.
[8° U. 3861

Joanne (Ad.). — Itinéraire général de la France. La Loire et le Centre. 26 cartes. — P., 1868, in-16.
[8° U. 3862
1884. — P., in-16. [8° U. 3863

Joanne (Adolphe). — Collection des Guides-Joanne. Itinéraire général de la France. Le Nord. — P., 1869, in-12. [8° U. 3864

Joanne (Ad.). — Itinéraire général de la France. Normandie. 7 cartes et 4 plans. — *P.*, 1866, in-16.
[8° U. **3865**

Joanne (Ad.). — Itinéraire général de la France. Les Pyrénées. 13 cartes, 1 plan, 8 panoramas. 4ᵉ éd. — *P.*, 1874, in-16. [8° U. **3866**

Joanne (Ad.). — Itinéraire général de la France. Vosges et Ardennes. 14 cartes et 7 plans. — *P.*, 1868, in-16.
[8° U. **3867**

Joanne (Adolphe). — Collection des Guides-Joanne. De Paris à Bordeaux. 104 grav., 1 carte et 4 plans. — *P.*, 1881, in-16. [8° U. **3868**
1883. — P., in-16. [8° U. **3869**

Joanne (Ad.). — Collection des Guides-Joanne. De Rennes à Brest et Saint-Malo. Itinéraire descriptif et historique, par Pol de Courcy. — *P.*, 1864, in-16. [8° U. **3870**

Joanne (Ad.). — Collection des Guides-Joanne. De Paris à Constantinople. 8 plans, 3 cartes et 1 panorama. — *P.*, 1886, in-16. [8° U. **3870.A**

Joanne (Ad.). — Collection des Guides-Joanne. De Paris à Rouen et au Havre, par Eugène Chapus. Itinéraire descriptif et historique. — *P.*, 1862, in-12. [8° U. **3871**

Joanne (Adolphe). — Collection des Guides-Joanne. Paris illustré. — *P.*, in-12. [8° U. **3872**
1885. — *P.*, in-16. [8° U. **3873**

Joanne (Adolphe). — Versailles. 2ᵉ éd. — *P.*, 1861, in-12.
[8° U. **3874**

Joanne (Ad.). — Collection Joanne. Itinéraire de la Grande-Bretagne et de l'Irlande, par A. Esquiros. — *P.*, 1865, in-12. [8° U. **3875**

Joanne (Ad.). — Collection des Guides-Joanne. Londres, par Élisée Reclus. — *P.*, in-12. [8° U. **3876**

Joanne (Ad.). — Collection des Guides-Joanne. Hollande, par J. Du Pays. — *P.*, 1862, in-12.
[8° U. **3877**

Joanne (Ad.). — Collection des Guides-Joanne. Italie, par M. A.-J. Du Pays. Tome 1ᵉʳ, Italie du Nord; tome 2ᵉ, Italie du Sud. — *P.*, 1865, 2 vol. in-12. [8° U. **3878-79**

Italie du Nord, 1883. — Italie du Sud. — *P.*, 1877-1883, 2 vol. in-16.
[8° U. **3880-81**
6ᵉ éd., 1877.

Joanne (Adolphe), **Isambert** (Émile). — Collection des Guides-Joanne. Orient. — *P.*, 1861, in-12.
[8° U. **3882**

Joanne (Ad.). — Collection des Guides-Joanne. Itinéraire descriptif, historique et archéologique de l'Orient, par le Dʳ Émile Isambert. — *P.*, (s. d.), 3 vol. et atlas in-16.
[8° U. **3883-86**

I. — Grèce et Turquie. Contenant 11 cartes et 23 plans.

II. — Malte, Égypte, Nubie, Abyssinie, Sinaï. Contenant 6 cartes, 19 plans et 4 gravures.

III. — Syrie. Palestine. Comprenant le Sinaï, l'Arabie Pétrée et la Cilicie, par Ad. Chauvet et É. Isambert. 4 cartes, 62 plans et coupes, et 5 vues.

Joanne (Adolphe). — Collection des Guides-Joanne. Suisse. Mont-Blanc. Vallée de Chamonix. — *P.*, 1865, in-12. [8° U. **3887**

Joanne (Paul). — Collection Joanne. Guides-Diamant. Autriche-Hongrie, Tyrol. Bavière méridionale. 7 cartes et 9 plans. — *P.*, 1885, in-32.
[8° U. **3888**

Joanne (P.). — Collection des Guides-Diamant. Belgique. 2 cartes et 9 plans. — *P.*, 1883, in-32.
[8° U. **3889**

Joanne (Paul). — Collection

Joanne. Guides-Diamant. Bordeaux. Arcachon. Royan. Soulac-les-Bains. 21 grav., 2 cartes, 1 plan. — *P.*, 1883, in-32. [8° U. 3890

Joanne (P.). — Collection Joanne. Guides-Diamant. Boulogne-sur-Mer, Berck, Calais, Dunkerque. 19 grav., 1 carte et 3 pl. — *P.*, 1884, in-32. [8° U. 3891

Joanne (P.). — Collection des Guides-Joanne. Guides-Diamant. Environs de Paris. 2 cartes et 1 plan. — *P.*, 1882, in 32. [8° U. 3892

Joanne (Paul). — Guides-Diamant. Les stations d'hiver de la Méditerranée. Nice, Hyères, etc. Avec 4 cartes, 1 plan et 51 grav. — *P.*, 1883, in-32. [8° U. 3893

Joanne (Paul). — Collection Joanne. Guides-Diamant. Les stations d'hiver de la Méditerranée. 5 cartes, 1 plan, 48 grav. Nice et environs. — *P.*, 1884, in-32. [8° U. 3894

Joanne (P.). — Collection des Guides-Joanne. Guides-Diamant. Le Mont-Dore et les eaux minérales d'Auvergne. 2 cartes, 1 plan, 37 grav. — *P.*, 1885, in-32. [8° U. 3894.A

Joanne (P.). — Collection des Guides-Joanne. Guides-Diamant. Normandie. 2 cartes et 4 plans. — *P.*, 1885, in-32. [8° U. 3895

Joanne (Paul). — Collection des Guides-Joanne. Guides-Diamant. Vosges, Alsace et Ardennes. 7 cartes et 3 plans. — *P.*, 1883, in-32. [8° U. 3896

Joanne. — Collection des Guides-Joanne. Guides-Diamant. Londres et ses environs, par Louis Rousselet. 2 cartes et 8 plans. — *P.*, 1882, in-32. [8° U. 3897

Joanne (P.). — Collection des Guides-Joanne. Guides-Diamant. Hol-lande et bords du Rhin. 4 cartes et plans. — *P.*, 1883, in-32. [8° U. 3898

Joanne (P.). — Collection Joanne. Guides-Diamant. Italie et Sicile. 2 cartes et 10 plans. — *P.*, 1883, in-32. [8° U. 3899

Joanne (P.). — Collection Joanne. Guides-Diamant. Rome et ses environs. 1 gr., plan de Rome, 15 autres plans, 1 carte et 50 grav. — *P.*, 1883, in-32. [8° U. 3900

Joanne (P.). — Collection des Guides-Joanne. Guides-Diamant. Suisse. 12 cartes. — *P.*, 1883, in-32. [8° U. 3901

Jobard (J.-B.-A.-M.). — Nouvelle économie sociale ou Monautopole. — *P.*, 1844, 8°. [8° I. 3732

Jobard (J.-B.-A.-M.). — Les nouvelles inventions aux expositions universelles. — *Bruxelles* et *Leipzig*, 1857-1858, 2 vol. 8°. [8° I. 3733-34

Jobez (Alphonse). — La France sous Louis XVI. — *P.*, 1877-1881, 2 vol. 8°. [8° U. 3902-3

I. — Turgot.

II. — Necker et la guerre d'Amérique.

Johann (Alb.). — Traité général d'horlogerie, avec 36 tables et 91 dessins en portefeuille *extra*. — *P.*, (s. d.), 2 vol. in-16. [8° I. 3735-36

Johnson (R. Byron). — Very Far West indeed : a few rough experiences on the North-West Pacific coast.— *London*, 1872, in-12. [8° U. 3904

Johnson (Samuel). — A Dictionary of the English language. 3°éd. — *London*, 1765, 2 vol. f°. [Fol. O. 74-75

Johnson (Samuel). — The lives of

the most eminent English poets. — *London*, 1783, 3 vol. 8°.
[8° U. 3905-8

Joigneaux (P.). — Le Livre de la ferme et des maisons de campagne. 2ᵉ éd. — *P.*, (s. d.), 4°.
[4° I. 813-14
4° éd. — *P.*, (s. d.), 2 vol. 4°.
[4° I. 815-16

Joinville (Jean de). — Histoire de saint Louis, suivie du Credo et de la Lettre à Louis X, texte publié par M. Natalis de Wailly. — *P.*, 1868, 8°.
[8° U. 3909
(Société de l'Histoire de France.)

Joli (Cl.). — Prônes. — *P.*, 1692-1694, 4 vol. in-12.   [8° A. 691-94

Joliet (Charles). — Curiosités des lettres, des sciences et des arts. — *P.*, 1884. in-18.   [8° O. 2577

Joliet (Charles). — Mille nouvelles à la main. — *P.*, (s. d.), in-12.
[8° O. 2578

Joly (A.). — Cours élémentaire de chimie et de manipulations chimiques. 2ᵉ année, conforme aux programmes de 1882 pour l'enseignement secondaire spécial. — *P.*, 1884, in-16.
[8° I. 3736. A

Joly (Henri). — L'Imagination, étude psychologique. 4 eaux-fortes par A. Delaunay et L. Massard. — *P.*, 1877, in-18.   [8° I. 3737
(Bibliothèque des Merveilles.)

Joly (Henri). — Notions de pédagogie, suivies d'un résumé historique et d'une bibliographie, et rédigées conformément aux programmes officiels. — *P.*, (s. d.), in-12.   [8° I. 3738

Joly (Henri). — Psychologie des grands hommes. — *P.*, 1883, in-18.
[8° I. 3739

Joly de Choin (Louis-Albert). —

Instructions sur le rituel. Nouv. éd. — *Avignon*, 1822, 8 vol. in-18.
[8° A. 695-702

Joly (N.). — L'homme avant les métaux. — *P.*, 1879, 8°. [8° I. 3740

Joly (V.-Ch.). — Traité pratique du chauffage, de la ventilation et de la distribution des eaux dans les habitations particulières. — *P.*, 1869, 8°.
[8° I. 3741

Jomini (Lᵗ-général). — Histoire critique et militaire des guerres de la Révolution. Nouv. éd. — *Bruxelles*, 1842, 4 vol. 4°.   [4° U. 770-73

Jonain (P.). — Dictionnaire du patois saintongeais. — *Royan*, 1869, 8°.
[8° O. 2579

Jonson (Ben.). — The Works. — *London*, 1756, 7 vol. 8°.
[8° O. 2580-86

Jonveaux (Émile). — Histoire de quatre ouvriers anglais (H. Maudslay, G. Stephenson, W. Fairbairn, J. Nasmyth), d'après Samuel Smiles. Précédé d'une introduction sur l'industrie du fer. 5ᵉ éd. — *P.*, 1885, in-16.
[8° U. 3909. A

Joret (Charles). — La crise agricole en Normandie. — *P.*, 1885, 8°.
[8° I. 3741. A

Joret (Henri). — Sur quelques végétaux cultivés en plein air en Algérie. — *Alger*, 1877, 8°.   [8° I. 3742

Jornandès. — De la succession des royaumes et des temps et de l'origine et des actes des Goths, trad. par A. Savagnier. — *P.*, 1842, 8°.
[8° O. 2587
(Collection Panckoucke.)

Josat (J.). — Guide pratique des candidats aux examens de l'administration centrale du Ministère des Finances. — *P.*, 1882, 8°.   [8° I. 3743

Josat (J.). — Le Ministère des Finances, son fonctionnement. Suivi d'une

étude sur l'organisation générale des autres ministères.— *P.*, 1882, 8°.
[8° U. 3910

Josèphe (Fl.). — Histoire de Fl. Josèphe, mise en français par Gilb. Genebrard.— *P.*, 1639, f°.
[Fol. U. 180

Josèphe (Flavius). — Histoire des Juifs, traduite par Arnauld d'Andilly. — *Amsterdam*, 1700, 2 vol. f°.
[Fol. U. 181-182

Josseau (J.-B.). — Traité du crédit foncier. 3ᵉ éd. — *P.*, 1884, 2 vol. 8°.
[8° I. 3743. A

Jossier (S.). — Dictionnaire des ouvriers du bâtiment. — *P.*, 1881, 8°.
[8° I. 3744

Jouanneau, Solon. — Discussions du Code civil dans le Conseil d'État. — *P.*, 1805, 2 vol. 4°.
[4° E. 194-95

Joubert (J.).— Pensées, précédées de la correspondance, d'une notice, par M. Paul de Raynal. 3ᵉ éd. — *P.*, 1862, 2 vol. in-18.
[8° O. 2588-89

Jouffret (E.). — Introduction à la théorie de l'énergie. — *P.*, 1883, 8°.
[8° I. 3745

Jouffroy (Marquis de).— Dictionnaire des erreurs sociales, ou recueil de tous les systèmes qui ont troublé la société.— *Petit-Montrouge*, 1852, 4°.
[4° I. 817
(Encyclopédie théologique Migne.)

Jouffroy (De). — Dictionnaire des inventions et découvertes anciennes et modernes. — *P.*, 1860, 2 vol. 4°.
[4° I. 818-19
(Encyclopédie théologique Migne.)

Jouffroy (Théodore). — Cours d'esthétique, précédé d'une préface par M. Ph. Damiron. 2ᵉ éd. — *P.*, 1863, in-18.
[8° I. 3746

Jouffroy (Théodore). — Cours de droit naturel. — *P.*, 1834, 3 vol. 8°.
[8° I. 3747-49

Jouffroy (Théodore). — Mélanges philosophiques. 2ᵉ éd. — *P.*, 1838, 8°.
[8° I. 3750

Jouffroy (Théodore).— Nouveaux mélanges philosophiques, précédés d'une notice et publiés par Ph. Damiron. — *P.*, 1842, 8°. [8° I. 3751

Jouffroy d'Eschavannes. — Traité complet de la science du blason, à l'usage des bibliophiles, archéologues, etc. — *P.*, 1885, 8°. [8° I. 3751. A

Jouhanneaud (Paul). — Vie du vénérable J.-B. de La Salle.—*Limoges*, 1861, 8°. [8° U. 3911

Jouin (Henry). — Histoire et description de l'Arc de Triomphe du Carousel, de la Colonne de Juillet, de l'Arc de Triomphe de l'Étoile. — *P.*, (s. d.), 3 vol. 4°. [4° U. 774-76

Jourdain (Charles). — Le Budget des Cultes en France, depuis le Concordat de 1801 jusqu'à nos jours. — *P.*, 1859, 8°. [8° U. 3912

Jourdan (Alfred). — Cours analytique d'économie politique, professé à la Faculté de droit. — *P.*, 1882, 8°.
[8° I. 3752

Jourdan (Alfred). — Du rôle de l'État dans l'ordre économique ou Économie politique et socialisme. — *P.*, 1882, 8°. [8° I. 3753

Jourdan (Éd.). — Géométrie pratique. 2ᵉ éd. — *P.*, 1883, in-12.
[8° I. 3754

Jourdan (Gustave). — L'assainissement de Paris. — *P.*, 1885, 8°.
[8° I. 3754. A

Jourdan (Gustave). — Législation des logements insalubres. Traité pratique.—*P.*, 1879, in-18. [8° E. 1272

Journal de l'agriculture, fondé et dirigé par J.-A. Barral. 1868 et ann. suiv. — *P.*, 8°. [8° I. 3755

Journal de l'horlogerie française. Bulletin de la Chambre syndicale de Paris et de son École professionnelle, publié par la Société de l'École d'horlogerie de Paris. 1re et 2e années, 1881-82. — *P.*, 1881-1882, 1 vol. 8°.
[8° I. 3756

Journal des Débats politiques et littéraires. — *P.*, 1856 et ann. suiv., gr. f°.   [Fol. U. 183

Journal des notaires et des avocats, par une Société de jurisconsultes et de notaires. — *P.*, 1808-1869, 58 vol. 8°.
[8° E. 1273-1330

Journal des savants.— *P.*, 1881, 1882 et ann. suiv., 4°.
[4° I. 819. A
Table méthod. et analit. de 1816 à 1858. — 1 vol. 4°.

Journal des sciences militaires. 48e année, 1872. — *P.*, 1872 et ann. suiv., 8°.   [8° I. 3757-84

Journal général de l'Instruction publique. — *P.*, 1882 et ann. suiv., f°.
[Fol. I. 104

Journal humoristique du siège de Sébastopol, par un artilleur.—*P.*, 1868, in-12.   [8° U. 3913

Journal militaire officiel. 1868 et ann. suiv. — *P.*, 8°.
[8° U. 3914
Bulletin des nominations. 1868 et ann. suiv. — *P.*, 8°.

Journal officiel. Suite du *Moniteur universel.* — *P.*, 1870 et ann. suiv., f°.   [Fol. U. 216

Journal officiel de la Commune. 20 mars - 23 mai 1871. — *P.*, f°.
[Fol. U. 184

Journal officiel des gardes nationales de France. 1re-9e années, 1831-1839. — *P.*, 1831-1839, 9 vol. 8°. 2e série, 1848-49, 1 vol. Ensemble 10 vol. 8°.   [8° E. 1331-40

Jousse. —Traité du gouvernement spirituel et temporel des paroisses. — *P.*, 1769, in-12.   [8° E. 1341

Jousse (Mathurin). — Le théâtre de l'art du charpentier. — *La Flèche*, 1627, f°.   [Fol. I. 105

Jousset (Dr P.). — Traité élémentaire de matière médicale expérimentale et de thérapeutique positive, avec la collaboration des docteurs Bon, etc. — *P.*, 1884 2 vol. 8°.
[8° I. 3785-86

Jouve (Louis). — Recueils de vieux noëls inédits, en patois de la Meurthe et des Vosges. — *Nancy*, (s. d.), 8°.   [8° O. 2590

Juarez, Montluc (Léon de). — Correspondance, accompagnée de nombreuses lettres de personnages politiques relatives à l'expédition du Mexique, publiée par M. Léon de Montluc. — *P.*, 1885, in-18.   [8° U. 3915

Judde (Le P.). — Collection complète des œuvres spirituelles, recueillies par M. l'abbé Le Noir-Duparc. — *P.*, 1781-1782, 7 vol. in-12.
[8° A. 703-9

Judée (Dr). — Notre armée nationale. Son organisation militaire et administrative en tout temps. — *P.*, 1874, in-16.   [8° U. 3916

Juglar (Dr Clément). — Des crises commerciales et de leur retour périodique en France, en Angleterre et aux États-Unis. — *P.*, 1862, 8°.
[8° I. 3787

Juillar (Louis). — A travers la littérature anglaise (poésie, humour, philosophie, satire, politique, etc.). Maximes et pensées extraites des œuvres de 309 auteurs de la langue anglaise. — *P.*, 1883, 8°.
[8° O. 2591

Jullian (Camille). — Les transformations politiques de l'Italie sous les Empereurs romains (43 av. J.-C. — 330 ap.). — *P.*, 1884, 8°.
[8° U. 3917

Jullien (Adolphe). — Paris dilet-
tante au commencement du siècle. 36
grav., etc. — *P.*, 1884, in-16.
[8° I. 3788

Jullien (André). — Topographie
de tous les vignobles connus. 4ᵉ éd. —
P., 1848, 8°. [8° I. 3789

Jullien (B.). — De quelques points
des sciences dans l'antiquité. (Physique,
métrique, musique.) — *P.*, 1854, 8°.
[8° I. 3790

Jullien (B.). — Les éléments matériels du français, c'est-à-dire les sons
de la langue française entendus ou
représentés. — *P.*, 1875, in-12.
[8° O. 2592

Jullien (B.). — Les formes harmo-
niques du français, savoir : les périodes,
les vers, les stances et les refrains. —
P., 1076, in-12. [8° O. 2593

Jullien (B.). — L'harmonie du
langage chez les Grecs et les Romains,
ou étude sur la prononciation de la prose
élevée et des vers dans les langues
classiques. — *P.*, 1867, in-12.
[8° O. 2594

Jullien (B.). — Thèses d'histoire
et Nouvelles historiques.—*P.*,1865, 8°.
[8° U. 3918

Jullien (B.). — Thèses de critique
et poésies. —*P.*, 1858, 8°.
[8° O. 2595

Jullien (B.). — Thèses de grammaire. — *P.*, 1855, 8°.
[8° O. 2596

Jullien (B.). — Thèses de littérature. — *P.*, 1856, 8°.
[8° O. 2597

Jullien (B.). — Thèses supplémentaires de métrique et de musique
anciennes, de grammaire et de littérature. — *P.*, 1861, 8°.
[8° O. 2598

Jullien (B.). — Thèses de philosophie. — *P.*, 1873, 8°.
[8° I. 3791

Jullien (Charles - Édouard). —
Traité théorique et pratique de la construction des machines à vapeur fixes,
locomotives et marines. 2ᵉ éd. — *P.*,
1862, 4°, avec un atlas de 48 planches.
[4° I. 820-21

Jullien (Charles - Édouard). —
Traité théorique et pratique de la métallurgie du fer. — *P.*, 1861, 2 vol. 4°
dont un atlas. [4° I. 822-23

Jullien (Le P. Michel-Marie). —
Problèmes de mécanique rationnelle.
— *P.*, 1855, 2 vol. 8°.
[8° I. 3792-93

Jungfleisch (Émile). — Manipulations de chimie. Guide pour les travaux pratiques de chimie de l'École
supérieure de pharmacie de Paris. 372
fig. — *P.*, 1886, 8°.
[8° I. 3793. + A

Junius. — The letters. — *London*,
1783, 2 vol. in-12.
[8° U. 3919-20

Junius. — Lettres, traduites de
l'anglais (par Varney). — *P.*, 1791,
2 vol. 8°. [8° U. 3921-22

Jurien de La Gravière.— Les
campagnes d'Alexandre. 5 cartes. —
P., 1883-84, 5 vol. in-18.
[8° U. 3923

Tome I. Le drame macédonien.
— 2. L'Asie sans maître.
— 3. L'héritage de Darius.
— 4. La conquête de l'Inde.
— 5. Le démembrement de l'Empire.

Jurien de La Gravière. —
Les derniers jours de la marine à rames.
Grav. — *P.*, 1885, in-18.
[8° I. 3793. A

Jurien de la Gravière (E.). —
Guerres maritimes sous la République
et l'Empire. 3ᵉ éd. — *P.*, 1860, 2
vol. in-12. [8° U. 3924-25

Jurien de La Gravière. — La marine des Ptolémées et la marine des Romains. — *P.*, 1885, 2 vol. in-18.
[8° U. 3926-27

T. I. Marine de Guerre. 4 cartes.

T. 2. Marine marchande. 4 cartes.

Jurien de La Gravière. — Souvenirs de la navigation à voiles. La marine d'autrefois. 2ᵉ éd. — *P.*, 1882, in-18.   [8° U. 3928

Jurien de La Gravière. — Voyage de la corvette « La Bayonnaise » dans les mers de Chine. 3ᵉ éd. 2 cartes et 10 dessins. — *P.*, 1872, 2 vol. in-18.   [8° U. 3929-30

Jurien de La Gravière. — Voyage en Chine. — *P.*, 1854, 2 vol. in-12.   [8° U. 3931-32

Jusserand (J.-J.). — Les Anglais au moyen âge. La vie nomade et les routes d'Angleterre au XIVᵉ siècle. — *P.*, 1884, in-18.   [8° U. 3933

Jussieu (Adr. de). — Cours élémentaire d'histoire naturelle. Botanique. 7ᵉ éd. — *P.*, 1857, in-18.
[8° I. 3794

Jussieu (Laurent de). — Simon de Nantua ou le marchand forain. Nouv. éd. — *P.*, 1839, in-12.
[8° O. 2599

Juste (Théodore). — Les fondateurs de la monarchie belge. Le Régent, d'après ses papiers et d'autres documents inédits. — *Bruxelles*, 1867, 8°.
[8° U. 3934

Juste (Théodore). — Les fondateurs de la monarchie belge. Léopold 1ᵉʳ, roi des Belges, d'après des documents inédits. — *Bruxelles*, 1868, 2 vol. 8°.
[8° U. 3935-36

Juste (Théodore). — Histoire de Belgique. — *Bruxelles*, (1842), 4°.
[4° U. 777

Justin. — Histoire universelle, extraite de Trogue Pompée. Trad. par Jules Pierrot et E. Boitard. — *P.*, 1833, 8°.   [8° O. 2600

(Collection Panckoucke.)

Justinien. — Pandectæ Justinianeæ in novum ordinem digestæ, cum legibus Codicis, et Novellis, quæ jus Pandectarum confirmant, explicant aut abrogant; auctore R.-J. Pothier. — *P.*, 1818-1820, 5 tom. en 4 volumes 4°.   [4° E. 196-99

Justinien. — Pandectes mises dans un nouvel ordre, par Pothier; trad. par M. de Bréard-Neuville; revues par Moreau de Montalin. — *P.*, 1818-1823, 24 vol. 8°.
[8° E. 1342-65

Juvénal. — Satires, trad. par J. Dusaulx. 2ᵉ éd. — *P.*, 1826, 2 vol. 8°.
[8° O. 2601-2

1839. — Éd. Panckoucke, trad. Dusaulx, revue par Jules Pierrot. 2 vol. 8°.   [8° O. 2603-4

Kæmpferus (Engelbertus). — Historia Imperii Japonici germanice scripta. — *Londini*, 1727, 2 vol. f°.
[Fol. U. 185-186

Kaemtz (L.-F.). — Cours complet de météorologie. Traduit et annoté par Ch. Martins, appendice par L. Lalanne. — *P.*, 1858, in-16.
[8° I. 3795

Kageneck (De). — Lettres au baron Alströmer sur la période du règne de Louis XVI, de 1779 à 1784. Préface par L. Léouzon Le Duc. — *P.*, 1884, 8°.   [8° U. 3937

Kâlidâsa. — Malavika et Agnimitra, drame sanscrit, trad. pour la 1ʳᵉ fois en français par Ph.-Ed. Foucaux. — *P.*, 1877, in-18.
[8° O. 2605

Kâlidâsa. — Vikramorvaçi. Ourvaçi donnée pour prix de l'héroïsme, drame en cinq actes. Trad. du sanscrit par Ph.-Ed. Foucaux. — *P.*, 1879, 8°. [8° O. 2606

Kant (Emmanuel). — Critique de la raison pure. Seconde édition en français, retraduite sur la première édition allemande, par J. Tissot. — *P.*, 1845, 2 vol. 8°. [8° I. 3796-97

Kant (Emmanuel). — Éléments méthaphysiques de la doctrine du droit (Première partie de la métaphysique des mœurs); suivis d'un essai philosophique sur la paix perpétuelle, trad. par J. Barni, avec une introduction. — *P.*, 1853, 8°. [8° I. 3798

Kant (Emmanuel). — Logique, traduite par J. Tissot. — *P.*, 1840, 8°. [8° I. 3799

Kant (Emmanuel). — Principes métaphysiques de la morale, trad. par C.-J. Tissot. 2° éd. — *P.*, 1837, 8°. [8° I. 3800

Kant (Emm.). — Principes métaphysiques du droit, trad. par J. Tissot. — *P.*, 1837, 8°. [8° I. 3801

Kant (Emm.). — Traité de pédagogie. Trad. par J. Barni. — *P.*, 1886, in-18. [8° I. 3801. A

Karamzine.— Voyage en France, 1789-1790. Trad. du russe, par A. Legrelle. — *P.*, 1885, in-18. [8° U. 3937. A

Karazine. — Le pays où l'on se battra. Voyages dans l'Asie centrale, trad. du russe par Tatiana, Lvoff et A. Teste. — *P.*, (s. d.), in-18. [8° U. 3938

Karazine. — Scènes de la vie terrible dans l'Asie centrale, trad. du russe par Tatiana, Lvoff et A. Teste. — *P.*, (s. d.), in-12. [8° U. 3939

Karr (Alphonse). — Sous les tilleuls. — *P.*, 1840, 2 vol. 8°. [8° O. 2607-8

Karr (Alphonse). — Une poignée de vérités. — *P.*, 1853, in-18. [8° O. 2609

Karr (Alphonse). — Voyage autour de mon jardin. — *P.*, 1861, 8°. [8° O. 2610

Karsten (C.-J.-B.). — Manuel de la métallurgie du fer, trad. de l'allemand par F.-J. Culmann. — *Metz*, 1824, 2 vol. 8°. [8° I. 3802-3

Kastner (Georges). — Manuel général de musique militaire. — *P.*, 1848, 4°. [4° I. 824

Kaufmann (Richard de). — Les finances de la France, trad. de l'allemand par MM. Dulaurier et de Riedmatten. Revu par l'auteur. — *P.*, 1884, 8°. [8° I. 3804

Kératry (E. de). — La contre-guérilla française au Mexique. Souvenirs des Terres chaudes. — *P.*, 1868, in-16. [8° U. 3940

Kiæs (J.). — Cours élémentaire de géométrie descriptive (3° et 4° années). 2° éd. — *P.*, 1867, in-12 et atlas 8°, ensemble 2 vol. [8° I. 3805-6

Kiæs (J.). — Traité élémentaire de géométrie descriptive (1re et 2° parties). — *P.*, 1867, 2 vol. 8° dont 1 atlas. [8° I. 3807-808

Kingzett (Charles-Thomas). — Animal chemistry, or the relations of chemistry to physiology and pathology. — *London*, 1878, 8°. [8° I. 3809

Kirwan (C. de). — Les conifères indigènes et exotiques. Traité des arbres verts ou résineux. — *P.*, 1867, in-12. [8° I. 3810

Kjerulf (Th.). — Et Stykke geografi i Norge. 3 karter.— (S. l. n. d.), 8°. [8° U. 3940. A

Klaczko (Julian). — Etudes de diplomatie contemporaine. Les cabinets de l'Europe en 1863-64. — *P.*, 1866, 8°.   [8° U. 3941

Klopstock. — La Messiade. Trad. par la baronne de Carlowitz. — *P.*, 1845, in-12.   [8° O. 2611

Klüber. — Droit des gens moderne de l'Europe. Nouv. éd., par A. Ott. — *P.*, 1861, in-12.   [8° E. 1366

Koch (L.). — Lexique allemand-français. — *P.*, 1885, in-16.
            [8° O. 2611. + A

Koch (L.). — Lexique français-allemand, rédigé conformément au décret du 19 juin 1880, à l'usage des candidats au baccalauréat ès lettres. — *P.*, 1883, in-16.   [8° O. 2611. A

Kocher (Dr A.). — De la criminalité chez les Arabes, au point de vue de la pratique médico-judiciaire en Algérie. — *P.*, 1884, 8°.   [8° I. 3811

Kœchlin-Schwartz (A.). — Un touriste au Caucase. — *P.*, (s. d.), in-18.   [8° U. 3942

Kœchlin-Schwartz (A.). — Un touriste en Laponie. 3 cartes. — *P.*, 1882, in-18.   [8° U. 3943

Kohlrausch (F.). — Guide de physique pratique, trad. par J. Thoulet, H. Lagarde. — *P.*, 1886, 8°.

Kohn (Georges). — Autour du monde. — *P.*, 1884, in-18.
            [8° U. 3944

Kölliker (Albert). — Embryologie, ou traité complet du développement de l'homme et des animaux supérieurs. Trad. faite sur la 2e éd. allemande, par Aimé Schneider, revue et remise au courant des dernières connaissances par l'auteur, avec une préface par H. Lacaze-Duthiers. Avec 606 fig. — *P.*, 1882, 8°.   [8° I. 3812

Körösi (Joseph). — Bulletin annuel des finances des grandes villes. 5e année, 1881. — *Budapest*, 1883, 4°.
            [4° U. 778

Krafft (Hugues). — Souvenirs de notre tour du monde. Illustré de 24 phototypies et 5 cartes. — *P.*, 1885, gr. 8°.   [4° U. 778. A

Kresz (C.). — Aviceptologie française. 10e éd. — *P.*, 1830, in-12.
            [8° I. 3813

Kresz (C.). — Le pêcheur français. Traité de la pêche à la ligne en eau douce. 5e éd. — *P.*, 1847, in-12.
            [8° I. 3814

Kuenen (A.). — Histoire critique des livres de l'Ancien Testament. Trad. par H. Pierson, avec une préface de M. Ernest Renan. — *P.*, 1866-1879, 2 vol. 8°.   [8° A. 710-11

Kunze (Dr C.-F.). — Éléments de médecine pratique. Trad. d'après la 2e éd. allemande par J. Knoëri. — *P.*, 1883, in-18.   [8° I. 3815

Kürr (Jean-Gottlob). — Atlas extrait de l'Album de minéralogie du Dr J.-G. Kürr. — *P.*, 1885, f°. (Pour le texte, voyez : Rivière.)
            [Fol. I. 106

Küss (Émile). — Cours de physiologie, publié par le docteur M. Duval. 2e éd. — *P.*, 1873, in-12.
            [8° I. 3816

Küss (Théodore). — Manuel complet de l'aspirant au surnumérariat de l'Enregistrement, des Domaines et du Timbre, d'après le nouveau programme arrêté par le Ministre des Finances le 28 mars 1882. — *P.*, 1882, 8°.
            [8° E. 1367

Kussmaul (Ad.). — Les troubles de la parole. Trad. française, augmentée de notes par le dr A. Rueff. Précédée d'une introd. par B. Ball. — *P.*, 1884, 8°.   [8° I. 3817

La Barre Duparcq (Ed. de). — Histoire de Henri III, roi de France et de Pologne. — *P.*, 1882, 8°.
            [8° U. 3945

Labat (Le R. P.). — Nouveau voyage aux îles de l'Amérique. — *P.*, 1742, 8 vol. in-12.
[8° U. 3946-53

Labat (Le P.).— Voyages en Espagne et en Italie. — *P.*, 1730, 8 vol. in-12. [8° U. 3954-61

La Beaumelle. — Mémoires pour servir à l'histoire de Mme de Maintenon et à celle du siècle passé. — *Amsterdam*, 1755-1756, 6 vol. in-12. —Lettres de Mme de Maintenon. — *Amsterdam*, 1756, 9 vol. in-12. En tout 15 vol. in-12.
[8° U. 3962-76

La Bèche (Henry T. de). — Manuel géologique. 2e éd., trad. française, revue et publiée par A.-J.-M. Brochant de Villiers. — *P.*, 1835, 8°.
[8° I. 3818

La Bédollière (Émile Gigault de). — Histoire de la guerre du Mexique, 1861 à 1866. — *P.*, 1866, 4°.
[4° U. 779

La Bédollière (Émile Gigault de). — Histoire de la guerre 1870-71. — *P.*, 1872, 4°. [4° U. 780

La Bédollière (Émile Gigault de). — Le nouveau Paris, histoire de ses vingt arrondissements. — *P.*, 1861, 4°. [4° U. 781

La Bédollière (É. de). — Beautés des victoires et conquêtes des Français. — *P.*, (s. d.), 3 vol. 8°.
[8° U. 3977-79

La Berge (Albert de). — En Tunisie. Récit de l'expédition française. Voyage en Tunisie. Histoire. — *P.*, 1881, in-18. [8° U. 3980

Labillardière. — Relation du voyage à la recherche de la Pérouse. — *P.*, an VIII, 2 vol. 4°.
[4° U. 782-83

Labitte (Charles). — Les Prédicateurs de la Ligue. — *P.*, 1841, 8°.
[8° U. 3981

La Blanchère (H. de). — L'art du photographe. — *P.*, 1859, 8°.
[8° I. 3819

La Blanchère (H. de). — La Pêche et les Poissons. Nouveau dictionnaire général des pêches. — *P.*, 1868, 4°. [4°. I. 825

Laborde (Comte Alexandre de).— De l'esprit d'association dans tous les intérêts de la communauté.—*P.*, 1818, 8°. [8° I. 3820

La Borde (Jean-Benj. de). — Essai sur la musique ancienne et moderne. — *P.*, 1780, 4 vol. 4°.
[4° I. 826-29

La Borde (Jean-Benj. de). — Lettres sur la Suisse, adressées à Madame de M***. — *Genève*, 1783, 2 vol. 8°. [8° U. 3982-83

Laborde (Léon de). — Notice des émaux, bijoux et objets divers exposés dans les galeries du Musée du Louvre. — *P.*, 1857, in-18. [8° I. 3821

La Borderie (Arthur de). — Les Bretons insulaires et les Anglo-Saxons du Ve au VIIe siècle. — *P.*, 1873, in-12. [8° U. 3984

Laboulais (Mme).—Considérations sur l'amélioration du sort moral et matériel de l'ouvrier. — *P.*, 1873, in-12.
[8° I. 3822

Laboulaye (Ch.). — Dictionnaire des arts et manufactures. 2e éd. — *P.*, 1853-1854, 2 vol. 4°.
[4° I. 830-31

4e éd., 2e tirage. 1877.— *P.*, 4 vol. 4°. [4° I. 832-35

Laboulaye (Ch.). — Économie des machines et des manufactures, d'après Ch. Babbage. — *P.*, 1880, 8°.
[8° I. 3823

Laboulaye (Éd.). — L'État et ses limites, suivi d'essais politiques. 3ᵉ éd. — *P.*, 1865, in-12.

[8° I. 3824

Laboulaye (Édouard). — Études morales et politiques. — *P.*, 1862, 8°.

[8° I. 3825

Laboulaye (Édouard). — Histoire des États-Unis. 6ᵉ éd. — *P.*, 1876-1877, 3 vol. in-18.

[8° U. 3985-87

I. — Les Colonies avant la Révolution. — 1877. 1 vol.

II. — La guerre de l'Indépendance. — 1876. 1 vol.

III. — La Constitution des États-Unis. — 1876. 1 vol.

Laboulaye (Édouard). — Le parti libéral, son programme et son avenir. 8ᵉ éd. — *P.*, 1871, in-18.

[8° U. 3988

La Brugére (De). — L'affaire Bazaine, compte-rendu officiel. — *P.*, 1874, 4°.   [4° U. 784

La Bruyère. — Les caractères de Théophraste, avec les caractères de ce siècle. Nouv. éd., par Coste. — *P.*, 1733, 2 vol. in-18. [8° O. 2612-13

La Bruyère. — Les caractères de Théophraste, trad. du grec, avec les mœurs de ce siècle. Nouv. éd., par Ad. Destailleur. — *P.*, 1854, 2 vol. in-16.

[8° O. 2614-15

(Bibliothèque Elzévirienne.)

La Bruyère. — Œuvres. Éd. Servois. — *P.*, 1865, 2 vol. 8°.

[8° O. 2616-17

(Les grands Écrivains de la France.)

Lacaze (Dʳ H.). — Souvenirs de Madagascar. 1 carte et 1 planche. — *P.*, 1881, 8°.   [8° U. 3989

Lacépède (Comte de). — Histoire naturelle. Nouv. éd., précédée de l'éloge de Lacépède, par Cuvier, avec des notes de A.-G. Desmarest. — *P.*, 1839, 2 vol. 4°.   [4° I. 836-37

Lacépède (Comte de). — Œuvres du Comte de Lacépède, comprenant l'histoire naturelle des quadrupèdes ovipares, des serpents, des poissons et des cétacés. — *P.*, 1830-1833, 13 vol. 8°.   [8° I. 3826-38

Lachaisnés Pierre (J.-R.). — Procédé pour mesurer la tête humaine. — *P.*, 1846, 8°.   [8° I. 3839

La Chalotais (Caradeuc de). — Compte-rendu des institutions des Jésuites. — *P.*, 1826, 8°.

[8° U. 3990

Lachambeaudie (Pierre). — Fables précédées, d'une lettre-préface par P.-J. de Béranger. — *P.*, 1844, in-18.

[8° O. 2618

15ᵉ éd., 1862. — *P.*, 8°.

[8° O. 2619

La Chapelle (Comte de). — La guerre de 1870. 2ᵉ éd. — *Londres*, 1871, in-12.   [8° U. 3991

La Charnays (De). — Ouvrage poétique. — *P.*, 1626, in-12.

[8° O. 2620

Lachaud (Ch.). — Plaidoyers, recueillis par Félix Sangnier, avec un portrait par F. Desmoulin. — *P.*, 1885, 2 vol. 8°.   [8° E. 1368-69

La Chauvelays (J. de). — L'art militaire chez les Romains, faisant suite aux observations critiques du Chevalier Folard et du Colonel Guischardt, avec une lettre du général Davout. — *P.*, 1884, 8°.

[8° I. 3840

La Chenaye-Desbois (De). — Dictionnaire de la noblesse. — *P.*, 1770-1778, 12 vol. 4°.   [4° U. 785-96

La Chétardie (J.-T. de). — Homélies pour les dimanches de l'année. — *Avignon*, 1848, 3 vol. 8°.

[8° A. 712-14

Lachez (Th.). — Acoustique et optique des salles de réunions. Avec fig. — *P.*, 1879, 8°.   [8° I. 3841

Lacombe (Francis). — Dictionnaire du vieux langage français. —*P.*, 1766-1767, 2 vol. 8°.

[8° O. 2621-22

Lacombe (Francis). — La France et l'Allemagne. Napoléon et le baron de Stein. — *Bruxelles*, 1860, in-18.

[8° U. 3992

La Combe (Guy Du Rousseaud de). — Recueil de jurisprudence canonique et bénéficiale. — *P.*, 1748, f°.

[Fol. E. 32

Lacombe de Prezel (H.). — Galerie de portraits ou portraits des hommes illustres qui ont paru depuis les Romains. — *P.*, 1769, in-12.

[8° U. 3993

Lacombe (P.). — Les armes et les armures. 2ᵉ éd. — *P.*, 1870, in-12.

[8° I. 3842

Lacordaire (A.-L.). — Notice historique sur les manufactures de tapisseries des Gobelins et de tapis de la Savonnerie. 3ᵉ éd. — *P.*, 1855, 8°.

[8° I. 3843

Lacordaire (Henri-Dominique). — Conférences de Notre-Dame de Paris. — *P.*, 1844-1851, 4 vol. 8°.

[8° A. 715-18

Lacordaire (Henri-Dominique). — Correspondance inédite, précédée d'une étude biographique et critique, par H. Villard. — *P.*, 1870, 8°.

[8° O. 2623

Lacretelle (Charles). — Histoire de France pendant les guerres de religion. — *P.*, 1814-1816, 4 vol. 8°.

[8° U. 3994-97

Lacretelle (Charles). — Histoire de France pendant le dix-huitième siècle. — *P.*, 1812, 6 vol. 8°.

[8° U. 3998-4003

Lacretelle (Charles). — Précis historique de la Révolution française. Directoire exécutif. — *P.*, 1806, 2 vol. in-12.   [8° U. 4004-5

Lacretelle (Charles). — Précis historique de la Révolution française. Assemblée Législative, 5ᵉ éd. Convention Nationale, 4ᵉ éd. Directoire exécutif, 5ᵉ éd. — *P.*, 1816-1819, 5 vol. in-12.

[8° U. 4006-10

Lacretelle (Henri de). — Lamartine et ses amis. 2ᵉ éd. — *P.*, (s. d.), in-18.   [8° U. 4011

Lacretelle aîné (P.-L.). — Œuvres diverses. Philosophie et littérature. — *P.*, 1802, 3 vol. 8°.

[8° O. 2624-26

Lacretelle aîné (P.-L.). — Œuvres. Ouvrages judiciaires.—*P.*, 1807, 2 vol. 8°.   [8° O. 2627-28

Lacroix (E.). — Carnet de l'Ingénieur. Recueil de tables, de formules et de renseignements usuels et pratiques sur les sciences appliquées à l'industrie. 40ᵉ éd. — *P.*, 1882, in-16.

[8° I. 3844

Lacroix (E.). — Dictionnaire industriel à l'usage de tout le monde ou les 100,000 secrets et recettes de l'industrie moderne.—*P.*, 1877-81, 4 vol. in-12.   [8° I. 3845-48

La Croix (J.-Fr. de). — Dictionnaire historique des cultes religieux.— *P.*, 1770, 3 vol. in-12.

[8° U. 4012-14

Lacroix (Paul). — Les arts au moyen âge et à l'époque de la Renaissance. — *P.*, 1869, 4°.

[4° U. 797

Lacroix (P.). — Curiosités de

l'histoire de France. — *P.*, 1858, 2 vol. in-16.　　　[8° U. 4015-16

Lacroix (P.). — Curiosités de l'histoire des arts. — *P.*, 1858, in-16.　　　[8° I. 3849

Lacroix (P.).— Curiosités de l'histoire des croyances populaires au moyen âge. — *P.*, 1859, in-16.　　　[8° U. 4017

Lacroix (P.). — Curiosités de l'histoire du vieux Paris. — *P.*, 1858, in-16.　　　[8° U. 4018

Lacroix (Paul), dit le Bibliophile Jacob. — Histoire de l'Homme au masque de fer. — *P.*, 1840, in-12.　　　[8° U. 4019

Lacroix (P.). — Curiosités des sciences occultes. — *P.*, 1862, in-16.　　　[8° I. 3850

Lacroix (Paul), Seré (Ferd.). — Le Moyen âge et la Renaissance. — *P.*, 1848-1851, 5 vol. 4°.　　　[4° U. 798-802

Lacroix (Paul). — Mœurs, usages et costumes au moyen âge et à l'époque de la Renaissance. 2ᵉ éd. — *P.*, 1872, 4°.　　　[4° U. 803

Lacroix (Paul). — Sciences et lettres au moyen âge et à l'époque de la Renaissance. 2ᵉ éd.— *P.*, 1877, 4°.　　　[4° U. 804

Lacroix (Paul). — Vie militaire et religieuse au moyen âge et à l'époque de la Renaissance. 2ᵉ éd. — *P.*, 1873,　　　[4° U. 805

Lacroix (Paul). — XVIIᵉ siècle. Institutions, usages et costumes. France, 1590-1700.— *P.*, 1880, 4°.　　　[4° U. 806

Lacroix (Paul). — XVIIᵉ siècle. Lettres, sciences et arts. France, 1590-1700. — *P.*, 1882, 4°.　　　[4° U. 807

Lacroix (Paul). — XVIIIᵉ siècle. Institutions, usages et costumes. France, 1700-1789. 3ᵉ éd.—*P.*, 1878, 4°.　　　[4° U. 808

Lacroix (Paul). — XVIIIᵉ siècle. Lettres, sciences et arts. France, 1700-1789. 2ᵉ éd. — *P.*, 1878, 4°.　　　[4° U. 809

Lacroix (Paul). — Directoire, Consulat et Empire. Mœurs et usages, lettres, sciences et arts. France, 1795-1815. 10 chromos et 410 grav. sur bois. — *P.*, 1884, 4°.　　[4° U. 810

Lacroix (Mgr Pierre). — Mémoire historique sur les institutions de France à Rome. — *P.*, 1868, 8°.　　　[8° U. 4020

Lacroix (S.-F.). — Éléments d'algèbre. 22ᵉ éd., revue par Prouhet. — *P.*, 1868, 8°.　　　[8° I. 3851

Lacroix (S.-F.). — Complément des éléments d'algèbre. 7ᵉ éd. — *P.*, 1863, 8°.　　　[8° I. 3852

Lacroix (S.-F.). — Éléments de géométrie. 14ᵉ éd. — *P.*, 1830, 8°.　　　[8° I. 3853

Lacroix (S.-F.). — Essais de géométrie sur les plans et les surfaces courbes. 6ᵉ éd. — *P.*, 1829, 8°.　　　[8° I. 3854

Lacroix (S.-F.). — Essais sur l'enseignement en général et sur celui des mathématiques en particulier. 2ᵉ éd. — *P.*, 1816, 8°.　　　[8° I. 3855

Lacroix (S.-F.). — Traité de calcul différentiel. 5ᵉ éd. — *P.*, 1837, 8°.　　　[8° I. 3856

Lacroix (S.-F.). — Traité élémentaire de trigonométrie rectiligne. 9ᵉ éd. — *P.*, 1837, 8°.　　　[8° I. 3857

Ladimir, Arnoul (Honoré). — La guerre, histoire complète des opé-

rations militaires en Orient. 9ᵉ éd. —
P., 1855, 2 vol. 4°.
[4° U. 811-12

Ladoucette (J.-C.-F.). — Histoire, topographie, antiquités des
Hautes-Alpes. 2ᵉ éd. — P., 1834, 8°.
[8° U. 4021

Ladrey (C.). — L'art de faire le
vin.—P., 1863, in-12. [8° I. 3858

Ladreyt (Marie-Casimir). — L'instruction publique en France et les
écoles américaines. — P., (s. d.),
in-18. [8° I. 3859

La Fare (Mᶦˢ de). — Mémoires
et réflexions sur les principaux évènements du règne de Louis XIV. Avec
annotations et un index analytique
par Émile Raunié. — P., 1884, in-18.
[8° U. 4022

La Farelle (F.-Félix). — Du
progrès social au profit des classes
populaires non indigentes.— P., 1839,
2 vol. 8°. [8° I. 3860-61

Lafargue (Georges). — Relève-
ment de l'agriculture. — P., 1885, in-
18. [8° I. 3861. A

Lafaye. — Dictionnaire des synonymes de la langue française. — P.,
1858, 8°. [8° O. 2629

La Fayette (Mᵐᵉ de). — Histoire
d'Henriette d'Angleterre, avec une
introd. par Anatole France. — P.,
1882, in-16. [8° U. 4023

La Feillée. — Méthode de plain-
chant. Éd. stéréotype.—Avignon, 1836,
in-12. [8° I. 3862

Lafenestre (Georges). — La
peinture italienne. — P., 1885, 8°.
[8° I. 3862 + A

Laferrière (E.). — Les constitution d'Europe et d'Amérique, recueillies
par E. Laferrière, revues par Batbie.
— P., 1869, 8°. [8° E. 1370

Laferrière (F.). — Cours théorique et pratique de droit public et administratif. 4ᵉ éd. — P., 1854, 2 vol.
8°. [8° E. 1371-72

Laferrière (F.). — Histoire du
droit français, précédée d'une introduction sur le droit civil de Rome. — P.,
1852-1858, 6 vol. 8°.
[8° E. 1373-78

Laferté (Victor). — Alexandre II.
Détails inédits sur sa vie intime et sa
mort. 2ᵉ éd. — P., 1882, in-16.
[8° U. 4024

Laffitte (Paul). — La parole. 24
gr. — P., 1885, in-16.
[8° I. 3862. A

Laffitte (Pierre). — Considérations
générales sur l'ensemble de la civilisation chinoise, et sur les relations de
l'Occident avec la Chine. — P., 1861,
8°. [8° U. 4025

Laffitte (Pierre). — Enseignement
positiviste. Les grands types de l'humanité, appréciation systématique des
principaux agents de l'évolution humaine. Leçons rédigées par le Dʳ P.
Dubuisson. — P., 1875-1876, 2 tom.
en 1 vol. 8°. [8° U. 4026

La Fleiche (Fr.). — Les noms,
surnoms, qualités, armes et blasons de
tous les princes, seigneurs, etc., de l'Ordre
du benoît Saint-Esprit. — P., 1643,
f°. [Fol. U. 187

Lafond (Ernest). — Étude sur la
vie et les œuvres de Lope de Vega. —
P., 1857, 8°. [8° U. 4027

Lafontaine(H.).—Petites misères.
— P., 1881, in-18. [8° O. 2630

La Fontaine (Jean de). — Œu-
vres. Nouv. éd., revue, mise en ordre et
accompagnée de notes, par C.-A. Walckenaer. — P., 1827, 6 vol. 8°.
[8° O. 2631-36

La Fontaine (Jean de). — Œuvres complètes, publiées par Ch. Marty-Laveaux. Tomes 2, 3, 4. — *P.*, 1857-1860, 3 vol. in-16.
[8° O. 2637-39

(Bibliothèque Elzévirienne.)

La Fontaine (Jean de). — Fables, précédées d'une notice historique par le baron de Walckenaer. — *P.*, 1842, 2 vol. in-12. [8° O. 2640-41

La Fontaine (Jean de). — La Fontaine et tous les fabulistes ou La Fontaine comparé avec ses modèles et ses imitateurs, par M. N.-S. Guillon. — *P.*, 1803, 2 vol. 8°.
[8° O. 2642-43

La Fontaine (Jean de). — Fables inédites des XIIe, XIIIe et XIVe siècles, et Fables de La fontaine, rapprochées de celles de tous les auteurs qui avaient, avant lui, traité les mêmes sujets, précédées d'une notice sur les fabulistes, par A.-C.-M. Robert. — *P.*, 1825, 2 vol. 8°. [8° O. 2643+A

Lagarde (Charles). — Une promenade dans le Sahara. Préface par Ch. Joliet. — *P.*, 1885, in-18.
[8° U. 4027. A

Lagarde (Ernest). — Manuel-memorandum, à l'usage de l'accoucheur et de la sage-femme. — *P.*, 1885, in-18. [8° I. 3863.

La Garde (Henry de). — Le duc de Rohan et les protestants sous Louis XIII. — *P.*, 1884, 8°.
[8° U. 4028

La Gournerie (Eugène de). — Histoire de Paris et de ses monuments. 2e éd. — *Tours*, 1854, 8°.
[8° U. 4029

La Gournerie (Eugene de). — Rome chrétienne. — *P.*, 1843, 2 vol. 8°. [8° U. 4030-31

La Gournerie (Jules de). —

Études économiques sur l'exploitation des chemins de fer. — *P.*, 1880, 8°.
[8° I. 3864

La Gournerie (Jules de). — Traité de géométrie descriptive. Texte et planches. — *P.*, 1860-64, 2 vol. 4°.
[4° I. 838-39

Lagout (Édouard). — Takitechnie. Baccalauréat ès sciences à livre ouvert. — *P.*, 1881, 8°. [8° I. 3865

Lagout (Édouard). — Takitechnie. Panorama de l'algèbre étendu au calcul des infiniments petits ; rédaction des conférences faites aux écoles techniques du Gouvernement. — *P.*, 1879, 8°. [8° I. 3866

Lagrange (E.). — Manuel de droit romain, ou explication des Instituts de Justinien, par demandes et réponses. 7e éd. — *P.*, 1857, in-12.
[8° E. 1379

Lagrange (J.-L.). — Œuvres, publiées par J.-A. Serret. — *P.*, 1867, 4°. [4° I. 840

Lagrange (J.-L.). — Théorie des fonctions analytiques. — *P.*, 1813, 4°.
[4° I. 841

Lagrené (H. de). — Cours de navigation intérieure. Fleuves et rivières. — *P.*, 1869-1873, 3 vol. texte et 3 vol. d'atlas f°. [Fol. I. 107-112

Lagrillière-Beauclerc (Eug.). — La dame d'Espargys. — *P.*, 1886, in-18. [8° O. 2643. A

La Guéronnière (Vicomte de). — Études et portraits politiques contemporains. — *P.*, 1856, 8°.
[8° U. 4032

La Guette (Mme de). — Mémoires. Nouv. éd., revue, annotée et précédée d'une notice, par M. Moreau. — *P.*, 1856, in-16. [8° U. 4033

(Bibliothèque des Merveilles.)

Laguille (Louis). — Histoire de la province d'Alsace. — *Strasbourg*, 1727, 2 vol. f°. [Fol. U. 188-189

La Harpe (J.-F.). — Abrégé de istoire générale des voyages. — *P.*, 1813-1815, 28 vol. in-12.
[8° U. 4034-61
1816. — *P.*, 24 vol. in-8°.
[8° U. 4062-85

La Harpe (J.-F.). — Lycée ou cours de littérature ancienne et moderne. — *P.*, 1821-22, 16 vol. 8°.
[8° O. 2644-59

Lahillonne (Dr R.). — Étude de météorologie médicale. — *P.*, 1869, 8°. [8° I. 3867

Lahure (B^on). — Cavalerie. Exploration et combat. — *P.*, 1884, 8°.
[I. 3867. A

Laincel (Louis de). — Avignon, le comtat et la principauté d'Orange. — *P.*, 1872, in-12. [8° U. 4086

Laisné (J.). — Aide-mémoire portatif à l'usage des officiers du génie. 2e éd. — *P.*, 1840, in-18. [8° I. 3868

Lajarte (Théodore de). — Curiosités de l'Opéra. — *P.*, 1883, in-18.
[8° I. 3869

La Jonquière (Vicomte A. de). — Histoire de l'empire ottoman, depuis les origines jusqu'au traité de Berlin. 4 cartes. — *P.*, 1881, in-16.
[8° U. 4087

Lajoye (R.). — L'éducation correctionnelle en Angleterre, aux États-Unis et en France. — *P.*, 1880, in-16.
[8° E. 1381

Lajoye (R.). — Études sur le Code pénal. Nouv. éd., suivie d'un aperçu historique sur l'Ordonnance criminelle de 1670. — *P.*, 1879, in-16.
[8° E. 1382

Lalande (Jos. - Jérôme de). — Abrégé d'astronomie. 2e éd. — *P.*, 1795, 8°. [8° I, 3870

La Lande (Jos.-Jérôme de). — Voyage d'un Français en Italie, fait en 1765 et 1766. — *Venise*, 1769, 8 vol. in-12. [8° U. 4088-95

La Landelle (G. de). — Aviation ou navigation aérienne. — *P.*, 1863, in-18. [8° I. 3871

Lalanne (Ludovic). — Curiosités bibliographiques. — *P.*, 1857, in-16.
[8° I. 3872

Lalanne (Ludovic). — Bibliothèque de poche. Curiosités biographiques. — *P.*, 1858, in-16.
[8° U. 4096

Lalanne (Ludovic). — Bibliothèque de poche. Curiosités des traditions, mœurs et légendes. — *P.*, 1847, in-16. [8° U. 4097

Lalanne (Ludovic). — Bibliothèque de poche. Curiosités littéraires. — *P.*, 1857, in-16. [8° O. 2660

Lalanne (Ludovic). — Dictionnaire historique de la France. — *P.*, 1872, 4°. [4° U. 813

Lalleau (De). — Traité de l'expropriation pour cause d'utilité publique. 5e éd., revue par Jousselin. — *P.*, 1856, 2 vol. 8°.
[8° E. 1383-84

Lallemand (Léon). — Histoire des enfants abandonnés et délaissés. Études sur la protection de l'enfance aux diverses époques de la civilisation. — *P.*, 1885, 8°. [8° I. 3872. A

Lalobbe (E. de). — Cours de topographie élémentaire. 2e éd. — *P.*, 1861, in-18. [8° I. 3873

Lalos (J.). — De la composition des parcs et jardins pittoresques. 2e éd. — *P.*, 1824, 8°. [8° I. 3874

La Luzerne (César-Guillaume de).
— Considérations sur divers points de
la morale chrétienne. — *Lyon*, 1843,
10 vol. 8°.

[8° A. 719-28

La Luzerne (César-Guillaume de).
— Explication des Évangiles. — *P.*,
1839, 2 vol. 8°.

[8° A. 729-30

La Madelène (Henry de). — Le
comte Gaston de Raousset-Boulbon. 2e
éd. — *P.*, 1859, in-12.

[8° U. 4098

La Marche (Claude). —Traité de
l'épée, illustré. — *P.*, 1884, in-16.

[8° I. 3875

Lamarck (De), Candolle (De).—
Flore française, ou descriptions succinctes
de toutes les plantes qui croissent spon-
tanément en France, disposées selon
une nouvelle méthode d'analyse, et précédées par un exposé des principes élémentaires de la botanique. 3e éd. —
P., 1815, 5 tomes en 6 vol. 8°.

[8° I. 3876-81

Lamarck (De). — Histoire naturelle des animaux sans vertèbres. —*P.*,
1815-1822, 7 vol. 8°.

[8° I. 3882-888

Lamarre (Clovis), Wiener
(Charles). — Les pays étrangers et
l'Exposition de 1878. L'Amérique centrale et méridionale — *P.*, 1878, in-18.

[8° I. 3889

Lamarre (Clovis), Pajot (Léon).
— Les pays étrangers et l'Exposition
de 1878. L'Angleterre. — *P.*, 1878,
in-18.

[8° I. 3890

Lamarre (Clovis), Wiener
(Henry), Demeny (Paul).— Les pays
étrangers et l'Exposition de 1878.
L'Autriche-Hongrie. — *P.*, 1878, in-
16.

[8° I. 3891

Lamarre (Clovis). — Les pays
étrangers et l'Exposition de 1878. La
Belgique. — *P.*, 1878, in-18.

[8° I. 3892

Lamarre (Clovis), Frout de
Fontpertuis. — Les pays étrangers
et l'Exposition de 1878. La Chine et le
Japon. — *P.*, 1878, in-18.

[8° I. 3893

Lamarre (Clovis), Berendzen
(Nathan). — Les pays étrangers et l'Ex-
position de 1878. Le Danemarck. —
P., 1878, in-18.

[8° I. 3894

Lamarre (Clovis), Fliniaux
(Charles). — Les pays étrangers et l'Exposition de 1878. L'Égypte, la Tunisie,
le Maroc. — *P.*, 1878, in-18.

[8° I. 3895

Lamarre (Clovis), Louis-Lande
(L.). — Les pays étrangers et l'Exposition de 1878. L'Espagne. — *P.*,
1878, in-18.

[8° I. 3896

Lamarre (Clovis), La Blanchère (René de). — Les pays étrangers et l'Exposition de 1878. Les États-
Unis. — *P.*, 1878, in-18.

[8° I. 3897

Lamarre (Clovis), Queux de
Saint-Hilaire (Mis de). — Les pays
étrangers et l'Exposition de 1878. La
Grèce. — *P.*, 1878, in-18.

[8° I. 3898

Lamarre (Clovis), Frout de
Fontpertuis (A.). — Les pays étrangers et l'Exposition de 1878. Inde Britannique. —*P.*, 1878, in-18.

[8° I. 3899

Lamarre (Clovis), Roux (Amédée). — Les pays étrangers et l'Exposition de 1878. L'Italie. — *P.*, 1878,
in-18.

[8° I. 3900

Lamarre (Clovis), **La Blanchère** (René de). — Les pays étrangers et l'Exposition de 1878. Les Pays-Bas. — *P.*, 1878, in-18. [8° I. 3901

Lamarre (Clovis), **Frout de Fontpertuis** (Adalbert), **Sakakini, Pharaon.** — Les pays étrangers et l'Exposition de 1878. La Perse, le Siam et le Cambodge. — *P.*, 1878, in-18. [8° I. 3902

Lamarre (Clovis), **Lamy** (Georges). — Les pays étrangers et l'Exposition de 1878. Le Portugal. — *P.*, 1878, in-18. [8° I. 3903

Lamarre (Clovis), **Léger** (Louis). — Les pays étrangers et l'Exposition de 1878. La Russie. — *P.*, 1878, in-18. [8° I. 3904

Lamarre (Clovis), **Gourraigne** (L.). — Les pays étrangers et l'Exposition de 1878. Suède et Norvège. — *P.*, 1878, in-18. [8° I. 3905

Lamarre (Clovis), **Zévort** (Edgar). — Les pays étrangers et l'Exposition de 1878. La Suisse. — *P.*, 1878, in-18. [8° I. 9306

Lamartine (A. de). — Les Confidences. Nouv éd. — *P.*, 1857, 8°. [8° U. 4099

Lamartine (A. de). — Nouvelles Confidences. Nouv. éd. — *P.*, 1861, 8°. [8° U. 4100

Lamartine (A. de). — Mes confidences. Fior d'Aliza. — *P.*, 1863, 8°. [8° U. 4101

Lamartine (A. de). — Œuvres complètes. — *P.*, 1842, 8 vol. 8°. [8° O. 2661-68

Lamartine (A. de). — Cours familier de littérature. Un entretien par mois. — *P.*, 1856-1869, 28 vol. 8°. [8° O. 2669-96

Lamartine (A. de). — Geneviève. — *P.*, (1866), 8°. [8° O. 2697

Lamartine (A. de). — Graziella. — *P.*, 1859, in-12. [8° U. 4102

Lamartine (A. de). — Gutenberg. 2° éd. — *P.*, 1866, in-12. [8° U. 4103

Lamartine (A. de). — Histoire des Girondins. — *P.*, 1847, 6 vol. 8°. [8° U. 4104-11

Lamartine (A. de). — Histoire de la Restauration. — *P.*, 1851-1852, 8 vol. 8°. [8° U. 4112-19

Lamartine (A. de). — Histoire de la Révolution de 1848. — *P.*, 1849, 2 vol. 8°. [8° U. 4120-21

Lamartine (A. de). — Histoire de la Turquie. — *P.*, 1855, 8 vol. 8°. [8° U. 4122-29

Lamartine (A. de). — Les hommes de la Révolution (Mirabeau, Danton, Vergniaud.) — *P.*, 1882, in-18. [8° U. 4130

Lamartine (A. de). — Jeanne d'Arc. — *P.*, 1863, in-12. [8° U. 4131

Lamartine (A. de). — Nelson. — *P.*, 1853, in-12. [8° U. 4132

Lamartine (A. de). — Raphaël. Pages de la vingtième année. 3° éd. — *P.*, 1851, in-12. [8° U. 4133

Lamartine (A. de). — Le Tailleur de pierres de Saint-Point. — *P.*, 1855, 8°. [8° O. 2698

Lamartine (Alphonse de). — Toussaint-Louverture. Poëme dramatique. Nouv. éd. — *P.*, 1854, in-12. [8° O. 2699

Lamartine (A. de). — Voyage en Orient (1832-1833). — *P.*, 1841, 2 vol. in-12. [8° U. 4134-35

La Martinière. — Le grand dictionnaire géographique, historique et critique. — *P.*, 1739-1741, 6 vol. f°. [Fol. U. 190-195

Lamas (Pedro S.).—Aperçu économique et financier de l'Amérique latine. 1re année. — *P.*, 1885, 8°. [8° U. 4135. A

Lamazou (Abbé). — La Place Vendôme et la Roquette. 4e éd. — *P.*, 1871, in-12. [8° U. 4136

Lamb (Mrs Martha J.). — History of the City of New-York : its origin, rise, and progress. Illustrated. Vol. I, embracing the period prior to the Révolution, closing in 1774. — *New-York*, 1877, 4°. [4° U. 814

Lambert (Ed.). — Cours élémentaire de géologie. — *P.*, 1862, in-12. [8° I. 3907

Lambert (Ed.). — Nouveaux éléments d'histoire naturelle. Zoologie. Botanique. 2e éd. Géologie. 2e éd. — *P.*, 1865-70, 3 vol. in-18. [8° I. 3908-10

Lambert (Ed.). — Traité pratique de botanique. — *P.*, 1883, in-18. [8° I. 3911

Lambert (Joseph). — L'Année Évangélique. — *Avignon*, 1825, 7 vol. in-12. [8° A. 731-37

Lambert (Mise de).— Œuvres, avec un abrégé de sa vie. — *Amsterdam*, 1750, in-12. [8° O. 2700

Lambert de Sainte-Croix (Alexandre). — De Paris à San Francisco. Notes de voyage. 2e éd. — *P.*, 1885, in-18. [8° U. 4137

Lamé-Fleury (E.). — Code annoté des chemins de fer en exploitation. 2e éd. — *P.*, 1868, 8°. [8° E. 1385

Lamé-Fleury (Jules). — Biographie élémentaire des personnages historiques et littéraires.— *P.*, 1839, in-12. [8° U. 4138

Lamé-Fleury (Jules). — L'histoire d'Angleterre. 3e éd.— *P.*, 1844, 2 vol. in-12. [8° U. 4139-40

Lamé-Fleury (Jules). — L'histoire de France racontée à la jeunesse. 11e éd. — *P.*, 1858, 2 vol. in-12. [8° U. 4141-42

Lamé-Fleury (Jules). — L'histoire du moyen âge racontée à la jeunesse. 3e éd.— *P.*, 1843, 2 vol. in-12. [8° U. 4143-44

Lamé-Fleury (Jules). — L'histoire moderne racontée à la jeunesse. 3e éd. — *P.*, 1847, 2 vol. in-12. [8° U. 4145-46

La Mennais (F. de). — Œuvres complètes. — *P.*, 1836-1837, 12 t. en 6 vol. 8°. [8° O. 2701-706

La Mennais (F. de). — Œuvres posthumes, publiées par E.-D. Forgues. — *P.*, 1859, 2 vol. 8°. [8° O. 2707-8

Lamennais (F.). — De l'Art et du Beau. — *P.*, 1881, in-18. [8° I. 3912

Lameth. — Histoire de l'Assemblée constituante. — *P.*, 1828, 2 vol. 8°. [8° U. 4147-48

Lammasch (Dr H.). — Le droit d'extradition appliqué aux délits politiques. Trad. par A. Weiss et P. Louis-Lucas.—*P.*,1885,8°. [8° E. 1385. A

La Morlière (Adrien de). — Les Antiquités, histoires et choses remarquables d'Amiens. — *P.*, 1642, f°. [Fol. U. 196

Lamothe. — La Vie de Philippe d'Orléans. 2e éd. — *Londres*, 1737, 2 vol. in-12. [8° U. 4149-50

Lamotte. — Traité élémentaire d'arpentage. 7ᵉ éd. — *P.*, 1845, in-18.
[8° I. 3913

La Motte (Cᵉˢˢᵉ de). — Vie de Jeanne de Saint-Remy de Valois, ci-devant comtesse de La Motte, écrite par elle-même. — *P.*, an I, 2 vol. 8°,
[8° U. 4151-52

Lamouroux (J.-V.-F.). — Résumé d'un cours élémentaire de géographie physique. — *Caen*, 1821, 8°.
[8° U. 4153

Lamy (Louis de). — Les causeries du juge de paix ou les contraventions illustrées et expliquées. — *P.*, 1881, in-12.
[8° E. 1386

Lan (Jules). — Un dernier mot sur la réforme judiciaire en Italie. — *Florence*, 1868, 8°.
[8° E. 1387

Lance (Paul). — Loi du 28 mars 1882. Manuel juridique des commissions municipales scolaires, des maires et des juges de paix, pour l'application de la loi sur l'instruction primaire obligatoire. — *P.*, 1884, 8°.
[8° E. 1388

Lancelot (Claude). — Le Jardin des racines grecques. Nouv. éd., par Ad. Régnier. — *P.*, 1856, in-12.
[8° O. 2709

Lancelot (D.). — La Rochelle et son arrondissement. Histoire. Description. Monuments. Paysages. 60 gravures à l'eau-forte. — *La Rochelle*, (s. d.), f°.
[Fol. U. 197

Lancelot (Ed.). — Nouveau traité d'arpentage et de toisé. 4ᵉ éd. — *P.*, 1831, 8°.
[8° I. 3914

Lancelot (Ed.). — Traité pratique des nouvelles mesures. 22ᵉ éd. — *P.*, 1845, 8°.
[8° I. 3915

Landais (Napoléon), **Barré** (L.). — Dictionnaire des rimes françaises. — *P.*, 1853, in-18.
[8° O. 2710

Landais (Napoléon). — Petit dictionnaire des dictionnaires français, illustré. Extrait du grand Dictionnaire de Landais, par D. Chésurolles. Nouv. éd. — *P.*, 1865, in-18.
[8° O. 2711

Landais (Napoléon). — Grammaire générale des grammaires françaises. 5ᵉ éd. — *P.*, 1845, 4°.
[4° O. 344

Landon (C.). — Annales du Musée et de l'École moderne des Beaux-Arts. — *P.*, 1800-1807, 13 vol. 8°.
[8° I. 3916-28

Landrin (Armand). — Les Inondations. — *P.*, 1880, in-12.
[8° I. 3929

Landrin (Armand). — Les Monstres marins. 2ᵉ éd. — *P.*, 1870, in-12.
[8° I. 3930

Landrin (Armand). — Les plages de la France. 2ᵉ éd. — *P.*, 1867, in-18.
[8° I. 3931

Landrin (H.). — Dictionnaire de minéralogie. — *P.*, 1852, in-12.
[8° I. 3932

Landriot (Mgr). — Pensées chrétiennes sur les évènements. — *Reims*, 1871, 8°.
[8° U. 4154

Landriot (Mgr). — Le Symbolisme. 2ᵉ éd. — *P.*, 1866, in-12.
[8° I. 3933

Lanessan (J.-L. de). — Étude sur la doctrine de Darwin. La lutte pour l'existence et l'association pour la lutte. — *P.*, 1881, in-18.
[8° I. 3934

Lanessan (J.-L. de). — Introduction à la botanique. Le sapin. 103 fig. — *P.*, 1885, 8°.
[8° I. 3935

Lanessan (J.-L. de). — La matière, la vie et les êtres vivants. Introduction à un Manuel d'histoire naturell médicale. — *P.*, 1879, in-18.
[8° I. 3936

Lanessan (J.-L. de). — Le transformisme. Évolution de la matière et des êtres vivants. Avec figures. — *P.*, 1883, in-18. [8° I. 3937

Lanfrey (P.). — L'Église et les philosophes au XVIIIᵉ siècle. — *P.*, 1855, in-12. [8° U. 4155

Lanfrey (P.). — Histoire de Napoléon 1ᵉʳ. 3ᵉ éd.—*P.*, 1869-75, 5 vol. in-18. [8° U. 4156-60

Lange (Albert). — Tableau de la littérature allemande. — *P.*, 1886, in-16. [8° O. 2711. A

Langle. — Voyage en Espagne. 5ᵉ éd. —*P.*, 1796, 8°. [8° U. 4161

Langlebert (J.). — Manuel d'histoire naturelle. 14 éd. — *P.*, 1866, in-12. [8° I. 3938

Langlebert (J.), **Catalan** (E.). — Nouveau manuel des aspirants au baccalauréat ès sciences. Nouv. éd. — *P.*, 1859, 2 vol. in-12. [8° I. 3939-40

Languet de Gergy. — Traité de la confiance en la miséricorde de Dieu. 7ᵉ éd. — *P.*, 1754, in-12. [8° A. 738

Lanier (L.). — L'Afrique. Choix de lectures de géographie. 57 vign., 9 cartes en couleur, 33 cartes. — *P.*, 1884, in-18. [8° U. 4162

Lanoye (Ferdinand de). — Les grandes scènes de la nature. — *P.*, 1863, in-12. [8° I. 3941

Lanoye (Ferdinand de). — L'homme sauvage (œuvre posthume). — *P.*, 1873, in-18. [8° I. 3942
(Bibliothèque des Merveilles.)

Lanoye (F. de). —L'Inde contemporaine. —*P.*, 1855, in-18. [8° U. 4163

Lanoye (Ferd. de). — La mer polaire. — *P.*, 1864, in-12. [8° U. 4164

Lanoye (F. de). — Le Niger et les explorations de l'Afrique centrale. — *P.*, 1858, in-12. [8° U. 4165

Lansel (Ch.). — Étude pratique sur les honoraires des notaires, comprenant un tarif des honoraires applicable aux divers actes de la pratique notariale. (Extrait du tome IX de l'« Encyclopédie du Notariat.») — *P.*,1881, 8°. [8° E. 1389

Lantier (De). — Voyage en Espagne du chevalier Saint-Gervais. — *P.*, 1809, 2 vol. 8°. [8° U. 4166-67

Lantier (De). — Voyages d'Anténor en Grèce et en Asie. Manuscrit grec. 16ᵉ éd. — *P.*, 1824, 6 vol. in-12. [8° U. 4168-73

La Pérouse. — Voyage autour du monde, publié conformément au décret du 22 avril 1791, et rédigé par M. L.-A. Millet-Mureau. — *P.*, an V (1797), 4° [4° U. 815

Lapeyrère (P. de). — Le Japon militaire. Grav. d'après des dessins originaux. — *P.*, 1883, in-18. [8° U. 4174

La Pierre (Corneille de). — Commentarii in sacram Scripturam.— *Lugduni*, 1840, 10 vol. 4°. [4° A. 153-62

La Placète (Jean). — Essais de morale. — *Amsterdam*, 1716, 4 vol. in-12. [8° A. 739-42

Laplaiche (A.). — Manuel du candidat à l'emploi de commissaire de surveillance administrative des chemins de fer. 2ᵉ éd., conforme aux programmes officiels. — *P.*, 1884, in-16. [8° E. 1390

Laporte (A. de). — Les Ducs héréditaires de Normandie. Nouv. éd. — *Rouen*, 1860, 8°. [8° U. 4175

Laprade (Victor de). — Odes et Poëmes. — *P.*, 1843, in-12. [8° O. 2712

Laprade (Victor de). — Psyché. — *P.*, 1841, in-12. [8° O. 2713

La Quintinye (De). — Instruction pour les jardins fruitiers et potagers. Nouv. éd. — *P.*, 1730, 2 vol. 4°. [4° I. 842-43

Larat (Dr). — Notice sur les applications médicales de l'électricité. — *P.*, 1883, in-18. [8° I. 3943

Larcher (J.-L.). — La femme jugée par les grands écrivains des deux sexes. Nouv. éd. — *P.*, 1855, 4°. [4° I. 844

Lardier (J.-S.). — Nouveau traité théorique et pratique sur les semis et les plantations des arbres. — *P.*, 1828, 8°. [8° I. 3944

Largeau (V.). — Le Sahara algérien. Les déserts de l'Erg. 2e éd. 17 grav. et 5 cartes. — *P.*, 1881, in-18. [8° U. 4176

La Rive (A. de). — Traité d'électricité théorique et appliquée. — *P.*, 1854-58, 3 vol. 8°. [8° I. 3945-47

Laroche (Léon). — Haïti. 2 pl. et 1 portr. — *P.*, 1885, 8°. [8° U. 4176. A

La Rochefoucauld (De). — Esquisses et portraits. — *P.*, 1844, 3 vol. 8°. [8° U. 4177-79

La Rochefoucauld (De). — Œuvres, publ. par D.-L. Gilbert et J. Gourdault. — *P.*, 1868-83, 3 vol. 8° et album 4°. [8° O. 2714-17 (Les grands Écrivains de la France.)

La Rochefoucauld (De). — Maximes, avec notes et variantes. — *P.*, 1825, 8°. [8° O. 2718

La Rochefoucauld (De). — Réflexions, sentences et maximes morales. Nouv. éd., par G. Duplessis, avec une préface par C.-A. Sainte-Beuve. — *P.*, 1853, in-16. [8° O. 2719 (Bibliothèque Elzévirienne.)

La Rochejaquelein (Marquise de). — Mémoires. 4e éd. — *P.*, 1817, 8°. [8° U. 4180

La Rochelle (Ernest). — Le Congrès de Milan pour l'amélioration du sort des sourds-muets. Rapport. — *P.*, 1880, 8°. [8° I. 3948

La Rochelle (Ernest). — Congrès international. Bruxelles, 1883. Sourds-Muets. — Réponse à M. Claveau à propos de son rapport au Ministre de l'Intérieur. — *P.*, 1884, 8°. [8° I. 3948 + A

La Rochelle (Ernest). — Congrès administratif français de 1885 dans l'intérêt des sourds-muets. Examen critique. — *P.*, 1886, 8°. [8° I. 3948. A

La Rochelle (Ernest). — De l'éducation du patriotisme. — *P.*, 1885, 8°. [8° I. 3949

La Rochelle (Ernest). — L'enseignement obligatoire et la liberté. Examen impartial de la loi du 28 mars 1882. — *P.*, 1883, in-12. [8° I. 3950

La Rochelle (Ernest). — Jacob Rodrigues Pereire, sa vie et ses travaux. — *P.*, 1882, 8°. [8° U. 4181

La Rochelle (Ernest). — Le Ministère de l'Intérieur et l'éducation des sourds-muets. — *P.*, 1883, 8°. [8° U. 4182

La Rochelle (Ernest). — Du principat pontifical. 1re part. Origines et principes. — *P.*, 1860, 8°. [8° U. 4182. A

Laromiguière. — Leçons de philosophie sur les principes de l'intelligence. 5e éd. — *P.*, 1833, 2 vol. 8°. [8° I. 3951-52

La Roncière Le Noury. — La marine au siège de Paris. — *P.*, 1872, 8°. [8° U. 4184

2e éd., 1872. — *P.*, 8°. [8° U. 4185

Atlas in-fol. [Fol. U. 198

Laroque-Sayssinet (F.). — Formulaire général des faillites et banqueroutes, ou résumé pratique de législation, de jurisprudence et de doctrine. 3ᵉ éd., refondue par M. G. Dutruc. — *P.*, 1877, 2 vol. 8°.

[8° **E. 1391-92**

La Rounat (Charles de). — Études dramatiques. I. Le Théâtre français. Mᵐᵉ Arnould-Plessy, MM. Régnier, Got, Delaunay. — *P.*, 1884, 4°.

[4° **U. 815. A**

Larousse (P.). — Nouveau dictionnaire de la langue française. 29ᵉ éd. — *P.*, 1867, in-18.

[8° **O. 2720**

Larousse (P.). — Dictionnaire complet de la langue française. Quatre dictionnaires en un seul. 15ᵉ éd., illustr. — *P.*, 1881, in-18.

[8° **O. 2721**

Larousse (Pierre). — Grand dictionnaire universel du XIXᵉ siècle. — *P.*, 1866-1878, 16 vol. gr. 4°.

[Fol. **O. 76-91**

Larousse (P.). — Fleurs historiques des dames et des gens du monde. — *P.*, (s. d.), 8°.   [8° **O. 2722**

Larousse (P.). — Flore latine, avec une préface par J. Janin. — *P.*, 1861, 8°.   [8° **O. 2723**

Larousse (P.). — La Lexicologie des Écoles. 20ᵉ éd. 1ʳᵉ année. Grammaire élémentaire lexicologique. — *P.*, 1864, in-16.   [8° **O. 2734**

Larousse (P.). — La Lexicologie des Écoles. Cours de langue française et de style. 2ᵉ année. Partie du maître. — *P.*, 1864, in-16.

[8° **O. 2735**

Larroque (Patrice). — Examen critique des doctrines de la religion chrétienne. — *P.*, 1860, 2 vol. 8°.

[8° **A. 743-44**

Larroque (Patrice). — Rénovation religieuse. — *P.*, 1860, 8°.

[8° **I. 3953**

La Sagra (Ramon de). — Cinq mois aux États-Unis de l'Amérique du Nord. Journal de voyage, traduit de l'espagnol, par René Baissas. — *P.*, 1837, 8°.   [8° **U. 4186**

La Sale (Antoine de). — Les quinze joyes de mariage. Nouv. éd., conforme au manuscrit de Rouen; avec les variantes. — *P.*, 1853, in-16.

[8° **O. 2736**

(Bibliothèque Elzévirienne.)

Las Cases (Cᵗᵉ A.-E.-D.-M.-J. de). — Atlas historique, chronologique, géographique et généalogique. — *Florence*, 1806, f° plano.

[Fol. **U. 199**

Las Cases (De). — Mémorial de Sainte-Hélène. Nouv. éd. — *P.*, 1840, 9 t. en 5 vol. in-12.

[8° **U. 4187-91**

Las Cases (De). — Souvenirs de de l'Empereur Napoléon 1ᵉʳ. Extraits du Mémorial de Ste-Hélène. — *P.*, 1854, in-12.   [8° **U. 4192**

Lasègue (Dʳ Ch.). — Études médicales. — *P.*, 1884, 2 vol. 8°.

[8° **I. 3954-55**

Lasègue (Dʳ Ch.), Grancher (Dʳ J.). — La technique de la palpation et de la percussion, à l'usage des étudiants en médecine. — *P.*, 1882, in-18.

[8° **I. 3956**

La Selve (Edgar). — Le Pays des nègres. Voyage à Haïti, ancienne partie française de St-Domingue. 1 carte et 24 gravures. — *P.*, 1881, in-18.   [8° **U. 4193**

Lassay. — Recueil de différentes choses. — *Lausanne*, 1756, 4 vol. 8°.

[8° **O. 2737-40**

Lasteyrie (C.-P.). — Traité des

constructions rurales. — *P.*, 1802, 8°
et atlas f°. [8° I. 3957
[Fol. I. 113

Lasteyrie (Ferdinand de.). —
Histoire de l'orfèvrerie. 2ᵉ éd. — *P.*,
1877, in-12. [8° I. 3958
(Bibliothèque des Merveilles.)

La Suze (Mᵐᵉ la comtesse de),
Pelisson. — Recueil de pièces ga-
lantes en prose et en vers. Nouv. éd.,
à laquelle on a joint : Le Voyage de
Bachaumont et La Chapelle. — Les
Poésies du Chᵉʳ d'Aceilly ou de Cailly.
— Les Visionnaires, comédie de Jean
Desmarets, de l'Académie. — *Trévoux,*
1741, 5 vol. in-12.
[8° O. 2740. A

Latena (N.-V.). — Étude de
l'homme. — *P.*, 1854, 8°.
[8° I. 3959

La Thaumassière (Gaspard-
Thaumas de). — Histoire de Berry. —
P., 1689, f°. [Fol. U. 200

Latouche (Henri de). — Clément
XIV et Carlo Bertinazzi. Correspondance inédite. 2ᵉ éd. — *P.*, 1827,
in-12. [8° O. 2741

Latour (Antoine de). — Poésies
complètes. — *P.*, 1871, in-12.
[8° O. 2742

La Tour (Charlotte de). — Le
langage des fleurs. 8ᵉ éd. — *P.*, 1861,
in-12. [8° I. 3960

La Tour (G. de). — Scènes de la
vie hongroise. — *P.*, 1860, in-18.
[8° O. 2743

La Tour Landry (De). — Le
Livre du Chevalier de La Tour Landry,
pour l'enseignement de ses filles, publié par M. A. de Montaiglon. — *P.*,
1854, in-16. [8° I. 3961
(Bibliothèque Elzévirienne.)

Latteux (Dʳ Paul). — Manuel de

technique microscopique. 2ᵉ éd., avec
177 fig. — *P.*, 1883, 8°. [8° I. 3962

Laudonnière. — L'Histoire no-
table de la Floride, située ès Indes
Occidentales, mise en lumière par
M. Basanier. — *P.*, 1853, in-16.
[8° U. 4194
(Bibliothèque Elzévirienne.)

Laugel (Aug.). — L'Angleterre
politique et sociale.— *P.*, 1873, in-18.
[8° U. 4195

Launay (Abbé Adr.). — Histoire
ancienne et moderne de l'Annam (Tong-
King et Cochinchine), depuis l'année
2700 av. l'ère chrétienne jusqu'à nos
jours. — *P.*, 1884, 8° [8° U. 4196

Laurent (Ch.-M.). — Histoire de
la Bretagne républicaine, depuis 1789
jusqu'à nos jours. — *P.*, 1875, 8°.
[8° U. 4197

Laurent (P.-M.). — Histoire de
Napoléon.—*P.*, 1849, 4°. [4° U. 816

Laurent-Hanin. — Histoire municipale de Versailles. (1787-99). —
Versailles, 1885- , vol. 8°.
[8° U. 4197. A

Laurentie (Pierre-Sébastien). —
De l'éloquence politique. — *P.*, 1819,
8°. [8° O. 2744

Laurentie (Pierre-Sébastien). —
De l'étude et de l'enseignement des
lettres. — *P.*, 1828, 8°. [8° O. 2745

Laurie (André). — Mémoires d'un
collégien. Un collège de département.
— *P.*, (s. d.), in-18. [8° O. 2746

Laurier (Clément). — Plaidoyers
et œuvres choisies, avec une introduction par Aurélien Scholl, une étude sur
Laurier, avocat, par Gaston Lèbre, et
un portrait par F. Desmoulin. — *P.*,
1885, in-18. [8° O. 2747

Lauth (Ernest-Alexandre). — Nouveau manuel de l'anatomiste. — *P.*,
1829, 8°. [8° I. 3963

Laupernay (E.). — Traité d'algèbre élémentaire. — *P.*, 1877, 8°.
[8° I. 3964

La Vallée (Joseph). — La Chasse à courre en France. — *P.*, 1856, in-12.
[8° I. 3965

La Vallée (Joseph). — La Chasse à tir en France. — *P.*, 1855, in-12.
[8° I. 3966

La Vallée (Joseph). — Les récits d'un vieux chasseur. — *P.*, 1858, in-12.
[8° I. 3967

Lavallée (Joseph). — Éloge historique du général Marceau, mort de ses blessures à 27 ans, lu à la séance publique de la Société philotechnique, le 20 vendémiaire de l'an VI. — *P.*, an VI (1797), 8°.
[8° U. 4198

Lavallée (Théophile). — Les frontières de la France. 3ᵉ éd. — *P.*, (1866), in-12.
[8° U. 4199

Lavallée (Théophile). — Géographie. 4ᵉ éd. — *P.*, 1853, in-12.
[8° U. 4200

Lavallée (Théophile). — Histoire de Paris, depuis les temps des Gaulois jusqu'à nos jours. 2ᵉ éd. — *P.*, 1857, 2 vol. in-18.
[8° U. 4201-2

Lavallée (Théophile). — Histoire des Français, depuis le temps des Gaulois jusqu'en 1830. 8ᵉ éd. — *P.*, 1850, 4 vol. in-12.
[8° U. 4203-6
13ᵉ éd., 1860, continuée par Frédéric Lock, de 1814 à 1875. — *P.*, 6 vol. in-12 et Nouv. éd. du 6ᵉ vol. (1878), soit ensemble 7 vol. in-12.
[8° U. 4207-4213

Lavater. — La Physiognomonie ou l'art de connaître les hommes d'après les traits. Traduction nouvelle par H. Bacharach, précédée d'une notice par F. Fertiault. — *P.*, 1841, 4°.
[4° I. 845

Laveaux. — Vie de Frédéric II, roi de Prusse. — *Strasbourg*, 1788, 4 vol. 8°.
[8° U. 4214-17

Laveleye (E. de). — Éléments d'économie politique. — *P.*, 1882, in-18.
[8° I. 3968

Laveleye (Émile de). — 1878-1879. Lettres d'Italie. — *Bruxelles*, 1880, in-18.
[8° U. 4218

Laveleye (Émile de). — Nouvelles lettres d'Italie. — *P.*, 1884, 8°.
[8° U. 4219

Laveleye (Émile de). — La Péninsule des Balkans. Vienne, Croatie, Bosnie, Serbie, Bulgarie, Roumélie, Turquie, Roumanie. — *P.*, 1886, 2 vol. in-16.
[8° U. 4219. A

Laveleye (Émile de). — De la propriété et de ses formes primitives. 3ᵉ éd. — *P.*, 1882, 8°.
[8° I. 3969

Laveleye (Émile de). — Le socialisme contemporain. — *P.*, 1881, 8°.
[8° I. 3970

Lavenas, Marie. — Nouveau code des huissiers. 2ᵉ éd., revue par Papillon. — *P.*, 1833-1867, 2 vol. 8°.
[8° E. 1393-94

Lavergne (L. de). — L'agriculture et la population en 1855 et 1856. — *P.*, 1857, in-12.
[8° I. 3971

Lavergne (L. de). — Économie rurale de la France, depuis 1789. 2ᵉ éd. — *P.*, 1861, in-12.
[8° I. 3972

Lavergne (Léonce de). — Les économistes français du dix-huitième siècle. — *P.*, 1872, 8°.
[8° U. 4220

Lavergne (L. de). — Essai sur l'économie rurale de l'Angleterre, de l'Écosse et de l'Irlande. 3ᵉ éd. — *P.*, 1858, in-12.
[8° I. 3973

La Villatte (A. de), Chalendar (de), Jeannel, Dally, Martner. — Manuel des candidats aux grades d'officiers de l'armée territoriale, d'après le programme officiel d'examen du 26 juin 1874. — *P.*, 1874, 8°.

[8° I. 3973. A

Lavisse (Ernest). — Étude sur l'histoire de Prusse. — *P.*, 1879, 8°.

[8° U. 4221

2° éd., 1885. — *P.*, in-16.

[8° U. 4222

Lavit (J.-B.-O.). — Traité de perspective (tome 1er). — *P.*, an XII (1804), 4°. [4° I. 846

Lavoinne (E.), Pontzen (E.). — Les chemins de fer en Amérique. — *P.*, 1880, 2 vol. 8° et atlas en 2 vol. 4°. [8° I. 3974-75
[4° I. 847-48

Lavoinne (E.). — La Seine maritime et son estuaire; introduction par M. C. Lechalas. — *P.*, 1885, 8°.

[8° I. 3976

Lavoisier. — Œuvres, publiées par les soins du Ministre de l'Instruction publique et des Cultes. — *P.*, 1864-1865, 3 vol. 4°. [4° I. 849-851

Lavoix fils (H.). — Histoire de l'instrumentation depuis le XVIe siècle jusqu'à nos jours. — *P.*, 1878, 8°.

[8° I. 3977

Lavoix (H.). — Histoire de la musique. Nouv. éd. — *P.*, (s. d.), 8°.

[8° I. 3978

Lavollée (René). — Les classes ouvrières en Europe. — *P.*, 1882, 2 vol. 8°. [8° I. 3979-80

Laya (Alexandre). — Histoire populaire de A. Thiers, président de la République française. — *P.*, 1872, in-12. [8° U. 4223

Lazare (Félix et Louis). — Dictionnaire des rues de Paris et de ses monuments. — *P.*, 1844, 4°.

[4° U. 817

Lazerges (Pierre). — Chemins de fer exécutés par l'État. Guide pratique des expropriations des terrains. — *P.*, 1881, 8°. [8° E. 1395

Léautey (Eugène). — Le Congrès des comptables français. Questions actuelles de comptabilité et d'enseignement commercial. 4e éd. — *P.*, 1881, 8°. [8° I. 3981

Le Bailly (A.-F.). — Fables, suivies du Choix d'Alcide. — *P.*, 1811, in-12. [8° O. 2748

Lebas (J.-Ph.). — Pharmacie vétérinaire. 3e éd. — *P.*, 1823, 8°.

[8° I. 3982

Le Bas (Philippe), Regnier. — Grammaire allemande. 9e éd., revue par Adler-Mesnard. — *P.*, 1856, in-12. [8° O. 2749

Lebas (Philippe). — Précis d'histoire romaine. — *P.*, 1837, in-12. [8° U. 4224.

Le Béalle (A.). — Cours élémentaire de dessin linéaire. — *P.*, 1846, 4°. [4° I. 852

Le Beau (Ch.). — Éloge de M. le comte d'Argenson. — *P.*, 1765, 8°. [8° U. 4225

Le Beau (Ch.). — Histoire du Bas-Empire. — *P.*, 1819-1820, 13 vol. 8°. [8° U. 4226-38

Le Bec (Dr Ed.). — Précis de médecine opératoire. Aide-mémoire de l'élève et du praticien. 410 fig. — *P.*, 1885, in-16. [8° I. 3983

Leber (C.), Salgues (J.-B.), Cohen (J.). — Collection des meilleures dissertations, notices et traités particuliers relatifs à l'histoire de France. — *P.*, 1826-1838, 20 vol. 8°.

[8° U. 4239-58

Le Berquier (Jules). — Le barreau moderne, français et étranger. 2e éd. — *P.*, 1882, 8°. [8° E. 1396

Lebesnier. — Législation complète des fabriques des églises. 2ᵉ éd. — *Rouen*, 1824, 8°.   [8° E. 1397

Le Beuf (Abbé). — Histoire du diocèse de Paris. — *P.*, 1754-1758, 15 vol. in-12.   [8° U. 4259-72

1863-1870. — Nouv. éd., continuée jusqu'à nos jours par Hippolyte Cocheris. — *P.*, 4 vol. 8°.   [U. 4273-76

Le Beuf (Abbé). — Mémoire concernant l'histoire ecclésiastique et civile d'Auxerre. — *P.*, 1743, 2 vol. 4°.   [4° U. 818-19

Lebeuf(V.-F.). — Arbres fruitiers. Culture et tailles rationnelles et économiques des poirier, pommier, prunier, cerisier. — *P.*, 1881, in-18.   [8° I. 3984

Le Blanc (Abbé). — Lettres. 5ᵉ éd. — *Lyon*, 1758, 3 vol. in-12.   [8° U. 4277-79

Leblanc (René). — L'enseignement expérimental des sciences à l'école normale et à l'école primaire. — *P.*, (s. d.), 8°.   [8° I. 3984. A

Le Blant (Edmond). — Inscriptions chrétiennes de la Gaule antérieures au VIIIᵉ siècle. — *P.*, 2 vol. 4°.   [4° U. 820-21

Leblois (L.). — Strasbourg avant et pendant le siège. — *Toulouse*, 1871, in-12.   [8° U. 4280

Lebon (André). — L'Angleterre et l'émigration française de 1794 à 1801, avec une préface de M. Albert Sorel.— *P.*, 1882, 8°.   [8° U. 4281

Le Bon (Dʳ Gustave). — La civilisation des Arabes. 10 chrom., 4 cartes et 366 grav., dont 70 grandes planches. — *P.*, 1884, 4°.   [4° U. 822

Le Bossu. — L'Architecte régulateur. 4ᵉ éd. — *P.*, 1844, in-12.   [8° I. 3985

Le Bourdellès (Raymond). — De la sophistication des boissons, considérée à ses différents points de vue et particulièrement au point de vue pénal — *P.*, 1885, 8°.   [8° E. 1398

Lebret (Georges). — Étude sur la propriété foncière en Angleterre. — *P.*, 1882, 8°.   [8° E. 1399

Le Breton (Mᵐᵉ J.). — Histoire et applications de l'électricité. — *P.*, 1884, 8°.   [8° I. 3986

Le Brun (Henri). — Aventures et conquêtes de Fernand Cortez au Mexique. 4ᵉ éd. — *Tours*, 1843, in-12.   [8° U. 4282

Le Brun (Henri). — Voyages et aventures du capitaine Cook. Nouv. éd.—*Tours*,1843, in-12. [8° U. 4283

Le Brun-Renaud (Ch.). — Les possessions françaises de l'Afrique occidentale. 2 cartes. — *P.*, 1886, in-18.   [8° U. 4283+A

Lecerf. — Tableau général et raisonné de la législation française.— *P.*, 1841, 8°.   [8° E. 1400

Lechalas.— Hydraulique fluviale. — *P.*, 1884, 8°.   [8° I. 3987

Lechartier (E.). — Dictionnaire pratique des assurances terrestres. — *P.*, 1883, 8°.   [8° E. 1401

2ᵉ éd., 1884. — *P.*, 8°.   [8° E. 1402

Lechartier (E.). — Les Sociétés de secours mutuels de la Seine. Projet d'une Union syndicale. — *P.*, 1885, in-18.   [8° I. 3988

Le Chartier (H.). —La Nouvelle-Calédonie et les Nouvelles-Hébrides. 45 grav. et 2 cartes.—*P.*, 1885, in-16.   [8° U. 4283. A

Lechopié (Alfred). — La liberté d'association et les professions libérales (Loi du 21 mars 1884, sur les syndicats professionnels). — *P.*, 1885, 8°.   [8° E. 1403

Le Clerc (Ed.). — La vie d'Armand Jean, duc de Richelieu. — Cologne, 1695, 2 vol. in-18.
[8° U. 4284-85

3ᵉ éd., 1714. — Amsterdam, 2 vol. in-12. [8° U. 4286-87

Le Clerc (Jos.-Vict.). — Nouvelle rhétorique. 9ᵉ éd. — P., 1846, in-12.
[8° O. 2750

Leclerc (J.-M.-J.). — Traité de drainage. — Bruxelles, 1853, in-12.
[8° I. 3989

Leclercq (Jules). — De Mogador à Biskra. Maroc et Algérie. Avec une carte. — P., 1881, in-18.
[8° U. 4288

Leclercq (Jules). — La Terre de glace. Féroë. Islande. Avec des gravures et 2 cartes. — P., 1883, in-18.
[8° U. 4289

Leclercq (Jules). — Voyage au Mexique. De New-York à Vera-Cruz, en suivant les routes de terre. 36 grav. et une carte. — P., 1885, in-16.
[8° U. 4289. A

Leclère (D.-H.). — 1870-1871. Tableaux statistiques des pertes des armées allemandes, d'après les documents officiels allemands. — P., 1873, 4° oblong. [4° U. 823

Lécluse (Fl.). — Lexique français-grec. 3ᵉ éd. — P., 1844, 8°.
[8° O. 2751

Lecocq (Georges). — La prise de la Bastille et ses anniversaires, d'après des documents inédits. — P., 1881, in-18. [8° U. 4290

Le Comte (Noël). — Mythologie extraite du latin, par I. D. M. (Jean de Montlyard). — Lyon, 1607, 4°.
[4° A. 163

Leçons allemandes de littérature et de morale, par Noël et Stœber. Trad.

par Derome, Heemel, Ruh. — Haguenau, 1828, 2 vol. 8°.
[8° O. 2752-53

Leçons anglaises de littérature et de morale, par Noël et Chapsal, trad. en français par L. Mézières. — P., 1826, 2 vol. 8°. [8° O. 2754-55

Leçons françaises de littérature et de morale, par Noël et de La Place. 26ᵉ éd. — P., 1844, 2 vol. 8°.
[8° O. 2756-57

Leçons pratiques et graduées sur les matières comprises dans le programme de l'enseignement primaire. Examens et concours. Année scolaire 1875-1876. — P., (s. d.), 4°.
[4° I. 853

Leconte (Émile). — Serrurerie. — P., (s. d.), f°. [Fol. I. 114

Lecoq (F.). — Traité de l'extérieur du cheval et des principaux animaux domestiques. — P., 1843, 8°.
[8° I. 3990

Lecoq. — De la fécondation naturelle des végétaux et de l'hybridation. — P., 1845, in-12. [8° I. 3991

Lecoq. — Traité des plantes fourragères. — P., 1844, 8°.
[8° I. 3992

Le Cordier (N.). — Traité sur les améliorations de la race chevaline en France. — P., 1872, in-18.
[8° I. 3993

Lecouteux (Édouard). — Le maïs et les autres fourrages verts : culture et ensilage. 2ᵉ éd., refondue. — P., 1883, in-18. [8° I. 3994

Lecouteux (Édouard). — Principes de la culture améliorante. 2ᵉ éd. — P., 1860, in-12. [8° I. 3995

Lecoy de La Marche (A.). — Les manuscrits et la miniature. — P., (s. d.), 8°. [8° I. 3995. A

Lectures chrétiennes en forme d'instructions familières. Nouv. éd. — *P.*, 1819, 3 vol. in-12.

[8° A. 745-47

Leczinski (Stanislas). — Œuvres du philosophe bienfaisant. — *P.*, 1763, 4 vol. in-12. [8° O. 2758-61

Ledieu (A.). — Extrait du traité élémentaire des appareils à vapeur de navigation, à l'usage des candidats aux grades de capitaine au long cours et de maître au cabotage. — *P.*, 1863, 4°.

[4° I. 854

Ledru. — La clef du notariat. 3ᵉ éd. — *P.*, 1831, 8°.

[8° E. 1404

Ledru (Alphonse). — Guide-formulaire à l'usage des gardes-champêtres. — *P.*, 1885, in-18.

[8° E. 1405

Ledru (Alphonse). — Organisation, attributions et responsabilité des conseils de surveillance des sociétés en commandite par actions (loi du 24 juillet 1867). — *P.*, 1876, 8°.

[8° E. 1406

Lefébure de Fourcy. — Leçons d'algèbre. 3ᵉ éd. — *P.*, 1838, 8°.

[8° I. 3996

Lefébure de Fourcy. — Leçons de géométrie analytique. 5ᵉ éd.— *P.*, 1846, 8°. [8° I. 3997

Lefébure de Fourcy. — Traité de géométrie descriptive. 4ᵉ éd. — *P.*, 1842, 2 vol. 8° dont un atlas.

[8° I. 3998-99

Lefebvre (J.). — Actions judiciaires et transactions des communes, hospices, fabriques, caisses d'épargne. — *P.*, 1880, in-18. [8° E. 1407

Lefebvre (J.). — Des actions judiciaires et transactions des communes et des établissements communaux d'utilité publique. Législation, doctrine, jurisprudence. 2ᵉ éd. — *P.*, 1885, in-16. [8° E. 1408

Lefebvre (Eugène). — Histoire d'une assiette. — *P.*, 1885, 8°.

[8° I. 4000

Lefebvre (Eugène). — Le sel. 49 vignettes. — *P.*, 1882, in-18.

[8° I. 4001

Lefebvre (J.-G.). — Nouveau guide international, théorique et pratique du négociant en bois du nord de l'Europe et en bois d'Amérique. 7ᵉ éd. — *P.*, (s. d.), in-18. [8° I. 4002

Lefebvre (René), pseudonyme de **Laboulaye** (Édouard). — Paris en Amérique. 10ᵉ éd. — *P.*, 1864, in-12.

[8° U. 4291

Lefeuve. — Les anciennes maisons de Paris. Histoire de Paris, rue par rue, maison par maison. 5ᵉ éd. — *P.*, 1875, 5 vol. in-18. [8° U. 4292-96

Le Fèvre (Tanneguy). — Les poètes grecs. — *Saumur*, 1664, in-18.

[8° U. 4297

Lefèvre (André). — Merveilles de l'architecture. 3ᵉ éd. — *P.*, 1870, in-12. [8° I. 4003

(Bibliothèque des Merveilles.)

Lefèvre (André). — Les parcs et les jardins. 2ᵉ éd. — *P.*, 1871, in-12.

[8° I. 4004

(Bibliothèque des Merveilles.)

Lefèvre (André).—La philosophie. — *P.*, 1879, in-18. [8° I. 4005

Lefèvre (André). — La renaissance du matérialisme. — *P.*, 1881, in-18. [8° I. 4006

Lefèvre (E.). — Documents officiels recueillis dans la secrétairerie privée de Maximilien. Histoire de l'intervention française au Mexique. — *Bruxelles* et *Londres*, 1869, 2 vol. 8°.

[8° U. 3298-99

Lefèvre (H.). — Le commerce, suivi du Dictionnaire dn commerçant. — *P.*, (s. d.), 8°.
[8° I. 4006+A.

Lefèvre (H.). — Traité pratique du commerce des céréales, en France et à l'étranger.—*P.*, (s. d.), 8°.
[8° I. 4007

Le Fèvre (Jean) de Saint-Remy.— Chronique, transcrite et publiée par François Morand. Tome I (1408-1420). — *P.*, 1876, 8°. [8° U. 4300
(Société de l'Histoire de France.)

Lefèvre (Théotiste). — Guide pratique du compositeur d'imprimerie. — *P.*, 1880, 2 vol. 8°. [8° I. 4008

Lefèvre-Pontalis (Antonin). — Les lois et les mœurs électorales. Nouv. éd. — *P.*, 1885, in-18.
[8° U. 4300. A

Lefèvre-Pontalis (Antonin). — Vingt années de république parlementaire au XVIIᵉ siècle. Jean de Witt. 1 portrait. — *P.*, 1884, 2 vol. 8°.
[8° U. 4301-2

Lefort (F.). — Tables des surfaces de déblai et de remblai, relatives à un chemin de fer à deux voies.— *P.*,1861, 4°. [4° I. 855

Lefort (Joseph). — Cours élémentaire de droit criminel (droit pénal, procédure criminelle). 2ᵉ éd. — *P.*, 1879, 8°. [8° E. 1409

Lefort (Jules). — Chimie des couleurs pour la peinture à l'eau et à l'huile. — *P.*, 1855, in-18. [8° I. 4010

Lefour. — Histoire abrégée du sacrilège chez les différents peuples et particulièrement en France.—*P.*,1825, 2 vol. 8°. [8° U. 4303-4

Lefranc (Émile). — Traité théorique et pratique de littérature.—Style et composition, 3ᵉ éd. Rhétorique et éloquence, 3ᵉ éd. Poétique, 4ᵉ éd. —*P.*, 1841-43, 3 vol. in-12.
[8° O. 2762-64

Lefranc (Émile). — Histoire ancienne. 12ᵉ éd. — *P.*, 1846, in-12.
[8° U. 4305

Lefranc (Émile). — Histoire du moyen âge. 10ᵉ éd. — *P.*, 1845, in-12. [8° U. 4306

Lefranc (Émile). — Histoire moderne. 5ᵉ éd. — *Lyon*, 1842, 2 vol. in-12. [8° U. 4307-8

Lefranc (Émile). — Histoire de France. 9ᵉ éd. —*P.*, 1845, 2 vol. in-12. [8° U. 4309-10

Lefranc (Émile), Jeannin (G.). — Nouveau manuel des aspirants au baccalauréat ès lettres. 35ᵉ éd. — *P.*, 1863, 8°. [8° I. 4011

Lefranc (Émile). —.Nouveau manuel des aspirants aux brevets de capacité pour l'instruction primaire supérieure et élémentaire. 4ᵉ éd. — *P.*, 1848, in-18. [8° I. 4012

Lefranc (Émile). — Nouvelle géographie moderne. — *P.*, 1850, in-12. [8° U. 4311

Le Franc de Pompignan. — Poésies sacrées et philosophiques tirées des livres saints. — *P.*, 1763, 4°.
[4° O. 345

Lefrançais (J.-D.). — Lectures patriotiques sur l'histoire de France, à l'usage de l'enseignement primaire. 2ᵉ éd. — *P.*, 1882, in-18.
[8° U. 4312

Le Gallais. — Histoire de la Savoie et du Piémont. — *P.*, 1861, 8°.
[8° U. 4313

Légendes et traditions historiques de l'archipel indien (Sedjarat Malayou). Traduit du malais, par L.-Marcel Devic. —*P.*, 1878, in-18. [8° U. 4314

Le Gendre (Abbé Louis). — Mémoires, publiés par M. Roux.—*P.*, 1863, 8°. [8° U. 4315

Legendre (Abbé Louis). — Mœurs et coutumes des Français. Nouv. éd. — *Tours*, 1848, in-12.
[8° **U. 4316**

Legendre (A.-M.). — Éléments de géométrie, avec additions et modifications, par A. Blanchet. 3e éd. — *P.*, 1853, 8°. [8° **I. 4013**
10e éd., 1862. — *P.*, 8°.
[8° **I. 4014**

Léger (Louis). — La Bulgarie. — *P.*, 1885, in-16. [8° **U. 4316. A**

Léger (Louis). — Études slaves. Voyages et littérature. — *P.*, 1875, in-18. [8° **U. 4317**

Léger (Louis). — La Save, le Danube et le Balkan. Voyage chez les Slovènes, les Croates, les Serbes et les Bulgares. — *P.*, 1884, in-18.
[8° **U. 4317. A**

Législation des contributions indirectes, des tabacs et des octrois, de 1790 à 1816. — *P.*, 1845, 8°.
[8° **E. 1410**

Le Gost (Ernest). — Étude théorique et pratique sur les titres au porteur perdus, volés, détruits, etc., et les moyens d'en recouvrer la possession. — *P.*, 1880, 8°. [8° **E. 1411**

Legouvé (Ern.). — La lecture en action. — *P.*, (s. d.), in-18.
[8° **O. 2765**

Legouvé (Jean-Baptiste-Gabriel). — Le mérite des femmes. Nouv. éd. — *P.*, 1838, in-12. [8° **O. 2766**

Legrand (Louis). — Commentaire de la loi du 23 octobre 1884 sur les ventes judiciaires d'immeubles. — *P.*, 1885, in-18. [8° **E. 1412**

Legrand d'Aussy. — Fabliaux ou contes du XIIe et du XIIIe siècle, trad. d'après les divers manuscrits du temps. — *P.*, 1779, 3 vol. 8°.
[8° **O. 2767-69**

Legrelle (A.). — Louis XIV et Strasbourg, essai sur la politique de la France en Alsace, d'après des documents officiels et inédits. 3e éd. — *P.*, 1883, 8°. [8° **U. 4318**

Leguat (François). — Aventures de François Leguat et de ses compagnons en deux îles désertes des Indes-Orientales, 1690-1698, publiées et annotées par Eugène Muller. — *P.*, (s.d.), in-18. [8° **U. 4319**

Le Guénec (P.). — Manuel de gymnastique théorique et pédagogique. 169 grav. 2 planches. — *P.*, (s. d.), in-16. [8° **I. 4014. A**

Legué (Gabriel). — Urbain Grandier et les possédées de Loudun. Nouv. éd. — *P.*, 1884, in-18.
[8° **U. 4320**

Le Guillou (C.-M.). — Les Saints du mois. — *P.*, 1845, 2 vol. in-12. [8° **U. 4321-22**

Lehr (Ernest). — Éléments de droit civil anglais. — *P.*, 1885, 8°.
[8° **E. 1413**

Lehr (Ernest). — Éléments de droit civil espagnol. — *P.*, 1880, 8°.
[8° **E. 1414**

Lehr (Ernest). — Éléments de droit civil germanique. — *P.*, 1875, 8°.
[8° **E. 1415**

Lehr (Ernest). — Éléments de droit civil russe. Droit des personnes et droit de famille, droits réels. — *P.*, 1877, 8°. [8° **E. 1416**

Leibnitz. — Œuvres. Nouv. éd., par A. Jacques. — *P.*, 1842, 2 vol. in-12. [8° **I. 4015-16**

Leibnitz. — Œuvres philosophiques, avec une introduction et des notes par M. Paul Janet. — *P.*, 1866, 2 vol. 8°. [8° **I. 4017-18**

Le Jeune (Le P.). — Le missionnaire de l'Oratoire. — *Lyon*, 1837, 12 vol. 8°. [8° **A. 748-59**

Lejeune (Théodore). — Guide théorique et pratique de l'amateur de tableaux, étude sur les imitateurs et les copistes. — *P.*, 1875, 3 vol. gr. 8°.
[4° **I. 856-58**

Leland (Thomas). — Histoire d'Irlande depuis Henri II. Traduite de l'anglais. — *Maestricht*, 1779, 7 vol. in-12. [8° **U. 4323-29**

Lelieur. — La Pomone française, ou traité des arbres fruitiers. 2ᵉ éd. — *P.*, 1842, 8°. [8° **I. 4019**

Le Louterel. — Manuel des reconnaissances militaires. 5ᵉ éd. — *P.*, 1865, 8°. [8° **I. 4020**

Lemaire (Jules). — De l'acide phénique. 2ᵉ éd. — *P.*, 1865, in-12. [8° **I. 4021**

Le Maistre. — Plaidoyers et harangues, donnés au public par Jean Issali. — *P.*, 1705, 4°. [4° **E. 200**

Lemaître (Jules). — Les contemporains. Études et portraits littéraires. 1ʳᵉ série. — *P.*, 1886, in-18. [8° **O. 2770**

Le Maout (Emm.). — Leçons élémentaires de botanique. — *P.*, 1844, 2 vol. 8°. [8° **I. 4022-23**

Lemare. — Cours pratique et théorique de la langue latine. 3ᵉ éd. — *P.*, 1817, 8°. [8° **O. 2771**

Lemare. — Cours pratique et théorique de la langue française. 2ᵉ éd. — *P.*, 1817, 2 vol. 8°. [8° **O. 2772-73**

Le Marois (Pierre). — Des ateliers insalubres, dangereux et incommodes. — *P.*, 1883, 8°. [8° **E. 1417**

Lemay (Léon-Pamphile). — Essais poétiques. — *Québec*, 1865, 8°. [8° **O. 2774**

Le Mazurier (P.-D.). — Galerie historique des acteurs du Théâtre Français, depuis 1600 jusqu'à nos jours. — *P.*, 1810, 2 vol. 8°. [8° **U. 4330-31**

Lemercier (A.). — Les Marins célèbres de la France. Nouv. éd. — *Tours*, 1862, in-12. [8° **U. 4332**

Lemire (Charles). — Cochinchine française et royaume de Cambodge, avec 1 carte et 1 plan. 2ᵉ éd. — *P.*, 1877, in-18. [8° **U. 4333**

Lemire (Charles). — La Colonisation française en Nouvelle-Calédonie et dépendances. — *P.*, 1878, 8°. [8° **U. 4334**

Lemire (Charles). — De France en Australie, en Nouvelle-Calédonie et aux Nouvelles-Hébrides. Voie des Paquebots-Poste français par Suez, Aden, La Réunion et Maurice. Avec 2 cartes. — *P.*, (s. d.), in-32. [8° **U. 4335**

Lemire (Charles). — Traversée de France en Nouvelle-Calédonie et à Taïti, par le Cap de Bonne-Espérance, et retour par le Cap Horn. Avec un Planisphère et une carte de la Nouvelle-Calédonie. — *P.*, (s. d.), in-32. [8° **U. 4336**

Lemoine (Albert). — L'habitude et l'instinct. Études de psychologie comparée. 2ᵉ éd. — *P.*, 1880, in-18. [8° **I. 4024**

Lemontey (P.-E.). — Œuvres. — *P.*, 1829-1832, 7 vol. 8°. [8° **O. 2775-81**

Le Nain de Tillemont. — Vie de Saint Louis, roi de France. Publiée par J. de Gaule. — *P.*, 1847-1851, 6 vol. 8°. [8° **U. 4337-42**

(Société de l'Histoire de France.)

Le Nain de Tillemont. — La vie de sainte Geneviève. — *P.*, 1823, in-12. [8° **U. 4343**

Leneveux (H.). — Le budget du foyer. Économie domestique. — *P.*, (s. d.), in-16.   [8° I. 4025

Leneveux (H.). — Paris municipal, ses services publics et ses ressources financières. — *P.*, (s. d.), in-16.   [8° U. 4344

Leneveux (H.). — Le travail manuel en France. — *P.*, (s. d.). in-32.   [8° I. 4026

Lenglier (Charles). — Cours d'arithmétique, suivi de notions élémentaires d'algèbre. — *P.*, 1855, in-16.   [8° I. 4027

Lenient (Anthelme). — Guide des aspirants et aspirantes aux divers brevets de capacité, pour l'enseignement primaire. — *P.*, 1876, in-18.   [8° I. 4028

Lenient (C.). — La satire en France au moyen âge. 3ᵉ éd., revue et corrigée. — *P.*, 1883, in-16.   [8° O. 2781. A

Lenient (C.). — La satire en France, ou la littérature militante au XVIᵉ siècle. Nouv. éd. — *P.*, 1877, 2 vol. in-18.   [8° O. 2782 83

Lenoir (Alexandre). — Musée des monuments français. — *P.*, an IX (1800-1821), 8 vol. 8°.   [8° U. 4345 52

Lenormant (François). — A travers l'Apulie et la Lucanie. — *P.*, 1883, 2 vol. 8°.   [8° U. 4352. A

Lenormant (François). — La Grande-Grèce. Paysages et histoire. Littoral de la mer Ionienne. 2ᵉ éd. — *P.*, 1881-1884, 3 vol. in-18.   [8° U. 4353-55

Lenormant (François). — Histoire ancienne de l'Orient jusqu'aux guerres médiques. 9ᵉ éd., illustrée de nombreuses figures d'après les monuments antiques. — *P*, 1881-87, 5 vol. gr. 8°.   [4° U. 824-27

T. I. — Les Origines. Les Races et les langues. 167 grav., 1 carte tirée en couleur et 5 cartes dans le texte.

T. II. — Les Égyptiens.

T. III. — Civilisation de l'Égypte.

T. IV. — Les Assyriens et les Chaldéens.

T. V. — La civilisation assyro-chaldéenne. Les Mèdes et les Perses.

Lenormant (François). — Manuel d'histoire ancienne de l'Orient, jusqu'aux guerres médiques. — *P.*, 1869, 3 vol. in-18.   [8° U. 4356-58

Lenormant (François). — La Monnaie dans l'antiquité. Leçons professées dans la chaire d'archéologie près la Bibliothèque nationale en 1875-77. — *P.*, 1878-1879, 4 vol. 8°.   [8° I. 4029-31

Lenormant (François). — Les origines de l'histoire d'après la Bible et les traditions des peuples orientaux. — *P.*, 1880-82, 2 vol. 8°.   [8° U. 4359-60

I. — De la création de l'homme au Déluge.

II. — 1ʳᵉ partie. L'humanité nouvelle et la dispersion des peuples.

Lenthéric (Charles). — La Grèce, l'Orient et la Provence. — Arles, — le Bas-Rhône, — Marseille. 2ᵉ éd. — *P.*, 1878, in-12.   [8° U. 4361

Lenthéric (Charles). — La Provence maritime, ancienne et moderne. — *P.*, 1880, in-18.   [8° U. 4362

Lenthéric (Charles). — La région du Bas-Rhône. — *P.*, 1881, in-18.   [8° U. 4363

Lenthéric (Charles). — Les villes mortes du golfe de Lyon. 2ᵉ éd. — *P.*, 1876, in-18.   [8° U. 4364

Lentz (Dʳ F.). — De l'alcoolisme et de ses diverses manifestations, considérées au point de vue physiologique, pathologique, clinique et médico-légal. — *Bruxelles*, 1884, 8°.   [8° I. 4032

Léo. — Le gouffre des capitaux. Étude d'un actionnaire sur les sociétés par actions, contenant les modifications et additions proposées à la loi de 1867 sur les sociétés. — P., 1884, in-18.
[8° I. 4033

Léon le Grand (Saint), Pierre Chrysologue (Saint). — SS. PP. Leonis Magni et Petri Chrysologi opera omnia. — P., 1614. — D. Dionysii Carthusiani in quatuor Évangelistas enarrationes. — Lugduni, 1579, f°.
[Fol. A. 75

Léouzon le Duc (L.). — Vingt-neuf ans sous l'étoile polaire. Souvenirs de voyages. 1re série, l'Ours du Nord. — 2e série, le Renne. — P., (s. d.), 1880, 2 vol. in-18. [8° U. 4365-66

Lepage (Auguste). — Les discours du Trône depuis 1814 jusqu'à nos jours. — P., 1867, in-12. [8° U. 4367

Lepage (P.). — Lois des bâtiments, ou le nouveau Desgodets. Nouv. éd. — P., 1847, 2 vol. 8°.
[8° E. 1418-19

Le Pape de Trévern (Jean-François-Marie). — Discussion amicale sur l'Église anglicane. 2e éd. — P., 1824, 2 vol. 8°. [8° A. 760-61

L'Épée (Abbé de). — Institution des sourds et muets, ou recueil des exercices soutenus par les sourds et muets pendant les années 1771-74. — P., 1774, in-12. [8° I. 4034

L'Épée (Abbé de). — Institution des sourds-muets par la voie des signes méthodiques. — P., 1776, in-12.
[8° I. 4035

Lepère (Al.). — Pratique raisonnée de la taille du pêcher. 2e éd., avec 5 planches. — P., 1846, 8°.
[8° I. 4036

Lepic (Ludovic). — La dernière Égypte. Portrait de l'auteur, par Éd. Detaille. — P., 1884, gr. 8°.
[4° U. 827. A

Le Pileur (A.). — Le corps humain. 2e éd. — P., 1869, in-12.
[8° I. 4037

3e éd., 1873. — P., in-12.
[8° I. 4038

Le Play (Fréd.). — L'Organisation du travail selon la coutume des ateliers et la loi du Décalogue. — Tours, 1870, in-18. [8° I. 4039

Le Play (Fréd.). — Les Ouvriers Européens. Études sur les travaux, la vie domestique, etc., des populations ouvrières de l'Europe.— P., 1855, gr.f°.
[Fol. I. 115

Le Play (Fréd.). — La Réforme sociale en France. — P., 1864, 2 vol. 8°. [8° U. 4368-69

Le Poittevin (G.). — Dictionnaire-formulaire des Parquets et de la police judiciaire. — P., 1884-86, 3 vol. 8°. [8° E. 1419. A

Le Prieur. — Les recettes de famille, à l'usage des ménages. — P., (s. d.), in-18. [8° I. 4039. A

Le Prince. — Essai historique sur la Bibliothèque du roi. Nouv. éd., revue et augmentée des « Annales de la Bibliothèque », par Louis Pâris. — P., 1856, in-18.
[8° U. 4369. A

Le Prince de Beaumont (Mme). — Œuvres mêlées. — Maestricht, 1775, 6 tomes en 3 vol. in-12.
[8° O. 2784-86

Le Prince de Beaumont (Mme). — Le Magasin des adolescents. — La Haye, 1760, 2 vol. in-12.
[8° O. 2787-88

Le Prince de Beaumont (Mme). — Le Magasin des enfants. — P., 1843, 4°. [4° O. 346

Lequeutre (A.). — Guide de Cauterets. Description, renseignements. Avec une carte géographique de la région. 4ᵉ éd., augmentée de courses nouvelles dans les montagnes espagnoles de l'Aragon, par E. Wallon. — *Pau*, 1879, in-16.   [8° U. 4370

Lequien (E.-A.). — Les premières notions de la grammaire française. 2ᵉ éd. — *P.*, 1829, in-12.
[8° O. 2789

Lequien (E.-A.). — Grammaire élémentaire. 10ᵉ éd. — *P.*, 1837, in-16.   [8° O. 2790

Lequien (E.-A.). — Traité de la conjugaison des verbes. 16ᵉ éd. — *P.*, 1846, in-12.   [8° O. 2791

Lequien (E.-A.). — Concordance des temps des verbes et particulièrement des temps du subjonctif. 8ᵉ éd. — *P.*, 1828, in-12.   [8° O. 2792

Lequien (E.-A.). — Traité des participes. 15ᵉ éd. — *P.*, 1830, in-12.
[8° O. 2793

Lequien (E.-A.). — Analyse grammaticale, suivie d'un abrégé d'analyse logique. — *P.*, 1829, in-12.
[8° O. 2794

Lequien (E.-A.). — Traité de la ponctuation. 9ᵉ éd. — *P.*, 1834, in-12.
[8° O. 2795

Le Riche. — Histoire des Jacobins en France. — *Hambourg*, 1795, 2 vol. in-12.   [8° U. 4371-72

Lermina (J.). — Histoire de la misère, ou le Prolétariat à travers les âges. — *P.*, 1869, in-18.
[8° I. 4040

Lerminier (E.). — Philosophie du Droit. 2ᵉ éd. — *P.*, 1835, 3 vol. 8°.
[8° E. 1420-21

Le Roi (J.-A.). — Histoire de Versailles, de ses rues, places et avenues, depuis l'origine jusqu'à nos jours. — *Versailles*, (s. d.), 2 vol. 8°.
[8° U. 4373-74

Le Rouge (Georges-Louis). —

Curiosités de Paris, de Versailles, Marly, Vincennes, St-Cloud. Nouv. éd. — *P.*, 1771, 3 vol. in-12.
[8° U. 4375-77

Le Rousseau (Jullien). — De l'association de l'ouvrier aux bénéfices du patron. Nouv. éd., précédée d'une notice sur l'origine de l'application de la participation. — *P.*, 1886, in-18.
[8° I. 4040. A

Leroux (Jean). — La clef de Nostradamus; isagoge ou introduction au véritable sens des prophéties de ce fameux auteur. — *P.*, 1710, in-12.
[8° O. 2796

Leroux de Lincy. — Le livre des proverbes français, précédé d'un essai sur la philosophie de Sancho Pança, par Ferdinand Denis. — *P.*, 1842, 2 vol. in-18.
[8° O. 2797-98

Le Roy. — La Médecine curative ou la purgation. 12ᵉ éd. — *P.*, 1825, in-12.   [8° I. 4041

Leroy (Alphonse). — Liber memorialis. L'Université de Liège depuis sa fondation. — *Liège*, 1869, 4°.
[4° U. 828

Leroy (André). — Dictionnaire de pomologie. Poires. — *P.*, 1867-69, 2 vol. 4°.   [4° I. 859-60

Leroy (André). — Dictionnaire de pomologie. Pommes. — *P.*, 1879, 2 vol. 4°.   [4° I. 861-62

Leroy (C.-F.-A.). — Traité de géométrie descriptive. 4ᵉ éd. — *P.*, 1855, texte et atlas, 2 vol. 4°.
[4° I. 863-64
7ᵉ éd., 1865, revue par E. Martelet. — *P.*, texte et atlas, 2 vol. 4°.
[4° I. 865-66

Leroy (C.-F.-A.). — Traité de stéréotomie. — *P.*, 1844, 4° et atlas f°.   [4° I. 867
[Fol. I. 116

7ᵉ éd., 1877. — *P.*, 4° et atlas f°.
[4° I. 868
[Fol. I. 117

Leroy (E.). — Aviculture. La poule pratique, par un praticien. — *P.*, 1885, in-18.   [8° I. 4042

Leroy (Louis). — Les Français à Madagascar. Avec carte et cartouches. — *P.*, 1884, in-18. [8° U. 4378

Le Roy (Raoul). — Anémie des grandes villes et des gens du monde (Cachexie urbaine). — *P.*, 1869, 8°.
[8° I. 4043

Leroy (S.). — Assurance contre l'incendie. Guide des agents et des assurés. — *P.*, 1881, in-18.
[8° I. 4044

Leroy (Théophile). — La vie champêtre, série de lectures manuscrites (morale et agriculture), à l'usage des écoles primaires. 1ʳᵉ partie. — *P.*, 1880, 8°.   [8° I. 4045

Leroy-Beaulieu (Anatole). — Les catholiques libéraux. L'Église et le libéralisme de 1830 à nos jours. — *P.*, 1885, in-18. [8° U. 4378. A

Leroy-Beaulieu (Anatole). — L'Empire des Tsars et les Russes. — *P.*, 1881- , vol. 8°.
[8° U. 4379

T. I. Le pays et les habitants.

Leroy-Beaulieu (Anatole). — Un homme d'État russe. Nicolas Milutine, d'après sa correspondance inédite. Étude sur la Russie et la Pologne pendant le règne d'Alexandre II. — *P.*, 1884, in-18.   [8° U. 4380

Leroy-Beaulieu (Paul). — Le collectivisme, examen critique du nouveau socialisme. — *P.*, 1884, 8°.
[8° I. 4046

Leroy-Beaulieu (Paul). — De la colonisation chez les peuples modernes. 2ᵉ éd. — *P.*, 1882, 8°.
[8° U. 4381

Leroy-Beaulieu (Paul). — Essai sur la répartition des richesses et sur la tendance à une moindre inégalité des conditions. — *P.*, 1881, 8°.
[8° I. 4047

Leroy-Beaulieu (Paul). — Traité de la science des finances. 2ᵉ édition. Tome I : Des revenus publics. — Tome II : Le budget et le crédit public. — *P.*, 1879, 2 vol. 8°. [8° I. 4048-49
3ᵉ éd., 1883. — *P.*, 2 vol. 8°.
[8° I. 4050-51

Leroy-Beaulieu (Paul). — Le travail des femmes au XIXᵉ siècle. — *P.*, 1873, in-18.   [8° I. 4052

Le Sage. — Œuvres choisies. — *P.*, 1810, 16 vol. 8°.
[8° O. 2799-2814

Le Saint (L.). — La guerre entre la France et la Prusse, 1870-1871. — *Lille*, 1871, 8°.   [8° U. 4382

Lesbazeilles (E.). — Les Colosses anciens et modernes. — *P.*, 1876, in-12.
[8° U. 4383
(Bibliothèque des Merveilles.)

Lesbazeilles (E.). — Les forêts. 43 vign. — *P.*, 1884, in-18.
[8° I. 4053
(Bibliothèque des Merveilles.)

Lesbazeilles (E.). — Les merveilles du monde polaire. Ouvrage illustré de 38 grav. — *P.*, 1881, in-18.
[8° U. 4384
(Bibliothèque des Merveilles.)

Lescarbot (Marc). — Histoire de la Nouvelle-France. — *P.*, 1617, in-12.
[8° U. 4385

Lescure (De). — Lord Byron. — *P.*, 1866, in-12.   [8° U. 4386

Lescure (De). — Les grandes épouses, études morales et portraits d'histoire intime. 12 portraits sur bois, d'après les originaux authentiques. — *P.*, 1884, 8°.   [8° U. 4387

Lescure (De). — Les maîtresses du Régent. — *P.*, 1860, in-12.
[8° U. 4388

Lescure (De). — Marie-Antoinette et sa famille. — *P.*, (1865), 4°.
[4° U. 829

Lescure (De). — Rivarol et la société française pendant la Révolution et l'émigration (1753-1801). — *P.*, 1883, 8°.
[8° U. 4389

Lescurel (Jehannot de). — Chansons, ballades et rondeaux, publiés par A. de Montaiglon. — *P.*, 1855, in-16.
[8° O. 2815
(Bibliothèque Elzévirienne.)

Lescuyer (P.). — Manuel pratique d'administration communale, contenant le commentaire de la loi municipale du 5 avril 1884, avec le texte des circulaires ministérielles des 10 avril et 15 mai 1884, ainsi que le texte des lois, décrets et ordonnances demeurés en vigueur. — *P.*, 1884, 8°.
[8° E. 1422

Lesenne (N.-M.). — De la propriété avec ses démembrements, suivant le droit naturel, le droit romain et le droit français. — *P.*, 1858, 8°.
[8° E. 1423

Le Senne (N.-M.). — Droits et devoirs de la femme devant la loi française. — *P.*, 1884, 8°.
[8° E. 1424

Le Soudier (Henri). — Catalogue-Tarif à prix forts et nets des journaux, revues et publications périodiques parus à Paris jusqu'en décembre 1880. Suivi d'une table systématique et du tarif postal pour la France et l'étranger. — *P.*, 1881, 8°.
[8° I. 4054

Lespinasse (L.-N.). — Traité de perspective linéaire. — *P.*, 1823, 8°.
[8° I. 4055

Lespinasse (René). — Vie et vertus de Saint Louis, d'après Guillaume

de Nangis et le confesseur de la reine Marguerite. — *P.*, 1877, in-18.
[8° U. 4390

Lesseps (Ferdinand de). — Lettres, journal et documents pour servir à l'histoire du canal de Suez. — *P.*, 1854-1879, 5 vol. 8°.
[8° U. 4391-95

Lesseps (J.-B.-B. de). — Voyage du Kamtschatka en France, avec une préface par Ferdinand de Lesseps. — *P.*, (s. d.), in-12.
[8° U. 4396

Lessing (G.-E.). — Du Laocoon ou limites respectives de la poésie et de la peinture, traduit par Charles Vanderbourg. — *P.*, 1802, 8°.
[8° I. 4056

Letellier (Ch.-Const.). — Manuel mythologique de la jeunesse. — *P.*, 1812, in-12.
[8° A. 762

Leti (Grégoire). — La vie d'Élisabeth, reine d'Angleterre. Nouv. édit. — *Amsterdam*, 1703, 2 vol. in-12.
[8° U. 4397-98

Leti (Grégoire). — La vie d'Olivier Cromwell. — *Amsterdam*, 1708, 2 vol. in-12.
[8° U. 4399-4400

Leti (Grégoire). — La vie de Philippe II, roi d'Espagne, traduite de l'italien par de Chevrières. — *Amsterdam*, 1734, 5 vol. in-12.
[8° U. 4401-5

Letort (Charles). — Musée artistique des grandes industries françaises. 180 dessins à la plume et 12 compositions hors texte. — *P.*, 1881, f°.
[Fol. I. 118

Letourneau (Dr Charles). — La biologie. 2e édition. — *P.*, 1877, in-12.
[8° I. 4057

Le Touzé (Charles). — Traité théorique et pratique du change des monnaies et des fonds d'état français et étrangers. 3e éd. — *P.*, 1883, 8°.
[8° I. 4058

Le Trésor de La Rocque (H.).

— Les finances de la République. Les Chambres prodigues. — *P.*, 1884, in-18. [8° U. 4405 A.

Letronne (A.-J.). — Recueil des inscriptions grecques et latines de l'Égypte. — *P.*, 1842, 2 vol. 4°. [4° U. 830-31

Letronne (A.-J.). — Œuvres choisies, assemblées, mises en ordre et augmentées d'un index par E. Fagnan. 1re série. Égypte ancienne. — *P.*, 1881, 2 vol. 8°. [8° U. 4406-7

Lettres diplomatiques. — Coup d'œil sur l'Europe au lendemain de la guerre, par l'auteur des Lettres militaires, publiées dans le *Temps* pendant la guerre. — *P.*, 1872, in-12. [8° U. 4408

Leuba (Edmond). — La Californie et les États du Pacifique. Souvenirs et impressions. — *P.*, 1882, in-16. [8° U. 4409

Le Vaillant. — Voyage dans l'intérieur de l'Afrique. — *P.*, 1790, 2 vol. 8°. [8° U. 4410-11

Levasseur (É.). — Cours d'économie rurale, industrielle et commerciale. Ouvrage rédigé conformément aux programmes officiels pour l'enseignement secondaire spécial. (Quatrième année.) 2e éd. — *P.*, 1876, in-16. [8° I. 4059

Levasseur (É.). — Encyclopédie des écoles. Atlas scolaire. Cours complet de géographie (cours élémentaire, moyen et supérieur), rédigé conformément aux programmes officiels du 2 août 1882. — *P.*, 1884, 4°. [4° U. 832

Levasseur (Émile). — L'étude et l'enseignement de la géographie. — *P.*, 1872, in-12. [8° U. 4412

Levasseur (Émile). — L'Europe moins la France, géographie et statistique. — *P.*, 1871, in-12. [8° U. 4413

Levasseur (É.), **Périgot** (Ch.). — Cartes pour servir à l'intelligence de l'Europe moins la France. — *P.*, 1871, 8°. [8° U. 4414

Levasseur (Émile). — La France avec ses colonies. Géographie et statistique. 2e éd. — *P.*, 1872, 2 vol. in-12, dont un atlas. [8° U. 4415-16

Levasseur (Émile). — Vade-mecum du statisticien. France et Colonies. — *P.*, 1870, in-12. [8° U. 4417

Levasseur (É.). — Histoire des classes ouvrières en France, depuis la conquête de Jules César jusqu'à la Révolution. — *P.*, 1859, 2 vol. 8°. [8° U. 4418-19

Levasseur (É.). — Précis d'économie politique. 4e éd., conforme aux programmes de 1882. — *P.*, 1883, in-12. [8° I. 4060

Lévêque (Charles). — Les harmonies providentielles. — *P.*, 1872, in-12. [8° I. 4061

Lévêque (Charles). — La science du beau étudiée dans ses principes, dans ses applications et dans son histoire. — *P.*, 1861, 2 vol. 8°. [8° I. 4062-63

L'Évêque (P.), **Locard** (A.). — Pesage métrique des eaux-de-vie. Tables basées sur les calculs de Gay-Lussac. — *La Rochelle*, 1875, 4° oblong. [4° I. 869

Le Verrier (Urbain). — Cours de métallurgie, professé à l'École des mines de Saint-Étienne. Métallurgie des métaux autres que le fer. — *Saint-Étienne*, 1883, f°. [Fol. I. 119

Lévesque de Pouilly. — Théorie des sentiments agréables. — *P.*, 1748, in-18. [8° I. 4064

Lévi (D.). — Esquisses historiques. — *P.*, 1850, in-12. [8° U. 4420

Lévi (D.). — Nouveaux éléments d'histoire générale. 20° éd.— *P.*, 1842, in-12.   [8° U. 4421

Levillain (Ferdinand). — Histoire et critique des progrès réalisés par la physiologie expérimentale et la méthode anatomo-clinique dans l'étude des fonctions du cerveau. — *P.*, 1884, 8°.
                    [8° I. 4065

Lévizac. — A theorical and practical grammar of the French tongue. 9th éd. — *P.*, 1828, in-12.
                    [8° O. 2816

Levot (P.). — Récits de naufrages, incendies, tempêtes et autres évènements de mer. 2e éd. — *P.*, 1878, in-18.   [8° U. 4422

Lévy (Maurice). — La statistique graphique et ses applications aux constructions. Texte et atlas. — *P.*, 1874, 2 vol. 8°.   [8° I. 4066-67

Lévy (Michel). — Traité d'hygiène publique et privée. 3e éd. — *P.*, 1857, 2 vol. 8°.   [8° I. 4068-69

Lewis (J.-D.). — Bons mots des Grecs et des Romains, choisis dans les textes originaux. — *P.*, 1881, in-16.
                    [8° O. 2817

Lezay-Marnésia. — Mes souvenirs. A mes enfants. — *Blois*, 1851, 4°.   [4° U. 833

Lhomme (Charles). — Le code-manuel des certificats, brevets, examens et concours de l'enseignement primaire. — *P.*, 1885, in-12.
                    [8° I. 4069. A

Lhomme (Charles), **Pierret** (Henry). — Code-manuel des délégués cantonaux et communaux, avec une préface de M. E. Cuissart. — *P.*, 1882, in-12.   [8° E. 1425

Lhomme (Charles). — Code-manuel des membres des commissions municipales scolaires, avec une préface de M. Henri Prévost. — *P.*, 1883, in-18.   [8° E. 1426

Lhomond. — Éléments de la grammaire française, revus par Poujol. — *P.*, 1864, in-12.   [8° O. 2818

Liagre (J.). — Encyclopédie populaire. Traité élémentaire de topographie. — *Bruxelles*, (s. d.), in-12.
                    [8° I. 4070

Liébert (A.). — La photographie en Amérique, traité complet de photographie pratique. 2e éd. — *P.*, 1874, 8°.   [8° I. 4071

Liévin de Hamme (Le frère).— Guide-indicateur des sanctuaires et lieux historiques de la Terre-Sainte. 2e éd., accompagnée de cartes et de plans. — *P.*, 1876, 3 vol. in-18.
                    [8° U. 4423-25

Liger (F.). — Les égouts de Paris. — *P.*, 1883, in-18.   [8° I. 4072

Liger (F.). — Fosses d'aisances, latrines, urinoirs et vidanges. — *P.*, 1875, 8°.   [8° I. 4073

Liguori (S. Alphonse M. de). — Theologica moralis. — *Vesontione*, 1832, 9 vol. 8°.   [8° A. 763-71

Lillo (George). — George Barnwelle, a tragedy in five acts. — *Edinburgh*, 1811, in-18. [8° O. 2818.A

Limousin (Charles-M.). — Le commerce et les chemins de fer. Rapport présenté au Syndicat de l'Union nationale du commerce et de l'industrie. Discussion du Syndicat général. — *P.*, 1883, in-18.   [8° I. 4074

Lingard (John), **Roujoua** (de), **Marlès** (de).— Histoire d'Angleterre. — *P.*, 1825-1838, 22 vol. 8°. (A partir du t. 15 l'ouvrage est continué par de Marlès.)   [8° U. 4426-47

Linguet. — Mémoires sur la Bastille. 2ᵉ éd. — *P.*, 1865, in-12.
[8° **U.** 4448

Liouville (Félix). — De la profession d'avocat. Discours. 3ᵉ éd. — *P.*, 1864, 8°.
[8° **E.** 1427

Liste des bâtiments de la marine française et de leurs signaux distinctifs dans le Code international de signaux. — *P.*, 1882-1885, 2 vol. 8°.
[8° **I.** 4075-76

Liste générale des individus condamnés par jugements. — *P.*, an II, 8°.
[8° **U.** 4449

Liste, par ordre alphabétique des bailliages et sénéchaussées, de MM. les députés aux États-Généraux convoqués à Versailles, le 27 avril 1789. — *P.*, 1789, 4°.
[4° **U.** 833.A

Liszt (F.). — Des Bohémiens et de leur musique en Hongrie. Nouv. éd. — *Leipzig*, 1881, 8°.
[8° **U.** 4450

Littré (Émile). — Auguste Comte et la philosophie positive. 2ᵉ édition. — *P.*, 1864, 8°.
[8° **I.** 4077

Littré (Émile). — Dictionnaire de la langue française. — *P.*, 1863-1872, 2 tomes en 4 parties f°. Suppl. 1877, 1 vol. Ensemble 5 vol. f°.
[Fol. **O.** 92-96

Littré (Émile), **Robin** (Ch.). — Dictionnaire de médecine, de chirurgie, de pharmacie, de l'art vétérinaire et des sciences qui s'y rapportent. 13ᵉ éd. — *P.*, 1873, gr. 8°.
[4° **I.** 870
15ᵉ éd., 1885. — *P.*, gr. 8°.
[4° **I.** 871

Littré (Émile). — Histoire de la langue française. Nouv. éd. — *P.*, 1863, 2 vol. 8°.
[8° **O.** 2819-20

Littré (Émile). — Médecine et médecins. 2ᵉ éd. — *P.*, 1872, in-12.
[8° **I.** 4078

Littré (Émile). — La science au point de vue philosophique. 2ᵉ éd. — *P.*, 1873, in-12.
[8° **I.** 4079

Livet (Ch.-L.). — La grammaire française et les grammairiens du XVIᵉ siècle. — *P.*, 1859, 8°.
[8° **O.** 2821

Livet (Ch.-L.). — Portraits du grand siècle. — *P.*, 1885, 8°.
[8° **U.** 4451

Livingstone (David et Charles). — Explorations dans l'Afrique australe et dans le bassin du Zambèse. Tr. par Mᵐᵉ H. Loreau. — *P.*, 1868, in-12.
[8° **U.** 4452

Livingstone (David). — Dernier journal du docteur David Livingstone, relatant ses explorations et découvertes de 1866 à 1873. Trad. par Mᵐᵉ H. Loreau. — *P.*, 1876, 2 vol. 8°.
[8° **U.** 4453-54

Livon (Dʳ Charles). — Manuel de vivisections. — *P.*, 1882, 8°.
[8° **I.** 4080

Livres (Les) sacrés de l'Orient. Le Chou-King. Les Sse-chou. Les lois de Manou. Le Koran de Mahomet. Traduits ou revus et publiés par G. Pauthier. — *P.*, 1840, 4°. [4° **A.** 164

Livres (Les) sacrés de toutes les religions, sauf la Bible, traduits ou revus et corrigés par MM. Pauthier et G. Brunet. — *P.*, 1855-1866, 2 vol. 4°.
[4° **A.** 165-166

1ᵉʳ vol. Le Chou-King. Le Sse-Chou. Les lois de Manou. Le Koran de Mahomet.

2ᵉ vol. Livres sacrés des Indiens. Livres religieux des Bouddhistes. Livres religieux des Parsis. Livres religieux des Chinois. Livres religieux des peuples divers.

(Encyclopédie théologique Migne.)

Ljungberg (C.-E.). — La Suède, son développement moral, industriel et commercial, d'après des documents officiels, trad. par L. de Lilliehöök. — *P.*, 1867, 8°. [8° U. 4455

Llorente (D. Jean-Antoine). — Histoire critique de l'Inquisition d'Espagne, depuis l'époque de son établissement par Ferdinand V, jusqu'au règne de Ferdinand VII, traduite de l'espagnol sur le manuscrit et sous les yeux de l'auteur par Alexis Pellier. — *P.*, 1817-1818, 4 vol. 8°. [8° U. 4456-59

Lobeira (Vasco). — Amadis de Gaule. Trad. du Comte de Tressan. — *Amsterdam*, 1779, 2 vol. in-16. [8° O. 2822-23

Lobgeois (Édouard). — Rénovation radicale de l'art de guérir. — *Saint-Quentin*, 1882- , vol. in-16. [8° I. 4081

Lobineau (Dom Gui-Alexis). — Histoire de Bretagne, composée sur les titres et les auteurs originaux. — *P.*, 1707, 2 vol. f°. [Fol. U. 201-202

Locations verbales. Petit manuel à l'usage de MM. les Percepteurs des contributions directes, pour l'application des articles 11 et 12 de la loi du 23 août 1871, par un Receveur de l'enregistrement, des domaines et du timbre. — *P.*, 1872, in-16. [8° E. 1428

Locke (John). — Essai philosophique concernant l'entendement humain, traduit par Coste. Nouv. éd. — *Amsterdam*, 1758, 4 vol. in-12. [8° I. 4082-85

Locke (John). — Quelques pensées sur l'éducation. Trad. nouv. par Gabriel Compayré. — *P.*, 1882, in-18. [8° I. 4086

Locré (Baron J.-G.). — Esprit du Code Napoléon, tiré de la discussion. — *P.*, 1805-1806, 4 vol. 4°. [4° E. 201-4

Locré (Baron J.-G.). — La législation civile, commerciale et criminelle de la France, ou commentaire et complément des Codes français. — *P.*, 1827-1832, 31 vol. 8°. [8° E. 1429-59

Lodge. — The Peerage of the british Empire. 6° éd. — *London*, 1837, 8°. [8° U. 4460

Logique (La) ou l'art de penser, par MM. de Port-Royal. Nouv. éd., par L. Barré. — *P.*, 1867, in-18. [8° I. 4087

Loir (Maurice). — L'escadre de l'amiral Courbet. Notes et souvenirs. 1 portrait et 10 cartes. — *P.*, 1886, in-16. [8° U. 4460 + A

Loire (Louis). — Bibliothèque des curieux. Anecdotes de la vie littéraire. Préface d'Émile de La Bédollière. — *P.*, 1876, in-12. [8° O. 2824

Loi du 20 janvier 1881 sur la marine marchande. Règlement d'administration publique pour l'application de la loi. Instruction pour l'emploi du tableau des distances, annexé au règlement d'administration publique. Éd. du 21 janvier 1882. — *P.*, 1882, f°. [Fol. E. 33

Loi espagnole (La) relative au commerce maritime, trad. par Vict. Jacobs et L. Ouwerx. — *Brux.*, 1886, 8°. [8° E. 1459. A

Lois constitutionnelles et organiques de la République française (coordonnées par Eugène Pierre). — *P.*, 1885, in-18. [8° E. 1460

Lois et programmes de l'enseignement primaire et maternel. 2° éd., augmentée de tous les documents officiels, jusqu'au 1er juillet 1883. — *P.*, 1883, 8°. [8° E. 1461

Lois nouvelles concernant l'instruction publique (1880-1882), suivies

du texte des principaux documents antérieurs. Nouv. éd.—P., (s. d.), in-16.
[8° E. 1462

Lois nouvelles concernant le
Conseil supérieur de l'Instruction publique, les Conseils académiques et l'enseignement supérieur libre.(Avril 1880.)
—P., (s. d.), in-12.   [8° E. 1463

Lois sur l'enseignement, suivies des
principaux règlements rendus pour leur
exécution et d'une table de concordance.
Nouv. éd., contenant la loi sur la liberté
de l'enseignement supérieur. Octobre
1875. — P., (s. d.), in-18.
[8° E. 1464

Loiseau (A.). — Histoire de la
langue française, ses origines et son développement jusqu'à la fin du XVI°
siècle. 2° éd. — P., 1882, in-18.
[8° O. 2825

Loiseleur (Jules). — Les crimes et
les peines dans l'antiquité et dans les
temps modernes, étude historique. —
P., 1863, in-18.   [8° E. 1465

Loiseleur (Jules). — Ravaillac et
ses complices. L'évasion d'une reine de
France, la mort de Gabrielle d'Estrées,
Mazarin et le duc de Guise.—P., 1873,
in-18.   [8° U. 4460. A

Loiseleur (Jules).—Trois énigmes
historiques. La Saint-Barthélemy, l'affaire des poisons, le Masque de fer. —
P., 1882, in-18.
[8° U. 4461

Lokman. — Fables adaptées à l'i-
diome arabe en usage dans la Régence
d'Alger, suivies du mot-à-mot et de la
prononciation interlinéaire, par I.-H.
Delaporte, fils. — Alger, 1835, 8°.
[8° O. 2826

Lolme (De).—Constitution de l'Angleterre. 5° éd. — P., 1819, 8°.
[8° U. 4462

Lombard (H.-C.). — Traité de

climatologie médicale. — P., 1877-
1880, 4 vol. 8° et atlas 4°.
[8° I. 4088-91
[4° I. 872

Lombart de Langres (Vincent).
— Le Dix-Huit brumaire ou tableau
des événements qui ont amené cette
journée. — P., an VIII, 8°.
[8° U. 4463

Loménie (Louis de). — Beaumarchais et son temps. 2° éd. — P., 1858,
2 vol. 8°.   [8° U. 4464-65

Loménie (Louis de). — Les Mirabeau. Nouvelles études sur la société
française au XVIII° siècle. —P., 1879,
2 vol. 8°.   [8° U. 4466-67

Lonchampt (E.). — Formulaire
d'actes à l'usage des huissiers, précédé
d'un cours de procédure. — P., 1843,
in-12.   [8° E. 1466

Lonchampt (E.). — Formulaire
d'actes à l'usage des juges de paix. 2°
éd. — P., 1845, in-32.
[8° E. 1467

Londe (Charles). — Nouveaux éléments d'hygiène. 2° éd. — P., 1838,
2 vol. 8°.   [8° I. 4092-93

Longet (F.-A.). — Traité de physiologie. — P., 1850-1861, 2 vol. 8°.
[8° I. 4094-95

Longnon (Auguste). — Géographie de la Gaule au VI° siècle. —P.,
1878, 2 vol. 4° dont un atlas.
[4° U. 834-35

Lonlay (Dick de). — A travers la
Bulgarie. Souvenirs de guerre et de
voyage, par un volontaire au 26° régiment de Cosaques du Don. 20 dessins.
— P., 1886, 8°.   [8° U. 4467+A

Lonlay (Dick de). — Les marins
français, depuis les Gaulois jusqu'à nos
jours. 110 dessins. — P., 1886, 8°.
[8° U. 4467. A

Lonlay (Marquis Eugène de). — Les drames de la guerre. Éd. princeps. — *P.*, 1872, in-12.   [8° O. 2827

Lope de Vega. — Chefs-d'œuvre du théâtre espagnol. Trad. par Damas-Hinard. — *P.*, 1842, 2 vol. in-12.   [8° O. 2828-29

Lopez (Diego). — Declaracion magistral sobre las satiras de Juvenal, principe de los poetas satiricos. — *Madrid*, 1642, 4°.   [4° O. 347

Lorain (P.).— Études de médecine clinique et de physiologie pathologique. Le choléra observé à l'hôpital Saint-Antoine. Avec graphiques.—*P.*, 1868, 8°.   [8° I. 4096

Lorentz. — Cours élémentaire de culture des bois, par Lorentz, complété d'après ses notes et publié par A. Parade. 2ᵉ éd. — *P.*, 1837, 8°.   [8° I. 4097
3ᵉ Éd., 1855. — *P.*, 8°.   [8° I. 4098

Lorentz (Otto). — Catalogue général de la librairie française, 1840 à 1875. — *P.*, 1867-80, 8 vol. 8°.   [8° O. 2830-37

Lorentz (Otto). — Catalogue annuel de la librairie française pour 1876. — *P.*, 1877, 8°.   [8° O. 2838

Loriquet (Ch.). — Les tapisseries de Notre-Dame de Reims, description précédée de l'histoire de la tapisserie dans cette ville, d'après des documents inédits. — *Reims*, 1876, in-12.   [8° I. 4099

Lostalot (Alfred de). — Les procédés de la gravure. Nouv. éd. — *P.*, 1885, 8°.   [8° I. 4099. A

Loua (Toussaint). — Les grands faits économiques et sociaux. — *P.*, 1883, 8°.   [8° I. 4100

Louandre (Ch.). — Dictionnaire d'histoire et de géographie.—*P.*, 1859, in-12.   [8° U. 4468
(Bibliothèque des Campagnes.)

Loudun (Eugène). — Les Victoires de l'Empire. 3ᵉ éd. — *P.*, 1860, in-12.   [8° U.4469

Louis (P.-Ch.-A.). — Recherches anatomico-pathologiques sur la phthisie, précédées du rapport fait à l'Académie de Médecine par MM. Bourdois, Royer-Collard et Chomel. — *P.*, 1825, 8°.   [8° I.4101

Louis XIV. — Œuvres. — *P.*, 1806, 6 vol. 8°.   [8° U.4470-75

Louvet (L.). — Curiosités de l'économie politique. — *P.*, 1861, in-16.   [8° I. 4102

Louvet (L.-E.). — La Cochinchine religieuse. — *P.*, 1885, 2 vol. 8°.   [8° U. 4475. A

Loyal Serviteur (Le). Histoire du bon Chevalier de Bayard. — *P.*, 1872, in-12.   [8° U.4476
(Bibliothèque de l'armée française.)

Lubbock (John). — Fourmis, abeilles et guêpes. 65 fig. et 13 pl. hors texte. — *P.*, 1883. 2 vol. 8°.   [8° I. 4103-104

Lubke (Dr W.). — Précis de l'histoire des beaux-arts. Architecture, sculpture, peinture, musique, trad. par Em. Molle. 134 grav. — *P.*, 1885, 8°.   [8° I.4104.A

Lubomirski (J.). — Jérusalem. Un incrédule en Terre-Sainte. — *P.*, 1882, in-18.   [8° U. 4477

Lucain (M.-A.). — Pharsale, trad. par MM. Phil. Chasles, Greslou, J.-J. Courtaud-Diverneresse.—*P.*, 1835-36, 2 vol. 8°.   [8° O. 2839-40
(Collection Panckoucke.)

Lucas (Charles). — Du système pénal et du système répressif en général, de la peine de mort en particulier. — *P.*, 1827, 8°.   [8° E. 1468

Lucas (Édouard). — Récréations mathématiques. — *P.*, 1882, 8°.   [8° I.4105

Lucas (François). — Sacrorum bibliorum vulgatæ editionis concordantiæ ad recognitionem bibliis adhibitam. — *Avignon*, 1736, 2 vol. 4°.
[4° A. 167-68

Lucas (Hippolyte). — Curiosités dramatiques et littéraires, avec une notice de l'auteur. — *P.*, 1855, in-18.
[8° O. 2841

Lucas (Paul). — Voyage fait en 1714 dans la Turquie, l'Asie, etc. — *Amsterdam*, 1744, 3 vol. in-12.
[8° U. 4478-80

Lucas de Montigny (Gabriel). — Récits variés. — *Aix*, 1874, 8°.
[8° O. 2842

Luçay (Comte de). — Les origines du pouvoir ministériel en France. Les secrétaires d'État, depuis leur institution jusqu'à la mort de Louis XV. — *P.*, 1881, 8°. [8° U. 4481

Luce (Siméon). — Histoire de Bertrand du Guesclin et de son époque. La jeunesse de Bertrand (1320-1364). — *P.*, 1876, 8°. 8° U. 4482
2ᵉ éd. — *P.*, 1882, in-18.
[8° U. 4483

Lucet. — L'Enseignement de l'Église catholique sur le dogme et sur la morale. Recueilli de tous les ouvrages de Bossuet. — *P.*, 1804, 6 vol. 8°.
[8° A. 772-77

Luchaire (Achille). — Histoire des institutions monarchiques de la France, sous les premiers Capétiens (987-1180). — *P.*, 1883, 2 vol. 8°.
[8° U. 4484-85

Luchet (Marquis de), Rivarol (comte de), Mirabeau (comte de), Choderlos de Laclos. — La galerie des États-Généraux. — (S. l.), 1789, 8°. [8° U. 4486

Lucien de Samosate. — Œuvres complètes. Trad. nouvelle par Eugène Talbot. — *P.*, 1857, 2 vol. in-12.
[8° O. 2843-44

Lucilius (C.). — Satires. Trad. par E.-F. Corpet. — Lucilius Junior, Cornelius Severus, Saleius Bassus, Avianus, Denys Caton, trad. Jules Chenu. — *P.*, 1845, 8°. [8° O. 2845
(Collection Panckoucke.)

Lucrèce. — Lucretius Carus (T.). De rerum natura libri sex, cum interpretatione et notis Thomæ Creech. Ed. nova emendatior. — *Basileæ*, 1770, 8°.
[8° O. 2846

Lucrèce. — De la nature des choses. Poëme, trad. en prose par de Pongerville, avec une notice littéraire et bibliographique par Ajasson de Grandsagne. — *P.*, 1836, 8°.
[8° O. 2847
(Collection Panckoucke.)

1870. — Trad. Ernest Lavigne, avec une étude sur la physique de Lucrèce, par Frédéric André. — *P.*, 8°.
[8° O. 2848

Lucy (Armand). — L'index géographique. Manuel des ports du monde entier. 1ʳᵉ partie. 1884. — *P.*, 1884, 4°.
[4° U. 836

Lunel (A.-B.). — Guide pratique de l'épicerie ou Dictionnaire des denrées indigènes et exotiques en usage dans l'économie domestique. — *P.*, (s. d.), in-18. [8° I. 4106

Lunel (A.-B.). — Guide pratique du parfumeur ; dictionnaire raisonné des cosmétiques et parfums. — *P.*, (s. d.), in-18. [8° I. 4107

Lunel (A.-B.). — 1000 procédés industriels, formules, recettes. Dictionnaire universel des secrets d'une application sûre et facile. 4ᵉ éd., contenant 2.300 procédés. — *P.*, 1864, 4°.
[4° I. 873

Luppi (Dʳ G.). — Dictionnaire de séricologie, contenant l'art de produire la soie. Synonymie en cinq langues, texte en français. — *Lyon*, (s. d.), in-12. [8° I. 4108

Luquin (Mlle Élise). — Études commerciales. Droit commercial. — *P.*, 1883, 8°.   [8° I.4109

Lussy (Mathis). — Traité de l'expression musicale. 4° éd. — *P.*, 1882, 4°.   [4° I. 874

Luton (A.). — Études de thérapeutique générale et spéciale, avec applications aux maladies les plus usuelles. — *P.*, 1882, 8°.   [8° I. 4110

Luys (Dr J.). — Le cerveau et ses fonctions. 4° édition. — *P.*, 1879, 8°.   [8° I. 4111

Luys (Dr J.). — Traité clinique et pratique des maladies mentales. Avec 27 figures dans le texte et 10 planches coloriées et photo-micrographiques. — *P.*, 1881, 8°.   [8° I. 4112

Luzel (F.-M.). — Chants populaires de la Basse-Bretagne, recueillis et traduits. — *Lorient*, 1874, 8°.   [8° O. 2849

Lyall (Alfred C.). — Études sur les mœurs religieuses et sociales de l'Extrême-Orient. Trad. de l'anglais. — *P.*, 1885, 8°.   [8° U. 4486. A

Lycées et collèges de jeunes filles. Documents, rapports, décrets, circulaires, etc., relatifs à la loi sur l'enseignement secondaire des jeunes filles. Préface par M. Camille Sée. Carte figurative. — *P.*, 1884, 8°.
                [8° E. 1469

Lyell (Charles). — Principes de géologie ; ouvrage traduit de l'anglais par Mme Tullia Meulien. — *P.*, 1843-1848, 4 vol. in-12.   [8° I.4113-16

Mabille. — Traité de mnémotechnie, comprenant : Histoire et Géographie de la France, en vers mnémotechniques. — *Dijon*, 1869, 8°.   [8° U. 4487

Mably (De). — Observations sur l'histoire de France. Nouv. éd. — *Kehl*, 1788, 6 vol. in-12.   [8° U 4488-93

Macarel. — Cours de droit administratif (1842-43). — *P.*, 1844-46, 4 vol. 8°.   [8° E.1470-73

Macaulay. — Essais d'histoire et de littérature, traduits par M. Guillaume Guizot. — *P.*, 1882, 8°.
                [8° U. 4494

Macaulay. — Essais historiques et biographiques, traduits par M. Guillaume Guizot. — *P.*, 2 vol. 8°.
                [8° U. 4495-96

1re série, 4° éd., 1882.
2°   —   3° éd., 1876.

Macaulay (Lord). — Essais littéraires, trad. par M. Guillaume Guizot. — *P.*, 1877, 8°.   [8° O. 2850

Macaulay. — Essais politiques et philosophiques, traduits par M. Guillaume Guizot. 2° éd. — *P.*, 1872, 8°.
                [8° U. 4497

Macaulay. — Essais sur l'Histoire d'Angleterre, traduits par M. Guillaume Guizot. 2° édit. — *P.*, 1873, 8°.
                [8° U. 4498

Macaulay. — Histoire d'Angleterre, depuis l'avènement de Jacques II, 1685 à 1689, trad. par Émile Montégut. — *P.*, 1854, 2 vol. in-12.
                [8° U.4499-4500

Macaulay (T.-B.). — Histoire du règne de Guillaume III (1689-1702), trad. par Pichot. — *P.*, 1860-1861, 4 vol. in-12.   [8° U. 4501-4

Mac-Carthy (J.). — Choix de voyages dans les quatre parties du monde. — *P.*, 1823, 15 vol. in-12.
                [8° U. 4505-19

Mac-Carthy. — Histoire contemporaine d'Angleterre, depuis l'avènement de la reine Victoria, jusqu'aux élections générales de 1880 (1837-1880). Trad. de l'anglais, par Léopold Goirand. — *P.*, 1885, 4 vol. 8°.
                [8° U. 4519.A

Mac Culloch (J.). — A statistical account of the british Empire. — *London*, 1837, 2 vol. 8°.
[8° U. 4520-21

Mac Culloch (J.-R.). — A Dictionary of commerce and commercial navigation. New edition, edited by Hugh G. Reid. — *London*, 1880, 8°.
[8° I. 4117

Macé (Jean). — Contes du petit château. 9° éd. — *P.*, 1877, in-12.
[8° O. 2851

Macé (Jean). — Histoire d'une bouchée de pain. 15° éd. — *P.*, 1866, in-18.
[8° I 4118

Macé (Jean). — Morale en action. — *P.*, 1865, in-18.
[8° I. 4119

Mac-Geoghegan. — Histoire de l'Irlande ancienne et moderne. — *P.*, 1758, 3 vol. 4°.
[4° U. 837-39

Machelard (E.). — Dissertation sur l'accroissement entre les héritiers testamentaires et les colégataires. Étude sur les lois Julia et Papia Poppæa. — *P.*, 1858, 8°.
[8° E. 1474

Machelard (E.). — Des obligations naturelles en droit romain. 1re et 2e parties. — *P.*, 1860, 8°.
[8° E. 1475

Machet (J.). — Le confiseur moderne. 5° éd. — *P.*, 1828, 8°.
[8° I. 4120

Machiavel. — Œuvres complètes, trad. par J.-V. Périès. — *P.*, 1823-26, 12 vol. 8°.
[8° O. 2852-63

Mac Leod. — Voyage du capitaine Maxwel, trad. de l'angl. par Ch. Aug. Defauconpret. — *P.*, 1818, 8°.
[8° U. 4522

Macquer. — Dictionnaire portatif des arts et métiers. — *Amsterdam*, 1767, 2 vol. in-12. [8° I. 4121-22

Macrobe. — Œuvres, trad. par MM. H. Descamps, N.-A. Dubois, Laass d'Aguen, A. Ubicini, Martelli.— *P.*, 1845-47, 3 vol. 8°.
[8° O. 2864-66
(Collection Panckoucke.)

Madame Marie Pape - Carpantier.— Sa vie et ses ouvrages.— *P.*, 1879, in-18.
[8° U. 4523

Madec (Dr René de). — Manuel chirurgical du sportsman, à l'usage des gens du monde. — *P.*, 1882, in-16.
[8° I. 4123

Madgett. — Histoire de Jean Churchill, duc de Marlborough. — *P.*, 1806, 3 vol. 8°.
[8° U. 4524-26

Madvig (J.-N.). — L'État romain, sa constitution et son administration ; trad. par Ch. Morel. — *P.*, 1882-1883, 3 vol. 8°.
[8° U. 4527

Maës (Louis-Auguste).— Relations du navigateur et du négociant avec la douane, ou Manuel des douanes maritimes. 3° éd. — *Marseille*, 1864, in-12.
[8° I. 4124

Magasin pittoresque (Le). — Publié sous la direction de Édouard Charton. — *P.*, 1re ann. 1833 et suiv., 4°.
[4° O. 348

Mage (E.). — Voyage dans le Soudan occidental, abrégé par J. Belin De Launay. — *P.*, 1872, in-12.
[8° U. 4528

Magendie (F.). — Précis élémentaire de physiologie. — *P.*, 1816 à 1817, 2 vol. 8°. [8° I. 4125-26

Mager (Henri). — Cours sommaire et pratique de législation commerciale et industrielle, suivi de notions de législation financière. — *P.*, (s. d.), in-16.
[8° E. 1476

Maggiolo (L.). — La vie et les œuvres de l'abbé Grégoire (1750-1831). Discours de réception à l'Académie de Stanislas, accompagné de

notes et d'appendices. — *Nancy*, 1873-1884, 3 vol. 8°.
[8° U. 4528. A

Magne (J.-H.). — Principes d'hygiène vétérinaire. — *Lyon*, 1842, 8°.
[8° I. 4127

Magne (J.-H.). — Traité d'agriculture pratique et d'hygiène vétérinaire générale. 4ᵉ éd., revue par C. Baillet. — *P.*, 1875-1883, 3 vol. in-18.
[8° I. 4128-30

Magne (J.-H.). — Traité d'hygiène vétérinaire. — *P.*, 1844, 2 vol. 8°.
[8° I. 4131-32

Magne (Pierre-Charles-Alexandre). — Hygiène de la vue. — *P.*, 1847, 8°.
[8° I. 4133

Magnienville (R. de). — Claude de France, duchesse de Lorraine. — — *P.*, 1885, in-18.
[8° U. 4529

Magnin (Charles). — Les origines du théâtre moderne. — *P.*, 1838, 8°.
[8° O. 2867

Mahalin (Paul). — Les Patriotes, avec un autogr. de Paul Déroulède et un dessin de Émile Mas. — *P.*, 1885, 8°.
[8° O. 2868

Mahomet. — Le Koran, traduit par Kasimirski. — *P.*, 1840, in-12.
[8° A. 778

Maigne. — Abrégé méthodique de la science des armoiries. Nouv. édit. — *P.*, 1885, in-18.
[8° I. 4134

Maigne. — Arts et manufactures. Exposition sommaire des méthodes et procédés de l'industrie contemporaine. — *P.*, 3 vol. in-12.
[8° I. 4135-37
1ʳᵉ partie. 2ᵉ éd., 1882.
2ᵉ partie, 1876.
3ᵉ partie. 2ᵉ éd., (s. d.).

Maigne (P.). — Histoire de l'industrie. 5ᵉ éd — *P.*, 1884, in-12.
[8° I. 4138

Maine (Henry Sumner). — Études sur l'histoire des institutions primitives. Trad. de l'anglais avec une préface par Jʰ Durieu de Leyritz, et précédé d'une introduction par M. d'Arbois de Jubainville. — *P.*, 1880, 8°.
[8° E. 1477

Maintenon (Mᵐᵉ de). — Extraits de ses lettres sur l'éducation. Introd. par Oct. Gréard. — *P.*, 1884, in-16.
[8° I. 4139

Maintenon (Mᵐᵉ de). — Lettres. Nouv. éd. — *P.*, 1806, 6 vol. in-12.
[8° U. 4530-35

Maintenon (Mᵐᵉ de). — Madame de Maintenon institutrice. Extraits de de ses lettres, avis, entretiens sur l'éducation. Nouv. éd., par Émile Faguet. — *P.*, 1885, in-16.   [8° I. 4139. A

Maire (Joseph). — Souvenirs d'Alger. — *P.*, 1884, 8°.   [8° U. 4536

Maison rustique du XIXᵉ siècle, rédigée sous la direction de Bailly, Bixio et Malpeyre. — *P.*, 1859-1862, 5 vol. 4°.   [4° I. 875-79

Maissiat (Jacques). — Annibal en Gaule. — *P.*, 1874, 8°.
[8° U. 4537

Maissiat (Jacques). — Jules César en Gaule. — *P.*, 1865-1881, 3 vol. 8°.
[8° U. 4538-40

Maistre (Joseph de). — Considérations sur la France. Nouv. éd. — *P.*, 1845, 8°.   [8° U. 4541

Maistre (Joseph de). — Du Pape. — *Lyon*, 1819, 2 vol. 8°.
[8° E. 1478-79

Maistre (Joseph de). — De l'Église gallicane dans ses rapports avec le souverain pontife. — *Lyon*, 1838, 8°.
[8° U. 4542

Maistre (Joseph de). — Essai sur

le principe générateur des Constitutions politiques. — *Lyon*, 1844, 8°.
[8° E. 1480

Maistre (Joseph de). — Examen de la philosophie de Bacon, ouvrage posthume. 6ᵉ édit. — *Lyon*, 1860, 2 vol. 8°. [8° I. 4140-41

Maistre (Joseph de). — Lettres et opuscules inédits, précédés d'une notice biographique par Rodolphe de Maistre. — *P.*, 1851, 2 vol. 8°.
[8° O. 2869-70
2ᵉ éd., 1853. — *P.*, 2 vol. in-18.
[8° O. 2871-72

Maistre (Joseph de). — Les soirées de St-Pétersbourg. 8ᵉ éd. — *Lyon*, 1862, 2 vol. 8°.
[8° I. 4142-43

Maistre (Xavier de). — Œuvres complètes. — *P.*, 1839, in-12.
[8° O. 2873
1853. — *P.*, in-12.
[8° O. 2874

Makarow (J.). — Dictionnaire français-russe et russe-français. — *Saint-Pétersbourg*, 1880-1881, 2 vol. 8°. [8° O. 2875-76

Malaguti. — Leçons élémentaires de chimie. 3ᵉ éd. — *P.*, 1863, 4 vol. in-12. [8° I. 4144-47

Malaise (C.). — Manuel de minéralogie pratique. 2ᵉ éd. — *Mons*, 1881, in-12. [8° I. 4148

Malapert (Fr.). — Histoire de la législation des travaux publics. — *P.*, 1880, 8°. [8° E. 1481

Malapert (F.). — Nouveau commentaire des lois sur les Brevets d'invention, suivi d'une instruction pratique avec modèles d'actes et formules de procédure, avec la collaboration de Jules Forni. — *P.*, 1879, 8°.
[8° E. 1482

Malarce (A. de). — Monnaies, poids et mesures des divers états du monde, et leur rapport exact avec les monnaies, etc., de France. — *P.*, (s. d.), 8°. [8° I. 4149

Malarce (A. de). — Notice historique et manuel des caisses d'épargne scolaires en France. 5ᵉ éd. — *P.*, 1876, 8°. [8° I. 4150

Malcolm (John). — The life of Robert Lord Clive. — *London*, 1836, 3 vol. 8°. [8° U. 4543-45

Malebranche. — Œuvres. Nouv. éd., précédée d'une introduction par Jules Simon. 1ʳᵉ et 2ᵉ série. — *P.*, 1842, 2 vol. in-12. [8° I. 4151-52

Malebranche (N.). — De la recherche de la vérité. — *P.*, 1721, 4 vol. in-12. [8° I. 4153-56

Malfilâtre. — Œuvres. Nouv. éd., précédée d'une notice par L*** (Lacroix). — *P.*, 1825, 8°. [8° O. 2877

Malgaigne (J.-F.). — Manuel de médecine opératoire. 4ᵉ éd. — *P.*, 1843, in-12. [8° I. 4157

Malgaigne (J.-F.). — Traité d'anatomie chirurgicale. — *P.*, 1838, 2 vol. 8°. [8° I. 4158-59

Malgonne (J.). — Moniteur de la serrurerie. Revue pratique, historique, artistique des travaux exécutés en serrurerie. Le serrurier-constructeur. — *P.*, 1865, f°. [Fol. I. 120

Malherbe. — Œuvres complètes, recueillies et annotées par M. L. Lalanne. — *P.*, 1862-69, 5 vol. 8° et atlas 4°. [8° O. 2878-83
(Les grands Écrivains de la France.)

Malherbe. — Poésies. — *P.*, 1757, 8°. [8° O. 2884

Mallat de Bassilan. — Le roman d'un rayon de soleil. 2ᵉ éd. — *P.*, 1885, 8°. [8° O. 2885

Mallefille .(Léon). — Leçons de langue espagnole. 3ᶜ éd. — P., 1855, in-12. [8° O.2886

Mallès de Beaulieu. — Le Robinson de douze ans. — P., 1851, in-12. [8° O. 2887

Mallet (P.-H.). — Histoire des Suisses ou Helvétiens, depuis les temps les plus reculés jusqu'à nos jours. — Genève, 1803, 4 t. en 2 vol. 8°. [8° U. 4546-47

Mallet du Pan. — Correspon-.dance inédite avec la cour de Vienne (1794-1798), publiée par André Michel. Avec une préface de M. Taine.— P., 1884, 2 vol. 8°. [8° U. 4548-49

Mallouf. — Dictionnaire de poche français-turc. — Smyrne, 1849, in-12. [8° O. 2888

Malmesbury (Lord).—Mémoires d'un ancien ministre (1807-1869).Trad. par M. A. B. 2ᵉ éd. — P., 1885, in-18. [8° U. 4549. A

Malo (Léon). — La sécurité dans les chemins de fer. — P., 1882, in-12. [8° I. 4160

Malouet. — Mémoires, publiés par son petit-fils le baron Malouet. 2ᵉ éd. — P., 1874, 2 vol. 8°. [8° U. 4550-51

Malte-Brun (Conrad). — Précis de la géographie universelle.5ᵉ éd., revue, corrigée et augmentée, par J.-J.-N. Huot. — P., 1840-1841, 6 vol. 4°. [4° U. 840-45
Atlas f°. [Fol. U. 203

Malte-Brun (V.-A.). — La France illustrée. Géographie. Histoire. Administration et Statistique. — P., (s. d.), 5 vol. 4°. [4° U. 846-50

Mamet (H.). — Notions de géographie générale, astronomique, mathématique, etc. — P., (s. d.), in-16. [8 °U. 4552

Mamet (H.). — Géographie de la France et de ses possessions coloniales, conforme au nouveau programme officiel prescrit pour la classe de rhétorique. — P., (s. d.), in-16. [8° U. 4553

Mandat-Grancey (Baron E. de). — Dans les Montagnes Rocheuses. — P., 1884, in-18. [8° U. 4554

Mandat-Grancey (Baron E. de). — En visite chez l'oncle Sam. New-York et Chicago. — P., 1885, in-18. [8° U. 4555

Mandl (Dʳ L.). — Hygiène de la voix parlée ou chantée, suivie du Formulaire pour le traitement des affections de la voix. — P., 1876, in-18. [8° I. 4161

Manesse (L.). — Les paysans et leurs seigneurs avant 1789. (Féodalité, ancien régime.) 50 grav. — P., 1885, in-16. [8° U. 4555. A

Manheimer (Émile). — Du Cap au Zambèze. Notes de voyage dans l'Afrique du Sud. — Genève, 1884, 4°. [4° U. 850. A

Mansfeld (Albert).—Napoléon III, traduit de l'allemand. — P., 1860, 2 vol. 4°. [4° U. 851-52

Mantegazza (P.). — La physionomie et l'expression des sentiments. 8 pl. — P., 1885, 8°. [8° I. 4162

Mantz (Paul). — Rapport à M. le Ministre de l'Instruction publique au nom de la Commission des Musées scolaires d'art. — P., 1883, 4°. [4° I. 880

Manuel (Pierre). — La police dévoilée. — P., an II, 2 vol. 8°. [8° U. 4556-57

Manuel d'instruction militaire à l'usage des établissements scolaires. — P., 1884, in-16. [8° I. 4162 + A

Manuel de connaissances militaires pratiques, par un officier d'état-major. — *P.*, 1870, in-12.
[8° I. 4162 ++A

Manuel de gymnastique et des exercices militaires. — *P.*, 1883-1884, 2 vol. in-16. [8° I. 4162 + A

Manuel de l'élève-caporal. (Instr. du 19 nov. 1884 sur l'organisation d'un peloton d'instruction dans les corps de troupe d'infanterie.) — *P.*, 1886, in-18. [8° I. 4162. A

Manuel de l'instructeur dans les jeunes bataillons. — *P.*, 1885, in-18.
[8° I. 4162 + B

Manuel des entrepreneurs. Recueil à l'usage des entrepreneurs, propriétaires, etc. Ordonnances et règlements de police, arrêts de la Préfecture de la Seine, réunis et classés par Émile Desplanques. — *P.*, 1878-1885, 3 vol. 8°. [8° E. 1484-86

Manuel des experts en matière civile. 4e éd. — *P.*, 1823, 8°.
[8° E. 1487

Manuel des lois du bâtiment, élaboré par la Société centrale des architectes. — *P.*, 1863, 8°. [8° E. 1488
2e éd., revue et augmentée. — *P.*, 1879-1880, 5 vol. 8°.
[8° E. 1489-93

Manuel du marin-fusilier (provisoire). 7e éd. — *P.*, 1883, in-18.
[8° I. 4162. B

Manuel périodique des Compagnies d'assurances françaises et étrangères pour 1882-83-84. — *P.*, 1882-84, 2 vol.in-18. [8° I. 4164

Manuel périodique des sociétés financières pour 1883-1884. — *P.*, in-18. [8° I. 4165

Manuels-Roret. — *P.*, 229 vol. in-18 et un Atlas 4° (Manuel du tourneur par E. de Valicourt.)
[8° I. 4166-4392
[4° I. 881

Manzoni (Alexandre). — Le Comte de Carmagnola et Adelghis. Tragédies, trad. de l'italien, par Cl. Fauriel. — *P.*, 1823, 8°. [8° O. 2889

Manzoni (Alexandre). — Les Fiancés. Traduit de l'Italien, par Rey-Dusseuil. — *P.*, 1842, in-18.
[8° O. 2890

Manzoni (Alexandre). — Histoire de la Colonne infâme, traduite de l'italien, par Antoine de Latour. — *P.*, 1843, in-18. [8° U. 4558

Maquet (Adrien), Dion (Adolphe de). — Nobiliaire et Armorial du Comté de Montfort-l'Amaury. — *Rambouillet*, 1881, 8°. [8° U. 4559

Marbeau (Édouard). — Slaves et Teutons. Avec 2 cartes. — *P.*, 1882, in-18. [8° U. 4560

Marcadé (V.). — Cours élémentaire de droit civil français. 4e éd. — *P.*, 1850-1867, 12 vol. 8°.
[8° E. 1495-1506

Marc-Aurèle. — Pensées. Nouv. traduction, par de Joly. 2e éd. — *P.*, 1773, in-18. [8° I. 4393

Marcel (Abbé). — Chefs-d'œuvre classiques de la littérature française. Prose et poésie. — *P.*, 1845-1847, 4 vol. 8°. [8° O. 2891-94

Marcellange (Affaire). — *P.*, 1843, 8°. [8° E. 1507

Marcellus (De). — Souvenirs de l'Orient. — *P.*, 1839, 2 vol. 8°.
[8° U. 4561-62

Marcenac, Métérié-Larrey. — Conseils pratiques aux jeunes personnes sur le choix d'un état. Renseignements sur les emplois ou fonctions accessibles aux femmes. Programmes. — *P.*, 1884, in-16. [8° I. 4394

Marcère (E. de). — La République et les conservateurs. — *P.*, 1871, 8°.
[8° U. 4563

Marchand (Alfred). — Moines et nonnes, ou histoire, constitution, des ordres religieux. — *P.*, 1881-1882, 2 vol. in-18.   [8° U. 4564-65

Marchand (Alfred). — Les poètes lyriques de l'Autriche. Nouvelles études biographiques et littéraires.—*P.*, 1886, in-12.   [8° O. 2894. A

Marchand (Étienne). — Voyage autour du monde pendant les années 1790-1792. — *P.*, an VI-an VIII, 4 vol. 4°.   [4° U. 853-56

Marchand (L.). — Mission forestière en Autriche. — *Arbois*, 1869, 8°.   [8° I. 4395

Marchand (Prosper). — Dictionnaire historique. — *La Haye*, 1758-1759, 2 t. en 1 vol. f°.   [Fol. U. 204

Marche (Alfred). — Trois voyages dans l'Afrique occidentale. 2ᵉ éd., avec 24 gravures et 1 carte. — *P.*, 1882, in-16.   [8° U. 4566

Marcillac (F.). — Histoire de la musique moderne et des musiciens célèbres en Italie, en Allemagne et en France, depuis l'ère chrétienne jusqu'à nos jours. 3ᵉ éd. — *P.*, 1882, in-12.   [8° I. 4396

Marc-Monnier. — Histoire générale de la littérature moderne. La Renaissance, de Dante à Luther.— *P.*, 1884, 8°.   [8° O. 2895

Marc-Monnier. — Histoire de la littérature contemporaine. La Réforme, de Luther à Shakespeare. —*P.*, 1885, 8°.   [8° O. 2895. A

Marc-Monnier. — Un aventurier italien du siècle dernier. Le comte Joseph Gorani, d'après ses mémoires inédits. — *P.*, 1884, in-18.   [8° U. 4567

Marco de Saint-Hilaire (Émile). — Anecdotes du temps de Napoléon 1ᵉʳ. — *P.*, 1859, in-18.   [8° U. 4568

Marco de Saint-Hilaire (Émile). — Histoire populaire, anecdotique et pittoresque de Napoléon et de la Grande Armée. — *P.*, 1843, 4°.   [4° U. 857
1857. — *P.*, 4°.   [4° U. 858

Marco de Saint-Hilaire (Émile). — Histoire populaire de la Garde impériale. — *P.*, 1849, 8°.   [8° U. 4569

Marco de Saint-Hilaire (É.). — Souvenirs intimes du temps de l'Empire. — *P.*, 1846, 2 vol. 8°.   [8° U. 4570-71

Marco de Saint-Hilaire (É.). — Nouveaux souvenirs intimes du temps de l'Empire. — *P.*, 1839, 4 t. en 2 vol. 8°.   [8° U. 4572-73

Marcolini (Soudain). — La Napoléonienne, poëme épique en 8 chants. —*P.*, 1861, in-12.   [8° O. 2896

Marcot (L.). — A travers la Norvège. Souvenirs de voyage. — *P.*, 1885, in-16.   [8° U. 4573. A

Marcotte de Quivières (Ch.). — Deux ans en Afrique. — *P.*, 1856, in-12.   [8° U. 4574

Marcoy (Paul). — Voyage à travers l'Amérique du Sud, de l'Océan Pacifique à l'Océan Atlantique. — *P.*, 1869, 2 vol. f°.   [Fol. U. 205-206

Maréchal (E.). — Histoire contemporaine, de 1789 à nos jours (Janv. 1886). Nouv. éd.—*P.*, (s. d.), in-16.   [8° U. 4574. A

Maret (H.-L.-C.). — Essai sur le panthéisme dans les sociétés modernes. 2ᵉ éd. —*P.*, 1841, 8°.   [8° I. 4397

Maret (H.-L.-C.). — Théodicée chrétienne. — *P.*, 1844, 8°.   [8° I. 4398

Marey (E.-J.). — La machine

animale, locomotion terrestre et aérienne. 2ᵉ éd.—*P.*, 1878, 8°. [8° I. 4399

Mazeroll (Théodore).—Précis d'un cours sur l'ensemble du droit privé des Romains, trad. par C.-A. Pellat. — *P.*, 1840, 8°. [8° E. 1508

Marga (A.). — Géographie militaire. 1ʳᵉ partie, 4ᵉ éd. 2ᵉ partie, 3ᵉ éd. — *P.*, 1884-1885, 5 vol. 8° et atlas en 2 vol. 4°. [8° U. 4575 [4° U. 859

Margollé, Zurcher. — Les Météores. 2ᵉ éd. — *P.*, 1867, in-18. [8° I. 4400

3ᵉ éd., 1869. — *P.*, 8°. [8° I. 4401

Marguerite d'Angoulême.— Lettres de Marguerite d'Angoulême, sœur de François Iᵉʳ, publiées par F. Génin. — *P.*, 1841, 8°. [8° U. 4576 (Société de l'Histoire de France.)

Marguerite d'Angoulême.— Nouvelles lettres de la reine Marguerite de Navarre, adressées au roi François Iᵉʳ, son frère, publiées par Fr. Génin. — *P.*, 1842, 8°. [8° U. 4577 (Société de l'Histoire de France.)

Marguerite de Valois. — Mémoires et lettres. Nouv. éd., publiée par M. F. Guessard. — *P.*, 1842, 8°. [8° U. 4578 (Société de l'Histoire de France.)

Marguerite de Valois. — Mémoires, suivis des Anecdotes, publiés avec notes, par Ludovic Lalanne. — *P.*, 1858, in-16. [8° U. 4579 (Bibliothèque Elzévirienne.)

Mariage (L.). — Manuel du Président d'assises. — *P.*, 1884, 4°. [4° E. 205

Mariage (Le) des prêtres, ou récit de ce qui s'est passé à trois séances des assemblées générales du district de St-Étienne-du-Mont, où l'on a agité la question du mariage des prêtres, avec la motion principale, et les opinions des honorables membres qui ont appuyé la motion. — (*S. l.*), 1790, 8°. [8° U. 4580

Mariana (Joannes). — Historia de rebus Hispaniæ. — Accedunt Josephi Emmanuelis Minianæ continuationis novæ libri decem. — *Hagæ-Comitum*, 1733, 2 vol. f°. [Fol. U. 207-208

Mariana (Le P. Jean de). — Histoire générale d'Espagne, traduite par J.-Nicolas Charenton. — *P.*, 1725, 6 vol. 4°. [4° U. 860-65

Marie (J.). — De l'administration départementale. — *P.*, 1882, vol. 8°. [8° E. 1509

T. I. Des Conseils généraux.

Marie (Maximilien). —Histoire des sciences mathématiques et physiques. — *P.*, 1883-1884, 9 vol. 8°. [8° I. 4402-406

Marie-Antoinette. — Correspondance inédite, publiée par Paul Vogt d'Hunolstein. 2ᵉ éd. — *P.*, 1864, 8°. [8° U. 4581

Marié-Davy (H.).—Éléments de mécanique. 3ᵉ année. — *P.*, 1867, 8°. [8° I. 4407

Marié-Davy (H.). — Météorologie. Les mouvements de l'atmosphère et des mers considérés au point de vue de la prévision du temps. — *P.*, 1866, 8°. [8° I. 4403

Marine et Colonies. Opinion d'un marin, ancien gouverneur de colonie. — *P.*, 1886, in-16. [8° U. 4581. A

Marion (Fulgence). — Les ballons et les voyages aériens. 2ᵉ éd. — *P.*, 1869, in-16. [8° I. 4409

Marion (Fulgence). — Les merveilles de la végétation. 2ᵉ éd. — *P.*, 1868, in-16. [8° I. 4410
(Bibliothèque des Merveilles.)

Marion (Fulgence). — L'optique. 2ᵉ éd. — *P.*, 1869, in-16.
[8° I. 4411
(Bibliothèque des Merveilles.)

Mariot-Didieux. — Guide pratique de l'éducation lucrative des poules, ou traité raisonné de gallinoculture. — *P.*, (s. d.), in-18. [8° I. 4412

Mariotti (André). — Du droit des gens en temps de guerre. — *P.*, 1883, in-18. [8° E. 1510

Marivaux. — Œuvres choisies. — *P.*, 1862, 2 vol. in-12.
[8° O. 2897-98

Marivaux. — La vie de Marianne ou les Aventures de Mᵐᵉ la Cᵒˢˢᵉ de ***. — *P.*, 1756, 4 vol. in-18.
[8° O. 2899-2902

Marlès (De). — Histoire de Marie Stuart. — *Tours*, (s. d.), in-12.
[8° U. 4582

Marlès (De). — Histoire de Saint-Domingue. Nouv. éd. — *Tours*, 1858, 8°. [8° U. 4583

Marmier (Xavier).—A la maison. Études et souvenirs. — *P.*, 1883, in-18. [8° U. 4584

Marmier (Xavier). — Légende des plantes et des oiseaux. — *P.*, 1882, in-18. [8° I. 4413

Marmier (Xavier). — Lettres sur l'Amérique. Canada. États-Unis. Havane. Rio de la Plata. Nouv. éd. — *P.*, 1881, 2 vol. in-18. [8° U. 4585-86

Marmier (Xavier). — Nouvelles du Nord, traduites du russe, du suédois, du danois, de l'allemand et de l'anglais. — *P.*, 1882, in-16.
[8° O. 2903

Marmier (Xavier). — Passé et présent. Récits de voyages. — *P.*, 1886, in-16. [8° U. 4586. A

Marmontel. — Œuvres. — *P.*, 1819-1820, 7 vol. 8°
[8° O. 2904-8

Marmontel. — Bélisaire. — *P.*, *P.*, 1767, in-12. [8° O. 2909

Marmontel. — Contes moraux. — *P.*, 1765, 3 vol. 8°.
[8° O. 2910-12

Marmontel. — Nouveaux contes moraux. La Veillée, suivie du Franc-Breton. — *Liège*, 1792, in-12.
[8° O. 2913

Marmontel. — Les Incas ou la destruction de l'Empire du Pérou. — *P.*, 1812, 2 vol. in-12.
[8° O. 2914-15

Marolles (Michel de). — Le livre des peintres et graveurs. Nouv. éd., revue par M. Georges Duplessis. — *P.*, 1855, in-16. [8° O. 2916
(Bibliothèque Elzévirienne.)

Marot (Clément). — Œuvres choisies, accompagnées de notes par Desprès. —*P.*, 1826, 8°. [8° O. 2917

Marrast (Augustin). — La vie byzantine au VIᵉ siècle. Préf. par Adrien Planté. — *P.*, 1881, 8°.
[8° U. 4586. B

Marsollier (De). — Histoire de Henri VII. — *P.*, 1725, 2 vol. in-12.
[8° U. 4587-88

Marsollier (De). — La vie de Jean-Armand Le Bouthillier de Rancé. Nouv. éd. — *P.*, 1758, 2 vol. in-12.
[8° U. 4589-90

Marsollier (De). — Vie de S. François de Sales. — *P.*, 1820, 2 vol. in-12. [8° U. 4591-92

Marsy (François-Marie de), **Richer.** — Histoire moderne des Chinois, des Japonais, des Indiens, pour servir de suite à l'Histoire ancienne de Rollin. Continuée à partir du tome XII par Richer. — P., 1771-1778, 30 vol. in-12. [8° U. 4593-4622

Martel (J.). — Guide théorique et pratique pour la suite des exercices et la tenue des comptes des marchands en gros de boissons. — P., 1883, 8°. [8° E. 1511

Martens (Baron Charles de). — Guide diplomatique. Nouv. éd., revue par de Hoffmanns. — P., 1837, 3 vol. 8°. [8° E. 1512-14

Martens (G.-F. de). — Précis du droit des gens moderne de l'Europe, avec des notes de Pinheiro-Ferreira, suivi d'une bibliographie raisonnée du droit des gens, par Ch. Vergé. 2e éd. — P., 1864, 2 vol. in-12. [8° E. 1515-16

Martha (Constant). — Études morales sur l'antiquité. — P., 1883, in-18. [8° I. 4414

Martha (Constant). — Les moralistes sous l'Empire romain. Philosophes et poètes. 5e éd. — P., 1886, in-16. [8° I. 4414 + A

Martha (Constant). — Le poëme de Lucrèce. 3e éd. — P., (s. d.), in-16. [8° O. 2918

Martha (Jules). — Manuel d'archéologie étrusque et romaine. — P., (s. d.), 8°. [8° I. 4414. A

Martha (Jules). — Les Sacerdoces athéniens. — P., 1882, 8°. [8° U. 4623

Martial (M.-Val.) — Épigrammes, trad. par MM. V. Verger, N.-A. Dubois, J. Mangeart. — P., 1834-1835, 4 vol. 8°. [8° O. 2919-22 (Collection Panckoucke.)

Martigny. — Dictionnaire des antiquités chrétiennes. — P., 1865, gr. 8°. [4° U. 866

Martin (Alexis). — Jean Ango, armateur dieppois. Eau-forte. — P., 1884, 8°. [8° U. 4624

Martin (Auguste). — Monuments funéraires. Recueil de cent modèles inédits à l'usage des entrepreneurs, marbriers, tailleurs de pierre, etc. — P., (s. d.), f°. [Fol. I. 121

Martin (E.). — Traité de l'éducation des bêtes à laine. — P., 1831, 8°. [8° I. 4415

Martin (Henri). — Histoire de France depuis les temps les plus reculés jusqu'en 1789. Nouv. éd. — P., 1838-1854, 19 vol. 8°. [8° U. 4625-43

Martin (Henri). — Histoire de France, depuis 1789 jusqu'à nos jours. 2e éd. — P., 1878-1885, 8 vol. 8°. [8° U. 4644-48

Martin (Dom Jacques). — La religion des Gaulois. — P., 1727, 2 vol. 4°. [4° U. 867-68

Martin de Genève (J.-F.). — Souvenirs d'un ex-officier, 1812-1815. — P., 1867, in-12. [8° U. 4649

Martin (Louis-Aimé). — Éducation des mères de famille ou de la civilisation du genre humain par les femmes. 2e éd. — P., 1838, 8°. [8° I. 4416

Martin (Louis-Aimé). — Lettres à Sophie sur la physique, la chimie et l'histoire naturelle, avec des notes par Patrin. 6e éd. — P., 1820, 4 vol. in-12. [8° I. 4417-20

Martin (Théodore). — Le prince Albert de Saxe-Cobourg, époux de la reine Victoria, d'après leurs lettres, journaux, mémoires, etc. Extraits de l'ouvrage de Sir Théodore Martin et trad. de l'anglais par Augustus Craven. — P., 1883, 2 vol. 8°. [8° U. 4650-51

Martin (Th.-H.). — Mémoires sur les hypothèses astronomiques des plus anciens philosophes de la Grèce étrangers à la notion de la sphéricité de la terre. — *P.*, 1878, 4°.   [4° I. 882

Martinez (Francisco). — Le nouveau Sobrino. — *Bordeaux*, 1836, 8°.
[8° O. 2923

Marvaud (F.). — Histoire des vicomtes et de la vicomté de Limoges. — *P.*, 1873, 2 vol. 8°.
[8° U. 4652-53

Mary-Lafon. — Cinquante ans de vie littéraire. — *P.*, 1882, in-18.
[8° O. 2924

Mary-Lafon. — Histoire littéraire du Midi de la France. — *P.*, 1882, 8°.
[8° O. 2925

Mary-Lafon. — Rome ancienne et moderne. — *P.*, 1852, 4°.
[4° U. 869

Marzy (É.). — L'hydraulique. — *P.*, 1868, 8°.   [8° I. 4421
(Bibliothèque des Merveilles.)

Mascart. — Éléments de mécanique. — *P.*, 1866, 8°.   [8° I. 4422

Mascret. — Dictionnaire des faillites prononcées par les tribunaux de Paris, du 24 février 1848 au 1er janvier 1863. — *P.*, 1863, f°.   [Fol. E. 34

Maspero (G.). — Histoire ancienne des peuples de l'Orient. 2e éd. — *P.*, 1876, in-12.   [8° U. 4654

Massabiau (J.-F.-L.). — Manuel du procureur du Roi ou Résumé des fonctions du ministère public près les tribunaux de première instance. 2e éd. — *P.*, 1843-1844, 3 vol. 8°.
[8° E. 1517-19

Massabiau. — Manuel du ministère public près les cours d'appel, les cours d'assises et les tribunaux civils, correctionnels et de police. 4e éd. — *P.*, 1876, 4 vol. 8° dont 1 vol. de tables.   [8° E. 1520-23

Massé (A.-J.). — Le parfait notaire. 5e éd. — *P.*, 1821, 3 vol. 4°.
[4° E. 206-8

Massé (G.). — Le droit commercial dans ses rapports avec le droit des gens et le droit civil. — *P.*, 1844-1847, 6 vol. 8°.   [8° E. 1524-29

2e éd., 1861-1862. — *P.*, 4 vol. 8°.
[8° E. 1530-33

Masselin (E.). — Sainte-Hélène. — *P.*, 1862, 8°.   [8° U. 4655

Masselin (O.). — Dictionnaire du métré : terrasse, maçonnerie, marbrerie et carrelage. 3e et nouvelle édition populaire. — *P.*, 1879, 8°.
[8° I. 4423

Masselin (O.). — Nouvelle jurisprudence et traité pratique sur la responsabilité des architectes, ingénieurs, experts, arbitres et entrepreneurs, suivi d'un Recueil de jurisprudence. — *P.*, 1876, 8°.   [8° E. 1534

Masselin (O.). — Nouvelle jurisprudence et traité pratique sur les devis dépassés et travaux supplémentaires publics ou particuliers, traités à forfait ou au métré. 1re éd. — *P.*, 1879, 8°.
[8° E. 1535

Masselin (O.). — Nouvelle jurisprudence et traité pratique sur les honoraires des architectes en matière de travaux publics et particuliers. — *P.*, 1879, 8°.   [8° E. 1536

Masselin (O.). — Nouvelle jurisprudence et traité pratique sur les locations mobilières et immobilières. T. 1er. Obligations des propriétaires ou bailleurs. — *P.*, 1880, 8°.
[8° E. 1537

Masselin (O.). — Nouvelle jurisprudence et traité pratique sur les murs mitoyens, en harmonie avec les décisions toutes récentes des cours et tribunaux. 4e éd. Suppl. 1, 2, 3, 4, 5, 2e éd. Album, 3e éd. — *P.*, 1879-1883, 5 vol. 8°.   [8° E. 1538

Masselon (Dr J.). — Précis d'ophthalmologie chirurgicale. — *P.*, 1886, in-18. [8° I. 4423. A

Masseras (E.). — Un essai d'empire au Mexique. — *P.*, 1879, in-18. [8° U. 4656

Masseras (E.). — Washington et son œuvre. — *P.*, (s. d.), in-18. [8° U. 4657

Massieu (F.). — Mémoire sur les fonctions caractéristiques des divers fluides, et sur la théorie des vapeurs. — *P.*, 1873, 4°. [4° I. 883

Massillon. — Œuvres complètes. — *P.*, 1822, 15 vol. in-12. [8° A. 779-793

Massiou (D.). — Histoire politique, civile et religieuse de la Saintonge et de l'Aunis. — *P.*, 1836-1838, 5 vol. 8°. [8° U. 4658-62

Masson (Charles-François-Philibert). — Mémoires secrets sur la Russie, et particulièrement sur la fin du règne de Catherine II. — *P.*, 1804, 4 vol. 8°. [8° U. 4663-66.

Masson (Frédéric). — Le Cardinal de Bernis, depuis son ministère (1758-1794). La suppression des Jésuites, le schisme constitutionnel. — *P.*, 1884, 8°. [8° U. 4667

Masson (Frédéric). — Les diplomates de la Révolution. Hugon de Bassville à Rome, Bernadotte à Vienne. — *P.*, 1882, 8°. [8° U. 4668

Masson (Michel). — Le Dévouement. 2e éd. — *P.*, 1877, in-18. [8° I. 4424
(Bibliothèque des Merveilles.)

Masson Delongpré. — Code annoté de l'enregistrement. 2e éd.—*P.*, 1839, 2 vol. 8°. [8° E. 1539-40

Mathieu (Abbé D.). — L'ancien régime dans la province de Lorraine et Barrois, d'après des documents inédits (1698-1789). — *P.*, 1879, 8°. [8° U. 4669

Mathieu (P.-F.). — Histoire des miraculés et des convulsionnaires de Saint-Médard. 2e éd. — *P.*, 1864, in-12. [8° U. 4670

Mathieu-Bodet. — Les finances françaises de 1870 à 1878. — *P.*, 1881, 2 vol. 8°. [8° U. 4671-72

Mathieu de Dombasle (C.-J.-A.). — Calendrier du bon cultivateur. 5e éd. — *P.*, 1838, in-12. [8° I. 4425

Matrat (Paul). — L'avenir de l'ouvrier. Moyens de se préserver de la misère. 3 éd. — *P.*, 1884, 8°. [8° I. 4425. A

Mattei (Dr Antoine). — Pruverbj, detti e massime corsi. Proverbes, locutions et maximes de la Corse, précédés d'une étude sur le dialecte de cette île. — *P.*, 1867, in-18. [8° O. 2926

Mattei (César). — Électro-homœopathie. Principes d'une science nouvelle, découverte par le comte César Mattei, de Bologne. Première édition française, par l'inventeur. — *Nice*, 1879, in-16. [8° I. 4426

Matter. — De l'influence des mœurs sur les lois, et de l'influence des lois sur les mœurs. — *P.*, 1832, in-12. [8° E. 1541

Maudsley (Henry). — Le crime et la folie. 3e éd. — *P.*, 1877, 8°. [8° I. 4427

4e éd., 1880. — *P.*, 8°. [8° I. 4428

Maudsley (Henry). — La Pathologie de l'esprit. Trad. de l'anglais par le Dr Germont. — *P.*, 1883, 8°. [8° I. 4429

Maumené (E.-J.). — Indications théoriques et pratiques sur le travail des vins. — *P.*, 1858, 8°. [8° I. 4430

Maunoury (C.-A.), Salmon.— Manuel de l'art des accouchements. — *P.*, 1850, 8°.   [8° I. 4431

Maurel (F.), Martinez-Lopez (P.). — Dictionnaire français-espagnol, espagnol-français. — *P.*, 1840, 8°.
                    .[8° O. 2927

Maurepas (Comte de). — Mémoires. 3ᵉ éd. — *P.*, 1792, 4 vol. 8°.
                    [8° U. 4673-76

Maurial (L.). — L'art de boire, connaître et acheter le vin et toutes les boissons. Guide pratique du producteur, du marchand et du consommateur. 4ᵉ éd. — *P.*, 1881, in-18.
                    [8° I. 4431. A

Maurice (Barthélemy). — Histoire politique et anecdotique des prisons de la Seine. — *P.*, 1840, 8°.
                    [8° U. 4677

Maurin (Albert). — Galerie historique de la Révolution française (1787-1799). — *P.*, 1843, 3 vol. 4°.
                    [4° U. 870-72

Maurin (Dʳ L.-E.). — Formulaire magistral pour les maladies des enfants (naissance à adolescence). — *P.*, 1881, in-16.   [8° I. 4432

Maury (L.-F.-Alfred). — Les académies d'autrefois. L'ancienne Académie des inscriptions et belles-lettres. — *P.*, 1864, 8°.   [8° U. 4678

Maury (L.-F.-Alfred).— Les Académies d'autrefois. L'ancienne Académie des Sciences. — *P.*, 1864, 8°.
                    [8° U. 4679

Maury (L.-F.-Alfred). — Les Forêts de la Gaule et de l'ancienne France. — *P.*, 1867, 8°.
                    [8° U. 4680

Maury (L.-F.-Alfred). — Histoire des religions de la Grèce antique, depuis leur origine jusqu'à leur complète constitution. — *P.*, 1857-59, 3 vol. 8°.
                    [8° U. 4681-83

Maury (L.-F.-Alfred). — La terre et l'homme. — *P.*, 1857, in-12.
                    [8° I. 4434

Maury (M.-F.). — Géographie physique à l'usage de la jeunesse. Trad. par Zurcher et Margollé. 3ᵉ éd. — *P.*, (s. d.), in-18.   [8° U. 4684

Maury (Sifrein). — Essai sur l'éloquence de la chaire. Nouv. éd. — *P.*, 1827, 8°.   [8° O. 2928

Maussier-Marbaud.—Nouveau Code du propriétaire et du commerçant. — *P.*, 1846, 8°.   [8° E.1542

Maviez (R.). — Traité complet, théorique et pratique, de la peinture en bâtiments. — *P.*, 1836, 8°.
                    [8° I. 4435

Maximilien Iᵉʳ, Marguerite d'Autriche. — Correspondance de l'empereur Maximilien Iᵉʳ et de Marguerite d'Autriche, publiée par M. Le Glay. — *P.*, 1839, 2 vol. 8°.
                    [8° U. 4685-86
(Société de l'Histoire de France.)

Maxwell (James Clerk). — Traité élémentaire d'électricité, publié par William Garnett, précédé d'une notice sur les travaux en électricité du professeur Maxwell, par W. Garnett. Trad. de l'anglais, par Gustave Richard. — *P.*, 1884, 8°.   [8° I. 4436

Mayer (Alexandre). — Des rapports conjugaux considérés sous le triple point de vue de la population, de la santé et de la morale publique. 5ᵉ éd. — *P.*, 1868, in-12.   [8° I. 4437

Mayer (Gaston). — De la concurrence déloyale et de la contrefaçon en matière de noms et de marques. — *P.*, 1879, 8°.   [8° E. 1543

Mayer (P.). — Histoire du Deux Décembre. — *P.*, 1852, in-12.
                    [8° U. 4687

Mayeux (Henri). — La composition décorative. — *P.*, 1885, 8°.
                    [8° I. 4437. A

Maynard (Félix). — Souvenirs d'un Zouave devant Sébastopol. — *P.*, 1856, in-12. [8° U. 4688

Maynard (Michel-Ulysse). — Vie de S. Vincent de Paul. 2ᵉ éd. — *P.*, 1861, in-12. [8° U. 4689

Mayne-Reid. — Le chasseur de plantes. Trad. par Mᵐᵉ Loreau. — *P.*, 1865, in-12. [8° O. 2928 +A

Mayne-Reid. — Les vacances des jeunes Boërs. Trad. par Mᵐᵉ Loreau. — *P.*, 1865, in-12. [8° O. 2928. A

Mazaroz (J.-P.). — Histoire des corporations françaises d'arts et métiers, avec une préface historique et conclusion pratique. 2ᵉ éd. — *P.*, 1878, 8°. [8° U. 4690

Mazas (Alex.). — Cours d'histoire de France. 3ᵉ éd. — *Lyon*, 1840, 4 vol. 8°. [8° U. 4691-94

Mazas (Alex.), **Anne** (Th.). — Histoire de l'ordre royal et militaire de Saint-Louis, terminée par Th. Anne. 2ᵉ éd. — *P.*, 1860-61, 3 vol. 8°. [8° U. 4695-97

Mazas (Alex.). — Saint-Cloud, Paris et Cherbourg. Mémoires pour servir à l'histoire de la Révolution de 1830. — *P.*, 1832, 8°. [8° U. 4698

Mazas (Alex.). — Vies des grands capitaines français. 2ᵉ éd. — *Lyon*, 1838, 4 vol. 8°. [8° U. 4699-4702

Maze (Hippolyte). — Les généraux de la République. Kléber. — *P.*, 1879, in-18 [8° U. 4703

Meidinger (J.-V.). — Grammaire pratique de la langue allemande Nouv. éd., précédée d'un traité de prononciation par F.-G. Eichhoff. — *P.*, 1845, 8°. [8° O. 2929

Meignan (Victor). — Aux Antilles. 2ᵉ éd. Ouvr. enrichi de 8 grav. — *P.*, 1882, in-18 [8° U. 4704

Meindre (A.-J.). — Histoire romaine. — *P.*, 1848, in-12. [8° U. 4705

Meindre (Abbé E.). — Méthode pour l'accompagnement du plain-chant. 3ᵉ éd. — *Agen*, 1860, in-18. [8° I. 4438

Meissas, Michelot. — Dictionnaire de géographie ancienne et moderne. Nouv. éd. — *P.*, 1864, 8°. [8° U. 4706

Meister (Léonard). — Vies des principaux savants de l'Allemagne. — *Berne*, 1796, 8°. [8° U. 4707

Mela (Pomponius). — Géographie. Vibius Sequester, Ethicus, Publius Victor, trad. Louis Baudet. — *P.*, 1843, 8°. [8° O. 2930

(Collection Panckoucke.)

Mélanges tirés d'une grande bibliothèque. — *P.*, 1779-84, 43 vol. 8°. [8° O. 2931-70

Melon (Paul). — De Palerme à Tunis par Malte, Tripoli et la côte. Notes et impressions. Grav. — *P.*, 1885, in-18. [8° U. 4708

Melun (Vicomte de). — Vie de la sœur Rosalie. 3ᵉ éd. — *P.*, 1858, in-12. [8° U. 4709

Melun (Vicomte de). — Vie de Mademoiselle de Melun. 2ᵉ éd. — *P.*, 1855, in-12. [8° U. 4710

Mély. — La Céramique italienne. Marques et monogrammes. — *P.*, 1884, 8°. [8° I. 4439

Memento du baccalauréat ès lettres scindé en deux séries. Premier examen. Volume unique, par MM. Albert Leroy, G. Ducoudray et E. Cortambert. — Deuxième examen. Partie littéraire, par MM. Albert Leroy et G. Ducoudray; partie scientifique, par MM. B. Pichot et Lechat. — *P.*, 1875-1876, 3 vol. in-18. [8° I. 4440-42

Memento du baccalauréat ès lettres, conforme aux programmes de 1880. — *P.*, 1882-1885, 4 vol. in-16.
[8° I. **4443-46**

Memento du Code civil, par V..., docteur en droit. — *P.*, 1882, 3 vol. 8°.
[8° E. **1544-46**

Mémoires de l'Académie celtique, ou Recueil sur les antiquités celtiques, gauloises et françaises, publié par l'Académie celtique.— *P.*, 1807-1812, 4 vol. 8°. [8° U. **4711-16**

Mémoires historiques et critiques sur les plus célèbres personnages vivants de l'Angleterre. Trad. de l'anglais sur la 3e éd. — *P.*, 1803, 2 vol. 8°.
[8° U. **4717-18**

Mémoires particuliers formant l'histoire complète de la captivité de la famille royale à la tour du Temple. — *P.*, 1817, 8°. [8° U. **4719**

Mémoires pour servir à l'histoire de l'Académie royale de peinture et de sculpture, depuis 1648 jusqu'en 1664, publiés pour la première fois par M. A. de Montaiglon. — *P.*, 1853, 2 vol. in-16. [8° I. **4447-48**
(Bibliothèque Elzévirienne.)

Mémoires présentés par divers savants à l'Académie des sciences et imprimés par son ordre. Tome XXVI. 2e série. — *P.*, 1879, 4°. [4° I. **884**

Mémoires sur l'Égypte, publiés pendant les campagnes du général Bonaparte. — *P.*, an VIII, 3 vol. 8°.
[8° U. **4720-22**

Mémoires sur la cour de Louis-Napoléon et sur la Hollande. — *P.*, 1828, 8°. [8° U. **4723**

Mémoires sur les contrées occidentales, traduits du sanscrit en chinois par Hioueng-Tsang, et du chinois en français par Stanislas Julien. — *P.*, 1857, 2 vol. 8°. [8° U. **4723. A**

Ménage. — Dictionnaire étymologique de la langue française. —*P.*, 1694, f°. [Fol. O. **97**

Ménage. — Ménagiana ou les pensées critiques, historiques de Ménage. 2e éd. — *P.*, 1694, 2 vol. in-12.
[8° O. **2971-72**

Ménard (René). — Histoire artistique du métal. — *P.*, 1881, f°.
[Fol. I. **121. A**

Ménard (René). — Histoire des Beaux-Arts. Art antique. Moyen âge. Art moderne.— *P.*, 1882, 3 vol. in-18.
[8° I. **4449-51**

Ménard (René). — La Vie privée des anciens. Dessins d'après les monuments antiques, par Ch. Sauvageot. — *P.*, 1880, 4 vol. 8°.
[8° U. **4724-27**

T. I. Les Peuples de l'Antiquité.
T. II. La Famille dans l'Antiquité.
T. III. Le Travail dans l'Antiquité.
T. IV. Les Institutions dans l'Antiquité.

Menault (Ernest). — L'amour maternel chez les animaux. — *P.*, 1874, in-18. [8° I. **4452**
(Bibliothèque des Merveilles.)

Menault (Ernest). — Les insectes nuisibles à l'agriculture et à la viticulture. 2e éd. 105 grav. — *P.*, 1886, in-16. [8° I. **4452. A**

Menault (Ernest).—L'intelligence des animaux. 2e éd.—*P.*, 1869, in-18.
[8° I. **4453**
(Bibliothèque des Merveilles.)

Menche de Loisne (Ch.). — Le Gouvernement et la Constitution britanniques au dix-huitième siècle. — *P.*, 1868, 8°. [8° U. **4728**

Ménerville (P. de). — Dictionnaire de la législation algérienne. Tome I, 2e éd., 1830-1860. Tome II, 1860-1866. — *Alger*, 1860-66, 2 vol. 4°.
[4° E. **209-10**

Meneval (Baron). — Napoléon et Marie-Louise. Souvenirs historiques. — *P.*, 1845, 8°. [8° U. 4729

Ménier. — Du relatif et de l'absolu en matière d'impôts. Lettre extraite de la « Revue universelle ». — *P.*, 1872, in-18. [8° U. 4730

Ménier (Émile). — Théorie et application de l'impôt sur le capital. 2ᵉ éd. — *P.*, 1875, in-18. [8° I. 4454

Menière (P.). — La captivité de Madame la duchesse de Berry à Blaye (1833); journal du docteur P. Ménière, publié par son fils, le docteur E. Ménière, avec deux lettres inédites de Balzac et du maréchal Bugeaud. — *P.*, 1882, vol. 8°. [8° U. 4731-32

Meninski (Franciscus A. Mesgnien). — Institutiones linguæ turcicæ. Editio altera, aucta curante Adamo Francisco Kollar. — *Vindobonæ*, 1756, f°. [Fol. O. 98

Meninski. — Thesaurus linguarum orientalium. — (S. l. n. d.), 3 vol. f°. [Fol. O. 99-101

Mennechet. — Histoire de France. — *P.*, 1840, 2 vol. in-12. [8° U. 4733-34

Mennechet (Ed.). — Matinées littéraires. Cours complet de littérature moderne. 4ᵉ éd. — *P.*, 1862, 4 vol. in-12. [8° O. 2973-76

Menochius (Jean-Étienne). — Commentarii totius S. Scripturæ. — *P.*, 1719, 2 vol. f°. [Fol. A. 80-81

Menuiserie (La) artistique. — Revue des travaux d'art exécutés en menuiserie. — *P.*, (s. d.), f°. [Fol. I. 122

Menville. — Histoire médicale et philosophique de la femme. — *P.*, 1845, 3 vol. 8°. [8° I. 4455-57

Mercey (F.-B.). — La Toscane et le midi de l'Italie. — *P.*, (s.d.), 2 vol. 8°. [8° U. 4735-36

Mercier (Édouard). — De l'influence du bien-être matériel sur la moralité des peuples modernes. — *P.*, 1854, 8°. [8° I. 4458

Mercier (Ernest). — L'Algérie et les questions algériennes. Étude historique, statistique et économique. — *P.*, 1883, 8°. [8° U. 4737

Mercier (Ernest). — Les indigènes de l'Algérie. Leur situation dans le passé et dans le présent. — *P.*, 1884, 8°. [8° U. 4738

Mercier (Louis-Sébastien). — Tableau de Paris. Nouv. éd., corrigée et augmentée. — *Amsterdam*, 1782-1788, 12 vol. 8°. [8° U. 4739-50

Mercure (Le) galant. Mercure de France. — *P.*, 1673-1814, 1068 vol. in-12. [8° U. 4751-5747

Méré (Chevalier de). — Lettres. — *P.*, 1862, 2 vol. 8°. [8° O. 2977-78

Mérimée (Prosper). — Chronique du règne de Charles IX. — *P.*, 1842, in-12. [8° O. 2979

Mérimée (Prosper). — Colomba, suivie de la Mosaïque. — *P.*, 1842, in-12. [8° O. 2980

Mérimée (Prosper). — Théâtre de Clara Gazul, suivi de la Jacquerie et de la Famille Carvajal. — *P.*, 1842, in-18. [8° O. 2981

Mérimée (Prosper). — Nouvelles. 3ᵉ éd. — *P.*, 1852, in-18. [8° O. 2982

Merlet (Gustave). — Études littéraires sur les classiques français des classes supérieures. Nouv. éd., conforme aux programmes de 1880. — *P.*, 1881, 2 vol. in-18. [8° O. 2983-84

Merlet (Gustave). — Tableau de la littérature française (1800-1815). — P., 1883, 3 vol. 8°.
[8° O. 2985-87
I. — Mouvement religieux, philosophique et poétique (2e éd.).
II. — Le roman et l'histoire.
III. — La critique et l'éloquence.

Merlin. — Recueil alphabétique des questions de droit qui se présentent le plus souvent dans les tribunaux. 3e éd. — P., 1819-1820, 6 vol. 4°.
[4° E. 211-16

Mermet (E.). — Annuaire de la presse française, 1re année 1880, 3e 1882. — P., 1880, 1882, 2 vol. in-12.
[8° I. 4459-60

Mermet (E.). — La publicité en France. Guide manuel. 3e éd. — P., 1880, in-12.   [8° I. 4461

Merson (Ernest). — La France sous la Terreur. Étude historique. — P., 1869, 8°.
[8° U. 5748

Merveilles (Les) de l'art moderne. — P., 1886, f°.   [Fol. I. 122+A

Méry (Joseph). — André Chénier. Nouv. éd. — P., 1868, in-12.
[8° O. 2988

Méry (Joseph). — Nouvelles nouvelles. — P., 1858, 8°.
[8° O. 2989

Mésenguy. — Abrégé de l'histoire de l'Ancien Testament. — P., 1747-1753, 10 vol. in-12.
[8° A. 794-803

Messages, reports, etc., communicated to the legislature of Connecticut. May session, 1853. — Hartford, 1853, 8°.   [8° U. 5749

Messel romain selon le règlement du Concile de Trente, traduit par de Voisin. — P., 1660, 5 vol. in-12.
[8° A. 806-10

Messine (Hte). — Le vinage et le sucrage des vins. — P., 1885, 8°.
[8° I. 4462

Métérié-Larrey. — Les emplois publics. — P., 1883, in-18.
[8° I. 4463

Meteyard (Eliza). — The life of Josiah Wedgwood, from his private correspondence and family papers, with an introductory sketch of the art of pottery in England. — London, 1865-1866, 2 vol. 8°.
[8° U. 5750-51

Métivier. — Monaco et ses princes. — La Flèche, 1862, 2 vol. 8°.
[8° U. 5752-53

Metternich (Prince de). — Mémoires, documents et écrits divers laissés par le prince de Metternich, publiés par son fils, le prince Richard de Metternich, classés et réunis par M. A. de Klinkowstrœm. — P., 1881-1884, 8 vol. 8°. (Tomes 1-2, 3e éd.; 3-4, 2e éd.)   [8° U. 5754

Meugy (A.). — Leçons élémentaires de géologie appliquée à l'agriculture, faites à l'École normale primaire de Troyes. 2e éd., revue et augmentée. — Troyes, 1871, 8°.   [8° I. 4464

Meunier (Francis). — Essai sur la vie et les ouvrages de Nicole Oresme. — P., 1857, 8°.   [8° U. 5755

Meunier (Francis). — Études de grammaire comparée. Les composés syntactiques, en grec, latin, français, zend et indien. — P., 1872, 8°.
[8° O. 2990

Meunier (Louis-Francis). — Les composés qui contiennent un verbe à un mode personnel en latin, en français, en italien et en espagnol. — P., 1875, 8°.   [8° O. 2991

Meunier (Lud.-Franciscus). — De Homeri vita quæ sub Herodoti Halicarnassei nomine circumfertur, Herodoto omnino abjudicanda. — *P.*, 1857, 8°. [8° **O. 2992**

Meunier (Stanislas). — Cours élémentaire de géologie appliquée. Lithologie pratique. — *P.*, 1872, 8°. [8° **I. 4465**

Meunier (Mme Stanislas). — L'écorce terrestre. 75 vignettes. — *P.*, 1882, in-16. [8° **I. 4466** (Bibliothèque des Merveilles.)

Meunier (Victor). — Les grandes chasses. 2e éd. — *P.*, 1869, in-16. [8° **I. 4467**

Meyer (G.-H. de). — Les organes de la parole et leur emploi pour la formation des sons du langage. Trad. de l'allemand et précédé d'une introduction sur l'enseignement de la parole aux sourds-muets, par O. Claveau. 51 fig. — *P.*, 1885, 8°. [8° **I. 4468**

Meylan (A.). — A travers les Russies. — *P.*, 1880, in-12. [8° **U. 5756**

Meyners d'Estrey (D^r comte). — La Papouasie ou Nouvelle-Guinée occidentale. Grav. et une carte dressée et gravée par R. Hausermann. — *P.*, 1881, 4°. [4° **U. 873**

Mézeray (F.-E. de). — Abrégé chronologique de l'histoire de France. Nouv. éd.— *Amsterdam*, 1755, 14 vol. in-12. [8° **U. 5757-70**

Mezeray (F.-E. de). — Histoire de France depuis Pharamond jusqu'à maintenant. — *P.*, 1643-1651, 3 vol. f°. [Fol. **U. 209-211**

Mézières (A.). — Hors de France. Italie, Espagne, Angleterre, Grèce moderne. — *P.*, 1883, in-18. [8° **U. 5771**

Mézières (A.). — Prédécesseurs et contemporains de Shakespeare. 2e éd. — *P.*, 1863, in-12. [8° **O. 2993**

Mézières (A.). — Contemporains et successeurs de Shakespeare. 2e éd. — *P.*, 1864, in-12. [8° **O. 2994**

Mézières (A.). — Shakespeare, ses œuvres et ses critiques. 3e éd. — *P.*, 1882, in-18. [8° **O. 2995**

Mézières (L.). — Histoire critique de la littérature anglaise depuis le règne d'Élisabeth jusqu'au XIXe s. 2e éd. — *P.*, 1841, 3 vol. 8°. [8° **O. 2996-98**

Michaud. — Histoire des croisades. 4e éd. — *P.*, 1825, 4 vol. 8°. [8° **U. 5772-75**

Michault. — Mélanges historiques et philologiques. — *P.*, 1754, 2 vol 8°. [8° **O. 2999-3000**

Michaux (Alexandre). — Guide pratique pour la rédaction de tous les actes des notaires. — *P.*, 1863, in-18. [8° **E. 1547**

Michaux (Alexandre). — Traité pratique des liquidations et partages de communauté. 2e éd. — *P.*, 1862, 8°. [8° **E. 1548**

Michaux (Alfr.). — Vocabulaire de droit. — (*S. l. n. d.*), in-16. [8° **E. 1548.A**

Michaux (Édouard). — Études administratives et bureaucratiques des maisons de commerce; d'industrie et de banque. — *P.*, 1884, 8°. [8° **I. 4469**

Michaux (L.). — Histoire et description du théâtre de la Gaîté, du Vaudeville, du Châtelet, du Lyrique, de l'église de la Trinité, de Saint-Ambroise, de Saint-Bernard, de la Tour Saint-Jacques la Boucherie, des fontaines publiques de Paris. — *P.*, (s. d.), 9 vol. 4°. [4° **U. 874-82**

Michel (Alphonse). — Vade-mecum des magistrats de simple police. 3e éd. — *P.*, 1881, in-18. [8° **E. 1549**

Michel (Émile). — Les Musées d'Allemagne, Cologne, Munich, Cassel. 15 eaux fortes et 80 grav. — P., 1886, f°.   [Fol. I. 122. A

Michel (Francisque). — Les Écossais en France et les Français en Écosse. — *Bordeaux*, 1862, 2 vol. 8°.   [8° U. 5776-77

Michelet (J.). — L'Amour. 4e éd. — P., 1859, in-12.   [8° I. 4470

Michelet (J.). — Du prêtre, de la femme, de la famille. 4e éd. — P., 1845, in-12.   [8° U. 5778

Michelet (J.). — La Femme. — P., 1860, in-12.   [8° I. 4471

Michelet (J.). — Les Femmes de la Révolution. — P., 1854, in-12.   [8° U. 5779

Michelet (J.). — Histoire romaine. 2e éd. — P., 1833, 2 vol. 8°.   [8° U. 5780-81

Michelet (J.). — Histoire de France. Nouv. éd. — P., 1871-1874, 17 vol. 8°.   [8° U. 5782-98
Nouv. éd., 1876. — P., 17 vol. 8°.   [8° U. 5799-5815

Michelet (J.). — Précis de l'histoire moderne. 8e éd. — P., 1850, 8°.   [8° U. 5816

Michelet (J.). — Histoire de la Révolution française. 2e éd. — P., 1868-1869, 6 vol. 8°.   [8° U. 5817-22

Michelet (J.). — Histoire du XIXe siècle. I. Directoire. Origine des Bonaparte. — II. Jusqu'au 18 brumaire. — III. Jusqu'à Waterloo. 2e éd. — P., 1875-1876, 3 vol. 8°.   [8° U. 5823-25

Michelet (J.). — L'insecte. 3e éd. — P., 1859, in-12.   [8° I. 4472

Michelet (J.). — Ma jeunesse. 4e éd. — P., 1884, in-18.   [8° U. 5826

Michelet (J.). — La Mer. — P., 1861, in-12.   [8° I. 4473

Michelet (J.). — La Montagne. 6e éd. — P., 1868, in-12.   [8° I. 4474

Michelet (J.). — Nos fils. 5e éd. — P., 1870, in-18.   [8° I. 4475

Michelet (J.). — Notre France. Sa géographie, son histoire. — P., 1886, in-18.   [8° U. 5826. A

Michelet (J.). — L'Oiseau. 3e éd. — P., 1857, in-12.   [8° I. 4476

Michelet (J.). — Le Peuple. 4e éd. — P., 1866, 8°.   [8° I. 4477

Michelet (J.). — La Sorcière. — P., 1862, in-12.   [8° I. 4478

Michiels (Alfred). — Le comte de Bismarck, sa biographie et sa politique. — *Bruxelles*, 1871, 8°.   [8° U. 5827

Michiels (Alfred). — Études sur l'Allemagne, renfermant une histoire de la peinture allemande. — P., 1840, 2 vol. 8°.   [8° U. 5828-29

Michiels (Alfred). — Histoire secrète du gouvernement autrichien. 4e éd. — P., 1879, in-18.   [8° U. 5830

Michiels (Alfred). — L'invasion prussienne en 1792 et ses conséquences. — P., 1880, in-18.   [8° U. 5831

Michiels (Alfred). — Van Dyck et ses élèves. 2e éd. 8 eaux fortes et 16 grav. — P., 1882, 4°.   [4° U. 882. A

Michot (J.). — Code annoté des sociétés commerciales anonymes. — P., 1884, 8°.   [8° E. 1550

Middleton (Robert). — Garibaldi, ses opérations à l'armée des Vosges. — P., 1871, 8°.   [8° U. 5832

Mignet. — Charles-Quint. Son abdication, son séjour et sa mort au monastère de Yuste. 3ᵉ éd. — *P.*, 1857, 8°. [8° **U. 5833**

Mignet. — Éloges historiques. — *P.*, 1864, in-18. [8° **U. 5834** 2ᵉ éd., 1878. — *P.*, in-18. [8° **U. 5835**

Mignet. — Études historiques. La Germanie aux VIIIᵉ et IXᵉ siècles. Formation de la France, etc. 4ᵉ éd. — *P.*, 1877, in-18. [8° **U. 5836**

Mignet (F.-A.). — Histoire de la Révolution française, depuis 1789 jusqu'en 1814. 4ᵉ éd. — *P.*, 1827, 2 vol. 8°. [8° **U. 5837-38**

Mignet. — Histoire de Marie Stuart. — *P.*, 1851, 2 vol. 8°. [8° **U. 5839-40**

Mignet (F.-A.). — The history of Mary, queen of Scots. — *London*, 1851, 2 vol. 8°. [8° **U. 5841-42**

Mignet. — Antonio Perez et Philippe II. 2ᵉ éd. — *P.*, 1846, 8°. [8° **U. 5843**

Mignet. — Portraits et notices historiques et littéraires. 4ᵉ éd. — *P.*, 1877, 2 vol. in-18. [8° **U. 5844-45**

Mignet. — Rivalité de François 1ᵉʳ et de Charles-Quint. — *P.*, 1875, 2 vol. 8°. [8° **U. 5846-47**

Miles (H.-H.). — The History of Canada under French regime. 1535-1763. — *Montreal*, 1872, in-12. [8° **U. 5848**

Mill (John Stuart). — Le gouvernement représentatif. Traduit et précédé d'une introduction par Dupont-White. — *P.*, 1862, in-12. [8° **I. 4479**

Mill (John Stuart). — La liberté; traduit et augmenté d'une introduction par Dupont-White. — *P.*, 1860, in-12. [8° **I. 4480**

Mill (John Stuart). — Mes mémoires, histoire de ma vie et de mes idées. Trad. de l'anglais par M. E. Cazelles. 2ᵉ éd. — *P.*, 1885, 8°. [8° **U. 5848. A**

Mill (John Stuart). — Principes d'économie politique, avec quelques-unes de leurs applications à l'économie sociale. Traduits par Dussart et Courcelle-Seneuil.— *P.*, 1854, 2 vol. in-12. [8° **I. 4481-82**

Millac (Arthur). — Les Français à Changhaï en 1853-1855. — *P.*, 1884, 8°. [8° **U. 5849**

Mille (A.). — Assainissement des villes par l'eau, les égouts, les irrigations. — *P.*, 1885, 4°. [4° **I. 884. A**

Mille et un jours (Les). Contes persans, trad. par Petis de La Croix. — *P.*, 1766, 5 vol. in-12. [8° **O. 3001-5**

Mille et une nuits (Les), trad. par Galland. — *P.*, 1837, 3 vol. 8°. [8° **O. 3006-8**

Miller (E.). — Périple de Marcien d'Héraclée ou supplément aux Petits géographes. — *P.*, 1839, 8°. [8° **U. 5850** A la suite : Périple de Scylax. Mansiones Parthicæ, d'Isidore de Charax. Dicéarque. Scymnus de Chio. Fragments inédits.

Millet. — Traité du bornage. — *P.*, 1844, in-12. [8° **E. 1551** 2ᵉ éd., 1846. — *P.*, 8°. [8° **E. 1552**

Millet (C.). — Les merveilles des fleuves et des ruisseaux. — *P.*, 1871, in-18. [8° **I. 4483** (Bibliothèque des Merveilles.)

Millet (D.). — Manuel du candidat à l'emploi de percepteur surnuméraire, rédigé conformément au programme officiel réglé par l'arrêté ministériel du 3 octobre 1873. 4ᵉ éd.— *P.*, 1883, in-16. [8° **E. 1553**

Millet-Robinet (Mᵐᵉ C.).— Maison rustique des dames. 4ᵉ éd. — *P.*, 1859, 2 vol. in-12. [8° **I. 4484-85**

Millevoye. — Poésies, avec une notice par de Pongerville.— *P.*, 1843, in-18. [8° **O. 3009**

Millin (Aubin-Louis). — Dictionnaire des Beaux-Arts. — *P.*, 1806, 3 vol. 8ᶜ. [8° **I. 4486-88**

Millin (Aubin-Louis). — Monuments français. (Antiquités nationales.) — *P.*, 1802, 5 vol. 4°. [4° **U. 883-87**

Millin (Aubin-Louis). — Voyage dans les départements du Midi de la France. — *P.*, 1807-1811, 4 t. en 5 vol. 8°. [8° **U. 5851-55**

Millot. — Éléments de l'histoire d'Angleterre. Nouv. éd. — *P.*, 1800, 3 vol. 8°. [8° **U. 5856-58**

Millot (Abbé). — Histoire littéraire des troubadours. — *P.*, 1774, 3 vol. in-12. [8° **O. 3010-12**

Milne (C.).—La vie réelle en Chine, traduite par Tasset. — *P.*, 1858, in-12. [8° **U. 5859**

Milne - Edwards, Comte (Achille).— Cahiers d'histoire naturelle. Nouv. éd. — *P.*, 1858, texte et atlas, 2 vol. in-18. [8° **I. 4489-90** 1865-1867. — *P.*, 3 vol. in-18. [8° **I. 4491-93**

Milne-Edwards. — Cours élémentaire d'histoire naturelle, par Milne-Edwards, A. de Jussieu et Beudant. Zoologie. 10ᵉ éd.— *P.*, 1867, in-18. [8° **I. 4494**

Milne-Edwards.— Introduction à la zoologie générale. 1ʳᵉ partie. — *P.*, 1853, 8°. [8° **I. 4495**

Milton (John) — Paradise lost, a Poem, in twelve books. 6ᵗʰ ed., with notes of various authors by Thomas Newton. — *London*, 1763, 2 vol. 8°. [8° **O. 3013-14**

Milton (John).—Le Paradis perdu, trad. par Le Roy.— *Rouen*, 1775, 2 vol. 8°. [8° **O. 3015-16**

Milton (Vᵗᵉ), **Cheadle** (Dʳ W. B.). — Voyage de l'Atlantique au Pacifique à travers le Canada, les Montagnes Rocheuses de la Colombie anglaise, trad. par J. Belin de Launay. — *P.*, 1866, 8°. [8° **U. 5860**

Minghetti (L.). — L'État et l'Église, trad. de l'italien par M. Louis Borguet et précédé d'une introduction par M. Émile de Laveleye. — *P.*, 1882, 8°. [8° **E. 1554**

Minghetti (Marco).—Des rapports de l'économie politique avec la morale et le droit, trad. par M. Saint-Germain Leduc ; précédé d'une introduction par M. H. Passy. — *P.*, 1863, 8°. [8° **I. 4496**

Minssen (J.-F.). — Dictionnaire des sciences militaires, allemand-français.—*P.*, 1880, in-12. [8° **I. 4497**

Miot (J.). — Mémoires pour servir à l'histoire des expéditions en Égypte et en Syrie. 2ᵉ éd. — *P.*, 1814, 8°. [8° **U. 5861**

Miotat (Eugène). — Suppression complète de la vidange. Assainissement des égouts et des habitations. — *P.*, 1881, 8°. [8° **I. 4498**

Miquel (F.-A.-W.). — Flora van Nederlandsch Indie. — *Amsterdam*, 1855, 5 vol. 8°. [8° **I. 4499-4503**

Miquel (P.). —Les organismes vivants de l'atmosphère.— *P.*, 1883, 8°. [8° **I. 4504**

Mirabeau. — L'Ami des hommes ou Traité de la population. — *Avignon*, 1756-1760, 3 vol. 4°. [4° **I. 885-87**

—1883, avec une préface et une notice biographique par M. Rouxel. — *P.*, 8°.
[8° I. 4505

Mirabeau. — Des lettres de cachet et des prisons d'État, ouvrage posthume composé en 1778. — *Hambourg*, 1782, 2 vol. 8°.
[8° U. 5862-63

Mirabeau. — Œuvres de Mirabeau précédées d'une notice sur sa vie et ses ouvrages, par Mérilhou. — *P.*, 1834-1835, 8 vol. 8°.
[8° O. 3018-25

Miracles (Les) de Saint Benoît, écrits par Adrevald, Aimoin, André, Raoul Tortaire et Hugues de Sainte-Marie, moines de Fleury, publiés par E. de Certain. — *P.*, 1858, 8°.
[8° U. 5864
(Société de l'Histoire de France.)

Miroir (E.-M.-M.), **Brissot de Warville**. — Traité de la police municipale et rurale. — *P.*, 1843, 2 tom. en 1 vol. 8°.
[8° E. 1555

Miron de L'Espinay (A.). — François Miron et l'administration municipale de Paris sous Henri IV, de 1604 à 1606. — *P.*, 1885, 8°.
[8° U. 5865

Mispoulet (J.-B.). — Des institutions politiques des Romains. — *P.*, 1882, 2 vol. 8°.
[8° E. 1556-57

Mistral (Frédéric). — Mirèio. Pouêmo prouvençau. 2° éd. Trad. littérale en regard. — *P.*, 1859, in-18.
[8° O. 3026

Modeste (Victor). — Du paupérisme en France. État actuel. Causes. Remèdes possibles. — *P.*, 1858, 8°.
[8° U. 5866

Moëssard (P.). — Topographie et géodésie. Cours de Saint-Cyr. — *P.*, 1882, 8°.
[8° I. 4506

Moinet (L.). — Nouveau traité général d'horlogerie. — *P.*, 2 vol. 4°.
[4° I. 888-89

Moisy. — Vignole des propriétaires ou les cinq ordres d'architecture d'après J. Barrozzio de Vignole, suivi de la charpente, par Thiollet. — *P.*, 1830, 4°.
[4° I. 890

Moitessier (A.). — L'air. 2° éd., illustrée de 93 gravures. — *P.*, 1880, in-18.
[8° I. 4507
(Bibliothèque des Merveilles.)

Moitessier (A.). — La lumière. 2° éd., illustrée par G. Taylor, Jahandier, etc., de 121 vignettes. — *P.*, 1880, in-18.
[8° I. 4508
(Bibliothèque des Merveilles.)

Moitié, Labrosse. — La mairie pratique, à l'usage de MM. les Maires, Adjoints, Conseillers municipaux. — *P.*, 1840, 8°.
[8° E. 1558

Molard (Victor). — Mantes (Seine-et-Oise) et son arrondissement, avec un plan. — (S. l.), 1879, 8°.
[8° U. 5867

Molé (Mathieu). — Mémoires, publiés par Aimé Champollion-Figeac. — *P.*, 1855-1857, 4 vol. 8°.
[8° U. 5868-71
(Société de l'Histoire de France.)

Molènes (Paul de). — Les Commentaires d'un soldat. — *P.*, 1860, in-12.
[8° U. 5872

Molière. — Œuvres. Éd. du Répertoire général du théâtre français. — *P.*, 1821, 6 vol. in-18.
[8° O. 3027-32

1826. — Nouv. éd., avec un commentaire historique et littéraire, par Petitot. — *P.*, 6 vol. 8°.
[8° O. 3033-38

1873-188 . — Nouv. éd., revue par Eugène Despois. — *P.*, 8°.
[8° O. 3039

Molinari (G. de). — Les clubs rouges pendant le siège de Paris. — *P.*, 1871, in-12.
[8° U. 5873

2° éd., 1871. — *P.*, in-12.
[8° U. 5874

Molinari (G. de). — Conversations sur le commerce des grains et la protection de l'agriculture. Nouv. éd.— *P.*, (s. d.), in-18.   [8° I. 4508.A

Molinari (G. de). — Cours d'économie politique. 2ᵉ éd. — *Bruxelles*, 1863; 8°.   [8° I. 4509-10

Molinari (G. de). — L'évolution politique et la Révolution.— *P.*, 1884, 8°.   [8° U. 5875

Molinæus (Carolus). — Opera. Ed. quarta. — *Parisiis*, 1658, 4 vol. f°.   [Fol. E. 35-38

Molinos (L.), **Pronnier** (C.).— Traité théorique et pratique de la construction des ponts métalliques. — *P.*, 1857, 4° et atlas gr. f°.
[4° I. 891
[Fol. I. 123

Moll (L.), **Gayot** (Eug.). — La connaissance générale du cheval, par les auteurs de l'Encyclopédie pratique de l'agriculteur. 3ᵉ éd. Avec un atlas de 68 pl. et de 103 fig. — *P.*, 1883, 2 vol. 8°.   [8° I. 4511

Mollien.—Memoires d'un ministre du Trésor public. 1780-1815. — *P.*, 1845, 4 vol. 8°.   [8° U. 5876-79

Mollot. — Bourses de commerce, agents de change et courtiers. — *P.*, 1831, 8°.   [8° E. 1559

Mollot. — Le contrat de louage d'ouvrage et d'industrie expliqué. — *P.*, 1846, in-12.   [8° E. 1560

Mollot. — De la justice industrielle des prudhommes, expliquée aux ouvriers et à ceux qui les emploient. — *P.*, 1846, 8°.   [8° E. 1561

Mollot. — Règles sur la profession d'avocat. — *P.*, 1842, 8°.   [8° E. 1562

Molmenti (P.-G.).—La vie privée à Venise, depuis les premiers temps jusqu'à la chute de la République. — *Venise*, 1882, 8°.   [8° U. 5880

Mommsen (Th.). — Histoire romaine, traduite par C.-A. Alexandre. — *P.*, 1863-1877, 8 vol. 8°.   [8° U. 5881-88

Monasticon anglicanum sive Pandectæ cœnobiorum benedictinorum. — *Londini*, 1655, 3 vol. f°.   [Fol. U. 212-214

Monchanin (A.). — Dumouriez, 1739-1823. — *P.*, 1884, in-18.   [8° U. 5889

Monckhoven (D.-V.). — Traité général de photographie, suivi d'un chapitre spécial sur le gélatino-bromure d'argent, avec planches et figures intercalées dans le texte. 7ᵉ éd. — *P.*, 1880, 8°.   [8° I. 4512

Monde (Le). Histoire de tous les peuples, depuis les temps les plus reculés jusqu'à nos jours. — *P.*, 1856, 10 vol. 8°.   [8° U. 5890-99

Monge. — Géométrie descriptive, suivie d'une théorie des ombres. 6ᵉ éd. — *P.*, 1838, 4°.   [4° I. 892

Monicart (J.-B. de). — Versailles immortalisé par les merveilles parlantes. — *P.*, 1720, 2 vol. 4°.   [4° U. 888-89

Monin (Dʳ E.). — Les propos du docteur. Médecine sociale, hygiène générale à l'usage des gens du monde. — *P.*, 1885, in-18.   [8° I. 4512.A

Monin (H.). — Dissertation sur le roman de Roncevaux. — *P.*, 1832, 8°.   [8° O. 3040

Moniteur (Réimpression de l'ancien). Tomes I à VII, 5 mai 1789 à fév. 1791 et Tom. XIV à XIX, 22 sept 1792 à 28 ventôse an II (18 mars 1794). — *P.*, 1851-1861, 13 vol. 4°.   [4° U. 890-902

Moniteur (Le) des Français, ou explication des sciences utiles mises à la portée de toutes les classes, renfer-

mant : le Code Napoléon, le Code de commerce, le Code pénal et le Code rural. 27ᵉ éd. — *P.*, 1865, in-12.
[8° E. 1563

Moniteur officiel du département de Seine-et-Oise. Journal quotidien politique (29 octobre 1870 — 5 mars 1871). — *Versailles*, f°.
[Fol. U. 215
(Journal prussien publié à Versailles pendant l'occupation de la Ville par les armées allemandes.)

Moniteur universel, journal officiel de 1789 à 1868. Prend le titre de : *Journal officiel* à partir du 1ᵉʳ janvier 1869 et années suivantes.— *P.*, f°.
[Fol. U. 216

Moniteur (Le) **scientifique**, journal des sciences pures et appliquées, fondé et dirigé par le Dʳ Quesneville. Tome 10, 1868, et années suivantes. — *P.*, 4°. [4° I. 893-96

Monier (H.).—Histoire de Pologne jusqu'en 1795. — *P.*, 1807, 2 vol. 8°.
[8° U. 5900-901

Monnet (Émile). — Histoire de l'administration provinciale, départementale et communale en France. — *P.*, 1885, 8°. [8° U. 5901 + A

Monnaies, poids, mesures et usages commerciaux de tous les états du monde. 2ᵉ éd. — *Le Havre*, 1875, 8°. [8° I. 4513

Monnier (Alexandre). — Histoire de l'assistance publique dans les temps anciens et modernes. 3ᵉ éd. — *P.*, 1866, 8°. [8° I. 4514

Monnier (Henry). — Scènes populaires. — *P.*, 1846, 2 vol. in-12.
[8° O. 3041-42

Monnier (Marcel). — Un printemps sur le Pacifique. Iles Hawaï. 1 carte. — *P.*, 1885, in-18.
[8° U. 5901. A

Monod (Gabriel). — Allemands et Français. Souvenirs de campagne. Metz, Sedan, la Loire. — *P.*, 1872, in-12. [8° U. 5902

Monod (Horace). — Sermons. — *P.*, 1848, 8°. [8° A. 811

Montabert (De).— Traité complet de la peinture. — *P.*, 1829, 9 vol. 8° et atlas 4°. [8° I. 4515-23
[4° I. 897

Montagnac (Colonel de). — Lettres d'un soldat. Neuf années de campagnes en Afrique. Correspondance inédite publiée par son neveu.— *P.*, 1885, 8°. [8° U. 5902.A

Montaigne (Michel de).— Essais ; suivi du Traité de la servitude volontaire ou le Contr'Un d'Étienne de La Boétie. — *P.*, 1828, 6 vol. in-18.
[8° O. 3043-48

Montalembert (De). — De l'avenir politique de l'Angleterre. 4ᵉ éd. — *P.*, 1856, in-12. [8° U. 5903

Montalembert (De). — Vie de Sainte-Élisabeth de Hongrie, duchesse de Thuringe (1207-1231). 5ᵉ éd. — *P.*, 1849, in-18. [8° U. 5904

Montano (Dʳ J.). — Voyage aux Philippines et en Malaisie. 30 grav. et 1 cart. — *P.*, 1886, in-16.
[8° U. 5904.A

Montargon (H. de). — Dictionnaire apostolique. Nouv. éd. — *P.*, 1822-1824, 15 vol. in-12.
[8° A. 812-26

Montbel (De).—Le duc de Reichstadt. — *P.*, 1833, 8°. [8° U. 5905

Montecuculli.—Mémoires. Nouv. éd. — *P.*, 1702, in-12.
[8° U. 5906

Montégut (Émile). — Livres et âmes des pays d'Orient. — *P.*, 1885, in-16. [8° O. 3049

Montégut (Émile). — Nos morts contemporains, 1re série. (Béranger, Nodier, Musset, Vigny.) — P., 1883, in-16.   [8° U. 5907

Montégut (Émile). — Les Pays-Bas, impressions de voyage et d'art. 2e éd. — P., 1884, in-18.
[8° U. 5908

Montégut (Émile).— Tableaux de la France. En Bourbonnais et en Forez. — P., 1875, in-18.   [8° U. 5909

Monteil (A.-Alexis). — Histoire agricole de la France. L'agriculture, les cultivateurs et la vie rurale depuis l'époque gauloise jusqu'à nos jours, avec introduction, supplément et notes, par Charles Louandre. — P., (s. d.), 8°.   [8° U. 5910

Monteil (A.-Alexis). — Histoire de l'industrie française et des gens de métiers. Introduction, supplément et notes. — P., 1872, 2 vol. in-18.
[8° U. 5911-12

Monteil (A.-Alexis). — Histoire des Français des divers états ou histoire de France aux cinq derniers siècles. 4e éd. — P., 1853, 5 vol. in-12.   [8° U. 5913-17

Montémont (A. de).—Guide universel de l'étranger dans Paris. 8e éd. — P., 1863, in-12.   [8° U. 5918

Montémont (Albert). — Voyage aux Alpes et en Italie. — P., 1827, 3 vol. in-12.   [8° U. 5919-21

Montesquieu. — Œuvres complètes, précédées de la vie de cet auteur (par L.-S. Auger). — P., 1820, 5 vol. 8°.   [8° O. 3050-54

Montesquieu. — Lettres persanes. — Amsterdam, 1721, 2 vol. in-12.   [8° O. 3055-56

Montet (Joseph). — De Paris aux Karpathes. — P., 1886, in-16.
[8° U. 5921. A

Montfaucon (Bernard de). — L'Antiquité expliquée et représentée en figures. — P., 1719, 5 t. en 10 vol. f°. — Supplément, 1724, 6 vol. f°. Ensemble 16 vol. f°.   [Fol. U. 217-232

Montferrier (A.-S. de). — Dictionnaire des sciences mathématiques pures et appliquées. — P., 1835-1840, 3 t. en 2 vol. 4°.   [4° I. 898-99

Montgaillard (Guillaume-Honoré de). —Revue chronologique de l'histoire de France, depuis la première convocation des notables jusqu'au départ des troupes étrangères. 1787-1818. — P., 1820, 8°. [8° U. 5922

Monthaye (P.-A.). — Code méthodique de l'instruction primaire en France. — P., 1877, 8°.
[8° E. 1564

Monthaye (P.-A.). — L'instruction populaire en Europe et aux États-Unis d'Amérique. — P., 1876, 2 vol. 8°.   [8° I. 4525-26

Montignot. — Dictionnaire diplomatique ou étymologie des termes des bas siècles. — Nancy, 1787, 8°.
[8° O. 3057

Montigny. — Histoire générale d'Allemagne, depuis l'an de Rome 640 jusqu'à nos jours. — P., 1772-1779, 6 vol. in-12. [8° U. 5923-28

Montigny (De). — Manuel des piqueurs, cochers, grooms et palefreniers. — P., 1865, in-12.
[8° I. 4527

Montjoye. — Histoire de la conjuration de Maximilien Robespierre. — P., (s.d.), 8°.   [8° U. 5929

Montlosier (De). — Mémoire à consulter sur un système religieux et politique tendant à renverser la religion. 5e éd. — P., 1826, 8°.
[8° U. 5930

Montmahou (Camille de). — Éléments d'histoire naturelle. Physiologie. 3e éd. — P., 1866, 8°. [8° I. 4528

Montmahou (Camille de). — Éléments d'histoire naturelle. 2ᵉ part. Zoologie. 2ᵉ éd. — *P.*, 1863, in-12.
[8° I. 4529

Montmahou (Camille de). — Éléments d'histoire naturelle. Botanique. Nouv. éd. — *P.*, 1869, 8°.
[8° I. 4530

Montmignon (De). — Choix des lettres édifiantes écrites des missions étrangères.— *P.*, 1808-1809, 8 vol. 8°.
[8° U. 5931-38

Montpensier (Louis-Ant.-Phil. d'Orléans, Duc de). — Mémoires. 2ᵉ éd. — *P.*, 1824, 8°.
[8° U. 5939

Montrond (Maxime de). — L'Apôtre de l'Irlande.— *Lille*, 1856, in-12.
[8° U. 5940

Montrond (Maxime de). — Le Général de La Moricière.— *Lille*, 1866, in-12.
[8° U. 5941

Montrond (Maxime de). — Histoire de Jean-Bart. 4ᵉ éd. — *Lille*, 1864, in-12.
[8° U. 5942

Montvaillant (Albin de). — Florian, sa vie, ses œuvres, sa correspondance. — *P.*, 1879, 8°.
[8° U. 5943

Montzey (C. de). — Institutions d'éducation militaire jusqu'en 1789. — *P.*, 1866-1867, 2 vol. 8°.
[8° U. 5944-45

Moquin-Tandon. — Éléments de Zoologie médicale. — *P.*, 1860, in-12.
[8° I. 4531

Morache (G.). — Traité d'hygiène militaire. 2ᵉ éd. 173 fig. — *P.*, 1886, 8°.
[8° I. 4531. A

Morale (La) en action. Nouv. éd. — *Lyon*, 1840, in-12.
[8° I. 4532

Morale (La) en action. — *P.*, 1843, in-12.
[8° I. 4533

Moralistes français. Pensées de Blaise Pascal, Maximes de La Rochefoucauld, Caractères de La Bruyère, Œuvres de Vauvenargues. — *P.*, 1834, 4°.
[4° I. 900

Moralistes grecs, traduits.(Entretiens de Socrate. Caract. de Théophraste. Manuel d'Epictète. Sentences de Théognis, de Phocylide, des Sages de la Grèce. Vers dorés de Pythagore, etc.)— *P.*, 1845, in-12.
[8° I. 4534

Morandini d'Eccatage (F.). — Grand dictionnaire des rimes françaises, enrichi des nouveaux termes de la langue.—*P.*, 1886, 8°.
[8° O. 3057. A

Morceaux choisis des auteurs grecs, tirés des meilleures traductions, avec un commentaire, par M. J. Labbé. — *P.*, 1884, in-12.
[8° O. 3058

Moreau. — Analyse des Pandectes de Pothier, en français. — *P.*, 1824, 2 vol. 8°.
[8° E. 1565-66

Moreau (Ch.). — Mes vacances en Italie. — *P.*, 1839, in-12.
[8° U. 5946

Moreau (Félix). — Effets internationaux des jugements en matière civile.— *P.*, 1884, 8°.
[8° E. 1567

Moreau (Hégésippe). — Œuvres. Nouv. éd., précédée d'une notice par Sainte-Beuve. — *P.*, 1881, in-18.
[8° O. 3058. A

Moreau (J.-G.), Daverne (J.-J.). — Manuel pratique de la culture maraîchère de Paris. — *P.*, 1845, 8°.
[8° I. 4535

Moreau (Paul). — Fous et bouffons. Étude physiologique, psychologique et historique. —*P.*, 1885, in-16.
[8° I. 4536

Moreau (Dʳ Paul). — De l'homicide commis par les enfants. — *P.*, 1882, in-16.
[8° I. 4537

Moreau-Christophe. — Du Problème de la misère et de sa solution chez les peuples anciens et modernes.

—I. Peuples anciens. — II. Mosaïsme, Christianisme, Moyen Age. — III. Peuples modernes. — *P.*, 1851, 3 vol. 8°.   [8° I. 4538-40

Moreau de Jonnès (Alex.). — Aventures de guerre au temps de la République et du Consulat. — *P.*, 1858, 2 vol. 8°.   [8° U. 5946. A

Moreau de Jonnès (Alex.). — La France avant ses premiers habitants et ses origines nationales. — *P.*, 1856, in-18.   [8° U. 5947

Morel (Charles), Duval (Mathias). — Manuel de l'anatomiste (anatomie descriptive et dissection). 469 fig. — *P.*, 1883, 8°.   [8° I. 4541

Morel-Vindée (De). — Essai sur les constructions rurales économiques. — *P.*, 1824, f°.   [Fol. I. 124

Moreri (Louis). — Le Grand Dictionnaire historique. Nouv. éd. — *P.*, 1759, 10 vol. f°.
[Fol. U. 233-242

Morford. — Morford's short-trip. Guide to Europe. 1873. — *New-York*, (s. d.), in-18.   [8° U. 5948

Morgan (Lady). — La France. — *P.*, 1817, 2 vol. 8°.
[8° U. 5949-50

2ᵉ éd., 1817, trad. de l'anglais par A. J. B. D., revue, corrigée et augmentée, avec des notes critiques par le traducteur. — *P.*, 2 vol. 8°.
[8° U. 5951-52

Morgand (Léon). — La loi municipale. Commentaire de la loi du 5 avril 1884 sur l'organisation et les attributions des Conseils municipaux. — *P.*, 1884, 2 vol. 8°.   [8° E. 1568-69

Morhain (C.). — De l'Empire allemand. Sa constitution, son administration. — *P.*, 1886, 8°.
[8° U. 5952. A

Morice (P.-H.), Taillandier (Ch.).— Histoire ecclésiastique et civile de Bretagne. — *P.*, 1850-56, 2 vol. f°.   [Fol. U. 243-44

Morice (Dom Pierre-Hyacinthe).— Mémoires pour servir à l'histoire de Bretagne. — *P.*, 1742-1746, 3 vol. f°.
[Fol. U. 245-247

Morin (Arthur). — Aide-mémoire de mécanique pratique, à l'usage des officiers d'artillerie. 2ᶜ édit. — *Metz*, 1838, 8°.   [8° I. 4542

Morin (Arthur). — Aide-mémoire de mécanique pratique. 4ᵉ éd. — *P.*, 1858, 8°.   [8° I. 4543

Morin (Arthur). — Leçons de mécanique pratique. Hydraulique. 2ᵉ éd. — *P.*, 1858, 8°.   [8° I. 4544

Morin (Arthur). — Leçons de mécanique pratique. Notions fondamentales de mécanique et données d'expérience. 3ᵉ éd. — *P.*, 1860, 8°.
[8° I. 4545

Morin (Arthur). — Résistance des matériaux. 3ᵉ éd. — *P.*, 1862, 2 vol. 8°.   [8° I. 4546-47

Morin (A.-S.). — Séparation de l'Église et de l'État.—*P.*, 1871, in-32.
[8° U. 5953

Morin (Edmond). — Études sur l'architecture; dessin, forme, composition. — *P.*, 1883, 4°.
[4° I. 901

Morlini (Hieronymus).— Novellæ, Fabulæ, Comœdia. Ed. tertia. — *Lutetiæ Parisiorum*, 1855, in-16.
[8° O. 3059
(Bibliothèque Elzévirienne.)

Mornay (Mᵐᵉ de). — Mémoires, publiés par Madame de Witt, née Guizot. — *P.*, 1868-1869, 2 vol. 8°.
[8° U. 5954-55
(Société de l'Histoire de France.)

Mortillet (Gabriel de). — Le Préhistorique, antiquité de l'homme. 64 fig. — *P.*, 1883, in-12. [8° I. 4548

Mortimer d'Ocagne. — Les grandes écoles de France. Nouv. éd.— *P.*, (s. d.), in-18. [8° I. 4549

Mortonval (De). — Histoire des campagnes de France, en 1814 et 1815. — *P.*, 1826, 8°. [8° U. 5956

Mortreuil (T.-B.).—La Bibliothèque nationale, son origine et ses accroissements jusqu'à nos jours. Notice historique. — *P.*, 1878, 8°. [8° U. 5957

Moser (Henri). — A travers l'Asie centrale. Impressions de voyage. 170 grav. et une carte. — *P.*, (s. d.), 4°. [4° U. 902. A

Mosso (A.). — La peur. Etude psycho-physiologique. Trad. de l'italien sur la 3ᵉ éd. par Félix Hément. — *P.*, 1886, in-18. [8° I. 4549. A

Mottley (John-Lothrop). — Fondation de la République des Provinces-Unies. La Révolution des Pays-Bas au XVIᵉ siècle. Trad. de l'anglais par Gustave Jottrand et Albert Lacroix. — *P.*, (s. d.), 6 vol. in-18. [8° U. 5958-63

Mouchot (A.). — La chaleur solaire et ses applications industrielles. — *P.*, 1869, 8°. [8° I. 4550

Moufle d'Angerville. — Vie privée de Louis XV. — *Londres*, 1781, 4 vol. in-12. [8° U. 5964-67

Mouisse (F. de). — La Convention nationale. Le roi Louis XVI. — *P.*, 1866, 8°. [8° U. 5968

Moulin (Ernest). — Étude sur l'organisation judiciaire de l'Angleterre et de la France. — *P.*, 1885, 8°. [8° E. 1569. A

Moura (J.). — Le royaume du Cambodge. — *P.*, 1883, 2 vol. 4°. [4° U. 903-4

Mourier (Ath.), **Deltour** (F.). — Notice sur le doctorat ès lettres, suivie du catalogue et de l'analyse des thèses françaises et latines admises par les facultés des lettres depuis 1810, avec index et table alphabétique des docteurs. 4ᵉ éd.—*P.*, (s. d.), 8°. [8° I. 4551

Mourlon (Charles). — La téléphonie à grande distance. Système de télégraphie et de téléphonie simultanées par les mêmes fils de F. Van Rysselberghe. 3ᵉ éd. Grav. — *P.*, 1885, 8°. [8° I. 4551. A

Mourlon (F.), **Jeannest St-Hilaire.** — Formulaire général à l'usage des notaires, juges de paix, avoués, huissiers, greffiers, officiers de l'état civil. — *P.*, 1862, 8°. [8° E. 1570

Mourlon (Frédéric).— Répétitions écrites sur le Code de procédure civile, suivies d'un formulaire. 3ᵉ éd. — *P.*, 1867, 8°. [8° E. 1571
4ᵉ éd., 1870. — *P.*, 8°. [8° E. 1572

Mourlon (Fr.). — Répétitions écrites sur le Code Napoléon (1ᵉʳ, 2ᵉ et 3ᵉ examens). 2ᵉ éd. — *P.*, 1849-1854, 3 vol. 8°. [8° E. 1573-75
4ᵉ éd., 1855.—*P.*, 8°. (2ᵉ examen.) [8° E. 1577
7ᵉ éd., 1864-66. — *P.*, 2 vol. 8°. (1ᵉʳ et 3ᵉ examens.) [8° E. 1576 et 1578
9ᵉ éd., 1874.—*P.*, 8°. (3ᵉ examen.) [8° E. 1579

Moutier (A.). — Histoire de la protection de l'enfance à Rome, depuis la fondation de la Ville jusqu'à la chute de la République. — *P.*, 1884, 8°. [8° U. 5969

Mouton (Eugène). — La physionomie comparée. Traité de l'expression dans l'homme, dans la nature et dans l'art.—*P.*, 1885, 8°. [8° I. 4552

Mouton (Eugène). — Zoologie morale. — *P.*, 1881, 8°.
[8° I. 4553

Mouvement (Le) scientifique. (Directeur : Dr P. Duverney.) — 1re et 2e années, 1883-1884. — *P.*, 2 vol. f°.
[Fol. I. 125-126

Moynet (J.). — L'envers du théâtre. Machines et décorations. — *P.*, 1873, in-12.
[8° I. 4554
(Bibliothèque des Merveilles.)

Muel (E.). — Notions de sylviculture, enseignées à l'École normale des Vosges. — *P.*, 1884, 8°.
[8° I. 4555

Muller (Eugène). — Les animaux célèbres. Dessins de J. Geoffroy. — *P.*, (s d.), 8°.
[8° I. 4556

Muller (Eugène). — La jeunesse des hommes célèbres. 6e éd. — *P.*, (s. d.), in-18.
[8° U. 5970

Muller (Eugène). — Un Français en Sibérie. (Aventures du comte de Montleu.) — *P.*, 1878, in-18.
[8° O. 3060

Müller (Fr.). — Die Künstler... [Les artistes de tous les temps et de tous les peuples.] — *Stuttgart*, 1857-1864, 3 vol. 8°.
[8° U. 5971-73

Muller (J.). — Manuel de physiologie. — *P.*, 1845, 2 vol. 8°.
[8° I. 4557-58

Müller (Max). — Nouvelles leçons sur la science du langage. Trad. par M. G. Harris et M. G. Perrot. — *P.*, 1867-1868, 2 vol. 8°.
[8° O. 3061-62

Müller (Ottfried). — Histoire de la littérature grecque jusqu'à Alexandre-le-Grand, traduite et annotée par K. Hillebrand. 2e éd. — *P.*, 1866, 3 vol. in-12.
[8° O. 3063-65

Mullié (C.). — Fastes de la France. — *P.*, 1845, f°.
[Fol. U. 248

Munaret. — Du médecin des villes et du médecin de campagne. 2e éd. — *P.*, 1840, in-18.
[8° I. 4559

Mündel (Curt). — Les Vosges. Guide du touriste. Rédigé avec la collaboration de MM. J. Euting et A. Schricker. 12 cart., 3 pl., 2 panoramas. — *Strasbourg*, 1884, in-16.
[8° U. 5973 + A

Munier (J.-B.). — Nouveau guide illustré de l'imprimerie, de la librairie et de la papeterie. — *P.*, (s. d.), in-18.
[8° I. 4559. A

Munier-Jolain (J.). — L'ancien régime dans une bourgeoisie lorraine. Étude historique. — *P.*, 1885, 8°.
[8° U. 5973. A

Müntz (Eugène). — Études sur l'histoire de la peinture et de l'iconographie chrétiennes. — *P.*, 1881, 8°.
[8° I. 4560

Müntz (Eugène). — Les précurseurs de la Renaissance. 66 grav et 14 pl. — *P.*, 1882, f°.
[Fol. I. 126. A

Müntz (Eugène). — Raphaël. Sa vie, son œuvre et son temps. Nouv. éd. 51 planches et 244 reproductions de tabl. ou fac-similés de dessins. — *P.*, 1886, 4°.
[4° U. 904. A

Müntz (Eugène). — La Renaissance en Italie et en France, à l'époque de Charles VIII. Ouvrage publié sous la direction de M. Paul d'Albert de Luynes et de Chevreuse, duc de Chaulnes. 300 grav. et 38 pl. — *P.*, 1885, 4°.
[4° U. 905

Müntz (Eugène). — La Tapisserie. — *P.*, (s. d.), 8°.
[8° I. 4561

Murailles (Les) révolutionnaires. Professions de foi, Affiches, Décrets, Bulletins. — *P.*, 1852, 4°.
[4° U. 906

Murat (Achille). — Exposition des principes du gouvernement républicain tel qu'il a été perfectionné en Amérique. — *P.*, 1833, 8°. [8° **U. 5974**

Murger (Henry). — Les nuits d'hiver. — *P.*, 1861, in-12. [8° **O. 3066**

Murray (E.-C. Grenville). — Les Allemands chez les Allemands. — Les Russes chez les Russes. — Les Turcs chez les Turcs, trad. de l'anglais par J. Butler. — *P.*, 1878-80, 3 vol. in-18. [8° **U. 5975-77**

Murray (Lindley). — English grammar, with appendice. 53ᵉ éd. — *York*, 1844, in-12. [8° **O. 3067**

Musée de Versailles, ou tableaux de l'histoire de France. — *P.*, 1850, 4°. [4° **U. 907**

Musée des familles. Lectures du soir. — *P.*, 1ʳᵉ année 1883 et ann. suiv., 4°. [4° **O. 349**

Muséum d'histoire naturelle. Rapports annuels de MM. les professeurs et chefs de service. 1878. — *P.*, 1879, 8°. [8° **I. 4562**

Musset (Alfred de). — Comédies et proverbes. — *P.*, 1863, 2 vol. in-12. [8° **O. 3068-69**

Musset (Alfred de). — La confession d'un enfant du siècle. — *P.*, 1858, in-12. [8° **O. 3070**

Musset (Alfred de). — Contes. — *P.*, 1860, in-12. [8° **O. 3071**

Musset (Alfred de). — Nouvelles. — *P.*, 1841, in-12. [8° **O. 3072**

Musset (Alfred de). — Premières poésies, 1829-1835. Nouv. éd. — Poésies nouvelles, 1836-1852. Nouv. éd. — *P.*, 1865, 2 vol. in-12. [8° **O. 3073-74**

Musset (Paul de). — Biographie de Alfred de Musset. 6ᵉ éd. — *P.*, 1878, in-18. [8° **U. 5978**

Musset (Paul de). — Voyage en Italie et en Sicile en 1843. — *P.*, 1851, in-12. [8° **U. 5979**

Musset (Paul de). — Voyage pittoresque en Italie. — *P.*, 1855-1856, 2 vol. 4°. [4° **U. 908-909**

Musset-Pathay. — Histoire de J.-J. Rousseau. Nouv. éd. — *P.*, 1882, 2 vol. in-12. [8° **U. 5980-81**

Muston (Alexis). — De l'origine et du nom des Vaudois. Thèse historique. — *Strasbourg*, 1834, 8°. [8° **U. 5982**

Muteau (Charles). — Les écoles et collèges en province, depuis les temps les plus reculés jusqu'en 1789. — *Dijon*, 1882, 8°. [8° **U. 5983**

Muzii (Angelo). — Trattato sulla stima dei fondi. 2ᵉ éd. — *Napoli*, 1882, 8°. [8° **I. 4563**

Nadaillac (Marquis de). — Les premiers hommes et les temps préhistoriques. — *P.*, 1881, 2 vol. 8°. [8° **I. 4564-65**

Nadault de Buffon. — Traité de la jurisprudence des eaux de source et des eaux thermales. — *P.*, 1870, 8°. [8° **E. 1580**

Naegelé (F.-C.). — Manuel d'accouchements. 3ᵉ éd., revue par J. Jacquemier. — *P.*, 1857, in-18. [8° **I. 4566**

Nageotte (E.). — Histoire de la littérature latine, depuis ses origines jusqu'au VIᵉ siècle de notre ère. — *P.*, 1885, in-18. [8° **O. 3075**

Napoléon Iᵉʳ. — Correspondance, publiée par ordre de l'Empereur Napoléon III. — *P.*, 1858-1869, 32 vol. 4°. [4° **U. 910-41**

Napoléon. — Œuvres. — *P.*, 1827; 4 vol. in-12.

[8° U. 5984-87

Napoléon devant ses contemporains. — *P.*, 1826, 8°.

[8° U. 5988

Napoléon. Profils des contemporains. — *P.*, 1824, in-12.

[8° U. 5989

Napoléon. Recueil de pièces authentiques sur le captif de Ste-Hélène. — *P.*, 1821-1822, 10 vol. 8°.

[8° U. 5990-98

Napoléon Ier. — Napoléon Ier. Recueil par ordre chronologique de ses lettres, proclamations, formant une histoire de son règne écrite par lui-même, et accompagnée de notes historiques, par M. Kermoysan. — *P.*, 1853-1857, 3 vol. in-12.   [8° U. 5999-6001

Napoléon III. — Œuvres. — *P.*, 1854-1856, 4 vol. 8°.

[8° U. 6002-5

Napoléon III. — Histoire de Jules César. — *P.*, 1865, 2 vol. 8°.

[8° U. 6006-7

Napp (Ricardo). — La République argentine. Ouvrage écrit par ordre du Comité central argentin pour l'Exposition de Philadelphie. — *Buenos-Ayres*, 1876, 8°.   [8° U. 6008

Nares (George S.). — Traité de manœuvre et de matelotage, trad. par Edmond Tiret. — *Portsmouth*, 1883, 8°.   [8° I. 4567

Narjoux (Félix). — Les Écoles publiques. Construction et installation en Belgique et en Hollande. — *P.*, 1878, 8°.   [8° I. 4568

Narjoux (Félix). — Les Écoles publiques, construction et installation en France et en Angleterre. 3e éd. — *P.*, 1881, 8°.   [8° I. 4569

Narjoux (Félix).—En Allemagne. La Prusse et ses annexes, illustré de 16 dessins par l'auteur. — *P.*, 1884, in-16.   [8° U. 6009

Narjoux (Félix). — En Angleterre. Angleterre, Écosse. Les Orcades, les Hébrides, Irlande. Le pays, les habitants, la vie intérieure. 16 dessins. — *P.*, 1886, in-16.

[8° U. 6009. A

Narjoux (Félix). — Histoire d'un pont. 80 vign. — *P.*, 1884, in-18.

[8° I. 4570
(Bibliothèque des Merveilles.)

Narjoux (Félix).—Les logements à bon marché. Ce qu'ils sont, ce qu'ils doivent être. — *P.*, 1883, 8°.

[8° I. 4571

Narjoux (Félix). — Un tour en Europe (Will-Knobbs). — *P.*, 1883, in-18.   [8° O. 3076

Nasica (T.). — Mémoires sur l'enfance et la jeunesse de Napoléon Ier. — *P.*, 1865, in-12.   [8° U. 6010

Naudet. — De la noblesse chez les Romains.— *P.*, 1868, 4°.

[4° U. 942

Nauroy (Charles). — Les derniers Bourbons. — *P.*, 1883, in-16.

[8° U. 6011

Navarrot (Xavier). — Chansons, publiées par V. Lespy. — *Pau*, 1868, in-12.   [8° O. 3077

Navier. — Résumé des leçons d'analyse données à l'École polytechnique, suivi de notes par Liouville. 1re et 2e années. — *P.*, 1840, 2 vol. 8°.

[8° I. 4572-73

Naville (Ernest). — La physique moderne. Études historiques. — *P.*, 1883, 8°.   [8° I. 4574

Necker. — De l'Administration des finances de la France. — *P.*, 1784, 3 vol. 8°.   [8° U. 6012-14

Necker. — Cours de morale religieuse. Éd. corrigée. — *P.*, 1800, 3 vol. 8°. [8° I. 4575-77

Necker de Saussure (Mme). — Éducation progressive ou étude du cours de la vie. — *P.*, 1836-1838, 3 vol. 8°. [8° I. 4578-80

Nélaton (A.). — Éléments de pathologie chirurgicale. — *P.*, 1844-1859, 5 vol. 8°. [8° I. 4581-85

Nettement (Alfred). — Berryer au barreau et à la tribune (Janvier 1790-Novembre 1868). — *P.*, 1868, in-12. [8° U. 6015

Nettement (Alfred). — Histoire de la conquête d'Alger, écrite sur des documents inédits et authentiques. Nouv. éd. — *P.*, 1867, in-12. [8° U. 6016

Nettement (Alfred). — Histoire de la littérature française sous la Restauration. — *P.*, 1853, 2 vol. 8°. [8° O. 3078-79

Nettement (Alfred). — Histoire de la littérature française sous le Gouvernement de juillet. — *P.*, 1854, 2 vol. 8°. [8° O. 3080-81

Neucastel (Émile). — Gambetta. — *P.*, 1885, in-16. [8° U. 6016. A

Neukomm (Edmond). — Les Prussiens devant Paris, d'après des documents allemands. — *P.*, 1874, in-12. [8° U. 6017

Neumann (Charles-Fréd.). — Translations from the Chinese and Armenian. — *London*, 1831, 8°. [8° U. 6018

Neuville (Mme Anaïs de). — Le véritable langage des fleurs. — *P.*, 1863, in-12. [8° I. 4586

Newman (Le R. P.). — Callista. Scènes de l'Afrique chrétienne au IIIe siècle. 4e éd. — *Tournai*, 1866, in-12. [8° O. 3082

Newton (Isaac). — Arithmétique universelle. Traduite du latin par Beaudeux. — *P.*, 1802, 2 t. en 1 vol. 4°. [4° I. 902

Newton (Isaac). — Optique. Traduction par Marat, publiée par Beauzée. — *P.*, 1787, 2 vol. 8°. [8° I. 4587-88

Newton (Isaac). — Opuscula mathematica, philosophica et philologica, collegit J. Castilloneus. — *Lausannæ*, 1744, 2 vol. 4°. [4° I. 903-904

Newton (Isaac). — Philosophiæ naturalis principia mathematica. — *Genevæ*, 1739, 3 t. en 4 vol. 4°. [4° I. 905-908

Ney (N.), La Villatte (De). — Manuel du volontaire d'un an dans l'infanterie pour les examens de fin d'année. (Règlement du 7 février 1873.) — *P.*, 1874, in-12. [8° I. 4589

Neymarck (Alfred). — Aperçus financiers, 1868-1872. — *P.*, 1872, 8°. [8° U. 6019

Neymarck (Alfred). — De l'organisation des marchés financiers en France et à l'étranger. — *P.*, 1884, 8°. [8° I. 4590

Neymarck (Alfred). — Turgot et ses doctrines. — *P.*, 1885, 2 vol. 8°. [8° U. 6020-21

Neymark (Alfred). — La rente 3 % amortissable. Son passé, son présent, son avenir. — *P.*, 1883, 8°. [8° U. 6022

Niaudet (Alfred). — Machines électriques à courants continus, systèmes Gramme et congénères. 26 grav. dans le texte. 2e éd. — *P.*, 1881, 8°. [8° I. 4591

Niaudet (Alfred). — Traité élémentaire de la pile électrique, 2ᵉ éd. — *P.*, 1880, 8°.   [8° I. 4592

Nibelungen (Les). Poëme traduit de l'allemand par É. de Laveleye. — *P.*, 1879, in-18   [8° O. 3083

Niceron, Oudin, Michault (J.-B.). — Mémoires pour servir à l'histoire des hommes illustres dans la république des lettres. — *P.*, 1719-1739, 41 vol. in-12.
                    [8° U. 6023-62

Nicolaï. — Recherches historiques sur l'usage des cheveux postiches et des perruques dans les temps anciens et modernes. Traduit de l'allemand.— *P.*, (s. d.), 8°.   [8° U. 6063

Nicolas (Aug.). — Études philosophiques sur le christianisme. 6ᵉ éd. — *P.*, 1850, 4 vol. 8°.   [8° A. 827-30

Nicolas (Ch.). — Les Budgets de la France depuis le commencement du XIXᵉ siècle. Tableaux budgétaires. — *P.*, 1882, 4°.   [4° U. 943

Nicolas de Troyes. — Le grand Parangon des nouvelles nouvelles, publié d'après le manuscrit original par Émile Mabille. — *P.*, 1869, in-16.
                    [8° O. 3084
(Bibliothèque Elzévirienne.)

Nicolas (Victor). — Cours de législation, d'administration et de comptabilité militaires à l'usage des corps de troupe de la marine. — *P.*, 1885, 2 vol. in-18.   [8° I. 4592. A

Nicole (Pierre). — Essais de morale. — *P.*, 1725, 13 vol. in-18.
                    [8° A. 831-43

Nicole, Arnauld (A.). — La perpétuité de la foi de l'Église catholique touchant l'Eucharistie, défendue contre le livre du sieur Claude. 2ᵉ éd. — *P.*, 1713, 3 vol. 4°
                    [4° A. 169-71

Nicolle de La Croix. — Géographie moderne. — *P.*, 1825, 2 vol. in-12.   [8° U. 6064-65

Niebühr. — Description de l'Arabie. — *Copenhague*, 1773, 4°.
                    [4° U. 944

Niebühr. — Voyage en Arabie. Traduit de l'allemand. — *Amsterdam*, 1776, 4 vol. 4°.   [4° U. 945-48

Niel (O.).—Géographie de l'Algérie. — *Bône*, 1876-1880, 2 vol. in-16.
                    [8° U. 6066-67

T. I. — Géographie physique, agricole, industrielle et commerciale. — 1876.

T. II. — Géographie politique et itinéraire de l'Algérie, avec carte dressée par M. Levasseur. — 1878.

Nielly (Maurice). — Hygiène des Européens dans les pays intertropicaux. 19 planches. — *P.*, 1884, in-18.
                    [8° I. 4593

Niox (G.).— Algérie. Géographie physique , avec carte d'Algérie au 1/600,000ᵉ. — *P.*, 1884, in-18.
                    [8° U. 6067. A

Niox (G.). — Géographie militaire. *P.*, 1880-81, 5 vol. in-18.
                    [8° U. 6068-72

Part. I. — Introduction. Notions de géologie, de climatologie et d'ethnographie. 3ᵉ éd., 1880, 1 vol.

I. — France. 2ᵉ éd., 1881, 1 vol.

II. — Grandes-Alpes, Suisse et Italie. Avec 2 cartes, 1880, 1 vol.

III. — Europe centrale, Allemagne, Hollande et Danemarck. 1881, 1 vol.

IV. — Europe centrale, Autriche-Hongrie. 1881, 1 vol.

Nisard (Charles). — Étude sur le langage populaire ou patois de Paris et de sa banlieue. — *P.*, 1872, 8°.
                    [8° O. 3085

Nisard (D.). — Études de mœurs et de critique sur les poètes latins de la décadence. 4ᵉ éd. — *P.*, 1878, 2 vol. in-18. [8° O. 3086-87

Nisard (D.). — Histoire de la littérature française. 2ᵉ éd. — *P.*, 1854, 4 vol. 8°. [8° O. 3088-91

Nodier (Charles). — Contes. Nouv. éd. — *P.*, 1840, in-12. [8° O. 3092

Nodier (Charles), **Verger** (V.). — Dictionnaire universel de la langue française. — *P.*, 1832, 2 vol. 8°. [8° O. 3093-94

Nodier (Charles). — Histoire des sociétés secrètes de l'armée. 2ᵉ éd. — *P.*, 1815, 8°. [8° U. 6073

Nodier (Charles). — Nouvelles, suivies des Fantaisies du dériseur sensé. — *P.*, 1850, in-12. [8° O. 3095

Nodier (Charles). — Souvenirs de la Révolution et de l'Empire. — *P.*, 1872, 2 vol. in-18. [8° U. 6074-75

Noël (Édouard), **Stoullig** (Edmond). — Les Annales du théâtre et de la musique. — *P.*, 1ʳᵉ année 1875, et ann. suiv., 8°. [8° O. 3096

Noël (Eugène). — Rabelais médecin, écrivain, curé, philosophe. 4ᵉ éd. 1 portrait. — *P.*, 1880, in-18. [8° U. 6075. A

Noël (Eugène). — Voltaire. Sa vie et ses œuvres, sa lutte contre Rousseau. — *P.*, 1878, in-18. [8° U. 6076

Noël, **Chapsal**. — Cours de mythologie. 15ᵉ éd. — *P.*, 1858, 8°. [8° A. 844

Noël (Fr.). — Dictionàrium latino-gallicum. Nouv. éd. — *P.*, 1822, 8°. [8° O. 3097
1833. — *P.*, 8°. [8° O. 3098

Noël (Fr.), **Carpentier**. — Nouveau dictionnaire des origines, inventions et découvertes dans les arts, les sciences, la géographie. 2ᵉ éd., revue par M. Puissant. — *P.*, 1833-34, 4 tom. en 2 vol. 8°. [8° I. 4594-95

Noël (Fr.). — Nouveau dictionnaire français-latin. — *P.*, 1808, 8°. [8° O. 3099

Noël (Fr.). — Gradus ad Parnassum. 4ᵉ éd. — *P.*, 1822, 8°. [8° O. 3100

Noël (Fr.), **Chapsal**. — Nouveau dictionnaire de la langue française. — *Toul*, 1826, 8°. [8° O. 3101

Noël (Fr.), **Chapsal**. — Nouvelle grammaire française. 37ᵉ éd. — *P.*, 1844, in-12. [8° O. 3102

Noël (Fr.), **Chapsal**. — Exercices français. 12ᵉ éd. — *P.*, 1829, in-12. [8° O. 3103

Noël (Fr.), **Chapsal**. — Corrigé des exercices français. — *P.*, 1824, in-12. [8° O. 3104

Noël (Fr.), **Chapsal**. — Nouveau traité des participes. 5ᵉ éd. — *P.*, 1835, in-16. [8° O. 3105

Noël (Fr.), **Chapsal**. — Corrigé des exercices sur le participe passé et le participe présent. Nouv. éd. — *P.*, 1840, in-16. [8° O. 3106

Noël (Fr.), **Chapsal**. — Leçons d'analyse grammaticale. 15ᵉ éd. — *P.*, 1841, in-16. [8° O. 3107

Noël (Fr.), **Chapsal**. — Leçons d'analyse logique. 12ᵉ éd. — *P.*, 1841, in-16. [8° O. 3108

Noël (Léger). — La grammaire française, philosophique et pratique. — *P.*, 1861, 8°. [8° O. 3109

Noël (Octave). — Autour du foyer. Causeries économiques et morales. 2ᵉ éd. — *P.*, 1879, in-18. [8° I. 4596

Noël (Octave). — Étude historique sur l'organisation financière de la France. — P., 1881, in-18.
[8° U. 6079

Noël (Octave). — Étude sur la gestion financière en France depuis 1871. — P., 1884, 8°.   [8° U. 6080

Noël (Octave). — Histoire du commerce extérieur de la France depuis la Révolution. — P., 1879, 8°.
[8° U. 6081

Noirot (Ernest). — A travers le Fouta-Diallon et le Bambouc (Soudan occidental). Souvenirs de voyage. 17 dessins et 1 carte.— P., (s. d.), 8°.
[8° U. 6081. A

Noisette (Louis). — Manuel complet du jardinier, avec un grand nombre de figures. — P., 1825-1826, 4 vol. 8°.   [8° I. 4597-4600

Noisette. — Traité complet de la greffe et de la taille, extrait du Manuel complet du jardinier et orné de 11 planches gravées. — P., 1825, 8°.
[8° I. 4601

Noisy (C.-B.). — Les ducs de Lorraine. — Rouen, 1860, 8°.
[8° U. 6082

Noisy (C.-B.). — Les femmes célèbres de la Révolution. — Rouen, 1864, 8°.   [8° U. 6083

Noizet (Général). — Le dualisme ou la métaphysique déduite de l'observation. — P., 1872, in-12.
[8° I. 4602

Nolhac (Stanislas de). — La Dalmatie. Les îles Ioniennes. Athènes et le mont Athos. — P., 1882, in-18.
[8° U. 6084

Nolte (Frédéric). — L'Europe militaire et diplomatique au XIXᵉ siècle (1815-84). — P., 1884, 4 vol. 8°.
[8° U. 6085-88

Nomination et traitement des instituteurs à l'étranger. — P., 1884, 8°.   [8° I. 4603

Nonotte (Abbé). — Les philosophes des trois premiers siècles de l'Église. — P., 1789, in-12.
[8° U. 6089

Nonus (S.-A.). — Les bâtiments scolaires. Location, construction et appropriation, matériel, logement et mobilier, personnel, jardins. — P., 1883, 8°.   [8° E. 1581

Norden (Fréd.-Louis). — Voyage d'Égypte et de Nubie. — Nouv. éd., par L. Langlès. — P., 1795-1798, 3 vol. 4°.   [4° U. 949-51

Nordenskiöld (A.-E.). — Lettres racontant la découverte du passage nord-est du Pôle nord, 1878-1879, avec une préface par M. Daubrée. — P., 1880, in-18.   [8° U. 6090

Nordling (Wilhelm). — Étude sur la jurisprudence en matière de marchés de terrassements. — P., 1869, 8°.
[8° E. 1582

Noriac (Jules). — Paris tel qu'il est. — P., 1884, in-18.
[8° U. 6091

Noriac (Jules). — La vie en détail. Le 101ᵉ régiment. — P., 1859, 8°.
[8° U. 6092

Normanby (De).— Une année de révolution, d'après un journal tenu à Paris, en 1848. 2ᵉ éd. — P., 1859, 2 vol. 8°.   [8° U. 6093-94

Normandy (A.). — Manuel commercial d'analyse chimique, ou instructions pratiques pour déterminer la valeur intrinsèque ou commerciale des substances employées dans les manufactures, le commerce et les arts. Nouv. éd., augmentée par Henry Noad ; trad. et remise au courant des connaissances scientifiques actuelles par L. Query et et L. Debacq. — P., 1884, in-18.
[8° I. 4604

Norström (Dr G.).— Traité théorique et pratique du massage (méthode de Mezger en particulier). — *P.*, 1884, 8°. [8° I. 4605

Norvins (De). — Histoire de Napoléon. 5e éd. — *P.*, 1834, 4 vol. 8°. [8° U. 6095-98

Notes sur les cavaleries étrangères. — *P.*, 1885, in-16 [8° I. 4606 (Publication de la Réunion des officiers.)

Notice descriptive sur l'Angleterre, l'Écosse et l'Irlande. — *P.*, an XII, 3 vol. 8°. [8° U. 6099-6101

Nougarède de Fayet (Auguste). — Recherches historiques sur le procès et la condamnation du duc d'Enghien. — *P.*, 1844, 2 vol. 8°. [8° U. 6102-3

Nougaret (P.-J.-B.). — Beautés de l'histoire de la Savoie et de Genève. — *P.*, 1818, in-12. [8° U. 6104

Nougaret (J.-B.). — Histoire des prisons de Paris et des départements. — *P.*, an V, 2 vol. in-12. [8° U. 6105-6

Nouguier (Louis). — Des lettres de change et des effets de commerce en général. — *P.*, 1839, 2 vol. 8°. [8° E. 1583-84

Nourrisson.— L'ancienne France et la Révolution, avec une introduction sur la souveraineté nationale. — *P.*, 1873, in-16. [8° U. 6107

Nourrisson. — Machiavel. Nouv. éd., augmentée d'un appendice sur Machiavel et les classiques anciens. — *P.*, 1883, in-18. [8° U. 6108

Nourrisson. — Tableau des progrès de la pensée humaine depuis Thalès jusqu'à Hégel. 6e éd. — *P.*, 1886, in-16. [8° I. 4606. A

Nourrisson. — Trois révolutionnaires. Turgot, Necker, Bailly. — *P.*, 1885, 8°. [8° U. 6109

Nouveau (Le) jardinier illustré.— (Année 1868). — *P.*, 1868, in-12. [8° I. 4607

Nouveau manuel de l'escompteur, du banquier, du capitaliste, par L...—*P.*, 1848, in-12 [8° I. 4608

Nouveau recueil des épigrammatistes français, anciens et modernes. (Par B. L. N.). — *Amsterdam*, 1720, 2 vol. in-18. [8° O. 3110-11

Nouveau (Le) testament de notre Seigneur Jésus-Christ, traduit en français (par Mesenguy). — *P.*, 1752, 2 vol. in-12. [8° A. 844. A

Nouveau (Le) testament en français (par Quesnel). — *P.*, 1692, 4 vol. 8°. [8° A. 845-48

Nouvelle méthode pour apprendre facilement la langue grecque, (par Cl. Lancelot). — *P.*, 1754, 8°. [8° O. 3112

Nouvelle méthode pour apprendre facilement la langue latine (par Cl. Lancelot), 8e éd. — *P.*, 1681, 8°. [8° O. 3113

Nouvelle revue. — *P.*, 1879, et ann. suiv., 8°. [8° O. 3114

Nouvelles annales de la construction. C.-A. Oppermann, directeur. — *P.*, 1868 et ann. suiv., f°. [Fol. I. 127-143

Nouvelles françoises en prose du XIIIe et du XIVe siècle, publiées par MM. L. Moland et C. D'Héricault. — *P.*, 1856-58, 2 vol. in-16. [8° O. 3115-16 (Bibliothèque Elzévirienne.)

Nouvelliste (Le) de Versailles. — Journal quotidien, politique. 15-28 octobre 1870. — *Versailles*, 4°. [4° U. 952 (Journal prussien publié à Versailles pendant l'occupation de la ville par les armées allemandes.

Nouvion (Georges de), Landrodie (Émile). — Le comte de Chambord (1820-1883). — P., 1884, in-16.
[8° U. 6110

Nouvion (Victor de).—Histoire du règne de Louis Philippe Iᵉʳ. — P., 1857-1861, 4 vol. 8°.
[8° U. 6111-14

Novicow (J.). — La politique internationale, précédée d'une introduction de M. Eugène Véron et accompagnée d'une carte ethnographique de l'Europe. — P., 1886, 8°.
[8° I. 4608. A

Nuitter (Charles). — Le nouvel Opéra. 2ᵉ éd. — P., 1885, in-16.
[8° I. 4609

Nuñez de Taboada. — Diccionario Frances - Español y Español-Frances. 12ᵉ éd. — P., 1851, 2 vol. 8°.
[8° O. 3117-18

Nysten (P.-H.). — Dictionnaire de médecine, de chirurgie, de pharmacie, des sciences accessoires et de l'art vétérinaire. 10ᵉ éd., entièrement refondue par E. Littré et Ch. Robin. — P., 1855, 2 vol. 4°.
[4° I. 909-10

Odart (Alex.). — Ampélographie universelle ou traité des cépages les plus estimés. 2ᵉ éd. — P., 1849, 8°.
[8° I. 4610

Odeleben (D'). — Relation circonstanciée de la campagne de 1813 en Saxe, traduit de l'allemand par Aubert de Vitry. — P., 1817, 2 vol. 8°.
[8° U. 6115-16

Odolant-Desnos (J.). — Mythologie pittoresque ou histoire méthodique universelle. 4ᵉ éd. — P., 1849, 4°.
[4° A. 172

Œttinger (Édouard-Marie). — Bibliographie biographique universelle. Dictionnaire des ouvrages relatifs à l'histoire de la vie des personnages célèbres. — P., 1866, 2 vol. 4°.
[4° U. 953-54

Olavidès. — Triomphe de l'Évangile, ou mémoires d'un homme du monde revenu des erreurs du philosophisme moderne, traduit par J.-F.-A. Buynand des Échelles. — Lyon, (s. d.), 4 vol. in-12.
[8° A. 849-52

Oliva (Le Père Anello). — Histoire du Pérou, traduite de l'Espagnol sur le manuscrit inédit, par M. H. Ternaux-Compans. — P., 1857, in-16.
[8° U. 6117
(Bibliothèque Elzévirienne.)

Olivier de Clisson, par l'auteur de : Le Maréchal de Villars (J.-J.-E. Roy). — Lille, 1859, 8°.
[8° U. 6118

Olivier (Aimé), vicomte de Sanderval. — De l'Atlantique au Niger par le Foutah-Djallon, carnet de voyage. Une carte en couleur. — P., 1882, 8°.
[8° U. 6119

Olivier (Arsène). — Les grands travaux de la paix Paris Nouveau. — P., 1887, 8°.
[8° U. 6119. A

Ollé-Laprune (Léon). — La philosophie de Malebranche. — P., 1870, 2 vol. 8°.
[8° I. 4611-12

Ollendorff (H.-G.). — A new Method of learning to read, write and speak the german language, in six mouths. — Frankfort, 1862, 2 vol. in-16.
[8° O. 3119-20

Ollendorff (H.-G.). — Nouvelle méthode pour apprendre à lire, à écrire et à parler une langue en six mois, appliquée à l'allemand. 3ᵉ éd. — P., (s. d.), 2 vol. 8°.
[8° O. 3121-22

Ollendorff (H.-G.). — Nouvelle méthode pour apprendre à lire, à écrire et à parler une langue en six mois, appliquée à l'anglais. 19ᵉ éd.—P., (s.d.), 8°.
[8° O. 3123

Ollendorff (H.-G.). — Nouvelle méthode pour apprendre une langue en six mois, appliquée à l'espagnol.— P., 1857, 8°.
[8° O. 3124

Ollendorff (H.-G.). — Nouvelle méthode pour apprendre une langue en six mois, appliquée à l'italien. — P., 1855, 8°. [8° O. 3125

Ollivier (C.-P.). — Traité de la moëlle épinière. 2ᵉ éd. — P., 1827, 2 vol. 8°. [8° I. 4613-14

Omalius-d'Halloy (J.-J. d'). — Éléments de géologie ou seconde partie des éléments d'histoire naturelle inorganique. 2ᵉ éd. — P., 1835, 8°. [8° I. 4615

O'Neddy (Philothée). [Théophile Dondey.] — Œuvres en prose. Romans et contes. — Critique théâtrale. — Lettres. — P., 1878, in-18. [8° O. 3126

O'Neddy (Philothée). — Poésies posthumes [Théophile Dondey]. — P., 1877, in-18. [8° O. 3127

O'Nélya (Marie). — Lettres d'une jeune irlandaise à sa sœur. — P., 1874, in-12. [8° O. 3128

Oppert (Jules). — Expédition scientifique en Mésopotamie. — P., 1859, 2 vol. f° et atlas f°. [Fol. U. 249-251

Orbigny (Alcide d'). — Cours élémentaire de Paléontologie et de Géologie. — P., 1849, in-18. [8° I. 4616

1849-1852. — P., 2 tom. en 3 vol. in-18 et 1 atlas 4°. [8° I. 4617-19 [4° I. 911

Orbigny (Alcide d'). — Voyage dans les deux Amériques. — P., 1853, 4°. [4° U. 955

Orderic Vital. — Historiæ ecclesiasticæ libri tredecim ; ex veteris codici Uticensis collatione emendavit et suas animadversiones adjecit Augustus Le Prevost. — P., 1838-1855, 5 vol. 8°. [8° U. 6120-24 (Société de l'Histoire de France.)

Ordinaire (D.). — Rhétorique nouvelle. — P., 1866, 8°. [8° O. 3129

O'Reilly (E.). — De la composition du jury criminel en France depuis 1790. — P., 1872, in-12. [8° E. 1585

O'Reilly (Patrice-John). — Histoire complète de Bordeaux. 1ʳᵉ éd. — Bordeaux, 1857-1860, 6 vol. 8°. [8° U. 6125-30

O'Rell (Max). — Les chers voisins. 14ᵉ éd. — P., 1885, in-18. [8° U. 6130. A

O'Rell (Max). — John Bull et son île. Mœurs anglaises contemporaines. 13ᵉ éd. — P., 1883, in-18. [8° U. 6131

O'Rell (Max). — Les filles de John Bull. 36ᵉ éd. — P., 1884, in-18. [8° U. 6132

Orfila. — Traité de médecine légale. 3ᵉ éd. — P, 1836, 5 vol. 8° dont un atlas. [8° I. 4620-24

Orfila. — Traité de toxicologie. 4ᵉ éd. — P., 1843, 2 vol. 8°. [8° I. 4625-26

Organisation (De l') des places fortes et de leur défense, par le capitaine J. — P., 1884, 8°. [8° I. 4626. A

Origène. — Ωριγενους των εις τας θειας γραφας εξηγητικων απαντα τα ελληνιστι ευρισκομενα. In sacras scripturas Commentaria... Petrus Daniel Huetius... edidit... Latinas interpretationes ... adjunxit. — Rothomagi, 1668, 2 vol. f°. [Fol. A. 82-83

Orillard. — De la compétence des tribunaux de commerce. — P., 1841, 8°. [8° E. 1586

Orléans (Duc Charles d'). — Les Poésies, publiées par Aimé Champollion-Figeac. — P., 1842, in-18. [8° O. 3130

Orléans (Charlotte-Élisabeth, d^sse d'). — Correspondance complète, trad. nouv. par G. Brunet. — *P.*, 1855, 2 vol. in-12. [8° U. 6133-34

Orléans (Charlotte-Élisabeth d', D^sse de Bavière). — Mélanges historiques, anecdotiques et critiques sur la fin du règne de Louis XIV, précédés d'une notice sur sa vie.—*P.*, 1807, 8°. [8° U. 6135

Orléans (Le P. d'). — Histoire des révolutions d'Angleterre. — *P.*, 1750, 4 vol. in-12. [8° U. 6136-39

— Histoire des révolutions d'Angleterre, pour servir de suite à celles du Père d'Orléans, par M. Turpin. — *P.*, 1786, in-12. [8° U. 6140

Orrit.—Dictionnaire français-espagnol et espagnol-français, suivi d'un Précis de grammaire espagnole par D.-E. de Ochoa. — *P.*, (s. d.), in-32. [8° O. 3131

Orsini. — La Vierge. Histoire de la mère de Dieu et de son culte. — *P.*, 1845, 2 vol. 4°. [4° U. 956-57

Orsolle (E.). — Le Caucase et la Perse. 1 carte et 1 plan. — *P.*, 1885, in-18. [8° U. 6141

Ortlieb. — Nouveau manuel à l'usage du commerce. 16e éd. — *P.*, 1838, 8°. [8° I. 4627

Ortolan. — Éléments de droit pénal. Pénalité, Juridiction, Procédure. 2e éd. — *P.*, 1859, 1 vol. 8°. [8° E. 1587
3e éd., 1863. — *P.*, 2 vol. 8°. [8° E. 1588-89

Ortolan. — Explication historique des Institutes de Justinien. 2e éd. — *P.*, 1840, 8°. [8° E. 1590
3e éd., 1844. — *P.*, 2 vol. 8°. [8° E. 1591-92

Ortolan. — Histoire de la législation romaine. 3e éd. — *P.*, 1846, 8°. [8° E. 1593

Ortolan (A.). — Traité élémentaire des machines à vapeur marines. 2e éd. — *P.*, 1858, 8°. [8° I. 4628

Ortolan (Théodore). — Règles internationales et diplomatie de la mer. 2e éd. — *P.*, 1853, 2 vol. 8°. [8° E. 1594-95

Osorius (Jacques), **Castagnède** (Lopez de). — Histoire de Portugal depuis 1496 jusqu'en 1758, traduite du latin par S. G. S. (Simon Goulart). — *P.*, 1581, f°. [Fol. U. 252

Ossian, barde du IIIe sièle. Poèmes gaëliques, recueillis par James MacPherson. Traduction revue sur la dern. éd. anglaise et précédée de recherches critiques sur Ossian et les Calédoniens, par P. Christian. — *P.*, 1842, in-12. [8° O. 3132

Osterwald (Frédéric). — Traité des sources de la corruption qui règne aujourd'hui parmi les Chrétiens. — *Amsterdam*, 1700, 2 vol. in-12. [8° A. 853-54

Osterwald (Jean-Rodolphe). — La Nourriture de l'âme ou recueil de prières. Nouv. éd.—*Valence*, 1839, 8°. [8° A. 855

O'Sullivan (D.). — Elegant extracts from the most celebrated british prose writers. Third ed. — *P.*, 1841, 2 vol. in-12. [8° O. 3133-34

Ott (Edmond). — Les impôts en France. Traité à l'usage des contribuables et des aspirants à la perception. — *Tours*, 1869, 8°. [8° E. 1596

Ott (Edm.). — Quelques mots sur l'Algérie en général et sur le département de Constantine en particulier. — *P.*, 1880, 8°. [8° U. 6142

Oudiganne (J.), **Bigot** (Charles). — Le Clergé français devant la loi française. — *P.*, (s. d.), in-32. [8° U. 6143

Oudin (J.). — Manuel d'archéologie. 3ᵉ éd. — *P.*, 1850, 8°.
[8° I. 4629

Oudin (Lionel). — Société industrielle du Nord de la France. Étude sur les sociétés anonymes. — *Lille*, 1881, 8°.
[8° E. 1597

Ouroussow (A.-M.). — Résumé historique des principaux traités de paix conclus entre les puissances européennes depuis le traité de Westphalie (1648), jusqu'au traité de Berlin (1878). — *Evreux*, 1884, gr. 8°.
[4° U. 957. A

Ouvriers (Les) des deux mondes. Études sur les travaux, la vie domestique et la condition morale des populations ouvrières, publiées par la Société internationale des études pratiques d'économie sociale. — *P.*, 1857-1862, 4 vol. 8°.
[8° U. 6144-47

Ovide. — Œuvres complètes, trad. par MM. Th. Burette, Chappuyzi, J.-P. Charpentier, Gros, Héguin de Guerle, Mangeart, Vernadé. — *P.*, 1834-1836, 10 vol. 8°.
[8° O. 3135-44
(Collection Panckoucke.)

Ovide. — L'Art d'aimer et le Remède d'amour, traduction. Nouv. éd., ornée de figures. — *Amsterdam*, 1757, 8°.
[8° O. 3145

Ovide. — Les métamorphoses. Trad. française de Gros, refondue par Cabaret-Dupaty et précédée d'une notice sur Ovide, par Charpentier. — *P.*, 1866, in-18.
[8° O. 3146

Owen (Richard). — Antiquity of Man as deduced from the Discovery of a human Skeleton, during the excavations of the East and West India Docks extensions at Tilbury, North Bank of the Thames. — *London*, 1884, 8°.
[8° I. 4630

Owen (Richard). — Mémoires du colonel Lawrence. Traduits de l'anglais. — *Amsterdam*, 1766, 2 vol. in-12.
[8° U. 6148-49

Ozanam (A.-F.). — Dante et la philosophie catholique au treizième siècle. — *P.*, 1839, 8°. [8° I. 4631

Ozanam (A.-F.). — Deux Chanceliers d'Angleterre, Bacon de Verulam et S. Thomas de Cantorbéry. — *P.*, 1836, in-12.
[8° U. 6150

Ozanam (A.-F.). — Œuvres complètes, avec une préface par M. Ampère. 4ᵉ éd. — *P.*, 1873, 11 vol. 8°.
[8° O. 3147-157

Ozanam (Jacques). — Dictionnaire mathématique. — *Amsterdam*, 1691, 4°.
[4° I. 912

Ozanam (Jacques). — Récréations mathématiques et physiques. Nouv. éd. — *P.*, 1741, 4 vol. 8°.
[8° I. 4632-35

Paasch (H.). — Dictionnaire de marine en Anglais, Français et Allemand. — *Anvers*, 1885, 8°.
[8° I. 4636

Paganel (Camille). — Histoire de Joseph II, empereur d'Allemagne. — *P.*, 1843, 8°. [8° U. 6151

Pailliet (J.-B.-S.). — Manuel de droit français. 9ᵉ éd. — *P.*, 1837, 8°.
[8° E. 1598

Palaa (G.). — Dictionnaire législatif et réglementaire des chemins de fer. — *P.*, 1864, 8°.
[8° E. 1599

—Répertoire général, ou complément faisant suite au précédent. — *P.*, 1865, 8°.
[8° E. 1600

Palfrey (G.). — Statistics of the condition and products of certain branches of industry in Massachusetts, for 1845. — *Boston*, 1846, 8°.
[8° U. 6152

Palissot. — Mémoires pour servir à l'histoire de notre littérature depuis François 1ᵉʳ jusqu'à nos jours. — *P.*, 1803, 2 vol. 8°. [8° O. 3158-59

Palladius (Rutilius-Taurus-Æmilianus). — L'Économie rurale, trad. par Cabaret Dupaty. — *P.*, 1843, 8°.
[8° O. 3160
(Collection Panckoucke.)

Pallas. — Voyages entrepris dans les gouvernements méridionaux de l'empire de Russie. Trad. de l'allemand par de Laboulaye et Tonnelier. — *P.*, 1805, 2 vol. 4°.   [4° U. 958-59

Pallavicini (Le P. Sforza).— Histoire du Concile de Trente. — *Montrouge*, 1844-1845, 3 vol. 4°.
[4° U. 960-62
(Encyclopédie théologique Migne.)

Pantchatantra ou les cinq livres, recueil d'apologues et de contes, traduit du sanscrit par Édouard Lancereau. — *P.*, 1871, 8°.   [8° O. 3161

Pantins (Les) de M. Bismarck, comédie-tragédie en 13 tableaux. — *P.*, (s. d.), 8°.   [8° O. 3162

Pape-Carpantier (Mme Marie).— Cours d'éducation et d'instruction. Période élémentaire. Manuel des Maîtres, comprenant l'application des principes pédagogiques et le guide pratique de la période élémentaire. Avec la collaboration de M. et de Mme Ch. Delon. 2e éd. — *P.*, 1881, in-16.
[8° I. 4637

Pape-Carpantier (Mme Marie). — Cours d'éducation et d'instruction, 1re année préparatoire. Enseignement de la lecture à l'aide du procédé phonomimique de M. Grosselin. Avec la collaboration de M. et de Mme Charles Delon. 17e éd. — *P.*, 1882, in-16.
[8° I. 4638

Pape-Carpantier (Mme Marie). — Enseignement pratique dans les salles d'asile. 3e éd. — *P.*, 1859, 8°.
[8° I. 4639
7e éd., 1881. — *P.*, 8°.
[8° I. 4640

Papon. — Histoire générale de Provence. — *P.*, 1777 à 1778, 2 vol. 4°.   [4° U. 963-64

Paquier (J.-B.). — Précis d'histoire moderne et contemporaine (1453-1875), à l'usage des candidats à l'École militaire de Saint-Cyr et au double baccalauréat. — *P.*, 1882, in-18.
[8° U. 6153

Paquy (Louis). — Des droits des auteurs et des artistes au point de vue du droit international. — *P.*, 1884, 8°.
[8° E. 1601

Parad (J. Alexandre). — Origines ou étymologies générales des noms, tant anciens que modernes, précédées de la traduction des hiéroglyphes sacrés égyptiens tracés sur le Zodiaque de Dendérah. — *Dôle*, 1845, f°.
[Fol. O. 102

Paramelle (Abbé). — L'art de découvrir les sources. — *P.*, 1856, 8°.
[8° I. 4641

Parant (Eugène). — Étude sur la fabrication des tissus ; généralités, filature, tissage. 2e éd. — *P.*, 1882, 8°.
[8° I. 4642

Parchappe (Max). — Galilée, sa vie, ses découvertes et ses travaux. — *P.*, 1866, in-12.   [8° U. 6154

Pardessus (Jean-Marie). — Collection des lois maritimes antérieures au XVIIIe siècle. — *P.*, 1828-1845, 6 vol. 4°.   [4° E. 217-22

Pardessus (Jean-Marie). — Cours de droit commercial. 5e éd.—*P.*, 1841-1842, 6 vol. 8°.   [8° E. 1602-7

Pardessus (J.-M.).— Loi salique. — *P.*, 1843, 4°.   [4° U. 965.

Pardessus (J.-M.). — Traité des servitudes ou services fonciers. 7e éd. — *P.*, 1829, 8°.   [8° E. 1608

Parfaict, Abguerbe (d'). — Dictionnaire des théâtres de Paris.—*P.*, 1756, 7 vol. in-12.   [8° O. 3163-69

Parfaict. — Histoire du théâtre français, depuis son origine jusqu'à présent. — *P.*, 1734-1749, 15 vol. in-12. [8° O. 3170-84

Parieu (Esquirou de). — Traité des impôts considérés sous le rapport historique, économique et politique en France et à l'étranger. — *P.*, 1862-64, 5 vol. 8°. [8° I. 4643-47

Paris (Cte de). — Les associations ouvrières en Angleterre (Trades' Unions). — *P.*, 1869, in-12. [8° I. 4648

Paris (Cte de). — Histoire de la guerre civile en Amérique. — *P.*, 1874, 8° et atlas f°. [8° U. 6155 [Fol. U. 253

Paris (Cte de). — De la situation des ouvriers en Angleterre. Mémoire présenté à la commission d'enquête sur les conditions du travail. 2e éd. — *P.*, 1873, 8°. [8° U. 6156

Paris (Colonel). — Le feu à Paris et en Amérique. Avec quatre cartes représentant les plans de défense de Paris contre les incendies. — *P.*, 1881, 8°. [8° I. 4649

Paris (Gaston). — La poésie du moyen âge. Leçons et lecture. — *P.*, 1885, in-16. [8° O. 3185

Paris (Henri). — Tablettes grammaticales, analyse généalogique des principes de la grammaire française. Atlas de seize tableaux. — *P.*, 1842, f°. [Fol. O. 103

Paris (Mathieu). — Historia major (Angliæ) à Guilielmo conquæstore ad ultimum annum Henrici III. — *Londini*, 1571, f°. [Fol. U. 254

Pariset (E.). — Histoire des membres de l'Académie royale de médecine. — *P.*, 1845, 2 vol. in-18. [8° I. 4650-51

Parlement italien. Session 1880-1881. Extraits du rapport de la Commission d'enquête parlementaire sur l'exploitation des chemins de fer italiens. — *P.*, 1882, gr. 8°. [4° I. 913

Parmentier, Rozier, Lasteyrie, Delalande. — Traité théorique et pratique sur la culture des grains. — *P.*, 1802, 2 vol. 8°. [8° I. 4652-53

Parny (Évariste). — Œuvres choisies. — *P.*, 1826, 8°. [8° O. 3186

Parodi (D. Alexandre). — Le théâtre en France. — *P.*, 1885, in-18. [8° O. 3187

Paroz (Jules). — Histoire universelle de la Pédagogie. 5e éd. — *P.*, 1883, in-18. [8° I. 4654

Parseval (Lud. de). — Observations pratiques de Samuel Hahnemann. — *P.*, 1857, 8°. [8° I. 4655

Partiot (L.). — Ponts et chaussées. Instruction pour la préparation des projets et la surveillance des travaux de construction de la plate-forme des chemins de fer. Suivi de tables pour le calcul des courbes et pour l'évaluation des volumes des déblais et des remblais. Avec fig. et 8 pl. — *P.*, 1884, 4°. [4° I. 914

Parville (Henri de). — Causeries scientifiques. — *P.*, 1862-1882, 22 vol. in-12. [8° I. 4656

Pascal (Adrien). — Histoire de l'armée et de tous les régiments, depuis les premiers temps de la monarchie française, jusqu'à nos jours. — *P.*, 1855, 5 vol. 4°. [4° U. 966-70

Pascal (Blaise). — Lettres écrites à un provincial, précédées d'un éloge de Pascal, par Bordas Demoulin, et suivies d'un essai sur les provinciales par François de Neufchâteau. — *P.*, 1845, 8°. [8° A. 856

Pascal (Blaise). — Œuvres complètes. — *P.*, 1864, 3 vol. 8°.
[8° O. 3188-90

Pascal (Blaise). — Opuscules philosophiques. — *P.*, 1866, in-18.
[8° I. 4657

Pascal (Blaise). — Pensées, précédées d'une notice sur sa vie, par Mme Périer. — *P.*, 1843, 8°.
[8° A. 857

Pascal (Edmond). — Devoirs des maires en temps d'épidémie. — *P.*, 1884, in-18.
[8° I. 4657. A

Pascal (Edmond). — Le livre de l'élève soldat. — *P.*, 1884, in-16.
[8° I. 4658

Pascal (J.-L.). — Les bibliothèques et les facultés de médecine en Angleterre. Rapport au ministre de l'Instruction publique et des Beaux-arts. — *P.*, 1884, f°.
[Fol. I. 144

Passy (Frédéric). — Chambres des députés. Discours Séances des 9 et 23 février 1885. Discussion des propositions de loi portant modification du tarif général des douanes. (Droits sur les céréales.) — *P.*, 1885, f°.
[Fol. E. 39

Passy (Frédéric). — Édouard Laboulaye. Conférence faite à la Société du travail. — *P.*, 1884, 8°.
[8° U. 6157

Passy (Frédéric). — Leçons d'économie politique faites à Montpellier; recueillies par MM. Émile Bertin et Paul Glaize. 1860-61. 2e éd. — *P.*, 1862, 2 vol. 8°.
[8° I. 4659-60

Passy (Frédéric). — Les machines et leur influence sur le développement de l'humanité. 4e éd. — *P.*, 1886, in-16.
[8° I. 4660. A

Passy (Frédéric). — Mélanges économiques. — *P.*, 1857, in-18.
[8°. I. 4661

Passy (G. de). — Étude sur le service hydraulique, et sur les mesures administratives concernant les cours d'eau non navigables ni flottables. 2e éd. — *P.*, 1869, 8°.
[8° I. 4662

Passy (Hippolyte). — Des formes de gouvernement et des lois qui les régissent. — *P.*, 1870, 8°.
[8° I. 4663

Passy (H.). — Des systèmes de culture et de leur influence sur l'économie sociale. — *P.*, 1846, 8°.
[8° I. 4664

Passy (Paul). — L'instruction primaire aux États-Unis. Rapport présenté au ministre de l'Instruction publique. — *P.*, 1855, in-18.
[8° I. 4665

Pasteur (L.). — Étude sur la maladie des vers à soie. Moyen pratique assuré de la combattre et d'en prévenir le retour. — *P.*, 1870, 2 vol. 8°.
[8° I. 4666-67

Pasteur (L.). — Études sur la bière. Ses maladies, causes qui les provoquent, procédé pour la rendre inaltérable, avec une théorie nouvelle de la fermentation. 12 pl. et 85 fig. — *P.*, 1876, 8°.
[8° I. 4668

Paterculus (Caius Velleius). — Histoire Romaine, trad. par M. Després. — *P.*, 1825, 8°.
[8° O. 3191
(Collection Panckoucke.)

Patin (Guy). — Lettres choisies. — Tomes 1, 2, 3, *La Haye*, 1707; tomes 4 et 5, *Rotterdam*, 1725, 5 vol. in-12.
[8° O. 3192-96

Patin (Guy). — Nouvelles lettres, tirées du cabinet de M. Charles Spon. — *La Haye*, 1718, 2 vol. in-12.
[8° O. 3197-98

Patin (Henri-Joseph-Guillaume). — Discours et mélanges littéraires. — *P.*, 1876, in-18.
[8° O. 3199

Patin (Henri-Joseph-Guillaume). —

Études sur les tragiques grecs. — *P.*, 1841-1843, 3 vol. 8°.

[8° O.3200-202

Patin (Henri-Joseph-Guillaume).— Études sur les tragiques grecs. Eschyle, Sophocle et Euripide. 2ᵉ éd. — *P.*, 1858, 4 vol. in-12. [8° O.3203-6

Patru (Olivier). — Œuvres diverses, contenant ses plaidoyers, harangues, lettres, 3ᵉ éd. — *P.*, 1714, 4°.

[4° E.223

Patrum (SS.) qui temporibus apostolicis floruerunt, Barnabæ, Hermæ, Clementis, Ignatii, Polycarpi opera vera et supposititia... Joh.-Bapt. Cotelerius... correxit ac eruit. — *P.*, MDCLXXII, 2 vol. f°. [Fol. A.83.A

Patten (Robert). — The history of the rebellion in the year 1715. 3ᵉ éd. — *London*, 1745, 8°. [8° U.6158

Paul (Constantin). — Diagnostic et traitement des maladies du cœur.—*P.*, 1883, 8°. [8° I.4669

Paulian (Louis). — La hotte du chiffonnier. 47 grav. — *P.*, 1885, 8°. [8° I.4670

Pauliat (Louis). — Madagascar. — *P.*, 1884, 8°. [8° U. 6158.A

Paulier (Dʳ B.). — Manuel de thérapeutique et de matière médicale. 2ᵉ éd., avec 150 fig. dans le texte. — *P.*, 1882, in-18. [8° I.4671

Paulmier (Fernand). — Manuel pratique du capitaine de navire au point de vue légal. — *P.*, 1883, 8°. [8° E.1610

Pauly (Alphonse).—Bibliographie des sciences médicales. Bibliographie. Biographie. Histoire. Épidémies. Topographies. Endémies. — *P.*, 1874, 8°. [8° I. 4672

Pauly (P.-Ch.). — Climats et Endémies. Esquisses de climatologie comparée. — *P.*, (s.d.), 8°.

[8° I. 4673

Pautex (B.). — Errata du Dictionnaire de l'Académie française, ou remarques critiques. 2ᵉ éd. — *P.*, 1862, 8°. [8° O. 3207

Payen (A.). — Des substances alimentaires et des moyens de les améliorer, de les conserver et d'en reconnaître les altérations. 2ᵉ éd. — *P.*, 1854, in-18. [8° I. 4674

Payen (A.). — Précis de chimie industrielle. 5ᵉ éd. — *P.*, 1867, 3 vol. 8° dont un atlas. [8° I. 4675-77

6ᵉ éd., 1877-78, revue par C. Vincent. — *P.*, 3 vol. in-8° dont un atlas. [8° I. 4678-80

Paz (Eugène).—La santé de l'esprit et du corps par la Gymnastique. — *P.*, 1865, in-18. [8° I. 4681

Péchot (P.). — Principes de pathologie. — *P.*, 1867, in-12. [8° I. 4682

Péclet (E.). — Traité de l'éclairage. — *P.*, 1827, 8°. [8° I. 4683

Péclet (E.). — Traité de la chaleur considérée dans ses applications. 3ᵉ éd. —*P.*, 1860-1861, 3 vol. 8°. [8° I. 4684-86

Pégot-Ogier. — Histoire des îles de la Manche, Jersey, Guernesey, Aurigny, Serck. — *P.*, 1881, 8°. [8° U. 6159

Peiffer. — Conférences sur la lecture des cartes topographiques. — *P.*, 1874, 8°. [8° I. 4687

Peigné (A.). — Dictionnaire géographique, topographique, statistique et postal de la France administrative, ecclésiastique, militaire, et de ses possessions hors d'Europe, précédé de 9 états, et suivi d'une carte au 2.000.000°. 4° éd. (2° tirage), par Paul Peigné. — P., 1881, 8°. [8° U.6160

Péligot (Eug.).— Traité de chimie analytique appliquée à l'agriculture. 43 fig. — P., 1883, 8°. [8° I. 4687. A

Pellat (C.-A.). — Manuale juris synopticum in quo continentur Justiniani institutiones cum Gaii institutionibus collatæ, nec non Ulpiani fragmenta, Pauli sententiæ, Vaticana fragmenta et aliæ veterum jurisconsultorum reliquiæ, recognovit A. Pellat. Ed. quarta. — Parisiis, 1866, in-12. [8° E.1611

Pellerin (Albert). — Les conventions matrimoniales et le divorce. — P., 1885, 8°. [8° E.1612

Pellet (H.), Sensier (G.). — La fabrication du sucre. T. I. — P., 1883, 8°. [8° I.4688

Pelletan (Eugène). — Des droits de l'homme. — P., 1858, 8°. [8° I.4689

Pelletan (Eugène). — Profession de foi du dix-neuvième siècle. 2° éd. — P., 1854, 8°. [8° I.4690

Pelletier (A.-L.), Taupin d'Auge. — La pose et l'entretien des sonnettes électriques mis à la portée de tout le monde. — P., 1880, 8°. [8° I.4691

Pellico (Silvio). — Des devoirs des hommes. traduit de l'Italien par Antoine de Latour. — P., 1834, 8°. [8° I.4692

Pellico (Silvio). — Mes prisons, trad. par A. de Latour. — P., 1843, 4°. [4° U.971

Pellier (J.). — L'Équitation pratique. 4° éd. — P., 1882, in-16. [8° I.4693

Pellissier (A.). — Précis de l'histoire de la langue française, depuis son origine jusqu'à nos jours. 2° éd. — P., 1873, in-18. [8° O. 3208

Pellissier (Georges). — Traité théorique et historique de versification française. — P., (s. d), in-18. [8° O. 3209

Pellisson. — Lettres historiques. — P., 1729, 3 vol. in-12. [8° U. 6161-63

Pellisson. — Œuvres diverses. — P., 1735, 3 vol. in-18. [8° O. 3210-12

Pellisson. — Relation contenant l'histoire de l'Académie française. — P., 1672, in-18. [8° U. 6164

Pelouze (Edmond). — Minéralogie industrielle. — P., 1829, in-12. [8° I. 4694

Pelouze (Edmond). — Traité de l'éclairage au gaz. — P., 1839, 2 vol. 8° dont un atlas. [8° I. 4695-96

Pelouze (J.), Frémy (E.). — Traité de chimie générale, analytique, industrielle et agricole. 3° éd. — P., 1860-1866, 6 t. en 7 vol. 8°. [8° I. 4697-4703

Pénard (Lucien). — Guide pratique de l'accoucheur et de la sage-femme. 2° éd. — P., 1865, in-12. [8° I. 4704

Penot (A.). — Les institutions privées du Haut-Rhin. — Mulhouse, 1867, gr. 8°. [4° U. 972

People (The) of Turkey : twenty years residence among Bulgarians, Greeks, Albanians, Turcks, and Armenians, by a Consul's Daughter and wife; ed. by Stanley Lane Poole. — London, 1878. 2 vol. 8°. [8° U. 8165-66

Pérau. — Description historique de l'hôtel des Invalides. — P., 1756, f°. [Fol. U. 255

Percheron (Gaston). — Le Chat, Histoire naturelle, hygiène, maladies. — P., 1885, in-18. [8° I. 4705

Percheron (Gaston). — La rage et les expériences de M. Pasteur. — P., 1885, in-18. [8° I. 4706

Percin (F.). — Réunion des officiers. Instruction de l'infanterie. Préparation au service de guerre.— P., 1872, in-12. [8° I. 4707

Percival (Robert). — Voyage au Cap de Bonne-Espérance fait pendant les années 1796 et 1801. Traduit de l'anglais par P.-F. Henry. — P., 1806, 8°. [8° U. 6167

Percy (J.). — Traité complet de métallurgie, avec une introduction par E. Petitgrand et A. Ronna.—P. et Liège, 1864-67, 5 vol. 8°. [8° I. 4708-12

Perdonnet (Aug.). — Traité élémentaire des chemins de fer. 2e éd. — P., 1858-1860, 2 vol. 8°. [8° I. 4713-14

Pereire (Émile et Isaac). — Enquête sur la Banque de France. Dépositions. — P., 1866, 8°. [8° I. 4715

Pereire (Eugène). — Tables de l'intérêt composé des annuités et des rentes viagères, suivies de 8 tableaux graphiques sur l'intérêt simple et l'intérêt composé. 3e éd. — P., 1882, 4°. [4° I. 915

Pereire (Isaac). — Politique financière. La conversion et l'amortissement. — P., 1879, 8°. [8° I. 4716

Perels (F.). — Manuel de droit maritime international, trad. de l'allemand et augmenté de quelques documents nouveaux par L. Arendt. — P., 1884, 8°. [8° E. 1613

Pérennès (Fr.). — Dictionnaire de Noëls et de cantiques. — Petit-Montrouge, 1867, 4°. [4°A. 173 (Encyclopédie théologique Migne.)

Perey (Lucien), Maugras (Gaston).— Une femme du monde au XVIIIe siècle. La jeunesse de Madame d'Épinay. — P., 1882, 8°. [8° U. 6168

Perey (Lucien), Maugras (Gaston).— Une femme du monde au XVIIIe siècle. Dernières années de Mme d'Épinay. Son salon et ses amis. 4e éd. — P., 1883, 8°. [8° U. 6169

Perey (Lucien), Maugras (Gaston). — La vie intime de Voltaire aux Délices et à Ferney, 1754-1778, d'après des lettres et des documents inédits. — P., 1885, 8°. [8° U. 6169. A

Perez (Antonio). — Las obras y relaciones. — Genevæ, 1654, in-12. [8° U. 6170

Pérez (Bernard). — La Psychologie de l'enfant. (Les trois premières années). 2e éd. — P., 1882, in-18. [8° I. 4717

Pérez de Hita (Ginès).— Histoire chevaleresque des Maures de Grenade, traduite de l'Espagnol, par A.-M. Sane. — P., 1809, 2 vol. 8°. [8° U. 6171-72

Péridiez. — Manuel des comptables. 2e éd. — P., 1808, in-12. [8° I. 4718

Périn (Charles). — De la richesse dans les Sociétés chrétiennes. 2e éd. — P., 1868, 2 vol. in-16. [8° I. 4719-20

Pernot (L.-T.). — Dictionnaire du constructeur. — P., 1829, in-18. [8° I. 4721

Perny (L.-F.). — A B C de l'agriculture pratique et chimique. 4e éd. — P., 1869, in-18. [8° I. 4722

Perny (Paul). — Deux mois de prison sous la Commune. 4e éd. — P., 1871, in-12. [8° U. 6173

Perpigna (A.). — Manuel des inventeurs et des brevetés. 8ᵉ éd. — P., 1847, 8°.   [8° E. 1614

Perrard (J.-Ferréol). — Logique classique d'après les principes de philosophie de Laromiguière. — P., 1827, 2 vol. 8°.   [8° I. 4723-24

Perrault (Charles). — Contes, précédés d'une notice par Paul L. Jacob. — P., 1836, 8°.   [8° O. 3213

Perrault (Charles). — Parallèle des anciens et des modernes. Dialogues. 2ᵉ éd. — P., 1692, 3 vol. in-18.
                    [8° O. 3214-16

Perrens (F.-T.). — Histoire de Florence. — P., 1877-1883, 6 vol. 8°.
                    [8° U. 6174-79

Perrens (F.-T.). — Jérôme Savonarole. 3ᵉ éd. — P., 1859, in-12.
                    [8° U. 6180

Perrève, Cochet de Savigny. — Formulaire général des procès-verbaux de la gendarmerie. Ed. entièrement refaite et mise au courant de la législation par le commandant Kerchner, augmentée des dispositions relatives à la pêche, les contributions indirectes, etc., etc. — P., 1881, 8°.
                    [8° E. 1615

Perreyve (Henri). — Lettres. 1850-1865. — P., 1872, in-12.
                    [8° O. 3217

Perrier (Edmond). — Anatomie et physiologie animales, rédigées conformément aux programmes officiels du 2 août 1880, pour l'enseignement de la zoologie dans la classe de philosophie, et à l'usage des candidats au baccalauréat ès lettres. 2ᵉ éd. contenant 328 fig. — P., 1884, 8°.   [8° I. 4725

Perrier (Edmond). — La philosophie zoologique avant Darwin. — P., 1884, 8°.   [8° I. 4726

Perrin. — Code des constructions et de la contiguité. Nouv. éd., entièrement refondue par Ambroise Rendu. — P., 1863, 8°.   [8° E. 1616

2ᵉ éd., 1868. — Revue par Jean Sirey. — P., 8°.   [8° E. 1617

Perriquet (E.). — Les contrats de l'État. Traité comprenant les règles en matière de ventes domaniales. — P., 1884, 8°.   [8° E. 1618

Perriquet (E.). — Traité théorique et pratique des travaux publics. — P., 1883, 2 vol. 8°. [8° E. 1619-20

Perron (Dʳ). — L'Islamisme, son institution, son influence et son avenir. Ouvrage posthume, publiée par Alfred Clerc. — P., 1877, in-18.
                    [8° U. 6181

Perroquet (A.). — Apologie de la vie et des œuvres du bienheureux Raymond Lulle. — Vendôme, 1667, in-12.   [8° U. 6182

Perrot (Georges), Chipiez (Charles). — Histoire de l'art dans l'antiquité. T. I, II, III, IV. — P., 1882, vol. 4°.   [4° I. 915. A

Perrot de Chaumeux (L.). — Premières leçons de photographie. 4ᵉ éd. — P., 1882, in-18.
                    [8° I. 4727

Perse. — Satires, suivies d'un fragment de Turnus et de la satire de Sulpicia, trad. par A. Perreau. — P., 1832, 8°.   [8° O. 3218
(Collection Panckoucke.)

Persoz (J.). — Traité théorique et pratique de l'impression des tissus. — P., 1846, 4 vol. 8°, atlas 4°.
                    [8° I. 4728-31
                    [4° I. 916

Pestalozzi. — Comment Gertrude instruit ses enfants. Traduit de l'allemand par le Dʳ Eugène Darin, avec une introduction par Félix Cadet. — P., 1882, in-18.   [8° I. 4732

Peter (Michel). — Leçons de clinique médicale. 3ᵉ éd. — *P.*, 1880-1882, 2 vol. 8°.   [8° I. 4733-34

Petit. — Voyage à Hippone. 3ᵉ éd. — *Lille*, 1851, in-12.
[8° U. 6183

Petit (Édouard). — Francis Garnier. Sa vie et ses voyages, son œuvre (1839-1874). — *P.*, (s. d.), in-18.
[8° U. 6183. A

Petit (Dʳ. L.-H.). — La métallothérapie, ses origines, son histoire et les procédés thérapeutiques qui en dérivent. 2ᵉ éd. — *P.*, 1881, in-18.
[8° I. 4735

Petit (Maxime). — Le courage civique. 29 gravures. — *P.*, 1885, in-18.   [8° U. 6184

Petit (Maxime). — Les grands incendies. 34 gravures. — *P.*, 1882, in-18.   [8° U. 6185
(Bibliothèque des Merveilles.)

Petit (Maxime). — Les sièges célèbres de l'antiquité, du moyen âge et des temps modernes. Ouvrage illustré de 32 grav. — *P.*, 1881, in-18.
[8° U. 6186
(Bibliothèque des Merveilles.)

Petit de Julleville (L.). — Histoire du théâtre en France. Les comédiens en France au moyen âge. — *P.*, 1885, in-16.   [8° O. 3218. A

Petit-Radel (L.-C.-F.). — Recherches sur les monuments cyclopéens et description de la collection des modèles en relief composant la galerie pélasgique de la Bibliothèque Mazarine. — *P.*, 1841, 8°.   [8° U. 6187

Petit Bottin des lettres et des arts. — *P.*, 1886, in-16.
[8° U. 6187. A

Petit guide du baigneur à Châtel-Guyon. — *Châtel-Guyon*, (s. d.), in-18.
[8° U. 6188

Petit guide du baigneur à la Bourboule. — *La Bourboule*, (s. d.), in-18.
[8° U. 6189

Petit Moniteur universel. — *P.*, 1870-1876, 14 vol. f°.
[Fol. U. 256

Petites comédies rares et curieuses du XVIIᵉ siècle, avec notes et notices, par Victor Fournel. — *P.*, 1884, 2 vol. in-16.   [8° O. 3219-20

Petitjean (C.). — Aide-mémoire administratif pour l'application des instructions relatives aux convocations annuelles de l'armée territoriale, suivi de l'indication des obligations militaires qui incombent aux hommes de l'armée territoriale. — *P.*, 1882, in-32.
[8° E. 1621

Petitot. — Collection complète des mémoires relatifs à l'histoire de France. 1ʳᵉ série. Depuis le règne de Philippe-Auguste jusqu'au commencement du XVIIᵉ siècle, avec des notices sur chaque auteur. — *P.*, 1819-1826, 52 vol. 8°. — 2ᵉ série. Depuis l'avènement de Henri IV jusqu'à la paix de Paris, conclue en 1763. — *P.*, 1820-1829, 78 vol. 8°. — Notice sur les deux séries de la collection des mémoires relatifs à l'histoire de France, publiés par Petitot et Monmerqué. — *P.*, 1829, 8°. Ensemble 130 vol. 8°.
[8° U. 6190-6321

Pétrarque. — Rimes. Trad. complète en vers, des sonnets, canzones, sextines, ballades, madrigaux et triomphes, par Joseph Poulenc. 2ᵉ éd. — *P.*, 1877, 2 vol. in-18.   [8° O. 3220. A

Pétrequin (F.-E.). — Traité d'anatomie médico-chirurgicale et topographique. — *P.*, 1844, 8°.
[8° I. 4736

Pétrone (T.). — Le Satyricon, trad. par Golbery. — *P.*, 1834-35, 2 vol. 8°.   [8° O. 3221-22
(Collection Panckoucke.)

Pettigrew (J. Bell). — La locomotion chez les animaux, ou marche, natation et vol ; suivie d'une dissertation sur l'aéronautique.— P., 1874, 8°. [8° I. 4737

Peuch (F.). — Précis de police sanitaire vétérinaire. — P., 1884, in-18. [8° E. 1622

Peÿ (Alexandre). — L'Allemagne d'aujourd'hui (1862–1882). Études politiques, sociales et littéraires. 2ᵉ éd. — P., 1883, in-18. [8° U. 6322

Pfeffel. — Nouvel abrégé chronologique de l'histoire et du droit public d'Allemagne. — P., 1776, 2 vol. 4°. [4° U. 973-74

Pfeiffer (Ida). — Voyage d'une femme autour du monde. Trad. de l'allem. par W. de Suckau. — P., 1858, in-12. [8° U. 6323

Pfeiffer (Ida). — Mon second voyage autour du monde. Trad. de l'allem. par W. de Suckau.—P., 1857, in-12. [8° U. 6324

Pfnor (Rodolphe). — Ornementation usuelle de toutes les époques dans les arts industriels et en architecture. — P., 1866-1868, 2 vol. f°. [Fol. I. 145-146

Phèdre. — Fables, trad. par M. Ernest Panckoucke. — P., 1834, 8°. [8° O. 3223
(Collection Panckoucke.)

Philbert (Louis). — Le Rire. Essai littéraire, moral et psychologique. — P., 1883, 8°. [8° I. 4738

Philippon-La-Madelaine (L.). — Des homonymes français. 3ᵉ éd. — P., 1806, 8°. [8° O. 3224

Philippe (G.) — De l'humidité dans les constructions, et des moyens de s'en garantir. 2ᵉ éd. — P., 1882, 8°. [8° I. 4739

Philipps. — Cours d'hydraulique et d'hydrostatique, professé à l'École centrale. La rédaction est de Al. Gouilly. — P., 1875, 8°. [8° I. 4740

Phillips (Georges). — Du droit ecclésiastique dans ses principes généraux, trad. par l'abbé Crouzet. — P., 1850-51, 3 vol. 8°. [8° E. 1623-25

Philostrate l'ancien. — Une galerie antique de 64 tableaux. Introduction, traduction et commentaire par A. Bougot.— P., 1881, 4°. [4° I. 917

Phipson (T.-L.).—Le Préparateur-photographe ou traité de chimie à l'usage des photographes. — P., 1864, in-12. [8° I. 4741

Physiologie des quartiers de Paris; illustration de Henri Émy. — P., 1841, in-16. [8° U. 6325

Piassetsky (P.). — Voyage à travers la Mongolie et la Chine, trad. du russe par Aug. Kuscinski. 90 grav. et 1 carte. — P., 1883, gr. 8°. [4° U. 975

Pic (Paul). — Mariage et divorce en droit international et en législation comparée. — P., 1885, 8°. [8° E. 1626

Picard (E.). — Dangers de l'abus des boissons alcooliques. — P., (s. d.), in-12. [8° I. 4742

Picard (Édmond et Emile). — Code général des brevets d'invention, contenant le texte de toutes les lois y relatives dans les divers pays du globe. — Bruxelles, 1882, 8°. [8° E. 1627

Picard (Edmond et Émile). — Tableaux synoptiques et comparatifs de toutes les lois concernant la propriété industrielle dans les différents pays. Une convention internationale du 6 juillet 1884 pour la protection de la propriété industrielle. — Bruxelles, 1885, 8°. [8° E. 1628

Picard (L.-B.). — Œuvres. — P., 1821, 10 vol. 8°.
[8° O. 3225-34

Pichard (A.-E.). — Nouveau code de l'instruction primaire, recueilli, mis en ordre et annoté. 8e éd., donnant l'état de la législation au 1er janvier 1880. — P., 1880, in-18.
[8° E. 1629

Pichon (Abbé F.). — Vie de Monseigneur Berneux, évêque de Capse, in partibus infidelium, vicaire apostolique de Corée. 2e éd. — Le Mans, 1868, in-12.
[8° U. 6326

Pichot (Amédée). — Histoire de Charles-Édouard. Nouv. éd. — P., 1833, 8°.
[8° U. 6327

Pichot (J.). — Cosmographie élémentaire, contenant les matières indiquées par les programmes officiels du 23 juillet 1874 pour l'enseignement de la cosmographie dans les classes de lettres. 2e éd. — P., 1877, in-16.
[8° I. 4743

Pick (Eugène). — Les fastes de la guerre d'Orient. 6e éd. — P., 1857, 8°.
[8° U. 6328

Picot (Georges). — Histoire des États-Généraux considérés au point de vue de leur influence sur le gouvernement de la France, de 1355 à 1614. — P., 1872, 4 vol. 8°. [8° U. 6329-32

Picot (J.). — Statistique de la Suisse. — Genève, 1819, 8°.
[8° U. 6333

Picot (J.-B.-C.). — Nouveau manuel pratique et complet du Code Napoléon expliqué. Nouv. éd. — P., 1860, 8°.
[8° E. 1630

Picot (J.-B.-C.). — Code Napoléon expliqué article par article. — P., 1868, 2 vol. 8°.
[8° E. 1631-32

Picot (Joseph-Michel-Pierre). — Mémoires pour servir à l'histoire ecclé-

siastique pendant le XVIIIe siècle. — P., 1815, 4 vol. 8°. [8° U. 6334-37

Picou (R.-V.). — Les lampes électriques. — P., 1882, 8°.
[8° I. 4743. A

Pictet (F.-J.). — Traité élémentaire de Paléontologie. — P., 1844-1846, 4 vol. 8°. [8° I. 4744-47

Pidansat de Mairobert. — Anecdotes sur Madame la Comtesse Du Barry. — Londres, 1776, in-12
[8° U. 6338

Pidansat de Mairobert. — L'Espion anglais ou correspondance secrète entre Milord All'Eye et Milord All'Ear. — Londres, 1779-1784, 10 vol. in-12. [8° U. 6339-48

Pidoux. — Études générales et pratiques sur la phthisie. — P., 1873, 8°.
[8° I. 4748

Pidoux (P.). — Manuel des valeurs à lots françaises et des obligations françaises et étrangères. — P., 1885, in-16.
[8° I. 4749

Piédagnel (Alex.). — Jules Janin. 3e éd., avec un portrait et un fac-simile d'autogr. — P., 1884, in-18.
[8° U. 6349

Pierre (J.-J.). — Chimie agricole. 2e éd. — P., 1858, in-12.
[8° I. 4750

Pierre de Blois. — Opera omnia. Editio nova. — P., 1677, f°.
[Fol. A. 84

Pierret (Paul). — Petit manuel de mythologie, suivi d'un index alphabétique. — P., 1878, in-18.
[8° A 858

Pierron (Alexis). — Histoire de la littérature grecque. — P., 1850, in-12. [8° O. 3235

Pierron (Alexis). -- Histoire de

la littérature romaine. — *P.*, 1852, in-12. [8° O. 3236

Pierrot (Abbé).— Dictionnaire de théologie morale. — *Petit-Montrouge*, 1849, 2 vol. 4°. [4° A. 174-75 (Encyclopédie théologique Migne.)

Pierrot-Deseilligny (J.). — Choix de compositions françaises et latines. 2ᵉ éd., par Rinn. — *P.*, 1847, 8°. [8° O. 3237

Piétrement (C.-A.). — Les chevaux dans les temps préhistoriques et historiques. — *P.*, 1883, 8°. [8° I. 4751

Pietri. — Les Français au Niger. Voyages et combats. 28 grav. et 1 carte. — *P.*, 1885, in-16. [8° U. 6350

Piganiol de La Force. —Nouvelle description de la France. 2ᵉ éd. — *P.*, 1722, 7 t. en 8 vol. [8° U. 6351-58

Piganiol de La Force. — Description de Paris. Nouv. éd. — *P.*, 1742, 8 vol. in-18. [8° U. 6359-66

Pigeau. — La procédure civile des tribunaux de France, démontrée par principes et augmentée de notes par J.-L. Crivelli. — *P.*, 1826, 2 vol. 4°. [4° E. 224-25

Pigeon (Amédée). — L'Allemagne de M. de Bismarck. 3ᵉ éd. — *P.*, 1885, 8°. [8° U. 6366. A

Pigeonneau (Henri), Foville (Alfred de). — L'administration de l'agriculture au contrôle général des finances (1785-1787). Procès-verbaux et rapports. — *P.*,1822, 8°. [8° E. 1633

Pigeonneau (H.). — Enseignement secondaire spécial. 2ᵉ année. Géographie commerciale de la France et de ses colonies. 9ᵉ éd. — *P.*, 1882, in-12. [8° U. 6367

Pigeonneau (H.). — Enseignement secondaire spécial. 3ᵉ année. Géographie commerciale des cinq parties du monde. 5ᵉ éd. — *P.*, 1879, in-12. [8° U. 6368

Pignant (P.). — De l'assainissement intérieur et extérieur des villes et de l'épuration des eaux d'égout. — *Dijon*, 1884, 8°. [8° I. 4751. A

Pignot (Henri). — Un évêque réformateur sous Louis XIV. Gabriel de Roquette, évêque d'Autun ; sa vie, son temps et le Tartuffe de Molière. — *P.*, 1876, 2 vol. 8°. [8° U. 6369-70

Pihan de La Forest (A.). — Essai sur la vie et les ouvrages de M. S.-F. Schœll. — *P.*, 1834, 8°. [8° U. 6371

Pilard (F.-J.-M.). — Manuel des actes sous seing privé. 2ᵉ éd. — *Nantes*, 1863, in-18. [8° E. 1634

Pimodan (Mⁱˢ de). — La réunion de Toul à la France et les derniers évêques-comtes souverains. — *P.*, 1885, 8°. [8° U. 6371. A

Pinard. — Almanach de la noblesse à Paris. — *P.*, 1866, in-18. [8° U. 6372

Pinard. — Chronologie historique-militaire, contenant l'histoire de la création de toutes les charges, dignités et grades militaires supérieurs, et de toutes les personnes qui les ont possédés, depuis leur création jusqu'à présent. — *P.*, 1760-64, 7 vol. 5° [4° U. 976-982

Pindare. — Odes. Trad. par N. Tourlet. — *P.*, 1818, 8°. [8° O. 3238

1853. — Traduction C. Poyard. — *P.*, 8°. [8° 3239

Pinel (Ph.). — Médecine clinique. 2° éd. — P., 1804, 8°. [8° I. 4752

Pinel (Scipion). — Physiologie de l'homme aliéné, appliquée à l'analyse de l'homme social. — P., 1833, 8°. [8° I. 4753

Pingaud (Léonce). — Les Français en Russie et les Russes en France. L'ancien régime, l'émigration, les invasions. — P., 1886, 8°. [8° U. 6372. A

Pinkerton (J.). — Recherches sur l'origine et les divers établissements des Scythes ou Goths. — P., 1804, 8°. [8° U. 6373

Pinset (Raphaël), Auriac (Jules d'). — Histoire du portrait en France. — P., 1884, 4°. [4° I. 917. A

Piobert (G.). — Traité d'artillerie théorique et pratique. Précis de la partie élémentaire et pratique. — Metz, 1836, 8°. [8° I. 4754

Piobert (G.). — Traité d'artillerie théorique et pratique. Partie théorique et expérimentale. — P., 1847, 8°. [8° I. 4755

Piossens (De). — Mémoire de la régence de S. A. R. Mgr. le Duc d'Orléans durant la minorité de Louis XV. — La Haye, 1736, 3 vol. in-12. [8° U. 6374-76

Pipino (Maurizio). — Gramatica piemontese. — Torino, 1783, 8°. [8° O. 3240

Pipino (Maurizio). — Vocabolario piemontese. — Torino, 1783, 8°. [8° O. 3241

Pirolle. — Manuel théorique et pratique du jardinier. Nouv. éd., par Boitard et Noisette. — P., 1848, in-12. [8° I. 4756

Pisani (F.), Dirvell (Ph.). — La chimie du laboratoire. — P., 1882, in-16. [8° I. 4757

Pisani (F.). — Traité pratique d'analyse chimique, qualitative et quantitative, à l'usage des laboratoires de chimie. — P., 1880, in-18. [8° I. 4758

Pitre-Chevalier (Pierre). — La Bretagne ancienne et moderne. — P., 1844, 4°. [4° U. 983

Pizard (Joseph). — Vade-mecum ou guide des instituteurs et des institutrices. (Pédagogie et législation.) 3° éd.; donnant la législation de l'instruction primaire au 1er mai 1881. — P., 1881, in-12. [8° I. 4759

Pizzetta (J.). — Histoire d'une feuille de papier. — P., 1868, in-16. [8° I. 4760

Pizzetta (J.). — Plantes et bêtes. Causeries familières sur l'histoire naturelle. 2° éd. 150 grav. et 6 pl. color. — P., 1882, 4°. [4° I. 918

Pizzetta (J.). — Les secrets de la plage. — P., 1868, in-16. [8° I. 4761

Plan (Nouveau) de Paris. — Extrait du grand Atlas des chemins de fer publié par MM. Chaix et Cie. — P., (s.-d.), f° plano, dans un étui in-12. [8° U. 6377

Planat (P.). — Cours de construction civile. — P., 1880, 3 vol. 4°. — 1re partie. Chauffage et ventilation des lieux habités. 1 vol. [4° I. 918. A

Planche (Gustave). — Portraits littéraires. — P., 1848, 2 vol. in-12. [8° O. 3242-43

Planche (J.). — Dictionnaire grec-français, refondu sur un nouveau plan par L.-A. Vendel-Heyl et A. Pillon. — P., 1842, 8°. [8° O. 3244

Plantier. — Enseignements et consolations attachés à nos derniers désastres, par Mgr. l'évêque de Nîmes. — *P.*, 1872, in-12. [8° U. 6378

Plasman (L.-C.). — Code et traité des absents. — *P.*, (s. d.), 2 vol. 8°. [8° E. 1635-36

Platon. — Œuvres, trad. par V. Cousin. — *P.*, 1822-1840, 13 vol. 8°. [8° O. 3245-57

Platon. — Pensées sur la religion, la morale, trad. par Jos.-Vict. Le Clerc. 2ᵉ éd.— *P.*, 1824, 8°. [8° O. 3258

Platon. — Traduction du Phédon, par Marcel Mars. — *Châteauroux*, 1870, in-12. [8° O. 3259

Plaute. — Théâtre, trad. par J. Naudet. — *P.*, 1831-38, 9 vol. 8°. [8° O. 3260-68
(Collection Panckoucke.)

Plessix (H.). — Manuel complet d'artillerie, rédigé conformément au programme du cours d'artillerie professé à l'École spéciale militaire et au programme d'admission à l'École supérieure de guerre. — *P.*, 1883, 2 vol. 8°. [8° I. 4762-63

Plessix (H.), **Legrand** (E.). — Manuel complet de fortification, rédigé conformément au programme du cours professé à l'École spéciale militaire, et au programme d'admission à l'École supérieure de guerre. — *P.*, 1883, 8°. [8° I. 4764

Pline le Naturaliste. — Histoire naturelle, trad. par M. Ajasson de Grandsagne. — *P.*, 1829-33, 20 vol. 8°. [8° O. 3269-88
(Collection Panckoucke.)
— Trad. É. Littré. Collect. Nisard. [4° O. 208-9

Pline le Jeune. — Lettres, trad. par de Sacy. Nouv. éd., revue et corrigée par Jules Pierrot. — *P.*, 1832, 3 vol. 8°. [8° O. 3289-91
(Collection Panckoucke.)

— Trad. de Sacy. Collect. Nisard. [4° O. 210

Plumandon (J.-R.). — Le baromètre appliqué à la prévision du temps en France, et spécialement dans la France centrale. 2ᵉ éd. — *P.*, 1883, in-16. [8° I. 4764. A

Plumier (Le P. C.). — L'Art de tourner en perfection. — *Lyon*, 1701, f°. [Fol. I. 147

Plutarque. — Œuvres morales. Trad. par Ricard. — *P.*, 1844, 5 vol. in-12. [8° O. 3292-96

Plutarque. — Les vies des hommes illustres, trad. par D. Ricard. Nouv. éd. — *P.*, 1829, 10 vol. 8°. [8° O. 3297-3306

1829. — Nouv. éd. Trad. D. Ricard. — *P.*, 15 vol. in-32. [8° O. 3307-22

Plutarque anglais. — Traduction du Plutarque anglais. — *P.*, 1785-1786, 12 vol. 8°. [8° U. 6379-90

Plutarque (Le) **français**. — Vies des hommes et femmes illustres de la France, par Ed. Mennechet. — *P.*, 1835-1840, 4 vol. 4°. [4° U. 984-987

Pocquet (Barthélemy). — Les origines de la Révolution en Bretagne. Précédé d'une lettre de M. Arthur de La Borderie. — *P.*, 1885, 2 vol. in-12. [8° U. 6391-92

Pocquet (Claude). — Traité des fiefs. 4ᵉ éd. — *P.*, 1756, 4°. [4° E. 226

Poëme du Cid.— Texte espagnol. Trad. par Damas-Hinard. — *P.*, 1853, 4°. [4° O. 350

Poésies populaires de la Kabylie et du Jurjura. Texte kabyle et trad. par A. Hanoteau. — *P.*, 1867, 8°. [8° O. 3323

Poetæ minores. — Sabinus,

Calpurnius, Gratius Faliscus, Nemesia-
nus, Valerius Cato, Vestritius Spurinnâ,
Lupercus Servastus, Arborius, Penta-
dius Eucheria, Pervigilium Veneris.
Trad. par Cabaret-Dupaty.— *P.*, 1842,
8°.   [8° O. 3324
(Collection Panckouckè.)

Poëtes français (Les).— Recueil
des chefs-d'œuvre de la poésie française depuis les origines jusqu'à nos
jours, avec une notice littéraire sur
chaque poëte, publié sous la direction
de M. E. Crépet. — *P.*, 1861-1862,
4 vol. 8°.   [8° O. 3325-28

Poggendorff (J.-C.). — Histoire
de la physique. Cours faits à l'Université de Berlin. Trad. de MM. E. Bi-
bart et G. de La Quesnerie. — *P.*,
1883, 8°.   [8° I. 4765

Poillon (L.). — Traité théorique
et pratique des pompes et machines à
élever les eaux.— *P.*, 1883-85, 2 vol.
8° et atlas 4°.   [8° I. 4766-67
                       [4° I. 918. B

Poincaré (Léon). — Traité d'hygiène industrielle, à l'usage des médecins et des membres des Conseils d'hygiène. 209 fig. — *P.*, 1886, 8°.
                       [8° I. 4667. A

Poinsot (L.). — Éléments de statique. 9° éd. — *P.*, 1848, 8°.
                       [8° I. 4768

Poiré (Paul). — La France industrielle ou description des industries françaises.—*P.*, 1873, 8°. [8° I. 4769

Poiré (P.). — Leçons de physique,
à l'usage des candidats au baccalauréat
ès sciences. 2° éd. — *P.*, 1869, in-18.
                       [8° I. 4770

Poirot (E.). — Cours d'études militaires à l'usage des engagés condi-
tionnels d'un an. Topographie. 2° tirage.
— *P.*, 1876, in-12.   [8° I. 4771

Poirson (Auguste). — Histoire du
règne de Henri IV. 3° éd. — *P.*, 1865-
1866, 4 vol. in-18.   U. 6393-96

Poirson (Auguste). — Mémoires
et documents relatifs à l'histoire de
France pour la fin du XVI° siècle.
Mémoires de Villeroy et de Sancy.
Documents divers. — *P.*, 1868, 4°.
                       [4° U. 988

Poitevin (P.). — Dictionnaire de
la langue française. — *P.*, 1851, 4°.
                       [4° O. 351

Pompadour (Mise de). — Mémoires, publiés par R. P. (René Perrin).
— *P.*, 1808, 5 vol. 8°.
                       [8° U. 6397-6401

Poncelet (J.-V.). — Applications
d'analyse et de géométrie qui ont servi
de principal fondement au traité des
propriétés projectives des figures, avec
additions par MM. Mannheim et
Moutard. — *P.*, 1862-1864, 2 vol. 8°.
                       [8° I. 4772-73

Poncelet (J.-V.). — Cours de mécanique appliquée aux machines, publié
par M. X. Kretz. — *P.*, 1874-1876,
2 vol. 8°.   [8° I. 4774-75

Poncelet (J.-V.). — Introduction
à la mécanique industrielle. 2° éd. —
Metz, 1839, 8°.   [8° I. 4776

Poncin (G.-P.). — Formulaire de
qualifications criminelles et correction-
nelles. 2° éd. — *Poitiers*, 1867, 8°.
                       [8° E. 1637

Ponroy (Arthur). — Liberté, Autorité. L'arrière-ban de la vraie France.
Œuvre de défense nationale. — *Poitiers*, 1870, 8°.   [8° U. 6402

Ponsard (F.). — Œuvres complètes. — *P.*, 1875-1876, 3 vol. 8°.
                       [8° O. 3329-31

Ponsard (F.). — Théâtre complet.
2° éd. — *P.*, 1852, in 12.
                       [8° O. 3332

Ponson (Jules). — Traité de l'exploitation des mines de houille, ou exposition comparative des méthodes employées par A.-F. Ponson. 2° éd. —

Liège, 1868-71, 4 vol. 8°. — Supplément, 1867, 2 vol. 8° et atlas en 2 vol. f°.   [8° I. 4777-82
[Fol. I. 148-49

Pontas (Jean). — Dictionnaire des cas de conscience.— *P.*, 1847, 2 vol. 4°.   [4° A. 176-77

Pontich (Henri). — Administration de la ville de Paris et du département de la Seine. Publié sous la direction de M. Maurice Block.— *P.*, 1884, 8°.   [8° U. 6403

Pontmartin (Armand de).— Causeries littéraires. 2° éd. — *P.*, 1855, in-12.   [8° O. 3333

Pontmartin (Armand de).—Nouvelles causeries littéraires.— *P.*, 1855, in-12.   [8° O. 3334

Pontmartin (Armand de).— Dernières causeries littéraires. — *P.*, 1856, in-12.   [8° O. 3335

Pontmartin (Armand de).— Causeries du samedi. 2° série des Causeries littéraires. — *P.*, 1857, in-12.   [8° O. 3336

Pontmartin (Armand de).— Dernières causeries du samedi. — *P.*, 1860, in-12.   [8° O. 3337

Pontmartin (A. de). — Mes mémoires. Enfance et jeunesse. — *P.*, 1885-86, 2 vol. in-18.
[8° U. 6403. A

Pontmartin (Armand de).— Souvenirs d'un vieux critique. — *P.*, 1881-1884, 5 vol. in-18.
[8° O. 3338-42

Pope.—Œuvres diverses, traduites. Nouv. éd. — *Amsterdam*, 1763, 7 vol. in-18.   [8° O. 3343-49

Portefeuille économique des machines, de l'outillage et du matériel relatifs à la construction. C.-A. Oppermann, directeur. — *P.*, 1856 et ann. suiv., f°.   [Fol. I. 150-170

Porter (G.-R.). — The progress of nation. — *London*, 1838, 8°.
[8° U. 6404

Portraits, par Un diplomate. — *P.*, 1883, in-18.   [8° U. 6405

Pothier. — Œuvres. Nouv. éd., par Siffrein.— *P.*, 1821-1824, 18 vol. 8°.   [8° E. 1638-55

Potiquet (Alfred). — Dictionnaire des contraventions aux règlements sur la police de la grande voirie. Éd. réduite. — *P.*, 1861, 8°.   [8° E. 1656

Potiquet (Alfred).— Note sur les plans d'alignements des traverses. — *P.*, (s. d.), 8°.   [8° E. 1657

Potiquet (Alfred). — Grande voirie. Note sur les plans d'alignements des traverses. — *P.*, 1874, 8°.
[8° E. 1658
3° éd., 1878. — *P.*, 8°.
[8° E. 1659

Potiquet (Alfred). — Grande voirie. Notice sur les plantations. — *P.*, (s. d.), 8°.   [8° E. 1660

Potiquet (Alfred).— Jean-Baptiste Santerre, peintre. Sa vie et son œuvre. 2° éd. — *Magny-en-Vexin*, 1878, 8°.
[8° U. 6406

Potiquet (A.).— Manuel des franchises postales et télégraphiques, pour les services : 1° des finances ; 2° des Ponts et chaussées ; 3° des chemins vicinaux. — *P.*, 1877, 4°.
[4° E. 227

Potiquet (Alfred). — Note sur l'organisation des employés secondaires des Ponts et chaussées. — *Saint-Nicolas*, 1867, 8°.   [8° E. 1661

Potiquet (Alfred).— Organisation des employés secondaires des Ponts et chaussées. 2° éd. — *P.*, 1870, in-12.
[8° E. 1662

Potiquet (Alfred). — Note sur l'organisation du corps des conducteurs des Ponts et chaussées. — *P.*, 1864, 8°. [8° E. 1663

Potiquet (Alfred). — Notice sur M. de Villeroy, seigneur de Magny-en-Vexin, et sur Mme de Villeroy. — *Magny-en-Vexin*, 1877, 8°. [8° U. 6407

Potiquet (Alfred). — Par-ci, par-là dans le canton de Magny-en-Vexin; histoires et historiettes. — *Magny-en-Vexin*, 1877, 8°. [8° U. 6408

Potiquet (Alfred). — Recueil, par ordre chronologique, de Décrets, Lois, Ordonnances, Règlements, Circulaires, etc., concernant le service des Ponts et chaussées, suivi d'une table. — *P.*, 1857-1863, 2 vol. 8°. [8° E. 1664-65

Pouchet (F.-A.). — L'Univers. Les infiniment grands et les infiniment petits. — *P.*, 1865, in-12. [8° I. 4783

Pouchet (G.). — La biologie aristotélique. — *P.*, 1885, 8°. [8° I. 4784

Poudra (Jules), Pierre (Eugène). — Traité pratique de droit parlementaire. 2e éd. Supplément, 1876-1880. — *Versailles*, 1879, 2 vol. 8°. [8° E. 1666-67

Pouget (Le P. Fr.-Aimé). — Instructions générales en forme de catéchisme. — *P.*, 1714, 4°. [4° A. 178
(Catéchisme de Montpellier.)

Pouget (Louis). — Dictionnaire des assurances terrestres. Principes. — Doctrine. — Jurisprudence. — *P.*, 1855, 2 vol. 8°. [8° E. 1668-69

Pougin (Arthur). — Dictionnaire historique et pittoresque du théâtre et des arts qui s'y rattachent. 350 grav. et 8 chromolith. — *P.*, 1885, 4°. [4° I. 919

Pougin (Arthur). — Verdi. Histoire anecdotique de sa vie et de ses œuvres. — *P.*, 1886, in-18. [8° U. 6408. A

Pouillet. — Éléments de physique expérimentale et de météorologie. 7^u éd. — *P.*, 1856, 3 vol. 8° dont 1 atlas. [8° I. 4785-87

Pouillet (Eugène). — Traité théorique et pratique des dessins et modèles de fabrique. 2e éd. — *P.*, 1884, 8°. [8° E. 1670

Poujol (F.-A.-Aug.). — Dictionnaire des facultés intellectuelles et affections de l'âme, où l'on traite des passions, des vertus, des vices, des défauts, etc., suivi de l'Usage des passions, par le R. P. Sénault. — *Petit-Montrouge*, 1849, 4°. [4° I. 920
(Encyclopédie théologique Migne.)

Poujoulat. — Histoire de Jérusalem. 4e éd. — *P.*, 1856, 2 vol. in-12. [8° U. 6409-10

Poujoulat. — Histoire de saint Augustin. 2e éd. — *P.*, 1852, 2 vol. in-12. [8° U. 6411-12

Poulle (Guillaume). — La nouvelle procédure du divorce et la loi du 18 avril 1886. — *P.*, 1887, 8°. [8° E. 1670. A

Pouqueville (C.-H.-L.). — Voyage dans la Grèce. — *P.*, 1820-1821, 5 vol. 8°. [8° U. 6413-17

Pour (Le) et le Contre. Recueil des opinions prononcées à l'Assemblée conventionnelle dans le procès de Louis XVI. — *P.*, an I, 7 vol. 8°. [8° U. 6418-24

Pouriau (A.-F.). — Manuel du chimiste agriculteur. — *P.*, 1866, in-18. [8° I. 4788

Poussin (Guillaume Tell). — De la puissance américaine. — *P.*, 1843, 2 t. en 1 vol. 8°. [8° U. 6425

Pradier-Fodéré (Paul), Le Faure (Amédée). — Commentaire sur le Code de justice militaire, précédé d'une introduction historique. — *P.*, 1873, 8°.   [8° E. 1671

Pradier-Fodéré (Paul).—Cours de droit diplomatique, à l'usage des agents politiques du Ministère des affaires étrangères des États européens et américains. — *P.*, 1881, 2 vol. 8°.   [8° E. 1672-73

Pradier-Fodéré (Paul). — Précis de droit administratif. 5ᵉ éd. — *P.*, 1862, in-12.   [8° E. 1674

Pradier-Fodéré (P.). — Traité de droit international public européen et américain. — *P.*, 1885-1887, 3 vol. 8°.   [8° E. 1674. A

Pradt (De). —Mémoires historiques sur la révolution d'Espagne. 2ᵉ éd. — *P.*, 1816, 8°.   [8° U. 6426

Préaudeau (A. de). — Manuel hydrologique du bassin de la Seine, sous la direction de M. Ch. Lefébure de Fourcy et de M. G. Lemoine. — *P.*, 1884, 4°.   [4° I. 921

Preller (L.). — Les Dieux de l'ancienne Rome. Mythologie romaine. Trad. de M. L. Dietz, avec une préface par M. L.-F.-Alfred Maury. 3ᵉ éd. — *P.*, 1884, in-18.   [8° A. 859

Prescott (William H.). — Histoire de la conquête du Mexique, pub. en français par Amédée Pichot. — *P.*, 1846, 3 vol. 8°.
                                 [8° U. 6427-29

Prescott (W. H.). — Œuvres de W. H. Prescott. Histoire du règne de Philippe II, trad. par G. Renson et P. Ithier.—*P.*, 1860-1861, 5 vol. 8°.
                                 [8° U. 6430-34
(Collection d'historiens contemporains.)

Prescriptions relatives aux exercices d'application des troupes de toutes armes. Instruction Nᵒ 1.—*Lyon*, 1872, in-32.   [8° I. 4789

Pressensé (T. de).— Jésus-Christ, son temps, sa vie, son œuvre. — *P.*, 1865, 8°.   [8° U. 6435

Préterre (A.). — Traité des divisions congénitales ou acquises de la voûte du palais et de son voile. — *P.*, 1867, in-16.
                                 [8° I. 4790

Préterre (A.). — Traité pratique des maladies des dents. 2ᵉ éd. — *P.*, 1869, in-12.   [8° I. 4791

Prévost. — Œuvres choisies. — *P.*, 1810-16, 39 vol. 8°.
                                 [8° O. 3350-88

Prévost (Camille). — Théorie et pratique de l'escrime, avec préface et notice par Ernest Legouvé et la biographie de Prévost père par Adolphe Tavernier. — *P.*, 1886, 8°.
                                 [8° I. 4791. A

Prévost-Paradol. — Essai sur l'histoire universelle. 2ᵉ éd. — *P.*, 1865, 2 vol. in-12.
                                 [8° U. 6436-37

Prévost-Paradol. — Études sur les moralistes français, suivies de quelques réflexions sur divers sujets. 4ᵉ éd. — *P.*, 1880, in-18.
                                 [8° I. 4792

Prévost-Paradol. — La France nouvelle. 3ᵉ éd. — *P.*, 1868, 8°.
                                 [8° U. 6438

Principes de stratégie, développés par l'histoire de la campagne de 1796 en Allemagne. Trad. de l'allem. par un Officier Autrichien. — *Vienne*, 1818, 3 vol. 8°.
                                 [8° I. 4793-95

Priscien. — Poésies. Trad. E.-F. Corpet. — Sammonicus (Serenus), Macer Floridus, Marcellus, trad. par Louis Baudet. — *P.*, 1845, 8°.
                                 [8° O. 3389
(Collection Panckoucke.)

Privat-Deschanel. — Cours élémentaire de mécanique. 5ᵉ éd. — P., 1868, 8º. [8º I. 4796

Privat-Deschanel , Focillon (A.). — Dictionnaire des sciences théoriques et appliquées. Avec un supplément. — P., 1870, 2 vol. 4º.
[4º I. 922-23

Prix de la ville de Paris (Série officielle des), pour les ouvrages dépendant du Service d'architecture. — P., 4º.
(Édit. de 1867, 1869, 1880, 1882.)
[4º I. 924-26

Prix (Les) de vertu fondés par M. de Montyon. Discours prononcés à l'Académie française, réunis et publiés avec une notice sur M. de Montyon, par MM. F. Lock et Couly d'Aragon. — P., 1858, 2 vol. in-12.
[8º U. 6439-40

Procès complet d'Edme-Samuel Castaing. — P., 1823, 8º.
[8º E. 1675

Procès de condamnation et de réhabilitation de Jeanne d'Arc, dite la Pucelle, publiés par Jules Quicherat.—P., 1841-1849, 5 vol. 8º.
[8º U. 6441- 5
(Société de l'Histoire de France.)

Procès de condamnation de Jeanne d'Arc, trad. par Vallet (de Viriville).— P., 1867, 8º. [8º U. 6445. A

Procès de condamnation de Jeanne d'Arc, d'après les textes authentiques des procès-verbaux officiels. Trad. avec éclaircissements, par Joseph Fabre. — P., 1884, in-18. [8º U. 6446

Procès de Mᵐᵉ **Lafarge.** Relation complète. 2ᵉ éd. — P., 1840, 8º.
[8º E. 1676

Programme des conditions exigées pour l'admission à l'École des hautes études commerciales. — P., (s. d.), in-18. [8º I. 4797

Programme des examens pour les brevets de capacité de l'enseignement primaire et le certificat d'aptitude pédagogique. — P., (s. d.), in-12.
[8º I. 4798

Programme sommaire des études à l'École des hautes études commerciales. — P., (s. d.), in-18.
[8º I. 4799

Proisy d'Eppe. — Dictionnaire des girouettes. 3ᵉ éd. — P., 1815, 8º.
[8º U. 6447

Properce. — Élégies, trad. par J. Genouille. — P., 1834, 8º.
[8º O. 3390
(Collection Panckoucke.)

— Trad. Denne-Baron. Collection Nisard. [4º O. 200

Proudhon (P.-J.). — La fédération et l'unité en Italie. — P., 1862, in-12. [8º U. 6448

Proudhon (P.-J.). — La guerre et la paix. Recherches sur le principe et la constitution du droit des gens. 3ᵉ éd. — P., 1861, 2 vol. in-12.
[8º E. 1694-95

Proudhon (P.-J.). — Manuel du spéculateur à la Bourse. 4ᵉ éd. — P., 1857, in-12. [8º I. 4800

Proudhon (P.-J.). — Qu'est-ce que la propriété ou recherches sur le principe du droit et du gouvernement. 1ᵉʳ mémoire. — P., 1848, in-12.
[8º I. 4801

Proudhon (P.-J.). — Système des contradictions économiques ou philosophie de la misère. 3ᵉ éd. — P., 1867, in-12. [8º I. 4802

Proudhon (P.-J.) — Théorie de l'impôt. — P., 1861, in-12.
[8º I 4803

Proudhon (P.-J.). — Théorie de la propriété. 2ᵉ éd. — P., 1866, in-12.
[8º I. 4804

Proudhon (Vict.). — Traité des droits d'usufruit, d'usage personnel et d'habitation. 2ᵉ éd. — *Dijon,* 1836, 8 vol. 8°.　　　　[8° E. 1677-84

Proudhon (Vict.), — Traité du domaine de propriété. — *Dijon,* 1839 3 vol. 8.　　　　[8° E. 1685-87

Proudhon (Victor). — Traité du domaine public. 2ᵉ éd., revue par Victor Dumay. — *Dijon,* 1843-1845, 2 vol. 8°.　　　[8° E. 1688-91

Proudhon (Vict.). — Traité sur l'état des personnes. 3ᵉ éd., augmentée par Valette. — *Dijon,* 1842, 2 vol. 8°. [8° E. 1692-93

Proust (A.). — Traité d'hygiène. 2ᵉ éd. 3 cartes et 16 fig. dans le texte. — *P.,* 1881, 8°. [8° I. 4805

Proust (Antonin). — Le Prince de Bismarck. Sa correspondance. 2ᵉ éd. — *P.,* (s. d.), in-18. [8° U. 6449

Prouteaux (A.). — Guide pratique de la fabrication du papier et du carton. 8 pl. — *P.,* (s. d.), in-18. [8° I. 4806

Proyart. — Histoire de Stanislas 1ᵉʳ, roi de Pologne. — *Lyon,* 1784, 2 vol. in-12. [8° U. 6450-51

Proyart. — Louis XVI et ses vertus aux prises avec la perversité de son siècle. — *P.,* 1808, 5 vol. 8°. [8° U. 6452-56

Proyart (Abbé). — Œuvres complètes. — *P.,* 1819, 17 vol. in-12. [8° O. 3391-3407

Prudhomme (L.) — Cours pratique de construction rédigé conformément au programme officiel des connaissances exigées pour devenir ingénieur. — *P.,* 1870, 2 vol. 8°. [8° I. 4807-8

Prunier (Ernest). — Réorganisation de l'armée française. Notes d'un ex-chef d'escadron d'état-major. — *Avignon,* 1871, in-12. [8° U. 6457

Puaux (F.). — Vie de Jean Cavalier. — *Strasbourg,* 1868, in-12. [8° U. 6458

Puerari (Eugène). — La question sociale et la société. — *P.,* 1874, in-12. [8° I. 4809

Pufendorff (De). — Introduction à l'histoire générale et politique de l'Univers. — *Amsterdam,* 1722, 7 vol. in-12. [8° U. 6459-65

Pugin (Auguste-Welby). — Ameublement gothique. Modèles dans le style du XVᵉ siècle. — *Liège,* (s. d.), gr. 4°. [Fol. I. 171

Pugin (A.-W.). — Art chrétien. Modèles d'orfèvrerie argenterie, etc. — *Liège,* (s. d.), gr. 4°. [Fol. I. 172

Pugin (Aug.-W.). — Modèles de ferronnerie, serrurerie et bronzerie. Style des XVᵉ et XVIᵉ siècles. — *Liège,* (s. d.), gr. 4°. [Fol. I. 173

Puibusque (A. de). — Dictionnaire municipal ou nouveau Manuel des maires. 3ᵉ éd. — *P.,* 1843, 8°. [8° E. 1696

Puille (D.). — Cours complet d'arpentage théorique et appliqué. 12ᵉ éd. — *P.,* 1862, in-12. [8° I. 4810

Puille (D.). — Traité complet de la division des champs dans tous les cas. Géodésie usuelle. 2ᵉ éd. — *P.,* 60, in-12. [8° I. 4811

Puille (D.). — Leçons normales d'algèbre élémentaire théorique et appliquée. — *P.,* 1861, in-12. [8° I. 4812

Puille (D.). — Leçons normales de géométrie élémentaire théorique et appliquée. 8ᵉ éd. — P., 1862, in-12.
[8° I. 4813

Puissance (La) française, par un ancien officier. — P., 1885, in-18.
[8° U. 6466

Quantin. — Dictionnaire raisonné de diplomatique chrétienne, suivi d'un rapport sur les archives départementales et des éléments de critique par l'abbé Morel. — P., 1846, 4°.
[4° O. 352

Quantin (Max). — Répertoire archéologique du département de l'Yonne. — P., 1868, 4°.
[4° U. 989

Quatrefages (A. de). — L'Espèce humaine. 5ᵉ éd. — P., 1879, 8°.
[8° I. 4814

Quatrefages (A. de). — Hommes fossiles et hommes sauvages, études d'anthropologie. 209 grav. — P., 1884, 8°.
[8° I. 4815

Quatrelles. — Un Parisien dans les Antilles. Dessins de Riou. — P., 1883, in-16.
[8° U. 6467

Quatrelles. — Voyage autour du grand monde. 7ᵉ éd. — P., 1877, in-18.
[8° O. 3408

Queipo (Vasquez). — Tables des logarithmes vulgaires des nombres et des lignes trigonométriques, avec six décimales. — P., (s. d.), in-12.
[8° I. 4816

Quenard (P.). — Portraits des personnages célèbres de la Révolution. — P., 1796-1802, 4 vol. 4°.
[4° U. 990-993

Quérard (J.-M.), Barbier (Ant.-Alex.). — Les supercheries littéraires dévoilées. 2ᵉ éd., publiée par Gustave Brunet et Pierre Jannet, suivie 1° du Dictionnaire des ouvrages anonymes,

par Ant.-Alex. Barbier. 3ᵉ éd., revue par Olivier Barbier; 2° d'une Table générale des noms réels des écrivains anonymes et pseudonymes cités dans les deux ouvrages. — P., 1869-1871, 3 t. en 6 part. 8°.
[8° O. 3409-11

Quérard (J.-M.). — La France littéraire, ou dictionnaire bibliographique. — P., 1827-1874, 12 vol. 8°.
[8° O. 3412-23

Quérard (J.-M.). — La littérature française contemporaine. XIXᵉ siècle — P., 1842-1857, 6 vol. 8°.
[8° O. 3424-29

Quesnel (Le P. Pasquier). — Les épîtres et évangiles pour toute l'année. — P., 1705, 3 vol. in-12.
[8° A. 860-62

Quesnoy (Dʳ F.). — L'Algérie. 100 grav. et 1 carte. — P., 1885, in-16.
[8° U. 6467. A

Quicherat (Jules). — Histoire du costume en France, depuis les temps les plus reculés jusqu'à la fin du XVIIIᵉ siècle. — P., 1875, 4°.
[4° U. 994

Quicherat (Louis), Daveluy (A.). — Dictionnaire latin-français. 14ᵉ tirage. — P., 1861, 8°.
[8° O. 3430
18ᵉ tirage, 1865. — P., 8°.
[8° O. 3431

Quicherat (L.). — Dictionnaire français-latin. — P., 1858, 8°.
[8° O. 3432

Quicherat (L.). — Thesaurus poeticus linguæ latinæ. 3ᵉ éd. — P., 1843, 8°.
[8° O. 3433

Quicherat (L.). — Traité de versification latine, à l'usage des classes supérieures des lettres. 3ᵉ éd. — P., 1882, in-16.
[8° O. 3434

Quinault. — Théâtre. Nouv. éd. — P., 1739, 4 vol. in-12. [8° O. 3435-38

Quinet (Edgar). — Œuvres complètes.— P., 1857-1858, 10 vol. in-18. [8° O. 3439-48

Quinet (Edgar). — Lettres d'exil à Michelet et à divers amis. 2e éd. — P., 1885, 2 vol. in-18. [8° O. 3449-50

Quinet (Edgar).— La Révolution. 2e éd. — P., 1865, 2 vol. 8°. [8° U. 6468-69

Quinquaud (E.). — Traité technique de chimie biologique. 6 pl. — P., 1883, 8°. [8° I. 4817

Quinte-Curce. — Histoire d'Alexandre le Grand, trad. par MM. Aug. et Alph. Trognon. — P., 1834, 3 vol. 8°. [8° O. 3451-53
(Collection-Panckoucke.)
— Trad. Vaugelas. Collect. Nisard. [4° O. 199

Quintilien.— Institution oratoire, trad. par C.-V. Ouizille. — P., 1829-35, 6 vol. 8°. [8° O. 3454-59
(Collection Panckoucke.)
— Trad. Louis Baudet. Collection Nisard. [4° O. 200

Quiquerez (A.).—Monuments de l'ancien évêché de Bâle de l'âge du fer. Recherches sur les anciennes forges du Jura-Bernois. — Porrentruy, 1866, 8°. [8° I. 4818

Rabaut Saint-Étienne (J.-P.). —Almanach historique de la Révolution française pour l'année 1792, suivi de : Précis de l'histoire de la Révolution française (jusqu'au 14 septembre 1791), de l'Acte constitutionnel des Français avec le discours d'acceptation du roi. — P., (s. d.), in-18. [8° U. 6470

Rabbinowicz (J.-M.). — Le Rôle de Jésus et des apôtres. — Bruxelles, 1866, 8°. [8° U. 6471

Rabelais (François). — Œuvres choisies. — Genève, 1752, 3 vol. in-12. [8° O. 3460-62

Rabelais (François). — Œuvres. Seule éd. conforme aux derniers textes revus par l'auteur, avec les variantes de toutes les éd. originales, des notes et un glossaire. — P., 1858-1872, 2 vol. in-16. [8° O. 3463-64
(Bibliothèque Elzévirienne.)

Rabelleau. — Histoire des Hébreux. — P., 1825, 2 vol. 8°. [8° U. 6472-73

Rabion. — Les fleurs de la poésie française. 3e éd. — Tours, 1851, 8°. [8° O. 3465

Rabourdin (Lucien). — Algérie et Sahara. La question africaine, étude politique et économique. Les âges de pierre du Sahara central. Carte et itinéraire de la première mission Flatters. — P., 1882, 8°. [8° U. 6474

Racan. — Œuvres complètes. Nouv. éd., revue et annotée par M. Tenant de Latour, avec une notice par M. Antoine de Latour. — P., 1857, 2 vol. in-16. [8° O. 3466-67
(Bibliothèque Elzévirienne.)

Racine (Jean). — Œuvres complètes, éd. du Répertoire du théâtre français. — P., 1821, 5 vol. in-18. [8° O. 3468-72

1828. — P., 6 vol. 8°. [8° O. 3473-78

1865-73. — Éd. des Grands Écrivains, par Paul Mesnard. — P., 8 vol. 8° et 2 atlas 4°. [8° O. 3479-88

Racle (V.-A.). — Traité de diagnostic médical, ou guide clinique pour l'étude des signes caractéristiques des maladies. 2e éd. — P., 1852, in-12. [8° I. 4819

Radau (Rodolphe). — L'acoustique ou les phénomènes du son. 2ᵉ éd. — P., 1870, in-12.   [8° I. 4820
(Bibliothèque des Merveilles.)

Radau (R.). — Le magnétisme. — P., 1875, in-12.   [8° I. 4821
(Bibliothèque des Merveilles.)

Radau (Rodolphe). — La météorologie nouvelle et la prévision du temps. — P., 1883, in-18.
[8° I. 4822

Radau (R.). — Les vêtements et les habitations dans leurs rapports avec l'atmosphère. — P., 1883, in-18.
[8° I. 4823

Radiguet (Max). — Les derniers sauvages. La vie et les mœurs aux îles Marquises. Nouv. éd. — P., 1882, in-18.   [8° U. 6475

Radonvilliers(Abbé).— Œuvres diverses, précédées du discours prononcé par le cardinal Maury, le jour de sa réception dans la classe de langue française de l'Institut, pub. par Fr. Noël. — P., 1807, 3 vol. 8°.
[8° O. 3489-91

Radulesco (Hélinde). — Mémoire sur l'histoire de la régénération roumaine et sur les évènements de 1848 accomplis en Valachie.—P., 1851, 8°.
[8° U. 6476

Rae (Edward). — The Land of the north Wind, or Travels among the Laplanders and the Samoyedes.— London, 1875, 8°.   [8° U. 6477

Raffenel (C.-D.). — Histoire des évènements de la Grèce depuis les premiers troubles jusqu'à ce jour, suivie d'une notice sur Constantinople. — P., 1822-1824, 2 vol. 8°.
[8° U. 6478-79

Raffles (Thomas Stamford).— The history of Java. — London, 1817, 2 vol. 4°.   [4° U. 995-996

Raguenet. — Histoire du Vᵗᵉ de Turenne. Nouv. éd.— P., 1806, in-12.
[8° U. 6480

Raimbaut. — La Nouvelle Cuisinière française. — P., 1833, in-12.
[8° I. 4824

Rainal (Léon et Jules). — Les bandages, l'orthopédie et les appareils à pansements. Description iconographique. 782 fig. — P., 1885, gr. 8°.
[4° I. 927

Rambaud (Alfred). — La domination française en Allemagne. Les Français sur le Rhin (1792-1804).3ᵉ éd. — P., 1883, in-16.   [8° U. 6481

Rambaud (Alfred). — La domination française en Allemagne. L'Allemagne sous Napoléon Iᵉʳ (1804-1811). 3ᵉ éd. — P., (s. d.), 8°.
[8° U. 6482

Rambaud (Alfred). — Histoire de la civilisation française. — P., 1885-86, 2 vol. in-18.
[8° U. 6482. A

Rambaud(Alfred). — Histoire de la Russie, depuis ses origines jusqu'à l'année 1877. 2ᵉ éd. — P., 1879, in-12.   [8° U. 6483

Rambaud (Jules). — Études économiques et sociales. — Lyon, 1881, in-16.   [8° I. 4825

Rambaud (Prosper). — Du placement des capitaux en valeurs de bourse. — P., 1884, 2 vol. 8°.
[8° I. 4826-27

Rambert (Eugène). — Les Alpes Suisses. 2ᵉ éd. — Bâle, 1869, 3 vol. 8°.   [8° U. 6484-86

Rambosson (J.). — Histoire et légendes des plantes utiles et curieuses. 3ᵉ éd.— P., 1871, 8°.   [8° I. 4828

Rambosson (J.). — Phénomenes nerveux, intellectuels et moraux. Leur transmission par contagion. — P., 1883, 8°.   [8° I. 4829

Rambosson (J.). — Les pierres précieuses et les principaux ornements. 67 grav. et 1 chromolith. 2ᵉ éd. — P., 1884, 8°.   [8° I. 4830

Ramée (Daniel). — L'architecture et la construction pratiques. — P., 1868, in-12.   [8° I. 4831

Ramée (Daniel). — Dictionnaire général des termes d'architecture, en français, allemand, anglais et italien. — P., 1868, 8°.   [8° I. 4832

Ramée (Daniel). — Histoire générale de l'architecture. — P., 1860-1862, 2 vol. 8°.   [8° I. 4833-34

Ramsay (André-Michel de). — Histoire de Turenne. — P., 1736, 2 vol. in-12.   [8° U. 6487-88

Ramsay (David).—Vie de Georges Washington. Trad. de l'anglais. — P., 1809, 8°.   [8° U. 6489

Ramusio (Giov-Batista). — Navigationi et viaggi. Nel quale si contengono la descrittione dell'Africa, etc. 3ᵃ ed. — Venetia, 1563, 3 vol. f°.   [Fol U. 257-59

Ranc (A.).— Une évasion de Lambèse. Souvenirs d'un excursionniste malgré lui. — P., (s. d.), in-18.   [8° U. 6489 + A

Rangabé (A.-R.). — Choix de morceaux de lecture en prose et en vers pour servir d'exercices à l'étude du grec moderne. — P., 1886, 8°.   [8° O. 3491 + A

Rangabé (A.-R.). — Grammaire abrégée du grec actuel. 3ᵉ éd. — P., 1886, 8°.   [8° O. 3491. A

Raoul (E.). — Les gages nécessaires (Yun-Nan, estuaire du Yang-Tse, Haïnan, Formose). 1ʳᵉ part. Formose. — P., 1885, 8°.   [8° U. 6489. A

Raoul de Houdenc. — Meraugis de Portlesguez, roman de la Table ronde, pub. pour la première fois, par H. Michelant. — P., 1869, 8°.   [8° O. 3492

Rapet (I.-I.). — Manuel populaire de morale et d'économie politique. 2ᵉ éd.—P., 1863, in-12.   [8° I. 4835

Rapin Thoyras (De). — Histoire d'Angleterre.— La Haye, 1724-1736, 13 vol. 4°.   [4° U. 997-1009

Rapine (Paschal). — Le Christianisme naissant dans la Gentilité.— P., 1655, 3 vol. 4°.   [4° U. 1010-1012

Rapport au Président de la République et déclarations générales de la Cour des comptes sur les comptes de l'année et de l'exercice 1876. — P., 1882, 4°.   [4° E. 228
(Ministère des finances.)

Rapport sur l'École pratique des hautes études, 1882-1883. — P., 8°.   [8° I. 4835. A

Rapport sur l'Exposition universelle de 1867, à Paris. Précis des opérations et listes des collaborateurs. — P., 1869, 4°..   [4° I. 928
(Commission impériale.)

Raspail (F.-V.). — Histoire naturelle de la santé et de la maladie chez les végétaux et chez les animaux en général, et en particulier chez l'homme. — P., 1843, 2 vol. 8°.   [8° I. 4836-37

Raspail (F.-V.). — Manuel-annuaire de la santé, pour 1867. 21ᵉ éd. — P., 1867, in-12.   [8° I. 4838

Raspail (F.-V.). — Nouveau système de physiologie végétale et de botanique. — Bruxelles, 1837, 8°.   [8° I. 4839

Ratier. — Manuel des négociants en spiritueux. — P., 1863, 8°.   [8° I. 4840

Ratisbonne (Louis). — Impressions littéraires. — *P.*, 1885, in-18.
[8° **3493**

Ratisbonne (Marie-Théodore). — Histoire de saint Bernard et de son siècle, 5ᵉ éd. — *P.*, 1864, 2 vol. in-12.
[8° **U 6490-91**

Râtz (A.). — L'attaque des camps retranchés. Étude complète de l'attaque des places modernes au point de vue de la stratégie, de la tactique, de l'artillerie et de la fortification. Trad. du capitaine Bodenhorst. — *Bruxelles*, 1885, 8°.
[8° **I. 4841**

Rau (S.). — L'état militaire des principales puissances étrangères au printemps de 1883. 3ᵉ éd. — *P.*,1883, n-16.
[8° **U. 6492**

Raudot. — Napoléon 1ᵉʳ peint par lui-même. — *P.*, 1865, in-12.
[8° **U. 6493**

Ravarin (Fleury). — De l'assistance communale en France. — *P.*, 1885, 8°.
[8° **I. 4841. A**

Rawton (Olivier de). — Les plantes qui guérissent et les plantes qui tuent. 130 grav. — *P.*, 1884, in-16.
[8° **I. 4842**

Raymond (Emmeline). — Journal d'une jeune fille pauvre. — *P.*, 1863, 8°.
[8° **O. 3494**

Raymond (Emmeline), **Poul** (Henriette). — Le nouveau livre de cuisine, recettes pratiques. 2ᵉ éd. — *P.*, 1886, in-18.
[8° **I. 4842. A**

Raymond (F.). — Dictionnaire général de la langue française. — *P.*, 1832, 2 vol. 4°.
[4° **O. 353-54**

Raynal (F.-C.). — Les Naufragés, ou vingt mois sur un récif dans les îles Auckland, récit authentique. — *P.*, 1870, gr. 8°.
[4° **U. 1014**

Raynal (Guillaume-Thomas). — Histoire philosophique et politique du commerce des Européens dans les deux Indes. — *Genève*, 1780, 5 vol. 4° dont un atlas.
[4° **U. 1015-1019**

Raynal (Abbé T.-G.-F.). — Anecdotes littéraires ou histoire de ce qui est arrivé de plus singulier aux écrivains français depuis François Iᵉʳ.—*P.*, 1750, 2 vol. in-12.
[8° **U. 6494-95**

Raynal (Thomas). — Histoire philosophique et politique des établissements des Européens dans les deux Indes. — *Genève*, 1780, 10 vol. 8°.
[8° **U. 6496-6505**

Réaume (Eug.). — Les Prosateurs français du XVIᵉ siècle. 2ᵉ éd. — *P.*, 1869, in-18.
[8° **O. 3495**

Reboul (Jean). — Poésies. 3ᵉ éd. — *P.*, 1836, in-12.
[8° **O. 3496**

Récamier (Mᵐᵉ). — Souvenirs et correspondance.— *P.*, 1859, 2 vol. 8°.
[8° **U. 6506-7**

Recherches historiques et critiques sur Marie-Stuart. Trad. de l'anglais. — *P.*, 1772, in-12.
[8° **U. 6508**

Recherches historiques sur les principales nations établies en Sibérie. Trad. du russe par Stollenwerck. — *P.*, (s. d.), 8°.
[8° **U. 6509**

Récit de la bataille de Champigny. 30 novembre et 2 décembre 1870. — *P.*, 1878, in-18.
[8° **U. 6510**

Récits d'un Ménestrel de Reims au XIIIᵉ siècle, publiés par Natalis de Wailly. — *P.*, 1876, 8°.
[8° **U. 6511**
(Société de l'Histoire de France.)

Reclus (Armand). — Panama et Darien. Voyage d'exploration (1876-1878). 60 grav. et 4 cartes. — *P.*, 1881, in-18.
[8° **U. 6512**

Reclus (Élisée). — Nouvelle géographie universelle : La terre et les hommes.— *P.*, 1876-1887, 12 vol. 4°.
[4° **U. 1020**
I. L'Europe méridionale.

II. La France.
III. L'Europe centrale.
IV. L'Europe du Nord-Ouest.
V. L'Europe scandinave et russe.
VI. L'Asie russe.
VII. L'Asie orientale.
VIII. L'Inde et l'Indo-Chine.
IX. L'Asie antérieure.
X-XI. L'Afrique septentrionale.
XII. L'Afrique occidentale.

Reclus (Élisée). — La terre. Description des phénomènes de la vie du globe. T. I. Les continents. 4e éd. T. II. L'Océan. L'atmosphère. La Vie. 4e éd., 1881. — *P.*, 1877-1881, 2 vol. 4º.   [4º I. 929-30

Reclus (Onésime). — France, Algérie et Colonies. 120 grav. — *P.*, 1883, in-18.   [8º U. 6513

Reclus (Onésime). — La terre à vol d'oiseau. 3e éd. 194 grav. — *P.*, 1882, 2 vol. in-16. [8º U. 6514-15

Recoing.—Géographie militaire et maritime des colonies françaises.—*P.*, 1884, in-18.   [8º U. 6515. A

Recueil d'itinéraires anciens, comprenant l'Itinéraire d'Antonin, la Table de Peutinger et un choix de périples grecs, publié par M. le marquis de Fortia d'Urban. — *P.*, 1845, 4º.
                        [4º U. 1021

Recueil d'itinéraires et de voyages dans l'Asie centrale et l'Extrême-Orient. Corée. Annam. Asie centrale. Vallée du moyen Zerefchan. De Pechaver à Hérat. — *P.*, 1878, 4º.
                        [4º U. 1022

Recueil de cent planches extraites de l'Art pour tous. — *P.*, 1868, fº.
                        [Fol. I. 174.

Recueil de lois, décrets et arrêtés concernant les colonies. — *P.*, 1877-81, 2 vol. 4º.   [4º E. 229-30
(Ministère de la Marine et des Colonies.)

Recueil de Poésies françaises des XVe et XVIe siècles, réunies

et annotées par M. A. de Montaiglon. — *P.*, 1855-1865, 9 vol. in-16.
                  [8º O. 3497-3505
(Bibliothèque Elzévirienne.)

Recueil de rapports sur les progrès des lettres et des sciences en France.—Paléontologie de la France.— *P.*, 1868, 4º.   [4º I. 931

Recueil de rapports sur les progrès des lettres et des sciences en France. — Progrès de la médecine en France, par Béclard et Axenfeld. — *P.*, 1867, 4º.   [4º I. 932

Recueil de rapports sur les progrès des lettres et des sciences en France.—Les progrès et la marche de la physiologie générale en France, par Claude Bernard. — *P.*, 1867, 4º.
                        [4º I. 933

Recueil de rapports sur les progrès des lettres et des sciences en France. — Les progrès de la thermodynamique en France, par Bertin. — *P.*, 1867, 4º.   [4º I. 934

Recueil de rapports sur les progrès des lettres et des sciences en France.— Les progrès de l'hygiène, par A. Bouchardat. — *P.*, 1867, 4º.
                        [4º I. 935

Recueil de rapports sur les progrès des lettres et des sciences en France. — La Botanique phytographique, par Adolphe Brongniart. — *P.*, 1868, 4º.   [4º I. 936

Recueil de rapports sur les progrès des lettres et des sciences en France. — Exposé de la situation de la mécanique appliquée, par Ch. Combes, Ed. Philips et Ed. Collignon. — *P.*, 1867, 4º.   [4º I. 937

Recueil de rapports sur les progrès des lettres et des sciences en France. — La Géologie expérimentale, A. Daubrée. — *P.*, 1867, 4º.
                        [4º I. 938

Recueil de rapports sur les progrès des lettres et des sciences en France.— La Minéralogie, par G. Delafosse. — *P.*, 1867, 4°.   [4° I. 939

Recueil de rapports sur les progrès des lettres et des sciences en France.— L'Astronomie, par Delaunay. — *P.*, 1867, 4°.   [4° I. 940

Recueil de rapports sur les progrès des lettres et des sciences en France. — La Chirurgie, par Denonvilliers, Nélaton, Velpeau, Félix Guyon, Léon Labbé. — *P.*, 1867, 4°.   [4° I. 941

Recueil de rapports sur les progrès des lettres et des sciences en France. — Les progrès de la Chaleur, par M. P. Desains. — *P.*, 1868, 4°.   [4° I. 942

Recueil de rapports sur l'état des lettres et les progrès des sciences en France. — La Botanique physiologique, par Duchartre. — *P.*, 1868, 4°.   [4° I. 943

Recueil de rapports sur l'état des lettres et les progrès des sciences en France. — La Stratigraphie, par Élie de Beaumont. — *P.*, 1869, 4°.   [4° I. 944

Recueil de rapports sur les progrès des lettres et des sciences en France. — Études historiques, par Geffroy, Zeller et Thiénot. — *P.*, 1867, 4°.   [4° I. 945

Recueil de rapports sur les progrès des lettres et des sciences en France. — Les études classiques et le moyen âge, philologie celtique, numismatique, par Guigniaut. — *P.*, 1868, 4°.   [4° I. 946

Recueil de rapports sur les progrès des lettres et des sciences en France. — Sciences historiques et philologiques. Progrès des études relatives à l'Égypte et à l'Orient, sous la direction de Joseph-Daniel Guigniaut, etc. — *P.*, 1867, 4°.   [4° I. 947

Recueil de rapports sur les progrès des lettres et des sciences en France. — L'organisation et les progrès de l'instruction publique, par Charles Jourdain. — *P.*, 1867, 4°.   [4° I. 948

Recueil de rapports sur les progrès des lettres et des sciences en France. — L'Hygiène navale, par Le Roy de Méricourt. — *P.*, 1867, 4°.   [4° I. 949

Recueil de rapports sur les progrès des lettres et des sciences en France. — L'Hygiène militaire, par Michel Lévy. — *P.*, 1867, 4°.   [4° I. 950

Recueil de rapports sur les progrès des lettres et des sciences en France. — La Médecine vétérinaire depuis vingt-cinq ans, par J.-H. Magne. — *P.*, 1867, 4°.   [4° I. 951

Recueil de rapports sur les progrès des lettres et des sciences en France. — L'Archéologie, par L.-F.-Alfred Maury. — *P.*, 1867, 4°.   [4° I. 952

Recueil de rapports sur les progrès des lettres et des sciences en France. — Sciences zoologiques, par Milne Edwards. — *P.*, 1867, 4°.   [4° I. 953

Recueil de rapports sur les progrès des lettres et des sciences en France. — Anthropologie, par A. de Quatrefages. — *P.*, 1867, 4°.   [4° I. 954

Recueil de rapports sur les progrès des lettres et des sciences en France. — De l'électricité, du magnétisme et de la capillarité, par Quet. — *P.*, 1867, 4°.   [4° I. 955

Recueil de rapports sur les progrès des lettres et des sciences en France. — Les progrès des lettres, par Silvestre de Sacy, Paul Féval, Théophile Gautier. — *P.*, 1868, 4°.   [4° I. 956

Recueil des lois et actes de l'instruction publique. Année 1871 et suiv. — P., 8°.   [8° E. 1697

Recueil des plus belles pièces des poètes français, depuis Villon jusqu'à M. de Benserade. — P., 1692, 5 vol. in-12.   [8° O. 3506-10

Recullé (Abbé). — Triomphe de l'Église. 2ᵉ éd. — P., 1828, 8°.   [8° O. 3511

Redard. — Traité de thermométrie médicale, comprenant les abaissements de température, l'algidité centrale et la thermométrie locale. Fig. — P., 1885, 8°.   [8° I. 4843

Réformateurs (Les) du XVIᵉ siècle peints par eux-mêmes, par M. H... — P., 1842, 8°.   [8° U. 6516

Réforme (La) économique. Revue bi-mensuelle des questions sociales, politiques, etc. — P., 1876-80, 13 vol. 8°.   [8° I. 4844-56

Réformes militaires (Des) projetées, études publ. dans le « Moniteur universel », par M. L.... de L.... — P., 1872, in-12.   [8° U. 6517

Régamey (Guillaume). — Atlas de l'anatomie des formes du cheval. — P., (s. d.), f°.   [Fol. I. 175
(Supplément à l'Atlas de Fau.)

Réglement du 3 août 1870 sur les exercices de l'infanterie de l'armée royale de Prusse, trad. de l'allem., par J. Monlezun. — P., 1872, in-12.   [8° I. 4857

Regnard (Jean-François). — Œuvres complètes, avec des avertissements et des remarques sur chaque pièce, par Garnier. — P., 1820, 6 vol. 8°.   [8° O. 3512-17

1821. — Éd. du Répertoire du théâtre français. — P., 4 vol. in-18.   [8° O. 3518-21

Régnard (Dʳ Paul). — Premiers soins à donner aux ouvriers blessés à la suite des explosions de grisou. — P., 1883, in-18.   [8° I. 4857. A

Regnauld. — Traité pratique de la construction des ponts et viaducs métalliques. — P., 1870, 8° et atlas 4°.   [8° I. 4858 · [4° I. 957

Regnault (Élias). — Histoire de huit ans (1840-1848). — P., 1851-1852, 3 vol. 8°.   [8° U. 6518-20

Regnault (V.). — Cours élémentaire de chimie. 5ᵉ éd. — P., 1859-1860, 4 vol. in-12.   [8° I. 4859-62

Régnier (E.-V.). — Quel est votre nom ? N. ou M. ? Une étrange histoire dévoilée. 5ᵉ éd. — Bruxelles, 1870, 8°.   [8° U. 6521

Régnier (Mathurin). — Œuvres. — Londres, 1750, 2 vol. in-12.   [8° O. 3522-23

1853. — Éd. Elzév., avec les Commentaires revus et corrigés, précédés de l'Histoire de la satire en France, par M. Viollet-le-Duc. — P., in-16.   [8° O. 3524

Régnier de La Planche. — Histoire de l'État de France, tant de la république que de la religion, sous le règne de François II. — P., 1576, in-18.   [8° U. 6522

Reiff (C.-Ph.). — Petit manuel de la langue russe. 5ᵉ éd. — P., 1881, in-32.   [8° O. 3527

Reiffenberg (Bᵒⁿ de). — Histoire de l'ordre de la Toison d'or. — Bruxelles, 1830, 4°.   [4° U. 1023

Reinach (Joseph). — Gambetta orateur. — P., 1884, 8°.   [8° U. 6523

Reinach (Joseph). — Le Ministère Gambetta, histoire et doctrine (14
nov. 1881-26 janv. 1882).— *P.*, 1884,
8°. [8° U. 6524

Reinach (Joseph). — Les récidivistes. — *P.*, 1882, in-18.
[8° E. 1698

Reinach (Joseph). — La Serbie
et le Monténégro. — *P.*, 1876, in-18.
[8° U. 6524. A

Reinach (Salomon). — Manuel de
philologie classique, d'après le « Trien-
nium philologicum » de W. Freund et
les derniers travaux de l'érudition. —
P., 1880-1884, 2 vol. 8°.
[8° O. 3528-29

Reinach (Théodore). — De l'état
de siège. Étude historique et juridique.
— *P.*, 1885, 8°. [8° E. 1699

Reinach (Théodore). — Histoire
des Israélites, depuis l'époque de leur
dispersion jusqu'à nos jours. — *P.*,
(s. d.), in-18. [8° U. 6525

Reinwald (Ch.).— Catalogue an-
nuel de la librairie française, 1858-1868.
— *P.*, 1859-68, 11 vol. 8°.
[8° O. 3530-40

Relation anglaise de la bataille
de Waterloo, trad. par Ambroise Tardieu. 2ᵉ éd. — *P.*, 1815, 8°.
[8° U. 6526

Relations de divers voyages curieux, qui n'ont point été publiées, ou
qui ont été traduites d'Hacluyt, de
Purchas et d'autres voyageurs.1ʳᵉ part.
— *P.*, 1663, f°. [Fol. U. 260

1666. — *P.*, 3 parties en 2 vol. f°.
[Fol. U. 261-62

Relations des Jésuites, contenant
ce qui s'est passé de plus remarquable
dans les missions des pères de la Compagnie de Jésus, dans la Nouvelle-
France (1611-1672). — *Québec*, 1858,
3 vol. 4°. [4° U. 1024-26

Remarques critiques sur le Dictionnaire de Bayle. — *P.*, 1748, f°.
[Fol. U. 263

Remarques historiques sur la
Bastille. — *Londres*, 1789, 8°.
[8° U. 6527

Rémusat (Charles de).— Abélard,
drame inédit, publ. avec une préface et
des notes par Paul de Rémusat. — *P.*,
1877, 8°. [8° O. 3541

Rémusat (Charles de). — Bacon,
sa vie, son temps, sa philosophie. —
P., 1857, 8°. [8° U. 6528

Rémusat (Charles de). — Correspondance pendant les premières années
de la Restauration, publ. par son fils
Paul de Rémusat. — *P.*, 1883-1884,
4 vol. 8°. [8° O. 3542

Rémusat (Mᵐᵉ de). — Mémoires
(1802-1808), publ. avec une préface et
des notes par son petit-fils, Paul de
Rémusat. — *P.*, 1880, 3 vol. 8°.
[8° U. 6529-31

Renan (Ernest). — Averroës et
l'Averroïsme. Essai historique. — *P.*,
1852, 8°. [8° I. 4863

Renan (Ernest). — Essais de morale et de critique. — *P.*, 1859, 8°.
[8° I. 4864

Renan (Ernest). — Études d'histoire religieuse. — *P.*, 1857, 8°.
[8° U. 6532

Renan (Ernest). — Histoire des
origines du Chistianisme. — *P.*, 1866-
1879, 6 vol. 8°.
[8° U. 6533-40

I. — Vie de Jésus. 16ᵉ éd. —
1879, 8°.

II. — Les Apôtres. — 1866, 8°.

III. — Saint-Paul. — 1869, 8°.

IV. — L'Antéchrist. 2ᵉ éd. —
1873, 8°.

V. — Les Évangiles de la seconde
génération chrétienne. — 1877, 8°.

VI. — L'Église chrétienne. — 1879, 8°.

VII. — Marc-Aurèle et la fin du monde antique. 2ᵉ éd.— 1882, 8°. Id. Id. 3ᵉ éd.

Index général. — 1883, 8°.

Renan (Ernest). — Histoire générale des langues sémitiques. 1ʳᵉ part. 2ᵉ éd. — P., 1858, 8°.   [8° O. 3543

Renan (Ernest), **Bert** (Paul), **Moreau** (Armand). — L'Œuvre de Claude Bernard. Introd. par Mathias Duval. Notices, table des œuvres de Claude Bernard, par le Dʳ Roger de la Coudraie. Bibliographie, par G. Malloizel, avec un portrait de Claude Bernard. — P., 1881, 8°.   [8° I. 4865

Renan (Ernest). — La réforme intellectuelle et morale. 3ᵉ éd. — P., 1872, 8°.   [8° I. 4866

Renan (Ernest). — Souvenirs d'enfance et de jeunesse. — P., 1883, 8°.   [8° U. 6541

Renard (Adolphe). — Traité des matières colorantes, du blanchîment et de la teinture du coton, suivi du dégommage et de la teinture de la ramie ou china-grass. Fig. dans le texte et album de 83 échantillons. — P., 1883, 2 vol. 8°.   [8° I. 4867-68

Renard (Athanase). — Le Parlementarisme et le Philosophisme littéraire. — P., 1872, in-12.   [8° U. 6542

Renard (Émile). — Histoire de la Restauration, suivie d'un précis de la Révolution de Juillet. — P., 1842, 8°.   [8° U. 6543

Renard (Léon). — Les Merveilles de l'art naval. — P., 1866, in-12.   [8° I. 4869

(Bibliothèque des Merveilles)

Renard (Léon). — Les Phares. — P., 1867, in-12.   [8° I. 4870

(Bibliothèque des Merveilles.)

Renaud (Alphonse). — Histoire nouvelle des arts et des sciences. — P., 1878, in-18.   [8° I. 4871

Renaud (Armand). — L'Héroïsme, récits légendaires et historiques. 2ᵉ éd. — P., 1876, in-12.   [8° I. 4872

Renauldon. — Dictionnaire des fiefs et des droits seigneuriaux utiles et honorifiques. — P., 1765, 4°.   [4° E. 231

Rendu (Ambroise). — Code municipal, ou manuel des conseillers municipaux. — P., 1879, 2 vol. in-12.   [8° E. 1700-1701

Rendu (Ambroise). — Code universitaire, ou lois, statuts et règlements de l'Université royale de France, 2ᵉ éd. — P., 1835, 8°.   [8° E. 1702

Rendu (Eugène). — Manuel de l'enseignement primaire. Pédagogie théorique et pratique. Nouv. éd., remaniée et très augmentée avec la collaboration de A. Trouillet. — P., 1881, 8°.   [8° I. 4873

Rendu (Louis). — De l'influence des mœurs sur les lois et des lois sur les mœurs. — Lyon, 1839, 8°.   [8° I. 4874

Rendu (Victor). — Les animaux de la France. — P., 1875, 8°.   [8° I. 4875

Renée (Amédée). — Les nièces de Mazarin. 3ᵉ éd. — P., 1857, 8°.   [8° U. 6544

Renouard (Augustin-Charles). — Traité des brevets d'invention. Nouv. éd. — P., 1844, 8°.   [8° E. 1703

Renouard (Augustin-Charles). —

Traité des faillites et des banqueroutes 2ᵉ éd. — *P.*, 1844, 2 vol. 8⁰.
[8⁰ E. 1704-5

Renucci. — Le problème social. — *P.*, 1872, 8⁰. [8⁰ I. 4876

Répertoire analytique de jurisprudence et de législation. Recueil bibliographique renvoyant aux principales publications périodiques de Paris et de la province. — *Amiens*, 1882 et années suiv., 8⁰. [8⁰ E. 1706

Répertoire bibliographique des ouvrages de législation, de droit et de jurisprudence (1789-1859), suivi d'une table analytique et raisonnée des matières, mis en ordre par B. Warée.— *P.*, 1859, 8⁰. [8⁰ E. 1707
Nouv. éd., 1866, par Ernest Thorin. — *P.*, 8⁰. [8⁰ E. 1708

Répertoire général de politique et d'histoire contemporaines. (Directeur : Eugène Laffineur. Rédacteur en chef : Georges Gauné.)— *P.*, 4⁰. 7ᵉ année, 1881. [4⁰ U. 1027

Répertoire général du théâtre français (du second ordre) avec un choix de pièces des autres théâtres rassemblées par Lepeintre. — *P.*, 1821-1824, 165 vol. in-18. [8⁰ O. 3544-3708

Répertoire méthodique de législation des chemins de fer, indiquant les dispositions législatives et réglementaires insérées au Bulletin des lois. 1868, 1870, 1871, 1873. — *P.*, 4 vol. 4⁰. [4⁰ E. 232-35
(Ministère des Travaux publics.)

Répertoire politique, historique et littéraire, publ. sous la direction de M. Ch. Valframbert. — *P.*, 1877-1880, 4 vol. 8⁰. [8⁰ U. 6545-48

Rerum anglicarum Scriptores post Bedam præcipui. — *Londini*, 1696, f⁰. [Fol. U. 264

Resal (H.). — Traité de mécanique générale, comprenant les leçons professées à l'École polytechnique. — *P.*, 1873-1881, 6 vol. 8⁰. [8⁰ I. 4877-82

Resal (H.). — Physique mathématique. — *P.*, 1884, 4⁰. [4⁰ I. 958

Resal (Victor). — La Révolution, 1789-1872. Poëme en douze chants. — *P.*, 1872, 8⁰. [8⁰ O. 3709

Résultats statistiques du dénombrement de 1881 pour la ville de Paris et renseignements relatifs aux recensements antérieurs. — *P.*, 1884, 4⁰. [4⁰ U. 1028

Results of the meteorological observations taken in the colony of Victoria during the years 1859-1862, and the nautical observations collected at the Flagstaff Observatory, Melbourne, during the years 1858-1862. George Neumayer, director. — *Melbourne*, 1864, 4⁰. [4⁰ I. 959

Résumé des états de situation de l'enseignement primaire pour l'année scolaire 1880-1881. — *P.*, 1882, gr. 8⁰. [4⁰ U. 1029

Rétablissement (Du) des jeux publics en France, par G. de M... — *P.*, 1872, in-12. [8⁰ I. 4883

Retz (Cardinal de). — Œuvres. Nouv. éd., revue et augmentée par MM. Feillet, Gourdault et Chantelauze. — *P.*, 1870-82, 7 vol. 8⁰. [8⁰ U. 6549

Reumont (A. de). — La jeunesse de Catherine de Médicis, trad., annotée et augmentée par Armand Baschet. — *P.*, 1866, 8⁰. [8⁰ U. 6550

Reuss (E), Bartet (B.). — Étude sur l'expérimentation forestière (organisation et fonctionnement) en Allemagne et en Autriche. — *P.*, 1884, 8⁰. [8⁰ I. 4883. A

Reuss (Rodolphe). — David Livingstone, missionnaire, voyageur et philanthrope, 1813-1873. — *P.*, 1885, 8°.   [8° U. 6550. A

Réveil. — Galerie des arts et de l'histoire, composée des tableaux et statues les plus remarquables des musées de l'Europe et de sujets tirés de l'histoire de Napoléon, gravés à l'eau-forte sur acier. — *P.*, 1836, 8 vol. 8°.
                    [8° I. 4884-91

Reverchon. — De la musique. Nouvelle théorie, nouvelle pratique. Guide du compositeur et du maître de chant. — (S. l. n. d.), in-12.
                    [8° I. 4893

Réville (A.). — Histoire des religions. Les religions des peuples non-civilisés. — *P.*, 1883, 2 vol. 8°.
                    [8° A. 863-64

Réville (Albert). — Théodore Parker, sa vie et ses œuvres ; un chapitre de l'histoire de l'abolition de l'esclavage aux États-Unis. — *P.*, 1865, in-18.   [8° U. 6551

Révillout (E.). — Première étude sur le mouvement des esprits dans les premiers siècles de notre ère. Vie et sentences de Secundus, d'après divers manuscrits orientaux ; les analogies de ce livre avec les ouvrages gnostiques. — *P.*, 1873, 8°.   [8° I. 4894

Révoil (Georges). — La vallée du Darror. Voyage aux pays Çomâlis (Afrique Orientale), avec une carte. — *P.*, 1882, 8°.   [4° U. 1029. A

Revue britannique. Revue internationale reproduisant les articles des meilleurs écrits périodiques de l'étranger. (Directeur : Pierre-Amédée Pichot.) 60ᵉ ann. 1884, et ann. suiv. — *P.*, 8°.   [8° O. 3709. A

Revue contemporaine et Athenæum français. (Directeur : de Calonne.) — *P.*, 1852-1868, 71 vol. 8°.
                    [8° O. 3710-80

Revue (La) **critique.** Journal littéraire hebdomadaire. 1ʳᵉ année, 1882. — *P.*, 1882-84, 3 vol. f°.
                    [Fol. O. 104-106

Revue critique d'histoire et de littérature, publ. sous la direction de MM. Bréal, G. Monod, G. Pâris. 13ᵉ ann. 1879. T. VII. — *P.*, 1879, 8°.   [8° U. 6551. A

Revue de droit commercial, industriel et maritime. 1879 et ann. suiv. — *P.*, 8°.   [8° E. 1709-11

Revue de droit international et de législation comparée. 1876-1878. — *Gand*, 3 vol. 8°.   [8° E. 1712-14

Revue de géographie, dirigée par M. Ludovic Drapeyron. — *P.*, 8°. 3ᵉ ann. T. V. — 4ᵉ ann. T. VI et VII. — 1879-1880, 8°.
                    [8° U. 6552-54

Revue de l'enseignement secondaire et de l'enseignement supérieur. 1ʳᵉ année 1884-85. — *P.*, 1884-1885 et ann. suiv., 8°.   [8° I. 4895

Revue de la réforme judiciaire, publ. sous la direction de M. Victor Jeanvrot. 2ᵉ ann. 1886, Nᵒˢ 2, 3. — *P.*, 1886, 8°.   [8° E. 1714 + A

Revue de Paris. — *P.*, 1829-1843, 132 vol. 8°.
                    [8° O. 3781-3856

Revue des conférences et des arts. (Directeur : Paul Castex.) — *P.*, 1878, 4°.   [4° I. 960

Revue des cours littéraires de la France et de l'étranger. (Direction : MM. Eug. Yung et Ém. Alglave.) 1ʳᵉ série, 5ᵉ ann. 1867, 1868-71 ; 2ᵉ série, juillet 1871 à juin 1881; 3ᵉ série, juillet 1881, continuée sous le titre de : « Revue politique et littéraire » et, à partir de 1886, sous celui de : « Revue bleue ». — *P.*, 1867 et ann. suiv., 4°.   [4° O. 355-77

Revue des cours scientifiques de la France et de l'étranger. (Direction : MM. Eug. Yung et Ém. Alglave.) T. V, 1867-68, 1868-69 et ann. suiv.; continuée sous le titre de : « Revue scientifique » à partir de juillet 1871 et sous celui de : «Revue rose» à partir de 1886. — Table des matières contenues dans les 26 premiers vol. (1864-1880). — P., 4°.

[4° I. 961-983

Revue des Deux Mondes. — P., 1829 et ann. suiv., 8°.

[8° O. 3857-4072

Revue des documents historiques, publ., avec des notes et commentaires, par Étienne Charavay. — P., (s. d.), 8°. [8° U. 6555

Revue des grands procès contemporains. (Directeur : G. Lèbre.) — P., 4°. [4° E. 236
T. I, 1883 ; t. II, 1884; t. III, 1885.

Revue des idées nouvelles. Bulletin du progrès. (Directeur : Edm. Thiaudière.) — P., 1878-1879, 3 vol. 4°. [4° O. 378-80

Revue des questions historiques. — P., 1875 (10ᵉ ann.) et suiv., 8°.

[8° U. 6556

Revue générale d'administration, publ. avec la collaboration de sénateurs, de députés, sous la direction de M. Maurice Block. — P., 1ʳᵉ ann. 1878 et ann. suiv., 8°. [8° E. 1714. A

Revue générale de l'architecture et des travaux publics, sous la direction de M. César Daly. — P., 1840 et ann. suiv., f°. [Fol. I. 176-190

Revue générale des chemins de fer. Mémoires et documents concernant l'établissement, la construction et l'exploitation des voies ferrées. — P., 4°. [4° I. 984
4ᵉ ann., 1881. 2ᵉ sem.

Revue germanique et Revue moderne, publ. par M. Ch. Dollfus et A. Nefftzer, 1858-1860. — Revue germanique française et étrangère, 1861-1864. — Revue moderne, 1865-1869, dirigée par M. de Kératry à partir de juillet 1869. — En tout 55 vol. 8°. [8° O. 4073-4127

Revue historique. — P., 1876 et ann. suiv., 8°. [8° U. 6557

Revue maritime et coloniale. — P., 1881 et ann. suiv., 8°.

[8° U. 6558

Revue philosophique de la France et de l'étranger, dirigée par Th. Ribot. T. I-II, XV-XVI. — P., 1876, 1883, 4 vol. 8°.

[8° I. 4896-99

Revue scientifique industrielle, sous la direction du Dʳ Quesneville. — P., 1840-1848, 33 vol. 8°.

[8° I. 4900-4932

Reybaud (Louis). — Le dernier des commis-voyageurs. — P., 1856, 8°. [8° O. 4128

Reybaud (Louis). — Études sur le régime des manufactures. Condition des ouvriers en soie. — P., 1859, 8ᶜ.

[8° I. 4933

Reybaud (Louis). — Études sur les réformateurs ou socialistes modernes. 5ᵉ éd. — P., 1848, 2 vol. in-12.

[8° I. 4934-35

Reybaud (Louis). — Le fer et la houille, suivis du canon Krupp et du Familistère de Guise. Dernière série des Études sur le régime des manufactures. — P., 1874, 8°.

[8° I. 4936

Reybaud (Louis). — Jérôme Pâturot à la recherche d'une position sociale. — P., 1864, 8°.

[8° O. 4129

Reybaud (Louis). — La laine. Nouvelle série des Études sur le régime des manufactures. — P., 1867, 8°.

[8° I. 4937

Reybaud (Mme Charles). — Le cabaret de Gaubert. 2e éd. — P., 1860, 8°.   [8° O. 4130

Reybaud (Mme Charles). — Le Cadet de Colobrières. — P., 1857, 8°.
[8° O. 4131

Reybaud (Mme Charles). — Mademoiselle de Malepeire. — P., 1856, 8°.
[8° O. 4132

Reybaud (Mme Charles). — Misé Brun. — P., 1859, 8°.
[8° O. 4133

Riccoboni (Louis). — Réflexions historiques et critiques sur les différents théâtres de l'Europe. — P., 1738, 8°.
[8° O. 4134

Reymond (Léon). — La pêche pratique en eau douce, à la ligne et au filet. — P., 1883, in-18.
[8° I. 4938

Reynaert (Auguste). — Histoire de la discipline parlementaire. — P., 1884, 2 vol. 8°.   [8° E. 1715-16

Reynald (H.). — Histoire de l'Angleterre depuis la mort de la reine Anne jusqu'à nos jours. — P., 1875, in-18.   [8° U. 6559

Reynald (H.). — Histoire de l'Espagne depuis la mort de Charles III jusqu'à nos jours, par H. Reynald. — P., 1873, in-18.   [8° U. 6560

Reynaud (Antoine-André-Louis). — Traité d'arithmétique. 24e éd. — P., 1846, 8°.   [8° I. 4939

Reynaud (Jean). — Histoire élémentaire des minéraux usuels. 4e éd. — P., 1869, in-16.   [8° I. 4940

Reynaud (Jean). — Philosophie religieuse. Terre et Ciel. 3e éd. — P., 1858, 8°.   [8° I. 4941

Reynaud (Léonce). — Traité d'architecture. — P., 1850-1858,

2 vol. gr. 4°. — Planches. — P., 1850-1858, 2 vol. f°. En tout 4 vol. f°.   [Fol. I. 191-194

Reynaud (Louis). — L'Année financière et commerciale. — P., in-18.
[8° I. 4942

1re ann. 1882.
2e — 1883.

Reynier (Émile). — Les accumulateurs électriques étudiés au point de vue industriel. 24 fig. — P., 1885, 8°.
[8° I. 4942. A

Reynier (Émile). — Piles électriques et accumulateurs. Recherches techniques. — P., 1884, 8°.
[8° I. 4943

Reynolds (Thomas). — The Life of Thomas Reynolds, by his son. — London, 1838, 2 vol. 8°.
[8° U. 6561-62

Reyre. — Année pastorale ou prônes nouveaux en forme d'homélies. — Lyon, 1829-1832, 5 vol. in-12.
[8° A. 865-69

Riant (Dr A.). — Hygiène de l'orateur. — P., 1886, in-16.
[8° I. 4943. A

Riant (Dr A.). — Hygiène du cabinet de travail. — P., 1883, in-16.
[8° I. 4944

Riant (A.). — Hygiène scolaire. Influence de l'école sur la santé des enfants. Avec 80 fig. 6e éd., contenant le Règlement ministériel du 17 juin 1880 pour la construction et l'ameublement des maisons d'école. — P., 1882, in-16.   [8° I. 4945

Ribbe (Charles de). — Le Play, d'après sa correspondance. — P., 1884, in-18.   [8° U. 6563

Ribemont (Alban). — Recherches sur l'anatomie topographique du fœtus; applications à l'obstétrique. — P., 1878, f°.   [Fol. I. 195

Ribeyre (Félix). — Cham, sa vie et son œuvre. Préface par Alexandre Dumas fils. — P., 1884, in-18.
[8° U. 6564

Ribot (Th.). — L'hérédité psychologique. 2ᵉ éd. — P., 1882, 8°.
[8° I. 4946

Ribot (Th.). — Les maladies de la mémoire. — P., 1881, in-18.
[8° I. 4947

Ribot (Th.). — Les maladies de la volonté. — P., 1883, in-18.
[8° I. 4948

Ribot (Th.). — La Psychologie allemande contemporaine. École expérimentale. — P., 1879, 8°.
[8° I. 4949

Ribot (Th.). — La Psychologie anglaise contemporaine. École expérimentale. — P., 1870, in-12.
[8° I. 4950
2ᵉ éd., 1875. — P., 8°.
[8° I. 4951

Riboud (Léon). — Essai sur l'irresponsabilité des aliénés dits criminels. — P., 1884, 8°. [8° E. 1717

Ricard (Abbé Ant.). — L'École Menaisienne. Lacordaire. 2ᵉ éd. — P., 1883, in-18. [8° U. 6565

Ricard (Ant.). — Une victime de Beaumarchais. — P., 1885, in-18.
8° U. 6566

Ricciardi (Joseph-Napoléon). — Histoire de la Révolution d'Italie en 1848. — P., 1849, in-12.
[8° U. 6567

Riccoboni (Mᵐᵉ). — Bibliothèque amusante. Œuvres. — P.. 1865, 8°.
[8° O. 4135

Rich (Antony). — Dictionnaire des antiquités romaines et grecques. Trad. sous la direction de Chéruel. — P., 1861, in-18. [8° U. 6568

Richard (Achille). — Éléments d'histoire naturelle médicale.—P.,1831-1835, 3 vol. 8°. [8° I. 4952-54

Richard (Achille). — Nouveaux éléments de botanique et de physiologie végétale. 7ᵉ éd. — P., 1846, 8°.
. [8° I. 4955

Richard (Achille). — Nouveaux éléments de botanique. 9ᵉ éd., par Charles Martins. — P., 1864, in-16.
[8° I. 4956

Richard (Adolphe). — Pratique journalière de la chirurgie. 2ᵉ éd., revue et augmentée, d'après les notes de l'auteur, par le Dʳ J. Crauk. — P., 1880, 8°. [8° I. 4957

Richard (Albert), Maucorps (Maxime). — Traité de la responsabilité civile en matière d'incendie.—P.,1883, 8°. [8° E. 1718

Richard (Antoine), du Cantal. — Rapport fait à l'Assemblée nationale constituante, le 21 août 1848, au nom de son Comité d'agriculture et de crédit foncier, sur le projet de décret relatif à l'organisation de l'enseignement de l'agriculture en France. — P., 1885, in-18. [8° I. 4958

Richard (A.), du Cantal. — Vocabulaire agricole et horticole, à l'usage des élèves des collèges et des écoles primaires. 2ᵉ éd. — P., 1883, in-18.
[8° I. 4959

Richard (Gust.). — La chaudière locomotive et son outillage. — P., 1886, 2 vol. 4° dont un atlas.
[4° I. 984.A

Richard (Gustave), Baclé (L.). — Manuel du mécanicien conducteur de locomotives. — P., 1881, texte et atlas, 2 vol. 8°. [8° I. 4960-61

Richard (Jules). — L'art de former une bibliothèque. — P., 1883, 8°.
[8° I. 4962

Richardson. — Lettres anglaises ou histoire de Clarisse Harlowe. Trad. par Prévost. — *Londres*, 1751, 6 vol. in-12.   [8° O. 4136-41

Richardson (John). — A Dictionary persian, arabic, and english. New ed., enlarged by F. Johnson. — *London*, 1829, f°.   [Fol. O. 107

Riche (Alfred). — Manuel de chimie médicale et pharmaceutique. 126 fig. dans le texte. 3° éd. — *P.*, 1881, in-18.   [8° I. 4963

Richelet (Pierre). — Dictionnaire de rimes. Nouv. éd., revue par Berthelin. — *P.*, 1781, 8°.   [8° O. 4142

Richelet (P.). — Dictionnaire français. — *Genève*, 1679-1680, 2 vol. 4°.   [4° O. 381-82

Richelet (Pierre). — Nouveau dictionnaire français. — *Rouen*, 1719, 2 vol. f°.   [Fol. O. 108-9

Richer. — Vie du maréchal de Tourville. — *Avignon*, 1812, in-12.   [8° U. 6569

Richer. — Vie du marquis Du Quesne. 5° éd. — *Troyes*, 1834, in-12.   [8° U. 6570

Richerand. — Nouveaux éléments de physiologie. 9° éd. — *P.*, 1825, 2 vol. 8°.   [8° I. 4964-65

Richet (A.). — Traité d'anatomie médico-chirurgicale. 2° éd. — *P.*, 1860, 8°.   [8° I. 4966

Richet (Charles). — L'homme et l'intelligence, fragments de physiologie et de psychologie. — *P.*, 1884, 8°.
[8° I. 4967

Richet (Charles). — Physiologie des muscles et des nerfs. Leçons professées à la Faculté de médecine en 1881. 100 fig. dans le texte. — *P.*, 1882, 8°.
[8° I. 4968

Richou (Gabriel). — Question Mi-

chaud. A nous deux, Monsieur l'abbé — *P.*, 1872, in-12.   [8° U. 6571

Richou (Gabriel). — Traité de l'administration des bibliothèques publiques. Historique, organisation, législation. — *P.*, 1885, 8°.
[8° E. 1718+A

Richou (Gabriel). — Traité théorique et pratique des archives publiques. Organisation, administration. — *P.*, 1883, 8°.   [8° E. 1718. A

Richter (Jean-Paul). — Œuvres diverses. Étude et traduction française par Émile Rousse. — *P.*, 1885, in-16.
[8° O. 4143

Ricord. — Lettres sur la syphilis, avec une introduction par Amédée Latour. 2° éd. — *P.*, 1856, in-12.
[8° I. 4969

Ricour. — Tube d'inversion. Critique scientifique et historique. — *P.*, 1870, 8°.   [8° I. 4970

Ricquier (Léon). — Contes, poésies, récits, morceaux à dire dans les salons. — *P.*, 1882, in-18.
[8° O. 4144

Ricquier (Léon). — Lecture expressive. Recueil de morceaux choisis de prose et de vers, avec de nombreuses annotations sur le ton, l'inflexion, l'accent et la manière de phraser, précédé du cours supérieur de lecture à haute voix professé à l'École normale de la Seine. — *P.*, 1881, in-12.
[8° O. 4145

Rider (C.). — Étude médicale sur l'équitation. — *P.*, 1870, 8°.
[8° I. 4971

Rienzi (G.-L. Domeny de). — Dictionnaire usuel et scientifique de géographie. 2° éd. — *P.*, 1841, 4°.
[4° U. 1030

Rigaud (Lucien). — Dictionnaire des lieux communs. — *P.*, 1881, in-18.
[8° O. 4146

Rigault (Hippolyte). — Conversations littéraires et morales, avec une notice par Paul Mesnard. — *P.*, 1859, in-12. [8° O. 4147

Rilliet, Barthez. — Traité clinique et pratique des maladies des enfants. 2ᵉ éd. — *P.*, 1853-1854, 3 vol. 8°. [8° I. 4972-74

Rindfleisch (Ed.). — Éléments de pathologie. Trad. et annoté par le Dʳ J. Schmitt, avec une préface par le Dʳ H. Bernheim. — *P.*, 1886, 8°. [8° I. 4974. A

Risler (Eugène). — Géologie agricole. 1ʳᵉ partie du cours d'agriculture comparée fait à l'Institut national agronomique. T. I. — *P.*, 1884, 8°. [8° I. 4975

Ritt (Georges).— Problèmes d'algèbre et exercices de calcul algébrique. 5ᵉ éd. — *P.*, 1860, 8°. [8° I. 4976

Ritt (Georges). — Problèmes de géométrie et de trigonométrie. 4ᵉ éd. — *P.*, 1857, 8°. [8° I. 4977

Ritt (Olivier). — Histoire de l'isthme de Suez. — *P.*, 1869, 8°. [8° U. 6572

Ritter. — Geographisch-statistisches Lexicon. 5ᵉ Aufl. — *Leipzig*, 1864, 2 vol. 4°. [4° U. 1031-32

Ritter (Dʳ Henri). — Histoire de la philosophie moderne. Trad. et introduction par P. Challemel - Lacour. — *P.*, 1861-1866, 3 vol. 8°. [8° I. 4978-80

Rivet (Gustave). — Victor Hugo chez lui. — *P.*, (s. d.), in-18. [8° U. 6572. A

Rivière (A.).— Précis de minéralogie, comprenant les principes de cette science. — *P.*, 1864, 8°. (Pour l'atlas, voyez Kurr.) [8° I. 4981 [Fol. I. 106

Rivière (A. et Ch.). — Traité des manipulations de chimie, à l'usage des établissements d'instruction secondaire, des écoles professionnelles et des facultés. — *P.*, 1882- , vol. in-18. [8° I. 4982

Rivière (Henri). — La marine française au Mexique. — *P.*, 1881, 8°. [8° U. 6573

Rivière (Henri). — Souvenirs de la Nouvelle-Calédonie. — *P.*, 1880, in-18. [8° U. 6574

Rivière (H.-F.). — Répétitions écrites sur le Code de commerce. 3ᵉ éd. — *P.*, 1860, 8°. [8° E. 1719

Rivot (L.-E.). — Docimasie. Traité d'analyse des substances minérales à l'usage des ingénieurs des mines et des directeurs de mines et d'usines. — *P.*, 1861-1866, 4 vol. 8°. [8° I. 4983-86

Rivoyre (Denis de). — Obock, Mascate, Bouchire, Bassorah. — *P.*, 1883, in-18. [8° U. 6575

Rivoyre (Denis de). — Les vrais Arabes et leur pays. Bagdad et les villes ignorées de l'Euphrate. Illustr. et carte. — *P.*, 1884, in-18. [8° U. 6576

Robe (Eug.). — La propriété immobilière en Algérie. Commentaire de la loi du 26 juillet 1873. — *Alger*, 1875, 8°. [8° E. 1720

Robello (G.). — Grammaire italienne. 2ᵉ éd. — *P.*, 1835, 8°. [8° O. 4148

5ᵉ éd., 1849. — *P.*, 8°. [8° O. 4149

Robert (J.-B.-A.-H.). — L'art de connaître les pendules et les montres. — *P.*, 1841, in-12. [8° I. 4987

Robert (Ulysse). — Documents

inédits concernant l'histoire littéraire de la France. — *P.*, 1875, 4°.
[4° **O. 383**

Robert (Ulysse). — Indicateur des armoiries des villes, bourgs, villages, monastères, communautés, corporations, etc., contenues dans l'Armorial de d'Hozier. — *P.*, 1879, 8°.
[8° **U. 6577**

Robert-d'Hurcourt (E.). — De l'éclairage au gaz. — *P.*, 1845, 8°.
[8° **I. 4988**

Robert de Latour (D^r de). — De la chaleur animale. Éléments et mécanisme, destination physiologique et rôle pathologique, déductions thérapeutiques et applications pratiques. — *P.*, 1885, 8°.
[8° **I. 4989**

Roberts (W.). — Les ferments digestifs. — *P.*, 1882, in-18.
[8° **I. 4990**

Robertson (T.).— Nouveau cours de langue anglaise. — *P.*, 1841-1853, 3 vol. 8°.
[8° **O. 4150-52**

Robertson (William). — The History of Scotland during the reigns of Mary and of James VI. — *London*, 1781, 2 vol. 8°.
[8° **U. 6578-79**

Robertson (William). — Histoire d'Écosse sous les règnes de Marie Stuart et de Jacques VI, trad. de l'anglais. — *Londres*, 1772, 4 vol. in-12.
[8° **U. 6580-83**

Robertson (William).—L'histoire du règne de Charles-Quint. Trad. de anglais. — *Amsterdam*, 1771, 2 vol. 4°.
[4° **U. 1033-34**

Robertson (William). — Histoire de Charles-Quint. Trad. de Suard. — *P.*, 1843, 2 vol. in-12.
[8° **U. 6584-85**

Robertson (William). — Histoire de l'Amérique. Trad. par de La Roquette. — *P.*, 1828, 4 vol. 8°.
[8° **U. 6586-89**

Roberty (E. de).— La sociologie, essai de philosophie sociologique. — *P.*, 1881, 8°.
[8° **I. 4991**

Robiano (Comte Eugène de). — Le Chili, l'Araucanie, le détroit de Magellan, et retour par le Sénégal. — *P.*, 1882, in-18.
[8° **U. 6590**

Robiano (Comte Eugène de). — Dix-huit mois dans l'Amérique du Sud. 3e éd. — *P.*, 1886, in-18.
[8° **U. 6590. A**

Robillard de Beaurepaire (Charles de).— Académie des sciences, belles-lettres et arts de Rouen. Mémoire sur le lieu du supplice de Jeanne d'Arc, accompagné d'un plan de la place du Vieux Marché de Rouen, et de la reproduction de l'ancienne fontaine de la Pucelle, d'après Israël Silvestre. — *Rouen*, 1867, 8°.
[8° **U. 6591**

Robillard de Beaurepaire (E.). — Le tribunal criminel de l'Orne pendant la Terreur. — *P.*, 1866, 8°.
[8° **U. 6592**

Robin (Ch.). — Anatomie et physiologie cellulaires. 83 fig. — *P.*, 1873, 8°.
[8° **I. 4992**

Robin (Charles). — Programme du cours d'histologie professé à la Faculté de médecine de Paris. 2e éd. — *P.*, 1870, 8°.
[8° **I. 4993**

Robin (Charles). — Traité du microscope. 317 fig. et 3 pl. — *P.*, 1871, 8°.
[8° **I. 4994**

Robineau-Desvoidy. — Histoire naturelle des diptères des environs de Paris, publiée sous la direction de M. H. Monceaux. — *P.*, 1863, 2 vo.. 8°.
[8° **I. 4995-96**

Robinet. — Du mûrier. Des éducations de vers à soie faites en 1840. — *P.*, 1841, 8°.
[8° **I. 4997**

Robinet. — La Muscardine; des

causes de cette maladie et des moyens d'en préserver les vers à soie. — *P.*, 1843, 8°. [8° I. 4998

Robinet. — Notice sur l'œuvre et la vie d'Auguste Comte. 2ᵉ éd. — *P.*, 1864, 8°. [8° U. 6593

Robiou (Félix). — Les institutions de la Grèce antique. — *P.*, (s. d.), in-18. [8° U. 6594

Robiquet (Paul). — Histoire municipale de Paris, depuis ses origines jusqu'à l'avènement de Henri III. — *P.*, 1880, 8°. [8° U. 6595

Robiquet (Paul). — De l'organisation municipale de Paris sous l'ancien régime. — *P.*, 1881, 8°. [8° U. 6596

Roche (Antonin). — Histoire d'Angleterre depuis les temps les plus reculés. — *P.*, 1840, 2 vol. 8°. [8° U. 6597-98

Roche (Antonin). — Les prosateurs français. 2ᵉ éd. — *Londres*, 1850, 2 vol. in-12. [8° O. 4153-54

Roche (Jules). — Le budget des cultes, la séparation de l'Église et de l'État et les Congrégations. Le Concordat. Le Syllabus.— *P.*, 1883, in-18. [8° U. 6599

Roche (L.-C.), Sanson (L.-J.). — Nouveaux éléments de pathologie médico-chirurgicale. 3ᵉ éd. — *P.*, 1833, 5 vol. 8°. [8° I. 4999-5003

Roches (Léon).— Trente-deux ans à travers l'Islam (1832-1864). — *P.*, 1884 , vol. in-16. [8° U. 6600-601

Rochet (Charles). — Mon frère et la vérité sur la statue équestre en bronze de Charlemagne exposée au Champ-de-Mars. — *P.*, 1878, in-12. [8° I. 5004

Rochet (Charles). — Le prototype

humain, donnant les lois naturelles des proportions dans les deux sexes. — *P.*, 1884, in-16. [8° I. 5005

Rochet-Atys. — Tarif des matières d'or, ou comptes faits en grammes à l'usage des orfèvres. 9ᵉ éd. — *P.*, 1868, 8°. [8° I. 5006

Rochette (Raoul). — Choix de peintures de Pompéi. — *P.*, 1844, gr. f°. [Fol. U. 265
1851. — *P.*, gr. f°. [Fol. U. 266

Rocquain (Félix). — L'état de la France au 18 brumaire. — *P.*, 1874, in-18. [8° U. 6602

Rocquain (Félix). — Études sur l'ancienne France. Histoire, mœurs, institutions. — *P.*, 1875, in-18. [8° U. 6603

Rocquain (Félix). — Napoléon 1ᵉʳ et le roi Louis, d'après les documents conservés aux Archives nationales. — *P.*, 1875, 8°. [8° U. 6604

Rocquain (Félix). — La Papauté au moyen âge. Nicolas 1ᵉʳ, Grégoire VII, Innocent III, Boniface VIII. Études sur le pouvoir pontifical. — *P.*, 1881, 8°. [8° U. 6605

Rœderer (P.-L.). — Louis XII et François 1ᵉʳ. — *P.*, 1825, 2 vol. 8°. [8° U. 6606-7

Rodière (A.). — Cours de compétence et de procédure en matière civile. 3ᵉ éd. — *Toulouse*, 1867, 2 vol. 8°. [8° E. 1721-22

Rodière (A.). — Exposition raisonnée des lois de la compétence en matière civile. 2ᵉ éd. — *Toulouse*, 1855, 2 tom. en 1 vol. 8°. [8° E. 1723

Rodière (A.), Pont (Paul). — Traité du contrat de mariage et des droits respectifs des époux relativement à leurs biens. — *P.*, 1847, 2 vol. 8°. [8° E. 1724-25

Rodriguez (Alph.). — Pratique de la perfection chrétienne. Trad. par Regnier Des Marais. — *Lille*, 1833, 6 vol. in-12.   [8° A. 870-75

Roger (D^r). — Voltaire malade, étude historique et médicale. Grav. — *P.*, 1883, in-12.   [8° U. 6608

Roger (F.). — Traité de la saisie-arrêt. — *P.*, 1837, 8°.   [8° E. 1726

Roger (Henri). — Recherches cliniques sur les maladies de l'enfance. — *P.*, 1872-1883, 2 vol. 8°.
                    [8° I. 5007-8

Rogron (J.-A.). — Les Codes français expliqués. 4e éd. — *P.*, 1855, 2 vol. 4°.   [4° E. 237-38

Rogron (J.-A.). — Code Napoléon expliqué par ses motifs. 16e éd., entièrement refondue. — *P.*, 1859, 2 vol. in-12.   [8° E. 1727-28

Rogron (J.-A.). — Code de procédure civile expliqué par ses motifs. 9e éd., entièrement refondue. — *P.*, 1851-1854, 2 vol. in-12.
                    [8° E. 1729-30

Rogron (J.-A.). — Code de commerce expliqué par ses motifs. 9° éd. entièrement refondue. — *P.*, 1858, in-12.   [8° E. 1731

Rogron (J.-A.). — Code d'instruction criminelle expliqué par ses motifs. 3e éd. — *P.*, 1839, in-12.
                    [8° E. 1732

Rogron (J.-A.). — Code pénal expliqué par ses motifs. 3e éd., augmentée. — *P.*, 1840, in-12.
                    [8° E. 1733

Roguet (Ch.). — Traité d'arithmétique. — *P.*, 1867, 8°.
                    [8° I. 5009

Roguet (Ch.). — Leçons élémentaires de géométrie plane. Année préparatoire. — *P.*, 1868, 8°.
                    [8° I. 5010

Roguet (Ch.). — Traité de géométrie. 1re année. Géométrie plane. — *P.*, 1869, 8°.   [8° I. 5011

Roguet (Ch.). — Traité de géométrie. 2e année. Géométrie dans l'espace. — *P.*, 1869, 8°.   [8° I. 5012

Rohart (F.). — La doctrine des engrais chimiques au point de vue des intérêts agricoles. Réponse aux conférences de Vincennes, examen des résultats obtenus. — *P.*, 1869, in-18.
                    [8° I. 5013

Rohault de Fleury (G.). — Le Latran au moyen âge. — *P.*, 1877, 8° et atlas f°.   [8° U. 6609
                    [Fol. U. 267

Roissard de Bellet (B^on). — La Sardaigne à vol d'oiseau en 1882. Histoire, mœurs, géologie. Carte, grav. et dessins coloriés. — *P.*, (s. d.), gr. 8°.
                    [4° U. 1034. A

Rojas (Ézéchiel). — Philosophie de la morale, trad. par Victor Touzet. — *St-Germain-en-Laye*, 1870, 8°.
                    [8° I. 5014

Roland, Trouillet. — Dictionnaire général des droits d'enregistrement, de timbre et de greffe. 4e éd. — *P.*, 1829, 4°.   [4° E. 239

Roland de la Platière (Jean-Marie). — Lettres écrites de Suisse, d'Italie, de Sicile et de Malthe en 1776, 1777 et 1778. — *Amsterdam*, 1780, 6 vol. in-12.   [8° U. 6610-15

Roland (Mme). — Œuvres. — *P.*, an VIII, 3 vol. 8°.   [8° U. 6616-18

Roland (Mme). — Lettres autographes adressées à Bancal-des-Issarts, publ. par Mme Henriette Bancal-des-Issarts. — *P.*, 1835, 8°.
                    [8° U. 6619

Roland (Mme). — Mémoires. Nouv. éd., par P. Faugère. — *P.*, 1864, 2 vol. in-12.   [8° U. 6620-21

Rôle (Du) des femmes dans l'agri-culture. Esquisse d'un Institut rural féminin, par P. E. C. — P., 1869, in-12. [8° I. 5015

Rolland(Eugène). — Faune popu-laire de la France. — P., 1877-1883, 6 vol. 8°. [8° I. 5016-21

Rollin. — Histoire ancienne de Rollin, suivie de sa vie, par Noël. — P., 1829-1830, 18 vol. in-12. [8° U. 6622-39

Rollin. — Œuvres complètes. Nouv. éd., accompagnée d'observations et d'éclaircissements historiques, par Letronne. — P., 1821-1825, 30 vol. 8°. [8° O. 4155-84

Roman (Le) de Renart, publ. par Ernest Martin. — Strasbourg, 1882-1885, 2 vol. 8°. [8° O. 4185-86

Romanaise (La). Revue de Ro-mans et Bourg-de-Péage. 1re, 2e et 3e années, 1861-1863. — Romans, 1861-1863, f°. [Fol. U. 268

Romanet Du Caillaud. — Histoire de l'intervention française au Tong-King, de 1872 à 1874. 1 carte et 4 plans. — P., 1880, 8°. [8° U. 6640

Rome (E.-F.). — Histoire de la guerre entre la France et la Prusse (1870-1871). 12e éd. — P., 1872, 8°. [8° U. 6641

Rondeau. — Nouveau diction-naire français-allemand. Nouv. éd., revue par Auguste J. Buxtorf. — Bâle, 1739, f°. [Fol. O. 110

Rondelet (Jean). — Traité théo-rique et pratique de l'art de bâtir. — P., 1867, 3 vol. gr. 4° et atlas gr. f°. Ensemble, 4 vol. [Fol. I. 196-199

Rondonneau (L.). — Nouveau manuel théorique et pratique des maires, adjoints, juges de paix. 3e éd. — P., 1825, 8°. [8° E. 1734

Rondonneau (L.). — Vocabu-laire classique des étudiants en droit. — P., 1821, 8°. [8° E. 1735

Ronsard. — Œuvres. — P., 1584, f°. [Fol. O. 111

Ronsard (P. de). — Œuvres com-plètes. Nouv. éd., publ. par M. Prosper Blanchemain. — P., 1857-1867, 8 vol. in-16. [8° O. 4187-94
(Bibliothèque Elzévirienne.)

Roquefort (J.-B.-B. de). — De l'état de la poésie française dans les XIIe et XIIIe siècles. — P., 1821, 8°. [8° O. 4195

Roquefort (J.-B.-B. de). — Glos-saire de la langue romane. — P., 1808-1820, 3 vol. 8°. [8° O. 4196-98

Roquette (Ch.). — — L'homme; structure et fonctions de ses organes démontrant l'existence de Dieu. — P., 1867, in-12. [8° I. 5022

Roquette (J.-I.). — Nouveau dic-tionnaire portugais-français. — P., 1861, 8°. [8° O. 4199

Roscher (Guillaume). — Principes d'économie politique. Trad. et annotés par M. Louis Wolowski. — P., 1857, 2 vol. 8°. [8° I. 5023-24

Roseleur (Alfred). — Manipula-tions hydroplastiques. Guide pratique du doreur, de l'argenteur et du galvano-plaste. — P., (s.d.), 8°. [8° I. 5025

Roselly de Lorgues. — Chris-tophe Colomb. — P., 1856, 2 vol. 8°. [8° U. 6642-43

Roselly de Lorgues (Comte). — Histoire posthume de Christophe Colomb. — P., 1885, 8°. [8° U. 6644

Rosenthal (J.). — Les nerfs et les muscles. 2e éd. — P., 1878, 8°. [8° I. 5026

Rosenzweig. — Répertoire archéologique du Morbihan. — *P.*, 1863, 4°. [4° U. 1035

Rosières (Raoul). — Histoire de la société française au moyen âge (987-1483). — *P.*, 1880, 2 vol. 8°. [8° U. 6645-46

Rosny (Léon de). — La civilisation japonaise. Conférences faites à l'École spéciale des langues orientales. — *P.*, 1883, in-18. [8° U. 6647

Rossi (Francesco). — Grammatica copto-geroglifica, con un' appendice dei principali segni sillabici e del loro significato, illustrati da esempi. — *Roma*, 1877, 4°. [4° O. 384

Rossi (Peregrino). — Cours d'économie politique. — *P.*, 1840-1854, 4 vol. 8°. [8° I. 5027-30

Rossi (Peregrino). — Traité de droit pénal. — *P.*, 1829, 3 vol. 8°. [8° E. 1736-38

Rossignol (J.-P.). — Les métaux dans l'antiquité. Origines religieuses de la métallurgie. De l'orichalque. — *P.*, 1863, 8°. [8° I. 5031

Rossignol (S.). — Traité élémentaire d'hygiène militaire. 2ᵉ éd. — *P.*, 1883, 8°. [8° I. 5032

Rothan (G.). — Les origines de la güerre de 1870. La politique française en 1866. — *P.*, 1879, 8°. [8° U. 6648

Rothan (G.). — Souvenirs diplomatiques. L'affaire du Luxembourg, le prélude de la guerre de 1870. — *P.*, 1882, 8°. [8° U. 6649

Rothan (G.). — Souvenirs diplomatiques. L'Allemagne et l'Italie (1870-71). — *P.*, 1884-85, 2 vol. 8°. [8° U. 6650-51

Rothschild (Arthur de). — Histoire de la Poste aux lettres, depuis les temps les plus anciens jusqu'à nos jours. — *P.*, 1873, in-12. [8° U. 6652

Rotrou (Jean). — Œuvres. — *P.*, 1820, 5 vol. 8°. [8° O. 4200-3

Rott (Édouard). — Henri IV, les Suisses et la Haute Italie. La lutte pour les Alpes (1598-1610). — *P.*, 1882, 8°. [8° U. 6653

Rottenstein (Dʳ J.-B.). — Traité d'anesthésie chirurgicale, contenant la méthode de M. Paul Bert. — *P.*, 1880, 8°. [8° I. 5033

Rotureau (Armand). — Des principales eaux minérales de l'Europe. I. France. II. Allemagne et Hongrie. III. France (supplément), Angleterre, Belgique, Espagne et Portugal, Italie, Suisse. Suivi de la législation sur les eaux minérales de la France. — *P.*, 1859-64, 3 vol. 8°. [8° I. 5034-36

Roujoux (De). — Histoire pittoresque de l'Angleterre. — *P.*, 1834, 3 t. en 1 vol. 4°. [4° U. 1036

Rouleaux des Morts du IXᵉ au XVᵉ siècle, recueillis et publiés par M. Léopold Delisle. — *P.*, 1866, 8°. [8° U. 6654

(Société de l'Histoire de France.)

Rouquette (Jules). — Célébrités contemporaines, biographies illustrées. Duc d'Aumale. — *P.*, (s. d.), 8°. [8° U. 6655

Rouquette (Jules). — Gambetta. Nouv. éd., ornée d'un portrait et d'un fac-simile. — *P.*, (s. d.), in-12. [8° U. 6656

Roussau, Josat (J.). — Administration des contributions indirectes. Guide pratique des surnuméraires avant et après le concours du surnumérariat. — *P.*, 1884, 8°. [8° E. 1739

Rousse (Edmond). — Discours, plaidoyers et œuvres diverses, recueillis et pub. par Fernand Worms. — *P.*, 1884, 2 vol. 8°. [8° U. 6656.A

Rousseau (J.-B.). — Œuvres. Nouv. éd. — *Londres*, 1753, 4 vol. in-12. [8° O. 4204-7

Rousseau (J.-B.). — Lettres sur différents sujets de littérature.— *Genève*, 1750, 5 t. en 3 vol. 8°.

(A la suite du t. V, est relié : *Mémoires pour servir à l'histoire du célèbre Rousseau*. Nouv. éd. — *Bruxelles*, 1753.)
[8° O. 4208-10

Rousseau (J.-J.). — Œuvres complètes, mises dans un nouvel ordre, avec des notes historiques et des éclaircissements par V.-D. Musset-Pathay. — *P.*, 1823-1826, 25 vol. 8°.
[8° O. 4211-35

Rousseau (J.-J.). — Les Confessions. Nouv. éd.; notice par George Sand.—*P.*, 1843, in-18. [8° U. 6657

Rousseau (Rodolphe), Laisney. — Dictionnaire de procédure civile, commerciale, criminelle et administrative, avec formules de tous les actes. 2ᵉ éd. — *P.*, 1886, 9 vol. 8°.
[8° E. 1739. A

Roussel (P.-Désiré). — Le château de Diane de Poitiers à Anet. — *P.*, 1883, 2 vol. in-16, dont 1 atlas.
[8° U. 6658-59

Roussel d'Épinal (Pierre-Joseph-Alexis). — Le Château des Tuileries, ou récit de ce qui s'est passé dans ce palais depuis sa construction jusqu'au 18 Brumaire de l'an VIII.—*P.*, 1802, 2 vol. 8°. [8° U. 6660-61

Rousselet (Louis). — L'Inde des Rajahs, voyage dans l'Inde centrale et dans les présidences de Bombay et du Bengale. 2ᵉ éd. — *P.*, 1877, f°.
[Fol. U. 269

Rousselin (Alexandre). — Vie de Lazare Hoche. — *P.*, an VI, 2 vol. 8°.
[8° U. 6662-63

3ᵉ éd., an VIII. — *P.*, 8°.
[8° U. 6664

Rousselot (Paul). — Histoire de l'éducation des femmes en France. — *P.*, 1883, 2 vol. in-18.
[8° I. 5037-38

Rousselot (Paul). — Les Mystiques espagnols : Malon de Chaide, Jean d'Avila, Louis de Grenade, Louis de Léon, sainte Thérèse, saint Jean de La Croix et leur groupe. — *P.*, 1867, 8°.
[8° U. 6665

Rousset (Alphonse). — Code annoté de la législation civile. — *P.*, 1865, in-12. [8° E. 1740

Rousset (Auguste). — Histoire des impôts indirects depuis leur établissement aux premiers temps de la monarchie, jusqu'à leur reconstitution à l'époque impériale, complétée, annotée et pub. par Henry Louiche-Desfontaines. — *P.*, 1883, 8°. [8° E. 1741

Rousset (Camille). — Le comte de Gisors (1732-1758). Étude historique. 2ᵉ éd. — *P.*, 1868, in-12.
[8° U. 6666

Rousset (Camille). — Histoire de Louvois et de son administration politique et militaire jusqu'à la paix de Nimègue. 2ᵉ éd. — *P.*, 1862-1864, 4 vol. in-12. [8° U. 6667-70

Rousset (Camille). — Histoire de la guerre de Crimée. — *P.*, 1877, 2 vol. 8°. [8° U. 6671-72

Rousset (Camille). — Un Ministre de la Restauration. Le marquis de Clermont-Tonnerre. — *P.*, 1885, 8°.
[8° U. 6673

Rousset (Léon). — A travers la Chine. 2ᵉ éd. 28 grav. 1 carte. — *P.*, 1886, in-16. [8° U. 6673.A

Roussilhe (Adolphe). — De l'indemnité due par l'État pour les dommages causés par la guerre. — *P.*, 1872, in-12. [8° U. 6674

Roustan (A.-J.). — Abrégé de l'histoire universelle. — *P.*, 1790, 9 vol. in-12. [8° U. 6675-83

Rovel. — Manuel des chemins de fer, à l'usage des officiers. — *P.*, 1882, in-18. [8° I. 5039

Roy (Jules).— L'an mille. 36 grav. — *P.*, 1885, in-18. [8° U. 6684

Roy (J.-J.-E.). — Le brave Crillon. 3e éd. — *Tours*, 1865, 8°. [8° U. 6685

Roy (J.-J.-E.). — Le dernier des Stuarts. 2e éd. — *Tours*, 1856, 8° [8° U. 6686

Roy (J.-J.-E.). — Les Français en Égypte. 5e éd. — *Tours*, 1865. 8°. [8° U. 6687

Roy (J.-J.-E.).— Les Français en Russie. Souvenirs de la campagne de 1812 et de deux ans de captivité en Russie. — *Tours*, 1863, 8°. [8° U. 6688

Roy (J.-J.-E.).— Histoire de Jean Racine. 2e éd. — *Tours*, 1863. 8°. [8° U. 6689

Roy (J.-J.-E.). — Histoire de Jeanne d'Arc. — *Tours*, 1839, 8°. [8° U. 6690

Roy (J.-J.-E.). — Histoire de la guerre d'Italie en 1859. 3e éd. — *Tours*, 1863, 8°. [8° U. 6691

Roy (J.-J.-E.).— Histoire des colonies françaises. — *Tours*, 1861, in-12. [8° U. 6692

Roy (J.-J.-E.).— Histoire du siège et de la prise de Sébastopol. — *Tours*, 1865, 8°. [8° U. 6693

Roy (J.-J.-E.). — Illustrations de l'histoire d'Algérie. — *Limoges*, 1852, in-12. [8° U. 6694

Roy (J.-J.-E.). — Olivier de Clisson, connétable de France. — *Lille*, 1859, 8°. [8° U. 6118

Roy (J.-J.-E.). — Voyage dans l'Inde anglaise. 4e éd. — *Tours*, 1864, 8°. [8° U. 6695

Royaumont (De). — L'Histoire du Vieux et du Nouveau Testament, représentée avec des figures. — *P.*, 1696, 4°. [4° A. 179

Royaumont (Louis de). — La conquête du Soleil. Héliodynamique. 54 fig. — *P.*, 1882, in-18. [8° I. 5040

Royé (F.), Texte. — Histoire moderne. — *P.*, 1855. in-12. [8° U. 6696

Royer (Charles). — Fables. — *P.*, 1863, 8°. [8° O. 4236

Royou (A. de). — Traité pratique de la voirie à Paris, à l'usage des architectes, entrepreneurs et propriétaires. — *P.*, 1879, 8°. [8° E. 1742

Royou (Jacques-Corentin). — Histoire des Empereurs romains. — *P.*, 1808, 4 vol. 8°. [8° U. 6697-6700

Rozan (Charles). — A travers les mots. 3e éd. — *P.*, 1881, in-12. [8° O. 4237

Rozan (Charles). — Petites ignorances de la conversation. 10e éd. — *P.*, 1881, in-18. [8° O. 4238

Rozy (Henri). — L'enseignement civique à l'École normale. — *P.*, 1882, in-12. [8° I. 5041

Ruben de Couder (J.). — Dictionnaire de droit commercial, industriel et maritime. 3e éd., dans laquelle a été refondu l'ancien ouvrage de MM. Gouget et Merger. — *P.*, 1877-1880, 6 vol. 8°. [8° E. 1743-48

Rucco. — L'esprit de la médecine ancienne et nouvelle comparées. — *P.*, 1846, 8°. [8° I. 5042

Ruggieri (Claude - Fortuné). — Éléments de pyrotechnie, 2ᵉ éd. — *P.*, 1811, 8°.   [8° I. 5043

Ruinart (Thierry). — Les véritables actes des martyrs, trad. par Drouet de Maupertuy. — *Lyon*, 1818, 3 vol. in-12.   [8° U. 6701-3

Russel (Cᵗᵉ Stanislas). — Une mission en Abyssinie et dans la Mer Rouge (23 Octobre 1859-7 mai 1860). Préface de M. Gabriel Charmes. — *P.*, 1884, in-18.   [8° U. 6704

Rüstow (W.). — L'art militaire au XIXᵉ siècle. Stratégie. Histoire militaire. Trad. de l'allem. sur la 3ᵉ éd (1878), par le gᵃˡ Savin de Larclause. — *P.*, 1881-82, 2 vol. 8°. [8° I. 5044-45

Rüstow (W.). — Guerre des frontières du Rhin, 1870-1871. Trad. de l'allem. par Savin de Larclause. 2ᵉ éd. — *P.*, 1873, 8°.   [8° U. 6705

Rymer. — Extraits des Actes de Rymer, par Rapin Thoyras. — (S.l.n.d.), 4°.   [4° U. 1037

Sabatier (Dʳ Antoine). — Des méthodes antiseptiques chez les anciens et chez les modernes. — *P.*, 1883, 8°. [8° I. 5046

Sabatier (Ant.). — Les trois siècles de la littérature française, ou tableau de l'esprit de nos écrivains depuis François 1ᵉʳ jusqu'en 1781. 5ᵉ éd. — *La Haye*, 1781, 4 vol. 8°.   [8° O. 4239-42

Sabatier (J.). — Encyclopédie des noms propres. — *P.*, 1865, in-18. [8° O. 4242. A

Sachs (Charles). — Dictionnaire encyclopédique français-allemand et allemand-français. Éd. complète. 4ᵉ éd., revue sur la 7ᵉ éd. du « Dictionnaire de l'Académie ». — *Berlin*, 1881, 2 vol. 4°.   [4° O. 385-86

Sachs (Isidore). — L'Italie. Ses finances et son développement écono-mique depuis l'unification du royaume, 1859-1884, d'après des documents officiels. 1 carte. — *P.*. 1885, 8°. [8° U. 6705. A

Sacré (A.). — Dictionnaire de commerce et de droit commercial. — *P.*, 1884, 8°.   [8° E. 1749

Sacy (Antoine-Isaac-Silvestre de). — Principes de grammaire générale. 7ᵉ éd. — *P.*, 1840, in-16.   [8° O. 4243

Sacy (Samuel - Ustazade - Silvestre de). — Variétés littéraires. — *P.*, 1858, 2 vol. 8°.   [8° O. 4244-45

Sadler (Percy). — L'art de la correspondance anglaise et française. 4ᵉ éd. — *P.*, 1854, 2 vol. in-12. [8° O. 4246-47

Sadler (Percy). — Grammaire pratique de la langue anglaise. 11ᵉ éd. — *P.*, 1855, 8°.   [8° O. 4248

Sadler (Percy). — Manuel de phrases françaises et anglaises. 16ᵉ éd. — *P.*, 1861, in-18.   [8° O. 4249

Sadler (Percy). — Nouveau dictionnaire anglais-français. Nouv. éd. — *P.*, 1863, in-12.   [8° O. 4250

Saffray (Dʳ). — Catalogue raisonné du Musée des écoles. 1ʳᵉ part. Leçons de choses et enseignement des sciences naturelles. — *P.*, 1885, 8°. [8° I. 5046. A

Saffray (Dʳ). — Leçons de choses. Cours méthodique, comprenant les matières des programmes officiels. Livre de l'élève. 341 fig. 3ᵉ éd. — *P.*, 1881, in-16.   [8° I. 5047

Saga (La) des Niebelungen dans les Eddas et dans le nord scandinave. Trad., précédée d'une Étude sur la formation des épopées nationales, par E. de Laveleye. — *P.*, 1866, in-18. [8° O. 4251

Sageret. — Annuaire du bâtiment et des travaux publics. 38ᵉ et 51ᵉ ann. — *P.*, 1868, 1881, 2 vol. 8°.
[8° I. 5048-49

Sagnier (Henri). — Bibliothèque du volontariat. Manuel des aspirants au volontariat d'un an. 1re part. Enseignement primaire. — *P.*, 1875, in-12.
[8° I. 5050

Saigey. — Petite physique du globe. 2e part. De la terre et de l'eau. — *P.*, 1842, in-12.   [8° I. 5051

Saigey. — La pratique des poids et mesures du système métrique. 4e éd. — *P.*, 1856, in-18.   [8° I. 5052

Saigey. — Problèmes d'arithmétique et exercices de calcul. 12e éd. — *P.*, 1867, in-12.   [8° I. 5053

Saillet, Olibo. — Loi organique du 28 avril 1816 sur les contributions indirectes. — *Amiens*, 1841, in-12.
[8° E. 1750

Saint-Amand (De).—La Guyane française. — *P.*, 1856, 8°.
[8° U. 6706

Saint-Amant. — Œuvres complètes. Nouv. éd., publ. par M. Ch. Livet. — *P.*, 1855, 2 vol. in-16.
[8° O. 4252-53
(Bibliothèque Elzévirienne.)

Saint-Ange. — Cours d'hippologie. — *Saumur*, 1849, 2 vol. 8°.
[8° I. 5054-55

Saint-Edme (E.). — L'Électricité appliquée aux arts mécaniques, à la marine, au théâtre. — *P.*, 1871, 8°.
[8° I. 5056

Saint-Edme (E.). — La science pendant le siège de Paris. — *P.*,1871, in-12.   [8° I. 5057

Saint-Évremont (De). — Saint-Evremoniana ou recueil de diverses pièces curieuses. — *P.*, 1710, in-12.
[8° O. 4254

Saint-Germain (Dr L.-A. de). — Chirurgie orthopédique, thérapeutique des difformités congénitales ou acquises. Leçons cliniques professées à l'hôpital des Enfants-Malades, recueillies et publiées par le Dr Pierre-J. Mercier. — *P.*, 1883, 8°.   [8° I. 5058

Saint-Girons (A.). — Manuel de droit constitutionnel. 2e éd. — *P.*, 1885, 8°.   [8° E. 1751

Saint-John (Sir. Spenser). — Haïti, ou la République noire. Trad. de l'anglais par J. West. 1 carte. — *P.*, 1886, in-16.   [8° U. 6706. A

Saint-Julien. — Les courriers de la Fronde en vers burlesques, revus et annotés par M. C. Moreau. — *P.*, 1857, 2 vol. in-16.   [8° O. 4255-56
(Bibliothèque Elzévirienne.)

Saint-Jure (J.-B.). — De la connaissance et de l'amour du fils de Dieu. 2e éd. — *Clermont-Ferrand*, 1841, 6 vol. in-12.   [8° A. 876-81

Saint-Loup. — Géométrie plane. (Année préparatoire.) — *P.*, 1867, 8°.
[8° I. 5059

Saint-Loup. — Géométrie plane. 1re Année. — *P.*, 1868, 8°.
[8° I. 5060

Saint-Loup. — Géométrie dans l'espace. 2e année. — *P.*, 1868, 8°.
[8° I. 5061

Saint-Marc-Girardin.—Cours de littérature dramatique. 9e éd. — *P.*, 1868, 5 vol. 8°.   [8° O. 4257-61

Saint-Marc-Girardin. — Essais de littérature et de morale. Nouv. éd. — *P*, 1853, 2 vol. in-12.
[8° O. 4262-63

Saint-Marc-Girardin.—Jean-Jacques Rousseau, sa vie et ses ouvrages, avec une introduction par M. Ernest Bersot. — *P.*, 1875, 2 vol. in-18
[8° U. 6707-8

Saint-Pierre (Jacques-Henri-Bernardin de). — Œuvres, mises en ordre par L.-Aimé Martin. — *P.*, 1840, 4°.   [4° O. 387

Saint-Pierre (Jacques - Henri - Bernardin de). — Œuvres posthumes, mises en ordre par L.-Aimé Martin. — P., 1840, 4°. [4° O. 388

Saint-Priest. — Histoire de la chute des Jésuites au XVIII° siècle. — P., 1844, 8°. [8° U. 6709

Saint-Réal (Abbé). — Œuvres. Nouv. éd. — P., 1722, 5 vol. in-12. [8° O. 4264-68

Saint-Simon. — Écrits inédits, publiés sur les manuscrits conservés au dépôt des Affaires étrangères, par M. P. Faugère. — P., 1880, 4 vol. 8°. [8° U. 6710-13

Saint-Simon. — Mémoires complets et authentiques sur le siècle de Louis XIV et la Régence, collationnés sur le manuscrit original par Chéruel, et précédés d'une notice par Sainte-Beuve. — P., 1856-1858, 12 vol. in-12. [8° U. 6714-26

Saint-Thomas (H.). — Le rêve de Paddy et le cauchemar de John Bull. Notes sur l'Irlande.— P., (1886),in-18. [8° U. 6726. A

Saint-Vel (O.). — De la douleur physique et morale au point de vue physiologique et pathologique. — P., 1884, in-18. [8° I. 5062

Saint-Victor (J.-M. de). — Les fleurs des Saints. Actes des saints Martyrs.—P., (1844), 4°. [4° U. 1038

Saint-Victor (J.-B. de). — Tableau historique et pittoresque de Paris. 2° éd. — P., 1822, 8 vol. 8°.
1°° partie : 4 vol. 8°.
2° partie : 4 vol. 8°. [8° U. 6727-34

Saint-Victor (Paul de). — Anciens et modernes. — P., 1886, 8°. [8° U. 6734+A

Saint-Victor (Paul de). — Bar-

bares et bandits. La Prusse et la Commune. 5° éd. — P., 1885, in-18. [8° U. 6734. A

Saint-Victor (Paul de). — Hommes et Dieux ; études d'histoire et de littérature. — P., 1867, 8°. [8° O. 4269

Saint-Victor (Paul de). — Victor Hugo. — P., 1884, 8°. [8° U. 6735

Saint-Vincent (D° A.-C. de). — Nouvelle médecine des familles à la ville et à la campagne. 8° éd. 142 fig.— P., 1886, in-18. [8° I. 5062. A

Saint-Yves d'Alveydre. — Mission des Juifs. — P., 1884, 8°. [8° U. 6736

Sainte-Aulaire. — Histoire de la Fronde. — Nevers, 1841, 2 vol. 4°. [4° U. 1039-40

Sainte-Beuve (C.-A.). — Causeries du lundi. — P., 1857-1862, 15 vol. in-12. [8° O. 4270-84

Sainte-Beuve (C.-A.). — Nouveaux lundis. — P., 1870-1874,13 vol. in-12. [8° O. 4285-97

Sainte-Beuve (C.-A.). — Étude sur Virgile, suivie d'une Étude sur Quintus de Smyrne. 2° éd. — P.; 1870, in-12. [8° O. 4298

Sainte-Beuve (C.-A.). — Poésies complètes. — P., 1845, in-12. [8° O. 4299

Sainte-Beuve (C.-A.). — Portraits contemporains. Nouv. éd. — P., 1855, 3 vol.in-12. [8° O. 4300-2

Sainte-Beuve (C.-A.). — Portraits de femmes. Éd. revue.— P.; 1844, in-12. [8° O. 4303

Sainte-Beuve (C.-A.). — Portraits littéraires. Nouv. éd. — P., 1876-1878, 3 vol. in-18. [8° O. 4304-6

Sainte-Beuve (C.-A.). — Port-Royal. — *P.*, 1840-1859, 5 vol. 8°.
[8° U. 6737-41.

Sainte-Beuve. — Volupté. 3ᵉ éd. — *P.*, 1845, in-12.   [8° O. 4307

Sainte-Croix (Baron de). — Histoire des progrès de la puissance navale de l'Angleterre. — *Yverdon*, 1782, 2 vol. in-12.   [8° U. 6742-43

Sainte-Marie (E.). — Mission à Carthage. — *P.*, 1884, gr. 8°.
[4° U. 1040. A

Sainte-Palaye (La Curne de). — Mémoires sur l'ancienne chevalerie. — *P.*, 1781, 3 vol. in-12.
[8° U. 6744-46

Sainte Tryphine et le roi Arthur, mystère breton en 2 journées et 8 actes, trad. par F.-M. Luzel. Texte revu par M. l'abbé Henry.— *Quimperlé*, 1863, 8°.   [8° O. 4308

Sainte Véronique, apôtre de l'Aquitaine. Son tombeau et son culte à Soulac ou Notre-Dame de Fin-des-Terres, archidiocèse de Bordeaux. 2ᵉ éd. — *Toulouse*, 1877, 8°.   [8° U. 6747

Saintine (X.-B.). — Picciola. 16ᵉ éd. — *P.*, 1845, in-18.
[8° O. 4309

Saisset (Émile). — Critique et histoire de la philosophie. Fragments et discours. — *P.*, 1865, in-18.
[8° I. 5063

Saisset (Émile). — Essai de philosophie religieuse. — *P.*, 1859, 8°.
[8° I. 5064

Salazar (Pedro). — Monarquia de España. — *Madrid*, 1770, 2 vol. f°.
[Fol. U. 270-271

Salin (Henri). — Manuel pratique des poseurs de voies de chemins de fer. Nouv. éd. — *P.*, 1882, in-18.
[8° I. 5065

Salluste. — Œuvres. Trad. par Ch. Du Rozoir. — *P.*, 1829-33, 2 vol. 8°.   [8° O. 4310-11
(Collection Panckoucke.)
— Trad. Damas-Hinard et Bélèze. Collect. Nisard.   [4° O. 211

Salmon-Legagneur (Paul). — Faculté de droit de Paris. De la complicité à Rome et en France. Thèse pour le doctorat. — *P.*, 1881, 8°.
[8° E. 1752

Salmon-Legagneur (Raymond). —De la compétence du jury en matière de presse. (Loi du 29 juillet 1881.) — *P.*, 1882, 8°.   [8° E. 1753

Salon de 1882. — Explication des ouvrages de peinture, sculpture, architecture des artistes vivants, exposés au Palais des Champs-Élysées le 1ᵉʳ mai 1882. — *P.*, 1882-1885, in-16.   [8° I. 5066

Salva (Vicente). — Gramática de la lengua castellana. 5ᵃ ed. — *P.*, 1840, in-12.   [8° O. 4312

Salva (Vicente). — Nuevo diccionario de la lengua castellana. 3ᵃ ed. — *P.*, 1852, 4°.   [4° O. 389

Salvador (J.). — Jésus-Christ et sa doctrine. — *P.*, 1838, 2 vol. 8°.
[8° U. 6748-49

Salvan (Abbé). — Histoire du procès de Jean Calas à Toulouse. — *Toulouse*, 1863, 8°.   [8° E. 1754

Salvandy (A. de). — Histoire de Jean Sobieski et du royaume de Pologne. — *P.*, 1855, 2 vol. in-12.
[8° U. 6750-51

Salverte (Eusèbe). — Des sciences occultes, ou essai sur la magie, les prodiges et les miracles. 3ᵉ éd., précédée d'une introduction par E. Littré. — *P.*, 1856, 8°.   [8° I. 5067

Samson. — Mémoires. 3ᵉ éd., avec un portrait dessiné par G. Jacquet. — *P.*, 1882, in-16.   [8° U. 6752

Sanchez (Thomas). — Disputationum de sancto matrimonii sacramento tomi tres. — *Antuerpiæ*, 1607, 2 tom. en 1 vol. f°. [Fol. A. 85

Sand (George). — Correspondance (1812-1876). — *P.*, 1882-84, 6 vol. in-18. [8° O. 4313

Sand (George). — La famille de Germandre. 3ᵉ éd. — *P.*, 1862, in-18 [8° O. 4314

Sand (George). — François le Champi. — *P.*, 1851, in-18. [8° O. 4315

Sand (George). — Histoire de ma vie. — *P.*, 1856-1857, 10 tom. en 5 vol. in-12. [8° U. 6753-57

Sand (George). — Jean de La Roche. Nouv. éd. — *P.*, 1862, in-18. [8° O. 4316

Sand (George). — Lettres d'un voyageur. Nouv. éd. — *P.*, 1863, in-18. [8° O. 4317

Sand (George). — Mauprat. Nouv. éd.—*P.*, 1858, in-18. [8° O. 4318

Sand (George). — Nanon. — *P.*, 1872, in-18. [8° O. 4319

Sand (George). — La petite Fadette. — *P.*, 1850, in-18. [8° O. 4320

Sandeau (Jules). — Le docteur Herbeau. — *P.*, 1861, 8°. [8° O. 4321

Sandeau (Jules). — Mademoiselle de la Seiglière. 5ᵉ éd. — *P.*, 1858, 8°. [8° O. 4322

Sanderson (J. Burdon), Foster (Michaël), Brunton (L.). — Manuel du laboratoire de physiologie. Trad. de l'anglais par G. Moquin-Tandon. 184 fig. — *P.*, 1884, 8°. [8° I. 5068

Sanderus. — Histoire du schisme d'Angleterre, trad. par Maucroix. — *P.*, 1678, 2 vol. in-12. [8° U. 6758-59

Sanson (André). — Hygiène des animaux domestiques agricoles. Espèce bovine. Moutons, chèvres, porcs. Anes, chevaux, mulets. — *P.*, (s.d.), 3 vol. 8°. [8° I. 5069-71

Santallier (F.).— Sur la jetée du Havre. — *Le Havre*, 1858, in-12. [8° U. 6760

Saporta (G. de), Marion (A.-F.). — L'évolution du règne végétal. Les cryptogames. Avec 85 fig.—*P.*, 1881, 8°. [8° I. 5072

Sappey (Ph.-C.). — Traité d'anatomie descriptive. — *P.*, 1853-1855, 2 vol. in-18. [8° I. 5073-74

2ᵉ éd., 1867-1874. — *P.*, 4 vol. 8°. [8° I. 5075-78

Sarcey (Francisque).— Gare à vos yeux !! Sages conseils donnés par un myope à ses confrères. 3ᵉ éd. — *P.*, 1884, in-16. [8° I. 5079

Sarcey (Francisque). — Le mot et la chose. 3ᵉ éd. — *P.*, 1882, in-18. [8° O. 4323

Sarcey (Francisque). — Le siège de Paris. Impressions et souvenirs. 7ᵉ éd. — *P.*, 1871, in-12. [8° U. 6761

Sardou.— Abrégé de géographie. 2ᵉ éd. — *P.*, 1848, 8°. [8° U. 6762

Sardou (A.-L.). — Nouveau dictionnaire des synonymes français. 5ᵉ éd. — *P.*, 1881, in-18. [8° O. 4324

Sarot (É.). — De l'organisation des pouvoirs publics dans le département de la Manche, pendant la première Révolution.—*Coutances*, (s. d.), 8°. [8° U. 6763

Sarot (Émile). — Un tour dans l'Inde. 1ʳᵉ partie : La traversée. — *P.*, 1884, in-16.   [8° U. 6763. A

Sarpi (Fra Paolo). — Histoire du Concile de Trente. Trad. par de La Mothe-Josseval. — *Amsterdam*, 1683, 4°.   [4° U. 1041

Sarradin (A.). — Eustache Deschamps, sa vie et ses œuvres. — *Versailles*, 1879, 8°.   [8° U. 6764

Sarraute (Pierre). — Traité théorique et pratique de la réhabilitation des condamnés en matière criminelle, correctionnelle et disciplinaire. — *P.*, 1884, 8°.   [8° E. 1755

Sarrazin (Gabriel). — Poëtes modernes de l'Angleterre. — *P.*, 1885, in-18.   [8° O. 4325

Sarrepont (H. de). — Art militaire sous-aquatique. Les Torpilles. — *P.*, 1880, et suppl. 1883, 8°.   [8° I. 5080

Sarrette (A.). — Quelques pages des Commentaires de César. Parisiens, Belges, Arvernes, Mandubiens, Uxelloduniens. Défenses héroïques. Avec cartes et plans. — *P.*, 1863, 8°.   [8° U. 6765

Sarti (A.). — Le jardin potager et la basse-cour du curé et de l'instituteur rural. — *P.*, 1874, 8°.   [8° I. 5081

Satyre Ménippée. — *Ratisbonne*, 1714, 3 vol. in-12.   [8° U. 6766-68

Saucerotte (Dʳ C.). — L'esprit de Montaigne. Choix des meilleurs chapitres et des plus beaux passages des « Essais », disposés dans un ordre méthodique, avec notes et commentaires. — *P.*, 1886, in-16.   [8° O. 4325. A

Saucerotte (C.). — Guide auprès des malades. 2ᵉ éd. — *P.*, 1844, in-12.   [8° I. 5082

Saugnier. — Relations de plusieurs voyages à la côte d'Afrique, tirées des journaux de M. Saugnier. Avec une carte réduite de celle de M. de Laborde. — *P.*, 1791, 8°.   [8° U. 6769

Saulcy (F. de). — Histoire de l'art judaïque, tirée des textes sacrés et profanes. 2ᵉ éd. — *P.*, 1864, 8°.   [8° I. 5083

Saurin (Jacques). — Sermons sur divers textes de l'Écriture sainte. Nouv. éd. — *Lausanne*, 1759, 12 vol. 8°.   [8° A. 882-93

Sautreau de Marsy. — Nouveau siècle de Louis XIV, ou poésies-anecdotes du règne et de la cour de ce prince, avec des notes historiques et des éclaircissements. — *P.*, 1793, 4 vol. 8°.   [8° U. 6770-73

Sauvage (Dʳ H.-E.). — La grande pêche. Les Poissons. 86 grav. — *P.*, 1883, in-16.   [8° I. 5084

Sauvage (Hippolyte). — Légendes normandes recueillies dans l'arrondissement de Mortain (Manche). 2ᵉ éd. — *Angers*, 1869, in-18.   [8° U. 6774

Sauval (Henri). — Histoire et recherches des antiquités de la ville de Paris. — *P.*, 1724, 3 vol. f°.   [Fol. U. 272-274

Sauvant (A.). — Manuel des actes de l'État civil. 3ᵉ éd. — *P.*, 1847, in-12.   [8° E. 1756

Sauvestre (Charles). — Les congrégations religieuses dévoilées. Enquête. 4ᵉ éd., revue et complétée sur les documents de 1879. — *P.*, 1879, in-18.   [8° U. 6775

Sauzay (A.). — La verrerie, depuis les temps les plus reculés jusqu'à nos jours. 2ᵉ éd. — *P.*, 1869, in-12.   [8° I. 5085

(Bibliothèque des Merveilles.)

Sauzet (Marc). — De la responsabilité des locataires vis-à-vis du bailleur au cas d'incendie, d'après le nouvel article 1734 du Code civil. (Loi du 5 janvier 1883.) — P., 1885, 8°.
[8° E. 1757

Savary de Lancosme-Brèves. — De l'équitation et des haras. 3° éd. — P., 1843, 8°. [8° I. 5086

Savigny, Bischoff.—Les richesses du Tong-Kin, les produits à y importer et l'exportation française. Guide administratif, commercial, etc. 1 carte. — P., 1885, in-18.
[8° U. 6775.A

Savigny (F. de). — Le droit des Obligations. Traduit par Gérardin et Jozon. — P., 1863, 2 vol. 8°.
[8° E. 1758-59

Savigny (F. de). — Histoire du droit romain au moyen âge. Trad. de l'Allemand par Charles Guenoux. — P., 1830, 2 vol. 8°.
[8° E. 1760-61

Savigny (Fréd.-Charles de). — Traité de la possession en droit romain. Trad. de l'allemand par Faivre-d'Audelange et revu par Valette. — P., 1841, 8°. [8° E. 1762

7° éd., 1866, publiée par Rudorff. Trad. par Staedtler. — P., 8°.
[8° E. 1763

Savigny (Fréd.-Charles de). — Traité du droit romain. Trad. de l'allemand par M. Guenoux. 2° éd. — P., 1855-1860, 8 vol. 8°.
[8° E. 1764-71

Savoye (J.). — Cours de langue allemande. 4° éd. — P., 1848, 8°.
[8° O. 4326

Say (Léon). — Dix jours dans la Haute-Italie. — P., 1883, 8°.
[8° U. 6776

Say (Léon). — Les finances de la France. Une année de discussion, du 15 déc. 1881 au 20 décembre 1882. — P., (s. d.), 8°. [8° U. 6777

Sayous (Édouard). — Histoire des Hongrois et de leur littérature politique, de 1790 à 1815. — P., 1872, in-18.
[8° U. 6778

Scaliger (Joseph). — Scaligeriana sive excerpta ex ore Josephi Scaligeri, per FF. PP. — Hagæ-Comitis, 1666, in-12. [8° O. 4327

Scarpa (A.). — Réflexions et observations anatomico-chirurgicales sur l'anévrisme. Trad. de l'italien par J. Delpech. — P., 1809, 8°.
[8° I. 5087

Scarron. — Le roman comique. Nouv. éd., revue, annotée et précédée d'une introduction, par M. Victor Fournel. — P., 1857, 2 vol. in-16.
[8° O. 4328-29
(Bibliothèque Elzévirienne.)

Scarron. — Le Virgile travesti en vers burlesques. — P., 1726-1730, 3 vol. in-12. [8° O. 4330-32

Schayes (A.-G.-B.). — La Belgique et les Pays-Bas avant et pendant la domination romaine. 2° éd. — Bruxelles, 1877, 4 vol. 8°.
[8° U. 6779-82

Scheffmacher. — Lettres à un magistrat protestant, revues par M. A.-B. Caillau. — Lyon, 1839, 4 vol. 8°.
[8° A. 894-97

Scheler (Auguste). — Dictionnaire d'étymologie française d'après les résultats de la science moderne. Nouv. éd. — Bruxelles, 1873, 8°.
[8° O. 4333

Scheler (Auguste). — Histoire de la maison de Saxe-Cobourg-Gotha. — Bruxelles, 1846, 4°.
[4° U. 1042

Scherer (Edmond). — Études sur la littérature contemporaine. — *P.*, 1882–1886 , 7 vol. in-18.
[8° O. 4334

Scherer (Edmond). — Mélanges d'histoire religieuse. — *P.*, 1864 , 8°.
[8° I. 5088

Scherzer (Charles), **Humann** (Ch.), **Stöckel** (J.-M.). — La province de Smyrne. Trad. de l'allemand par F. Silas. — *Vienne*, 1873, 8°.
[8° U. 6783

Schiller.—Histoire de la guerre de Trente ans. Trad. par Ch. (Champfeu.) — *P.*, 1803, 2 vol. 8°.
[8° U. 6784-85

Schiller (Friedrich von).— Sämmtliche Werke. — *Stuttgart*, 1812-1814, 14 t. en 12 vol. 8°.
[8° O. 4335-45

Schiller. — Œuvres. Traduction nouv. par Ad. Régnier. — *P.*, 1860-71, 8 vol. 8°.   [8° O. 4346-53

Schiller. — Théâtre. Trad. par Lamartelière. — *P.*, 1799, 2 vol. 8°.
[8° O. 4354-55

Schiller. — Œuvres dramatiques. Trad. de Barante. — *P.*, 1834-1835 , 6 t. en 3 vol. 8°.
[8° O. 4356-58

Schleicher (August). — Compendium der vergleichenden Grammatik der indogermanischen Sprachen. — *Weimar*, 1861-1862, 2 vol. 8°.
[8° O. 4359-60

Schliemann (Henri). — Ilios , ville et pays des Troyens. Résultat des fouilles sur l'emplacement de Troie et des explorations faites en Troade de 1871 à 1882, avec une autobiographie de l'auteur. Trad. de l'anglais par Mme E. Egger. 2 cartes, 8 plans et 2,000 grav. — *P.*, 1885, 4°.
[4° U. 1042.A

Schloss (Paul). — Guide pratique de l'arbitragiste, à l'usage spécial de la place de Paris. 4e éd. — *P.*, 1881, in-16.   [8° I. 5089

Schlumberger (Gustave). — Les îles des princes. Le palais et l'église des Blachernes , la grande muraille de Byzance. Souvenirs d'Orient. — *P.*, 1884, in-18.   [8° U. 6786

Schmid (Le chanoine). — Contes. Trad. nouv. — *P.*, 1843, 2 vol. 8°.
[8° O. 4361-62

Schmidt (Frédéric). — La Suède sous Charles XIV-Jean. Trad. de l'allemand. — *P.*, 1843, 8°.
[8° U. 6787

Schmidt (Michel-Ignace). — Histoire des Allemands. Trad. de l'allemand , par J.-C. de La Veaux. — *Reims*, 1786-1787, 6 vol. 8°.
[8° U. 6788-93

Schmidt (O.). — Descendance et darwinisme. 2e éd.— *P.*, 1876, 8°.
[8° I. 5090

Schmoll (Louis).—Traité pratique des brevets d'invention , dessins, modèles et marques de fabrique , comprenant la législation étrangère et les traités internationaux. — *P.*, 1867, 8°.
[8° E. 1772

Schnéegans (A.).— La guerre en Alsace. 1re partie. Strasbourg. — *Neuchâtel*, (s. d.), 8°.   [8° U. 6794

Schnitzler (J.-H.). — La Russie, la Pologne et la Finlande.— *P.*, 1835, 8°.   [8° U. 6795

Schoell (Max.-Samson-Fréd.). — Cours d'histoire des États européens.— *P.*, 1830-1834, 47 vol. 8°.
[8° U. 6796-6842

Scholl (Aurélien).— Le Lorgnon. — *P.*, 1869, in-32.
[8° U. 6843

Schopenhauer (Arthur). — Parerga et paralipomena. Aphorismes sur la sagesse dans la vie. Trad. en français pour la première fois par J.-A. Cantacuzène. — *P.*, 1880, 8°.
[8° I. 5091

Schopenhauer (Arthur). — De la quadruple racine du principe de la raison suffisante, dissertation philosophique. Trad. en français pour la première fois par J.-A. Cantacuzène. — *P.*, 1882, 8°.
[8° I. 5092

Schopenhauer (Arthur). — Essai sur le libre arbitre. Trad. en français pour la première fois. — *P.*, 1877, in-18.
[8° I. 5093

Schreber (D.-G.-M.). — Système de gymnastique de chambre, médicale et hygiénique. Traduit de l'allemand par Van Oordt. — *P.*, 1856, 8°.
[8° I. 5094

Schribaux (E.), **Nanot** (J.). — Éléments de botanique agricole. Avec 260 fig. et une carte. — *P.*, 1882, in-16.
[8° I. 5095

Schulte (Frédéric de). — Histoire du droit et des institutions de l'Allemagne. Traduit et annoté sur la 5ᵉ éd. par Marcel Fournier. Précédé d'une introduction, par M. Ernest Glasson. — *P.*, 1882, 8°.
[8° E. 1773

Schultz (Alex.). — Notice sur les pêcheries et la chasse aux phoques dans la mer Blanche, l'Océan glacial et la mer Caspienne. — *St-Pétersbourg*, 1873, 4°.
[4° I. 985

Schulze - Delitzsch. — Cours d'économie politique, à l'usage des ouvriers et des artisans. Traduit par B. Rampal. — *P.*, 1874, 2 vol. in-12.
[8° I. 5096-97

Schuré (Édouard). — Le drame musical. Nouv. éd., augmentée d'une étude sur Parsifal. T. I. La musique et la poésie dans leur développement historique, T. II. Richard Wagner, son œuvre et son idée. — *P.*, 1886, 2 vol. in-16.
[8° I. 5097. A

Schuster (C.-G.-Th.). — Nouveau dictionnaire des langues allemande et française, revu pour le français par Ad. Regnier. — *P.*, 1841-1843, 2 vol. 8°.
[8° O. 4363-64

Schuster (C.-G.-Th.). — Nouveau dictionnaire des langues allemande et française. Second tirage, T. Iᵉʳ. Allemand-français. — *P.*, 1844, 8°.
[8° O. 4364. A

Schützenberger (Paul). — Des fermentations. — *P.*, 1875, 8°.
[8° I. 5098

3ᵉ éd., 1873. — *P.*, 8°.
[8° I. 5099

Schützenberger (Paul). — Traité de chimie générale, comprenant les principales applications de la chimie aux sciences biologiques et aux arts industriels. — *P.*, 1880-87, 5 vol. 8°.
[8° I. 5100-103

Schützenberger (P.). — Traité des matières colorantes, comprenant leurs applications à la teinture et à l'impression. — *P.*, 1867, 2 vol. 8°.
[8° I. 5104-105

Schweinfurth (Dʳ G.). — Au cœur de l'Afrique, 1868-1871. Voyages et découvertes dans les régions inexplorées de l'Afrique centrale, trad. par Mᵐᵉ H. Loreau. — *P.*, 1875, 2 vol. 8°.
[8° U. 6844-45

Schwerz (J.-N.). — Manuel de l'agriculteur commençant. Trad. de l'allemand, par Charles et Félix Villeroy. — *P.*, 1846, in-12.
[8° I. 5106

Sciout (Ludovic). — Histoire de la Constitution civile du clergé (1790-1801). L'Église et l'Assemblée constituante. — L'Église sous la Terreur et le Directoire. — *P.*, 1872-1881, 4 vol. 8°.
[8° U. 6846-49

Sclopis (Federigo). — Opere utili. Legislazione. Storia della legislazione italiana. — *Torino*, 1840, 2 vol. in-12. [8° E. 1774-75

Scott (Walter). — The Novels.— *P.*, (1829), 5 vol. 8°. [8° O. 4365-69

Scott (Walter). — Œuvres. Trad. nouv., par Albert Montémont, revue et corrigée par Barré. — *P.*, 1840, 14 vol. 8°. [8° O. 4370-4383

Scribe (Eugène). — Théâtre. — *P.*, 1856-1857, 20 tom. en 10 vol. in-12. [8° O. 4384-93

Séances des écoles normales. Nouv. éd. — *P.*, 1800-01, 13 vol. 8°. [8° I. 5107-119

Séances et travaux de l'Académie des sciences morales et politiques. Compte-rendu par MM. Loiseau et Ch. Vergé, sous la direction de M. Mignet. T. I-XI. — *P.*, 1842-1847, 11 vol. 8°. [8° I. 5120-29

Sébillot (Paul). — La France merveilleuse et légendaire. Contes des provinces de France. — *P.*, 1884, in-18. [8° O. 4394

Sébillot (Paul). — Traditions et superstitions de la Haute-Bretagne. — *P.*, 1882, 2 vol. in-16. [8° U. 6850-51
(Les littératures populaires de toutes les nations.)

Secchi (Le P. A.). — Les étoiles. Essai d'astronomie sidérale. — *P.*, 1879, 2 vol. 8°. [8° I. 5130-31

Séchan (Ch.). — Souvenirs d'un homme de théâtre (1831-1855), recueillis par Adolphe Badin. — *P.*, 1883, in-18. [8° U. 6852

Séché (Léon). — Les *Dies iræ* du Mexique. — *P.*, 1873, in-12. [8° O. 4395

Séché (Léon).—Les Griffes du lion. — *P.*, 1872, in-12. [8° O. 4396

Secousse. — Mémoires pour servir à l'histoire de Charles II, roi de Navarre. — *P.*, 1755-1758, 2 vol. 4°. [4° U. 1043-44

Sedaine. — Œuvres choisies. — *P.*, 1830, 3 vol. in-32. [8° O. 4397-99

Sédillot (Ch.). — Traité de médecine opératoire. 2ᵉ éd. — *P.*, 1853-1855, 2 vol. in-12. [8° I. 5132-33

Sée (Germain). — Du diagnostic et du traitement des maladies du cœur, et en particulier de leurs formes anomales. Leçons recueillies par le Dʳ F. Labadie-Lagrave (1874-1876). 2ᶜ éd. — *P.*, 1883, 8°. [8° I. 5134

Sée (Paul). — La situation de la meunerie française et les nouveaux procédés. — *P.*, 1883, 8°. [8° I. 5135

Ségalas (Mᵐᵉ Anaïs). — Enfantines, poésies à ma fille. 2ᵉ éd. — *P.*, (1845), in-12. [8° O. 4400

Ségalas (Mᵐᵉ Anaïs). — La Femme. — *P.*, 1848, in-18. [8° O. 4401

Ségalas (Mᵐᵉ Anaïs). — Les Oiseaux de passage. — *P.*, 1837, 8°. [8° O. 4402

Ségéral (Alphonse). — Code pratique de la justice de paix, ou traité théorique et pratique des attributions des juges de paix en matière civile. 5ᵉ éd., augmentée par Abel Ségéral. — *Montdidier*, 1885, 8°. [8° E. 1776

Segrais (De). — Segraisiana ou mélange d'histoire et de littérature, recueilli des entretiens de M. de Segrais. — *P.*, 1721, in-12. [8° O. 4403

Séguin (Joseph). — La Dentelle. Histoire. Description. Fabrication. Bibliographie. — *P.*, 1875, f°. [Fol. I. 200

Ségur (De).— Histoire universelle. 8ᵉ éd. — *P.*, 1847, 3 vol. 4⁰.
[4⁰ **U. 1045-47**

Ségur (De).— Abrégé de l'histoire universelle ancienne et moderne. 2ᵉ éd. — *P.*, 1823, 16 vol. in-12.
[8⁰ **U. 6853-68**

Ségur (De). — Histoire romaine. 7ᵉ éd.— *P.*, 1843, 2 vol. in-12.
[8⁰ **U. 6869-70**

Ségur (J.-A. de). — Les Femmes, leur condition et leur influence dans l'ordre social. Nouv. éd. — *P.*, 1820, 4 vol. in-12.
[8⁰ **I. 5136-39**

Ségur (L.-P.). — Tableau historique et politique de l'Europe depuis 1786 jusqu'en 1796. 2ᵉ éd. — *P.*, 1801, 3 vol. 8⁰.
[8⁰ **U. 6871-73**

Ségur (Cᵉˢˢᵉ de). — Les bons enfants. 2ᵉ éd. — *P.*, 1864, in-18.
[8⁰ **O. 4404**

Ségur (Cᵉˢˢᵉ de). — Mémoires d'un âne. — *P.*, 1866, in-18.
[8⁰ **O. 4405**

Ségur (Cᵉˢˢᵉ de).— Nouveaux contes de fées. 3ᵉ éd. — *P.*, 1863, in-18.
[8⁰ **O. 4406**

Ségur (Cᵉˢˢᵉ de). — La Sœur de Gribouille. — *P.*, 1865, in-18.
[8⁰ **O. 4407**

Ségur (Cᵉˢˢᵉ de).—Les vacances.— *P.*, 1861, 8⁰.
[8⁰ **O. 4408**

Seillon (J.). — Tissage des rubans. Cours théorique et pratique. — *Saint-Étienne*, 1867, 8⁰.
[8⁰ **I. 5140**

Seinguerlet (E.). — L'Alsace française. Strasbourg pendant la Révolution. — *P.*, 1881, 8⁰.
[8⁰ **U. 6874**

Sémérie (Eugène). — Des symptômes intellectuels de la folie. 2ᵉ éd. — *P.*, 1875, in-18.
[8⁰ **I. 5141**

Semichon (E.). — Histoire des enfants abandonnés, depuis l'antiquité jusqu'à nos jours. Le tour. — *P.*, 1880, in-18.
[8⁰ **I. 5142**

Semmes (R.). — Croisières de l'*Alabama* et du *Sumter*. Journal du commandant R. Semmes. — *P.*, 1864, 8⁰.
[8⁰ **U. 6875**

Sempé (Raymond). — Étude sur les vins exotiques. — *Bordeaux*, 1882, in-16.
[8⁰ **I. 5143**

Sénancour (De). — Obermann. 2ᵉ éd. — *P.*, 1833, 2 vol. 8⁰.
[8⁰ **O. 4409-10**

Senecé. — Œuvres choisies. Nouv. éd., publiée par MM. Emile Chasles et P.-A. Cap, précédée d'une monographie de la famille Bauderon de Senescey, par M. Émile Chasles. — *P.*, 1855, in-16.
[8⁰ **O. 4411**
(Bibliothèque Elzévirienne.)

Senecé. — Œuvres posthumes, publiées pour la première fois par MM. Émile Chasles et P.-A. Cap.— *P.*, 1855, in-16.
[8⁰ **O. 4412**
(Bibliothèque Elzévirienne.)

Sénégal et Niger. La France dans l'Afrique occidentale (1879-1883). — *P.*, 1884, 2 vol. 8⁰ dont un atlas.
[8⁰ **U. 6876-77**
(Ministère de la Marine.)

Sénèque le philosophe. — Œuvres complètes, trad. par MM. Ajasson de Grandsagne, Baillard, Charpentier, etc. Publiées par M. Charles Du Rozoir. — *P.*, 1833-35, 8 vol. 8⁰.
[8⁰ **O. 4413-20**
(Collection Panckoucke.)

— Trad. Élias Regnault, Hauréau, Baillard, Pintrel et La Fontaine. Collect. Nisard.
[4⁰ **O. 207**

Sénèque (L.-A.). — Tragédies. Trad. par E. Greslon. — *P.*, 1834, 3 vol. 8⁰.
[8⁰ **O. 4421-23**
(Collection Panckoucke.)

— Trad. Savalète et Desforges, Collect. Nisard.
[4⁰ **O. 212**

Senès (V.). — Les questions d'assurances de 1878 à 1881. — *P.*, 1881, 8°. [8° I. **5144**

Sepet (Marius). — Esquisse d'une représentation dramatique à la fin du quinzième siècle. — *P.*, 1868, 8°. [8° O. **4424**

Sepet (Marius). — Jeanne d'Arc, avec une introduction, par M. Léon Gautier. — *Tours*, 1869, gr. 8°. [4° U. **1048**

Sepet (Marius). — La Tragédie française et le Drame national. — *P.*, 1868, 8°. [8° O. **4425**

Sept-Fons. Notice historique sur l'abbaye de N.-D. de Saint-lieu Sept-Fons, depuis sa fondation jusqu'à ce jour, par un religieux de ce monastère. — *Moulins*, 1873, 8°. [8° U. **6878**

Sérafon (F.). — Les tramways et les chemins de fer sur routes. — *P.*, 1882, in-16. [8° I. **5145**

Serena (Mme Carla). — Hommes et choses en Perse. Avec un portrait de l'auteur. — *P.*, 1883, in-18. [8° U. **6879**

Serena (Mme Carla). — Seule dans les steppes. Épisodes de mon voyage au pays des Kalmoucks et des Kirghiz. Dessins de A. Brun.—*P.*, 1883, in-18. [8° U. **6880**

Sergent (E.).— Traité pratique et complet de tous les mesurages, métrages, jaugeages de tous les corps. 4e éd. — *P.*, 1864, 2 vol. 8°. [8° I. **5146-47**

Serignan (De). — L'armée espagnole. Notes, souvenirs et impressions de voyage. — *P.*, 1883, 8°. [8° U. **6881**

Seringe (N.-C.). — Flore des jardins et des grandes cultures. — *Lyon*, 1849, 3 vol. 8° [8° I. **5148-50**

Serres (Marcel de). — De la Cosmogonie de Moïse. 2e éd. — *P.*, 1841, 2 t. en 1 vol. 8°. [8° I. **5151**

Serret (J.-A.). — Cours d'Algèbre supérieure. 4e éd. — *P.*, 1877-1879, 2 vol. 8°. [8° I. **5152-53**

Serret (J.-A.). — Cours de calcul différentiel et intégral. 2e éd. T. Ier. Calcul différentiel. T. II. Calcul intégral. — *P.*, 1879-1880, 2 vol. 8°. [8° I. **5154-55**

Serret (J.-A.). — Traité de trigonométrie. 2e éd. — *P.*, 1857, 8°. [8° I. **5156**

Serrigny. — Traité de l'organisation de la compétence et de la procédure en matière contentieuse administrative.— *P.*, 1842, 3 vol. 8° avec supplément. [8° E. **1777-79**

Sévigné (Mme de). — Lettres de Mme de Sévigné, de sa famille et de ses amis. Nouv. éd. — *P.*, 1822-1823, 12 vol. 8°. [8° O. **4426-37**

Sévigné (Mme de). — Lettres de Mme de Sévigné, de sa famille et de ses amis, recueillies et annotées par M. Monmerqué. — *P.*, 1862-1868, 14 vol. 8° et atlas 4°. [8° O. **4438-52** (Les grands Écrivains de la France.)

Sevoy (F.-H.). — Devoirs ecclésiastiques. — *Besançon*, 1828, 4 vol. in-12. [8° A. **898-901**

Sèze. — État ou tableau de la ville de Paris. — *P.*, 1760, 8°. [8° U. **6882**

Shakespeare (William). — Works. — *London*, 1747, 8 vol. 8°. [8° O. **4453-60**

Shakespeare (William). — The dramatic works, from the text of Johnson, Steevens and Reed, with a biographical memoir. — *P.*, 1842, 8°. [8° O. **4461**

Shakespeare (William). — Œuvres complètes. Trad. de Guizot. Nouv. éd. — *P.*, 1862, 8 vol. 8°.
[8° **O. 4462-69**

Shakespeare (William). — Œuvres complètes. Trad. de François-Victor Hugo. 2ᵉ éd.— *P.*, 1865-1873, 15 vol. 8°. [8° **O. 4470-84**

Shakespeare (William).—Chefs-d'œuvre. Trad. Montégut. —*P.*, 1868, 3 vol. in-12. [8° **O. 4485-87**

Sheridan. — Œuvres, trad. par Benjamin Laroche. — *P.*, 1844, in-12.
[8° **O. 4488**

Sicard. — Théorie des signes, étude des langues. — *P.*, 1814, 2 vol. 8°. [8° **O. 4489-90**

Sicard (G.). — Histoire naturelle des champignons comestibles et vénéneux. Préface par Ad. Chatin. Avec 75 pl. coloriées. — *P.*, 1883, 4°.
[4° **I. 986**

Sicard (Henri). — Éléments de zoologie. 758 fig. — *P.*, 1883, 8°.
[8° **I. 5157**

Sicre de Fontbrune. — Société des études coloniales et maritimes. La question des sucres en France et dans les colonies. Rapport.—*P.*, (s. d.), gr. 8°. [4° **I. 987**

Siegfried (Jacques).— Seize mois autour du monde. 1867-1869. — *P.*, 1869, 8°. [8° **U. 6883**

Siegfried (Jules). — La Misère, son histoire, ses causes, ses remèdes. 3ᵉ éd. — *P.*, 1879, in-12.
[8° **I. 5158**

Signol (Jules). — Aide-mémoire du vétérinaire. 395 fig. — *P.*, 1884, in-18. [8° **I. 5159**

Silbert (P.). — Traité pratique de l'accouchement prématuré artificiel. — *P.*, 1855, 8°. [8° **I. 5160**

Silius Italicus. — Les Puniques, trad. par MM. E.-F. Corpet et N.-A. Dubois. — *P.*, 1836-1838, 3 vol. 8°.
[8° **O. 4491-93**
(Collection Panckoucke.)

Silvestre (Théophile). — Histoire des artistes vivants, français et étrangers ; études d'après nature. Première (et seule) série. — *P.*, 1856, 4°.
[4° **U. 1049**

Simian (Jules). — Notes et renseignements sur la fabrication de l'alcool de grain en France. — *Marseille*, 1883, 8°. [8° **I. 5161**

Simil (Alphonse). —Traité de perspective pratique. — *P.*, 1881, f°.
[Fol. **I. 201**

Simon. — Le grand Dictionnaire de la Bible, ou explication de tous les mots propres du Vieux et du Nouveau Testament, etc. — *Lyon*, 1717, 2 vol. f°. [Fol. **A. 86-87**

Simon (Ch.). — Précis d'arithmétique. — *P.*, 1868, 8°.
[8° **I. 5162**

Simon (Jules).— Le Devoir. 3ᵉ éd. — *P.*, 1855, in-12. [8° **I. 5163**

Simon (Jules). — Dieu, Patrie, Liberté. 8ᵉ éd. — *P.*, 1883, 8°.
[8° **U. 6884**

Simon (Jules). — L'École. 4ᵉ éd. — *P.*, 1865, 8°. [8° **I. 5164**

Simon (Jules). — Le gouvernement de M. Thiers (8 fév. 1871-24 mai 1873). — *P.*, 1878, 2 vol. 8°.
[8° **U. 6885-86**

Simon (Jules). — La Liberté. — *P.*, 1859, 2 vol. 8°.
[8° **I. 5165-66**

Simon (Jules). — La Liberté de conscience. — *P.*, 1857, in-12.
[8° **I. 5167**

Simon (Jules). — Le livre du petit citoyen. 2ᵉ éd. — P., 1881, in-16. [8° I. 5168

Simon (Jules). — L'Ouvrière. 4ᵉ éd. — P., 1862, in-12. [8° U. 6887

Simon (Julés). — La Réforme de l'enseignement secondaire. 2ᵉ éd. — P., 1874, in-18. [8° I. 5169

Simon (Jules). — La Religion naturelle. 3ᵉ éd. — P., 1857, in-12. [8° I. 5170

Simon (Jules). — Souvenirs du Quatre-Septembre. Origine et chute du second Empire. 2ᵉ éd. — P., 1874, 8°. [8° U. 6888

Simon (Jules). — Souvenirs du Quatre-Septembre. Le Gouvernement de la Défense nationale. 2ᵉ éd. — P., 1875, 8°. [8° U. 6889

Simon (Jules). — Thiers, Guizot, Rémusat. — P., 1885, 8°. [8° U. 6889. A

Simon (Jules). — Le Travail. — P., 1866, 8°. [8° I. 5171

Simon (Jules). — Une Académie sous le Directoire. — P., 1885, 8°. [8° U. 6890

Simon (Dʳ Jules). — Conférences thérapeutiques et cliniques sur les maladies des enfants. 2ᵉ éd. — P., 1882, 8°. [8° I. 5172

Simon (P.-Max). — Crimes et délits dans la folie. — P., 1886, in-16. [8° I. 5172. A

Simond (Charles). — L'Afghanistan. Les Russes aux portes de l'Inde. 1 carte. — P., 1885, in-18. [8° U. 6890. A

Simonin (Louis). — A travers les États-Unis. De l'Atlantique au Pacifique. — P., 1885, in-12. [8° U. 6890. B

Simonin (L.). — Les Grands ports de commerce de la France. — P., 1878, in-18. [8° U. 6891

Simonin (L.). — Histoire de la terre, origines et métamorphoses du globe. 5ᵉ éd., augmentée d'un chapitre sur le bassin de Paris. — P., (1872), in-18. [8° I. 5173

Simonin (Louis). — Les Merveilles du monde souterrain. 2ᵉ éd. — P., 1869, in-12. [8° I. 5174 (Bibliothèque des Merveilles.)

Simonin (L.). — Le Monde américain. Souvenirs de mes voyages aux États-Unis. 3ᵉ éd. — P., 1883, in-18. [8° U. 6892

Simonin (L.). — L'or et l'argent. — P., 1877, in-12. [8° I. 5175

Simonin (Louis). — Les Pierres, esquisses minéralogiques. — P., 1869, 4°. [4° I. 988

Simonin (L.). — Les Ports de la Grande-Bretagne. Glasgow, Newcastle, Liverpool, Londres. Le mouvement maritime. — P., 1881, in-18. [8° U. 6893

Simonin (Louis). — La vie souterraine, ou les Mines et les Mineurs 2ᵉ éd. — P., 1867, gr. 8°. [4° I. 989

Simplicien (Le P.). — L'État de la France. — P., 1727, 5 vol. in-12. [8° U. 6894-98

Sinha (Amera). — Cosha or Dictionary of the sanscrit language, with an english interpretation and annotations, by H. T. Colebrooke. — Serampoor, 1808, f°. [Fol. O. 112

Siret. — Éléments de la langue anglaise ou méthode pratique pour apprendre cette langue. Nouv. éd. — P., 1788, 8°. [8° O. 4494

Siret (Adolphe). — Dictionnaire historique des Peintres. — *Bruxelles*, 1848, 4°. [4° U. 1050

2° éd., 1866. — P., gr. 8°. [4° U. 1051

Sirey (J.-B.). — Code civil annoté. — P., 1817, 8°. [8° E. 1780

Sirey (J.-B.), **De Villeneuve** (L.-M.), **Carette** (A.). — Recueil général des lois et des arrêts. — P., 1791 et ann. suiv., 4°. [4° E. 240-49

Sismondi (Simonde de). — De la littérature du Midi de l'Europe. 2° éd. — P., 1819, 4 vol. 8°. [8° O. 4495-98

Sismondi (J.-C.-L. Simonde de). — Études des sciences sociales. I. Études sur les constitutions des peuples libres. II, III. Études sur l'Économie politique.— P., 1836-38, 3 vol. 8°. [8° I. 5176-78

Sismondi (J.-C.-L. Simonde de), **Renée** (A.).— Histoire des Français, continuée, depuis l'avènement de Louis XVI, par A. Renée. — P., 1821-1844, 31 vol. 8°. [8° U. 6899-6929

Sismondi (J.-C.-L. Simonde de). — Histoire des républiques italiennes du moyen âge. — P., 1818, 16 vol. 8°. [8° U. 6930-45

Sismondi (J.-C.-L. Simonde de). — Nouveaux principes d'économie politique, ou de la Richesse dans ses rapports avec la population. — P., 1819, 2 vol. 8°. [8° I. 5179-80

Situation (La). — Les causes et les moyens. Études politiques, par un patriote indépendant. — P., 1872, in-12. [8° U. 6946

Situation administrative et financière des hôpitaux et hospices de l'Empire. — P., 1869, 2 vol. f°. [Fol. I. 202-203

(Ministère de l'Intérieur.)

Situation (La) financière des communes de France et d'Algérie, précédée d'un tableau indiquant la situation financière des départements. — P., 1877, 4°. [4° U. 1052

1878. 1884.
1879. 1885.
1880. 1886.
1881.

Skene (William F.). — The Highlanders of Scotland. — *London*, 1837, 2 vol. 8°. [8° U. 6947-48

Smith. — Nouveau dictionnaire des secrets des arts et métiers. — P., 1824, in-12. [8° I. 5181

Smith (Adam). — Recherches sur la nature et les causes de la richesse des nations, trad. de l'anglais par Blavet. — P., 1800-1801, 4 vol. 8°. [8° I. 5182-85

Smith (Adam). — Théorie des sentiments moraux. Trad. de l'anglais par S. Grouchy.—P., 1798, 2 vol. 8°. [8° I. 5186-87

Smith (Agnès). — Glimpses of greek life and scenery. — *London*, 1884, 8°. [8° U. 6949

Smith (L.), **Hamilton** (H.). — The international english and french dictionary. — P., 1860, 4°. [4° O. 390

Smith (L.). — Traité de l'administration communale. — P., 1862, in-12. [8° E. 1781

Smith (William). — Dictionary of greek and roman antiquities. 2° éd. — *London*, 1865, 8°. [8° U. 6950

Smith (William). — Dictionary of greek and roman biography and mythology. — *London*, 1844-1849, 3 vol. 8°. [8° U. 6951-53

Smith (William). — Dictionnaire de biographie, mythologie, géographie

anciennes. Trad. de l'anglais, par N. Theil. — *P.*, 1865, in-18.
[8° U. 6954

Smolett (T.). — Histoire d'Angleterre jusqu'en 1748. — *Orléans*, 1759-1764, 19 vol. in-12.
[8° U. 6955-73

Smyth (R. Brough). — The Aborigines of Victoria, with notes relating to the habits of the natives of other parts of Australia and Tasmania. — *London*, 1878, 2 vol. 4°.
[4° U. 1052. A

Snellaert (A.). — Histoire de la littérature flamande.—*Bruxelles*, (s. d.), in-16.
[8° O. 4499

Sobry (J.). — Poétique des arts ou cours de peinture et de littérature comparées. — *P.*, 1810, 8°.
[8° I. 5188

Société d'encouragement pour l'industrie nationale, fondée en 1801. Compte-rendu des séances. — *P.*, 1870-1881, 8°.
[8° I. 5189

Société (La) russe, par un Russe. Trad. par MM. Ernest Figurey et Désiré Corbier, avec une introduction par M. Antonin Proust. 3ᵉ éd. — *P.*, 1878, 2 vol. in-18.
[8° U. 6974-75

Socoloff (N.). — Analyses de quelques espèces de champignons comestibles. — *St-Pétersbourg*, 1873, 4°.
[4° I. 990

Soglia (Jean). — Institutiones juris privati ecclesiastici ; libri III. 2ᵃ éd. — *P.*, 1858, in-12.
[8° E. 1782

Soir (Le). Journal des assemblées législatives. 10ᵉ ann. 1877, 1878-82. — *P.*, gr. f°.
[Fol. U. 275

Solis (Antonio de). — Historia de la conquista de Mexico. — *Brusselas*, 1704, f°.
[Fol. U. 276

Solis (Antoine de). — Histoire de la conquête du Mexique ou de la Nouvelle-Espagne, par Fernand Cortez. Traduit de l'espagnol. 5ᵉ éd. — *P.*, 1730, 2 vol. in-12.
[8° U. 6976-77

Soltykoff (Alexis). — Voyages dans l'Inde. 2ᵉ éd. — *P.*, 1851, 2 vol. 4°.
[4° U. 1053-54

Somaize (De). — Le dictionnaire des précieuses. Nouv. éd., augmentée par M. Charles-L. Livet. — *P.*, 1856, 2 vol. in-16.
[8° O. 4500-501
(Bibliothèque Elzévirienne.)

Sommer (E.). — Abrégé de grammaire grecque.—*P.*, 1861, in-12.
[8° O. 4502

Sommer (E.). — Abrégé de grammaire latine. — *P.*, 1861, in-12.
[8° O. 4503

Sommer (E.).— Manuel de style. Sujets d'exercices, 6ᵉ éd. Modèles, 5ᵉ éd. — *P.*, 1864-1869, 2 vol. in-12.
[8° O. 4504-5

Sommerlatt (C.-V. de). — Description des XXII cantons de la Suisse. Trad. de l'allemand par C. Hebber. — *Berne*, 1840, 8°.
[8° U. 6978

Sonnerat. — Voyage aux Indes Orientales et à la Chine. — *P.*, 1782, 2 vol. 4°.
[4° U. 1055-56

Sonnet (H.). — Algèbre élémentaire. 3ᵉ éd. — *P.*, 1860, 8°.
[8° I. 5190

Sonnet (H.). — Dictionnaire des mathématiques appliquées. — *P.*, 1867, 8°.
[8° I. 5191

Sonnet (H.), Frontera (G.). — Éléments de géométrie analytique, rédigés conformément au programme d'admission à l'École polytechnique et à l'École normale supérieure. 3ᵉ éd. — *P.*, 1873, 8°.
[8° I. 5192

Sonnet (H.). — Géométrie théorique et pratique. 3ᵉ éd. — *P.*, 1848, 8°.

[8° I. 5193

Sonrel (L.). — Le fond de la mer. 2ᵉ éd. — *P.*, 1870, in-12.

[8° I. 5194

Sophocle. — Tragédies, trad. par Artaud. 5ᵉ éd. — *P.*, 1859, in-12.

[8° O. 4506

Sophocle.— Théâtre; trad. nouv., précédée d'une notice, par Émile Pessonneaux. 3ᵉ éd. — *P.*, 1877, in-12.

[8° O. 4507

Sorbiere (Samuel). — Sorberiana, sive excerpta ex ore Samuelis Sorbiere. — *Tolosæ*, 1691, 1 vol. in-12.

[8° O. 4508

Sorel (Albert). — Essai d'histoire et de critique. — *P.*, 1883, in-18.

[8° U. 6979

Sorel (Albert). — L'Europe et la Révolution française. Les mœurs politiques et les traditions. — *P.*, 1885, 8°.

[8° U. 6979. A

Sorel (Albert). — Histoire diplomatique de la guerre franco–allemande. — *P.*, 1875, 2 vol. 8°.

[8° U. 6980-81

Sorin (Élie). — Jules Grévy, étude politique. — *P.*, 1873, in-32.

[8° U. 6982

Soubeiran (E.). — Nouveau traité de pharmacie théorique et pratique. 2ᵉ éd. — *P.*, 1840, 2 vol. 8°.

[8° I. 5195-96

5ᵉ éd., 1857. — *P.*, 2 vol. 8°.

[8° I. 5197-98

Soubeiran (J.-Léon). — Nouveau dictionnaire des falsifications et des altérations des aliments, des médicaments et de quelques produits. — *P.*, 1874, 8°.

[8° I. 5199

Souchon (Abel). — Eléments de calcul différentiel et de calcul intégral. — *P.*, 1870, 2 vol. 8°.

[8° I. 5200-201

Soudakèvicz (Théodore). — Notice sur le progrès de la pisciculture en Russie. — *St-Pétersbourg*, 1873, 4°.

[4° I. 991

Soulavie (Jean-Louis). — Mémoires historiques et politiques du règne de Louis XVI. — *P.*, 1801, 6 vol. 8°.

[8° U. 6983-88

Soulavie (Jean-Louis). — Pièces inédites sur les règnes de Louis XIV, Louis XV, Louis XVI. — *P.*, 1809, 2 vol. 8°.

[8° U. 6989-90

Soulié (Frédéric). — Le Comte de Toulouse. — *P.*, 1844, 8°.

[8° O. 4509

Soulié (Frédéric). — Le Conseiller d'État. — *P.*, 1841, in-18.

[8° O. 4510

Soulié (Frédéric). — Les Mémoires du Diable. 3ᵉ éd. — *P.*, 1840, 3 vol. in-16.

[8° O. 4511-12

Soulié (Frédéric). — Le Vicomte de Béziers. — *P.*, 1834, 2 t. en 1 vol. 8°.

[8° O. 4513

Sourches (Mⁱˢ de). — Mémoires sur le règne de Louis XIV, publiés par le comte de Cosnac (Gabriel-Jules) et Arthur Bertrand.— *P.*, 1882-85, 5 vol. 8°.

[8° U. 6990. A

Soury (Jules). — Bréviaire de l'histoire du matérialisme. — *P.*, 1881, 8°.

[8° I. 5202

Soury (Jules). — Philosophie naturelle. — *P.*, 1882, in-18.

[8° I. 5203

Sousa Monteira (Jose Maria de). — Historia de Portugal. — *Lisboa*, 1838, 5 vol. in-12. [8° U. 6991-95

Souvenirs d'un franc-tireur pendant le siège de Paris, par un volontaire Suisse. — *Neuchâtel,* 1871, in-18.
[8° U. 6996

Souvestre (Émile). — Causeries historiques et littéraires. — *Genève,* 1854, 2 vol. in-12.
[8° O. 4514-15

Souvestre (Émile).— Confessions d'un ouvrier. — *P.*, 1857, in-18.
[8° O. 4516

Souvestre (Émile). — Les derniers Bretons. — *P.*, 1854, 2 vol. 8°. [8° U. 6997-98

Souvestre (Émile). — Les derniers paysans. Nouv. éd. —*P.*, 1860, in-18. [8° O. 4517

Souvestre (Émile). — Le foyer breton. Contes et récits populaires. — *P.*, 1858, 2 vol. in-18.
[8° O. 4518-19

Souvestre (Émile). — Riche et pauvre. Nouv. éd. — *P.*, 1858, in-18.
[8° O. 4520

Souvestre (Émile). — Scènes et récits des Alpes. — *P.*, 1857, in-18.
[8° O. 4521

Souvestre (Émile). — Souvenirs d'un Bas-Breton. — *P.*, 1860, 2 vol. in-18.   ·   [8° O. 4522-23

Souvestre (Émile). — Un philosophe sous les toits. Journal d'un homme heureux. Nouv. éd. —*P.*, 1853, in-18.
[8° O. 4524

Souviron (Alfred). — Dictionnaire des termes techniques de la science, de l'industrie, des lettres et des arts. —*P.*, (s. d.), in-12.   [8° I. 5204

Souviron (A.). — Manuel des conseillers municipaux. 5ᵉ éd. —*P.*, 1881, in-18. [8° E. 1783

Souza (Mᵐᵉ de). — Œuvres. — *P.*, 1840, in-12.   [8° O. 4525

Souza Pinto. — Novo diccionario francez-portuguez et portuguez-francez. — *P.*, 1885, in-16.
[8° O. 4526

Sparman (André). — Voyage au Cap de Bonne-Espérance et autour du monde. Trad. par Le Tourneur. — *P.*, 1787, 2 vol. 4°.   [4° U. 1057-58

Spectacle (Le) de la nature.— *P.*, 1735-1750, 9 vol. in-12.
[8° I. 5205-13

Spectateur (Le) ou le Socrate moderne. — *Amsterdam,* 1768, 8 vol. in-12.   [8° I. 5214-21

Speke (John Hanning). — Les sources du Nil, journal de voyage, trad. de l'anglais par E.-D. Forgues. — *P.*, 1864, 8°.   [8° U. 6999

Spencer (Herbert). — Les Bases de la morale évolutionniste.—*P.*, 1880, 8°.   [8° I. 5222

Spencer (H.). — De l'éducation intellectuelle, morale et physique. Trad. 6ᵉ éd. — *P.*, 1885, 8°.
[8° I. 5222. A

Spencer (Herbert). — Essais de morale, de science et d'esthétique. Essais scientifiques, trad. par M. A. Burdeau. — *P.*, 1879, 8°.   [8° I. 5223

Spencer (Herbert). — L'individu contre l'État. Trad. de l'anglais par J. Gerschel. — *P.*, 1885, in-18.
[8° I. 5224

Spencer (Herbert). —Introduction à la science sociale. — *P.*, 1874, 8°.
[8° I. 5225
5ᵉ éd., 1880. — *P.*, 8°.
[8° I. 5226

Spencer (Herbert). — Les Premiers principes. Trad. de l'anglais par M. E. Cazelles. — *P.*, (s. d.), 8°.
[8° I. 5227

Spencer (Herbert). — Principes de biologie. Trad. par M. E. Cazelles. Tome I. — Tome II, 2ᵉ édition. — P., 1880, 2 vol. 8°.   [8° I. 5228.29

Spencer (Herbert). — Principes de psychologie. Trad. sur la nouvelle édition anglaise par Th. Ribot et A. Espinas. — P., 1875, 2 vol. 8°.   [8° I. 5230-31

Spencer (Herbert). — Principes de sociologie. Tome I, 2ᵉ éd., trad. par M. E. Cazelles ; Tome II, trad. par MM. E. Cazelles et J. Gerschel. — P., 1879-1880, 2 vol. 8°.   [8° I. 5232-33

Spenlé (H.), **Bipper** (L.). — Agenda des filateurs et tisseurs, à l'usage des industriels, directeurs, employés et contre-maîtres. 1885-1886. — P., 1885-86, in-16.   [8° I. 5233.A

Spiers (A.). — Dictionnaire général anglais-français. — P., 1846, 8°.   [8° O. 4527

14ᵉ éd., 1861. — P., 8°.   [8° O. 4528

16ᵉ éd., 1863. — P., 8°.   [8° O. 4529

Spiers (A.). — Dictionnaire général français-anglais. 2ᵉ éd. — P., 1850, 8°.   [8° O. 4530

Spiers (A.). — School dictionary of the french and english languages.— P., 1851, in-12.   [8° O. 4531

Spiers (A.). — Étude raisonnée de la langue anglaise. 6ᵉ éd. — P., 1845, in-12.   [8° O. 4532

Spinoza. — Œuvres. Trad. par Émile Saisset. — P., 1872, 3 vol. in-18.   [8° I. 5234-36

Spol (Eugène). — Dictionnaire de la Bible, ou explication de tous les noms historiques et géographiques de l'Ancien et du Nouveau Testament. — P., 1876, in-18.   [8° U. 7000

Spoll (E.-A.). — Guerre de 1870. Campagne de la Moselle. — *Bruxelles*, 1871, in-12.   [8° U. 7001

Spon. — Histoire de Genève. — *Genève*, 1730, 2 vol. 4°.   [4° U. 1059-60

Sprenger (Jacob). — Malleus maleficarum, maleficas et earum hæresim ut phramea potentissima conterens. — *Cologne*, 1520, 8°.   [8° E. 1784

Spuller (Eugène). — Conférences populaires. 2ᵉ série.— P., 1881, in-18.   [8° O. 4533

Staaff (Colonel). — La Littérature française depuis la formation de la langue jusqu'à la Révolution. Lectures choisies. 3ᵉ éd. — P., 1868-1873, 3 vol. 8°.   [8° O. 4534-36

Stace. — La Thébaïde. Trad. par l'abbé Cormiliolle. — P., 1783, 3 vol. in-12.   [8° O. 4537-39

— Trad. Arnould et Vartel. Collect. Nisard.   [4° O. 213

Stæhling (Charles). — Histoire contemporaine de Strasbourg et de l'Alsace (1330-1852). — *Nice*, 1884, 8°.   [8° U. 7002

Staël - Holstein (Baron de), **Brinkman** (Baron). — Correspondance diplomatique. Documents inédits sur la Révolution (1783-1799), recueillis aux Archives royales de Suède et publiés avec une introduction par L. Léouzon-Le-Duc. — P., 1881, 8°.   [8° U. 7003

Staël (Mᵐᵉ la Baronne de).—Considérations sur les évènements de la Révolution française. Ouvrage posthume, publié par le duc de Broglie et M. de Staël. 3ᵉ éd. — P., 1820, 3 vol. in-12.   [8° U.7004-6

Staël (Mᵐᵉ de). — Corinne ou l'Italie. — P., 1836, 2 vol. in-12.   [8° U. 7007-8

Staël (Mᵐᵉ de). — De l'Allemagne. — P., 1850, in-12.   [8° U.7009

Staël-Holstein (Baronne de). — Œuvres complètes.— *P.*, 1836, 2 vol. 4°.   [4° O.391-92

Stallo (J.-B.). — La matière et la physique moderne. Avec une préface sur la théorie atomique, par C. Friedel. — *P.*, 1884, 8°.   [8° I. 5237

Stammer (Charles). — Agenda et calendrier de poche du fabricant de sucre, 1885-86. Trad. de l'allemand par H. Spenlé, suivi d'un Traité d'analyse chimique à l'usage des fabricants de sucre et des distillateurs, par H. Pellet et L. Biard. — *P.*, 1885-86, 8°.
                              [8° I. 5237. A

Stanley (Henry M.). — Comment j'ai retrouvé Livingstone. Voyages, aventures et découvertes dans le centre de l'Afrique, trad. par Mme H. Loreau. 2e éd. — *P.*, 1876, 8°.
                              [8° U. 7010

Stanley (H. M.). — Through the dark continent, or the sources of the Nile around the great Lakes of equatorial Africa, and down the Livingstone river to the Atlantic Ocean. — *London*, 1873, 2 vol. 8°.   [8° U. 7011-12

Stapfer (Edmond). — La Palestine au temps de Jésus-Christ, d'après le Nouveau Testament, l'historien Flavius Josèphe et les Talmuds. 3e éd. — *P.*, 1886, 8°.   [8° U. 7012.A

Stapfer (Paul). — Shakespeare et l'antiquité. Nouv. éd. Les tragédies romaines de Shakespeare. — *P.*, 1883, in-18.   [8° O.4540

Statistique centrale des chemins de fer. Documents financiers. — *P.*, 1868, f°.   [Fol. I. 204
(Ministère de l'Agriculture.)

Statistique de l'enseignement supérieur. Enseignement, examens, grades, recettes et dépenses en 1876. Actes administratifs jusqu'en août 1878. — *P.*, 1878, f°.   [Fol. U. 277

Statistique de la France. Résultats généraux du dénombrement de 1866. — *Strasbourg*, 1869, f°.

— Mouvement de la population pendant les années 1866, 1867 et 1868. — *P.*, 1872, f°.

— Industrie. Résultats généraux de l'Enquête effectuée dans les années 1861-1865. — *Strasbourg*, 1873, f°. Ensemble 3 vol. f°.
                              [Fol. U. 278-80

Statistique et documents relatifs au sénatus-consulte sur la propriété arabe. — *P.*, 1863, 8°.
                              [8° U.7013

Statistique générale et particulière de la France et de ses colonies. Ouvrage publié par P.-E. Herbin. — *P.*, 1803, 7 vol. 8°.
                              [8° U.7014-20

Statistique internationale de l'agriculture, rédigée et publiée par le service de la statistique générale de la France. — *Nancy*, 1876, 4°.
                              [4° I.1006

Statistique monumentale du département du Pas-de-Calais, publiée par la Commission des Antiquités départementales. — *Arras*, 1850, 4°.
                              [4° U. 1061

Staub (Abbé). — Histoire de tous les régiments de hussards. 2e Hussards-Chamborant. — *Fontenay*, 1869, 8°.
                              [8° U.7021

Steenackers (F.-F.), Le Goff (F.). — Histoire du Gouvernement de la Défense nationale en province (4 septembre 1870-8 février 1871). — *P.*, 1884-85, 3 vol. in-18.
                              [8° U. 7022-24

Steenackers (F.-F.). — Les télégraphes et les postes pendant la guerre de 1870-71. — *P.*, 1883, in-18.
                              [8° U. 7025

Steiner (Dr Johann). — Compendium des maladies des enfants ; remanié et augmenté par les Drs L. Fleischmann et M. Herz ; trad. sur la 3e éd. allemande, par le Dr L. Keraval. — *P.*, 1880, 8°. [8° I. 5238

Stern (Daniel) [Marie de Flavigny, Comtesse d'Agoult.]. — Histoire de la Révolution de 1848. — *P.*, 1850-53, 3 vol. 8°. [8° U. 7026-28

Stern (Daniel). — Histoire des commencements de la République aux Pays-Bas (1581-1625). 2e éd. — *P.*, 1874, 8°. [8° U. 7029

Sterne (Laurent). — Œuvres complètes, trad. de l'anglais. Nouv. éd. — *P.*, 1818, 4 vol. 8°. [8° O. 4541-44

Sterne (Laurent). — La vie et les opinions de Tristram Shandy. — *P.*, 1835, 4 vol. in-18. [8° O. 4545-48

Sterne (Laurent). — Voyage sentimental en France. — *P.*, 1833, in-18. [8° O. 4549

Stewart (Balfour). — La conservation de l'énergie. Suivie d'une étude sur la nature de la force, par P. de Saint-Robert. 3e éd. — *P.*, 1879, 8°. [8° I. 5239

Stewart (Balfour), Tait. — L'Univers invisible. Études physiques sur un état futur. Trad. de l'anglais sur la 10e éd., par A.-B., et précédé d'un avertissement aux Lecteurs français, par le professeur D. de S.-P... — *P.*, 1883, 8°. [8° I. 5240

Steyn-Parvé (D.-J.). — Organisation de l'instruction primaire, secondaire et supérieure dans le royaume des Pays-Bas. — *Leyde*, 1878, 8°. [8° I. 5241

Stieler (Adolf). — Hand-Atlas über alle Theile der Erde und über das Weltgebaude.—*Gotha*, (s.d.), f°. [Fol. U. 281

Stoffel (Baron). — Rapports militaires écrits de Berlin, 1866-1870. 4e éd.—*P.*, 1872, 8°. [8° U. 7029. A

Stone (S.). — Dictionnaire français-anglais et anglais-français, suivi de vocabulaires des noms historiques et de géographie, par Shrubsole et Thiébaut. 2e éd. — *P.*, 1843, 8°. [8° O. 4550

Stone (S.). — Dictionnaire classique français-anglais et anglais-français. 3e éd.—*P.*, 1844, 8°. [8° O. 4551

Story (J.). — Commentaries on the Constitution of the United States. — *Boston*, 1833, 3 vol. 8°. [8° U. 7030-32

Stourm (René). — Les finances de l'ancien régime et de la Révolution. Origines du système financier actuel. — *P.*, 1885, 2 vol. 8°. [8° U. 7033-34

Stourm (René). — L'impôt sur l'alcool dans les principaux pays. — *P.*, 1886, in-16. [8° I. 5241. A

Stowe (Mme Harriet Beecher). — La Case de l'oncle Tom, trad. de Louis Énault. — *P.*, 1853, in-12. [8° O. 4552

Stowe (Mme Harriet Beecher). — Dred. Histoire du grand Marais maudit. — *P.*, 1857, 2 vol. in-12. [8° O. 4553-54

Stowe (Mme Harriet Beecher). — Nouvelles américaines. Trad., par A. Viollet. 2e éd. — *P.*, 1853, 8°. [8° O. 4555

Strabon. — Géographie, trad. du grec par de La Porte Du Theil et Coraÿ. Notes de Gosselin. — *P.*, 1805-1819, 5 vol. 4°. [4° O. 393-97

Straparole. — Les Facétieuses nuits, trad. par Jean Louveau et Pierre de Larivey. — *P.*, 1857, 2 vol. in-16. [8° O. 4556-57

(Bibliothèque Elzévirienne.)

Strauss (David-F.). — Vie de Jésus, trad. par É. Littré. 2ᵉ éd.— P., 1853, 2 vol. 8°.   [8° U. 7035-36

Strauss (David-F.).—Nouvelle vie de Jésus, trad. de l'allemand, par A. Nefftzer et Ch. Dollfus. — P., (1864), 2 vol. 8°.   [8° U. 7037-38

Stricker (S.). — Du langage et de la musique. Trad. de l'allemand, par Frédéric Schwiedland. — P., 1885, in-18.   [8° I. 5242

Stuart (J.), Revette (N.). — Antiquités d'Athènes, pub. par C.-P. Landon. — P., 1808, 4 vol. f°.
        [Fol. U. 282-285

Stumm (Hugo). — Chiwa. Rapports. Trad. de l'allemand par A. Wachter. 5 cartes. — P., 1874, 8°.
        [8° U. 7038.A

Sturm (Ch.). — Cours d'analyse de l'École polytechnique, publié par E. Prouhet. — P., 1857-1859, 2 vol. 8°.   [8° I. 5243-44
3ᵉ éd., 1868. — Revue par E. Prouhet. — P., 2 vol. 8°.
        [8° I. 5245-46

Sturm (Ch.). — Cours de mécanique de l'École polytechnique, publié par E. Prouhet. — P., 1861, 2 tomes en 1 vol. 8°.   [8° I. 5247

Suarez (Francisco). — Tractatus de legibus ac Deo legislatore. — Lugdini, 1619, f°.   [Fol. A. 88

Subercaze (B.). — Le certificat d'études primaires. Choix de compositions écrites, orthographe, calcul, rédaction. Première année, 2ᵉ éd. Partie du maître. — P., (s. d.), in-16.
        [8° I. 5248

Subercaze (B.). — Promenades et excursions scolaires. — P., (s. d.), in-16.   [8° I. 5249

Suckau (W. de). — Dictionnaire allemand-français et français-allemand. 5ᵉ éd. — P., 1853, 2 vol. 8°.
        [8° O. 4558-59

Suckau (W. de). — Dictionnaire français-allemand et allemand-français, complètement refondu, par Théobald Fix. — P., (s. d.), 2 vol. 8°.
        [8° O. 4560-61

Sudre (Alfr.). — Histoire du Communisme. 2ᵉ éd. — P., 1849, in-12.
        [8° I. 5250

Sue (Eug.). — Histoire de la Marine française. 2ᵉ éd. — P., 1844, 4 vol. 8°.   [8° U. 7039-42

Suétone, trad. par de Golbery. — P., 1830-33, 3 vol. 8°.
        [8° O. 4562-64
(Collection Panckoucke.)

— Trad. Baudement. Collection Nisard.   [4° O. 214

Suger. — Œuvres complètes, recueillies, annotées et publiées par A. Lecoy de La Marche. — P., 1867, 8°.
        [8° U. 7043
(Société de l'Histoire de France.)

Sully (James). — Le Pessimisme (histoire et critique). Trad. de l'anglais par MM. Alexis Bertrand et Paul Gérard. — P., 1882, 8°.
        [8° I. 5251

Sully-Prudhomme. — Les Solitudes, poésies. — P., 1869, in-12.
        [8° O. 4565

Sully-Prudhomme. — Stances et poëmes. — P., 1865, in-12.
        [8° O. 4566

Sulpice Sévère. — Œuvres, trad. par MM. Herbert, Riton. — Paulin de Périgueux, Fortunat. Trad. par E.-F. Corpet. — P., 1848-49, 2 vol. 8°.   [8° O. 4567-68
(Collection Panckoucke.)

Sumner (Will. Graham). — Le protectionnisme. Trad. par J. Chailley. — P., 1883, in-32.
        [8° I. 5251. A

Susane (Général). — Histoire de l'artillerie française.—P., 1874, in-12.
        [8° U. 7044

Susane (Général). — Histoire de l'infanterie française. — *P.*, 1876, 5 vol. in-12. [8° U. 7045-49

Susane (Général). — Histoire de la cavalerie française. — *P.*, 1874, 3 vol. in-12. [8° U. 7050-52

Swarte (Victor de). — Manuel du candidat à l'emploi de percepteur surnuméraire, rédigé conformément au programme officiel. Ancien Manuel Millet, refondu. 5ᵉ éd. — *P.*, 1884, in-16. [8° E. 1785

Swarte (Victor de). — Traité de la comptabilité occulte et des gestions extra-réglementaires. — *P.*, 1884, 8°. [8° E. 1786

Swetchine (Mᵐᵉ). — Lettres, publiées par le comte de Falloux. — *P.*, 1862, 2 vol. 8°. [8° O. 4569-70

Sybel (H. de). — Histoire de l'Europe pendant la Révolution française. Trad. par Marie Dosquet. — *P.*, 1869-87, 6 vol. 8°. [8° U. 7053-55

Sylvanecte. — Souvenirs contemporains. La Cour impériale à Compiègne. — *P.*, 1884, in-18. [8° U. 7056

Tabaraud. — Histoire critique du philosophisme anglais. — *P.*, 1806, 2 vol. 8°. [8° I. 5252-53

Tabarin. — Œuvres complètes, avec les rencontres, fantaisies et coq-à-l'âne facétieux du baron de Gratelard, publiés par Gustave Aventin. — *P.*, 1858, 2 vol. in-16. [8° O. 4571-72 (Bibliothèque Elzévirienne.)

Tableaux statistiques de l'épidémie cholérique à Paris pendant les mois de Septembre, Octobre, Novembre et Décembre 1865. — *P.*, 1872, f°. [Fol. I. 205

Tables de multiplication à l'usage de MM. les Ingénieurs. — *P.*, an XIII (1805), 4°. [4° I. 1007

Tablettes biographiques des écrivains français, par N. A. G. D. B. 2ᵉ éd. — *P.*, 1810, 8°. [8° U. 7057

Tablettes d'un assiégé. Octobre, Novembre et Décembre 1870 (Nᵒˢ 1-14). — *P.*, 1871, 8°. [8° U. 7058

Tacite (C.-C.). — Œuvres, trad. par C.-L.-F. Panckoucke. — *P.*, 1837-38, 7 vol. 8°. [8° O. 4573-79 (Collection Panckoucke.)

— Trad. Dureau de La Malle, Nisard et François. Collect. Nisard. [4° O. 215

1878. — Trad. en français, avec une introduction et des notes, par J.-L. Burnouf. — *P.*, in-16. [8° O. 4580

Taffe (A.). — Application de la mécanique aux machines le plus en usage. 2ᵉ éd. — *P.*, 1839, 8°. [8° I. 5254

Tahar ben Neggad. — Dialogues français-arabes, avec le mot à mot et la figuration en caractères français. — *Constantine*, 1863, 8°. [8° O. 4581

Tailhié (Abbé). — Abrégé de l'histoire ancienne de Rollin. Nouv. éd. — *P.*, 1828, 5 vol. in-12. [8° U. 7059-63

Tailhié (Abbé). — Abrégé de l'histoire romaine. Nouv. éd. — *Lyon*, 1825, 5 vol. in-12. [8° U. 7064-68

Taillandier (Saint-René). — Études littéraires. Un poète comique du temps de Molière (Boursault). La renaissance de la poésie provençale. — *P.*, 1881, in-18. [8° O. 4582

Taillandier (Saint-René). — Histoire de la jeune Allemagne. Études littéraires. — P., 1848, 8°.
[8° U. 7069

Taillandier (Saint-René). — La Serbie au XIX⁰ siècle. Kara-George et Milosch. 2ᵉ éd. — P., 1875, in-18.
[8° U. 7069+A

Taillandier (Saint - René). — Tchèques et Magyars. Bohême et Hongrie, XVᵉ siècle-XIXᵉ siècle. Histoire, littérature, politique. 2ᵉ éd. — P., 1869, in-18.
[8° U. 7069. A

Taine (Hippolyte). — De l'intelligence. — P., 1870, 2 vol. 8°.
[8° I. 5255-56

Taine (H.). — Histoire de la littérature anglaise. — P., 1863-1864, 4 vol. 8°.
[8° O. 4583-86

Taine (H.). — La Fontaine et ses fables. 4ᵉ éd. — P., 1861, in-12.
[8° O. 4587

Taine (Hippolyte). — Notes sur l'Angleterre. 5ᵉ éd. — P., 1876, in-12.
[8° U. 7070

Taine (Hippolyte). — Notes sur Paris. Vie et opinions de M. Frédéric-Thomas Graindorge. 7ᵉ éd. — P., 1877, in-12.
[8° U. 7071

Taine (Hippolyte). — Les origines de la France contemporaine. L'Ancien Régime. 2ᵉ éd.
La Révolution, tome I. 7ᵉ édit. 1878.
La Révolution, tome II. 6ᵉ édit. 1881.
La Révolution, tome III, 1885. — P., 1878-1885, 4 vol.
[8° U. 7072-75

Taine (H.). — Les philosophes français du XIXᵉ siècle. — P., 1857, in-12.
[8° U. 7076

Taine (Hippolyte). — Philosophie de l'art. Leçons professées à l'Ecole des Beaux-Arts. — P., 1865, in-12.
[8° I. 5257

Taine (H.). — Philosophie de l'art dans les Pays-Bas. Leçons professées à l'École des Beaux-Arts. — P., 1869, in-18.
[8° I. 5258

Taine (H.). — Philosophie de l'art en Grèce. Leçons professées à l'École des Beaux-Arts. 2ᵉ éd. — P., 1882, in-18.
[8° I. 5259

Taine (Hippolyte). — Philosophie de l'art en Italie. Leçons professés à l'École des Beaux-Arts. — P., 1866, in-12.
[8° I. 5260

Taine (H.). — Voyage aux Pyrénées. 6ᵉ éd. — P., 1872, in-12.
[8° U. 7077

Talbert (Émile). — Les Alpes. Études et souvenirs. 3ᵉ éd. — P., 1882, 8°.
[8° U. 7078

Talbotier (Victor). — Tenue des livres la plus simplifiée. Méthode à l'aide de laquelle chacun peut, en un instant, connaître et pratiquer la tenue des livres en partie double. 2ᵉ éd. — P., 1861, 8°.
[8° I. 5260. A

Tallemant des Réaux. — Les Historiettes de Tallemant des Réaux. 3ᵉ éd. entièrement revue sur le manuscrit original, par de Monmerqué et P. Pâris. — P., 1862, 6 vol. in-12.
[8° U. 7079-84

Tallenay (Jenny de). — Souvenirs du Venezuela. Notes de voyage. — P., 1884, in-18.
[8° U. 7085

Talleyrand (Prince de), Louis XVIII. — Correspondance inédite, publiée, avec préface et notes, par M. G. Pallain. 2ᵉ éd. — P., 1881, 8°.
[8° U. 7086

Tallon (Eugène). — Lois de protection de l'enfance ouvrière. Manuel pratique et commentaire de la loi du

19 mai 1874 sur le travail des enfants et des filles mineures dans l'industrie. 3ᵉ éd., augmentée des nouveaux décrets, circulaires ministérielles, etc., et de documents de jurisprudence. — *P.*, 1885, in-18. [8° E. 1787

Talmeyr (Maurice). — Victor Hugo. L'Homme qui rit, Quatre-vingt-treize, suivi de : Une après-midi chez Théophile Gautier. Conférence à la salle des Capucines. — *P.*, 1874, in-18. [8° O. 4588

Talon (Nicolas). — Histoire sainte de l'Ancien Testament. 3ᵉ éd. — *P.*, 1688, f°. [Fol. U. 286

Tanneguy de Wogan (E.). — La vie à bon marché. Ouvrage accompagné de cinquante menus et de recettes culinaires. — *P.*, 1885, in-18. [8° I. 5261

Taphanel (Achille). — Le Théâtre de Saint-Cyr (1689-1792). — *Versailles*, 1876, 8°. [8° O. 4589

Tardieu (Ambroise). — Dictionnaire d'hygiène publique et de salubrité. — *P.*, 1852-1854, 3 vol. 8°. [8° I. 5262-64

Tardieu (Ambroise). — Manuel de pathologie et de clinique médicale. — *P.*, 1848, in-12. [8° I. 5265

Tardieu de Saint-Germain. — La Guerre de sept mois, résumé. — *P.*, 1871, in-12. [8° U. 7087

Tardieu de Saint-Germain. — Pour une Épingle. 5ᵉ éd. — *P.*, 1859, in-18. [8° O. 4590

Tarnier (E.-A.). — Applications de l'arithmétique aux opérations pratiques. — *P.*, 1864, 8°. [8° I. 5266

Tarnier (E.-A.). — Éléments d'algèbre. 3ᵉ éd. — *P.*, 1857, 8°. [8° I. 5267

Tarnier (E.-A.). — Éléments d'arithmétique théorique et pratique. 5ᵉ éd. — *P.*, 1861, 8°. [8° I. 5268

Tarnier (E.-A.). — Éléments de trigonométrie théorique et pratique. — *P.*, 1857, 8°. [8° I. 5269

Tarnier (E.-A.). — Le patriotisme en action. Histoire abrégée des gloires militaires de la France, depuis son origine jusqu'à nos jours. — *P.*, 1881, 2 vol. in-18. [8° U. 7088-89

Taschereau (Jules). — Histoire de la vie et des ouvrages de P. Corneille. — *P.*, 1829, 8°. [8° U. 7090
2ᵉ éd., 1855. — *P.*, in-16. [8° U. 7091

Taschereau (Jules). — Histoire de la vie et des ouvrages de Molière. 3ᵉ éd. — *P.*, 1844, in-12. [8° U. 7092

Tasse. — La Gerusalemme liberata e l'Aminta. — *P.*, 1843, in-18. [8° O. 4591

Tasse. — Jérusalem délivrée, poème trad. en français, par Lebrun. — *P.*, 1836, 8°. [8° O. 4592

Tassis (S.-A.). — Traité pratique de la ponctuation, contenant plus de 800 exemples en vers et en prose. 4ᵉ éd. — *P.*, 1882, in-18. [8° O. 4593

Tastu (Mᵐᵉ Amable). — Éducation maternelle. Simples leçons d'une mère à ses enfants. 3ᵉ éd. — *P.*, 1848, 4°. [4° I. 1008

Tastu (Mᵐᵉ Amable). — Voyage en France. — *Tours*, 1846, 8°. [8° U. 7093

Tatischeff (Jean de). — Dictionnaire français et russe. — *Moscou*, 1846, 2 t. en 1 vol. 4°. [4° O. 398

Taupin d'Auge. — Œuvre nationale. Armorial de l'épiscopat français, ou Recueil des armoiries des archevêques et évêques de France, accompagné de notices biographiques. — *P.*, (s. d.), gr. 4°. [Fol. **U. 287**

Tavannes (Jacques de Saulx , comte de), **Balthazar**. — Mémoires, suivis de l'Histoire de Guyenne, par Balthazar. Nouv. éd., revue et annotée par C. Moreau. — *P.*, 1858, in-16. [8° **U. 7094**

(Bibliothèque Elzévirienne.)

Taveau. — Hygiène de la bouche. 4ᵉ éd. — *P.*, 1833, in-18. [8° **I. 5270**

Tavernier (Jean-Baptiste). — Les six voyages de Jean-Baptiste Tavernier en Turquie, en Perse et aux Indes. Nouv. éd. — *P.*, 1713, 6 vol. in-12. [8° **U. 7095-7100**

Taylor (Baron). — La Syrie, la Palestine et la Judée. — *P.*, 1854, 4°. [4° **U. 1062**

Taylor (A.-S.). — Traité de médecine légale. Trad. sur la 10ᵉ édition anglaise , avec notes et préface, par le Dʳ J.-P. Henry Coutagne. — *P.*, 1881, 8°. [8° **I. 5271**

Tcheng-Ki-Tong. — Les Chinois peints par eux-mêmes. 9ᵉ éd. — *P.*, 1884, in-18. [8° **U. 7100+A**

Tcheng-Ki-Tong. — Le théâtre des Chinois. Étude de mœurs comparées. 2ᵉ éd. — *P.*, 1886, in-18. [8° **U. 7100. A**

Teale (Dʳ T. Pridgin).— Dangers, au point de vue sanitaire, des maisons mal construites. Trad. de l'anglais par J. Kirk. Préface de M. Jules Siegfried. — *P.*, 1882, 8°. [8° **I. 5272**

Tectander von der Jabel (Georges). — Iter persicum, ou description du voyage en Perse entrepris en 1602 par Étienne Karasch de Zalonkemeny. Relation trad. de l'allemand, par Ch. Schefer. — *P.*, 1877, in-18. [8° **U. 7101**

Teissier (Antoine). — Les éloges des hommes savants, tirés de l'histoire de M. de Thou, avec des additions. — *Leude*, 1715, 4 vol. in-12. [8° **U. 7102-5**

Télégraphie domestique. Instruction sur la pose et l'entretien des sonnettes électriques. — *P.*, 1865, in-18. [8° **I. 5273**

Ténot (Eugène). — Les nouvelles défenses de la France. La frontière, Paris et ses fortifications (1870-1882). Avec une carte générale. — *P.*, 1882, 8°. [8° **U. 7106**

Ténot (Eugène). — Paris en Décembre 1851. Etude historique sur le coup d'État. 2ᵉ éd. — *P.*, 1868, 8°. [8° **U. 7107**

Ténot (Eugène). — La Province en Décembre 1851. Etude historique sur le coup d'État. 2ᵉ éd. — *P.*, 1868, 8°. [8° **U. 7108**

Térence. — Comédies. Trad. par Ferdinand Collet. — *P.*, 1845, in-18. [8° **O. 4594**

Terme (J.-F.) , **Monfalcon** (J.-B.). — Histoire statistique et morale des enfants trouvés. — *P.*, 1837, 8°. [8° **I. 5274**

Ternant (A.-L.). — Les télégraphes. Ouvrage illustré de 192 gravures. — *P.*, 1881, in-18. [8° **I. 5275**

(Bibliothèque des Merveilles.)

Terrebasse (Alfred de). — Histoire de Bayart. Nouv. éd. — *Tours*, 1864, in-12. [8° **U. 7109**

Terrier (Charles). — Les pierres à bâtir de la France. — *P.*, 1882, f°. [Fol. **I. 206**

Terrier (F.). — Éléments de pathologie chirurgicale générale. — *P.*, 1885, 8°. [8° **I. 5276**

Tertullianus prædicans, et supra quamlibet materiam ordine alphabetico dispositam. Auctore R. P. Michaele Vivien. 2ᵉ éd. — *P.*, 1679, 6 vol. 4°.   [4° A. 180-85

Tertullien. — Œuvres. — *P.*, 1845, in-12.   [8° A. 902

Tessereau (Dʳ A.). — Cours d'hygiène. — *P.*, 1855, in-18.   [8° I. 5277

Tessier (Paul). — Chimie pyrotechnique ou traité pratique des feux colorés. 2ᵉ éd — *P.*, 1883, 8°.   [8° I. 5277. A

Testa (Carlos). — Le droit public international maritime. Trad. par Ad. Boutiron. — *P.*, 1886, 8°.   [8° E. 1787. A

Testaments (Des) de nos derniers souverains. — *P.*, 1873, in-12.   [8° U. 7110

Teulet (A.-F.). — Dictionnaire des codes français. Manuel du droit. — *P.*, 1836, 8°.   [8° E. 1788

Thackeray (W.-M.). — La foire aux vanités. Trad. par Guiffrey. — *P.*, 1859, 2 vol. 8°.   [8° O. 4595-96

Thackeray (W.-M.). — Histoire de Pendennis. Trad. par Ed. Scheffter. — *P.*, 1866, 3 vol. 8°.   [8° O. 4597-99

Thackeray (W.-M.). — Le Livre des Snobs. Trad. par Guiffrey. — *P.*, 1865, 8°.   [8° O. 4600

Tharin. — Du gouvernement représentatif. — *Lyon*, 1834, 8°.   [8° E. 1789

Théâtre classique, contenant le Cid, Horace, Cinna, Polyeucte, le Misanthrope, Britannicus, Esther, Athalie. — *P.*, 1866, in-12.   [8° O. 4601

Théâtre français ou recueil des meilleures pièces de théâtre. — *P.*, 1737, 7 vol. 8°.   [8° O. 4602-608

Théis (Alexandre de). — Voyage de Polyclète ou lettres romaines. 2ᵉ éd. — *P.*, 1822, 3 vol. 8°.   [8° U. 7111-13

Théophile. — Œuvres complètes. Nouv. éd., revue et annotée par M. Alleaume. — *P.*, 1850-1855, 2 vol. in-16.   [8° O. 4609-10
(Bibliothèque Elzévirienne.)

Thérèse (Sainte).— Œuvres. Trad. par Arnauld d'Andilly. Nouv. éd. — *Avignon*, 1828, 6 vol. in-12.   [8° A. 903-8

Thérèse (Sainte). — Œuvres très complètes. — *P.*, 1840-1845, 4 vol. 4°.   [4° A. 186-89
(Encyclopédie théologique Migne.)

Thérèse (Sainte). — Lettres. Trad. de l'espagnol en français, par Chappe de Ligny. — *P.*, 1753, 2 t. en 1 vol. 4°.   [4° A. 190

Théroulde. — La Chanson de Roland. Poème. Texte critique, accompagné d'une traduction par F. Génin. — *P.*, 1850, 8°.   [8° O. 4611

Théroulde. — La Chanson de Roland. Trad. nouv. à l'usage des écoles, précédée d'une introduction sur l'importance de la Chanson de Roland pour l'éducation de la jeunesse, et suivie de notes explicatives, par Édouard Rœhrich. — *P.*, 1885, in-16.   [8° O. 4612

Théry (A.). — Lettres sur la profession d'instituteur. 4ᵉ éd. — *P.*, 1874, in-12.   [8° I. 5278

Thévenot de Morande. — Le Gazetier cuirassé ou anecdotes scandaleuses de la cour de France. — (S. l.), 1777, in-12.   [8° U. 7114

Thibaudeau (A.-C.). — Le Consulat et l'Empire ou Histoire de la France et de Napoléon Bonaparte, de 1799 à 1815. — *P.*, 1834-1835, 10 vol. 8°.   [8° U. 7115-24

Thiboult Du Puisact (Jacques de). — Documents inédits sur l'émigration. Journal d'un fourrier de l'armée de Condé, publié par le comte Gérard de Contades. — *P.*, 1882, 8°.
[8° U. 7125

Thiébaut. — Homélies sur les évangiles des dimanches et principales fêtes de l'année. — *Lyon*, 1842, 8 vol. in-12.
[8° A. 909-16

Thiercelin. — Principes du droit. — *P.*, 1857, 8°.
[8° E. 1790

Thierry (Amédée). — Histoire d'Attila et de ses successeurs, jusqu'à l'établissement des Hongrois en Europe, suivie des légendes et traditions. 6ᵉ éd. — *P.*, 1884, 2 vol. in-16.
[8° U. 7126-27

Thierry (Amédée). — Histoire de la Gaule sous l'administration romaine. — *P.*, 1840-1847, 3 vol. 8°.
[8° U. 7128-30

Thierry (Amédée). — Histoire des Gaulois. 4ᵉ éd. — *P.*, 1857, 2 vol. 8°.
[8° U. 7131-32

Thierry (Amédée). — Saint Jérôme, la société chrétienne à Rome et l'émigration romaine en Terre sainte. — *P.*, 1867, 2 vol. 8°.
[8° U. 7133-34

Thierry (Augustin). — Œuvres complètes. — *P.*, 1846, 8 vol. in-12.
[8° U. 7135-42

1851-1853. — *P.*, 10 vol. in-12.
[8° U. 7143-52

Thierry (Augustin). — Récits des temps mérovingiens, précédés de considérations sur l'histoire de France. — *P.*, 1840, 2 vol. 8°.
[8° U. 7153-54

Thierry-Mieg (Ch.). — La France et la concurrence étrangère. — *P.*, 1884, in-18.
[8° I. 5279

Thierry-Mieg (Ch.). — Six semaines en Afrique. — *P.*, 1861, in-12.
[8° U. 7155

Thiers (A.). — De la propriété. — *P.*, 1848, in-12.
[8° I. 5280

Thiers (A.). — Discours parlementaires, publiés par M. Calmon, membre de l'Institut. — *P.*, 1879-1883, 15 vol. 8°.
[8° U. 7156-70

Thiers (A.). — Histoire de la Révolution française. 10ᵉ éd. — *P.*, 1841, 10 vol. 8° avec atlas f°.
[8° U. 7171-80
[Fol. U. 288

Thiers (A.). — Histoire du Consulat et de l'Empire. — *P.*, 1845-1866, 21 vol. 8° avec atlas 4°.
[8° U. 7181-7201
[4° U. 1063

Thiers (E.), **La Laurencie** (S. de). — La défense de Belfort, écrite sous le contrôle de M. le colonel Denfert-Rochereau. 3ᵉ éd. — *P.*, 1872, 8°.
[8° U. 7202

Thil (Charles). — Les principaux bassins de l'Europe. Précis de géographie militaire à l'usage des candidats et des élèves des écoles militaires. — *P.*, 1886, in-16.
[8° U. 7202. A

Thiriat (Xavier). — Journal d'un solitaire et voyage à la Schlucht par Gérardmer, Langemer et Retournemer. 4ᵉ éd. — *P.*, 1883, in-18.
[8° U. 7203

Thiriat (Xavier). — Les montagnes des Vosges. Gérardmer et ses environs. — *P.*, 1882, in-12.
[8° U. 7203. A

Thirion (Ch.). — Carnet de l'inventeur et du breveté. Précis des législations française et étrangères. — *P.*, 1880, in-16.
[8° E. 1791

Thirion (H.). — Le Palais de la Légion d'Honneur, ancien hôtel de Salm. Dépenses et mémoires relatifs à sa construction et à sa décoration : les sculpteurs Moitte, Roland et Boquet. Étude précédée d'une notice historique sur le prince Frédéric de Salm-Kyrbourg. — *Versailles*, 1883, 8°.
[8° U. 7204

Thiroux. — Instruction théorique et pratique d'artillerie. 3ᵉ éd. — *P.*, 1849, 8°.
[8° I. 5281

Thomas. — Œuvres. — *P.*, 1819, 2 vol. 8°. [8° O. 4613-14

Thomas (Albert). — Manuel de l'alcoométrie. Tables et formules pour servir au calcul des mélanges d'eaux-de-vie à tous les degrés. — *P.*, 1882, 8°.
[8° I. 5282

Thomas (Jean), Guérin (Alexis). — Cours d'instruction civique. — *P.*, 1882, in-18. [8° I. 5283

Thomas (Jean-Baptiste). — Traité général de statistique, culture et exploitation des bois. — *P.*, 1840, 2 vol. 8°.
[8° I. 5284-85

Thomas (Louis). — Traité des opérations usuelles. Suivi d'un Précis des opérations dentaires usuelles, par le docteur Cruet. 80 fig. — *P.*, 1883, in-18. [8° I. 5286

Thomas d'Aquin. — Opera omnia, a Joanne Nicolai emendata. — *P.*, 1660, 20 tomes en 18 vol. f°.
[Fol. A. 89-106

Thomas d'Aquin. — Summa, accommodata opera Caroli Renati Billuart. — *P.*, 1839, 10 vol. 8°.
[8° A. 917-26

Thomas d'Aquin. — La Somme théologique, trad. par Drioux. — *P.*, 1851-1854, 8 vol. 8°.
[8° A. 927-34

Thomassin (Louis). — Ancienne et nouvelle discipline de l'Église touchant les bénéfices et les bénéficiers. — *P.*, 1678, 2 vol. f°.
[Fol. E. 40-41

Thompson (Silvanus P.) — Les machines dynamo-électriques. Trad. par E. Boistel. — *P.*, 1884, 8°.
[8° I. 5287

Thomson (C. Wyville). — Les abîmes de la mer, récits des expéditions de draguage des vaisseaux le *Porcupine* et le *Lightning*. Ouvrage trad. par le Dᵣ Lortet. — *P.*, 1875, 4°.
[4° I. 1009

Thomson (J.). — Dix ans de voyages dans la Chine et l'Indo-Chine, trad. de l'anglais par MM. A. Talandier et H. Wattemare. — *P.*, 1877, 8°. [8° U. 7205

Thorel (J.-B.-A.). — Arpentage et géodésie pratiques. — *Formerie*, 1843, 4°. [4° I. 1010

Thou (Jacq.-Aug. de). — Histoire universelle, depuis 1543 jusqu'en 1607. — *Londres*, 1734, 16 vol. 4°.
[4° U. 1064-79

Thourel (A.). — Histoire de Genève. — *Genève*, 1832, 3 vol. 8°.
[8° U. 7206-8

Thouron (Victor). — Poésies diverses. — *Toulon*, 1874, in-12.
[8° O. 4615

Thucydide. — Histoire, trad. du grec par Lévesque. — *P.*, 1841, in-12.
[8° O. 4616

Thureau (H.). — Notre colonie, le Tong-Kin. Explorations et conquêtes, aperçus géographiques, les produits naturels, les ressources commerciales. 1 carte. — *P.*, (s. d.), 8°.
[8° U. 7208. A

Thureau-Dangin (Paul). — Histoire de la monarchie de Juillet. — *P.*, 1884, 2 vol. 8°. [8° U. 7209-10

Thurston (R.-H.). — Histoire de la machine à vapeur, revue, annotée et augmentée d'une introduction, par J. Hirsch. — *P.*, 1880, 2 vol. 8°.
[8° I. 5288-89

Tibulle (A.). — Élégies, trad. par Valatour. — Publius Syrus. Trad. Jules Chenu. — *P.*, 1836, 8°.
[8° O. 4617
(Collection Panckoucke.)

Ticknor (G.). — Histoire de la littérature espagnole.
1re période, depuis les origines jusqu'à Charles-Quint.
2e période, depuis l'avènement de la maison d'Autriche jusqu'à la maison de Bourbon.
2e période (suite), depuis l'avènement de la maison de Bourbon, jusqu'à la fin de la 1re partie du XIXe siècle. Trad. de l'anglais par J.-G. Magnabal. — *P.*, 1864-1872, 3 vol. 8°.
[8° O. 4618-20

Tiele (C.-P.). — Manuel de l'histoire des religions. Esquisse d'une histoire de la religion, jusqu'au triomphe des religions universalistes. Trad. du hollandais, par Maurice Vernes. Nouv. éd. — *P.*, 1885, in-18.
[8° U. 7210 +++ A

Tikhomirov (L.). — La Russie politique et sociale. — *P.*, 1886, 8°.
[8° U.7210. ++ A

Tillaux (P.). — Traité d'anatomie topographique avec application à la chirurgie. 2e éd. —*P.*, 1879, gr. in-8°.
[4° I. 1011

Timbal (Charles). —Notes et causeries sur l'art et les artistes, précédées d'une liste des principaux ouvrages du peintre, et d'une Notice par le Vicomte Henri Delaborde. — *P.*, 1881, in-16.
[8° I. 5290

Tissandier (Gaston). — L'eau. 2e éd. — *P.*, 1869, in-12.
[8° I. 5291
(Bibliothèque des Merveilles.)

Tissandier (Gaston). — Les Fossiles. — *P.*, 1875, in-12.
[8° I. 5292
(Bibliothèque des Merveilles.)

Tissandier (Gaston).— Les héros du travail. 32 grav. — *P.*, (s. d.), 4°.
[4° U. 1080

Tissandier (Gaston).—La Houille. — *P.*, 1869, in-12.   [8° I. 5293
(Bibliothèque des Merveilles.)

Tissandier (Gaston). — Les Martyrs de la science. 2e éd., revue et corrigée. 34 grav. sur bois. — *P.*, (s.d.), 4°.
[4° U. 1081

Tissandier (Gaston). — Les Merveilles de la photographie.— *P.*, 1874, in-12.   [8° I. 5294
(Bibliothèque des Merveilles.)

Tissandier (Gaston). — La navigation aérienne, l'aviation et la direction des aérostats dans les temps anciens et modernes. 99 vign. — *P.*, 1886, in-16.   [8° I. 5294. A

Tissandier(Gaston).—Les récréations scientifiques ou l'enseignement par les jeux. 2e éd., avec 225 grav. — *P.*, 1881, 8°.   [8° I. 5295

Tissot. — Avis au peuple sur sa santé. Nouv. éd. — *P.*, 1779, in-12.
[8° I. 5296

Tissot (P.-F.). — Leçons et modèles de littérature française. — *P.*, 1835-1836, 2 vol. 4°.
[4° O. 399-400

Tissot (Victor). —La Chine, d'après les voyageurs les plus récents. 65 grav. — *P.*, 1885, in-16.
[8° U. 7210. A

Tissot (Victor), **Améro** (Constant). — Les contrées mystérieuses et les peuples inconnus. 6 grandes cartes, 277 grav., dont 54 grandes planches. — *P.*, 1884, 4°.   [4° U. 1082

Tissot (Victor). — La Hongrie. De l'Adriatique au Danube. Impressions de voyage. 10 héliogr., 160 grav. — P., 1883, 4°.　[4° U. 1082. A

Tissot (Victor). — Les Prussiens en Allemagne, suite du « Voyage au Pays des milliards ». 12ᵉ éd. — P., 1876, in-18.　[8° U. 7211

Tissot (Victor).— La Russie et les Russes. Kiew et Moscou. 240 grav. — P., 1884, 4°.　[4° U. 1083

Tissot (Victor). — Un jour à Capernaum, d'après l'allemand de F. Delitzsch. — P., (s. d.),in-16.　[8° U. 7212

Tissot (Victor).— Voyage au pays des milliards. 12ᵉ éd. — P., 1875, in-18.　[8° U. 7213

Tissot (Victor).— Voyage au pays des Tziganes. La Hongrie inconnue. 13ᵉ éd. — P., 1880, in-18.　[8° U. 7214

Tite-Live. — Histoire romaine, trad. par MM. A.-A.-J. Liez, N.-A. Dubois, V. Verger, Corpet. — P., 1830-33, 17 vol. 8°.　[8° O. 4621-37

(Collection Panckoucke.)

Titon Du Tillet. — Le Parnasse français. — P., 1732, f°.　[Fol. U. 289

Tocqueville (Alexis de). — L'ancien régime et la Révolution. 8ᵉ éd. — P., 1877, 8°.　[8° U. 7215

Tocqueville (Alexis de). — De la démocratie en Amérique. 6ᵉ éd. — P., 1838, 2 vol. 8°.　[8° U. 7216-17

Tolhausen, Gardissal. — Dictionnaire technologique français-anglais-allemand, rédigé d'après les meilleurs ouvrages spéciaux des trois langues. — P., 1854-1855, 3 vol. in-18.　[8° I. 5297-99

Tolstoï (Cᵗᵉ Léon). — Les Cosaques. Souvenirs de Sébastopol. Trad. du russe. 2ᵉ éd. — P., 1886, in-16.　[8° O. 4637+ A

Tolstoï (Cᵗᵉ Léon). — La guerre et la paix. Roman historique, trad. par un Russe. — P., 1886, 3 vol. in-16.　[8° O. 4637. A

Tombeck (H.-E.). — Traité élémentaire d'algèbre. 2ᵉ éd.— P., 1866, 8°.　[8° I. 5300

Töpffer. — Nouvelles génevoises. — P., 1841, in-18.　[8° O. 4638

Töpffer. — Le presbytère. — P., 1852, in-18.　[8° O. 4639

Topinard (Dʳ Paul). — L'Anthropologie, avec une préface du professeur P. Broca. 2ᵉ éd. — P., 1877, in-12.　[8° I. 5301

Torcy (Jean-Baptiste Colbert, marquis de). — Journal inédit, pendant les années 1709-1710-1711, d'après les Mss. autographes, par Frédéric Masson. — P., 1884, 8°.　[8° U. 7218

Torné. — Esprit des cahiers présentés aux États-Généraux de l'an 1789. — (S. l.), juin 1789, 2 vol. 8°.　[8° U. 7219-20

Touchard-Lafosse (G.).—Chroniques pittoresques et critiques de l'Œil de Bœuf, par la Cᵉˢˢᵉ de B***, publiées par G. Touchard-Lafosse.— P., 1845, 4 vol. in-12.　[8° U.7221-24

Tougard (Abbé A.). — De l'histoire profane dans les Actes grecs des Bollandistes. Extraits grecs, traduction française, notes, avec les fragments laissés inédits par les Bollandistes. — P., 1874, 8°.　[8° U. 7225

Toullier (C.-B.-M.). — Le Droit civil français, suivant l'ordre du Code. 5ᵉ éd. — P., 1842-1843, 15 vol. 8°.　[8° E. 1792-1806

23

Toulongeon (F.-Emmanuel). — Histoire de France depuis la Révolution de 1789. — *P.*, 1801-1806, 3 vol. 4°.
[4° U. 1084-86

Toulongeon (F.-Emmanuel). — Histoire de France depuis la Révolution de 1789. — *P.*, 1801-1810, 7 vol. 8°.
[8° U. 7226-32

Toulongeon (Mis de). — Une mission militaire en Prusse, en 1786. Récit d'un voyage en Allemagne et observations sur les manœuvres de Potsdam et Magdebourg, publiés par Jules Finot et Roger Galmiche-Bouvier. — *P.*, 1881, in-18. [8° U. 7233

Tour (Le) du Monde, par Édouard Charton. —*P.*, 1860-1883 et suiv., 4°.
[4° U. 1087

Tourdes (J.). — Notice sur la vie littéraire de Spallanzani. 2e éd.— *Milan*, 1800, in-16 [8° U. 7234

Tourdonnet (Cte A. de). — Essai sur l'éducation des enfants pauvres. De l'éducation des enfants assistés par la charité publique. — *P.*, 1861, 8°.
[8° I. 5302

Tourdonnet (Cte A. de). — Traité pratique du métayage. — *P.*, 1882, in-18. [8° I. 5303

Tourmagne (A.). — Histoire de l'esclavage ancien et moderne. — *P.*, 1880, 8°. [8° U. 7235

Tourmagne (A.). — Histoire du servage ancien et moderne. — *P.*, 1879, 8°. [8° U. 7236

Tournade. — Commentaire de la loi sur les récidivistes. Préface de M. Gerville-Réache. — *P.*, 1885, 8°.
[8° E. 1807

Tournefort (Joseph Pitton de). — Relation d'un voyage du Levant. — *P.*, 1717, 2 vol. 4°.
[4° U. 1088-89

Tourreil (L.-J.-B.). — Œuvres. Religion fusionnée, ou doctrine de l'universalisation réalisant le vrai catholicisme. — *Tours*, 1879, 4°.
[4° I. 1012

Tourzel (D^esse de). — Mémoires de Mme la duchesse de Tourzel, gouvernante des Enfants de France, pendant les années 1789, 1791, 1792, 1793, 1795, publiés par le duc Des Cars. Avec le dernier portrait de la Reine. — *P.*, 1883, 2 vol. 8°.
[8° U. 7237-38

Toussaint (C.-J.). — Code de la propriété. — *P.*, 1833, 2 vol. 8°.
[8° E. 1808-9

Toussenel (A.). — L'esprit des bêtes. Le monde des oiseaux. — *P.*, 1853-1855, 3 vol. 8°.
[8° I. 5304-6

Toussenel (A.). — L'esprit des bêtes. Zoologie passionnelle. Mammifères de France. 4e éd. — *P.*, 1862, 8°.
[8° I. 5307

Toutain (Paul). — Un Français en Amérique. Yankees, Indiens, Mormons. — *P.*, 1876, in-18. [8° U. 7239

Touzaud (Daniel). — Des effets de commerce, étude de législation comparée. — *P.*, 1882, 8°.
[8° E. 1810

Traité de commerce avec l'Angleterre. Enquête. — *P.*, 1859-1862, 8 vol. f°. [Fol. U. 290-97
(Conseil supérieur de l'agriculture, du commerce et de l'industrie.)

Traités (Les) de commerce, conventions, etc., entre la France et l'Autriche-Hongrie, la Belgique, l'Espagne. — *P.*, 1882, 4°. [4° U. 1089. A

Traité de la composition et de l'ornement des jardins. 5e éd. — *P.*, 1839, 2 vol. 8° obl.
[8° I. 5309-10

Tranchant (Alfred), Ladimir (Jules). — Les femmes militaires de la France.—*P.*, 1866, 8°. [8° U. 7240

Trasenster (Paul). — Aux États-Unis. Notes de voyage d'un ingénieur. —*P.*, 1885, in-18. [8° U. 7240. A

Trény.—Code formulaire des arrêts de police municipale. — *Grenoble*, 1867, 8°. [8° E. 1811

Tresca (H.). — Mémoire sur le poinçonnage des métaux et la déformation des corps solides. — *P.*, 1872, 4°. [4° I. 1014

Trihidez (Th.). — Association française pour l'avancement des sciences. Nickel. Cuivre. Or. Charbon. Géographie minéralogique de la Nouvelle-Calédonie. — *P.*, 1881, 8°. [8° U. 7241

Tripier (Louis). — Constitutions qui ont régi la France depuis 1789 jusqu'à l'élection de M. Grévy, conférées entre elles et annotées. 2° éd., augmentée d'un supplément. — *P.*, 1879, in-12. [8° E. 1812

Triquet (E.-H.).— Traité pratique des maladies de l'oreille. — *P.*, 1857, 8°. [8° I. 5311

Trochu (Général). — L'armée française en 1867. 17° éd. —*P.*, 1867, 8°. [8° U. 7242

Trochu. — L'Empire et la défense de Paris devant le Jury de la Seine. — *P.*, 1872, 8°. [8° U. 7243

Troost (L.). — Traité élémentaire de chimie. 2° éd. — *P.*, 1869, 8°. [8° I. 5312

Troplong (Raymond-Théodore).— Le Code civil expliqué. — *P.*, 1843-1856, 28 vol. 8°. [8° E. 1813-40

Troplong (Raymond-Théodore).— De l'influence du christianisme sur le droit civil des Romains. 2° éd. — *P.*, 1855, in-12. [8° E. 1841

Trouessart (Dr E. .C.).—Les microbes, les ferments et les moisissures. 107 fig. — *P.*, 1886, 8°. [8° I. 5312. A

Trousseau (A.). — Clinique médicale de l'Hôtel-Dieu de Paris. 2° éd. — *P.*, 1865, 3 vol. 8°. [8° I. 5313-15

Trousseau (A.), Pidoux (H.).— Traité de thérapeutique et de matière médicale. 6° éd. — *P.*, 1858, 2 vol. 8°. [8° I. 5316-17

8° éd., 1870. —Revue par C. Paul. — *P.*, 2 vol. 8°. [8° I. 5318-19

Trumelet (C.). — Les Français dans le désert. Journal historique, militaire et descriptif d'une expédition aux limites du Sahara algérien. 2° éd. Cartes et plans. — *P.*, 1885, 8°. [8° U. 7244

Trutat (Eugène). — Actualités scientifiques. La photographie appliquée à l'archéologie. Reproduction des monuments, œuvres d'art mobilier, inscriptions, manuscrits.—*P.*, 1879, in-18. [8° I. 5320

Trutat (Eugène). — Actualités scientifiques. Traité élémentaire du microscope. — *P.*, 1883, 8°. [8° I. 5321

Tscharner (V.-B.), Haller fils aîné (Amédée-Emmanuel), Mallet (P.-H.). — Dictionnaire historique, politique et géographique de la Suisse ou recueil de morceaux fournis à l'Encyclopédie d'Yverdon. — *Genève*, 1768, 3 vol. 8°. [8° U. 7245-47

Tuetey (A.).—Les Écorcheurs sous Charles VII. Épisodes de l'histoire militaire de la France au XV° siècle d'après des documents inédits. — *Montbéliard*, 1874, 2 vol. 8°. [8° U. 7247. A

Turgan. — Les grandes usines, études industrielles en France et à l'étranger. — *P.*, 1868-1884, 15 vol. 4°. [4° I. 1015

Turgot. — Œuvres. — *P.*, 1801-1809, 8 vol. 8°. [8° U. 7248-55

Turpin de Sansay. — Les sauveteurs célèbres et les bienfaiteurs de l'humanité. — *P.*, 1879, 8°. [8° U. 7256

Tylor (Edward B.). — La civilisation primitive. Trad. de l'anglais sur la 2ᵉ éd., par Mᵐᵉ Pauline Brunet et M. Ed. Barbier. — *P.*, 1876-1878, 2 vol. 8°. [8° U. 7257-58

Tyndall (John). — La chaleur considérée comme un mode de mouvement, trad. par M. l'abbé F.-M. Moigno. — *P.*, 1864, in-18. [8° I. 5322

Tyndall (John). — Les glaciers et transformations de l'eau, suivis d'une conférence sur le même sujet, par M. Helmholtz, avec la réponse de M. Tyndall. 2ᵉ éd. — *P.*, 1876, 8°. [8° I. 5323

Ubicini (A.). — Lettres sur la Turquie. 2ᵉ éd. — *P.*, 1853, in-12. [8° U. 7259

Uhland (W.-H.). — Notes et formules de l'ingénieur et du constructeur-mécanicien. Trad. de l'allemand et annoté, par MM. C. de Laharpe, L. Faucon, H. Wolff; avec instructions pratiques à l'usage des inventeurs, par M. Armengaud aîné. — *P.*, 1881, in-18. [8° I. 5324

Ulbach (Louis). — Almanach de Victor Hugo. Portr. et fac-similé d'autogr. — *P.*, 1885, in-16. [8° U. 7260

Ulbach (Louis). — La Cloche. — *P.*, 1868-69, 6 vol. in-12. [8° U. 7261-66

Ulbach (Louis). — Association littéraire internationale. La Hollande et la liberté de penser aux XVIIᵉ et XVIIIᵉ siècles. Mémoires de MM. Parrot-Larivière, Hora-Siccama et Louis Fortoul.

Rapport de M. Alph. Pagès sur le concours littéraire internationel de 1883, avec une introduction par Louis Ulbach. — *P.*, 1884, in-18. [8° U. 7267

Ulbach (Louis). — Le mari d'Antoinette. 2ᵉ éd. — *P.*, 1862, 8°. [8° O. 4640

Ulbach (Louis). — Misères et grandeurs littéraires. — *P.*, 1885, in-18. [8° O. 4641

Ulbach (Louis). — Monsieur Madame Fernel. — *P.*, 1860, in-18. [8° O. 4641. A

Ulbach (Louis). — Nos contemporains. — *P.*, 1883, in-18. [8° U. 7268

Ulliac-Tremadeure (Mˡˡᵉ). — Les jeunes naturalistes ou entretiens sur l'histoire naturelle des animaux. 4ᵉ éd. — *P.*, 1845, 2 vol. in-12. [8° I. 5325-26

Ulloa (Jérôme). — Du caractère belliqueux des Français et des causes de leurs derniers désastres. Trad. par J.-Ernest Moullé. — *P.*, 1872, in-18. [8° U. 7269

United States coast survey. Report of the superintendant of the United States coast survey, showing the progress of the survey, during the year 1875. — *Washington*, 1878, 4°. [4° U. 1090

Univers pittoresque. Histoire et description de tous les peuples. — *P.*, 1835 et années suivantes, 70 vol. 8°. [8° U. 7270-7339

Un million de faits. Aide-mémoire universel. 5ᵉ éd. — *P.*, 1850, in-12. [8° O. 4642

Unwin (W. Cauthorne). — Éléments de construction de machines, contenant une collection de formules pour la construction des machines. Trad. de l'angl. par M. J.-A. Bocquet,

et augmenté d'un appendice par M. H. Léauté. —*P.*, 1882, in-18.
[8° I. 5327

Urechi (Grégoire). — Chronique de Moldavie depuis le milieu du XIV° siècle jusqu'à l'an 1594, texte roumain avec trad. française par Émile Picot. — *P.*, 1878, 4°. [4° U. 1091

Utrech-Friedel (Mme). — Le confiseur royal. 6° éd. — *P.*, 1821, in-12. [8° I. 5328

Uzanne (Octave). — La reliure moderne, artistique et fantaisiste. — *P.*, 1887, 4°. [4° I. 1015. A

Vacherot (Ét.). — La métaphysique et la science. — *P.*; 1858, 3 vol. 8°. [8° I. 5329-30

Vacherot (Ét.). — Le nouveau spiritualisme. — *P.*, 1884, 8°.
[8° I. 5331

Vachon (Marius). — L'Art pendant la guerre de 1870-1871. Strasbourg, les musées, les bibliothèques et la cathédrale. Inventaire des œuvres d'art détruites. — *P.*, 1882, 8°.
[8° I. 5332

Vacquerie (Auguste). — Les miettes de l'histoire. — *P.*, 1863, 8°.
[8° O. 4643

Vacquerie (Auguste). — Profils et grimaces. — *P.*, 1856, in-12.
[8° O. 4644

Vainberg (S.). — Le mécanisme des opérations de bourse. — *P.*, 1882, in-18. [8° I. 5333

Valbert (G.). — Hommes et choses du temps présent. — *P.*, 1883, in-18. [8° U. 7340

Valbezen (E. de). — Les Anglais et l'Inde, avec notes, pièces justificatives et tableaux statistiques. 2° éd. — *P.*, 1857, 8°. [8° U. 7341

Valdez (Joâo-Fernandez). — Novissimo diccionario francez-portuguez e portuguez-francez, seguido de uma lista de nomes proprios. Francez-portuguez. — *Rio-de-Janeiro*, (s. d.), gr. 8°.
[4° O. 401

Valentin (Abbé). — Examen raisonné ou décisions théologiques sur les devoirs des prêtres. — *Lyon*, 1843, 2 vol. 8°. [8° A. 935-36

Valentin (Abbé). — Le prêtre juge et médecin au tribunal de pénitence. 2° éd. — *Lyon*, 1845, 2 vol. 8°.
[8° A. 937-38

Valère Maxime. — Faits et paroles mémorables. Trad. par C.-A.-F. Frémion. — *P.*, 1827-1828, 3 vol. 8°.
[8° O. 4645-47
(Collection Panckoucke.)

—Trad. Baudement. Collect. Nisard.
[4° O. 199

Valerius Flaccus. — L'Argonautique ou Conquête de la Toison d'or, poème. Trad. par J.-J.-A. Caussin de Perceval. — *P.*, 1829, 8°.
[8° O. 4648
(Collection Panckoucke.)

— Trad. Ch. Nisard. Collect. Nisard.
[4° O. 202

Valery. — L'Italie confortable. Manuel du touriste.—*P.*, (s. d.), in-18.
[8° U. 7342

Valet (Camille). — Le Guide du consommateur de vin de Bordeaux ; la vigne dans le Bordelais et historique de ses produits.—*Bordeaux*, 1869, in-18.
[8° I. 5334

Valette. — Explication sommaire du Livre premier du Code Napoléon et des lois accessoires. — *P.*, 1859, 8°.
[8° E. 1842

Vallée (Léon).—Bibliographie des bibliographies. — *P.*, 1883, 8°.
[8° O. 4649

Vallée (Léon). — Essai d'une bibliographie de la Nouvelle-Calédonie et dépendances. — P., 1883, in-12.
[8° U. 7343

Vallée (Oscar de). — De l'éloquence judiciaire. — P., 1856, 8°.
[8° U. 7344

Vallée (Oscar de). — Les manieurs d'argent, études historiques et morales (1720-1882), avec une nouvelle introduction. — P., 1882, in-18.
[8° U. 7345

Vallée (Oscar de). — Nouvelles études et nouveaux portraits. — P., 1886, 8°. [8° U. 7345. A

Valleix (F.-L.-J.). — Guide du médecin praticien ou Résumé général de pathologie interne et de thérapeutique appliquées. 4e éd., revue par V.-A. Racle et P. Lorain. — P., 1860, 5 vol. 8°. [8° I. 5335-39

Vallery-Radot. — M. Pasteur. Histoire d'un savant, par un ignorant. 6e éd. — P., (s. d.), in-18.
[8° U. 7346

Vallon (A.). — Abrégé d'hippologie à l'usage des sous-officiers. 2e éd. — P., 1868, in-18. [8° I. 5340

Valmont de Bomare. — Dictionnaire universel d'histoire naturelle. Nouv. éd. — P., 1775, 9 vol. 8°.
[8° I. 5341-49

Valmore (Marceline Desbordes). — Les poésies de l'enfance. — P., 1869, in-12. [8° O. 4650

Valresson (Comtesse de). — Manuel de la bonne société. 4e éd. — P., 1886, 8°. [8° I. 5349. A

Valroger (L. de). — Les Celtes. La Gaule celtique. Étude critique. — P., 1879, 8°. [8° U. 7347

Valroger (Lucien de). — Droit maritime. Commentaire théorique et pratique du Livre II du Code de commerce (Législations comparées). — P., 1883-1886, 5 vol. 8°.
[8° E. 1843-47

Valsecchi (Antonio). — Dei fondamenti della religione e dei fonti dell' impieta. — Padova, 1789, 3 t. en 1 vol. 4°. [4° A. 191

Valsecchi (Antonio). — La religion vincitrice. — Padova, 1789, 4°.
[4° A. 192

Valsecchi (Antonio). — La Verita della Chiesa cattolica romana. 2e éd. — Padoue, 1784, 4°. [4° A. 193

Vambéry (Arminius). — Voyages d'un faux derviche dans l'Asie centrale, trad. par E.-D. Forgues et abrégés par J. Belin de Launay. 3e éd. — P., 1874, in-16. [8° U. 7348

Van Beneden (P.-J.). — Anatomie comparée. — Bruxelles, (s. d.), in-12. [8° I. 5350
(Encyclopédie populaire.)

Van Beneden (P.-J.). — Les Commensaux et les Parasites dans le règne animal. 2e éd. — P., 1878, 8°.
[8° I. 5351

Vancouver (George). — Voyages de découvertes à l'Océan Pacifique du Nord et autour du monde. Trad. de l'anglais. — P., an 8, 3 vol. 4°.
[4° U. 1092-94

Vandal (Albert). — Louis XV et Élisabeth de Russie, étude sur les relations de la France et de la Russie au XVIIIe siècle. 2e éd. — P., 1882, 8°.
[8° U. 7349

Van den Heuvel (J.). — De la situation légale des associations sans but lucratif, en France et en Belgique. 2e éd. — P., 1884, 8°.
[8° E. 1848

Van Merris (Dr C.). — La scrofule et les bains de mer, avec une introduction par le professeur Arnould. Plans et cartes. — P., 1886, 8°.
[8° I. 5351. A

Vander-Burch (Émile). — Histoire militaire des Français. — P., 1851, in-18. [8° U. 7350

Vanderest. — Histoire de Jean Bart. — *P.*, 1841, 8°. [8° U. 7351

Vandevelde (L.). — Précis historique et critique de la campagne d'Italie, en 1859. — *P.*, 1860, 8°. [8° U. 7352

Vannier (H.).— Comptabilité. 1re année. Premières notions du commerce et de la comptabilité. 3e éd. — *P.*, 1867, 8°. [8° I. 5352

Van Tenac. — Histoire générale de la Marine. — *P.*, 1850, 4 vol. 4°. [4° U. 1095-98

Vapereau (G.). — L'année littéraire et dramatique. Années 1858-63, 1866-68. — *P.*, 1859-1869, 9 vol. in-18. [8° O. 4651-59

Vapereau (G.). — Dictionnaire universel des contemporains. 4e éd. — *P.*, 1870, 4°. [4° U. 1099
5e éd., 1880. — *P.*, 4°. [4° U. 1100

Vapereau (G.). — Dictionnaire universel des littératures. — *P.*, 1876, 8°. [8° O. 4660

Varenne (Jacques de). — Mémoires du Chevalier de Ravanne. — *Londres*, 1751, 3 vol. in-18. [8° U. 7353-55

Vargas (Don Juan de).—Les aventures de don Juan de Vargas, racontées par lui-même, trad. de l'espagnol sur le manuscrit inédit par Charles Navarin. — *P.*, 1853, in-16. [8° U. 7356
(Bibliothèque Elzévirienne.)

Variétés historiques et littéraires, recueil de pièces volantes rares et curieuses, en prose et en vers, revues et annotées par M. Édouard Fournier. — *P.*, 1855-1863, 10 vol. in-16. [8° O. 4661-70
(Bibliothèque Elzévirienne.)

Variétés littéraires. — *P.*, 1768-69, 4 vol. in-18. [8° O. 4671-74

Varron. — L'économie rurale. Trad. X. Rousselot. — *P.*, 1843, 8°. [8° O. 4675
(Collection Panckoucke.)
— Trad. Wolf. Collect. Nisard. [4° O. 203

Vasari (Giorgio). — Le Vite de' più eccellenti pittori, scultori e architetti, pubblicate per cura di una Società di amatori delle Arti belle. — *Firenze*, 1846-1870, 14 vol. in-18. [8° U. 7357-70

Vasari (Giorgio).— Vies des peintres, sculpteurs et architectes. Trad. par Léopold Leclanché et commentées par Jeanron et Léopold Leclanché. — *P.*, 1841-1842, 10 vol. 8°. [8° U. 7371-80

Vasconcellius (Antonius).—Anacephalœoses, id est summa capita actorum regum Lusitaniæ. — *Antuerpiæ*, 1621, 4°. [4° U. 1101

Vasconiana ou recueil des bons mots des Gascons. 2e éd. — *P.*, 1710, in-12. [8° O. 4676

Vatel (Charles). — Histoire de Mme Du Barry, d'après ses papiers personnels, précédée d'une introd. sur Mme de Pompadour. — *Versailles*, 1883, 3 vol. in-18. [8° U. 7381-83

Vatel (Charles). — Notice historique sur la salle du Jeu-de-Paume de Versailles, depuis sa fondation jusqu'à nos jours, suivie de la liste complète et inédite des signataires du Serment. — *Versailles*, 1883, 8°. [8° U. 7384

Vatout (J.). — Catalogue historique et descriptif des tableaux appartenant à M. le duc d'Orléans. — *P.*, 1823-1826, 4 vol. 8°. [8° I. 5353-56

Vatout (J.). — Souvenirs historiques des résidences royales de France. — *P.*, 1837-1852, 7 vol. 8°. [8° U. 7385-91
Amboise. T. VI.

Compiègne. T. VII.
Eu. T. III.
Fontainebleau. T. IV.
Palais-Royal. T. II.
Saint-Cloud. T. V.
Versailles. T. I.

Vattel. — Le droit des gens ou principes de la loi naturelle appliqués à la conduite des nations. Nouv. éd., par Pradier-Fodéré. — *P.*, 1863, 3 vol. in-12.   [8° E. 1849-51

Vattemare (Alexandre). — Collection de monnaies et médailles de l'Amérique du Nord, de 1652 à 1858, offerte à la Bibliothèque impériale. — *P.*, 1861, in-12.   [8° U. 7392

Vauchelle. — Cours élémentaire d'administration militaire. — *P.*, 1829, 3 vol. 8°.   [8° I. 5357-59

Vaugelas (De). — Remarques sur la langue française. 3e éd. — *P.*, 1655, 4°.   [4° O. 402

Vaugelas. — Remarques sur la langue française, avec des notes de Patru et T. Corneille. — *P.*, 1738, 3 vol. in-12.   [8° O. 4677-79

Vaujany (H. de). — Description de l'Égypte (2e partie). Alexandrie et la Basse-Égypte. Grav. 3 cartes. — *P.*, 1885, in-18.   [8° U. 7392.A

Vaujany (H. de). — Le Caire et ses environs. Grav. et carte. — *P.*, 1883, in-18.   [8° U. 7393

Vaulabelle (Achille de). — 1815. Ligny-Watterloo. — *P.*, 1866, 4°.   [4° U. 1102

Vaulabelle (Achille de). — Histoire des deux Restaurations de 1814 et de 1815, jusqu'à la chute de Charles X, en 1830. — *P.*, 1844-1854, 7 vol. 8°.   [8° U. 7394-7400

Vaulabelle (Alfred de). — Phy-

sique du globe et météorologie populaire. Avec une préface par M. le Dr Marié-Davy. 80 fig. — *P.*, 1883, 8°.   [8° I. 5360

Vauvenargues. — Œuvres complètes, précédées d'une notice par Suard. — *P.*, 1806, 2 vol. 8°.   [8° O. 4680-81

Vaux (Bon de). — Les duels célèbres. Préface par Aurélien Scholl. — *P.*, 1884, 8°.   [8° U. 7401

Vavasseur (A.). — Traité des Sociétés civiles et commerciales (avec formules). 2e éd. — *P.*, 1878, 2 vol. 8°.   [8° E. 1852-53

Vazeille (F.-A.). — Résumé et conférence des commentaires du Code civil sur les successions. — *Clermont-Ferrand*, 1884, 1 vol. 8°.   [8° E. 1854

Vazeille (F.-A.). — Traité des prescriptions suivant les nouveaux codes français. — *P.*, 1832, 2 vol. 8°.   [8° E. 1855-56

Vecellio (Cesare). — Costumes anciens et modernes. Habiti antichi et moderni di tutto il mondo. — *P.*, 1860, 2 vol. 8°.   [8° U. 7402-3

Vélain (Ch.). — Les volcans, ce qu'ils sont et ce qu'ils nous apprennent. — *P.*, 1884, 8°.   [8° I. 5361

Velasquez, Simonné. — A key to the exercises in Ollendorff's new method of learning the spanish language. — *New-York*, 1860, in-16.   [8° O. 4682

Velpeau (A.-L.-M.). — Nouveaux éléments de médecine opératoire. — *P.*, 1832, 3 vol. 8° et atlas 4°.   [8° I. 5362-64
          [4° I. 1016

Venedey (J.). — Dictionnaire français-allemand et allemand-français. — *P.*, 1843, in-12.   [8° O. 4683

Veneroni. — Maître italien ou nouvelle grammaire française et italienne. 2ᵉ éd., revue par Lauri. — *Lyon,* 1820, 8°. [8° O. 4684

Ventura de Raulica (Le R. P. Joachim). — La femme catholique. — *P.,* 1855, 2 vol. 8°. [8° A. 939-40

Ventura de Raulica (Le R. P. Joachim).—Les femmes de l'Évangile. Homélies. 2ᵉ éd. — *P.,* 1856, 2 vol. 8°. [8° A. 941-42

Véra (A.). — Introduction à la philosophie de Hegel. — *P.,* 1855, 8°. [8° I. 5365

Verdier (Aymar), **Cattois** (F.). — Architecture civile et domestique, au moyen âge et à la Renaissance. — *P.,* 1855-1857, 2 vol. f°. [Fol. I. 207-208

Vergani. — Grammaire italienne. Nouv. éd., par Giuseppe Zizardini. — *P.,* 1846, in-12. [8° O. 4685

Vergani. — Grammaire italienne en 25 leçons, corrigée et complétée par Costanzo Ferrari. — *P.,* 1865, in-12. [8° O. 4686

Verlac. — Dictionnaire synoptique de tous les verbes de la langue française, précédé d'une théorie des verbes par Litais de Gaux. — *P.,* 1845, 4°. [4° O. 403

Vermorel (A.). — Le parti socialiste. — *P.,* (s. d.), in-18. [8° U. 7404

Verne (Jules). — Les Anglais au pôle Nord. 6ᵉ éd. — *P.,* 1868, in-18. [8° O. 4687

Verne (Jules). — Autour de la lune (2ᵉ partie de : De la terre à la lune). 2ᵉ éd. — *P.,* 1870, in-18. [8° O. 4688

Verne (Jules).—Aventures de trois Russes et de trois Anglais. 10ᵉ éd. — *P.,* 1874, in-18. [8° O. 4689

Verne (Jules). — Le *Chancellor.* Journal du passager J.-R. Kazallon. Martin Paz. — *P.,* 1875, in-18. [8° O. 4690

Verne (Jules). — Les voyages extraordinaires. Les cinq cents millions de la Bégum, suivi de : Les révoltés de la « Bounty ». 11ᵉ éd. — *P.,* (s. d.), in-18. [8° O. 4691

Verne (Jules). — Cinq semaines en ballon. 12ᵉ éd. — *P.,* 1867, in-18. [8° O. 4692

Verne (Jules). — Découverte de la terre. Histoire des grands voyages et des grands voyageurs. Première série, De Hannon à Christophe Colomb. 2ᵉ éd. — *P.,* (s. d.), in-18. [8° U. 7405

Verne (Jules). — De la terre à la lune. — *P.,* 1866, in-18. [8° O. 4693

17ᵉ éd., (s. d.). — *P.,* in-18. [8° O. 4694

Verne (Jules). — Le désert de glace. Aventures du capitaine Hatteras. 6ᵉ éd. — *P.,* 1868, in-18. [8° O. 4695

Verne (Jules). — Le docteur Ox. Maître Zacharius. Un hivernage dans les glaces. Un drame dans les airs. 17ᵉ éd. — *P.,* 1874, in-18. [8° O. 4696

Verne (Jules). — Les enfants du capitaine Grant. Voyage autour du monde. 8ᵉ éd., 2ᵉ partie. — *P.,* (s. d.), in-18. [8° O. 4697

Verne (Jules). — Les enfants du capitaine Grant. Voyage autour du monde. 18ᵉ éd. — *P.,* (s. d.), 3 vol. in-18. [8° O. 4698-4700

Verne (Jules). — Les voyages extraordinaires. Hector Servadac. Voyages et aventures à travers le

monde solaire. 1re partie, 14e éd. —
2e partie, 9e éd. — *P.*, (s. d.), 2 vol.
in-18.   [8° **O**. 4701-702

Verne (Jules). — Histoire des
grands voyageurs. — *P.*, (s. d.), 6
vol. in-18.   [8° **U**. 7406-11

Verne (Jules). — L'île mysté-
rieuse. Les naufragés de l'air. L'aban-
donné. Le secret de l'île. — *P.*, 1874-
1875, 3 vol. in-18.
          [8° **O**. 4703-5

Verne (Jules). — Les voyages extraordinaires. Les Indes Noires. 18e éd.
— *P.*, (s. d.), in-18.   [8° **O**. 4706

Verne (Jules). — Les voyages extraordinaires. La Jangada. Huit cents
lieues sur l'Amazone. 1re et 2e parties.
— *P.*, (s. d.), 2 vol. in-18.
          [8° **O**. 4707-8

Verne (Jules). — Les voyages
extraordinaires. Kéraban-le-Têtu. 8e éd.
— *P.*, (s. d.), 2 vol. in-18.
          [8° **O**. 4709-10

Verne (Jules). — Les voyages
extraordinaires. La maison à vapeur.
Voyage à travers l'Inde septentrionale.
1re partie, 10e éd. 2e partie, 8e éd. —
P., (s. d.), 2 vol. in-18.
          [8° **O**. 4711-12

Verne (Jules). — Les voyages
extraordinaires. Michel Strogoff. Mos-
cou-Irkoutsk. 1re partie, 22e éd. — 2^e
partie, 19e éd., suivie de : « Un drame
au Mexique. » — *P.*, (s. d.), 2 vol.
in-18.   [8° **O**. 4713-14

Verne (Jules). — Le pays des
fourrures. 1re et 2e parties. 16e et 14^e
éd. — *P.*, (s. d.), 2 vol. in-18.
          [8° **O**. 4715-16

Verne (Jules). — Le Rayon Vert,
suivi de : « Dix heures en chasse.» 6e éd.
— *P.*, (s. d.), in-18.   [8° **O**. 4717

Verne (Jules). — Le Tour du

monde en quatre-vingts jours. 37° éd.
— *P.*, 1877, in-18.   [8° **O**. 4718
52e éd., (s. d.). — *P.*, in-18.
          [8° **O**. 4719

Verne (Jules). — Les Voyages
extraordinaires. Les tribulations d'un
Chinois en Chine. 11e éd.—*P.*, (s. d.),
in-18.   [8° **O**. 4720

Verne (Jules). — Les voyages
extraordinaires. Un capitaine de quinze
ans. 1re partie, 15e éd. 2e partie, 8e éd.
— *P.*, (s. d.), 2 vol. in-18.
          [8° **O**. 4721-22

Verne (Jules). — Une ville flot-
tante. Suivi des « Forceurs de blocus. »
— *P.*, 1871, in-18.   [8° **O**. 4723

Verne (Jules). — Vingt mille
lieues sous les mers. — *P.*, 1869-1870,
2 vol. in-18.   [8° **O**. 4724-25

Verne (Jules). — Voyage au centre de la terre. 26e éd. — *P.*, (s. d.),
in-18.   [8° **O**. 4726

Vernes de Luze. — L'homme
politique et social, pour servir de suite à
l'homme religieux. — *P.*, 1831, 8°.
          [8° **I**. 5366

Véron (Eugène). — L'Esthétique.
— *P.*, 1878, in-18.   [8° **I**. 5367

Véron (Eugène). — Histoire de
l'Allemagne, depuis la bataille de Sadowa. — *P.*, 1874, in-18.
          [8° **U**. 7412

Véron (Eugène). — Histoire de la
Prusse depuis la mort de Frédéric II
jusqu'à la bataille de Sadowa. — *P.*,
1867, in-12.   [8° **U**. 7413

Véron (Eugène). — Histoire naturelle des religions. — *P.*, 1885, 2 vol.
in-18.   [8° **I**. 5368-69

Véron (Eugène). — Les institutions ouvrières de Mulhouse et des environs. — *P.*, 1866, 8°.   [8° **I**. 5370

Véron (Dr L.). — Mémoires d'un bourgeois de Paris. — *P.*, 1856, 5 vol. in-12. [8° **U. 7414-18**

Vertot (De). — Histoire des révolutions arrivées dans le gouvernement de la République romaine. — *P.*, 1819, 2 vol. in-12. [8° **U. 7419-20**

Vertot (De). — Révolutions de Portugal. 3e éd. — *P.*, 1730, in-12. [8° **U. 7421**

Verver (B.). — L'éclairage au gaz à l'eau et l'éclairage au gaz Leprince. — *Liége*, 1859, 8°. [8° **I. 5371**

Vesque (J.). — Traité de la botanique agricole et industrielle. 598 fig. — *P.*, 1885, 8°. [8° **I. 5372**

Vessélovsky (A.). — Annuaire des finances russes. 11e année. — *St-Pétersbourg*, 1883, 4°. [4° **U. 1103**

Veuillot (Eugène). — La Cochinchine et le Tonquin. — *P.*, 1859, 8°. [8° **U. 7422**

Veuillot (Louis). — Çà et là. 2e éd. — *P.*, 1860, 2 vol. in-12. [8° **O. 4727-28**

Veuillot (Louis). — Les Français en Algérie. — *Tours*, (s. d.), 8°. [8° **U. 7423**

Veuillot (Louis). — Historiettes et fantaisies. — *P.*, 1862, in-12. [8° **O. 4729**

Veuillot (Louis). — Les libres penseurs. — *P.*, 1848, 8°. [8° **O. 4730**

Veuillot (Louis). — Les Odeurs de Paris. 3e éd. — *P.*, 1867, 8°. [8° **U. 7424**

Veuillot (Louis). — Paris pendant les deux sièges. — *P.*, 1871, 2 vol. 8°. [8° **U. 7425-26**

Veuillot (Louis). — Rome et Lorette. — *Tours*, 1845, 8°. [8° **U. 7427**

Vial (A.-A.). — Traité d'hippologie. Connaissance pratique du cheval. — *P.*, 1867, 8°. [8° **I. 5373**

Viant (J.). — Éléments de trigonométrie rectiligne. — *P.*, 1863, 8°. [8° **I. 5374**

Viardot (Louis). — Les Merveilles de la peinture. 1re et 2e séries. 2e éd. — *P.*, 1870-72, in-12. [8° **I. 5375-76**
(Bibliothèque des Merveilles.)

Viardot (Louis). — Les Merveilles de la sculpture. — *P.*, 1869, in-12. [8° **I. 5377**
(Bibliothèque des Merveilles.)

Viardot (Louis). — Les Musées d'Italie. — *P.*, 1842, in-12. [8° **I. 5378**

Viardot (Louis). — Les musées de France. — *P.*, 1855, in-12. [8° **I. 5379**

Viardot (Louis). — Notices sur les principaux peintres de l'Espagne. — *P.*, 1839, 4°. [4° **U. 1104**

Viardot (Louis). — Souvenirs de chasse. 7e éd. — *P.*, 1859, in-12. [8° **I. 5380**

Viart, Fouret, Delan. — Le Cuisinier royal. 15e éd. — *P.*, 1837, 8°. [8° **I. 5381**

Vibert (Théodore). — La race sémitique. — *P.*, 1883, in-18. [8° **U. 7428**

Vic (Claude de), **Vaissette** (Joseph). — Histoire générale de Languedoc. — *P.*, 1730-1745, 5 vol. f°. [Fol. **U. 298-302**

Vicat (L.-J.). — Recherches sur les causes chimiques de la destruction des composés hydrauliques par l'eau de mer. — *Grenoble*, 1858, 4°. [4° **I. 1017**

Vickers (Anna). — Voyage en Australie et en Nouvelle-Zélande. Grav. et carte. — *P.*, 1883, 4°.
[4° U. 1105

· **Victoires**, conquêtes, revers des Français depuis les Gaulois jusqu'en 1792. — *P.*, 1821-1823, 6 vol. 8°.
[8° U. 7429-33

Victoires, conquêtes, désastres des Français de 1792 à 1815. — *P.*, 1817-1823, 29 vol. 8°. [8° U. 7434-54

Victoria (La reine). — Mémoires. Feuillets détachés de mon Journal en Écosse, 1862-1882. Traduction de Mme Marie Dronsart. Portraits et gravures. — *P.*, 1884, 8°. [8° U. 7455

Vidal (Aug.). — Traité de pathologie externe et de médecine opératoire, avec des résumés d'anatomie des tissus et des régions. 4° éd. — *P.*, 1855, 5 vol. 8°. [8° I. 5382-86

Vidal (Léon). — École nationale des arts décoratifs. Cours de reproductions industrielles. — *P.*, (s. d.), in 18 et 1 vol. de planches 8°.
[8° I. 5387-88

Vidal (Léon). — Manuel du touriste photographe. 1re partie. — *P.*, 1885, in-12. [8° I. 5389

Vidart (Paul). — Études pratiques sur l'hydrothérapie. — *P.*, 1851, 8°.
[8° I. 5390

· **Vie** d'Alexandre Ier, suivie de notices sur les grands-ducs Constantin, Nicolas et Michel, par A. E. (A.-C. Égron). — *P.*, 1826, 8°.
[8° U. 7456

Vie (La) d'Anne Stuart, traduite de l'anglais. — *Rotterdam*, 1716, in-12.
[8° U. 7457

Vie de Duquesne, par un Officier de marine. — *Rouen*, 1861, in-12.
[8° U. 7458

Vie de Sainte-Geneviève, par D. S. 7° éd. — *Tours*, 1865, in-12.
[8° U. 7459

Vieillard (É.-F.). — Le Terrain houiller de Basse-Normandie, ses ressources, son avenir. — *Caen*, 1874, 8°. [8° I. 5391

Vieille (J.). — Éléments de mécanique. — *P.*, 1866, 8°.
[8° I. 5392

Viel. — Cours de tracé et de calculs de déplacement et de stabilité hydrostatique des bâtiments de mer. — *P.*, 1855, 8°. [8° I. 5393

Viel-Castel (Louis de). — Histoire de la Restauration. — *P.*, 1860-1878, 20 vol. 8°.
[8° U. 7460-79

Viennet. — Épîtres et satires, suivies d'un précis historique sur la satire chez tous les peuples. — *P.*, 1845, in-12. [8° O. 4731

Viennet. — Fables. 2° éd. — *P.*, 1855, in-12. [8° O. 4732

Vignes (Édouard). — Traité des impôts en France. 3° éd. — *P.*, 1872, 2 vol. 8°. [8° I. 5394-95
4° édition, 1880. — Mise au courant de la législation par M. Vergniaud. — *P.*, 2 vol. 8°. [8° I. 5396-97

Vignole (A.). — La Ruche. Méthode nouvelle essentiellement pratique. — *Nogent-sur-Seine*, (s. d.), in-12.
[8° I. 5398

Vignon (E.-J.-M.). — Études historiques sur l'administration des voies publiques en France aux XVII° et XVIII° siècles. — *P.*, 1862, 3 vol. 8°. [8° U. 7480-82

Vignon (Louis). — Les Colonies françaises. Leur commerce, leur situation économique. — *P.*, 1886, 8°.
[8° U. 7482. A

Vigny (Alfred de). — Cinq-Mars ou une conjuration sous Louis XIII. 2ᵉ éd. — *P.*, 1826, 4 vol. in-12.
[8° O. 4733-36

Vigny (Alfred de). — Les consultations du Docteur noir. Stello, ou les Diables bleus. 2ᵉ éd. — *P.*, 1833, 2 vol. in-12. [8° O. 4737-38

Vigny (Alfred de). — Journal d'un poëte, recueilli et publié, sur des notes intimes d'Alfred de Vigny, par Louis Ratisbonne. — *P.*, 1867, in-18.
[8° U. 7483

Vigny (Alfred de). — Poésies complètes. Nouv. éd. — *P.*, 1864, in-12. [8° O. 4739

Vigny (Alfred de). — Servitude et grandeur militaires. — *P.*, 1835, 8°.
[8° O. 4740

Vigny (Alfred de). — Théâtre complet. — *P.*, 1841, in-12.
[8° O. 4741

Vilbort (J.). — L'Œuvre de M. de Bismarck, 1863-1866. Sadowa et la campagne des sept jours. — *P.*, 1869, in-18. [8° U. 7484

Villain (Georges). — Questions du jour. Paris et la mairie centrale, étude de décentralisation administrative. 2ᵉ éd. — *P.*, 1884, 8°.
[8° E. 1856. A

Villard (A.). — Histoire du prolétariat ancien et moderne. — *P.*, 1882, 8°. [8° U. 7485

Villard (A.). — La vie à bon marché. Sociétés de consommation et d'alimentation. Cuisines économiques. — *P.*, 1885, 8°. [8° I. 5398. A

Villard (P.). — Des administrateurs dans les sociétés anonymes. — *P.*, 1884, 8°. [8° E. 1857

Villars (Duc de). — Vie du Maréchal duc de Villars, écrite par lui-même et donnée au public par Anquetil. — *P.*, 1784, 4 vol. in-12.
[8° U. 7486-89

Villars (P.). — Le monde pittoresque et monumental. L'Angleterre, l'Écosse et l'Irlande. 4 cart. en couleur et 600 grav. — *P.*, (s. d.), 4°.
[4° U. 1105. A

Ville de Paris. Nomenclature des voies publiques et privées, avec la date des actes officiels les concernant. — *P.*, 1881, 4°. [4° U. 1106

Villemain. — Cours de littérature française. Tableau de la littérature au moyen âge. 2ᵉ éd. — *P.*, 1840, 2 vol. 8°. [8° O. 4742-43

Villemain. — Cours de littérature française. Tableau de la littérature du XVIIIᵉ siècle. — *Bruxelles*, 1838, 5 vol. in-18. [8° O. 4744-48

Villemain. — Choix d'études sur la littérature contemporaine. — *P.*, 1857, in-12. [8° O. 4749

Villemain. — Discours et mélanges littéraires. Nouv. éd. — *P.*, 1855, in-12. [8° O. 4750

Villemain. — Études de littérature ancienne et étrangère. — *P.*, 1864, in-12. [8° O. 4751

Villemain. — Souvenirs contemporains d'histoire et de littérature. Nouv. éd. — *P.*, 1862-1874, 2 vol. 8°.
[8° U. 7490-91

Villemain. — Tableau de l'éloquence chrétienne au 4ᵉ siècle. Nouv éd. — *P.*, 1854, in-18.
[8° O. 4752
Nouv. éd., 1861. — *P.*, in-18.
[8° O. 4753

Villemain. — La Tribune moderne, par M. Villemain. 1ʳᵉ partie : M. de Chateaubriand. Sa vie, ses écrits, son influence littéraire et politique sur son temps. 2ᵉ part. : La Tribune moderne en France et en Angleterre (ouvrage posthume). — *P.*, 1858-1882, 2 vol. 8°. [8° U. 7492-93

Villemereux. — Petite arithmétique des écoles primaires. — *P.*, (s. d.), in-18. [8° I. 5399

Villeneuve (Louis de). — Essai d'un manuel d'agriculture. — *Toulouse*, 1819, 8°. [8° I. 5400

Villequez (F.-F.). — Du droit de destruction des animaux malfaisants ou nuisibles et de la louveterie. — *P.*, 1867, in-18. [8° E. 1858

2ᵉ éd., 1884. — *P.*, in-18. [8° E. 1859

Villequez (F.-F.). — Du droit du chasseur sur le gibier. — *P.*, 1864, in-18. [8° E. 1860

2ᵉ éd., 1884, augmentée et mise au courant de la jurisprudence. — *P.*, in-18. [8° E. 1861

Villermé. — Tableau de l'état physique et moral des ouvriers employés dans les manufactures de coton, de laine et de soie. — *P.*, 1840, 2 vol. 8°. [8° U. 7494-95

Villeroy (Félix). — Manuel de l'éleveur de bêtes à cornes. — *P.*, 1844, in-12. [8° I. 5401

Villers. — Anecdotes sur l'État de la religion dans la Chine. — *P.*, 1733-1735, 6 vol. in-12. [8° U. 7496-7501

Villetard (Edmond). — Histoire de l'Internationale. — *P.*, 1872, in-18. [8° U. 7501. A

Villey (Edmond). — Du rôle de l'État dans l'ordre économique. — *P.*, 1882, 8°. [8° I. 5402

Villey (Edmond). — Traité élémentaire d'économie politique et de législation économique. — *P.*, 1885, 8°. [8° I. 5402. A

Villiaumé (Nicolas). — Nouveau traité d'économie politique. 3ᵉ éd. — *P.*, 1865, 2 vol. 8°. [8° I. 5403-404

Villon (François). — Œuvres complètes. Nouv. édition, publiée par P.-L. Jacob, bibliophile. — *P.*, 1854, in-16. [8° O. 4754

(Bibliothèque Elzévirienne.)

Villot. — Description géographique de Tunis et de la Régence, avec notes historiques, ethnographiques et archéologiques. 1 carte. — *P.*, 1881, 8°. [8° U. 7502

Villot. — Mœurs, coutumes et institutions des indigènes de l'Algérie 2ᵉ éd. — *Constantine*, 1875, in-18. [8° U. 7503

Vilmorin-Andrieux. — Les fleurs de pleine terre. — *P.*, 1863, in-12. [8° I. 5405

Vilmorin-Andrieux. — Atlas des fleurs de pleine terre, contenant 1128 gravures. — *P.*, (s. d.), in-18. [8° I. 5406

Vimercati (Vittorio). — Cours de langue italienne d'après la méthode Robertson. — *P.*, 1846-1848, 2 vol. 8°. [8° O. 4755-56

Vincent de Paul (Saint). — Lettres. Édition publiée par un prêtre de la Congrégation de la Mission. — *P.*, 1882, 2 vol. 8°. [8° U. 7504-5

Vingtrinier (Aimé). — Soliman-Pacha, colonel Sève, généralissime des armées égyptiennes, ou histoire des guerres de l'Égypte de 1820 à 1860. 1 portrait. — *P.*, 1886, 8°. [8° U. 7505. A

Vinot (Gustave). — Poèmes et fantaisies. 1867-1873. Claudine. — Que sais-je ? — L'Espoir en l'homme. — Prométhée. — La Légende d'Urfé. — Sonnets. — *P.*, 1873, in-18. [8° O. 4757

Vinoy (G^al). — Campagne de 1870-1871. Siège de Paris. Opérations du 13e corps et de la troisième armée. 3e éd. — *P.*, 1874, 8° et atlas 4°.

[8° U. 7506
[4° U. 1107

Vinson (Julien). — Le verbe dans les langues dravidiennes. — *P.*, 1878, 8°. [8° O. 4758

Vinson (Julien), **Dive** (Paul). — Voyage extravagant, mais véridique, d'Alger au Cap, exécuté par 8 personnages de fantaisie et leur suite. — *P.*, (s. d.), in-18. [8° U. 7507

Vintéjoux (F.), **Reinach** (Jacques). — Formules et tables d'intérêts composés et d'annuités. Ouvrage contenant un traité pratique des emprunts et des opérations financières qui s'y rattachent. 3e éd. — *P.*, 1885, 8°. [8° I. 5407

Violier (Le) des histoires romaines, ancienne traduction française des Gesta Romanorum. Nouv. éd., revue et annotée par M. G. Brunet. — *P.*, 1858, in-16. [8° O. 4759
(Bibliothèque Elzévirienne.)

Viollet (Paul). — Précis de l'histoire du droit français, accompagné de notions de droit canonique et d'indications bibliographiques. — *P.*, 1886, 8°. [8° E. 1862

Viollet-le-Duc. — Dictionnaire raisonné de l'architecture française, du XIe au XVIe siècle. — *P.*, 1854-1868, 9 vol. 8°. [8° I. 5408-416

Viollet-le-Duc. — Dictionnaire raisonné du mobilier français, de l'époque carlovingienne à la Renaissance. — *P.*, 1872-1875, 6 vol. 8°. [8° I. 5418-23

Viollet-le-Duc. — Entretiens sur l'architecture. — *P.*, 1863-1872, 2 vol. 4°, avec un atlas oblong de 36 planches. [4° I. 1018-20

Viollet-le-Duc. — Histoire d'un dessinateur. Comment on apprend à dessiner. — *P.*, (s. d.), 8°. [8° I. 5424

Viollet-le-Duc. — Histoire d'un hôtel-de-ville et d'une cathédrale. — *P.*, (s. d.), 8°. [8° I. 5425

Viollet-le-Duc. — Histoire d'une forteresse. Texte et dessins. — *P.*, (s. d.), 8°. . [8° I. 5426

Viollet-le-Duc. — Histoire d'une maison. Texte et dessins.—*P.*, (s. d.), 8°. [8° I. 5427

Viollet-le-Duc. — Histoire de l'habitation humaine depuis les temps préhistoriques jusqu'à nos jours. Texte et dessins. — *P.*, (s. d.), 8°. [8° I. 5428

Viollet-le-Duc. — Six mois de la vie d'un jeune homme (1797). — *P.*, 1853, in-16. [8° O. 4760
(Bibliothèque Elzévirienne.)

Virgile. — Œuvres, trad. par l'abbé Desfontaines. — *P.*, 1770, 4 vol. in-12. [8° O. 4761-64

1831-34. — Collection Panckouke. L'Énéide, trad. par Villenave, Amar. — Poésies diverses, trad. par Val. Parisot. Géographie, trad. par Valentin Parisot. — Flore, trad. par Fée. — *P.*, 3 vol. 8°. [8° O. 4765-67

— Bucoliques, Géorgiques, Énéide et Poésies diverses, trad. par Auguste Nisard. Collect. Nisard. [4° O. 202

Visconti (E.-Q.). — Iconographie grecque. — *P.*, 1811, 3 vol. 4° et atlas f°. [4° I. 1021-23
[Fol. I. 209

Visite à l'Exposition universelle de Paris en 1855, sous la direction de Tresca. — *P.*, 1855, in-12. [8° I. 5429

Vitard (A.). — Manuel populaire de drainage. 2ᵉ éd. — *P.*, 1855, in-12.   [8° **I. 5430**

Vitel (Jan de). — La Prise du Mont St-Michel, publiée avec une introduction et des notes par E. de Robillard de Beaurepaire. — *Avranches*, 1861, in-12.   [8° **O. 4768**

Vitet (Ludovic). — Les Barricades. Mai 1588. 2ᵉ éd. — *P.*, 1826, 8°.
                        [8° **O. 4769**

Vitet (L.). — Essais historiques et littéraires. — *P.*, 1862, in-18.
                        [8° **U. 7508**

Vitet (Ludovic). — Les États de Blois ou la mort de M. de Guise. — *P.*, 1827, 8°.   [8° **O. 4770**

Vitet (L.). — Études sur l'histoire de l'art. Nouv. éd. — *P.*, 1875, 4 vol. in-18.   [8° **I. 5431-34**

Vitet (Ludovic). — La Ligue. — *P.*, 1830, 8°.   [8° **U. 7509**

Vitet (L.). — Le Louvre et le nouveau Louvre. Nouv. éd., avec un plan du Louvre aux différents âges. — *P.*, 1882, in-18.   [8° **U. 7510**

Vitrolles (Bᵒⁿ de). — Mémoires et relations politiques, publiés par Eugène Forgues. — *P.*, 1884, 3 vol. 8°.
                        [8° **U. 7511-13**

Vitruve. — L'Architecture. Trad. par Ch.-L. Maufras. — *P.*, 1847, 2 vol. 8°.   [8° **O. 4771-72**
(Collection Panckoucke.)
— Trad. C. Perrault. Collect. Nisard.
                        [4° **O. 193**

Vitu (Auguste). — Les mille et une nuits du théâtre. 1ʳᵉ série et suiv. — *P.*, 1884 et ann. suiv., in-18.
                        [8° **O. 4773**

Vivant (E.). — Dictionnaire technique anglais-français. Marine, chemins de fer, métallurgie, mines. — *P.*, 1885, 8°.   [8° **I. 5435**

Vivarez (Henry). — Construction des réseaux électriques aériens en fils de bronze silicieux. 2ᵉ éd. — *P.*, 1885, 8°.   [8° **I. 5436**

Vivien (Alexandre-Franç.-Auguste). — Études administratives. 3ᵉ éd. — *P.*, 1859, 2 vol. 8°.
                        [8° **U. 7514-15**

Vivien de Saint-Martin. — L'année géographique. Revue annuelle des voyages de terre et de mer. 1ʳᵉ série, 1862-1875 (14 années). 2ᵉ série, par C. Maunoir et H. Duveyrier (15ᵉ année, 1876, et suivantes).—*P.*, 1863 et années suiv., in-12.
                        [8° **U. 7516-29**

Vivien de Saint-Martin. — Histoire de la géographie et des découvertes géographiques, par M. Vivien de Saint-Martin. — *P.*, 1873, 4° et atlas f°.   [4° **U. 1108**
                        [Fol. **U. 303**

Vivien de Saint-Martin. — Nouveau dictionnaire de géographie universelle. Tome I, A.-C. Tome II, D-J. — *P.*, 1879-1884, f°.
                        [Fol. **U. 304**

Vivien de Saint-Martin. — Le Nord de l'Afrique dans l'antiquité grecque et romaine. — *P.*, 1863, 4°.
                        [4° **U. 1109**

Vocabulario degli Accademici della Crusca. — *Venetia*, 1586, f°.
                        [Fol. **O. 113**

Vogel (H.). — La Photographie et la chimie de la lumière. 2ᵉ éd. — *P.*, 1878, 8°.   [8° **I. 5437**

Voies navigables. Manuel des distances comprises entre les principaux points de chaque voie. — *P.*, 1882, in-16.   [8° **I. 5438**
(Ministère des Travaux publics.)

Voitellier. — L'incubation artificielle et la basse-cour, traité complet d'élevage pratique. 5ᵉ éd. — *P.*, 1886, in-18.   [8° **I. 5438. A**

Voivreuil (Laurent de). — Jacquard ou l'ouvrier lyonnais. 6ᵉ éd. — *Tours*, 1861, in-12. [8° U. 7530

Volney (C.-E.). — Œuvres. 2ᵉ éd. — *P.*, 1825-1826, 8 vol. 8°. [8° O. 4774-80

Voltaire. — Histoire de Charles XII. — *P.*, 1817, 8°. [8° U. 7531

1850. — *P.*, in-12. [8° U. 7532

Voltaire. — Œuvres, avec préfaces, avertissements, notes, par Beuchot. — *P.*, 1834-1840, 72 vol. 8°. [8° O. 4781-4852

(Les tomes 71-72 contiennent la table alphabétique et analytique des matières, par Miger.)

Voltaire. — Théâtre. Éd. du Répertoire du théâtre français. — *P.*, 1821, 4 vol. in-18. [8° O. 4853-56

Vorzet (E.-E.). — Plan de Paris, avec Dictionnaire des rues. — *P.*, 1884, f° plano dans un étui 8°. [8° U. 7533

Voyage en Abyssinie exécuté pendant les années 1839-1843, par Théophile Lefebvre, A. Petit et Quartin-Dillon. 1ʳᵉ, 2ᵉ part. Relation historique, par Théophile Lefebvre. — 3ᵉ part. Histoire naturelle. Botanique, par A. Richard. — 4ᵉ part. Zoologie, par O. Des Murs, Florent-Prévost, Guichenot. — *P.*, (s.d.), 6 vol. 8°. [8° U. 7534-39

Voyage en Espagne d'un ambassadeur marocain (1690-1691). Trad. de l'arabe, par H. Sauvaire. — *P.*, 1884, in-18. [8° U. 7539.A

Voyages en France et autres pays, par Racine, La Fontaine, Régnard. 4ᵉ éd. — *P.*, 1824, 5 vol. in-12. [8° O. 4857-61

Voyages imaginaires, songes, vi-

sions et romans cabalistiques. — *Amsterdam*, 1787, 36 vol. 8°. [8° O. 4862-92

Vraye (C.). — Le budget de l'État, comparé, expliqué, mis en lumière dans ses détails. Réformes financières, judiciaires et administratives. — *P.*, 1875, 8°. [8° U. 7540

Vuatrin, Batbie (A.). — Lois administratives françaises, recueil méthodique contenant : 1° Les lois, décrets et règlements ; 2° Les dispositions qui ont précédé la législation en vigueur. — *P.*, 1876, 8°. [8° E. 1863

Vührer (A.). — Histoire de la dette publique en France. — *P.*, 1886, 2 vol. 8°. [8° U. 7540.A

Vuillemin (A.). — Atlas de géographie commerciale et industrielle. — *P.*, (s. d.), gr. f°. [Fol. U. 305

Vuillemin. — Atlas universel de géographie ancienne et moderne. — *P.*, (s. d.), f°. [Fol. U. 306

Vuillemin. — La France et ses colonies ; cent cartes dressées par M. Vuillemin, texte par Ernest Poirée. — *P.*, (s. d.), 4° obl. [Fol. U. 307

Vuitry (Ad.). — Le désordre des finances et les excès de la spéculation à la fin du règne de Louis XIV et au commencement du règne de Louis XV. — *P.*, 1885, in-18. [8° U. 7541

Vuitry (Ad.). — Études sur le régime financier de la France avant la Révolution de 1789. — *P.*, 1878, 8°. [8° U. 7542

Vulliet (A.). — Scènes et aventures de voyages. — *P.*, 1857-1861, 5 vol. in-12. [8° U. 7543-47

Wagner (Richard). — Souvenirs. Trad. de l'allem. par Camille Benoit. — *P.*, 1884, in-18. [8° U. 7548

Wagner (Rodolphe). — Nouveau traité de chimie industrielle. Édition française, publiée d'après la 8ᵉ éd. allemande, par le Dʳ L. Gautier. — P., 1873, 2 vol. 8°.
[8° **I**. 5439-40

Wahl (Maurice). — L'Algérie. — P., 1882, 8°.   [8° **U**. 7549

Waille (Victor). — Machiavel en France. — P., 1884, in-16.
[8° **U**. 7549.A

Wailly (Alfred de). — Nouveau dictionnaire de versification et de poésie latines. 4ᵉ éd. — P., 1864, 8°.
[8° **O**. 4893

Wailly (Alfred de). — Nouveau dictionnaire latin-français. 4ᵉ éd. — P., 1832, 8°.   [8° **O**. 4894

Wailly (Alfred de). — Nouveau dictionnaire français-latin. — P., 1833, 8°.   [8° **O**. 4895
Nouv. éd., 1849. — P., 8°.
[8° **O**. 4896

Wailly (Alfred de). — Nouveau vocabulaire français. 16ᵉ éd. — P., 1830, 8°.   [8° **O**. 4897

Wailly (Natalis de). — La Bibliothèque impériale et les Archives de l'Empire. Réponse au Rapport de M. Ravaisson. — P., 1863, 8°.
[8° **U**. 7550

Wailly (Natalis de). — Notice sur six manuscrits de la Bibliothèque nationale, contenant le texte de Geoffroy de Ville-Hardouin. — P., 1872, 4°.
[4° **U**. 1110

Walckenaer (C.-A.). — Faune parisienne. Insectes des environs de Paris. — P., 1802, 2 vol. 8°.
[8° **I**. 5441-42

Walckenaer (C.-A.). — Histoire de la vie et des ouvrages de J. de La Fontaine. 3ᵉ éd. — P., 1824, 8°.
[8° **U**. 7551

Walckenaer (C.-A.). — Histoire de la vie et des poésies d'Horace. 2ᵉ éd. — P., 1858, 2 vol. in-12.
[8° **U**. 7552-53

Walkhoff (L.). — Traité complet de fabrication et raffinage du sucre de betteraves. 2ᵉ éd. française, trad. par E. Mérijot et J. Gay-Lussac. — P., 1874, 2 vol. 8°.   [8° **I**. 5443-44

Wallace (Alfred-Russel). — La sélection naturelle. Essais, trad. de l'anglais sur la 2ᵉéd. par Lucien de Candolle. — P., 1872, 8°.   [8° **I**. 5445

Wallace (D. Mackenzie). — La Russie. Trad. de l'anglais par Henri Bellenger. — P., 1884, 2 vol. in-18.
[8° **U**. 7554-55

Wallon (H.). — Éloges académiques. — P., 1882, 2 vol. in-18.
[8° **U**. 7556-57

Wallon (H.). — Histoire de l'esclavage dans l'antiquité. 2ᵉ éd. — P., 1879, 3 vol. 8°.   [8° **U**. 7558-60

Wallon (H.). — Histoire du Tribunal révolutionnaire de Paris, avec le journal de ses actes. — P., 1880-1881, 6 vol. 8°.   [8° **U**. 7561-66

Wallon (H.). — La Révolution du 31 mai et le fédéralisme en 1793, ou la France vaincue par la Commune de Paris. — P., 1886, 2 vol. 8°.
[8° **U**. 7566.A

Wallon (H.). — Saint Louis et son temps. 2ᵉ éd. P., 1876, 2 vol. 8°.
[8° **U**. 7567-68

Wallon (H.). — La Terreur, études critiques sur l'histoire de la Révolution française. 2ᵉ éd. — P., 1881, 2 vol. in-18.   [8° **U**. 7569-70

Wallon (Jean). — Le clergé de Quatre-Vingt-Neuf. — P., 1876, in-18.
[8° **U**. 7571

Walras (Léon). — L'économie politique et la justice. Examen critique et réfutation des doctrines économiques de M. P.-J. Proudhon, précédés d'une introduction à l'étude de la question sociale. — *P.*, 1860, 8°.

[8° **I. 5446**

Walsh (Vicomte Joseph-Alexis). — Lettres sur l'Angleterre ou voyage dans la Grande-Bretagne en 1829. — *P.*, 1830, 8°. [8° **U. 7572**

Walsh (Vicomte Joseph-Alexis). — Saint Louis et son siècle. Nouv. éd. — *Tours*, 1868, 4°. [4° **U. 1111**

Walsh (Vicomte Joseph-Alexis). — Tableau poétique des fêtes chrétiennes. 2ᵉ éd. — *P.*, 1843, 8°.

[8° **A. 943**

Walshe (Walter H.). — Traité clinique des maladies de la poitrine. Trad. par J.-B. Fonssagrives. — *P.*, 1870, 8°. [8° **I. 5447**

Walter (W.-J.). — Thomas Morus et son époque, trad. par Aug. Savagner. 3ᵉ éd. — *Tours*, 1860, 8°. [8° **U. 7573**

Walter de Saint-Ange. — Métallurgie pratique du fer. — *P.*, 1835-1838, 4° et atlas f°.

[4° **I. 1024**
[Fol. **I. 210**

Wanda. — Souvenirs anecdotiques sur la Turquie (1820-1870). — *P.*, 1884, in-18. [8° **U. 7574**

Wanostrocht (N.). — Tableau de la constitution, des lois et du gouvernement de la Grande-Bretagne et de l'Irlande. — *P.*, 1823, in-12.

[8° **U. 7575**

Warren (Édouard de). — L'Inde anglaise en 1843-1844. 2ᵉ éd. — *P.*, 1845, 3 vol. 8°. [8° **U. 7576-78**

Warnkœnig (L.). — Institutiones juris romani privati. — *Leodii*, 1825, 8°. [8° **E. 1864**

Watelet. — Dictionnaire des arts de peinture, sculpture et gravure. — *P.*, 1792, 5 vol. 8°. [8° **I. 5448-52**

Watteville (Ad. de). — Code de l'administration charitable. — *P.*, 1841, 8°. [8° **E. 1865**

Watteville (Ad. de). — Législation charitable ou Recueil des lois, arrêtés, décrets, ordonnances royales, avis du Conseil d'État qui régissent les établissements de bienfaisance, mis en ordre et annoté. — *P.*, 1843, 4°.

[4° **E. 250**

Wauters. — La peinture flamande. — *P.*, (s. d.), 8°. [8° **I. 5453**

Wazon (A.). — Principes techniques d'assainissement des villes et habitations. — *P.*, 1884, 8°.

[8° **I. 5454**

Weber (Dʳ Georges). — Histoire ancienne. Les peuples orientaux. Trad. de l'allem. sur la 9ᵉ éd. par Jules Guillaume. — *P.*, (s. d.), in-18.

[8° **U. 7579**

Weber (Dʳ Georges). — Histoire grecque. Les peuples orientaux. Trad. de l'allem. sur la 9ᵉ éd. par Jules Guillaume. — *P.*, 1883, in-18.

[8° **U. 7580**

Weber (Dʳ Georges). — Histoire romaine. Trad. de l'allem. sur la 9ᵉ éd. par Jules Guillaume. — *P.*, 1884, in-18. [8° **U. 7581**

Weber (Dʳ Georges). — Histoire du moyen âge. Trad. de l'allem. par Jules Guillaume. — *P.*, 1874, 2 vol. in-18. [8° **U. 7582-83**

Weber (Dʳ Georges). — Histoire moderne. Trad. de l'allem. sur la 9ᵉ éd. par Jules Guillaume. — *P.*, 1875-1876, 4 vol. in-18. [8° **U. 7584-87**

Weber (Dʳ Georges). — Histoire contemporaine (1830-1872). Trad. de l'allem. par Laurent-Lapp. — *P.*, 1875-1883, 4 vol. in-18.

[8° **U. 7588-91**

Weber (Johannès). — Les illusions musicales. — *P.*, 1883, in-18.
[8° I. 5455

Webster (Noah). — A dictionary of the english language. — *London*, 1832, 2 vol. 4°. [4° O. 404-405

Weill(Michel.-A.).—Le Judaïsme, ses dogmes et sa mission. Introduction : Les trois cycles du judaïsme ; 1re part. Théodicée ; 2e part. La Révélation ; 3e et dernière part. Providence et Rémunération. — *P.*, 1866-1869, 4 vol. 8°.
[8° A. 944-47

Weiss (De). — Principes philosophiques, politiques et moraux. 8e éd.— *P.*, 1819, 2 vol. 8°.
[8° I. 5456-57

Welschinger (Henri). — Le Théâtre de la Révolution. 1789-1799. 3e éd. — *P.*, 1880, in-12.
[8° O. 4898

Werdet (Edmond).— Histoire du livre en France, depuis les temps les plus reculés jusqu'en 1789. — *P.*, 1861-70, 5 part. en 6 vol. in-12.
[8° I. 5458-63

Werekha (P. N.). — Ministère des domaines. Notice sur les forêts et leurs produits en rapport avec la superficie totale du territoire et la population. — *St-Pétersbourg*, 1873, 4°.
[4° I. 1025

Weschniakoff (W.). — Ministère des domaines. Notice sur l'état actuel de l'industrie domestique en Russie. — *St-Pétersbourg*, 1873, 4°.
[4° I. 1026

West (Charles). — Leçons sur les maladies des enfants. Trad. et annotées par le Dr Archambault. 2e éd. française. — *P.*, 1881, 8°. [8° I. 5464

Wetherel (Élisabeth). — Le Monde, le vaste monde ; trad. de l'anglais sur la 2e éd. 3e éd. — *P.*, 1854, 2 vol. in-12. [8° O. 4899-4900

Wey (Francis). — Les Anglais chez eux. — *P.*, 1861, 8°.
[8° U. 7592

Wey (Francis). — La Haute-Savoie. — *P.*, 1865, in-12.
[8° U. 7593

Weyl (Em.). — Questions maritimes. La marine de guerre, la cuirasse et le canon ; expériences récentes et conclusions. — *P.*, 1885, 8°.
[8° I. 5465

Wharton (Henr.). — Anglia sacra, sive collectio historiarum de archiepiscopis et episcopis Angliæ.—*Londini*, 1691, 2 vol. f°.
[Fol. U. 308-309

Wheaton (Henry).— Éléments du droit international. 2e éd. — *Leipzig*, 1852, 2 t. en 1 vol. 8°.
[8° E. 1866

Wheaton (Henry). — Histoire des progrès du droit des gens en Europe et en Amérique. 4e éd. — *Leipzig*, 1865, 2 vol. 8°. [8° E. 1867-68

Whitaker (John).— Mary, queen of Scots, vindicated. — *London*, 1788, 3 vol. 8°. [8° U. 7594-96

White (Charles). — Révolution belge de 1830, trad. de l'anglais par Miss Mary Corr. — *Bruxelles*, 1836, 3 vol. in-18. [8° U. 7597-99

Whitney (W.-D.). — La Vie du langage. — *P.*, 1875, 8°.
[8° I. 5466

Wied-Neuwied (Prince Maximilien de). — Recueil de planches coloriées d'animaux du Brésil.— *Weimar*, 1823, f°. [Fol. I. 211

Wiener (S.). — L'exception de jeu et les opérations de Bourse. — *Bruxelles*, 1883, 8°. [8° E. 1869

Wilbaux (Léopold). — La Question du Vatican au point de vue du droit à la représentation diplomatique. —*Bruxelles*, 1879, 8°. [8° U. 7600

Wilder (Victor). — Beethoven, sa vie et son œuvre, avec un portrait de Beethoven. — *P.*, 1883, in-18.
[8° U. 7601

Wilhelm (A.). — Tableaux synoptiques pour les examens de droit.

— L'Histoire du droit, 1 vol. Examen de 1re année.

— Le Droit romain, 2 vol. (4e éd). Examen de 1re et 2e années.

— Le Code de procédure civile, 1 vol. (2e éd.). 2e examen de baccalauréat.

— Le Droit civil, 3 vol. (5e éd.). Examen de 1re, 2e et 3e années.

— Le Droit criminel, 1 vol. (3e éd.). Examen de 1re année.

— Le Droit commercial, 1 vol. Examen de 3e année.

—Les Lois militaires, 1 vol. (2e éd.). — *P.*, 1879-1885, 10 vol. 8°.
[8° E. 1870-79

Willaumez. — Dictionnaire de Marine. Nouv. éd. — *P.*, 1825, 8°.
[8° I. 5467

Willems (P.). — Le droit public romain ou les Institutions politiques de Rome depuis l'origine de la ville jusqu'à Justinien. 5e éd. — *P.*, 1884, 8°.
[8° E. 1880

Williams. — Histoire des gouvernements du Nord jusqu'en 1777, trad. de l'anglais, par Demeunier. — *Amsterdam*, 1780, 3 vol. in-12.
[8° U. 7602-4

Wilson (Henry). — History of the rise and fall of the slave power in America. — *Boston*, 1875-1877, 3 vol. 8°.
[8° U. 7605-7

Wilson (Horace). — A Dictionary sanscrit and english. — *Calcutta*, 1819, f°.
[Fol. O. 114

Wimpffen (Gal Félix de).—Sedan. — *P.*, 1871, 8°.
[8° U. 7608

Winckelmann. — Histoire de l'art de l'antiquité. Trad. par Hubér.— *Leipzig*, 1781, 3 vol. 4°.
[4° I. 1027-29

Wiseman (Nicolas). — Conférences sur les doctrines et les pratiques les plus importantes de l'Église catholique. Trad. par Sarlit. — *Poitiers*, 1850, 2 vol. in-12.
[8° A. 948-49

Wiseman (Nicolas). — Discours sur les rapports entre la science et la religion dévoilée, prononcés à Rome. Pour faire suite à la « Raison du christianisme», publ. par M. de Genoude.— *P.*, 1837, 2 vol. 8°.
[8° A. 950-51

Wiseman (Cardinal Nicolas.) — Fabiola, ou l'église des catacombes.— *Tournai*, 1866, in-12.
[8° O. 4901

With (Émile). — L'Écorce terrestre. Les minéraux, leur histoire et leurs usages dans les arts et métiers.— *P.*, 1874, 8°.
[8° I. 5468

Witkowski (G.-J.). — Anatomie iconoclastique. Atlas complémentaire de tous les ouvrages traitant de l'anatomie et de la physiologie humaines, composé de planches découpées, coloriées et superposées (texte inclus). Squelette et articulations.— *P.*, (s. d.), f°.
[Fol. I. 212

Witkowski (G.-J.).—Anecdotes médicales. Bons mots, etc. — *P.*, 1882, in-18.
[8° I. 5469

Witkowski (G.-J.). — Le mal qu'on a dit des médecins. 1re série. Auteurs grecs et latins. — *P.*, 1884, in-18.
[8° I. 5470

Witkowski (Dr G.), Gorecki (X.). — La médecine littéraire et anecdotique. Morceaux choisis en prose ou en vers. 3e éd. — *P.*, (s. d.), in-18.
[8° I. 5471

Witt (Jean de). — Mémoires. Trad. en français par Mme de Zoutelandt. 3e éd. — *Ratisbonne*, 1709, in-12.
[8° U. 7609

Witz (Aimé). — L'école pratique de physique. Cours de manipulations de physique, préparatoire à la licence. — P., 1883, 8°. [8° I. 5472

Witz (Aimé). — Histoire des moteurs à gaz. — *Bruxelles*, 1883, 8°. [8° I. 5473

Woelmont (Baron Arnold de). — Souvenirs du Far-West. — P., 1883, in-18. [8° U. 7610

Woillez (Emmanuel). — Répertoire archéologique du département de l'Oise. — P., 1862, 4°. [4° U. 1112

Wolff (Albert). — Deux empereurs (1870-1871). 3ᵉ éd. — *Bruxelles*, 1871, in-12. [8° U. 7611

Wolff (H.), **Blachère** (A.). — Sahara et Soudan. Les régiments de dromadaires. 1 carte. — P., 1884, 8°. [8° U. 7612

Wolowski (L.). — La Question des Banques. — P., 1864, 8°. [8° I. 5474

Wundt (W.). — Éléments de psychologie physiologique. Trad. de l'allem. sur la 2ᵉ éd., par le Dʳ Élie Rouvier, de Pignan, précédés d'une nouvelle préface de l'auteur et d'une introd. par M. D. Nolen. 180 fig. — P., 1886, 2 vol. 8°. [8° I. 5474. A

Wundt (W.). — Traité élémentaire de physique médicale. Trad. par le Dʳ Ferdinand Monoyer. 2ᵉ éd. française, revue et augmentée par le Dʳ Armand Imbert. 472 fig. — P., 1884, 8°. [8° I. 5475

Wurtz (Adolphe). — Dictionnaire de chimie pure et appliquée. — P., 1869-1880, 5 vol. gr. 8° et 2 vol. de supplément. [4° I. 1030-35

Wurtz (Adolphe). — Les hautes études pratiques dans les universités d'Allemagne et d'Autriche-Hongrie.

2ᵉ rapport présenté à M. le Ministre de l'Instruction publique. — P., 1882, f°. [Fol. I. 213

Wurtz (Adolphe). — Histoire des doctrines chimiques depuis Lavoisier jusqu'à nos jours. — P., 1869, in-12. [8° I. 5476

Wurtz (Ad.). — Leçons élémentaires de chimie moderne. — P., 1867-1868, 8°. [8° I. 5477

2ᵉ éd., 1871. — P., 8°. [8° I. 5478

Wurtz (Ad.). — La théorie atomique. 2ᵉ éd. — P., 1879, 8°. [8° I. 5479

Wurtz (Ad.). — Traité élémentaire de chimie médicale. — P., 1864, 2 vol. 8°. [8° I. 5480-81

Wyse (Lucien-N.-B.). — Le canal de Panama. L'isthme américain; explorations, comparaison des tracés étudiés, négociations, état des travaux. 1 carte, 1 plan, 1 tableau et 90 grav. — P., 1886, 4°. [4° U. 1112. A

Wyss. — Le Robinson suisse, trad. de l'allem. par Élise Voiart. — P., 1841, 8°. [8° O. 4902

Xénophon. — Œuvres complètes. Trad. de Eug. Talbot, 3ᵉ éd. — P., 1873, 2 vol. in-16. [8° O. 4903-4

Yeatman (John-Pym.). — An introduction to the study of early english history. — *London*, 1874, 8°. [8° U. 7613

Yéméniz (Eugène). — Voyage dans le royaume de Grèce, précédé de considérations sur le génie de la Grèce, par Victor de Laprade. — P., 1854, 8°. [8° U. 7614

Yermoloff (Michel de). — Mélanges et souvenirs d'histoire, de voyages et de littérature. — P., 1858, 8°. [8° O. 4905

Yermolow (Al.-S.). — Ministère des domaines. Recherches sur les gisements de phosphate de chaux fossile en Russie. — *Saint-Pétersbourg*, 1873, 4º. [4º I. 1036

Ymbert (Th.). — Dictionnaire des formules, ou mairie pratique, contenant les modèles de tous les actes d'administration municipale. 21ᵉ éd. — *P.*,1880, 2 vol. 8º. [8º E. 1881-82

Young (Arthur). — A Tour in Ireland, made in the year 1776-1778. 2ᵉ éd. — *London*, 1780, 2 vol. 8º. [8º U. 7615-16

Young (Arthur). — Voyages en France pendant les années 1787-1790. Traduit de l'anglais par E.-S. — *P.*, 1793, 3 vol. 8º. [8º I. 5482-84

Young (C.-A.). — Le soleil. 85 fig. — *P.*, 1883, 8º. [8º I. 5485

Young (Edward). — Les nuits. Trad. de Letourneur. Nouv. éd. —*P.*, 1827, 2 vol. 8º. [8º O. 4906-7

Yriarte (Charles). — Bosnie et Herzégovine. 15 dessins et 1 carte. — *P.*, 1876, in-18. [8º U. 7616. A

Yriarte (Charles). — Les princes d'Orléans. Préface par Édouard Hervé. — *P.*, (s. d.), in-12. [8º U. 7617

Ysabeau (A.). — Connaissance et description botanique des plantes usuelles utiles ou nuisibles à divers titres. Ouvrage orné de 125 gravures. — *P.*, (s. d.), in-18. [8º I. 5486

Ysabeau (A.). — Hygiène et économie domestique. — *P.*, 1864, in-16. [8º I. 5487

Ysabeau (A.). — Le jardinier de tout le monde. — *P.*, 1860, in-12. [8º I. 5488

Ysabeau (A.). — Leçons élémentaires d'agriculture. 4ᵉ éd. — *P.*, 1866, in-12. [8º I. 5489

Yves d'Évreux. — Voyage dans le Nord du Brésil, fait durant les années 1613 et 1614. Publié avec des notes par Ferdinand Denis. — *Leipzig*, 1864, 8º. [8º U. 7618

Yvon (P.). — Traité de l'art de formuler, comprenant un abrégé de pharmacie chimique, de matière médicale et de pharmacie galénique. — *P.*, 1879, in-18. [8º I. 5490

Zaborowski (S.). — Nouvelles et curiosités scientifiques. — *P.*, 1883, in-18. [8º I. 5491

Zachariæ (K.-S.). — Cours de droit civil français, trad. de l'allem. par C. Aubry et C. Rau. 2ᵉ éd. — *Strasbourg*, 1843-1846, 5 vol. 8º. [8º E. 1883-87

Zachariæ (K.-S.). — Le droit civil. Trad. sur la 5ᵉ éd. par G. Massé et Ch. Vergé. — *P.*, 1854, 5 vol. 8º. [8º E. 1888-92

Zastrow (A. de). — Histoire de la fortification permanente. 2ᵉ éd., trad. de l'allem. par E. de La Barre Duparcq. — *P.*, 1848, 2 vol. 8º. [8º I. 5492-93

Zehetmayr (Seb.). — Lexicon etymologicum latino sanscritum comparativum. — *Vindobonæ*, 1873, 8º. [8º O. 4908

Zeller (Édouard). — La philosophie des Grecs, considérée dans son développement historique. 1ʳᵉ part. La philosophie des Grecs avant Socrate, trad. de l'allem. par M. Boutroux. — *P.*, 1877-1872, 2 vol. 8º. [8º I. 5494-95

Zeller (Jules). — L'année historique. 1ʳᵉ, 2ᵉ et 3ᵉ années (1859-1861). — *P.*, 1860-1862, 3 vol. in-18. [8º U. 7619-21

Zeller (Jules). — Les Empereurs romains, caractères et portraits historiques. 5ᵉ éd. — *P.*, 1883, in-18. [8º U. 7622

Zeller (Jules). — Histoire d'Allemagne. I. Origines de l'Allemagne et de l'Empire germanique. Avec Introduction générale et cartes géographiques. 2ᵉ éd. — II. Fondation de l'Empire germanique. Charlemagne, Otton-le-Grand, les Ottonides. 2ᵉ éd. — III. L'Empire germanique et l'Église au moyen âge. Les Henri. Querelle des investitures. — IV. L'Empire germanique sous les Hohenstauffen. L'Empereur Frédéric Barberousse. — V. L'Empereur Frédéric II et la chute de l'Empire germanique du moyen âge. Conrad IV et Conradin. — *P.*, 1876-1885, 5 vol. 8°.   [8° **U. 7623-26**

Zeller (Jules). — Histoire de l'Italie. — *P.*, 1853, in-12. [8° **U. 7627**

Zeller (Jules). — Italie et Renaissance. Politique, Lettres, Arts. Nouv. éd. — *P.*, 1883, 2 vol. in-16.
[8° **U. 7628-29**

Zévort (Edgar). — Cours élémentaire. Histoire de France, depuis les Gaulois jusqu'à nos jours. 2ᵉ éd. — *P.*, (s. d.), in-18.   [8° **U. 7630**

Zimmermann (Georges). — La Solitude. Trad. de l'allem. par A.-J.-L. Jourdan. — *P.*, 1825, 8°.
[8° **I. 5496**

Zlatagorskoï (E.). — Essai d'un dictionnaire des homonymes de la langue française, avec la traduction allemande, russe, anglaise. 2ᵉ éd. — *P.*, 1882, 8°.   [8° **O. 4909**

Zola (Émile). — Documents littéraires. Études et portraits. 2ᵉ éd. — *P.*, 1881, in-18.   [8° **O. 4910**

Zola (Émile). — Une campagne (1880-1881). — *P.*, 1882, in-18.
[8° **O.4911**

Zschokke (Henri). — Les matinées suisses. Contes, trad. par A.-I. et J. Cherbuliez. — *P.*, 1830-1832, 12 vol. in-18.   [8° **O. 4912-23**

Zuber (Dʳ C.). — Des maladies simulées dans l'armée moderne. Extrait de la « Revue militaire de médecine et de chirurgie. » — *P.*, 1882, 8°.
[8° **I. 5497**

Zurcher, Margollé. — Les ascensions célèbres aux plus hautes montagnes du globe. 2ᵉ éd. — *P.*, 1869, in-18.   [8° **I. 5498**

Zurcher, Margollé. — L'énergie morale. 15 vign. — *P.*, 1882, in-18.   [8° **I. 5499**
(Bibliothèque des Merveilles.)

Zurcher, Margollé. — Les glaciers. — *P.*, 1870, in-12.
[8° **I. 5500**
(Bibliothèque des Merveilles.)

Zurcher, Margollé. — Volcans et tremblements de terre. 2ᵉ éd. — *P.*, 1868, in-12.   [8° **I. 5501**
(Bibliothèque des Merveilles.)

CATALOGUE

DE

LA SALLE PUBLIQUE DE LECTURE

SUPPLÉMENT — 1887-1894

PARIS

IMPRIMERIE NATIONALE

M DCCC XCV

SALLE PUBLIQUE DE LECTURE

CATALOGUE

BIBLIOTHÈQUE NATIONALE

CATALOGUE

DE

SALLE PUBLIQUE DE LECTURE

SUPPLÉMENT — 1887-1894

PARIS

IMPRIMERIE NATIONALE

M DCCC XCV

EXPLICATION DES SIGNES ABRÉVIATIFS.

———

1° Lorsque plusieurs ouvrages d'un même auteur se suivent, le nom de l'auteur n'est pas répété; il est remplacé par un trait : —, et quand un titre se trouverait répété plusieurs fois, ce titre est remplacé lui aussi par un trait.

2° Pour les ouvrages en cours de publication, le nombre des volumes et leur date ont été laissés en blanc.

CATALOGUE

DE

LA SALLE PUBLIQUE DE LECTURE.

SUPPLÉMENT. — 1887-1894.

A

A Paris pendant le siège, par un Anglais, trad. par F. Sangnier. *P.*, 1888, in-18.
[8° **U.** + **1113**

About (Ed.). Le xixᵉ siècle. *P.*, 1892, in-16. [8° **U. 1116 B**

—— Le roi des montagnes. *P.*, 1884, 8°.
[8° **O. 407 B**

Académie d'Hippone. Des améliorations qu'il pourrait être utile d'apporter dans la législation relative aux retraites des fonctionnaires publics. *Bône*, 1883, 4°. [4° **E. 41 C**

Achalme (Le Dʳ P.). L'érysipèle. *P.* (s. d.), in-16. [8° **I. 1041 B**

Acollas (É.). Le droit mis à la portée de tout le monde. L'idée du droit. *P.*, 1886, in-18. [8° **E. 254 B**

—— —— Les délits et les peines. *P.*, 1887, in-18. [8° **E. 254 Ba**

—— —— Les successions. *P.*, 1885, in-18. [8° **E. 254 Bb**

Adam (Ch.). Philosophie de François Bacon. *P.*, 1890, 8°. [8° **I. 1041 C**

—— La philosophie en France. *P.*, 1894, 8°. [8° **I. 1041 D**

Adam (F.-E.). Les heures calmes. *P.*, 1892, in-16. [8° **O. 414 A**

Adeline (J.). La peinture à l'eau. *P.* (s. d.), 8°. [8° **I. 1043 B**

Adenis (J.). Les étapes d'un touriste en France. De Marseille à Menton. *P.*, 1892, in-16. [8° **U. 1127 B**

—— Le théâtre chez soi. *P.*, 1889, in-16.
[8° **O. 414 C**

Administration des monnaies et médailles. Compte rendu pour 1889. *P.*, 1893, 4°.
[4° **U. 309** + **A**

Adrian (L.-A.). Petit formulaire des antiseptiques. *P.*, 1892, in-16. [8° **I. 1048 C**

Adversaires (Les) naturels de l'Allemagne. Russie et France. *P.*, 1887, in-18.
[8° **U. 1127 E**

Affaire (L') du Tonkin. Histoire diplomatique de l'établissement de notre protectorat sur l'Annam, 1882-1885. *P.* (s. d.), 8°.
[8° **U. 1128 C**

Agenda-annuaire de la Librairie française. *P.*, 1894, in-16. [8° **I. 1048 E**

Agenda-formulaire des médecins praticiens, contenant : 1° Nouveau guide du médecin praticien, par le docteur V. Audhoui; 2° Pathologie infantile, par le docteur Descroizilles; 3° Annuaire médical et pharma-

1

ceutique, par le docteur V. Audhoui; 4° Renseignements. *P.*, 1887, in-12.
[8° I. 1051 A

Agenda spécial des architectes et des entrepreneurs de bâtiments pour 1890. *P.*, 1890, in-18.
[8° I. 1052 D

Agissements (Les) du prince de Bismarck. *P.* (s. d.), in-18.
[8°.U. 1128 E

Agle (A.). Manuel pratique de photographie instantanée. *P.*, 1887, in-18.
[8° I. 1052 A

Agnières (Aimé B. d'). Armorial spécial de France. *P.*, 1887, gr. 8°. [4° U. 309 A

Agostini (E.). Agriculture, industrie, commerce. La France et le Canada. (*S. l.*), 1886, 8°.
[8° U. 1128 G

Agote (P.). Rapport sur la dette publique, les banques, les budgets, les lois d'impôts et la frappe des monnaies de la nation et des provinces (République Argentine), trad. par Henri Menjon. Livre IV. *Buenos-Ayres*, 1887, gr. 8°.
[4° U. 309 B

Aguesseau (H.-F. d'). Œuvres choisies. *P.*, 1887, in-18.
[8° E. 259 + A

Aguillon (L.). Législation des mines, française et étrangère. *P.*, 1886, 3 vol. 8°.
[8° E. 259 A

Aide-mémoire de l'ingénieur. Manuel de la Société la «Hütte». *P.*, 1887, in-18.
[8° I. 1053 A

Aimard (G.). Le Brésil nouveau. *P.*, 1888, gr. 8°.
[4° O. 119 C

Aimès (E.). La réforme administrative et le favoritisme. *P.*, 1887, in-18.
[8° I. 1054 Aa

Alarcon (P.-A. de). Le scandale, trad. par A. Fournier. *P.*, 1890, in-16.
[8° O. 416 B

Alavaill (E.). Richesses agricoles et forestières du Tonkin. *P.*, 1888, 8°.
[8° U. 1135 A

Albéca (At.-L. d'). Côte occidentale d'Afrique. Les établissements français du golfe de Bénin. *P.*, 1889, 8°.
[8° U. 1135 C

Albert (M.). La littérature française sous la Révolution, l'Empire et la Restauration (1789-1830). 3e éd. *P.*, 1891, in-18.
[8° O. 416 C

Albert (Paul). La littérature française, des origines au xviiie siècle. *P.*, 1891, 4°.
[4° O. 119 F

Albert-Lévy. Causeries. *P.*, 1887, 8°.
[8° I. 1055 C

—— Galilée. *P.*, 1881, in-18.
[8° U. 1136 B

—— Lavoisier. *P.*, 1881, in-18.
[8° U. 1136 Ba

Album de l'Exposition rétrospective de Tours (1890). *Tours*, 1891, f°.
[Fol. I. 5 F

Alexander (Mrs). L'épousera-t-il ? trad. par F. Bernard. I. *P.*, 1887, in-16.
[8° O. 434 B

Alexandre (A.). Histoire de la peinture militaire en France. *P.* (s. d.), in-16.
[8° I. 1061 C

Alexandre (R.). Le musée de la conversation. Répertoire de citations françaises, etc. *P.*, 1892, 8°.
[8° O. 436 C

Alfieri (Mis Ch.). Apostolat libéral d'un sénateur italien à Paris. *P.*, juin-juillet 1889, in-18.
[8° U. 1138 A

Algérie (L') de nos jours. *Alger*, 1893, f°.
[Fol. U. + 1 C

Alheilig (M.). Recette, conservation et travail des bois. *P.* (s. d.), in-16.
[8° I. 1063 D

Alimentation universelle. Pain et biscuits hygiéniques. *P.*, 1885, 8°.
[8° I. 1067 A

Alis (H.). À la conquête du Tchad. *P.*, 1891, 8°.
[8° U. 1139 C

Alix (E.). L'esprit de nos bêtes. *P.*, 1890, 8°.
[8° I. 1067 D

Allaire (É.). La Bruyère dans la maison de Condé. *P.*, 1886, 2 vol. 8°.
[8° U. 1139 C

Allard (A.). Étude sur la crise agricole, commerciale et ouvrière en Angleterre. *P.*, 1888, 4°.
[4° I. 217 G

Alletz. Cérémonial du sacre des rois de France. *P.*, 1775, in-16. [8° U. 1144 B

—— Itinéraire parisien. *P.*, an xi, 1803, in-12.
[8° U. 1144 Ba

Alliés (Les) naturels de la France. La triple alliance de demain. La neutralité suisse. *P.*, 1890, in-18.
[8° U. 1144 C

Almanach Hachette. Petite encyclopédie populaire de la vie pratique. *P.*, 1894, 8°.
[8° I. 1072 B

Almirall (V.). L'Espagne telle qu'elle est. *P.*, 1887, in-18. [8° U. 1147 A

Alpy (H.). La loi du 28 mars 1882 sur l'enseignement primaire obligatoire devant la Cour de cassation. *P.*, 1884, 8°. [8° E. 287 A

Alq (Mme L. d'). L'horticulture au salon et au jardin. *P.* (s. d.), 8°. [8° I. 1072 D

—— La lingère et la modiste en famille. *P.*, 1882, 8°. [8° I. 1072 Da

—— Les ouvrages de main en famille. *P.* (s. d.), 8°. [8° I. 1075 B

—— La science de la vie. Conseils et réflexions. *P.* (s. d.), 8°. [8° I. 1075 Ba

—— Les secrets du cabinet de toilette. Conseils et recettes. *P.*, 1881, 8°. [8° I. 1075 Bc

—— La vie intime. *P.*, 1881, 8°. [8° I. 1075 Bd

Amagat. Les finances françaises sous l'Assemblée nationale et les Chambres républicaines. *P.*, 1889, 2 vol. 8°. [8° U. 1150 C

Amat (D^r). Le M'Zab et les M'Zabites. *P.*, 1888, 8°. [8° U. 1150 G

Amaury-Duval. Souvenirs (1829-1830). Intérieur de ma famille, salon Ch. Nodier, etc. *P.* (1885), in-18. [8° U. 1150 H

Amblard (Dr A.). Hygiène élémentaire, publique et privée. *P.*, 1891, in-18. [8° I. 1075 E

Amelot de La Houssaie. Mémoires. *La Haye*, 1737, 2 vol. in-12. [8° U. 1152 + A

Améro (C.). Douze jours à Londres. *P.*, 1890, 8°. [8° U. 1152 A

Amicis (Ed. de). Cuore, trad. par A. Piazzi. *P.*, 1892, in-18. [8° O. 450

Ammann (A.). Guide historique à travers l'exposition des habitations humaines reconstituées par Charles Garnier. *P.*, 1889, in-16. [8° U. 1152 B

Ammon (Dr F.-A. d'). Le livre d'or de la jeune femme, son rôle et ses devoirs comme mère de famille; 5e éd. *P.*, 1891, in-18. [8° I. 1081 B

Ampère (J.-J.). Histoire de la formation de la langue française. *P.*, 1871, in-16. [8° O. 455 A

Anathème à la guerre! Recueil d'extraits d'auteurs anciens et modernes, suivi de statistiques. *P.*, 1890, 8° [8° I. 1081 C

Ancienne (L') France. Les arts et métiers au moyen âge. *P.*, 1887, gr. 8°. [4° I. 220 + A

Ancienne (L') France. Henri IV et Louis XIII. La Fronde. *P.*, 1886, 8°. [8° U. 1159 C

—— L'industrie et l'art décoratif aux deux derniers siècles. *P.*, 1887, gr. 8°. [4° I. 220 A

Anderson (R.-B.). Mythologie scandinave. Légendes des Eddas, trad. Jules Leclercq. *P.*, 1886, in-18. [8° A. 194 A

André (A.). Traité pratique des partages d'ascendants entre vifs et testamentaires, et des actes qui en dérivent. *P.*, 1881, 8°. [8° E. 295 A

—— Traité pratique des ventes d'immeubles. *P.*, 1894, 8° [8° E. 295 Ab

André (Ed.). L'Amérique équinoxiale (1875-1876). Expédition scientifique française au Pérou et en Bolivie (1875-1877). Amazone et Cordillères (1879-1882), par Ch. Wiener. *P.* (s. d.), 4°. [4° U. 313 C

André (Dr G.). L'hygiène des vieillards. *P.*, 1890, in-18. [8° I. 1098 B

—— Hypertrophie du cœur. *P.* (s. d.), in-16. [8° I. 1098 + B

André (G.). Insuffisance mitrale. *P.* (s. d.), 8°. [8° I. 1098 Bc

André (L.). Camille Desmoulins. *P.*, 1890, in-16. [8° U. 1160 B

—— La récidive. *P.*, 1892, 8°. [8° E. 295 B

Andréani (A.). Les écoles françaises, civiles et militaires. Programmes, études, titres, diplômes, services militaires, dispenses. *P.*, 1891, 8°. [8° I. 1099 + A

Andrei (A.). Les étapes d'un touriste en France. A travers la Corse. *P.*, 1892, in-16. [8° U. 1160 C

Andrieu (E.). Traité de dentisterie opératoire. *P.*, 1889, 8°. [8° I. 1099 A

Anfossi (Marc). Le secret de sir William. *P.* (s. d.), 8°. [8° O. 471 B

Angerstein (E.) et G. Eckler. La gymnastique des demoiselles. *P.*, 1892, in-16. [8° I. 1101 D

Angot des Rotours (J.). La morale du cœur. Étude d'âmes modernes. *P.*, 1893, in-16. [8° I. 1101 G

Annales de géographie. *P.*, 1892-1893, 2 vol. 8°. [8° U. 1169 B

—— de l'agrégation de l'enseignement secondaire spécial (section des sciences mathématiques). Concours de 1880-1888. Sujets des leçons pour le concours de 1889. P., 1889, in-16.   [8° I. 1428 A

Annales de l'agrégation des sciences mathématiques. 1876-1888. P. (s. d.), in-16.   [8° I. 1428 Aa

—— de l'École libre des sciences politiques. P., 1ʳᵉ ann. 1886 et suiv., 8°.   [8° I. 1428 Ab

—— de la licence ès sciences. P., 1889, in-16.   [8° I. 1428 Ac

—— de la Société d'économie politique. P., 1889, 3 vol. 8°.   [8° I. 1428 Af

—— des assemblées départementales. Travaux des Conseils généraux.   [8° E. 902 A

—— du baccalauréat de l'enseignement secondaire spécial. P., 1889, in-16.   [8° I. 1685 A

—— du baccalauréat ès sciences. 1888-1889. P., in-16.   [8° I. 1685 Aa

Annales (Les) économiques. P., 1890-1892, 5 vol. 8°.   [8° I. 1713 C

Annales maritimes et coloniales. P., 1809-1847, 137 vol. 8°, dont 3 vol. de tables.   [8° E. 303 A

Année (L') des poètes. Morceaux choisis. P., 1891, 8°.   [8° O. 471 C

—— philosophique. Direct. E. Pillon. P., 1ʳᵉ ann. (1890) et suiv., 8°.   [8° I, 1718 B

Annuaire colonial. P., 1890, 2 vol. 8°.   [8° U, 1194 C

—— de l'administration des contributions directes et du cadastre. P., 1893, 8°.   [8° U. 1194 D

—— de l'enseignement primaire. P., 1888, in-18.   [8° I, 1722 A

—— de la Bourse du Travail, années 1890-1891. P., 1892, 8°.   [8° E. 304 C

—— de la chambre syndicale des restaurateurs et limonadiers du département de la Seine. P., 1891-1892, 8°.   [8° I. 1725 C

—— de la Légion d'honneur pour 1889. P., 1889, 4°.   [4° U, 314 B

—— de la Suisse pittoresque et hygiénique. Lausanne, 1889, in-16.   [8° U, 1201 A

—— de thérapeutique, 1888-1889. P., in-16.   [8° I. 1727 C

Annuaire des artistes dramatiques et lyriques et de l'enseignement musical. P., 1887, 8°.   [8° U. 1201 B

—— des châteaux et des départements. P., 1888-1889, 8°.   [8° U. 1201 D

—— des chemins de fer. P., 1889, 8°.   [8° I. 1727 E

—— des commerçants de Paris et des départements de la Seine, de Seine-et-Oise, de Seine-et-Marne et de l'Oise. P., 1890. 8°.   [8° I. 1727 G

—— des douanes, 31ᵉ année (1894). P., in-18.   [8° U. 1215 B

—— des Musées cantonaux. Lisieux, 1887, 8°.   [8° I. 1727 J

—— des syndicats agricoles et de l'agriculture française. P., 1891, 8°.   [8° I. 1727 M

—— des syndicats professionnels. 1ʳᵉ ann. (1889) et suiv. P., 8°.   [8° U. 1216 B

—— du Ministère du commerce, de l'industrie et des colonies. Services du commerce et de l'industrie. P., 1889-1890, 2 vol. 8°.   [8° I. 1728 C

—— médical et pharmaceutique de la France. P., 1887, in-18.   [8° I 1729 A

—— statistique de la France. P., 1878-1887, 4°.   [4° U 314 C

—— (L') universel illustré. Revue générale de l'année 1892. P., 1893, 4°.   [4° I. 222 D

Anthoine (E.). A travers nos écoles. Souvenirs posthumes. Préface de Jules Lemaître. P., 1887, in-16.   [8° I. 1732 A

Antioche (Cᵗ d'). Changarnier. P., 1891, 8°.   [8° U 1307 C

Antonini (Paul). L'Annam, le Tonkin et l'intervention de la France en Extrême-Orient. P. (s. d.), 8°.   [8° U. 1309 A

—— Au pays de Chine. P. (s. d.), 8°.   [8° U. 1309 B

Arbois de Jubainville (H. d'). Les premiers habitants de l'Europe, d'après les écrivains de l'antiquité... 2ᵉ éd. P., 1889, t. Iᵉʳ.   [8° U. 1317 A

—— et **Dottin** (G.). Recherches sur l'origine de la propriété foncière et des lieux habités en France (période celtique et période romaine). P., 1890, 8°.   [8° U. 1317 C

Arçay (J. d'). Notes inédites sur M. Thiers. 2ᵉ éd. P., 1888, in-18.   [8° U. 1319 A

Arène (E.). Rapport sur le budget de 1892. Ministère de l'intérieur. *P.*, 1891, 4°. [4° **U.** 315 + A

Aristote. Histoire des animaux, trad. par J. Barthélémy-Saint Hilaire. *P.*, 1883, 3 vol. 8°. [8° **O.** 681 A

—— Métaphysique, trad. par J. Barthélémy-Saint Hilaire. *P.*, 1879, 3 vol. 8°. [3° **O.** 669 A

Arloing (Dr S.). Les virus. *P.*, 1891, 8°. [8° **I.** 1759 D

Armaillé (C^{sse} d'). La comtesse d'Egmont, fille du maréchal de Richelieu, 1740-1773. *P.*, 1890, in-18. [8° **U.** 1341 Ca

Armée (L') française et son budget en 1890. *P.*, 1890, in-18. [8° **U.** 1343 B

—— (L') russe et ses chefs en 1888. *P.*, 1889, in-16. [8° **U.** 1343 D

—— (L') sans chef. *P.*, 1891, in-18. [8° **U.** 1343 E

Armelin (Gaston). La gloire des vaincus. *P.* (s. d.), in-18. [8° **O.** 684 C

Armengaud aîné. Cours élémentaire de dessin industriel. *P.*, 1886, 2 vol. 8°, dont un atlas. [8° **I.** 1763 A

Armes des principaux États. *P.* (s. d.), 4° oblong. [4° **U** 315 A

Arnaud (Léop.). Guide des caisses d'épargne et de leurs déposants. *Tours*, 1893, 8°. [8° **I.** 1770 D

Arneaud (A.). Traité de perspective linéaire. *P.*, 1890, f°. [Fol. **I.** 8 C

Arnould (Dr J.). La désinfection publique. *P.* (s. d.), in-16. [8° **I.** 1771 + A

—— Nouveaux éléments d'hygiène. 2e éd. *P.*, 1889, 8°. [8° **I.** 1771 A

Arnoux (J.). Les Troubadours et les Félibres du Midi. *P.*, 1889, gr. 8°. [4° **U.** 317 C

Arrivet (A.). Dictionnaire français-japonais des mots usuels de la langue française. *Tokyo*, 1887, in-18. [8° **O.** 691 A

Art (L') ancien à l'Exposition nationale belge. *Bruxelles*, 1882, 4°. [4° **I.** 223 B

Art (L') des sucreries. Confitures, etc. *P.* (s. d.), 8°. [8° **I.** 1773 C

Arteaga (Dom). Les révolutions du théâtre musical en Italie, abrég. de dom Arteaga. *Londres*, 1802, 8°. [8° **I.** 1773 F

Artin-Bey (Yacoub). La propriété foncière en Égypte. *Le Caire*, 1883, 8°. [8° **E.** 307 A

Askinson (W.). Guide du parfumeur, trad. par G. Calmels. *P.* (s. d.), in-16. [8° **I.** 1776 A

Aspect (D'). Histoire de l'ordre de Saint-Louis. *P.*, 1780, 3 vol. 8°. [8° **U.** 1898 C

Assassinat du maréchal d'Ancre. *P.*, 1853, in-16. [8° **U.** 1398 F

Asserolette (C.). [Mme E. Servie.] Ma cuisine. *P.* (s. d.), in-18. [8° **I.** 1776 D

Assurance (L') moderne, gazette économique et industrielle. *P.*, 1886 et ann. suiv., f°. [Fol. **I.** 9 A

Astronomie (L'). Revue d'astronomie populaire. *P.*, 1882, 4°. [4° **I.** 224 + A

Atlas de statistique financière. *P.*, 1889, f°. [Fol. **I.** 9 B

Auber (J.). La cocaïne en chirurgie. *P.*, 1892, 8°. [8° **I.** 1777 D

Aubert (F.). Le Parlement de Paris, de Philippe le Bel à Charles VII (1314-1422). *P.*, 1890, 8°. [8° **U.** 1403 C

Aubertin (Ch.). L'esprit public au XVIIIe siècle. 1715-1789, 3e éd. *P.*, 1889, in-16. [8° **U.** 1404 B

Aubertin (Émile). Des honoraires et frais d'actes des notaires. *P.*, 1885, 8°. [8° **E.** 308 A

Aublet (Ed.). La guerre au Dahomey, 1888-1893. *P.*, 1894, 8°. [8° **U.** 1406 C

Audebrand (P.). Petits mémoires du XIXe siècle. *P.*, 1892, in-18. [8° **O.** 694 B

Audet (D^r). Manuel pratique de médecine militaire. *P.*, 1885, in-18. [8° **I.** 1780 B

Audiffred. Premier rapport fait à la Chambre des députés sur : 1° les caisses de secours et de retraites des ouvriers mineurs; 2° les caisses de prévoyance; 3° les délégués mineurs. *P.*, 1886, 4°. [4° **I.** 224 + Ac

Auffret (Dr C.). Manuel de dissection des régions et des nerfs. *P.*, 1881, in-18. [8° **I.** 1788 B

Augé de Lassus (L.). Les spectacles antiques. *P.*, 1888, in-16. [8° **U.** 1425 A

Aulard (F.-A.). Le culte de la Raison et le culte de l'Être suprême (1793-1794). *P.*, 1892, in-18. [8° **U.** 1427 + A

Aulard (F.-A.). Études et leçons sur la Révolution française. *P.*, 1893, in-18.
[8° **U. 1427** ✠ Ab

——— Les grands Français. Danton. *P.* (s. d.), in-16. [8° **U. 1427** ✛ A

Auriac (V. d'). Pâques-Fleuries. Poésies. *P.*, 1883, in-16. [8° **O. 707** A

Aurignac (Romain d'). Trois ans chez les Argentins. *P.* (s. d.), 4°. [4° **U. 320** B

Auspitz (H.). Pathologie et thérapeutique générales des maladies de la peau. Trad. du Dr A. Doyon. *P.*, 1887, 8°. [8° **I. 1791** B

Autran (F.-C.). Code international de l'abordage maritime. *P.*, 1890, 8°.
[8° **E. 326** C

Auvard (Dr A.). Traité pratique d'accouchements. *P.*, 1891, 8°. [8° **I. 1791** C

——— Traité pratique de gynécologie. *P.*, 1892, 8°. [8° **I. 1791** Ca

——— et Caubet (E.). Anesthésie chirurgicale et obstétricale. *P.* (s. d.), in-16.
[8° **I. 1791** Bd

Auzière (H.). De la condamnation aux frais en matière criminelle, correctionnelle et de police. *P.*, 1888, 8°. [8° **E. 326** E

Avé-Lallemant (Ch.). La police en Allemagne. Trad. de Louis de Hessem. *P.* (s. d.), in-18. [8° **U. 1435** A

Avenel (H.). La loterie. *P.*, 1887, in-16.
[8° **I. 1791** A

Avenir (L') économique et financier, répertoire hebdomadaire des assurances. *P.*, 1888 et ann. suiv. 8°. [8° **I. 1791** G

Aynard (Ed.). Discours prononcé à la Chambre des députés, séance du 2 mai 1891. Discussion du tarif général des douanes. *P.*, 1891, in-32. [8° **I. 1792** C

Azam (D^r). Le caractère dans la santé et dans la maladie. Préface de Th. Ribot. *P.*, 1887, 8°. [8° **I. 1795** ✛ A

——— Hypnotisme, double conscience et altérations de la personnalité. Préface par J.-M. Charcot. *P.*, 1887, in-16.
[8° **I. 1795** A

Azeline. Souvenirs d'un alpiniste. *P.*, 1891, in-16. [8° **U. 1444** C

Azibert (F.). Sièges célèbres. *P.*, 1890, gr. 8°. [4° **U. 320** C

B

Babeau (A.). Le maréchal de Villars, gouverneur de Provence. *P.*, 1892, 8°.
[8° **U. 1447** Ba

——— Paris en 1789; 3e éd. *P.*, 1890, in-16. [8° **U. 1447** C

——— La Province sous l'ancien régime. *P.*, 1894, 2 vol. 8°. [8° **U. 1449** A

Babelon (E.). Manuel d'archéologie orientale. Chaldée, Assyrie, Perse, Syrie, Judée, Phénicie, Carthage. *P.* (s. d.), 8°.
[8° **I. 1795** D

Babinet. Résumé des observations centralisées par le service hydrométrique du bassin de la Seine pendant l'année 1891. *Versailles*, 1892, 4° et Atlas. [4° **I. 224** D
[Fol. **I. 11** G

Bach (Dr J.). De la sédentarité scolaire et du surmenage intellectuel. *P.*, 1887, 8°.
[8° **I. 1799** A

Bachelin-Deflorenne. La science des armoiries. *P.*, 1880, 8°. [8° **I. 1799** B

Bacri (L.). Guide du candidat aux fonctions publiques en Algérie. *P.*, 1888, in-18.
[8° **E. 328** ✛ A

Badère (Cl.). La vérité sur le Christ, la création et ses mystères dévoilés; 10e éd. *P.*, 1891, in-18. [8° **I. 1800** C

——— Vierge et martyre. Marie Favrai; 5e éd. *P.*, 1890, in-18. [8° **O. 734** ✛ A

Badon-Pascal (E.). Des droits des obligataires. *P.* (s. d.), 8°. [8° **E. 328** A

Badoureau (A.) et P. Grangier. Les mines, les minières et les carrières. *P.* (s. d.), 8°.
[8° **I. 1801** ✛ A

——— Les sciences expérimentales en 1889. Introduction. *P.* (s. d.), 8°. [8° **I. 1801** A

Baedeker (K.). Le centre de la France. De Paris à la Garonne et aux Alpes; 3e éd. *Leipzig*, 1889, in-16. [8° **U. 1466** B

Bagavadam ou Doctrine divine, ouvrage indien canonique. *P.*, 1788, 8°.
[8° **A. 215** B

Baginsky (Ad.). Traité des maladies des

enfants, trad. par les Drs L. Guiñon et L. Romme. P., 1892, 2 vol. 8°.
[8° I. 1803 + A

Baïhaut. Développements à l'appui du projet de loi sur les mines. P., 1886, gr. 8°.
[4° E. 58 C

—— Rapport sur le Budget de 1892. Ministère des travaux publics. P., 1891, 4°.
[4° U. 323 D

Baille. Souvenirs d'Annam. 1886-1890. P., 1890, in-18.
[8° U. 1476 D

Baillet (A.). Jugemens des savans sur les principaux ouvrages des auteurs. P., 1722, 7 vol. 4°.
[4° O. 126 D

Baillet (E.). Nouveau traité de photographie simplifiée. P. (s. d.), 8°.
[8° I. 1804 A

Baillon (H.). Dictionnaire de botanique. P., 1876-1892, 4 vol. gr. 4°.
[Fol. I. 12 C

—— Les herborisations parisiennes. P., 1890, in-16.
[8° I. 1805 D

Bain (A.). Les sens et l'intelligence, trad. par E. Cazelles; 2° éd. P., 1889, 8°.
[8° I. 1810 B

Balcam (Ed.). Promenades en Russie. Illustr.; 3° éd. P., 1894, 8°. [8° U. 1486 C

Ballue. Proposition de loi et rapport sur la réforme de l'assiette de l'impôt. P., 1885, 2 vol. 4°.
[4° I. 226 + A

Balny (G.). Le fil à coudre. P., 1886, in-18.
[8° I. 1812 C

Baltet (C.). Conférences de l'Exposition universelle internationale de 1889. L'horticulture française. P., 1890, 8°.
[8° I. 1813 + Aa

—— La couture des raisins. Troyes, 1887, 8°.
[8° I. 1813 + A

Balzac (H. de). OEuvres complètes. P., 1884, 20 vol. 8°.
[8° O. 734 A

—— OEuvres complètes. P., 1891-1892, 10 vol. in-18.
[8° O. 734 Aa

Bancalis (Bon R. de). Le fusil sur l'épaule, la ligne à la main. Excursions, pêches, chasses. Strasbourg, 1888, in-16.
[8° U. 1492 A

Banque de France. Assemblée générale des actionnaires de la Banque de France du 28 janvier 1892. P., 1892, gr. 4°.
[Fol. I 13 C

Baraban (L.). A travers la Tunisie. P., 1887, 8°.
[8° U. 1502 A

Baratoux (Dr J.). Guide pratique pour l'examen des maladies du larynx, du nez et des oreilles. P., 1892, in-18.
[8° I. 1814 B

Barberet (J.). La bohème du travail; 2° éd. P. (s. d.), in-18. [8° U. 1512 A

—— Le travail en France. Monographies professionnelles. P., 1886-1889, 6 vol. 8°.
[8° U. 1512 Aa

Barberot (E.). Histoire des styles d'architecture dans tous les pays. P., 1891, 2 vol. 4°.
[4° I. 226 B

—— Traité pratique de serrurerie. P., 1888, 4°.
[4° I. 226 C

Barbéry (J.). Recueil choisi d'importants secrets, recettes et procédés d'une application journalière dans l'économie domestique et industrielle. P., 1891, in-18.
[8° I. 1814 C

Barbier (G.). Code expliqué de la presse. P., 1887, 2 vol. 8°.
[8° E. 331 A

Barbier (Dr H.). La rougeole. P. (s. d.), in-16.
[8° I. 1815 C

Barbier (V.). Monographie des directions des douanes de France. P., 1890, 2 vol. 8°.
[8° U. 1521 + A

Barbou (A.). Victor Hugo et son siècle. P., 1889, 4°.
[4° U. 334 + A

Bard (L.). Précis d'anatomie pathologique. P., 1890, in-18.
[8° I. 1818 B

Bardoux (A.). Études d'un autre temps. P., 1889, in-18.
[8° U. 1522 + A

—— Études sociales et littéraires. Mme de Custine. P., 1888, 8°.
[8° U. 1522 A

—— La jeunesse de La Fayette. 1757-1792. P., 1892, 8°.
[8° U. 1522 B

—— Les dernières années de La Fayette. 1792-1834. P., 1893, 8°.
[8° U. 1522 Ba

—— Les légistes, leur influence sur la société française. P., 1877, 8°.
[8° U. 1524 A

Barême forestier. Tableaux des calculs faits du cubage des bois en grume...; 4° éd. P. (s. d.), in-16.
[8° I. 1818 C

Baréty (Dr A.). Du climat de Nice et de ses indications et contre-indications en général. P., 1882, in-18.
[8° I. 1818 D

.. **Barié** (Dᵣ E.). Bruits de souffle et bruits de galop. P. (s. d.), in-16. [8° I. 1818 G

Barine (A.). Bourgeois et gens de peu. P., 1894, in-16. [8° O. 754 + A

—— Les grands écrivains français. Bernardin de Saint-Pierre. P., 1891, in-16. [8° U. 1527 D

—— Alfred de Musset. P., 1893, in-16. [8° U. 1517 Da

—— Princesses et grandes dames. Marie Mancini, la reine Christine; 2ᵉ éd. P., 1890, in-16. [8° U. 1527 Db

Barines et Moujiks. Mœurs russes, trad. par N.-A. Kolbert. P. (1887), in-18. [8° O. 754 A

Barni (J.). La morale dans la démocratie; 2ᵉ éd. P., 1885, 8°. [8° I. 1821 A

—— Napoléon Iᵉʳ. P. (s. d.), in-16. [8° U. 1529 + A

Barot (A.). L'agriculture et l'horticulture à l'école primaire. Cours élémentaire. P., 1885. [8° I. 1823 B

—— —— Cours moyen. P., 1889, in-16. [8° I. 1823 Ba

—— L'ortie, sa valeur alimentaire, fourragère, textile, industrielle et économique; sa culture en France et en Suède. P., 1891, in-18. [8° I. 1823 Bc

Barral (G.). La connaissance de la mer. P., 1892, in-16. [8° I. 1823 C

Barral (J.-A.). Dictionnaire d'agriculture, continué par H. Sagnier. P., 1886-1892, 4 vol. 8°. [8° I. 1823 D

Barret (Dᵣ P.). Les noirs. P., 1892, 8°. [8° U. 1530 B

Barroil (E.). Traité d'équitation de haute école. P., 1889, 2 part. en 1 vol. 8°. [8° I. 1835 B

Barron (A.-F.). La culture de la vigne en serres et sous verre, trad. par Ed. Pynaert. P., 1893, 8°. [8° I. 1835 E

Barron (L.). Autour de Paris. P. (1893), f°. [Fol. U. 21 C

—— Les environs de Paris. P. (s. d.), 4°. [4° U. 334 A

—— Les fleuves de France. La Garonne, la Loire, le Rhône, la Seine. P. (s. d.), 4 vol. 8°. [8° U. 1530 C

Barrot (Odilon). Mémoires posthumes; 2ᵉ éd. P., 1875-1876, 4 vol. 8°. [8° U. 1532 A

Barrué (P.). Edison chez lui. P., 1881, in-16. [8° U. 1532 C

Bartel - Sollay (Z.). Études psychologiques et sociales. La voix du sang. Topaze. P., 1888, in-18. [8° O. 757 C

Barthélemy. Vocabulaire phraséologique français-arabe avec la prononciation figurée; 2ᵉ éd. Leipzig (s. d.), in-16. [8° O. 761 Bc

Barthélemy (A.). Guide du voyageur dans la Sénégambie française. Bordeaux, 1884, in-16. [8° U. 1533 A

Barthélemy (Dᵣ A.-J.-C.). L'examen de la vision devant le conseil de revision et de réforme, dans la marine, dans l'armée et les chemins de fer. P., 1889, in-16. [8° I. 1838 + A

Barthélemy (J.-B.-A.-A.). Manuels Roret. Manuel de numismatique du moyen âge et moderne. P. (s. d.), in-18 et atlas. [8° I. 4334 A.

Barthélemy-Saint Hilaire (J.). De l'École d'Alexandrie, rapport à l'Académie des sciences morales et politiques. P., 1845, 8°. [8° I. 1838 A

—— Étude sur François Bacon. P., 1890, in-18. [8° O. 761 B

—— L'Inde anglaise. P., 1887, 8°. [8° U. 1541 A

—— Rapport fait au Ministère de l'instruction publique sur les bâtiments de la Bibliothèque nationale. P., 1879, 4°. [4° U. 334 Ad

Barthès (Dᵣ E.). Manuel d'hygiène scolaire; 2ᵉ éd. P. (s. d.), in-18. [8° I. 1038 C

Barthet (A.). Une passion fatale. P. (s. d.), in-18. [8° O. 761 C

Barthez (Dᵣ J.). Dictionnaire spécial de médecine à l'usage des gens du monde et des familles. P., 1793, 4°. [4° I. 226 F

Bary (De). Leçons sur les bactéries, trad. et annotées par M. Wasserzug. P., 1886, 8°. [8° I. 1842 A

Bary (É.). Les cahiers d'un rhétoricien de 1815. P., 1890, in-18. [8° U. 1542 B

Basch (Dᵣ S.). Maximilien au Mexique. P., 1889, in-18. [8° U. 1542 D

Basserie (P.). Le cheval comme il le faut. P., 1891, in-18. [8° I. 1843 + A

Basset (N.). Guide du planteur de cannes. P., 1889, 8°. [8° I. 1843 A

Basset (N.). Guide pratique du fabricant de sucre; nouv. éd. P., 1872-1875, 3 vol. 8°.
[8° I. 1843 C

Basset (R.). Loqmân berbère. P., 1890, in-18. [8° O. 763 C

Bassompierre (M^{al} de). Mémoires pub. par le m^{is} de Chantérac. P., 1870-77, 3 vol. 8°.
[8° U. 1545 D

Bassouls (E.). Cours de droit usuel. *Tours*, 1892, in-16. [8° E. 334 E

Bastard (G.). Armée de Châlons. Charges héroïques. P., 1892, in-18.
[8° U. 1549 C

Bastide (É.). Les vins sophistiqués. Procédés simples pour reconnaître les sophistications. P., 1889, in-16. [8° I. 1853 A

Bastide (J.). Histoire de France. Les guerres de la Réforme; 3° éd. P. (s. d.), in-16.
[8° U. 1552 + A

Bastié (M.). Le Languedoc. Description complète du département du Tarn. *Albi*, 1875, 2 vol. 4°. [4° U. 334 C

Bataille (A.). Causes criminelles et mondaines de 1880-1888 et suiv. P., in-18.
[8° E. 334 B

Bataille (F.). Choix de poésies. P., 1892, in-18. [8° O. 763 B

—— Cours pratique d'arithmétique et de calcul. P. (s. d.), in-16. [8° I. 1853 D

Baudelaire (Ch.). OEuvres complètes; éd. définitive. P., 1885-1892, 4 vol. in-18.
[8° O. 769 C

Baudoin (A.). Les eaux-de-vie et la fabrication du cognac. P., 1893, in-18.
[8° I. 1858 B

Baudoin (A.) et G. de Lajonie. Guide pratique de droit usuel. *Bordeaux*, 1889, 8°.
[8° E. 344 C

Baudot (M.-A.). Notes historiques sur la Convention nationale, le Directoire, l'Empire et l'exil des votants. P., 1893, 8°.
[8° U. 1556 + A

Baudouin (M.). L'asepsie et l'antisepsie à l'hôpital Bichat. P., 1890, 8°.
[8° I. 1858 C

Baudrillart (H.). Gentilshommes ruraux de la France. P. (s. d.), 8°. [8° U. 1561 + A

—— Les populations agricoles de la France. Maine, Anjou, Touraine, Poitou, Flandre, Artois, Picardie, Île-de-France. P., 1888, 8°.
[8° U. 1561 A

Baudry de Saunier (L.). Le cyclisme théorique et pratique. P. (s. d.). 8°.
[8° I. 1866 B

—— Histoire générale de la vélocipédie; 4° éd. P., 1891, in-18. [8° I. 1866 C

Baudry-Lacantinerie (G.). Précis de droit civil. P., 1889-1892, 3 vol. 8°.
[8° E. 346 + A

Baume (D^r). Congrès international de médecine mentale, séance du 10 août 1889. P., 1889, 8°. [8° I. 1867 B

Baumgartner (H.). Les dangers des ascensions; 2° éd. *Genève*, 1888, in-16.
[8° I. 1867 C

Bauron (P.). Les rives illyriennes. Istrie, Dalmatie, Monténégro. P., 1888, 8°.
[8° U. 1564 B

Baye (Bon J. de). L'archéologie préhistorique. P., 1888, in-16. [8° I. 1869 A

Baye (N. de). Journal (1400-1417), pub. par A. Tuetey. P., 1885, 8°.
[8° U. 1572 D

Bayet (C.). Précis d'histoire de l'art. P. (s. d.), 8°. [8° I. 1870 B

Bayles (W.-E.). Les produits commerciaux et industriels. P. (s. d.), 2 vol. 8°.
[8° I. 1874 B

Bazin (A.). Grammaire mandarine, ou principes généraux de la langue chinoise parlée. P., 1856, 8°. [8° O. 775 A

—— Recherches sur les institutions administratives et municipales de la Chine. P., 1854, 8°. [8° E. 348 A

Bazin (H.). Villes antiques. Nîmes gallo-romain. P., 1892, 8°. [8° U. 1612 +|+ A

—— Vienne et Lyon gallo-romains. P., 1891, 8°. [8° U. 1612 + A

Bazin (R.). Les Italiens d'aujourd'hui. P., 1894, in-18. [8° U. 1612 + Ad

Bazire (E.). Célébrités contemporaines. Rochefort. P., 1883, in-16.
[8° U. 1612 A

Beaconsfield (Lord). Lettres à sa sœur, trad. par Alexandre de Huye. P., 1889, in-16.
[8° U. 1612 E

Beau de Rochas (A.). Oasis et Soudan. P., 1888, 8°. [8° I. 1874 D

Beauchet (L.). Histoire de l'organisation judiciaire en France, époque franque. P., 1886, 8°. [8° U. 1622 B

Beaumont (E.-B. de). Méthode nouvelle de vocabularisation; 3ᵉ éd. *Lausanne*, 1891, in-16.   [8° O. 781 C

Beauregard (H.) et V. **Galippe**. Guide pratique pour les travaux de micrographie; 2ᵉ éd. *P.*, 1888, in-16.   [8° I. 1877 + B

—— Zoologie générale. *P.*, 1885, in-16.
                                      [8° I. 1877 + Ba

Beauregard (P.-V.). Essai sur la théorie du salaire. *P.*, 1887, 8°.   [8° I. 1877 B

Beaussire (E.). Les principes du droit. *P.*, 1888, 8°.   [8° E. 349 B

Beauvoir (R. de). Almanach illustré de l'armée française. 1889-1894. *P.*, gr. 8°.
                                      [4° U. 339 ++ A

Beccaro (J.-B.). Le calculateur-éclair ou comptes faits des intérêts; 2ᵉ éd. *Nice*, 1872, 8°.
                                      [8° I. 1877 E

Béchet (E.). Le droit des pauvres. *P.*, 1891, 8°.   [8° E. 356 D

Becquerel. Des engrais inorganiques en général et du sel marin (chlorure de sodium) en particulier. *P.*, 1848, in-18.
                                      [8° I. 1886 C

Bédarride (J.). Des chemins de fer au point de vue du transport des voyageurs et des marchandises; 3ᵉ éd. *P.*, 1881, 2 vol. 8°.
                                      [8° E. 357 A

Bedel (A.). Traité complet de manipulation des vins, suivi d'une revue générale de la législation des boissons. *P.*, 1887, in-18.
                                      [8° I. 1889 A

Bedoin (Dʳ). Précis d'hygiène publique. *P.*, 1891, in-18.   [8° I. 1899 D

Bégis (P.). La pratique des affaires mise à la portée de tout le monde. *Troyes*, 1893, in-16.   [8° E. 378 C

Belgrand. Les travaux souterrains de Paris. V. 2ᵉ partie : Les égouts. 3ᵉ partie : Les vidanges. *P.*, 1887, 1 vol. gr. 8° et 1 atlas f°.   [4° I. 230 A
                                      [Fol. I. 13 A

Bellaigue (C.). L'année musicale. *P.*, 1886-1889, in-18.   [8° O. 787 C

Bellair (G.). Traité d'horticulture pratique. *P.*, 1892, in-18.   [8° I. 1903 C

Bellamy (E.). La sœur de Miss Ludington. Trad. de R. Issant. *P.* (s. d.), in-18.
                                      [8° O. 787 F

Belle (H.). Voyage en Grèce (1861-1874). *P.* (s. d.), 4°.   [4° U. 339 + A

Bellemain (A.). La maison à construire et les rapports des architectes-experts; 2ᵉ éd. *Lyon*, 1888, in-16.   [8° E. 380 A

Belloc (A.). La télégraphie historique. *P.*, 1888, gr. 8°.   [4° I. 231 + A

Belot (D.). Journal d'un volontaire de 1791. Édité par Louis Bonneville de Marsangy. *P.*, 1888, in-16.   [8° U. 1643 A

Bénard (Ch.). La philosophie ancienne; histoire générale de ses systèmes. *P.*, 1885, 8°.
                                      [8° I. 1906 A

Benedikt (Dʳ M.). Manuel technique et pratique d'anthropométrie crânio-céphalique, trad. par le Dʳ P. Kéraval. *P.*, 1889, 8°.
                                      [8° I. 1908 C

Benoist (C.). Souverains, hommes d'État, hommes d'Église. *P.*, 1893, in-18.
                                      [8° U. 1646 C

Benoist (G.). De l'instruction et de l'éducation des indigènes dans la province de Constantine. *P.*, 1886, 8°.   [8° I. 1910 A

Bentayou (P.-J.). Méthode pratique de coupe par les mesures. *P.* (s. d.), 4°.
                                      [4° I. 231 A

Bentham. Principes de législation et d'économie politique. *P.* (s. d.), in-32.
                                      [8° I. 1910 B

Bentzon (Th.). Le parrain d'Annette. *P.*, 1893, in-18.   [8° O. 794 C

Benzacar (J.). Les accidents du travail manuel dans le louage de services. *P.*, 1890, 8°.
                                      [8° I. 1910 E

Béquet (L.), E. **Morlot** et **Trigant de Beaumont**. Régime et législation de l'assistance publique et privée en France. *P.*, 1885, 8°.   [8° E. 393 C

Béraldi (H.). Raffet, peintre national. *P.* (s. d.), f°.   [Fol. I. 13 C

Bérard (É.). La législation sur les épizooties et son application; 2ᵉ éd. *P.*, 1888-1889, 8°.   [8° E. 394 A

Bérard (V.). La Turquie et l'hellénisme contemporain. La Macédoine. *P.*, 1893, in-18.   [8° U. 1649 C

Bérenger-Féraud (L.-J.-B.). Traité clinique des maladies des Européens aux Antilles (Martinique). *P.*, 1881, 2 vol. 8°.
                                      [8° I. 1915 A

Berg (F.-C.). Guide-manuel de Paris au nord de l'Europe. *P.*, 1891, 8°.
                                      [8° U. 1661 C

Berger (E.). Les plantes potagères et la culture maraîchère. *P.*, 1893, in-18.
[8° I. 1916 B

Berger (P.). Histoire de l'écriture dans l'antiquité; 2° éd. *P.*, 1892, 4°.
[4° I. 231 E

Bergeret (A.) et F. **Drouin**. Les récréations photographiques. *P.*, 1891, 8°.
[8° I. 1916 C

Bergier (N.). Histoire des grands chemins de l'empire romain. *Bruxelles*, 1728, 2 vol. 4°.
[4° U. 344 E

Berkovich (S.-M.). Nouveau vocabulaire systématique français-russe. *Odessa*, 1892, in-16.
[8° O. 801 C

Berlet. Rapport sur le budget de 1881. Ministère de la marine et des colonies. 2° section. *P.*, 1880, 4°.
[4° U. 346 D

Berlioz (Dr F.). Manuel pratique des maladies de la peau; 2° éd. *P.*, 1879, in-18.
[8° I. 1918 A

Bernheim (Dr). De la suggestion et de ses applications à la thérapeutique; 2° éd. *P.*, 1888, in-18.
[8° I. 1932 B

Bernier de Maligny (A.). Manuel théâtral théorique et pratique, contenant les principes sur l'art de la parole. *P.*, 1854, in-18.
[8° I. 4382 ++A

Berr de Turique (J.). Le meuble florentin. *P.*, 1892, in-18.
[8° O. 806 C

Berryer. OEuvres. Plaidoyers. *P.*, 1884-1885, 4 vol. 8°.
[8° E. 401 +A

Bert (É.). Traité théorique et pratique de la concurrence déloyale. *P.* (1888), 8°.
[8° E. 401 A

Bertall. Les plages de France. Cannes, Nice, Saint-Raphaël. *P.* (s. d.), 4°.
[4° U. 347 C

Bertha (A. de). François-Joseph Ier et son règne. 1848-1888. *P.*, 1888, 8°.
[8° U. 1683 B

Bertheau (C.). Essai sur les lois de la population. *P.*, 1892, 8°.
[8° E. 402 B

—— L'ouvrier. La vie de famille. *P.*, 1889, 8°.
[8° I. 1938 +A

Berthet (A.). Les débats de la conscience. Catéchisme laïque. 2° éd. *P.*, 1891, in-18.
[8° I. 1941 C

—— Nos faux moralistes ou les fameuses maximes de La Rochefoucauld. *P.*, 1890, in-18.
[8° I. 1941 Ca

Berthiau et **Boitard**. Manuel de l'imprimeur en taille-douce. *P.* (s. d.), in-18.
[8° I. 4287 A

Bertin (E.). Études sur la société française. Littérature et mœurs. *P.*, 1889, in-18.
[8° U. 1685 C

—— La société du Consulat et de l'Empire. *P.*, 1890, in-16.
[8° U. 1686 B

Bertin (G.). Mme de Lamballe; 2° éd. *P.*, 1894, in-18.
[8° U. 1686 D

Bertoglio (L.). Les cimetières au point de vue de l'hygiène et de l'administration. *P.*, 1889, in-16.
[8° I. 1943 B

Bertol-Graivil et P. **Boyer.** Le livre d'or des fêtes franco-russes; 2° éd. *P.*, 1894, 4°.
[4° U. 347 Cc

—— Les voyages présidentiels illustrés. *P.*, 1892, 4°.
[4° U. 347 Cd

Berton (P.). L'art de faire soi-même son testament; 5° éd. *P.*, 1892, in-18.
[8° E. 402 C

Bertrand (A.). Nos origines. La Gaule avant les Gaulois; 2° éd. *P.*, 1891, 8°.
[8° U. 1687 A

Bertrand (Alexis). Lexique de philosophie. *P.*, 1892, 8°.
[8° I. 1945 B

Bertrand (Alph.). La Chambre de 1889. Biographies des 576 députés. *P.* (s. d.), 8°.
[8° U. 1687 Aa

—— **Ferrier** (É.). Ferdinand de Lesseps. *P.*, 1887, 8°.
[8° U. 1687 Af

Bertrand (Ar.). Code-manuel des pensions de l'armée de terre; 2° éd. *P.*, 1888, 8°.
[8° E. 403 A

Bertrand (J.). Calcul des probabilités. *P.*, février 1889, 8°.
[8° I. 1946 B

—— Les grands écrivains français. D'Alembert. *P.*, 1889, in-16.
[8° U. 1687 B

—— Éloges académiques. *P.*, 1890, in-16.
[8° U. 1687 D

Bescherelle jeune (H.). Dictionnaire classique de la langue française; 6° éd. *P.*, 1889, 8°.
[8° O. 812 A

Bès de Berc (Em.). De l'expulsion des étrangers. *P.*, 1888, 8°.
[8° E. 403 B

Bessire (É.). En Bretagne. De Berne à Belle-Isle. *P.*, 1894, in-16.
[8° U. 1689 D

Besson (E.). Les frais de justice; 3° éd. *P.*, 1894, in-18.
[8° E. 403 Bc

—— La législation civile de l'Algérie. *P.*, 1894, 8°.
[8° E. 403 Bd

Besson (M.). Anthologie scolaire des poètes français du xixe siècle. P., 1891, in-16.
[8° O. 813 C

Beudant (Ch.). Le droit individuel et l'État. P., 1891, 8°.   [8° E. 403 D

—— Le droit individuel et l'État; 2e éd. P., 1891, in-18.   [8° E. 408 Da

Beurnier (L.). Les varices. P. (s. d.), 8°.
[8° I. 1954 C

Beust (Cte de). Trois quarts de siècle. Mémoires. 1809-1885. P., 1888, 2 vol. 8°.
[8° U. 1692 + A

Beyle (H.), dit Stendhal. OEuvre posthume. Journal, 1801-1814. P., 1888, in-18.
[8° U. 1692 A

—— Le rouge et le noir. P., 1892, 2 vol. in-18.   [8° O. 814 A

Bianconi (F.). Indicateur général de l'industrie et du commerce français pour l'exportation et l'importation. P., 1892, gr. 4°.
[Fol. I. 13 D

Biart (L.). Bénito Vasquez; 2e éd. P. (s. d.); in-18.   [8° O. 816 A

—— Le Bizco. Une passion au Mexique; 3e éd. P., 1867, in-18.   [8° O. 816 B

—— Pile et face; 3e éd. P. (s. d.), in-18.
[8° O. 816 C

—— La terre tempérée. Scènes de la vie mexicaine. P., 1866, in-18. [8° O. 816 D

Biays (A.). Cours normal d'enseignement primaire. Histoire sommaire de la littérature française, des origines à nos jours. 3e année; 2e éd. P. (s. d.), in-18.   [8° O. 816 G

Bibesco (Pce G.). Au Mexique. 1862. Combats et retraite des six mille. P., 1887, 8°.
[8° U. 1698 Aa

Biblia sacra vulgatæ editionis. P., 1691, 4°.
[4° A. 41 D

Bibliographie des Mazarinades, pub. par C. Moreau. P., 1850-1851, 3 vol. 8°.
[8° U. 1701 C

—— générale des travaux historiques et archéologiques. P., 1888-1890, 4°.
[4° O. 128 C

Bibliothèque nationale. Département des imprimés. Catalogue des livres provenant des collections d'Eugène Piot. P., 1892, 8°.
[8° O. 937 + Ac

—— Inventaire des livres et documents relatifs à l'Amérique, légués par M. Angrand. P., 1887, 8°.   [8° U. 1702 A

Bibliothèque Sainte-Geneviève. Bulletin mensuel des ouvrages récemment entrés. 1886-1887. P., 4°.   [4° O. 222 A

Bichet (P.). L'art et le bien-être chez soi. P. (s. d.), in-18.   [8° I. 1966 B

—— Le livre des jeux. P. (s. d.), in-18.
[8° I. 1966 C

Bidoire (P.). Tableau résumé du budget de l'État français. P., 1894, in-18.
[8° U. 1702 A

Bié (J. de). Les familles de la France, illustrées. P., 1636, f°.   [Fol. U. 41 D

Biélawski (J.-B.-M.). Histoire de la comté d'Auvergne et de sa capitale Vic-le-Comte; 2e éd. Yssoire, 1887, 8°.
[8° U. 1702 B

—— Le Plateau central de la France et l'Auvergne dans les temps anciens. P., 1890, in-16.   [8° U. 1702 Ba

—— Récits d'un touriste auvergnat. Yssoire (s. d.), 8°.   [8° U. 1702 C

Biétrix (A.). Le thé, botanique et culture, falsifications et richesse en caféine des différentes espèces. P., 1892, in-16.
[8° I. 1967 C

Bigot (C.). Grèce-Turquie. Le Danube. P., 1886, in-18.   [8° U. 1718 A

Bikélas (D.). La Grèce byzantine et moderne. P., 1893, 8°.   [8° U. 1718 Ab

—— Louki Laras, trad. par le mis de Queux de Saint-Hilaire. P., 1892, 8°.
[8° O. 937 D

Bilcesco (Mlle S.). De la condition légale de la mère. P., 1890, 8°.   [8° E. 405 C

Binet (A.). Les altérations de la personnalité. P., 1892, 8°.   [8° I. 1968 + A

Binet (A.) et Ch. **Féré**. Le magnétisme animal. P., 1887, 8°.   [8° I. 1968 A

Binger (Capit.). Du Niger au golfe de Guinée par le pays de Kong et le Mossi, 1887-1889. P., 1892, 2 vol. 4°.
[4° U. 347 D

Biographie nationale des contemporains. P., 1878, gr. 8°.   [4° U. 347 E

Biographies du xixe siècle. P. (s. d.), 8 vol. 8°.   [8° U. 1775 C

Bion. Traité de la construction et des principaux usages des instrumens de mathématique; 3e éd. P., 1725, 4°.
[4° I. 239 B

Bipper (L.). Traité de filature et de tissage. *Reims* (s. d.), 8°. [8° **I. 1974** A

Biré (A.). Étude sur la condition juridique des églises, temples, presbytères. P., 1890, 8°. [8° **E. 411** D

Bismarck intime; 3ᵉ éd. P., 1889, in-18. [8° **U. 1777** B

Bitard (Ad.). Dictionnaire de biographie contemporaine française et étrangère. P., 1880, 8°. [8° **U. 1777** C

Bizos (G.). Ronsard. P., 1891, 8°. [8° **O. 939** C

Bizouarne (L.). La haute banque, son rôle dans la libération du territoire français en 1871-1872 et 1873. P., 1892, 4°. [4° **I. 239** C

Blairat (E.). Tunis en 1891. P., 1891, 8°. [8° **U. 1780** C

Blanc (C.). Grammaire des arts du dessin. La peinture. P., 1886, 8°. [8° **I. 1978** + A

—— La sculpture. P. (s. d.), in-16.]8° **I. 1978** A

Blanc (M.). Les prisonniers de Bou-Amâma. P. (s. d.), in-18. [8° **O. 944** ++ A

Blanchard (É.). Les poissons des eaux douces de la France. P., 1866, 8°. [8° **I. 1979** A

Blanchard de Meisendorf (Bᵒⁿ). La France sous les armes, trad. par le lieut.-colonel Hennebert. P. (s. d.), in-18. [8° **U. 1824** B

Blanchet (D.). Examen de Saint-Cyr. Précis de l'histoire moderne (1453-1848). 4ᵉ éd. P., 1883, in-12. [8° **U. 1824** C

Blandy (S.). La part du cadet. P., 1890, 8°. [8° **O. 944** + A

Blanpain (N.). La fiancée du condamné. P. (s. d.), in-18. [8° **O. 944** A

—— La pièce d'or. P. (s. d.), in-18. [8° **O. 944** B

[Blason.] Encyclopédie méthodique. Histoire. Tome I. P., 1784, 4°. [4° **I. 242** C

Blavet (É.). La vie parisienne; 2ᵉ éd. P., 1886, in-18. [8° **O. 944** C

Blaze de Bury (H.). Jeanne d'Arc; 2ᵉ éd. P., 1890, in-16. [8° **U. 1824** Cd

Bleicher (G.). Les Vosges. Le sol et les habitants. P., 1890, in-16. [8° **I. 1988** B

Blennerhassett (Lady). Mᵐᵉ de Staël et

son temps (1766-1817); trad. par Aug. Dietrich. P., 1890, 3 vol. 8°. [8° **U. 1824** D

Blin (E.-E.-Eug.). De l'idée de persécution dans la mélancolie et le délire des persécutions. P., 1890, 8°. [8° **I. 1988** C

Bloch (F.). Eau sous pression. P. (s. d.), in-16. [8° **I. 1988** F

Block (M.). Les communes et la liberté. Étude d'administration comparée. P., 1876, in-16. [8° **I. 1988** H

—— L'Europe politique et sociale; 2ᵉ éd. P., 1892, 8°. [8° **I. 1990** + A

—— Les progrès de la science économique depuis Adam Smith. P., 1890, 2 vol. 8°. [8° **I. 1991** B

—— Le socialisme moderne. P., 1891, in-16. [8° **I. 1991** Ba

—— Les suites d'une grève. P., 1891, in-16. [8° **I. 1991** Bb

Blocq (P.). Les troubles de la marche dans les maladies nerveuses. P. (s. d.), in-16. [8° **I. 1991** Bd

Blocus (Le) de Paris et la première armée de la Loire, par A. G. P., 1889-1894, 3 vol. 8°. [8° **U. 1830** C

Blondel (A.). Le mal moderne. P., 1891, in-18. [8° **O. 944** F

Blondel (J.-E.). Histoire économique de la conjuration de Catilina. P., 1893, 8°. [8° **U. 1830** F

Blondel (Spire). Les outils de l'écrivain. P., 1890, in-18. [8° **I. 1991** C

—— Le tabac. Le livre des fumeurs et des priseurs. P., 1891, 4°. [4° **I. 243** C

Bocher (A.). La marine et les progrès modernes; 2ᵉ éd. P., 1888, in-16. [8° **I. 1992** + A

Bocquet (J.-A.). Cours élémentaire de mécanique appliquée. P., 1885, 2 vol. in-16. [8° **I. 1992** A

Bocquillon-Limousin (H.). Formulaire des médicaments nouveaux et des médications nouvelles. P., 1891, in-18. [8° **I. 1993** C

Bodin (J.). Discours sur le rehaussement et diminution des monnoyes. P., 1578, 8°. [8° **U. 1832** C

Boelmann (J.). De la fulguration. P., 1888, 8°. [8° **I. 1995** + A

Boert. La guerre de 1870-1871. *P.*, 1872, in-18.   [8° **U. 1834** + A

Boëry (P.). Les plantes oléagineuses et leurs produits. Les plantes alimentaires des régions intertropicales. *P.*, 1888, in-16.
[8° **I. 1995** A

Bogdanoff (M.). Par les steppes et les halliers. Illustr. P. (s. d.), 4°. [4° **O. 223** C

Bogelot (G.) et J. **Périn.** L'expropriation pour cause d'utilité publique; 2ᵉ éd. *P.*, 1888, in-18.   [8° **E. 441** A

Boiffin (A.). Tumeurs fibreuses de l'utérus. *P.* (s. d.), in-16.   [8° **I. 1995** C

Bois (Commandant). Sénégal et Soudan. *P.*, 1886, 8°.   [8° **U. 1834** B

Bois (D.). Les plantes d'appartement et les plantes de fenêtres. *P.*, 1891, in-18.
[8° **I. 1995** D

Boissier (G.). La fin du paganisme. *P.*, 1891, 2 vol. 8°.   [8° **U. 1838** A

—— Les grands écrivains français. Mᵐᵉ de Sévigné. *P.*, 1887, in-16.   [8° **U. 1838** B

—— Saint-Simon. *P.*, 1892, in-16.
[8° **U. 1838** Ac

—— Nouvelles promenades archéologiques. Horace et Virgile; 2ᵉ éd. *P.*, 1890, in-16.   [8° **U. 1841** A

Boitard. Manuel théorique et pratique du jardinier. *P.* (s. d.), in-16. [8° **I. 1996** A

Boiteau (P.). État de la France en 1789; 2ᵉ éd. *P.*, 1889, 8°.   [8° **U. 1845** B

Boitel (A.). Herbages et prairies naturelles. *P.*, 1887, 8°.   [8° **I. 1997** A

Bole (O.). Manuel d'audience correctionnelle. *P.*, 1888, gr. 8°. [4° **E. 62** + A

Bompard (M.). Législation de la Tunisie. *P.*, 1888, gr. 8°.   [4° **E. 62** A

Bonald (Vᵗᵉ de). Pensées sur divers sujets. *P.*, 1887, in-18.   [8° **I. 1999** A

Boname (Ph.). Culture de la canne à sucre à la Guadeloupe. *P.*, 1887, 8°.
[8° **I. 1999** B

Bonami (Dʳ P.). Nouveau dictionnaire de la santé. *P.*, 1889, gr. 8°. [4° **I. 245** A

Bonconseil (L.). Le trésor des familles. *P.*, 1888, 8°.   [8° **I. 1999** C

Bonel (A.). Guide pratique de télégraphie sous-marine. *P.*, 1891, 8°. [8° **I. 1999** Ca

Boneval (R.). Nouveau guide pratique de technique microscopique. *P.*, 1890, in-16.
[8° **I. 1999** E

Bonnal. Carnot. *P.*, 1888, 8°.
[8° **U. 1854** + A

Bonnal (Comᵗ). Équitation. *P.*, 1890, 8°.
[8° **I. 2002** D

Bonnassieux (P.). Les grandes compagnies de commerce. Colonisation. *P.*, 1892, 8°.
[8° **U. 1855** D

Bonnechose (Ém. de). Bertrand Du Guesclin. *P.*, 1868, in-16. [8° **U. 1855** G

—— Christophe Sauval. Chronique du temps de la Restauration. 2ᵉ éd. *P.*, 1864, 8°.
[8° **O. 958** + A

—— Lazare Hoche. 2ᵉ éd. *P.*, 1869, in-16.   [8° **U. 1855** Ga

Bonnefon (D.). Les écrivains célèbres de la Grèce. *P.*, 1883, in-12. [8° **O. 958** A

—— Les écrivains célèbres de Rome. *P.*, 1885, in-12.   [8° **O. 958** Aa

—— Les écrivains célèbres de la France, 6ᵉ éd. *P.*, 1887, in-18. [8° **O. 958** Ab

—— Les écrivains modernes de la France, 4ᵉ éd. *P.*, 1888, in-12. [8° **O. 958** Ac

Bonnefont (G.). Les miettes de la science. Illustr. P. (s. d.), 4°.   [4° **I. 249** C

Bonnefoy (M.). A travers le bon vieux temps. *P.*, 1887, 8°. [8° **U. 1857** C

—— Autour du drapeau. *P.* (s. d.), 4°.
[4° **O. 224** D

—— Souvenirs d'un simple soldat en campagne. 1859. *P.* (s. d.), 8°.
[8° **U. 1857** Ca

—— Toujours pour la France. *P.*, 1890, 8°.   [8° **U. 1857** Cb

Bonnejoy (Dʳ). Le végétarisme et le régime végétarien rationnel. *P.*, 1891, in-16.
[8° **I. 2002** F

Bonnel (J.). Éléments généraux de morale dans la philosophie. *P.*, 1888, in-12.
[8° **I. 2002** H

Bonnel (L.). Récits à mes filles. *P.*, 1891, 8°.   [8° **O. 958** D

—— Une visite à la manufacture de glaces de Saint-Gobain. *P.* (s. d.), 8°.
[8° **I. 2002** I

Bonnemère (E.). Les dragonnades. Histoire des Camisards. 4ᵉ éd. *P.*, 1882, in-18.
[8° **U. 1859** A

Bonnemère (L.). Histoire de Vercingétorix. P., 1882, in-16. [8° U. 1859 B

Bonnet (V.). Précis d'analyse microscopique des denrées alimentaires. P., 1890, in-16. [8° I. 2004 B

Bonneville, Jaunez (A.), **Paul, Salvetat.** Les arts et les produits céramiques. 3ᵉ éd. P., 1885, 8°. [8° I. 2005 A

Bonnier (P.). Vertige. P. (s. d.), 8°. [8° I. 2005 D

Bonpaix (A.). Code théorique et pratique des architectes. P., 1888, 8°. [8° E. 458 A

Bonvalot (Gabriel). De Paris au Tonkin à travers le Tibet inconnu. P., 1892, 4°. [4° U. 392 A

—— Du Caucase aux Indes à travers le Pamir. P., 1889, 4°. [4° U. 392 B

Bonzon (J.). Cent ans de lutte sociale. La législation de l'enfance. 1789-1894. P., 1894, in-18. [8° E. 459 C

Boppe (L.). Traité de sylviculture. P., 1889, 8°. [8° I. 2007 + A

Bordas-Demoulin. Les pouvoirs constitutifs de l'Église. P., 1855, 8°. [8° U. 1866 C

Bordeaux (R.). Traité de la réparation des églises. 3ᵉ éd. P., 1888, 8°. [8° I. 2007 A

Bordet. Les griefs de l'agriculture. P., 1883, 8°. [8° I. 2007 B

Bordier (Dʳ A.). La géographie médicale. P., 1884, in-16. [8° I. 2007 F

Bosc (Ernest). Les ivoires. P., 1889, in-16. [8° I. 2013 C

Bosquet (Em.). Traité théorique et pratique de l'art du relieur. P., 1890, 8°. [8° I. 2013 D

Bossan (P.). Son œuvre. Montbrison, 1891, f°. [Fol. I. 29 + A

Bossert (A.). Histoire abrégée de la littérature allemande. P., 1891, in-16. [8° O. 967 Aa

Bottard (A.). Les poissons venimeux. P., 1889, 8°. [8° I. 2016 C

Bouant (E.). Dictionnaire-manuel illustré des sciences usuelles. P., 1894, in-18. [8° I. 2017 C

—— Nouveau dictionnaire de chimie. P., 1889, gr. 8°. [4° I. 257 ⧾ A

Boucher-Cadart (A.). Hier et aujourd'hui. Discours. P., 1889, 8°. [8° I. 2029 C

Bouchet (E.). Précis des littératures étrangères. P. (s. d.), in-18. [8° O. 967 B

Bouchot (H.). Les artistes célèbres. Les Clouet et Corneille de Lyon. P. (1892), 4°. [4° I. 257 + A

—— Jacques Callot. P., 1889, in-16. [8° U. 1881 A

—— Bibliothèque nationale. Département des estampes. Inventaire des dessins et estampes légués par Éd. Fleury. P., 1887, 8°. [8° U. 1881 + B

—— Les reliures d'art à la Bibliothèque nationale. P., 1888, 4°. [4° I. 257 A

Boudoin (F.), **Hervé, Du Moncel, Boquillon.** La musique. P., 1886, 8°. [8° I. 2038 A

Bouffet. Situation financière des départements en 1890, présentée à M. Émile Loubet. Melun, 1891, 4°. [4° U. 397 D

Bougot (A.). Rivalité d'Eschine et Démosthène. P., 1891, 8°. [8° U. 1892 C

Bouguet, Rouland. Indicateur commercial des postes et télégraphes. 1891, P., 8°. [8° I. 2039 C

Bouillé (Cᵗᵉ L. de). Les drapeaux français. 2ᵉ éd. P., 1875, 8°. [8° U. 1894 C

Bouillier, Renan, Réville (Albert), **Boissier** (Gaston), **Deschanel** (Émile). Discours prononcés sur la tombe de M. Ernest Havet. P., 1890, 8°. [8° U. 1895 C

Bouillier (F.). Nouvelles études familières de psychologie et de morale. P., 1887, in-16. [8° I. 2044 A

Bouinais (A.). De Hanoï à Pékin. P., 1892, in-16. [8° U. 1896 ⧾ A

—— Guadeloupe. P., 1881, in-18. [8° U. 1896 B

Bouinais (A.) et **Paulus** (A.). La France en Indo-Chine. P., 1886, in-18. [8° U. 1896 + A

—— La France en Indo-Chine. 2ᵉ éd. P., 1887, in-18. [8° U. 1896 A

—— Guadeloupe. P., 1881, in-18. [8° U. 1896 B

—— L'Indo-Chine française contemporaine. Cochinchine. 2ᵉ éd. Cambodge, Tonkin, Annam. P., 1885, 8°. [8° U. 1896 Ba

Boulanger (Er.). Rapports faits au Sénat sur le budget des exercices 1889, 1890, 1891. P., 1888-1890, 3 vol. 4°.
[4° U. 401 Bd

—— Rapport fait au Sénat sur les contributions directes en 1891. P., 1890, 4°.
[4° U. 401 Bf

Boulanger (Général). Projet de loi organique militaire présenté à la Chambre des députés. P., 1886, 4°.   [4° U. 401 Bh

Boulangier (Com¹). Essai sur les origines de la Méditerranée. P., 1890, 8°.
[8° U. 1909 B

Boulangier (Edgar). Notes de voyage en Sibérie. P., 1891, gr. 8°.   [4° U. 401 C

—— Voyage à Merv. P., 1888, in-16.
[8° U. 1909 C

Boulay (M.). La pneumonie lobaire aiguë. P, (s. d.), 2 vol. in-16.
[8° I. 2046 E

Boulen (Ch.). Le droit de chasse en France. P., 1887, 8°.   [8° E. 466 A

Boulloche (Dʳ P.). Les angines à fausses membranes. P. (s. d.), in-16.
[8° I. 2047 B

Bouloumié (Dʳ P.). Manuel du candidat aux grades de médecin et pharmacien de la réserve et de l'armée territoriale. P., 1890, in-18.   [8° I. 2047 C

Bouquet (H.-L.). L'ancien collège d'Harcourt et le lycée Saint-Louis. P., 1891, 8°.
[8° U. 1909 F

Bourassé (Abbé J.-J.). Résidences royales et impériales de France. Tours, 1854, gr. 8°.
[4° U. 401 F

Bourdain (E.). Manuel du commerce des tissus. P. (s. d.), in-18.   [8° I. 2047 E

Bourdeau (J.). Le socialisme allemand et le nihilisme russe. P., 1892, in-18.
[8° I. 2047 G

Bourde (P.). La fin du vieux temps. P., 1892, in-18.   [8° O. 984 A

Bourdon (B.). L'expression des émotions et des tendances dans le langage. P., 1892, 8°.
[8° O. 984 B

Bourgade La Dardye (E. de). Le Paraguay. P. (1889), in-18.   [8° U. 1916 + A

Bourges (Dʳ H.). La diphtérie. P., 1892, in-16.   [8° I. 2057 C

Bourget (P.). Célébrités contemporaines. Ernest Renan. P., 1883, in-16.
[8° U. 1916 A

—— Sensations d'Italie. P., 1891, in-18.
[8° U. 1916 Ab

Bourgoin (A.). Les maîtres de la critique au xvııᵉ siècle : Chapelain, Saint-Evremond, Boileau, La Bruyère, Fénelon. P., 1889, in-18.   [8° O. 984 C

Bourguignon (A.). Grammaire de la langue d'oïl. P., 1873, in-18. [8° O. 984 E

Bouriez (A.). Agenda du pharmacien-chimiste. P., 1892, in-18.   [8° I. 2059 ++ A

Bourloton (E.). L'Allemagne contemporaine. P., 1872, in-18.   [8° U. 1926 A

Bournand (F.). Histoire de l'art en France. P., 1891, f°.   [Fol. I. 29 + A

Bourneville, Bricon (P.). Manuel de technique des autopsies. P., 1885, in-16.
[8° I. 2061 A

Bourneville. Rapport sur l'utilisation agricole des eaux d'égout de Paris et l'assainissement de la Seine. P., 1885, 4°.
[4° I. 260 Ab

Bournon (F.). Paris. P., 1888, 8°.
[8° U. 1928

Bouron (H.)., **Hue** (F.). Histoire d'un bloc de houille. P., 1888, 8°. [8° I. 2063 A

Bourras (Colonel). Rapport sur les opérations du corps franc des Vosges. P., 1892, in-16.   [8° U. 1928 D

Bourru (H.), **Burot** (P.). La suggestion mentale et l'action à distance des substances toxiques et médicamenteuses. P., 1887, in-16.   [8° I. 2065 ++ A

—— Variations de la personnalité. P., 1888, in-16.   [8° I. 2065 + A

Boursier (Dʳ). Histoire de la ville et châtellenie de Creil (Oise). P., 1883, 8°.
[8° U. 1928 G

Boursier (Ch.). Traité-guide de la comptabilité. Montdidier (1891), 4°. [4° I. 260 Ac

Boursin (E.), **Challamel** (A.). Dictionnaire de la Révolution française. P., 1893, 4°.
[4° U. 401 I

Boussard (J.). L'art de bâtir sa maison. P. (s. d.), gr. 8°.   [4° I. 260 B

Boussenard (L.). Les grandes aventures. Les Français au Pôle nord. P. (s. d.), 4°.
[4° U. 401 L

Boussenard (L.). Le tour du monde d'un gamin de Paris. P. (s. d.), in-18.
[8° O. 992 C

Bouteroue (C.). Recherches curieuses des monoyes de France. P., 1666, f°.
[Fol. U. 46 D

Boutet (C.). Traité de mignature. P., 1711, in-12.
[8° I. 2069 D

Boutmy (E.). Le développement de la constitution et de la société politique en Angleterre. P., 1887, in-18.
[8° U. 1931 D

Bouvier (A.). Enseignement populaire et pratique. Les mammifères de la France. P., 1891, in-16.
[8° I. 2073 B

Bouvier (Dr L.). Flore des Alpes, de la Suisse et de la Savoie. P., 1878, in-16.
[8° I. 2073 C

Boyard, Vasserot (Ch.), **Emion** (V.). Manuel des gardes champêtres. P., 1877, in-18.
[8° I. 4270 A

Boyer. Guide pratique du magistrat directeur du jury d'expropriation. P., 1885, in-16.
[8° E. 475 A

Boyer (G.). Département du Doubs. Notice sur l'orographie des monts Jura (1888). P., 1888, f°.
[Fol. U. 47 C

Braddon (E.). Fatalité, trad. par Frédéric Bernard. P., 1889, in-16.
[8° O. 998 C

—— La femme du docteur, trad. par C. Bernard-Derosne. P., 1885, 2 vol. in-16.
[8° O. 998 Ca

Bramsen (A.). Les dents de nos enfants. P., 1889, in-16.
[8° I. 2090 A

Branda (P.). Çà et là. Cochinchine et Cambodge. L'âme khmère, Ang-Kor; 2e éd. P., 1887, in-16.
[8° U. 1936 A

—— Le Haut-Mékong ou le Laos ouvert; nouv. éd. P., 1889, 8°.
[8° U. 1936 Aa

—— Lettres d'un marin. Calédonie, le Cap, Sainte-Hélène. P., 1881, in-18.
[8° U. 1936 Ab

—— La mer universelle. La France sur l'Océan. P., 1888, in-18.
[8° I. 2090 B

—— Réformes navales. La France sur l'Océan. P., 1888, in-18.
[8° I. 2090 Ba

—— Les trois caps, journal de bord. P., 1877, in-18.
[8° U. 1937 A

Brandt (G.). La vie de Michel de Ruiter, trad. Amsterdam, 1698, f°.
[Fol. U. 47 G

Brasilier (A.). Traité d'arithmétique commerciale. P., 1889, 8°.
[8° I. 2090 D

Brasseur (A.), **Jourdain** (F.). Jean-Jean. P. (s. d.), in-16.
[8° O. 1001 B

Brasseur (E.). Chirurgie des dents et de leurs annexes. P. (s. d.), 4°.
[4° I. 261 A

Brau de Saint-Pol-Lias. La côte du Poivre. Voyage à Sumatra. P., 1891, 8°.
[8° U. 1940 A

Brault (É.). L'Empire allemand à vol d'oiseau. P. (s. d.), in-18.
[8° U. 1940 B

Brault (Julien). Histoire de la téléphonie et exploitation des téléphones en France et à l'étranger. P., 1890, in-16.
[8° I. 2090 F

Brazza (P. Savorgnan de). Conférences et lettres sur ses trois explorations dans l'ouest africain, de 1875 à 1886. P., 1887, gr. 8°.
[4° U. 403 + A

Bréal (M.). La réforme de l'orthographe française. P., 1890, in-16.
[8° O. 1004 B

Bréant (V.), **Boitard.** Manuel illustré du jardinier-fleuriste. P. (s. d.), in-18.
[8° I. 2094 C

Bréart (E.). Manuel du gréement et de la manœuvre des bâtiments à voiles et à vapeur; 4e éd. P. (s. d.), 8°.
[8° I. 2094 D

Brehm (A.-E.). Merveilles de la nature. L'homme et les animaux, trad. par Z. Gerbe, E. Sauvage, J. Künckel d'Herculaïs, A.-T. de Rochebrune. P. (s. d.), 9 vol. 4°.
[4° I. 261 B

Brelay (E.). Défense de la propriété immobilière. Réformes fiscales projetées. P., 1888-1889, 2 vol. 8°.
[8° I. 2096 B

—— La représentation des intérêts dans les municipalités. P., 1884, 8°.
[8° E. 479 A

Brémond (Dr F.). Entretiens familiers sur la santé. P., 1884, 8°.
[8° I. 2096 D

—— Précis d'hygiène industrielle. P., 1893, in-16.
[8° I. 2096 Da

—— Les préjugés en médecine et en hygiène. P., 1892, in-16.
[8° I. 2096 Db

Brésil (Le) en 1889. P., 1889, 8°.
[8° U. 1942 A

Bressolles (P.). De la femme du commerçant. P., 1888, 8°.
[8° E. 480 + A

Bresson (A.). Bolivia. P., 1886, 4°.
[4° U. 403 A

2

Breton (J.). La réorganisation cadastrale et la conservation du cadastre en France. P., 1889, 8°.   [8° E. 480 B

——— La vie d'un artiste. Art et nature. P., 1890, in-18.   [8° U. 1944 + A

Bretonneau et ses correspondants. P., 1892, 2 vol. 8°.   [8° I. 2105 D

Brettes (Vte J. de). Mission géographique dans le Chaco. P., 1889, in-18.
[8° U. 1944 A

Breuillac (H.-G.). De la police sanitaire. Aix, 1885, in-16.   [8° E. 480 A

Brevans (J. de). La fabrication des liqueurs et des conserves. P., 1890, in-18.
[8° I. 2106 C

——— Les légumes et les fruits. P., 1893, in-18.   [8° I. 2106 Ca

——— Le pain et la viande. P., 1892, in-18.   [8° I. 2106 D

Brialmont (Lieut^t-g^l). Les régions fortifiées. P., 1890, 1 vol. 8° et atlas f°.
[8° I. 2108 C
[Fol. I. 6 D

Briand (E.). Leçons de clinique médicale, maladies de la gorge et de l'estomac. P., 1881, 8°.   [8° I. 2108 E

Bricard. Journal. 1792-1802. P., 1891, in-18.   [8° U. 1946 C

Bricka (C.). Cours de chemins de fer. P., 1894, 2 vol. 8°.   [8° I. 2110 + A

Brieger (Dr L.). Microbes, ptomaïnes et maladies, trad. par le Dr Roussy et J. Winter. P., 1887, in-18.   [8° I. 2110 A

Briel (Abbé). Épisodes de la guerre de 1870-1871; 3e éd. Nancy, 1892, in-18.
[8° U. 1950 C

Brisse (B^on). La cuisine à l'usage des ménages bourgeois. P. (s. d.), in-18.
[8° I. 2123 A

Brisson (H.). Rapport sur le budget de l'exercice 1892. Ministère de la marine. P., 1891, 4°.   [4° U. 407 D

Broc (Vte de). La France sous l'ancien régime. P., 1887-1889, 2 vol. 8°.
[8° U. 1950 D

——— La France pendant la Révolution. P., 1891, 2 vol. 8°.   [8° U. 1950 Da

Broch (Dr O.-J.). Les excitants modernes. Nancy, 1887, gr. 8°.   [4° I. 432 A

Broglie (Duc de). Le secret du roi (Louis XV); 4e éd. P., 1888, 2 vol. in-18.
[8° U. 1956 + A

Brongniart (C.). Histoire naturelle populaire. P. (s. d.), 4°.   [4° I. 432 D

Brosselard-Faidherbe (Capitaine). Casamance et Mellacorée. Pénétration au Soudan. P. (s. d.), 4°.   [4° U. 408

Brouard (E.), **Defodon** (C.). Manuel du certificat d'aptitude pédagogique; 5e éd. P., 1888, in-16.   [8° I. 2133 Aa

Brouardel (P.). Les maladies évitables : variole, fièvre typhoïde. P., 1891, 8°.
[8° I. 2133 + B

——— Le secret médical. P., 1887, in-16.
[8° I. 2133 B

Browne (Lennox), **Behnke** (Emil). La voix, le chant et la parole, trad. par le Dr P. Garnault. P., 1893, 8°. [8° I. 2135 B

——— Traité des maladies du larynx, du pharynx et des fosses nasales, trad. par le Dr D. Aigre. P., 1891, 8°.   [8° I. 2135 C

Bruchon (F.). Textes des lois applicables en matière de simple police. P., 1890, 8°.
[8° E. 482 D

Brun [de Toulon] (V.). Guerres maritimes de la France; Toulon. P., 1861, 2 vol. 8°.   [8° U. 1959 C

Brunel (G.). La photographie pour tous. Illustr. P., 1894, 4°.   [4° I. 433 C

Brunet (Ch.). Conséquences juridiques de l'annexion de la Savoie et de Nice à la France. P., 1890, 8°.   [8° E. 485 C

Brunet (R.). Histoire militaire de l'Espagne. P., 1886, 8°.   [8° U. 1962 C

Brunetière (F.). Conférences de l'Odéon. P., 1893, in-18.   [8° O. 1035 C

——— Essais sur la littérature contemporaine. P., 1892, in-18.   [8° O. 1035 D

——— L'évolution de la poésie lyrique en France au xixe siècle. P., 1894, in-16.
[8° O. 1037 + + A

——— Le roman naturaliste; nouv. éd. P., 1892, in-18.   [8° O. 1037 + A

Brunot (F.). Précis de grammaire historique de la langue française. P., 1887, in-18.
[8° O. 1037 A

Bruns (P.). Effets du projectile du nouveau fusil de petit calibre, trad. par E. Hartog. Bruxelles (s. d.), 4°.   [4° I. 433 D

Brussaux (P.), **Guittier** (P.). Dictionnaire des patentes. *P.*, 1891, 8°.
[8° **E. 486 C**

Bryce (J.). Le saint Empire romain germanique et l'Empire actuel d'Allemagne, trad. par É. Domergue. *P.*, 1890, 8°.
[8° **U. 1963 D**

Buchard (H.). L'amiral Cloué. Préface de Jean Aicard. *P.*, 1893, 8°. [8° **U. 1964 B**

—— Marines étrangères. *P.*, 1891, 8°.
[8° **U. 1964 C**

—— Torpilles et torpilleurs des nations étrangères. *P.*, 1889, 8°. [8° **I. 2142 B**

Buchard (J.). Le matériel agricole. *P.*, 1891, in-18. [8° **I. 2142 E**

Buchez (P.-J.-B.). Histoire de la formation de la nationalité française. *P.* (s. d.), 2 vol. in-16. [8° **U. 1984 A**

Bugnottet (G.), **Noirpoudre de Sauvigney.** Études administratives et judiciaires sur Londres et l'Angleterre. *Besançon*, 1888-1890, 2 vol. 8°. [8° **I. 2283 + A**

Buguet (Abel). Résumés de physique. *P.*, 1888, 8°. [8° **I. 2283 A**

Bujon (P.). Petite histoire de Paris. *P.* (s. d.), in-18. [8° **U. 2036 A**

Bull (G.-J.). Lunettes et pince-nez. *P.*, 1889, 8°. [8° **I. 2284 B**

Bulles et documents concernant la grande aumônerie de France et le chapitre de Saint-Denis. *P.*, 1855, 2 vol. gr. 4°.
[4° **U. 423 B**

Bulletin de la Société de l'Histoire de France. *P.*, 1835-1889, 43 vol. 8°.
[8° **U. 2036 C**

—— de la Société de l'histoire de Paris et de l'Île-de-France. *P.*, 1874-1891, 18 vol. 8°. [8° **U. 2036 D**

—— des sommaires des journaux. *P.*, 1888 et s., f°. [Fol. **O. 4 B**

Bulletin officiel de la propriété industrielle et commerciale. *P.*, 1885-1886, 2 vol. 4°. [4° **I. 513**

—— officiel du Ministère de la guerre. *P.*, 1887 et ann. suiv., 8°. [8° **U. 2036 G**

—— trimestriel de l'Association des anciens élèves de l'École des hautes études commerciales. *Montluçon*, 1886-1889, 5 vol. 8°.
[8° **I. 2301 C**

Bunel (H.). Établissements insalubres, incommodes et dangereux; 2ᵉ éd. *P.*, 1887, 8°.
[8° **E. 744 A**

Burcker (E.). Traité des falsifications et altérations. *P.*, 1892, 8°. [8° **I. 2313 C**

Burdeau (A.). L'Algérie en 1891. *P.*, 1892, in-18. [8° **U. 2039 D**

—— Chambre des députés. Séances des 29 juin et 6 juillet 1892. Discours. *P.*, 1892, in-16. [8° **E. 744 D**

—— Rapport fait au nom de la commission du budget de 1892 (Ministère de l'intérieur, service de l'Algérie). *P.*, 1891, 4°.
[4° **U. 423 C**

—— Rapports généraux sur les budgets des exercices 1890 et 1891. *P.*, 1889-1890, 3 vol. 4°. [4° **U. 423 Cd**

Bureau (E.). Nos frontières. *P.*, 1887, in-16. [8° **U. 2040 A**

Burggraeve (Dʳ). Hygiène thérapeutique des pays torrides; 2ᵉ éd. *P.*, 1890, in-18.
[8° **I. 2314 D**

Burty (P.). Chefs-d'œuvre des arts industriels. *P.* (s. d.), gr. 8°. [4° **I. 523 A**

Bussard (L.), **Corblin** (H.). L'agriculture. *P.* (s. d.), in-16. [8° **I. 2315 C**

Bussière (G.), **Legouis** (É.). Le général Michel Beaupuy (1755-1796). *P.*, 1891, 8°.
[8° **U. 2052 C**

Butel (F.). L'éducation des Jésuites. *P.*, 1890, 8°. [8° **U. 2058 C**

C

Cadéac (C.), **Bournay** (J.). Pathologie générale et anatomie pathologique générale des animaux domestiques. *P.*, 1893, in-18.
[8° **I. 2322 D**

Cadet (E.). Dictionnaire usuel de législation. 5ᵉ éd. *P.*, 1890, in-18. [8° **E. 754 C**

Cadet de Gassicourt (Dʳ). Traité cli-

nique des maladies de l'enfance. 2ᵉ éd. *P.*, 1886-1887, 3 vol. 8°. [8° **I. 2323 + A**

Cadiat (E.), **Dubost** (L.). Traité pratique d'électricité industrielle, 3ᵉ éd. *P.*, 1889, 8°.
[8° **I. 2323 A**

Cagnat (R.). Cours d'épigraphie latine, 2ᵉ éd. *P.*, 1889, 8°. [8° **O. 1107 C**

Cagny (P.). Précis de thérapeutique. P., 1892, in-18.   [8° I. 2323 C

Cahun (L.). La vie juive. P., 1886, f°.   [Fol. U. 60 + A

Callimaque. Hymnes, trad. par M. Alfred de Wailly. P., 1842, 8°.   [8° O. 1112 D

Callou (L.). Applications de l'électricité dans la marine. P., 1894, 8°.   [8° I. 2331 C

Calmels (G.), **Saulnier** (E.). Guide pratique du fabricant de savons. P., 1887, in-18.   [8° I. 2336 A

Calmettes (F.). La lutte pour le devoir. Simplette. P. (s. d.), 4°.   [4° O. 227 D

Camberlin (E.). Manuel pratique des tribunaux de commerce. P., 1889, 8°.   [8° E. 757 A

Cameron (Verney Lowett). A travers l'Afrique. Voyage de Zanzibar à Benguela, trad. par Mᵐᵉ H. Loreau. P., 1881, 8°.   [8° U. 2096 A

Campagnes contemporaines de l'armée française. P. (s. d.), 9 vol. 8°.   [8° U. 2097 B

Campardon (Dʳ Ch.). Guide de thérapeutique aux eaux minérales et aux bains de mer. P., 1884, in-18.   [8° I. 2340 B

Campardon (É.). Liste des membres de la noblesse impériale. P., 1889, 8°.   [8° U. 2100 C

Canard (N.-F.). Principes d'économie politique. P., an x, 1801, 8°. [8° I. 2340 Bd

Cancalon (A.-A.). L'hygiène nouvelle dans la famille. P. (s. d.), 8°.   [8° I. 2340 Bc

Candellé (Dʳ H.). Manuel pratique de médecine thermale. P., 1879, in-18.   [8° I. 2340 C

Canneva (A.). Manuels-Roret. Livre du tailleur. P., 1838, in-18.   [8° I. 4377 A

Cannon (D.). Le propriétaire-planteur. 2ᵉ éd. P., 1893, 8°.   [8° I. 2344 D

Canovas del Castillo (D. A.). Le théâtre espagnol contemporain, trad. par J.-G. Magnabal. P., 1886, in-18.   [8° O. 1115 D

Cantu (César). Histoire des Italiens, trad. par A. Lacombe. P., 1859-1862, 12 vol. 8°.   [8° U. 2108 D

Caors (J.). Manuel de la construction. P., 1890, 8°.   [8° I. 2345 C

Cap (P.-A.). Le Muséum d'histoire naturelle. P., 1854, 4°.   [4° I. 526 B

Capelle (M.). Courtiers maritimes et d'assurances maritimes. P., 1891, 8°.   [8° E. 760 D

Capitales (Les) du monde. P., 1892, 4°.   [4° U. 438 + Ac

Capus (G.). A travers le royaume de Tamerlan (Asie centrale). P., 1892, 8°.   [8° U. 2125 A

———— Le toit du monde. P., 1890, in-16.   [8° U. 2125 B

Carcassonne (Ad.). Pièces à dire; 3ᵉ éd. P., 1885, in-18.   [8° O. 1120 + A

Cardinal de Widdern (G.). L'infanterie au combat et la petite guerre, trad. par le capitaine Boillot. P., 1889, 8°.   [8° I. 2347 Aa

Carel (A.). Histoire anecdotique des contemporains. P., 1885, 8°. [8° U. 2125 E

Carlyle (Th.). Histoire de la Révolution française, trad. par Elias Regnault, Odysse Barot et Jules Roche. P., 1866-1867, 3 vol. in-12.   [8° U. 2126 A

Carnet (Dʳ J.). Traité pratique des maladies des yeux et de la vue; 3ᵉ éd. P. (s. d.), in-18.   [8° I. 2355 + A

Carnet de l'officier d'approvisionnement. P., 1889, in-16 oblong.   [8° I. 2355 A

———— (Le) du vieux docteur. P. (s. d.), 2 vol. 8°.   [8° I. 2356 D

Carnot. Correspondance générale; t. I, août 1792 - mars 1793. P., 1892, 4°.   [4° U. 444 C

———— Henri Grégoire, évêque républicain. P., 1882, in-18.   [8° U. 2126 C

———— Mémoire adressé au roi en juillet 1814. Bruxelles, 1814, in-12.   [8° U. 2126 D

Carnot (Sadi). Rapport sur le budget de 1883. Ministère des travaux publics. P., 1882, 4°.   [4° U. 444 D

Caro (E.). Les grands écrivains français. George Sand. P., 1887, in-16.   [8° U. 2129 A

———— Le matérialisme et la science; 4ᵉ éd. P., 1883, in-16.   [8° I. 2357 A

———— Mélanges et portraits. P., 1888, 2 vol. in-16.   [8° O. 1120 B

———— Philosophie et philosophes. P., 1888, in-16.   [8° I. 2359 A

———— Poètes et romanciers. P., 1888, in-16.   [8° O. 1120 Aa

Caro (E.). Variétés littéraires. *P.*, 1889, in-16. [8° O. 1120 Ba

—— (Mme E.). Amour de jeune fille; 9e éd. *P.*, 1892, in-18. [8° O. 1120 C

—— Fruits amers; 7e éd. *P.*, 1892, in-18. [8° O. 1120 Ca

Caron (E.). Monnaies féodales françaises. *P.*, 1882, 4°. [4° U. 444 F

Carpentier (A.), **Maury** (G.). Traité pratique des chemins de fer. *P.*, 1894, 3 vol. 8°. [8° E. 763 A

Carré (H.). Le Barreau de Paris et la radiation de Linguet. *Poitiers*, 1892, 8°. [8° U. 2130 B

—— La France sous Louis XV (1723-1774). *P.* (s. d.), 8°. [8° U. 2130 C

Carré (N.-A.). Code annoté des juges de paix; 3e éd. *P.*, 1886, 8°. [8° E. 763 B

Carrive (P.). La nouvelle législation de l'enseignement primaire. *P.*, 1889, in-16. [8° E. 775 B

Carrosses (Les) à cinq sols ou les omnibus du xviie siècle. *P.*, 1828, in-12. [8° U. 2131 ++ A

Carte de la répartition et de l'emplacement des troupes de l'armée française pour 1889; 2e année. *P.*, 1889, f° plano, rel. 8°. [8° U. 2131 + A

—— routière vélocipédique de France. *P.* (s. d.), in-fol., pliée in-18. 8° U. 2131 + Ae

Casati (G.). Dix années en Equatoria. Le retour d'Emin Pacha, trad. par L. de Hessem. *P.*, 1892, 4°. [4° U. 445 C

Casgrain (Abbé H.-R.). Acadie, Nouvelle-Écosse; 3e éd. *P.*, 1889, in-16. [8° U. 2132 C

Cassagnac (P. de). Histoire de la troisième République. *P.*, 1876, 8°. [8° U. 2132 E

Cassagne (A.). Traité pratique de perspective. *P.*, 1866, 8°. [8° I. 2361 A

—— Le dessin enseigné par les maîtres. *P.*, 1890, gr. 8°. [4° I. 526 C

Cassagne (E.). L'écriture commerciale et administrative; 2e éd. *P.* (s. d.), 4°. [4° I. 526 F

Castex (A.). Hygiène de la voix parlée et chantée. *P.* (s. d.), 8°. [8° I. 2363 C

Castille (H.). Portraits historiques au xixe siècle. *P.*, 1856-1861, 60 vol. in-16. [8° U. 2134 + A

Castle (Egerton). L'escrime et les escrimeurs, trad. par Albert Fierlants. *P.*, 1888, 4°. [4° I. 526 I

Catalogue de la bibliothèque Burty. *P.*, 1891, 8°. [8° O. 1122 + A

—— des gentilshommes en 1789 et des familles anoblies ou titrées depuis le premier empire jusqu'à nos jours, 1806-1866. *P.*, 1866, 2 vol. 8°. [8° U. 2134 D

—— général des manuscrits des bibliothèques publiques de France. *P.*, 1885-1894, 32 vol. 8°. [8° O. 1125 B

Catéchisme national. *P.*, 1872, in-16. [8° I. 2365 C

Catrin (Dr L.). Le paludisme chronique. *P.* (s. d.), in-16. [8° I. 2365 G

Catulle. Poésies, trad. par Eug. Rostand. *P.*, 1882-1890, 2 vol. 8°. [8° O. 1127 + A

Caussèque (P.). Madagascar. *P.*, janvier 1893, 8°. [8° U. 2145 + A

Caustier (E.). Les pigeons voyageurs et leur emploi à la guerre. *P.*, 1892, in-18. [8° I. 2366 C

Cauvet (A.). La prononciation française et la diction; 8e éd. *P.*, 1886, in-12. [8° O. 1127 A

Cavaglion (E.). 254 jours autour du monde. *P.*, 1892, in-18. [8° U. 2145 B

Cavaignac (G.). La formation de la Prusse contemporaine (1806-1808). *P.*, 1891, 8°. [8° U. 2145 C

—— Rapport sur le budget de l'exercice 1892. Contributions directes. *P.*, 1891, 4°. [4° U. 446 D

Cavilly (G. de). Le divorce et la séparation de corps; 2e éd. *P.*, 1886, in-16. [8° E. 808 A

Cazalis (F.). Traité pratique de l'art de faire le vin. *Montpellier*, 1890, 8°. [8° I. 2377 C

Cazeaux (P.-E.). Du rôle des femmes dans l'agriculture. *P.*, 1869, in-12. [8° I. 5015

Cazes (É.). La Provence et les Provençaux. *P.* (s. d.), 8°. [8° U. 2147 C

Célébrités contemporaines. *P.*, 1882-18.., in-16. [8° U.

[Chaque personnage est classé au nom d'auteur.]

Célières (P.). Les mémorables aventures du docteur J.-B. Quiès. P., 1886, 4°.
[4° O. 227 G

Cellérier (Ch.). Cours de mécanique. P., 1892, 8°. [8° I. 2384 C

Celnart (Mme). Manuel de la broderie. P. 1840, in-18 et atlas 8°. [8° I. 4218 A (Manuels Roret.)

Centenaire de M. Chevreul. 31 août 1886. P., 1886, 4°. [4° U. 447 A

——— de la proclamation de la République. P. (s. d.), 8°. (8° U. 2147 D

Cercle national des armées de terre et de mer. Annuaires 1888-1890. P., in-18.
[8° U. 2147 E

Cernuschi (H.). Les assignats métalliques. P., 1885, 4°. [4° E. 81 + A

——— La danse des assignats métalliques. P., 1885. 4°. [4° E. 81 A

César (C.-J.). Guerre des Gaules, trad. nouvelle par J. Bellanger. P., 1892, in-16,
[8° O. 1158 A

Chabat (P.). La brique et la terre cuite. P., 1886, 8°. [8° I. 2385 A

——— Dictionnaire des termes employés dans la construction; 2° éd. P., 1881, 4 vol. 4°.
[4° I. 530 A

Chabaud-Arnault (C.). Histoire des flottes militaires. P., 1889, 8°.
[8° U. 2148 B

Chabert. Galerie des peintres ou collection de portraits des peintres les plus célèbres de toutes les écoles. P. (s. d.), 2 vol. gr. f°.
[Fol. I. 39 + A

Chabert (De). Voyage fait par ordre du roi en 1750 et 1751 dans l'Amérique septentrionale. P., 1753, 4°. [4° U. 447 E

Chabrand (É.). De Barcelonnette au Mexique. Inde, Birmanie, Chine, Japon, États-Unis. P., 1892, in-18.
[8° U. 2149 B

Chaffanjon (J.). L'Orénoque et le Caura. P., 1889, in-18. [8° U. 2149 C

Chaignet (A.-Ed.). Histoire de la psychologie des Grecs. P., 1887, 8°.
[8° I. 2386 E

Chailley-Bert (J.). La colonisation de l'Indo-Chine. L'expérience anglaise. P. (s. d.), in-18. [8° U. 2149 H

Chalibert-Dancosse. La généralité de

Paris divisée en ses 22 élections. P., 1710, in-12. [8° U. 2150 + A

Challamel (A.). Histoire de la liberté en France depuis les origines jusqu'à nos jours. P., 1886, 2 vol. 8°. [8° U. 2150 A

——— **Lacroix** (D.). Révolution française. P., 1889, 4°. [4° U. 449 A

Challeton (F.). Cent ans d'élections. P., 1891, 3 vol. in-12. [8° U. 2150 C

Chalon (P.-F.). Le tirage des mines par l'électricité. P., 1888, in-18.
[8° I. 2390 B

Chalot (D^r). Nouveaux éléments de chirurgie opératoire. P., 1886, in-18.
[8° I. 2390 C

Chambard (Dr E.). Les morphinomanes. P. (s. d.), in-16. [8° I. 2390 Cd

Chambre syndicale des industries diverses. Les traités de commerce. Séance du 7 mars 1890. P., 1890, 4°. [4° U. 449 C

——— des tissus et des matières textiles. Les traités de commerce. P., 1890, 8°.
[8° U. 2153 C

——— des tissus et nouveautés. Rapport sur les traités de commerce. P., 1890, 8°.
[8° U. 2153 E

——— du commerce de la nouveauté. La réforme de la législation des patentes. P. (s. d.), 8°. [8° E. 812 C

Champollion-Figeac (J.-J.). Le palais de Fontainebleau. P., 1866, 2 vol. f°.
[Fol. U. 64 D

Champour (De), **Malepeyre** (F.). Manuel de la fabrication des encres. P., 1875, in-18. [8° I. 4258 A

Chanal (É.). Voyages en Corse. P. (s. d.), 8°. [8° O. 1161 D

Chansonnier historique du xviii° siècle. P., 1879-1884, 10 vol. in-18.
[8° O. 1163 A

Chansons (Les) de nos grand'mères. Neuchâtel, 1890, 4° oblong. [4° O. 227 G

Chantagrel (J.). Propagande républicaine. P. (1889), in-18. [8° E. 821 A

Chantelauze (R.). Le cardinal de Retz et l'affaire du chapeau. P., 1878, 2 vol. 8°.
[8° U. 2164 C

——— Louis XVII. P., 1884, 8°.
[8° U. 2164 Ca

——— Les derniers chapitres de mon Louis XVII. P., 1887, 8°. [8° U. 2164 Cb

Chappuis (J.), **Bergeret** (A.). Leçons de physique générale. P., 1891-1892, 3 vol. 8°. [8° **I. 2391** C

Charaux (C.). Pensées sur l'histoire. P., 1889, in-16. [8° **U. 2165** C

Chardin (J.). Voyages en Perse et autres lieux de l'Orient. P. (s. d.), in-18. [8° **U. 2175** A

Charles (Archiduc). Principes de la stratégie développés par la relation de la campagne de 1796 en Allemagne, trad. P., 1818, 3 vol. 8°. [8° **I. 2402** C

Charlie (R.). Le poison allemand. P., 1887, in-18. [8° **I. 2404** A

Charmes (G.). L'Égypte; 2° éd. P., 1891, in-18. [8° **U. 2176** + A

—— Voyage en Syrie. P., 1891, in-18. [8° **U. 2178** B

Charnay (D.). A travers les forêts vierges. P., 1890, in-16. [8° **U. 2178** C

Charon (E.), **Gevaert** (G.). Chirurgie infantile. *Bruxelles*, 1891, 8°. [8° **I. 2407** C

Charpentier (A.). La lumière et les couleurs au point de vue physiologique. P., 1888, in-16. [8° **I. 2407** F

Charton (É.). Voyageurs anciens et modernes. P., 1882, 4°. [4° **U. 449** E

Charton-Demeur (M.). Dictionnaire juridique. P. (s. d.), in-18. [8° **E. 823** A

Charvériat (F.). Huit jours en Kabylie. P., 1889, in-18. [8° **U. 2190** B

Charvet (L.). Enseignement de l'art décoratif. P. (s. d.), gr. 4°. [Fol. **I. 39** A

Chasles (É.). Michel de Cervantès; 2° éd. P., 1866, in-18. [8° **U. 2190** D

Chassant (A.), **Tausin** (H.). Dictionnaire des devises historiques et héraldiques. Fig. P., 1878, 3 vol. in-12. [8° **U. 2190** G

Chassant (Alph.), **Delbarre** (F.-J.). Dictionnaire de sigillographie pratique. P., 1860, in-12. [8° **I. 2409** A

Chasse (La) illustrée. Journal. P., 1890, f°. [Fol. **I. 39** D

Chassin (Ch.-L.). Les Cahiers des curés. P., 1882, in-18. [8° **U. 2192** C

—— Les élections et les Cahiers de Paris en 1789. P., 1888, 8°. [8° **U. 2192** Ca

Chastaing (P.), **Barillot** (E.). Chimie organique. P., 1877, in-18. [8° **I. 2409** Aa

Chasteau (Mme L.). Leçons de pédagogie. P., 1885, in-16. [8° **I. 2409** D

Chatenet (G.). Études sur les poètes italiens. P., 1892, 8°. [8° **O. 1195** C

Chaudordy (Cte de). La France à la suite de la guerre de 1870-1871. P., 1887, 8°. [8° **U. 2221** A

—— La France en 1889; 2° éd. P. (1889), in-18. [8° **U. 2221** Aa

Chaumeil. Leçons populaires d'économie politique. P., 1881, in-18. [8° **I. 2414** C

Chautemps (Dr É.). L'organisation sanitaire de Paris. P., 1888, 4°. [4° **I. 532** A

Chauveau Des Roches, Belin, Vigreux, Dumont (G.). Hydraulique appliquée; 2° éd. P., 1885, 2 vol. 8°. [8° **I. 2417** A

Chavannes (É.). La sculpture sur pierre en Chine au temps des deux dynasties Han. P., 1893, 4°. [4° **I. 532** D

Chavasse (Dr P.). Nouveaux éléments de petite chirurgie; 2° éd. P., 1889, in-18. [8° **I. 2417** C

Chefs-d'œuvre de la chaire. P. (s. d.), 8°. [8° **A. 481** B

—— de la littérature française. P. (s. d.), 2 vol. in-16. [8° **O. 1200** + A

Chélard (R.). Les armées françaises jugées par les habitants de l'Autriche. 1797, 1800, 1809. P., 1893, in-18. [8° **U. 2225** B

—— La Hongrie contemporaine. P., 1891, in-18. [8° **U. 2225** C

Chélu (A.). De l'équateur à la Méditerranée. P., 1891, 4°. [4° **U. 449** G

Chemin (O.), **Verdier** (F.). La houille et ses dérivés. P. (s. d.), 8°. [8° **I. 2418** Aa

Chemins de fer de l'État. Compte d'administration. Exercice 1886. P., 1887, 4°. [4° **I. 533** ++ A

Chenevier (P.). L'incendie de l'Opéra-Comique de Paris et le théâtre de sûreté. P., 1888, 4°. [4° **I. 533** + A

Chenevière (A.). Jacques l'intrépide. P. (s. d.), 8°. [8° **O. 1200** D

Cherbuliez (V.). L'art et la nature; 2° éd. P., 1892, in-16. [8° **I. 2419** C

—— Le secret du précepteur; 4° éd. P., 1893, in-16. [8° **O. 1210** ++ A

—— Profils étrangers; 2° éd. P., 1889, in-16. [8° **U. 2231** B

Cherville (Mis G. **de**). Les bêtes en robe de chambre. P., 1891, 4°.   [4° I. 549 C

—— Caporal, histoire d'un chien. P., 1888, 8°.   [8° O. 1210 + A

—— Célébrités contemporaines. Jules Claretie. P., 1883, in-16.   [8° U. 2250 C

—— Les contes de ma campagne. P., 1891, 4°.   [4° I. 549 Ca

—— Gaspard l'avisé, histoire d'un loup. P., 1887, 8°.   [8° O. 1210 C

—— Nouveaux contes d'un coureur des bois. P. (s. d.), in-18.   [8° O. 1210 Aa

—— Les oiseaux chanteurs. P., 1891, 8°.   [8° I. 2421 A

Chesneau (E.). Pierre Puget. P., 1882, in-16.   [8° U. 2250 D

Chesnel (A. **de**). Dictionnaire encyclopédique des armées de terre et de mer. P. (s. d.), 2 vol. gr. 8°.   [4° I. 550 A

Chesnel (E.). Plaies d'Égypte, les Anglais dans la vallée du Nil. P. (s. d.), in-18.   [8° U. 2250 E

Chevalier (É.). La marine française et la marine allemande pendant la guerre de 1870-1871. P., 1873, in-18.   [8° U. 2250 G

Chevallier (Em.). De l'assistance dans les campagnes. Préface de M. Léon Say. P., 1889, 8°.   [8° I. 2438 D

Chevallier (Eug.). Faits et anecdotes relatifs à l'histoire de Mirabeau. Asnières (s. d.), 8°.   [8° U. 2250 H

Chevandier. Rapport à la Chambre des députés sur l'exercice de la médecine. P., 1890, 4°.   [4° E. 82 C

Chevillard (Abbé S.). Siam et les Siamois. P., 1889, in-18.   [8° U. 2250 I

Chevillier (A.). L'origine de l'imprimerie de Paris. P., 1694, 4°.   [4° I. 550 D

Chèvremont (A.). Les mouvements du sol sur les côtes occidentales de la France. P., 1882, 8°.   [8° I. 2444 C

Chevreul (E.). Histoire des connaissances chimiques. P., 1866, 8°.   [8° I. 2446 A

Chevrier. Manuel du maître d'hôtel. P., 1842, in-18.   [8° I. 4306 A
(Manuels Roret.)

Chevrot (R.). Pour devenir financier. P., 1893, 8°.   [8° I. 2447 A

Cheysson (E.). Les cartogrammes à teintes graduées. Nancy, 1887, gr. 8°.
[4° I. 551 + A

—— Les charges fiscales de l'agriculteur et les monographies de familles. Nancy, 1889, 8°.   [8° I. 2447 B

—— L'économie sociale à l'Exposition universelle de 1889. P., 1889, 8°.
[8° I. 2447 C

—— La monographie d'atelier. P., 26 nov. 1887, 8°.   [8° I. 2447 D

—— La question des habitations ouvrières en France et à l'étranger. P., 1886, 8°.
[8° I. 2447 Da

—— Le recensement de 1786. P., 1887, 8°.   [8° U. 2257 + A

—— Le recensement des professions. P., 1887, gr. 8°.   [4° I. 551 A

Chézelles (Vte H. **de**). L'homme de cheval, soldat ou veneur; 3e éd. P., 1894, in-16.   [8^d I. 2447 F

Chiché (A.), **Aimel** (H.), **Jourde.** Proposition de loi ayant pour objet de fonder la liberté communale. P., 1892, 4°.
[4° E. 82 F

Child (Th.). Les Républiques hispano-américaines. P. (s. d.), 4°.   [4° U. 449 I

Chirac (A.). La haute banque et les révolutions; nouv. éd. P., 1888, in-18.
[8° U. 2258 A

Chiron (J.-P.). Guide pratique ou A B C du meunier; 3e éd. P. (1889), in-16.
[8° I. 2448 A

Choay (E.). Centres universitaires et établissements hospitaliers à l'étranger. P., 1892, 8°.   [8° I. 2448 D

Choiseul-Gouffier (M. **de**). Voyage pittoresque de la Grèce. P., 1782-1822, 2 vol. f°.   [Fol. U. 72 C

Choisy (Abbé **de**). Mémoires pour servir à l'histoire de Louis XIV. P., 1888, 2 vol. in-16.   [8° U. 2260 D

Choix de discours et allocutions de circonstance des plus célèbres orateurs contemporains, par l'abbé J. Guillermin. P. (s. d.), 2 vol. 8°.   [8° A 488 B

—— de lettres du XVIIIe siècle, publ. par J. Labbé. P., 1890, in-12.   [8° O. 1217 A

—— de lettres du XVIIIe siècle, publ. par G. Lanson. P., 1891, in-16.   [8° O. 1217 B

Choix de lettres du xviiiᵉ siècle, publ. par M. Roques. *P.*, 1892, in-18.
[8° O. 1217 Ba

—— de nouvelles russes de Lermontof, Pouchkine, von Wiesen, etc., trad. par J.-N. Chopin; nouv. éd. *P.*, 1873, in-18.
[8° O. 1217 C

Choppin (H.). Trente ans de la vie militaire. *P.*, 1891, in-16. [8° U. 2287 C

Chotard (H.). Louis XIV, Louvois, Vauban et les fortifications du nord de la France. *P.* (s. d.), in-16. [8° U. 2287 E

—— Le pape Pie VII à Savone. *P.*, 1887, in-18. [8° U. 2287 Ea

Chotteau (L.). L'exportation des vins de France et les informations au commerce. *P.*, 1882, 8°. [8° I. 2451 + A

—— Une grande faute économique; 2ᵉ éd. Les salaisons américaines en France. *P.*, 1884, 8°. [8° I. 2451 A

Christie (G.), **Chareyre** (E.). Manuel de l'architecte-maçon. *P.* (s. d.), in-16.
[8° I. 2452 C

Christophle (A.). Traité théorique et pratique des travaux publics; 2ᵉ éd. *P.*, 1889-1890, 2 vol. 8°. [8° E. 849 C

Chronographia regum Francorum, publ. par H. Moranvillé. 1270-1380. *P.*, 1891, 8°.
[8° U. 2291 + A

Chuquet (A.). Les grands écrivains français. J.-J. Rousseau. *P.*, 1893, in-16.
[8° U. 2291 Ab

—— La première invasion prussienne, 11 août-2 septembre 1792. *P.*, 1886, in-16.
[8° U. 2291 Ad

—— Les guerres de la Révolution. *P.* (s. d.), 7 vol. in-16. [8° U. 2291 Ae

City of Boston. Annual report of the trustees of the public library. *Boston*, 1854-1885, 25 vol. 8°. [8° U. 2291 B

Claparède (A. de). A travers le monde. De ci de là. *P.*, 1894, in-12.
[8° U. 2295 B

—— Au Japon. *Genève*, 1889, in-18.
[8° U. 2295 C

Clapin (S.). La France transatlantique. Le Canada. *P.*, 1885, in-18. [8° U. 2295 F

Clare (G.). Le marché monétaire anglais et la clef des changes, trad. par G. Giraud. *P.*, 1894, 8°. [8° I. 2471 + A

Claretie (J.). Camille Desmoulins, Lucile Desmoulins. *P.*, 1875, 8°. [8° U. 2304 A

—— Célébrités contemporaines. Émile Augier. *P.*, 1882, in-16. [8° U. 2304 B

—— Fr. Coppée. *P.* (s. d.), in-16.
[8° U. 2304 Ba

—— Alphonse Daudet. *P.*, 1883, in-16.
[8° U. 2304 Bb

—— Paul Déroulède. *P.*, 1883, in-16.
[8° U. 2304 Bc

—— A. Dumas fils. *P.*, 1882, in-16.
[8° U. 2304 Bd

—— Erckmann-Chatrian. *P.*, 1883, in-16. [8° U. 2304 Be

—— O. Feuillet. *P.*, 1883, in-16.
[8° U. 2304 Bf

—— Lud. Halévy. *P.*, 1883, in-16.
[8° U. 2304 Bg

—— Victor Hugo. *P.* (s. d.), in-16.
[8° U. 2304 Bh

—— Eug. Labiche. *P.*, 1883, in-16.
[8° U. 2304 Bi

—— Édouard Pailleron. *P.*, 1883, in-16.
[8° U. 2304 Bj

—— Jules Sandeau. *P.*, 1883, in-16.
[8° U. 2304 Bk

—— Victorien Sardou. *P.*, 1883, in-16.
[8° U. 2304 Bl

—— Jules Verne. *P.*, 1883, in-16.
[8° U. 2304 Bm

—— Le Drapeau. *P.* (s. d.), 8°.
[8° U. 2305 C

—— Peintres et sculpteurs contemporains. *P.*, 1882-1884, 2 vol. 8°. [8° U. 2305 Ca

Claretie (Léo). Feuilles de route. En Tunisie. *P.*, 1893, in-18. [8° U. 2305 E

—— Le roman en France au début du xviiiᵉ siècle. Lesage. *P.*, 1890, 8°.
[8° U. 2305 F

Classiques (Les) de la table; nouv. éd., par Justin Améro. *P.*, 1882, 2 vol. in-18.
[8° O. 1285 B

Claude-Michel (F.). Traité pratique de galvanoplastie. *P.*, 1888, in-18.
[8° I. 2471 A

Clédat (L.). Les grands écrivains français. Rutebeuf. *P.*, 1891, in-16. [8° U. 2306 D

—— Nouvelle grammaire historique du français. *P.*, 1889, in-18. [8° O. 1287 C

Clément (D.). Bibliothèque curieuse historique et critique. *Goettingen*, 1750-1760, 9 vol. 4°. [4° O. 228 D

Clément (Félix). Beethoven. P., 1882, in-16. [8° U. 2309 ╫ A

—— Histoire abrégée des beaux-arts chez tous les peuples; nouv. éd. P., 1887, gr. 8°. [4° I. 552 + A

—— Mozart. P., 1882, in-16. [8° U. 2309 + A

Clément (J.). L'art de la correspondance commerciale; nouv. éd. P. (s. d.), in-18. [8° I. 2480 B

—— La santé ou la médecine populaire; 17° éd. P. (s. d.), in-18. [8° I. 2480 D

Clément (R.). Des assurances mutuelles. P., 1889, 8°. [8° E. 851 A

Clergeau (E.). Guide pratique du chauffeur et du mécanicien sur les bateaux torpilleurs. P., 1888, 8°. [8° I. 2481 A

Clodd (E.). L'enfance du monde. P., 1882, in-16. [8° I. 2481 D

Clunet (É.). La question des passeports en Alsace-Lorraine. P., 1888, 8°. [8° E. 858 A

Cluseret (Général). Mémoires. P., 1887-1888, 3 vol. in-18. [8° U. 2315 C

Cochard (L.). Paris, Boukara-Samarcande. Notes de voyage. P., 1891, 8°. [8° U. 2316 C

Cocheris (Mme P.). Les parures primitives. P., 1894, 4°. [4° U. 454 D

Cochery (G.). Rapports sur les budgets de 1891 et de 1892 (Ministères de la guerre et de la marine). P., 1890-1891, 3 vol. 4°. [4° U. 454 G

Cochinchine française. Excursions et reconnaissances. N° 17. *Saïgon*, 1884, 8°. [8° U. 2319 A

Code du commerce portugais de 1888. P., 1889, 8°. [8° E. 879 D

—— pénal d'Italie (30 juin 1889), trad. par Jules Lacointa. P., 1890, 8°. [8° E. 879 ╫ A

Codes (Les) de l'audience en Belgique jusqu'à 1885, classés par Jules de Broux; 2° éd. *Bruxelles*, 1885, in-16. [8° E. 862 A

—— (Les) belges, annotés par Léonce Limelette. *Bruxelles*, 1885, in-16. [8° E. 862 Aa

Codes (Les) français. Code forestier. P. (s. d.), in-12. [8° E. 869 B

—— (Les) néerlandais, trad. par G. Tripels. P., 1886, 8°. [8° E. 879 + A

Coffinières de Nordeck (A.). Essais sur les phénomènes cosmogoniques. P., 1893, 8°. [8° I. 2489 C

Coffignon (A.). Paris vivant. Le pavé parisien. P. (s. d.), in-18. [8° U. 2321 A

Cogordan (G.). Les grands écrivains français. Joseph De Maistre. P., 1894, in-16. [8° U. 2322 C

Coiffier (Dr). Précis d'auscultation; 2° éd. P., 1890, in-18. [8° I. 2489 D

Collection de mémoires relatifs à la physique. P., 1884-85, 2 vol. 8°. [8° I. 2494 A

—— des anciens alchimistes grecs, publ. par MM. Berthelot et Ch.-Em. Ruelle. P., 1887, 4°. [4° I. 552 B

—— universelle des mémoires particuliers relatifs à l'histoire de France, publ. par Perrin. *Londres*, 1785-1790, 72 vol. 8°. [8° U. 2479 C

Colleville (Vte de). Histoire abrégée des empereurs romains et grecs. P., 1886, 4°. [4° U. 462 A

Collin (Mlle L.). Histoire abrégée de la musique et des musiciens; 7° éd. P., 1891, in-18. [8° I. 2516 C

Collineau (Dr A.). L'hygiène à l'école. P., 1889, in-16. [8° I. 2517 A

Colomb (L.-C.). François Mansart et Jules Hardouin, dit Mansart. P., 1885, in-18. [8° U. 2481 C

Colonies (Les) françaises. Notices illustrées. P. (1889-1890), 6 vol. in-16. [8° U. 2482 B

—— françaises et pays de protectorat à l'Exposition universelle de 1889. P. (1889), in-18. [8° U. 2483 B

Colonna de Cesari Rocca. Histoire de la Corse. P., 1890, in-16. [8° U. 2483 F

Colson (C.). Transports et tarifs. P., 1890, 8°. [8° I. 2519 C

Colson (R.). La photographie sans objectif. P., 1887, in-18. [8° I. 2519 E

—— Procédés de reproduction des dessins par la lumière. P., 1888, in-18. [8° I. 2519 F

Comandré (A.). L'amiral Courbet en Orient. Poème et sonnets. P., 1890, 8°.
[8° **O. 1316** ++ A

Combarieu (L.), **Combes** (A.), **Malinowski** (J.), **Sarcos** (A.). Dictionnaire des communes du Lot. *Cahors*, 1881, 8°.
[8° **U. 2485** G

—— Traité de la procédure administrative devant les conseils de préfecture. P., 1890, 8°.
[8° **E. 902** + A

Combes. Rapport au Sénat sur l'instruction primaire des indigènes de l'Algérie. P., 1892, 4°.
[4° **I. 554** D

—— Rapport fait au Sénat sur les dépenses ordinaires de l'instruction primaire publique. P., 1888, 4°.
[4° **U. 426** B

Combes (E.). Grammaire russe élémentaire. P., 1892, in-18.
[8° **O. 1316** + A

—— Profils et types de la littérature allemande. P., 1888, 8°.
[8° **O. 1316** A.

Combes (P.). L'art d'empailler les petits animaux. P., 1889, in-16.
[8° **I. 2523** A

Combes de Lestrade (G.). L'Empire russe en 1885. P. (s. d.), in-18.
[8° **U. 2487** A

Comby (Dr J.). Les oreillons. P. (s. d.), in-16.
[8° **I. 2524** C

Comby (J.). Le rachitisme. P., 1892, in-16.
[8° **I. 2524** D

Comédiens (Les) du roi. P., 1879, 8°.
[8° **U. 2487** G

Comédies du xvii° siècle, par T. Martel. P., 1888, in-18.
[8° **O. 1316** B

Comettant (O.). Au pays des kangourous et des mines d'or. P., 1890, in-18.
[8° **U. 2487** D

Compagnie générale des omnibus de Paris. Assemblée de 1890. P., 4°.
[4° **U. 462** C

Compayré (G.). Études sur l'enseignement et sur l'éducation. P., 1891, in-16.
[8° **I. 2526** A

—— L'évolution intellectuelle et morale de l'enfant. P., 1893, 8°.
[8° **I. 2526** B

—— Rapport sur le budget de 1890. Ministère de l'instruction publique. P., 1889, 4°.
[4° **U. 462** Cd

—— Rapport sur les dépenses ordinaires de l'instruction primaire publique. P., 1887, 4°.
[4° **U. 462** Ce

Compiègne (Mis de). L'Afrique équatoriale. Gabonais; 3° éd. P., 1878, in-18.
[8° **U. 2489** + A

—— Okanda; 3° éd. P., 1885, in-18.
[8° **U. 2489** A

Compte définitif des recettes. 1890. P., 1892, 4°.
[4° **U. 462** Da

—— général de l'administration de la justice civile et commerciale en France. 1876 et 1888. P., 1878, 1891, 4°.
[4° **E. 94** D

—— général de l'administration de la justice criminelle en France. 1876 et 1888. P., 1878, 1891, 4°.
[4° **E. 94** F

—— général de l'administration des finances rendu pour les années 1889, 1891. P., 1890-92, 2 vol. 4°.
[4° **U. 462** Df

—— général du matériel du département de la marine et des colonies pour 1887. P., 1892, gr. f°.
[Fol. **U. 72** D

Compte rendu de la distribution des prix aux élèves de l'école professionnelle de l'imprimerie Chaix. P., 1882, 8°.
[8° **I. 2527** + A

—— des travaux de la Commission de la dette publique d'Égypte. *Le Caire*, 1893, 8°.
[8° **U. 2490** C

—— du deuxième congrès international de sténographie tenu à Paris, du 11 au 17 août 1889. P., 1890, 8°.
[8° **I. 2527** C

—— pour le service de la justice. Session de 1891. P., 1892, 4°.
[4° **U. 462** E

—— pour le service des cultes. P., 1891, 4°.
[4° **U. 462** F

—— sur le recrutement de l'armée pendant les années 1887 et 1890. P., 1888, 1891, 2 vol. 4°.
[4° **U. 462** Fc

Comptes généraux présentés par le Ministre de l'intérieur pour l'exercice 1889. *Melun*, 1890, 4°.
[4° **U. 462** G

—— généraux présentés par le Ministre de la guerre pour l'exercice 1890. P., 1892, 4°.
[4° **U. 462** H

Conférences faites aux matinées classiques du théâtre national de l'Odéon. P., 1889...., . vol. in-18.
[8° **O. 1317** B

—— sur la science et l'art industriel. P., 1886-1889, in-18.
[8° **I. 2564** D

Congrès international de la protection de l'enfance, pub. par M. Maurice Bonjean. P., 1884-1886, 2 vol. 8°.
[8° **I. 2565** A

Conseil supérieur de l'assistance publique. P. (s. d.), 4°.   [4° **E. 95** B

Conseils à un jeune commissaire de surveillance administrative des chemins de fer. P., 1890, in-18.   [8° **I. 2566 D**

Conseils généraux. Revue des travaux de la session d'avril 1887. P., 1887-18.., . vol. 8°.   [8° **E. 902 A**

Constant (C.). Code général des droits d'auteur sur les œuvres littéraires et artistiques. P., 1888, in-10.   [8° **E. 906 A**

Constantin (Vte de). L'archimandrite Païsi et l'ataman Achinoff; 2e éd. P., 1891, in-18.   [8° **U. 2539 C**

Contes allemands du temps passé; 3e éd. P., 1892, in-16.   [8° **O. 1325 A**

———— arabes. Histoire des dix vizirs. (Bakhtiar-Nameh), trad. par René Basset. P., 1883, in-18.   [8° **O. 1326 A**

———— et légendes du Caucase, trad. par J. Mourier. P., 1888, in-16.   [8° **O. 1326 B**

———— populaires de différents pays, par Xavier Marmier. 2e série. P., 1888, in-16.   [8° **O. 1327 A**

———— populaires, par Félix Arnaudin. P., 1887, in-16.   [8° .**O. 1327 D**

Conty (H.-A. **de**). Collection des Guides-Conty. La Belgique en poche; 5e éd. P. (s. d.), in-18.   [8° **U. 2541 A**

———— Les bords du Rhin en poche; 3e éd. P. (s. d.), in-18.   [8° **U. 2541 Aa**

———— Bretagne. Ouest. Îles anglaises; 6e éd. P. (s. d.), in-18.   [8° **U. 2541 Ab**

———— Côtes de Normandie; 8e éd. P. (s. d.), in-18.   [8° **U. 2541 Ac**

———— Les environs de Paris. 2e éd. P. (s. d.), in-18.   [8° **U. 2541 Ad**

———— Le Havre en poche et ses environs. P. (s. d.), in-18.   [8° **U. 2541 Ae**

———— La Hollande circulaire; 4e éd. P. (s. d.), in-18.   [8° **U. 2541 Af**

———— Londres en poche et ses environs; 4e éd. P. (s. d.), in-8°.   [8° **U. 2541 Ag**

———— De Paris à Marseille. P. (s. d.), in-18.   [8° **U. 2541 Ah**

———— Paris à Nice, Monaco-Menton. P. (s. d.), in-18.   [8° **U. 2541 Ai**

———— Une lune de miel à Spa, ou les effets du Pouhon. P. (s. d.), in-18. [8° **U. 2543 A**

Conty (H.-A. **de**). La Suisse circulaire. P. (s. d.), in-18.   [8° **U. 2543 Aa**

———— Vichy en poche. P. (s. d.), in-18.   [8° **U. 2543 Ab**

———— Les Vosges en poche; 3e éd. P. (s. d.), in-18.   [8° **U. 2543 Ac**

Convert (F.). Les entreprises agricoles. *Montpellier*, 1890, in-16.   [8° **I. 2566 G**

Cook (Capit^ne), **King** (Lieut^t). Le troisième voyage autour du monde, 1776-1780. P. (s. d.), in-18.   [8° **U. 2543 C**

Cooper (F.). L'espion, trad. de La Bédollière; nouv. éd. *Limoges* (s. d.), 8°.   [8° **O. 1357 A**

———— Les Lions de mer, trad. Defauconpret. *Limoges* (s. d.), 8°. [8° **O. 1357 Aa**

———— La prairie, trad. par B. Cram. *Limoges*, 1881, 8°.   [8° **O. 1357 Ab**

———— Le tueur de daims, trad. La Bédollière; nouv. éd. P., 1886, in-18.   [8° **O. 1357 Ac**

Copin (A.). Talma et la Révolution; 2e éd. P., 1888, in-18.   [8° **U. 2546 + A**

———— Talma et l'Empire; 2e éd. P., 1888, in-18.   [8° **U. 2546 A**

Coppée (F.). OEuvres. P. (s. d.), 13 vol. in-12.   [8° **O. 1357 D**

———— Les vrais riches. P. (s. d.), in-16.   [8° **O. 1360 B**

Coquard (A.). De la musique en France depuis Rameau. P., 1891, in-18.   [8° **I. 2568 C**

Coquengniot (E.). L'avocat des commerçants et des industriels. P., 1892, 8°.   [8° **E. 909 B**

———— L'avocat des propriétaires et locataires; nouv. éd. P. (s. d.), 8°.   [8° **E. 909 C**

Corda (A.). Bibliothèque nationale. Département des imprimés. Catalogue des factums et d'autres documents judiciaires antérieurs à 1790. P., 1890-92, 2 vol. 8°.   [8° **O. 1362 C**

Cordeil (P.). Origines et progrès de la Nouvelle-Calédonie. *Nouméa*, 1885, 8°.   [8° **U. 2549 A**

Cordemoy (Abbé **de**). Récit de la conférence du diable avec Luther; 3e éd. P., 1684, in-12.   [8° **A. 490 B**

Cordemoy (J. **de**). Travaux maritimes

et construction des ports. *P.*, 1888, 2 vol. 4°. [4° **I. 558** + A

Coré (F.). Esquisse historique agricole de la France. *P.*, 1890, in-18. [8° **U. 2551** C

Corfield (W.-H.). Les maisons d'habitation, trad. par le Dr P. Jardet. *P.*, 1889, in-16. [8° **I. 2570** A

Cormeré (De). Recherches et considérations nouvelles sur les finances. *Londres*, 1789, 2 vol. 8°. [8° **U. 2552** D

Corneille. Horace, notes par L. Petit de Julleville. *P.*, 1887, in-16. [8° **O. 1394** A

—— Théâtre; nouv. éd., par Félix Hémon. *P.*, 1886-1887, 4 vol. in-18. [8° **O. 1394** B

Cornette (C.). L'état civil des Italiens en France. *P.*, 1889, in-16. [8° **E. 913** C

—— Guide-manuel de l'officier de l'état civil en matière de divorce; 2e éd. *P.*, 1887, in-18. [8° **E. 913** E

Cornevin (Ch.). Des plantes vénéneuses et des empoisonnements qu'elles déterminent. *P.*, 1887, 8°. [8° **I. 2575** C

—— Des résidus industriels dans l'alimentation du bétail. *P.*, 1892, 8°. [8° **I. 2575** Cb

—— Traité de zootechnie générale. *P.*, 1891, 8°. [8° **I. 2575** D

Cornil. Rapport au Sénat sur l'exercice de la médecine. *P.*, 1892, 4°. [4° **E. 95** E

Corréard (F.). Hérodote. *P.*, 1892, 8°. [8° **O. 1397** B

Correspondance de l'armée française en Égypte, pub. à Londres par E.-T. Simon. *P.*, an VII, 8°. [8° **U. 2555** A

—— des beys de Tunis et des consuls de France avec la cour, 1577-1830, par Eugène Plantet. *P.*, 1893, 2 vol. 8°. [8° **U. 2555** B

—— des deys d'Alger avec la cour de France, 1579-1833, par Eugène Plantet. *P.*, 1889, 2 vol. 8°. [8° **U. 2555** C

Correvon (H.). Les plantes des Alpes. *Genève*, 1885, in-16.]8°·**I. 2580** A

Corroyer (É.). L'architecture romane; nouv. éd. *P.* (s. d.), 8°. [8° **I. 2580** D

Corsin (E.), **Petitcuenot**, **Martin** (A.). Dictionnaire mathématique des communes de France. *P.*, 1882, in-16. [8° **U. 2558** A

Cortambert (R.). Nouvelle histoire des voyages. *P.* (s. d.), 2 vol. 4°. [4° **U. 479** B

Corvin (P. de). Le théâtre en Russie. *P.*, 1890, in-18. [8° **O. 1397** C

Cosson (É.). Administration communale. *P.*, 1891, 8°. [8° **E. 914** C

Costa de Beauregard (Mis). Épilogue d'un règne. *P.*, 1890, 8°. [8° **U. 2561** Ca

—— Prologue d'un règne. La jeunesse du roi Charles-Albert. *P.*, 1889, 8°. [8° **U. 2561** C

—— Un homme d'autrefois; 5e éd. *P.*, 1886, in-18. [8° **U. 2561** Cd

Coste (Ad.). Alcoolisme ou épargne. Le dilemme social. *P.* (s. d.), in-16. [8° **I. 2673** + B

—— Les conditions sociales du bonheur et de la force; 3e éd. *P.* 1885, in-18. [8° **I. 2673** B

—— De la convention du prête-nom. *P.*, 1891, 8°. [8° **E. 914** D

—— Étude d'économie rurale. *Nancy*, 1888, gr. 8°. [4° **I. 558** A

—— Étude statistique sur la richesse comparative des départements de la France. *P.*, 1891, 4°. [4° **I. 558** B

—— La question monétaire en 1889. *P.*, 1889, 8°. [8° **I. 2673** D

Coste (B.), **Boullay** (C.). Précis de droit usuel. *P.*, 1888, in-18. [8° **E. 914** E

Coste (H.), **Maniquet** (L.). Traité théorique et pratique des machines à vapeur au point de vue de la distribution; 2e éd. *P.*, 1886, 8° et 1 atlas f°. [8° **I. 2764** B [Fol. **I. 47** A

Cotelle (A.). Voyageurs et bagages. *P.*, 1891, in-18. [8° **I. 2675** C

Cotteau (E.). En Océanie. Voyage autour du monde en 365 jours. 1884-1885. *P.*, 1888, in-16. [8° **U. 2564** A

Coüard-Luys (E.). Jean Pauchet, maître sculpteur à Beauvais au XVIIe siècle. *Beauvais*, 1888, 8°. [8° **U. 2564** D

—— Notice sur le Christ en croix décorant le maître-autel de l'une des chapelles de l'église de Notre-Dame à Versailles. *Versailles*, 1890, 8°. [8° **I. 2675** D

—— Une émeute populaire à Versailles, le 13 septembre 1789. *Versailles*, 1889, 8°. [8° **U. 2564** E

Couat (A.). Aristophane et l'ancienne comédie attique. *P.*, 1889, in-18. [8° **O. 1408** B

Coubé (S.). Au pays des Castes. P., 1889, in-18. [8° U. 2565 B

Coubertin (P. de). L'éducation en Angleterre. P., 1888, in-16. [8° U. 2565 C

Coudert, Cuir. Mémento pratique du certificat d'études primaires; 8° éd. P., 1888, 2 vol. in-12. [8° I. 2677 A

—— Mémento théorique du certificat d'études primaires. P., 1887, in-12. [8° I. 2677 B

Coudreau (H.). Chez nos Indiens. P., 1893, 4°. [4° U. 480 A

—— La France équinoxiale. P., 1886-1887, 3 vol. 8° dont 1 atlas. [8° U. 2565 D

Cougny (G.). L'art antique. Égypte, Chaldée, Assyrie, Perse, Asie Mineure, Phénicie. P., 1892, 8°. [8° I. 2679 + A

—— L'art au moyen âge. P., 1894, 8°. [8° I. 2679 + Aa

—— L'enseignement professionnel des beaux-arts dans les écoles de la ville de Paris. P. (s. d.), 8°. [8° I. 2679 A

—— Promenades au Musée du Louvre. P., 1888, in-16. [8° I. 2679 Aa

Coulon (Dʳ H.). Curiosités de l'histoire des remèdes. *Cambrai*, 1892, 8°. [8° I. 2681 A

Couly (P.). L'exil du Dante, drame. P., 1892, 8°. [8° O. 1408 D

Coumès (Comᵗ). Aperçus sur la tactique de demain. P., 1892, 8°. [8° I. 2681 B

Coumoul (J.). De la République en France. P., 1890, in-16. [8° I. 2681 C

Cour (La) de l'empereur Guillaume. P. (s. d.), in-18. [8° U. 2571 B

Courajod (L.). Histoire du département de la sculpture moderne au musée du Louvre. P., 1894, in-18. [8° I. 2481 F

Courcy (Mⁱˢ de). L'Espagne après la paix d'Utrecht. 1713-1715. P., 1891, 8°. [8° U. 2573 A

Courdaveaux (V.). Comment se sont formés les dogmes. P., 1889, in-18. [8° A. 490 C

Courgeon (J.-A.). Récits de l'histoire de France. P., 1892, 4 vol. in-18. [8° U. 2573 D

Courier (P.-L.). OEuvres complètes; nouv. éd. par Armand Carrel. P., 1868, 4°. [4° O. 230 C

Cournault (C.). Les artistes célèbres. Ligier Richier, statuaire. P. (s. d.), 4°. [4° U. 480 B

Cours (Les) princières d'Europe. P. (s.d.), in-18. [8° U. 2574 A

Cours abrégé d'hippologie. P., 1888, in-16. [8° I. 2691 A

Courtois (A.). Les banques populaires. P., 1887, 8°. [8° I. 2696 A

Courtois (Dʳ E.). Le Tonkin français contemporain. P., 1891, 8°. [8° U. 2577 C

Cousin (J.). Notice sur un plan de Paris du xviᵉ siècle. P., 1875, 8°. [8° U. 2578 B

Cousté (J.). Projet de création d'un musée national du commerce et de l'industrie à Paris. P., 1891, 4°. [4° I. 561 B

Coutagne (J.-P.-H.). Manuel des expertises médicales en matière criminelle; 2ᵉ éd. *Lyon*, 1888, in-16. [8° I. 2710 A

Coutance (A.). Empoisonneurs, empoisonnés. Venins et poisons. P., 1888, 8°. [8° I. 2710 B

Coutant (E.-C.). Le collège Chaptal. P., 1889, in-16. [8° U. 2585 C

Couture (J.). L'éclairage électrique actuel dans différents pays; 2ᵉ éd. P., 1890, 8°. [8° I. 2712 A

Couturier (C.-A.), **Destréguil** (H.). Le code des locations; 2ᵉ éd. *Tours*, 1890, in-18. [8° E. 933 B

Couvreur (E.). Les merveilles du corps humain. P., 1892, in-16. [8° I. 2712 + B

—— Le microscope. P., 1888, in-16. [8° I. 2712 B

Couvreux (G.). Code des lois civiques, politiques et municipales. P., 1886, 8°. [8° E. 933 C

Coyecque (E.). L'Hôtel-Dieu de Paris au moyen âge. P., 1889-1891, 2 vol. 8°. [8° U. 2591 C

Cozic (H.). La Bourse mise à la portée de tous. P. (s. d.), gr. 8°. [4° I. 561 D

Cozzolino (V.). Hygiène de l'oreille. 2ᵉ éd. trad. par le Dʳ A. Joly. P. (s. d.), in-18. [8° I. 2712 C

Crédit (Le) mutuel et populaire, société anonyme à capital variable. P., 1889, 8°. [8° I. 2712 D

Crépieux-Jamin (J.). Traité pratique de graphologie. P. (s. d.), in-18. [8° I. 2712 E

Crépon (T.). Code annoté de l'expropriation pour cause d'utilité publique. P., 1885, 8°.
[8° E. 933 E

—— Cour de cassation. P., 1892, 3 vol. 8°.
[8° E. 933 Ec

—— De la négociation des effets publics et autres. P., 1886, 8°. [8° E. 933 F

Cresson. Usages et règles de la profession d'avocat. P., 1888, 2 vol. 8°.
[8° E. 933 Fd

Creuzer (F.). Religions de l'antiquité, trad. par J.-D. Guigniaut. P., 1825-1851, 3 vol. 8°. [8° A. 499 C

Crevaux (J.). Voyages dans l'Amérique du Sud (1876-1882), par M. A. Thouar. P. (s. d.), 4°. [4° U. 480 E

Crèvecœur (R. de). S. John de Crèvecœur. P., 1883, 8°. [8° U. 2612 G

Crevier. Histoire de l'Université de Paris. P., 1761, 7 vol. in-12. [8° U. 2612 H

Crinon (J.-L.-F.), **Vasserot.** Le forestier praticien. P., 1852, in-18. [8° I. 4267 A

Croiset (A.), **Croiset** (M.). Histoire de la littérature grecque. P., 1887-1891, 3 vol. 8°. [8° O. 1429 C

Croneau (A.). Construction du navire. P. (s. d.), in-16. [8° I. 2712 Ec

Croos (P. de). Code des tutelles et des conseils de famille. P., 1885, 2 vol. in-18.
[8° E. 933 L

Cros-Mayrevieille (G.). Le droit des pauvres sur les spectacles en Europe. P., 1889, 8°. [8° E. 935 B

Crozals (J. de). La France. Anthologie géographique. P., 1890, in-18.
[8° U. 2625 Aa

—— Saint-Simon. Grav. P., 1891, 8°.
[8° U. 2625 Ab

Cucheval-Clarigny, Salle (É.), **Rocquigny** (cᵗᵉ de). Les syndicats agricoles et l'assurance. Rapports. P., 1894, 8°.
[8° I. 2718 C

Cudet (F.). Histoire des corps de troupe de la ville de Paris. P., 1887, 4°.
[4° U. 481 C

Cuisine (La) moderne. P., 1893, 8°.
[8° I. 2719 D

Cullerre (Dʳ A.). Les frontières de la folie. P., 1888, in-16. [8° I. 2720 + A

Culture du chasselas de Fontainebleau. P., 1845, in-18. [8° I. 4228 A
(Manuels Roret.)

Cumberworth. L'anglais tel qu'on le parle. 10ᵉ éd. P., 1889, in-12 oblong.
[8° O. 1432 B

Cummins (Miss). L'allumeur de réverbères. P., 1889, 8°. [8° O. 1432 C

—— Les cœurs hantés, trad. par Mᵐᵉ de Marche. P., 1886, in-16. [8° O. 1432 Ca

Cunisset-Carnot. L'avocat de tout le monde. P., 1891, 8°. [8° E. 936 C

—— Le petit agronome. P. (s. d.), in-18.
[8° I. 2721 C

Curtius (E.). Histoire grecque, trad. sous la direction de A. Bouché-Leclerq. P., 1880-1884, 5 vol. 8°. [8° U. 2634 A

Curzon (H. de). La maison du Temple de Paris. P., 1888, 8°. [8° U. 2634 B

Cuvillier-Fleury (A.). Portraits politiques et révolutionnaires; 3ᵉ éd. P., 1889, 2 vol. in-18. [8° U. 2647 B

Cuyer (É.), **Fau** (Dʳ). Anatomie artistique du corps humain. P., 1886, 8°.
[8° I. 2756 + A

—— Le dessin et la peinture. P., 1893, in-18. [8° I. 2756 + Ab

—— Éléments d'anatomie des formes. P., 1888, in-16. [8° I. 2756 + Ad

Cyon (E. de). Études politiques. La Russie contemporaine. P., 1892, in-18.
[8° U. 2647 D

Cyr (J.). Scènes de la vie médicale. P., 1888, in-16. [8° O. 1437 A

Cyrano de Bergerac. Œuvres diverses. Amsterdam, 1761, 3 vol. in-12.
[8° O. 1437 B

Czartoryski (Pᶜᵉ A.). Mémoires et correspondance avec l'empereur Alexandre Iᵉʳ. P., 1887, 2 vol. 8°. [8° U. 2647 F

D

Da Costa (G.). Nouvelle méthode d'enseignement de la grammaire française. P., 1888-1889, 6 vol. in-12.   [8° O. 1437 C

Daffry de la Monnoye. Vers le Pôle Nord. En Norvège. Venise. P., 1890, 8°.
[8° U. 2649 C

Daireaux (E). République Argentine. P., 1889, 8°.   [8° U. 2650 B

—— La vie sociale et la vie légale des étrangers. P., 1889, 8°.   [8° U. 2650 C

—— La vie et les mœurs à La Plata. P., 1888, 2 vol. 8°.   [8° U. 2650 D

Dallet (G.). Manuel pratique d'arpentage et de levé des plans. P. (s. d.), 8°.
[8° I. 2762 + A

—— Les merveilles du ciel. P., 1888, in-16.   [8° I. 2762 A

—— La navigation aérienne. P. (s. d.), in-16.   [8° I. 2762 Aa

Dalligny (A.). Agenda de la curiosité, des artistes et des amateurs. P., 1889, in-16.
[8° U. 2650 F

Dalloz (É.), **Vergé** (C.), **Janet** (J.). Code civil annoté. P., 1873-1875, 2 vol. 4°.
[4° E. 114 C

—— **Giboulot** (A.). Code de procédure civile annoté. P., 1876, 4°.   [4° E. 114 Ca

—— Les codes annotés. Code de commerce. P., 1877-1878, 4°.   [4° E. 114 Cb

—— Code des lois politiques et administratives. P., 1887-1893, 4 vol. 4°.
[4° E. 114 Cc

—— Code forestier. P.,1884, 4°.
[4° E. 144 Cd

—— Les codes annotés. Code pénal. P., 1881-1886, 4°.   [4° E. 114 Ce

—— Jurisprudence générale. Supplément. P., 1888-18.., vol. 4°.   [4° E. 161

Dalton (J.-C.). Physiologie et hygiène des écoles. P. (s. d.), in-18.   [8° I. 2764 + A

Dampierre (Mis de). Discours à l'ouverture de la 21e session annuelle de la Société des agriculteurs. P., 1890, 8°.
[8° I. 2766 C

Dan (P.). Le Trésor des merveilles de la maison royale de Fontainebleau. P., 1642, fol.   [Fol. U. 78

Dancourt. La maison de campagne. Nouv. éd. P. (s. d.), in-18.   [8° O. 1437 D

Daniel (Le P. G.). Abrégé de l'histoire de la Milice françoise. P., 1773, 2 vol. in-12.
[8° U. 2668 + A

Dans l'attente de la guerre; trad. de Serge Nossoff. P., 1887, in-16.   [8° U. 2668 A

Darchez (V.). Nouveaux exercices de dessin à main levée. P., 1888, 4°.
[4° I. 585 D

Daremberg (G.). Traitement de la phtisie pulmonaire. P., 1892, 2 vol. in-16.
[8° I. 2769 D

Dargenty (G.). Les artistes célèbres. Antoine Watteau. P. (s. d.), 4°.   [4° U. 504 A

Darimon (A.). L'agonie de l'empire. Nouv. éd. P., 1891, in-18.   [8° U. 2681 C

—— Histoire d'un jour : 12 juillet 1870. P., 1888, in-18.   [8° U. 2681 Ca

—— Histoire d'un parti. Les irréconciliables sous l'Empire. P., 1888, in-18.
[8° U. 2681 Cb

—— Histoire d'un parti. Les Cent seize et le ministère du 2 janvier (1869-1870). [2e éd.]. P., 1889, in-18.   [8° U. 2681 Cc

—— Notes pour servir à l'histoire de la guerre de 1870; 2e éd. P., 1888, in-18.
[8° U. 2681 Cd

Darmesteter (A.). Reliques scientifiques, recueillies par son frère. P., 1890, 2 vol. 8°.
[8° O. 1444 + A

—— Traité de la formation des mots composés dans la langue française; 2e éd. P., 1894, 8°.   [8° O. 1444 + Ab

—— La vie des mots étudiée dans leurs significations; 3e éd. P., 1889, in-18.
[8° O. 1444 A

Darmesteter (J.). Les prophètes d'Israël. P., 1892, 8°.   [8° U. 2681 G

Darwin (C.). Les récifs de corail, trad. par L. Cosserat. P., 1878, 8°.   [8° I. 2778 A

Dary (G.). L'électricité dans la nature. Figures. P., 1892, in-16.   [8° I. 2779 C

—— La navigation électrique. 2e éd. P., 1883, in-16.   [8° I. 2781 A

Daryl (P.). La vie partout. A Londres. P., 1887, in-18.   [8° U. 2693 ++ A

Daryl (P.). Les Anglais en Irlande. 2ᵉ éd. P. (s. d.), in-18.   [8° **U.** 2693 + A

Da Silva (S.). Le portugais tel qu'on le parle. P., 1877, in-12, oblong.
     [8° **O.** 1444 + B

Daubrée (A.). Les eaux souterraines. P., 1887, 3 vol. 8°.   [8° **I.** 2782 ++ A

—— Les régions invisibles du globe et des espaces célestes. P., 1888, 8°.
     [8° **I.** 2782 + A

Daudet (E.). Célébrités contemporaines. Le duc d'Aumale. P., 1883, in-16.
     [8° **U.** 2696 A

—— Le duc de Broglie. P., 1883, in-16.
     [8° **U.** 2696 Aa

—— Le maréchal de Mac-Mahon. P., 1883, in-16.   [8° **U.** 2696 Ab

—— Le comte de Paris. P. (s. d.), in-16.
     [8° **U.** 2696 Ac

—— Jules Simon. P., 1883, in-16.
     [8° **U.** 2696 Ad

—— Histoire de l'émigration. P.(s. d.), 8°.
     [8° **U.** 2697 A

—— Coblentz. 1789-1793. P. (s. d.), 8°.
     [8° **U.** 2697 Aa

—— Les émigrés et la seconde coalition. 1797-1800. P. (s. d.), 8°.
     [8° **U.** 2697 Ab

—— Histoire diplomatique de l'alliance franco-russe (1873-1893). 3ᵉ éd. P., 1894, 8°.
     [8° **U.** 2698 B

Dautreville (E.), **Clément** (E.). Dictionnaire cynologique. *Corbeil*, 1887, in-18.
     [8° **I.** 2785 C

Davanne (A.). La photographie. P., 1886-88, 2 vol. 8°.   [8° **I.** 2786 A

David (Dʳ Th.). Les microbes de la bouche, précédé d'une lettre-préface de M. L. Pasteur. P., 1890, 8°.   [8° **I.** 2786 D

David d'Angers. Relations littéraires. Correspondance. P., 1890, 8°.
     [8° **O.** 1444 Cd

David de Penanrun. Les architectes et leurs rapports avec les propriétaires. P., 1892, 8°.   [8° **E.** 944 C

David-Sauvageot (A.). Le réalisme et le naturalisme. P., 1890, in-16.
     [8° **O.** 1444 C

Davin (A.). 50,000 milles dans l'Océan Pacifique. P., 1886, in-16. [8° **U.** 2706 B

Davin (A.). Noirs et jaunes. P., 1888, in-16.   [8° **U.** 2706 D

Davons (A.). Voyage de l'Empereur en Normandie et en Bretagne. 2ᵉ éd. P., août 1858, 4°.   [4° **U.** 504 B

Dayot (A.). Raffet et son œuvre. P. (s. d.), 4°.   [4° **I.** 587 + A

De l'instruction tactique des officiers, par P. G. P., 1894, 8°.   [8° **I.** 2787 C

Debans (C.). Les coulisses de l'Exposition. P., 1889, in-18.   [8° **U.** 2706 G

Debauve (A.). Stephenson. P., 1883, in-16.   [8° **U.** 2706 J

Debidour (A.). Histoire diplomatique de l'Europe (1814-1878). P., 1891, 2 vol. 8°.
     [8° **U.** 2707 C

Debierre (Ch.). Traité élémentaire d'anatomie de l'homme. P., 1890, 2 vol. 8°.
     [8° **I.** 2790 C

Debove (G.-M.), **Rémond** (de Metz). Lavage de l'estomac. P., 1892, in-16.
     [8° **I.** 2790 F

—— **Courtois-Suffit.** Traitement des pleurésies purulentes. P., 1892, in-16.
     [8° **I.** 2790 G

—— **Renault** (J.). Ulcère de l'estomac. P., 1892, in-16.   [8° **I.** 2790 Ga

Décadent (Le), revue littéraire. P., 1887-1889, 8°.   [8° **O.** 1499 C

Decès (Dʳ J.-B.-L.). Science et vérité; 2ᵉ éd. P., 1883, in-18.   [8° **I.** 2796 Bd

Dechambre (A.), **Duval** (M.), **Lereboullet** (L.). Dictionnaire usuel des sciences médicales. P., 1885, 4°.   [4° **I.** 587 A.

Decharme (P.). Euripide et l'esprit de son théâtre. P., 1893, 8°. [8° **O.** 1499 E

Dechaux (P.-M.). Les quatre points cardinaux de la médecine. P., 1891, in-16.
     [8° **I.** 2796 B

Déchérac (L.). Manuel pratique du contribuable; 3ᵉ éd. P., 1889, in-16.
     [8° **E.** 945 + A

Deck (Th.). La faïence. P. (1887), 8°.
     [8° **I.** 2796 C

Déclat (Dʳ). Manuel de médecine antiseptique. P., 1890, in-18. [8° **I.** 2796 D

Décret du 2 août 1881 relatif à l'organisation des écoles... maternelles. P., 1886, 8°.
     [8° **E.** 945 A

—— du 14 janvier 1889 portant règle-

3

ment sur l'administration et la comptabilité des corps de troupe. *P.*, 1889, 8°.
[8° E. 945 C

Decrue de Stoutz (F.). La cour de France et la société au xvi° siècle. *P.*, 1888, in-18. [8° U. 2708 C

Défense (La) du Var et le passage des Alpes, publ. par C. Auriol. *P.*, 1889, in-18.
[8° U. 2708 E

—— (La) nationale dans le Nord, de 1792 à 1802, publ. par P. Foucart et J. Finot. T. I. *Lille*, 1890, 4°. [4° U. 504 C

Deffis (Général). Rapport au sujet du recrutement. *P.*, 1888, 2 vol. 4°.
[4° U. 504 D

Dejonc (E.). La mécanique pratique à la portée de l'ouvrier mécanicien; 2° éd. *P.*, 1885, in-16. [8° I. 2814 A

Delaborde (Vte H.). Les artistes célèbres. Gérard Edelinck. *P.* (s. d.), 4°.
[4° U. 504 E

Delaborde (H.-F.). L'expédition de Charles VIII en Italie. *P.*, 1888, 4°.
[4° U. 504 F

Delabrousse (L.). Célébrités contemporaines. Jules Grévy. *P.*, 1882, in-16.
[8° U. 2708 G

Delacroix (E.). Lettres publ. par P. Burty. T. II (1848-1863). *P.*, 1880, in-18.
[8° O. 1499 G

Delafosse (J.). Hommes et choses. *P.*, 1888, in-18. [8° U. 2708 K

Delahaye (L.). Crimée. (Poésies.) *Abbeville*, 1856-1859, in-18. [8° O. 1501 A

Delahaye (O.). Les bureaux de poste ambulants. *P.*, 1889, 8°. [8° I. 2818 B

Delahaye (Ph.). L'année électrique. *P.*, 1885-1890, 6 vol. in-18. [8° I. 2818 D

—— L'industrie moderne. L'éclairage. *P.* (1887), 8°. [8° I. 2818 E

Delalande (Ed.). Étude théorique et pratique sur la loi Béranger. *Havre*, 1893, 8°.
[8° E. 951 D

Delaplace (E.). Culture des fleurs dans les appartements. *P.* (s. d.), in-18.
[8° I. 2822 C

Delatour (A.). L'impôt. *P.*, 1890, in-16.
[8° I. 2824 C

Delavigne (C.). OEuvres complètes; nouv. éd. *P.*, 1880, 4 vol. 8°. [8° O. 1501 D

Delaville Le Roulx (J.). La France en Orient au xiv° siècle. *P.*, 1886, 2 vol. 8°.
[8° U. 2709 B

Delbos (L.). Les deux rivales, l'Angleterre et la France. *P.*, 1890, in-18.
[8° U. 2709 E

Delcourt (P.). Ce qu'on mange à Paris. *P.* (s. d.), in-18. [8° I. 2827 A

Deldevez (E.-M.-E.). De l'exécution d'ensemble. *P.*, 1888, 8°. [8° I. 2827 B

Delerot (E.). Gœthe. *P.*, 1882, in-16.
[8° U. 2710 + A

Delille. Les jardins; 2° éd. *P.*, 1782, 8°.
[8° O. 1506 A

Delinotte (L.-P.). Dictionnaire pratique des synonymes français. *P.* (s. d.), in-12.
[8° O. 1506 B

Delisle (L.). Inventaire des mss. de la Bibliothèque nationale. Fonds de Cluni. *P.*, 1884, 8°. [8° O. 1506 C

—— Inventaire général et méthodique des mss. français de la Bibliothèque nationale. *P.*, 1876, 2 vol. 8°. [8° O. 1506 Ca

Delivet (E.-E.). Lettre à la Société des employés de commerce du Havre. *Havre*, 1890, 8°. [8° I. 2833 A

—— Une expérience mutualiste d'enseignement professionnel au Havre. *Havre*, 1890, 8°. [8° I. 2833 Ac

Delmas (G.), **Sotte** (L.). Album du taillandier et du forgeron. *Souillac*, 1889, in-18. [8° I. 2833 B

Delmas (Dr P.). Manuel d'hydrothérapie. *P.*, 1885, in-18. [8° I. 2833 C

Deloison (G.). Traité des valeurs mobilières françaises et étrangères et des opérations de Bourse. *P.*, 1890, 8°.
[8° I. 2833 F

Delombre (P.). Le projet de budget de l'exercice 1892 et les conventions de 1883. *P.*, 1891, 8°. [8° U. 2712 C

Delon (C.). La grammaire française d'après l'histoire. *P.*, 1888, in-16.
[8° O. 1506 D

Delorme (A.). Journal d'un sous-officier. 1870. *P.*, 1891, in-16. [8° U. 2718 C

Delorme (R.). Le Musée de la Comédie française. *P.*, 1878, 8°. [4° I. 596 D

Delorme (S.). Le prince Halil. *P.* (s. d.), 4°. [4° O 239 D

Delthil (D^r). Traité de la diphtérie. *P.*, 1891, 8°. [8° I. 2837 D

Deltour (F.). Histoire de la littérature romaine (1re partie). *P.*, 1887, in-18. [8° O. 1507 A

—— *P.*, 1889, in-18. [8° O. 1507 Aa

Demanche (G.). Au Canada et chez les Peaux-Rouges. *P.*, 1890, 8°. [8° U. 2720 C

Demanet (A.). Guide pratique du constructeur. Maçonnerie. *P.* (s. d.), in-18. [8° I. 2839 A

Demarteau (S.). Le roman des proverbes en action. *P.* (s. d.), 2 vol. in-18. [8° O. 1507 B

Demay (E.). Recueil des lois sur la chasse en Europe et dans les principaux pays d'Amérique, d'Afrique et d'Asie. *P.*, 1894, 8°. [8° E. 972 C

Demengeot (C.). Dictionnaire du chiffremonogramme. *P.*, 1881, f°. [Fol. I. 52 A

Demeny (G.). L'éducation physique en Suède. *P.*, 1892, in-18. [8° I. 2839 C

Demoulin (Mme G.). Ampère. *P.*, 1881, in-18. [8° U. 2720 F

—— Leçons de choses. *P.*, 1881, in-16. [8° I. 2842 C

—— Montyon. *P.*, 1884, in-18. [8° U. 2720 Fa

—— Oberlin. *P.*, 1884, in-18. [8° U. 2720 Fb

—— Philippe de Girard. *P.*, 1884, in-18. [8° U. 2720 Fc

Demoulin (M.). Les paquebots à grande vitesse et les navires à vapeur. *P.*, 1887, in-16. [8° I. 2842 A

Deneuve (G.-H.). Les pigeons voyageurs. *P.*, 1888, in-18. [8° I. 2842 Aa

Denfer (J.). Architecture et constructions civiles. *P.*, 1892, 8°. [8° I. 2842 F

Denis (E.). Fin de l'indépendance bohême. *P.*, 1890, 8°. [8° U. 2721 C

Denis de Lagarde (G.), **Godfernaux** (A.). Conseil d'État. *P.*, 1890, in-16. [8° E. 1009 G

Denoisel (M.). Aux mines d'or de Montézuma. *P.* (s. d.), 8°. [8° U. 2722 ++ A

Dénombrement de la population. 1891. *P.*, 1892, 8°. [8° U. 2722 + A

Deny (Ed.). Études sur la fonderie. *P.*, 1886, 8°. [8° I. 2843 A

Département de la Seine. Budgets annuels. *P.*, 1871-1884, 4°. [4° U. 510 A

Depasse (H.). Célébrités contemporaines Paul Bert. *P.*, 1883, in-16. [8° U. 2722 A

—— Carnot. *P.*, 1885, in-18. [8° U. 2722 A + a

—— Challemel-Lacour. *P.*, 1883, in-16. [8° U. 2722 Aa

—— De Freycinet. *P.*, 1883, in-16. [8° U. 2722 Ab

—— Léon Gambetta. *P.* (s. d.), in-16. [8° U. 2722 Ac

—— Henri Martin. *P.*, 1883, in-16. [8° U. 2722 Ad

—— Ranc. *P.*, 1883, in-16. [8° U. 2722 Ae

—— Spuller. *P.*, 1883, in-16. [8° U. 2722 Af

Depelchin (P.). Promenades historiques chez les Anglais. *Tours*, 1881, 8°. [8° U. 2722 E

Derenbourg (H.), **Spiro** (J.). Chrestomathie élémentaire de l'arabe littéral; 2e éd. *P.*, 1892, in-16. [8° O. 1525 C

Derisoud (Em.), **Falcou** (R.). Guide du télégraphiste en campagne. *P.*, 1891, in-16. [8° I. 2848 C

Déroulède (P.). Chants patriotiques. *P.*, 1883, in-18. [8° O. 1526 A

Derué (Comm^t). L'escrime dans l'armée. *P.* (s. d.), 8°. [8° I. 2849 D

—— Nouvelle méthode d'escrime à cheval. *P.*, 1885, 8°. [8° I. 2849 Da

Desbeaux (É.). Physique populaire. *P.*, 1891, 4°. [4° I. 598 C

Descartes. Les principes de la philosophie, par L. Liard. *P.*, 1885, in-18. [8° I. 2851 + A

Deschamps (G.). La Grèce d'aujourd'hui. *P.*, 1892, in-18. [8° U. 2734 ++ A

Deschamps (Léon). Histoire de la question coloniale en France. *P.*, 1891, 8°. [8° U. 2734 + A

Deschamps (Louis). Le coton. *P.* (1888), 8°. [8° I. 2851 A

—— La philosophie de l'écriture. *P.*, 1892, 8°. [8° I. 2851 B

Deschamps (T.), *Serpantié*. Biographie de E. de Mirecourt; 2ᵉ éd. P., 1855, in-16.   [8° U. 2734 A

—— 3ᵉ éd., 1857.   [8° U. 2734 Aa

Deschanel (É.). Le romantisme des classiques, 4ᵉ série. Boileau, Charles Perrault. P., 1888, in-18.   [8° O. 1535 A

Deschanel (P.). Discours prononcés à la Chambre des députés. P. (s. d.), in-18.   [8° I. 2851 D

—— Figures de femmes. P., 1889, in-18.   [8° U. 2735 B

—— Figures littéraires. P., 1889, in-18.   [8° O. 1535 C

—— Les intérêts français dans l'Océan Pacifique. P., 1888, in-16. [8° U. 2735 Ba

—— Orateurs et hommes d'État. P., 1888, in-18.   [8° U. 2735 Bb

Deschaumes (E.). La France moderne. Journal d'un lycéen (1870-1871). P., 1890, 4°.   [4° U. 510 Ac

—— La retraite infernale, armée de la Loire (1870-1871). P., 1889, gr. 8°.   [4° U. 510 B

—— Pour bien voir Paris. P., 1891, in-18.   [8° U. 2737 C

Desclozeaux. *Gabrielle d'Estrées*. P., 1889, 8°.   [8° U. 2737 G

Description des phares existant sur le littoral maritime du globe. P., 1884, in-18.   [8° U. 2763 ⧻ A

Descubes (A.). Nouveau dictionnaire d'histoire et de géographie. P., 1889, 2 vol. et 1 atlas 4°.   [4° U. 510 C

Des Essarts (E.). Portraits de maîtres. P., 1888, in-16.   [8° U. 2763 + A

Desfossés (E.). La Tunisie sous le protectorat. P., 1886, 8°.   [8° U. 2763 A

Desgrand (L.). Les principes chrétiens. *Lyon*, 1887, 8°.   [8° I. 2855 A

Desjardins (A.). De la liberté politique dans l'État moderne. P., 1894, 8°.   [8° I. 2855 D

Desmaze (C.). Le Châtelet de Paris. P., 1863, 8°.   [8° U. 2766 + A

—— Les criminels et leurs grâces. P., 1888, in-18.   [8° U. 2766 A

Desnoiresterres (G.). Le chevalier Dorat et les poètes légers au xviiiᵉ siècle. P., 1887, in-16.   [8° U. 2769 C

Desnoyers (L.). Les mésaventures de Jean-Paul Choppart. 8ᵉ éd. P. (s. d.), in-18.   [8° O. 1535 D

Desormeaux (P.), **Ott** (H.), **Maigne** (W.). Manuel du tonnelier et du jaugeage; nouv. éd. P., 1875, in-18.   [8° I. 4382 A

—— **Darthuy** (E.). Manuel du treillageur. P., 1881, 2 vol. in-18. (Manuels Roret.)   [8° I. 4387 A

Desormes (E.). Notions de typographie. P., 1888, 8°.   [8° I. 2856 + A

Despetis (Dʳ L.-P.). Traité pratique de la culture des vignes américaines; 2ᵉ éd. *Montpellier*, P., 1887, in-18. [8° I. 2856 A

Desprez (A.). Les grands conquérants. P., 1887, in-16.   [8° U. 2794 A

Desrues (A.). Traité des justices de paix. P., 1885, in-18.   [8° E. 1023 B

Destréguil (H.). Contributions directes. *Tours*, 1889, in-18.   [8° E. 1023 D

Desvoyes. Obligations de la gendarmerie à l'égard de l'armée; 2ᵉ éd. P., 1885, in-18.   [8° E. 1023 Fa

Dethan (G.). De l'organisation des Conseils généraux. P., 1889, 8°. [8° E. 1023 H

Détroyat (L.). La France dans l'Indo-Chine. P., 1886, in-18.   [8° U. 2797 C

Deutsch (H.). Le pétrole et ses applications. P. (s. d.), 8°.   [8° I. 2859 D

Deville (V.). Manuel de géographie commerciale. P., 1883, 2 vol. 8°.   [8° U. 2799 D

Devillez (A.). Éléments de constructions civiles. P., 1882, 2 vol. 8° dont un atlas.   [8° I. 2866 A

Dezallier d'Argenville (A.-J.). Abrégé de la vie des plus fameux peintres. P., 1745, 2 vol. 4°.   [4° U. 516 G

Dhombres (G.). La Révolution française (1789-1804). P., 1883, in-16.   [8° U. 2812 C

Dickens (Ch.). Aventures de Monsieur Pickwick. P., 1885, 8°.   [8° O. 1549 A

—— Le mystère d'Edwin Drood, trad. par C. Bernard-Derosne. P., 1880, in-16.   [8° O. 1552 A

—— Nicolas Nickleby. P. (s. d.), 4°.   [4° O. 239 F

Dictionnaire archéologique de la Gaule. P., 1875, f°.   [Fol. U. 100 C

Dictionnaire biographique universel. *P.*, 1840, 25 tomes en 13 vol. in-18.
[8° **U. 2822 A**

—— (Nouveau) d'économie politique. *P.*, 1891-1892, 2 vol. gr. 8°. [4° **I. 606 D**

—— de pédagogie. *P.*, 1882-1887, 4 vol. 8°. [8° **I. 2889 A**

—— des dictionnaires. *P.* (s. d.), 6 vol. 4°.
[4° **O. 267 A**

—— des ennoblissemens. *P.*, 1788, 8°.
[8° **U. 2822 B**

—— des finances. *P.*, 1883-188.., vol. 4°.
[4° **I. 612 A**

—— des lois. *P.* (1891), 2 vol. 4°.
[4° **E. 162 C**

—— des parlementaires français. *P.*, 1891, 5 vol. 8°. [8° **U. 2822 C**

—— des sciences anthropologiques. *P.* (1889), gr. 8°. [4° **I. 612 C**

—— encyclopédique de la théologie catholique. *P.*, 1869-1870, 26 vol. 8°.
[8° **A. 511 C**

—— français-berbère. *P.*, 1844, gr. 8°.
[4° **O. 268 C**

—— militaire en quatre langues : français, russe, turc et persan. *Saint-Pétersbourg*, 1889, 8°. [8° **I. 2970 B**

—— (Nouveau) militaire. *P.*, 1892, 8°.
[8° **I. 2970 C**

Dictionnaires (Les) départementaux. *P.*, 1893, 8°. [8° **U. 2823 B**

Dide (A.). Jules Barni; 2ᵉ éd. *P.*, 1892, in-18. [8° **U. 2823 C**

Didon (Le P.). Jésus-Christ. *P.*, 1891, 2 vol. 8°. [8° **U. 2824 A**

Didsbury (H.). Hygiène; tartre dentaire. *P.*, 1885, 8°. [8° **I. 2990 D**

Dierx (L.). Poésies complètes. *P.*, 1889-1890, 2 vol. in-16. [8° **O. 1569 C**

Dietz (H.). Les littératures étrangères. *P.* (s. d.), 2 vol. in-18. [8° **O. 1569 E**

Dieulafoy (Mᵐᵉ Jane). A Suse. Journal. *P.*, 1888, f°. [Fol. **U. 100 D**

—— La Perse, la Chaldée et la Susiane. 1881-1882. A Suse. Journal des fouilles (1884-1886). *P.* (s. d.), 4°. [4° **U. 535 C**

Diguet (C.). L'année cynégétique. *P.*, 1886, in-18. [8° **I. 2991 B**

—— Les jolies femmes de Paris. *P.* (s. d.), 4°. [4° **I. 617 + A**

Dillaye (F.). La théorie, la pratique et l'art en photographie. *P.* (s. d.), 8°.
[8° **I. 2992 C**

—— La vie aux quatre coins du globe. Les millions du marsouin. *P.* (s. d.), in-18.
[8° **O. 1572 C**

Dislère (P.), **Dalmas**, **Devillers**. Traité de législation coloniale. *P.*, 1886-1888, 4 vol. 8°. [8° **E. 1040 B**

Documents inédits sur l'histoire de France. *P.*, 1836-1892, 206 vol. 4°. [4° **U. 535 E**

—— militaires du lieutenant-général de Campredon. La défense du Var et le passage des Alpes. *P.*, 1889, in-18. [8° **U. 2827 C**

—— parisiens sur l'iconographie de saint Louis, publ. par Longnon. *P.*, 1882, 8°.
[8° **U. 2827 E**

—— sur les falsifications des matières alimentaires; 2ᵉ rapport. *P.* (1883), 4°.
[4° **I. 617 B**

Dollo (L.). La vie au sein des mers. *P.*, 1891, in-16. [8° **I. 2994 B**

Domergue (J.). La révolution économique. *P.*, 1890, 8°. [8° **I. 2994 C**

Doncieux (G.). Un jésuite homme de lettres au xviiᵉ siècle; le P. Bonhours. *P.*, 1886, 8°. [8° **U. 2833 C**

Donnadieu (F.). Les précurseurs des Félibres. 1800-1855. *P.*, 1888, 8°.
[8° **O. 1579 A**

Donné (Al.). Conseils aux mères sur les nouveau-nés; 7ᵉ éd. *P.* (s. d.), in-18.
[8° **I. 2994 E**

Donville (F. de). Guide pour le choix d'une profession. *P.* (s. d.), in-18.
[8° **I. 2994 H**

Doris, trad. par E. Dian. *P.*, 1887, 2 vol. in-16. [8° **O. 1579 B**

Dorvault. L'officine; 11ᵉ éd. *P.*, 1886, 8°.
[8° **I. 2997 A**

Dostoïevsky (Th.). Les étapes de la folie, trad. par E. Halperine-Kaminsky. *P.*, 1892, in-16. [8° **O. 1579 Da**

Douarche (A.). L'Université de Paris et les Jésuites. *P.*, 1888, 8°. [8° **U. 2834 A**

Douin (I.). Nouvelle flore des mousses et des hépatiques. *P.* (s. d.), in-18.
[8° **I. 2997 C**

Doumenjou (H.). Études sur la revision du code forestier. *P.*, 1883, in-16.
[8° **E. 1040 D**

Dovérine-Tchernoff (A.). L'esprit national russe sous Alexandre III. P., 1890, in-18.   [8° U. 2841 B

—— France et Russie. P. (s. d.), in-18.
                                  [8° U. 2841 C

Drevet (Mme L.). Nouvelles et légendes dauphinoises. VIII. *Grenoble*, 1876, 8°.
                                  [8° O. 1581 A

Dreyfous (M.). Les trois Carnot (1789-1888). P. (s. d.), gr. 8°.   [4° U. 536 B

Dreyfus (F.-C.). L'évolution des mondes et des sociétés. P., 1888, 8°. [8° I. 3000 B

Dreyfus (F.). Vauban économiste. P. (s. d.), in-16.   [8° U. 2850 C

Dreyfus-Brisac (L.), **Bruhl** (I.). Phtisie aiguë. P., 1892, in-16.   [8° I. 3000 C

Droit (Le) social de l'Église. P., 1892, 8°.
                                  [8° E. 1042 C

Dronsart (Mme M.). Le prince de Bismarck. P., 1887, in-18. [8° U. 2856 B

—— Portraits d'outre-Manche. P., 1889, in-18.   [8° U. 2856 D

Drouet (H.). Alger et le Sahel. P., 1887, in-18.   [8° U. 2856 G

Drujon (F.). Essai bibliographique sur la destruction volontaire des livres ou bibliolytie. P., 1889, 4°.   [4° O. 271 B

—— Les livres à clef. P., 1888, 2 vol. 8°.
                                  [8° O. 1581 B

Drumont (É.). La dernière bataille. P., 1890, in-18.   [8° U. 2859 C

—— Les fêtes nationales à Paris. P., 1879, f°.   [Fol. U. 101 A

—— La fin d'un monde. P., 1889, in-18.
                                  [8° U. 2859 Ca

—— La France juive devant l'opinion. P., 1886, in-16.   [8° U. 2859 Cc

—— Le testament d'un antisémite. P., 1891, in-18.   [8° U. 2859 Cd

Dubarry (A.). Les tueurs de serpents. P. (s. d.), gr. 8°.   [4° O. 271 E

Dubief (A.), **Gottofrey** (V.). Code ecclésiastique à l'usage des conseils de fabrique. P., 1888, in-18.   [8° E. 1045 A

Dubief (E.). L'abbé de l'Épée et l'éducation des sourds-muets. P. (s. d.), in-18.
                                  [8° U. 2862 B

—— Le journalisme. P., 1892, in-16.
                                  [8° I. 3004 + B

Dubief (L.-F.). L'immense trésor des vignerons et des marchands de vins. P. (s. d.), in-18.   [8° I. 3004 B

Dubief (Dr H.). Manuel pratique de microbiologie. P., 1888, in-18.
                                  [8° I. 3005 A

Du Bled (V.). Orateurs et tribuns. 1789-1794. P., 1891, in-18.   [8° U. 2862 C

—— Le prince de Ligne et ses contemporains. P., 1890, 8°.   [8° U. 2862 Ca

Dubois (A.). Du bénéfice de l'assurance sur la vie. P., 1887, in-18. [8° I. 3006 A

Dubois (É.). Technologie commerciale. Les produits naturels commerçables. Produits animaux. P., 1889, in-18.   [8° I. 3006 B

—— Les produits végétaux alimentaires. P., 1892, in-18.   [8° I. 3006 Ba

Dubois (Dr J.-B.). Dictionnaire des maladies; 16e éd. P., 1893, in-16. [8° I. 3006 C

Dubois (M.). Examen de la géographie de Strabon. P., 1891, 8°.   [8° U. 2864 A

—— Géographie de la France et de ses colonies. P., 1892, in-16. [8° U. 2864 Ab

—— Géographie économique de l'Europe. P. (1889), in-16.   [8° U. 2864 B

Dubois (N.-A.). Manuels Roret. Manuel de mythologie. P. (s. d.), in-18.
                                  [8° I. 4327 A

Dubois (U.). La cuisine d'aujourd'hui. P., 1889, 8°.   [8° I. 3017 B

Dubois de Saint-Gelais. Histoire journalière de Paris (1716-1717). P., 1885, 8°.
                                  [8° U. 2865 B

Du Breuil (A.). Culture des arbres et arbrisseaux à fruits de table. P. (s. d.), in-18.
                                  [8° I. 3022 B

Dubrisay (Dr J.), **Yvon** (P.). Manuel d'hygiène scolaire. P., 1887, in-18.
                                  [8° I. 3023 A

Dubuisson. Armorial des principales maisons et familles du royaume. P., 1757, 2 vol. in-12.   [8° U. 2865 C

Dubuisson-Aubenay. Journal des guerres civiles, 1648-1652, pub. par Gustave Saige. P., 1883-1885, 2 vol. 8°. [8° U. 2865 D

Du Camp (M.). Les grands écrivains français. Théophile Gautier. P., 1890, in-16.
                                  [8° U. 2870 C

—— Paris bienfaisant. P., 1888, 8°.
                                  [8° U. 2878 A

Du Cange. Histoire de l'empire de Constantinople sous les empereurs françois. P., 1657, f°. [Fol. U. 103 D

Ducasse (M.). Précis de pharmacie vétérinaire pratique. P., 1893, in-18. [8° I. 3026 C

Du Castel (Dr R.). Les tuberculoses cutanées. P. (s. d.), in-16. [8° I. 3026 D

Du Cellier (C.). Ma cave. P. (s. d.), in-18. [8° I. 3027 C

Du Cerceau. Histoire de Rienzi. *Limoges* (s. d.), 8°. [8° U. 2881 B

Du Chastel (O.). Regain d'amour. P., 1892, in-16. [8° O. 1584 C

Du Chastelet Desboys. L'Odyssée ou diversité d'avantures, rencontres et voyages en Europe, Asie et Affrique. *La Flèche*, 1665, 4°. [8° U. 2881 E

Duché (G.), **Marinovitch** (B.), **Meylan** (E.), **Szarvady** (G.). Aide-mémoire de l'ingénieur-électricien. 2° éd. P., 1890, in-16. [8° I. 3029 C

Duchesne aîné. Essai sur les nielles. P., 1826, 8°. [8° I. 3029 F

Duchesne (Louis). Carte des environs de Paris. État-major 1/80,000. Les routes vélocipédiques. 3° éd. P. (s. d.), in-fol. pliée 8°. [8° U. 2881 H.

Duchier (C. et A.). La loi pour tous. P. (s. d.), in-18. [8° E. 1049 C

Ducoudray (G.). Histoire sommaire de la civilisation. P., 1886, in-16. [8° U. 2885 + A

Ducret (L.). L'exploitation des téléphones. P., 1888, in-18. [8° I. 3034 ++ A

—— Rapport présenté à M. le Ministre du commerce et de l'industrie, sur la participation des ouvriers à l'Exposition de 1889. P., 1887, in-18. [8° I. 3034 + A

Ducrocq (Th.). Association française pour l'avancement des sciences. Congrès de Blois. 1884. P. (s. d.), 8°. [8° E. 1049 E

—— La chambre de commerce de Marseille, par M. O. Teissier. P., 1893, 8°. [8° U. 2885 + Ad

—— Réponse à la question : «La profession d'avocat est-elle constituée en France en conformité des principes de l'économie politique?» P., 1887, 8°. [8° I. 3034 A

—— Statistique des libéralités aux personnes morales. *Nancy*, 1890, gr. 8°. [4° E. 163 C

Dufaux de La Jonchère (Erm.). Le travail manuel. Traité pratique de la broderie et de la tapisserie. P. (s. d), 8°. [8° I. 3034 D

Dufferin (M^{ise} de). Quatre ans aux Indes anglaises, 1884-1888, trad. par Robert de Cerisy; 2° éd. P., 1890, 2 vol. in-18. [8° U. 2886 B

Dufour (L.). Souvenirs d'un savant français, 1780-1865. P., 1888, 8°. [8° U. 2887 + A

Dufourmantelle (M.). Code manuel de droit industriel. I. 2° éd. P., 1893, in-18. [8° E. 1059 + A

Dufréné (H.). Les droits des inventeurs en France et à l'étranger. P. (s. d.), in-18. [8° I. 3039 A

Du Fresne de Beaucourt (G.). Histoire de Charles VII. P., 1881-1885, 3 vol. 8°. [8° U. 2887 B

Duguet (C.). Physique qualitative : l'électricité. P., 1889, 8°. [8° I. 3044 C

Duhourcau (Dr E.). Les cagots aux bains de Cauterets. *Toulouse*, 1892, 8°. [8° I. 3049 C

—— Quelques pages authentiques de l'histoire médicale de Cauterets. *Toulouse*, 1892, 8°. [8° I. 3049 Ca

Dujardin-Beaumetz (D^r). Conférences de thérapeutique de l'hôpital Cochin, 1886-1887. P., 1888, 8°. [8° I. 3049 F

—— L'hygiène prophylactique, 1 planche. P., 1889, 8°. [8° I. 3049 Fa

—— Dictionnaire de thérapeutique. P., 1883-1889, 4 vol. 4°. [4° I. 624 A

—— Histoire graphique de l'industrie houillère en Angleterre, en Belgique et en France depuis 1865. P., 1888-1889, 3 vol. f°. [Fol. I. 54 + A

—— **Égasse** (E.). Les plantes médicinales indigènes et exotiques. P., 1889, gr. 8°. [4° I. 624 D

Dumas père (A.). Le capitaine Paul. P., 1889, in-18. [8° O. 1596 ++ A

—— Théâtre complet. Nouv. éd. P., 1874-1889, 25 vol. in-18. [8° O. 1596 + A

Dumas fils (A.). Nouveaux entr'actes. P., 1890, 1re série, in-18. [8° O. 1596 A

—— Théâtre complet. P., 1890, 6 vol. in-18. [8° O. 1596 B

Dumas (F.-G.). Paris. P., 1889, 8°.
[8° **U. 2916 B**

Dumersan. Description des médailles antiques du cabinet de feu M. Allier de Hauteroche. P., 1829, 4°.   [4° **U. 552 D**

Du Mesnil (A.). Propos interrompus. P., 1882, in-16.   [8° **O. 1596 E**

Du Mesnil (Dr O.). L'hygiène à Paris. P., 1890, in-16.   [8° **I. 3060 B**

Dumont (J.-B.). Les grands travaux du siècle. P., 1891, 4°.   [4° **I. 624 F**

Dumoulin (Eug.). La photographie sans laboratoire. P., 1886, in-18.
[8° **I. 3081 + A**

Du Moulin (G.). Les Conquestes et les trophées des Norman-François aux royaumes de Naples et de Sicile. *Rouen*, 1658, f°.
[Fol. **U. 111 D**

Dumoulin (S.). Le Tonkin. Exploration du Mékong. P., 1888, gr. 8°. [4° **U. 559 A**

Dunan (M.). Atlas général des cinq parties du monde. P., 1891, f°. [Fol. **U. 112 C**

—— Histoire romaine. P., 1890, in-18.
[8° **U. 2918 D**

Dunoyer (C.). Œuvres. P., 3 vol. 8°.
[8° **I. 3081 A**

Dunoyer de Segonzac (L.). Étude sur l'organisation du Tonkin et des pays de protectorat. P., 1886, 8°.   [8° **E. 1059 A**

Dupaigne (A.). Les montagnes. 5° éd. *Tours*, 1883, 8°.   [8° **I. 3081 C**

Du Perron (Le cardinal). Ambassades et négociations. P., 1623, f°. [Fol. **U. 112 D**

Duplessis (G.). Les artistes célèbres. Les Audran. P. (1892), 4°.   [4° **I. 624 I**

—— Inventaire de la collection d'estampes relatives à l'histoire de France, legs Hennin. P., 1877-1884, 4 vol. 8°.   [8° **I. 3086 F**

Duplessis (J.). Les maladies de la vigne. P., 1889, 8°.   [8° **I. 3087 B**

Duponchel (A.). La circulation des vents et de la pluie dans l'atmosphère. P., 1892, 8°.
[8° **I. 3088 C**

Duponchel (D^r Em.). Traité de médecine légale militaire. P., 1890, in-18.
[8° **I. 3088 D**

Dupont (E.). Lettres sur le Congo. P., 1889, 8°.   [8° **U. 2927 B**

Dupont-White. L'individu et l'État. 3° éd. P., 1865, in-18.   [8° **I. 3090 A**

Du Pradel (A.). Le livre commode des adresses de Paris pour 1692, annoté par Ed. Fournier. P., 1878, 2 vol. in-16.
[8° **U. 2927 D**

Dupriez (L.). Les ministres dans les principaux pays d'Europe et d'Amérique. P., 1892-1893, 2 vol. 8°.   [8° **U. 2927 F**

Dupuy (A.). L'État et l'Université. P., 1890, in-16.   [8° **I. 3097 D**

—— Galerie française. Côte-d'Or. P. (s. d.), in-18.   [8° **U. 2941 B**

—— Histoire de la littérature française au xvii° siècle. P., 1892, 8°.   [8° **O. 1605 C**

Dupuy (Ch.). Rapport sur le budget de 1892. Ministère de l'instruction publique et des beaux-arts. P., 1891, 4°.   [4° **U. 562 C**

Dupuy (Élie). Un sou épargné est un sou gagné. P., 1884, in-18.   [8° **I. 3098 C**

Dupuy (V.). Souvenirs militaires, 1794-1816. P., 1892, in-18.   [8° **U. 2941 D**

Durand (J.). Les étrangers devant la loi française. P., 1890, 8°.   [8° **E. 1066 D**

Durand (T.). Aux États-Unis du Brésil. P. (s. d.), gr. 8°.   [4° **U. 562 D**

Durand-Claye (A.), **Launay** (F.). Hydraulique agricole et génie rural. P., 1890-1892, 2 vol. gr. 8°.   [4° **I. 625 B**

Durand-Claye (Ch.-L.). Chimie appliquée à l'art de l'ingénieur. P., 1885, 8°.
[8° **I. 3103 + A**

—— **Marx** (L.). Routes et chemins vicinaux. P., 1885, 8°.   [8° **I. 3103 A**

Durand-Morimbeau. Souvenirs d'un journaliste français à Rome. 6° éd. P., 1886, in-18.   [8° **U. 2946 B**

Durassier (É.). Aide-mémoire de l'officier de marine. P., 1890, vol. in-16.
[8° **I. 3105 B**

Dureau (B.). Les États-Unis en 1850. P., 1891, in-18.   [8° **U. 2946 D**

Duroziez (Dr P.). Traité clinique des maladies de cœur. P., 1891, 8°.
[8° **I. 3107 D**

Durrieu (P.). Un grand enlumineur parisien au xv° siècle, Jacques de Besançon et son œuvre. P., 1892, 8°.   [8° **U. 2947 C**

Duruy (A.). L'armée royale en 1789. P., 1888, in-18.   [8° **U. 2948 A**

Duruy (V.). Histoire de France, depuis

l'invasion des barbares dans la Gaule romaine jusqu'à nos jours. Nouv. éd. P., 1892, 4°.
[4° U. 581 A

Duruy (V.). Petite histoire des temps modernes (1453-1789). Nouv. éd. P., 1883, in-16. [8° U. 2970 A

Durvelle (J.-P.). Fabrication des essences et des parfums. P., 1893, in-18.
[8° I. 3107 G

Duval (E.). Traité pratique et clinique d'hydrothérapie. P., 1888, 8°. [8° I. 3110 A

Duval (L.). État de la généralité d'Alençon sous Louis XIV. Alençon, 1890, 4°.
[4° U. 581 C

Duvaux (L.). Livre-journal. 1748-1758. P., 1873, 2 vol. 8°. [8° U. 2988 D

Duveyrier (H.). Exploration du Sahara. Les Touareg du Nord. P., 1864, 8°.
[8° U. 2998 C

Dybowski (J.). La route du Tchad. Du Loango au Chari. P., 1893, 4°.
[4° U. 581 G

E

East (J.-T.). Amusing rhymes for young people. Historiettes rythmées et rimées. P. (s. d.), in-16. [8° O. 1622 C

Ebers (G.). Ouarda, roman de l'antique Égypte, trad. par C. d'Hermigny. I. P., 1882, in-12. [8° O. 1622 E

Ebn Acem. Traité de droit musulman, par O. Houdas et F. Martel. Alger, 1882, 8°.
[8° E. 1099 C

École du cavalier, à pied, à cheval. Illustr. par le cap. L. Picard et le D' G. Bouchard. P., 1894, 8°. [8° I. 3114 B

École française de Rome. Mélanges d'archéologie et d'histoire. P., 1889-1893, 8°.
[8° I. 3114 C

Écolier (L') illustré. P., 1890, 4°.
[4° O. 280 C

Edgeworth (Miss). Old Poz, le vieux positif. Texte et trad. par F. Berger. 5° éd. P., 1882, in-16. [8° O. 1629 A

Edmond (C.). Célébrités contemporaines. Louis Blanc. P., 1882, in-16.
[8° U. 3005 + A

Egasse (Ed.), **Guyenot** (D'). Eaux minérales naturelles autorisées de France et de l'Algérie. P., 1891, 8°. [8° I. 3124 C

Egger (É.). Essai sur l'histoire de la critique chez les Grecs. 3° éd. P., 1887, in-18.
[8° O. 1630 A

Elaroff (J.-B.). Saint-Pétersbourg et ses environs. Saint-Pétersbourg, 1892, in-16.
[8° U. 3005 Ac

Élections (Les) et les Cahiers de Paris en 1789, recueillis par Ch.-L. Chassin. P., 1888, 2 vol. 8°. [8° U. 3005 B

Eliot (G.). Adam Bede, trad. par F. d'Albert-Durade. Nouv. éd. P., 1886, 2 vol. in-16. [8° O. 1632 C

Elly Reuss (E. Nelly). Vouloir c'est pouvoir, trad. par le D' G. Lauth père. P., 1891, 2 vol. in-18. [8° O. 1632 D

Éloquence (L') française depuis la Révolution jusqu'à nos jours; textes accompagnés de notices par J. Reinach. P., 1894, in-18.
[8° O. 1632 Db

Embry (J.-A.). Dictionnaire raisonné d'escrime. P., 1859, 8°. [8° I. 3124 E

Emery (H.). La vie végétale. P., 1878, gr. 8°. [4° I. 625 D

Emilia Wyndham, trad. P., 1851, deux tomes en 1 vol. in-18. [8° O. 1632 Dc

Emion (V.), **Bardies** (Ch.). Dictionnaire des usages et règlements de Paris... en matière de locations, constructions, voirie, etc. P., 1893, in-18. [8° E. 1099 C

Empire (L') d'Annam et le peuple annamite, publ. par J. Silvestre. P., 1889, in-18.
[8° U. 3005 Ba

Enault (L.). Le châtiment. P., 1887, in-16. [8° O. 1632 E

Encausse (L.). De l'absorption cutanée des médicaments, 2° éd. P., 1882, 8°.
[8° I. 3127 D

Encyclopédie internationale de chirurgie. P., 1883-1886, 6 vol. 4°. [4° I. 628 A

Enfantin (P.). La vie éternelle passée, présente, future. 3° éd. P. (s. d.), in-16.
[8° A. 531 C

Engel (R.). Nouveaux éléments de chimie. 3° éd. P., 1888, 8°. [8° I. 3141 A

Épictète. Les entretiens, recueillis par

Arrien, trad. par V. Courdaveaux. 2ᵉ éd. P., 1882, in-16.   [8° I. 3144 A

Épopée (L') serbe, trad. par A. Dozon. P., 1888, 8°.   [8° O. 1737 + A

Époques des guerres de la Révolution française et du premier Empire, 1792-1815. P., 1887, in-18.   [8° U. 3009 + A

Épreuves écrites et orales des examens du brevet élémentaire. P., 1888, in-16.   [8° O. 1737 A

Erckmann (J.). Le Maroc moderne. P., 1885, 8°.   [8° U. 3009 A

Erckmann-Chatrian. Alsace! drame. P. (s. d.), in-18.   [8° O. 1738 D

—— L'ami Fritz. 10ᵉ éd. P. (s. d.), in-18.   [8° O. 1738 D

—— Le Banni. Roman patriotique. 5ᵉ éd. P. (s. d.), in-18.   [8° O. 1738 D

—— Le blocus. 28ᵉ éd. P. (s. d.), in-18.   [8° O. 1738 D

—— Le brigadier Frédéric. 17ᵉ éd. P. (s. d.), in-18.   [8° O. 1738 D

—— Confidences d'un joueur de clarinette. 8ᵉ éd. P. (s. d.), in-18.   [8° O. 1738 D

—— Contes des bords du Rhin. 7ᵉ éd. P. (s. d.), in-18.   [8° O. 1738 D

—— Contes populaires. 8ᵉ éd. P. (s. d.), in-18.   [8° O. 1738 D

—— Contes vosgiens. 3ᵉ éd. P. (s. d.), in-18.   [8° O. 1738 D

—— Les deux frères. 18ᵉ éd. P. (s. d.), in-18.   [8° O. 1738 D

—— Le grand-père Lebigre. 5ᵉ éd. P. (s. d.), in-18.   [8° O. 1738 D

—— La guerre. 9ᵉ éd. P. (s. d.), in-18.   [8° O. 1738 D

—— Histoire d'un conscrit de 1813. 80ᵉ éd. P. (s. d.), in-18.   [8° O. 1738 D

—— Histoire d'un homme du peuple. 14ᵉ éd. P. (s. d.), in-18.   [8° O. 1738 D

—— Histoire d'un paysan. P. (s. d.), 4 vol. in-18.   [8° O. 1738 D

—— Histoire d'un sous-maître. 15ᵉ éd. P. (s. d.), in-18.   [8° O. 1738 D

—— Histoire du plébiscite. 23ᵉ éd. P. (s. d.), in-18.   [8° O. 1738 D

—— L'illustre docteur Mathéus. 8ᵉ éd. P. (s. d.), in-18.   [8° O. 1738 D

Erckmann-Chatrian. L'invasion, ou le fou Yégof. 32ᵉ éd. P. (s. d.), in-18.   [8° O. 1738 D

—— Madame Thérèse. 69ᵉ éd. P. (s. d.), in-18.   [8° O. 1738 D

—— La Maison forestière. 9ᵉ éd. P. (s. d.), in-18.   [8° O. 1738 D

—— Maître Daniel Rock. 6ᵉ éd. P. (s. d.), in-18.   [8° O. 1738 D

—— Maître Gaspard Fix. 10ᵉ éd. P. (s. d.), in-18.   [8° O. 1738 D

—— Quelques mots sur l'esprit humain. Nouv. éd. P. (s. d.), in-18.   [8° I. 3147 A

—— Souvenirs d'un ancien chef de chantier de l'isthme de Suez. 4ᵉ éd. P. (s. d.), in-18.   [8° O. 1738 D

—— Une campagne en Kabylie. P. (s. d.), in-18.   [8° O. 1738 D

—— Les vieux de la vieille. 6ᵉ éd. P. (s. d.), in-18.   [8° O. 1738 D

—— Waterloo. 38ᵉ éd. P. (s. d.), in-18.   [8° O. 1738 D

Ernouf (Bᵒⁿ), Alphand (A.). L'art des jardins. 3ᵉ éd. P. (s. d.), 4°.   [4° I. 629 B

Errington de La Croix (J.). Vocabulaire français-malais et malais-français. P., 1889, in-18.   [8° O. 1739 C

Escande (G.). Hoche en Irlande, 1795-1798. P., 1888, in-18.   [8° U. 3013 C

Eschine. Harangues d'Eschine et de Démosthène sur la couronne, trad. par P.-A. Plougoulm. P., 1834, 8°. [8° O. 1739 F

Ésope. Fables choisies expliquées en français, par J. Boulenger. Nouv. éd. P., 1866, in-12.   [8° O. 1742 A

Esprit (L') et la sagesse des autres, par E. Quartier-La-Tente. P. (s. d.), in-18.   [8° O. 2159 B

Estournelles de Constant (J. d'). Guide pratique de l'enseignement primaire. P., 1893, in-18.   [8° I. 3157 C

État itinéraire des routes nationales. P., 1889, 2 vol. 4°.   [4° U. 621 C

—— présent de la noblesse française. 5ᵉ éd. P., 1887, 8°.   [8° U. 3020 D

Étienne (C.-P.). La Nouvelle-Grenade. P. (s. d.), in-12.   [8° U. 3038 C

Étincelle. Carnet d'un mondain. P., 1881-1882, 2 vol. in-12.   [8° O. 2162 A

Eugène de Mirecourt. Sa biographie et ses erreurs. *P.*, 1856, in-16. [8° **U. 3039 A**

Europe (L')- illustrée. *Zurich* (s. d.), 64 vol. in-16. [8° **U. 3039 B**

Eymieu (H.). Études et biographies musicales. *P.*, 1892, in-16. [8° **U. 3051 C**

Expansion (L') coloniale, moniteur des colonies françaises. I. *P.*, 1884 et ann. suiv., f°. [Fol. **U. 116 A**

Exposition universelle de 1889. Catalogue détaillé des ouvrages exposés par le Ministère du commerce, de l'industrie et des colonies (Bureau de la statistique générale de France). *P.*, 1889, 8°. [8° **I. 3240 A**

Exposition universelle de 1889. Groupe de l'Économie sociale, congrès et conférences. *P.*, 1890, 8°. [8° **I. 3240 B**

—— Congrès international du repos hebdomadaire. *P.*, 1889, 8°. [8° **I. 3240 C**

—— Les expositions de l'État. *P.*, 1890, 2 vol. f°. [Fol. **I. 80 C**

—— Guide bleu du *Figaro* et du *Petit Journal*. *P.*, 1889, in-18. [8° **U. 3044 A**

—— Tarifs du syndicat des Compagnies d'assurances contre l'incendie au 15 mars 1889. *P.*, 1889, 8°. [8° **E. 1102 A**

—— (L') de Moscou. *P.* (1891), f°. [Fol. **I. 81 A**

F

Fabié (F.). Voix rustiques. *P.*, 1892, in-18. [8° **O. 2167 D**

—— OEuvres, Poésies. 1880-1887. *P.*, 1891, in-16. [8° **O. 2167 C**

Fables turques, trad. par J.-A. Decourdemanche. *P.*, 1882, in-18. [8° **O. 2167 G**

Fabre (C.). Traité encyclopédique de photographie. *P.*, 1889-1890, 4 vol. 8°. [8° **I. 3252 B**

Fabre (J.). Jeanne d'Arc. *P.* (s. d.), 8°. [8° **U. 3055 A**

Fabre de Navacelle (H.). Précis des guerres du second Empire. *P.*, 1887, in-18. [8° **U. 3056 A**

—— Précis des guerres de la France de 1848 à 1885; nouv. éd. *P.*, 1890, in-18. [8° **U. 3056 Aa**

Fabre-Domergue (P.). Guide du photographe. *P.*, 1888, in-16. [8° **I. 3254 B**

—— Les invisibles. *P.*, 1887, in-18. [8° **I. 3254 C**

—— Manuel pratique d'analyse micrographique des eaux. *P.*, 1890, in-16. [8° **I. 3254 D**

Faguet (É.). Dix-huitième siècle. Études littéraires; 6° éd. *P.*, 1890, in-18. [8° **O. 2169 C**

—— Les grands maîtres du xvii° siècle; 4° éd. *P.*, 1888, in-18. [8° **O. 2170 + A**

—— Études littéraires sur le xix° siècle; 4° éd. *P.*, 1887, in-18. [8° **O. 2170 A**

Faguet (É.). Politiques et moralistes du xix° siècle. 1°° série; 3° éd. *P.*, 1891, in-18. [8° **U. 3057 C**

Faideau (F.). La botanique amusante. *P.* (s. d.), 8°. [8° **I. 3254 De**

—— La chimie amusante. *P.* (s. d.), 8°. [8° **I. 3254 E**

Falcon y Ozcoidi (D° M.). Christophe Colomb et l'Université de Salamanque, trad. par J.-G. Magnabal. *P.*, 1892, in-18. [8° **U. 3060 + A**

Faligan (E.). Histoire de la légende de Faust. *P.*, 1888, 8°. [8° **U. 3060 A**

Fallet (C.). Histoire des ducs de Normandie. *Limoges* (s. d.), 8°. [8° **U. 3060 D**

Fallot (E.). Madagascar et le protectorat français. *Marseille*, 1888, 8°. [8° **U. 3061 A**

Fallières. Rapport sur le budget de 1883. Ministère de l'intérieur. *P.*, 1882, 4°. [4° **U. 623 A**

Falloux (C°° **de**). Études et souvenirs. *P.*, 1885, 8°. [8° **U. 3063 A**

—— Mémoires d'un royaliste; 2° éd. *P.*, 1888, 2 vol. 8°. [8° **U. 3065 A**

Falret (D° J.). Les aliénés et les asiles d'aliénés. *P.*, 1890, 8°. [8° **I. 3254 F**

Fanor (L.-B.). Traité pratique de vélocipédie militaire. *P.*, 1892, in-16. [8° **I. 3254 G**

Farabeuf (L.-H.). Précis de manuel opératoire; 3° éd. *P.*, 1889, 8°. [8° **I. 3254 H**

Farcy (G.). Monographie de l'École militaire de Paris. *P.*, 1890, in-16.
[8° **U. 3065 D**

Farges (L.). Stendhal diplomate. Rome et l'Italie de 1829 à 1842. *P.*, 1892, in-18.
[8° **U. 3065 G**

Farina (S.). L'écume de la mer, trad. par S. Blandy. *P.*, 1888, in-18.
[8° **O. 2170 D**

Farini (G.-A.). Huit mois au Kalahari, trad. par Mme L. Trigant. *P.*, 1887, in-16.
[8° **U. 3068 A**

Faucon (N.). Le livre d'or de l'Algérie, t. I. *P.*, 1889, 8°.   [8° **U. 3073 C**

Faulquier (J.). Étude théorique sur la législation des chemins ruraux. *P.*, 1888, 8°.
[8° **E. 1106 A**

Faure (A.). Les Français en Cochinchine au xviiie siècle. Mgr Pigneau de Behaine, évêque d'Adran. *P.*, 1891, 8°.
[8° **U. 3073 D**

Faure (F.). Les budgets contemporains. *P.*, 1887, f°.   [Fol. **U. 121 A**

—— Rapport portant fixation du budget général de 1889. Ministère des travaux publics. *P.*, 1888, 4°.   [4° **U. 623 B**

—— Rapport sur la fixation du budget général de l'exercice 1889. Ministère des finances. *P.*, 1888, 4°.   [4° **U. 623 Bc**

Faure (M.). Rapport sur le budget de 1892. Ministère de l'intérieur. Service pénitentiaire. *P.*, 1891, 4°.   [4° **U. 623 Be**

—— Rapport sur le budget général de 1889. (Ministère de la justice et des cultes.) Budget annexe de la Légion d'honneur. *P.*, 1888, 4°.   [4° **U. 623 Bf**

Fauré (P.). Blanc et noir. La décoration géométrique. *P.* (s. d.), 8°. [8° **I. 3258 A**

Faure-Biguet (Général). Le fusil de chasse. *P.*, 1891, in-18.   [8° **I. 3258 C**

Fauvelet Du Toc. Histoire des secretaires d'Estat. *P.*, 1668, 4°. [4° **U. 623 C**

Favre (Mme J.). La morale d'Aristote. *P.*, 1889, in-18.   [8° **I. 3258 F**

—— La morale de Cicéron. *P.*, 1891, in-16.   [8° **I. 3258 Fa**

Favyn (A.). Histoire de Navarre. *P.*, 1612, f°.   [Fol. **U. 121 B**

Fay (Général). Marches des armées allemandes. *P.*, 1889, f°.   [Fol. **U. 121 C**

Femmes (Les) de France poètes et prosateurs, par P. Jacquinet. *P.*, 1888, in-18.
[8° **O. 2174 C**

—— (Les) écrivains. Œuvres choisies. *P.* (s. d.), 8°.   [8° **O. 2174 D**

Fénelon. Aventures de Télémaque. *P.*, 1879, 8°.   [8° **O. 2203 A**

—— Traité de l'éducation des filles, pub. par Paul Rousselot. *P.*, 1883, in-18.
[8° **O. 2203 B**

Féré (Ch.). Dégénérescence et criminalité. *P.*, 1888, in-18.   [8° **I. 3264 C**

—— Du traitement des aliénés dans les familles. *P.*, 1889, in-18. [8° **I. 3264 Da**

—— Les épilepsies et les épileptiques. *P.*, 1890, 8°.   [8° **I. 3264 D**

Fernandez (R.). La France actuelle; préface de M. Jules Simon. *P.* (s. d.), 8°.
[8° **U. 3100 A**

Fernay (J.). La Brioulette, scènes du pays basque. *P.*, 1892, 8°. [8° **O. 2204 C**

—— Le Moujik. *P.* (s. d.), 8°.
[8° **O. 2204 D**

Féron (Mme A.). L'homme. *P.*, 1890, in-16.   [8° **I. 3264 F**

Ferrand (E.), **Delpech** (A.). Premiers secours en cas d'accidents et d'indispositions subites; 3e éd. *P.*, 1888, in-18.
[8° **I. 3266 A**

Ferrand (J.). Bibliographie du Dauphiné. *P.*, 1887, in-18.   [8° **U. 3103 C**

Ferraz. Histoire de la philosophie en France au xixe siècle. *P.*, 1887, 8°.
[8° **I. 3269**

Ferré (E.). L'Irlande. *P.*, 1887, 8°.
[8° **U. 3104 A**

Ferrière (É.). Le darwinisme; 3e éd. *P.* (s. d.), in-16.   [8° **I. 3272 + A**

—— La matière et l'énergie. *P.*, 1887, in-18.   [8° **I. 3272 A**

Ferry (Ch.). Rapport sur l'ouverture et l'annulation de crédits extraordinaires sur les exercices 1879, 1880, 1881 et 1882. *P.*, 1882, 4°.   [4° **U. 642 B**

Ferry (J.). Discours et opinions. *P.*, 1893, 8°.   [8° **U. 3106 A**

—— La loi sur le Conseil supérieur de l'instruction publique devant le Sénat. Discours. *P.*, 1880, 8°.   [8° **E. 1131 + A**

Ferry (J.). Le Tonkin et la mère-patrie; 12ᵉ éd. P., 1890, in-18. [8° **U. 3106 B**

—— 13ᵉ éd. P., 1890, in-18. [8° **U. 3106 Ba**

Ferry de la Bellone (Dʳ C. de). La truffe. P., 1888, in-16. [8° **I. 3272 B**

Fertel (M.-D.). La science pratique de l'imprimerie. *Saint-Omer*, 1723, 4°. [4° **I. 645 D**

Ferville (E.). L'industrie laitière. P., 1888, in-16. [8° **I. 3272 Ba**

Feuillet (O.). Théâtre complet. P., 1892-1893, 5 vol. in-18. [8° **O. 2240 A**

Fichet (G.). Épître adressée à Robert Gaguin le 1ᵉʳ janvier 1472 sur l'introduction de l'imprimerie à Paris. P., 1889, 8°. [8° **I. 3272 C**

Ficheur (E.). Description géologique de la Kabylie du Djurjura. *Alger*, 1890, 8°. [8° **I. 3272 D**

Fichtenberg. Manuel du fabricant de papiers de fantaisie. P., 1852, in-18. [8° **I. 4339 A**

Filhol (H.). La vie au fond des mers. P., 1886, 8°. [8° **I. 3291 A**

Fillis (J.). Principes de dressage et d'équitation. P., 1890, 8°. [8° **I. 3292 A**

Fillon (Alph.). La sylviculture pratique. P., 1890, in-16. [8° **I. 3292 B**

Filon (Aug.). Mérimée et ses amis. P., 1894, in-16. [8° **U. 3123 B**

—— Nos grands-pères. P., 1887, in-16. [8° **U. 3123 C**

—— Profils anglais. P., 1893, in-18. [8° **U. 3123 Ca**

Filoz (N.). Cambodge et Siam. P., 1889, 8°. [8° **U. 3123 E**

Fiore (P.). Organisation juridique de la société des États, trad. par A. Chrétien. P., 1890, 8°. [8° **E. 1136 C**

Flacourt (De). Histoire de la grande isle Madagascar. *Troyes*, 1661, 4°. [4° **U. 642 D**

Flammarion (C.). Qu'est-ce que le ciel? P., 1892, in-16. [8° **I. 3302 A**

Flassan (De). Histoire générale et raisonnée de la diplomatie française. P., 1811, 7 vol. 8°. [8° **U. 3126 + A**

—— Apologie de l'histoire de la diplomatie française. P., 1812, 8°. [8° **U. 3126 + Aa**

Flaubert (G.). OEuvres. Trois contes. P., 1882, in-16. [8° **O. 2214 B**

Flers (Mˡˢ de). Le comte de Paris; 2ᵉ éd. P., 1888, 8°. [8° **U. 3126 A**

Fleuriot (Mˡˡᵉ Zénaïde). Papillonne. P., 1892, gr. 8°. [4° **O. 311 C**

Fleury (J.). A propos du tarif des douanes. P., 1891, 8°. [8° **I. 3304 C**

—— Les effets du protectionnisme. Discours. P., 1891, in-18. [8° **I. 3304 Ca**

—— Le pain et la viande. P. (s. d.), in-18. [8° **I. 3304 D**

Fleury-Hermagis (J.). Bibliothèque de l'amateur photographe. L'atelier de l'amateur; 2ᵉ éd. P., 1889, in-18. [8° **I. 3304 E**

—— **Rossignol.** Traité des excursions photographiques. P., 1889, in-18. [8° **I. 3304 Ed**

Flint (R.). La philosophie de l'histoire en Allemagne, trad. par L. Carrau. P., 1878, 8°. [8° **I. 3304 F**

—— La philosophie de l'histoire en France, trad. par L. Carrau. P., 1878, 8°. [8° **I. 3304 Fa**

Florian. Fables. P., 1863, in-18. [8° **O. 2230 A**

Floucaud-Pénardille (É.). Exposé de la loi sur les droits de l'époux survivant dans la succession de son conjoint. P., 1894, 8°. [8° **E. 1142 C**

Flourens (E.). Alexandre III. P., 1894, 8°. [8° **U. 3132**

Focillon (Ad.). Les grandes inventions des temps modernes. *Tours*, 1885, 8°. [8° **I. 3310 + A**

Foëx (G.). Cours complet de viticulture. *Montpellier*, 1886, 8°. [8° **I. 3310 A**

Foncin (P.). Géographie générale. P., 1888, 4°. [4° **U. 678 A**

—— Atlas général d'histoire et de géographie. P., 1889, 4°. [4° **U. 678 B**

—— Géographie historique. P., 1888, 4°. [4° **U. 678 C**

Fonssagrives (J.-B.). Traité de matière médicale. P., 1885, 8°. [8° **3318 A**

Font (A.). Favart, l'opéra-comique et la comédie-vaudeville. P., 1894, 8°. [8° **O. 2241 D**

Fontaine (H.). Électrolyse. P., 1885, 8°. [8° **I. 3318 B**

Fontaine (L.). Le théâtre et la philosophie au xviiie siècle. P., 1879, 8°.
[8° I. 3318 B + a

Fontan (J.-M.). L'art de conserver la santé des animaux dans les campagnes. P., 1887, 8°.   [8° I. 3318 Ba

Fontan (Dr J.), **Ségard** (Dr Ch.). Éléments de médecine suggestive. P., 1887, in-18.   [8° I. 3318 Bb

Fontanier (V.). Voyage dans l'Inde et dans le golfe Persique par l'Égypte et la mer Rouge. P., 1844-1846, 3 vol. 8°
[8° U. 3137 B

Font-Réaulx (H. de). Les canaux. P. (s. d.), in-18.   [8° U. 3137 C

—— La Tour d'Auvergne. P., 1891, 8°.
[8° U. 3137 Ca

Fonvielle (W. de). La catastrophe du ballon l'Arago. P., 1888, 8°.
[8° I. 3320 A

—— Histoire de la lune. P., 1886, in-16.
[8° I. 3322 A

—— Les navires célèbres. P., 1890, gr. 8°.   [4° U. 678 E

—— Le pétrole. P., 1888, in-16.
[8° I. 3323 B

—— Le pôle Sud. P., 1889, in-16.
[8° U. 3137 F

Forfer (T.). Histoire de Gustave-Adolphe. P., 1889, 4°.   [4° U. 680 B

Forgeais (A.). Collection de plombs historiés trouvés dans la Seine. P., 1862, 8°.
[8° U. 3137 H

Forgues (E.). Les artistes célèbres. Gavarni. P. (s. d.), 4°.   [4° U. 680 C

Forneron (H.). Louise de Kéroualle. 1649-1734. P., 1886, in-16.
[8° U. 3143 A

Fort (F.), **Cazaux** (G.). Guide de Pau et des environs. Pau (s. d.), in-18.
[8° U. 3143 D

Foucart (G.). Le commerce et la colonisation à Madagascar. P., 1894, in-18.
[8° U. 3143 E

Fouillée (A.). L'enseignement au point de vue national. P., 1891, in-16.
[8° I. 3325 C

Fouillée (A.). Les grands écrivains français. Descartes. P., 1893, in-16.
[8° U. 3143 G

—— La philosophie de Platon; 2e éd. P., 1888-1889, 4 vol. in-16.   [8° I. 3327 A

Foulché-Delbosc (R.). Grammaire espagnole; 2e éd. P., 1889, 8°. [8° O. 2249 C

Fouqué (F.). Les tremblements de terre. P., 1888, in-16.   [8° I. 3329 A

Fouquier (A.). Passe-temps. P., 1890, 8°.
[8° O. 2249 E

Fouquier (H.). Au siècle dernier. Bruxelles (1884), in-18.   [8° U. 3144 A

Fourcy (A.). Histoire de l'École polytechnique. P., 1828, 8°.   [8° U. 3144 D

Fourmestraux (E.). Étude sur Napoléon III. P., 1862, 8°.   [8° U. 3144 G

Fournel (V.). Maman capitaine. P., 1889, in-16.   [8° O. 2251 C

—— Le théâtre au xviie siècle. La comédie. P., 1892, in-18.   [8° O. 2251 Cb

Fournier (Ed.). Énigmes des rues de Paris. P., 1860, in-12.   [8° U. 3147 C

Fournier (E.). Histoire des jouets et des jeux d'enfants. P., 1889, in-18.
[8° I. 3331 B

Fournier (G.). Les sonneries électriques. Installation et entretien, d'après O. Canter. P., 1888, in-16.   [8° I. 3334 + A

—— Terminologie électrique. P., 1887, in-16.   [8° I. 3334 A

Fournier de Flaix. Exposition universelle de 1889. Congrès monétaire international. P., 1889, 8°.   [8° I. 3337 B

—— Traité de critique et de statistique comparée. P., 1889, 8°.   [8° I. 3338 B

Foussat (J.). Arboriculture française. P., 1894, in-16.   [8° I. 3338 Bd

—— Le jardinage. P., 1891, in-16.
[8° I. 3338 C

Foveau de Courmelles. L'hygiène à table. Préface du Dr Dujardin-Beaumetz. P. (s. d.), 8°.   [8° I. 3338 Cd

Foville (A. de). La France économique. P., 1887, in-18.   [8° U. 3150 A

Foville (Dr A.). Les nouvelles institutions de bienfaisance. P., 1888, in-16.
[8° I. 3388 Fb

Fraipont (G.). L'art de peindre les fleurs. P. (s. d.), 8°. [8° I. 3340 D

—— L'art de peindre les marines. P. (s. d.), 8°. [8° I. 3340 Da

—— L'art de peindre les paysages. P. (s. d.), 8°. [8° I. 3340 Db

—— L'art de peindre un croquis et de l'utiliser; 3ᵉ éd. P. (s. d.), 8°. [8° I. 3340 Dc

Fraitot (V.). Olivier de Serres. P., 1882, in-18. [8° U. 3164 + A

France (A.). L'étui de nacre; 9ᵉ éd. P., 1893, in-18. [8° O. 2254 + A

—— La vie littéraire; 3ᵉ éd. P., 1889, in-18. [8° O. 2254 A

France (La) artistique et monumentale. P. (s. d.), f°. [Fol. I. 83 C

—— (La) parlementaire : Frédéric Passy. P., 1890, 4°. [4° U. 689 A

—— (La) pittoresque. P. (s. d.), 4 vol. 4°. [4° U. 689 B

Franceschi (G.). Manuel de la nationalité française. P., 1893, in-18. [8° E. 1152 B

—— Manuel municipal. P., 1892, in-18. [8° E. 1152 C

Franck (A.). Études orientales. P., 1861, 8°. [8° U. 3167 Ac

—— Nouveaux essais de critique philosophique. P., 1890, in-16. [8° I. 3341 C

—— Réformateurs et publicistes de l'Europe. Moyen âge, Renaissance. P., 1864, 8°. [8° I. 3342 A

—— —— xviiᵉ siècle. P., 1881, 8°. [8° I. 3342 Aa

—— —— xviiiᵉ siècle. P., 1893, 8°. [8° I. 3342 Ab

François (J.). Mariage des militaires. P., 1890, 8°. [8° E. 1154 D

Frank (F.), **Chenevière** (A.). Lexique de la langue de Bonaventure Des Périers. P., 1888, 8°. [8° O. 2254 C

Frank (L.). La femme avocat. Bruxelles, 1888, 8°. [8° U. 3167 Af

Franklin (A.). Les anciens plans de Paris. P., 1878-1880, 2 vol. 4°. [4° U. 689 C

Franklin (A.). La vie privée d'autrefois. P., 1877-1894, 15 vol. in-18. [8° U. 3167 B

— Annonce (L') et la réclame, les cris de Paris.
— Apothicaires (Les) et les médicaments.
— Café (Le), le thé et le chocolat.
— Chirurgiens (Les).
— Comment on devient patron.
— Cuisine (La).
— Écoles et collèges.
— Hygiène (L').
— Magasins (Les) de nouveautés.
— Médecins (Les).
— Mesure (La) du temps.
— Repas (Les).
— Soins (Les) de la toilette, le savoir-vivre.
— Variétés chirurgicales.
— Variétés gastronomiques.

Franqueville (Cᵗᵉ de). Le gouvernement et le parlement britanniques. P., 1887, 3 vol. 8°. [8° U. 3168 A

—— Le système judiciaire de la Grande-Bretagne. P., 1893, 2 vol. 8°. [8° E. 1154 H

Frebault (A.). La chimie contemporaine. P., 1889, 8°. [8° I. 3351 A

Frédé (P.). Les logements d'ouvriers. P., 1884, 8°. [8° I. 3351 Ac

Fredericq (L.), **Nuel** (J.-P.). Éléments de physiologie humaine à l'usage des étudiants en médecine; 2ᵉ éd. P., 1888, 8°. [8° I. 3351 B

Frèrejouan Du Saint (G.). Jeu et pari au point de vue civil, pénal et réglementaire. Loteries et valeurs à lots, jeux de Bourse, marchés à terme. P., 1893, 8°. [8° E. 1156 D

Frey (Colonel). Côte occidentale d'Afrique. P., 1890, 4°. [4° U. 690 C

—— Pirates et rebelles au Tonkin. P., 1892, in-16. [8° U. 3177 C

Fritsch (J.). Nouveau traité de la fabrication des liqueurs. P., 1891, 8°. [8° I. 3361 A

—— **Guillemin** (E.). Traité de la distillation des produits agricoles et industriels. P., 1890, 8°. [8° I. 3361 B

Frochot (A.). Guide théorique et pratique de cubage et d'estimation des bois; 3ᵉ éd. P. (s. d.), in-18. [8° I. 3361 C

Froment (Lᵗ A.). L'espionnage militaire et les fonds secrets de la guerre. P. (s. d.), in-18. [8° U. 3192 A

—— Manuel des obligations militaires des Français. P. (s. d.), in-18. [8° E. 1157 + A

Froment (L* A.). La mobilisation et la préparation à la guerre. *P.* (s. d.), in-18.
[8° **I. 3361** D

—— Vingt-quatre millions de combattants. Les armées et les marines européennes en 1888. *P.* (s. d.), in-18. [8° **U. 3192** B

Fuchs (Ed.), **Launay** (L. de). Traité des gîtes minéraux et métallifères. *P.*, 1893, 2 vol. 8°. [8° **I. 3362** D

Fumaroli (D.). La Corse française; nouv. éd. *Marseille*, 1887, 8°. [8° **U. 3196** A

Funck-Brentano (E.). Grandeur et décadence des aristocraties. *Bruxelles* (s. d.), 8°.
[8° **U. 3196** B

Furbringer (Dr P.). Traité des maladies des organes génito-urinaires. *P.*, 1892, 2 vol. 8°. [8° **I. 3363** C

Furrer (C.). En Palestine, trad. par Revilliod. *Genève*, 1886, 2 vol. in-16.
[8° **U. 3196** D

Fustel de Coulanges. Histoire des institutions politiques de l'ancienne France. L'alleu et le domaine rural pendant l'époque mérovingienne. *P.*, 1889, 8°. [8° **U. 3199**

—— —— Les origines du système féodal. *P.*, 1890, 8°. [8° **U. 3199**

—— Nouvelles recherches sur quelques problèmes d'histoire. *P.*, 1891, 8°.
[8° **U. 3199** Aa

—— Questions historiques. *P.*, 1893, 8°.
[8° **U. 3199+** A

G

Gabillot (C.). Les artistes célèbres. Les Hüet, Jean-Baptiste et ses trois fils. *P.* (s. d.), 4°. [4° **I. 662** B

Gabourd (A.). Histoire de Paris depuis les temps les plus reculés jusqu'à nos jours. *P.*, 1863-1865, 5 vol. 8°. [8° **U. 3202** A

Gaffarel (P.). Campagnes du premier Empire, période des désastres (1813-1815). *P.*, 1891, gr. 8°. [4° **U. 691** B

—— Le Sénégal et le Soudan français. *P.*, 1890, 8°. [8° **U. 3206** A

Gaillard. Histoire de François Ier. 2e éd. *P.*, 1769, 8 vol. in-12. [8° **U. 3217** A

Gailly de Taurines (Ch.). La nation canadienne. *P.*, 1894, in-18. [8° **U. 3218** C

Gaisberg (Bon von). Manuel de montage des appareils pour l'éclairage électrique. Trad. par Charles Baye. 2e éd. *P.* (s. d.), in-18.
[8° **I. 3364** A

Gale (S.). An Essay on the nature and principles of public credit. *London*, 1784-1786, 8°. [8° **I. 3364** E

Galland (A.). Journal pendant son séjour à Constantinople (1672-1673), publié par C. Schefer. *P.*, 1881, 2 vol. gr. 8°.
[4° **U. 691** Bd

Galletti (J.-A.). Histoire illustrée de la Corse. *P.*, 1863, in-4°. [4° **U. 691** Bg

Galli (H.). 1806. L'armée française en Allemagne. *P.*, 1888, 8°. [8° **U. 3225** C

Galliard (Dr L.). Le choléra. *P.* (s. d.), in-16. [8° **I. 3368 ++** A

—— Le pneumothorax. *P.* (s. d.), in-16.
[8° **I. 3368 +** A

Γαλλικῶν συγγραφεῖς Ἑλληνικοί. *Extraits des auteurs grecs concernant la géographie et l'histoire des Gaules*, texte et traduction par Edm. Cougny. *P.*, 1880-86, 5 vol. 8°.
[8° **U. 3044** C

Gallieni (Lieutenant-colonel). Deux campagnes au Soudan français. 1886-1888. *P.*, 1891, gr. 8°. [4° **U. 691** C

Galopin (A.). Le tabac, l'absinthe et la folie. *P.* (s. d.), in-18. [8° **I. 3369** A

Gamaleïa (Dr N.). Les poisons bactériens. *P.*, 1892, in-16. [8° **I. 3370** C

Gandillot (R.). Principes de la science des finances. *P.* (1874), 3 vol. 8°.
[8° **I. 3370** F

Ganier (H.), **Frœlich** (J.). Voyage aux châteaux historiques des Vosges septentrionales. *P.*, 1889, gr. 8°. [4° **U. 696** B

Garcin (Dr). Étude sur la valeur du traitement de la tuberculose pulmonaire par les inhalations fluorhydriques. *P.*, 1889, 8°.
[8° **I. 3377** C

Garcin (Mme E.). Jacques Cœur. *P.*, 1881, in-16. [8° **U. 3237** C

Garcin (F.). Au Tonkin. Un an chez les Muongs. *P.*, 1891, in-18. [8° **U. 3237** B

Garçon (A.). Histoire du canal de Panama. P., 1886, 8°. [8° **U. 3237** D

—— Honneur aux héros inconnus. P. (s. d.), 8°. [8° **O. 2301** C

Garnier (É.). Dictionnaire de la céramique. P. (s. d.), 8°. [8° **I. 3385** C

—— Histoire de la verrerie et de l'émaillerie. *Tours*, 1886, gr. 8°. [4° **I. 662** C

Garnier (J.). Manuel du ciseleur. P., 1859, in-18. [8° **I. 4236** A

Garnier (J.). Campagnes de 1870-1871. Les volontaires du génie dans l'Est. P., 1872, in-18. [8° **U. 3251** C

Garnier (L.). Ferments et fermentations. P., 1888, in-16. [8° **I. 3394** A

Garnier (Dr P.). La folie à Paris. P., 1890, in-16. [8° **I. 3395** C

Garofalo (R.). La criminologie. P., 1888, 8°. [8° **I. 3398** + A

Garola (C.-V.). La pratique des travaux de la ferme. P., 1893, in-16. [8° **I. 3398** + Ad

Garrod (Dr A.). Traité du rhumatisme et de l'arthrite rhumatoïde, trad. par le Dr Brachet. P. (s. d.), 8°. [8° **I. 3398** D

Garsault. Le département de la Seine-Inférieure. P. (s. d.), in-16. [8° **U. 3261** + A

Garsonnet (E.). Procédure civile. Traité élémentaire des voies d'exécution. P., 1892, 8°. [8° **E. 1168** A

Gasquet (A.). Études byzantines. L'Empire byzantin et la monarchie franque. P., 1888, 8°. [8° **U. 3263** + A

—— Précis des institutions de l'ancienne France. P., 1885, 2 vol. in-16. [8° **U. 3263** A

Gasser (Dr J.). Les causes de la fièvre typhoïde. P. (s. d.), in-16. [8° **I. 3406** C

Gasté (J. de). Quelques réflexions sur le budget de 1883. P., 1882, 8°. [8° **E. 1169** A

Gattel (L'abbé). Nouveau dictionnaire de poche français-espagnol et espagnol-français. P., 1798, 2 vol. in-12. [8° **O. 2304** B

Gaubert (B.). Manuel pratique de législation pour l'organisation et l'exécution du service des pompes funèbres. P., 1890, in-18. [8° **E. 1169** B

Gaucher (M.). Causeries littéraires. 1872-1888. P., 1890, in-18. [8° **O. 2304** C

Gaudin (P.), **Zuber** (J.). Le chemin de fer métropolitain de Berlin. P., 1887, 8°. [8° **I. 3412** A

Gaullieur (H.). Études américaines. P., 1891, in-18. [8° **U. 3267** C

Gaure (J.). Le conseiller du contribuable. P., 1894, 8°. [8° **E. 1169** Bd

—— Questions pratiques de droit rural et usuel. P., 1890, in-16. [8° **E. 1169** C

Gausseron (B.-H.). La vie en famille. Comment vivre à deux ? P. (s. d.), in-18. [8° **I. 3416** + A

Gautier (A.). Cours de chimie. P., 1887-1892, 3 vol. 8°. [8° **I. 3416** B

Gautier (H.). Les curiosités de l'Exposition de 1889. 3e éd. P., mai 1889, 8°. [8° **U. 3273** + A

—— Les Français au Tonkin, 1787-1886. 5e éd. P., 1887, in-18. [8° **U. 3273** A

—— Mémorial du Centenaire. P. (s. d.), 4°. [4° **U. 705** A

Gautier (L.). Les épopées françaises. 2e éd. P., 1878-1882, 4 vol. 8°. [8° **O. 2306** C

Gautier de Sibert. Histoire des ordres de Notre-Dame du Mont-Carmel et de Saint-Lazare de Jérusalem. P., 1772, 4°. [4° **U. 705** D

Gauvin (P.). Cours d'assurances contre l'incendie. P. (1887), 4°. [4° **E. 185** A

Gay (C.). Négociations relatives à l'établissement de la maison de Bourbon sur le trône des Deux-Siciles, P., 1853, 8°. [8° **U. 3275** D

Gay (J.). Lectures scientifiques. P., 1891, in-16. [8° **I. 3422** C

Gayet (Al.). Itinéraire illustré de la Haute-Égypte. P. (s. d.), in-18. [8° **U. 3275** G

Gazette des tribunaux. P., 1892 et s., f°. [Fol. **E. 29** A

Gazier (A.). Nouveau dictionnaire classique illustré. 6e éd. P., 1888, in-12. [8° **O. 2310** A

—— 16e éd. P. (s. d.), in-12. [8° **O. 2310** Ad

—— Petite histoire de la littérature française. P. (s. d.), in-18. [8° **O. 2310** B

Gebhart (E.). Vie de Dante. P., 1882, in-16. [8° **U. 3278** A

IMPRIMERIE NATIONALE.

Gedoelst (L.). Traité de microbiologie. *Lierre*, 1892, 8°.   [8° I. 3424 C

Geikie (A.). La géographie physique, trad. par H. Gravez. P. (s. d.), in-16.   [8° I. 3425 C

Genella (É.), **Dujour** (H.). L'indicateur viticole, vinicole et agricole de l'Algérie et de la Tunisie. P., 1890, 8°.   [8° I. 3426 B

Genevoix (Dr F.). Les procédés industriels. P. (s. d.), in-16.   [8° I. 3426 C

Gennevraye (A.). Pour l'honneur. P., 1892, in-18.   [8° O. 2326 D

Genty (L.). La Basoche notariale. Origines et histoire du xive siècle à nos jours de la cléricature. P., 1888, 8°.   [8° U. 3283 C

Geoffroy (A.). Études d'après Fromentin. P., 1882, in-18.   [8° U. 3283 E

Geoffroy (H.). Des brevets d'invention en droit international. P., 1888, 8°.   [8° E. 1169 E

Geoffroy de Grandmaison. La Congrégation (1801-1830). P., 1889, 8°.   [8° U. 3283 G

Géographie administrative de l'Alsace-Lorraine. 2e éd. P., 1891, 8°.   [8° U. 3287 C

Géographies départementales de la France. P. (s. d.), 2 vol. 4°. [4° U. 705 D

Georges (H.), **Guigonet** (J.). La nouvelle Chambre, élue les 20 août et 3 septembre 1893. P., 1894, in-18.   [8° U. 3287 F

George (H.). Progrès et pauvreté. Trad. par P.-L. Le Monnier. P., 1887, 8°.   [8° I. 3428 A

———— Protection et libre-échange. Trad. par Louis Vossion. P., 1888, 8°.   [8° I. 3428 Aa

Gérando (De). Le visiteur du pauvre. 3e éd. P., 1826, 8°.   [8° I. 3432 + A

Gérard (A.). Manuel complet et pratique du cubage des bois. 2e éd. *Mons*, 1884, in-16.   [8° I. 3432 A

Gérard (F.). Correspondance, publ. par M. Henri Gérard, son neveu. P., 1867, 8°.   [8° U. 3298 C

Gérard (G.). Le lavis et l'aquarelle. P., 1890, 2 vol. in-16.   [8° I. 3432 G

Gerhardt (Lieutenant-colonel A.). Traité des résistances du cheval. P., 1889, 8°.   [8° I. 3434 B

Gérin-Roze (L. de). Manuel du navigateur anglais et français. P., 1840, in-12.   [8° I. 3436 D

Germain (Ch.), **Aubert** (Oct.). La Révolution, son œuvre et ses bienfaits. P., 1888, in-18.   [8° U. 3304 C

Gerspach (E.). La manufacture des Gobelins. P., 1892, 8°.   [8° I. 3439 Aa

———— Les tapisseries coptes. P., 1890, 4°.   [4° I. 669 A

Gerville-Réache. Proposition de loi sur la protection des enfants abandonnés. P., 1886, 4°.   [4° I. 669 Ad

———— Rapport sur le budget de 1889. Ministère de la marine. P., 1888, 4°.   [4° U. 705 G

Gevin-Cassal (Mme O.). Souvenirs du Sundgau. P., 1892, in-18. [8° O. 2339 C

Geymet. Traité pratique de photolithographie. 3e éd. P., 1888, in-18.   [8° I. 3443 + B

———— Traité pratique de phototypie. Nouv. éd. P., 1888, in-18.   [8° I. 3443 B

Gheusi (P.-B.). Le blason héraldique. P., 1892, 8°.   [8° I. 3443 D

Giavi (V.). Brises d'Orient et bises du Nord. P. (s. d.), 8°.   [8° O. 2339 D

———— Israël! Poème. P., 1890, 8°.   [8° O. 2339 E

Gibier (Dr P.). Physiologie transcendantale. Analyse des choses. P. (1889), in-18. [8° I. 3444 B

Gibon (A). Les accidents du travail et l'industrie. P., 1890, 4°.   [4° I. 669 B

Giffard (P.). Nos mœurs. La vie au théâtre. P. (s. d.), in-18.   [8° U. 3327 A

Gigot (F.). Le pigeon voyageur et les colombiers militaires. *Bruxelles*, 1887, 8°.   [8° I. 3446 B

Gille (P.). La bataille littéraire. 1875-1878. 3e éd. P., 1889, in-18. [8° O. 2342 B

Gilles (F.). Manuel théorique et pratique des actes sous seing privé. 5e éd. P., 1889, 8°.   [8° E. 1170 A

Gilles de la Tourette (Dr). L'hypnotisme et les états analogues. P., 1887, 8°.   [8° I. 3447 A

Gillet de Grandmont (Dr). Berlin au point de vue de l'hygiène. P., 1891, 4°.   [4° I. 669 Be

Ginisty (P.). Choses et gens de théâtre. P., 1892, in-16. [8° O. 2356 Aa

Giquel (E.). Manuel de navigation. P., 1861, in-18. [8° I. 4330 A

Girard (A.). Recherches sur la culture de la pomme de terre. 2e éd. P., 1891, 8° et atlas 4°. [8° I. 3450 + A
[4° I. 669 C

Girard (Ch.), **Brevans** (J. de). La margarine et le beurre artificiel. P., 1889, in-16. [8° I. 3450 A

Girard (J.). Les rivages de la France. 3e éd. P., 1888, 8°. [8° I. 3454 + A

Girard (L.), **Arrenaud**. La musique sans professeur, en 50 leçons. P. (s. d.), 4°. [4° I. 669 D

Girard (M.). Les abeilles. Organes et fonctions. 2e éd. P., 1887, in-18. [8° I. 3454 A

—— Cours complet d'enseignement dans les écoles normales primaires. Histoire naturelle. Zoologie (2e année). P., 1883, in-18. [8° I. 3454 Aa

Girard (P.). L'éducation athénienne au ve et au ive siècle av. J.-C. P., 1889, 8°. [8° I. 3455 B

—— La peinture antique. P. (s. d.), 8°. [8° I. 3455 C

Girardin (J.). Necker. P., 1882, in-16. [8° U. 3333 C

Giraud (A.), M. Eugène de Mirecourt. P., 1856, in-16. [8° U. 3334 A

Girod (P.). Les sociétés chez les animaux. P., 1891, in-16. [8° I. 3463 B

Giroux (Mme A.). Manuel d'examen pour l'enseignement de la coupe et de l'assemblage des vêtements de femmes et d'enfants. P., 1881, 8°. [8° I. 3463 C

—— Traité de la coupe et de l'assemblage des vêtements de femmes et d'enfants. P., 1890, in-16. [8° I. 3463 Ca

Giry (A.). Manuel de diplomatique. P., 1894, 8°. [8° I. 3463 F

Gladstone (W. E.). Questions constitutionnelles (1873-1878). Trad. par Albert Gigot. P., 1880, 8°. [8° U. 3337 A

Glasson (E.). Histoire du droit et des institutions de la France. P., 1887-93, 5 vol. 8°. [8° E. 1186 A

Gloires et souvenirs militaires. P., 1894, gr. 8°. [4° U. 708 C

Gobat (A.). La République de Berne et la France pendant les guerres de religion. P., 1891, 8°. [8° U. 3337 C

Gobineau (Cte de). La Renaissance. P., 1877, in-16. [8° U. 3337 D

Goblet (R.), **Sarrien**, **Carnot** (S.). Projet de loi sur les dépenses de l'instruction primaire publique P., 1886, 2 vol. 4°. [4° U. 708 F

Godard (L.). Description et histoire du Maroc. P., 1860, 2 parties en 1 vol. 8°. [8° U. 3337 G

Godefroy (F.). Histoire de la littérature française aux xviie, xviiie et xixe siècles. P., 1877-1880, 3 vol. 8°. [8° O. 2373 + A

Godefroy (Théodore). Le cérémonial françois... recueilly par Théodore Godefroy... mis en lumière par Denys Godefroy... P., 1649, 2 vol. f°. [Fol. U. 143

Godet (P.). Études et causeries. P., 1889, in-16. [8° O. 2373 A

Godin (E.). La Lyre de Cahors. P., 1888, in-18. [8° O. 2376 A

Goepp (Éd.). Les grands hommes de la France. Marins. 3e éd. P., 1885, in-18. [8° U. 3338 D

Gogol (N.). Tarass Boulba, traduit du russe par L. Viardot. P., 1892, 8°. [8° O. 2403 G

Goguillot (L.). Comment on fait parler les sourds-muets. P., 1889, 8°. [8° I. 3472 B

Goirand (J.-P.). Documents historiques sur Alais pendant la Révolution. 1re série. Alais, 1889, 8°. [8° U. 3346 D

Goldsmith (O.). Le vicaire de Wakefield, trad. par B.-H. Gausseron. P. (s. d.), gr. 8°. [4° O. 319 C

Gomot. Rapport sur la fixation des recettes et dépenses de 1889. Ministère de la justice et des cultes. P., 1888, 4°. [4° U. 709 D

Goncourt (E. et J. de). Journal. Mémoires de la vie littéraire, 1851-1884. P., 1888-1892, 6 vol. in-18. [8° U. 3354 + A

Gondinet (E.). Théâtre complet. 2e éd. P., 1892-1894, 3 vol. in-18. [8° O. 2405 C

Gonse (L.). L'art japonais. P. (s. d.), 8°. [8° I. 3474 A

—— Les chefs-d'œuvre de l'art au xixe siècle. P. (s. d.), f°. [Fol. I. 102 + A

Good (A.) [Tom Tit]. La science amusante. 5e éd. P. (s. d.), 8°. [8° I. 3474 D

Gordon (Th.). Discours historiques et politiques sur Salluste, trad. P., 1759, 2 vol. in-12.   [8° U. 3357 D

Gosset (A.). Traité de la construction des théâtres. P., 1886, f°.   [Fol. I. 102 + A

Gottstein (Dr J.). Maladies du larynx. Trad. par le Dr L. Rougier. P., 1888, 8°.
[8° I. 3483 C

Goudareau (G.). Excursions au Japon. P. (s. d.), 4°.   [4° U. 710 + A

Gouguenheim (A), Lermoyez (M.). Physiologie de la voix et du chant. P. 1885, in-18.   [8° I. 3486 A

Gouilly (Al.). Transmission de la force motrice par air comprimé ou raréfié P. (s. d.), in-16.   [8° I. 3486 A + a

Gouin (F.). Essai sur une réforme des méthodes d'enseignement. P., 1880, in-12.
[8° O. 2408 A

Goulette (L.). Avant, pendant et après l'affaire Schnæbelé. P. (s. d.), in-18.
[8° U. 3360 A

Goupil (F.). L'art de modeler et de sculpter. P. (s. d.), in-16. [8° I. 3486 Aa

——— Le dessin expliqué à tous. Nouv. éd. P. (s. d.), 8°.   [8° I. 3486 Ab

——— Géométrie artistique, pratique et familière. Nouv. éd. P. (s. d.), 8°.
[8° I. 3436 Ac

——— Manuel général de l'ornement décoratif. P., 1862, 8°.   [8° I. 3486 Ad

——— Manuel général de la peinture à l'huile. Nouv. éd. P., 1884, 8°.
[8° I. 3486 Ae

——— Manuel renfermant tout ce qu'un peintre doit apprendre. P. (s. d.), 8°.
[8° I. 3486 Af

——— Manuel général du modelage. P. (s. d.), 8°.   [8° I. 3486 Ag

——— Le miniaturiste. Nouv. éd., par Frédéric Dillaye. P. (s. d.), 8°.
[8° I. 3486 Ah

——— Le pastel simplifié et perfectionné. Nouv. éd. P. (s. d.), 8°.   [8° I. 3486 Ai

——— La perspective. P. (s. d.), 8°.
[8° I. 3486 Aj

——— Traité de paysage mis à la portée de tous. P. (s. d.), 8°.   [8° I. 3486 Ak

——— Renauld. Traité du dessin au trait en général. P., 1869, 8°.   [8° I. 3486 Al

Goupil (F.). Traité général des peintures à l'eau ou lavis. 4e éd. P. (s. d.), 8°.
[8° I. 3486 Am

——— Traité général des peintures vitrifiables sur porcelaine. Nouv. éd., par Frédéric Dillaye. P. (s. d.), 8°.   [8° I. 3486 An

——— Traité méthodique du dessin, de l'aquarelle et du lavis. P. (s. d.), 8°.
[8° I. 3486 Ao

——— Traité méthodique et raisonné de la peinture à l'huile. 4e éd. P. (s. d.), 8°.
[8° I. 3486 Ap

Gourdault (J.). L'Europe pittoresque. Pays du nord. P., 1892, gr. 8°.
[4° U. 710 + Ac

——— L'Italie. P., 1887, f°.
[Fol. U. 154 B

——— La Suisse. P., 1879-1880, 2 vol. f°.
[Fol. U. 154 C

——— Venise et la Vénétie. P., 1886, 8°.
[8° U. 3362 A

Gourdon de Genouillac (H.). L'art héraldique. P. (s. d.), 8°.   [8° I. 3486 D

——— Grammaire héraldique. P. (s. d.), in-16.   [8° I. 3486 Da

——— Paris à travers les siècles. P., 1879-1882, 5 vol. 4°.   [4° U. 710 A

Gourdoux père et fils. Carte commerciale des chemins de fer français. 7e éd. P. (s. d.), f° plano.   [Fol. U. 154 D

Gourliau (E.). Méthode pour l'étude de l'arabe écrit. Corrigé. *Miliana*, 1888, 8°.
[8° O. 2428 A

Gouts (A.). Les îles Carolines. P., 1885, 8°.
[8° U. 3364 A

Gouzy (P.). Voyage d'une fillette au pays des étoiles. P., 1885, 8°.   [8° I. 3487 C

Gow (Dr J.). Minerva. P., 1890, in-16.
[8° O. 2428 B

Goyau (L.). Traité pratique de maréchalerie. 3e éd. P., 1890, in-18.
[8° I. 3486 E

Grad (Ch.). A travers l'Alsace et la Lorraine. 1884. P. (s. d.), 4°.   [4° U. 710 Aa

——— Le peuple allemand, ses forces et ses ressources. P., 1888, in-16.
[8° U. 3365 + A

Graëtz. Histoire des Juifs, trad. de l'allemand par M. Wogue et M. Moïse Bloch. P., 1882-1893, 4 vol. 8°.   [8° U. 3365 A

Graffigny (H. **de**). Les industries d'amateurs. P., 1889, in-18. [8° I. 3487 Ga

—— Le liège et ses applications. P., 1888, in-18. [8° I. 3487 Gb

—— Manuel de l'horloger et du mécanicien amateur. P. (s. d.), 8°. [8° I. 3487 Ge

—— Les voyages fantastiques. P., 1887, 8°. [8° O. 2428 D

Gramont (Duc **de**). La France et la Prusse avant la guerre. 2ᵉ éd. P., 1872, 8°. [8° U. 3370 + A

Gran (J.). Fonctionnement de la justice militaire dans les différents États de l'Europe. *Christiania*, 1884-1885, 3 vol. 8°. [8° E. 1192 B

Grand annuaire de l'Algérie et de la Tunisie, 1886-1887. P., 1886-1887, 8°. [8° I. 3489 + A

Grand-Carteret (J.). xixᵉ siècle (en France). P., 1893, 4°. [4° U. 710 + B

—— Les mœurs et la caricature en France. P, (s. d.), 4°. [4° U. 710 B

Grande (La) encyclopédie. P. (s. d.), .. vol. 4°. [4° O. 321 A

Grandeau (L.). Études agronomiques. P., 1887-1888, 2 vol. in-16. [8° I. 3490 A

Grandes (Les) puissances militaires. P. (s. d.), 8°. [8° U. 3370 A

Grandmaison (F. **de**). La variole. P. (s. d.), 8°. [8° I. 3492 ++ A

Grandmaison (Mᵐᵉ **de**). Le savoir-vivre et ses usages. P. (s. d.), in-18. [8° I. 3492 + A

Grands (Les) écrivains français; 4ᵉ éd. des écoles. P. (1885), in-18. [8° O. 2430 C

—— Éd. des familles. [8° O. 2430 Ca

Gras (Félix). Toloza, geste provençale. P., 1881, in-18. [8° O. 2430 D

Grasset (J.). Leçons sur la grippe de l'hiver 1889-1890. *Montpellier*, 1890, 8°. [8° I. 3493 C

Gratiolet (L.). Souvenirs d'un artilleur de l'armée du Rhin. P., 1892, in-18. [8° U. 3374 ++ A

Gray (T.). Élégie du cimetière de village, par G. de la Quesnerie. P. (s. d.), 8°. [8° O. 2430 E

Gréard (Oct.). L'éducation des femmes par les femmes. P., 1886, in-16. [8° I. 3501 A

—— Éducation et instruction. Enseignement supérieur. 2ᵉ éd. P., 1889, in-16. [8° I. 3501 Ad

—— Edmond Scherer. P., 1890, in-16. [8° U. 3374 + A

—— Prévost-Paradol. P., 1894, in-16. [8° U. 3374 + Ac

Grégoire, évêque de Tours. Histoire ecclésiastique des Francs, trad. par J. Guadet et Taranne. P., 1837-...., . vol. in-8°. [8° U. 3374 D

Gréhant (N.). Les poisons de l'air. P., 1890, in-16. [8° I. 3504 B

Grenier (Ch.). Situation du gouvernement et du pays au commencement de l'année 1833. P., mars 1833, 8°. [8° U. 3379 C

Gresset. OEuvres choisies. P. (s. d.), in-18. [8° O. 2434 A

Gréville (H.). Péril. P. (s. d.), in-18. [8° O. 2434 C

—— Le vœu de Nadia. P., 1883, 4°. [4° O. 321 D

Grévy (J.). Discours politiques et judiciaires, rapports et messages. P. (s. d.), 2 vol. 8°. [8° U. 3380 C

Grignon (E.). Le cidre. P., 1887, in-18. [8° I. 3507 A

Grimaux (E.). Lavoisier, 1743-1794. P., 1888, 8°. [8° U. 3381 + A

Grin (F.). Charles Gordon. Un héros. P., 1886, in-18. [8° U. 3381 A

Grisard (J.), **Vanden-Berghe** (M.). Les bois industriels indigènes et exotiques. 2ᵉ éd. P. (s. d.), 2 vol. gr. 8°. [4° I. 675 + A

Grisez-Droz (J.). Heures de mélancolie. 1886-1892. Nouv. éd. *Montdidier*, 1892, 8°. [8° O. 2454 C

Grisot (Général), **Coulombon** (Lieutᵗ). La légion étrangère de 1831 à 1887. P., 1888, 8°. [8° U. 3381 B

Gruner (Ed.). Les syndicats industriels en Allemagne. P., 1887, 8°. [8° I. 3520 A

Gruson (H.), **Barbet** (L.-A.). Étude sur les moyens de franchir les chutes des canaux, écluses. P., 1890, 8° et atlas f° de 28 pl. [8° I. 3520 C
[Fol. I. 102 A

Guadet (J.). Les Girondins. Nouv. éd. P., 1889, in-16.   [8° U. 3394 B

Guardia (J.-M.). Histoire de la médecine. P., 1884, in-18.   [8° I. 3525 B

Gubernatis (A. de). Dictionnaire international des écrivains du jour. *Florence*, 1891, 3 vol. 4°.   [4° U. 715 A

Guchen (D.). Cinquante ans au Maduré. 1837-1887. *Trichinopoly*, 1887-1889, 2 vol. gr. 8°.   [4° U. 715 B

Gudin du Pavillon (Ch.), Rey (P.). Manuel électoral. 3e éd. P., 1890, in-16.   [8° E. 1199 A

Guechot. La conquête du globe. XIIIe au XVIe siècle. P. (s. d.), 8°.   [8° U. 3394 C

Guédy (T.). Musées de France et collections particulières. P. (s. d.), in-18.   [8° U. 3394 E

Guelle (J.). Précis des lois de la guerre sur terre. P., 1884, 2 vol. in-18.   [8° E. 1200 A

Guérard (Ed.). Dictionnaire encyclopédique d'anecdotes. 4e éd. P., 1879, 2 vol. 8°.   [8° O. 2460 C

Guerber (A.). Constructions modernes et économiques. P. (s. d.), 4 vol. f°.   [Fol. I. 102 C

Guéroult (G.). Le centenaire de 1789. P., 1889, in-18.   [8° U. 3402 A

Guerre (Mme A.). Nouvelle méthode de coupe. P., 1886, in-18.   [8° I. 3530 + A

Guerrier (L.), Rotureau (L.). Manuel pratique de jurisprudence médicale. P., 1890, in-16.   [8° E. 1201 C

Guers (Chanoine E.). Récits et souvenirs de 1870-1871. P. (s. d.), 8°.   [8° U. 3408 A

Guesde (L.). Petite école d'agriculture coloniale. *Basse-Terre*, 1889, in-16.   [8° I. 3530 C

Guesviller (G.). En musique, roman contemporain. P., 1893, in-18.   [8° O. 2464 B

——— Oreilles fendues. P., 1891, in-18.   [8° O. 2464 C

Gueullette (Ch.). Acteurs et actrices du temps passé. La Comédie Française. 1re série. Ill. P., 1881, 8°.   [8° U. 3408 Ac

——— Répertoire de la Comédie Française. 1883-1891. P., 1885-1892, 8 vol. in-18.   [8° O. 2465 C

Guibout (Dr E.). Les vacances d'un médecin. 9e série. 1888. P., 1889, in-18.   [8° U. 3408 B

Guide de l'acheteur. Annuaire des fabricants et commerçants. 40e ann. (1894). P., 8°.   [8° I. 3533 + A

——— du commerce. *Lyon*, 1884, in-16.   [8° I. 3533 A

——— méthodique pour l'instruction de la compagnie d'infanterie. P., 1889, in-18.   [8° I. 3534 + A

——— officiel de la navigation intérieure. P., 1887, in-18 et atlas f°.   [8° I. 3534 A   [Fol. I. 102 E

——— pratique des sciences médicales. P., 1891-...., . vol. in-18.   [8° I. 3534 C

Guiffrey (J.). Les Conventionnels. P., 1889, 8°.   [8° U. 3409 C

——— Histoire de la tapisserie. *Tours*, 1886, gr. 8°.   [4° I. 680 D

Guignet (Ch.-Er.). Les couleurs. P., 1889, in-16.   [8° I. 3534 D

Guilhaumon (J.-B.). Éléments de navigation et de calcul nautique. P., 1891; 1re partie, 8°; 2e partie, 4°.   [8° I. 3536 C

Guilhermy (Bon de). Papiers d'un émigré, 1789-1829. P., 1886, 8°.   [8° U. 3411 A

Guilhiermoz (P.). Enquêtes et procès. P., 1892, 4°.   [4° E. 187 B

Guillaume (E.). Études d'art antique et moderne. P., 1888, 8°.   [8° I. 3537 + A

Guillaume (J.). Pestalozzi. P., 1890, in-16.   [8° U. 3413 D

Guillemain (P.). Navigation intérieure. P., 1885, 2 vol. 8°.   [8° I. 3537 A

Guillemaut (L.). Un petit coin de la Bourgogne à travers les âges. Histoire de la Bresse louhannaise. *Louhans* (s. d.), 8°.   [8° U. 3415 A

Guillemin (A.). Le beau et le mauvais temps. P., 1887, in-16.   [8° I. 3537 B

——— Esquisses astronomiques. Autres mondes. P., 1892, in-18.   [8° I. 3541 A

——— Petite encyclopédie populaire. Le magnétisme et l'électricité. P., 1890, in-16.   [8° I. 3542 A

Guillois (A.). Pendant la Terreur : le poète Roucher. 1745-1794. P., 1890, in-18.   [8° U. 3415 B

Guillot (A.). Paris qui souffre. Les prisons de Paris. P., 1890, 8°. [8° **U. 3415 C**

Guillot (E.). Grand atlas départemental de la France et de l'Algérie. P., 1889, f°. [Fol. **U. 158 D**

Guiraud (P.). Lectures historiques, rédigées pour la classe de quatrième. P., 1893, in-16. [8° **U. 3415 D**

Guize (E.-H.). Le militarisme en Europe. P., 1890, 8°. [8° **U. 3415 G**

Guizot. Shakespeare et son temps. Nouv. éd. P., 1876, in-16. [8° **O. 2468 A**

—— Le temps passé. Mélanges. P., 1887, 2 vol. in-16. [8° **O. 2468 Aa**

Guizot (Mme). Éducation domestique. 6e éd. P., 1881, 2 vol. in-18. [8° **I. 3554 A**

Gulbenkian (C.-S.). La Transcaucasie et la péninsule d'Apchéron. Souvenirs de voyage. P., 1891, in-16. [8° **U. 3496 C**

Gumplowicz (L.). La lutte des races, trad. par Ch. Baye. P., 1893, 8°. [8° **I. 3556 + A**

Gun (Colonel). L'artillerie actuelle en France et à l'étranger. P., 1889, in-16. [8° **I. 3556 A**

Guy (C.). Nos historiens nationaux, P., 1890, 8°. [8° **U. 3496 F**

Guy (J.). Les femmes de l'antiquité. P., 1891, 4°. [4° **U. 736 + A**

Guy de Chauliac. La grande chirurgie,

revue, avec des notes, un glossaire et une table alphabétique par E. Nicaise. P., 1890, 4°. [4° **I. 682 C**

Guyau. La morale d'Épicure. 3e éd. P., 1886, 8°. [8° **I. 3558 A**

Guyho (C.). Études d'histoire parlementaire. P., 1889, in-18. [8° **U. 3499 A**

Guyon (Ch.). Des Ardennes en Italie. P., 1890, 8°. [8° **U. 3499 C**

Guyot (Yves). Discours. Projet de loi relatif aux contributions directes. P., 1887, 4°: [4° **U. 736 A**

—— Discours sur la réglementation du travail des femmes. P., 1888, fol. [Fol. **E. 29 B**

—— L'impôt sur le revenu. P., 1887, in-18. [8° **E. 1207 A**

—— Les principes de 89 et le socialisme. P. (1894), 8°. [8° **I. 3565 B**

—— La tyrannie socialiste. P., 1893, 8°. [8° **I. 3566 A + a**

Guyot-Daubès. L'art d'aider la mémoire. 5e éd. P., 1889, in-18. [8° **I. 3566 Aa**

—— Curiosités physiologiques. P., 1886, 8°. [8° **I. 3566 B**

Guyou (E.). Description et usage des instruments nautiques. P., 1889, 8°. [8° **I. 3566 E**

—— Théorie du navire. P., 1887, 8°. [8° **I. 3566 F**

H

Haag (P.). Cours de calcul différentiel et intégral. P., 1893, in-8°. [8° **I. 3566 I**

Hachet-Souplet (P.). [Calixte Rachet.] Louis-Napoléon prisonnier au fort de Ham. La vérité sur l'évasion de 1846. P. (s. d.), in-18. [8° **U. 3500 C**

Hadley (A.-T.). Le transport par les chemins de fer, trad. par A. Raffalovich et L. Guérin. P., 1887, 8°. [8° **E. 1207 B**

Haeffelé (E.). Guide des sociétés de tir. P., 1888, 8°. [8° **I. 3569 A**

Hagen (Dr R.). Manuel pratique de diagnostic et de propédeutique. Éd. française. P., 1890, in-16. [8° **I. 3569 D**

Hallays (A.). Le secret professionnel. P., 1890, 8°. [8° **E. 1207 F**

Hamerton (P.-G.). Français et Anglais, trad. de G. Labouchère. P., 1891, 2 vol. in-16. [8" **U. 3504 D**

Hamonic (Dr P.), **Schwartz** (E.). Manuel du chanteur et du professeur de chant. P., 1888, in-16. [8° **I. 3575 A**

Hamont (T.). Un essai d'empire français dans l'Inde au XVIIIe siècle. Dupleix. 2e éd. P. (s. d.), in-18. [8° **U. 3524 A**

Hannequin (A.). Cours de philosophie. P., 1890, in-16. [8° **I. 3576 B**

Hanot (V.). La cirrhose hypertrophique avec ictère chronique. P., 1892, in-16. [8° **I. 3576 C**

Hanotaux (G.). Études historiques sur le XVIe et le XVIIe siècle en France. P., 1886, in-16. [8° **U. 3525**

Hanotaux (G.). Histoire du Cardinal de Richelieu. P., 1893, 8°.   [8° U. 3525 B

Hardy de Périni (Com¹). Études militaires historiques. Bayard (1495-1524). 2° éd. P., 1887, in-8°.   •   [8° U. 3532 C

—— —— Les Français en Italie de 1494 à 1559. P., 1880, 8°.   [8° U. 3532 Ca

—— —— La guerre de Cent ans (1346-1453). P., 1879, 8°.   [8° U. 3532 Cb

—— —— Les guerres de religion de 1562 à 1594. P., 1880, 8°. [8° U. 3532 Cc

—— —— Les Valois de 1515 à 1589. P., 1880, 8°.   [8° U. 3532 Cd

Harold Frédéric. Un jeune empereur. Guillaume II, trad. par J. de Clesles. P., 1894, in-16.   [8° U. 3535 C

Hartig (R.). Traité des maladies des arbres, trad. par J. Gerschel et E. Henry. P., 1891, 8°.   [8° I. 3586 B

Hartley (A.). Les voies navigables de l'Europe; conférence. P. (s. d.), 8°.   [8° I. 3586 D

Hartmann (G.). La Chambre de commerce de Paris et la représentation commerciale. P., 1890, 4°.   [4° E. 187 C

Hauck (W.-Ph.). Les piles électriques, trad. par G. Fournier. P., 1885, in-16.   [8° I. 3587 Ba

Haucour (L. d'). Gouvernements et ministères de la IIIᵉ République française. P., 1893, 8°.   [8° U. 3545 C

Haupt (O.). Arbitrages et parités. 7ᵉ éd. P., 1887, 8°.   [8° I. 3587 Bb

Hauriou (M.). Précis de droit administratif. 2ᵉ éd. P., 1893, 8°.   [8° E. 1207 H

Hauser (A.). Retouche des clichés. P., 1875, 8°.   [8° I. 3590 A

Hausmann (Bᵒⁿ). Mémoires. 4ᵉ éd. P., 1890, 4 vol. 8°.   [8° U. 3545 C

Haussonville (Cᵗᵉ d'). Études biographiques et littéraires. Prosper Mérimée, Hugh Elliot. P., 1885, in-18.   [8° U. 3551 A

—— Les grands écrivains français. Mᵐᵉ de Lafayette. P., 1891, in-16. [8° U. 3551 B

Havard (H.). Les arts de l'ameublement. La décoration. P. (s. d.), 8°. [8° I. 3592 C

—— —— L'horlogerie. P. (s. d.), 8°.   [8° I. 3592 Ca

—— —— La menuiserie. P. (s. d.), 8°.   [8° I. 3592 Cb

Havard (H.). Les arts de l'ameublement. L'orfèvrerie. P. (s. d.), 8°.   [8° I. 3592 Cc

—— —— La serrurerie. P. (s. d.), 8°.   [8° I. 3592 Cd

—— —— La tapisserie. P. (s. d.), 8°.   [8° I. 3592 Ce

—— Les artistes célèbres. Les Boulle. P. (s. d.), 4°.   [4° I. 686 D

Havet (A.-G.). Le français enseigné par la pratique. P., 1887, in-12. [8° O. 2479 A

Havet (A.-R.). La Birmanie et la Chine méridionale. P., 1885, 8°. [8° U. 3554 A

Havet (E.). Études d'histoire religieuse. La modernité des prophètes. P., 1891, 8°.   [8° U. 3558 A

Havet (L.). Abrégé de grammaire latine. P., 1886, in-16.   [8° O. 2481 A

—— Abrégé de métrique grecque et latine. P., 1894, in-18.   [8° O. 2481 Aa

Hayem (G.). Leçons de thérapeutique. Les grandes médications. P., 1887, 8°.   [8° I. 3594 A

Hayem (J.), Périn (J.). Traité du contrat d'apprentissage. P., 1878, 8°. [8° E. 1214 C

Hégel. Philosophie de l'esprit, trad. par A. Véra. P., 1867-69, 2 vol. 8°.   [8° I. 3600 B

—— Philosophie de la nature, trad. par A. Véra. P., 1863-66, 3 vol. 8°.   [8° I. 3600 C

—— Philosophie de la religion, trad. par A. Véra. P., 1876-78, 2 vol. 8°.   [8° I. 3600 D

Heilmann (E.). Un ménage bourgeois. P., 1892, in-16.   [8° I. 3600 E

Heimweh (J.). La question d'Alsace. P., 1889, in-16.   [8° U. 3569 B

Heinrich (G.-A.). Histoire de la littérature allemande. 2ᵉ éd. P., 1888-89, 2 vol. 8°.   [8° O. 2484 G

Helbig (W.). Guide dans les musées d'archéologie classique de Rome, trad. par J. Toutain. Leipzig, 1893, 2 vol. in-16.   [8° I. 3600 H

Hélène (M.). Le bronze. P., 1890, in-16.   [8° I. 3602 B

Hellyer (S.-S.). Traité pratique de la salubrité des maisons, trad. par Poupard aîné. P., 1889, 2 vol. 8°.   [8° I. 3605 A

Helyot (Le P.). Histoire des ordres monastiques, religieux et militaires. *P.*, 1714-1719, 8 vol. in-4°. [4° **U. 749** D

Hément (F.). Petit traité des punitions et des récompenses. *P.*, 1890, in-18. [8° **I. 3607** ++ A

Hémon (F.). Cours de littérature à l'usage des divers examens. *P.*, 1890-91, 2 vol in-18. [8° **O. 2484** E

Hénard (E.). Exposition universelle de 1889. Le Palais des machines. *P.*, 1891, f°. [Fol. **I. 102** H

Hennebert (Lᵗ-colonel). L'art militaire et la science. *P.*, 1885, 8°. [8° **I. 3607** + A

—— L'artillerie. *P.*, 1887, in-16. [8° **I. 3607** A

—— L'Autriche en 1888. *P.* (s. d.), in-18. [8° **U. 3582** + A

—— La guerre. *P.*, 1893, in-16. [8° **I. 3607** B

—— Histoire d'Annibal. *P.*, 1878, 2 vol. in-8°. [8° **U. 3583** B

Hennequin (E.). La critique scientifique. *P.*, 1888, in-16. [8° **I. 3608** A

Henrichs (P.). Napoléon III. *P.*, 1857, in-18. [8° **U. 3595** C

Henriet (F.). Les campagnes d'un paysagiste. *P.*, 1891, 4°. [4° **I. 687** C

Henriet (M.). Guide du maire, officier de l'état civil. *P.*, 1891, 8°. [8° **E. 1227** C

Henriot. Le secrétaire illustré. *P.* (s. d.), in-12. [8° **O. 2486** A

Henry (C.). Cercle chromatique. *P.*, 1888, in-18. [8° **I. 3610** ++ A

Henry (E.). Code annoté du service vicinal. *P.*, 1889, 8°. [8° **E. 1228** B

Henry (V.). Précis de grammaire comparée du grec et du latin. *P.*, 1888, 8°. [8° **O. 2487** A

Hérail (J.), **Bonnet** (V.). Manipulations de botanique médicale et pharmaceutique. *P.*, 1891, 8°. [8° **I. 3610** + A

Hérard (F.), **Sirey** (Ch.). Les canalisations d'éclairage électrique. *P.*, 1894, 8°. [8° **E. 1228** D

Hérard (H.), **Cornil** (V.), **Hanot** (V.). La phtisie pulmonaire. 2ᵉ éd. *P.*, 1888, 8°. [8° **I. 3610** A

Héraud (Dʳ A.). Les secrets de la science, de l'industrie et de l'économie domestique. *P.*, 1879, in-18. [8° **I. 3612** A

Herbelot (D'). Bibliothèque orientale. *P.*, 1697, f°. [Fol. **U. 159** D

—— Bibliothèque orientale..... par MM. C. Visdelou et A. Galand, supplément à celle de M. d'Herbelot. *P.*, 1780, f°. [Fol. **U. 159** D

—— —— Nouvelle édition, par M. D. *P.*, 1781-1783, 6 vol. in-8°. [8° **U. 3596** + A

Herbert (Lady). L'Algérie contemporaine illustrée. *P.*, 1882, 8°. [8° **U. 3596** A

Hérédia (J.-M. de). Les trophées. *P.*, 1893, in-18. [8° **O. 2490** C

Héricault (Charles d'). La France révolutionnaire (1789-1889). *P.*, 1889, 4°. [4° **U. 763** B

—— Histoire anecdotique de la France. *P.* (s. d.), 7 vol. 8°. [8° **U. 3596** B

Héricourt (Achmet d'). Manuel de l'histoire de France. *P.*, 1844, 2 vol. in-8°. [8° **U. 3599** C

Hérisson (Comte d'). Le cabinet noir. Louis XVII, Napoléon, Marie-Louise. 8ᵉ éd. *P.*, 1887, in-18. [8° **U. 3599** E

—— La chasse à l'homme. Guerres d'Algérie. *P.*, 1891, in-18. [8° **U. 3599** Ea

—— Les girouettes politiques. Un constituant. 4ᵉ éd. *P.*, 1892, in-18. [8° **U. 3599** Eb

—— La légende de Metz. *P.*, 1888, in-18. [8° **U. 3600** A

—— Le prince impérial (Napoléon IV). 15ᵉ éd. *P.*, 1890, in-18. [8° **U. 3600** D

Hermant (A.). L'architecte moderne devant le code civil. *P.* (s. d.), 8°. [8° **E. 1229** C

Hernandez (P.). Description de la généralité de Paris. *P.*, 1759, 8°. [8° **U. 3601** + A

Héroïsme (L') contemporain. *Limoges*, 1886, 8°. [8° **U. 3601** A

Hertzberg (G.-F.). Histoire de la Grèce sous la domination des Romains, trad. de l'allemand. *P.*, 1887, 8°. [8° **U. 3601** B

Hervé-Bazin (F.). Les grands ordres et congrégations de femmes. *P.*, 1889, 8°. [8° **U. 3601** G

Hervier (M.). Les explosions de chaudières à vapeur. Causes, effets, moyens préventifs. *P.*, 1894, 8°. [8° **I. 3616** C

Hervieu (H.). Les ministres, leur rôle. P., 1893, 8°.   [8° E. 1230 C

Hervilly (E. d'). Aventures d'un petit garçon préhistorique en France. P. (s. d.), 4°.   [4° O. 322 C

—— L'île des parapluies. Aventure du gâte-sauce Talmouse. P. (s. d.), 8°.   [8° O. 2496 C

Heuzé (G.). Manuel complet des constructions agricoles. P., 1876, in-18 et atlas gr. 8° de 16 planches.   [8° I. 4241 A
Manuels Roret.

—— Les plantes industrielles. 3° éd. P., 1893, 3 vol. in-18.   [8° I. 3620 A

Hewitt (J.). Ancient armour and weapons in Europe. Oxford, 1855, 3 vol. 8°.   [8° I. 3620 D

Heylli (G. d'). Dictionnaire des pseudonymes. Nouv. éd. P., 1887, in-18.   [8° O. 2499 A

Heym (J.). Dictionnaire portatif, 1re partie : françois-russe-allemand. Riga et Leipzig, 1805, in-18.   [8° O. 2499 D

—— Deutsch - Russisch - Franzoesisches Taschen-Woerterbuch, herausgegeben... Riga und Leipzig, 1805, in-18.   [8° O. 2499 Da

—— Dictionnaire portatif, 1re partie : russe-françois-allemand, publié par J. Heym. Riga et Leipzig, 1805, 2 vol. in-18.   [8° O. 2499 Db

Hilliard d'Auberteuil. Essais historiques et politiques sur la révolution de l'Amérique septentrionale. Bruxelles, 1872, 2 vol. in-4°.   [4° U. 763 Bd

Hippeau (E.). Histoire diplomatique de la IIIe République (1870-1889). P., 1889, 8°.   [8° U. 3622 A

Histoire chantée de la Ire République (1789 à 1799). P., 1892, 8°.   [8° O. 2503 B

Histoire (L') de Guillaume le Maréchal, régent d'Angleterre de 1216 à 1219, poème français, publié par Paul Meyer. P., 1891, 3 vol. 8°.   [8° O. 2503 C

Histoire de l'école navale. P., 1889, gr. 8°.   [4° U. 763 C

Histoire de l'école spéciale militaire de Saint-Cyr. P., 1886, 4°.   [4° U. 763 D

Histoire de la pairie de France et du parlement de Paris. Londres, 1745, in-12.   [8° U. 3626 C

Histoire et description des principales villes de l'Europe. P., 1835, gr. in-8°.   [4° U. 763 Dc

Histoire générale de Paris. P., Imp. nat., 1866, 6 vol. in-f°.   [Fol. U. 166 E

Histoire générale, du IVe siècle à nos jours : publiée sous la direction de MM. Ernest Lavisse et Alfred Rambaud. P., 1893, 3 vol. 8°.   [8° U. 3633 C

Hoche (J.). Causes célèbres de l'Allemagne : La terreur d'Eldagsen, le mystère de Nuremberg. P., 1888, in-18.   [8° E. 1232 + A

Homère. Iliade, trad. par Dugas Montbel. 5e éd. P., 1879, in-18.   [8° O. 2522 A

Honneur et patrie à travers les âges. Morale et patriotisme chez les philosophes anciens et modernes. P. (s. d.), in-18.   [8° I. 3646 C

Horion. Explication du théâtre classique. Nouv. éd. P., 1891, in-12.   [8° O. 2530 C

Horn (E.). La grande nation (1870-1871). P., 1891, in-18.   [8° U. 3638 D

Horoÿ. Des rapports du sacerdoce avec l'autorité civile, à travers les âges et jusqu'à nos jours, au point de vue légal. P., 1883-1884, 2 vol. 8°.   [8° E. 1232 A

Horsin-Déon (L.). Histoire de l'art en France jusqu'au XIVe siècle. P. (s. d.), 8°.   [8° I. 3646 F

Hospitalier (E.). Formulaire pratique de l'électricien, 7e année (1889). P., 1889, in-18.   [8° I. 3647 + A

—— La physique moderne. L'électricité dans la maison. 2e éd. P., 1887, 8°.   [8° I. 3647 A

Houdard (A.). Essai sur le service des billets de banque à propos du projet de prorogation du privilège de la Banque de France. P., 1891, 4°.   [4° I. 803 + A

Houpin (C.). Traité théorique et pratique des sociétés par actions françaises et étrangères et des sociétés d'assurances. P., 1889, 2 vol. gr. 8°.   [4° E. 191 C

Houssay (F.). Les industries des animaux. P., 1889, in-16.   [8° I. 3663 B

Houssaye (A.). La galerie du XVIIIe siècle. Nouv. éd. P. (s. d.), 4 vol. in-18.   [8° U. 3644 B

Houssaye (H.). Aspasie, Cléopâtre, Théodora. 4e éd. P., 1890, in-18.   [8° U. 3645 + A

Houssaye (H.). 1814. 2ᵉ éd. P., 1888, 8°.
[8° U. 3645 A

——— 1815. La première Restauration, le retour de l'Île d'Elbe, les Cent jours. 3ᵉ éd. P., 1893, 8°. [8° U. 3645 Aa

Hovyn de Tranchère (J.). Les dessous de l'histoire. Curiosités judiciaires, administratives, politiques et littéraires. P., 1886, 2 vol. 8°. [8° U. 3645 C

Hozier (D'). Armorial général de la France. P., 1821-1823, 2 vol. in-4°.
[4° U. 763 De

——— Indicateur du Grand armorial général de France. P., 1866, 8°.
[8° U. 3645 G

Huard (A.). Le martyr de Sainte-Hélène. 6ᵉ éd. P., 1865, in-12. [8° U. 3646 D

Huard (A.), Mack (E.). Répertoire de législation, de doctrine et de jurisprudence en matière de propriété littéraire et artistique. P., 1891, 8°. [8° E. 1233 A

Hubbard (G.-A.). Célébrités contemporaines, Sadi Carnot. P., 1888, in-16.
[8° U. 3647 A

Hubert-Valleroux (P.). La charité avant et depuis 1789 dans les campagnes de France. P., 1890, 8°. [8° U. 3652 + A

Huc (T.). Traité théorique et pratique de la cession et de la transmission des créances. P., 1891, 2 vol. 8°. [8° E. 1236 B

Hue (F.). 500,000 dollars de récompense. P., 1891, gr. 8°. [4° O. 339 C

Hugo (V.). Choses vues. 5ᵉ éd. P., 1887, 8°.
[8° U. 3663 A

——— Œuvres complètes. (Édition définitive d'après les manuscrits originaux.) P. (s. d.), 70 vol. in-16. [8° O. 2551 A

——— Œuvres inédites. Drame. Anny Robsart, Les Jumeaux. 2ᵉ éd. P., 1889, 8°.
[8° O. 2551 B

Hugo (V.). Œuvres inédites. Toute la lyre. 4ᵉ éd. P., 1888, 2 vol. 8°. [8° O. 2563 Aa

Hugon (A.). Étude théorique et pratique sur les engrenages. P., 1891, 8°.
[8° I. 3671 E

Hugot (E.). Histoire littéraire, critique et anecdotique du théâtre du Palais-Royal. 1784-1884. 2ᵉ éd. P., 1886, in-18. [8° O. 2563 B

Hugounenq (L.). Traité des poisons. Hygiène industrielle, chimie légale. P., 1891, 8°.
[8° I. 3671 G

Hugounet (P.). Mimes et pierrots. P., 1889, 8°. [8° U. 3672 + A

Huléwicz (M.). Expressions analytiques et tables des moments d'inertie et des moments résistants des sections à double T. P., 1879, 8°. [8° I. 3673 C

Hulot (Bᵒⁿ E.). De l'Atlantique au Pacifique à travers le Canada et le Nord des États-Unis. P., 1888, in-18. [8° U. 3672 A

Humbert (G.). Traité complet des chemins de fer. P., 1891, 3 vol. gr. 8°.
[4° I. 803 C

Humbert (L.). Circulation monétaire et fiduciaire en France, en Algérie et dans les colonies. Monnaies admises dans la circulation, emploi de ces monnaies, circulation des billets de la Banque de France. P., 1887, 8°.
[8° I. 3673 D

Hume (D.). Œuvre économique, trad. par Formentin. P. (s. d.), in-32. [8° I. 3679 A

Hupier (C.). De la suppression des trésoriers-payeurs généraux et des receveurs particuliers, et de la réorganisation des services directs du Trésor. Le Mans, 1887, 8°.
[8° E. 1237 A

Huxley (T.). Hume, sa vie, sa philosophie, trad. par G. Compayré. P., 1880, 8°.
[8° I. 3682 A

Hydé de Neuville. Mémoires et souvenirs. P., 1888-1892, 3 vol. 8°. [8° U. 3698 A

I

Ideville (Cᵗᵉ H. d'). Cavour. P., 1883, in-18. [8° U. 3705 A

Imbart Latour (J.). La mer territoriale au point de vue théorique et pratique. P., 1889, 8°. [8° E. 1238 B

Imbault-Huart (C.). L'île Formose. P., 1893, 4°. [4° U. 763 E

Imbert (C.). Le Tonkin industriel et commercial. Annuaire du Tonkin pour 1885; petit vocab. usuel. P., 1885, in-16. [8° U. 3708 A

Imbert (H.). Profils de musiciens. P., 1888, 8°. [8° U. 3708 Aa

——— Nouveaux profils de musiciens. P., 1892, 8°. [8° U. 3708 Ab

Imbert (H.). Quatre mois au Sahel. *P.*, 1888, in-16.   [8° **U. 3708 B**

Imbert de Saint-Amand (A.-L.). Les femmes de Versailles. La cour de Marie-Antoinette. *P.*, 1887, gr. 8°.   [4° **U. 763 F**

Imhaus (E.-N.). Les Nouvelles-Hébrides. *P.*, 1890, 8°.   [8° **U. 3709 D**

Initiative (L') privée dans une commune rurale (Mont-Saint-Aignan). *Rouen*, 1889, 8°.   [8° **I. 3684 A**

Institut (L') de France. Lois, statuts et règlements concernant les anciennes académies et l'Institut, de 1635 à 1889. Tableau des fondations. *P.*, 1889, 8°.   [8° **E. 1238 D**

Instructions nautiques sur Madagascar et les îles de l'Océan indien méridional. *P.*, 1885, 8°.   [8° **U. 3711 A**

Inventaire des marques d'imprimeurs et de libraires. *P.*, 1888, gr. 8°.   [4° **I. 804 D**

Inventaire des monuments mégalithiques de France. *P.*, 1880, 8°.   [8° **I. 3684 F**

Isaac (A.). Questions coloniales. Constitution et sénatus-consultes. *P.*, 1887, in-18.   [8° **E. 1238 F**

Isaac. Rapport au Sénat sur les modifications à introduire dans l'organisation coloniale. *P.*, 1890, 4°.   [4° **E. 191 D**

Isaure-Toulouse. Manuel-formulaire de la faillite et de la liquidation judiciaire. *P.*, 1890, 8°.   [8° **E. 1268 C**

—— Manuel-formulaire de procédure administrative. *P.*, 1890, in-18. [8° **E. 1268 D**

—— Manuel pratique du mariage, du divorce, de la séparation de corps et de la séparation de biens, avec détail et total des frais de chaque matière. *P.*, 1891, in-18.   [8° **E. 1268 E**

—— Traité-formulaire de procédure pratique en matière civile, commerciale, criminelle, administrative et militaire. *P.*, 1889, 8°.   [8° **E. 1268 F**

Isnard (Dr J.-A.). Aide-mémoire de l'opérateur. *P.*, 1849, in-16.   [8° **I. 3684 H**

Itier (J.). Journal d'un voyage en Chine en 1843, 1844, 1845, 1846. *P.*, 1848-1853, 3 vol. in-8°.   [8° **U. 3713 C**

Iung (G^{al}). La guerre et la société. *P.*, 1889, 8°.   [8° **I. 3686 + A**

—— La guerre et la société. Stratégie, tactique et politique. *P.*, 1890, in-18.   [8° **I. 3686 + Aa**

J

Jablonski (L.). L'armée française à travers les âges. *P.*, 1890-1894, 5 vol. in-18.   [8° **U. 3720 C**

Jaccottey (P.), **Mabyre** (M.), **Levasseur** (E.). Album des services maritimes postaux français et étrangers. Lignes télégraphiques internationales, câbles sous-marins, colis postaux, réseaux téléphoniques. *P.* (s. d.), f°.   [Fol. **I. 103 D**

Jaccoud (S.). Leçons de clinique médicale faites à l'hôpital de la Pitié (1883-86). *P.*, 1885-87, 3 vol. 8°.   [8° **I. 3686 A**

Jackson (H.). Ramona. La conquête américaine au Mexique, trad. par Mme de Witt. *P.*, 1887, in-16.   [8° **O. 2566 C**

Jacolliot (L.). Second voyage au pays des éléphants. 4e éd. *P.*, 1881, in-18.   [8° **O. 2567 C**

—— Voyage au pays des Brahmes. *P.*, 1886, in-18.   [8° **O. 2567 D**

—— Voyages aux ruines de Golconde et à la cité des morts (Indoustan). 3e éd. *P.*, 1881, in-18.   [8° **O. 2567 E**

Jacottet (H.). Les grands fleuves. *P.*, 1887, in-16.   [8° **I. 3690 A**

Jacquemin (G.). Amélioration des vins par les levures pures actives de l'institut La Claire. Résultats aux vendanges 1892. *Nancy*, 1893, 8°.   [8° **I. 3695 C**

Jacquier (G.). De la vente du lait en nature, ou de l'installation des vacheries ou laiteries pour l'alimentation des grandes villes. *P.*, 1889, in-18.   [8° **I. 3699 B**

—— Vade-mecum de l'ensileur. Résumé des différentes méthodes de conservation des fourrages verts d'après les dernières expériences, enquêtes française, anglaise, américaine. De l'ensilage des fourrages verts dans le Sud-Est et le Midi de la France. *Grenoble*, 1887, 8°.   [8° **I. 3699 C**

Jacquot (A.). Guide de l'art instrumental. Dictionnaire pratique et raisonné des instruments de musique anciens et modernes. 2ᵉ éd. P., 1886, 8°. [8° I. 3699 E

Jagnaux (R.). Analyse chimique des substances commerciales minérales et organiques. P., 1888, 8°. [8° I. 3699 G

—— Histoire de la chimie. P., 1891, 2 vol. 8°. [8° I. 3699 Ga

Jal (A.). Dictionnaire critique de biographie et d'histoire. P., 1867, in-4°. [4° U. 766 E.

Jamais (É.). Rapport sur la fixation du budget général de 1889. Ministère de l'agriculture. P., 1888, 4°. [4° U. 767 C

Janet (Paul). Les grands écrivains français. Fénelon. P., 1892, in-16. [8° U. 3729 A

—— Les passions et les caractères dans la littérature du xvIIᵉ siècle. P., 1888, in-18. [8° I. 3721 A

—— Philosophie de la Révolution française. P., 1875, in-18. [8° U. 3729 B

—— Premiers principes d'électricité industrielle. Piles, accumulateurs, dynamos, transformateurs. P., 1893, 8°. [8° I. 3723 A

Janet (Pierre). État mental des hystériques. Les stigmates mentaux. P. (s. d.), in-16. [8° I. 3723 B

Janin (J.). Le Prince royal (duc d'Orléans, fils de Louis-Philippe). P. (s. d.), in-18. [8° U. 3729 D

Jannet (Cl.). Le capital, la spéculation et la finance au xIXᵉ siècle. P., 1892, 8°. [8° I. 3723 D

—— Les États-Unis contemporains, ou les mœurs, les institutions et les idées depuis la guerre de la Sécession. 3ᵉ éd. P., 1877, 2 vol. in-18. [8° U. 3729 F
4ᵉ éd. P., 2 vol. in-18. [8° U. 3729 Fa

Janzé (Vᵗᵉˢˢᵉ A. de). Les financiers d'autrefois. Fermiers généraux. P., 1886, 8°. [8° U. 3730 A

Japing (E.). L'électrolyse, la galvanoplastie et l'électrométallurgie, trad. Ch. Baye, P., 1885, in-16. [8° I. 3724 + A

—— Le transport de la force par l'électricité, trad. par Ch. Baye. P., 1885, in-16. [8° I. 3724 A

Jaunez (A.). Manuel du chauffeur. 2ᵉ éd. P. (s. d.), in-18. [8° I. 3724 B

Javelle (E.). Souvenirs d'un alpiniste. Lausanne, 1886, in-16. [8° U. 3738 A

Jeanbernat (Dʳ E.). Les mémoires d'un hanneton. P., 1890, gr. 8°. [4° I. 810 B

Jeanneney (A.). La Nouvelle-Calédonie agricole. P., 1894, in-16. [8° I. 3726 D

Jeanroy-Félix (V.). Nouvelle histoire de la littérature française (1789-1889). 2ᵉ éd. P. (s. d.), 4 vol. 8°. [8° O. 2571 B

Jeans. La suprématie de l'Angleterre, ses causes, ses organes et ses dangers, trad. par Baille. P., 1887, 8°. [8° U. 3739 A

Jeanvrot (V.). Code pratique de la presse et de l'imprimerie. P., 1894, 8°. [8° E. 1271 C

—— Manuel de la police des cultes à l'usage des maires et fonctionnaires de l'ordre administratif et judiciaire. P., 1888, 8°. [8° E. 1271 D

Jeudy (R.). Types et scénarios des comédies de Shakespeare. P. (s. d.), in-16. [8° O. 2573 B

Jeze (De). État ou tableau de la ville de Paris. P., 1760, 8°. [8° U. 3753 C

Joanne. Collection des Guides-Joanne. États du Danube et des Balkans. P., 1893, 2 vol. in-16. [8° U. 3852 C

Jobit (M.). Régime fiscal des valeurs mobilières étrangères en France. Poitiers, 1893, 8°. [8° E. 1271 E

Joguet-Tissot (J.). Les armées allemandes sous Paris. P., 1890, 8°. [8° U. 3903 C

Joinville (Pᶜᵉ de). Vieux souvenirs (1818-1848). 16ᵉ éd. illustr. P., 1894, in-18. [8° U. 3909 ┼┼ A

Jollivet (G.), Wilhelm (A.). Le droit international privé, résumé en tableaux synoptiques. P., 1886, 8°. [8° E. 1271 G

Joly (H.). Le combat contre le crime. P. (s. d.), in-16. [8° I. 3736 B

—— Le crime. Étude sociale. P., 1888, in-16. [8° I. 3736 C

—— La France criminelle. P., 1889, in-16. [8° U. 3909 ┼ A

Josas (J.). Recueil de rédactions sur des sujets d'économie politique et sur des questions financières et administratives. P., 1894, 8°. [8° I. 3743 + A

Jouan (H.). Les îles du Pacifique. P. (s. d.), in-16. [8° U. 3910 C

Joubert (J.). En Dahabièh. Du Caire aux Cataractes. Illustr. P. (s. d.), 8°. [8° U. 3910 Ce

Joubert (J.). Traité élémentaire d'électricité. 2° éd. P., 1891, 8°.   [8° I. 3744 C

Jouet (A.). Les clubs depuis 1789. P., 1891, 8°.   [8° U. 3910 D

Jouin (H.). Esthétique du sculpteur. P., 1888, 8°.   [8° I. 3751 B

———— Maîtres contemporains. P., 1887, in-16.   [8° U. 3911 C

Jourdain (C.). Excursions historiques et philosophiques à travers le moyen âge. P., 1888, 8°.   [8° U. 3912 A

———— Histoire de l'Université de Paris au XVII° et au XVIII° siècle. P., 1888, 2 vol. 8°.   [8° U. 3912 Aa

Jourdan (Éd.), Dumont (G.). Étude sur les écoles de commerce en Allemagne, en Autriche-Hongrie, en Belgique, en Danemark, en Italie, en Roumanie, en Russie, en Suède, en Suisse (l'Europe moins la France) et aux États-Unis d'Amérique. P., 1886, 8°.   [8° I. 3753 C

Jourdan (E.). Les sens chez les animaux inférieurs. P., 1889, in-16. [8° I. 3754 + A

Jourdan (G.). Législation sur les logements insalubres. Traité pratique. 4° éd. P., 1889, in-16.   [8° E. 1272 A

———— Pouvoirs des maires en matière de salubrité des habitations. P., 1890, in-16.   [8° E. 1272 Aa

Journal d'un bourgeois de Paris (1405-1449), publ. par A. Tuetey. P., 1881, 8°.   [8° U. 3912 Ae

Journal d'un mandarin, lettres de Chine et documents diplomatiques inédits, par un fonctionnaire du Céleste Empire. P., 1887, in-18.   [8° U. 3912 B

Journal (Le) de la jeunesse, 1883. 2° sem. P., 4°.   [4° O. 343 B

Journal des économistes. 49° ann. 1890 et suiv. P., 8°.   [8° I. 3756 B

Journal des voyages et des aventures de terre et de mer. P., 1877-1888 et ann. suiv. f°.   [Fol. U. 183 A

Journal du siège par un bourgeois de Paris (1870-1871). P., 1872, in-18.   [8° U. 3912 Ba

Jousse (Th.). La mission au Zambèze. P., 1890, 8°.   [8° U. 3914 C

———— La mission française évangélique au sud de l'Afrique. P., 1889, 2 vol. 8°.   [8° U. 3914 E

Jouvin (L.). Le pessimisme. P., 1892, 8°.   [8° I. 3786 + A

Jozan (S.). Du pastel. P. (s. d.), 8°.   [8° I. 3786 A

Juglar (Cl.). Des crises commerciales et de leur retour périodique en France, en Angleterre et aux États-Unis. 2° éd. P., 1889, 8°.   [8° I. 3787 A

———— L'intervention du Trésor et des syndicats dans les émissions d'emprunts. P., 1891, 8°.   [8° I. 3787 Ab

Julia-Fontenelle, Vallet d'Artois, Maigne. Manuel du chamoiseur, du maroquinier, du mégissier, du teinturier en peaux, du fabricant de cuirs vernis, du parcheminier et du gantier. Nouv. éd. P., 1876, in-18.   [8° I. 4224 A

Jullian (C.). Gallia. Tableau sommaire de la Gaule sous la domination romaine. P., 1892, in-16.   [8° U. 3916 D

Jullien (A.). Musiciens d'aujourd'hui. P., 1892, in-18.   [8° U. 3917 D

Jullien (C.-E.), Valério (O.), Casalonga (D.-A.). Manuel du chaudronnier. Nouv. éd. P., 1873, 2 vol. in-18, dont un atlas.   [8° I. 4230 A
Manuels Roret.

Jupin (L.). Le chien de guerre moderne et le nouvel armement. P., 1890, 8°.   [8° I. 3793 F

Juppont (P.), Fournier (G.). L'éclairage électrique dans les appartements. 3° éd. P., 1889, in-16.   [8° I. 3793 H

Jüptner de Jonstorff (B°⁰ Hanns). Traité pratique de chimie métallurgique, trad. par E. Vlasto. P., 1891, 8°. [8° I. 3793 I

Jurien de la Gravière. Les gloires militaires de la France. L'amiral Baudin. P., 1888, in-18.   [8° U. 3923 Aa

———— Les gloires maritimes de la France. L'amiral Roussin. P., 1888, in-18.   [8° U. 3923 Ab

———— La guerre de Chypre et la bataille de Lépante. P., 1888, 2 vol. in-18.   [8° U. 3923 C

———— Les origines de la marine française et la tactique naturelle. Le siège de La Rochelle. P., 1891, in-18.   [8° U. 3927 B

———— Les ouvriers de la onzième heure. Les Anglais et les Hollandais dans les mers polaires et dans la mer des Indes. *P.*, 1890, 2 vol. in-18. [8° **U. 3927** C

Jusserand (J.-J.). Le roman anglais. Origine et formation des grandes écoles de

romanciers du xviii° siècle. *P.*, 1886, in-18. [8° **O. 2598** C

Juven (F.). Comment on devient officier. *P.*, 1888, in-18. [8° **I. 3794** A

K

Kaeppelin (R.). L'Alsace à travers les âges, son unité d'origine et de races avec la France, ses liens avec la Lorraine, ses rapports avec l'Allemagne. *P.*, 1890, in-18. [8° **U. 3936** C

Kaltbrunner (D.). Manuel du voyageur. Nouv. éd. *P.*, 1887, 8°. [8° **I. 3795** A

Kaulbars (B°n A.-V.). Méthodes d'exploration de la cavalerie. Les escadrons de découverte. *P.*, 1889, 8°. [8° **I. 3804** B

Keary (Miss A.). L'Irlande il y a quarante ans, trad. par Mᵐᵉ de Witt. *P.*, 1889, in-16. [8° **O. 2610** C

Keignart (E.). Guide pratique de l'amateur électricien pour la construction de tous les appareils électriques. *P.*, 1890, in-16. [8° **I. 3804** Bd

Keller (A.). Éléments de botanique ornementale. *P.*, 1890, in-16. [8° **I. 3804** Bg

Kelsch (A.), **Kiener** (P.-L.). Traité des maladies des pays chauds, région prétropicale. *P.*, 1889, 8°. [8° **I. 3804** C

Kérespert (F.). Prévisions du temps. Météorologie du matelot. *P.* (s. d.), in-16. [8° **I. 3804** F

Klaproth (J.). Mémoires relatifs à l'Asie. *P.*, 1826, 2 vol. 8°. [8° **U. 3941** D

—— Tableaux historiques de l'Asie. *P.*, 1826, 4°. Avec atlas. [4° **U. 777** D [Fol. **U. 186** D

Klary (C.). L'éclairage des portraits photographiques. *P.*, 1887, in-18. [8° **I. 3810** A

—— Traité pratique de la peinture des épreuves photographiques avec les couleurs à l'aquarelle et à l'huile. *P.*, 1888, in-18. [8° **I. 3810** B

Klein (Dʳ E.). Microbes et maladies. Guide pratique pour l'étude des micro-organismes, trad. d'après la 2° éd., par Fabre-Domergue, 2° éd. *P.*, 1887, in-16. [8° **I. 3810** C

Klein (Dʳ E.). Nouveaux éléments d'histologie, trad. par G. Variot. 2° éd. *P.*, 1888, in-18. [8° **I. 3810** Cb

Knab (L.). Fabrication et emplois industriels de l'acier. *P.*, 1889, 8°. [8° **I. 3810** D

—— Les minéraux utiles et l'exploitation des mines. *P.*, 1888, in-16. [8° **I. 3810** E

—— Traité de métallurgie des métaux autres que le fer. *P.*, 1891, 8°. [8° **I. 3810** Eg

Koch (E.). Grammaire grecque, trad. par l'abbé J.-L. Rouff. 2° éd. *P.* (s. d.), 8°. [8° **O. 2611** ┼┼ A

Kœnig (Dʳ G.). Un nouvel impôt sur le revenu. *P.*, 1887, in-18. [8° **E. 1366** A

Kœttschau (C.). Les forces respectives de la France et de l'Allemagne, trad. par E. Jaeglé. *P.*, 1887, in-18. [8° **I. 3811** A

—— La prochaine guerre franco-allemande, trad. par E. Jaeglé. *P.*, 1887, in-18. [8° **U. 3943** A

Kondakoff (N.). Histoire de l'art byzantin considéré principalement dans les miniatures. *P.*, 1886-1891, 2 vol. f°. [Fol. **I. 105** C

Kovalevsky (P.-J.). Hygiène et traitement des maladies mentales et nerveuses, trad. par W. de Holstein. *P.*, 1890, in-16. [8° **I. 3812** C

—— Ivrognerie, trad. par W. de Holstein. *Kharkoff*, 1889, in-12. [8° **I. 3812** Ca

Krafft-Bucaille (Mᵐᵉ). Causeries sur la langue française. *P.*, 1890, in-16. [8° **O. 2611** Ab

Krebs (L.). Le conservateur ou le livre des ménages. *P.* (s. d.), in-18. [8° **I. 3812** E

—— Traité de la fabrication des boissons économiques et liqueurs de table. *P.*, 1887, in-18. [8° **I. 3812** Ea

Kuhn (D^r). L'enseignement et l'organisation de l'art dentaire aux États-Unis. P., 1888, 8°.   [8° I. 3814 C

Kuhne (L.). La nouvelle science de guérir basée sur le principe de l'unité des maladies et leur traitement méthodique, trad. par A. Reyen. P. (s. d.), 8°.   [8° I. 3814 D

Kurth (G.). Les origines de la civilisation moderne. 2e éd. P., 1888, 2 vol. in-16.
[8° U. 3944 A

L

Labadie-Lagrave. (D^r). Pathogénie et traitement des néphrites et du mal de Bright. P. (s. d.), in-16.   [8° I. 3817 B

La Barre Duparcq (Ed. de). Nouveaux portraits militaires. P., 1890, 8°.
[8° U. 3945 C

Labarthe (Dr P.). Dictionnaire populaire de médecine usuelle, d'hygiène publique et privée. P. (s. d.), 2 vol. 4°.
[4° I. 824 A

Labbé (E.). Grammaire latine nouvelle à l'usage des classes. P., 1891, in-18.
[8° O. 2611 Ac

—— Manuel de la dissertation philosophique. P., 1884-1888, 3 vol. in-16.
[8° I. 3817 C

Labesse (E.-D.). À tire d'ailes. P., 1891, 8°.   [8° O. 2611 Ae

Labesse (É.), **Pierret** (H.). Notre pays de France. Autour des Puys. Excursions de vacances dans le plateau central (Auvergne, Gévaudan, Vivarais, Velay). P. (s. d.), 8°.
[8° U. 3980 C

—— —— Notre pays de France. En cheminant (Auvergne). P. (s. d.), 4°.
[4° O. 343 + C

—— —— Notre pays de France. Fleur des Alpes (Savoie). P. (s. d.)., 4°.
[4° O. 343 C

Labiche (E.). Théâtre complet. P., 1886-1887, 10 vol. in-18.   [8° O. 2611 B

Labitte (A.). Les manuscrits et l'art de les orner. P., 1893, gr. 8°.   [4° I. 824 D

Labonne (H.). L'Islande et l'archipel des Færoer. P., 1888, in-16.   [8° U. 3981 A

Laborde (L. de). Athènes aux xve, xvie et xviie siècles. P., 1854, 2 vol. 8°.
[8° U. 3983 C

—— Voyage de l'Arabie pétrée. P., 1830, fol.   [Fol. U. 186 E

Laboulaye (E.), **Dareste** (R.). Le grand coutumier de France. Nouv. éd. P., 1868, 8°.
[8° E. 1367 B

Laboulaye (Édouard). Trente ans d'enseignement au Collège de France (1849-1882). Cours inédits, publiés par ses fils, avec le concours de M. Marcel Fournier. Préface par M. Rodolphe Dareste. P., 1888, in-18.   [8° I. 3825 + A

La Caille (J. de). Histoire de l'imprimerie et de la librairie. P., 1689, 4°.
[4° I. 835 D

Lacassagne (A.). Précis de médecine judiciaire. 2e éd. P., 1886, in-18.
[8° I. 3825 A

Lacaussade (A.). Poèmes et paysages. P., 1892, in-18.   [8° O. 2617 C

Lachâtre (M.). Nouveau dictionnaire universel. P. (s. d.), 2 vol. fol.
[Fol. O. 75 A

—— Nouvelle encyclopédie nationale. (T. Ier.) P. (s. d.), vol. fol.   [Fol. O. 75 B

Lacombe (P.). De l'histoire considérée comme science. P., 1894, 8°.
[8° I. 3842 A

—— La famille dans la société romaine. P., 1889, 8°.   [8° I. 3842 B

Lacombe (S.). Manuel de la sculpture sur bois, suivi du découpage des bois, de l'ivoire, de l'os, de l'écaille et des métaux. Nouv. éd. P., 1886, in-18.   [8° I. 4371 A

Lacoste (G.). Histoire générale de la province de Quercy. Cahors, 1883-1886, 4 vol. 8°.   [8° U. 3993 C

Lacour-Gayet (G.). Lectures historiques, rédigées conformément aux programmes de l'enseignement secondaire, pour la classe de rhétorique. Histoire des temps modernes (1610-1789). P., 1892, in-16.
[8° U. 3993 E

Lacroix (C. de). Les morts pour la patrie. Tombes militaires et monuments élevés à la mémoire des soldats tués pendant la

guerre; chronologie historique des événements de 1870-1871. P., 1891, 4°.
[4° U. 796 B

Lacroix (O.). Quelques maîtres étrangers et français. Études littéraires. P., 1891, in-16. [8° O. 2628 B

Lacroix (P.) [Le bibliophile Jacob]. Le dieu Pepetius. P., 1890, 8°. [8° O. 2628 C

Lacroix (S.). Proposition de loi relative à l'organisation municipale de Paris. P., 1886, 4°. [4° E. 119 B.

Lacroix-Danliard. La plume des oiseaux. Histoire naturelle et industrie. P., 1891, in-18. [8° I. 3857 C

——— Le poil des animaux et les fourrures. Histoire naturelle et industrie. P., 1892, in-18. [8° I. 3857 Ca

La Curne de Sainte-Palaye. Voyez **Sainte-Palaye** (La Curne de).

La Faye (J. de). Histoire de l'amiral Courbet. P. (s. d.), 8°. [8° U. 4022 + B

——— Histoire du général de Sonis. P. (s. d.), 8°. [8° U. 4022 B

La Fayette (Mᵐᵉ **de**). Mémoires publ. par E. Asse. P., 1891, in-16.
[8° U. 4023 A

Lafenestre (G.). Maîtres anciens. Études d'histoire et d'art. P., 1882, 8°.
[8° I. 3862 ++ A

Laferrière (H. de). Marguerite d'Angoulême. Une véritable abbesse de Jouarre. P., 1891, in-18. [8° U. 4023 D

——— La Saint-Barthélemy, la veille, le jour, le lendemain. P., 1892, 8°.
[8° U. 4023 Da

Laffitte (P.). Le suffrage universel et le régime parlementaire. P., 1888, in-16.
[8° U. 4024 A

Laffon (F.). Le monde des courses. P. (s. d.), in-18. [8° I. 3862 + B

——— Le monde des pêcheurs. P. (s. d.), in-18. [8° I. 3862 B

La Fontaine. Fables. *Limoges*, 1888, 4°.
[4° O. 343 H

La Gorce (P. de). Histoire de la seconde République française. P., 1887, 2 vol. 8°.
[8° U. 4028 A

——— Histoire du second Empire. P., 1894, 2 vol. 8°. [8° U. 4028 Aa

Lagrange (F.). De l'exercice chez les adultes. P., 1891, in-18. [8° I. 3866 A

——— L'hygiène de l'exercice chez les enfants et les jeunes gens. P., 1890, in-18.
[8° I. 3866 B

——— Physiologie des exercices du corps. P., 1888, 8°. [8° I. 3866 C
4° éd. P., 1890, 8°. [8° I. 3866 D

Lagrère (G.-B. **de**). Les Normands dans les Deux-Mondes. P., 1890, in-16.
[8° U. 4031 C

Lagrillière-Beauclerc (E.). Les contes à l'ombre. P., 1886, 8°. [8° O. 2643 Aa

Laguerre (Mᵐᵉ O.). L'enseignement dans la famille. Cours complet d'études pour les jeunes filles. P., 1888-1894, 3 vol. 8°.
[8° I. 3866 G

Lahor (Jean). Histoire de la littérature hindoue. Les grands poèmes religieux et philosophiques. P., 1888, in-18.
[8° O. 2659 + A

Laillet (E.). L'ami Grandfricas. P., 1887, in-18. [8° O. 2659 A

——— Du rire aux larmes. P., 1893, in-18. [8° O. 2659 Ac

——— La France orientale : Madagascar. P., 1884, in-18. [8° U. 4085 C

——— Mariage de Robinson. P., 1888, in-18. [8° O. 2659 B

Lair (A.-E.). Des Hautes Cours politiques en France et à l'étranger, et de la mise en accusation du Président de la République et des ministres. P., 1889, 8°.
[8° E. 1380

Laisant. Rapport sur le budget de 1883. Ministère de la guerre. P., 1882, 2 vol. 4°.
[4° U. 812 C

——— Rapport sur le projet de loi organique militaire. P., 1887, 4°.
[4° U. 812 D

Lalande. Rapport sur le budget général des dépenses et des recettes de 1889. Ministère du commerce et de l'industrie. P., 1888, 4°. [4° U. 812 G

Lalesque (F.). Arcachon ville d'été, ville d'hiver. P., 1886, 8°. [8° I. 3872 B

——— Le Caire. *Alger*, 1894, fol.
[Fol. U. 189 B

Lallemand (C.). La Tunisie. P., 1892, fol. [Fol. U. 189 C

Lallemand (L.). Les grands problèmes sociaux à l'Académie royale des sciences morales et politiques d'Espagne. P., 1889, 8°.
[8° I. 3872 C.

—— Loi du 24 juillet 1889 sur la protection des enfants maltraités ou moralement abandonnés. P. 1890, 8°. [8° E. 1384 B

—— L'office central des institutions charitables. P., 1891, 8°. [8° I. 3872 F

—— Un péril social. L'introduction de la charité légale en France. P., 1891, 8°.
[8° I. 3872 G

Lallier (J.-A.). De la propriété des noms et des titres. P., 1890, 8°. [8° E. 1384 C

Laloux (V.). L'architecture grecque. P. (s. d.), 8°. [8° I. 3874 A

Lamairesse (E.). L'Inde avant le Bouddha. P., 1891, in-18. [8° U. 4098 C

—— L'Inde après le Bouddha. P., 1892, in-18. [8° U. 4098 Ca

—— Le Japon. P., 1892, 8°.
[8° U. 4098 D

—— La vie du Bouddha, suivie du Bouddhisme dans l'Indo-Chine. P., 1892, in-18.
[8° A. 730 C

Lamartine (A. de), par lui-même (1790-1847). P., 1892, in-16. [8° U. 4098 M

—— Trois poètes italiens : Dante, Pétrarque, Le Tasse. P., 1893, in-18.
[8° O. 2699 Aa

Lambert (M.). Éléments de grammaire hébraïque. P., 1890, in-16. [8° D 2699 C

Lamboursain (J.). La barbotine ou gouache vitrifiable. P. (s. d.), in-16.
[8° I. 3911 A

Lami (E.-O.). Dictionnaire encyclopédique et biographique de l'industrie et des arts industriels. P., 1881-1887, 8 vol. 4°.
[4° I. 841 A

Laming (R.). Méthode pour apprendre les principes généraux de la langue chinoise. P., 1889, in-18. [8° O. 2708 A

Lamounette (B.). Principes d'hygiène. P. (s. d.), in-16. [8° I. 3913 D

Lamy. Rapport sur le budget de 1879. Ministère de la marine. Versailles, 1878, 4°.
[8° U. 814 D

Lanckoronski (Cte C.). Les villes de la Pamphylie et de la Pisidie. P., 1890-1893, fol, [Fol. U. 197 C

Landois (L.). Traité de physiologie humaine. Trad. par G. Moquin-Tandon. P., 1893, 8°. [8° I. 3915 C

Landrin (A.). Traité sur le chien. P., 1888, in-18. [8° I. 3928 A

Lanessan (J.-L. de). L'expansion coloniale de la France. Étude économique, politique et géographique sur les établissements français d'outre-mer. P., 1886, 8°.
[8° U. 4154 C

—— L'Indo-Chine française. P., 1889, 8°.
[8° U. 4154 Cd

—— La marine française au printemps de 1890. P., 1890, in-16. [8° U. 4154 D

—— La Tunisie. P., 1887, 8°.
[8° U. 4154 E

Langlebert (J.). Applications modernes de l'électricité. P. (s. d.), in-16.
[8° I. 3937 C

Langlet. Rapport à la Chambre des députés sur la protection de la santé publique. P., 1892, 4°. [4° I. 841 D

Langlois. Nouvelles habitations rurales et constructions agricoles. P. (s. d.), 2 vol. fol. [Fol. I. 112 B

Langlois (C.-V.), **Stein** (H.). Les archives de l'histoire de France. P., 1891, 8°.
[8° U. 4161 C

Lanier (L.). L'Asie. Choix de lectures de géographie. P., 1892, 2 parties en 2 vol. in-18. [8° U. 4162 B

Lanjalley (A.) Recueil des modifications au décret du 31 mai 1862 sur la comptabilité publique. 2e éd. P., 1878, 4°.
[4° E. 199 D

Lano (P. de). Le secret d'un Empire. L'impératrice Eugénie. 4e éd. P., 1891, in-18.
[8° U. 4162 C

—— Le secret d'un Empire. L'empereur Napoléon III. P., 1893, in-18.
[8° U. 4162 Ca

Lanquest (G.). Traité pratique et élémentaire de photographie. 6e éd. P., 1891, 8°.
[8° I. 3942 + A

Lanson (G.). Les grands écrivains français : Boileau. P., 1892, in-16.
[8° U. 4165 B

—— Bossuet. P., 1891, in-18.
[8° U. 4165 C

—— Conseils sur l'art d'écrire. P., 1890, in-16, [8° O. 2711 E

La Pérouse. Voyage autour du monde. P., 1797, 4 vol. in-4°. Avec 1 atlas, fol.
[4° U. 815
[Fol. U. 197 D

Lapersonne (Dr F. de). Ophtalmologie. Maladies des paupières et des membranes externes de l'œil. P. (s. d.), in-16.
[8° I. 3942 + Ac

Lapeyrouse (S. de). Misères oubliées. Le roman d'un chercheur d'or (Californie, 1850-1853). P., 1886, in-18.
[8° U. 4174 A

Lapierre (C.). Le Parlement et la dignité du commerçant en France. P., 1888, 8°.
[8° I. 3942 A

Laporte (A. de). Les aventures de Bas-de-Cuir chez les sauvages de l'Amérique. Limoges (s. d.), 8°.   [8° O. 2711 G

Lapparent (A. de). La géologie en chemin de fer. Description géologique du bassin parisien et des régions adjacentes. P., 1888, in-16.   [8° I. 3942 B

—— La question du charbon de terre. P., 1890, in-16.   [8° I. 3942 C

—— Le siècle du fer. P., 1890, in-18.
[8° I. 3942 D

—— Traité de géologie. 3e éd. P., 1893, 2 vol. 8°.   [8° I. 3942 Dc

Larbalétrier (A.). L'alcool au point de vue chimique, agricole, industriel, hygiénique et fiscal. P., 1888, in-16.
[8° I. 3943 C

—— La pêche en mer. P. (s. d.), in-18.
[8° I. 3943 Ca

—— Petit dictionnaire d'agriculture, de zootechnie et de droit rural. P. (s. d.), in-16.
[8° I. 3943 Cd

—— Traité manuel de pisciculture d'eau douce, appliquée au repeuplement des cours d'eau et à l'élevage en eaux fermées. P. (s. d.), in-18.   [8° I. 3943 Ce

—— Les vaches laitières. Le lait et ses produits. P., 1887, in-16.   [8° I. 3943 Cf

Larchey (Lorédan). L'esprit de tout le monde. Joueurs de mots, riposteurs. P., 1892-1893, 2 vol. in-16. [8° O. 2713 + A

—— Les excentricités du langage. 5e éd. P., 1865, in-12.   [8° O. 2713 A

Larive, Fleury. Dictionnaire français illustré des mots et des choses. P., 1888-1889, 3 vol. 4°.   [4° O. 344 B

Laroche (E.). Le livre utile. Manuel populaire en quatre parties. Lois, décrets, coutumes, formules, usages, commerce, finances, industrie. Bordeaux, 1892, 8°.
[8° I. 3947 C

Laroche (F.). Ports maritimes. P., 1893, 2 vol. 8° et 2 atlas fol.   [8° I. 3947 Cd
[Fol. I. 112 C

—— Travaux maritimes. Phénomènes marins; accès des ports. P., 1891, 1 vol. 8° et atlas 4°.   [8° I. 3947 D
[4° I. 844 D

La Rochefoucauld (F.-A. de). Palenqué et la civilisation Maya. P., 1888, 8°.
[8° U. 4179 A

Larocque (J. de). Par delà la Manche. P. (s. d.), in-16.   [8° U. 4183

Larrey (Bon). Madame mère (Napoleonis mater). P., 1892, 2 vol. 8°.
[8° U. 4185 D

Larroumet (G.). La comédie de Molière, l'auteur et le milieu. P., 1887, in-16.
[8° O. 2735 C

—— Études d'histoire et de critique dramatiques. P., 1892, in-16.
[8° O. 2735 Ca

—— Nouvelles études de littérature et d'art. P., 1894, in-18.   [8° O. 2735 Cb

Lasaulx (A. de). Précis de pétrographie. Introduction à l'étude des roches. Trad. par H. Forir. P., 1887, in-16.   [8° I. 3953 A

Lassalle (Cte de). D'Essling à Wagram. Correspondance recueillie par Robinet de Cléry. P., 1891, 8°.   [8° U. 4186 C

La Sicotière (L. de). Le département de l'Orne archéologique et pittoresque. Laigle, 1845, fol.   [Fol. U. 199 D

La Sizeranne (Maurice de). — Les aveugles, par un aveugle. Préface de M. le comte d'Haussonville. P., 1889, in-16.
[8° I. 3956 F

Lassailly (C.). Carte spéciale des forts et camps retranchés du Sud-Est, avec un texte explicatif de nos défenses militaires. P. (s. d.), f° plano, reliée 8°.   [8° U. 4193 B

Lasserre (G.). Règles élémentaires de la fabrication et de l'emploi des engrais chimiques. Saint-Cloud, 1890, in-18.
[8° I. 3956 C

Lataste (F.). Documents pour l'éthologie des mammifères. Bordeaux, 1887, 8°.
[8° I. 3958 C

La Tramblais (De), **La Villegille** (De), **Vorys** (J. de). Esquisses pittoresques sur le département de l'Indre. *Châteauroux*, 1882, gr. 8°.　　　　　[4° U. 815 D

Latruffe (Franck). Huningue et Bâle devant les traités de 1815. P., 1863, 8°.
　　　　　[8° U. 4193 E

Laugel (A.). Lord Palmerston et lord Russell. P., 1877, in-18.　　[8° U. 4195 A

Laumonier (J.). La nationalité française. P., 1889, 2 vol. in-18.　　[8° I. 3962 D

Laur (F.). Proposition de la loi sur les mines. P., 1886, 4°.　　　[4° E. 199 F

—— La revision des lois sur les mines en France. P., 1886, 4°.　　[4° E. 199 G

Laurie (A.). Histoire d'un écolier hanovrien. P., 1886, in-18.　　[8° O. 2745 A

—— Le secret du mage. P. (s. d.), in-18.
　　　　　[8° O. 2745 Ac

—— La vie de collège dans tous les pays. 2ᵉ éd. P. (s. d.), in-18.　　[8° O. 2746 A

—— Mémoires d'un collégien russe. P. (s. d.), in-18.　　　[8° O. 2746 Aa

Lavalard (E.). Le cheval. P., 1888-1894, 2 vol. 8°.　　　[8° I. 3964 C

—— Observations présentées à l'occasion du projet d'un droit de douanes sur le maïs. P., 1890, 8°.　　　[8° E. 1392 D

Lavallée (T.). Mᵐᵉ de Maintenon et la Maison royale de Saint-Cyr (1686-1793). 2ᵉ éd. P., 1862, 8°.　　[8° U. 4213 A

Lavalley (G.). Insuffisance de nos lois contre la calomnie. P., 1889, in-18.
　　　　　[8° I. 3967 C

Laveaux (J.-Ch.). Dictionnaire raisonné des difficultés grammaticales et littéraires de la langue française. 3ᵉ éd. par Ch. Marty-Laveaux. P. (s. d.), 8°.　　[8° O. 2747 A

Laveran (A.). Du paludisme et de son hématozoaire. P., 1891, 8°. [8° I. 3970 C
P. (s. d.), in-16.　　　[8° I. 3970 Ca

Lavergne (A. de). Le cadet de famille. P. (s. d.), in-16.　　[8° O. 2747 D

Lavergne (B.). L'évolution sociale. P., 1893, in-16.　　　[8° I. 3970 E

—— Instruction civique. P., 1887, in-18.
　　　　　[8° I. 3970 F

—— Les réformes promises. 2ᵉ éd. P., 1891, in-16.　　　[8° I. 3970 Fa

Lavigne (G. de). Les Espagnols au Maroc. P., 1889, in-18.　　[8° U. 4220 C

Lavisse (E.). «Tu seras soldat.» Histoire d'un soldat français. 6ᵉ éd. P., 1889, in-12.
　　　　　[8° I. 3973 Ac

Lavisse (Er.). Essais sur l'Allemagne impériale. P., 1888, in-16.　[8° U. 4220 F

—— Études et étudiants. P., 1890, in-18.
　　　　　[8° I. 3973 Ae

—— Questions d'enseignement national. P., 1885, in-18.　　　[8° I. 3973 B

—— Trois empereurs d'Allemagne : Guillaume Iᵉʳ, Frédéric III, Guillaume II. P., 1888, in-18.　　　[8° U. 4222 A

—— Vue générale de l'histoire politique de l'Europe. 2ᵉ éd. P., 1890, in-18.
　　　　　[8° U. 4222 Ab

Lavoix fils (H.). La musique française. P. (s. d.), 8°.　　　[8° I. 3978 A

Lavollée (C.). Société d'encouragement pour l'industrie nationale. Rapport sur la statistique du travail aux États-Unis et en Europe. P., 1892, 4°.　　[4° I. 851 C

—— Rapport sur le tarif de l'huile de pétrole. P., 1891, 4°.　　[4° I. 851 D

Lavollée (R.). Essais de littérature et d'histoire. P., 1891, in-18. [8° O. 2747 F

Lazare (B.). L'antisémitisme. P., 1894, in-18.　　　[8° U. 4223 D

Lazare (L.). Un bourgeois de Paris au XIVᵉ siècle. Étienne Marcel. P., 1890, 4°.
　　　　　[4° U. 817 A

Léautey (E.), **Guibault** (A.). La science des comptes. P. (s. d.), 2ᵉ éd. 8°.
　　　　　[8° I. 3981 B
5ᵉ éd. P. (s. d.), 8°.　　　[8° I. 3981 Ba

Lebaigue (Ch.). Dictionnaire latin-français. P., 1890, 8°.　　[8° O. 2747 G

Le Balleur (A.). Dictionnaire de la perception des amendes et condamnations pécuniaires. P., 1889, 8°.　[8° E. 1395 + A

Le Barbier (Em.). Le crédit agricole en Allemagne. P., 1890, gr. 8°. [4° I. 851 G

Lebas (A.). L'obélisque de Luxor. P., 1839, fol.　　　[Fol. I. 113 B

Lebeau. Histoire du Bas Empire. P., 1757-1811, 27 vol. in-12.　[8° U. 4225 A

Le Bègue (A.). Traité des réparations (lois du bâtiment), 4ᵉ éd. P., 1886, 8°.
　　　　　[8° E. 1395 A

Lebeuf (F.-V.). Manuels Roret. Calendrier des vins. 2ᵉ éd. P., 1876, in-18.
[8° I. 4391 A

Le Blanc (Ch.). Manuel de l'amateur d'estampes. P., 1850-1859, 4 vol. 8°.
[8° I. 3984 + A

Le Blond (Dʳ N.-A.). La gymnastique et les exercices physiques. P., 1888, in-18.
[8° I. 3984 B

Lebœuf (L.). Précis d'histoire de Seine-et-Marne. P., 1888, in-16. [8° U. 4280 C

Lebon (A.). Études sur l'Allemagne politique. P., 1890, in-18. [8° U. 4281 B

Lebon (E.) Bulletin scientifique. P., 1888-1889, 8°. [8° I. 3984 D

Le Bon (Dʳ G.). Les civilisations de l'Inde. P., 1887, 4°. [4° U. 821 A

—— L'équitation actuelle et ses principes. P., 1892, in-18. [8° I. 3984 F

—— Les monuments de l'Inde. P., 1893, fol. [Fol. U. 200 B

—— Les premières civilisations. P., 1889, 4°. [4° U. 822 A

Lèbre (G.). Traité pratique et théorique des fonds de commerce. P., 1887, 8°.
[8° E. 1398 A

Le Breton (A.). Le roman au xviiᵉ siècle. P., 1890, in-16. [8° O. 2749 C

Lebrun. Manuels Roret. Manuel du cartonnier, du cartier... P., 1845, in-18.
[8° I. 4223 A

Lebrun, Malepeyre, Romain (A.). Manuels Roret. Manuel du ferblantier-lampiste. Nouv. éd. P., 1883, in-18.
[8° I. 4263 A

Lebrun (Général). Souvenirs des guerres de Crimée et d'Italie. P., 1889, in-18.
[8° U. 4281 C

Le Brun-Renaud (Ch.). Manuel pratique d'équitation. P., 1886, in-18.
[8° I. 3986 A

Lecadet (H.). Les contrebandiers, histoire normande. P., 1891, 8°.
[8° O. 2749 F

Lecercle (Dʳ L.). Traité élémentaire d'électricité médicale. 2ᵉ éd. P., 1893, 2 vol. 8°.
[8° I. 3986 D

Lecerf (Z.). Code-manuel des contraventions de grande voirie et de domaine public. P., 1889, 8°. [8° E. 1399 B

[**Lechartier** (E.).] A propos du concours hippique. Les voitures et les ordonnances de police. P. (s. d.), 8°. [8° E. 1400 B

—— Assurances contre l'incendie. P. (1889), 8°. [8° I. 3987 B

—— Compagnie d'assurances générales sur la vie. P. (1889), 8°. [8° I. 3987 C

Le Chartier (H.), **Pellerin** (G.). Madagascar depuis sa découverte jusqu'à nos jours. P., 1888, in-16. [8° U. 4283 + Ac

Le Chartier (H.). Tahiti et les colonies françaises de la Polynésie. P., 1887, in-16.
[8° U. 4283 B

Lechevallier-Chevignard. Les styles français. P. (s. d.), 8°. [8° I. 3988 D

Lechopié (A.), **Floquet** (Dʳ Ch.). Droit médical ou code des médecins. P., 1890, in-18. [8° E. 1402 C

Leclerc (M.). Choses d'Amérique. Les crises économique et religieuse aux États-Unis en 1890. P., 1891, in-18.
[8° U. 4287 B

—— L'éducation des classes moyennes et dirigeantes en Angleterre. P., 1894, in-18.
[8° I. 3989 C

—— Lettres du Brésil. P., 1890, in-18.
[8° U. 4287 C

Leclerc du Sablon. Nos fleurs. Plantes utiles et nuisibles. P. (s. d.), fol.
[Fol. I. 113 C

Leclercq (J.). Du Caucase aux monts Alaï. P., 1890, in-18. [8° U. 4288 B

Leclère (A.). Recherches sur la législation cambodgienne. P., 1890, 8°.
[8° E. 1403 B

Lecœur (J.). Esquisses du Bocage normand. P., 1883-1887, 2 vol. 8°.
[8° U. 4290 C

Lecomte (F. D.). Voyage pratique au Japon. P., 1893, in-18. [8° U. 4290 D

Lecomte (Capitaine). Corps expéditionnaire du Tonkin. P., 1888, 8°.
[8° U. 4290 E

Lecomte (H.). Cours de zoologie. P. (s. d.), in-16. [8° I. 3989 D

Lecomte (A.). Rouget de Lisle. P., 1892, in-18. [8° U. 4290 Ed

Lecomte de Lisle. Poèmes antiques. P. (s. d.), in-12. [8° O. 2757 + A

—— Poèmes barbares. P. (s. d.), in-12.
[8° O. 2757 A

Lecorché (Dr E.). Traitement du diabète sucré. *P.* (s. d.), in-16.
[8° **I. 3992** D

Lecouffe (G.). Droit usuel. L'avocat du
chasseur. *P.*, 1889, in-16. [8° **E. 1403** C

—— Droit usuel. L'avocat du pêcheur.
P., 1891, in-16.   [8° **E. 1403** D

Le Couteux de Canteleu (Cte). Manuel de la vénerie française. *P.*, 1890, in-16.
[8° **I. 3993** B

Lecoy de La Marche (A.). L'esprit de
nos aïeux. *P.* (s. d.), in-18. [8° **O. 2757** D

—— Les relations politiques de la France
avec le royaume de Majorque. *P.*, 1892,
2 vol. 8°.   [8° **U. 4290** Ef

Lecture (La) en famille. *P.*, 1890-1891,
gr. 8°.   [4° **O. 344** E

Lectures de philosophie scientifique,
par E. Blum. *P.*, 1894, in-18.
[8° **I. 3995** Ab

Lectures historiques. *P.*, 1891, in-18.
[8° **U. 4290** F

Ledieu (A.), **Cardiat** (E.). Le nouveau
matériel naval. *P.*, 1889-1890, 2 vol. 8° et
atlas fol. oblong.   [8° **I. 3995** Ac
[Fol. **I. 114** C

Ledos (Eug.). Traité de la physionomie
humaine. Ill. *P.*, 1894, 8°. [8° **I. 3995** Af

Ledru (A.), **Worms** (F.). Commentaire de la loi sur les syndicats professionnels
du 21 mars 1884. *P.*, 1885, in-18.
[8° **E. 1404** A

Lefébure (E.). Broderie et dentelles.
P. (1887), 8°.   [8° **I. 3995** B

Lefébure de Fourcy (Eug.). *Vade-mecum* des herborisations parisiennes. *P.*, 1891,
in-18.   [8° **I. 3999 + A**

Lefebvre (Casimir). Guide du peintre-
coloriste. *P.* (s. d.), 8°.   [8° **I. 3999** A

—— Peinture sur porcelaine. Décoration
et impression de toutes les couleurs d'un
seul coup, suivie de la peinture sur verre,
émail, stores, écrans, marbre, et de l'art
d'exécuter la vitraux-manotypie. *P.* (s. d.), 8°.
[8° **I. 3999** Aa

Lefebvre (P.). Souvenirs de l'Indo-
Chine. *P.*, 1886, in-18.   [8° **U. 4290** G

Lefebvre Saint-Ogan. De Dante à
l'Arétin. *P.*, 1889, in-16. [8° **U. 4291** C

Lefèvre (Abbé). Conseils sur le choix et
la forme des arbres avant la plantation.
Nancy, 1885, in-16.   [8° **I. 4002** C

Lefèvre (H.). La comptabilité théorique,
pratique et enseignement. *P.* (s. d.), 8°.
[8° **I. 4006** A

Lefèvre (J.). Le chauffage et les applications de la chaleur dans l'industrie et
l'économie domestique. *P.*, 1893, in-18.
[8° **I. 4007** A

—— Dictionnaire d'électricité et de magnétisme. *P.*, 1890-1891, gr. 8°.
[4° **I. 854** C

—— La photographie et ses applications.
P., 1888, in-16.   [8° **I. 4007** A

Lefèvre (P.), **Cerbeland** (G.). Les
chemins de fer. *P.* (s. d.), 8°.
[8° **I. 4007** B

Leforestier (J.). Manuel pratique et
bibliographique du correcteur. *P.*, 1890,
in-16.   [8° **I. 4009** C

Lefort (P.). Manuel du doctorat en médecine. Aide-mémoire d'anatomie à l'amphi-
théâtre. *P.*, 1890, in-18.
[8° **I. 4010 + B**

—— Aide-mémoire d'hygiène et de médecine légale. *P.*, 1889, in-18.
[8° **I. 4010** B

—— Aide-mémoire de thérapeutique.
P., 1890, in-18.   [8° **I. 4010** C

—— La pratique journalière des hôpitaux de Paris. *P.*, 1891, in-18.
[8° **I. 4010** Ca

Lefranc (A.). Histoire du Collège de
France. *P.*, 1893, 8°.   [8° **U. 4304** C

Le Gendre (P.). **Barette, Lepage**.
Traité pratique d'antisepsie. *P.*, 1888, 8°.
[8° **I. 4014** B

Léger (J.-N.). La politique extérieure
d'Haïti. *P.*, 1886, in-12. [8° **U. 4316 + A**

Léger (L.). La littérature russe. *P.* (s. d.),
in-18.   [8° **O. 2764 ++ A**

—— Russes et Slaves. *P.*, 1890, in-16.
[8° **U. 4316** C

Le Goffic (C.), **Thieulin** (E.). Nouveau traité de versification française. *P.*,
1890, in-16.   [8° **O. 2764 + A**

Le Gonidec. Dictionnaire français-bre-
ton et breton-français. *Saint-Brieuc*, 1847-
1850, 2 vol. 4°.   [4° **O. 345** C

Legouvé (E.). Conférences parisiennes.
P. (s. d.), in-18.   [8° **O. 2764** A

Legouvé (E.). Nos filles et nos fils. 17° éd. P. (s. d.), in-18. [8° O. 2765 A

—— M. Samson et ses élèves. P. (s. d.), 8°. [8° U. 4317 + B

—— Soixante ans de souvenirs. 4° éd. P., 1886-1887, 2 vol. 8°. [8° U. 4317 B

—— Théâtre complet. 3° éd. P., 1887-1888, 2 vol. in-18. [8° O. 2765 Aa

—— Une éducation de jeune fille. P. (s. d.), in-18. [8° U. 4317 Ba

—— Une élève de seize ans. P. (s. d.), in-18. [8° I. 4014 C

Legrand. La terre des Pharaons. P., 1888, 8°. [8° U. 4317 F

Legrand (A.). Manuel français-anglais de termes et locutions de marine. P., 1889, 8°. [8° O. 2766 A

Legrand (E.). Nouveau dictionnaire grec-français et français-grec moderne. P. (s. d.), 2 vol. in-16. [8° O. 2766 B

Legrand (Dr M.-A.). Au pays des Canaques. P., 1893, 8°. [8° U. 4317 J

Legrand du Saulle (Dr). Les hystériques. 3° éd. P., 1891, 8°. [8° I. 4014 D

Le Gras (A.). Album des pavillons, guidons, flammes de toutes les puissances maritimes. P., 1858, 4°. [4° U. 823 B

Legros (V.). Sommaire de photogrammétrie. P., 1891, in-18. [8° I. 4014 F

Legueu (Dr F.). Chirurgie du rein et de l'urètre. P., 1894, in-16. [8° I. 4014 I

Lehautcourt (P.). Les expéditions françaises au Tonkin. P., 1888, 2 vol. 8°. [8° U. 4322 A

—— Le lieutenant Mauclerc. P., 1891, in-18. [8° O. 2769 B

Lehugeur (P.). Histoire contemporaine de la France. P. (s. d.), 4° oblong. [4° U. 823 D

—— Mahomet. P., 1884, in-18. [8° U. 4322 D

Lejeal (Adolphe). L'aluminium, le manganèse, le baryum, le strontium, le calcium et le magnésium. P., 1894, in-18. [8° I. 4018 ++ A

Lejeune (E.) Guide du briquetier, du fabricant de tuiles. 2° éd. P., 1886, in-16. [8° I. 4018 + A

—— Guide du chaufournier, du fabricant de ciments. 2° éd. P., 1886, in-16. [8° I. 4018 A

Lejeune (L.). Au Mexique. P., 1892, in-16. [8° U. 4322 G

Lelion-Damiens (L.-E.). OEuvres. Le bréviaire des comédiens. P., 1883, in-18. [8° I. 4019 A

—— La vie à deux, comédie. 2° éd. P., 1890, in-18. [8° O. 2769 C

Lelong (A.). Commentaire de la loi du 27 décembre 1892 sur la conciliation et l'arbitrage facultatifs. P., 1894, in-18. [8° E. 1416 C

Lemaire (F.). Nouveau manuel du capitaliste. P., 1892, 4°. [4° I. 858 A

Lemaistre (A.). L'École des beaux-arts. P., 1889, gr. 8°. [4° U. 823 F

Lemaitre (A.). Abou Naddara à Stamboul. P., 1892, 8°. [8° U. 4329 C

Lemaître (J.). Impressions de théâtre. P., 1888, 2 vol. in-18. [8° O. 2770 A

Le Marchant de la Viéville (Ab.-L.). Fables. P., 1804, 8°. [8° O. 2770 D

Lemas (Th.). Études sur le Cher pendant la Révolution. P. (s, d.), in-16. [8° U. 4329 D

Le Moine (A.). Précis de droit maritime. P., 1888, 8°. [8° E. 1417 + A

Lemonnier (C.). La Belgique. P. (s. d.), 4°. [4° U. 823 I

Lemonnier (H.). L'Algérie. P., 1881, in-18. [8° U. 4336 C

—— Michel-Ange. P., 1881, in-18. [8° U. 4336 Ca

Le Moutier (J.-M.). Nouveau dictionnaire-formulaire pratique. P., 1889, 8°. [8° E. 1417 A

Lemoyne (A.). Poésies (1855-1890). P. (s. d.), 3 vol. in-16. [8° O. 2781 B

—— Voyages et séjours dans l'Amérique du Sud. P., 1880, 2 vol. in-18. [8° U. 4336 F

Le Moyne (Le P.). De l'art des devises. P., 1666, 4°. [4° O. 345 F

Lenient (C.). La comédie en France au xviii° siècle. P., 1888, 2 vol. in-16. [8° O. 2781 E

Lenoir (P.). Histoire du réalisme et du naturalisme. P., 1889, 8°. [8° I. 4028 A

Lenormand (S.), **Janvier**, **Magnier** (D.). Manuels Roret. Manuel de l'horloger. P., 1876, 2 vol. in-18. [8° I. 4283 A

Lenthéric (C.). Du Saint-Gothard à la mer. Le Rhône. P., 1892, 2 vol. 8°.
[8° **U. 4360** C

Lenval (B^on de). Quelques pensées sur l'éducation morale. P., 1886, 8°.
[8° **I. 4032** G

Lenz (Dr O.). Timbouctou, trad. par P. Lehautcourt. P., 1886-1887, 2 vol. 8°.
[8° **U. 4364** B

Léon (J.). Historiale description de l'Afrique, tierce partie du monde. *Lyon*, 1556, fol.
[Fol. **U. 200** C

Lepage (A.). Nos frontières perdues. P., 1886, in-16.
[8° **U. 4367** A

Le Pelletier (E.). Code pratique des usages de Paris. P., 1890, in-18. [8° **E. 1419 + A**

Leplay (H.). Chimie théorique et pratique des industries du sucre. P., 1883, 8°.
[8° **I. 4039 + A**

Leprieur (J.). Traité de comptabilité notariale. P., 1889, 4°.
[4° **I. 858** B

Le Provost de Launay. Manuel des lois de l'enseignement primaire. P., 1889, in-18.
[8° **E. 1419.** B

Leriche (H.). La petite Marthe. 3° éd. P., 1888, in-18.
[8° **O. 2795** B

Lermina (J.). La France martyre. P., 1887, in-18.
[8° **U. 4372** A

—— Reine, roman historique. P., 1891, in-18.
[8° **O. 2795** C

Lermusiaux (F.), **Tavernier** (A.). Pour la patrie! Sociétés de tir. P., 1886, 8°.
[8° **I. 4040 ++ A**

Leroi (M.). Les armements maritimes en Europe. P., 1889, in-16. [8° **I. 4040 + A**

Leroux (C.). Traité pratique de la filature de la laine. P. (s. d.), in-18. [8° **I. 4040** B

Le Roux (H.). Au Sahara. P. (s. d.), in-18.
[8° **U. 4377** G

—— Les jeux du cirque et la vie foraine. P. (s. d.), 4°.
[4° **I. 858** D

—— Tout pour l'honneur. P., 1892, in-18.
[8° **O. 2795** E

Le Roux (J.). Atlas numismatique du Canada. *Montréal* (s. d.), 8°. [8° **U. 4377** E

—— Le médaillier du Canada. *Montréal*, 1888, 8°.
[8° **U. 4377** Ea

Le Roux de Bretagne (A.). Nouveau traité de la prescription en matière civile. P., 1869, 2 vol. 8°.
[8° **E. 1421 + A**

Leroy (A.). Rapport sur le budget de 1883. Ministère de la marine et des colonies. P., 1882, 4°.
[4° **U. 827** D

Leroy (P.), **Drioux** (J.). Des animaux domestiques et de l'exercice de la médecine vétérinaire. P., 1887, 8°. [8° **E. 1421** A

Leroy-Beaulieu (P.). L'Algérie et la Tunisie. P., 1887, 8°. [8° **U. 4380** A

—— L'État moderne et ses fonctions. 2° éd. P., 1891, 8°. [8° **I. 4045** B

—— Précis d'économie politique. 3° éd. P., 1891, in-18. [8° **I. 4047** C

Le Roy de Gouberville (G.-H.). Manuel de tir. P., 1885, in-18. [8° **I. 4052** A

Le Saulnier (A.). Des ouvriers des usines et des manufactures. P., 1888, 8°.
[8° **E. 1421** B

Lescure (De). Les grands écrivains français. Chateaubriand. P., 1892, in-16.
[8° **U. 4386** A

—— François Coppée (1842-1889). P., 1889, in-16. [8° **U. 4386** B

Le Senne (C.). Code du théâtre. P., 1882, in-18. [8° **E. 1422** A

L'Esprit (A.). Situation des étrangers en France au point de vue du recrutement. P., 1888, 8°. [8° **E. 1424** A

Lesserteux (E.-C.). Paul Bert au Tonkin et les missionnaires. P., 1888, 8°. [8° **U. 4396** A

Lessing. Fables. Nouv. éd., par J. Kont. P. (s. d.), 8°. [8° **O. 2815** C

Létang (Baron). Des moyens d'assurer la domination française en Algérie. P., 1840, 8°.
[8° **U. 4396** B

Letarouilly (P.). Édifices de Rome moderne. P., 1840-57, in-4° et 3 vol. fol.
[4° **U. 829** E
[Fol. **U. 200** E

Letellier. Description historique des monnaies françaises. P., 1888-1890, 4 vol. in-18.
[8° **U. 4396** G

Letourneau (Ch.). L'évolution du mariage et de la famille. P., 1888, 8°.
[8° **I. 4057** A

—— L'évolution religieuse dans les diverses races humaines. P., 1892, 8°.
[8° **A. 762** C

Lettres à Lamartine (1818-1865), publ. par Mme V. de Lamartine. P., 1892, in-18.
[8° **O. 2815** E

Lettres choisies du xviie siècle, avec des notices par P. Jacquinet. P., 1890, in-18.
[8° O. 2815 F

Leudet (Dr Th.-E.). Études de pathologie et de clinique médicale. P., 1890-91, 3 vol. 8°. [8° I. 4058 C

Levallois (J.). Autour de Paris. *Tours*, 1884, 8°. [8° U. 4411 B

Levasseur (E.). Grand atlas de géographie physique et politique. P. (s. d.), f°.
[Fol. U. 200 C

Levasseur (E.). Les naissances. P., 1889, 8°. [8° U. 4419 C

—— La population française. P., 1889-93, 3 vol. 8°. [8° U. 4419 Ca

Leven (M.). La névrose. P., 1887, 8°.
[8° I. 4060 A

Lévêque (C.). Psychologie de la musique. P., 1888, 4°. [4° I. 868 A

Levillain (F.). Hygiène des gens nerveux. P., 1891, in-18. [8° I. 4065 A

Lévy (A.). Méthode pratique de langue allemande. P., 1888, 3 vol. 8°.
[8° O. 2816 B

—— Napoléon intime. 3e éd. P., 1893, 8°.
[8° U. 4422 B

Lévy-Bruhl (L.). L'Allemagne depuis Leibniz. P., 1890, in-16. [8° U. 4422 C

Lévy-Lambert (A.). Chemins de fer funiculaires. Transports aériens. P., 1894, 8°. [8° I. 4069 C

Lewal. L'agonistique. P., 1890, in-18.
[8° I. 4069 Cb

Lewis (C.-C.). Histoire gouvernementale de l'Angleterre de 1770 à 1830. P., 1867, 8°.
[8° U. 4422 F

Leygues (G.). Rapport sur la fixation du budget général de 1889. Ministère de l'intérieur. Services pénitentiaires. P., 1888, 4°.
[4° U. 832 C

Leygue (L.). Chemins de fer. P., 1892, 8°.
[8° I. 4069 Cd

Lezé (R.). Les industries du lait. P., 1891, 8°. [8° I. 4069 D

—— Les machines à glace. P., in-16.
[8° I. 4069 Da

Lhomme (F.). Charlet. P., 1892, 4°.
[4° I. 869 D

—— Raffet. P., 1892, 4°. [4° I. 869 Da

Lhomond. Nouvelle grammaire. P. (s. d.), 8°. [8° O. 2818 ++ A

Lhoste (F.). Mes ascensions maritimes. P., 1888, 8°. [8° I. 4069 I

Liard (L.). L'enseignement supérieur en France (1789-1893). P., 1888-1894, 2 vol. 8°.
[8° U. 4422 I

—— Morale et enseignement civique. P., 1886, in-16. [8° I. 4070 A

Lichtenberger (E.). Le Musée national du Louvre. 100 reprod. photogr. P. (s. d.), 8°.
[8° I. 3862 ++ Ac

Liébeault (Dr A.-A.). Le sommeil provoqué et les états analogues. P., 1889, in-18.
[8° I. 4070 B

Liébert (A.). La photographie au charbon. 2e éd. P., 1884, in-18. [8° I. 4070 C

Liégeard (S.). La côte d'azur. P., 1894, 8°. [8° U. 4422 K

Lieussou (G.). Dix mois autour du monde. P., 1887, in-18. [8° U. 4422 L

Lightone (R.). Le grand frère. P. (s. d.), in-18. [8° O. 2818 + A

Limousin (C.-M.). Les privilégiés de la navigation intérieure. P., 1888, in-18.
[8° I. 4074 B

—— Les progrès du communisme d'État. P., 1891, 8°. [8° I. 4074 Ba

—— La suppression du parlementarisme. P., 1888, 8°. [8° E. 1426 A

Linden (A.). Comment on joue pendant la pluie. P., 1890, 8°. [8° I. 4074 E

Lintilhac (E.). Beaumarchais et ses œuvres. P., 1887, 8°. [8° U. 4448 A

—— Les grands écrivains français. Lesage. P., 1893, in-16. [8° U. 4448 Ab

—— Précis historique et critique de la littérature française. — I. Des origines au xviie siècle. P., 1890, in-18. [8° O. 2818 C

Lippmann (E.). Petit traité de sondage. P. (s. d.), 8°. [8° I. 4074 G

Liquier (R.). Guide des aspirants au professorat. 2e éd. P., 1890, in-12.
[8° I. 4074 H

Lisbonne (E.). La navigation maritime. P. (s. d.), 8°. [8° I. 4074 J

Lister. Voyage à Paris, en m dc xcviii. Trad. et publ. par la Société des bibliophiles français. Avec des extraits des ouvrages d'Évelyn, relatifs à ses voyages en France, de 1648 à 1661. P., 1873, 8°. [8° U. 4449 C

Littré (E.). Comment les mots changent de sens. P., 1888, 8°. [8° O. 2818 D

Livet (Ch.-L.). Précieux et précieuses. 2ᵉ éd. P., 1860, in-16. [8° U. 4451 B

Livret (Le) de l'étudiant de Paris. P. (s. d.), in-18. [8° I. 4080 B

Lobgeois (E.). Lois fondamentales de la médecine. Saint-Quentin, 1871, 8°. [8° I. 4080 C

Locard (A.). Les huîtres et les mollusques comestibles. P., 1890, in-16. [8° I. 4081 C

—— La pêche et les poissons des eaux douces. P., 1891, in-18. [8° I. 4081 Ca

Lockroy (E.). Une mission en Vendée (1793). P., 1893, in-18. [8° U. 4459 D

Loi du 24 juin 1887 sur l'imposition de l'alcool en Allemagne. Mulhouse (s. d.), in-18. [8° E. 1459 A

Loi du 15 juillet 1889 sur le recrutement de l'armée, suivie de la loi du 26 juin 1889 sur la nationalité. P., 1889, 8°. [8° E. 1459 B

Loi sur la liquidation judiciaire et la faillite, promulguée le 5 mars 1889. P., 1889, 8°. [8° E. 1459 D

Loir (M.). La marine française. P., 1893, 4°. [4° U. 833 F

—— La marine royale en 1789. P. (s. d.), in-18. [8° U. 4460 + Aa

Lois françaises et étrangères sur la propriété littéraire et artistique. P., 1889, 2 vol. 8°. [8° E. 1461 C

Lois sur la pêche fluviale à l'usage de la gendarmerie. 5ᵉ éd. P., 1890, in-16. [8° E. 1464 C

Lois sur le budget général des recettes et des dépenses de 1892. P., 4°. [4° U. 833 G

Lois usuelles, décrets, ordonnances et avis du Conseil d'État. 15ᵉ éd. P., 1887, 4°. [4° E. 204 A

Loiseau (A.). Histoire de la littérature portugaise. P., 1886, in-18. [8° O. 2825 A

Loizillon (Lᵗ-col.). Lettres sur l'expédition du Mexique (1862-1867). P., 1890, in-16. [8° U. 4461 C

Loliée (F.). Nos gens de lettres. P., 1887, in-18. [8° U. 4461 F

Lombroso (C.). L'anthropologie criminelle et ses récents progrès. P., 1890, in-18. [8° I. 4091 C

—— Laschi (R.). Le crime politique et les révolutions, trad. par A. Bouchard. P., 1892, 2 vol. 8°. [8° I. 4091 D

—— L'homme criminel. Trad. par MM. Regnier et Bournet. P., 1887, 2 vol. 8°, dont 1 atlas. [8° I. 4091 E

—— L'homme de génie, trad. par Fr. Colonna d'Istria. P., 1889, 8°. [8° I. 4091 F

Londe (A.). Bibliothèque photographique. La photographie médicale. P., 1893, 8°. [8° I. 4091 G

—— La photographie moderne. P., 1888, 8°. [8° I. 4091 H

Longchamps (G. de). Essai sur la géométrie de la règle et de l'équerre. P., 1890, 8°. [8° I. 4093 C

Longnon (A.). De la formation de l'unité française. P., 1890, in-16. [8° U. 4467 + A

Longueville (A.). Manuel complet de tous les jeux de cartes. P. (s. d.), in-16. [8° I. 4095 C

Lonlay (Dick de). Français et Allemands. P., 1888-1891, 6 vol. 8°. [8° U. 4467 B

—— Notre armée. P., 1890, gr. 8°. [4° U. 835 D

Loonen (Ch.). Le Japon moderne. Illustr. P., 1894, 8°. [8° U. 4467 E

Lopes (M.-J.). L'espagnol tel qu'on le parle. 6ᵉ éd. P., 1889, in-12 oblong. [8° O. 2829 C

Lopez Polin (D.-J.). Diccionario estadístico municipal de España. Madrid, 1863, 8°. [8° U. 4467 Ed

Loret (V.). L'Égypte au temps des Pharaons. P., 1889, in-12. [8° I. 4467 F

Lortet. La Syrie d'aujourd'hui (1875-1878). P. (s. d.), 4°. [4° U. 835 G

Lota (L.). Contributions à la géographie médicale du Soudan français. P., 1887, 8°. [8° I. 4099 B

Loti (P.). Au Maroc. 17ᵉ éd. P., 1890, in-18. [8° U. 4467 I

—— L'Exilée. 30ᵉ éd. P., 1893, in-18. [8° O. 2838 B

—— Le mariage de Loti. Rarahu. 36ᵉ éd. P., 1891, in-18. [8° O. 2838 C

Loti (P.). Pêcheur d'Islande, 72ᵉ éd. P., 1889, in-18.   [8° O. 2838 D

—— Le roman d'un enfant. 36ᵉ éd. P., 1891, in-18.   [8° O. 2838 E

Loua (T.). La France sociale et économique. P., 1888, gr. 8°.   [4° I. 872 A

Loubeau (P. de). La Méditerranée pittoresque. P., 1894, f°.   [Fol. U. 202 + A

Loubens (D.). Les proverbes et les locutions de la langue française. P., 1888, in-16.   [8° O. 2838 F

—— Recueil de mots français dérivés de la langue latine, 4ᵉ éd. P., 1883, in-18.   [8° O. 2838 G

—— Recueil de mots français tirés des langues étrangères. P. (s. d.), in-18.   [8° O. 2838 Ga

Louis XI, roi de France. Lettres publ. par J. Vaesen et E. Charavay. P., 1883, 2 vol. 8°.   [8° U. 4469 C

Louis-Philippe, Adélaïde (Mᵐᵉ), **Talleyrand** (Prince de). Le prince de Talleyrand et la maison d'Orléans. 4ᵉ éd. P., 1890, in-18.   [8° U. 4475 + A

Louvet (D.). L'apprenti nageur. P. (s. d.), 8°.   [8° I. 4101 B

Loyal (F.). Le dossier de la revanche. P., 1887, in-18.   [8° U. 4475 B

Loyal serviteur (Le). Histoire de Bayard, pub. par J. Roman. P., 1878, 8°.   [8° U. 4476 + A

Lubbock (J.). Le bonheur de vivre (2ᵉ partie), trad. P., 1892, in-18.   [8° I. 4102 C

—— L'homme préhistorique. 3ᵉ éd. P., 1888, 2 vol. 8°.   [8° I. 4104 + A

—— Les origines de la civilisation. 3ᵉ éd. trad., par Ed. Barbier. P., 1881, 8°.   [8° U. 4476 A

Lubomirski (Pᶜᵉ G. et M.). Le drapeau du 105ᵐᵉ régiment territorial d'infanterie. Grenoble, 1887, 8°.   [8° U. 4476 C

Luc (Dʳ H.). Les névropathies laryngées. P. (s. d.), in-16.   [8° I. 4104 D

Lucas (C.). Institut de France. De l'état anormal en France de la répression en matière de crimes capitaux. P., 1888, 4°.   [4° E. 204 B

Lucas (H.). Poésies. P., 1891, in-16.   [8° O. 2841 A

Luce (S.). La France pendant la guerre de Cent ans. P., 1890, in-16.   [8° U. 4481 C

—— Jeanne d'Arc à Domremy. 2ᵉ éd. P., 1887, in-16.   [8° U. 4483 A

Luchaire (A.). Les communes françaises à l'époque des Capétiens directs. P., 1890, 8°.   [8° U. 4483 D

Luchet (J.-P.-L. de). Paris en miniature. Amsterdam, 1784, in-12.   [8° U. 4485 D

Lutaud (A.). Manuel de médecine légale. 5ᵉ éd. P., 1892, in-16.   [8° I. 4109 C

Lutte (La) contre l'abus du tabac. P., 1890, in-16.   [8° I. 4110 C

Luys (J.). Hypnotisme expérimental. P., 1890, in-16.   [8° I. 4111 B

—— Petit atlas du système nerveux. P., 1888, in-16.   [8° I. 4111 C

—— Le traitement de la folie. P. (s. d.), in-16.   [8° I. 4112 B

Luzet (Dʳ C.). La chlorose. P., 1892, in-16.   [8° I. 4112 C

Lyden (E.-M. de). Nos 144 régiments de ligne. P. (s. d.), in-18.   [8° U. 4486 B

Lyon-Caen (Ch.), **Renault** (L.). Précis de droit commercial. P., 1884-85, 2 vol. 8°.   [8° E. 1469 C

Lyonnet (H.). Notions sur les machines et le travail manuel du fer et du bois. P., 1889, in-18.   [8° I. 4116 B

Lytton (Lord). Glenaveril, trad. par Mᵐᵉ L. d'Alq. P., 1888, in-18.   [8° O. 2849 A

M

Mabilleau (L.). Les grands écrivains français. Victor Hugo. P., 1893, in-16.   [8° U. 4487 C

Macario (Dʳ M.). Manuel d'hydrothérapie. P., 1889, in-18.   [8° I. 4116 A

Macdonald (Maréchal), duc de Tarente. Souvenirs. 3ᵉ éd. P., 1892, 8°.   [8° U. 4521 B

Macé (E.). Traité pratique de bactériologie. P., 1889, in-16.   [8° I. 4117 A

Macé Descartes. Histoire et géographie de Madagascar. *P.*, 1846, 8°.
[8° **U. 4521** Be

Mackenzie (Dʳ M.). La dernière maladie de Frédéric le Noble. 21ᵉ éd. *P.*, 1888, in-18. [8° **U. 4521** C

—— Hygiène des organes de la voix, trad. par L. Brachet, G. Coupard. *P.*, 1888, 8°. [8° **I. 4120** A

Macquarie (J.-L.). Villes d'hiver et plages de la Méditerranée. *P.*, 1893-1894, in-32. [8° **U. 4522** B

Madagascar. L'incident de Tananarive. *Uclès*, 1892, 8°. [8° **U. 4522** D

Maël (Pierre). Amours simples. *P.* (s. d.), in-18. [8° **O. 2866** B

—— Pilleurs d'épaves. *P.* (s. d.), in-16. [8° **O. 2866** Bb

—— Sauveteur. *P.* (s. d.), 4°. [4° **O. 347** D

—— Un manuscrit. *P.*, 1891, in-18. [8° **O. 2866** Bc

Magazine (Le) français illustré. *P.*, 1891-1892, 3 vol. 8°. [8° **O. 2866** C

Mag Dalah. Un hiver en Orient. *P.*, 1892, 8°. [8° **U. 4527** C

Mager (H.). Atlas colonial. *P.* (1886), fol. [Fol. **U. 202** A

Magnier (M.-D.). Manuel de l'éclairage et du chauffage au gaz. *P.*, 1866, 2 vol. in-18. [8° **I. 4272** A

Magnier de la Source (Dʳ L.). Analyse des vins. *P.* (s. d.), in-16. [8° **I. 4133** C

Magnus (H.). Histoire de l'évolution du sens des couleurs. *P.*, 1878, in-16. [8° **I. 4133** E

Mahé de la Bourdonnais (Cᵗᵉ A.). Un Français en Birmanie. 3ᵉ éd. *P.*, 1886, in-18. [8° **U. 4529** C

Mahé de la Bourdonnais (B.-F.). Mémoires historiques. *P.*, 1890, 8°. [8° **U. 4529** D

Maier (M.). Il regno di Napoli et di Calabria. *Rome*, 1723, fol. [Fol. **U. 202** F

Maigne. Manuels Roret. Manuel du fabricant de briquets et d'allumettes chimiques. *P.*, 1878, in-18. [8° **I. 4218** + A

—— Nouvelles leçons de choses. *P.*, 1883, in-18. [8° **I. 4138** A

Mailhol (D. de). Dictionnaire géographique des communes (France et colonies). *P.*, 1891, 4°. [4° **U. 839** C

Maillot (E.). Leçons sur le ver à soie du mûrier. *Montpellier*, 1885, 8°. [8° **I. 4138** C

Mailly. L'esprit des croisades. *Amsterdam*, 1780, 4 vol. in-12. [8° **U. 4529** De

Mainard (L.), **Buquet** (P.). Henri Martin. *P.*, 1884, in-18. [8° **U. 4529** F

Maindron (E.). L'Académie des sciences. *P.*, 1888, 8°. [8° **U. 4529** G

Maindron (G.-R.-M.). Les armes. *P.* (s. d.), 8°. [8° **I. 4138** D

—— Les hôtes d'une maison parisienne. *P.*, 1891, 8°. [8° **I. 4138** Da

—— Les papillons. *P.*, 1888, in-16. [8° **I. 4138** E

Maine (H.-S.). Essais sur le gouvernement populaire. *P.*, 1887, 8°. [8° **I. 4138** H

Malapert du Peux (G.). Le lait et le régime lacté. *P.*, 1891, in-16. [8° **I. 4148** C

Malepeyre (F.), **Romain** (A.). Manuels Roret. Manuel du briquetier. *P.*, 1883, 2 vol. in-18. [8° **I. 4218** ++ A

Mallat de Bassilan. L'Amérique inconnue. *P.*, 1892, in-16. [8° **U. 4545** C

Malmanche (Mˡˡᵉ M.-H.). Manuel pratique de tenue de livres. *P.*, 1889, 8°. [8° **I. 4159** A

2ᵉ éd. *P.*, 1891, 8°. [8° **I. 4159** Aa
—— Livre du maître. *P.*, 1889, 8°. [8° **I. 4159** Ab

Malo (C.). M. de Moltke. *P.*, 1891, 8°. [8° **U. 4549** C

Malo (L.). L'asphalte. 2ᵉ éd. *P.*, 1888, in-16. [8° **I. 4159** D

Malvaux (Abbé de) Les moyens de détruire la mendicité en France. *Châlons-sur-Marne*, 1780, 8°. [8° **I. 4160** A

Manacéine (M.). Le surmenage mental dans la civilisation moderne, trad. par E. Jaubert. *P.*, 1890, in-18. [8° **I. 4160** B

Mangin (A.). De la liberté de la pharmacie. *P.*, 1864, 8°. [8° **E. 1483**

—— Les savants illustres de la France. Nouv. éd. *P.* (s. d.), 8°. [8° **U. 4555** C

Mangin (L.). Cours élémentaire de botanique, P., 1885, in-16.
[8° I. 4161 ++ A

—— Éléments d'hygiène. P., 1892, in-16.
[8° I. 4161 + A

Mangot (J.). Traversée de la Manche, de Cherbourg à Londres. 2ᵉ éd. P., 1888, 8°.
[8° I. 4161 A

Mannequin (Th.). Congrès monétaire international. P., 1889, 8°. [8° I. 4161 B

—— Le retrait des monnaies d'or frappées avant 1877. P., 1883, 8°.
[8° E. 1483 A

Manillier (A.). Le secrétaire pratique. P., 1884, in-32. [8° O. 2888 A

Manning (S.). La terre des Pharaons. Égypte et Sinaï, trad. par E. Dadre. Toulouse, 1890, 8°. [8° U. 4555 D

Mantz (P.). Antoine Vatteau. P., 1892, 4°.
[4° I. 880 C

Manuel (E.). Poésies du foyer et de l'école. P., 1888, 8°. [8° O. 2888 Ad

Manuel (E.)., Louis (R.). La réforme des frais de justice. P., 1892, in-18.
[8° E. 1483 B

Manuel (R.). Les animaux d'appartement. P. (s. d.), in-18. [8° I. 4162 ++ A

—— La comédie de salon. P. (s. d.), in-18. [8° O. 2888 B

—— Les guides de la vie pratique. La maison de campagne. P. (s. d.), in-18.
[8° I. 4162 + A

—— Les petites industries d'amateurs. P. (s. d.), in-18. [8° I. 4162 + A

—— Les sciences familières. P. (s. d.), in-18. [8° I. 4162 + A

Manuel d'examen pour le brevet de l'enseignement primaire. 4ᵉ éd. P., 1888, in-16.
[8° I. 4162 Ac

Manuel d'examen pour le brevet supérieur de l'enseignement primaire. P., 1889, 2 vol. in-16. [8° I. 4162 B

Manuel d'hygiène coloniale. P., 1894, 8°.
[8° I. 4162 Bc

Manuel de bibliographie biographique et d'iconographie des femmes célèbres. P., 1892, 8°. [8° O. 2888 D

Manuel de l'infirmière-hospitalière. 42ᵉ éd. P., 1890, in-18. [8° I. 4162 Fb

Manuel de préparation aux concours d'entrée des écoles supérieures de commerce. P., 1892, 2 vol. 8°. [8° I. 4162 Gb

Manuel de préparation pour l'examen des douanes. 4ᵉ éd. P., 1894, 8°.
[8° E. 1483 Ab

Manuel des adjudicataires de fournitures et de travaux pour le compte de l'État. P., 1887, in-18. [8° E. 1483 C

Manuel des agents de change (1804-1893). P., 1893, gr. 8°. [4° I. 880 D

Manuel des communautés de religieuses institutrices. P., 1890, in-18.
[8° U. 4557 C

Manuel du marbrier, du constructeur et du propriétaire de maisons. Manuels Roret. P., 1855, in-18 et atlas gr. 8°.
[8° I. 4310 A

Manuel du matelot-timonier. 9ᵉ éd. P., 1887, in-18. [8° I. 4163

Manuel du recrutement des armées. 2ᵉ éd. P., 1890, 8°. [8° E. 1494

Manuel pour l'exécution des travaux de fortification de campagne. P., 1889, in-18.
[8° I. 4165 A

Manuel universel et raisonné du caoutier. Manuels Roret. P. (s. d.), in-18.
[8° I. 4220 A

Mandat-Grancey (Bᵒⁿ E. de). Souvenirs de la côte d'Afrique. Madagascar, Saint-Barnabé. P., 1892, in-18.
[8° U. 4555 + A

Manzoni. Les fiancés. Éd. abrégée. P., 1890, gr. 8°. [4° O. 348 C

Maquest (P.). La France et l'Europe pendant le siège de Paris. 2ᵉ éd. P., 1877, 8°.
[8° U. 4558 C

Marais (A.). Abraham Lincoln. P., 1880, in-16. [8° U. 4559 C

Marais (M.). Journal et mémoires, pub. par M. de Lescure. P., 1863-1868, 4 vol. 8°.
[8° U. 4559 F

Marbot (Général bᵒⁿ de). Mémoires. P., 1891-1892, 3 vol. 8°. [8° U. 4560 B

Marc (A.). Un explorateur brésilien. P., 1889, 8°. [8° U. 4560 D

Marc (Dʳ). Conseils. La famille, la maison, l'alimentation. P., 1888, in-18.
[8° I. 4392 A

Marcel (É.). L'hetman Maxime. Nouv. éd. P., 1890, 8°. [8° O. 2890 C

Marcel (G.). La Pérouse. Récit de son voyage. P. (s. d.), in-18. [8° U. 4560 F

Marchal (C.). Tarifs des douanes. P., 1889, 8°. [8° I. 4394 A

Marchal (G.). La France moderne. Le drame de Metz. P., 1890, 4°. [4° U. 852 C

—— La Patrie en danger (1792). P. (s. d.), 8°. [8° U. 4565 B

Marchand (A.). Poètes et penseurs. 2ᵉ éd. P., 1892, in-16. [8° O. 2894 + A

Marchand (H.). «Tu seras agriculteur.» Histoire d'une famille de cultivateurs. P., 1889, in-16. [8° I. 4394 C

Marchand (J.). Un intendant sous Louis XIV. Lebret en Provence (1687-1704). P., 1889, 8°. [8° U. 4565 C

Marchangy (De). La Gaule poétique. 4ᵉ éd. P., 1824-1825, 3 vol. 8°. [8° U. 4565 G

Marché (Le) libre. Un groupe de banquiers de Paris à MM. les sénateurs et députés. P., 1892, 4°. [4° I. 881 B

Marcillac (Ch. de), **Guernaut** (H.). La Caisse centrale du Trésor public. P., 1890, 8°. [8° E. 1507 C

Marcy (H.). L'accusé devant la loi pénale de France. P. (s. d.), 8°. [8° E. 1507 F

Maréchal (E.). Chronologie aide-mémoire (395-1789). P. (s. d.), in-16. [8° U. 4574 + A

Maréchal (M.). L'hôtel Woronzoff. P., 1887, 8°. [8° O. 2896 D

Marey (E.-J.). Physiologie du mouvement. Le vol des oiseaux. P., 1890, 8°. [8° I. 4399 C

Margueritte (Général A.). Chasses de l'Algérie. 4ᵉ éd. P., 1888, in-16. [8° U. 4579 A

Margueritte (P.). Mon père. Nouv. éd. P. (s. d.), in-18. [8° U. 4579 Aa

Marichal (H.). Essai de philosophie évolutive. P., 1891, 4°. [4° I. 881 C

Mariéjol (J.-H.). L'Espagne sous Ferdinand et Isabelle. P. (s. d.), 8°. [8° U. 4581 + B

—— Lectures historiques. Moyen âge et temps modernes (1270-1610). P., 1892, in-16. [8° U. 4581 B

Marield (J.). La France à Madagascar. P., 1887, in-18. [8° U. 4581 C

Mariette (E.). Traité pratique et raisonné de la construction en Égypte. 2ᵉ éd. P., 1886, 8°. [8° I. 4408 A

Marin (P.). La mission de Jeanne d'Arc. Conférence. Gênes, 1891, in-16. [8° U. 4581 E

Marion (H.). L'éducation dans l'Université. P. (s. d.), in-18. [8° I. 4411 C

—— J. Locke. P., 1878, in-18. [8° U. 4581 K

Marmier (X.). A travers les tropiques. P., 1889, in-16. [8° U. 4584 B

Marmottan (P.). Le général P.-J. Fromentin (1754-1830). P., 1890, 4°. [4° U. 865 C

—— Le général Fromentin et l'armée du Nord (1792-1794). P., 1891, 8°. [8° U. 4586 C

—— Les statues de Paris. P. (s. d.), in-12. [8° U. 4586 Ca

Marot (C.). OEuvres choisies, par E. Voizard. P. (s. d.), in-18. [8° O. 2917 A

Marqfoy (G.). De l'abaissement des tarifs de chemins de fer en France. P., 1863, gr. 8°. [4° I. 881 E

—— La République. P., 1891, 6 vol. 8°. [8° U. 4586 D

Marquet de Vasselot. Histoire des sculpteurs français, de Charles VIII à Henri III. P., 1888, 8°. [8° U. 4586 E

Marrin (Dʳ P.). Le mariage théorique et pratique. P. (s. d.), in-18. [8° I. 4413 C

Marsauche (L.). La Confédération helvétique. P., 1891, in-16. [8° I. 4413 F

Martene. Voyage littéraire de deux religieux bénédictins. P., 1717, 4°. [4° U. 865 G

Martha (J.). L'art étrusque. P., 1889, 4°. [4° I. 881 D

Marthe (Mère). L'aisance par l'économie. Épinal (s. d.), in-16. [8° I. 4414 Ac

Martin (Alexandre). L'éducation du caractère. P., 1887, in-16. [8° I. 4414 B

Martin (Alexis). L'art ancien. Faïences et porcelaines. 2ᵉ éd. P., 1890, 8°. [8° I. 4414 C

—— Les étapes d'un touriste en France. Paris. P., 1890, in-16. [8° U. 4624 A

Martin (Alexis). Tout autour de Paris. P., 1890, in-18. [8° **U. 4624** Aa

—— Promenades et excursions dans les environs de Paris. Région de l'Ouest. P., 1892, in-18. [8° **U. 4624** Ab

Martin (A.-J.). Des épidémies et des maladies transmissibles dans leurs rapports avec les lois et règlements. *Lyon* (s. d.), in-18. [8° **E. 1516** G

Martin (Em.). Origine et explications de 200 locutions et proverbes. P., 1888, 8°. [8° **O. 2922** C

Martin (Dr Ernest). Histoire des monstres. P., 1880, 8°. [8° **I. 4414** E

—— L'opium. P., 1893, 8°. [8° **I. 4414** Ec

Martin (Étienne). Le monopole de l'alcool et les réformes fiscales. P., 1888, in-18. [8° **E. 1516** E

Martin (G.). Étude sur les placements faits à l'étranger par les différents peuples. P., 1891, gr. 8°. [4° **I. 881** F

Martin (L.). Précis élémentaire de droit constitutionnel. P., 1891, in-18. [8° **E. 1516** G

Martinet (André). Histoire anecdotique du Conservatoire de musique et de déclamation. P. (s. d.), in-18. [8° **U. 4651** C

Martinet (Antony). Les différentes formes de l'impôt sur le revenu. P., 1888, 8°. [8° **I. 4420** B

Marx (L.). Le laboratoire du brasseur; 3e éd. *Valence*, 1889, 8°. [8° **I. 4420** C

Marx (R.). La décoration et l'art industriel à l'Exposition universelle de 1889. Conférence. P., 1890, fol. [Fol. **I. 121** + A

Mascart (E.) et **Joubert** (J.). Leçons sur l'électricité et le magnétisme. P., 1882-1886, 2 vol. 8°. [8° **I. 4422** + A

—— La météorologie appliquée à la prévision du temps. P., 1881, in-12. [8° **I. 4422** A

Mas-Latrie (L. de). Histoire de l'île de Chypre sous le règne des princes de la maison de Lusignan. P., 1852-1865, 2 vol. gr. in-8°. [4° **U. 869** B

Maspero (G.). L'archéologie égyptienne. P. (1887), 8°. [8° **I. 4422** + B

Massas (C. de). Le pêcheur à la mouche artificielle et le pêcheur à toutes les lignes. 4e éd. P. (s. d.), in-18. [8° **I. 4422** B

Masselin (O.). Dictionnaire de formules raisonnées ou modèles d'actes. P. (s. d.), 8°. [8° **E. 1533** A

—— Dictionnaire juridique. Animaux domestiques. P., 1888, 8°. [8° **E. 1533** C

Masseras (E.). La dette américaine (1861 à 1887). P., 1888, 8°. [8° **U. 4655** A

Masson (Fr.). Napoléon chez lui; 11e éd. Illustr. P., 1894, 8°. [8° **U. 4668** B

Mataigne (H.). Nouvelle géographie de la France. 2e éd. P., 1891, gr. 8°. [4° **U. 869** C

Mathet (L.). Leçons élémentaires de chimie photographique. P. (s. d.), in-18. [8° **I. 4424** A

Mathieu (Dr A.). Neurasthénie. P., 1892, in-16. [8° **I. 4424** B

Mathieu (H.). Manuel du chauffeur-mécanicien et du propriétaire d'appareils à vapeur. P., 1890, 8°. [8° **I. 4424** C

Mathieu-d'Auriac (E.). Les marmottes parisiennes. P., 1887, in-18. [8° **O. 2925** C

Matrat (P.). Retraites. Questions diverses. P., 1888, 8°. [8° **I. 4425** B

Mattei (Commt). Bas-Niger, Bénoué, Dahomey. *Grenoble*, 1890, 8°. [8° **U. 4672** C

Mauclaire (Pl.). Ostéomyélites de la croissance. P., 1894, 8°. [8° **I. 4426** C

Maugras (A.). L'avocat de la famille. P., 1891, 8°. [8° **E. 1541** C

Maugras (G.). Querelles de philosophes. Voltaire et J.-J. Rousseau. 2e éd. P., 1886, 8°. [8° **U. 4672** E

Maulde-La-Clavière (De). La diplomatie au temps de Machiavel. P., 1892, 2 vol. 8°. [8° **U. 4672** F

Mauny de Mornay. Manuels Roret. Livre de l'économie et de l'administration rurale. P., 1838, in-18. [8° **I. 4258** + A

Maupassant (Guy de). Célébrités contemporaines. Émile Zola. P. (s. d.), in-16. [8° **U. 4672** G

Maurel (Dr E.). Recherches microscopiques sur l'étiologie du paludisme. P., 1887, 8°. [8° **I. 4431** ++ A

Mauriac (Dr Ch.), **Fassy**. Traité complet de l'examen médical dans les assurances sur la vie. P., 1887, 8°. [8° **I. 4431** + A

Maury (A.). Le sommeil et les rêves. 4ᵉ éd. P., 1878, in-18.   [8° I. 4432 C

Maury (Cardinal). Correspondance diplomatique et mémoires inédits (1792-1817). *Lille*, 1891, 2 vol. 8°.   [8° U. 4677 C

Maury (L.). Les postes romaines. P., 1890, in-18.   [8° U. 4683 B

Mayer (Georges). Les chemins de fer. P. (s. d.), in-16.   [8° I. 4437 + A

Mayer (Gustave). Un contemporain. E. de Mirecourt. P., 1855, in-16.   [8° U. 4686 A

Maze (H.). Marceau. P., 1887, 8°.   [8° U. 4703 A

—— Le général F.-S. Marceau. P., 1889, 8°.   [8° U. 4703 Aa

Mazerolle (P.). Confession d'un biographe : maison E. de Mirecourt et Cⁱᵉ. P., 1857, in-16.   [8° U. 4703 C

Maze-Sencier (A.). Le livre des collectionneurs. P., 1885, 8°.   [8° I. 4437 Ac

Mazzocchi (L.). Mémorial technique universel. P., 1892, in-32.   [8° I. 4437 Ad

Mégnin (P.). Élevage et engraissement des volailles. Avec description et portraits types de toutes les espèces et races de gallinacés domestiques; 2ᵉ éd. *Vincennes*, 1894, 8°.   [8° I. 4437 Ag

—— Les acariens parasites. Figures. P. (s. d.), in-16.   [8° I. 4437 Ah

—— Les races de chiens. *Vincennes*, 1889-1891, 3 vol. 8°.   [8° I. 4437 Ai

Mégrot (A.). Recueil d'éléments des prix de construction. Éd. de 1889. P., 1889, 8°.   [8° I. 4437 B

Meissas (G.). Les grands voyageurs de notre siècle. P., 1889, 4°.   [4° U. 872 + A

Mélanges de littérature et d'histoire, publ. par la Société des bibliophiles français. P., 1856-1877, 3 vol. 8°.   [8° O. 2930 G

Mellion (A.). Le désert. P., 1890, in-16.   [8° U. 4707 C

Melvil (F.). Poèmes héroïques. P., 1892, in-16.   [8° O. 2970 + A

—— Les voyageurs, poèmes légendaires. P., 1880, in-18.   [8° O. 2970 + Ab

Melzi (B.). Nouveau dictionnaire fran-çais-italien et italien-français. *Milan*, 1888, in-16.   [8° O. 2970 A

Mémento chronologique. P., 1890, in-16.   [8° U. 4710 C

Mémoires d'un estomac, écrits par lui-même, trad. par le Dʳ C.-H. Gros. 4ᵉ éd. P., 1888, in-18.   [8° I. 4446 A

Mémoires d'une inconnue (1780-1816). P., 1894, 8°.   [8° U. 4710 F

Mémoires de la Société de l'histoire de Paris et de l'Île-de-France. P., 1875-1891, 18 vol. 8°.   [8° U. 4716 C

Mémorial de canonnage. P., 1889, in-12.   [8° I. 4448 B

Menant (J.). Ninive et Babylone. P., 1888, in-16.   [8° U. 4723 B

Ménard (R.). L'art en Alsace-Lorraine. P., 1876, 4°.   [4° I. 884 C

—— Cours d'histoire générale. L'ancienne Asie, les cités grecques, l'Égypte. P., 1886-1888, 3 vol. in-16. [8° U. 4723 D

—— La décoration au XVIᵉ siècle. Le style Henri II. P., 1884, in-16. [8° I. 4448 D

—— La décoration au XVIIᵉ siècle. Le style Louis XIV. P. (s. d.), in-16.   [8° I. 4448 E

—— La décoration au XVIIIᵉ siècle. Le style Louis XV. P. (s. d.), in-16.   [8° I. 4448 F

—— —— Le style Louis XVI. P. (s. d.), in-16.   [8° I. 4448 G

—— Le monde vu par les artistes. Géographie artistique. P., 1881, gr. 8°.   [4° U. 872 A

Ménard (Dʳ V.). Coxalgie tuberculeuse et son traitement. P. (s. d.), in-16.   [8° I. 4451 D

Menault (E.). Daubenton. P., 1883, in-16.   [8° U. 4727 D

Menche de Loisne (Ch.). Histoire politique de la France. P., 1886, 8°.   [8° U. 4728 A

Merchier et Bertrand. Le département du Nord. P. (s. d.), in-16. [8° U. 4736 C

Mercier (E.). Histoire de l'Afrique septentrionale (Berbérie). I. P., 1888, 8°.   [8° U. 4737 A

Mercredi (Le) médical, journal. P., 1891 et s., 4°.   [4° I. 884 D

Méreu (H.). L'Italie contemporaine. *P.*, 1888, in-18. [8° U. 5747 A

Mérillon. Rapport du budget général de 1889 (Ministère de la guerre). *P.*, 1888, 4°. [4° U. 872 D

Merlet (G.). Études littéraires sur les classiques grecs. 2ᵉ éd. *P.*, 1888, in-16. [8° O. 2982 C

—— Études littéraires sur les grands classiques latins; 2ᵉ éd. *P.*, 1887, in-16. [8° O. 2982 Ca

Merly (J.-F.). Le livre de poche du charpentier; 3ᵉ éd. *P.* (s. d.), in-18. [8° I. 4458 A

Merveilles (Les) de l'Exposition de 1889. *P.* (s. d.), 4°. [4° I. 884 F

Méry (J.). La Floride; nouv. éd. *P.*, 1888, in-18. [8° O. 2988 A

—— La guerre du Nizam; nouv. éd. *P.*, 1886, in-18. [8° O. 2988 B

—— Héva, nouv. éd. *P.*, 1886, in-18. [8° O. 2988 C

—— OEuvres complètes (anatomie, physiologie, chirurgie). *P.*, 1888, 8°. [8° I. 4461 C

Mesureur (G.). Rapport sur le budget général de 1893 (Ministère du commerce et de l'industrie). Service des postes, télégraphes et téléphones. *P.*, 1892, 4°. [4° U. 872 G

Metchnikoff (L.). La civilisation et les grands fleuves historiques. *P.*, 1889, in-16. [8° U. 5749 B

Méténier (O.). Outre-Rhin. *P.*, 1888, in-18. [8° O. 2989 A

Metzger (D.). La vivisection, ses dangers et ses crimes. *P.*, 1891, 8°. [8° I. 4463 B

Meulen (M. de). La locomotive, le matériel roulant et l'exploitation des voies ferrées. *P.*, 1889, gr. 8°. [4° I. 884 I

—— La marine moderne. *P.*, 1892, gr. 8°. [4° I. 884 J

Meunier (Georges). Les grands historiens du xixᵉ siècle. *P.*, 1894, in-16. [8° U. 5755 B

Meunier (Mᵐᵉ St.). Les fiançailles de Thérèse. *P.*, 1891, in-18. [8° O. 2992 C

—— Les sources. *P.*, 1886, in-16. [8° I. 4466 A

Meunier (V.). Les excentricités physiologiques. *P.*, 1889, in-18. [8° I. 4466 C

—— Scènes et types du monde savant. *P.*, 1889, in-18. [8° U. 5755 C

Meyer (Dʳ Ed.). Traité pratique des maladies des yeux; 3ᵉ éd. *P.*, 1887, 8°. [8° I. 4467 A

Meyer (W.). Grammaire des langues romanes. Trad. par Eugène Rabiet. *P.*, 1889, 8°. [8° O. 2992 E

Meylan (A.). A travers l'Italie. *P.*, 1890, in-16. [8° U. 5755 D

Meynie (G.). Les Juifs en Algérie. *P.*, 1888, in-18. [8° U. 5756 A

Meyrac (A.). Traditions, coutumes, légendes et contes des Ardennes. *Charleville*, 1890, 4°. [4° U. 873 D

Meyrat (J.). Dictionnaire national des communes de France et d'Algérie. *Tours*, 1892, in-16. [8° U. 5756 Aa

Meyret (Lieutᵗ-col.). Carnet d'un prisonnier de guerre. Metz. *P.*, 1888, in-18. [8° U. 5756 B

Mézières (A.). W. Gœthe (1749-1832); 2ᵉ éd. *P.*, 1874, 2 vol. in-18. [8° U. 5770 C

—— Vie de Mirabeau. *P.*, 1892, in-16. [8° U. 5771 A

Miallier (Mˡˡᵉ). Louis et Louisette. *P.* (s. d.), 4°. [4° O. 348 E

Michaut (L.), **Gillet** (M.). Leçons élémentaires de télégraphie électrique. *P.*, 1885, in-12. [8° I. 4468 A

Michel (A.). *Vade-mecum* des juges de paix. *P.*, 1888-1889, 2 vol. in-18. [8° E. 1548 D

Michel (É.). Les artistes célèbres. Les Brueghel. *P.* (1892), 4°. [4° I. 882 ++ A

—— —— Gérad Terburg (Ter Borch) et sa famille. *P.* (s. d.), gr. 8°. [4° U. 882 + A

—— —— Les Van de Velde. *P.* (1892), 4°. [4° I. 882 B

Michel (F.). Recherches sur l'usage des étoffes de soie, d'or et d'argent et autres tissus précieux en Occident. *P.*, 1852-1854, 2 vol. 4°. [8° I. 4469 D

Michel (G.). Une iniquité sociale. Les frais de ventes judiciaires d'immeubles. *P.*, 1890, 8°. [8° E. 1549 C

6

Michelet (J.). Mon journal (1820-1823). P., 1888, in-18.   [8° U. 5826 + A

—— Origines du droit français cherchées dans les symboles et formules du droit universel. P., 1890, in-18.   [8° E. 1549 D

—— Sur les chemins de l'Europe. P., 1893, in-18.   [8° U. 5826 B

Michelin. Proposition de loi ayant pour objet la réforme électorale. P., 1888, 8°.
[8° E. 1549 E

Michelin-Bert (C.). Nouvelle grammaire rationnelle et pratique de la langue italienne. P., 1893, in-12. [8° O. 3000 D

Michiels (G.). Les prairies-vergers. P., 1888, in-18.   [8° I. 4478 ++ A

Mill (J. S.). Auguste Comte et le positivisme; trad. par le Dr G. Clémenceau; 3e éd. P., 1885, in-18.   [8° I. 4478 + A

—— Essais sur la religion; trad. par E. Cazelles; 2e éd. P., 1884, 8°.
[8° I. 4478 A

—— La Révolution de 1848 et ses détracteurs; trad. et préface de Sadi Carnot; 2e éd. P., 1888, in-18.   [8° U. 5848 B

—— L'utilitarisme; trad. par P.-L. Le Monnier. P., 1883, in-18. [8° I. 4482 A

Millerand. Rapport général de 1892 (Ministère du commerce, de l'industrie et des colonies). Service des postes et télégraphes. P., 1891, 4°.   [4° U. 882 E

Millet (R.). La France provinciale. P., 1888, in-16.   [8° U. 5850 A

—— Les grands écrivains français. Rabelais. P., 1892, in-16.   [8° U. 5850 Ac

Millot (Ch.). Manuel du colon algérien. P., 1891, 8°.   [8° I. 4488 C

Millot (E.). Le Tonkin, son commerce. P., 1888, in-18.   [8° U. 5858 A

Milloué (L. de). Précis d'histoire des religions. P., 1890, in-18. [8° U. 5858 D

Ministère de l'agriculture. Compte définitif des dépenses de l'exercice 1890. P., 1892, 4°.   [4° U. 887 + A

Ministère de l'instruction publique et des beaux-arts. Compte définitif des dépenses de l'exercice 1890. P., 1891, 4°.
[4° U. 887 A

—— Résumé des états de situation de l'enseignement primaire (1890-1891). P., 1893, gr. 8°.   [4° I. 884 P

Ministère de l'intérieur. Compte général du matériel pour les années 1886, 1887, 1888. *Melun*, 1889-1892, 3 vol. 4°.
[4° U. 887 B

Ministère de la guerre. Compte rendu sur le recrutement de l'armée en 1890. P., 1891, 4°.   [4° U. 887 Bd

—— Rapport de la commission chargée de recherches pouvant intéresser l'armée. VIII. P., 1890, 8°.   [8° I. 4496 D

Ministère de la marine. Compte définitif des dépenses de l'exercice 1890. P., 1892, 4°.   [4° U. 887 C

Ministère de la marine et des colonies. Budget de 1885. P., 1884, 4°.
[4° U. 887 Bc

Ministère des affaires étrangères. Compte définitif des dépenses de l'exercice 1888. P., 1892, 4°.   [4° U. 887 Cd

—— Rapport au Président de la République sur la situation de la Tunisie en 1891. P., 1892, 8°.   [8° U. 5860 C

Ministère des finances. Session 1892. Compte définitif des dépenses (1885, 1889, 1890, 1891). P., 1892-94. [4° U. 887 D

—— Rapport au Président de la République sur les comptes de 1889. P., 1892, 4°.
[4° U. 887 E

Ministère des travaux publics. Compte définitif des dépenses de l'exercice 1890. P., 1892, 4°.   [4° U. 887 F

—— —— Compte rendu des travaux des ingénieurs des mines (1839-1840). P., 1840-1841, 4°.   [4° I. 884 Q

—— Ponts et chaussées et mines. P., 1844, 4°.   [4° I. 884 Qc

Ministère du commerce et de l'industrie. Caisse d'épargne (1891). P., 1892, 4°.
[4° U. 887 I

Ministère du commerce, de l'industrie et des colonies. Compte définitif de 1889 (Service colonial). P., 1891, 4°.
[4° U. 887 J

Miquel-Chaudesaigues (Mme). Leçons nouvelles sur l'art vocal. P., 1888, in-18.
[8° I. 4504 A

Mirecourt (E. de). Les contemporains. P., 1854-1861, 73 vol. in-16.
[8° U. 5864 A

—— Paris la nuit. P., 1855, in-18.
[8° U. 5864 Aa

Mireur (H.). Le mouvement comparé de la population à Marseille, en France et dans les États d'Europe; 2ᵉ éd. P., 1889, 8°.
[8° U. 5864 B

Mirza (Hadji). Innshallah! Les Anglais jugés par un Indien; 2ᵉ éd. P., 1888, in-18.
[8° U. 5865 A

Miscopein (A.). Formulaire du praticien de l'état civil. P. (1890), 4°.
[4° E. 216 B

—— Funérailles, honneurs funèbres et sépultures. P., 1890, 4°. [4° E. 216 Ba

—— Naissances, mariages et décès. P., 1889, in-18. [8° E. 1555 B

—— Pompes funèbres. P., 1890, 4°.
[4° E. 216 Bb

—— La science du praticien de l'état civil. P., 1890, 4°. [4° E. 216 C

Mismer (Ch.). Dix ans soldat. Souvenirs. P., 1889, in-18. [8° U. 5865 B

Mistral (Fr.). Lou trésor dou félibrige ou dictionnaire provençal-français. *Aix-en-Provence* (s. d.), 2 vol. fol. [Fol. O. 101 C

Mittheilungen.... [Communication de la commission sur les recherches et la conservation des monuments d'art et d'histoire.] *Wien*, 1891, 4°. [4° I. 887 C

Moeller (Dʳ). Traité pratique des eaux minérales et éléments de climatothérapie. *Bruxelles*, 1892, 8°. [8° I. 4505 D

Moguel (Dⁿ Ant. S.). Calderon et Gœthe, trad. par J. G. Magnabal. P., 1883, in-18.
[8° O. 3026 C

Moireau (A.). La Banque de France. P., 1891, in-16. [8° I. 4506 C

—— Histoire des États-Unis de l'Amérique du Nord. P., 1892, 2 vol. 8°.
[8° U. 5866 B

—— Washington. P., 1883, in-18.
[8° U. 5866 Bc

Molard (J.). Puissance militaire des États de l'Europe. P., 1893, in-18. [8° U. 5866 F

Molènes (E. de). L'Espagne du quatrième centenaire de la découverte du Nouveau-Monde. Exposition historique de Madrid (1892-1893). P., 1894, 8°.
[8° U. 5871 C

Molènes (Dʳ P. de). Traitement des affections de la peau. P., 1894, 2 vol. in-16.
[8° I. 4508 ++ A

Molière. Le Bourgeois gentilhomme. Texte revu par Armand Gasté. P., 1883, in-12. [8° O. 3039 A

—— Les Précieuses ridicules, (publ.) par Reynier. P. (s. d.), 8°. [8° O. 3039 Ab

Molinari (G. de). A Panama. P. (s. d.), in-18. [8° U. 5872 A

—— Les bourses du travail. P., 1893, in-18. [8° I. 4508 + A

—— Économistes et publicistes contemporains. P., 1888, 8°. [8° I. 4510 A

—— L'évolution économique du xixᵉ siècle. P., 1880, 8°. [8° I. 4510 Aa

—— Science et religion. P., 1894, in-18.
[8° I. 4510 Ac

Molinier (A.). Les manuscrits et les miniatures. P., 1892, in-16. [8° I. 4510 B

Molinier (É.). La céramique italienne au xvᵉ siècle. P., 1888, in-18.
[8° I. 4510 C

—— Dessins et modèles. Les arts du métal. P. (s. d.), gr. 8°. [4° I. 890 C

Moltke (Maréchal H. de). Mémoires. La guerre de 1870. Éd. française, par E. Jaeglé; 7ᵉ éd. P., 1891-1892, 2 vol. 8°.
[8° U. 5879 C

Mommsen (Th.) et **Marquardt** (J.). Manuel des antiquités romaines; trad. Humbert. P., 1887, 15 vol. 8°. [8° U. 5888 Aa

Monavon (M.). La coloration artificielle des vins. P., 1890, in-18. [8° I. 4511 C

Monceaux (P.). La Grèce avant Alexandre. P. (s. d.), 8°. [8° U. 5888 D

—— Racine. P., 1892, 8°.
[8° O. 3039 B

Mondenard (A. de). Études sur l'ancien régime. Nos cahiers de 1789. *Villeneuve-sur-Lot*, 1889, 8°. [8° U. 5899 A

Mondeville (H. de). Chirurgie...; trad. par E. Nicaise. P., 1893, gr. in-8°.
[4° I. 894 D

Mondiet (O.) et **Thabourin** (V.). Problèmes élémentaires de mécanique. P., 1887, 8°. [8° I. 4512 A

Monfalcon (J.-B.). Histoire monumentale de la ville de Lyon. P., 1866, 6 vol. gr. in-4°. [Fol. U. 214 D

Mongélous (J.). Manuel pour la tenue et la vérification des actes de l'état civil. P., 1890, 8°. [8° E. 1562 D

Monget (A.). Yves le Breton. *P.*, 1891, 8°.
[8° **O. 3039 C**

Moniez (R.). Les parasites de l'homme, animaux et végétaux. *P.*, 1889, in-16.
[8° **I. 4512 B**

Monin (Dʳ E.). Formulaire de médecine pratique; nouv. éd. *P.*, 1892, in-18.
[8° **I. 4512 C**

—— L'hygiène de l'estomac; nouv. éd. *P.*, 1889, in-18.   [8° **I. 4512 D**

—— L'hygiène du travail. *P.* (s. d.), in-18.   [8° **I. 4512 E**

—— La santé par l'exercice et les agents physiques. *P.*, 1889, in-16. [8° **I. 4512 J**

Monin (H.). Journal d'un bourgeois de Paris pendant la Révolution (année 1789). *P.*, 1889, in-18.   [8° **U. 5899 B**

Moniteur général des cours des matériaux de constructions. Bulletin officiel des adjudications du département de la Seine. 14ᵉ année. *P.*, 1887, 8°.   [8° **I. 4512 K**

Moniteur industriel. *P.*   [Fol. I. 123 B 12ᵉ année, 1885. 13ᵉ année, 1886, nᵒˢ 1 à 12.

Monnier (D.). Électricité industrielle. *P.*, 1889, 8°.   [8° **I. 4514 B**

Monod (G.). Bibliographie de l'histoire de France, jusqu'en 1789. *P.*, 1888, 8°.
[8° **U. 5902 A**

Monologues (Les) de Napoléon Iᵉʳ. *P.*, 1891, in-16.   [8° **U. 5902 B**

Monselet (Ch.). De A à Z. Portraits contemporains. *P.*, 1888, in-8°.
[8° **O. 3042 B**

Montagne (Édouard). Histoire de la Société des gens de lettres. *P.* (s. d.), 8°.
[8° **U. 5902 G**

Montaigne. De l'institution des enfants. Nouv. éd. *P.*, 1888, in-18. [8° **O. 3042 D**

Montaudon (Général). Les réformes militaires et l'armée coloniale. *P.*, 1885, 8°.
[8° **I. 4524**

Montbard (G.). A travers le Maroc. *P.* (s. d.), 4°.   [4° **U. 902 A**

—— En Égypte. Notes et croquis d'un artiste. *P.* (s. d.), 4°.   [4° **U. 902 B**

Montchrétien (A. de). L'économie politique patronale (1615), avec notes par Th. Funck-Brentano. *P.*, 1889, 8°.
[8° **I. 4523 D**

Montéchant (Comᵗ Z. et H.). Les guerres navales de demain. *P.*, 1891, in-16.
[8° **I. 4524 B**

Montégut (É.). L'Angleterre et ses colonies australes. Australie, Nouvelle-Zélande, Afrique australe. *P.*, 1880, in-16.
[8° **U. 5906 + A**

—— Écrivains modernes de l'Angleterre. 1ʳᵉ série. *P.*, 1885, in-16. [8° **U. 5906 A**

—— Esquisses littéraires. *P.*, 1893, in-18.
[8° **O. 3048 B**

—— Essais sur la littérature anglaise. *P.*, 1883, in-16.   [8° **O. 3048 C**

—— Heures de lecture d'un critique. *P.*, 1891, in-16.   [8° **O. 3048 Ca**

—— Mélanges critiques. *P.*, 1887, in-16.
[8° **O. 3049 A**

—— Poètes et artistes de l'Italie. *P.*, 1881, in-16.   [8° **U. 5908 A**

—— Types littéraires et fantaisies esthétiques. *P.*, 1882, in-16.   [8° **O. 3049 B**

Monteil (E.). Célébrités contemporaines. Édouard Lockroy. *P.*, 1886, in-16.
[8° **U. 5917 A**

Montesquieu. Esprit des lois. Livres I-V. *P.*, 1887, in-18.   [8° **O. 3054 A**

—— Esprit des lois. Livres I-V. *P.* (s. d.), 8°.   [8° **O. 3054 Aa**

Montet (J.). Contes patriotiques; 8ᵉ éd. *P.*, 1893, 4°.   [4° **O. 348 G**

Montillot (L.). L'amateur d'insectes. *P.*, 1890, in-18.   [8° **I. 4527 C**

—— Encyclopédie électrique. Téléphonie pratique. *P.*, 1893, 8°.   [8° **I. 4527 Ca**

—— Les insectes nuisibles. *P.*, 1891, in-18.   [8° **I. 4527 Cb**

—— La télégraphie actuelle en France et à l'étranger. Lignes, réseaux, appareils, téléphones. *P.*, 1889, in-16.
[8° **I. 4527 Cc**

Montrosier (E.). Peintres modernes. *P.*, 1882, 4°.   [4° **U. 902 C**

Montucla (J.-F.). Histoire des mathématiques. *P.*, an VII-an X, mai 1802, 4 vol. in-4°.   [4° **I. 899 D**

Monval (P.). Échos de Suisse. *P.*, 1892, in-16.   [8° **U. 5945 D**

Mora (J.-L.) et **Vésiez** (C.). Nouveau cours d'hygiène. *P.*, 1890, in-16.
[8° **I. 4531 B**

Morceaux choisis d'auteurs latins tirés des meilleures traductions, avec un commentaire et des notices, à l'usage de l'enseignement secondaire spécial et de l'enseignement secondaire des jeunes filles, par Ch. Lebaigue. P., 1883, in-12. [8° O. 3058 + A

Morceaux choisis de littérature russe, avec deux traductions françaises, dont une juxta-linéaire, par Armand Sinval. P., 1890, in-18. [8° O. 3057 C

Moreau (Dr E.). Manuel d'ichtyologie française. P., 1892, 8°. [8° I. 4534 C

Moreau (L.). Guide pratique du bijoutier. P., 1863, in-18. [8° I. 4535 A

Moreau, de Tours (Dr P.). De la folie chez les enfants. P., 1888, in-16.
[8° I. 4535 B

Morel-Fatio (A.). Catalogue raisonné de la collection de deniers mérovingiens des viie et viiie siècles de la trouvaille de Cimiez. P., 1890, 4°. [4° U. 902 D

—— Études sur l'Espagne. P., 1888-1890, 2 vol. 8°. [8° U. 5947 C

Morice (Dr), Romanet du Caillaud, Brossard de Corbigny, Harmand (Dr), Neis (Dr), Hocquard (Dr). Voyages en Indo-Chine (Cochinchine, Annam, Tonkin), 1872-1884. P. (s. d.), 4°. [4° U. 902 De

Moride (Éd.). Nouvelle encyclopédie des connaissances pratiques. P. (s. d.), 8°.
[8° I. 4541 C

—— Traité pratique de savonnerie. Matières premières, procédés de fabrication des savons de toute nature. P., 1888, 8°.
[8° I. 4541 D

Moride (P.). Les lois françaises expliquées... accompagnées des 100 formules des actes les plus usuels. P. (s. d.), 8°.
[8° E. 1569 C

Morillot (P.). Boileau. 1 portrait. P., 1891, 8°. [8° O. 3058 B

—— Le roman en France depuis 1610 jusqu'à nos jours. P. (s. d.), in-16.
[8° O. 3058 Ba

—— Scarron et le genre burlesque. P., 1888, 8°. [8° O. 3058 Bb

Morin (C.). Voirie. De l'alignement, ou régime des propriétés privées bordant le domaine public. P., 1888, 8°. [8° E. 1569 E

Morlet (A.), Lémonon (H.). Nouveau recueil de narrations françaises. 1re part. P., 1886, in-18. [8° O. 3058 C

Morley (J.). La vie de Richard Cobden; trad. par S. Raffalovich. P., 1885, 8°.
[8° U. 5953 A

Morphy (M.). Les amours de Mignonnette. P. (s. d.), 2 tomes en 1 vol. in-18.
[8° O. 3059 B

Mosny (E.). Broncho-pneumonie. P., 1892, in-16. [8° I. 4549 + A

Mossé (B.). Dom Pedro II, empereur du Brésil. P., 1889, in-18. [8° U. 5957 A

—— Le judaïsme. P., 1887, 8°.
[8° A. 826 A

Mossier (H.). Le département de la Somme. P. (s. d.), in-16.
[8° U. 5957 + B

Mottié (J.). L'armée allemande. Nancy, 1888, 8°. [8° U. 5957 B

Mougeolle (P.). Les problèmes de l'histoire. P., 1886, in-16. [8° I. 4550 C

Mougins de Roquefort (Ch. de). De la solution juridique des conflits internationaux. L'arbitrage international. P., 1889, 8°.
[8° E. 1569 G

Mouillefert (P.). Les vignobles et les vins de France et de l'étranger. P. (s. d.), 8°.
[8° I. 4550 F

Moulidars (T. de). Grande encyclopédie illustrée, des jeux et divertissements de l'esprit et du corps. P. (s. d.), 4°.
[4° I. 901 A

Mourier (A.) et Deltour (F.). Catalogue et analyse des thèses françaises et latines admises par les Facultés des lettres. Année scolaire 1888-1889. P., 1889, 8°.
[8° O. 3059 C

Moussinot. Mémoire sur la ville souterraine découverte au pied du mont Vésuve. P., 1748, 8°. [8° U. 5968 D

Mouton (E.). Aventures et mésaventures de Joel Kerbabu. P., 1893, 4°. [4° O. 348 I

—— Le devoir de punir. P., 1887, in-16.
[8° E. 1579 + A

Moynac (Dr L.). Manuel de pathologie et de clinique médicales; 4e éd. P., 1888, in-16. [8° I. 4553 A

Mozart (W. A.). Lettres; trad. par H. de Curzon. P., 1888, 8°.
[8° U. 5969 A

Muel (L.). Gouvernements, Ministères et Constitutions de la France depuis cent ans. P., 1890, 8°. [8° U. 5969 D

Mugnier (Fr.). Notes et documents inédits sur les évêques de Genève-Annecy (1535-1879); 2ᵉ éd. *P.*, 1888, 8°.
[8° U. 5969 G

Mugnier (F.). Le théâtre en Savoie. Les vieux spectacles. Les comédiens de Mademoiselle et de S. A. R. le duc de Savoie. *Chambéry*, 1887, 8°.   [8° O. 3059 E

Mulder (G.-J.). Le guide du brasseur; trad. par L.-F. Dubief; éd. revue par Baye. *P.* (s. d.), in-18.   [8° I. 4555 A

Muller (Émile) et **Cacheux** (É.). Les habitations ouvrières en tous pays; 2ᵉ éd. *P.*, 1889, 1 vol. 8° et 1 atlas fol.
[8° I. 4555 D
[Fol. I. 126 + A

Muller (Eug.). Chez les oiseaux. *P.*, 1891, 8°.   [8° I. 4556 B

—— Un Français en Sibérie. Les aventures du comte de Montleu. *P.*, 1884, 8°.
[8° O. 3060 A

Muller (P.). La crise du notariat. *P.*, 1888, 8°.   [8° E. 1579 A

—— La production et la consommation des céréales alimentaires à Eguisheim. *Strasbourg* (s. d.), 8°.   [8° I. 4558 A

Munier-Jolain. De l'éloquence judiciaire en France. *P.*, 1888, in-12. [8° U. 5973 B

Müntz (A.) et **Girard** (A.-C.). Les engrais. *P.*, 1888-1891, 2 vol. 8°.
[8° I. 4559 B

Müntz (E.). Guide de l'École nationale des beaux-arts. *P.* (1889), 8°.
[8° I. 4560 A

—— Histoire de l'art pendant la Renaissance. II. Italie. *P.*, 1891, 4°. [4° I. 901 C

Murger (H.). Scènes de la vie de Bohême; nouv. éd. *P.*, 1893, in-18.
[8° O. 3066 B

Musany (F.). L'élevage, l'entraînement et les courses au point de vue de la production et de l'amélioration des chevaux de guerre. *P.*, 1890, 8°.   [8° I. 4561 B

Musée (Le) artistique et littéraire. Revue hebdomadaire (1ʳᵉ-3ᵉ années, 1879-1881). *P.*, 1879-1881, 6 vol. 4°.   [4° I. 901 F

Musset (A. de). OEuvres complètes. *P.*, 1891-1892, 10 vol. in-18. [8° O. 3067 D

Mutuelle (La) de France (M. D. F.) et les chambres syndicales. *P.*, 1888, 8°.
[8° I. 4562 A

N

Nac (P.), **Tours** (C. de). Collection des guides-albums du touriste par C. de Tours. Vingt jours en Suisse. *P.*, 1891, 8° obl.
[8° U. 5983 B

Nadault de Buffon. Des canaux d'arrosage de l'Italie septentrionale. *P.*, 1843-1844, 3 vol. 8° et atlas 4°.   [8° I. 4565 D
[Fol. I. 126 F

Nageotte (E.). Histoire de la littérature grecque, depuis ses origines jusqu'au vⁱ siècle de notre ère. 2ᵉ éd. *P.* (s. d.), in-18.
[8° O. 3074 D

Nançon (A.). Petite géographie des colonies françaises. *Arras*, 1891, in-12.
[8° U. 5983 D

Nanot (J.), **Tritschler** (L.). Traité pratique du séchage des fruits et des légumes. *P.*, 1893, in-18.   [8° I. 4566 + A

Nansen (F.). A travers le Grönland, trad. par C. Rabot. *P.*, 1893, 4°. [4° U. 909 D

Nansouty (M. de). L'année industrielle. 1ʳᵉ ann. 1887 et suiv. *P.*, in-18.
[8° I. 4566 A

Nansouty (M. de). Le chemin de fer glissant de Girard et Barre. *P.* (s. d.). in-16.
[8° I. 4566 B

—— **Mamy** (H.), **Juppont** (P.), **Richou** (G.). Science et guerre. La télégraphie optique, la cryptographie, l'éclairage électrique et la poste par pigeons. *P.*, 1888, in-16.   [8° I. 4566 C

Nanteuil (Mᵐᵉ P. de). En esclavage. *P.*, 1891, 8°.   [8° O. 3075 C

—— Une poursuite. *P.*, 1892, 8°.
[8° O. 3075 Ca

Napoléon Bonaparte. OEuvres littéraires, publ. par Tancrède Martel. *P.*, 1888, 4 vol. in-18.   [8° O. 3075 E

Napoléon (Le prince). Napoléon et ses détracteurs. 8ᵉ éd. *P.*, 1887, in-18.
[8° U. 6007 A

Naquet (E.). Tarif des droits d'enregistrement. 2ᵉ éd. *P.*, 1890, in-32.
[8° E. 1580 C

Narjoux (F.). Français et Italiens. P., 1891, in-18. [8° U. 6009 Aa

—— La tour Eiffel de 300 mètres à l'Exposition universelle de 1889. 2ᵉ éd. P., 1889, in-16. [8° I. 4566 D

—— Francesco Crispi. P., 1890, in-16. [8° U. 6009 B

Nature (La), revue des sciences. 1ʳᵉ ann. 1873 et suiv. P., 4°. [4° I. 901 B

Naurouze (J.). Les Bardeur-Carbansane. P., 1893, 4°. [4° O. 349 + A

Navereau (E.). De la délimitation du domaine public fluvial dans les rivières à marées. P., 1891, 8°. [8° E. 1580 D

Nekrassov (N.). Poésies populaires, trad. par E. Halpérine-Kaminsky et Ch. Morice. P. (s. d.), in-16. [8° O. 3077 C

Nelli (Francesco). Lettres à Pétrarque, publ. par H. Cochin. P., 1892, in-16. [8° O. 3077 Ca

Nemours Godré (L.). O'Connell. P., 1890, in-18. [8° U. 6014 C

Neukomm (E.). L'Allemagne à toute vapeur. P. (s. d.), in-18. [8° U. 6016 Ad

—— Berlin tel qu'il est. P. (s. d.), in-18. [8° U. 6016 B

—— Guillaume II et ses soldats. P. (s.-d.), in-18. [8° U. 6016 C

Neumann (L.-G.). Traité des maladies parasitaires non microbiennes des animaux domestiques. 2ᵉ éd. P., 1892, 8°. [8° I. 4585 C

Neveu (C.), Jouan (A.). Service administratif à bord des navires de l'État. Manuel du commandant comptable et de l'officier d'administration. P., 1890, 8°. [8° E. 1580 F

Neymarck (A.). Ce que la France a gagné à l'Exposition de 1889. P., 1890, 4°. [4° I. 908 B

—— Les chambres syndicales et le renouvellement du privilège de la Banque de France. P., 1888, 8°. [8° I. 4589 A

—— Les chemins de fer devant le Parlement. P., 1880, 8°. [8° I. 4589 Aa

—— Colbert et son temps. P., 1877, 2 vol. 8°. [8° I. 4589 Ab

—— Les contribuables et la conversion de la rente. 2ᵉ éd. P., 1878, 8°. [8° I. 4589 Ac

Neymarck (A.). La conversion de la rente 5 p. o/o. 2ᵉ éd. P., 1876, 8°. [8° I. 4589 Ad

—— De la nécessité d'un Conseil supérieur des finances. P., 1874, 8°. [8° I. 4590 A

—— De la nécessité d'un emprunt de liquidation et des moyens d'y pourvoir. P., 1888, 8°. [8° I. 4590 Aa

—— Les dettes publiques européennes. 2ᵉ éd., 1887, 8°. [8° I. 4590 Ab

—— Du renouvellement du privilège de la Banque de France. P., 1885, 8°. [8° I. 4590 Ac

—— L'épargne française et les compagnies de chemins de fer. Classement et répartition des actions et obligations dans les portefeuilles au 31 décembre 1889. 2ᵉ éd. P., 1890, 8°. [8° I. 4590 Ad

—— Les finances françaises de 1870 à 1885. P., 1885, 8°. [8° I. 4590 Ae

—— Les grands travaux publics. P., 1878, 8°. [8° I. 4590 Af

—— Les plus hauts et les plus bas cours des principales valeurs depuis 1878. 1ʳᵉ part. P., 1889, 8°. [8° I. 4590 Ag

—— La nouvelle loi sur les patentes et les affaires de finances. P., 1880, 8°. [8° E. 1580 G

—— La rente française, son origine, ses développements, ses avantages. P., 1873, 8°. [8° I. 4590 Ah

—— Rapport sur les réformes de la loi de 1867 sur les sociétés. P., 1882, 8°. [8° E. 1580 Ga

—— Les sociétés anonymes par actions. Quelques réformes pratiques. 2ᵉ éd. P., 1882, 8°. [8° E. 1580 Gb

—— Un centenaire économique (1789-1889). P., 1889, gr. 8°. [4° I. 908 Ba

—— Un Conseil supérieur de finances. P., 1886, 8°. [8° I. 4590 Ai

—— Un plan de finances, des difficultés et de la nécessité de son application. P., 1887, 8°. [8° I. 4590 Aj

—— Les valeurs mobilières en France. P., 1888, 4°. [4° I. 908 Bb

Nickolls (J.). Remarques sur les avantages et les désavantages de la France et de la Grande-Bretagne. *Leyde*, 1754, in-12. [8° U. 6062 C

Nicol (E.). Traité d'artillerie à l'usage des officiers de marine. P., 1894, 8°.
[8° I. 4592 A

Nicolas (D' A.), **Lacaze, Signol.** Guide hygiénique et médical du voyageur dans l'Afrique centrale. 2° éd. P., 1885, in-18.
[8° I. 4592 Ac

—— Hygiène industrielle et coloniale. Chantiers de terrassements en pays paludéen. P., 1889, 8°.
[8° I. 4592 Ad

Nicolas (C.), **Pelletier** (M.). Manuel de la propriété industrielle. P., 1888, 8°.
[8° E. 1580 H

Nicolas (V.). Le livre d'or de l'infanterie de la marine. P., 1891, 2 vol. 8°.
[8° U. 6063 C

Nicolay (F.). Les enfants mal élevés. P., 1890, 8°.
[8° I. 4592 C

Ninet (J.). Au pays des Khédives. P., 1890, in-16.
[8° U. 6067 C

Nion (F. de). L'usure. P., 1888, in-18.
[8° O. 3084 A

Nisard (C.). Histoire des livres populaires ou de la littérature du colportage depuis le xv° siècle. P., 1854, 2 vol. 8°.
[8° O. 3085 B

Nisard (D.). Souvenirs et notes biographiques. P., 1888, 2 vol. 8°.
[8° U. 6072 A

Nitrof. Au pays des roubles. De l'Oise à la Néva. P., 1891, in-18.
[8° U. 6072 C

Noailles (Duc de). Cent ans de République aux États-Unis. P., 1886, vol. 8°.
[8° U. 6072 E

Noël (E.). Les loisirs du père Labêche. P. (s. d.), in-18.
[8° I. 4593 D

Noel (L.). La comptabilité officielle du notariat rendue pratique et simple. *Commercy* (s. d.), 4°.
[4° I. 908 B

Noël (O.). La Banque de France. P., 1888, 8°.
[8° U. 6077

—— Histoire du commerce du monde de-

puis les temps les plus reculés. P., 1891-1894, 2 vol. 4°.
[4° U. 948 D

Nogué (D' R.). Hygiène du touriste. P., 1892, in-18.
[8° I. 4596 C

Nordenskiöld (A.-E.). La seconde expédition suédoise au Grönland, trad. par C. Rabot. P., 1888, 4°.
[4° U. 951 A

Normand (Ch.). Les artistes célèbres. J.-B. Greuze. P., 1892, 4°.
[4° I. 908 E

—— Biographies et scènes historiques des temps anciens et modernes. P. (s. d.), in-18.
[8° U. 6094 C

—— Les mémorialistes. Montluc. P., 1892, 8°.
[8° U. 6094 D

Norris (W.-E.). La méprise d'un célibataire. P., 1892, 2 vol. in-16.
[8° O. 3109 C

Nothnagel (H.). Traité clinique du diagnostic des maladies de l'encéphale basé sur l'étude des localisations, trad. par le D' P. Keraval. P., 1885, 8°. [8° I. 4606 + A

Notice de la Chambre syndicale des propriétés immobilières de Paris, suivie des statuts. P., 1888, 8°.
[8° E. 1582 A

Notices coloniales publiées à l'occasion de l'Exposition universelle d'Anvers en 1885. P., 1885-86, 3 vol. 8°.
[8° U. 6101 A

Notovitch (N.). L'empereur Alexandre III et son entourage. 2° éd. P., 1893, 8°.
[8° U. 6101 E

Nourrisson (P.). De la participation des particuliers à la poursuite des crimes et délits. P., 1894, 8°.
[8° E. 1584 B

Nouveaux (Les) tarifs de douanes (loi du 11 janvier 1892), publ. par E. Pierre. P. (s. d.), 8°.
[8° E. 1584 C

Nouvelles géographiques. 1re ann., 1891 et suiv. P., 4°.
[4° U. 951 D

Nuitter (C.), **Thoinan** (E.). Les origines de l'opéra français. 3 plans. P., 1886, 8°.
[8° U. 6114 A

O

Offroy aîné. Réflexions sur la crise agricole actuelle et sur les remèdes à employer. *Meaux*, 1880, in-18.   [8° I. 4610 + A

Ohsson (I.-Mouradja d'). Tableau général de l'Empire ottoman. P., 1787, 1790, 1820, 2 vol. gr. fol.
[Fol. U. 248 C

Olivier (A.) de Landreville. Les grands travaux de Paris. Le métropolitain; 4° éd. P., 1887, 8°.
[8° I. 4610 A

Oméga (Lieut.-col.). La défense du territoire français. P. (s. d.), in-18.
[8° I. 4615 A

Omouton (F.). Conférence sur l'hygiène; 3ᵉ éd. P., 1883, in-18. [8° I. 4615 Ae

Onimus (Dʳ E.). L'hiver dans les Alpes-Maritimes et dans la principauté de Monaco. P., 1891, in-18. [8° I. 4615 Ac

Onimus (E.) et **Legros** (C.). Traité d'électricité médicale; 2ᵉ éd. P., 1888, 8°. [8° I. 4615 B

O'Reilly (B.). Vie de Léon XIII. P., 1887, 4°. [4° U. 955 A

O'Reilly (E.). Les deux procès de condamnation, les enquêtes et la sentence de réhabilitation de Jeanne d'Arc. P., 1868, 2 vol. in-8°. [8° U. 6124 C

O'Reilly (H.). Cinquante ans chez les Indiens; trad. par H. France; 6ᵉ éd. P., 1889, in-18. [8° U. 6124 D

O'Rell (Max). L'ami Mac Donald. P., 1887, in-18. [8° U. 6130 + A

O'Rell (Max) et **Allyn** (Jack). Jonathan et son continent. La société américaine; 9ᵉ éd. P., 1889, in-18. [8° U. 6131 A

Orgeas (Dʳ J.). Guide médical aux stations hivernales. P., 1889, in-16. [8° I. 4626 C

Orléans (Duc d'). Lettres (1825-1842). P., 1889, in-18. [8° O. 3129 B

—— Récits de campagne (1833-1841); 7ᵉ éd. P., 1890, in-18. [8° U. 6132 C

Orléans (H.-Ph. d'). Autour du Tonkin. P., 1894, 8°. [8° U. 6132 D

—— Six mois aux Indes; 6ᵉ éd. P., 1889, in-18. [8° U. 6132 E

Orsato (Ser.). De notis Romanorum commentarius. *Patavii*, 1672, fol. [Fol. U. 251 C

Ortolan (J.-A.). Guide de l'ouvrier mécanicien; 3ᵉ éd. P. (s. d.), 3 vol. in-18. [8° I. 4627 A

Osman-Bey. Révélations sur l'assassinat d'Alexandre II. *Genève*, 1886, in-16. [8° U. 6141 A

Ottin (L.). L'art de faire un vitrail; 2ᵉ éd. P. (s. d.), 8°. [8° I. 4628 C

Oudegherst (P. d'). Les Chroniques et annales de Flandres. *Anvers*, 1571, 4°. 4° U. 957 + A

Ouida. Puck. P., 1889, 2 vol. in-16. [8° O. 3134 C

Ouin-La-Croix (C.). Basilique Sainte-Geneviève, ancien Panthéon français. P., 1867, fol. [Fol. U. 251 F

Ouroussow (Pˢˢᵉ M.). Aux jeunes femmes et aux jeunes filles. L'éducation dès le berceau; 2ᵉ éd. P., 1889, in-16. [8° I. 4629 B

Ouvré (H.). Démosthène. P., 1890, 8°. [8° O. 3134 G

Ozanam (Ch.). La circulation et le pouls. P., 1886, 8°. [8° I. 4631 A

Ozaneaux (G.). Nouveau dictionnaire français-grec. P., 1847, 8°. [8° O. 3157 C

—— Nouveau système d'études philosophiques. P., 1830, 8°. [8° I. 4635 B

Ozenne (Dʳ E.). Les hémorroïdes. P. (s. d.), in-16. [8° I. 4635 C

P

Pabon (L.). Traité des infractions, du contentieux et des tarifs des douanes. P., 1893, 8°. [8° E. 1597 C

Paillieux (A.), **Bois** (D.). Le potager d'un curieux. Histoire, culture et usages de 200 plantes comestibles; 2ᵉ éd. P., 1892, 8°. [8° I. 4636 ++ A

Pairault (A.). Nouveau dictionnaire des chasses. P., 1885, 8°. [8° I. 4636 + A

Paisant (A.), **Pidancet** (H.). Code pratique des lois rurales. P., 1891, in-18. [8° E. 1598 C

Pajol (Cᵗᵉ). Les guerres sous Louis XV (1715-1774). P., 1881-1891, 7 vol. et atlas fol. [8° U. 6151 + A [Fol. U. 252 A

Palais (Le) de justice de Paris, par la presse judiciaire parisienne. P., 1892, 4°. [4° U. 957 C

Palat (Lᵗ). Marcel Frescaly (lieutenant Palat). Journal de route et correspondance. P., 1886, in-12. [8° U. 6151 A

Paléologue. L'art chinois. P. (1887), 8°. [8° I. 4636 A

Paléologue (M.). Les grands écrivains français. Vauvenargues. P., 1890, in-16. [8° U. 6151 F

—— Les grands écrivains français. Alfred de Vigny. P., 1891, in-16. [8° U. 6151 Fa

Palissy (B.). OEuvres. P., 1777, 4°. [4° I. 912 B

—— OEuvres choisies. P., 1890, in-16. [8° I. 4636 D

Palliser (Mᵐᵉ Bury). Histoire de la dentelle. P., 1890, 4°. [4° I. 912 C

Palustre (L.). L'architecture de la Renaissance. P. (s. d.), 8°. [8° I. 4636 G

—— La Renaissance en France. P., 1879-1887, fol. [Fol. U. 252 D

Pandectes françaises. Nouveau répertoire de doctrine, de législation et de jurisprudence. P., 1886-189 , vol. 4°. [4° E. 216 F

—— Pandectes chronologiques ou collection nouvelle résumant la jurisprudence de 1789 à 1886, publ. par Ruben de Couder. P., 1893, 6 vol. 4°. [4° E. 216 G

Papier (A.). Lettres sur Hippone. Bône, 1887, 2 vol. 8° dont 1 atl. [8° U. 6152 B

Papiers et correspondance de la famille impériale. P., 1870-1872, 2 vol. 8°. [8° U. 6152 D

Papillaud (A.). Les crimes maçonniques. La mort du Prince impérial. P., 1891, in-18. [8° U. 6152 F

Paquet-Mille (Mᵐᵉ). Nouveau guide pratique des jeunes filles dans le choix d'une profession. P., 1891, in-18. [8° I. 4640 D

Parant (Dʳ V.). La raison dans la folie. P., 1888, 8°. [8° I. 4642 A

Parfait (N.). Le général Marceau. P., 1892, 8°. [8° U. 6154 B

Parfait (Le) dessinateur au fusain, au charbon, à l'estompe, au crayon Conté, à la sanguine, rehaussé de blanc sur papiers teintés. Procédé à l'aqua-pastel. P. (s. d.), in-16. [8° I. 4642 B

Parieu (F.-E. de). Histoire des impôts généraux. P., 1856, 8°. [8° I. 4642 E

Paris (C.). Voyage d'exploration de Hué en Cochinchine par la route mandarine. P., 1889, 8°. [8° U. 6154 C

Paris (P.). La sculpture antique. P. (s. d.), 8°. [8° I. 4649 D

Paris. 30 vues. P. (s. d.), 8° obl. [8° U. 6156 A

Paris-adresses. 3ᵉ ann., 1893. P., 8°. [8° I. 4649 G

Paris historique, pittoresque et anecdotique. P., 1854-1855, 3 vol. in-18. [8° U. 6156 Aa

Paris pendant la domination anglaise (1420-1436). P., 1878, 8°. [8° U. 6156 Ac

Pariset (E.). Les industries de la soie. Lyon, 1890, 8°. [8° I. 4651 C

Parmentier (E.). Étretat. P., 1890, in-18. [8° U. 6156 ╫ B

—— Voyage dans la Turquie d'Europe; 2ᵉ éd. P., 1890, in-18. [8° U. 6156 ╬ B

Parquin. Souvenirs et campagnes d'un vieux soldat de l'Empire (1803-1814); 2ᵉ éd. P., 1892, 8°. [8° U. 6156 ╬ Bd

Parville (H. de). L'Exposition universelle de 1889. P., 1890, in-18. [8° I. 4656

Pascal (Blaise). Les Provinciales; nouv. éd. P., 1885, 2 vol. 8°. [8° A. 856 Aa

Pascaud (H.). De l'indemnité à allouer aux individus indûment condamnés ou poursuivis en matière criminelle, correctionnelle ou de police. P., 1888, 8°. [8° E. 1608 C

Passy (F.). Conférence de la Chambre syndicale des propriétés immobilières. Discours relatif à l'impôt général projeté sur le revenu. P., 1889, 8°. [8° I. 4658 A

—— Congrès monétaire international de 1889. Discours. P., 1890, 8°. [8° I. 4658 B

—— Discours. Discussion du projet de loi relatif à la création des syndicats professionnels. P., 1883, 8°. [8° E. 1608 D

—— Discours. Discussion des propositions de loi portant modification du tarif général des douanes (blé, avoine et farine). P., 1887, in-32. [8° E. 1609

—— Discours. Première délibération sur le projet et la proposition de loi concernant le travail des enfants, des filles mineures et des femmes dans les établissements industriels. P., 1888, in-32. [8° E. 1609 A

—— Discours. Première délibération sur le projet de loi ayant pour objet l'utilisation agricole des eaux d'égout de Paris et l'assainissement de la Seine. P., 1888, in-18. [8° I. 4658 C

Passy (F.). Discours. Discussion du budget général des dépenses et des recettes de l'exercice 1888. *P.*, 1888, in-32. [8° U. 6156 B

—— La question de la paix. Conférence. *Guise*, 1891, 8°. [8° I. 4661 A

—— Un chef d'industrie alsacien. Jean Dollfus. *P.*, 1888, 8°. [8° U. 6157 + A

Pastor (D' L.). Histoire des papes depuis la fin du moyen âge; trad. par Furcy Raynaud. *P.*, 1888; 2 vol. 8°. [8° U. 6157 A

Patein (G.). Les purgatifs. *P.* (s. d.), in-16. [8° I. 4665 D

Patron (P.). Code manuel de la distribution par contribution et des collocations des créanciers, soit privilégiés, soit chirographaires. *P.*, 1888, 2 vol. in-18. [8° E. 1609 B

Paucton. Métrologie ou traité des mesures, poids et monnaies. *P.*, 1780, 4°. [4° I. 914 A

Paul (C.), **Rodet** (P.). Manuel de thérapeutique thermale clinique. I. Les eaux de table. *P.*, 1892, in-18. [8° I. 4669 A

Paulet (G.). Code annoté du commerce et de l'industrie. *P.*, 1891, 8°. [8° E. 1609 C

—— L'enseignement primaire professionnel. *P.*, 1889, 8°. [8° E. 1609 Ca

Paulet (M.). Traité de la conservation des bois, des substances alimentaires et de diverses matières organiques. *P.*, 1874, 8°. [8° I. 4669 D

Paulme (H.). Petit manuel pratique à l'usage des rentiers et pensionnaires de l'État. *P.*, 1888, in-16. [8° E. 1609 E

Pavitt (A.). Le droit anglais codifié. *P.*, 1885, 8°. [8° E. 1610 A

Pavot (T.). Notre étymologie simplifiée. *Vade-mecum. P.*, 1889, in-16. [8° O. 3207 C

Payen (A.), **Vigreux** (L.), **Prouteaux** (A.), **Orioli** (R.) et **Kaeppelin** (D.). La fabrication du papier et du carton; 3° éd. *P.*, 1881, 8°. [8° I. 4674 A

Péan (A.). L'architecte paysagiste. *P.* (s. d.), 4°. [4° I. 914 B

—— Parcs et jardins. Résumé des notes d'un praticien. *P.*, 1878, 4°. [4° I. 914 C

Pécaut (D' E.). Cours d'hygiène. *P.*, 1882, in-16. [8° I. 4681 C

Pector (G.). Le droit des pauvres. *P.*, 1888, 8°. [8° E. 1610 B

Peiresc (De). Correspondance avec plusieurs missionnaires et religieux de l'Ordre des Capucins (1631-1637). *P.*, 1891, 8°. [8° O. 3207 E

Pellenc (J.-B.). Le guide pratique des moutures par cylindres et par meules. *Marseille*, 1890, 8°. [8° I. 4687 D

Pellerin (A.). Des rapports des notaires avec le Ministère public. Formules d'actes pour cessions et suppressions d'office de notaire; 2° éd. *P.*, 1890, 8°. [8° E. 1612 C

Pellet (M.). Naples contemporaine. *P.*, 1894, in-12. [8° U. 6160 ++ A

—— Variétés révolutionnaires (3° série). *P.*, 1890, in-18. [8° U. 6160 + A

Pelletan (A.). Traité de topographie. *P.*, 1893, 8°. [8° I. 4688 D

Pelletan (C.). Célébrités contemporaines. Georges Clémenceau. *P.*, 1883, in-16. [8° U. 6160 A

—— De 1815 à nos jours. *P.* (s. d.), in-18. [8° U. 6160 Aa

—— Rapport sur le budget de 1891. Ministère des travaux publics. *P.*, 1890, 4°. [4° U. 970 D

Pelletan (E.). Décadence de la monarchie française; 5° éd. *P.* (s. d.), in-16. [8° U. 6160 Ab

Pellissier (G.). Essais de littérature contemporaine. *P.*, 1893, in-18. [8° O. 3208 B

—— Le mouvement littéraire au xix° siècle; 2° éd. *P.*, 1890, in-16. [8° O. 3208 C

Pellisson (M.). Cicéron. Gravures. *P.*, 1890, 8°. [8° O. 3212 C

—— La Bruyère. *P.*, 1892, 8°. [8° O. 3212 Cb

Péne-Siefert (J.). Flottes rivales. Programme de demain. *P.*, 1890, in-18. [8° U. 6164 C

—— La marine en danger (1870-1888). *P.*, 1888, in-18. [8° U. 6164 Cb

Penel-Beaufin. Législation générale des cultes protestants. *P.*, 1893, in-18. [8° E. 1612 D

—— Législation générale du culte israélite en France. *P.*, 1894, in-18. [8° E. 1612 E

Péquégnot (A.). Anatomie descriptive des formes humaines, à l'usage des artistes peintres, sculpteurs, graveurs, élèves et amateurs; nouv. éd. P. (s. d.), 8°.
[8° I. 4704 C

—— Géométrie des arts, suivie de notions élémentaires de perspective. P. (s. d.), 8°.
[8° I. 4704 Ca

Péquignot (A.). Essai sur la constitution de la saline d'Arzew. *Oran*, 1890, 8°.
[8° I. 4704 E

Péraqui (A.). Répertoire alphabétique des maladies, infirmités ou vices de conformation qui rendent impropre au service militaire. *P.*, 1888, 8°.   [8° I. 4704 G

Pératé (A.). L'archéologie chrétienne. P. (s. d.), 8°.   [8° I. 4704 J

Perelaer (M.-T.-H.). A travers Bornéo. Aventures de quatre déserteurs de l'armée indo-néerlandaise; trad. du c[te] Meyners d'Estrey. P., 1891, 4°.   [4° U. 972 C

Peretti (J.). Christophe Colomb Français, Corse et Calvais. P., 1888, 8°.
[8° U. 6167 D

Perey (L.). Un petit-neveu de Mazarin, Louis Mancini-Mazarini, duc de Nivernais; 2° éd. P., 1890, 8°.   [8° U. 6167 G

Perez (B.). Dictionnaire abrégé de philosophie. P., 1893, in-18. [8° I. 4716 + A

—— L'éducation morale dès le berceau; 2° éd. P., 1888, 8°.   [8° I. 4716 A

—— La psychologie de l'enfant. L'enfant de trois à sept ans. P., 1886, 8°.
[8° I. 4717 A

—— —— L'art et la poésie chez l'enfant. P., 1888, 8°.   [8° I. 4717 Aa

Pérez (J.). Les abeilles. P., 1889, in-16.
[8° I. 4717 B

Périer (Dr E.). L'art de soigner les enfants malades. P., 1891, in-18.
[8° I. 4718 C

Perrens (F.-T.). La civilisation florentine au XVI° siècle. P. (s. d.), 8°.
[8° U. 6173 D

Perrier (Ed.). Les explorations sous-marines. P., 1886, 8°.   [8° I. 4725 A

—— Le transformisme. P., 1888, in-16.
[8° I. 4726 A

Perronnet (Mme A.). Les premières amitiés. P., 1887, in-18.   [8° O. 3217 D

Perrot (A.-M.). Manuels Roret. Manuel pour la construction et le dessin des cartes géographiques. P., 1847, in-18.
[8° I. 4223 + A

Pertus (J.) Traité des maladies du chien. P., 1885, in-18.   [8° I. 4731 A

Pessonneaux (É.). Dictionnaire grec-français. P., 1892, 8°.   [8° O. 3218 + A

Petibon (M.). Indicateur du bâtiment et de la propriété foncière dans Paris et le département de la Seine; 3° éd. P., 1889, 4°.
[4° U. 972 F

Petit (Albert). La France économique; 4° année. P., 1888, in-16.
[8° U. 6183 + A

Petit (Arsène). Les assurances. L'art de s'assurer contre l'incendie; 3° éd. P. (s. d.), in-18.   [8° I. 4734 C

—— Les assurances. L'art de s'assurer sur la vie; 2° éd. P. (s. d.), in-18.
[8° I. 4734 Ca

—— La grammaire de la lecture à haute voix. P. (s. d.), in-18.   [8° O. 3218 A

—— La grammaire de la ponctuation (écriture, lecture) à l'usage de l'enseignement secondaire; 2° éd. P. (s. d.), in-18.
[8° O. 3218 Aa

Petit (Éd.). Le Tong-kin. P., 1887, 8°.
[8° U. 6183 Aa

Petit (J.-E.). Aide-mémoire des conducteurs et commis des ponts et chaussées, agents-voyers, chefs de section, conducteurs et piqueurs de chemins de fer, contrôleurs des mines, adjoints du génie, entrepreneurs. P., 1892, in-18.   [8° I. 4734 D

Petit (O.). Des emplois chimiques du bois dans les arts et l'industrie. P., 1888, 8°.
[8° I. 4735 A

Petit (P.). Nutrition et production des animaux. Bœuf, cheval, mouton, porc. P. (s. d.), in-16.   [8° I. 4735 Ad

Petit de Julleville (L.) Histoire du théâtre en France. Les mystères. P., 1880, 2 vol. 8°.   [8° O. 3218 B

—— Le théâtre en France. P., 1889, in-18.   [8° O. 3218 Cb

—— Notions générales sur les origines et sur l'histoire de la langue française; 3° éd. P. (s. d.), in-16.   [8° O. 3218 D

Petit (Le) livre de cuisine, par Mme Marie G.-V. P., 1885, in-16. [8° I. 4735 C

Petit vocabulaire des principaux termes de courses et de vénerie. *P.*, 1887, 8°.
[8° I. 4735 E

Petitot (É.). Accord des mythologies dans la cosmogonie des Danites arctiques. *P.*, 1890, in-16. [8° A. 857 C

Petits chefs-d'œuvre historiques. *P.*, 1877-1884, 2 vol. in-18. [8° U. 6189 C

Peuch, Toussaint, Cadéac et **Montané**. Précis de chirurgie vétérinaire; 2° éd. *P.*, 1887, 2 vol. 8°. [8° I. 4737 B

Peyre (R.). Histoire générale des beaux-arts. *P.*, 1894, in-18. [8° I. 4737 C

Philebert (G⁻ˡ). La conquête pacifique de l'intérieur africain. Nègres, Musulmans et Chrétiens. *P.*, 1889, 8°. [8° U. 6324 A

Philipon. Proposition de loi sur la propriété littéraire et artistique. *P.*, 1886, 4°.
[4° E. 223 D

Philippe (J.). Manuel biographique de la Haute-Savoie et de la Savoie. *Annecy*, 1883, in-18. [8° U. 6324 D

Philippon (G.). Cours de zoologie; 2° éd. *P.*, 1890, in-18. [8° I. 4739 B

Pi y Margall. Les nationalités; trad. par L.-X. de Ricard. *P.*, 1879, in-18.
[8° I. 4741 A

Piaget (E.). Essai sur l'organisation de la Compagnie de Jésus. *Leiden*, 1893, 8°.
[8° U. 6325 B

Picard (A.). Les chemins de fer français. *P.*, 1884-1885, 6 vol. 8°.
[8° I. 4741 C

Picard (E.), **Fremantle** (Sydney R.). Langage marin anglais-français. *P.*, 1889, in-18. [8° I. 4742 B

Picard (Capit° L.). Leçons d'histoire et de géographie militaires. *Saumur*, 1887, 3 vol. 8° et atlas 4°. [8° U. 6325 C
[4° U. 975 B

Picavet (Fr.). Les idéologues. Essai sur l'histoire des idées et des théories scientifiques, philosophiques, religieuses, etc., en France depuis 1789. *P.*, 1891, 8°.
[8° I. 4742 Bc

Pichard (A.-E.). Nouveau code de l'instruction primaire; 12° éd. *P.*, 1887, in-16.
[8° E. 1629 A

Pichat (L.). L'art et les artistes en France; 5° éd. *P.* (s. d.), in-16.
[8° U. 6325 E

Pichon. Rapport sur le budget général de 1892. Ministère des affaires étrangères. *P.*, 1891, 4°. [4° U. 975 Bd

Pichon (D⁻ G.). Les maladies de l'esprit. Délires des persécutions, délire des grandeurs, etc. *P.*, 1888, 8°. [8° I. 4742 C

Pichon (D⁻ L.). Un voyage au Yunnan. *P.*, 1893, in-18. [8° U. 6326 C

Picot (G.). Notice sur M. de Laveleye. *P.*, 1892, 8°. [8° U. 6332 C

—— Un devoir social et les logements d'ouvriers. *P.*, 1885, in-18.
[8° I. 4743 ++ A

Picou (R.-V.). La distribution de l'électricité. Installations isolées. *P.* (s. d.), in-16. [8° I. 4743 + A

—— La distribution de l'électricité. Usines centrales. *P.* (s. d.), in-16.
[8° I. 4743 + A

Picquart (A.). De la gymnastique vraie; 2° éd. *P.*, 1884, 4°. [4° I. 917 + A

Piderit (D⁻ Th.). La mimique et la physionomie; trad. par A. Girot. *P.*, 1888, 8°.
[8° I. 4747 A

Piéchaud (D⁻ A.). Les misères du siècle. *P.* (s. d.), in-18. [8° I. 4749 A

Piédagnel (A.). Souvenirs de Barbizon. J.-F. Millet. *P.*, 1888, in-8°.
[8° U. 6349 A

Piequet (O.). La chimie des teinturiers. *P.*, 1892, 8°. [8° I. 4749 C

Pierre (Eug.). Du pouvoir législatif en cas de guerre. *P.*, 1890, in-18.
[8° E. 1632 C

—— Traité de droit politique, électoral et parlementaire. *P.*, 1893, 8°.
[8° E 1632 D

Pierret (É.). Les illusions du cœur. *P.*, 1891, in-16. [8° O. 3234 D

—— Inventaire détaillé des catalogues usuels de la Bibliothèque nationale. *P.*, 1889, 4°. [4° O. 349 A

Pierret (V.-A.). Horlogerie, outillage et mécanique; 2° éd. *P.*, 1891, 8°.
[8° I. 4750 A

Pierron (G⁻ˡ). Stratégie et grande tactique d'après l'expérience des dernières guerres. *P.*, 1887-1890, 2 vol. 8°.
[8° I. 4750 Aa

Piesse (S.). Histoire des parfums et hygiène de la toilette; éd. française par F. Chardin-

Hadancourt, H. Massignon et G. Halphen. P., 1890, in-18. [8° I. 4750 B

Piétralba (H.). Dix mois à Hanoï. Étude de mœurs tonkinoises. P., 1890, in-18. [8° U. 6349 C

Pietra Santa (Dr P. de) et Joltrain (A.). Les stations d'eaux minérales du centre de la France. La caravane hydrologique de septembre 1887. P., 1888, 8°. [8° I. 4750 C

Pimodan (Mis de). La première étape de Jeanne d'Arc, avec une carte détaillée. P. (s. d.), gr. 8°. [4° U. 975 C

Pinard (A.). Célébrités contemporaines. F. de Lesseps. P., 1883, in-16. [8° U. 6372 A

Pineau (L.). Le folklore du Poitou, avec notes et index. P., 1892, in-18. [8° O. 3239 A

Pineau (P.). Histoire de La Tour d'Auvergne. P., 1891, 8°. [8° U. 6372 D

Pinet (G.). Histoire de l'École polytechnique. P., 1887, 4°. [4° U. 982 A

Pinloche (A.). Leçons pratiques de langue allemande, Cours élémentaire. P., 1891, 8°. [8° O. 3239 B

Pion des Loches. Mes campagnes (1792-1815). P., 1889, in-16. [8° U. 6373 C

Pisani (F.). Les minéraux usuels et leur essai chimique sommaire. P., 1893, in-18. [8° I. 4757 C

Pizzetta (J.). Dictionnaire populaire illustré d'histoire naturelle. P., 1890, 4°. [4° I. 917 E

—— Galerie des naturalistes. Histoire des sciences naturelles. P., 1891, 8°. [8° I. 4759 C

Place, Foucard. Manuels Roret. Livre de l'arpenteur-géomètre. P., 1838, in-18. [8° I. 4194 A

Planté (G.). Phénomènes électriques de l'atmosphère. P., 1888, in-16. [8° I. 4761 + A

Plantes (Les) utiles des colonies françaises. P., 1886, 8°. [8° I. 4761 A

Platel (F.). Paris-secret. P., 1889, in-18. [8° U. 6378 B

Plauchut (E.). L'Égypte et l'occupation anglaise. P., 1889, in-18. [8° U. 6378 D

—— Le tour du monde en cent vingt jours. P., 1873, in-18. [8° U. 6378 E

Plé (A.). Dictionnaire de perception et de manutention. P., 1889, 8°. [8° E. 1636 B

—— Questions élémentaires de droit civil et fiscal. P., 1889, in-18. [8° E. 1636 D

Plon (E.). Thorvaldsen; 2e éd. P., 1874, in-16. [8° U. 6378 H

Ply (G.). Étude sur l'organisation du service technique dans les manufactures d'armes. P., 1888, 8°. [8° I. 4764 B

Plytoff (G.). Les sciences occultes. P., 1891, in-16. [8° I. 4764 D

Poggi (A.). L'unité des maladies et l'unité des remèdes. P., 1890, 8°. [8° I. 4765 D

Poincaré (R.). Rapport sur le budget de 1891. Ministère des finances et budget annexe des Monnaies et Médailles. P., 1890, 4°. [4° U. 987 D

Poiré (E.). La Tunisie française. P., 1892, in-18. [8° U. 6392 B

Poiré (P.). A travers l'industrie. P., 1891, 4°. [4° I. 918 D

Poirier (J.-R.). La naissance d'un peuple ou les États-Unis d'Amérique dans la seconde moitié du xviiie siècle. P. (s. d.), 8°. [8° U. 6392 Bd

—— Vie de Bayard. P., 1889, 8°. [8° U 6392 C

Poitevin (Mlle M.). Le clos des roses. P., 1891, 8°. [8° O. 3328 C

Polin (H.) et Labit (H.). Examen des aliments suspects. P. (s. d.), in-16. [8° I. 4771 D

—— —— L'hygiène alimentaire. P. (s. d.), in-16. [8° I. 4771 E

Politique (La) française en Tunisie (1854-1891). P. (s. d.), 8°. [8° U. 6396 D

Polyptyque de l'abbaye de Saint-Germain-des-Prés, publ. par A. Longnon. P., 1886, 8°. [8° U. 6396 G

Pomel (A.) et J. Pouyanne. Carte géologique provisoire des provinces d'Alger et d'Oran au 1/800,000e. Alger, 1882, fol. et 1 vol. de texte 8°. [8° U. 6396 I [Fol. U. 256 A

Poncins (L. de). Les cahiers de 89; 2e éd. P., 1887, 8°. [8° U. 6401 D

Pontevès de Sabran (J. de). Notes de voyage d'un hussard. Un raid en Asie. P., 1890, in-18. [8° U. 6402 C

Ponthière (H.). Applications industrielles de l'électricité. Principes et électrométrie. *Louvain*, 1885, 8°. [8° I. 4782 A

——— ——— L'électrochimie et l'électro-métallurgie; grav. *Louvain*, 1886, 8°. [8° I. 4782 Aa

Pontmartin (A. de). Aurélie, Albert, le capitaine Garbas... *P.*, 1892, in-18.]8° O. 3332 D

Pontzen (E.). Procédés généraux de construction. *P.*, 1891, 8°. [8° I. 4782 B

Ponvosin (E.). Les étrennes de Bismarck. *P.* (1891), 8°. [8° O. 3342 C

Porcacchi (Th.). L'isole piu famose del mondo. *Venetia*, 1572, fol. [4° U. 988 B

Port (C.). La légende de Cathelineau. *P.*, 1893, 8°. [8° U. 6403 + B

——— La Vendée angevine. *P.*, 1888, 2 vol. 8°. [8° U. 6403 B

Portal (C.) et **Graffigny** (H. de). Les merveilles de l'horlogerie. *P.*, 1888, in-16. [8° I. 4782 E

Post (The) office London directory for 1889. *London*, 1889, 4°. [4° I. 918 C

Potel (A.). Aperçu historique des affaires d'Orient. *P.* (1889), in-18. [8° U. 6405 C

——— Le socialisme en Allemagne. *P.*, 1890, 8°. [8° I. 4782 G

Potiche (Vte de). La baie du Mont-Saint-Michel et ses approches. *P.*, 1891, 4°. [4° U. 988 C

Potier de Courcy (P.). Nobiliaire et armorial de Bretagne. *Nantes*, 1862, 3 vol. in-4°. [4° U. 988 D

Pottet (E.). Histoire de la Conciergerie du Palais de Paris. *P.*, 1892, in-16. [8° U. 6408 + A

Pottier (E.). Les statuettes de terre cuite dans l'antiquité. *P.*, 1890, in-16. [8° I. 4782 G

Pouchet (G.) et **Beauregard** (H.). Traité d'ostéologie comparée. *P.*, 1889, 8°. [8° I. 4784 A

Pouchkine (A.). L'aube russe (nouvelles), trad. par B. Tseytline et E. Jaubert. *P.*, 1892, in-16. [8° O. 3349 A

——— La fille du capitaine, trad. par Louis Viardot. *P.*, 1892, 8°. [8° O. 3349 Ab

——— Poésies et nouvelles, trad. par F.-E. Gauthier. *P.*, 1888, in-18. [8° O. 3349 Ad

Poucin (T.). La maison du garde. *P.* (s. d.), in-16. [8° I. 4784 D

Pouget de Saint-André (H.). La colonisation de Madagascar sous Louis XV. *P.*, 1886, in-18. [8° U. 6408 A

Pougin (A.). Rameau. *P.*, 1876, in-16. [8° U. 6408 C

Poullet (P.). La campagne de l'Est (1870-1871). *P.*, 1879, 8°. [8° U. 6412 A

Poulot (D.). Méthode d'enseignement manuel pour former un apprenti mécanicien. *P.*, 1889, fol. [Fol. I. 170 C

Poupin (V.). La dot de Madame. *P.* (s. d.), in-18. [8° O. 3349 C

Poussié (Dr E.). Manuel de conversation en trente langues; 2e éd. *P.*, 1890, in-16 oblong. [8° O. 3349 D

Poutiers (A.). Manuel du menuisier-modeleur. *P.* (s. d.), in-16. [8° I. 4788 + A

Pouvillon (É.). Le cheval bleu..... Contes. *P.* (s. d.), 8°. [8° O. 3349 Dc

Pramondon (G.). Excursions économiques. Dix jours en Suisse. *P.* (s. d.), in-18. [8° U. 6426 D

——— Quinze jours en Normandie. *P.* (s. d.), in-18. [8° U. 6426 E

——— Quinze jours en Normandie et en Bretagne *P.* (s. d.), in-18. [8° U. 6426 F

Preece (W. H.) et **Maier** (J.). Le téléphone; trad. par G. Floren. *P.*, 1891, 8°. [8° I. 4788 A

Préfecture du département de la Seine. Bibliothèque administrative. *P.*, 1890, 8°. [8° O. 3349 E

Premier congrès international de l'hypnotisme expérimental et thérapeutique (août 1889). *P.*, 1889, 8°. [8° I. 4788 B

Préparation aux certificats d'aptitude à l'inspection primaire... *P.*, 1883, 8°. [8° I. 4788 E

Pressensé (E. de). Variétés morales et politiques. *P.*, 1886, in-16. [8° I. 4789 A

Pressensé (F. de). L'Irlande et l'Angleterre (1800-1888). *P.*, 1889, 8°. [8° U. 6434 A

Préville (X. de). Un glorieux soldat. Mac-Mahon. *P.* (s. d.), 8°. [8° U. 6435 C

Preyer (W.) L'âme de l'enfant; trad. par H. de Varigny. *P.*, 1887, 8°.
[8° **I. 4792** + A

——— Éléments de physiologie générale; trad. par Jules Soury. *P.*, 1884, 8°.
[8° **I. 4792** A

Prida y Arteaga (F. de). Le Mexique tel qu'il est aujourd'hui; 2° éd. *P.*, 1891, 8°.
[8° **U. 6438** C

Priem (F.). L'évolution des formes animales avant l'apparition de l'homme. *P.*, 1891, in-18. [8° **I. 4792** D

Primot (Al.). Traité théorique et pratique des taxes fiscales. *P.*, 1891, 4°.
[4° **E. 227** D

Prince (Le) L. Bonaparte et sa famille. *P.*, 1889, 8°. [8° **U. 6438** A

Prioux (A.). Les Russes dans l'Asie centrale. Skobelev. *P.*, 1886, 8°.
[8° **U. 6438** F

Pritchard (H.-B.). Les ateliers photographiques de l'Europe; trad. par Ch. Baye. *P.*, 1885, in-18. [8° **I. 4795** A

Privat. Notes historiques sur le général Hoche. *Metz,* an VI, in-18. [8° **U. 6438** H

Proal (L.). Le crime et la peine. *P.*, 1892, 8°. [8° **I. 4796** A

Procès de réhabilitation de Jeanne d'Arc, raconté et traduit d'après les textes latins officiels, par Joseph Fabre. *P.*, 1888, 2 vol. in-18. [8° **U. 6446** Aa

Professions et métiers. Guide pratique. *P.* (s. d.), 2 vol. 8°. [8° **I. 4796** B

Programme des conditions d'admission à l'École navale. *P.* (s. d.), in-18.
[8° **I. 4796** C

Programme des conditions d'admission à l'École polytechnique en 1891. *P.*, décembre 1890, in-18. [8° **I. 4796** D

Programme des conditions d'admission à l'École spéciale militaire en 1891. *P.*, 1891, in-18. [8° **I. 4796** E

Programme des conditions d'admission aux services des postes et télégraphes. *P.* (s. d.), in-18. [8° **I. 4796** G

Projet de loi, concernant : 1° l'ouverture et l'annulation de crédits supplémentaires sur les exercices 1879 et 1880; 2° crédits sur le budget de 1881; 3° crédits sur le budget de 1882. *P.* (s. d.), 4°. [4° **U. 988** E

Projet de loi, concernant : 1° la régularisation des décrets rendus en Conseil d'État qui ont ouvert des crédits à divers ministères sur l'exercice 1882; 2° crédits sur le budget de 1881; 3° crédits sur le budget de 1882. *P.* (s. d.), 4°. [4° **U. 988** Eb

Projet de loi, concernant : l'ouverture et l'annulation de crédits afférents : 1° au budget de 1881; 2° au budget de 1882; 3° l'ouverture de crédits sur le budget de 1883. *P.* (s. d.), 4°. [4° **U. 988** Ed

Projet de loi portant fixation du budget général de l'exercice 1893. *P.*, 1892, 3 vol. 4°. [4° **U. 988** F

Projet de loi relatif aux contributions directes. *P.* (s. d.), 4°. [4° **U. 988** Fd

Projets de loi présentés au Sénat, budget général des dépenses et des recettes. *P.*, 1889-1890, 8°. [8° **E. 1676** C

Proth (M.). Célébrités contemporaines. Ch. Floquet. *P.*, 1883, in-16.
[8° **U. 6447** A

——— ——— A. Naquet. *P.*, 1883, in-16.
[8° **U. 6447** Aa

Prou (M.). Inventaire sommaire des monnaies mérovingiennes de la collection d'Amécourt. *P.*, 1890, 8°. [8° **I. 4799** D

——— Manuel de paléographie latine et française du VI° au XVII° siècle. *P.*, 1890, 8°. [8° **O. 3390** B

Proust (Ant.). Rapport sur l'installation de la Chambre des députés. *P.*, 1891, 4°.
[4° **U. 988** H

——— Rapport sur le budget de 1882. Ministère des affaires étrangères. *P.*, 1881, 4°.
[4° **U. 988** Hb

——— Rapport sur le budget général de 1892. Ministère de l'instruction publique et des beaux-arts. Service des beaux-arts. *P.*, 1891, 4°. [4° **U. 988** Hc

Prudhomme (A.). Histoire de Grenoble. *Grenoble,* 1888, 8°. [8° **U. 6456** C

Public library of the City of Boston. *Boston,* 1866-1885, 6 vol. 4°. [4° **O. 351** A

Puton (A.). Traité d'économie forestière. *P.*, 1888-1891, 3 vol. 8°.
[8° **I. 4813** ++ A

Puymaigre (C°e de). Folk-Lore. *P.*, 1885, in-16. [8° **O. 3407** C

Pynaert (Ed.). Les serres-vergers; 4° éd. *P.*, 1888, 8°. [8° **I. 4813** + A

Q

Quand j'étais ministre. *P.* (s. d.), in-18. [8° **U. 6466 A**

Quatrefages (A. de). Charles Darwin et ses précurseurs français. *P.*, 1870, 8°. [8° **I. 4813 A**

Que faire de nos filles? par XXX. *P.* (s. d.), in-18. [8° **I. 4815 B**

Que feront nos garçons? *P.* (s. d.), in-18. [8° **I. 4815 C**

Quellien (N.). Chansons et danses des Bretons. *P.*, 1889, 8°. [8° **O. 3408 C**

Quesnay de Beaurepaire (A.). La France moderne. De Wissembourg à Ingolstad (1870-1871). *P.*, 1891, 4°. [4° **U. 993 C**

Quesnel (G.). Histoire de la conquête de l'Algérie. *P.* (s. d.), in-16. [8° **U. 6467 + A**

Quesnoy (Dr F.). L'armée d'Afrique depuis la conquête d'Alger. *P.*, 1888, in-18. [8° **U. 6467 B**

—— La guerre à toutes les époques. *P.* (s. d.), in-16. [8° **U. 6467 Bb**

Quicherat (L.). Petit traité de versification française; 7e éd. *P.*, 1881, in-16. [8° **O. 3434 A**

Quinet (Mme E.). Edgar Quinet depuis l'exil. *P.*, 1889, in-18. [8° **U. 6469 A**

—— Le vrai dans l'éducation. *P.*, 1891, in-18. [8° **I. 4816 C**

Quintilien (M. F.). De institutione oratoria; texte par Ch. Fierville. *P.*, 1890, 8°. [8° **O. 3459 A**

R

Rabany (Ch.). La loi sur le recrutement. *P.*, 1890, 2 vol. in-8°. [8° **E. 1696 C**

Rabbe (F.). Shelley. *P.*, 1887, in-18. [8° **U. 6470 C**

Racine. Les Plaideurs; publ. par T. Comte. *P.* (s. d.), 8°. [8° **O. 3488 A**

—— —— Nouv. éd., par A. Marandet. *P.* (s. d.), in-12. [8° **O. 3488 Aa**

Racine (L.). Poésies. *P.*, 1853, in-18. [8° **O. 3488 Ab**

Raffalovich (A.). L'année économique (1887-1888). *P.*, 1888, 8°. [8° **I. 4823 B**

—— Les coalitions de producteurs et le protectionnisme. *P.*, 1889, 8°. [8° **I. 4823 C**

—— Conversion de la dette 3 p. o/o anglaise. *P.*, 1888, 8°. [8° **I. 4823 D**

—— Le logement de l'ouvrier et du pauvre. *P.*, 1887, in-18. [8° **I. 4823 E**

—— Les marchés financiers en 1890. *P.*, 1891, 8°. [8° **I. 4823 Ea**

—— Le marché financier en 1891. *P.*, 1892, 8°. [8° **I. 4823 Eb**

—— La section d'économie politique au

Congrès de Toulouse en 1887. *P.*, 1887, 8°. [8° **I. 4823 F**

Raffy (C.). Répétitions écrites d'histoire universelle; 13e éd. *P.*, 1884, in-12. [8° **U. 6479 A**

Railliet (A.). Éléments de zoologie médicale et agricole. *P.*, 1886, 8°. [8° **I. 4823 I**

Rambaud (A.). Français et Russes. Moscou et Sébastopol (1812-1854); 4e éd. *P.*, 1888, in-18. [8° **U. 6482 + A**

—— Histoire de la civilisation contemporaine en France. *P.*, 1888, in-18. [8° **U. 6482 B**

Rambaud (P.). Code civil par demandes et réponses; 7e éd. *P.*, 1890-1892, 3 vol. 8°. [8° **E. 1696 D**

Rameau (J.). La vie et la mort; 4e éd. *P.*, 1891, in-18. [8° **O. 3491 C**

Ramée (D.). Recueil de deux cents motifs d'architecture. *P.*, 1886, 4°. [4° **I. 927 + A**

Rapelli (C.-I.). L'italien tel qu'on le parle; 5e éd. *P.*, 1887, in-12 oblong. [8° **O. 3491 H**

Rapport au Président de la République sur la situation de la Tunisie (1881-1890). P., 1890, 8°.   [8° U. 6489 C

Rapport au Président de la République, sur les opérations des caisses d'épargne; année 1883. P., 1886, 4°.   [4° I. 927 A

Rapport au Sénat et à la Chambre des députés, par la Commission de surveillance de la Caisse d'amortissement et de la Caisse des dépôts et consignations, sur les opérations de l'année 1890. P., 1891, 4°.
                    [4° I. 927 Ad

Rapport de la Commission supérieure des caisses d'assurances en cas de décès et en cas d'accidents sur les opérations et la situation de ces deux caisses; année 1892. P., 1893, 4°.
                    [4° I. 927 Af

Rapport et procès-verbal de la Commission de vérification des comptes des ministres pour l'exercice 1889 et l'année 1890. P., 1893, 4°.   [4° U. 1012 C

Rapport sur les opérations des sociétés de secours mutuels pendant les années 1885 et 1891. Melun, 1887, 1893, 2 vol. 4°.
                    [4° I. 928 C

Rastoul (A.). Pages d'histoire contemporaine. Le maréchal Randon (1795-1871). P., 1890, 8°.   [8° U. 6489 D

Ravenez (E.). La vie du soldat au point de vue de l'hygiène. P., 1889, in-16.
                    [8° I. 4841 B

Raviart (O.). Le manuel des avoués.
                    [8° E. 1696 Df

—— Le tarif des actes d'huissiers. P. (1890), 8°.   [8° E. 1696 E

—— Le tarif en matière civile; 5e éd. P., 1894, 4°.   [4° E. 228 C

Ravon et Malepeyre. Manuels Roret. Manuel du négociant d'eau-de-vie; nouv. éd. P. (s. d.), in-18.   [8° I. 4257 A

Ravon (H.) et Collet-Corbinière (G.). Code du bâtiment. P., 1885-18.., .. vol. 8°.
                    [8° E. 1696 G

Rawton (O. de). Le combat pour la vie. P., 1886, in-16.   [8° I. 4841 D

Rayeur (I.-A.). Mirabeau. Moulins, 1892, in-18.   [8° U. 6493 C

Raynal (A.). Manuel de comptabilité-matières. P., 1889, 8°.   [8° I. 4842 D

Raynaud (A.). Société d'études économiques. P., 1888, 8°.   [8° I. 4842 F

Raynouard. Choix de poésies originales des troubadours. P., 1816-1821, 6 vol. 8°.
                    [8° O. 3494 D

—— Lexique roman ou Dictionnaire de la langue des troubadours. P., 1838-1844, 6 vol. 8°.   [8° 3494 E

Réaumur. Lettres inédites. La Rochelle, 1886, 8°.   [8° I. 4842 H

Reboulleau, Magnier et Romain (A.). Manuel de la peinture sur verre, sur porcelaine et sur émail. P., 1883, in-18. Manuels Roret.   [8° I. 4345 A

Récits américains. P., 1888, in-18.
                    [8° O. 3496 A

Reclu (M.). Manuel de l'herboriste. P., 1889, in-16.   [8° I. 4842 K

Reclus (O.). La France et ses colonies. P., 1887-1889, 2 vol. 4°.   [4° U. 1019 B

Reclus (Paul), Kirmisson (E.), Peyrot (J.-J.) et Bouilly (G.). Manuel de pathologie externe. P., 1885-1886, 4 vol. in-16.   [8° I. 4842 M

I. Reclus. Maladies communes à tous les tissus. Maladies des tissus.

II. Kirmisson. Maladies des régions. Tête et rachis.

III. Peyrot. Maladies des régions. Cou, poitrine, abdomen.

IV. Bouilly. Maladies des régions. Organes génito-urinaires, membres.

Recueil annoté de lois et décrets sur l'administration communale et départementale. P., 1890, 8°.   [8° E. 1696 I

Recueil d'inventaires des ducs de Lorraine. Nancy, 1891, 8°.   [8° U. 6515 B

Recueil de chansons populaires, publ. par E. Rolland. P. 1883-1887, 5 vol. 8°.
                    [8° O. 3496 D

Recueil (Nouveau) de comptes de l'argenterie des rois de France, publ. par L. Douët-d'Arcq. P., 1874, 8°.
                    [8° U. 6515 Bd

Recueil de contes populaires slaves, trad. par Louis Léger. P., 1882, in-18.
                    [8° O. 3496 F

Recueil des instructions données aux ambassadeurs et ministres de France, depuis les traités de Westphalie jusqu'à la Révolution française. VII. P., 1889, 8°.
                    [8° U. 6515 C

Recueil des procès-verbaux des séances de la Chambre de commerce de Dunkerque. Dunkerque, 1888, 8°.   [8° U. 6515 E

Redard (Dʳ P.). Traité de chirurgie orthopédique. P., 1892, 8°. [8° I. 4842 P.

Régamey (F.). Le Japon pratique. P. (s. d.), in-18. [8° I. 4856 A

Régis (Dʳ E.). Manuel pratique de médecine mentale. P., 1885, in-18. [8° I. 4856 B

Régla (P. de). La Turquie officielle. Constantinople; 4ᵉ éd. P., 1891, in-8°. [8° U. 6517 B

Règlement du 16 novembre 1887 sur le service de l'habillement dans les corps de troupe. P., 1889, 8°. [8° E. 1697 + A

Règlement pour les écoles publiques. P., 1886, 8°. [8° E. 1697 A

Regnard (A.). Histoire de l'Angleterre, depuis 1815 jusqu'à nos jours. P. (s. d.), in-16. [8° U. 6517 C

Regnard (Dʳ P.) et Johnson (H.). Légendes explicatives des planches murales d'anatomie et de physiologie. P., 1886, in-18. [8° I. 4857 + A

Regnard (Dʳ P.). Les maladies épidémiques de l'esprit. P., 1887, 8°. [8° I. 4857 C

—— Physique biologique. P., 1891, 8°. [8° I. 4857 D

Regnaud (P.). Origine et philosophie du langage. P., 1888, in-18. [8° I. 4857 H

Regnault (É.). Histoire criminelle du gouvernement anglais. P., 1841, 8°. [8° U. 6517 D

Reibaud (E.). Aperçu de la législation en vigueur en Alsace-Lorraine. P., 1888, in-18. [8° E. 1697 B

Reichardt (J.-F.). Un Prussien en France en 1792. Strasbourg, Lyon, Paris, trad. par A. Laquiante. P., 1892, 8°. [8° U. 6522 C

Reinach (J.). Études de littérature et d'histoire. P., 1889, in-16. [8° O. 3527 + A

—— La France et l'Italie devant l'histoire. P., 1893, 8°. [8° U. 6522 F

—— Proposition de loi sur le régime des aliénés. P., 1890, 4°. [4° E. 230 D

—— Rapport sur le budget général de 1891. Ministère de l'intérieur. P., 1890, 4°. [4° U. 1023 D

Reinach (S.). Grammaire latine à l'usage des classes supérieures. P., 1886, 8°. [8° O. 3527 A

Relevé général du tonnage des marchandises transportées sur les fleuves, rivières et canaux en 1884. P., 1886, fol. [Fol. I. 175 B

Rémusat (P. de). Les grands écrivains français. A. Thiers. P., 1889, in-16. [8° U. 6528 B

Renan (Ary). Le costume en France. P. (s. d.), 8°. [8° U. 6531 D

Renan (E.). L'avenir de la science. Pensées de 1848; 4ᵉ éd. P., 1890, 8°. [8° I. 4862 C

6ᵉ éd. [8° I. 4862 Ca

—— Drames philosophiques. P., 1888, 8°. [8° O. 3542 A

—— Feuilles détachées; 3ᵉ éd. P., 1892, 8°. [8° U. 6541 A

—— Histoire du peuple d'Israël; 12ᵉ éd. P., 1889-1893, 5 vol. in-8°. [8° U. 6540 A

Renard (A.). Traité de chimie appliquée à l'industrie. P., 1890, 8°. [8° I. 4866 D

Renaud (A.). Collections du progrès. Notions élémentaires de droit. P. (s. d.), in-12. [8° E. 1699 C

Renaud (G.). Le recensement de 1881. P., 1882, 8°. [8° U. 6543 A

Renault (B.). Les plantes fossiles. P., 1888, in-16. [8° I. 4872 A

Renault (C.). Histoire des grèves. P., 1887, in-18. [8° I. 4872 B

Rendu (A.). Code de l'enseignement primaire obligatoire et gratuit. P., 1883, in-18. [8° E. 1699 A

Rendu (E.). Sept ans de guerre. L'enseignement primaire libre à Paris (1880-1886). P., 1887, in-16. [8° I. 4873 A

Renée (A.). Les princes militaires de la Maison de France. P. (s. d.), 4°. [4° U. 1026 A

Rengade (Dʳ J.). Portez-vous bien. P., 1885, in-18. [8° I. 4875 A

Rennex (A. de). L'existence du rentier. P., 1894, in-16. [8° I. 4875 Ad

Renoir (E.). La pêche mise à la portée de tous. P. (s. d.), in-18. [8° I. 4875 B

Renouard (A.). Les arts textiles; 2ᵉ éd. P., 1886, 8°. [8° I. 4875 D

—— Études sur la fabrication des cordes, câbles, ficelles, fibres, etc. P. (s. d.), gr. 8°. [4° I. 957 A

Renouvier (Ch.). Victor Hugo, le poète. P. (s. d.). in-18. [8° O. 3543 + A

Répertoire du théâtre de Madame. P., 1828-1833, 71 vol. in-12. [8° O. 3543 A

Répertoire général alphabétique du droit français. P., 1886-94, 11 vol. 4°. [4° E. 231 A

Responsabilités (Les) dans le conflit turco-russe. P., 1877, 8°. [8° U. 6548 A

Résultat des campagnes scientifiques accomplies sur son yacht, par le prince Albert Iᵉʳ, prince de Monaco. Monaco, 1889-1893, 4 vol. fol. [Fol. I. 175 C

Réveillaud (Eug.). Une excursion au Sahara. P., 1887, in-16. [8° U. 6550 B

Réveillé-Parise (J.-H.) et Carrière (Ed.). Hygiène de l'esprit. P. (s. d.), in-16. [8° I. 4892

Reverdin (A.). Antisepsie et asepsie chirurgicales. P., 1894, 8°. [8° I. 4893 C

Reverdy (H.) et Burdeau (A.). Le droit usuel et l'économie politique à l'école. P. (s. d.), in-18. [8° E. 1708 C

Révolution (La) française en Hollande. La République batave. P., 1894, 8°. [8° U. 6551 + A

Révolution (La) française et le rabbinat français. Avignon, 1890, 8°. [8° U. 6551 A

Révolution (La) française. Revue d'histoire moderne et contemporaine. P., 1892-1893, 2 vol. 8°. [8° U. 6551 B

Revue alsacienne. P., 1880-1881, 8°. [8° O. 3709 + A

Revue archéologique (1862-1870). 18 volumes 8°. [8° I. 4894 D

Revue de famille. Directeur : Jules Simon. P., 1888-1892, 5 vol. 4°. [4° O. 354 C

Revue de l'Exposition universelle de 1889. P. (s. d.), 2 vol. fol. [Fol. I. 175 D

Revue (La) de Paris. I. P., 1894 et s., 8°. [8° O. 3856 A

Revue des chefs-d'œuvre et curiosités littéraires. P., 1883-1884, 8°. [8° O. 3856 B

Revue des institutions de prévoyance. P., 1889, 11ᵉ liv. 8°. [8° I. 4895 B

Revue du Cercle militaire. P., 2ᵉ année, 1887 et suiv., 4°. [4° I. 983 A

Revue du 14 juillet 1889. P., 1889, 8° plano. [8° U. 6556 A

Revue encyclopédique. P., 1891 et suiv., 4°. [4° O. 91

Revue universelle des inventions nouvelles. P., 1888-1889, 4°. [4° I. 984 + A

Rey (Dʳ H.). Contribution à la géographie médicale. Le Tonkin. P., 1888, 8°. [8° I. 4932 Aa

Rey (I.-A.). Ferments et fermentations. P., 1887, in-18. [8° I. 4932 A

Reynald (H.). Succession d'Espagne. Louis XIV et Guillaume III. P., 1883, 2 vol. 8°. [8° U. 6560 B

Reynaud (L.). La France n'est pas juive; 2ᵉ éd. P., 1886, in-18. [8° U. 6560 C

—— Les Juifs français devant l'opinion. P., 1887, in-18. [8° U. 6560 D

Reyner (A.). La photographie dans les appartements. P. (s. d.), in-12. [8° I. 4942 + A

Reynier (Dʳ J.-B.). Leçons d'orthopédie. P., 1889, in-16. [8° I. 4943 C

Riant (A.). Les irresponsables devant la justice. P., 1888, in-16. [8° I. 4945 A

—— Le surmenage intellectuel et les exercices physiques. P., 1889, in-16. [8° I. 4945 Aa

Ribbentrop (Lieutᵗ). Vocabulaire militaire français-allemand. Leipzig, 1878, in-16. [8° I. 4945 B

Ribeyre (F.). La nouvelle Chambre (1889-1893). Biographie des 576 députés. P., 1890, in-18. [8° U. 6564 B

Ribot (Th.). Les maladies de la personnalité; 2ᵉ éd. P., 1888, in-18. [8° I. 4947 A

—— La philosophie de Schopenhauer; 2ᵉ éd. P., 1885, in-18. [8° I. 4948 A

Ricardon (A.). De l'idéal. P., 1890, 8°. [8° I. 4951 D

Riccoboni (L.). Histoire du théâtre italien. P., 1728, 8°. [8° O. 4133 D

Richard (Ch.). Cosmogonie. Origine et fin des mondes; 4ᵉ éd. P. (s. d.), in-16. [8° I. 4959 C

Richard (Dʳ E.). Histoire de l'hôpital de Bicêtre (1250-1791). P., 1889, 8°. [8° U. 6568 C

Richard (J.). La jeune armée. P. (s. d.), [4° U. 1029 E

Richard (J.-M.). Une petite nièce de saint Louis, Mahaut, comtesse d'Artois et de Bourgogne (1302-1329). P., 1887, 8°. [8° U. 6568 E

Richard du Cantal. L'agriculture et les haras dans leurs rapports avec la puissance militaire de la France et sa richesse agricole. P., 1881, 8°. [8° I. 4957 + A

——— Note sur l'agriculture et les remontes de l'armée. P., 1887, 8°. [8° I. 4957 A

Richard (L.). Album illustré pour timbres-poste; 4ᵉ éd. P. (s. d.), 4°. [4° U. 1029 C

Richard (T.) et Godard fils. Manuels Roret. Manuel des jeux enseignant la science. P., 1837, 2 vol. in-18. [8° I. 4296 A

Richardière (Dʳ H.). La coqueluche. P. (s. d.), in-16. [8° I. 4962 + A

Riche (Alfred) et Gelis (Ed.). L'art de l'essayeur. P., 1888, in-16. [8° I. 4962 A

Richer. Histoire de son temps; trad. par J. Guadet. P., 1845, 8°. [8° U. 6568 G

Richer (P.). Anatomie artistique. Description des formes extérieures du corps humain. P., 1890, 2 vol. fol. [Fol. I. 195 C

Richet (Ch.). Essai de psychologie générale. P., 1887, in-18. [8° I. 4966 A

Richter (E.). Où mène le socialisme; journal d'un ouvrier; publ. par P. Villard. P., 1892, in-18. [8° I. 4968 C

Richter (J.-P.). Sur l'éducation; par Mᵐᵉ veuve Jules Favre. P., 1886, in-18. [8° I. 4968 D

Rietstap (J.-B.). Armorial général; 2ᵉ éd. Gouda, 1884, 2 vol. 8°. [8° U. 6571 C

Rigord, Guillaume Le Breton. OEuvres; publ. par H.-F. Delaborde. P., 1882-1885, 2 vol. 8°. [8° U. 6571 D

Ringelmann (M.). De la construction des bâtiments ruraux. P., 1892-1893, 2 vol. in-16. [8° I. 4974 A + a

Rio (A.). Anatomie descriptive des formes du cheval. P. (s. d.), 8°. [8° I. 4974 Aa

Riols (J. de) [E. Santini]. L'art de cuire sans moufle. P. (s. d.), 8°. [8° I. 4974 Ab

——— La galvanoplastie apprise sans maître. P. (s. d.), 8°. [8° I. 4974 Ac

Riols (J. de) [E. Santini]. Traité des tableaux faisant illusion. P. (s. d.), in-16. [8° I. 4974 Ad

Riotor (L.) et Leofanti (G.). Le pays de la fortune (Con-Lang-Dong-Bac). P. (s. d.), 8°. [8° U. 6571 F

Ris-Paquot. Dictionnaire des poinçons... marques et monogrammes des orfèvres français et étrangers. P., 1890, 8°. [8° I. 4975 B

——— Guide pratique du restaurateur-amateur de tableaux, etc., reliures et livres. P., 1890, 8°. [8° I. 4975 D

——— Le livre de la femme d'intérieur. P. (s. d.), 8°. [8° I. 4975 Db

——— Le livre du propriétaire et du locataire. P. (s. d.), 8°. [8° I. 4975 Dc

——— Manière de restaurer soi-même les faïences, porcelaines, cristaux, etc.; 3ᵉ éd. Amiens, 1876, in-16. [8° I. 4975 F

——— Occupations, travaux, plaisirs de la campagne. P. (s. d.), 8°. [8° I. 4975 Fa

Risque (Du) professionnel, ou de la responsabilité des accidents. P., 1890, 8°. [8° E. 1718 C

Rivet (G.). La recherche de la paternité. Préface par Alexandre Dumas fils; 3ᵉ éd. P., 1890, in-18. [8° E. 1718 E

Rivière (A.). Rapport au sujet du règlement du budget de 1875. P., 1886, 4°. [4° U. 1032 B

Robert (C.). École ou prison. Conférence. P., 1874, in-18. [8° I. 4986 C

Robert (Karl). L'aquarelle; 3ᵉ éd. P., 1885, 8°. [8° I. 4987 A

——— Le fusain sans maître; 4ᵉ éd. P., 1879, 8°. [8° I. 4987 Aa

——— Le fusain sur faïence. P., 1879, 8°. [8° I. 4987 Ab

——— Le pastel. P., 1884, 8°. [8° I. 4987 Ac

——— Traité pratique de la gravure à l'eau-forte. P., 1891, 8°. [8° I. 4987 Ad

——— Traité pratique de peinture à l'huile; 4ᵉ éd. P., 1884, 8°. [8° I. 4987 Ae

Robert (P.). La poétique de Racine. P., 1890, 8°. [8° O. 4149 C

Robert (U.). Les signes d'infamie au moyen âge. P., 1891, in-16. [8° U. 6577 A

Robertson (W.). Histoire de la découverte de l'Amérique. P., 1891, in-16. [8° **U. 6589 A**

—— OEuvres complètes; notice par J.-A.-C. Buchon. P., 1867, 2 vol. 4°. [4° **U. 1032 C**

Robida (A.). La vieille France. P. (s. d.), 4 vol. 4°. [4° **U. 1034 C**

Robin (C.-C.). Voyage dans l'intérieur de la Louisiane, de la Floride occidentale et dans les îles de la Martinique et de Saint-Domingue. P., 1807, 3 vol. 8°. [8° **U. 6592 D**

Robin (J.-B.) et **Vermorel** (V.). Vinification. Sucrage des vins; 3° éd. P., 1887, 8°. [8° **I. 4994 A**

Robinet (É.), d'Épernay. Guide pratique du distillateur. P., 1889, in-16. [8° **I. 4998 ++ A**

—— Manuel général des vins; 3° éd. P., 1888, in-18. [8° **I. 4998 + A**

—— Manuel pratique d'analyse des vins; 5° éd. P., 1888, in-18. [8° **I. 4998 A**

Robinet (Dr). La philosophie positive. A. Comte et P. Laffitte. P. (s. d.), in-16. [8° **I. 4998 Ac**

Robinet de Cléry. Des droits et obligations du Parquet. P., 1888, gr. 8°. [4° **E. 236 A**

Robinson (H.-P.). L'atelier du photographe; trad. par H. Colard. P., 1888, 8°. [8° **I. 4998 ++ B**

—— De l'effet artistique en photographie; trad. par H. Colard. P., 1885, 8°. [8° **I. 4998 + B**

Robiou (F.) et **Delaunay** (D.). Les institutions de l'ancienne Rome. P., 1884-1888, 3 vol. in-18. [8° **U. 6594 A**

Robiquet (F.). Recherches historiques et statistiques sur la Corse. P., 1835, 8°. [4° **U. 1034 D**

Roch (É.). L'art d'être heureux. P. (s. d.), 8°. [8° **I. 4998 E**

—— Ce que vaut une femme. P. (s. d.), 8°. [8° **I. 4998 Ea**

Rochard (Dr J.). L'éducation de nos filles. P., 1892, in-16. [8° **I. 4998 F**

—— L'éducation de nos fils. P., 1890, in-16. [8° **I. 4998 G**

—— Questions d'hygiène sociale. P., 1891, in-16. [8° **I. 4998 Gc**

Rochas (A. de). Les forces non définies. P., 1887, 8°. [8° **I. 4998 H**

Rochau (De). Histoire de la Restauration, trad. par Rosenwald. P., 1867, in-18. [8° **U. 6596 A**

Roche (J.), **Develle** (J.). Projet de loi sur le tarif général des douanes. P., 1891, 4°. [4° **E. 236 D**

—— Rapport sur le budget de 1889. P., 1888, 4°. [4° **U. 1034 Dc**

Rochechouart (Cte J. de). Excursions autour du monde. P., 1879, in-18. [8° **U. 6599 + A**

—— Souvenirs sur la Révolution, l'Empire et la Restauration. P., 1889, 8°. [8° **U. 6599 A**

Rochetin (E.). La Caisse nationale de prévoyance ouvrière et l'intervention de l'État. P., 1894, in-18. [8° **I. 5006 + A**

Rod (E.). Dante. P., 1891, 8°. [8° **O. 4154 C**

—— Les idées morales du temps présent. P., 1891, in-16. [8° **O. 4154 Cb**

—— Les grands écrivains français. Stendhal. P., 1892, in-16. [8° **U. 6607 C**

—— **Rodanet** (A.-H.). L'horlogerie astronomique et civile. P. (s. d.), 8°. [8° **I. 5006 A**

Rodd (R.). Frédéric III, le Prince héritier, l'Empereur. P., 1888, in-18. [8° **U. 6605 A**

Rodier (G.). L'Orient. Journal d'un peintre. P., 1889, in-18. [8° **U. 6605 B**

Rodocanachi (E.). Le Saint-Siège et les Juifs. P., 1891, 8°. [8° **U. 6605 E**

Roger. Rapport fait à la Chambre des députés sur le budget de 1883. Ministère de l'agriculture. P., 1882, 4°. [4° **U. 1034 Dh**

Roger (L.). Exercices faciles et petites compositions françaises. P. (s. d.), 8°. [8° **O. 4154 E**

Rollinat (M.). Le livre de la nature. P., 1893, in-18. [8° **O. 4184 G**

Romagny (Ch.), **Piales d'Axtrez.** Étude sommaire des batailles d'un siècle. P., 1890, 2 vol. 4°, dont un atlas. [4° **U. 1034 G**

—— Guerre franco-allemande de 1870-1871. P., 1891, 8° et atlas 4°. [8° **U. 6639 C** [4° **U. 1034 H**

Romagny (Ch.), Piales d'Axtrez. Histoire générale de l'armée nationale, depuis Bouvines jusqu'à nos jours (1214-1892). P., 1893, in-18.　　　[8° U. 6639 E

Roman (J.). Tableau historique du département des Hautes-Alpes. P., 1887-1890, 2 vol. 4°.　　　[4° U. 1034 L

Romanes (G.-J.). L'intelligence des animaux. P., 1887, 2 vol. 8°.　[8° I. 5021 A

Romberg (Ed.). Des belligérants et des prisonniers de guerre. P., 1894, 8°.　　　[8° E. 1733 C

Rome, architecture publique et privée, mobilier..., trad. par O. Riemann, P., 1885, 8°.　　　[8° U. 6641 + A

Romeu (J.). L'art du pianiste. P. (s. d.), in-18.　　　[8° I. 5021 Ae

Ronchaud (L. de). La tapisserie dans l'antiquité. P., 1884, 8°.　[8° I. 5021 B

Rondelet (A.). La morale de la richesse. P., 1864, in-18.　　　[8° I. 5021 C

Rondot (Dr E.). Le régime lacté. P. (s. d.), in-16.　　　[8° I. 5021 D

Ronna (A.). Chimie appliquée à l'agriculture. P., 1886-1888, 2 vol. 8°.　　[8° I. 5021 F

—— Les irrigations. P., 1888-1890, 3 vol. 8°.　　　[8° I. 5021 G

Rood (O.-N.). Théorie scientifique des couleurs. P., 1881, 8°.　[8° I. 5021 K

Rope (C.). Rome et Berlin. Opérations au printemps de 1888. P., 1888, 8°.　　　[8° U. 6641 A

Roscher (G.). Traité d'économie politique rurale, trad. par C. Vogel. P., 1888, 8°.　　　[8° I. 5024 A

Rosse (R.). Manuel pratique et juridique du commerçant. P., 1891, 8°.　　　[8° E. 1735 B

Rosseeuw-Saint-Hilaire. Histoire d'Espagne. P., 1837-1841, 5 vol. 8°.　　　[8° U. 6647 D

Nouv. éd., 12 vol. 8°. P., 1844-1875, 8°.　　　[8° U. 6647 Da

Rossi (A.). Rabelais écrivain militaire. P., 1892, in-18.　　　[8° O. 4199 C

Rossi (Dr J.). Dictionnaire de l'homme sain et de l'homme malade. 2e éd. P., 1894, in-16.　　　[8° I. 5026 D

Rossignol (A.). Manuel pratique de photographie. P., 1889, 2 vol. in-18.　　　[8° I. 5030 B

Rostand (E.). Les questions d'économie sociale dans une grande ville populaire. 2e éd. P., 1889, 8°.　　　[8° I. 5032 B

Rothan (G.). Souvenirs diplomatiques. L'Europe et l'avènement du second Empire. P., 1892, in-18.　　[8° U. 6651 ＋ A

—— La France et sa politique extérieure en 1867. P., 1887, 2 vol. 8°.　　　[8° U. 6651 ＋ A

—— La Prusse et son roi pendant la guerre de Crimée. P., 1888, 8°.　　　[8° U. 6651 A

Rouaix (P.). Dictionnaire des arts décoratifs. P. (s. d.), 4°.　　[4° I. 984 ＋ B

—— Les styles. P. (s. d.), f°.　　　[Fol. I. 199 A

Roubo, Dufournet, Delbrel, Demière, Jamin (L.). L'art de la menuiserie. 6e éd. P., 1886, 2 vol. 8° et atlas f°. [8° I. 5036 B
　　　[Fol. 199 B

Supplément. 2e éd. P. (s. d.), 2 vol. f°.

Roubo. Traité théorique et pratique de l'ébénisterie. P., 1884, 8° et atlas f°.
　　　[8° I. 5036 C
　　　[Fol. I. 199 C

Rouché (E.). Éléments de statique graphique. P., 1889, 8°.　[8° I. 5036 D

Rougier (L.). Instructions pratiques sur la reconstitution des vignobles par les cépages américains. 3e éd. P., 1891, in-12.　　　[8° I. 5036 F

Rougon (F.). Le commerce français en Orient. Smyrne. P., 1892, 8°. [8° U. 6654 D

Roulliet (A.). Les habitations ouvrières à l'Exposition universelle de 1889, à Paris. P., 1889, 8°.　　　[8° I. 5036 I

Rous, Schwaeblé. Arts militaires. La fabrication et la manœuvre des armes au xixe siècle. P. (s. d.), 8°.　[8° I. 5036 L

Rousiers (P. de). La vie américaine. P., 1892, 4°.　　　[4° U. 1036 ＋ A

Rousse (E.). Les grands écrivains français. Mirabeau. P., 1891, in-16.
　　　[8° U. 6656 B

Rousseau (J.-J.). Morceaux choisis, par Fallex. P., 1884, in-18.　[8° O. 4235 A

—— Notice par L. Tarsot et A. Wissemans. P. (s. d.), in-16.　[8° O. 4235 Aa

Rousseau (P.). Les héros de Paris. P. (s. d.), gr. 4°.   [Fol. U. 268 C

Rousseau (Th.). Guide pratique de reboisement. 2° éd. *Nancy*, 1890, in-16.   [8° I. 5036 N

Roussel (F.). La nouvelle législation du recrutement de l'armée. P., 1891, 8°.   [8° E. 1739 C

Rousselet (L.). L'Exposition universelle de 1889. P., 1890, gr. 8°.   [4° I. 984 B

—— Nos grandes écoles militaires et civiles. P., 1888, gr. 8°.   [4° U. 1036 A

Rousset (C.). Les commencements d'une conquête. L'Algérie de 1830 à 1840. P., 1887, 3 vol. 8°.   [8° U. 6665 A

—— Histoire de Louvois. P., 1864, 4 vol. in-8°.   [8° U. 6670 A

Rousset (L.). Les combattants de 1870-1871. P. (s. d.), 8°.   [8° U. 6673 B

Rouvier. Projet de loi du budget de 1890. P., 1889, 4°.   [4° U. 1036 D

Rouvière (F.). Histoire de la Révolution française dans le département du Gard. *Nîmes*, 1887, in-18.   [8° U. 6683 + A

Roux (Dr F.). Formulaire aide-mémoire de la Faculté de médecine. 2° éd. P., 1890, in-18.   [8° I. 5038 C

Roux (Dr F.). Histoire des six premières années de l'École normale spéciale de Cluny. *Alais*, 1889, 8°.   [8° U. 6683 A

—— Traité pratique des maladies des pays chauds. P., 1886-1888, 3 vol. 8°.   [8° I. 5038 D

Rovasenda (Cte J. de). Essai d'une ampélographie universelle, trad. de l'italien par MM. F. Cazalis, G. Foëx, Pierre Viala. 2° éd. *Montpellier*, 1887, 4°.   [4° I. 984 C

Roy (G.-G.). L'industrie cotonnière et les traités de commerce. Rapport. P., 1890, 8°.   [8° U. 6683 B

Rozan (C.). Au terme de la vie. P. (s. d.), in-18.   [8° I. 5040 C

—— Petites ignorances historiques et littéraires. P., 1888, 8°.   [8° O. 4238 A

Rozet (G.). Dictionnaire de la législation de la propriété. P., 1890, gr. 8°.   [4° E. 239 B

Rubruquis (G. de) et **Marco Polo.** P., 1888, in-16.   [8° U. 6700 A

Russie et Bulgarie. Les causes occultes de la question bulgare. 2° éd. P., 1887, 8°.   [8° U. 6704 A

Russie (La) géographique, ethnologique, historique. P. (s. d.), 8°.   [8° U. 6704 B

S

Sabatier (C.). Rapport au sujet de la fixation du budget de 1889. Gouvernement de l'Algérie. P., 1888, 4°.   [4° U. 1037 B

—— Touat, Sahara et Soudan. P., 1891, 8°.   [8° U. 6705 + A

Sabine (H.). Table analytique et synthétique du « Dictionnaire raisonné de l'architecture française du XI° au XVI° siècle », par Viollet-le-Duc. Voir **Viollet-le-Duc.**   [8° I. 5416

Sacre et couronnement de Louis XVI. P., 1775, in-4°.   [4° U. 1037 B

Saglio (A.). Maisons d'hommes célèbres. P., 1893, in-16.   [8° U. 6705 Ad

Sagnier (H.). Cours d'horticulture fruitière et potagère. P., 1887, in-16.   [8° I. 5050 + A

Sagot (P.). Manuel pratique des cultures tropicales et des plantations des pays chauds. P., 1893, 8°.   [8° I. 5050 + Ad

Sahut (F.). Les vignes américaines, leur greffage et leur taille. *Montpellier*, 1887, in-16.   [8° I. 5050 A

Saigey (E.). Les sciences au XVIII° siècle. La physique de Voltaire. P., 1873, 8°.   [8° I. 5050 B

Saint-Albin (A. de). Les courses de chevaux en France. P., 1890, in-16.   [8° I. 5053 C

Saint-Albin (P. de), **Durantin** (A.). Le palais de Saint-Cloud. P., 1864, in-18.   [8° U. 6705 B

Saint-Allais (De). Nobiliaire universel de France. P., 1872-1875, 20 vol. 8°.   [8° U. 6705 E

Saint-Amand (I. de). Les femmes des Tuileries. Marie-Amélie et la duchesse d'Orléans. P., 1893, in-18.   [8° U. 6706 ++ A

Saint-Arnaud (Le maréchal de). Lettres. P., 1855, 2 vol. in-8°.   [8° U. 6706 ++ Ad

Saint-Aubin (J. de). Histoire de la ville de Lyon. *Lyon*, 1666, fol.　[Fol. **U. 269 C**

Saint-Barthélemy (La). Récit extrait de l'Estoile, Brantôme, Marguerite de Navarre, de Thou, Montluc, etc. *P.*, 1853, in-16.
　　　　　　[8° **U. 6706** ++ Adc

Saint-Didier (A.-T.-L. de). La ville et la république de Venise au XVIIᵉ siècle. Histoire, institutions, mœurs et coutumes. *P.*, 1891, in-16.　　[8° **U. 6706** + A

Saint-Félix (E.-J. de). Anatomie, physiologie et hygiène à l'usage des gens du monde. *P.*, 1878, in-16.　[8° **I. 5057 C**

Saint-Foix (De). Essais historiques sur Paris. 5ᵉ éd. *P.*, 1776-1777, 7 vol. in-12.
　　　　　　[8° **U. 6706** + Ad

Saint-Foix (G.-F.-P. de). Voyages dans tous les mondes. Essais historiques sur Paris et sur les Français. *P.*, 1891, in-16.
　　　　　　[8° **U. 6706** + Ae

Saint-Genis (V. de). Histoire de Savoie. *Chambéry*, 1868-1869, 3 vol. in-16.
　　　　　　[8° **U. 6706** + Ah

Saintignon (F. de). Le mouvement différentiel. Loi des marées. Eau, air, feu. *P.*, 1892, 4°.　　[4° **I. 984 D**

Saintine (X.-B.). Une maîtresse de Louis XIII. 2ᵉ éd. *P.*, 1859, in-12.
　　　　　　[8° **O. 4309 A**

Saint-Juirs. La Seine à travers Paris. *P.*, 1890, 4°.　　[4° **U. 1037 C**

Saint-Marc Girardin. Tableau de la littérature française au XVIᵉ siècle. 5ᵉ éd. *P.*, 1883, in-16.　　[8° **O. 4263 A**

Saint-Patrice. Nos écrivains. 1ʳᵉ série. *P.*, 1887, in-12.　　[8° **U. 6708 B**

Saint-Phalle (Cᵗᵉ E. de). Étude et observations théoriques et pratiques sur la viticulture et la vinification en Algérie. *P.*, 1886, 8°.
　　　　　　[8° **I. 5061 A**

Saint-Pierre (B. de). Paul et Virginie. *P.*, 1888, 4°.　　[4° **O. 388 A**

Saint-Romme. L'Oisans et La Bérarde. Huit jours dans les glaciers. Conférence sur les Alpes françaises. *P.*, 1893, 8°.
　　　　　　[8° **U. 6709 G**

Saint-Saëns (C.). Harmonie et mélodie. 3ᵉ éd. *P.*, 1885, in-18.　[8° **I. 5061 C**

Saint-Simon. Mémoires (extraits), par C. Le Coffic et J. Tellier. *P.*, 1888, 8°.
　　　　　　[8° **U. 6726 A**

Saint-Simon. Scènes et portraits. *P.* (s. d.), 8°.　　[8° **U. 6726 Aa**

Saint-Venant (A.-B. de). Saint Bénézet, patron des ingénieurs. *Bourges*, 1889, 8°.
　　　　　　[8° **U. 6726 D**

Saint-Victor (P. de). Le théâtre contemporain : É. Augier, A. Dumas fils. *P.*; 1889, in-18.　　[8° **O. 4269 B**

Sainte-Palaye (La Curne de). Dictionnaire historique de l'ancien langage français. *Niort*, 1875-1882, 10 vol. 4°.
　　　　　　[4° **O. 388 E**

Saladin (E.). Éléments de tissage mécanique. *Rouen*, 1883, 4°.　[4° **I. 984 E**

Sallard (A.). Les amygdalites aiguës. *P.*, 1892, in-16.　　[8° **I. 5065 B**

—— Hypertrophie des amygdales. *P.* (s. d.), in-16.　　[8° **I. 5065 Ba**

Sallé (L.). Manuel de droit pratique, ou la loi par les écoles. *Valognes*, 1885, in-16.
　　　　　　[8° **E. 1751 C**

Salmon (C.-A.). M. Lionnet, fondateur de l'Association philotechnique. *P.*, 1886, in-12.　　[8° **U. 6747 A**

Salmon (P.). Les races humaines préhistoriques. *P.*, 1888, 8°.　[8° **I. 5065 C**

Salnove (R. de). La Vènerie royale. *P.*, 1665, 4°.　　[4° **I. 984 F**

Salomon (Sir D.). Les accumulateurs électriques, trad. par P. Clémenceau. *P.* (s. d.), in-16.　　[8° **I. 5065 F**

Salon (Le) de 1889 par un assureur. *P.*, 1889, 8°.　　[8° **I. 5066 A**

Sampité (A.). Les chemins de fer à faible trafic en France. *P.*, 1888, 8° et atlas 4°.
　　　　　　[8° **I. 5067 A**
　　　　　　[4° **I. 984 G**

Samson (Mᵐᵉ J.). Temps d'épreuve. Épisodes de la vie d'une jeune fille. *P.*, 1891, 8°.　　[8° **O. 4312 C**

—— Trop mondaine. *P.*, 1893, in-18.
　　　　　　[8° **O. 4312 Ca**

Sand (G.). Adriani. *P.*, 1886, in-18.
　　　　　　[8° **O. 4312 H**

—— OEuvres, sous le même numéro, savoir :

—— Les amours de l'âge d'or. Evenor et Leucippe. *P.*, 1889, in-18.

—— André. *P.*, 1887, in-18.

—— Antonia. 4ᵉ éd. *P.*, 1882, in-18.

—— Autour de la table. *P.*, 1876, in-18.

Sand (G.). Le beau Laurence. P., 1887, in-18.

—— Les beaux messieurs de Bois-Doré. P., 1890, 2 vol. in-18.

—— Cadio. P., 1889, in-18.

—— Césarine Dietrich. P., 1887, in-18.

—— Le château des Désertes. P., 1883, in-18.

—— Le compagnon du tour de France. P., 1885, 2 vol. in-18.

—— La comtesse de Rudolstadt. P., 1890, 2 vol. in-18.

—— La confession d'une jeune fille. 4e éd. P., 1890, 2 vol. in-18.

—— Constance Verrier. P., 1887, in-18.

—— Consuelo. P., 1891, 3 vol. in-18.

—— Contes d'une grand'mère. Le château de Pictordu. P., 1892, in-18.

—— Le chêne parlant. Le chien et la fleur sacrée. P., 1890, in-18.

—— La Coupe, Lupo Liverani. P., 1888, in-18.

—— Les dames vertes. P., 1892, in-18.

—— La Daniella. P., 1887, 2 vol. in-18.

—— La dernière Aldini, Myrza. P., 1882, in-18.

—— Le dernier amour. 4e éd. P., 1882, in-18.

—— Dernières pages. P., 1877, in-18.

—— Les deux frères. P., 1885, in-18.

—— Le diable aux champs. P., 1889, in-18.

—— Elle et lui. P., 1889, in-18.

—— La filleule. P., 1885, in-18.

—— Flamarande. 8e éd. P., 1882, in-18.

—— Flavie. Nouv. éd. P., 1882, in-18.

—— Francia. Un bienfait n'est jamais perdu. P., 1888, in-18.

—— L'homme de neige. P., 1892, 3 vol. in-12.

—— Horace. P., 1880, in-18.

—— Indiana. P., 1888, in-18.

—— Isidora. P., 1880, in-18.

—— Jacques. P., 1889, in-18.

Sand (G.). Jean Zyska. Gabriel. P., 1889, in-18.

—— Jeanne. P., 1892, in-18.

—— Laura. Voyages et impressions, P., 1887, in-18.

—— Légendes rustiques. Fanchette. P., 1888, in-18.

—— Lélia. P., 1881, 2 vol. in-18.

—— Lucrezia Floriani. Lavinia. P., 1888, in-18.

—— Ma sœur Jeanne. P., 1891, in-18.

—— Mademoiselle La Quintinie. 8e éd. P., 1880, in-18.

—— Mademoiselle Merquem. P., 1888, in-18.

—— Les maîtres mosaïstes. P., 1869, in-18.

—— Les maîtres sonneurs. P., 1869, in-18.

—— Malgré tout. 4e éd. P., 1876, in-18.

—— La mare au diable. P., 1891, in-18.

—— Le marquis de Villemer. P., 1890, in-18.

—— La marquise, Lavinia, Pauline, Mattea, Matella, Melchior. P., 1889, in-18.

—— Le meunier d'Angibault. P., 1890, in-18.

—— Monsieur Sylvestre. 2e éd. P., 1866, in-18.

—— Mont-Revêche. P., 1869, in-18.

—— Narcisse. P., 1884, in-18.

—— Pauline. P., 1891, in-18.

—— Le péché de Monsieur Antoine. P., 1887, 2 vol. in-18.

—— Le Piccinino. P., 1886, 2 vol. in-18.

—— Pierre qui roule. P., 1886, in-18.

—— Promenades autour d'un village. P., 1888, in-18.

—— Le secrétaire intime. Mattéa, la vallée noire. P., 1884, in-18.

—— Les sept cordes de la lyre, P., 1869, in-18.

—— Simon. La marquise. P., 1884, in-18.

—— Tamaris. P., 1890, in-18.

Sand (G.) Teverino. Leone Leoni. P., 1887, in-18.

—— Un hiver à Majorque. Spiridion. P., 1869, in-18.

—— L'Uscoque. P., 1885, in-18.

—— Valentine. P., 1869, in-18.

—— Valvèdre. P., 1884, in-18.

—— La ville noire. P., 1869, in-18.

—— Théâtre complet. P., 1877, 4 vol. in-18. [8° O. 4320 J

Sandeau (J.). Catherine. P., 1886, in-18. [8° O. 4320 R

—— Le château de Montsabrey. P., 1893, in-18. [8° O. 4320 S

—— Jean de Thommeray. Le colonel Evrard. P., 1892, in-18. [8° O. 4321 B

—— Le jour sans lendemain. Olivier, Hélène Vaillant. P., 1890, in-18. [8° O. 4321 C

—— Mademoiselle de Kérouare. P., 1890, in-18. [8° O. 4321 D

—— La maison de Penarvan. P., 1891, in-18. [8° O. 4322 B

—— Sacs et parchemins. P., 1891, in-18. [8° O. 4322 Ba

—— Un début dans la magistrature. P., 1891, in-18. [8° O. 4322 Bb

—— Un héritage. P., 1889, in-18. [8° O. 4322 Bc

Sander (E.-H.). Promenade de Paris au Rigi. 2ᵉ éd. P., 1889, in-18. [8° O. 4322 F

Sanderson (E.). L'allemand sans professeur, en 50 leçons. P. (s. d.), 8°. [8° O. 4322 H

—— L'anglais sans professeur, en 50 leçons. P. (s. d.), 8°. [8° O. 4322 I

—— L'espagnol sans professeur, en 50 leçons. P. (s. d.), 8°. [8° O. 4322 J

—— L'italien sans professeur, en 50 leçons. P. (s. d.), 8°. [8° O. 4322 K

Sanlaville (F.). De la responsabilité civile de l'État en matière de postes et de télégraphes. P., 1886, 8°. [8° E. 1754 A

Santini (E.). Le cheval. P. (s. d.), in-18. [8° I. 5074 A

Sapiens (Dʳ P.). L'hygiène dans la famille. P. (s. d.), in-18. [8° I. 5074 C

Saporta (A. de). Les théories et les notations de la chimie moderne. P.; 1889, in-16. [8° I. 5071 D

Saporta (Mᵍⁱˢ G. de). Origine paléontologique des arbres cultivés ou utilisés par l'homme. P., 1888, in-16. [8° I. 5072 A

Sarran (E.). Étude sur le bassin houiller du Tonkin. P., 1888, 4°. [4° I. 984 H

Sarraute (P.). Manuel théorique et pratique des greffiers des tribunaux. P., 1894, 8°. [8° E. 1754 D

Sarrazin (G.). La renaissance de la poésie anglaise (1798-1889). P., 1889, in-16. [8° O. 4325 + A

Satolli. Principes de droit public des concordats, trad. par Chazelles. P., 1889, 8°. [8° E. 1755 A

Saucré (H.-P.). Le dessin et la peinture vitrifiables accessibles à tous, pour la décoration des vitraux d'intérieur. P., 1894, 8°. [8° I. 5082 C

Saugnier. Relations de plusieurs voyages à la côte d'Afrique. P., 1792, in-8°. [8° U. 6769 A

Saulcy (F. de). Voyage autour de la mer Morte et dans les terres bibliques. P., 1853, 2 vol. in-8° et atlas in-4°. [8° U. 6769 Ad [4° U. 1041 B

Saunois de Chevert (G.). L'indigence et l'assistance dans les campagnes. P., 1889, 8°. [8° U. 6769 B

Saussure (H.-B. de). Voyages dans les Alpes. 5ᵉ éd. P. (s. d.), in-18. [8° U. 6769 D

Sautayra (E.), **Hugues** (H.), **Lapra** (P.), Législation de l'Algérie et de la Tunisie. P., 1883-1886, 3 vol. 4°. [4° E. 239 D

Sauvage (E.). La machine locomotive. P., 1894, 8°. [8° I. 5083 D

Sauvin (G.). Autour de Chicago. Notes sur les États-Unis. P., 1893, in-18. [8° U. 6775 + A

—— Un royaume polynésien. Îles Hawaï. P., 1892, in-18. [8° U. 6775 + Ab

Savari (Mᵐᵉ P.). La Tunisie à l'Exposition (1889). P., 1890, gr. 8°. [4° I. 984 J

Saverien. Dictionnaire historique, théorique et pratique de marine. P., 1758, 2 vol. in-12. [8° I. 5086 +++ A

Savigny (V.). Série pratique spéciale de

serrurerie et constructions en fer. Paraton-
nerres.... *Laval*, 1887, in-18.
[8° I. 5086 ++ A

Say (L.). Commission extra-parlementaire
des alcools. Rapport. *P.*, 1888, 4°.
[4° E. 239 G

—— Discours à l'Académie française pour
sa réception. *P.*, 1886, 4°.   [4° U. 1041 C

—— Discours des 9 et 11 mai 1891 :
tarif des douanes. *P.*, 1891, in-32.
[8° I. 5086 ++ Ac

—— Chambre des députés. Discours du
22 mars 1892 : syndicats professionnels. *P.*,
1892, 8°.   [8° I. 5086 ++ Ad

—— Discours prononcés à Pau et à Nay
sur la politique d'apaisement. *Pau*, 1892, 8°.
[8° I. 5086 ++ Ae

—— Discours : budget de 1887. *P.*, 1887,
in-18.   [8° E. 1771 + A

—— Discours sur la Bourse du travail. *P.*,
1894, 8°.   [8° I. 5086 ++ Af

—— Discours au sujet du droit de douane
sur le blé. *P.*, 1894, 8°. [8° I. 5086 ++ Ag

—— Les grands écrivains français. Turgot.
P., 1887, in-16.   [8° U. 6777 A

—— Rapports. Exposition universelle de
1889. *P.*, 1891, 4°.   [4° I. 984 L

—— Rapport sur le concours pour le prix
Bordin. *P.*, 1888, 8°.   [8° I. 5086 + A

—— Sénat. Discours : impôt sur le revenu.
P., 1887, in-18.   [8° E. 1771 A

—— Le socialisme d'État. Conférences. *P.*;
1884, in-18.   [8° I. 5086 A
2° éd. *P.*, 1890, in-18.   [8° I. 5086 Aa

—— Les solutions démocratiques de la
question des impôts. *P.*, 1886, 2 vol. in-18.
[8° I. 5086 B

Sayn-Wittgenstein-Berlebourg (É.
de). Souvenirs et correspondance (1841-
1878). *P.*, 1888, 2 vol. 8°.
[8° U. 6777 + B

—— Une famille princière d'Allemagne.
Mémoires intimes. *P.*, 1886, in-18.
[8° U. 6777 B

Sayous (É.). Les deux révolutions d'Angleterre (1603-1689). *P.* (s. d.), 8°.
[8° U. 6777 E

Schack (S.). La physionomie chez l'homme
et chez les animaux. *P.*, 1887, 8°.
[8° I. 5087 ++ A

Schéfer (Mme G.). Méthode de coupe et
d'assemblage pour robes de femmes et vêtements d'enfants ; 9° éd. *P.*, 1887, in-18.
[8° I. 5087 + A

Schéfer (Mme G.) et **Amis** (Mme S.).
Travaux manuels et économie domestique à
l'usage des jeunes filles ; 3° éd. *P.*, 1887,
in-18.   [8° I. 5087 A

Scherer (E.). Études sur la littérature
au xviii° siècle. *P.*, 1891, in-18.
[8° O. 4333 B

Schirmer (H.). Le Sahara. *P.*, 1893, 8°.
[8° U. 6785 C

Schmitt (G.) et **Simon** (C.). Manuels
Roret. Manuel de l'organiste. *P.*, 1855-1863,
2 vol. in-18.   [8° I. 4336 A

Schneider (L.). L'empereur Guillaume.
Souvenirs. Trad. par Ch. Rabany. *P.*, 1888,
3 vol. 8°.   [8° U. 6794 A

Schœller (A.). Les chemins de fer et les
tramways. *P.*, 1892, in-16. [8° I. 5090 C

Schœmann (G.-F.). Antiquités grecques.
Trad. par C. Galuski. *P.*, 1884-1885,
2 vol. 8°.   [8° U. 6842 C

Schopenhauer (A.). Le fondement de
la morale. Trad. par A. Burdeau ; 3° éd. *P.*,
1888, in-18.   [8° I. 5093 + A

—— Pensées et fragments. Trad. par
J. Bourdeau ; 7° éd. *P.* 1887, in-18.
[8° I. 5093 A

Schreiber (Dr J.). Traité pratique de
massage et de gymnastique médicale. *P.*,
1884, in-18.   [8° I. 5094 B

Schuler (E.). Dislocationskarte der rus-
sischen Armee... [Carte de la répartition
de l'armée russe] ; 2° éd. *Vienne*, 1889, fol.
plano.   [Fol. U. 274 A

Schultz (J.). La neuvaine de Colette ;
34° éd. *P.*, 1892, in-18.   [8° O. 4362 B

Schuré (É.). Les grandes légendes de
France. *P.*, 1892, in-16. [8° U. 6843 B

Schuwer (Ch.). Simples notions de morale civique. Les droits et les devoirs du citoyen. *P.*, 1882, in-16. [8° I. 5105 + A

Schwab (M.). Itinéraire juif d'Espagne
en Chine au ix° siècle. *P.*, 1891, 8°.
[8° U. 6843 C

Schwartze (T.). Le téléphone, le microphone et le radiophone. Trad. par G. Fournier. *P.*, 1885, in-16.   [8° I. 5105 A

Science et nature, revue internationale.
P., 1884, vol. 4°.   [4° I. 985 A

Scotidis (N.). L'Égypte contemporaine ét Arabi Pacha. P., 1888, in-18.
[8° U. 6849 A

Scott (W.). OEuvres; trad. Defauconpret. P. (s. d.), 5 vol. 8°. [8° O. 4369 A

—— Ivanhoé; trad. de M. P. Louisy. Dessins. P., 1880, 4°. [4° O. 389 C

—— Kenilworth; trad. par L. Daffrey de La Monnoye. P., 1881, 4°. [4° O. 389 Ca

—— Quentin Durward; éd. abrégée. P., 1888, 4°. [4° O. 389 D

—— —— Trad. P., 1878, 8°.
[8° O. 4383 A

Séailles (G.). 1452-1519. Léonard de Vinci. P., 1892, 8°. [8° U. 6849 D

Séché (L.). Les derniers Jansénistes (1710-1870). P., 1891, 3 vol. 8°.
[8° U. 6852 D

Sédillot (L.-A.). Histoire des Arabes. P., 1854, in-12. [8° U. 6852 Dc

Sée (C.). Rapport fait à la Chambre des députés sur l'enseignement secondaire des jeunes filles. Versailles, 1879, 4°.
[4° I. 985 Ae

Sée (G.). Médecine clinique. P., 1884-1887, 4 vol. 8°. [8° I. 5134 A

Sée (J.). Guerre de 1870. Journal d'un habitant de Colmar. P., 1884, 8°.
[8° U. 6852 E

Seeber (F.). Importance économique et financière de la République Argentine. Buénos-Ayres, 1888, 8°. [8° U. 6852 F

Ségéral (Al.). Code pratique des tribunaux de simple police. Bordeaux, 1878-1887, 8°. [8° E. 1776 B

Seghers (L.). Album de lettres anciennes; 6e éd. P. (s. d.), 8° obl. [8° I. 5135 A

Séglas (J.). Des troubles du langage chez les aliénés. P., 1892, in-16. [8° I. 5135 D

Séhé (D.) et Strehly (G.). Manuel des exercices physiques à l'usage des écoles primaires. P., 1890, 8°. [8° I. 5139 C

Seignobos (Ch.). Histoire de la civilisation. P., 1885-1886, 2 vol. in-18.
[8° U. 6873 + C

—— Histoire de la civilisation ancienne. P., 1888, in-16. [8° U. 6873 C

—— Histoire de la civilisation au moyen âge et dans les temps modernes. P., 1889, in-16. [8° U. 6873 Ca

Seignobos (Ch.). Histoire de la civilisation contemporaine. P., 1890, in-16.
[8° U. 6873 Cb

—— Scènes et épisodes de l'histoire nationale. P., 1891, fol. [Fol. U. 274 C

Seignobos (Mme D.). Le livre des petits ménages. P., 1893, in-16. [8° I. 5139 D

Selden (C.). La musique en Allemagne. Mendelssohn. P., 1867, in-18.
[8° I. 5140 A

Semenoff (E.). Enseignement secondaire. Nouvelle grammaire pratique de la langue russe. P. (s. d.), in-12. [8° O. 4408 C

Sentupéry (L.). L'Europe politique en 1892. P., 1893-..., .. vol. 8°.
[8° U. 6877 B

—— Manuel pratique d'administration. P., 1887, 2 vol. 8°. [8° E. 1776 D

Septans (A.). Les commencements de l'Indo-Chine. P., 1887, 8°. [8° U. 6877 C

Ser (L.). Traité de physique industrielle. Chaleur. P., 1888-1892, 2 vol. 8°.
[8° I. 5144 + A

Sérafon (F.). Manuel pratique de l'exploitation des chemins de fer des rues et sur routes. P., 1888, in-18. [8° I. 5144 A

Serand (E.). Les avoines. P., 1890, 8°.
[8° I. 5145 C

—— Étude sur les céréales. Le blé. P., 1891, 2 vol. 8°. [8° I. 5145 Ca

Sergi (G.). La psychologie physiologique; trad. par Mouton. P., 1888, 8°.
[8° I. 5147 A

Serguéyeff (S.). Le sommeil et le système nerveux. P., 1890, 2 vol. in-8°.
[8° I. 5147 D

Sergy (E.). Carmen Sylva, Élisabeth, reine de Roumanie; 2e éd. P., 1891, in-16.
[8° U. 6880 D

Série Morel. Prix de base et de règlement (sans les sous-détails). P., 1888, 4°.
[4° I. 985 B

Seruzier (Baron). Mémoires militaires (1769-1823); publ. par Le Miere de Corvey. Illustr. P. (s. d.), 8°. [8° U. 6881 + A

Servier (Dr). Le Val-de-Grâce. P., 1886, 8°.
[8° U. 6881 A

Servonnet (J.) et Lafitte (F.). En Tunisie. Le golfe de Gabès en 1888. P., 1888, 8°.
[8° U. 6881 B

Sevin Desplaces (L.). Afrique et Africains. P. (s. d.), in-18.   [8° U. 6881 C

Sévretté (J.). Plages normandes. Cabourg, Dives, Beuzeval, Houlgate, Villers, Le Homme, Ouistreham; 2° éd. 60 dessins et 1 carte. P. (s. d.), 8°.   [8° U. 6881 D

Shéridan (R. B.). OEuvres dramatiques; trad. par Georges Duval. P., 1891, in-18.
        [8° O. 4488 A

Sieyès (E.). Qu'est-ce que le Tiers-État? éd. par E. Champion. P., 1888, 8°.
        [8° U. 6883 B

Silvestre (A.). La Russie. P., 1892, 4°.
        [4° U. 1048 C

Siméon (B.). Dictionnaire de la langue nahuatl ou mexicaine. P., 1885, fol.
        [Fol. O. 111 C

Simon (E.). L'Allemagne et la Russie au xixᵉ siècle. P., 1893, in-18.
        [8° U. 6883 Be

——— L'empereur Guillaume et son règne. P., 1886, 8°.   [8° U. 6883 C

——— Histoire du prince de Bismarck (1847-1887); 3° éd. P., 1887, 8°.
        [8° U. 6883 D

Simon (Eugène). A la femme. P. (s. d.), in-16.   [8° I. 5162 B

Simon (J.) et **Simon** (G.). La femme du xxᵉ siècle. P., 1892, in-18.
        [8° I. 5164 A

Simon (J.). Mémoires des autres. P., 1890, in-18.   [8° U. 6886 B

——— Mignet, Michelet, Henri Martin. P., 1890, 8°.   [8° U. 6886 Ba

——— Nos hommes d'État; 4° éd. P., 1887, in-18.   [8° U. 6886 C

——— Notices et portraits. P., 1892, 8°.
        [8° U. 6886 D

——— Souviens-toi du Deux-Décembre; 4° éd. P., 1889, in-18.   [8° U. 6889 + A

——— Victor Cousin; 2° éd. P., 1887, in-16.   [8° U. 6890 + A

Simon (J.-P.-V.). Essai sur l'application de la loi sur le recrutement de l'armée. P., 1892, 8°.   [8° E. 1779 C

Simon (P.). Statistique de l'habitation à Paris. P., 1891, 4°.   [4° I. 987 C

Simon (Dʳ P. Max). Les écrits et les dessins des aliénés. Lyon, 1888, 8°.
        [8° I. 5172 Aa

Simon (Dʳ P. Max). Le monde des rêves; 2° éd. P., 1888, in-16.   [8° I. 5172 B

Simonet (J.-B.). Traité élémentaire de droit public et administratif; 2°, éd. P., 1893, 8°.   [8° E. 1779 F

Simons (A.). Traité pratique de photominiature. P., 1888, in-18. [8° I. 5175 A

Simons (G.). La baie de Seine. Le Havre et les côtes du Calvados. P. (s. d.), 8°.
        [8° U. 6893 D

——— Caen et ses alentours. P. (s. d.), 8°.
        [8° U. 6893 Da

——— Le Havre. P. (s. d.), 8°.
        [8° U. 6893 Db

——— Rouen et la Seine de Rouen au Havre. P. (s. d.), 8°.   [8° U. 6893 Dc

Simons (T.). L'Espagne; trad. par Marcel Lemercier. P. (s. d.), fol.   [Fol. U. 274 D

Sinaud (H.). Coupe des pierres. P., 1890, in-16.   [8° I. 5175 D

Sinéty (Dʳ de). De la stérilité chez la femme et de son traitement. P., 1892, in-16.   [8° I. 5175 G

Sirey (J.-B.). Les codes annotés; 3° éd. Code civil. P., 1892, 2 vol. 4°.
        [4° E. 239 J

——— Code de procédure civile. P., 1893, 4°.   [4° E. 239 K

Smée (A.). Géologie, botanique, histoire naturelle, culture. Mon jardin; trad. par Ed. Barbier. P. (s. d.), 8°.   [8° I. 5180 A

Société d'acclimatation. Extrait des statuts et règlements. P., 1875, 8°.
        [8° I. 5188 + A

Société d'économie politique. P., janvier 1888, in-16.   [8° I. 5188 A

Société d'étude pratique de la question des retraites pour la vieillesse. P. (s. d.), 8°.   [8° I. 5189 A

Société historique. Statuts. P., 1882, in-18.   [8° U. 6973 A

Sodar de Vaulx (M.). Les splendeurs de la Terre Sainte. P. (s. d.), 8°.
        [8° U. 6975 A

Sokoloff (N.). Nouveau dictionnaire français-russe et russe-français. P. (s. d.), 2 vol. in-16.   [8° O. 4499 B

——— Nouvelle grammaire russe à l'usage des Français. P., 1888, in-18.
        [8° O. 4499 C

Soldi (E.). Les arts méconnus. Les nouveaux musées du Trocadéro. P., 1881, gr. 8°. [4° I. 990 A

Soleillet (P.). Obock, le Choa, le Kaffa. P. (s. d.), in-18. [8° U. 6975 B

Sollier (Dr P.). Les troubles de la mémoire. P., 1892, in-16. [8° I. 5189 C

Sorel (A.). Les grands écrivains français. Montesquieu. P., 1887, in-16. [8° U. 6979 B

—— Les grands écrivains français. Mme de Staël. P., 1890, in-16. [8° U. 6981 A

Soret (A.). Optique photographique. P., 1891, in-18. [8° I. 5194 B

Sorgues (P. de) et Berthault (R.). Les raisins secs. P., 1890, 8°. [8° I. 5194 C

Sorin (É.). Histoire de l'Italie, depuis 1815 jusqu'à la mort de Victor-Emmanuel. P., 1888, in-18. [8° U. 6981 B

Soudak (L. de). Voyage en Crimée (côte méridionale). P., 1892, in-18. [8° U. 6982 D

Soulié (F.). Le maître d'école. P. (s. d.), 2 tomes en 1 vol. in-18. [8° O. 4510 B

Soulier (H.). Traité de thérapeutique et de pharmacologie. P., 1891, 2 vol. 8°. [8° I. 5201 C

Sourbé (T.). Le tir de chasse raisonné. P., 1885, in-18. [8° I. 5201 D

Souriau (M.). Louis XVI et la Révolution. P. (s. d.), 8°. [8° U. 6990 D

Souriau (P.). L'esthétique du mouvement. P., 1889, 8°. [8° I. 5201 E

Sous (Dr G.). Hygiène de la vue. P., 1883, in-18. [8° I. 5203 B

Souvenirs de la Pologne. P., 1883, 4°. [4° U. 1056 C

Spencer (H.). Classification des sciences; trad. par F. Réthoré; 4e éd. P., 1888, in-18. [8° I. 5222 + A

Spillmann (P.) et Haushalter (P.). Manuel de diagnostic médical et d'exploration clinique; 2e éd. P., 1890, in-18. [8° I. 5233 D

Spinoza (B. de). Éthique; trad. par J.-G. Prat. P., 1880-83, 2 vol. 4°. [4° I. 1002

—— Lettres inédites, en français; trad. par J.-G. Prat; 2e éd. P., 1885, in-18. [8° O. 4532 C

Spuller (E.). Au Ministère de l'instruc-

tion publique (1887). Discours. P., 1888, in-16. [8° U. 7001 + A

Spuller (E.). Éducation de la démocratie. P., 1892, in-18. [8° I. 5236 Ac

—— Figures disparues. Portraits contemporains. P. (1886), in-18. [8° U. 7001 A

—— L'évolution politique et sociale de l'Église. P., 1893, in-18. [8° U. 7001 B

—— Lamennais. Étude d'histoire. P., 1892, in-16. [8° U. 7001 C

—— Rapport fait à la Chambre des députés sur la liberté de l'enseignement supérieur. Versailles, 1879, 4°. [4° I. 1003

Staffe (Bne). Usages du monde. P., 1889, in-18. [8° I. 5236 B

Stanley (H. M.). Cinq années au Congo (1879-1884); trad. par Gérard Harry. P. (s. d.), gr. 8°. [4° U. 1060 A

—— Dans les ténèbres de l'Afrique. Émin Pacha. P., 1890, 2 vol. 8°. [8° U. 7010 B

—— La délivrance d'Émin Pacha. P., 1890, in-16. [8° U. 7010 C

Stapfer (P.). Gœthe et ses deux chefs-d'œuvre classiques. P., 1881, in-18. [8° O. 4539 D

—— Variétés morales et littéraires. P., 1881, in-18. [8° I. 5237 C

Stappers (H.). Dictionnaire synoptique d'étymologie française; 2e éd. P. (s. d.), in-12. [8° O. 4540 A

Statesman's year-book (The), for the year 1894, edited by J. Scott Keltie. London, 1894, in-18. [8° U. 7012 D

Statistique agricole de la France. Nancy, 1887, 4°. [4° U. 1060 B

Statistique de l'enseignement primaire (1886-1887). P., 1889, fol. [Fol. U. 277 A

Statistique des chemins de fer français au 31 décembre 1888. P., 1892, 4°. [4° I. 1005

Statistique des dépenses publiques d'assistance en France. P., 1885, 4°. [4° E. 249 A

Statistique médicale de l'armée pendant l'année 1887. P., 1889, 4°. [4° I. 1006 D

Statuts de la Société française des habitations à bon marché. P., 1889, 8°. [8° I. 5237 D

Savenhagen (W.). Le russe tel qu'on le parle. P., 1892, in-16.   [8° O. 4540 B

Steeg (J.). L'édit de Nantes et sa révocation (1598-1685). P., 1886, in-18.
[8° U. 7021 C

—— La vie morale. P., 1889, in-18.
[8° I. 5237 G

Steiner (P.). Sommaire de la langue universelle. Pasilingua. Lausanne (s. d.), 8°.
[8° O. 4540 C

Stevenson (R. L.). Le roman étrange en Angleterre. P. (s. d.), in-18.
[8° O. 4549 B

Stiegler (G.). Le maréchal Oudinot. Ill.; 4° éd. P., 1894, 8°.   [8° U. 7029 + A

Stollon et Henricet. Les victimes des lois d'enregistrement. P., 1892, in-16.
[8° E. 1784 + A

Stourm (R.). Cours de finances. P., 1889, 8°.   [8° E. 1784 A

Stowe (Mme B.). La case de l'oncle Tom; éd. abrégée. P., 1887, 4°.   [4° O. 392 B

Strachey (Sir J.). L'Inde; trad. de J. Harmand. P., 1892, 8°.   [8° U. 7034 C

Strada (J. de). L'épopée humaine. Premier cycle des civilisations. P., 1890, in-18.
[8° O. 4555 D

Strauss (P.). Paris ignoré. P. (s. d.), fol.   [Fol. U. 281 C

Stupuy (H.). Célébrités contemporaines. Henri Brisson. P., 1883, in-16.
[8° U. 7038 B

Succession (La) de Charlemagne. Charles le Chauve (840-877). P., 1833, in-16.
[8° U. 7038 C

Sue (E.). Le diable médecin... P., 1884-1887, 3 vol. in-18.   [8° O. 4561 D

—— Les fils de famille. P., 1865, 3 vol. in-18.   [8° O. 4561 E

—— Gilbert et Gilberte. P., 1860, 3 vol. in-18.   [8° O. 4561 F

—— Les sept péchés capitaux. P., 1881-1886, 6 vol. in-18.   [8° O. 4561 G

Sully (J.). Les illusions des sens et de l'esprit. P., 1883, 8°.   [8° I. 5250 A

Surcouf (B.). Un corsaire malouin. Robert Surcouf. P. (s. d.), 8°. [8° U. 7043 C

Suzel. Contes de là-bas. P., 1891, in-18.
[8° O. 4568 C

Sybil. Croquis parlementaires. P., 1891, in-16.   [8° U. 7055 C

Sylva (Carmen). Qui frappe? trad. par Robert Scheffer; 5° éd. P., 1890, in-18.
[8° O. 4570 B

Sylvin (É.). Célébrités contemporaines. Jules Ferry. P., 1883, in-16. [8° U. 7056 A

Symonds (J. A.). Dante; trad. par Mlle C. Augis. P., 1891, in-18.
[8° O. 4570 D

T

Tableau général des mouvements du cabotage pendant l'année 1883. P., 1884, fol.   [Fol. I. 204 C

Tableau général du commerce de la France avec ses colonies et les puissances étrangères. P., 1886, fol.   [Fol. I. 204 D

Tables des droits de l'homme agréées par la Convention nationale (1793); 2° éd. Liège, 1889, fol.   [Fol. E. 39 B

Tabourier (L.). Chambre syndicale des tissus et des matières textiles. P., 1890, 8°.
[8° U. 7058 C

Tabourot, sieur des Accords. Les bigarrures et touches. Rouen, 1648, 8°.
[8° O. 4572 C

Taillandier (A. de). Manuel-formulaire des officiers de l'état civil. P., 1891, 8°.
[8° E. 1786 C

Tailliar. Chroniques de Douai. Douai, 1875-1877, 3 vol. 8°.   [8° U. 7069 D

Tait (L.). Traité clinique des maladies des femmes; trad. par le Dr A. Bétrix. P., 1891, 8°.   [8° I. 5260 + A

Talamon (Ch.). Appendicite et pérityphlite. P., 1892, in-16. [8° I. 5260 + Ac

Tallemant des Réaux. Historiettes. P., 1860, 8°, t. II-IX.   [8° U. 7078 H

Talleyrand (De). Correspondance diplomatique. Le ministère de Talleyrand sous le Directoire. P., 1891, 8°.   [8° U. 7085 D

—— Mémoires; publ. par le duc de Broglie. P., 1891-1894, 4 vol. 8°. [8° U. 7086 A

Talmor (J.). Critique et esquisses. La poésie philosophique. P., 1890, in-18.
[8° O. 4588 A

Talmud de Jérusalem; trad. par M. Schwab. P., 1871-1890, 11 vol. gr. 8°.
[4° A. 190 B

Talon (O.). Mémoires. *La Haye*, 1732, 8 vol. in-12. [8° U. 7086 B

Tandonnet (A.). Castille, Andalousie, Grenade. Vues et souvenirs. P., 1890, in-16.
[8° U. 7086 C

Tanneguy de Wogan (B⁰ⁿ). Manuel de l'homme de mer; 4ᵉ éd. P., 1894, in-18.
[8° I. 5260 D

Tannenberg (B. de). La poésie castillane contemporaine. P., 1889, in-18.
[8° O. 4588 B

Tanon (L.). Histoire des tribunaux de l'Inquisition en France. P., 1893, 8°.
[8° U. 7086 H

Taquet (P.). Universel-vinicole. Les boissons dans le monde entier. P. (1889), in-18.
[8° I. 5261 C

Tarbé (T.). Recherches historiques et anecdotiques sur la ville de Sens; 2ᵉ éd. P., 1888, fol. [Fol. U. 286 B

Tarde (G.). La criminalité comparée. P., 1886, in-18. [8° I. 5261 E

—— Les transformations du droit. Étude sociologique. P., 1893, in-18.
[8° E. 1787 + A

Tarif général des douanes. P., 1892, 4 vol. fol. [Fol. E. 39 E

Tarsot (L.). Les écoles et les écoliers à travers les âges. P., 1893, 4°.
[4° U. 1061 D

Tarsot (L.) et **Charlot** (M.). Études biographiques et critiques sur les textes d'explication du brevet supérieur (1894-1896). P. (s. d.), in-16. [8° O. 4590 B

—— —— Les palais nationaux. P. (s. d.), 8°. [8° U. 7089 B

Tassart (A.). Le prince de Karaouloff. Roman de mœurs russes. P., 1888, in-16.
[8° O. 4590 C

Tassart (C.-L.). Les matières colorantes et la chimie de la teinture. P., 1890, in-18.
[8° I. 5269 C

Tastevin (A.-F.). Guide du voyageur en Russie. Saint-Pétersbourg et Moscou. *Moscou* (s. d.), in-16. [8° U. 7092 C

Taylor (Le baron). Voyages pittoresques et romantiques dans l'ancienne France. P., 1820-1845, fol. [Fol. U. 287 C

Tcheng-ki-Tong (Gᵃˡ). Les Chinois peints par eux-mêmes. Contes chinois. P., 1889, in-18. [8° O. 4593 C

Teisseire (É.). La transportation pénale et la relégation. P., 1893, 8°.
[8° E. 1787 + Ac

Tellier (Ch.). La conquête pacifique de l'Afrique occidentale par le soleil. P., 1890, 8°.
[8° I. 5273 C

Tellier (G.). Formulaire d'audience du président d'assises. P., 1894, gr. 8°.
[4° E. 249 D

Tempérance (La). Bulletin. P., 1873-1888, 15 vol. 8°. [8° I. 5273 F

Tenicheff (W.). L'activité des animaux; trad. par M. Gourovitch. P., 1890, 8°.
[8° I. 5273 H

Terrier (F.) et **Péraire** (M.). Petit manuel d'anesthésie chirurgicale. P., 1894, in-16. [8° I. 5276 B

—— —— Petit manuel d'antisepsie et d'asepsie chirurgicales. P., 1893, in-16.
[8° I. 5276 C

Terrière (A.). Manuels Roret. Manuel du calculateur. P. (s. d.), in-18.
[8° I. 4218 B

—— Manuels Roret. Manuel du capitaliste. P., 1860, in-18. [8° I. 4223 ++ A

Tessé (Maréchal de). Lettres; publ. par le comte de Rambuteau. P., 1888, 8°.
[8° O. 4594 C

Tessier (J.). Étienne Marcel. P. (s. d.), 8°.
[8° U. 7109 C

Texier (C.). Au pays des généraux. Haïti. P., 1891, in-18. [8° U. 7110 B

Texte officiel de la nouvelle loi municipale du 5 avril 1884. P., 1884, 8°.
[8° E. 1788 C

Thamin (R.). Éducation et positivisme. P., 1892, in-18. [8° I. 5277 + A

Théâtre des petits appartements. I. Recueil des comédies et ballets représentés sur le Théâtre des petits appartements pendant l'hiver de 1747 à 1748 (s. l. n. d.), 8°.
[8° O. 3505 C

Théâtre français au moyen âge, publ. par MM. L.-J.-N. Monmerqué et Francisque Michel (xiᵉ-xivᵉ siècle). P., 1879, gr. 8°.
[4° O. 398 A

Thénot. La miniature mise à la portée de toutes les intelligences, nouv. éd. P. (s. d.), 8°. [8° I. 5277 Aa

8

Thénot. Le pastel appris sans maître ou l'art chez soi; nouv. éd. *P.* (s. d.), 8°. [8° I. 5277 Ab

—— Les règles complètes du paysage mises à la portée de toutes les intelligences; nouv. éd. *P.* (s. d.), 8°. [8° I. 5277 Ac

—— Les règles de la peinture à l'huile d'après les traditions des grands maîtres anciens et modernes. *P.* (s. d.), 8°. [8° I. 5277 Ad

—— Les règles de la perspective pratique mises à la portée de toutes les intelligences. *P.* (s. d.), 8°. [8° I. 5277 Ae

—— Les règles du lavis et de la peinture à l'aquarelle, appliquées au paysage, au lavis de l'architecture et du plan, à la topographie. *P.* (s. d.), 8°. [8° I. 5277 Af

—— Les règles du lavis et de la peinture à l'aquarelle appliquées aux fleurs et aux fruits et précédées d'un traité de la manière de dessiner et ombrer ce genre au crayon et à l'estompe. *P.* (s. d.), 8°. [8° I. 5277 Ag

—— Tableau des couleurs pour peindre à l'huile et à l'aquarelle. *P.* (s. d.), fol. plano dans un étui in-16. [8° I. 5277 Ah

Théocrite. Idylles; trad. par Firmin-Didot. *P.*, 1833, 8°. [8° O. 4608 C

Théroulde. La chanson de Roland; trad. par Léon Gautbier; 10° éd. *Tours*, 1881, 8°. [8° O. 4611 A

Therrode (L.). Manuel du serrurier. *P.* (s. d.), in-16. [8° I. 5277 D

Theuriet (A.). Le bracelet de turquoise. *P.*, 1890, in-18. [8° O. 4612 B

—— Le secret de Gertrude. *P.*, 1890, 4°. [4° O. 398 D

Thévenin (É.) et **Varigny** (H. de). Dictionnaire abrégé des sciences physiques et naturelles. *P.*, 1889, in-18. [8° I. 5278 B

Thibalt (A.). Glossaire du pays blaisois. *Blois* (s. d.), 8°. [8° O. 4612 Bd

Thierry (Am.). Histoire de la Gaule sous la domination romaine; 5° éd. *P.*, 1879, 2 vol. in-16. [8° U. 7128-29

Thierry (Aug.). Dix ans d'études historiques. *P.*, 1883, in-18. [8° U. 7152 A

—— Essai sur l'histoire de la formation et des progrès du Tiers Etat. *P.*, 1883, in-18. [8° U. 7152 Aa

Thierry (É.). La guérison de la rage par M. L. Pasteur. *Auxerre*, 1886, 8°. [8° I. 5278 C

Thierry-Mieg (Ch.). Alliance syndicale pour la défense des intérêts généraux du commerce et de l'industrie. Rapport fait au nom de la Commission des douanes. *P.* (s. d.), 4°. [4° I. 1008 C

—— Enseignement professionnel. Conférence sur les tissus chez les différents peuples. *P.*, 1887, in-18. [8° I. 5278 E

Thiers. Du droit de propriété, 1°° partie. *P.*, 1848, in-18. [8° E. 1790 C

Thiéry (E.). Restauration des montagnes, correction des torrents, reboisement. *P.*, 1891, 8°. [8° I. 5279 C

Thilo (M°°° M. de). L'hygiène de la femme. *P.*, 1891, in-16. [8° I. 5280 D

Thimm (F.). La langue anglaise sans maître; nouv. éd. *Londres* (s. d.), in-16. [8° O. 4612 C

Thiriat (N.). L'officier de police judiciaire. *Pont-à-Mousson*, 1893, in-16. [8° E. 1790 B

Thirion, de Metz (A.). Souvenirs militaires. *P.*, 1892, in-12. [8° U. 7203 D

Thiverçay (R. de). Les chroniques de Bas-Poitou (1885). *P.*, 1886-1888, 2 vol. in-18. [8° U. 7204 B

Thomas. OEuvres complètes. V. *P.*, an x, 1802, 8°. [8° O. 4614 A

—— OEuvres posthumes. *P.*, 1802, 2 vol. 8°. [8° O. 4614 Aa

Thomas (G.). Du Danube à la Baltique. *P.*, 1888, in-16. [8° U. 7204 D

Thomas (S.-F.). Étude sur les tulles et les dentelles; 2° éd. *P.*, 1886, 8°. [8° I. 5286 A

Thomson. Rapport sur le budget de 1882. Ministère de l'intérieur: Algérie. *P.*, 1881, 4°. [4° U. 1063 D

Thorlet (L.). Administration et comptabilité des bureaux de bienfaisance. *P.*, 1888, 8°. [8° E. 1791 + A

—— Régime financier et comptabilité des communes. *P.*, 1887, 8°. [8° E. 1791 A

—— Traité des travaux communaux, à l'usage des maires. *P.*, 1894, 8°. [8° E. 1791 Aa

Thouar (A.). Explorations dans l'Amérique du Sud. *P.*, 1891, in-16. [8° U. 7205 D

Thoumas (G⁰¹). Causeries militaires (1888, 1890, 1891). *P.*, in-18.
[8° I. 5287 C

—— Le livre du soldat. Vertus guerrières. *P.*, 1891, in-16. [8° I. 5287 D

—— Le maréchal Lannes. *P.*, 1891, 8°.
[8° U. 7205 De

—— Mes souvenirs de Crimée (1854-1856). *P.* (s. d.), 8°. [8° U. 7205 Df

—— Les transformations de l'armée française. *P.*, 1887, 2 vol. 8°. [8° U. 7205 F

Thouvenel, Gramont (duc de) et **Flahault** (cᵗᵉ de). Le secret de l'Empereur, correspondance confidentielle et inédite (1860-1863). *P.*, 1889, 2 vol. 8°.
[8° U. 7208 ++ A

Thuillier (L.). Les vingt arrondissements de Paris. *P.*, 1889, in-16.
[8° U. 7208 + A

Thulié (Dʳ H.). La femme. *P.*, 1885, 8°.
[8° I. 5287 E

Thureau-Dangin (P.). Le parti libéral sous la Restauration; 2ᵉ éd. *P.*, 1888, in-18.
[8° U. 7208 B

—— Royalistes et républicains; 2ᵉ éd. *P.*, 1888, in-18. [8° U. 7210 B

Thuriet (C.). Proverbes judiciaires. *P.* (s. d.), 8°. [8° O. 4616 B

Thurston (R. H.). Études sur le frottement, le graissage des machines et les lubrifiants. *P.*, 1887, in-16. [8° I. 5287 F

Tiersot (J.). Histoire de la chanson populaire en France. *P.*, 1889, 8°.
[8° O. 4620 + A

—— Musiques pittoresques. Promenades musicales à l'Exposition de 1889. *P.*, 1889, 8°.
[8° I. 5289 C

—— Rouget de Lisle. *P.*, 1892, in-18.
[8° U. 7210 Ce

Tillaux (P.). Traité de chirurgie clinique; 2ᵉ éd. *P.*, 1891, 2 vol. 8°.
[8° I. 5289 F

Tinayre (V.). Edgar Quinet et Alfred de Musset enfants. *P.*, 1880-1881, in-18.
[8° I. 5290 C

—— Raspail, Michelet enfants. *P.*, 1881, in-18. [8° I. 5290 D

Tinseau (L. de). Du Havre à Marseille par l'Amérique et le Japon. *P.*, 1891, in-18.
[8° U. 7210 De

Tinseau (L. de). Faut-il aimer? 18ᵉ éd. *P.*, 1892, in-18. [8° O. 4620 A

Tissandier (A.). Six mois aux États-Unis. *P.* (1887), 8°. [8° U. 7210 E

—— Voyage autour du monde (1887, 1890, 1891). *P.*, 1892, fol.
[Fol. U. 288 D

Tissandier (G.). L'Océan aérien. *P.*, 1884, 8°. [8° I. 5294 ++ B

—— La photographie en ballon. *P.*, 1886, 8°. [8° I. 5294 + B

—— Recettes et procédés utiles; 2ᵉ éd. *P.* (s. d.), in-18. [8° I. 5294 B

—— Les récréations scientifiques. La physique sans appareils et la chimie sans laboratoire; 6ᵉ éd. *P.* (s. d.), 8°. [8° I. 5295 A

—— La tour Eiffel de 300 mètres; nouv. éd. *P.*, 1889, 8°. [8° I. 5295 B

Tissié (Dʳ Ph.). Guide du vélocipédiste pour l'entraînement, la course et le tourisme; 2ᵉ éd. De l'hygiène du vélocipédiste. *P.*, 1893, in-18. [8° I. 5295 + D

—— Les rêves. *P.*, 1890, in-18.
[8° I. 5295 D

Tissot (C.) et **Reinach** (S.). Exploration scientifique de la Tunisie. *P.*, 1884-1888, 2 vol. et atlas 4°. [4° U. 1081 A

Tissot (E.). Les évolutions de la critique française. *P.*, 1890, in-16. [8° O. 4620 B

Tissot (J.). Carte géologique provisoire de la province de Constantine et du cercle de Bou-Saada au 1/800,000ᵉ, avec texte explicatif. *Alger*, 1881, fol. et 1 vol. de texte 8°.
[8° U. 7210 F
[Fol. U. 288 G

Tissot (V.) et **Maldague** (G.). La prisonnière du Mahdi. *P.*, 1891, 8°.
[8° O. 4620 D

Tissot (V.). La Suisse inconnue; 12ᵉ éd. *P.*, 1888, in-18. [8° U. 7211 + A

—— Un hiver à Vienne. Vienne et la vie viennoise. *P.*, 1888, 8°. [8° U. 7211 A

—— Voyage aux pays annexés. Suite et fin du Voyage au pays des milliards; 27ᵉ éd. *P.*, 1884, in-18. [8° U. 7213 A

Todière. L'Autriche sous Marie-Thérèse. *Rouen*, 1881, 8°. [8° U. 7217 C

Todleben (E. de). Défense de Sébastopol. *Saint-Pétersbourg*, 1863, 8°.
[4° U. 1083 D
[Fol. U. 289 D

8.

Tolstoï (Cte L.). Au Caucase; trad. E. Halpérine-Kaminsky; 2e éd. P., 1888, in-16.
[8° O. 4637 + A

—— Le chant du cygne; trad. par E. Halpérine-Kaminsky. P., 1889, in-16.
[8° O. 4637 A

—— Les Décembristes; trad. par B. Tseytline et E. Jaubert. P., 1889, in-18.
[8° O. 4637 Ac

—— Les progrès de l'instruction publique en Russie; trad. par B. Tseytline et E. Jaubert. P., 1890, in-18. [8° I. 5299 C

Tolstoï (L.), **Bondareff** (T.). Le travail; trad. par B. Tseytline et A. Pagès. P. (s. d.), in-18. [8° I. 5299 D

Tomel (Guy), **Rollet** (H.). Les enfants en prison. P., 1892, in-18. [8° I. 5300 C

Toubin (C.). Dictionnaire étymologique et explicatif de la langue française et spécialement du langage populaire. P., 1886, 8°.
[8° O. 4639 A

Tourguéneff (I.). Scènes de la vie russe; trad. X. Marmier; 2e éd. P., 1887, in-16.
[8° O. 4639 B

Tourmente (H.). Manuel des institutions de prévoyance. P., 1886, 8°.
[8° I. 5303 C

Tours (Constant de). Guide-album du touriste. Vingt jours à Paris. P. (s. d.), 8° obl.
[8° O. 7236 B

—— —— Vingt jours d'Étretat à Ostende. Haute Normandie, plages du Nord. P. (s. d.), 8° oblong. [8° U. 7236 C

—— —— Vingt jours du Havre à Cherbourg. Rouen, Basse Seine, côtes normandes. P. (s. d.), 8° obl. [8° U. 7236 Ca

—— —— Vingt jours sur les côtes de l'Océan. De la Loire à la Gironde. P. (s. d.), 8° obl. [8° U. 7236 C + b

—— —— Vingt jours sur les côtes de Normandie et de Bretagne et à l'île de Jersey. P. (s. d.), 8° obl. [8° U. 7236 Cb

Toustain (F.). Manuel Roret. Manuel de la fabrication des tissus de toute espèce. P., 1859, 2 vol. in-18 et atlas gr. 8°.
[8° I. 4382 + A

Tout-Paris. Annuaire de la société parisienne (1887, 1893, 1894). P., 1887 et suiv., 8°. [8° U. 7238 C

Towne (G.). Traité d'astronomie pratique pour tous. P., 1890, in-18.
[8° I. 5307 B

Trabut (L.). Précis de botanique médicale. P., 1891, in-16. [8° I. 5308

Traditions indiennes du Canada nord-ouest. Textes et trad. par E. Petitot. Alençon, 1887, 8°. [8° O. 4639 E

Traité de chirurgie, publ. sous la direction de S. Duplay, P. Reclus. P., 1890-1892, 8 vol. gr. 8°. [4° I. 1013

Traité des Berakhoth du Talmud; trad. par M. Schwab. P., 1871, gr. 8°.
[4° A. 190 B

Tréfeu (É.). Nos marins. Vice-amiraux, contre-amiraux, officiers généraux des troupes de la marine et des corps entretenus. P., 1888, 8°. [8° U. 7240 B

Trémery (F.). Manuels Roret. Manuel de l'orthographiste; 2e éd. P., 1833, in-12.
[8° I. 4338 A

Trente-deux (Les) récits du trône (Batris-sinhasam); trad. par Léon Feer. P., 1883, in-18. [8° O. 4639 F

Trésor de numismatique et de glyptique. P., 1834-1850, fol. [Fol. U. 297 + A

Trésorerie et contributions directes. Examen critique de divers projets de réorganisation de ces deux services. P., 1888, 8°.
[8° I. 5310 A

Trillat. Les produits chimiques employés en médecine. P., 1894, in-18.
[8° I. 5310 D

Trivier (E.). Mon voyage au continent noir. P., 1891, in-18. [8° U. 7241 C

Troisfontaines (Dr P.). Manuel d'antisepsie chirurgicale. P., 1888, 8°.
[8° I. 5311 A

Trouessart (Dr E.-L.). La géographie zoologique. P., 1890, in-16. [8° I. 5312 B

—— La thérapeutique antiseptique. P. (s. d.), in-16. [8° I. 5312 C

Troulhias (N.). Andrinople. P., 1877, in-12. [8° U. 7243 C

Trousseau (Dr A.). Guide pratique pour le choix des lunettes. P., 1891, in-18.
[8° I. 5315 A

—— Ophtalmologie. Hygiène de l'œil. P. (s. d.), in-16. [8° I. 5315 Ac

—— Travaux d'ophtalmologie. P., 1891, 8°. [8° I. 5319 A

Trousset (J.). Nouveau dictionnaire encyclopédique universel illustré. P. (s. d.), 5 vol. gr. 4°. [Fol. O. 112 A

Truelle (A.). L'art de reconnaître les fruits de pressoir (pommes et poires). P., 1893, in-18. [8° I. 5319 D

Tsakni (N.). La Russie sectaire. P. (1888), in-18. [8° U. 7244 A

Tuetey (A.). Répertoire général des sources manuscrites de l'histoire de Paris pendant la Révolution française. T. I. P., 1890, 4°. [4° U. 1089 + B

Turck (Dʳ L.). Médecine populaire; 5ᵉ éd. P. (s. d.), in-16. [8° I. 5321 C

Turquan (J.). Les héros de la défaite (livre d'or des vaincus). Récits de la guerre de 1870-1871. P., 1888, in-16. [8° U. 7256 C

Turquan (V.). Guide pratique des jeunes gens des deux sexes dans le choix d'une carrière. P., 1893, in-18. [8° I. 5321 D

—— Répartition géographique et densité de la population en France. Nancy, 1886, gr. 8°. [4° U. 1089 B

Typaldo-Bassia (A.). Les assurances sur la vie au point de vue théorique et pratique. P., 1892, 8°. [8° E. 1841 B

U

Ubicini (A.). Les origines de l'histoire roumaine. P., 1886, in-12. [8° U. 7259 C

Uebelhart. Grammaire théorique-pratique de la langue italienne. Avignon, 1889, in-16. [8° O. 4639 G

Uffelmann (J.). Traité pratique d'hygiène de l'enfance; trad. par le Dʳ G. Boehler. P., 1889, 8°. [8° I. 5323 B

Ulbach (L.). Célébrités contemporaines. Paul Meurice. P., 1883, in-16. [8° U. 7260 A

—— —— Auguste Vacquerie. P., 1883, in-16. [8° U. 7260 Aa

—— La Csárdás. Notes et impressions d'un Français en Autriche-Hongrie, en Roumanie, en Angleterre, en Italie, en Suisse, en Belgique, en Hollande, en France. P., 1888, in-18. [8° U. 7266 A

Ulrich (F.). Traité général des tarifs de chemins de fer. P., 1890, 8°. [8° I. 5326 B

Un Anglais à Paris; trad. par J. Hercé. P., 1893, 2 vol. in-18. [8° U. 7269 C

Une famille républicaine. Les Carnot (1754-1887), par un député. P., 1888, in-18. [8° U. 7339 C

Une femme missionnaire. Souvenirs de la vie et de la mort de Mᵐᵉ Coillard, recueillis par Mᵐᵉ C. Rey; 2ᵉ éd. P. (s. d.), in-16. [8° U. 7339 E

Urbanitzky (A. d'). Les lampes électriques et leurs accessoires; trad. par G. Fournier. P., 1885, in-16. [8° I. 5327 A

Usages locaux dans Paris. P., 1891, 8°. [8° E. 1841 C

Uzanne (O.). Nos amis les livres. Causeries sur la littérature curieuse et la librairie. P., 1886, in-18. [8° O. 4642 A

—— Les zigzags d'un curieux. Causeries sur l'art des livres et la littérature d'art. P., 1888, in-18. [8° O. 4642 Aa

V

Vacher (Dʳ L.). Manuel pratique des maladies des yeux. P., 1890, in-18. [8° I. 5328 B

Vachon (M.). Les artistes célèbres. Philibert de l'Orme. P. (s. d.), 4°. [4° U. 1091 C

—— La crise industrielle et artistique en France et en Europe. P. (s. d.), in-18. [8° I. 5332 C

—— Les marins russes en France. P. (1893), 4°. [4° U. 1091 D

Vade mecum de l'étudiant en médecine pour l'année scolaire 1877-1878. P., 1877, in-18. [8° I. 5332 F

Vaillant (J.). Numismata imperatorum Romanorum præstantiora. Romæ, 1743-1744, 3 vol. in-4°. [4° U. 1091 G

Valabrègue (A.). Les artistes célèbres. Abraham Bosse. P. (1892), 4°. [4° I. 1015 Ac

Valette (A.). Manuel pratique du lithographe. P., 1891, 8°. [8° I. 5334 C

Valette (M.). Les révolutions de l'art. Lettre-préface de M. Gérome. *Bordeaux,* 1890, 4°. [4° I. 1015 B

Valfrey (J.). La diplomatie française au xvııᵉ siècle. Hugues de Lionne. *P.,* 1877-1881, 2 vol. 8°. [8° U. 7342 A

Vallat (G.). Études d'histoire, de mœurs et d'art musical sur la fin du xvıııᵉ siècle et la première moitié du xıxᵉ siècle. *P.,* 1890, in-18. [8° U. 7342 D

Vallée (L.). La Bibliothèque nationale. Choix de documents pour servir à l'histoire de l'établissement et de ses collections. *P.,* 1894, 8°. [8° O. 4649 A

Vallery-Radot (R.). Mᵐᵉ de Sévigné. *P.,* 1888, in-18. [8° U. 7346 A

—— Un coin de Bourgogne (le pays d'Avallon). *P.,* 1893, in-18. [8° U. 7346 B

Valton (E.). Le dessin théorique et pratique. *P.* (s. d.), 4°. [4° I. 1015 C

Van Bruyssel (E.). Les États-Unis mexicains; 2ᵉ éd. *Bruxelles,* 1880, 8°. [8° U. 7348 C

—— La République Argentine; nouv. éd. *Bruxelles,* 1889, 8°. [8° U. 7348 E

—— La République orientale de l'Uruguay. *Bruxelles,* 1889, 8°. [8° U. 7348 G

—— Scènes de la vie des champs et des forêts aux États-Unis. *P.* (s. d.), in-18. [8° O. 4650 B

Van Delden Laërne (C.-E.). Le Brésil et Java. Rapport sur la culture du café en Amérique, Asie et Afrique. *La Haye,* 1885, 8°. [8° I. 5351 + A

Van Den Berg. Alexandre. *P.,* 1881, in-16. [8° U. 7349 Ac

—— Jules César. *P.,* 1881, in-18. [8° U. 7349 B

—— Napoléon 1ᵉʳ. *P.,* 1882, in-18. [8° U. 7349 Ba

Van Driesten (J.). Armorial national des villes de France. *P.,* 1889, fol. plano. [Fol. U. 297 A

Van Eys (W. J.). Dictionnaire basque-français. *P.,* 1873, 8°. [8° O. 4650 C

Van Heurck (Dʳ H.). Le microscope; 4ᵉ éd. *Anvers,* 1891, 4°. [4° I. 1015 F

Van Wetter (R.). L'artillerie de campagne en France. *Bruxelles,* 1886, 8°. [8° I. 5352 B

Van Wetter (R.). L'éclairage électrique à la guerre. *P.,* 1889, 2 vol. 8°. [8° I. 5352 C

Vandal (A.). Napoléon et Alexandre Iᵉʳ. L'alliance russe sous le premier Empire; 2ᵉ éd. *P.,* 1891-1893, 2 vol. 8°. [8° U. 7349 A

Vaquines (Dʳ) [Dʳ Gessner]. Dictionnaire de médecine usuelle; 16ᵉ éd. *P.,* 1891, in-16. [8° I. 5352 E

Varambon. Rapport fait à la Chambre des députés sur le budget de 1882. Ministère de la justice. *P.,* 1881, 4°. [4° U. 1100 B

Varigny (C. de). La femme aux États-Unis. *P.,* 1893, in-18. [8° U. 7356 + A

—— Nouvelle géographie des cinq parties du monde. *P.* (s. d.), 5 vol. 4°. [4° U. 1100 D

—— L'Océan Pacifique. *P.,* 1888, in-16. [8° U. 7356 A

—— Charles Darwin. *P.,* 1889, in-16. [8° U. 7356 B

—— Curiosités de l'histoire naturelle. *P.* (s. d.), in-18. [8° I. 5352 F

Variot (Dʳ G.). Vulgarisation scientifique. Le médecin des enfants. *P.* (s. d.), 8°. [8° I. 5352 H

Vars (J.). L'art nautique dans l'antiquité et spécialement en Grèce, d'après A. Breusing. *P.,* 1887, in-16. [8° I. 5352 I

Vasili (Cᵗᵉ P.). La Sainte Russie. *P.,* 1890, 4°. [4° U. 1101 D

Vasselon (F.). Carnet du conducteur de travaux; 7ᵉ éd. *P.,* 1886, in-12. [8° I. 5352 J

Vatout (J.). Histoire du Palais-Royal. *P.,* 1830, 8°. [8° U. 7384 D

—— Histoire lithographiée du Palais-Royal. *P.* [1834], fol. [Fol. U. 297 Ad

Vattier (G.). Une famille d'artistes. Les Dumont (1660-1884). *P.,* 1890, 8°. [8° U. 7392 ‡ A

Vauban. Dîme royale. *P.* (s. d.), in-32. [8° I. 5356 A

Vaucaire (Dʳ R.). Formulaire moderne. *P.,* 1892, in-18. [8° I. 5356 C

Vauchelle. Cours d'administration militaire; 3ᵉ éd. *P.,* 1854, 3 vol. 8°. [8° I. 5359 B

Vauchez (E.). La terre. P., 1893, 2 vol. 8°.   [8° I. 5359 C

—— Manuel d'instruction nationale. P., 1885, in-16.   [8° I. 5359 D

Vaudreuil (Cᵗᵉ de), **Artois** (cᵗᵉ d'). Correspondance intime pendant l'émigration (1789-1815); publ. par L. Pingaud. P., 1889, 2 vol. 8°.   [8° U. 7392 + A

Vault (F.-E. de). Les guerres des Alpes. Guerre de la succession d'Autriche (1742-1748). P., 1892, 2 vol. 8°.
[8° U. 7400 C

Vaux (L.). La Palestine. P., 1883, gr. 8°.
[4° U. 1102 A

Vavasseur (A.), **Vavasseur** (J.). Commentaire de la loi du 1ᵉʳ août 1893 sur les sociétés par actions, servant de supplément au Traité des sociétés civiles et commerciales. P., 1894, 8°.   [8° E. 1853

Vedrenne (P.). Fauteuils de l'Académie française. Études biographiques et littéraires. P. (s. d.), 4 vol. 8°.   [8° U. 7403 + A

Veling (A.). Petit guide français-allemand à l'usage de l'officier français. P., 1888, in-32.   [8° I. 5361 B

Vélocipédie (La) pour tous, par un vétéran. P., 1892, 8°.   [8° I. 5361 D

Verd, Raynal. Dictionnaire des ports maritimes, avec l'indication des puissances auxquelles ils appartiennent, et de leur classement d'après le régime douanier français. *Marseille*, 1888, gr. in-4°. [Fol. U. 297 B

Verdalle (R.). Manuel des receveurs et des administrateurs des bureaux de bienfaisance. P., 1884, 8°.   [8° E. 1856 B

—— Traité pratique de la comptabilité des communes et des établissements de bienfaisance... Jurisprudence administrative, et texte annoté de la loi du 5 avril 1884, sur l'organisation municipale; 2ᵉ éd. P., 1885, 8°.
[8° E. 1856 C

Vereschagin (V.). Souvenirs. Enfance, voyages, guerre. P., 1888, in-8°.
[8° U. 7403 A

Veress (I.). Dictionnaire hongrois-latin. *Budapest*, 1872, 8°.   [8° O. 4684 C

Verlot (B.). Le guide du botaniste herborisant; 3ᵉ éd. P., 1886, in-16.
[8° I. 5365 A

Verne (J.). Géographie illustrée de la France et de ses colonies, précédée d'une étude sur la géographie générale de la France, par Théophile Lavallée; nouv. éd. P. (s. d.), 4°.   [4° U. 1102 D

Verne (J.). Les voyages extraordinaires. L'Archipel en feu; 8ᵉ éd. P. (s. d.), in-18.
[8° O. 4687 A

—— César Cascabel; 5ᵉ éd. P. (s. d.), in-18.   [8° O. 4689 A

—— Le chemin de France, suivi de Gil Braltar; 7ᵉ éd. P. (s. d.), in-18.
[8° O. 4690 A

—— Deux ans de vacances. P., 1888, 2 vol. in-18.   [8° O. 4695 A

—— L'école des Robinsons; 7ᵉ éd. P. (s. d.), in-18.   [8° O. 4696 A

Verne (Jules), **Laurie** (André). L'épave du Cynthia; 2ᵉ éd. P., 1886, in-18.
[8° O. 4700 A

Verne (Jules). Famille-sans-nom; 5ᵉ éd. P., 1889, 2 vol. in-18.   [8° O. 4700 B

—— Mathias Sandorf; 8ᵉ éd. P. (s. d.), 3 vol. in-18.   [8° O. 4712 A

—— Mistress Branican; 3ᵉ éd. P. (s. d.), 2 vol. in-18.   [8° O. 4714 A

—— Nord contre Sud; 6ᵉ éd. P., 1887, 2 vol. in-18.   [8° O. 4714 B

—— Robur le Conquérant; 8ᵉ éd. P., 1886, in-18.   [8° O. 4717 A

—— Sens dessus dessous; 4ᵉ éd. P., 1889, in-18.   [8° O. 4717 B

—— Un billet de loterie (le n° 9672), suivi de Fritt-Flace; 7ᵉ éd. P., 1886, in-18.   [8° O. 4720 A

Verneau (Dʳ R.). Cinq années de séjour aux îles Canaries. P., 1891, 8°.
[8° U. 7411 A

Vernes (M.). Précis d'histoire juive, depuis les origines jusqu'à l'époque persane (vᵉ siècle avant J.-C.). P., 1889, in-16.
[8° U. 7411 B

Véron Duverger. De l'organisation des travaux publics en Belgique et en Hollande. P., 1885, fol.   [Fol. I. 208 A

—— Le régime des chemins de fer français devant le Parlement (1871-1887). P., 1887, 8°.   [8° E. 1856 D

Verschuur (G.). Aux Antipodes. Voyage en Australie, à la Nouvelle-Zélande, aux Fidji, à la Nouvelle-Calédonie, aux Nouvelles-Hébrides et dans l'Amérique du Sud (1888-1889). P., 1891, in-16.   [8° U. 7418 D

Verwaest (P.). Étude médico-légale sur le secret professionnel. P., 1892, 8°.
[8° I. 5374 C

Vessiot (A.). Chemin faisant. Notes et réflexions sur l'éducation, l'enseignement et la morale de ce temps. P., 1891, in-18.
[8° I. 5372 C

—— La récitation à l'école et la lecture expliquée. Cours moyen et supérieur; 3° éd. P., 1888, 2 vol. in-18. [8° O. 4726 A

Veyrat (G.). Les statues de l'Hôtel de ville. P., 1892, 8°. [8° U. 7427 B

Vial (P.). Nos premières années au Tonkin. Voiron, 1889, 8°. [8° U. 7427 C

Viallanes (H.). Microphotographie. La photographie appliquée aux études d'anatomie microscopique. P., 1886, in-18.
[8° I. 5373 A

Viardot (L.). Libre examen. Apologie d'un incrédule; 6° éd. P., 1881, in-18.
[8° I. 5374 A

Viault (F.), **Jolyet** (F.), **Bergonié**, **Ferré**. Traité élémentaire de physiologie humaine. P., 1889, 8°. [8° I. 5381 B

Vibert (D' Ch.). Étude médico-légale sur les blessures produites par les accidents de chemin de fer. P., 1888, 8°.
[8° I. 5381 D

—— Précis de médecine légale; 2° éd. P., 1890, in-18. [8° I. 5381 F

Vibert (G.). A travers le Code pénal. P., 1890, in-16. [8° E. 1856 E

Vibert (P.). La concurrence étrangère. Les musées commerciaux et l'Exposition universelle de 1889. P., 1892, in-12.
[8° I. 5381 G

Viclé-Griffin (F.). Cueille d'avril. P., 1886, in-16. [8° O. 4730 C

Vidal de la Blache (F.), **Camena d'Almeida** (F.). Cours de géographie à l'usage de l'enseignement secondaire. Programmes de 1890. P. (s. d.), 2 vol. in-18.
[8° U. 7455 B

Vidal-Lablache (P.). États et nations de l'Europe. Autour de la France. P., 1889, in-18. [8° U. 7455 C

Vie de Charles-Henry, comte de Hoym, ambassadeur de Saxe-Pologne en France (1684-1736). P., 1880, 2 vol. 8°.
[8° U. 7457 C

Vie (La) politique à l'étranger; publ. sous

la direction de M. Ernest Lavisse. 1re et 2° ann. (1889-1890). P., 2 vol. in-18.
[8° U. 7459 + A

Vieil-Castel (C. H. de). Collection de costumes, armes et meubles pour servir à l'histoire de France. P., 1827-1832, 3 vol. petit fol. [Fol. U. 302 + A

—— Collection de costumes, armes et meubles, pour servir à l'histoire de la Révolution française et de l'Empire. P. (s. d.), fol. [Fol. U. 302 A

—— Mémoires sur le règne de Napoléon III (1851-1864). P., 1883-1884, 6 vol. in-16. [8° U. 7459 A

Vienot-Vaublanc. Rivalité de la France et de l'Angleterre. P., an XII, 1804, 8°.
[8° U. 7479 C

Vieuille (G.). Guide pratique du photographe amateur. P., 1885, in-18.
[8° I. 5393 A

Vigano (F.). Vade mecum des promoteurs des banques populaires et le mouvement coopératif. P., 1887, in-12. [8° I. 5393 B

Vigné d'Octon (P.). Le roman d'un timide. P., 1892, in-18. [8° O. 4732 D

Vignon (Cl.). Vingt jours en Espagne. P., 1885, 8°. [8° U. 7479 D

Vignon (Léo). La soie au point de vue scientifique et industriel. P., 1890, in-18.
[8° I. 5398 B

Vignon (Louis). L'expansion de la France. P., 1891, in-18. [8° U. 7482 + B

—— La France dans l'Afrique du Nord. Algérie et Tunisie. P., 1887, 8°.
[8° U. 7482 B

Vigouroux (E.). Législation et jurisprudence des chemins de fer et des tramways. P., 1886, 8°. [8° E. 1856 F

Vigouroux (F.). La Bible et les découvertes modernes en Palestine, en Égypte et en Assyrie; 5° éd. P., 1889, 4 vol. 8°.
[8° A. 942 B

Villain (G.). Conseil municipal de Paris (1890). Rapport sur les inhumations à Paris et les réformes demandées dans le service des ordonnateurs des Pompes funèbres. P., 1890, 4°. [4° I. 1017 D

Villain (H.). Cuirs et peaux. Tannage, corroyage et mégisserie; 2° éd. P., 1886, 8°.
[8° I. 5398 D

Villain (L.), **Bascou** (V.). Manuel de l'inspecteur des viandes; 2ᵉ éd. *P.*, 1890; 8°.
[8° I. 5398 E

Villard (Th.). Les associations du travail en France et à l'étranger. *P.*, 1889, 8°.
[8° I. 5398 H

—— Les conditions sociales du travail en France à la fin du siècle dernier et de nos jours. *P.*, 1890, 8°.
[8° U. 7485 B

—— La géographie et la statistique. *P.*, 1889, 8°.
[8° U. 7485 C

Villaret (E. de). Dai Nippon (Le Japon). *P.*, 1889, 8°.
[8° U. 7485 D

Ville (G.). Les engrais chimiques; 8ᵉ éd. *P.*, 1891-1892, 3 vol. in-18. [8° I. 5398 I

—— La production végétale et les engrais chimiques; 3ᵉ éd. *P.*, 1890, gr. 8°.
[4° I. 1017 F

Ville-d'Avray (H. de). Signes conventionnels et lecture des cartes françaises et étrangères. Levés d'itinéraires. *P.*, 1890, in-16.
[8° I. 5398 K

Ville de Paris. Budgets annuels. *P.*, 1870-1886, 16 vol. 4°.
[4° U. 1105 D

Ville du Mans. Budget de la ville (1875). *Le Mans*, 1875, 4°.
[4° U. 1106 C

Villèle (Cᵗᵉ de). Mémoires et correspondance. *P.*, 1888-1890, 5 vol. 8°.
[8° U. 7489 C

Villemot (A.). Étude sur l'organisation, le fonctionnement et les progrès de l'enseignement secondaire des jeunes filles en France, de 1879 à 1887. *P.*, 1887, 8°.
[8° I. 5399 C

Villeneuve (Marquis de). Charles X et Louis XIX en exil. *P.*, 1889, 8°.
[8° U. 7493 A

Villeneuve (De). Mtzkheth (en Russie) et Ibérie. Notices sur la Géorgie; 2ᵉ éd. *P.*, 1875, in-18.
[8° U. 7493 B

Villeneuve (J.). L'anarchie et le Comité de Salut public en 1793. *P.*, 1885, in-18.
[8° U. 7493 C

Villers (L.). Des libéralités scolaires. *P.*, 1892, in-16.
[8° E. 1861 B

Villon (A.-M.). Le phonographe et ses applications. *P.* (s. d.), in-16.
[8° I. 5404 + A

—— Traité pratique de la fabrication des cuirs et du travail des peaux. *P.*, 1889, 8°.
[8° I. 5404 A

Villon (A.-M.). Traité pratique des matières colorantes artificielles dérivées du goudron de houille. *P.*, 1890, 8°. [8° I. 5404 B

Vilmorin (P. de). Les fleurs à Paris, culture et commerce. *P.*, 1892, in-16.
[8° I. 5404 E

Vinant (M. de). Traité pratique de teinture et impression; 2ᵉ éd. *Lyon* (s. d.), 8°.
[8° I. 5406 C

Vincent (Dʳ H.). Épigraphie ardennaise. Les inscriptions anciennes de l'arrondissement de Vouziers. *Reims*, 1892, 8°.
[8° U. 7503 C

Vincent (R.), **Pénaud** (E.). Dictionnaire de droit international privé. *P.*, 1888, gr. 8°.
[4° E. 249 F

Vincent-Elsden (J.). Traité de météorologie à l'usage des photographes; trad. par H. Colard. *P.*, 1888, 8°. [8° I. 5406 F

Vinet (G.). La représentation commerciale. Les voyageurs de commerce; 6ᵉ éd. *Angers*, 1891, in-18. [8° I. 5406 H

Vinot (L.). Étude sur les tremblements de terre. *P.*, 1893, 8°. [8° I. 5406 J

Violeine (P.-A.). Nouvelles tables pour les calculs d'intérêts. *Vaugirard*, 1854, 4°.
[4° I. 1017 G

Violette (H.). Guide pratique de la fabrication des vernis. *P.* (s. d.), in-18.
[8° I. 5407 A

Viollet-le-Duc (Eug.-Emm.). La décoration appliquée aux édifices. *P.*, 1880, fol.
[Fol. I. 208 D

Viry (Dʳ C.). Manuel d'hygiène militaire. *P.*, 1886, in-18. [8° I. 5428 A

—— La thermodynamique résumée. *Mâcon*, 1882, 8°. [8° I. 5428 Aa

Vitu (A.). Histoire de la typographie. *P.*, 1886, 8°. [8° I. 5434 A

Vivarez (M.). L'alfa. *Montpellier*, 1886, 4°.
[4° I. 1023 A

—— Le Soudan algérien. Projet de voie ferrée transsaharienne. *P.*, 1890, in-18.
[8° U. 7513 D

Vogel (Dʳ H.-W.). La photographie des objets colorés avec leurs valeurs réelles; trad. par H. Gauthier-Villars. *P.*, 1887, 8°.
[8° I. 5436 A

Vogel (J.). La Nouvelle-Zélande. *P.*, 1878, in-16. [8° U. 7529 C

Vogt (C.). Les mammifères. *P.*, 1884, 4°.
[4° I. 1023 B

Vogüé (M¹⁵ **de**). Villars. *P.*, 1888,
2 vol. 8°.   [8° U. 7529 E

Vogüé (Vte E.-M. **de**). Regards historiques et littéraires. *P.* (s. d.), in-18.
[8° U. 7529 + F

—— Remarques sur l'Exposition du Centenaire. *P.*, 1889, in-18. [8° I. 5437 C

—— Le roman russe; 2° éd. *P.*, 1888,
in-18.   [8° O. 4773 A

—— Souvenirs et visions. *P.* (1887),
in-18.   [8° U. 7529 F

—— Spectacles contemporains. *P.* (s. d.),
in-18.   [8° U. 7529 Fa

—— Syrie, Palestine, mont Athos. Voyage aux pays du passé; 3° éd. *P.*, 1887, in-18.
[8° U. 7529 Fb

Voltaire. Extraits en prose; publ. par A. Gasté. *P.*, 1890, in-12. [8° O. 4852 A

—— Les mots de Voltaire, par A. Lefort et P. Buquet. *P.* (s. d.), in-18.
[8° O. 4852 Aa

—— OEuvres complètes, avec des notes et une notice sur la vie de Voltaire. Grav. *P.*, 1876-1878, 13 vol. 4°.   [4° O. 403 C

Voltaire. Siècle de Louis XIV; nouv. éd., par M. Grégoire. *P.* (s. d.), in-18.
[8° U. 7532 Aa

—— Siècle de Louis XIV; éd. par J. Zeller. *P.*, 1892, in-18.   [8° U. 7532 Ab

—— Théâtre. *P.*, 1885, in-18.
[8° O. 4856 A

Vossion (L.). La Constitution américaine et ses amendements. *P.*, 1889, 8°.
[8° U. 7533 A

Vuibert (H.). Annuaire de la jeunesse pour l'année 1890. *P.* (s. d.), in-18.
[8° I. 5438 B

Vuillemain (P.). La biologie végétale. *P.*, 1888, in-16.   [8° I. 5438 D

Vuillier (G.). Les îles oubliées. Les Baléares, la Corse et la Sardaigne. *P.*, 1893, fol.   [Fol. U. 307 C

Vulson de la Colombière (M. de). Les portraits des hommes illustres françois. *P.*, 1655, fol.   [Fol. U. 307 E

—— Le vray théâtre d'honneur et de chevalerie. *P.*, 1648, 2 vol. fol.
[Fol. U. 307 F

W

Waddington (A.). L'acquisition de la couronne royale de Prusse par les Hohenzollern. *P.*, 1888, 8°.   [8° U. 7547 A

Wahl (A.). L'allemand tel qu'on le parle; 8° éd. *P.*, 1889, in-12 obl. [8° O. 4892 C

Waldteufel (É.). Mémoire pour la rétrocession de l'Alsace-Lorraine adressé à Guillaume II. *P.*, 1893, in-16.
[8° U. 7553 C

Wallerant (F.). Traité de minéralogie. *P.*, 1891, 8°.   [8° I. 5445 C

Wallon (H.). Jeanne d'Arc. *P.*, 1860,
2 vol. 8°.   [8° U. 7566 + A

—— Les représentants du peuple en mission et la justice révolutionnaire dans les départements en l'an II (1793-1794). T. I. *P.*, 1889, 8°.   [8° U. 7566 B

Walque (Fr. de). Manuel de manipulations chimiques ou de chimie opératoire; 3° éd. *Louvain*, 1887, 8°. [8° I. 5445 E

Waucquez (Ch.). A travers la littérature contemporaine. *Lierre*, 1886, 8°.
[8° O. 4897 + A

Weber (A.). Histoire de la philosophie européenne; 4° éd. *P.*, 1886, 8°.
[8° I. 5454 A

Weber (A.-S.). Traité de la massothérapie. *P.*, 1891, 8°.   [8° I. 5454 B

Weber (Dr H.). Climatothérapie; trad. par les Drs A. Doyon, P. Spillmann. *P.*, 1886, 8°.   [8° I. 5454 D

Wehrlin (C.). Les moteurs à gaz et les moteurs à pétrole à l'Exposition universelle de 1889. *P.*, 1890, 4°.   [4° I. 1024 C

Weill (A.). Le centenaire de l'émancipation des Juifs. *P.*, 1888, 8°.
[8° U. 7591 B

—— OEuvres complètes. L'esprit de l'esprit. Petit trésor d'esprit. Glanes d'esprit complètement inédites et l'esprit de quelques autres. *P.*, 1888, in-18. [8° O. 4897 A

Weill (G.). Un précurseur du socialisme. Saint-Simon et son œuvre. *P.*, 1894, in-18. [8° **U. 7591** C

Weiss (J.-J.). Essais sur l'histoire de la littérature française; 3ᵉ éd. *P.*, 1891, in-18. [8° **O. 4897** C

—— Le théâtre et les mœurs; 4ᵉ éd. *P.*, 1889, in-18. [8° **O. 4897** D

—— Trois années de théâtre (1883-1885). Autour de la Comédie-Française; 2ᵉ éd. *P.*, 1892, in-18. [8° **G. 4897** E

Weitemeyer (H.). Le Danemark. *Copenhague*, 1889, 8°. [8° **U. 7591** D

Welschinger (H.). Le duc d'Enghien (1772-1804). *P.*, 1888, 8°. [8° **U. 7591** E

—— Le roman de Dumouriez. Le livret de Robespierre, Adam Lux et Charlotte Corday, le Comité de Salut public et la Comédie-Française. *P.*, 1890, in-18. [8° **U. 7591** F

Westphal (A.). Les origines de la colonisation allemande. *Montpellier*, 1887, 8°. [8° **U. 7591** I

Weyl (E.). La marine anglaise; 2ᵉ éd. *P.*, 1887, in-16. [8° **I. 5464** A

Wheler (G.). Voyage de Dalmatie, de Grèce et du Levant; trad. *La Haye*, 1723, 2 vol. in-12. [8° **U. 7593** D

Wiener (C.). Chili et Chiliens; 2ᵉ éd. *P.*, 1888, gr. 8°. [4° **U. 1111** C

Wiesener (L.). Le Régent, l'abbé Dubois et les Anglais. *P.*, 1891, 8°. [8° **U. 7599** C

Wietlisbach (Dʳ V.). Traité de téléphonie industrielle; trad. par Marinovitch. *P.*, 1888, in-16. [8° **I. 5466** A

Wilkins (A.). L'antiquité romaine; trad. de la 2ᵉ éd. angl., par Mᵐᵉ P. Waldteufel. *P.*, 1885, in-16. [8° **U. 7601** C

Wisniewski (P.), **Dubois** (C.). Guide

pratique des sous-officiers candidats à des emplois civils. *P.*, 1894, 8°. [8° **I. 5467** C

Witt (Mᵐᵉ de). Ceux qui nous aiment et ceux que nous aimons. *P.*, 1887, in-16. [8° **O. 4901** C

—— La charité en France à travers les siècles. *P.*, 1892, 4°. [4° **U. 1111** F

Wogan (Bᵒⁿ de). Du Far-West à Bornéo. *P.*, 1873, in-18. [8° **U. 7610** C

Wogan (T. de). Voyage du canot en papier le *Qui-vive?* *P.*, 1887, in-16. [8° **U. 7610** D

Wolf (Dʳ E.). Alimentation des animaux domestiques; trad. d'après la 5ᵉ éd. allem., par A. Damseaux; nouv. éd. *Bruxelles*, 1888, in-18. [8° **I. 5473** A

—— Les engrais; trad. par A. Damseaux; nouv. éd. *Bruxelles*, 1887, in-18. [8° **I. 5473** B

Wolski (K. de). La Russie juive. *P.*, 1887, in-18. [8° **U. 7612** A

Wood (H.). L'héritier de Court-Netherleigh; trad. par J. Girardin. Tome Iᵉʳ. *P.*, 1884, in-16. [8° **O. 4901** E

Worms (E.). Les attentats à l'honneur. Diffamation, injures, outrages, adultère, duel, lois sur la presse, etc. *P.*, 1890, 8°. [8° **E. 1880** C

Wuarin (L.). Le contribuable, ou comment défendre sa bourse. *P.*, 1889, in-16. [8° **I. 5474** + A

Wünschendorff (E.). Traité de télégraphie sous-marine. *P.*, 1888, gr. 8°. [4° **I. 1029** A

Wurtz (Dʳ R.). Technique bactériologique. *P.* (s. d.), in-16. [8° **I. 5481** C

Wyzewa (T. de). Les grands peintres de l'Italie. *P.*, 1890, 4°. [4° **U. 1112** C

—— Les grands peintres des Flandres et de la Hollande. *P.*, 1890, 4°. [4° **U. 1112** Ca

X, Y

Xiphilin, Zonare, Zosime. Histoire romaine; trad. Cousin. *P.*, 1678, 4°. [4° **U. 1112** E

Yung (É.). Sous le ciel breton. *P.*, 1894, in-16. [8° **U. 7617** B

Yvon (P.). Notions de pharmacie nécessaires au médecin. *P.*, 1892, 2 vol. in-16. [8° **I. 5489** C

Z

Zaborowski (S.). Les mondes disparus. P. (s. d.), in-16.   [8° **I. 5490** C

Zakharine (G.-A.). Leçons cliniques sur les maladies abdominales et sur l'emploi interne des eaux minérales; trad. de la 2ᵉ éd. russe par le Dʳ Oelsnitz (de Nice). P., 1893, 8°.   [8° **I. 5491** C

Zed. La société parisienne. P. (s. d.), in-18.   [8° **U. 7618** A

Zeller (B.). La minorité de Louis XIII, Marie de Médicis et Sully (1610-1612). P., 1892, 8°.   [8° **U. 7618** B

Zeller (B.). Solon. P., 1882, in-18.   [8° **U. 7618** C

Zeller (J.). Les tribuns et les révolutions en Italie. P., 1874, in-18.   [8° **U. 7629** B

Zevort (E.). Thiers. P., 1892, 8°.   [8° **U. 7630** C

Zolla (D.). Code-manuel du propriétaire-agriculteur. P., 1894, in-18. [8° **E. 1892** C